U0922333

图书在版编目（CIP）数据

广东建设年鉴（2010）/ 广东建设年鉴编纂委员会编.
—广州：广东人民出版社，2010.12
ISBN 978-7-218-06946-3

Ⅰ.广… Ⅱ.广… Ⅲ.城市建设—广东省—2010—年鉴
Ⅳ.①F299.276.5-54

中国版本图书馆 CIP 数据核字（2010）第 222046 号

广东建设年鉴（2010）

广东建设年鉴编纂委员会 编

出 版 人：金炳亮

责任编辑：柏 峰 陈其伟 张贤明
封面设计：徐兴洋
彩页设计：王 婷
责任技编：周 杰 黎碧霞

出 版：广东人民出版社
印 刷：中华商务联合印刷（广东）有限公司
开 本：889 毫米×1194 毫米 1/16
印 张：28.25 插 页：90 字 数：1100 千字
版 次：2010 年 12 月第 1 版 2010 年 12 月第 1 次印刷
书 号：ISBN 978-7-218-06946-3
定 价：260.00 元

《广东建设年鉴》编辑部
地 址：广州市先烈东路 190 号粤海凯旋大厦 9 楼
电 话：(020) 87255508 87252984
传 真：(020) 87255234
网 址：www.gdcic.net
电子邮箱：gdjsnj@gdcic.net
邮政编码：510500

编辑说明

一、《广东建设年鉴》是由广东省住房和城乡建设厅主办、《广东建设年鉴》编纂委员会组织编纂的资料性工具书，于2009年创办。其宗旨是及时、全面、系统、翔实地载录广东省建设事业的发展状况，为各级领导决策以及行业管理工作提供依据和参考，为社会各界了解和研究广东省建设事业的发展状况提供信息资料和数据。

二、《广东建设年鉴》采用分类编辑法，以部类（篇目）、分目、条目组成框架结构的主体部分。在少数分目中，增加子分目的层次。全书条目标题统一用黑体加【】表示，个别包含多方面资料的条目则在段首加插楷体标题提示，方便读者查阅。全书前有目录，后有索引，具有比较完善的检索系统。

三、《广东建设年鉴》以出版年号为卷次名称。2010年卷主要载录广东省2009年城乡规划、建设和管理的基本资料。全书设有22个篇目：（1）特辑；（2）大事纪要；（3）广东建设事业发展总述；（4）政务改革与行政许可；（5）重点工程建设；（6）城乡规划；（7）城市建设；（8）村镇建设；（9）勘察设计；（10）建筑业；（11）住宅与房地产业；（12）建设科技与建筑节能；（13）教育培训·执业资格；（14）信息化建设；（15）法制建设；（16）机关工作与援扶工作；（17）党务工作与廉政建设；（18）各市建设；（19）荣誉榜；（20）统计资料；（21）领导讲话；（22）政策文件选编。

四、为增加信息量，增强可读性，2010年卷组编了广东省的相关地图及“广东城乡建设数字”、“广东城乡建设要录”，设置了“新中国成立60周年广东城乡建设成就”、“广东援建汶川工作新成果”、“广东城乡建设风采”、“广东建设行业排头兵”、“各市建设”等彩色图片专辑，并在内文加插了一批图片和附表，力求图文并茂地反映广东建设事业发展的风貌。

五、全书所载录的内容和数据，分别由广东省住房和城乡建设厅机关各处室、直属单位以及各地级以上市建设行政和行业主管部门负责提供，并经各级主管部门审核。统计数据以广东省统计局提供的统计资料为准。

六、2009年广东省实行新一轮行政管理体制改革，于8月27日正式组建广东省住房和城乡建设厅。全书除“大事纪要”篇目根据时间排列，必须尊重历史事实，保留广东省建设厅称谓外，其他篇目没有明确时间界限的，均用广东省住房和城乡建设厅称谓或简称省住房和城乡建设厅。

七、《广东建设年鉴》的编纂出版得到了广东省建设系统各有关单位及社会各界人士的鼎力支持和热情帮助，对此深表谢意；对本书存在的问题与不足，恳请广大读者和专家提出宝贵的意见和建议，以使《广东建设年鉴》越办越好。

《广东建设年鉴》顾问

《广东建设年鉴》编纂委员会

《广东建设年鉴》编辑部

《广东建设年鉴》主要撰稿人

总　目

目　录

图片专辑

特　辑

大事纪要

广东建设事业发展总述

政务改革与行政许可

重点工程建设

城乡规划

城市建设

村镇建设

勘察设计

建筑业

住房与房地产业

建设科技与建筑节能

教育培训·执业资格

信息化建设

法制建设

机关工作与援扶工作

党务工作与廉政建设

各市建设

荣誉榜

统计资料

领导讲话

政策文件选编

2009广东城乡建设数字

陆地总面积17.98万平方千米
海域总面积 41.92万平方千米
城镇建成区面积4434.08平方千米
常住总人口9638万人
地区生产总值39482.56亿元
国家园林城市16个
国家级风景名胜区8个
省级历史文化街区8个
省级历史文化名镇7个
省级历史文化名村15个
城市人均拥有公园绿地面积12.27平方米
城市供水综合生产能力3406.48万立方米/日
城市用水人口4238.67万人
城市人均日生活用水量253.14升
城市自来水普及率97.70%
城市液化石油气供应总量470.45万吨
城镇天然气供气总量117124.59万立方米
城镇人工煤气供气总量15492.99万立方米
城镇污水处理设施239座
城镇污水处理能力1354.7万吨/日
城市生活污水处理厂集中处理率61.35%
城镇生活垃圾无害化处理量37013吨/日
城市生活垃圾无害化处理率64.87%
建筑企业4508家
完成建筑业总产值3620.58亿元
建筑企业实现利税总额329亿元
获中国建设工程鲁班奖6项
获中国土木工程詹天佑奖3项
省优良样板工程91项
房屋建筑施工面积30126.96万平方米
完成房地产开发投资2961.32亿元
商品房屋销售面积7035.89万平方米
新增实施廉租住房保障3.55万户
新增提供经济适用住房1.26万套

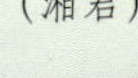
（湘君）

2009广东城乡建设要录

宜居城乡建设取得新突破

2009年，广东省确定珠江三角洲绿道建设、“三旧”（旧城镇、旧厂房、旧村庄）改造、“万村百镇”整治、城镇保障性住房、城镇垃圾及污水处理设施建设、重点新区建设、步行系统及滨水空间建设等建设宜居城乡七个重点领域。确定3个宜居城市、10个宜居城镇、21个宜居村庄创建指导点和1400个省级村庄规划试点。全年全省城市生活垃圾无害化处理率为64.87%，城市污水处理厂集中处理率61.35%，全省村庄规划覆盖率37.99%。汕头、梅州、韶关等3个市被评为国家园林城市，东莞市塘厦镇被评为国家园林城镇。广东省被评为中国历史文化名镇的镇、村累计达19个，数量居全国前列。

城乡规划工作取得新进步

2009年，广东省城乡规划工作取得新进步：一是创新城乡规划体系，推进城乡一体化发展。开展《珠三角地区城乡规划一体化》编制工作，推动珠江三角洲走低碳模式的城乡一体化发展道路。广州、佛山开展《广佛同城化城市规划》编制。珠海、中山、江门开展《珠三角城市空间协调发展规划》编制。深圳、东莞、惠州开展《深莞惠地区城镇群协调发展规划》编制，以一体化规划促进一体化发展。广州、河源、云浮开展城乡总体规划、国民经济和社会发展规划、土地利用计划“三规合一”的试点工作，取得“城乡统筹、全域规划”的初步成效。二是粤港澳共同推进实施国务院批准的《珠江三角洲地区改革发展规划纲要》，开创规划合作新局面。联合港澳编制《共建优质生活圈专项规划》和《环珠江口宜居湾区建设重点行动计划》，着力将环珠江口宜居湾区打造成“亚太地区最具活力和国际竞争力的城市群”。联合香港发展局、澳门运输工务司开展的《大珠三角城镇群协调发展规划研究》于2009年10月28日在澳门正式发展成果，成为全国第一项跨不同政治制度边界的空间协调发展研究。三是城乡规划编制、审批和管理工作取得突破性进展，东莞市域城镇体系规划，惠州、江门等市城市总体规划，茂名、潮州、惠来等市县城市总体规划纲要，横琴新区城市总体规划已上报省政府审批。通过推动城乡规划督察员工作的深入开展以及违规变更规划调整容积率问题专项治理工作，切实维护规划的权威性。四是积极推进城镇化健康发展，为进一步提高全省城镇化发展水平探索新路。探索建立一套有效检验和评价广东各地城镇化发展状况和水平的综合评估指标体系。组织开展并完成《关于加快推进城市化促进扩大内需问题研究报告》以及省“十二五”规划前期研究课题之《提高城镇化发展质量专题研究》，为2010年《广东省城镇化发展“十二五”规划》的编制工作奠定了基础。

房地产业发展和住房保障工作取得新成效

2009年，广东省完成房地产开发投资2961.3亿元，比上年增长1%；商品房销售面积7035.9万平方米，增长45.8%；商品房销售额4585.9亿元，增长59.24%。是年，广东省住房保障覆盖面在实现城镇低保住房困难家庭的廉租住房保障应保尽保的基础上，全面扩大到城镇低收入住房困难家庭。通过实物配租、租赁补贴、租金核减等方式，新增对3.55万户城镇低收入住房困难家庭实施廉租住房保障，其中实物配租1.58万户，租赁补贴1.97万户。新增对1.26万户符合经济适用住房条件的低收入住房困难家庭提供经济适用住房。全省筹集公共租赁住房 1667套，开工建设1.21万套。

建筑业和建筑节能呈现新面貌

2009年，广东省建筑业完成总产值3620.58亿元，比上年增长20.8%；完成建筑业增加值1060.3亿元，增长14.9%；完成利税总额561.6亿元，增长98.3%。全省实行招标工程项目12474项，工程造价2888.6亿元，其中公开招标工程10893项，工程造价2549.8亿元。全省纳入质量安全监督的工程达30969项，总建筑面积28874.7万平方米，市政工程总长度达1389747延米。广东省获“中国建设工程鲁班奖”6项，“省优良样板工程”91项，“省建设工程金匠奖”23项；国家级工法15项；省建筑业新技术示范工程22项；被评为全国建筑业先进企业13家。全省有2045家建筑企业的诚信信息录入“广东省建筑市场诚信信息平台”，并与住房和城乡建设部信息平台实现对接。全年组织开展6次全省建筑施工安全生产大检查，3次专项检查，受检项目15237项。全省建筑施工死亡人数低于省政府下达的安全生产控制指标。广东省是全国最先大规模开展建筑能源审计的省份之一，广州、佛山、东莞、中山、珠海、惠州等6个试点城市开展建筑能源审计。广东省有3个绿色建筑示范工程和4个低能耗建筑示范工程被列为国家级示范工程。广东省新建城镇房屋应用新型墙材建筑比例超过83%，高于全国平均水平。全省使用散装水泥量4605万吨，散装水泥使用率达45.9%，分别居全国第5名和第9名，实现节能105.8万吨标准煤。

建设科技和人才队伍建设取得新成绩

广东省建设系统获得2009年度国家华夏建设科学技术奖15项，广东省科学技术奖14项。通过科技成果鉴定159项，其中“复合地层中盾构法建设地铁地表沉降规律研究”达到国际领先水平，“汶川县城房屋震损评定与震害分析研究”等4项达到国际先进水平。发布推广16项省建设行业技术成果推广项目。有14人获得全国建筑业优秀企业家，1492人通过建筑专业职称评审，32000名技术工人通过考核并取得资格证书。

村镇建设形成新格局

2009年，广东省启动宜居城镇、宜居村庄创建工作并确定指导点。广东省财政安排1000万元宜居城乡规划和试点工作经费。同时，安排省级村庄规划专项资金1400万元，开展省级村庄规划试点工作。全省编制村庄规划3300个，村庄规划覆盖率达37.99%，比上年提高2.6个百分点。省治污保洁专项资金进一步提高村镇垃圾处理设施建设资金补助比例。全省新增7个中心镇，已核定62个中心镇的建设用地规模，占277个中心镇的22.4%。开展历史文化名镇、名村评选活动。至2009年底，广东省有8个镇获“中国历史文化名镇”称号，11个村获“中国历史文化名村”称号。是年，广东省住房和城乡建设厅、省文化厅在全省开展第二批广东省历史文化名镇、名村评选活动，有7个镇、15个村获得第二批广东省历史文化名镇、名村称号。

城市综合管理迈上新台阶

2009年，广东省将水环境、空气质量、污水垃圾处理、绿化、公共服务设施水平等纳入宜居城乡建设评价标准的重要内容，从惠及民生的角度出发，注重人居环境建设。加强风景名胜区总体规划编制和城市园林绿化工作，启动珠江三角洲城际轨道交通项目建设，全省新建和改建一大批城镇道路、公园、供水、燃气等项目，城市建设完成固定资产投资777.26亿元。城市燃气普及率96.45%，自来水普及率97.70%，人均城市道路面积12.63平方米，全省设市城市建成区绿地率36.53%，建成区绿化覆盖率40.75%，城市人均公园绿地面积12.27平方米。新增污水处理厂64座，新增生活垃圾无害化处理设施2座。组织对全省3000多座城市桥梁开展安全检查，实施国家“水体污染控制与治理”科技重大专项，启动珠江下游饮用水项目，争取到国家下拨预算经费9000万元。公用事业产品和服务质量得到保障，城市管理水平进一步提升。为加强城市综合管理行政执法监督，在2009年新一轮机构改革中，广东省政府批准省住房和城乡建设厅设立执法监察局，主要职责是：监督住房和城乡建设法律法规、标准的执行，指导、监督、协调全省住房和城乡建设综合行政执法工作，承办住房和城乡建设领域重大纠纷和案件的有关工作，组织检查和处理相关违法违规行为。

对口支援汶川县灾后恢复重建进展顺利

2009年，广东省住房和城乡建设厅开展对口援建汶川工作，组织全省300多名规划师赴灾区现场开展县域村镇体系规划、各乡镇总体规划及重点地区详细规划、城市设计等多层次的援建规划工作，指导各对口援建市有序开展灾区恢复重建工作。截至年底，广东省援建项目已开工697个，竣工408个，开工率和竣工率分别为98%、58%；累计到位援建资金55.6亿元，已完成投资51.4亿元。在加快工程项目进度的同时，广东省住房和城乡建设厅多次组织工程质量安全监督检查组赴现场对援建项目进行检查，保证援建工程的质量和施工安全；派遣63名专业技术人员，分三批次赴汶川县指导灾后农房重建工作，完成1.6万户农房的重建技术指导。围绕“新家园、新希望”的主题，广东省住房和城乡建设厅与广东省援建办、四川省汶川县政府联合主办“广东省对口支援汶川县灾后恢复重建规划设计成果展”，通过图片、模型及文字等多种形式，重点反映广东省对口支援汶川县灾后恢复重建规划设计成果以及科学、可持续发展的思路和理念，展示广东对口援建工作所取得的成效。2009年12月3日，广东省委书记汪洋率领党政代表团在汶川县参观“广东省对口支援汶川县灾后恢复重建规划设计成果展”，高度评价广东省住房城乡建设系统的援建工作体现了广东形象和广东水平。

（湘君）

广东省地图出版社编制　　审图号：粤S（2009）040号

比例

1 : 2550000

2010年8月

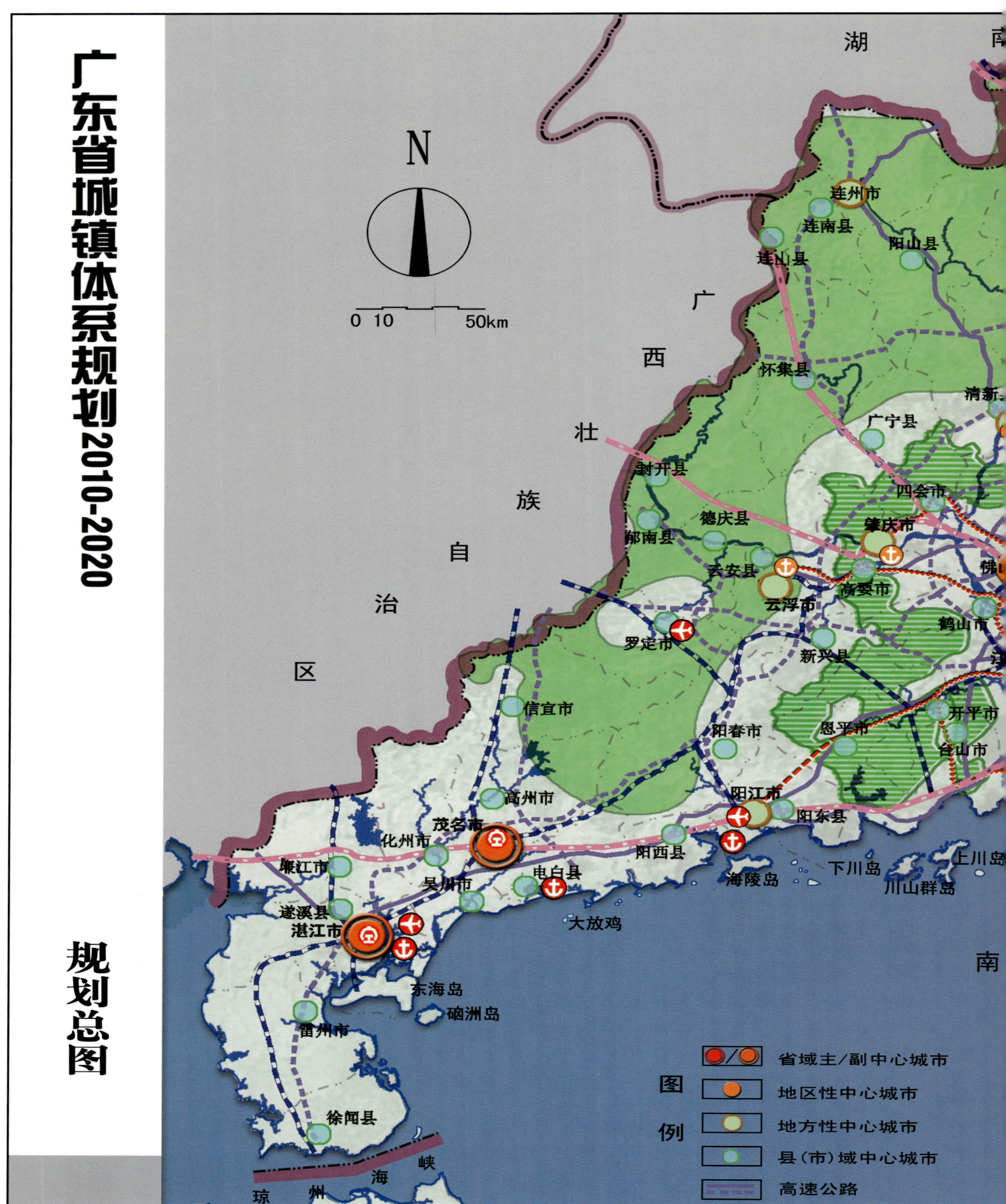
广东省城镇体系规划2010-2020
规划总图
N
0 10 50km
湖
南
广
西
壮
族
自
治
区
连州市
连南县
阳山县
连山县
怀集县
清新县
广宁县
封开县
四会市
德庆县
肇庆市
郁南县
云安县
云浮市
高要市
佛山
罗定市
鹤山市
新兴县
信宜市
开平市
阳春市
恩平市
台山市
阳江市
高州市
阳东县
茂名市
化州市
阳西县
廉江市
吴川市
电白县
海陵岛
下川岛
上川岛
川山群岛
遂溪县
湛江市
大放鸡
南
东海岛
硇洲岛
雷州市
徐闻县
琼
州
海
峡
图例
省域主/副中心城市
地区性中心城市
地方性中心城市
县（市）域中心城市
高速公路

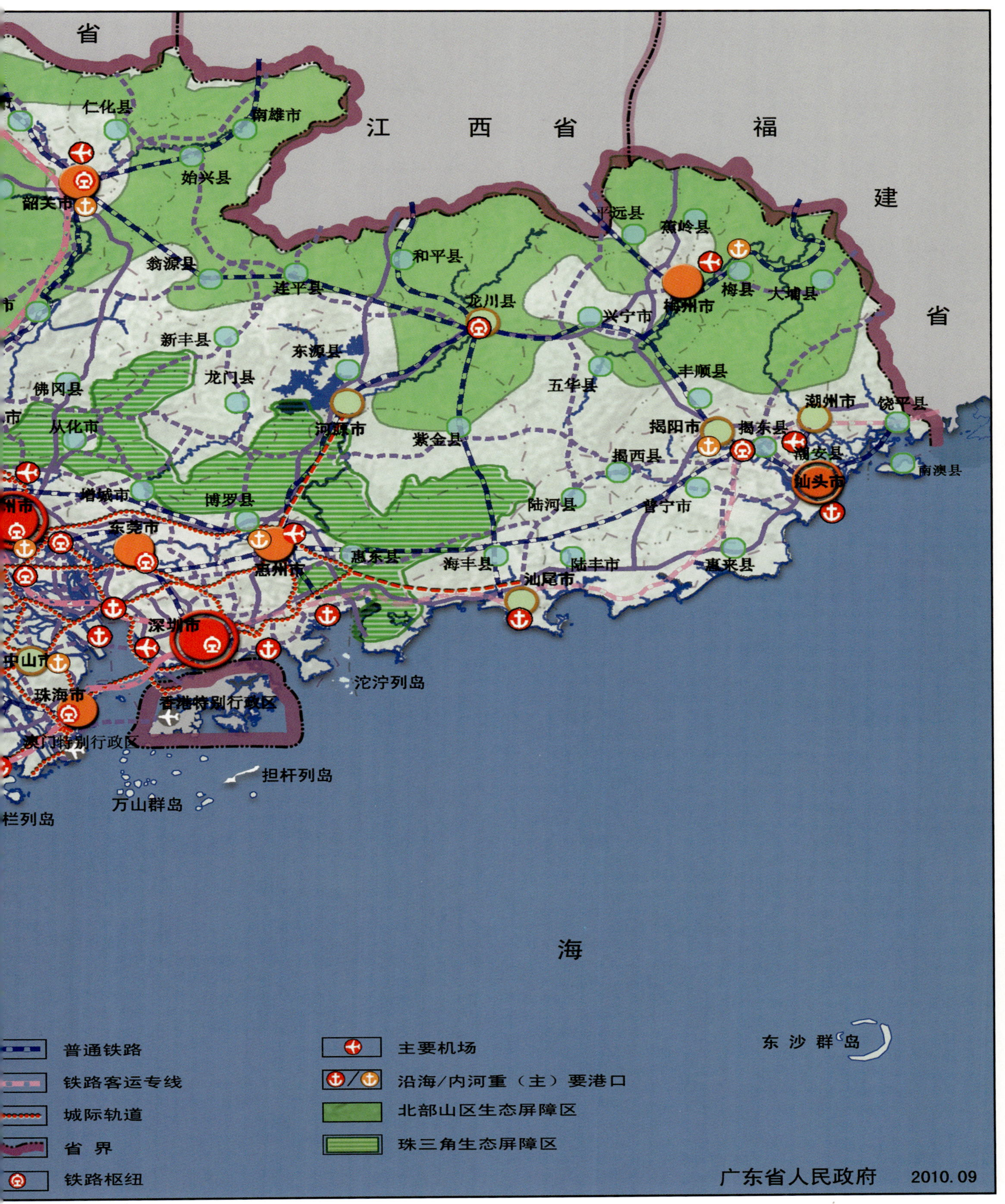

省
江　西　省
福
建
省
仁化县
南雄市
始兴县
韶关市
翁源县
连平县
和平县
平远县
蕉岭县
梅县
大埔县
梅州市
龙川县
兴宁市
新丰县
东源县
龙门县
佛冈县
从化市
河源市
紫金县
五华县
丰顺县
揭阳市
揭东县
潮州市
饶平县
潮安县
南澳县
揭西县
汕头市
增城市
博罗县
陆河县
普宁市
东莞市
惠州市
惠东县
海丰县
陆丰市
汕尾市
惠来县
深圳市
中山市
珠海市
香港特别行政区
澳门特别行政区
沱泞列岛
担杆列岛
万山群岛
栏列岛
海
东沙群岛
普通铁路
铁路客运专线
城际轨道
省界
铁路枢纽
主要机场
沿海/内河重（主）要港口
北部山区生态屏障区
珠三角生态屏障区
广东省人民政府　2010.09

新中国成立60周年

中华人民共和国成立60年来，广东城乡建设取得令人瞩目的成就，城乡面貌日新月异，城市化进程加快，市政公用基础设施不断完善，城市集聚辐射能力逐步增强，为广东经济社会发展实现历史性跨越做出重要贡献。

新中国成立之初，广东贫穷落后，百废待兴。地区生产总值仅20.27亿元；全省仅有地级市6个，城镇化水平15.7%；城市基础设施薄弱，只有自来水厂2座，日供水能力15万吨；城镇排水管道总长393.4公里；城镇道路总面积350.5万平方米。全省没有一条可贯通一个地区的公路。

在中国共产党的领导下，经过60年的建设与发展，广东经济建设和社会发展有了翻天覆地的变化。尤其是改革开放30年来，广东以建设经济特区、珠江三角洲经济开放区为突破口，以珠江三角洲率先发展带动东西北地区协调发展，经济发展和城乡建设实现大跨越。2009年，完成地区生产总值39482.56亿元，按可比价格计算，比1949年增长283倍，年均增

广东城乡建设成就

长9.9%。城乡建设从分割状态逐步走向一体化发展。2009年全省地级以上市21个，城镇化水平提高到63.4%；粤港澳携手“共建优质生活圈”和“环珠江口宜居湾区”；广佛肇、深莞惠、珠中江三大经济圈初步形成各具特色和优势的区域发展模式，珠江三角洲城乡一体化雏形呈现。城市建设投资逐次增加，2009年，广东省城市建设完成固定资产投资777.3亿元，完成房地产开发投资2961.32亿元。城市基础设施和公用服务设施不断加强，城镇污水处理设施239座，城市污水处理厂集中处理率61.35%，生活垃圾无害化处理设施39座，城市生活垃圾无害化处理率64.87%，城市燃气普及率96.45%，自来水普及率97.70%，城市桥梁3000多座，人均城市道路面积12.63平方米，设市城市建成区绿地率36.53%，建成区绿化覆盖率40.75%，人均公园绿地面积12.27平方米，部分城市跨入国家卫生城市、国家园林城市和环保模范城市等行列，多个城市先后获得“联合国人居奖”、“中国人居环境范例奖”，体现了广东形象和广东水平。

（省住房和城乡建设厅办公室供稿）

1980年佛山市祖庙路（佛山市城乡规划局、佛山市城建档案馆供稿）

2009年佛山市祖庙路（佛山市城乡规划局、佛山市城建档案馆供稿）

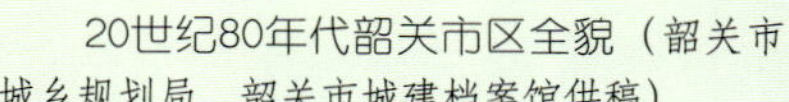

20世纪80年代韶关市区全貌（韶关市城乡规划局、韶关市城建档案馆供稿）

2009年韶关市区全貌(何颂 摄)

2009年肇庆市端州四路（肇庆市住房和城乡建设局供稿）

1988年肇庆市端州四路（崔镇中 摄）

2009年珠海市拱北口岸（朱桂忠 摄）

20世纪80年代的珠海市拱北面貌（珠海市住房和城乡规划建设局、珠海市城建档案馆供稿）

20世纪80年代东莞市西城楼广场面貌（东莞市城乡规划局、东莞市城建档案馆供稿）

2009年东莞市西城楼广场（东莞市城乡规划局、东莞市城建档案馆供稿）

1998年广州市有地铁一号线，全程11.48千米，到2009年底，广州已建成5条线路、150千米、88座车站的地铁线网。图为广州地铁四号线金洲站（陈炳新 摄）

广州国际金融中心（广州市城乡建设委员会供稿）

深圳地铁始建于1999年，2004年12月28日深圳地铁一期工程建成通车，至2009年年底，已投入运营的有一号线和四号线，全长25.26千米，设有25个车站（深圳地铁供稿）

广州市白云国际会议中心（广州市城乡建设委员会供稿）

深圳市地王大厦（深圳市城市管理局供稿）

广州白云国际机场航站楼正面（广州市城乡建设委员会供稿）

广州市天河立交及放射线（广州市城乡建设委员会供稿）

2009年5月29日，广东省建设厅工会组织广东省建设系统劳动模范代表赴北京参观考察。图为省建设厅厅长房庆方（左二）和省总工会副主席陈宗文（左一）为劳模代表送行

2009年10月1日，广东梁亮建筑工程有限公司总经理梁亮作为广东省建设系统的全国劳动模范代表应邀赴北京出席庆祝新中国成立60周年国庆观礼活动

2009年10月1日，广东省第二建筑工程公司第八工程处主任吕双岳作为广东省建筑系统的全国劳动模范代表应邀赴北京出席庆祝新中国成立60周年国庆观礼活动

2009年6月30日，广东省建设系统劳动模范和先进工作者代表在北京参观考察近年来国家重点建设项目，感受新中国成立60周年和改革开放30周年中国建设事业的辉煌成就

（省住房和城乡建设厅工会供稿）

广东援建汶川工作新成果

2009年，广东省300多名规划师赴四川省汶川县地震灾区现场开展县域村镇体系规划、各乡镇总体规划及重点地区详细规划、城市设计等多层次的援建规划工作，指导各对口援建市有序开展灾区恢复重建工作。截至年底，全省援建项目已开工697个，竣工408个，开工率和竣工率分别为98%、58%；累计到位援建资金55.6亿元，完成投资51.4亿元。积极参与、全力支持对口援建汶川工作，组织开展灾后重建规划设计，落实援建项目，开展援建工程质量安全检查，完成1.7万户农房的重建技术指导。中共中央政治局委员、广东省委书记汪洋在汶川参观“广东省对口支援汶川县灾后恢复重建规划设计成果展”时，高度评价省住房和城乡建设系统的援建工作，赞扬援建工作体现了广东形象和广东水平。

2009年9月26日，中共中央政治局常委、国务院总理温家宝（中）赴四川省汶川县映秀镇考察援建工作，并与广东省对口支援映秀镇恢复重建工作的人员合影（陈潇淳 摄）

2009年12月3日，中共中央政治局委员、广东省委书记汪洋（前左三），广东省委常委、广州市委书记朱小丹（右三），广东省政协副主席汤炳权（右二）在四川省汶川县视察广东省援建工作时，听取广东省住房和城乡建设厅厅长房庆方（前左二）汇报广东援建规划设计成果

2009年8月27日，中共广东省委副书记、省长黄华华（中）向汶川县委书记青理东（左一）移交由江门市援建的汶川县第一中学钥匙。右一为江门市市长王南健

（省对口支援汶川工作组供稿）

珠海市、汕头市援建的四川省汶川县锦虒镇文化中心

珠海市、佛山市援建的汶川县福利设施

广州市援建的汶川县城镇居民住房

广州市援建的汶川县人民医院

佛山市援建的汶川县水磨镇和谐广场

（省对口支援汶川工作组供稿）

广州市援建的汶川县体育馆

广州市援建的汶川县第一小学

江门市援建的汶川县第一中学

（省对口支援汶川工作组供稿）

广东城乡建设风采

2009年，广东省住房和城乡建设系统认真实施国务院批准的《珠江三角洲地区改革发展规划纲要(2008—2020)》，积极落实中央宏观调控措施以及中共广东省委、省政府关于建设宜居城乡、扩内需促增长和“三促进一保持”（促进提高自主创新能力，促进传统产业转型升级，促进建设现代产业体系，保持经济平稳较快发展）的重要部署，统筹谋划，开拓创新，共克时艰，取得了住房和城乡建设事业的新成就。

丹霞山，位于广东省韶关市仁化县和浈江区交界地带，总面积292平方千米。古称曲红冈、韶石山、烧木佛旧地，由680多座顶平（顶斜）、身陡、麓缓的红色砂砾岩石构成，以赤壁丹崖为特色，最高峰巴寨海拔619.2米。丹霞山的丹霞地貌发育最典型、类型最齐全、造型最丰富、景色最优美。

在2010年8月1日召开的第34届世界遗产大会上，广东丹霞山与湘、赣、闽、浙等省共6处“丹霞地貌”风景区以“中国丹霞”被成功列入世界自然遗产名录，成为中国第40处世界遗产、第8处世界自然遗产，广东省首个世界自然遗产。

丹霞山东部群峰（刘加青 摄）

丹霞山茶壶峰（刘加青 摄）

2009年，广东省梅州市龙丰垃圾填埋场CDM综合治理、广东省肇庆市星湖湿地生态保护与环境整治、广东省惠州市两江四岸人文与生态环境建设等3个项目获住房和城乡建设部颁发的“中国人居环境范例奖”。

2009年8月5日，广东省副省长林木声（中）视察梅州市龙丰生活垃圾填埋场（梅州市住房和城乡建设局供稿）

梅州市龙丰沼气发电站全景（梅州市住房和城乡建设局供稿）

惠州市两江四岸人文与生态环境建设（刘葛干 摄）

肇庆市七星岩风景区

肇庆市星湖湿地生态保护与环境整治

惠州市东江公园

（省住房和城乡建设厅城市建设处供稿）

2009年7月，中共广东省委、省政府办公厅印发《关于建设宜居城乡的实施意见》，明确广东省建设宜居城乡的总体目标：力争用10年左右的时间，将广东省建设成为安居、康居、乐居、具有岭南特色的宜居城乡，即城乡居民享有基本的生活居住空间和均等的公共空间资源，住有所居；享有清洁的生活生产环境和较完善的公共服务，生活舒适便利；享有良好的社会秩序和民主法制环境，安居乐业；物质、精神、政治和文化生活不断丰富，城乡居民逐渐凝聚成为秩序良好、活力充足、参与度高的社会共同体。该意见的出台，为全省各地开展宜居城乡建设提供行动指南。

深圳市市区一景（深圳城市管理局供稿）

广州市市区一角（广州市城乡建设委员会供稿）

惠州市新开河畔住宅区（惠州市住房和城乡规划建设局供稿）

珠海市海湾（珠海市市政园林和林业局供稿）

梅州新貌（丘虎 摄）

汕头市市区全景（汕头市住房和城乡建设局供稿）

2009年，广东省共安排省重点建设项目200项，其中在建项目122项，新开工项目78项，总投资17610亿元，年度计划投资3030亿元。

港珠澳大桥（效果图）

2009年12月15日，港珠澳大桥开工建设

至2009年底，中船龙穴扩建工程1号、2号船坞土建及配套4台600吨门吊、主要生产设施完成并交付使用，212米顺岸码头基本完工，港池、航道开挖已完成，30万吨级首制船出坞

2004年12月武广高速铁路动工建设，2009年12月26日正式通车运营

广州体育学院体育馆效果图（2009年12月31日开工）

至2009年底，广东省台山核电站一期工程1号泵房垫层混凝土浇注完成（陈梦醒 摄）

广东社会科学中心效果图（2009年11月3日开工）

揭阳潮汕机场效果图（至2009年底，完成飞行区、航站区地基处理及土石方工程）

（省住房和城乡建设厅建筑市场监管处供稿）

至2009年底，广东省城市人均公园绿化面积12.27平方米，建成区绿化覆盖率40.75%，建成区绿地率36.53%。是年，广东省各市都将创建园林城市纳入政府重要工作目标，加强城市建设管理，建设宜居城乡。年内，汕头、梅州、韶关3个城市通过住房和城乡建设部的考评，被命名为“国家园林城市”。至此，全省共有国家园林城市16个，国家园林城镇2个，居全国第一。

2009年9月26日，广州市参加济南第七届中国国际花卉博览会，参赛作品“盈芳园”获室外展园银奖（广州市林业和园林局供稿）

汕头市人民广场（汕头市住房和城乡建设局供稿）

2009年建成的梅州市归读公园（古礼贤　摄）

韶关市西桥公园（李忠　摄）

惠州市城市绿地（惠州市住房和城乡规划建设局供稿）

为丰富城市夜景，展示城市历史文化风貌，创造美好的城市环境迎接第16届亚洲运动会，广州市珠江两岸、新中轴线、珠江上主要桥梁、各大型立交桥以及各主干道周边的大型楼盘、非主干道周边超过20层的建筑均实施光亮工程。同时，全省其他地市的光亮工程也在原来的基础上日益提高和完善。

广州塔夜景（省住房和城乡建设厅供稿）

广州猎德大桥（省住房和城乡建设厅供稿）

广州市珠江新城（省建设信息中心供稿）

深圳市夜景（深圳市城市管理局供稿）

流光溢彩的汕头市夜景（汕头市住房和城乡建设局供稿）

夜色中的惠州市两江四岸（惠州市住房和城乡规划建设局供稿）

至2009年底，广东省建成城市道路总长度31348.2千米、道路总面积54809.8万平方米，其中人行道路总面积12136万平方米，全省城市人均道路面积12.63平方米。全省建成城市桥梁共6199座，其中立交桥375座。安装道路照明灯共1617792盏，安装路灯道路长度24446千米。

中山市城市道路（黄华佑　摄）

惠州市合生斜拉桥（关淑珍　摄）

广州市BRT华景新城站（广州市城乡建设委员会供稿）

广州市新光大桥
（广州市城乡建设委员会供稿）

2009年11月22日，广州地铁五号线列车系统调试（许业明 摄）

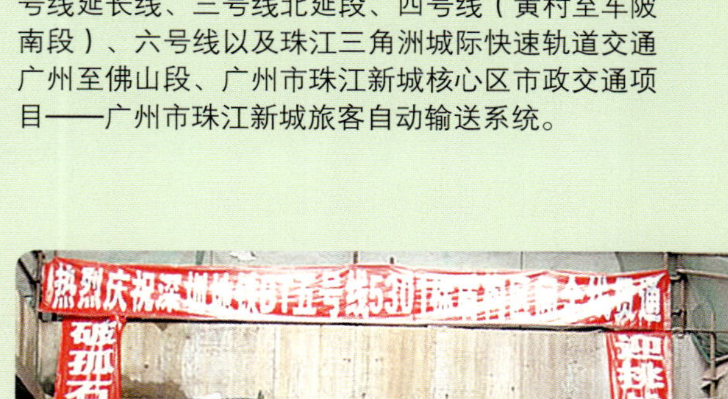

至2009年底，广东省轨道交通运营的有广州、深圳两市，在建工程有广州市轨道交通二/八号线延长线、三号线北延段、四号线（黄村至车陂南段）、六号线以及珠江三角洲城际快速轨道交通广州至佛山段、广州市珠江新城核心区市政交通项目——广州市珠江新城旅客自动输送系统。

广佛线夏南车辆段列车热滑试车（陈玲 摄）

深圳市地铁五号线盾构区全线贯通（深圳市地铁有限公司供稿）

正在铺轨的广珠城际轨道交通工程中山市东升特大桥工地（广珠城际轨道交通工程指挥部供稿）

广珠城际轨道交通工程小榄197号墩施工现场（广珠城际轨道交通工程指挥部供稿）

至2009年底，广东省城市供水综合生产能力 3406.48万立方米/日，城市用水人口4238.67万人，自来水普及率97.70%，人均日生活用水量253.14升。全省城市液化石油供气总量4704484.63吨，储气能力531271.75吨，用气户数930.39万户，用气人口3308.95万人；天然气供气总量117124.59万立方米，储气能力1322.15万立方米，用气户数261.50万户，用气人口850.36万人；人工煤气供气总量15492.99万立方米，储气能力113.10万立方米/日，用气户数6.36万户，用气人口25.44万人。

2009年12月11日，深圳市水土保持科技示范园开园（邹容芳 摄）

佛山市北江水厂（佛山市水务局供稿）

深圳市笔架山水厂直饮水（深圳市水务局供稿）

广州亚运村燃气配套工程（广州市城市管理委员会供稿）

清远市燃气冬季安全客户服务月（清远市公用事业局供稿）

梅州市新建成的管道天然气气库（梅州市城市综合管理局供稿）

深圳市华安液化石油气下洞储存基地（深圳市住房和建设局供稿）

2009年，广东省新建成污水处理项目75个，新增日处理能力263.5万吨，新建污水处理设施配套管网1200多千米，累计建成污水处理设施239座，日处理能力1354.7万吨，配套管网超过3600千米，处理能力居全国首位，实现了县县建成污水处理设施目标。珠江三角洲地区73个中心镇中，35个镇污水处理设施已建成调试，中山市成为全省第一个镇镇建成污水处理厂的地级市。

国内第一座垃圾焚烧处理厂——深圳市市政环保综合处理厂

深圳市罗芳污水处理厂

广州市沥滘水质净化厂

2009年6月，广东省首个生活垃圾真空管道收集系统——广州市金沙洲生活垃圾真空管道收集系统3号站建成

中山市中心组团垃圾综合处理基地

佛山市高明苗村垃圾填埋场渗滤液处理厂

佛山市高明苗村白石坳生活垃圾卫生填埋场

（省住房和城乡建设厅城市建设处供稿）

水环境是城市生态系统的重要组成部分，丰富了城市景观。城市水系在满足居民生产、生活所需的同时，积淀和呈现了城市的历史和文化。2009年，广东省21个地级以上市有饮用水源地76个，水质总达标率为95%，全省主要江河75.0%的断面水质优良，70.7%的断面水质达到功能区水质标准。全省废污水排污总量为68.74亿吨，其中工业废水排放量18.88亿吨，工业废水排放达标率92.42%，城镇生活污水排放量49.86亿吨，城镇生活污水处理率61.3%。工业废气排放量22618.40亿标立方米，工业固体废物产生量4927.01万吨。

广州市海珠区马涌（广州市水务局供稿）

广州市荔湾区大冲口涌（广州市水务局供稿）

肇庆市星湖湿地仙女湖（肇庆市住房和城乡建设局供稿）

汕头市龙湖沟（汕头市住房和城乡建设局供稿）

深圳市排洪河水环境综合整治工程（深圳市水务局供稿）

江门市水道综合整治建设（江门市住房和城乡建设局供稿）

2009年，广东省加强城市环境法制建设，强化环境执法和监督管理，在经济社会高速发展的同时，城市环境质量总体保持良好和稳定，实现经济与环境协调发展。

2009年8月12日，广州市和佛山市签订广佛同城化城市管理领域合作协议（广州市城市管理综合执法局供稿）

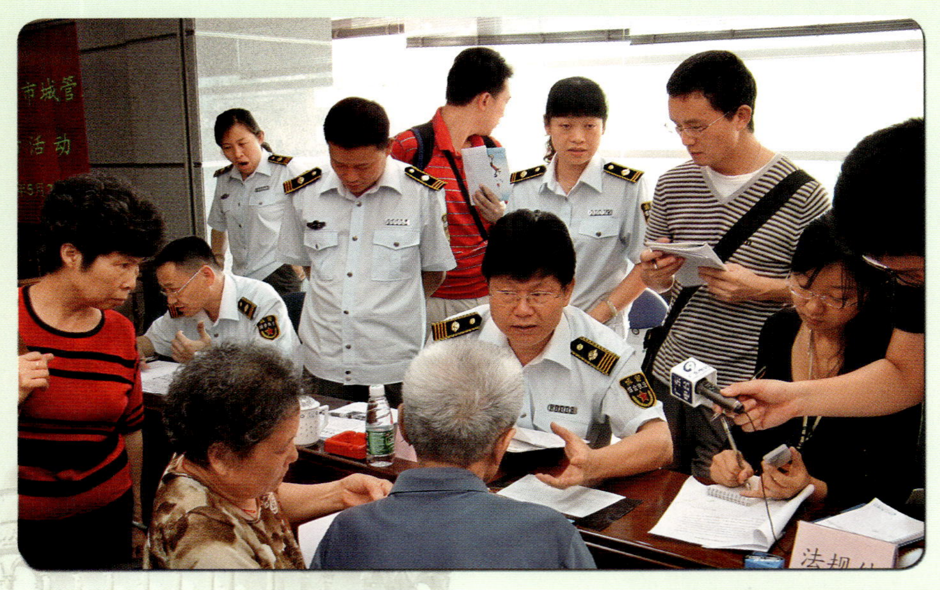

2009年5月25日，广州市城管执法局领导接访市民（广州市城市管理综合执法局供稿）

广州市环卫系统职工和社区群众一起清洁环境卫生。图为猎德街清理整治现场（广州市城市管理委员会供稿）

佛山市城管执法系统组织对流动商贩乱摆卖、大排档占道经营和运输车辆乱撒漏专项整治活动（佛山市城市综合管理局供稿）

珠海市大力整治违法违章广告（珠海市城市监督管理局供稿）

湛江市拆除交通要道路口的违法建设（湛江市城市管理行政执法局供稿）

至2009年底，广东省共有8个镇获得中国历史文化名镇称号，11个村获得中国历史文化名村称号。是年，广东省住房和城乡建设厅会同省文化厅组织修订《广东省历史文化街区、名镇、民村评选办法》，并在全省开展第二批广东省历史文化名镇（村）评选活动，并评出佛山市顺德区龙江镇、中山市黄圃镇、梅州市大埔县百侯镇、汕头市澄海区莲下镇程洋岗村、湛江市雷州市龙门镇潮溪村、清远市佛冈县龙山镇上岳古围村等7个镇、15个村成为第二批广东省历史文化名镇、名村。

广东省历史文化名镇——梅州市大埔县百侯镇肇庆堂

广东省历史文化名镇——中山市黄圃镇

广东省历史文化名村——湛江市雷州市龙门镇潮溪村

广东省历史文化名镇——佛山市顺德区龙江镇

广东省历史文化名村——清远市佛冈县龙山镇上岳古围村

广东省历史文化名村——汕头市澄海区莲下镇程洋冈村

（省住房和城乡建设厅村镇建设处供稿）

魅力平沙·休闲名镇

平沙镇，位于珠海西部，面积197平方千米，人口近10万，2008年社会总产值约78亿元，是国家重点镇、千强镇、国家卫生镇、广东省中心镇、广东省卫生镇、广东省文明镇、广东省教育强镇、广东省（游艇）技术创新专业镇。同时，平沙镇又是首批全国特色景观旅游示范镇。滨海临港，水网密布，毗邻港澳，区位优势显著，海洋温泉资源极为罕见，景观资源极具特色，具备发展休闲旅游得天独厚的条件，是珠海依据《珠江三角洲地区改革发展规划纲要》打造国际商务休闲旅游度假区的重要组成部分。

平沙镇特色景观资源涵盖自然景观和人文景观，以“海洋温泉和田园水乡”及“游艇休闲和农业生态旅游”为特征的特色景观在平沙镇内交相辉映。

平沙海洋温泉资源国内罕见，国外仅日本有少量分布，被著名温泉专家陈炎冰教授誉为“南海第一泉”。泉井自喷高度达11米，泉水清澈，水温83摄氏度。以海洋温泉为核心的海泉湾度假区是中国首家“国家旅游休闲度假示范区”， 由香港中旅集团投资，占地5.1平方千米，总投资逾百亿，首期投资23亿元，以稀有的海洋温泉为核心，由两座五星级酒店及刺激动感的神秘岛主题乐园、集美食娱乐演艺于一体的渔人码头、高科技的现代剧院、异域风情的加勒比海岸等景区组成，是中国目前功能最齐全、综合配套最完善的超大型养生休闲胜地。

平沙镇是中国最大、档次最高的游艇产业基地，快速发展的游艇休闲产业使其在国内产业景观中独树一帜。目前已有40余家游艇相关企业落户平沙，产业集聚效应显著。建设中的南国游艇俱乐部是南中国最大的综合性游艇俱乐部，包括五星级酒店、高级会所、展厅和500个泊位，经营海洋垂钓、海岛观光、深海潜水、游艇驾驶培训、游艇展示等系列游艇旅游产品。

10千米长的星湖湾岭南田园水乡景观水乡旅游线路，形成“小桥、流水、村庄”岭南田园水乡景观。星湖湾水系连接海泉湾度假城、南国游艇俱乐部、游艇产业基地、国家级台湾农民创业园区，提供农家乐、农产品采摘及垂钓等多个休闲农业特色旅游产品。以台湾特色蔬果、花卉作物种植，带动沿岸台湾风情一条街和台湾农产品展示、加工、贸易的综合发展。

2009年4月2日，中共中央政治局委员、广东省委书记汪洋（右三），广东省委副书记、省长黄华华（右二）视察珠海市平沙游艇与休闲旅游区

珠海市平沙镇杰腾造船厂建造的60英尺“绿色海洋号”游艇

广东南国游艇与零配件交易中心是珠海市南国投资有限公司在政府大力支持下全力打造的国内首家专业化、大规模、功能齐全的游艇与零配件专业交易市场。交易中心吸引国内外游艇设备、零配件、电子设备、原材料等配套企业和贸易商进驻，是游艇制造企业与消费者、整船厂商与配件材料商之间的综合交易平台

珠海市平沙第一中学

珠海市平沙美平广场及平塘桥

位于珠海市平沙镇的海泉湾大酒店外景

（珠海市平沙镇人民政府供稿）

2009年，广东省住房和城乡建设厅组织开展了全省工程勘察设计评优、全省优秀建筑设计作品展示和繁荣建筑设计创作高峰论坛等活动，加强行业调研和积极推动粤港澳合作，促进了勘察设计行业的融通、交流与合作。

深圳市深港西部通道口岸旅检大楼在国内第一次采用深港联合的“一地两检”模式，建成后将成为世界上同类口岸中最大的现代化、智能化口岸。该项目获2009年度广东省优秀工程勘察设计一等奖（办公楼、学校类）（深圳市住房和建设局供稿）

潮州市金山大桥获2009年度广东省优秀工程勘察设计一等奖（道桥、公共交通类）（潮州市住房和城乡建设局供稿）

广州市猎德污水处理厂获2009年广东省优秀工程勘察设计一等奖（园林景观、市政公用类）（广州市城乡建设委员会供稿）

佛山市世纪莲体育中心获2009年广东省优秀工程勘察设计一等奖（专项类）（佛山市住房和城乡建设局供稿）

惠州市抽水蓄能电站获2009年广东省优秀工程勘察设计一等奖（岩土工程、水文地质勘察类）（惠州市住房和城乡规划建设局供稿）

广州市天河城东塔获2009年广东省优秀工程勘察设计一等奖（办公楼、学校类）（广州市城乡建设委员会供稿）

2009年，广东省住房保障覆盖面扩大，从实现城镇低保住房困难家庭廉租住房保障应保尽保，全面扩大到城镇低收入住房困难家庭。通过实物配租、租赁补贴、租金核减等方式，全省新增对3.55万户城镇低收入住房困难家庭实施廉租住房保障，其中实物配租1.58万户，租赁补贴1.97万户；新增对1.26万户符合经济适用住房条件的低收入住房困难家庭提供经济适用住房；全省共筹集公共租赁住房 1667套，开工建设1.21万套。

2009年8月12日至13日，广东省建设厅副厅长陈英松（前中）率检查组到茂名市检查解决城镇低收入家庭住房困难工作（省住房和建设厅住房保障处供稿）

2009年1月11日，中山市举行首期廉租房钥匙移交仪式（高隽 摄）

2009年9月16日，肇庆市保障性住房工程开工（陆志研 摄）

2008年12月10日，广州市天河区车陂路危房改造项目水上新村竣工（广州市国土资源和房屋管理局供稿）

广东省的“三旧”（旧城镇、旧厂房、旧村庄）用地11.67公顷。“三旧”用地改造完成后，每年至少可以实现产值3800亿元，可为全省地方政府节省新增建设用地土地有偿使用费167亿元，地方政府集体可以获得土地出让收入4713亿元。广东省将“三旧”改造作为转变经济发展的一种方式，促使“三旧”改造向更高层次、更广范围、更好成效方面全面推进,实现从“旧城镇、旧厂房、旧村居”向“新城市、新产业、新社区”的转变。

2008年，由佛山市开关厂通过“三旧”改造建成的禅城区创意产业园（佛山市城乡规划局供稿）

2009年12月，正在施工的东莞市厚街镇“三旧”改造标志片区（东莞市住房和城乡建设局供稿）

2009年12月，改造中的珠海市前山夏村（吴长赋 摄）

2009年11月，湛江市廉江市十字路村新貌（湛江市住房和城乡建设局供稿）

2009年，广东省住房和城乡建设厅深入开展学习实践科学发展观活动。厅党组书记、厅长、厅学习实践活动领导小组组长房庆方作总结，认为学习实践活动取得三方面成效：一是党员干部对科学发展观有新认识；二是推动城乡建设事业科学发展有新思路、新举措；三是转变机关作风取得实质性进展。

2009年11月11日，广东省副省长林木声（左）与省住房和城乡建设厅厅长房庆方（右）为省住房和城乡建设厅揭牌（省住房和城乡建设厅办公室供稿）

2009年12月31日，广东省住房和城乡建设厅厅长房庆方（右二）专程到第三批学习实践活动联系点——梅州市丰顺县留隍镇，开展学习实践科学发展观活动和扶贫开发“规划到户责任到人”工作（省住房和城乡建设厅机关党办供稿）

2009年3月3日，广东省建设厅召开深入学习实践科学发展观活动总结大会（省住房和城乡建设厅机关党办供稿）

2009年9月17日，广东省住房和城乡建设厅副厅长刘锦红（右二）向梅州市大埔县西河镇东塘村“儿童流动图书室”捐赠图书（省住房和城乡建设厅机关党办供稿）

2009年12月28日，广东省住房和城乡建设厅党组书记、厅长房庆方参加广东电台举办的“民声热线”活动（省住房和城乡建设厅办公室供稿）

2009年，广东省建设系统结合民主评议政风行风工作，积极开展“转变作风抓落实”主题实践活动。同时，把社会主义核心价值体系融入精神文明建设工作全过程，加强思想道德建设，提高住房和城乡建设系统干部职工文明素质和行业文明程度，为塑造住房城乡建设部门良好形象，促进住房和城乡建设事业健康发展发挥积极作用。

2009年11月3日，广东省住房和城乡建设厅召开政风行风面对面评议大会（省住房和城乡建设厅纪检监察室供稿）

2009年11月27日，广东省建设系统政研会粤东片研讨会在河源市举行（省住房和城乡建设厅机关党办供稿）

2009年，广东省住房和城乡建设行业信息化建设取得重大成果，全省住房和城乡建设系统企业信息库、人才信息库、标准信息库及行政服务平台（简称“三库一平台”）为一体的信息管理服务系统的建设和运行是一个重要的标志，对加强行业管理，推进政务公开和社会监督，提高政府机关行政效能和服务水平，促进行政许可工作实现程序化、制度化和信息化具有重要作用。

2009年7月1日，广东省建设系统“三库一平台”管理信息服务系统研发成功并正式启动运行，省建设厅厅长房庆方在启动仪式上讲话

2009年7月1日，广东省建设系统“三库一平台”管理信息服务系统开发成功并正式启动运行，广东省建设厅领导与该项目组人员合影。后排为省建设厅厅长房庆方（中）、副厅长陈承旗（左四）、副厅长李台然（右五）、副巡视员李新建（左三）、副巡视员李运章（右四）

2009年11月12日，广东省住房和城乡建设厅副厅长杜挺（左二）视察省建设信息中心，与省建设信息中心领导讨论全省建设系统信息化规划与建设工作

“三库一平台”管理信息服务系统应用培训班

（省建设信息中心供稿）

2009年，广东省建设科技工作取得显著成绩。全省建设系统获2009年度国家华夏建设科学技术奖15项，广东省科学技术奖14项；通过科技成果鉴定159项；发布和推广16项省建设行业技术成果；有14人获得全国建筑业优秀企业家称号，1492人通过建筑专业职称评审，32000名技术工人通过考核并取得资格证书。

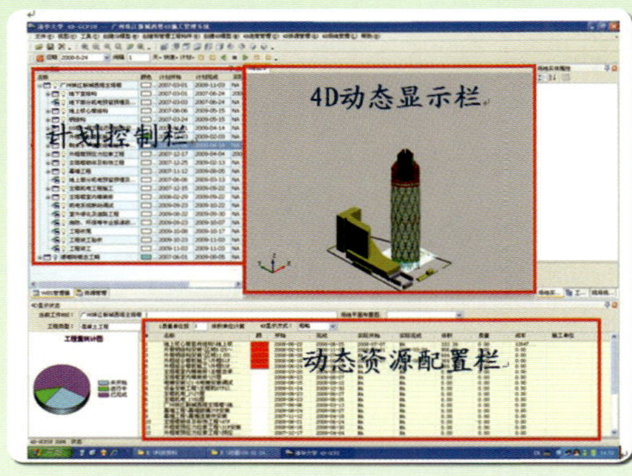

"基于IFC标准的建筑工程4D施工管理系统的研究和应用"获得2009年华夏建设科学技术奖一等奖

《城市轨道交通工程项目建设标准》获得2009年华夏建设科学技术奖一等奖

《建筑节能工程施工质量验收规范》（GB50411—2007）获得2009年华夏建设科学技术奖一等奖

"广州大学城集约化建设中节能、环保、数字技术的集成应用"获得2009年广东省科学技术奖一等奖

"聚羧酸系（KJ-JS）高性能减水剂的研发与生产应用"获得2009年广东省科学技术奖三等奖

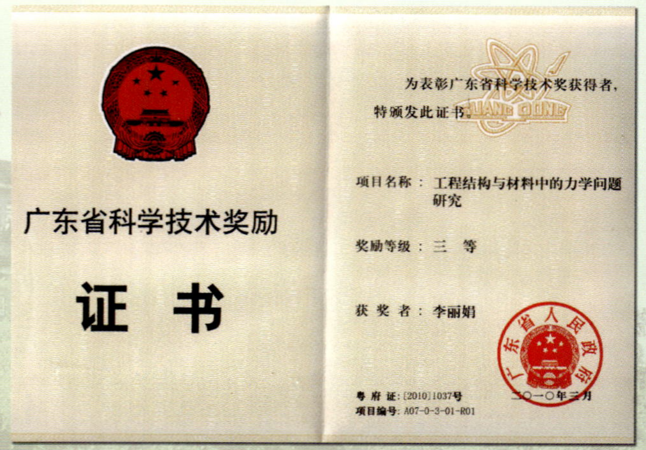

"工程结构与材料中的力学问题研究"获得2009年广东省科学技术奖三等奖

（省住房和城乡建设厅科技教育处供稿）

特辑

□ 扩内需促增长，大力推进城乡建设

□ 珠江三角洲绿道网规划建设启动

□ 建设宜居城乡迈开新步伐

□ 保障性安居工程建设任务完成

扩内需促增长 大力推进城乡建设

【简述】 2008年以来，为应对国际金融危机冲击、保持经济平稳较快发展，国务院出台扩大内需的10项措施，加快民生工程、基础设施、生态环境保护等方面的建设。中共广东省委、省政府迅速贯彻落实中央的决策部署，制定出台广东进一步加大投资力度扩大内需的16项政策措施。为确定全省建设宜居城乡和城市化发展的阶段性目标，广东省住房和城乡建设厅在研究国内外建设宜居城乡经验和收集全省21个地级市建设宜居城乡有关情况的基础上，于2009年11月组织撰写《加快建设宜居城乡，推动扩内需促增长研究报告》（简称《研究报告》），进一步明确广东宜居城乡建设的目标和任务，匡算宜居城乡建设拉动的投资规模，提出公交系统及重点新区建设、“三旧”改造、垃圾和污水处理设施建设、保障性住房建设、区域绿道建设、步行系统及滨水空间建设、“万村百镇”整治等宜居城乡建设七大重点领域，以及六条配套政策建议。《研究报告》得到广东省委书记汪洋的肯定，主要内容被纳入2010年1月召开的广东省委十届六次全会的工作报告和会后印发的《中共广东省委、广东省人民政府关于实施扩大内需战略的决定》。宜居城乡建设七大重点工程中的城中村改造、“万村百镇”整治、城镇保障性安居工程、垃圾处理设施建设、珠三角绿道建设等五个项目已打包列入2010年的广东省重点工程项目。

【公交系统及重点新区建设】 《研究报告》提出，广东要依托公交枢纽建设城市新区，实施公交优先发展战略，推行以公交为导向的城乡建设模式，将新区开发作为引导城乡功能升级和完善的重要节点。2010年，在珠江三角洲及粤东西北地区有条件的市的区域性交通枢纽地区选择启动1~2个重点新区，每个新区平均完成1平方千米的建设规模，全年新区面积约达18平方千米；全省新增城际轨道176千米，地铁225公里。2010~2012年，全省各市启动2~3个新区，每个新区平均每年完成1平方千米的建设规模，全省新区面积约达60平方千米；全省新增城际轨道274千米，地铁479公里，BRT线网190千米。该重点领域预计共投资2052亿元。

【“三旧”改造】 广东要利用享有的“三旧”（旧城镇、旧厂房、旧村庄）改造有利政策，更新改造城中村、旧城镇和旧厂房，更新完善公共服务设施，合理设置商业、金融、教育、文化、卫生等服务设施，全面推进建筑节能工作，满足人们改善生活质量的需求。2010年，全省启动100个城中村改造，其中珠江三角洲70个；启动21个旧城镇改造示范点；完成400公顷旧厂房改造示范点；珠江三角洲每个城市完成10个智能化社区建设。2010~2012年，全省完成200个城中村改造，其中珠江三角洲140个；完成21个旧城镇和1400公顷旧厂房改造示范点；全省完成300个智能化社区建设。该重点领域预计共投资2540亿元。

【垃圾和污水处理设施建设】 广东要高度重视垃圾、污水处理设施建设，实行垃圾、污水处理目标责任制，加大处理设施建设的投入。2012年，全省城镇生活垃圾无害化处理率达到80%以上，城镇生活污水处理率达到65%以上；其中珠江三角洲地区城镇生活垃圾无害化处理率达到85%左右，城镇生活污水处理率达到80%左右。该重点领域预计共投资432亿元。

【保障性住房建设】 通过新建、收购、改建以及鼓励社会捐赠等方式多渠道增加廉租住房供应，扩大廉租住房的覆盖面，满足广大群众多层次的住房需求。2010年，广东计划建设包括廉租住房、经济适用住房、政策性租赁住房在内的保障性住房近7万套，解决近7万户符合保障条件的城镇住房困难家庭住房问题；培训失业和在岗农民工、农村劳动力200万人次。2010~2012年，全省城镇低收入住房困难家庭基本能够享受廉租住房保障或购买经济适用住房，建设保障性住房20万套（其中，廉租住房75000套，经济适用住房79000套，政策性租赁住房46000套），人均住房面积达到12平方米；培训失业和在岗农民工、农村劳动力600万人次。该重点领域预计共投资618亿元。

【区域绿道建设】 建设区域绿道和绿色开敞空间，构建生态休闲游憩空间，发展观光农业和生态旅游业，增加农业就业机会，促进城乡居民生活品质提高。2010年，广东城镇人均公园绿地面积达11.5平方米，其中珠江三角洲人均达12平方米；建成区域绿道约324千米，其中珠江三角洲地区180千米。2010~2012年，全省城镇人均公园绿地面积12平方米，其中珠江三角洲人均达12.5平方米；建成区域绿道约972千米，其中珠江三角洲地区540千米。该重点领域预计共投资159亿元。

【步行系统及滨水空间建设】 完善步行、水岸等城镇公共空间系统，通过河流治理、绿化改造和历史文化保护与利用，推进城镇绿化、美化，逐步实现城镇景观设计艺术化。2010年，广东饮用水源水质达标率要达到95%以上，80%以上的国控、省控断面按功能达标，近岸海域环境功能区达标率达到90%以上。在河道综合整治的基础上，建设30千米以上、宽度不小于150米的滨水区，其中珠江三角洲地区每个市完成一段2千米以上的滨水区；粤东西北地区每个城市完成一段1千米以上的滨水区。全省人均步行道面积达0.6平方米。到2012年，全省饮用水源水质达标率达到96%，国控、省控断面水质达标率超过80%。在河道综合整治的基础上，建设90千米以上、宽度不小于150米的滨水区；其中珠江三角洲地区每个市完成一段6千米以上的滨水区；粤东西北地区每个市完成一段3千米以上的滨水区。全省人均步行道面积达0.7平方米。该重点领域预计共投资646亿元。

【六条配套政策建议】 《研究报告》提出，为加快建设宜居城乡，推动扩内需促增长，广东应当实施如下六条政策：一是采用专项资金和竞争性资金扶持等手段，加大政府在宜居城乡建设领域的投入。继续争取国家资金支持广东大型基础设施项目建设。广东省政府向中央申请债券发行规模，根据省内各市的项目申报及建设宜居城乡工作绩效考核的排名情况在各市中进行分配。健全财力与事权相匹配的体制，理顺各级财政收入分配关系。建立专项财政扶持资金，对欠发达地区在住房保障、垃圾污水处理设施建设、城中村改造、农村整治等方面加大支持力度，加大对非盈利、公益性工程项目的支持力度。完善竞争性扶持资金管理制度，在区域绿道建设、宜居城镇和宜居村庄试点等领域，采用地方申报，省政府组织评选，优胜者获得资金的方式，鼓励各地积极参与宜居城乡建设的各项行动。二是通过多种形式的政府和企业合作方式，吸引社会资本投入到宜居城乡建设项目。改革财政对公共服务设施建设的直接投入，采取财政补助、贴息、投资参股、以物代资、先建后补、奖补结合等激励方式，逐步建立以财政资金为引导、社会资本广泛参与的多元投入体系。采用多种公私合作模式（PPP）推动政府和企业合作，吸引社会资金对公共服务设施建设的投入。完善公共服务设施建设与营运的市场机制，创新投融资机制。三是促进行政管理权限重心下移，实行扩权强县、强镇，提高基层政府社会管理和公共服务能力。扩大基层政府的财政权。建立省直管县财政体制，增强省财政直接调控和统筹地区发展的能力，实现省县补助、资金、专款等直接对接，从制度上减少管理层级，降低管理成本，提高行政效率。扩大部分经济发达县（市）、镇经济管理权。继续调整行政区划，因地制宜地扩大城镇规模，减少城市管理层级和行政管理成本，减少城市内部的同位、同质竞争。四是实行有利于加快城市化的人口政策，实现人口管理从“控制迁移”向“管理迁移”转变。放宽城镇入户条件，鼓励和引导当地农村剩余劳动力进入城市或新市镇就业和居住，促进农村人口城市化。简化人才准入手续，促进外来人口本地化。完善福利“一卡通”制度，实现社保全省无障碍转移。对外来务工人员实行奖励政策。五是推进土地挖潜与整理，鼓励集体建设用地流转，实现城乡土地规模化、集约化使用。积极推进城镇建设用地增加与农村建设用地减少挂钩，促进城乡土地的集约利用。建立城乡统一的建设用地市场，推进集体建设用地使用权多形式流转。采用“土地换社保、农民变市民”方式，加快城乡建设用地置换。六是建立宜居城乡创建工作绩效考核机制，推动宜居城乡创建活动的广泛深入开展。从城镇住房保障指数、宜居社区指数、环境综合治理指数、绿色开敞空间指数、基本公共服务保障指数、交通便捷指数、文体设施指数、节能节地指数、基本社会保障指数、治安维稳指数等十个方面，建立与宜居城乡建设紧密衔接的政绩评价标准与机制，实现对宜居城乡建设的动态指导与监控。 *（李海涛）*

珠江三角洲绿道网规划建设启动

【简述】 绿道（greenway），是沿着河滨、溪谷、山脊线、风景道路等自然和人工廊道建立的绿色开敞空间，是以生态系统作为基底，以绿化作为标志，具有生态多样性，可循环的，能够满足休闲、运动需求的慢行系统。由众多区域绿道、城市绿道和社区绿道组成的绿道网是城乡、区域生态网络系统的重要组成部分，集环保、运动、休闲、旅游等功能于一体，是一种能将保护生态、改善民生与发展经济完美结合的有效载体。2009年，为推动绿道网建设先行先试，广东省住房和城乡建设厅做了大量卓有成效的工作。中共广东省委、省人民政府高度重视和充分肯定绿道规划建设，在省委十届六次全会上作出全面部署，提出按照“一年基本建成，两年全部到位，三年成熟完善”的工作目标，在珠三角率先推进总长约2000千米的省立绿道建设，将其建设成为广东省落实科学发展观、建设宜居城乡、惠及广大百姓的标志性工程。

【珠江三角洲绿道网建设背景】 根据中共广东省委、省人民政府《关于贯彻实施〈珠江三角洲地区改革发展规划纲要〉的决定》和《〈珠江三角洲地区改革发展规划纲要〉实施方案》的工作部署，广东省住房和城乡建设厅负责牵头开展珠三角区域绿地划定工作，并研究制定《珠江三角洲地区区域绿地规划建设管理办法》。

为科学高效、深入细致地推进珠三角区域绿地划定工作，妥善解决珠三角“生态廊道”不连续、“生态斑块”被孤立的普遍性问题，省住房和城乡建设厅组织编制单位开展了大量实地调研和研讨，创造性地提出“绿道”概念，并将其作为先行推进区域绿地划定工作的突破口。按照这一工作思路，结合推进城市化扩大内需课题研究和宜居城乡建设，省住房和城乡建设厅联合省委政研室起草了《关于借鉴国外经验率先建设珠三角绿道网的建议》，提出按照“在发展中保护，在保护中发展”的原则，在珠江三角洲地区率先构建融合生态、环保、教育和休闲等多种功能的绿道网络体系，逐步形成联系城镇与外部、城镇与乡村的绿色串联网络，解决珠三角生态保护和生活休闲一体化建设中存在的结构性生态廊道保护体系缺失的问题，增强郊外生态休闲场所的可达性，满足城乡居民日益增长的亲近自然、休闲游憩的生活需求，为应对国际金融危机进一步扩内需促增长提供新载体，为推动区域生态保护和生活休闲一体化以及建设广东宜居城乡奠定基础，增强珠三角地区的可持续发展能力。建议提出，绿道是一种线形绿色开敞空间，通常沿着河滨、溪谷、山脊线、风景道路等自然和人工廊道建立，内设可供行人和骑车者进入的景观游憩线路，连接主要的公园、自然保护区、风景名胜区、历史古迹和城乡居民居住区等。绿道主要由人行步道、自行车道等非机动车游径和停车场、游船码头、租车店、休息站、旅游商店、特色小食店等游憩配套设施及一定宽度的绿化缓冲区构成。根据需要，绿道外围还可以划定一定范围的生态敏感区或农业生产用地作为城市生态廊道或组团隔离带。

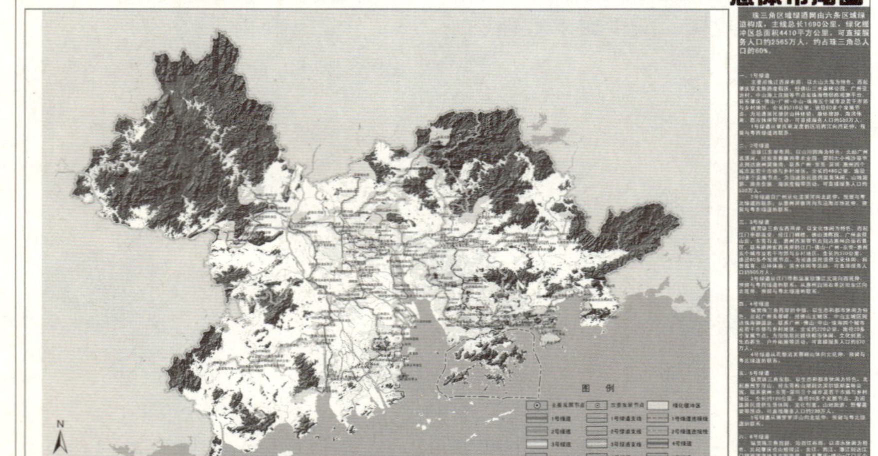

▲*珠江三角洲绿道网总体规划纲要总体布局图*

省住房和城乡建设厅城乡规划处供稿

该建议得到中共中央政治局委员、省委书记汪洋的充分肯定，作出了“同意所拟，可否拍一部说理性、可视性很强的专题片，什么时候各市主要领导来省参加会议时放一下，然后发一份材料，省领导再提提要求，把这项工作部署下去。请酌办”的重要批示。黄华华省长也称赞“此建议很好”，要求省住房和城乡建设厅会同省直有关部门研究提出率先建设珠三角绿道网的意见。为此，省住房和城乡建设厅向省政府报送了《关于先行开展珠三角绿道网规划建设工作的请示》，提出将规划建设珠三角绿道网作为区域绿地划定工作的突破口，先行开展，省长黄华华、副省长黄龙云和林木声批示同意，并明确要求省住房和城乡建设厅于2009年底前编制完成《珠江三角洲绿道网总体规划纲要》。

▲*2009年11月30日，广东省住房和城乡建设厅召开珠江三角洲绿道网规划建设工作会议*

省住房和城乡建设厅城乡规划处供稿

【广泛宣传，推介绿道建设】

2009年，广东省住房和城乡建设厅将珠江三角洲绿道网作为推进全省宜居城乡建设工作的重要内容之一，通过报纸、杂志等媒体多次向社会和公众普及绿道建设的基本常识。8月10日，省住房和城乡建设厅通过《南方日报》刊载了打造珠三角6条区域绿道的规划设想，引发了广泛热议。同时，为认真落实汪洋书记的重要批示精神，本着突出说理性和可视性，形象、生动地反映绿道网建设的意义、理念和前景的原则，省住房和城乡建设厅于8月下旬起会同省委政研室、广州市城市规划勘测设计研究院等单位开展了绿道建设专题片的制作工作，并在11月下旬完成了专题片《绿道——建设广东宜居城乡的希望之路》。期间，副省长林木声高度重视，提出了重要的指导意见，省住房和城乡建设厅主要领导和分管领导亲力亲为，深入到第一线组织推动工作，多次召集规划设计专家、制作工作组研讨工作方案，组织起草并审改解说词，提供并比选图像资料等，保证了工作的进度和质量。

【专题研究，汪洋书记亲自部署】

2009年11月24日，中共中央政治局委员、广东省委书记汪洋召集省直有关部门负责人召开会议，审看绿道建设专题片初稿，听取省住房和城乡建设厅厅长房庆方关于珠三角绿道网规划建设工作情况的汇报。汪洋书记对绿道建设专题片作出了“做得很好，超出想象，意犹未尽”的高度评价，并提出要将珠三角绿道网规划建设工作纳入省委十届六次全会的战略部署，作为推进全省宜居城乡建设的重要内容。汪洋书记指出，要按照“一年基本建成，两年全部到位，三年成熟完善”的工作目标和“统一规划，设定标准；分市建设，限期建成；以人为本，各显其能”的工作原则，加快推进绿道网建设工作。汪洋书记强调，要将绿道网建设放在和（城际）轨道建设同等重要的位置，建设两道工程，实现科学发展，将珠三角绿道网建设成为广东省落实科学发展观、建设宜居城乡、惠及广大百姓的标志性工程。与会的省委办公厅、省委政研室、省发改委、财政厅、国土厅、环保厅、交通厅等部门均充分肯定了规划建设珠三角绿道网的工作设想，并表示将予以充分支持和配合。副省长林木声在会上提出了生态化、本土化、多样化、人性化的绿道建设原则。

【规划先行，科学设定目标】 做好规划，统筹建设布局与时序，从小到大，由线至面，建立多级绿道网络，是绿道网建设成功的关键。2009年10月起，广东省住房和城乡建设厅统筹组织珠三角各市规划主管部门和规划编制单位，以及广东省城乡规划设计研究院、广州市规划勘测设计研究院和深圳市北林苑景观及建筑规划设计院，按照省市互动、城市联动的方式利用短短两个月的时间，超常规地编制完成《珠江三角洲绿道网总体规划纲要》。2010年2月11日，省政府批复同意了《珠江三角洲绿道网总体规划纲要》，明确要求按照“省统筹指导，地方政府建设为主”的原则，省市共同推进珠三角绿道网建设。

《珠江三角洲绿道网总体规划纲要》在系统分析珠三角资源要素、城乡发展布局、生态环境保护、区域交通网络建设、各城市发展意愿的基础上，遵循生态化、本土化、多样化、人性化的原则，提出珠三角绿道网的总体布局、主要功能、线路走向、建设规模和设施配套等内容，为在珠三角地区率先构建由区域绿道（省立）、城市绿道和社区绿道组成的三级绿道网络提供依据。《珠江三角洲绿道网总体规划纲要》提出，从2010年起用3年左右时间，在珠江三角洲地区率先建成总长约2000千米的6条区域绿道，构成珠三角绿道网的主体框架。具体建设任务包括：2010年底前，全线贯通省立绿道的“慢行道”系统，其中，70%省立绿道要做到既有“绿”，又有“道”，并配备标识系统和安全、卫生等重要设施。2011年底前，珠三角省立绿道全部建成并投入使用。同时，城市绿道、社区绿道的建设也全面铺开，初步构成以“绿色出行”为特征的“绿色生活网络”。2012年底前，珠三角省立绿道的各项设施配套完善，省立绿道、城市绿道、社区绿道实现有机衔接，珠三角绿道网作为一项集生态、民生、环保、经济于一体的标志性工程全部完成，并开始向广东省的东、西、北地区延伸。

珠江三角洲各市根据《珠江三角洲绿道网总体规划纲要》的要求开展本市绿道网规划设计工作，落实和优化省立绿道的具体走向、建设里程和内容等，注重突显本地自然风貌，发掘历史人文内涵，为建设风格各异、特色明显、精彩纷呈的珠三角绿道网提供科学蓝图。如广州市在绿道网建设中坚持“四结合”，即结合城市步行道系统和轨道交通系统，结合河涌整治，结合“青山绿地”工程、“创建园林城市”、“创建森林城市”，结合各类旅游资源；深圳市率先提出区域、城市、社区三级绿道网的服务时距标准，市民5分钟可达社区绿道，15分钟可达城市绿道，30~45分钟可达区域绿道；珠海市提出“三边”、“三因”、“三不”和“六型绿道”，在绿道网建设过程中充分利用原废弃地段、垃圾堆放场等，将其改造为休闲驿站或观景平台；佛山市将绿道建设与“三旧”改造和村庄整治结合起来，在环境优美、水乡景观集中的地区选线，明显改善了村容村貌，充分体现了水乡特色；东莞市坚持原生态、原产权、原居民、原民俗的“四原保护”原则，建设滨水绿道环、都市绿道环、山林绿道环的“三环山水绿道”，并利用荒坡地、旧厂房、旧民居等建设停车场、休息室、卫生间、便利店等旅游服务设施；中山市结合各镇区旅游产业规划及新农村建设，绿道网串连了“村（翠亨）”、“城（主城区）”、“山（五桂山）”、“水（民众水乡）”等主要景观；江门绿道建设重点突出了山水历史人文特色，将滨江山水葵林、世界文化遗产碉楼与历史文化古村落等景点串联起来，体现了侨乡特色韵味；肇庆市绿道网建设坚持与良好的自然生态与深厚的历史文化资源结合；惠州市积极利用沿海步行栈道、观光道、乡村小路等打造特色各异的绿道。

【加强研究，提供技术支持】 针对绿道建设在统一规划、资金筹措和维护管理等方面可能出现的问题，广东省住房和城乡建设厅组织相关技术单位开展了《珠三角区域绿道（省立）规划设计技术指引》、《珠三角绿道网示范段建设工作指引》、《珠三角绿道网规划建设管理制度研究》等基础研究工作，旨在从技术、管理和政策等方面保障绿道网建设的顺利推进。2009年11月8日，省住房和城乡建设厅印发了《珠三角区域绿道（省立）规划设计技术指引》（试行）。

《珠三角区域绿道（省立）规划设计技术指引》旨在确保规划设计单位和建设管理单位在开展区域绿道（省立）规划、设计、建设时，准确理解规划理念、原则和方法，把握好设计要点、成果控制、工程施工、后期养护等有关环节的关键问题。

【统一思想，提前部署筹备】 为推动各地尽快启动珠三角绿道网建设工作，2009年11月30日，广东省住房和城乡建设厅召集珠三角各市规划局、规划院召开珠三角绿道网规划建设工作会议暨珠三角城市规划局局长联席会议，省住房和城乡建设厅厅长房庆方出席会议并作重要讲话。会议要求，珠三角各市要按照“省统筹指导，地方政府建设为主”的原则，进一步提高认识，迅速行动，未雨绸缪，尽快组织开展推进绿道网规划建设的相关工作，切实落实汪洋书记关于珠三角绿道网规划建设工作的重要指示精神。各市要结合本地实际，严格按照多样化、本土化、生态化和人性化原则，充分发挥主观能动性和创造性，边学边干、大家比着干，探索走出各显其能、各具特色的绿道网建设好路子。会后，省住房和城乡建设厅专门致函珠三角各地级以上市人民政府，促请各市切实加强领导，抓紧谋划、筹备珠三角绿道网规划建设工作。 *（高磊）*

宜居城乡建设迈开新步伐

【简述】 中共广东省委十届三次全会以来，建设宜居城乡成为广东省全面改善和发展民生的重大战略。广东省委、广东省人民政府《关于争当实践科学发展观排头兵的决定》和国务院批准的《珠江三角洲地区改革发展规划纲要（2008~2020年）》明确提出了建设宜居城乡的总体目标，并要求以此作为促进广东省增创新优势，更上一层楼，进一步发挥对全国辐射带动作用和先行示范作用的重要举措，践行科学发展观。2009年，在省委、省政府的正确领导下，省住房和城乡建设厅组织开展了一系列卓有成效的工作，有力推动和加快了全省宜居城乡建设步伐。

【总体目标】 根据中共广东省委办公厅《关于起草落实省委十届三次全会精神有关配套文件会议纪要》（2008年8月25日）的要求，省住房和城乡建设厅会同省直有关部门共同起草了《关于建设宜居城乡的实施意见（代拟稿）》。2009年7月，省委、省政府办公厅印发《关于建设宜居城乡的实施意见》，明确广东省建设宜居城乡的总体目标：力争用十年左右的时间，将广东省建设成为安居、康居、乐居、具有岭南特色的宜居城乡，即城乡居民享有基本的生活居住空间和均等的公共空间资源，住有所居；享有清洁的生活生产环境和较完善的公共服务，生活舒适便利；享有良好的社会秩序和民主法制环境，安居乐业；物质、精神、政治和文化生活不断丰富，城乡居民逐渐凝聚成为秩序良好、活力充足、参与度高的社会共同体。《关于建设宜居城乡的实施意见》的出台，为全省各地开展宜居城乡建设提供了行动指南。

【动员部署】 2009年9月23日，广东省宜居城乡建设工作联席会议正式建立，第一召集人由广东省副省长林木声担任，省住房和城乡建设厅为召集单位，成员单位包括省委宣传部、省发展和改革委员会等十余个省直有关部门。9月27日，广东省副省长林木声主持召开全省宜居城乡建设工作联席会议第一次会议，对宜居城乡创建活动的有关工作，特别是对如何开展绩效考核，进行了研究部署。全省宜居城乡建设工作联席会议制度的建立，加强了省直各部门的沟通协调，营造了齐抓共管的良好氛围。

【绩效考核】 根据中共中央政治局委员、广东省委书记汪洋关于对各市建设宜居城乡工作进行考核排名的重要指示精神，2009年，广东省住房和城乡建设厅组织广东省城乡规划设计研究院等研究机构开展了《广东省创建宜居城乡工作绩效考核办法（试行）》、《广东省宜居城镇、宜居村庄、宜居社区考核指导指标（2009~2012）》和《广东省宜居环境范例奖申报和评审办法（试行）》等文件的研究制订工作。计划2010年起，从创建实绩、组织保障和公众满意度三个方面对21个地级以上市政府宜居城乡创建工作的绩效进行考核，并将排名向社会公布。在创建实绩方面，选取了城镇住房保障指数、宜居社区指数、环境综合治理指数、绿色开敞空间指数、基本公共服务保障指数、交通便捷指数、文体设施指数、节能节地指数、基本社会保障指数、治安维稳指数等10项宜居指数，既体现了宜居城乡建设的主要内容，也反映了省委、省政府当前对各市党委、政府的主要工作要求（这些指数属于动态指标，今后将根据省委、省政府不同时期的不同工作要求而作出相应的调整）。至年底，上述文件已送省宜居城乡建设工作联席会议成员单位和各市征求意见。

【试点先行】 按照《关于建设宜居城乡的实施意见》的要求，根据不同类型城乡的差异性和发展要求，广东省住房和城乡建设厅将有一定经济基础、有代表性和示范性的中山市、梅州市，汕头市东里镇等10镇，以及湛江市石城镇十字路村等20村，分别作为“宜居城市”、“宜居城镇”和“宜居村庄”创建试点，以点带面，示范带动全省宜居城乡创建活动的广泛开展。在省住房和城乡建设厅的具体指导下，大部分试点根据各自的实际制定了周详的工作方案，作出了有益的探索。如中山市提出了让城乡建有所谋、让人民住有所适、让环境居有所安、让社会行有所畅的宜居城乡创建思路；梅州市提出了以绿色崛起理念统筹城乡规划、以“三名城”（生态、文化、平安名城）活动为抓手推进城乡建设、以省市共建为契机探索宜居城乡建设新路的工作设想；番禺区大岗镇从经济发展、城乡规划、环境建设、民心工程、制度建设五方面入手，打造富有岭南水乡特色的宜业宜居生态文明新城镇；廉江市石城镇十字路村经过多方勘测和重新规划，从山坳中搬迁到平坦地带进行新村建设，现代、美丽、宜居的新村面貌已逐步显现。

【宣传报道】 2009年8月10日，广东省建设厅在《南方日报》以整版篇幅刊登了题为《践行科学发展观全面建设宜居城乡》的专题报道，系统地阐述了建设宜居城乡的重大意义，介绍国内外建设宜居城乡的成功经验，推介部分宜居城乡创建试点的创建成果，并发布广东省将对各市建设宜居城乡工作绩效进行考核、排名的消息。这一报道，引起了全社会的广泛关注，特别是各级地方政府的高度重视，起到了很好的宣传效果。此后，省建设厅陆续联合《南方日报》、《广东建设报》、粤建网等媒体广泛开展建设宜居城乡宣传报道和问卷调查活动，引起社会的热烈反响，提高了全社会对宜居城乡建设的关注度，营造了良好的舆论氛围。

【全省建设宜居城乡工作现场会暨第十一期书记（市长）城市建设专题研究班】 2009年10月10日，全省建设宜居城乡工作现场会暨第十一期书记（市长）城市建设专题研究班开班仪式在中山市举行，贯彻落实 国务院颁布的《珠江三角洲地区改革发展规划纲要》和《关于建设宜居城乡的实施意见》，总结交流宜居城乡建设工作经验，部署开展宜居城乡创建活动，全面推进建设宜居城乡工作。省委副书记、省长黄华华，省委常委、组织部部长胡泽君出席会议并讲话，副省长林木声主持会议。与会代表现场参观了中山市的宜居城乡建设情况。

黄华华强调，当前和今后一段时期广东省推进宜居城乡建设，必须深入贯彻落实科学发展观，全面实施国务院批准的《珠江三角洲地区改革发展规划纲要》，坚持以不断改善民生为主线，以强化规划综合调控为基础，以创造良好人居环境为重点，以开展宜居城乡创建活动为手段，科学统筹，突出重点，真抓实干，努力建设可居、逸居、康居、安居并具有岭南特色的宜居城乡，探索走出一条具有广东特色的宜居城乡建设新路子。在具体工作中要做到“五个突出”：一是突出科学规划，打造一体化发展的宜居城乡。要创新城乡规划理念，加强规划衔接，逐步实现以主体功能区规划为基础，经济社会发展规划、城乡总体规划、土地利用规划“三规合一”的综合性空间规划体系；要强化一体化规划，构建珠三角和东西北宜居城乡建设新格局；要积极推行“阳光规划”，充分听取城乡居民意见，依法保障城乡居民的知情权、参与权、表达权和监督权，提高规划的透明度和可操作性。二是突出住房建设保障，打造安居乐居的宜居城乡。各地要以推进宜居城乡建设为契机，不断完善住房保障制度，科学构建与经济社会发展水平及不同收入群体相适应的住房梯度供应和多层次住房保障体系，更好地满足人民群众的住房需求。要认真解决中低收入群体的住房困难问题，促进房地产市场健康发展，积极改善农村居民的居住条件。三是突出改善人居环境，打造设施及服务配套完善的宜居城乡。要加快推动城乡道路交通、能源、通信、环保等基础设施建设，夯实宜居城乡建设基础，狠抓城乡污水和垃圾处理设施建设；要注重生态环境建设和保护，把生态建设理念贯穿于宜居城乡建设的方方面面，严格实施环保规划，大力推进环境保护和生态建设；要注重完善城乡基本公共服务，根据人口规模、人口结构与分布、设施服务半径，合理布局城乡教育、文化、卫生、体育等公共服务设施，建立以城带乡、覆盖面广、体系完备的社会服务网络。四是突出特色和品位，打造岭南特色的宜居城乡。城乡的文化品位和个性特色，决定着城乡的活力、吸引力和生命力。要突出文化、生态、特色等优势元素，注重塑造精品、名品；要注重地区差异性，把握好各地发展的内在要求，充分发挥当地的经济、环境、资源、人文等优势，因地制宜，积极探索，努力走出一条符合当地实际、各具特色的城乡建设发展道路。广东有许多承载岭南民俗民风的历史文脉，有不少古镇、古村落和非物质文化遗产，这些都是营造岭南特色宜居城乡的宝贵财富，必须尊重、保护并加以延续，决不能随意开发建设。五是突出创新管理，打造平安和谐的宜居城乡。要创新管理理念，积极学习借鉴先进国家和地区在城乡管理方面的经验做法，提高城乡社会管理水平；要创新管理方式，注重城乡管理的法制化、制度化建设；要推进依法管理，完善社会治安防控和公共安全保障体系；要推进民主管理，充分发挥群众的智慧和力量，鼓励他们积极参与到城乡建设和管理中来；要创新管理手段，大力推进社会信息化管理，积极打造“数字广东”。

黄华华要求，建设宜居城乡要加强领导、分工协作，科学考核、奖先惩后，广泛宣传、营造氛围，形成工作合力，共同推进宜居城乡的建设。

胡泽君作了开班动员讲话，对办好城建专题研究班提出要求：一要深入学习贯彻党的十七届四中全会精神，全面落实国务院批准的《珠江三角洲地区改革发展规划纲要》，把学习贯彻四中全会精神和实施《规划纲要》与研究班的主题有机结合起来，做到学以致用，融会贯通；二要树立正确的政绩观，大力推动宜居城乡建设，要把建设保持经济发展、社会进步、生态良好三者高度和谐，环境清洁、优美、舒适的宜居城乡作为各级党委政府的重要工作来抓，抓出成效；三要加强学习，切实提高领导干部自身素质，希望大家积极研究城乡建设的发展规律，学习借鉴发达国家和地区在推进城乡规划建设管理以及加强生态建设和保护等方面的经验与做法，不断提高领导和推进宜居城乡建设的能力和水平。

专题研究班为期5天，内容包括城镇化、住房保障、宜居建设、城市设计、节能减排、土地管理等方面。 *(高磊)*

保障性安居工程建设任务完成

【简述】 2009年是广东省保障性安居工程工作取得突破性进展的一年，全省各地贯彻落实国务院《关于解决城市低收入家庭住房困难的若干意见》和广东省人民政府《关于切实解决城镇低收入家庭住房困难的实施意见》，以及全省保障性安居工程工作电视电话会议的精神，按照住房和城乡建设部、国家发展和改革委员会等部门联合签署的《廉租住房保障办法》和《经济适用住房管理办法》的相关规定，进一步完善住房保障制度，加强住房保障政策研究，加快廉租住房和经济适用住房房源筹集，推进公共租赁住房制度建立，积极落实各类棚户区改造。通过制定规划、签订目标责任制，落实资金筹集、土地划拨、税费减免等优惠政策，加强保障性住房后续监督管理，初步建立一套行之有效的监督机制，确保全省保障性安居工程工作顺利推进。

【政府决策】 2009年2月18日，在全省建设工作会议上广东省省长黄华华提出："实现住有所居是十七大提出的战略任务。""我省今后三年要解决7万户符合廉租住房条件家庭的住房困难……重点抓好'五个落实'，即：落实目标责任，落实工作重点，落实建设条件，落实建设资金，落实优惠政策。"5月27日，广东省政府召开全省保障性安居工程工作电视电话会议。副省长林木声明确提出全省今后的工作目标任务为：一是争取用3年时间基本解决全省城镇低收入住房困难家庭住房及棚户区改造问题。二是争取用5至8年的时间，基本完成现有人居住的农村泥砖房（茅草房、危房）改造任务。其中，用5年左右时间基本完成农村危房改造任务。全省保障性安居工程工作在全省全面推开。

【规划编制】 2009年，广东省住房和城乡建设厅加强保障性安居工程规划编制。一是按照《珠江三角洲地区改革发展规划纲要（2008~2020）》的要求，全省各地加快了住房保障规划编制工作。广州、深圳、佛山、江门等市积极组织有关单位编制保障性住房建设规划（2009~2011年）。二是省住房和城乡建设厅会同省财政厅按照《珠江三角洲地区改革发展规划纲要（2008~2020）》的要求，对广东省基本住房保障均等化专题进行研究，制定了2009~2020年广东省基本住房保障均等化规划。三是省住房和城乡建设厅会同省财政厅，对广东省住房保障一体化专题进行研究，对2009~2020年广东省近期和中长期如何实现基本住房保障区域一体化、城乡一体化工作提出目标、政策和措施。根据全省住房保障规划，广东省将争取在2009~2011年基本解决全省城镇户籍7万户符合廉租住房保障条件的住房困难问题，试行建立政策性租赁住房制度。在2012~2014年全面解决对城镇户籍低收入且人均住房建筑面积10平方米以下家庭的住房困难问题，并逐步将非户籍常住人口中的低收入住房困难家庭纳入住房保障范围，逐步推行政策性租赁住房制度。在2015~2017年将住房保障基本覆盖人均住房建筑面积12平方米以下的城镇低收入住房困难家庭，实行政策性租赁住房制度。在2018~2020年解决人均住房建筑面积15平方米以下的城镇低收入住房困难家庭的住房问题，全面实行和完善政策性租赁住房制度。各类棚户区的改造规划也在积极编制中。

【机制建设】 2009年，广东省围绕健全住房保障体系，省、市、县各级领导，各级相关部门深入基层调研，检查并督促保障性住房的建设、分配情况，指导住房保障工作的开展。全省各地制定住房保障规划，加强宣传，组织召开人员培训会、经验交流会。通过举办保障性住房展览、住房保障宣传周、保障性住房建设奠基仪式、保障性住房摇珠分配仪式等方式大力宣传住房保障政策，使住房保障政策深入民心。各地相应成立住房保障机构，完善工作机构建设，建立住房保障信息系统，完善住房保障的工作机制，夯实了住房保障的工作基础。一是建立目标责任制。2009年1月，省建设厅按照省政府《关于切实解决城镇低收入家庭住房困难的实施意见》的要求，对各地级以上市政府2009年解决城镇低收入住房困难家庭责任目标进行了确认。2月18日，在全省建设工作会议上省长黄华华与各地级以上市市长签订《广东省2009年度解决城镇低收入家庭住房困难目标责任书》。各地级以上市及时以签订目标责任书的形式将任务分解到所辖县（市）区。二是建立全省解决城镇低收入家庭住房困难目标责任考核制度。2009年3月，省政府办公厅印发《广东省解决城镇低收入家庭住房困难工作目标责任考核办法》。8月，省住房和城乡建设厅印发《广东省解决城镇低收入家庭住房困难工作目标责任考核量化评分细则》，使考核工作进一步具体化。从2009年起，每年由省政府与各地级以上市政府签订目标责任书，并在第二年3月以前对各市政府进行考核，把考核结果纳入各市政府的政绩考核内容，把解决城镇低收入家庭住房困难工作情况作为市厅级领导干部落实科

▲2009年6月12日，中山市举行廉价住房抽签仪式　　中山市国土资源局供稿

学发展观考核指标体系的考核指标之一。三是建立督查工作机制。是年，省住房和城乡建设厅会同省监察厅、财政厅、国土资源厅、民政厅、物价局等部门针对各地工作的开展情况，组织一次全面检查，之后又对工作落后的地区开展3次专项督查，有力地促进了各地重视和加强住房保障工作。四是建立联席会议制度。2009年11月26日，省政府批准建立广东省保障性安居工程工作联席会议制度，由主管副省长任第一召集人，省政府主管副秘书长、省发展改革委主任、省住房和城乡建设厅厅长任召集人，省住房和城乡建设厅、发展和改革委员会、财政厅、监察厅、民政厅、国土资源厅、扶贫办、国资委、林业局、农垦局、审计厅、地税局、物价局、人民银行广州分行、银监会广东监管局等15个部门的领导为成员。联席会议制度的建立，加强了对住房保障工作的领导和协调。

【工作成效】 从2009年起，广东省住房保障覆盖面在实现城镇低保住房困难家庭廉租住房保障应保尽保的基础上，全面扩大到城镇低收入住房困难家庭。2009年通过实物配租、租赁补贴、租金核减等方式，全省新增对3.55万户城镇低收入住房困难家庭实施廉租住房保障，其中实物配租1.58万户，租赁补贴1.97万户；新增对1.26万户符合经济适用住房条件的低收入住房困难家庭提供了经济适用住房。2009年公共租赁住房建设也取得新进展，全省共筹集公共租赁住房1667套，开工建设1.21万套，为全省下一步推进公共租赁住房制度做了有益的尝试。广东省垦区棚户区危旧房改造也取得较大进展：中央拨付广东省垦区棚户区改造专项补助资金3.95亿元，启动总投资19亿元的改造工程，惠及60769户垦区居民；林区棚户区也获得中央危旧房改造专项补助资金8527万元，将在2010年拨付，林区危旧房改造前期工作已经完成；城市和国有工矿棚户区改造前期工作全面展开，将在2010年开始动工。2009年是全省历年来住房保障工作投入最大、完成任务最好的一年。

此外，广东省积极完善外来务工人员住房保障工作，各地通过在工业园区及工业用地上规划配套建设向外来工出租的集体宿舍，探索建设“外来工公寓”建设模式，大力培育和发展包括城中村在内的住房租赁市场，让外来务工人员根据需要租住合适的住房等多种渠道改善外来务工人员居住条件，外来务工人员居住条件得到进一步改善。

(卓云峰)

大事纪要

- □ 组建广东省住房和城乡建设厅
- □ 创办《广东建设年鉴》
- □ 『大珠江三角洲城镇群协调发展规划研究』成果发布
- □ 『三库一平台』研发成功并启动运行
- □ 港珠澳大桥动工兴建

2009年大事纪要

1月

12日　□广东省建设厅召开领导干部大会，传达贯彻省委十届四次全会精神。党组书记、厅长房庆方指出，要把2009年作为省建设厅的“工作落实年”，突出一个“干”字，改进作风、狠抓落实。重点要在三个方面狠抓落实：一是机关作风建设。认真落实省委、省政府关于抓好机关作风建设的要求；二是宜居城乡建设。认真落实省委、省政府关于建设宜居城乡的要求，制订《广东省宜居城乡评价指标体系》，对达到评价指标的市、镇和村庄进行命名表彰；三是住房保障体系建设。认真落实省政府关于切实解决城镇低收入家庭住房困难的要求，加大公共租赁住房建设试点的探索工作，有针对性地解决“夹心层”群体的住房问题。

16日　□是日至17日，广东省建设厅副厅长陈承旗率省建设厅工会、办公室和城建处负责人看望和慰问阳西县、阳东县和台山市建设系统困难职工，给他们送上党和政府的关怀和春节慰问金及节日礼品。

20日　□中央文明委授予惠州市规划建设局和湛江市市政园林局（建设系统推荐）、惠州市公用事业管理局和湛江市房产管理局（广东省推荐）为“第二批全国精神文明建设工作先进单位”。

21日　□广东省建设厅召开学习实践科学发展观活动转入整改落实阶段工作会议。省建设厅机关全体干部和直属单位领导班子成员参加了会议。省建设厅党组书记、厅长、厅学习实践活动领导小组组长房庆方作了总结动员讲话。省委学习实践活动第三指导检查组组长周光明出席会议并讲话。

28日　□住房和城乡建设部、中国教科文组织全委会报经国务院批准，“中国丹霞”申报材料送达联合国教科文组织世界遗产中心。标志着“国产”的地球科学品牌“丹霞地貌”正式走出国门。

2月

18日　□是日至19日，广东省建设工作会议在广州白云国际会议中心召开。会议总结全省建设系统2008年工作，部署2009年工作。省长黄华华作重要讲话并与全省各地级以上市市长签订《广东省2009年度解决城镇低收入家庭住房困难目标责任书》。省建设厅党组书记、厅长房庆方作工作报告并与各地级以上市建设局（建委）局长（主任）签订《2009年度建筑施工安全管理目标责任书》。

19日　□是日至20日，全国建筑安全生产联络员第十次会议在东莞召开。住房和城乡建设部质量安全司副司长王树平，广东省建设厅副巡视员李新建等出席会议并作讲话。会议学习贯彻落实全国安全生产工作会议、全国建设工作会议精神和党中央、国务院领导关于加强安全生产工作的讲话精神，回顾总结2008年建筑安全生产工作，分析当前建筑安全生产形势，研究部署2009年建筑安全生产工作。

20日　□广东省建设厅与香港贸易发展局、澳门运输工务司签订《“大珠江三角洲城镇群协调发展规划研究”补充研究合作协议书》，确定粤港澳三方共同进一步

▲2009年2月18日，全省建设工作会议在广州召开　　省建设厅办公室供稿

开展“大珠三角规划研究”。

24日　□全国工程造价管理工作会议在深圳召开。全国各省、直辖市、自治区的造价站长参加会议。住房和城乡建设部标准定额司司长王志宏作讲话，广东省建设厅副巡视员李新建出席会议。

26日　□2009年全省建筑业管理与施工安全工作会议在广州召开。广东省建设厅副巡视员李新建出席会议并讲话。会议传达省委十届四次全会和全省建设工作会议精神，总结2008年建筑业管理与施工安全工作，研究部署2009年工作，表彰2008年清理拖欠工程款先进单位和个人。

27日　□广东省建设厅在深圳市召开全省建设工程勘察设计工作座谈会，传达学习全省建设工作会议精神，总结2008年全省勘察设计工作，部署2009工作任务。省建设厅副厅长李台然出席会议并作讲话，深圳市规划局、珠海市建设局、中山市建设局分别交流繁荣建筑设计创作、加强勘察设计企业诚信管理、推进建筑节能设计工作经验，并参观了深圳城市建设与精品建筑设计。

3月

1 日　□广东省人大修订出台的《广东省物业管理条例》开始实施。《条例》对目前广东省物业管理中存在的热点问题，提出有针对性的解决措施。

□由广东省建设厅建立的“广东省建筑市场诚信信息平台”正式投入运行。

2 日　□联合国教科文组织世界遗产中心主席致函中国联合国教科文组织全国委员会秘书长方茂田“中国丹霞的申报材料符合《操作指南》中对与申报材料完整性的所有技术要求”。至此，表明联合国世界遗产中心正式接受中国丹霞世界自然遗产的申报，进入评估考察阶段。也表明中国丹霞联合申遗提名地——广东丹霞山成功拿到2010年世界遗产大会“入场券”。

3 日　□广东省政府出台《关于促进我省房地产市场平稳健康发展的若干意见》，提出加大保障性住房建设力度，进一步鼓励普通商品住房消费、支持房地产开发企业积极应对市场变化等促进广东省房地产市场健康发展的15条政策措施。

□广东省建设厅召开开展深入学习实践科学发展观活动总结大会。省建设厅党组书记、厅长、厅学习实践科学发展观活动领导小组组长房庆方作总结报告，指出：省建设厅开展学习实践活动取得了三方面成效：一是党员干部对科学发展观有新认识；二是推动城乡建设事业科学发展有新思路、新举措；三是转变机关作风取得实质性进展。

□广东省人民政府办公厅出台《关于促进我省房地产市场平稳健康发展的若干意见》。

□广东省建设厅部署贯彻实施新修订的《广东省物业管理条例》工作。

4 日　□广东省建设厅派遣60多名专业技术人员，分三批赴四川省汶川县指导地震灾后农房重建工作。

16日　□广东省建设厅组织全省各地申报广东省首批10个“宜居城镇”创建指导点。

24日　□表彰第二批全国文明风景旅游区电视电话会议在广州召开。广东省建设厅副厅长刘锦红出席会议。

26日　□中国（广东）房地产金融高峰论坛在广州举行。广东省副省长林木声出席并发表讲话，广东省金融服务办公室、建设厅、国土资源厅等有关部门领导出席。

31日　□广东省建设教育工作研讨会在湛江召开。省建设厅副厅长李台然作《贯彻落实科学发展观，促进建设教育事业全面发展》报告，全面总结近年来广东省建设教育工作取得的成绩，指出存在的问题，部署当前和今后一段时期的工作任务。

4月

1 日　□按照广东省委、省政府和省纪委、省政府纠风办的部署，省建设系统民主评议政风行风活动全面开展。

3 日　□广州、佛山、东莞、珠海、江门、中山、肇庆、惠州等珠江三角洲八城市签订《广东省珠江三角洲公积金贷款合作协议》。从5月1日开始，八市缴存职工在珠江三角洲八城市中任一城市购房，可参照当地政策向当地公积金中心申请购房贷款，实现公积金互贷。

7 日　□由广东省建设厅、深圳市规划局、深圳市勘察设计行业协会联合主办的第二届规划设计行业发展论坛在深圳举行。

□是日至9日，由四川省建设厅、广东省

▲2009年4月15日，广东省建设厅召开全省建设系统民主评议政风行风工作电视电话动员大会
省建设厅纪检监察室供稿

建设厅、阿坝州人民政府、中国建筑科学研究院主办的映秀镇灾后恢复重建国际研讨会在成都召开。四川省政府副省长黄彦蓉、住房和城乡建设部总经济师李秉仁、四川省建设厅厅长杨洪波、广东省建设厅副厅长李台然，美国、日本、加拿大、意大利、新西兰、德国以及中国台湾等七个国家和地区的知名专家，中国工程院院士周福霖、何镜堂，中国建筑科学研究院、清华大学、同济大学、天津大学等在建筑、规划、抗震、生态环境等方面的国内专家260余人出席。研讨会达成共识，吸收国际先进的技术和经验，用于映秀镇灾后恢复重建的工作，并将其推广到阿坝州乃至四川的灾后恢复重建工作。

9日 □广东省建设厅召开2009年全省城建档案馆工作会议。全省各地级以上市城建档案馆负责人参加会议，总结、交流各地经验，研究探讨城建档案工作面临的问题、困难与对策。

14日 □广东省人民政府第11届30次常务会议通过并正式发布《广东省丹霞山保护管理规定》，该规定自2009年6月1日起正式施行。

15日 □广东省建设厅召开全省建设系统民主评议政风行风工作电视电话动员大会。党组书记、厅长房庆方要求全省建设系统把开展民主评议政风行风活动作为改进机关作风、提升行业形象、加强队伍建设、促进城乡建设事业科学发展的重要契机，严格按照要求和部署做好行评活动各阶段的工作。会上，省建设厅从全省地级以上市建设行政主管部门工作人员中聘请首批41人担任省建设厅机关作风监督员。

23日 □广东省建设厅将确定广州市番禺区石楼镇、汕头市澄海区东里镇观一村和肇庆市德庆县新圩镇大同村列为住房和城乡建设部“工程项目带动村镇规划一体化实施试点村镇”。

24日 □广东省建筑节能工作会议在深圳召开。住房和城乡建设部建筑节能与科技司巡视员武涌、省建设厅副厅长李台然等出席会议并作讲话。会议总结2008年全省建筑节能工作情况，研究部署2009年建筑节能工作。

□广东省建设厅、广东省监察厅召开广东省房地产开发领域违规变更规划调整容积率专项治理工作电视电话会议。省建设厅党组书记、厅长房庆方出席会议作动员部署。全省各市、县（区）政府分管领导以及城乡规划、纪检监察部门的负责同志1700余人参加会议。

29日 □共青团广东省建设厅直属机关代表大会召开。党组书记、厅长房庆方，省纪委（省监察厅）派驻建设厅纪检组长（监察专员）厅直属机关党委书记李锡洪，省直机关团工委青工部长赵欣等出席并讲话。省建设厅直属机关59名团员代表参加了会议。

5　月

1日 □广东省建设厅与省文化厅联合开展第二批广东省历史文化街区、名镇、名村评选活动。

15日 □广东省建设厅组织全省各地申报广东省首批21个“宜居村庄”创建指导点。

16日 □是日至22日，意大利建筑学院院长全国委员会组织的专家代表团来广东省访问。代表团分成五个小组，分别到广州、佛山、中山、肇庆、惠州等市参观考察，探讨并确定进一步合作的领域及方式。

20日 □广东省建设厅印发《关于开展全省优秀建筑设计作品展示活动的通知》，全省优秀建筑设计作品展示活动展开。

25日　□是日至28日，广东省建设厅副厅长李台然一行前往青岛进行繁荣建筑创作专题调研。

26日　□由中国地质学会旅游地学与地质公园分会、中国地理学会地貌与第四纪专业委员会、中山大学地理科学与规划学院、中国丹霞地貌旅游开发研究会主办，韶关市人民政府承办的首届中国丹霞地貌国际学术讨论会开幕大会在韶关市隆重举行。

27日　□是日至30日，广东省建设厅副巡视员李新建一行前往四川省汶川县13个乡镇，与广东省援建工程建设人员座谈，并会同广东省对口支援汶川工作组检查援建工程的质量安全情况。

□广东省政府召开全省保障性安居工程工作电视电话会议，贯彻国家关于加强保障性安居工程建设的部署，总结近年来全省保障性安居工程实施成效，研究部署下一步工作。副省长林木声出席会议并作讲话。

是月　□下旬起至7月底，广东省房地产开发领域违规变更规划调整容积率问题专项治理工作领导小组分赴广州、珠海、惠州和清远市进行调研和督导。通过听取汇报、调阅档案卷宗、实地察看现场等方式，全面、详尽地掌握各地房地产项目中容积率等规划指标的管理现状，以及开展专项理工作有关情况。

6月

3日　□广东省建设厅副厅长刘锦红，韶关市副市长、丹霞山管委会书记邹永松在丹霞山主持召开申遗现场办公会议，围绕“中国丹霞·广东丹霞山申报世界自然遗产工作考察评价意见”进行深入研究，并针对现场发现的部分问题，提出具体的改进意见。

8日　□广东省建设厅决定从2009年开始编纂出版大型资料工具书《广东建设年鉴》，成立了《广东建设年鉴》编委会，党组书记、厅长房庆方担任编委会主任，副厅长陈承旗担任主编。编辑部设在广东省建设信息中心。是日，年鉴编委会主任房庆方主持召开了第一次编委会议，审定了《广东建设年鉴》（2009）的编纂出版工作方案。

□河源职业技术学院二期实训楼工程在施工过程中发生高支模坍塌生产安全责任事故，导致3人死亡。

10日　□广东省建筑节能协会成立大会在广州召开。省建设厅党组书记、厅长房庆方，住房和城乡建设部建筑节能与科技司巡视员武涌出席会议并讲话。

16日　□广东省建设厅在东莞市召开全省住房公积金管理工作座谈会。副厅长陈英松出席会议并讲话。全省各市住房公积金管理委员会及各市住房公积金管理中心主任出席会议并发言。

17日　□广东省建设厅、香港贸易发展局和澳门运输工务司在中山市联合组织召开粤港城市规划及发展专责小组第五次会议和粤澳城市规划及发展专责小组第二次会议，省建设厅副厅长蔡瀛，香港贸易发展局常任秘书长杨立门，澳门运输工务司主任黄振东出席会议。会议原则通过“大珠江三角洲城镇群协调发展规划研究”《总报告（送审稿）》成果，完成三方对《大珠江三角洲城镇群协调发展规划研究》约定的审查程序。同时，粤港澳三方达成共识，共同组织开展《共建优

▲2009年7月20日，广东省建设厅召开传达省委十届五次全会精神暨开展纪律教育学习月活动动员大会

省建设厅纪检监察室供稿

▲*2009年9月7日，广东省住房和城乡建设厅举行公开竞选厅长民主测评、结构化面试*　　*省住房和城乡建设厅人事处供稿*

质生活圈专项规划》，打造“亚太地区最具活力和国际竞争力的城市群”。

19日　□全省散装水泥工作会议暨城市禁现工作现场会在广州举行。主要任务：贯彻落实全国散装水泥工作会议暨城市禁现工作现场会的精神。会议总结2008年全省散装水泥工作情况，部署2009年全省散装水泥的重点工作；交流散装水泥工作经验；签订省与市散装水泥任务责任书；参观预拌砂浆在建设工程施工现场使用的示范。

23日　□是日至25日，广东省第二期建设局长建筑节能专题培训班在珠海开班。省建设厅副厅长李台然出席开班典礼，省建设厅党组书记、厅长房庆方出席结业典礼并作讲话。

26日　□广东省建设厅在肇庆市召开《广东建设年鉴》（2009）编纂出版工作会议，各地级以上市建设行政及行业主管部门分管领导、办公室主任、省相关行业协会领导等120多名代表出席了会议。副厅长陈承旗出席会议并讲话。

7月

1日　□广东省建设系统“三库一平台”管理服务信息系统正式启动运行。省建设厅在广州召开了开通仪式，副厅长陈承旗主持，党组书记、厅长房庆方讲话，全省地级以上市建设系统的领导以及厅机关和直属单位的领导参加了开通仪式。

6日　□是日至7日，广东省建设厅党组书记、厅长、厅行评工作领导小组组长房庆方带领厅行评办成员到省人大和省政协征求相关领导干部对全省建设系统政风行风建设方面的意见和建议。省人大和省政协领导充分肯定省建设厅近年来在政风行风建设方面所取得的成绩，并对今后工作提出建议。

14日　□是日至18日，广东省建设厅和广东省对口支援四川省汶川县恢复重建工作组、四川省汶川县规划建设局组成联合检查组，对广东省以“交钥匙”方式援建的汶川县10个乡镇的学校、卫生院和公共服务设施等33个项目的工程质量安全进行抽查。

20日　□中共广东省委办公厅、广东省人民政府办公厅印发《关于建设宜居城乡的实施意见》，对全省开展宜居城乡创建活动的总体要求、工作目标、工作方向等作出规定，并提出由省建设厅作为统筹部门，宣传、发展改革、经贸、公安、民政、教育、财政、国土资源、交通、农业、环保等部门密切配合。

30日　□广东省建设厅在珠海市召开全省住房建设质量工作会议。会议分析广东省住房建设质量形势，交流提高住房质量的经验，部署全省住房建设质量管理工作。副厅长陈英松出席会议并讲话。

8月

5日　□是日至6日，广东省副省长林木声一行赴梅州调研考察，先后检查了梅州城区江南东片人居环境改善工程建设现场、梅县南口镇太和村土地开发整理补充耕地项目、梅县污水处理厂、东郊茶园廉租住房，参观了龙丰垃圾填埋场沼气发电项目。副省长林木声要求梅州各级领导全力以赴做好城乡建设、国土、环保等各项工作，加快建设宜居城乡，推动绿色崛起，实现科学发展。

10日　□广东省住房和城乡建设厅通过《南方日报》刊载打造珠江三角洲6条区域绿道的规划设想，引发广泛热议。

11日 □广东省建设厅副厅长陈英松到湛江市房产管理局房地产交易中心视察，详细了解产权产籍管理、直管公房管理、廉租住房建设、房屋安全鉴定等工作情况，并就存在问题提出指导意见。

18日 □广东省治理工程建设领域突出问题工作领导小组召开第一次会议，正式启动全省工程建设领域突出问题专项治理工作。会议传达了中央相关文件精神和全国专项治理电视电话会议精神，讨论了专项治理工作实施方案。中共广东省委常委、省纪委书记、省治理工程建设领域突出问题工作领导小组组长朱明国出席会议并讲话。省建设厅副巡视员李新建出席了会议。

23日 □广东省建设厅、省委政策研究室向广东省委提交《关于借鉴国外经验率先建设珠三角绿道网的建议》。中共中央政治局委员、广东省委书记汪洋充分肯定并同意该建议，同时要求“拍一部说理性、可视性很强的专题片……把这项工作部署下去。”省长黄华华称赞“此建议很好”，要求省住房和城乡建设厅会同省直有关部门研究提出率先建设珠三角绿道网的意见。副省长林木声要求省住房和城乡建设厅主动配合省委政研室，落实好汪洋书记的批示精神。

24日 □是日至9月20日，广东省住房和城乡建设厅公开遴选一名副厅长。通过民主测评、综合测评、结构化面试、组织测评等环节，确定杜挺为考察对象，报省委组织部按有关规定进行公示和考察。

25日 □广东省建设厅党组书记、厅长房庆方率队到佛山市进行城中村和旧城改造调研。

27日 □广东省人民政府办公厅印发《广东省住房和城乡建设厅主要职责内设机构人员编制规定》的通知，组建广东省住房和城乡建设厅，为省人民政府组成部门，设14个内设机构，核定机关行政编制90名，后勤服务人员14名。同时组建广东省住房和城乡建设厅执法监察局。

是月 □是月下旬至9月底，广东省房地产开发领域法规变更规划调整容积率问题专项治理工作领导小组组成检查组，赴珠海、佛山、河源、东莞、湛江、茂名市进行重点检查。检查专项治理工作基本情况、自查自纠情况和案件投诉举报以及查处情况等。同时，对有投诉举报案件的市、县进行随机抽查。

9月

7日 □广东省住房和城乡建设厅召开《珠江三角洲地区一体化规划》编制工作会议。并就相关工作向省政府汇报，得到省长黄华华的充分肯定。

9日 □广东省机构编制委员会办公室印发《关于核定省住房和城乡建设厅行政执法专项编制的通知》，核定广东省住房和城乡建设厅执法监察局行政执法专项编制20名。

16日 □是日至18日，广东省住房和城乡建设厅副厅长刘锦红率领厅机关和直属单位42个党支部到大埔县与西河镇27个农村党支部、湖寮镇15个农村党支部开展互帮互助活动。活动期间，省住房和城乡建设厅直属机关妇委会在西河镇东塘村举行“儿童流动图书屋”捐赠仪式。省住房和城乡建设厅共捐赠各类图书及科普读物近千册，为西河镇农村党支部建设共投入资金27.4万元。

21日 □广东省住房和城乡建设厅颁布《广东省建设工程标准施工合同》（2009版）。该版本将于2010年1月1日起施行。

□中共广东省委批准成立广东省住房和城乡建设厅党组，党组书记：房庆方，成员：陈英松、蔡瀛、杜挺、李锡洪、陈承旗、刘锦红、李新建。

□广东省直行评团、行评办与广东省住房和城乡建设厅行评办一起到惠州市规划建设局开展行评专项调研活动。省直纪工委副书记、省行评督导组和省直行评领导小组成员兼办公室主任王爱群，省直行评团副团长高宏的，省行评督导办副主任、省直行评办副主任唐策，省住房和城乡建设厅副厅长陈承旗，省纪委监察厅派驻省住房和城乡建设厅纪检组组长、监察专员李锡洪参加了调研活动。

□经中共广东省委批准，杜挺任广东省住房和城乡建设厅副厅长，李锡洪任省纪委、省监察厅派驻省住房和城乡建设厅纪检组组长、监察专员，陈承旗、刘锦红任省住房和城乡建设厅巡视员，李新建、李运章任省住房和城乡建设厅副巡视员。

23日 □广东省宜居城乡建设工作联席会议正式建立。副省长林木声担任第一召集人，省住房和城乡建设厅为召集单位，成员单位包括省委宣传部、省发展改革委等十几个省直

▲2009年10月10日，全省建设宜居城乡工作现场会暨第十一期书记（市长）城建专题研究班开班仪式在中山市举行　　省住房和城乡建设厅办公室供稿

有关部门。

24日　□广东省十一届人大常委会第十三次会议第二次全体会议通过，任命房庆方为广东省住房和城乡建设厅厅长。

□是日至26日，丹霞山申遗迎来“大考”，世界自然保护联盟（IUCN）专家在韶进行实地考察评估。

27日　□广东省副省长林木声主持召开全省建设宜居城乡工作联席会议第一次会议，研究讨论《广东省创建宜居城乡工作绩效考核办法（试行）》（送审稿）。

28日　□广东省住房和城乡建设厅“优良作风从我做起”青年讲演会在广东大厦举行。讲演会着眼于促进青年提高对作风建设认知水平来推动全厅的作风建设，紧扣2009年政风行风评议工作、纪律教育学习月活动和“转变作风抓落实”党建主题活动等工作的主题，同时响应上级关于开展读书活动的倡议。厅机关和直属单位140多人参加了讲演会。厅领导陈英松、李台然、李锡洪、陈承旗等出席了讲演会。李锡洪代表省住房和城乡建设厅党组在会上讲话。

10月

1日　□广东梁亮建筑工程有限公司总经理梁亮、广东省第二建筑工程公司第八工程处主任吕双岳作为广东省建设系统的全国劳动模范代表应邀出席在北京举行的庆祝中华人民共和国成立60周年国庆观礼活动。

10日　□全省建设宜居城乡工作现场会暨第十一期书记（市长）城市建设专题研究班开班仪式在中山市举行。中共广东省委副书记、省长黄华华，省委常委、组织部长胡泽君出席会议并讲话，副省长林木声主持会议。

12日　□广东省机构编制委员会办公室批复《关于明确珠江三角洲城际轨道交通工程项目质量安全监督管理部门的函》，明确由广东省住房和城乡建设厅承担珠江三角洲城际轨道交通工程项目质量安全监督管理职能。

16日　□广东省人力资源和社会保障厅印发《关于陈英松等同志任职的通知》，广东省人民政府批准：任命陈英松、李台然、蔡瀛为广东省住房和城乡建设厅副厅长。

□广东省住房和城乡建设厅、广东省文明办联合开展社会主义新农村住宅设计竞赛。

21日　□是日至23日，广东省住房和城乡建设厅副厅长陈英松一行对梅州市2009年解决城镇低收入家庭住房困难工作目标责任落实情况进行检查。

25日　□广东省住房和城乡建设厅举办全省历史文化名镇名村管理人员培训班。来自广州、深圳等15个市的第1~4批中国历史文化名镇、名村和第1批广东省历史文化名镇、名村所在地的市、县（区、市）村镇规划建设管理部门负责人，以及名镇的分管副镇长、名村的村委主任或村支书共57人参加培训。

26日　□是日至11月初，广东省住房和城乡建设厅组织七个建筑节能专项检查小组，对全省21个地级以上市建筑节能工作开展情况以及工程项目执行建筑节能标准情况进行专项检查。

27日　□广东省住房和城乡建设厅向省委书记汪洋专题汇报建设宜居城乡工作进展情况和下一步工作思路。汪洋肯定省住房和城乡建设厅的工作，要求开展专题研究，把建设宜居城乡和扩内需促增长有机结合起来。

□是日至11月24日，广东省住房和城乡建设厅开展专题研究并撰写《加快建设宜居城乡，推动扩内需促增长》研究报告，提出重点新区建设、城中村改造、垃圾和污水处理设施建设、保障性住房建设、区域绿道建设、步行系统及滨水空间建设、“万村百镇”整治等宜居城乡建设七个重点领域的政策建议。

28日　□广东省住房和城乡建设厅与香港贸易发展局、澳门运输工务司在澳门联合举行《大珠江三角洲城镇群协调发展规划研究》成果发布会。作为中国第一个跨不同制度边界的空间协调研究，《大珠江三角洲城镇群协调发展规划研究》成果的发布，标志着三地在区域与城市规划领域开展的首次合作研究取得完满成功，标志着三地以“构建协调可持续的世界级城镇群”为目标的区域发展合作迈出实质性的步伐。

11月

5日　□广东省建筑专业工程师职称评审会议在广州市召开。申报人数257人，通过人数222人，通过率86%。

11日　□广东省住房和城乡建设厅举行揭牌仪式。副省长林木声出席揭牌仪式并代表省政府致辞。

□广东省住房和城乡建设厅印发《广东省住房和城乡建设厅建筑工程安全生产动态管理办法》，并于从2010年1月1日起实施。

13日　□广东省住房和城乡建设厅召开政风行风面对面评议大会。农工民主党中央副主席、农工民主党广东省主委、省人大常委会副主任、省行评督导组组长、省直行评团团长王宁生，省纪委常委、监察厅副厅长、省政府纠风办主任秦通海，省直工委副书记、省直纪工委书记、省行评督导组副组长、省直行评领导小组副组长翁汉涛，省直行评团、行评办领导和成员以及省住房和城乡建设厅领导、机关各处（室）和各直属单位负责人等110余人出席了会议。省住房和城乡建设厅巡视员陈承旗主持，党组书记、厅长房庆方汇报开展民主评议政风行风工作的情况。建设分团团长杜同江受省直行评团委托对省住房和城乡厅行评工作给予肯定，对测评资料的组织整理工作再次给予了高度评价，并公布了省直行评团现场打分的情况。

17日　□广东省建筑专业教授级高级工程师职称评审会议在肇庆市召开。申报人数94人，通过人数59人，通过率62%。

24日　□中共中央政治局委员、广东省委书记汪洋召集省直有关部门负责人召开会议，听取省住房和城乡建设厅关于建设宜居城乡工作及珠三角绿道网规划建设工作情况的汇报，观看绿道建设专题片。汪洋对绿道建设专题片作出“做得很好，超出想象，意犹未尽”的高度评价，提出要将珠三角绿道网规划建设工作纳入省委十届六次全会的战略部署，作为推进全省宜居城乡建设的重要内容。并对规划建设珠三角绿道网明确提出“一年基本建成，两年全部到位，三年成熟完善”的工作要求。

□经广东省人民政府同意，省住房和城乡建设增设东莞市厚街镇、石碣镇、桥头镇、凤岗镇和寮步镇为省级中心镇。

25日　□是日至26日，第三届中国建设工程质量论坛暨2009年度鲁班奖颁奖大会在深圳召开。广东省有6项工程获中国建设工程鲁班奖。

26日　□由广东省住房和城乡建设厅与广东省普法办联合举办的“全省建筑安全生产法制宣传暨挂图赠送现场会”在2010年亚运会游泳跳水馆的建筑工地进行。现场会免费向建筑工人派发了12000余套（本）法律法规知识读本、安全生产挂图；3名熟悉建设行业法律问题的律师在现场设咨询台，免费解答建筑工人的法律问题。来自全省21个地级市分管安全生产工作的领导和建筑企业的负责人、建筑工人代表等近200多人参加此次活动。

27日　□中共广东省委批准，陈英松任广东省住房和城乡建设厅党组副书记。

30日　□珠江三角洲绿道网规划建设工作会议暨珠三角城市规划局局长联席会议在广州召开。会议按照中共中央政治局委员、广东省委书记汪洋“一年基本建成，两年全部到位，三年成熟完善”的要求，对珠江三角洲绿道网规划建设工作作出部署。

12月

3日　□中共中央政治局委员、广东省委书记汪洋带领广东省党政代表团抵川，在四川省委书记刘奇葆等陪同下，参观省住房和城乡建设厅与省援建办、四川省汶川县人民政府在汶川县威州镇联合主办的“广东省对口支援汶川县灾后恢复重建规划设计成果展”。省住房和城乡建设厅党组书记、厅长房庆方向汪洋一行介绍重建规划的相关情况。汪洋高度评价援建规划设计工作，认为省住房和城乡建设厅负责的统筹协调工作组织有力、行动迅速、科学高效，各项规划成果切合灾区实际，充分体现广东形象和广东水平。

□广东省住房和城乡建设厅、省文化厅联合公布第二批广东省历史文化街区、名镇、名村名单。广州市北京路街区等8个街区为第二批广东省历史文化街区，佛山市顺德区龙江镇等7个镇为第二批广东省历史文化名镇，广州市天河区珠吉街珠村等15个村为第二批广东省历史文化名村。

□是日至4日，全省环境卫生工作会议暨广东省环境卫生协会五届二次会员大会在江门鹤山市召开。会议听取和审议协会2008年至2009年度工作报告，表彰全省环卫先进单位、先进个人，并向广东省被评为全国第二批Ⅰ、Ⅱ级的生活垃圾处理无害化填埋场颁发证书。

3日 □广东省建筑专业高级工程师职称评审会议在佛山市顺德区召开。申报人数1731人，通过人数1198人，通过率69.21%。

4日 □中南片区住房和城乡建设工作座谈会在深圳召开，会议由住房和城乡建设部副部长仇保兴主持，广东、广西、海南、湖南、湖北、河南和深圳市等中南六省一市建设厅(委)负责人参加会议并交流工作经验。

□东莞市台商大厦工程在施工过程中，因塔式起重机的部分零件不符合现行国家标准，造成塔式起重机坍塌的生产安全责任事故，造成3人死亡。

9日 □在广州召开的2009年度广东省直属单位民主评议政风行风工作总结通报大会上，中共广东省委常委、副省长肖志恒宣布广东省住房和城乡建设厅被评议为满意单位。

15日 □广东省住房和城乡建设厅党组书记、厅长房庆方，副厅长杜挺，科技教育处处长钟汉谋，住房保障处处长陈天翼作为上线嘉宾出席广东电台“民声热线”节目，与全省听众交流住房保障和房地产管理工作的意见。

□港珠澳大桥动工兴建。广东省住房和城乡建设厅巡视员陈承旗出席开工典礼。

□修订后的《广东省住房和城乡建设厅关于房屋建筑和市政基础设施工程施工评标的管理办法》和《广东省住房和城乡建设厅建设工程招标中标后监督检查的办法》正式颁布施行。

19日 □全国建设领域节能减排监督检查第九组对广州、深圳、珠海、佛山等市的建筑节能工作，城市污水处理以及垃圾处理等情况进行专项监督检查。检查组肯定广东省建设领域节能减排工作取得的成绩。

22日 □广东省住房和城乡建设厅副厅长蔡瀛，城乡规划处处长曾宪川，行政许可管理处处长洪冰，工程质量安全监管处处长梁志华，广东民声热线特邀监察员朱列玉作为上线嘉宾出席广东电台“民声热线”节目，与全省听众交流城乡规划和房屋质量管理工作的意见。

23日 □广东省住房和城乡建设厅会同广东省财政厅将汕头市澄海区上华镇湖心村等1400个村确定为2009年度省级村庄规划试点村。

24日 □住房和城乡建设部印发《关于对〈取得内地一级注册结构工程师互认资格的香港居民在粤注册执业管理办法〉有关问题的复函》和《关于对〈取得内地一级注册建筑师互认资格的香港居民在粤注册执业管理办法〉有关问题的复函》，同意允许香港取得执业资格互认的建筑师、结构工程师在粤先行注册执业。

□中共广东省委批准，李新建任广东省住房和城乡建设厅总工程师。

28日 □深圳市凤凰花苑工程在施工过程中因违章操作造成塔式起重机坍塌生产安全责任事故，导致6人死亡。

(省住房和城乡建设厅办公室)

广东建设事业发展总述

- 宜居城乡建设取得新突破
- 房地产业发展和住房保障工作取得新成效
- 建筑业和建筑节能呈现新面貌
- 建设科技和人才队伍建设取得新成绩
- 村镇建设形成新格局
- 城市综合管理迈上新台阶
- 对口支援汶川灾后恢复重建进展顺利

省情概况

【自然地理】 *位置和面积* 广东省地处中国内地的南部，位于东经109°45′~117°20′和北纬20°09′~25°31′之间。陆域东邻福建省，西连广西壮族自治区，北接江西、湖南两省，南临南海，珠江三角洲东西两侧分别毗邻香港特别行政区、澳门特别行政区，西南端的雷州半岛隔琼州海峡与海南省相望。全省陆地面积为17.98万平方公里，约占全国陆地面积的1.85%。按照《联合国海洋公约》关于领海、大陆架及专属经济区归沿海国家管理的规定，全省海域面积41.92万平方千米。海域和海岸呈条状自东北向西南展布，海岸线长3368.1公里，占全国海岸线总长的1/5，居全国第一位，所辖海域面积41.93万平方公里，其中内水面积4.89万平方公里，领海面积1.64万平方公里，200海里专属经济区面积35.40万平方公里。全省拥有海岛1431个，其中面积在500平方米以上的岛屿有759个，数量仅次于浙江省和福建省，居全国第三位，海岛总面积1592.70平方公里，岛岸线长2414.4公里。拥有大小港湾510处，10米水深以内的近岸海域面积达1.30万平方公里。

地貌 广东地貌类型复杂多样，山地、丘陵、岗台地和平原分别占全省土地总面积的33.7%、24.9%、14.2%和21.7%，河流和湖泊等水域面积仅占全省总面积的5.5%。地势北高南低，北部多为山地和高丘陵，南部则为平原和岗台地。全省最高峰是位于阳山、乳源与湖南省交界处的石坑崆，海拔高1902米。最大的平原是珠江三角洲平原，其次是潮汕平原，此外还有清远、高要、杨村和惠阳等冲积平原。岗台地以雷州半岛-电白-阳江一带和海丰-潮阳一带分布较多。地貌基岩岩石多为花岗岩、砂岩和变质岩，西北部还有石灰岩分布，局部还有红色岩系地貌，如丹霞山、金鸡岭。全省有世界地质公园2个、国家地质公园8个，面积10.18万公顷；地质遗迹保护区8个，面积4.12万公顷。地质公园、地质遗迹保护区、沿海优质沙滩以及雷州半岛西南岸的珊瑚礁，是广东重要的地貌旅游资源。

气候 广东地处亚热带，北回归线横穿境内，属于东亚季风区，从北向南分别为中亚热带、南亚热带和热带气候，是全国光、热和水资源最丰富的地区之一。从北向南，年平均日照时数由不足1500小时增加到2300小时以上，年太阳总辐射量在4200~5400兆焦耳/平方米之间，年平均气温约为19℃~24℃。雨量充沛，年平均降水量在1300~2500毫米之间。降水的空间分布基本上呈南高北低的趋势。在山地迎风坡形成恩平、海丰和清远3个多雨中心，年平均降水量均大于2200毫米；在背风坡的罗定盆地、兴梅盆地和沿海的雷州半岛、潮汕平原少雨区，年平均降水量小于1400毫米。降水的时间分配不均，4~9月的汛期降水占全年的80%以上；年际变化也较大，多雨年降水量为少雨年的2倍以上。广东多发的灾害性气候主要是洪涝干旱、低温阴雨和寒潮霜冻。2009年全省洪涝和干旱造成直接经济损失62亿元。洪水和沿海风暴潮死亡人口39人。发生赤潮11次，累计面积795.6平方公里。

【资源物产】 *耕地资源* 2009年广东省耕地面积2530892公顷，比上年减少3191公顷。其中，建设占用耕地3142公顷，农业结构调整实际占用耕地49公顷。土地整理复垦开发补充耕地13807公顷。当年净增加耕地10621公顷。全年农作物受灾面积60公顷。

水资源 广东水系主要为珠江的西江、东江、北江和三角洲水系以及韩江水系，粤东的榕江、练江、螺河和黄岗河以及粤西的漠阳江、鉴江、九洲江和南渡河等独流入海河流。年均降水量1771毫米，年降水总量3145亿立方米；年均径流深1012毫米，河川径流总量1820亿立方米。广东拥有深层地下水60亿立方米，可供开采的人均水资源占有量4700立方米，高于全国平均水平；饮用矿泉水145处，探明储量居全国第一位；温泉300多处，日总流量9万吨。水力资源理论蕴藏量1137.2万千瓦，可开发装机容量859.5万千瓦。2009年全省水资源总量1558.9亿立方米，人均水资源1625立方米。全年平均降水量1530毫米，比上年减少28.0%。年末全省大型水库蓄水总量109.5亿立方米，减少18.7%。全省省级水质监控断面中，Ⅰ-Ⅱ类水质的断面比例38.8%，Ⅲ类水质的断面比例36.2%，Ⅳ类水质的断面比例9.5%，Ⅴ类水质的断面比例5.2%，劣于Ⅴ类水质的断面比例10.3%。

矿产资源 广东具有丰富的矿产资源，素有“稀有金属和有色金属之乡”的称号。截至2009年底，全省已找到的矿产种类共148种(含亚矿种)，已探明资源储量的有101种，其中能源矿产7种，金属矿产32种，非金属矿产58种，水气矿产4种。新发现大中型矿产地（非金属矿产地）1处。储量居全国首位的有高岭土、泥炭土、水泥用粗面岩、碲，列第二位的有锗、铋、铊、铀矿、独居石、磷钇矿、玻璃用砂、油页岩、饰面用大理岩和冶金用脉石英，列第三至五位的有银、铅、铌、钽、钨、锡、锆、硒、隐晶质石墨、冰洲石、玉石、铟、镉、锌、汞、稀土矿、压电水晶、叶蜡石、陶瓷土、萤石、硫铁矿、熔剂白云岩等。已经开采和开采条件较好的矿藏有硫铁矿、铅锌矿、银、锡、钨、铌、钽、铀矿、独居石、磷钇矿、大理岩、高岭土、玻璃用砂和油页岩等，其中，云浮硫铁矿品质优且储量大，居全国首位，列世界第二。

生物资源 广东的动物种类多。陆生脊椎动物829种，其中兽类124种、鸟类510种、爬行类145种、两栖类50种，分别占全国的30%、43.4%、46%和25.5%。淡水水生动物的鱼类281种、底栖动物181种和浮游动物256种。被列入国家一级保护动物的有华南虎、云豹、熊猴和中华白海豚等22种，被列入国家二级保护动物的有金猫、水鹿、穿山甲、猕猴和白鹇（省鸟）等95种。

广东植物种类繁多。全省有野生维管束植物280科、1645属、7055种，分别占全国总数的76.9%、51.7%和26.0%。栽培植物633种，分隶于111科、361属。真菌1959种，其中食用菌185种，药用真菌97种。植物种类中，属于国家一级保护植物的有桫椤和银杉2种，属于国家二级和三级保护植物的有白豆杉、水杉、野荔枝和观光木等24种及广东松、长苞铁杉、野龙眼和见血封喉等41种，还有省级保护的红豆杉和三尖杉等12种。

广东开展对动植物资源的开发利用，重视对自然资源和生态环境的保护。全省建立415个森林公园、346个自然保护区，其中国家级自然保护区11个，面积22.7万公顷。广东重视绿化荒山荒地，提高森林覆盖率。全年完成荒山荒地（沙地）造林、更新造林、有林地造林面积103947公顷，低产低效林改造面积36484公顷。全省义务植树完成10298万株，森林覆盖率达56.7%。

海洋资源 广东海洋生物资源丰富，有浮游植物406种、浮游动物416种、底栖生物828种、游泳生物1297种。可供发展海水养殖的浅海、滩涂和港湾面积84万公顷，实际海水养殖面积20.82万公顷，是全国著名的海洋水产大省。雷州半岛的养殖海水珍珠产量居全国首位。沿海拥有众多的优良港口资源。广州港、深圳港、汕头港和湛江港已成为海上对外交通贸易的重要通道；大亚湾、大鹏湾、碣石湾、博贺湾及南澳岛等地有可建大型深水良港的港址。珠江口外海域、北部湾的大型油气田资源，原油储量超过40亿吨，天然气储量1万亿立方米，开采前景良好。沿海的风能、潮汐能和波浪能都有一定的开发潜力。广东沿海沙滩众多，红树林分布广、面积大，拥有全国唯一的大陆缘型珊瑚礁，可供旅游资源开发。

【人口和民族】 广东省常住人口总量持续增长，常住人口规模位居全国首位。根据广东省统计局、国家统计局广东调查总队《广东省2009年国民经济和社会发展统计公报》（2010年2月21日）的数据，2009年末广东省常住总人口9638万人。全年出生人口113万人，出生率11.78‰；死亡人口43万人，死亡率4.52‰；自然增长人口70万人，自然增长率7.26‰。年末常住人口的主要构成：男性占51.00%，女性占49.00%；0~14岁人口占19.30%，15~64岁人口占72.72%，65岁及以上人口占7.98%；城镇人口占63.40%，乡村人口占36.60%。

广东是56个民族成分齐全的省份。其中，汉族人口最多，占全省总人口的97.59%；少数民族人口占2.41%，主要有壮族、瑶族、畲族、回族、满族等。壮族主要分布在连山、怀集、廉江、信宜、化州、罗定等市县；瑶族主要分布在连南、连山、连州、阳山、英德、乳源、乐昌、仁化、曲江、始兴、翁源、龙门、阳春等县（市、区）；畲族主要分布在乳源、南雄、始兴、增城、和平、连平、龙川、东源、丰顺、饶平、潮安、海丰、惠东、博罗等县（市）；回族主要分布在广州、深圳、珠海、肇庆、汕头、佛山、东莞等市；满族主要居住在广州市。广东设有连南瑶族自治县、连山壮族瑶族自治县、乳源瑶族自治县3个自治县和怀集下帅壮族瑶族乡、连州市三水瑶族乡和瑶安瑶族乡、阳山县秤架瑶族乡、始兴县深渡水瑶族乡、龙门县蓝田瑶族乡、东源县漳溪畲族乡7个民族乡。此外，全省还有县级以上少数民族社会团体25个。

【历史文化】 广东简称粤，因古为百越民族的聚居地而得名，泛指岭南一带地方。广东具有悠久的历史。据考证，距今约12.9万年前就有“曲江马坝人”在这片土地上生息繁衍。公元前887年，在现今广州建有“楚庭”。秦始皇统一中国后，在岭南地区设“桂林、象郡、南海”3个郡。南海郡辖境是东南濒南海，西到今广西贺州，北连南岭，包括今粤东、粤北、粤中和粤西的一部分，辖番禺、龙川、博罗、揭阳、四会5个县。湛江等地属象郡，粤西有一部分属桂林郡。此为广东历史上首次划分行政区。秦末汉初，曾一度称南越国。汉代，番禺是全国著名都会。西晋时，今广东省腹地属当时的广州，粤北属荆州，雷州半岛和海南岛属交州。东晋时期，北方连年战乱，中原及关陇人口大批南迁而致广东人口大增。南朝时，州、郡、县废立频繁，设立的州、郡、县多集中在粤中、粤西、粤北地区。隋朝初年，设广州、循州（今惠州）两个总管府统领各州，隋炀帝改州为郡、县两级，今广东省境分属10郡、74县。唐初，地方设州、县。岭南45州分属广州、桂州、容州、邕州、安南5个都督府，亦名曰：岭南五管。公元655年以后，岭南五管均隶属于广州。公元862年，岭南道划分为东、西道，东道治广州，广东属岭南东道，这是广东省名中“东”字的来由，也是两广分为东西的开始。唐朝时，广州开设“市舶司”，成为著名的对外贸易港口。宋代地方设路、州（府、军）、县三级行政制度，今广东省境包括广南东路14州和广南西路7州，共61县。元朝地方行政机关分省、路、府（州、军）、县四级，另有道，是省以下、路府之上的承转机构。今广东省境分为广东道和海北海南道。广东道道治在广州，海北海南道道治在今雷州市。明朝洪武二年（公元1369年），改广东道为广东等处行中书省，并将海北海南道改隶广东，广东成为明朝的十三行省之一，结束了广东此前隶属不同政区的状况，广东省行政区域轮廓自此基本形成。至清代，地方行政机关分设省、道、府、县4级，“广东省”名称正式使用，并一直沿用至今。广东是中国现代工业和民族工业的发源地之一，也是近代和现代许多重大历史事件，如鸦片战争、太平天国运动、辛亥革命、国共两党第一次合作、北伐战争、广州起义的发生地和策源地，涌现出洪秀全、康有为、梁启超、廖仲恺、孙中山、彭湃、叶挺、叶剑英等一大批著名历史人物。

语言　广东语言种类复杂，粤北、粤东有少数民族语言瑶语、壮语、畲语，粤北还有不知名的土语，广东汉语方言主要流行3种：粤方言（又称广州话、白话）、客方言和闽方言。

粤方言可分为以广州为代表的粤海片、以台山为代表的四邑片、高雷片、以东莞莞城为代表的莞宝片和以中山石岐为代表的香山片等5片，全省使用粤方言的人口约4000万人。

客方言可分为粤东片、粤中片、粤北片、粤西片，省内各地多有零星客话区。客方言以梅州为代表，全省使用客方言的人口约1500万人。

闽方言大致分为以汕头、潮州为代表的潮汕片和以雷州为代表的雷州片，全省使用闽方言的人口约1700万人。

文化　广东悠久的历史形成了浓郁而有特色的地方文化。地方曲艺主要有：广东音乐、粤剧、潮剧、梅州客家山歌、雷剧等，均已列入非物质文化遗产名录。

广东音乐是流行于以广州为中心的珠江三角洲及粤方言区的中国传统丝竹乐种，是岭南民间优秀传统文化瑰宝，其文化底蕴深厚，内涵丰富，经过四百余年的传承发展，自成体系，风格独特，以轻、柔、华、细、浓的风格和清新流畅、悠扬动听的岭南特色而备受喜爱和欢迎，遍及中国大江南北和世界各地。2006年5月20日，广东音乐经国务院批准列入第一批国家级非物质文化遗产名录。

粤剧原称广东大戏，源自南戏，自1522年~1566年（明朝嘉靖年间）开始在广东、广西出现，是揉合唱做念打、乐师配乐、戏台服饰、抽象形体等的表演艺术。粤剧每一个行当都有各自独特的服饰打扮。最初的演出语言是中原音韵，到了清朝末年改为粤语广州话。2006年5月20日，粤剧经国务院批准列入第一批518项国家级非物质文化遗产名录。2009年9月30日，粤剧获联合国教科文组织肯定，列入人类非物质文化遗产名录。

潮剧又名潮州戏，主要流行于闽方言区，是用潮汕方言演唱的一个古老的地方戏曲剧种，是中华传统文化表现形式的代表之一，具有深刻的历史意义和较高的审美价值。潮剧在国内的广东东部、福建闽南漳州地区、香港以及东南亚等国家和地区广为流行。潮剧经常在庙会上演出，以增添节日气氛，具有浓郁的民俗色彩。2006年5月20日，潮剧经国务院批准列入第一批国家级非物质文化遗产名录。

梅州客家山歌是以客家方言演唱的民歌，是客家人的口头文学，乡土生活气息浓郁，形成民歌中的独立分支，流行于广东省东北部客家地区并传播到海外梅州籍客家人聚居地。梅州客家山歌于宋、明期间伴随着客家民系的形成而传播繁衍，是中原文化与梅州土著文化融合的产物，歌词诗意浓厚，腔调高扬绵长，有“国风”和“吴歌”之余韵，构成客家文化的重要组成部分，是民间音乐、民间文学的一朵奇葩。2006年5月20日，梅州客家山歌经国务院批准列入第一批国家级非物质文化遗产名录。

雷剧起源于广东省雷州市（原海康县），在雷州半岛以及雷州话方言地区广泛流传，是粤西传统文化的重要组成部分。曾经过劝世歌、歌本班、大班、雷剧的发展历程，距今已有500多年的历史。2009年雷剧成为公示广东省第三批非物质文化遗产名录。

2009年末全省有各类专业艺术表演团体125个，群众艺术馆（文化馆）143个，县级及以上公共图书馆134个，博物馆、纪念馆154个。全省有广播电台22座，电视台24座。广播综合人口覆盖率和电视综合人口覆盖率分别达97.5%和97.7%。有线广播电视用户1571.84万户，有线数字电视用户651.75万户，分别比上年增长5.2%和26.0%。全年出版报纸41.39亿份，各类期刊2.22亿册，图书2.68亿册。全省有综合档案馆143个，藏书834.74万卷。

侨情　广东有2000多万海外侨胞和外籍华人，占全国华侨、华人总数的三分之二，遍及世界100多个国家和地区，主要分布在欧美的美国、加拿大、法国、英国，东南亚的印度尼西亚、泰国、马来西亚、新加坡、菲律宾、越南、柬埔寨，南美洲的秘鲁、巴拿马、巴西、委内瑞拉，大洋洲的澳大利亚、新西兰，非洲的毛里求斯、马达加斯加、南非等国家和地区。全省有10多万名归侨、2000多万名侨眷，主要集中在珠江三角洲、潮汕平原和梅州地区。改革开放以来，广东籍海外侨胞、港澳同胞发扬念祖爱乡的传统，支持家乡的经济建设和社会发展，捐赠款项折合人民币逾400亿元，捐建项目有公路、桥梁、学校、医院、图书馆、体育馆等逾3万项，建立各种公益事业基金会近3000个。华侨文化、侨乡文化积淀深厚，2007年成功申报世界文化遗产的“开平碉楼与村落”

2009年广东省行政区划情况

地区	县（市、区）名称	辖乡、镇、民族乡、街道数
广州市（10区2县级市）	越秀区 海珠区 荔湾区 天河区 白云区 黄埔区 花都区 番禺区 南沙区 萝岗区 ▲从化市 增城市	34镇 131街道
深圳市（6区）	福田区 罗湖区 盐田区 南山区 宝安区 龙岗区	57街道
珠海市（3区）	香洲区 金湾区 斗门区	15镇 8街道
汕头市（6区1县）	金平区 龙湖区 澄海区 濠江区 潮阳区 潮南区 ▲南澳县	32镇 37街道
佛山市（5区）	禅城区 南海区 顺德区 高明区 三水区	21镇 12街道
韶关市（3区4县1自治县2县级市）	浈江区 武江区 ▲曲江区 ▲乐昌市 ▲南雄市 ▲仁化县 ▲始兴县 ▲翁源县 ▲新丰县 ▲乳源瑶族自治县	93镇 9街道 1民族乡
河源市（1区5县）	源城区 ▲东源县 ▲和平县 ▲龙川县 ▲紫金县 ▲连平县	94镇 4街道 1民族乡
梅州市（1区6县1县级市）	▲梅江区 ▲兴宁市 ▲梅县 ▲平远县 ▲蕉岭县 ▲大埔县 ▲丰顺县 ▲五华县	104镇 6街道
惠州市（2区3县）	惠城区 惠阳区 ▲惠东县 博罗县 ▲龙门县	52镇 16街道 1民族乡
汕尾市（1区2县1县级市）	城区 陆丰市 ▲海丰县 ▲陆河县	42镇 10街道
东莞市		28镇 4街道
中山市		18镇 6街道
江门市（3区4县级市）	蓬江区 江海区 新会区 台山市 开平市 鹤山市 恩平市	62镇 17街道
阳江市（1区2县1县级市）	江城区 ▲阳春市 阳东县 阳西县	39镇 9街道
湛江市（4区2县3县级市）	赤坎区 霞山区 麻章区 坡头区 雷州市 廉江市 吴川市 遂溪县 徐闻县	85镇 34街道 2乡
茂名市（2区1县3县级市）	茂南区 茂港区 ▲信宜市 ▲高州市 化州市 电白县	87镇 22街道
肇庆市（2区4县2县级市）	端州区 鼎湖区 四会市 ▲高要市 ▲广宁县 ▲德庆县 ▲封开县 ▲怀集县	95镇 12街道 1民族乡
清远市（1区3县2自治县2县级市）	清城区 ▲英德市 ▲连州市 ▲佛冈县 ▲清新县 ▲阳山县 ▲连山壮族瑶族自治县 ▲连南瑶族自治县	77镇 5街道 3民族乡
潮州市（1区2县）	湘桥区 ▲饶平县 ▲潮安县	41镇 9街道
揭阳市（1区3县1县级市）	榕城区 ▲普宁市 揭东县 ▲揭西县 惠来县	63镇 18街道 2乡
云浮市（1区3县1县级市）	▲云城区 ▲罗定市 ▲新兴县 ▲郁南县 ▲云安县	55镇 10街道
全省合计	2个副省级市，19个地级市，23个县级市、41个县、3个自治县、54个市辖区，4个乡、7个民族乡、1137个镇、436个街道办事处。	

注：前面标有▲为山区县（市、区）。

是华侨文化、侨乡文化的生动和典型代表。

【交通和环境】 广东交通发达，以广州市为中心的陆、海、空交通运输网四通八达。铁路有京广、京九、广茂、广九、黎湛、广梅汕、梅坎诸线，铁路营业里程3083公里；公路有105、106、107、205、323、324等十多条国道，全省公路主干线均实现无渡口通车，高速公路通车里程4046公里。海运港口主要有广州、深圳、湛江、汕头、珠海等。民用机场有广州、深圳、汕头、湛江、梅州、珠海、佛山等7个，是全国机场分布密度最大的省份。

环境保护 2009年，广东环境保护工作取得新进展。全年平均灰霾天气日数48天，比上年减少16天；全年平均日照时数1852小时，比正常年份平均增加72小时。全省21个地级以上市空气质量均达到二级标准。全省建成污水处理厂240座，城市污水日处理能力达到1357万吨，比上年增长24.3%；城市生活垃圾无害化处理率达67.0%，比上年提高2个百分点；化学需氧量(COD)排放量91.12万吨，比上年下降5.4%；二氧化硫（SO_2）排放量107.05万吨，比上年下降5.8%。截至2009年底，深圳、珠海、中山、汕头、惠州、江门等6市均获“国家环境保护模范城市”称号，深圳市和东莞市被评为“全国绿化模范城市”。

【行政区划】 2009年，广东省实行地级市管县、乡镇管村的体制。截至2009年12月31日，全省设广州、深圳2个副省级市，19个地级市，23个县级市、54个市辖区、44个县（其中3个自治县）；基层设置1137个镇、4个乡、7个民族乡、436个街道办事处。省会为广州市。

由于地理和历史等因素，广东不同区域的经济发展状况很不平衡，形成了三种类型的经济区域：即保持领先发展地位的珠江三角洲地区（含广州市、深圳市、珠海市、佛山市、东莞市、中山市、江门市，惠州市区、惠东县、博罗县、肇庆市区、高要市、四会市）；居中间状态的东西两翼地区（东翼：汕头市、汕尾市、潮州市、揭阳市；西翼：湛江市、茂名市、阳江市）；相对较为落后的广大山区(从化市、南澳县、仁化县、南雄市、始兴县、翁源县、新丰县、曲江区、乳源县、乐昌市、东源县、和平县、龙川县、紫金县、连平县、梅江区、梅县、蕉岭县、大埔县、丰顺县、五华县、兴宁市、平远县、惠东县、龙门县、海丰县、陆河县、阳春市、高州市、信宜市、高要市、广宁县、德庆县、封开县、怀集县、清新县、英德市、佛冈县、连山县、连南县、连州市、阳山县、饶平县、潮安县、普宁市、揭西县、新兴县、罗定市、郁南县、云安县)。 *(李海涛)*

城乡建设发展概述

【宜居城乡建设取得新突破】 2009年，广东省研究确定珠江三角洲绿道建设、“三旧”（旧城镇、旧厂房、旧村庄）改造、“万村百镇”整治、保障性住房、垃圾及污水处理设施建设、重点新区建设、步行系统及滨水空间建设等建设宜居城乡七个重点领域。其中，绿道建设是一大亮点，得到广东省委书记汪洋的高度评价，被纳入广东省委十届六次全会的一项重要工作部署。确定3个宜居城市、10个宜居城镇、21个宜居村庄创建指导点和1400个省级村庄规划试点。全年全省城镇生活垃圾无害化处理率为64.87%，比上年提高2个百分点；城市污水处理厂集中处理率达61.35%，比上年提高6个百分点。全省村庄规划覆盖率37%，提高2.5个百分点。汕头、梅州、韶关等3个市被评为国家园林城市，东莞市塘厦镇被评为国家园林城镇。广东省被评为中国历史文化名镇的镇、村累计达19个，数量居全国前列。

【城乡规划工作再创佳绩】 2009年，广东省城乡规划工作勇于先行先试，在创新规划理念和发展模式、深化粤港澳规划合作、指导城乡规划的编制和实施、积极推进城镇化健康发展等方面做了大量富有成效工作，各项工作取得新的进步：一是创新城乡规划体系，推进城乡一体化发展。开展《珠三角地区城乡规划一体化》编制工作，推

▲*绿道驿站* *省住房和城乡建设厅办公室供稿*

动珠三角走低碳模式的城乡一体化发展道路。广州、佛山开展《广佛同城化城市规划》编制，珠海、中山、江门开展《珠三江城市空间协调发展规划》编制，深圳、东莞、惠州开展《深莞惠地区城镇群协调发展规划》编制，以一体化规划促进一体化发展。广州、河源、云浮开展城乡总体规划、国民经济和社会发展规划、土地利用计划“三规合一”的试点工作，取得“城乡统筹、全域规划”的初步成效。二是粤港澳共同推进实施国务院批准的《珠江三角洲地区改革发展规划纲要》，开创了规划合作新局面。联合港澳编制《共建优质生活圈专项规划》和《环珠江口宜居湾区建设重点行动计划》，着力将环珠江口宜居湾区打造成“亚太地区最具活力和国际竞争力的城市群”。联合香港发展局、澳门运输工务司开展的《大珠三角城镇群协调发展规划研究》于2009年10月28日在澳门正式发展成果，成为我国第一项跨不同政治制度边界的空间协调发展研究。三是城乡规划编制、审批和管理工作取得突破性进展，东莞市域城镇体系规划，惠州、江门等市城市总体规划，茂名、潮州、惠来等市县城市总体规划纲要，横琴新区城市总体规划已上报省政府审批。通过推动城乡规划督察员工作的深入开展以及违规变更规划调整容积率问题专项治理工作，切实维护规划的权威性。四是积极推进城镇化健康发展，为进一步提高全省城镇化发展水平探索新路。探索建立一套有效检验和评价广东各地城镇化发展状况和水平的综合评估指标体系。组织开展并完成《关于加快推进城市化促进扩大内需问题研究报告》以及省“十二五”规划前期研究课题之《提高城镇化发展质量专题研究》，为2010年《广东省城镇化发展“十二五”规划》的编制工作奠定了基础。

【房地产业发展和住房保障工作取得新成效】 2009年，广东省完成房地产开发投资2961.3亿元，比上年增长1%；商品房销售面积7035.9万平方米，增长45.8%；商品房销售额4585.9亿元，增长59.24%。是年，广东省住房保障覆盖面在实现城镇低保住房困难家庭的廉租住房保障应保尽保的基础上，扩大到城镇低收入住房困难家庭。通过实物配租、租赁补贴、租金核减等方式，新增对3.55万户城镇低收入住房困难家庭实施廉租住房保障，其中实物配租1.58万户，租赁补贴1.97万户。提供经济适用住房8万套，新增对1.26万户符合经济适用住房条件的低收入住房困难家庭提供经济适用住房。全省筹集公共租赁住房1667套，开工建设1.21万套。

【建筑业和建筑节能呈现新面貌】 2009年，广东省建筑业完成总产值3620.58亿元，比上年增长20.8%；完成建筑业增加值1060.3亿元，增长14.9%；完成利税总额561.6亿元，增长98.3%。全省实行招标工程项目12474项，工程造价2888.6亿元，其中公开招标工程10893项，工程造价2549.8亿元。全省纳入质量安全监督的工程达30969项，总建筑面积28874.7万平方米，市政工程总长度达1389747延米。广东省获“中国建设工程鲁班奖”6项，“省优良样板工程”91项，“省建设工程金匠奖”23项，国家级工法15项，省建筑业新技术示范工程22项，被评为全国建筑业先进企业13家。全省有2045家建筑企业的诚信信息录入“广东省建筑市场诚信信息平台”，并与住房和城乡建设部信息平台实现对接。全年组织开展6次全省建筑施工安全生产大检查，3次专项检查，受检项目15237项。全省建筑施工死亡人数低于省政府下达的安全生产控制指标。广东省是全国最先大规模开展建筑能源审计的省份之一，广州、佛山、东莞、中山、珠海、惠州等6个试点城市开展建筑能源审计。广东省有3个绿色建筑示范工程和4个低能耗建筑示范工程被列为国家级示范工程。广东省新建城镇房屋应用新型墙材建筑比例超过83%，高于全国平均水平。全省使用散装水泥量4605万吨，散装水泥使用率达45.9%，分别居全国第五名和第九名，实现节能105.8万吨标准煤。

【建设科技和人才队伍建设取得新成绩】 广东省建设系统获得2009年度国家华夏建设科学技术奖15项，广东省科学技术奖14项。通过科技成果鉴定159项，其中“复合地层中盾构法建设地铁地表沉降规律研究”达到国际领先水平，“汶川县城房屋震损评定与震害分析研究”等4项达到国际先进水平。发布推广16项省建设行业技术成果推广项目。有14人获得全国建筑业优秀企业家称号，1492人通过建筑专业职称评审，32000名技术工人通过考核并取得资格证书。

【村镇建设形成新格局】 2009年，广东省启动宜居城镇、宜居村庄创建工作并确定指导点。广东省财政安排1000万元宜居城乡规划和试点工作经费。同时，安排省级村庄规划专项资金1400万元，开展省级村庄规划试点工作。全省编制村庄规划3300个，村庄规划覆盖率达37%，比上年提高2.5个百分点。省治污保洁专项资金进一步提高村镇垃圾处理设施建设资金补助比例。全省新增7个中心镇，已核定62个中心镇的建设用地规模，占277个中心镇的22.4%。全省开展历史文化名镇、名村评选活动。至2009年底广东省有8个镇获“中国历史文化名镇”称号，11个村获“中国历史文化名村”称号。是年广东省住房和城乡建设厅、省文化厅在全省开展第二批广东省历史文化名镇、名村评选活动，有7个镇、15个村获得第二批广东省历史文化名镇、名村称号。

▲广州援建的汶川县威州镇医院　　省住房和城乡建设厅办公室供稿

【城市综合管理迈上新台阶】 2009年，广东省将水环境、空气质量、污水垃圾处理、绿化、公共服务设施水平等纳入宜居城乡建设评价标准的重要内容，从惠及民生的角度出发，注重人居环境建设。加强风景名胜区总体规划编制和城市园林绿化工作，启动珠江三角洲城际轨道交通项目建设，全省新建和改建一大批城镇道路、公园、供水、燃气等项目，城市建设完成固定资产投资777.26亿元。城市燃气普及率96.45%，自来水普及率97.7%，人均道路面积12.63平方米，全省设市城市建成区绿地率36.53%，建成区绿化覆盖率40.75%，人均公共绿地面积12.27平方米。新增污水处理厂64座，新增生活垃圾无害化处理设施2座。组织对全省3000多座城市桥梁开展安全检查，实施国家“水体污染控制与治理”科技重大专项，启动珠江下游饮用水项目，争取到国家下拨预算经费9000万元。公用事业产品和服务质量得到保障，城市管理水平进一步提升。为加强城市综合管理行政执法监督，在2009年新一轮机构改革中，广东省政府批准省住房和城乡建设厅设立执法监察局，主要职责是：监督住房和城乡建设法律法规、标准的执行，指导、监督、协调全省住房和城乡建设综合行政执法工作，承办住房和城乡建设领域重大纠纷和案件的有关工作，组织检查和处理相关违法违规行为。

【对口支援汶川县灾后恢复重建进展顺利】 2009年，广东省住房和城乡建设厅开展对口援建汶川工作，组织全省300多名规划师赴灾区现场开展县域村镇体系规划、各乡镇总体规划及重点地区详细规划、城市设计等多层次的援建规划工作，指导各对口援建市有序开展灾区恢复重建工作。截至年底，广东省援建项目已开工697个，竣工408个，开工率和竣工率分别为98%、58%；累计到位援建资金55.6亿元，已完成投资51.4亿元。在加快工程项目进度的同时，广东省住房和城乡建设厅多次组织工程质量安全监督检查组赴现场对援建项目进行检查，保证援建工程的质量和施工安全；派遣63名专业技术人员，分三批次赴汶川县指导灾后农房重建工作，完成1.7万户农房的重建技术指导。围绕“新家园、新希望”的主题，广东省住房和城乡建设厅与广东省援建办、四川省汶川县政府联合主办“广东省对口支援汶川县灾后恢复重建规划设计成果展”，通过图片、模型及文字等多种形式，重点反映广东省对口支援汶川县灾后恢复重建规划设计成果以及科学、可持续发展的思路和理念，展示广东对口援建工作所取得的成效。2009年12月3日，广东省委书记汪洋率领党政代表团在汶川县参观“广东省对口支援汶川县灾后恢复重建规划设计成果展”，高度评价广东省住房城乡建设系统的援建工作体现了广东形象和广东水平。 *(李海涛)*

城乡建设计划执行

【城市维护建设资金收入】 2009年，广东省城市维护建设资金总收入452.68亿元。其中，来源于中央财政1.13亿元，地方财政447.6亿元(含省财政4.56亿元)。全年土地转让出让收入186.7亿元，市县财政专项拨款92.8亿元，城市维护建设奖金57.3亿元，市政公用设施有偿使用费47.45亿元，分别占全部收入的41.24%、20.4%、12.66%、10.48%。是年，来自珠三角地区的收入占全省的85.37%，粤东、粤西地区占全省的11.43%，粤北地区仅为全省的2%。

【城市维护建设资金支出】 2009年，广东省城市维护建设资金总支出306.68亿元，比上年增长5.05%。其中，固定资产投资143.03亿元，其他支出97.73亿元，维护支出65.94亿元，分别占总支出的46.63%、31.87%、21.5%。用于道路桥梁93.85亿元，占总支出的30.7%；排水39.82亿元，占12.98%；园林绿化23.07亿元，占7.5%；污水处理及再生利用31.75亿元，占10.35%；其他93.1亿元，占30.36%。 *(张平)*

2009年广东省城市维护建设资金收入情况

单位：万元

地区名称	合计	中央财政拨款	省级财政拨款	市（县）财政资金					
				合计	市（县）财政专项拨款	城市维护建设税	城镇公用事业附加	市政公用设施配套费	市政公用设施有偿使用费
全　省	4526851	11316	45629	4430445	927982	572962	182303	277649	474471
广州市	728438	0	0	728438	150000	60200	33600	139838	186600
深圳市	105495	0	0	105495	105388	0	0	0	0
珠海市	260760	0	2000	258760	28092	34761	11109	0	46532
汕头市	60847	0	115	47295	19204	26057	431	467	1136
佛山市	973089	0	0	972064	23182	121335	45156	19636	75029
韶关市	106649	0	0	106649	68268	28418	2779	1967	3217
梅州市	38468	600	1062	36806	0	23113	1026	385	1554
河源市	14262	0	960	13302	0	0	1090	3975	0
惠州市	319451	0	50	316346	108704	51889	0	0	4086
汕尾市	15000	0	0	2750	2750	0	0	0	0
东莞市	487497	0	0	487497	0	92137	54825	0	92094
中山市	50473	0	3272	47201	19363	4655	2903	12965	5490
江门市	238584	2029	302	236253	100	15588	4928	20030	12792
阳江市	44081	0	100	43981	0	3124	1211	1821	1084
湛江市	142758	7071	1775	133912	576	12433	3452	11451	10038
茂名市	40282	0	40	40242	795	32425	3318	1505	1722
肇庆市	226535	0	18257	199934	24479	8188	1508	13816	5439
清远市	11190	600	840	9750	4926	0	1131	0	378
潮州市	21322	0	0	21322	0	3972	0	4858	2963
揭阳市	26981	0	55	26926	904	1377	0	9385	3500
云浮市	27601	0	0	27601	324	3810	0	539	761

地区名称	市（县）财政资金							
	过桥、过路费	污水处理费	垃圾处理费	排水设施有偿使用费	土地出让转让收入	水资源费	资产置换收入	其他收入
全　省	152058	269626	48738	145	1866978	12834	2281	116257
广州市	103000	79300	4300	0	100000	0	0	58200
深圳市	0	0	0	0	0	0	0	107
珠海市	33667	10543	2322	0	124701	1084	0	12481
汕头市	0	0	1136	0	0	0	0	0
佛山市	6798	44818	23413	0	680658	5352	0	1716
韶关市	0	3037	180	0	2000	0	0	0
河源市	0	0	0	0	7000	0	0	1237
梅州市	0	1262	292	0	10670	58	0	0
惠州市	0	1257	2829	0	151401	0	0	266
汕尾市	0	0	0	0	0	0	0	0
东莞市	0	92094	0	0	245495	2946	0	0
中山市	0	0	5490	0	1825	0	0	3272
江门市	1251	10882	659	0	168552	895	0	13368
阳江市	0	1084	0	0	36707	34	0	0
湛江市	2846	5799	1393	0	95041	747	0	174
茂名市	0	1415	242	0	355	0	122	0
肇庆市	0	3317	0	0	145473	328	0	703
清远市	0	0	378	0	0	0	0	3315
潮州市	0	2365	598	0	7067	185	0	2277
揭阳市	0	1571	1929	0	11502	0	0	258
云浮市	0	761	0	0	22167	0	0	0

注：1.表内数据不含县城；2.深圳市的维护建设资金只包含城管局提供的部分资金数据；3.表内数据均为财政性资金。

2009年广东省城市维护建设资金支出情况

单位：万元

地区名称	合计	按构成分				按行业分			
		其他支出	固定资产投资支出	其他支出	偿还贷款	供水	燃气	集中供热	轨道交通
全　省	3066816	659446	1430311	977309	240390	64088	19271	0	76753
广州市	725770	145632	0	580138	5650	0	0	0	0
深圳市	105495	73228	32195	72	0	0	107	0	0
珠海市	341205	39810	182821	118574	88956	16	0	0	62213
汕头市	32429	10116	928	21385	0	0	0	0	0
佛山市	117060	27364	77799	12147	0	2150	5799	0	5510
韶关市	26916	3238	23678	0	0	2405	2783	0	0
河源市	14262	4360	4172	5730	0	0	0	0	0
梅州市	32201	30701	0	1500	0	1500	242	0	0
惠州市	180843	22861	155682	2300	2156	1427	0	0	0
汕尾市	15000	100	13630	1270	0	700	0	0	0
东莞市	391945	103452	287323	1170	0	45114	0	0	0
中山市	54102	16522	31580	6000	0	5000	5000	0	9000
江门市	200350	12356	143334	44660	44660	0	0	0	0
阳江市	16843	7069	9082	692	0	0	0	0	0
湛江市	145845	18144	60725	66976	66976	0	0	0	0
茂名市	17994	14548	2024	1422	1422	365	0	0	0
肇庆市	113090	19489	47071	46530	24062	50	0	0	0
清远市	12891	5283	5547	2061	0	0	0	0	0
潮州市	22446	3206	8025	11215	6508	0	0	0	0
揭阳市	23702	2473	21226	3	0	0	0	0	0
云浮市	23963	6839	0	17124	0	0	0	0	0

地区名称	按行业分								
	道路桥梁	排水	污水处理	再生水利用	防洪	园林绿化	市容环境卫生	垃圾处理	其他
全　省	938470	398156	314544	3000	127742	230743	280450	106931	931143
广州市	392962	151770	151770	0	0	50513	89627	60800	40898
深圳市	0	0	0	0	0	77240	16005	6084	12143
珠海市	54932	24631	22783	0	52170	6948	10511	6069	129784
汕头市	18547	8955	8955	0	250	2970	1104	0	603
佛山市	22275	47188	36402	0	4155	11556	14386	7407	4041
韶关市	10604	2925	349	0	3660	1540	970	330	2029
河源市	2830	0	0	0	0	1350	5543	0	4539
梅州市	20403	2162	2162	0	1100	550	6244	1530	0
惠州市	98832	8961	1045	0	0	14092	18634	3569	38897
汕尾市	4900	2100	0	0	0	0	0	0	7300
东莞市	114941	37164	27460	0	27790	12137	51387	1032	103412
中山市	7324	4795	0	3000	3000	3000	12373	6490	4610
江门市	40769	22539	22539	0	0	3057	4065	638	129920
阳江市	9712	750	750	0	300	588	3648	267	1845
湛江市	33469	14472	11110	0	102	24007	5816	1273	67979
茂名市	2571	4560	1527	0	500	3824	2843	160	3331
肇庆市	16728	5840	4904	0	16173	3395	7261	540	63643
清远市	3900	0	0	0	0	2776	4219	1634	1996
潮州市	1011	5224	5053	0	5161	3463	2095	767	5492
揭阳市	21430	493	0	0	0	33	1660	230	86
云浮市	0	751	751	0	0	4	381	354	22827

注：表内数据均为财政性资金。

(冯育文)

政务改革与行政许可

□ 行政许可改革向纵深发展

□ 行政许可事项通过『三库一平台』管理信息服务系统办理

□ 加强行政许可制度建设

□ 加强对外办事窗口建设

政务改革

【概况】 2009年，广东省住房和城乡建设厅围绕“改善窗口形象、优化办事流程、提高办事效率”的主题，大力推动政务改革和行政许可工作向纵深方向发展，进行全面、深入的改革。在行政许可方面：一是分门别类，建立一系列制度，推动行政许可工作进一步制度化、规范化；二是进一步理顺行政审批的各环节，简化和优化流程；三是清理行政许可应公开的所有内容，并在“三库一平台”管理信息服务系统显要位置上予以公开，方便企业查询和了解行政许可的法规和程序；四是实现行政许可事项通过“三库一平台”网上审批，优化、完善“三库一平台”。在办事窗口建设整改方面：一是不断完善内部制度，加强内部管理，促使办事窗口人员改进工作态度、提高服务水平；二是对办事窗口的各类事项进一步细化和分离，比如：开通“三库一平台”网上告知功能，快件邮递文件、证书等等，多渠道为企业服务，方便企业，提高办事效率。

根据广东省人民政府的要求，广东省住房和城乡建设厅下发《关于做好委托实施行政许可工作的通知》，房地产开发企业二级资质、城市园林绿化企业二级资质、监理企业丙级资质和事务所资质、工程设计丙级及以下资质、城市规划编制单位丙级资质、房地产评估机构三级及以下资质、超高限抗震设防审批、占用城市绿地和砍伐和迁移树木审批等八项委托实施行政许可项目正式委托地级以上市相应主管部门负责承办。

根据国务院《建设工程质量管理条例》和住房和城乡建设部《建设工程质量检测管理办法》的规定，新设立“建设工程质量检测机构资质”行政许可事项，由广东省住房和城乡建设厅建筑质量安全处负责具体承办。

2009年12月，广东省住房和城乡建设厅在机构改革中，成立行政许可管理处，负责承办本厅直接实施和审查上报住房和城乡建设部的企业资质、个人执业资格类行政许可事项的审批、核准、审核、备案和变更工作，洪冰任行政许可管理处处长，周群文、林刘雄任副处长，曾琳任调研员。

【行政许可制度建设】 2009年，广东省住房和城乡建设厅制定一系列内部管理工作制度。年内先后制定了行政审批服务承诺制度、限时办理制度、工作考核制度、资料交接制度、档案管理制度、网上公告制度、电话访问制度等，明确了工作人员实施行政许可的职责和过错追究办法。同时加强办事流程制度化建设。广东省住房和城乡建设厅直接实施的行政许可事项，其审批流程规范为受理、交接、承办、初审、审核、批准、打证、交接、发放等环节，明确各个环节办理人员的工作责任和办理时限，并在“三库一平台”上详细记录每个环节的办理时间和办理意见，形成高效的行政许可审批流程，切实提高行政审批工作效率。取消了地级以上市相关主管部门对申报事项的初审，改为核验证书原件。自2009年7月1日起，对上报广东省建设厅和建设部审批（核准）的行政许可事项，地级以上市有关行政主管部门不再对企业申请事项进行初审，只负责对企业提供的原件进行核验，且身份证原件不再核验。积极推进“三库一平台”管理信息服务系统的实施和应用。2009年7月1日广东省建设厅“三库一平台”管理信息服务系统正式启用，绝大部分行政许可事项须通过该系统完成申报，仅极少部分行政许可事项仍使用原“广东省建设厅一站式服务”系统。这标志着广东省建设厅行政许可管理信息化工作迈上了一个新台阶。通过该系统，各级建设行政主管部门可以实时监测全省建设行业企业和从业人员的情况，并加强对企业和从业人员的动态监管。修改和完善“三库一平台”信息服务系统企业办事指南。在粤建信息网“三库一平台”信息系统上设立广东省住房和城乡建设厅办理事项和地级以上市办理事项栏目。企业资质类办事事项重新按“须知”、“标准”、“程序”进行规范，对办事程序和材料目录进行了全面清理、修改，使办事流程更加清晰。开通行政许可公示公告栏，滚动播放广东省住房和城乡建设厅“准予行政许可”企业资质的办理结果。开通“一问一答”专栏（客户问答汇编），专门解答企业办事人员咨询较多的问题。开通“绿色通道”，制定了“绿色通道”服务措施，明确将重点建设项目申办事项纳入“绿色通道”，做到随到随办，缩短了办理时间。

【对外办事窗口建设】 2009年，广东省住房和城乡建设厅加强办事窗口制度建设，确保办事窗口工作规范化。先后制订《广东省建设厅对外办事窗口岗位职责》、《广东省建设厅对外办事窗口工作人员守则》、《广东省建设厅对外办事窗口工作制度》、《广东省建设厅对外办事窗口工作人员文明用语规范》等制度，促使办事窗口人员工作有规可循，行为规范，及时向企业反馈申办事项办理进度，将办理进度和结果通过“三库一平台”管理信息服务系统消息中心、电子邮件、手机短信通知企业办事人员，企业不用凡事须到办事窗口才知办理情况。在邮政快递“三类人员”合格证书试点基础上，在窗口实现邮政快递行政许可文书及资质证书业务，将委托事项的相关文书和应企业要求可快递的文件快递给对方，方便企业办事。从广东省建设信息中心抽调专人在窗口工作，负责解答涉及“三库一平台”有关的

问题，同时记录和整理企业提出的问题，为优化“三库一平台”提供支持。 *（郑大彬）*

行政许可

【概况】 2009年，广东省住房和城乡建设厅共完成5192件行政许可申请事项（不含个人执业资格类事项），作出准予行政许可决定4327件，其中行政服务中心共完成3868件企业行政许可申请事项；其他处室共完成1324件行政许可事项。

办理执业资格注册29627件，其中：办理建造师注册18060件（其中，一级7955件，二级10105件）；办理建筑师注册1263件（其中：一级874件，二级389件）；办理结构工程师注册907件（其中：一级561件，二级346件）；办理监理工程师、造价工程师、房地产估价师、规划师、土木（岩土）工程师注册分别为：2778、5048、615、879、77件。

办理“三类人员”安全生产考核发证25255件，其中新发证12145件，延期13110件。办理省内单位调动和企业更名6616件、遗失补证362件、信息变更126件，注销925件。

全年对27家弄虚作假申报资质的企业作出行政处罚。 *（郑大彬）*

2009年广东省住房和城乡建设厅行政许可事项

序号	许可名称	许可依据	经办部门
1	建筑业企业资质(含外商投资建筑业企业资质)中的施工总承包序列二级,专业承办序列一级、二级和不分等级资质核准	《建筑法》第十二、十三条	行政许可管理处
2	工程设计与施工企业资质核准	《建筑法》第十二、十三条	行政许可管理处
3	工程造价咨询单位乙级资质核准	国务院令第412号	行政许可管理处
4	工程建设项目招标代理机构乙级资质核准	《招标投标法》第十四条	行政许可管理处
5	工程监理企业专业乙级资质核准	《建筑法》第十二、十三条	行政许可管理处
6	工程勘察企业乙级及以下资质、建筑工程设计企业乙级资质核准	《建筑法》第十二、十三条	行政许可管理处
7	城市规划编制单位乙级资质认定	国务院令第412号	行政许可管理处
8	物业服务企业二级资质核准	《物业条例》第三十二条	行政许可管理处
9	房地产估价机构二级资质核准	国务院令第412号	行政许可管理处
10	二级注册建筑师执业资格注册	《建筑法》第十四条	行政许可管理处
11	二级勘察设计结构工程师执业资格注册	《建筑法》第十四条	行政许可管理处
12	二级建造师执业资格注册	《建筑法》第十四条	行政许可管理处
13	建筑施工企业主要负责人、项目负责人、专职安全生产管理人员安全生产考核	《建筑法》第十四条	行政许可管理处
14	国家和省发展与改革行政主管部门审批、核准的建设项目的选址意见书核发	《城市规划法》第三十条	城乡规划处
15	国家级、省级风景名胜区重大建设项目选址审批	《广东省风景名胜区条例》第十八条	城市建设处
16	国家级、省级风景名胜区重大建设项目设计方案审批	《广东省风景名胜区条例》第十八条	城市建设处
17	省级风景名胜区详细规划审批	《广东省风景名胜区条例》第二十条	城市建设处
18	省管和中央托管建筑工程施工许可证核准	《建筑法》第七、八、九、十、十一条	建筑市场处
19	建设工程质量检测机构资质核准	国务院令第279号	安全管理处
20	建筑工程施工图设计文件审查机构资格认定	国务院令第412号	建筑市场处
21	大中型工程建设项目初步设计审批	广东省人民政府令第106号	建筑市场处
22	安全生产许可证核发	国务院令第397号	安全管理处

（郑大彬）

2009年广东省住房和城乡建设厅委托实施行政许可事项

序号	委托实施行政许可的内容	受委托行政机关	行政许可依据
1	房地产开发企业二级资质核准	地级以上市房地产行政主管部门	《中华人民共和国城市房地产管理法》第三十条
2	城市园林绿化企业二级资质核准	地级以上市园林绿化行政主管部门	国务院《城市绿化条例》第十六条
3	工程建设监理企业丙级资质、事务所资质核准	地级以上市建设行政主管部门	《中华人民共和国建筑法》第十二条、第十三条
4	工程勘察劳务类资质；按建设部《工程设计资质标准》（建市〔2007〕86号）中的工程设计行业、专业、专项丙级及以下资质核准	地级以上市建设行政主管部门	《中华人民共和国建筑法》第十二条、第十三条
5	城市规划编制单位丙级资质认定	地级以上市规划行政主管部门	国务院令第412号
6	房地产估价机构三级及以下资质核准	地级以上市房地产行政主管部门	国务院令第412号
7	超限高层建筑抗震设防审批	工程所在地地级以上市建设行政主管部门	国务院令第412号
8	占用城市绿地和砍伐、迁移城市树木审批	工程所在地地级以上市园林绿化行政主管部门	《广东省城市绿化条例》第二十五条、第二十七条

（郑大彬）

重点工程建设

□ 全年安排重点建设项目两百项

□ 开通重点工程办事绿色通道

□ 加强重点工程建设监管

□ 珠江三角洲城际轨道交通项目有序推进

综　　述

【概况】 2009年，广东省共安排省重点建设项目200项，总投资17610亿元，年度计划投资3030亿元，其中在建项目122项，新开工项目78项。从分类看：重大基础设施项目79项，占项目总数39.5%，2009年度计划投资1729亿元，占年度计划投资57%；重大产业发展项目65项，占项目总数32.5%，2009年计划投资605亿元，占年度计划投资20%；重大民生工程项目56项，占项目总数28%，2009年计划投资696亿元，占年度计划投资23%。另外安排前期预备项目69项，总投资约7480亿元。 *(林伟明)*

▲*2009年12月15日，中共中央政治局常委、国务院副总理李克强(中)等领导出席港珠澳大桥开工仪式* *省住房和城乡建设厅建筑市场监管处供稿*

【重点项目建设】 2009年，广东省以实施珠三角规划纲要为主轴，大力推进“三促进一保持”，深入实施重大项目带动战略，推进重点项目建设。一是加强组织领导，创新工作机制。出台并实施《省重点项目建设工作责任制度》、《加快推进省重点项目建设试行办法》等政策措施，加强组织领导，实行省领导对口联系负责、部门绿色通道、工程进度月报和督查督办等工作制度，成立省重点项目工作领导小组，在省发展改革委设立重点项目处（省重点项目工作领导小组办公室），加强综合统筹省重点项目建设工作，形成推进重点项目建设的强大合力。二是加大政策措施力度。省委十届六次全会及时出台《关于实施扩大内需战略的决定》，着力优化投资结构、提高投资效益，着力转变发展方式、调整经济结构，着力发展战略性新兴产业、拓展内需新空间，着力加强基本公共服务供给、保障和改善民生。全省全面实施并不断完善以推进省重点项目建设为核心的扩内需促发展16项政策措施，加大投资力度，狠抓总投资2.37万亿元的“新十项工程”建设，进一步扩大内需，有效促进经济平稳较快发展和经济转型升级，资金集中投向完善公共交通网络、节能减排基础设施建设、建立现代产业体系、推动重点领域自主创新、加快农村基础设施建设、推进基本公共服务均等化等方面。三是解决制约重点项目建设的瓶颈问题有新突破。针对重点项目建设中存在的征地拆迁、资金筹措等突出问题，采取多种措施加以解决。大力拓宽融资渠道，广辟资金来源，省市政府与各大银行机构签订战略合作协议，授信额度达2万亿元。创新融资平台，建立省级国有资本收益、交通、水利三大融资平台，2009年新增融资约550亿元，支持了重点项目建设。建立以地级以上市政府为责任主体的基础设施重点项目征地拆迁机制，争取到国家批准先行用地27宗，涉及建设用地496公顷，保障了重点项目建设用地。建立绿色通道，优先和加快办理重点项目报批事项，2009年用地量是上年的两倍多，进一步提高了省重点项目审批效率。 *(梁翼)*

【重点工程办事绿色通道】 2009年9月，广东省住房和城乡建设厅印发“绿色通道”服务措施指南，规定对列入省重点建设项目（含新增中央投资项目）涉及本厅职能的审批事项，实行主办负责制，由主办处室全程负责承办、协调，并指定专人负责跟踪落实。对重点建设项目的办理事项统一纳入“省重点项目电子监察系统”。对前来对外办事窗口申报审批事项的建设单位，实行免取排号并享受优先办理申请。项目建设单位申报材料齐全的，“窗口”在受理当天派专人将材料转送厅有关职能处室办理，按平常办结时限提前20%办结。

【重点工程建设监管】 2009年，广东省住房和城乡建设厅组织对潮州、汕头、阳江三个市的扩需促增落实工作进行检查。潮州市51个项目，已完工13个；汕头市70个项目，已完工11个；阳江市63个项目，已完工11个。三个市自2008年以来，共有四批184个属新增中央投资项目，已开工项目114个，开工率62%，已完工项目35个，完工率19%。

【建设项目初步设计审查】 2009年，广东省住房和城乡建设厅组织审查省属大中型工程初步设计项目122个，主要包括第16届广州亚运会场馆、湛江生物质发电厂、贵广铁路、韶赣铁路，穗广深、莞惠、广肇、广清线等城际轨道交通重点工程，通过审查优化了项目的设计及工程概算。

【珠江三角洲城际轨道交通项目实施情况】 2009年，珠江三角洲城际轨道交通项目建设按计划有序推进。其中：东莞至惠州线、广州至东莞至深圳线、广州至肇庆线三条城际轨道交通的首开段全面进入施工状态；广州至佛山线部分工程进入施工阶段；广州至清远线在做开工前准备，计划年底开工，项目工程可行性研究通过省发改委组织的专家评审，项目初步设计通过省住房和城乡建设厅组织的专家评审；珠三角城际轨道客服系统总体实施方案通过审查；佛山至东莞线进行线路现场踏勘，项目可行性研究文件正编制；广州至佛山环线、佛山西至新广州站段，预可行性研究及水土保护、环境评价、规划选址、土地预审四个专题研究报告已编制完成，正组织报审查审批；惠州至河源线进行线路现场踏勘，项目可行性研究文件正在编制。 *（林伟明）*

重点工程项目选介

【武广客运专线广东段】 武广客运专线全长1069公里，项目总投资1166亿元，设计时速350公里/小时，其中广东段全长298公里，项目总投资360亿元，途经广州、佛山、韶关、清远四市。工程于2004年12月动工建设，2009年12月26日正式通车运营。

【广州至韶关乐昌高速公路】 全长304.2公里，总投资320亿元，按双向4车道高速公路标准设计，起于广州市机场高速公路北延线，止于湘粤两省交界地小塘，途经广州、韶关、清远三市。由广东省高速公路有限公司负责建设，建设起止年限为2009年至2012年，至2009年底，已开展征地拆迁工作，其中韶关段先行工程大瑶山隧道已于11月18日开工。

【揭阳潮汕机场】 总投资33.54亿元，按照飞行区4E规划，航站区按满足2020年旅客吞吐量450万人次设计，机场主体工程包括新建一条长2800米的跑道及滑行道系统，16万平方米的站坪、5.5万平方米的航站楼和1.52万平方米货运站等。由广东省机场管理集团公司负责建设，建设起止年限为2009年至2011年。截至2009年底，飞行区、航站区地基处理及土石方工程已完工，开展航站楼机电工程（含市政照明）、钢结构工程、综合布线系统工程等招投标工作，进行航站楼基础及上部土建结构工程施工。

【台山核电厂一期工程】 总投资498.48亿元，装机总容量2×175万千瓦，建设起止年限为2009年至2014年。截至2009年底，1号泵房垫层混凝土浇注完成，开展1、2号机主设备及其对应原材料（或锻件）采购工作，进行1号筏基钢衬里底板现场吊装、常规岛廊道主体结构混凝土浇注、泵室区筏基钢筋绑扎施工。

【中船集团广州龙穴扩建工程】 总投资18.44亿元，项目建成后年造船能力从212万载重吨扩大到400万载重吨。由广州中船南沙龙穴建设发展有限公司负责建设，建设起止年限为2008年至2011年。截至2009年底，1号、2号船坞土建及配套4台600吨门吊、主要生产设施完成并交付使用，212米顺岸码头基本完工，港池、航道开挖已完成，30万吨级首制船出坞。

【中海石化（惠州）1200万吨炼油项目】 总投资194.5亿元，建设16套主装置动静设备以及工艺管道，配套储运、水、电、汽、风、氮以及码头、铁路等公用工程及辅助生产设施，建成后炼油能力达1200万吨/年。由中海石油炼化有限责任公司负责建设，于2005年12月动工建设，2009年6月投产，新增炼油能力1200万吨/年。 *（梁翼）*

【广东社会科学中心】 位于广州市天河区天河北路，主要为办公楼，由展览厅、图书文献收藏室、阅览室、电教室、会议室、办公室组成；工程总建筑面积42757.81平方米，其中地下6960.02平方米，地上35797.79平方米，建筑基底面积3483.8平方米，建筑层数为地下2层，地上16层，建筑高度75.20米，设计耐久年限为50年，结构类型为框架剪力墙结构，抗震设防烈度为7度；防火设计的建筑分类为一类，耐火等级为地上一级，地下一级；人防地下室的防护等级为六级，防化等级为丙级，战时用途为六级二等人员掩蔽所，平时用途为停车库。于2009年11月3日正式开工，至年底累计完成基坑支护及桩基础施工，地下室施工完成50%左右。工程基础采用冲孔灌注桩，单桩承载力特征值R =3000～20000kN，设计桩长约6~17米。总桩数为153根，设计桩端持力层为微风化泥质岩和中风化砾岩，桩基检测采用低应变法、声波投射法、钻芯法、高应变法进行综合检测。工程主体结构混凝土全部采用商品混凝土，强度等级为C20~C35。室内砌砖砌体采用蒸压加气混凝土砌块、M5水泥砂浆砌筑。工程采用一些新技术、新工艺、新材料、新设备。利用计算机进行钢筋翻样、编制预算、施工进度网络计划管理、财务管理、劳动力管理等技术的应用；新型墙体材料应用技术及施工技术的推广应用；防渗堵漏技术的推广应用；火灾自动报警及联动系统；电源防雷与接地系统。

【广东省博物馆新馆】 广东省“十项工程”的重点建设项目和建设文化大省三大标志性文化设施之一。位于广州市新城市中心——珠江新城中心区南部，依托新城市中

▲2009年落成的广东省博物馆新馆　　广州市城乡建设委员会供稿

轴线，濒临珠江，与广州歌剧院、广州市第二少年宫、广州市新图书馆等构成广州新的文化艺术广场。总用地面积4.1万平方米，地下一层，地上五层，总建筑面积6.69万平方米，总投资约8.84亿元。新馆工程的设计单位是香港许李严建筑师有限公司和广东省建筑设计研究院。新馆建筑外观呈方正的玲珑盒形，寓意“盛载珍宝的容器”。空间组织概念源于传统艺术的象牙球。层层相扣的建筑空间，既吸引观众不断深入“宝盒”内部，也便于观众回廊、展厅等功能分区实现视觉上和实质上的分离。新馆按照“国内先进、国内一流”的标准建设，主要配置有陈列展览、藏品保藏、教育与综合服务、业务科研、行政管理、安全保卫、机电设备、公共空间以及停车场等九大功能系统。新馆建筑结构新颖，设计独特，采用国内罕见的巨型钢桁架悬吊结构体系，即在中部沿边长67.5米的方形四周布置钢骨混凝土剪力墙，在剪力墙上端设置大型空间钢桁架，悬吊3至4层楼面体系。新馆的巨型屋面钢桁架整体滑移总重量达8700吨，是目前世界重量最大的钢结构高空滑移工程。

新馆建筑设备先进，设施一流，实行全方位的智能化管理，包括安全防范、设备管理、信息通信、网络应用和音视频等智能化系统。文物库房和部分展馆实现恒温恒湿和气体消防。展馆分为历史篇、自然篇、艺术篇和临时展厅几大部分，分别从历史文化、自然资源、传统工艺等角度展示广东省概貌。

新馆项目于2004年12月举行奠基仪式，2005年5月开始实施基坑开挖及支护工程，2006年2月8日正式开始桩基础主体工程施工，2007年4月6日完成屋面钢桁架滑移施工。2010年5月18日正式开馆。

(林伟明)

2009年广东省重点建设项目计划

单位：万元

序号	项目名称	总投资	到2008年底累计完成投资	2009年投资计划
	总计200项	176105180	31587219	30300000
	其中:新开工项目78项	65954555	259940	11031000
	在建项目122项	110150625	31327279	19269000
一	交通运输体系工程(60项)	63297294	13734912	9760000
	轨道交通项目	36425896	9820635	5660000
	高速公路项目	19417854	3516500	2515000
	港口、航道项目	3894644	47777	959000
	民航机场项目	3558900	350000	626000
二	能源保障工程(19项)	40671238	4241757	7530000
	核电项目	16160000	1750000	600000
	大型火电项目	8163712	1967238	2080000
	"上大压小"电源建设项目	3540000	0	440000
	电网项目	10000000	0	4050000
	抽水蓄能电站项目	1737526	464519	150000
	风电项目	270000	0	150000
	天然气利用项目	800000	60000	60000
三	现代服务业工程(21项)	13122500	2358777	997000
四	高新技术产业工程(15项)	7138739	2908196	1661000
五	先进制造业工程(28项)	19009074	3980530	2892000
	装备项目	2471419	204730	540000
	汽车项目	3854561	1775000	725000
	石化项目	2975473	1670000	810000
	钢铁项目	7553600	160000	390000
	传统产业升级项目	2154021	170800	427000
六	现代农业和水利工程(18项)	6323341	697269	2038000
七	产业转移园项目	5000000		500000
八	宜居环境工程(13项)	7665181	576140	2935000
	环境治理项目	6588670	542179	2870000
	生态建设项目	1076511	33961	65000
九	社会发展工程(20项)	9600608	3081097	1622000
十	资源储备保障工程(5项)	4277205	8541	365000

（梁翼）

2009年广东省属第16届亚洲运动会新建场馆项目实施情况

项目名称	代建单位	设计单位	施工总承包单位	总投资(万元)	总建筑面积(平方米)	项目实施进展情况
亚运跳水游泳馆	广州市建筑集团有限公司	华南理工大学建筑设计研究院	广东省建筑工程集团有限公司	27837	32470	完成各功能用房建设、室内装修、机电安装、室外道路和园林绿化等施工工作,正在进行场馆内的清理和局部整改及收尾工作
亚运网球中心	广东省建筑设计研究院	深圳建筑设计研究总院	广州市第三建筑工程有限公司	18019	33022	室内装修、机电安装、室外道路、园林绿化和体育设施等基本完成,正在进行收尾工作
亚运重竞技馆	广州市城市规划勘测设计研究院	广东省建科建筑设计院	广州工程总承包集团有限公司	5935	12622	完成土建工程±00以下分项工程和一至七层梁板结构施工,正在进行七层柱和八层梁板结构施工
广州体院体育馆			广州市第二建筑工程有限公司	7497	14270	完成室内装修工程,正在进行市政绿化、弱电系统智能化和永久供电等的施工

(林伟明)

城乡规划

□ 开展城乡规划前沿课题研究

□ 创新城乡规划编制与管理体系

□ 发挥城乡规划先导统筹作用

□ 『大珠江三角洲城镇群协调发展规划研究』发布

□ 探索新型城镇化发展道路

综　　述

【概况】　2009年，广东省住房和城乡建设厅贯彻落实国务院批准的《珠江三角洲地区改革发展规划纲要》，开展城乡规划前沿课题研究，引导城乡宜居、生态、集约、高效发展；创新城乡规划编制与管理体系，致力建立符合广东发展实际和覆盖城乡的规划编制体系；充分发挥城乡规划的先导统筹作用，促进广东经济社会实现可持续发展。

【城乡规划前沿课题研究】　2009年，广东省住房和城乡建设厅在统筹城乡、关注民生、保护环境、节约资源等方面开展一系列城乡规划前沿课题的研究：编制《珠三角地区城乡规划一体化规划》，探索建立新型规划建设模式；联合港澳开展以提升“生活质量”为主题的区域规划编制工作；开展珠三角区域绿地划定工作，启动珠三角绿道网规划建设。通过这些前沿的规划和研究，引导城乡宜居、生态、集约、高效发展，为推动经济发展方式转变、构建具有广东特色的新型城镇化道路打下良好基础。

【创新城乡规划编制与管理体系】　2009年，广东省住房和城乡建设厅努力创新城乡规划与管理体系。在创新城乡规划编制体系方面，致力于建立符合广东发展实际和覆盖城乡的规划编制体系。在完成《广东省城镇体系规划（2010~2020）》和珠三角城镇群规划后，省住房和城乡建设厅陆续开展粤东城镇群、粤西城镇群协调发展规划的编制工作。在珠三角内部，同时开展《广佛肇都市区一体化规划》、《珠中江城市空间协调发展规划》、《深莞惠城镇群协调发展规划》等三个都市区规划。在创新城乡规划管理体系方面，按《城乡规划法》的要求，制定一系列针对性强、切实有效的城乡规划管理配套制度文件；努力构建规范、公开、透明的城乡规划管理程序和监督检查机制。

【发挥城乡规划先导统筹作用】　2009年，广东省住房和城乡建设厅在推动经济发展方式转变，切实提高城乡规划统筹能力方面进行一系列卓有成效的探索和努力：开展“三规合一”试点，探索进一步提升城乡规划统筹能力的新途径；规范省产业转移工业园的规划认定工作，引导和推动省产业转移工业园集约节约科学发展；指导全省各地市科学制定“三旧”改造规划，有序推动“三旧”改造工作，促进节约集约用地；围绕“三促进一保持”的目标要求，加强和完善重大建设项目选址的管理工作等。

（唐卉）

重要规划与研究

【概况】　2009年，广东省住房和城乡建设厅积极开拓创新，开展一系列重要规划与研究工作：一是做好《珠三角地区城乡规划一体化规划》，推进珠江三角洲地区区域一体化发展。二是联合港澳编制《共建优质生活圈专项规划》和《环珠江口宜居湾区建设重点行动计划》，共同打造“亚太地区最具活力和国际竞争力的城市群”。三是与港澳首次合作开展的策略性区域规划研究——《大珠江三角洲城镇群协调发展规划研究》完成最终成果，并于2009年正式发布。　（唐卉）

【编制《珠三角地区城乡规划一体化规划》】　2009年，由广东省住房和城乡建设厅负责编制的《珠三角地区城乡规划一体化规划》完成规划征求意见稿。《珠三角地区城乡规划一体化规划》以“为珠三角经济发展方式转变提供有效的空间载体”为主题，提出构建低碳生态化、高效能、高品质的城乡区域一体化发展模式，并在创新规划建设模式、优化城乡区域空间格局、提升城乡人居环境等三个方面设定具体的发展目标；规划的主体内容着眼于近期迫切需要推进的重点工作，提出操作性很强的行动方案，从中心城市带动、区域战略性资源调控、重点地区发展、关键因素引导等方面明确落实措施，构建清晰的路线图。该规划在珠三角过往数版城镇群规划的基础上，结合新形势新要求进行新的探索、实现新的突破，尤其是突出强调珠三角在产业升级、发展方式转变过程中应当采取的新的规划建设模式，较好地解决了城乡融合中人居环境建设以及土地资源利用方式、效率等一系列重要问题，并在具体行动的层面上迈进一大步，成为珠三角区域层面城乡规划管理的重要文件，集中体现和实践了《城乡规划法》的核心价值和理念。同时，协调指导广州、佛山编制《广佛同城化城市规划》，推动建立广佛两地城市规划一体化的工作机制；推动和指导珠海、中山、江门三市规划局以及深圳、东莞、惠州三市城市规划部门分别签署《珠中江城市规划合作框架协议》和《深莞惠三市城市（乡）规划紧密合作框架协议》，并推动启动《珠中江城市协调发展规划》的编制工作。

《广佛同城化规划》　该规划的编制以“区域同城、产业融合、交通一体、设施共享、环境齐治”为目标，本着“先近期后远期”、“先交界后纵深”的原则，明确同城规划的行动计划，以重大基础设施的衔接规划为基础，做好广佛交界区域重点地区的同城整合规划，积极构建城市规划统筹协调、基础设施共建共享、产业发展合作共赢、公共事务协作管理的发展格局。规划编制按照“点”、“线”、“面”统筹兼顾的方式，分为五个方面的内容，分别是空间发展战略规划、区域交通一体化规划、重点

交界地区的同城整合规划、近期（年度）城市规划建设项目库指引和规划实施保障机制研究。其中，“城镇空间规划”提出广佛同城化城镇空间格局、生态区划与生态结构规划等主要内容；“区域交通规划”主要包括交通枢纽、高快速路和轨道交通三方面的对接规划；“重点交界地区规划”确定五个地区进行同城整合，重点解决功能布局、公共设施整合、道路交通衔接、生态环境保护等方面的问题。2009年，广东省住房和城乡建设厅协调、组织编制完成“广佛同城化城镇空间发展战略规划”、“广佛同城化区域交通一体化规划”和“新客站周边地区同城整合规划”、“芳村桂城地区同城整合规划”。其中，两个交界地区同城整合规划，已由广东省住房和城乡建设厅组织专家进行论证。（陈清）

【联合港澳编制《共建优质生活圈专项规划》和《环珠江口宜居湾区建设重点行动计划》】 2009年，广东省住房和城乡建设厅联合港澳编制的《共建优质生活圈专项规划》已于10月底向省港澳办报送规划初稿。规划总结粤港澳三地在环境生态、低碳发展、空间组织、人员往来及交通组织、文化民生等构建优质生活圈五个领域合作的历程、成效，总结梳理三方对于进一步加强合作、构建大珠绿色优质生活圈的诉求，提出粤港澳共建优质生活圈的关键问题，寻求在目标、策略和各层次行动计划上的共识，为三方政府部门完善合作机制、合作行动作出建议，为其他社会主体的行为提供规划依据或参考，推动逐步实现国务院颁布的《珠江三角洲地区改革与发展规划纲要》关于“共建优质生活圈”的目标要求。至年底，粤港澳三方就《环珠江口宜居湾区建设重点行动计划》工作方案达成共识，拟定规划工作大纲，并开展规划基础研究。规划着重从优化湾区的功能布局和土地利用着手，在交通衔接、生态保护、滨水利用、休闲体系构建等方面确定具体的行动，明确行动时序、主体和相关的配套政策和制度，打造“环珠江口宜居湾区”。三方决定在编制规划的过程中，采取举办公众论坛、进行国际咨询等方式凝聚三地关于共建优质生活圈和宜居湾区的共识，推动实际行动，并向国际推介和宣传大珠三角，推动“亚太地区最具活力和国际竞争力的城市群”目标的实现。（唐卉）

【《大珠江三角洲城镇群协调发展规划研究》正式发布】 2009年，经国务院港澳办和粤港澳三地政府同意，广东省住房和城乡建设厅、香港贸易发展局和澳门运输工务司三方在“一国两制”框架下，通过“粤港城市规划及发展专责小组”和“粤澳城市规划及发展专责小组”两个合作平台，首次合作开展的策略性区域规划研究——《大珠江三角洲城镇群协调发展规划研究》完成最终成果。10月28日，粤港澳三地政府在澳门联合举行成果发布会。该研究于2006年3月正式启动，历时3年，研究期间得到由31名内地和港澳相关专家学者组成的专家顾问团的大力协助与支持。作为中国第一个跨不同制度边界的空间协调研究，《大珠江三角洲城镇群协调发展规划研究》成果的发布，标志着三地在区域与城市规划领域开展的首次合作研究取得圆满成功，更标志着三地以“构建协调可持续的世界级城镇群”为目标的区域发展合作迈出实质性的步伐。

本项目以“传承与整合”和“针对性与可行性”为主要原则，选择具有区域“跨界”协调意义的要素作为研究内容。主要包括：大珠三角城镇群总体发展战略研究、跨界交通运输与邻接地区合作战略研究、区域战略性环境影响评估及资源保护利用研究、协调发展机制与近期重点协调工作建议，以及澳门与珠江口西岸地区协调发展研究。总体上，本项目以空间结构优化、跨界交通合作和区域生态环境保护为核心研究内容，试图以优化三大空间要素作为实现大珠三角城镇群未来10~20年总体发展目标的策略选择。（蔡穗虹）

规划编制

【概况】 2009年，广东省住房和

▲2009年10月28日，《大珠江三角洲镇群协调发展规划研究》成果发布会举行

省住房和城乡建设厅城乡规划处供稿

城乡建设厅积极探索创新城乡规划编制体系，开展“三规合一”的探索和尝试，探索进一步提升城乡规划统筹能力的新途径；陆续开展粤北城镇群、粤东城镇群、粤西城镇群协调发展规划的编制工作；继续推进《广东省城镇体系规划》（2010~2020）的报批工作。*（唐卉）*

【“三规合一”的探索】 2008年6月，中共广东省委、省政府在《关于争当科学发展观排头兵的决定》中明确提出要推进国民经济与社会发展规划、土地利用规划和城乡规划的“三规合一”。为此，广东省住房和城乡建设厅确定广州、河源、云浮为试点市，在规划编制技术路线、技术标准、协调机制以及配套行政管理体制改革等方面开展探索和实践：一是指导各试点市在技术规范、操作程序上探索建立“三规合一”的规划编制机制和规划管理机制；二是开展《广东省构建“三规合一”的城乡规划平台工作指引》的研究工作；三是对试点市开展工作进行动态跟踪管理。至2009年，广东省的“三规合一”试点工作取得明显成果：广州市以《广州市城市总体发展战略规划》为指导平台，建立“三规”分工合作的机制；河源市编制《河源市域城乡总体规划》作为统领“三规”协调的纲领性文件，探索以“一张图”管理平台推进“三规”高度衔接；云浮市编制《资源环境城乡区域统筹发展规划》，并进行与“三规合一”相配套的行政管理体制改革，探索以统筹、整合全市资源为基础的“三规合一”相关工作；深圳市建立国民经济社会发展规划与空间规划共同调控城市发展的“双平台”机制，探索城市总体规划和土地利用总体规划编制实施高度协调和衔接的路径。

《河源市城乡总体规划（2008~2020）》 为落实广东省委省政府逐步推进“三规合一”的要求，促进河源市建立在全省具有示范作用的科学发展体系，2008年12月，河源市启动《河源市城乡总体规划》编制工作。该总体规划编制围绕“既要金山银山，又要绿水青山”的科学发展新模式，探索国民经济和社会发展规划、城乡规划和土地利用总体规划“三规合一”的规划编制新体制。规划确定河源要努力建设成为“活力城乡”、“幸福城乡”、“绿色城乡”和“宜居城乡”的四大目标，大力建设新型制造业基地、广东著名的生态文化休闲基地、粤东北商贸物流基地、绿色农副产品生产加工基地、优质饮用水资源开发基地，在全省率先实现“生态文明发展”的示范市。规划确定河源市城乡人口规划期末总规模控制在420万人以内，城镇化水平达到60%，城乡建设用地规模控制在479平方公里，其中城镇建设用地控制在260平方公里以内。规划围绕着“一张图”（将市域所有规划要素在同一个空间平台上进行表达和协调）、“一套技术标准（建立共用的用地分类标准和技术规程）”、“一套协作流程（完善部门间协作的规划编制和管理流程）”和“一套办事规章（推行全市统一的建设项目审批与用地管理的办事规章”的“四个一”工作目标），

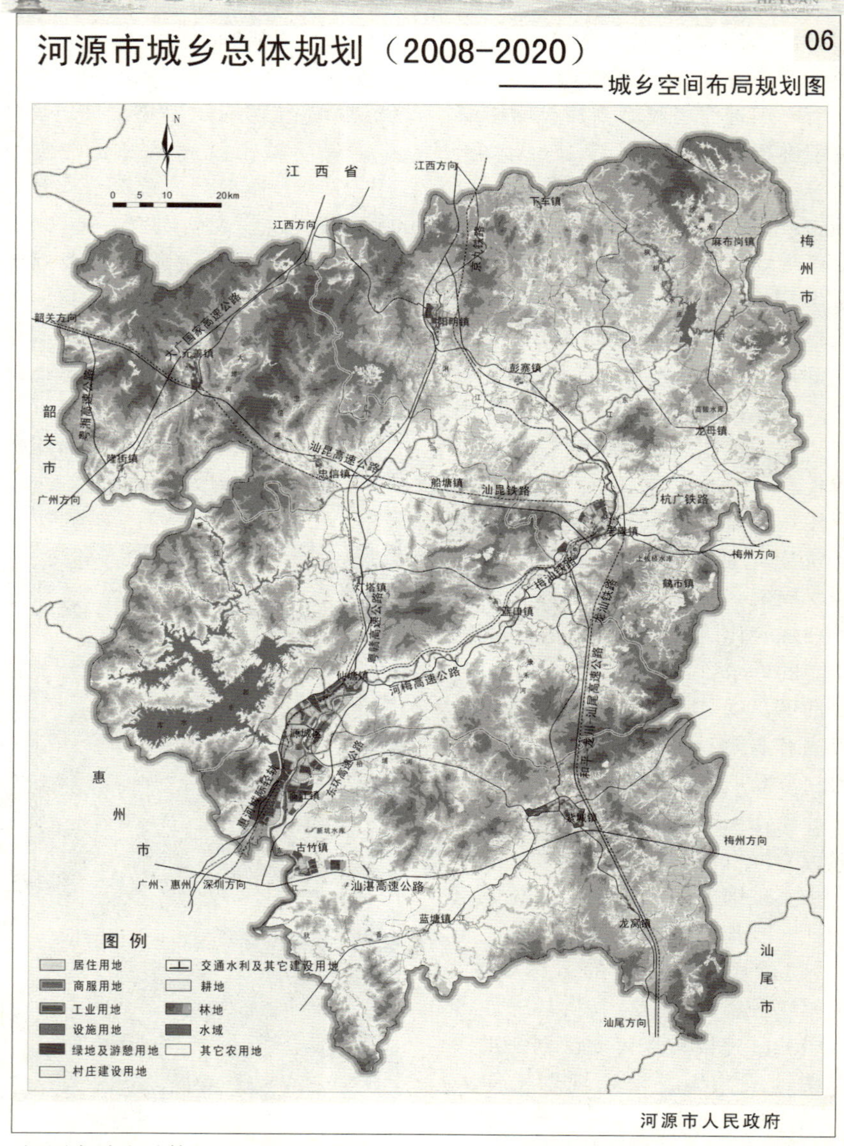

▲*河源市城乡总体规划（2008~2020）* *省住房和城乡建设厅城乡规划处供稿*

在妥善解决与城乡发展相适应的建设用地增长需求的前提下，通过适宜建设、潜力增长、限制建设和禁止建设等四条控制线落实“三规合一”的城乡空间管治要求。

【《广东省城镇体系规划》报批】 自2007年6月广东省将《广东省城镇体系规划（2010~2020）》上报国务院后，至2009年6月间，陆续收到住房和城乡建设部转来国家有关部委和省区对《广东省城镇体系规划（2010~2020）》的反馈意见，要求对其作进一步修改完善后，再报国务院审批。

2009年6~12月，广东省住房和城乡建设厅对《广东省城镇体系规划》的修改完善工作高度重视，多次组织编制单位进行研究。同时，按照区域协调、城乡统筹、建设宜居城乡等重要原则，对《广东省城镇体系规划（2010~2020）》成果进行修改、完善，确保规划能够更好地适应广东省社会经济和城乡发展的需要。 *（蔡穗虹 明立波）*

【次区域协调发展规划的编制】 近年来，广东省加快推进城乡统筹与区域协调发展，先后出台一系列促进粤东地区发展的政策措施，粤东地区面临新的发展机遇。省政府于2008年7月1日启动《粤东城镇群协调发展规划》编制工作。省住房和城乡建设厅具体组织开展相关工作，2009年11月规划编制单位（广东省城乡规划设计研究院、中山大学城市与区域研究中心、中科院广州地理研究所、汕头市城乡规划设计研究院）完成《粤东城镇群协调发展规划》纲要初步成果。12月，省住房和城乡建设厅和广州组织召开《粤东城镇群协调发展规划》纲要初步成果专家研讨会，对进一步完善纲要成果提出详实的修改意见。

·链接· **次区域**

在广东省指珠江三角洲、粤东、粤西、粤北城镇群。

为进一步优化粤西城镇群空间资源配置、加快粤西区域宜居城乡建设、健全区域发展协调机制，省住房和城乡建设厅于2009年年底组织开展《粤西城镇群协调发展规划》编制工作，并委托广东省城乡规划设计研究院承担具体编制任务。

《粤西城镇群协调发展规划》的研究任务包括：从粤西地区区位条件和社会经济发展基础出发，依托粤西人文文化资源和生态环境资源，深入研究粤西地区发展特征，确定粤西城镇群整体发展战略；科学确定粤西地区发展的环境容量，寻求适合粤西地区发展的增长方式和开发模式，明确区域重点发展空间，构建合理的城镇体系；优化布局重大交通设施和产业基地，促进粤西地区城镇群内部以及城镇群与周边地区之间形成联动发展的良好格局；建立城乡一体的公共交通、供水供电、生态环境、卫生保健等基本公共服务体系，营造粤西特色的宜居城乡；科学制定政策机制，促进区域协调、高效发展。 *（陈清）*

规划管理

【概况】 2009年，广东省城乡管理工作取得突破性进展：加快各城市总体规划的规划审查进度；继续完善规划实施评估制度，提升规划的编制质量和实施效果；推动城乡规划督察员工作深入开展；组织开展全省房地产开发领域违规变更规划调整容积率问题专项治理工作，维护城乡规划的权威性和严肃性。

【城市总体规划编制和审批】 2009年，广东省住房和城乡建设厅加快规划审查进度，完成东莞市域城镇体系规划，惠州、江门、佛山、中山等市城市总体规划，茂名、潮州、惠来等市县城市总体规划纲要，横琴新区城市总体规划的审查工作。同时，推进《揭阳市城镇体系规划（2008~2020）》、《乐昌市城市总体规划（2008~2020）》的纲要评审工作。

《东莞市域城镇体系规划（2008~2020）》 为与《广东省城镇体系规划（2010~2020）》、《珠江三角洲城镇群协调发展规划（2004~2020）》等上层次规划衔接，统筹市域轨道交通、供水、供电、燃气、污水处理设施等大型基础设施项目建设布局要求，东莞市于2004年年底开展《东莞市域城镇体系规划》的编制工作。2006年8月4日，原则通过《东莞市域城镇体系规划》纲要成果。2006年10月20日，东莞市人民政府报请省政府审批规划。2006年11月15日，省政府办公厅将《东莞市域城镇体系规划》转省建设厅会同有关部门办理。2007年4月，省建设厅将省直有关部门和相邻城市的意见转给东莞市政府。东莞市政府按照要求，进行补充调研，充实、校正有关基础资料，按照有关意见对规划上报成果进行修改完善。2009年10月13日，东莞市重新上报经修订的《东莞市域城镇体系规划（2008~2020）》成果。

根据《东莞市域城镇体系规划（2008~2020）》，城市目标是打造成为现代制造业名城、珠三角核心地区重要城市、可持续发展的和谐城市和珠三角新兴物流城市。城市职能是以电子信息、轻工纺织业和临港产业为主导的国际制造业基地，珠三角的专业性服务职能中心以及东莞市内部管理、基本的生产与生活服务职能。城市规模方面，2015年规划人口800万人，城镇化水平达到80%；2020年规划人口1000万人，城镇化水平达到85%；2020年规划城乡建设用地总规模958平方公里。规划提出形成由中心体系为支撑、由五大片区组成的生态型的空间结构，其中中心体系由具有区域意义的“四大专业中心”——主城区、松山湖和生态园、虎门-厚街、常平-樟木头构成，此外规划建设片区中心塘厦，片区副中心长安、麻涌-望牛墩、石龙-石碣、东部工业园区。五大片区包括西北部片区、中部片区、西南部片区、东北部片区和东南部片区。

《佛山市城市总体规划（2010~2020）》 为适应佛山市行政区划调整后城市建设发展的需要，2004年8月经广东省政府同意佛山市启动城市总体规划修编的相关工作，2005年初完成《规划》纲要成果，2006年8月，佛山市人民政府报请省人民政府审批《佛山市城市总体规划》，省政府办公厅将《佛山市城市总体规划》转省建设厅会同有关部门办理。其间，省建设厅分别于2006年9月、2009年9月先后两次发文就《佛山市城市总体规划》征求相关省直九部门及相邻城市的意见。佛山市根据意见和要求，进行相应的补充和修改完善。本次规划的城市规划区为佛山市行政辖区的范围，面积3797.724平方公里。规划城区为“2+5组团”，面积为1913平方公里，约占全市域面积的49.7%。“2+5组团”中的“2”是指：中心组团和大良容桂组团；“5”是指狮山组团、西南组团、西江组团、大沥组团和九江龙江组团。城市性质是全国重要的现代制造业基地，具有岭南水乡风貌特色的国家历史文化名城。城市发展总目标是建设产业强市、文化名城、现代化大城市与富裕和谐佛山。人口控制规模提出市域人口近期为780万人，远期为960万人，其中城区人口控制近期为644万人，远期为806万人，远期总人口占市域总人口的84%；外围城镇人口控制规模：近期为136万人，远期为154万人。建设用地控制提出市域建设用地近期1100平方公里，远期1200平方公里。其中城区建设用地近期805平方公里，远期885平方公里。城区用地布局规划提出城区为“多级组团、轴向发展”的空间结构。以中心组团为中心，依托广珠西线高速、105国道等向东南方向联系大良容桂组团；依托佛开高速、325国道等向南联系九江龙江组团；依托广明高速、横七等向西偏南方向联系西江组团；依托广三-广贺高速、324（321）国道等向西联系西南组团；依托佛一环东、西环线等向北分别联系狮山组团与大沥组团。各组团由多个分组团或片区构成。规划通过区域绿地、城市基础设施的布局引导作用，强化这一结构的形成。

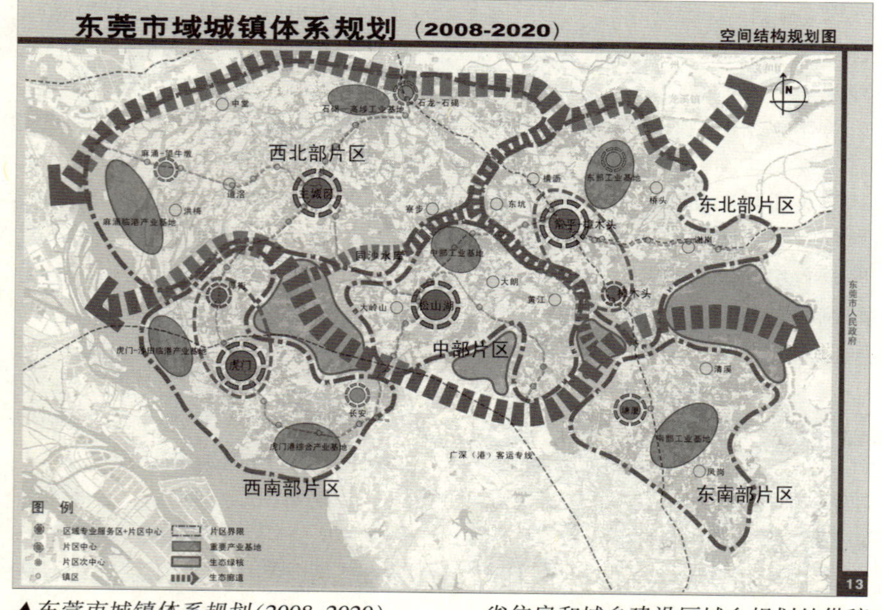

▲东莞市城镇体系规划(2008~2020) 省住房和城乡建设厅城乡规划处供稿

【城市总体规划实施评估审查】

2009年，广东省住房和城乡建设厅完成了对汕头、河源、四会、高要、增城、廉江、高州、乐昌、云浮、揭阳、连江等11个城市总体规划实施评估的审查工作，并形成一套较为完备的城市总体规划实施评估审查制度。通过开展规划实施评估工作，建立起规划编制-实施-评估-修正-提高的动态循环，对于强化规划的综合统筹作用、提升规划的编制质量和实施效果，有着积极的促进作用。

《廉江城市总体规划（1992~2010年）实施评估》 《廉江城市总体规划（1992~2010年）》即将到期，新一轮总体规划修编亟待启动。为此，廉江市开展总体规划实施评估工作，于2009年7月通过省建设厅组织召开的专家评审。项目成果由总体规划实施评估报告、公众满意度调查报告及前期研究报告三个报告组成。实施评估报告认为，现行总体规划在当时推行“两个转变”的政策环境（传统的计划经济向市场经济转变，粗放发展模式向集约发展模式转变）下进行编制，基本适应当时的社会经济发展形势，所确定的发展目标基本合理，规划确定的“南城北园”空间布局和“环形+放射”状路网结构基本得到实施，对廉江城市建设起到较好的指导和调控作用。但是，基于规划编制背景的限制，现行总体规划在规划编制体系和实施管理方面仍存在问题。主要表现为：缺少规划的强制性内容、缺乏对战略性空间资源的保护利用、城市规划实施保障机制不健全、规划对区域发展形势把握不够。现行总体规划已经难以适应廉江城市发展建设的需要，亟须通过启动新一轮的总体规划编制工作，以确保城乡规划的综合调控作用，实现城乡规划由物质空间设计走向综合规划，由技术管制走向公共政策的转变。前期研

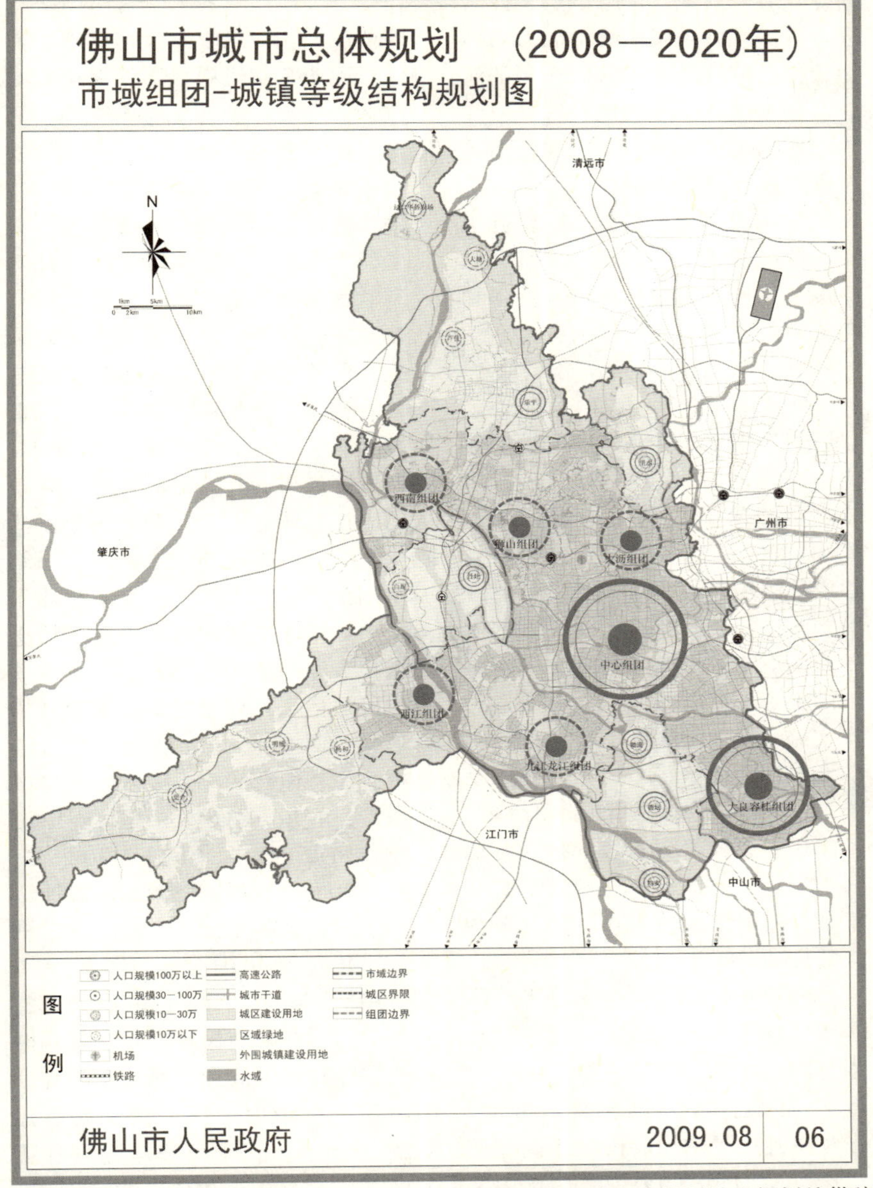

▲*佛山市城市总体规划(2008~2020)*　　*省住房和城乡建设厅城乡规划处供稿*

究报告通过对区域发展形势和需求进行分析研究，结合廉江自身发展条件的变化，初步确定廉江市城市发展目标为：抢抓机遇、协调发展，凸显优势、科学发展，努力建设成为“产业集聚、经济跨越的产业之城，山水格局凸显、生态环境优美的生态之城，文化底蕴深厚、设施配套完善的宜居之城”。城市空间发展方向初步确定为“优化北部、调整中部、拓展南部、联通东部、延伸西部”。具体为保护好北部生态资源，优化提升北部的发展；对中部旧城进行适度的人口疏解、空间优化；加快南部地区的设施建设，拓展发展主空间；以加强交通联系为抓手，促进东部融入城区的发展；西部工业区适度延伸拓展，带动周边。

《高州市城市总体规划（1993~2010年）实施评估》　为推进高州市新一轮城市总体规划的修编工作，高州市于2009年10月组织开展《高州市城市总体规划（1993~2010年）》的实施评估工作。项目成果由总体规划实施评估报告、公众满意度调查报告及前期研究报告三个报告组成。实施评估报告认为，现行总体规划对高州的社会经济发展和城市建设起到较好的引导和促进作用。高州城市向南拓展的思路得到明确和执行，城市交通骨架基本形成，生态绿地空间得到有效保护。规划高州城区形成“潘州、金山、石鼓三大组团三位一体发展”的城镇空间发展格局，明确城区由潘州向南拓展，重点开发建设城南新区、金山开发区的设想，主动向茂名市区靠拢，承接茂名的辐射和带动。十多年来，高州一直在贯彻执行城区南拓的发展思路，而且，从高州长远的空间拓展趋势看，这一空间拓展思路仍将具有较强的指导意义。然而，由于政策环境与区域发展形势的变化，以及现行总规实施机制还不太健全，规划实施过程中实际与预期出现不同程度的偏差，影响了总规对城市发展的指导和调控绩效。前期研究报告充分考虑粤西区域协调发展、广东“双转移”战略所带来的机遇及挑战，以及洛湛铁路、云茂高速、茂名深水港等重大区域交通基础设施建设对高州城市发展的影响，并结合高州自身发展需求，提出新一轮总规应遵循的发展理念和原则，提出初步发展目标和发展方向。研究提出延续并进一步强化高州城市空间“向南拓展、联结茂名”的发展主方向，初步确定城市性质为：全国知名的历史文化名城和水果之乡；广东重要的职教基地及粤西重要的工业基地；茂名市副中心及高州市域极化中心；制造业与商贸旅游业发达的生态型现代城市。　*(唐卉)*

【珠三角规划督察员巡察工作】
2009年，广东省住房和城乡建设厅积极推进规划督察员巡察工作的开展。一是起草《珠三角城乡规划督察员暂行工作规程》和《珠三角城乡规划督察员管理细则》，进一步明确了规划督察员的职责、工作制度和管理要求；二是会同省人事厅、监察厅初步确定第一批规划督察员的人选（共9名），并报经省人民政府批准同意；三是对规划督察员巡察工作经费进行测算，制定工作经费使用方案，专文向省财政厅申请专项工作经费，至2009年年底，该工作经费已经到位；四是拟定规划督察员聘任仪式的工作方案，代省政府起草开展规划督察员工作的通知以及省领导讲话稿等，拟报请以省政府名义举行规划督察员聘任仪式；五是做好省住房和城乡建设厅与住房和城乡建设部派规划督察员工作的衔接，协助安排部派第四批规划督察员的就任。按照住房和城乡建设部的要求，积极组织开展广东省符合条件的部派规划督察员的推荐工作。 *(苏西超)*

【全省房地产开发领域违规变更规划调整容积率的专项治理】 2009年4月，广东省建设厅联合省监察厅组织开展全省房地产开发领域违规变更规划调整容积率问题专项治理工作。制定《广东省对房地产开发中违规变更规划、调整容积率问题开展专项治理的工作方案》，专项治理经过“部署安排、宣传动员”、“自查自纠、边查边改”、“抽查迎检、推进整改”、“总结分析、巩固成果”等阶段的各项工作，基本完成既定的工作目标。下一步，省住房和城乡建设厅将按照“工程建设领域突出问题专项治理工作”的要求，继续推进全省房地产开发中违规变更规划、调整容积率问题开展专项治理工作，着重解决违反法定权限和程序擅自改变城乡规划、改变土地用途以及在房地产开发中违规调整容积率等突出问题，切实维护城乡规划的权威性和严肃性，维护群众利益。 *(高磊)*

规划实施

【概况】 为切实提高城乡规划统筹能力，推动经济发展方式转型，2009年，广东省住房和城乡建设厅进行开展“三规合一”试点，探索进一步提升城乡规划统筹能力的新途径；规范省产业转移工作园的规划认定工作，引导和推动省产业转移工作园集约节约科学发展；指导全省各地市科学制定“三旧”改造规划，有序推动“三旧”改造工作，促进节约集约用地；围绕“三促进一保持”的目标要求，加强和完善重大建设项目选址的管理。

(唐卉)

【推进节约集约用地】 为贯彻落实广东省政府《关于推进“三旧”改造促进节约集约用地的若干意见》，2009年，广东省住房和城乡建设厅组织制定《广东省城市“三旧”改造规划及年度实施计划编制要点》，作为省政府办公厅《转发省国土资源厅关于“三旧”改造工作实施意见的通知》文件的附件，印发各地贯彻执行。该编制要点明确“三旧”改造规划的编制内容、深度规定、成果要求等，指导各地科学制定“三旧”改造规划，有序推动“三旧”改造工作，促进节约集约用地。

佛山市禅城区祖庙东华里片区改造　佛山是岭南文化的发祥地，素有陶艺之乡、粤剧之乡、武术之乡、民间艺术之乡等美誉。祖庙-东华里片区是佛山岭南文化高度聚集区，总面积63.9公顷，是佛山文物古迹最密集、规模最大、传统风貌保存最完整的历史文化街区，区内有22家文物保护单位，其中祖庙、东华里古建筑群是全国重点文物保护单位。但随着社会发展和城市逐步现代化，祖庙东华里片区面临着布局混乱、房屋破旧、居住拥挤、街道狭窄、市政和公共设施短缺，人居环境亟待改善；大部分文物保护单位及许多优秀历史建筑损毁情况十分严重，诸多非物质文化遗产后继乏人，历史文化遗产亟待保护和传承等一系列突出问题。祖庙东华里项目改造坚持“政府引导、规划引领、属地实施、市场运作、分步推进、各方受益”。其一，因地制宜，文化立意，彰显独特风貌。祖庙东华里项目不仅仅是旧城改造，也是一项文化建设工程。其二，机制创新，措施到位，保障项目实施。通过创新旧城改造模式、项目统筹机构、项目动态管理、资金保障工作，有效保障片区居民的利益和历史文物保护，推动项目有效实施。其三，以人为本，民赢为先，保障群众利益。正是在“统筹各方利益，群众利益在首；实现多方共赢，民赢为先”思想指导下，禅城区最终确定符合广大居民利益的拆迁补偿标准，并配套三个现代化小区满足拆迁户安置需求，最终得到全社会的理解和协助。祖庙东华里片区改造工程，不仅为了历史文化资源的保护利用，更为了改善居民生活居住环境、提升城市环境形象，并实现土地集约、环境改善、完善配套的改造要求。片区改造后，容积率将由1.46提高到2.90，建筑密度将由70%下降为40%，公共绿地面积将由0.53公顷增加为4.58公顷，公共设施用地将由22.59公顷增加为26.04公顷。禅城区力争用3~5年的时间，把岭南天地打造成为融合岭南民俗文化、佛山时代特色和现代商业文明，辐射珠三角、影响华南地区的集文化、旅游、居住、商业为一体的现代街区，成为佛山最繁华、最有品位、最能代表佛山形象的区域，促进佛山经济文化发展、提升文化竞争力、让市民受益的世纪工程。

东莞南城艺展中心改造工程　东莞艺展中心位于南城街道袁屋边社区众利工业区，总占地面积6.67公顷，建筑面积5.6万平方米，于2008年初开始进行升级改造，2009年12月31日正式开业，是南城转型升级和打造文化新城的重点项目，该中心已成为以文定位、以艺为业的艺术品、收藏品中心市场。旧厂区原由一家玩具企业经营使用20多年，2008年厂房租赁合约即将到期，南城街道按照“腾笼换鸟”和

“退二进三”的思路，动员企业将生产环节搬迁外地，将研发中心迁至南城中心区的写字楼内。成功腾挪出旧厂房后，引进合作公司，投资近8000万元重新规划设计和改造装饰，其中投资商投入6000万元进行规划设计、装饰外立面、道路升级和室内改造等，南城街道投资近2000万元配套供电、供水、消防设备和平整停车场等，对旧厂区周边环境进行升级改造。东莞艺展中心共有建筑物10多幢，共改造成书画创作基地20个，书画展览馆20个，书画廊、画室50多个，工艺品展馆、工艺品店300多个。整个项目由一条艺术品街、一个艺术品交易中心和一个艺术品博物馆组成。至2009年年底前，已有400多家文化艺术单位、企业、商家和诸多文化人进驻，成为东莞市规模最大、品位最高、进驻名家最多的艺术品、收藏品专业市场。该中心是东莞市首个集艺术品创作、展览、交流、交易于一体的大型文化产品展览交易中心，为进一步丰富市民文化生活和城市文化产业内涵发挥了积极作用。（张浩龙）

【推进产业和劳动力“双转移”工作】 2009年，广东省住房和城乡建设厅参与省产业转移工业园认定的审查工作和第四、五批省示范性产业转移工业园竞标候选园区的评选工作，并参与“双转移”有关配套政策制定和“双转移”目标责任考核评价工作，对相关的省产业转移工业园规划建设情况进行实地考核。全年完成对佛山（云浮）产业转移工业园等13个产业转移工业园的规划认定工作。此外，省住房和城乡建设厅以实施《广东省产业园区规划制定的指导意见（试行）》为契机，切实加强对产业转移园规划编制的指导工作，加快对产业转移园总体规划成果的审查报批工作，促进产业转移园规划成果质量的进一步提高。（蔡穗虹）

【重大建设项目规划选址管理】 为落实中央和省扩大内需促进经济增长的有关政策，加快推进建设项目选址的审批进度，广东省住房和城乡建设厅严格执行《行政许可法》，按照部门意见互不为前置条件的“并联审批”原则，做好重大建设项目选址意见书的核发工作，确保10个工作日内为国家和省重点项目核发选址意见书。2009年，依法核发54个重大建设项目规划选址意见书。（唐卉）

探索城镇化发展道路

【概况】 2009年，广东省住房和城乡建设厅推进城镇化健康发展，为进一步提高全省城镇化发展水平探索道路：一是联合省委政策研究室开展推进城市化扩大内需研究工作，形成专题调研报告和《关于加快推进城市化促进扩大内需问题研究报告》，提出注重发挥城市化在扩大内需中的作用，通过大力推进城市化，拓展需求增长空间。二是编制完成省城镇化发展“十二五”规划前期研究课题之《广东省提高城镇化发展质量专题研究》，为2010年《广东省城镇化发展“十二五”规划》的编制工作奠定基础。三是参与起草《中共广东省委广东省人民政府关于实施扩大内需战略的决定》，积极争取将加快中心城市和城镇群发展、城中村改造、新城区建设、区域绿道网建设、公共空间系统化建设等内容纳入省委、省政府重大决定中。四是对肇庆高要市重视整体规划的经验做法进行调研总结，形成《充分发挥城乡规划的先导统筹作用，积极稳妥地推进广东省城镇化进程——高要市开展整体规划工作的调研报告》。五是协助住房和城乡建设部开展“十二五”规划城镇化战略研究专题调研。

【起草《广东省推动城镇化扩大内需研究报告》】 2009年，广东省住房和城乡建设厅制定《关于开展推进城市化促进扩大内需问题研究的工作方案》。按照工作方案，省委政策研究室和省住房和城乡建设厅牵头，联合省发展改革委、经贸委、劳动社会保障厅、公安厅等单位开展推进城市化扩大内需调研工作。调研组先后到广州、深圳、东莞、肇庆、云浮等地进行实地调研，召开15个省直部门参加的座谈会和中山大学、省委党校、省府发展研究中心、省社科院、暨南大学等单位有关专家学者参加的“广东城市化与扩大内需”研讨会，深入了解全省城市化进程、各地推进城市化中的工作措施和存在问题，探讨推进城市化对扩大内需的作用，研究提出围绕推进城市化扩大内需的重点任务和政策建议，并形成《发挥城市化在扩大内需中的作用》专题调研报告和《广东省推动城镇化扩大内需研究报告》，提出注重发挥城市化在扩大内需中的作用，通过大力推进城市化，拓展需求增长空间。

【开展《广东省提高城镇化发展质量专题研究》】 为配合《广东省国民经济和社会发展“十二五”规划》和《广东省城镇化发展“十二五”规划》编制工作的顺利开展，2009年，广东省住房城乡建设厅委托省城乡规划设计研究院开展《广东省提高城镇化发展质量专题研究》。该专题研究的主要内容包括：“十一五”规划中相关政策的回顾与实施评估、当前广东省城镇化发展现状、影响广东省城镇化发展质量提高的突出问题、国内外推进城市化发展的经验借鉴、新形势下广东省提高城镇化发展质量的路径、主要任务、未来提高城镇化发展质量的政策建议等。该专题研究从城镇化与经济增长、城镇化与社会发展、城镇化与资源环境三方面入手，首次提出省城镇化发展质量的内涵与目标是集约化、共享化、可持续化，并将全省城镇化地区划分成三类政策地区，提出实行城镇化发展差异化路径选择。

【起草《高要市开展整体规划工作的调研报告》】 2009年，广东省住房和城乡建设厅对高要市开展整体规划工作的有关情况进行专题调研，形成《充分发挥城乡规划的先导统筹作用，积极稳妥地推进广东省城镇化进程——高要市开展整体规划工作的调研报告》。调研发现，高要市经济社会发展成效显著，与当地政府高度重视整体规划密不可分。作为全省经济欠发达地区和山区县（市），在财政较为紧张的情况下，高要市近3年来全方位地开展30多个规划项目的编制与研究，规划投入2000万元，是过去13年的20倍。实践证明，整体规划在推进高要市城镇化和指导城乡发展建设中发挥了十分重要的作用。高要市高度重视整体规划的做法和经验，对广东省经济欠发达地区的城镇化发展和城乡统筹发展具有重要的启示与借鉴意义，值得在全省推广。一是领导重视是发挥城乡规划先导统筹作用的重要保障；二是科学编制城乡整体规划是实现城乡统筹发展的重要前提；三是良好的规划实施保障机制是实现城乡统筹发展的关键环节。 *（张浩龙）*

汶川灾后恢复重建规划

【概况】 2009年，广东省住房和城乡建设厅与广东省援建办、汶川县政府联合主办“广东省对口支援汶川县灾后恢复重建规划设计成果展”。围绕“新家园、新希望”的主题，通过图片、模型及文字等多种形式，重点反映广东省对口支援汶川县灾后恢复重建规划设计成果以及科学、可持续发展的思路和理念，展示广东对口援建工作所取得的成效。 *（高磊）*

【汶川县地震灾后恢复重建村镇体系规划】 汶川县位于四川盆地西北部，是全国四个羌族聚居县之一，是大禹故里、熊猫家园、阿坝门户，是通往九寨、黄龙的主要旅游通道，全县辖6镇7乡、126个行政村、3个社区，2007年年末户籍人口105436人。“5·12”汶川地震震中位于汶川县映秀镇。地震发生后，汶川县经济社会发展的客观环境发生了重大变化，正在经历着重大发展转换。但是在生态环境受到极大破坏、震后次生地质灾害众多的困难与挑战面前，汶川县在区位优势尚存、自然与旅游资源尚好、有上级政府的多方支持做发展后盾与民众恢复重建热情高涨等新环境下，其各项发展面临新的机遇。本规划重新审视汶川发展，认为：因地制宜、以“地”定全局的规划思路成为汶川灾后恢复重建的前提。县域功能布局必然由传统的单中心集中布局形式转变为多中心功能分置的形式布局，城镇功能向各个功能片区集中，实现同县同城一体化格局。汶川县域未来人口规模的确定是“以地定人”，良好的人地关系是汶川可持续发展的一个重要基点。汶川县地震灾后恢复重建村镇体系规划不同于以往村镇体系规划的编制。在编制中要科学处理“人地”关系，指导县域村镇体系的空间布局、职能分工和规模重构关注人地关系、生境的安全性、文化的传承与风貌的保护以及地震纪念空间体系的建立等方面。规划以环境承载力为依据，提出“以地定全局”的规划思路，面向灾后的恢复重建，针对性强，具有实施可操作性。为保障城乡空间布局结构调整的顺利实施，规划提出在县域范围内实现“功能分置化、用地集约化、生境安全化、交通网络化、设施共享化、风貌人文化”的规划理念。针对震后县城部分功能的外溢，规划提出形成“两心两轴五片区”的生态组团城市的空间结构，分解县城职能。针对地震灾后汶川脆弱的生态环境，将生态恢复、防灾减灾和城镇乡村恢复重建有机结合，实现人地和谐发展。突出道路交通作为城镇生命线的功能，增强防灾减灾能力。关注历史，重视人文，关怀未来：保护藏羌民族风貌，传承民族文化。建立地震纪念体系，挖掘、传承、警世并重。 *（胡琼）*

【汶川灾后恢复重建设计成果】

汶川安置区三期项目 为汶川大地震灾后重建项目。位于汶川县威州镇，规划用地面积6664平方米，总建筑面积17747平方米。项目为3栋塔式高层居住建筑，是目前汶川县威州镇最高建筑。建筑单体设计以人为本，以居住舒适性为出发点，充分考虑采光、日照、景观等因素，力求最大限度的利用现有山势、水景等自然因素，按照现代建筑的实际功能和体量进行设计，同时结合汶川地区传统羌族建筑的特点，力求营造出一处充满现代感而又处处洋溢羌族风情，和谐而舒适的安居小区。

汶川长途客运站项目 为汶川大地震灾后重建项目。位于汶川县威州镇，总用地面积12478平方米，总建筑面积4272平方米。该项目为二级汽车客运站建筑，同时包含公共交通站场及长途客车与公交车辆的检修功能区。建筑设计注重塑造内部空间与环境，形成开敞、流动的内部空间环境，通过环境刻画，体现建筑内涵；站内公共区采用大空间布局，利用大跨度结构体系，形成开敞、明亮的室内环境，与交通建筑公共空间的功能要求相适应；公共区内主要采用轻质隔断进行空间划分，不同功能区之间空间贯通、视线通透，导向性强；将提炼后的汶川绚丽多彩的民族和民俗文化印象通过现代的构图手法融入建筑设计的每一个细节，从建筑造型到内部装饰，处处散发出汶川独特的民族文化气息，空间不仅仅实现功能，同时也成为文化的载体和宣传者。

汶川劳保中心项目　为汶川大地震灾后重建项目。位于汶川县威州镇，规划用地面积2330平方米，总建筑面积3774平方米。项目为集办公、公共就业服务、社会保障服务、劳动争议仲裁、劳动监督执法等一体的综合性服务中心。建筑设计以人为本，以功能合理、形象突出为出发点，以川西羌族风格的建筑特点及符号为基本要素，同时以现代建筑手法和线条加以诠释，配以简洁亮丽的墙身色彩，局部结合暖色点缀，营造出具有羌族风格的现代化建筑。

汶川县体育馆项目　体育馆建筑立面造型体现羌族传统文化特色，采用当地典型、成熟的砌石施工工艺，采用传统建筑的色彩，并注意结合现代建筑技术，和力求使建筑融入原有城市环境，而不是树立格格不入的标志物。建筑充分表现羌族崇尚的力量型运动美学，并融入现代奥林匹克体育审美元素，营造具有现代地域特色的体育建筑。整个建筑以比赛场馆为主，既要满足赛时、平时其作为全民健身活动中心的功能要求，又要保证建筑在灾时的救灾能力。

汶川县妇幼保健院项目　汶川县妇幼保健院和卫生执法监督所位于县城主要街道东街中部，交通便利；地块靠近山脚，南高北低，整个地块中间有3栋保留建筑；同时包括妇幼保健院及卫生执法监督所两个功能区，是包含保健、门诊医疗、住院、卫生执法监督、办公和服务等的综合性建筑。该建筑在外观设计上，紧密结合医疗建筑的功能性质，以现代建筑简洁规则的线条为基础，结合当地羌族风格的建筑特点，提取色彩、材质、符号等元素适当穿插运用，营造出具有羌族风格的现代化建筑。

汶川县工人文化宫项目　位于汶川县县城原总工会位置，是集困难职工扶持和教育培训、妇幼和青少年活动、会展演艺等于一体的综合性服务中心。建筑力求表达文化性，注重形式与内容的统一，注重建筑外形与内部空间的关系，使建筑体形自然生成。设计中力求表达建筑的真实性，注重建筑群与建筑个体本身的高低错落，注重建筑表面与内部空间的关系，使建筑立面自然生成。该建筑结合汶川地区传统羌族建筑的特点，努力营造出一处充满现代感而又处处洋溢羌族风情的精品建筑，使之成为当地又一现代感与当地民族特色相结合的城市亮点。

（王继川）

历史文化名城、街区保护

【概况】　2009年，广东省住房和城乡建设厅在加强历史文化名城、街区保护工作方面，开展如下工作。一是与省文化厅联合开展广东省第二批历史文化街区、名镇、名村评选活动。二是指导肇庆市向财政部、住房和城乡建设部成功申请宋城历史文化街区保护规划编制专项补助资金。三是开展全省特色风貌街区整饰或建设工程调查摸底工作。

【广东省第二批历史文化街区评选】　根据《中华人民共和国文物保护法》、《中华人民共和国文物保护法实施条例》、《历史文化名城名镇名村保护条例》的有关规定，广东省建设厅联合省文化厅于2006年开始启动广东省历史文化街区、名镇、名村评选认定工作，制订《广东省历史文化街区、名镇、名村评选办法》。2009年，开展了广东省第二批历史文化街区、名镇、名村评选活动，认定历史文化街区8个。

孙文西历史文化街区　位于中山市石岐区，原香山县城向西发展轴上，是联系原香山县城和石岐河的重要纽带。该街区以孙文西骑楼街为中心，区域范围为烟墩山以南、瓮菜塘街以北，石岐河以东、原香山县城西门以西的区域，总占地面积7.1公顷。该街区整体地保留清代和民国初年建筑群体和城市格局，以及与中山商业、革命、文化等历史名人相关的重要建筑，历史建筑类型和建筑装饰艺术类型丰富；骑楼商业建筑具有鲜明的岭南近代建筑特色，是岭南受西方建筑影响下的近代建筑群和街巷空间的杰出代表，蕴涵丰富的传统文化遗产，具有重要的历史文化价值。

（唐卉）

广东省第二批历史文化街区

城市	街区名称
广州市	北京路街区
佛山市	顺德区大良旧城街区
中山市	孙文西街区
	西山寺街区
	南区沙涌街区
	从善坊街区
江门市	台山市台城老城中心区
	台山市台城西宁市街区

城 市 雕 塑

【概况】　2009年，广东省住房和城乡建设厅组织全省各城市开展

▲优秀城市雕塑作品——珠海渔女
省住房和城乡建设厅城乡规划处供稿

"新中国城市雕塑建设成就奖"评选活动，将一批思想内容向上、艺术水准较高、在社会公众中有广泛认同和影响的城市雕塑作品上报参加"新中国城市雕塑建设成就奖"评选。广东省参赛作品：广州五羊石像、深圳开荒牛、珠海渔女等11项作品获"新中国城市雕塑建设成就奖"或提名奖。

【城市雕塑建设管理】 2009年，广东省住房和城乡建设厅贯彻落实全国城市雕塑建设指导委员会《关于城市雕塑建设工作的指导意见》等文件精神，发挥城市雕塑等公共艺术作品在丰富城市文化内涵、塑造城市特色、美化城市环境、传承城市文化、促进城市文明建设等方面的作用。越来越多的城市政府和管理部门认识到城市雕塑工作的作用和重要性，对这项工作的重视程度明显提高，大多数城市已逐步将城市雕塑工作纳入城市规划、建设、管理的程序。由于城市雕塑建设项目往往位于城市的重要区域，对城市景观和市民心理都产生重要影响，城市雕塑主管部门法制观念日渐增强，认识到雕塑建设必须规划先行，城市雕塑建设项目决策、审批和管理盲目性、随意性的情况明显减少，建设无序、控制无据的状况有了明显的改观。

【优秀城市雕塑作品】 2009年，广东省有11件城市雕塑作品获"新中国城市雕塑建设成就奖"或提名奖。

珠海渔女　在珠海风景秀丽的香炉湾畔，矗立着一尊巨型石刻雕像——珠海渔女，雕像高8.7米，于1982年秋季落成，是中国第一座大型海边雕像。珠海渔女是珠海市的象征，她颈戴项珠，身掮渔网，裤脚轻挽，双手高高擎举一颗晶莹璀璨的珍珠，带着喜悦而又含羞的神情，向世界昭示着光明，向人类奉献珍宝。

湛江渔港公园主雕塑——"海之恋"　"海之恋"雕塑位于湛江市渔港公园前广场。雕塑着力表现渔民们在晨雾中推船出海的场景，用力与美的形象表现渔民与大海相依为命的生活关系。雕塑采用充满力度的三角形构图，渔民们健硕的身躯与浪花、礁石融为一体，是湛江渔民世代赶海为生的艺术写照，象征湛江人民刚劲有力、挺拔向上的精神面貌。 (苏西超)

城建档案管理

【概况】 2009年，广东省城建档案工作围绕省、市各级政府的经济建设重点，强化行政职能，以突出成效为目的，稳固城建档案业务工作基础，加强对城建档案的监督、指导、检查验收、入库等基础工作。通过挖掘城建档案的内涵，提高城建档案的利用价值，服务城市建设、社会民生，同时也为各类专题研究及编制提供基础资料，为行政审批、专项治理提供依据，各地馆藏档案在数量上大幅增加、在质量上有所提高，产生了显著的社会和经济效益。

【草拟《广东省城建档案管理办法》】 为加强广东省城建档案管理，突出建设系统对城建档案的管理职能，加强对全省城建档案工作的规范化指导，2009年，广东省住房和城乡建设厅委托广州市城建档案馆牵头，组织各地区城建档案负责人及专家，开展《广东省城建档案管理办法》（暂名）的起草工作，并结合全国城建档案工作的法律法规，对初稿进行多次修改和完善后，发至各地级以上市城建档案馆征求意见。这标志着广东省第一部城建档案政策法规的制定工作开始启动。年内，转发住房和城乡建设部《2009年城乡建设档案工作要点》，并提出广东省的贯彻意见。

【全省城建档案馆工作计划会议】 2009年4月9日，广东省建设厅召开2009年全省城建档案馆工作计划会议，全省各地级以上市城建档案馆负责人参加会议，总结、交流各地经验，研究探讨城建档案工作面临的问题、困难与对策。

【城建档案馆建设管理】 2009年，广东省各地城建档案工作取得可喜的成绩。广州市城建档案馆推动"城市记忆工程"，以城市发展为脉络，记录历史面貌变化，保存城市记忆。韶关市、东莞市城建档案馆分别独立或协助编辑反映城市面貌变迁，建设成果的专题片及图册。佛山市、肇庆市城建档案馆声像工作紧跟政府和规划部门重大项目进程，重点服务成效显著。汕头市在基础条件较为困难的情况下，配备专业人员及设备，重启声像档案的征集工作，全面清理馆藏声像档案，协助编纂《汕头建筑》一书并举办图片展。 (苏西超)

规划成果选介

【佛山市"三旧"改造专项规划】 佛山是广东省"三旧"改造的试点示

范市，而加快“三旧”改造是广东建设节约集约用地试点示范省的重要内容。《佛山市“三旧”改造专项规划》通过对国内外旧城改造案例和佛山已有项目经验的调查与研究，确定“三旧”改造要为佛山实现“现代制造基地、产业服务中心、岭南文化名城、美丽富裕家园”的城市发展定位提供支撑，促进佛山“产业转型、城市转型和环境再造”；规划提出了基于改造对象要素变化与否的四种改造类型，基于开发主体所有权变化与否的四种改造模式，以及一套“三旧”项目土地开发流程与相应的政策保障机制，并确定了各镇街改造导则与近期项目库。

《佛山市“三旧”改造专项规划》是2009年全省“三旧”改造工作现场会和2010年全国“三旧”改造工作研讨会的大会主要交流材料。2009年12月，国务院副总理李克强考察佛山城镇化推进情况时，专门听取了该规划汇报并给予充分肯定。

【深圳市蓝线规划（2006~2020）】 2009年由深圳市城市规划设计研究院编制完成。作为实施《深圳水战略》的重要政策之一，蓝线和黄线、橙线、绿线、紫线共同成为加强城市空间管制的重要手段。通过蓝线管制，有助于实现城市规划建设与水系保护的协调发展，有助于恢复城市生态，保障水系完整性，恢复水生态健康，提升水环境质量，消除水安全隐患。

《深圳市蓝线规划》对河流、水库、湿地、滞洪区、排水渠等地表水体和水源工程采取保护手段，以改善水质、修复生态、保障防洪安全和城市水系的完整性。对蓝线内的建设行为进行严格控制，禁止擅自占地、从事阻碍行洪、污染水体、妨碍管理等的行为，并在《深圳市城市蓝线管理规定》（在编）中进行进一步的明确和细化，为水务执法提供明文依据。同时预留河道整治、截污工程、绿化、生态景观建设等所需用地，在有关规划中尽量将蓝线内未批用地暂以绿地的形式保留，便于今后相关选址工作的开展。另外，根据实际情况，将现有建筑和宗地按其合法性和是否妨碍防洪、污染水体等标准进行分类，分别提出具备可操作性的处理方式，对蓝线内的现有建筑和宗地作分类对待和处理。该规划实现保护、控制和预留三大功能，并首次建立蓝线管理信息系统，实现规范化、信息化和标准化管理。

【深圳市大鹏中心区法定图则】 2009年由深圳市城市规划设计研究院编制完成。大鹏中心区位于大鹏半岛的咽喉要冲，是深圳五个差异化城市战略分区的东部滨海地区——滨海战略和“蓝色梦想”核心组成部分。为了充分保护及利用大鹏人文景观资源，创造富有吸引力的核心城区，确定了图则地区的四大发展目标及相应的实施策略，以实现大鹏中心区由一般城镇向特色旅游服务城镇的转变。规划在现行机制下探索图则创新表达：增加特别控制区规划指引图与相应文本章节，内容涵盖整体设计定位及设计要点、重点控制导引区域设计导引、历史人文资源等，为“两证一书”规划行政许可提供技术依据。

【第16届亚洲运动会省属场馆游泳跳水馆】 位于广东省奥林匹克体育中心内，用地面积99978平方米。游泳馆总建筑面积33331平方米，总坐席数4584座，馆内分别设置一个标准比赛池（含移动池岸）51.5米×25米×3米、一个训练池50米×25米×1.4~1.8米和一个跳水池25米×25米×5.5米。游泳跳水馆将成为2010年第16届亚运会游泳跳水项目的主要比赛场馆之一，在此进行游泳、跳水和现代五项游泳比赛及亚残会游泳比赛，赛后将利用该馆建设IOC/OCA国际训练中心、国家南方训练基地，满足国家队冬训及亚运会之后举行重大赛事的要求。

该馆所处地理位置特殊，曾经承办过第九届全国运动会的主体育场，在2010年第16届广州亚运会中也将担当主会场的角色。在游泳馆的设计中力求与原基地环境相协调，总体布局上延续奥林匹克体育中心的总体规划设计理念，游泳馆主体造型采用双色螺旋流动造型，主体建筑白色和蓝色相间，既巧妙地隐喻广州“云山珠水”的城市地理特征，又是对主体育场“飘带”曲线的延续。同时通过相互穿插流动造型，结合建筑朝向，很好地满足了建筑内部空间高度、采光通风、建筑节能以及合理布置设备管道的需求。由于其作为大型体育赛事比赛场馆的特殊性，在设计中除要满足亚运会复杂的使用要求，还要充分考虑体育设施赛后其他可能的比赛以及全民健身的需求。在满足亚运比赛要求的基础上，在比赛池中设置移动池岸，可以满足赛后训练和进行短池比赛等多方面要求；功能房间、建筑空间的布局也结合赛后利用进行充分合理的考虑。由于受到投资的限制，在设计中综合考虑了初期投资和赛后运营费用的矛盾。（唐卉）

·链接· **蓝线**

指城市规划确定的江、河、湖、库、渠和湿地等城市地表水体保护和控制的地域界线。

·链接· **“三旧”改造**

“三旧”改造指的是改造旧城镇、旧厂房、旧村庄。作为转变经济发展方式的重要内容，“三旧”改造要坚持以人为本，向更高层次、更广范围、更好成效方面全面推进，实现从“旧城镇、旧厂房、旧村居”向“新城市、新产业、新社区”的转变，让城市旧貌换新颜，经济得到发展，群众得到实惠。

【广东支援汶川产业转移园（汶川水磨镇）】　地处四川阿坝州汶川县南部岷江支流寿溪河畔，距世界文化遗产古迹都江堰市34公里，面积88.44平方公里。全镇辖1个居委会，18个行政村，73个村民小组，总人口12000余人，其中农业人口10380人。在“5·12”汶川地震中，相对北川、映秀等受灾严重地区，水磨镇受灾较轻，房屋倒塌不是很多，但由于受地震影响，很多房屋成为危房，大部分企业由于电力中断，处于停产状态。镇区四周山脉部分受到毁坏，出现滑坡等次生灾害，形成灾害隐患点。规划从经济发展基础、相关规划布局、土地利用情况、地质灾害分析四个方面对产业园建设选址情况进行定性分析，为下一步资料补充完善做具体分析判断提供参考。

【横琴总体发展规划】　广东省城乡规划设计研究院编制。该规划实现了延伸特区政策优惠和实行海关特殊监管区域税收政策两大突破；明确横琴作为“一国两制”下探索粤港澳合作新模式的示范区、深化改革开放和科技创新的先行区、促进珠江口西岸地区产业升级的新平台等三大定位；确定商务服务、休闲旅游、科教研发、高新技术等四大功能；制定通关制度、金融创新、产业和信息化等五项配套政策。横琴将成为中国内地“开放度最高、体制宽松度最大、创新空间最广”的地区。该规划于2009年8月24日由国务院正式批复。*（胡琼）*

【广州市中心城区生活垃圾收运设施布局规划（2006~2020）】　广州市城市规划勘测设计研究院、广州市环境卫生研究所编制，获2009年度全国优秀城乡规划设计三等奖。该规划结合国家规范和先进城市经验，首先对广州市生活垃圾收运流程进行优化，建立起“垃圾进站转运+直收直运”垃圾收运流程，建立“垃圾收集点+垃圾收集站+垃圾转运站”的生活垃圾收运设施系统。在垃圾产量预测方面，规划运用成长曲线法、灰色模型法、类推法预测各区生活垃圾产生量，通过减量化分析得出2020年广州生活垃圾日产量为10075吨，垃圾日运力需求11183吨，以作为垃圾转运站需求预测的依据。在布局方案方面，规划突破设施服务半径以规范值为准的常规方法，建立起以居住用地、人口密度、站点服务能力为变量的服务半径计算模型，计算出不同区域的服务半径，结合布局影响因素分析（服务半径、建设要求），在分区控规导则的基础上进行垃圾收运设施的选址与布局。至2020年，广州市中心城区规划垃圾转运站共计75座。在布局站点的同时，通过专业环评机构对垃圾收运设施选点（垃圾转运站）进行环境评价，环境评价贯穿规划全过程，保证规划的科学性与可实施性。此外，该规划还制定各类垃圾收运设施的建设通则，统一规范站点设施建设标准，为便于规划管理与审批，该规划还按控规深度制定了站点控制图则，作为专项指导下层次规划的主要依据。规划实施以来，广州市正逐步形成“垃圾进站转运+直收直运”的垃圾收运流程；建立起“垃圾收集点+垃圾收集站+垃圾转运站”的生活垃圾收运设施系统；垃圾收运过程中的扰民现象及二次污染大大降低，广州市民对广州市容市貌的清洁卫生满意度大幅提高，为广州2008年成功创建“国家卫生城市”提供了有力保障。*（王国思　李箭飞）*

【第16届亚洲运动会亚运城规划】　由广州市城市规划勘测设计研究院、广东省城乡规划设计研究院编制，获2009年度全国优秀城乡规划设计一等奖。该规划包括：（1）项目选址及用地范围。亚运城选址于广州市南部、番禺片区中东部，是规划的广州新城建设启动区。广州新城是城市“南拓”的重要组成部分。亚运城建设将带动广州新城及周边区域快速发展。用地范围包括京珠高速公路（轨道交通四号线）以东，清河路以南，莲花山水道、石楼涌和小浮莲山以西，规划中的长南路（轨道交通三号线，赛时未开通）以北。规划中的平南高速路、主干道二、主干道一自东向西分别南北向贯穿规划用地。用地的西南边京珠高速公路和南面40米规划路交汇处是轨道交通四号线的海傍站。（2）规划空间布局。总体布局上，规划结合基地独具的岭南水乡风貌，并借鉴基地所在城市传统的岭南生态居住格局，提出“生态簇团、择水而居”的理念，突出城市特色。在“生态簇团、择水而居”的基础上，利用现有河网水系，以莲花湾为景观中心，沿水体布局商业、休闲及文化交流活动带。同时，巧妙利用水道，形成亚运城三个不同等级的安全区域。亚运城的规划布局主要突出了生态簇团、择水而居的结构布局。规划方案以规划主干道和用地中部规划的景观湖莲花湾（暂名）作为各功能分区的划分界线，结合亚运村的使用功能，分为运动员村、媒体村、技术官员村、后勤服务区、体育馆区及亚运公园六大部分。该规划获主管单位广州市城市规划局批复，并获得广州市委市政府领导及业主广州市重点公共建设项目管理办公室认可，亚运城的规划多次向亚奥理事会进行工作汇报与征询意见，获得亚奥理事会、体育总局以及亚组委的高度评价。*（陈建华　方浩）*

【广州市城市色彩规划】　广州市城市规划勘测设计研究院、中山大学编制，获2009年度全国优秀城乡规划设计三等奖。该规划基于城市空间系统的角度，从宏观、中观、微观三个层面建立广州城市色彩规划控制体系。（1）在宏观层面上，分析制定适合广州的城市色彩规划思路、建立系统的城市色彩规划体系。在对广州城市色彩进行详尽调研和整合的基础上，提取城市色彩概念总谱（包括主辅色谱和点缀色谱），确定黄灰色调为广州市城市色彩主旋律。同时针对广州城市空间结构，组织城市总体色彩环境的平面分布；结合广州城市空间高度结构，针对老城、旧城、新城区建筑高度特点，引导城市总体色彩环境的高度分布。（2）在中观层面上，针对广州城市功能组织和空间结构，采取纵向和横向相结合的控制方式。纵向上根据色彩规划的控制程度，分为重点控制、一般控制等两个层面；横向上根据地区色彩规划控制的重要性，划定住宅区、历史街区、商业金融核心区、亚运场馆区等多个类型的重点控制区。根据各重点控制区的功能属性、空间结构特征进行色彩规划，分别制定其主辅色谱、点缀色谱和禁用色谱，以及色彩规划导则。（3）在微观层面上，对道路、桥梁及构筑物类色彩，街道家具类色彩、户外广告，商店招牌等提出色彩规划指引。

该规划在审批通过后，作为广州市城市规划编制与管理的参考文件之一，成为广州市控制性详细规划、城市设计、景观规划等关于城市色彩规划和审查的重要依据，也成为广州市建委编制的《广州市亚运设施环境景观指引》、《广州市城市主干道建筑外观整饰规划设计指引》、《广州市迎亚运人居环境整治工作指导性文件汇编》中的色彩设计依据，并在白云新城、琶洲员村地区、白鹅潭及周边地区等城市重点地区应用了中观和微观层次城市色彩控制要求，为广州城市色彩环境的改善，起到了重要的推动作用。 *（郭红雨　蔡云楠）*

【广州市海珠区小洲村历史文化保护区保护规划】 广州市城市规划勘测设计研究院编制，获2009年度全国优秀城乡规划设计二等奖。小洲村是广州市城区内发现的最具岭南水乡特色的古村寨，是广州市首批16处历史文化保护区之一。该规划本着在“保护中利用，在利用中发展”这一基本思路，充分抓住机遇，通过利用好现有的历史文化遗产来加强保护，促进村落社会经济的全面发展。规划内容包括保护和实施两个层次的内容。

保护的内容包括：（1）确定保护对象和保护范围。划定历史文化保护区、建设控制地带和环境协调区三个层次保护范围，同时划定文物保护单位保护范围和建设控制地带，以实现“历史文化保护区——文物保护单位（保护建筑）”两个层次的保护。（2）制定保护规划。包含街巷规划与交通组织，景观风貌控制，建筑高度控制，建筑保护与整治方式，绿化及水系规划，以及对古桥、古树、古井等风貌要素进行规划控制。（3）进行重点地段及重要建筑保护与整治设计。规划选取传统风貌比较集中，具有较高的历史价值，能集中体现整体传统风貌的拱北，大街北帝庙段和西江涌北段进行重点街巷立面整治，选取最具文物价值的简氏大宗祠、天后宫和玉虚宫三处建筑做重点的测绘及保护复原设计。

实施层面内容包括：（1）对规划管理单元进行规划深化。对历史文化保护区所在的AH0805规划管理单元的土地利用、道路交通、人口与建筑规模、公共服务设施、市政工程设施等进行了规划调整和深化。（2）制定保护与建筑控制图则，提高了规划的可操作性。（3）制定旅游发展规划。对旅游资源进行全面整合，推动小洲村旅游的品牌经营，通过旅游带动地方经济发展，进而促进历史文化区保护工作。 *（王国思　李箭飞）*

机构选介

【广州市城市规划协会】 成立于2003年8月12日，至2009年有团体会员90个，个人会员530人。

该协会是广州地区从事城市规划编制、管理、勘测、设计、咨询、教育的企事业（科研所、大专院校）及个人自愿结成的非营利性地方性社会组织，是依法注册登记的专业性社团法人。协会常设机构有秘书处、培训交流部、技术咨询部和学术研究部，负责开展下列各项主要工作：宣传、贯彻党和国家有关城市规划的法律法规、方针政策，以及建设部、广东省、广州市有关城市规划工作的规定、办法；组织调查研究，为行业主管部门提供行业决策依据、建议和相关技术服务；建立规划行业信息交流与共享平台；总结、交流和推广城市规划行业在改革和管理上的先进经验，以及在科研、规划设计、新技术应用等方面的成果；向有关部门推荐优秀规划成果、优秀论文和先进工作者；促进行业技术进步和发展；收集、统计、分析以及发布行业信息，编辑出版协会刊物；组织开展各类城市规划咨询活动；组织对外参观考察、进修、讲学，开展各类人才培训（包括新技术应用、法律、法规等的培训）以及相关的国际、国内交流活动；及时向政府主管部门反映会员单位或个人的建议和意见；做好行业主管部门、相关部门、其他协会委托办理的各项工作。

【深圳市城市规划学会】 成立于1994年12月，是由从事城市规划及城市科学研究的团体单位及城市规划科研管理工作者组成的非营利性社会组织，是深圳市城市规划工作者的学术性群众团体，并依法注册登记为专业性社团法人。

2009年，深圳市城市规划学会有团体会员单位50家。该会立足于服务广大会员及城市规划工作者、服务于城市规划事业，围绕城市规划行业的中心任务，不断加强学会工作力度，充分发挥学术性团体组织的各项优势与作用。学会成立以来，组织中外专家学术报告会等学术活动70余场，参加者愈万人次；配合中国城市规划学会和协会、广东省城市规划协会等协办城市规划专业学术会议7次，参加者500余人次；组织国内外考察17批次，参加者380余人；接待国内专业交流考察9次，参加者180余人。此外，开展城市规划咨询服务、参与、组织和协助业务主管单位开展规划宣传、城市规划设计评优、规划资质管理、注册规划师执业制度实施、专业技术人员职称评审、国际质量体系标准培训、继续教育培训等工作任务。为推进深圳市城市规划学术活动的蓬勃开展和城市规划设计、管理水平的提高作出了贡献。

（省住房和城乡建设厅城乡规划处）

城市建设

□全省城市道路新增面积三千七百六十万平方米

□全省新建城市桥梁二百零八座

□广东省污水处理能力跃居全国首位

□全省共有国家园林城市十六个

□城市自来水普及率达百分之九十七

综　　述

▲2009年5月26日,首届丹霞地貌国际学术讨论会在韶关市召开

省住房和城乡建设厅城市建设处供稿

【概况】 2009年，广东省共有设市城市44个（其中地级以上城市21个，县级市23个），44个城市市区人口6350.70万人，市区暂住人口1308.25万人，城区人口3391.66万人，城区暂住人口946.97　万人；全省市区面积87052.08平方公里，城区面积18063.80平方公里，其中建成区面积4434.08平方公里；全省城市建设用地面积共4688.81平方千米；全省市政公用设施建设实际固定资产投资完成8672645亿元；城市燃气普及率96.45%，自来水普及率97.70%，污水处理厂集中处理率61.35%，生活垃圾无害化处理率64.87%，人均城市道路面积12.63平方米，全省城市建成区绿化覆盖率40.75%，人均拥有公园绿地面积12.27平方米。

结合开展创建宜居城乡活动，将“城镇生活污水处理率”、“城市人均公园绿地面积”、“城镇生活垃圾无害化处理率”3个指标列入省委、省政府颁布的《市厅级党政领导班子和主要领导干部落实科学发展观评价考核指标体系》中，与省委组织部、省统计局共同研究制定相关指标的考核评价办法报省委审定，实现城市建设监管水平的持续提升。(王务)

【《广东省丹霞山保护管理规定》颁布】 2009年，广东丹霞山与湘、赣、闽、浙等省共6处“丹霞地貌”风景区以“中国丹霞”名义联合捆绑申报世界自然遗产。广东丹霞山景区涉及韶关市仁化县和浈江6个镇、1个街道办事处的14个村委会53个自然村。根据《保护世界文化和自然遗产公约》的要求，广东省人民政府第十一届30次常务会议于2009年4月14日通过《广东省丹霞山保护管理规定》，并以省政府令的形式正式颁布，该规定于2009年6月1日起施行。

【丹霞山地貌国际学术讨论会】 于2009年5月26~28日在韶关市召开，来自13个国家、154位代表出席会议。会议通过了题为《世界的丹霞》的“丹霞宣言”，认为丹霞具有全球研究价值，是一种在全球具有突出普遍价值的地貌景观和自然地理现象，同时提出丹霞研究的国际化研究等倡议，进一步加强丹霞地质遗迹和地貌景观的保护与管理。(宋健)

2009年广东省城市建设设施水平与全国对比情况

指　标	单位	全国城市平均设施水平	广东省城市平均设施水平	设施水平对比（+/−）
人口密度	人／平方公里	2147	2402	+11.87%
人均日生活用水量	升	176.66	253.14	+76.48
燃气普及率	%	91.42	96.45	+5.03 百分点
人均道路面积	平方米	10.66	12.63	+1.97
污水处理率	%	75.25	71.50	−3.75 百分点
污水处理厂集中处理率	%	65.79	61.35	−4.44 百分点
生活垃圾无害化处理率	%	71.33	64.87	−6.46 百分点
建成区绿化覆盖率	%	38.22	40.75	+2.53 百分点
建成区绿地率	%	34.13	36.53	+2.4 百分点
人均公园绿地面积	平方米	10.66	12.27	+1.61

注：该表各项人均指标除人均日生活用水量外，均是以城区人口和城区暂住人口合计为分母计算。

2009年广东省城市市政公用设施情况

地区名称	人口密度(人/平方千米)	人均日生活用水量(升)	用水普及率(%)	燃气普及率(%)	建成区供水管道密度(千米/平方千米)	人均城市道路面积(平方米)	建成区排水管道密度(公里/平方千米)	污水处理率(%)	污水处理厂集中处理率(%)	人均公园绿地面积(平方米)	建成区绿化覆盖率(%)	建成区绿地率(%)	生活垃圾处理率(%)	生活垃圾无害化处理率(%)
全　省	2402	253.14	97.70	96.45	18.48	12.63	8.65	71.50	61.35	12.27	40.75	36.53	91.65	64.87
广州市	2486	349.47	98.94	99.82	17.77	10.63	7.25	81.00	81.00	10.08	38.21	34.65	98.23	80.17
增城市	1184	430.82	66.23	62.91	14.17	8.81	4.33	59.76	59.76	12.42	49.75	44.71	86.78	0.00
从化市	905	218.17	80.00	91.76	91.36	4.55	5.17	100.00	50.38	15.52	28.69	27.78	100.00	0.00
韶关市	294	222.89	97.17	92.25	15.89	12.05	5.72	64.99	55.65	11.72	45.92	42.45	100.00	77.63
乐昌市	11515	94.35	84.21	76.89	10.79	3.64	3.58	52.54	52.54	8.63	38.33	32.42	50.00	0.00
南雄市	3655	125.93	95.40	63.91	5.04	8.41	4.18	79.92	79.92	12.53	25.81	13.60	72.71	0.00
深圳市	4475	231.82	100.00	99.86	24.35	9.95	12.32	68.75	63.70	16.30	45.02	39.13	94.30	94.30
珠海市	1579	291.08	98.96	98.66	22.64	24.90	11.21	53.84	53.84	10.19	44.97	39.99	67.25	67.25
汕头市	3758	188.90	98.80	97.70	11.93	10.85	9.57	59.95	59.95	11.76	40.38	39.40	64.13	64.13
佛山市	3342	339.70	100.00	98.47	28.51	11.77	9.64	86.26	86.26	9.12	36.57	34.23	98.48	95.47
江门市	2002	215.26	97.14	97.14	15.47	16.22	9.62	39.15	39.15	7.52	40.54	38.22	100.00	100.00
台山市	5924	218.06	100.00	98.31	18.66	10.67	9.66	58.80	58.80	14.37	35.51	34.15	100.00	0.00
开平市	1739	244.99	99.38	99.38	12.62	12.60	10.20	71.23	55.56	6.78	39.90	35.02	95.95	0.00
鹤山市	3257	269.30	100.00	94.00	16.46	25.36	12.14	64.14	64.14	10.29	34.77	33.02	100.00	0.00
恩平市	2027	193.65	90.25	90.25	41.86	11.66	8.54	0.00	0.00	8.63	53.74	22.78	100.00	0.00
湛江市	7243	244.48	99.36	98.13	7.71	23.89	5.56	87.14	87.14	12.73	45.75	40.70	97.36	97.36
廉江市	3944	147.80	87.98	85.19	64.97	10.19	9.44	0.00	0.00	33.77	48.17	47.72	94.68	0.00
雷州市	4599	179.73	63.20	76.40	8.86	6.44	4.31	0.00	0.00	8.03	46.55	11.02	96.64	0.00
吴川市	5008	214.33	73.32	67.91	12.94	9.77	7.47	0.00	0.00	11.15	30.59	28.35	96.96	0.00
茂名市	4383	237.96	98.42	96.22	8.57	8.61	4.03	68.12	68.12	9.20	44.58	40.51	95.25	0.00
高州市	2017	176.55	97.41	94.73	13.50	5.62	10.55	0.00	0.00	4.36	44.33	35.69	98.17	0.00
化州市	4528	160.21	59.26	97.90	5.10	3.50	3.31	0.00	0.00	1.80	14.23	13.27	100.00	0.00
信宜市	4193	147.71	85.19	84.81	8.17	3.59	4.26	0.00	0.00	6.11	37.02	25.53	98.99	0.00
肇庆市	1319	276.68	99.90	93.18	15.95	15.23	7.12	78.09	57.30	21.11	38.01	32.10	94.42	80.60
高要市	1825	178.41	96.28	96.28	4.16	11.51	5.49	41.58	41.58	17.89	43.48	41.79	75.95	75.95
四会市	4388	208.04	93.76	100.00	5.36	17.37	9.19	60.40	60.40	9.21	25.15	22.09	80.91	0.00
惠州市	1332	218.85	96.30	92.81	8.26	12.69	8.26	71.20	65.06	10.97	37.66	33.23	88.50	88.50
梅州市	2358	192.98	95.51	92.05	9.69	16.16	7.06	62.67	61.16	11.79	42.82	36.36	100.00	100.00
兴宁市	2222	116.88	81.07	78.84	13.79	11.27	41.13	46.48	0.00	8.18	36.85	36.31	50.00	0.00
汕尾市	2708	151.97	93.06	99.18	31.05	9.08	14.50	43.01	43.01	10.27	41.16	35.36	100.00	0.00
陆丰市	3768	151.23	94.79	81.80	58.41	9.37	8.13	0.00	0.00	8.01	31.00	29.96	100.00	0.00
河源市	9844	269.41	99.63	99.96	23.66	10.63	0.76	76.00	76.00	9.12	41.09	37.38	99.21	4.34
阳江市	1491	153.55	100.00	78.35	16.05	13.18	12.46	60.39	30.19	9.72	37.51	32.46	100.00	100.00
阳春市	653	303.68	95.06	82.60	7.56	0.38	0.90	83.26	79.35	10.93	34.66	33.44	86.63	0.00
清远市	2308	265.62	99.17	97.32	21.90	11.63	4.29	58.25	58.25	15.42	40.16	35.94	100.00	100.00
英德市	401	168.49	91.81	61.21	5.90	16.17	3.70	70.14	70.14	7.12	34.89	29.39	0.00	0.00
连州市	2089	102.69	85.58	89.17	6.67	23.43	10.83	0.00	0.00	4.67	35.02	31.72	0.00	0.00
东莞市	2471	251.80	99.66	97.62	17.35	20.21	8.03	87.34	45.75	14.67	43.36	40.26	97.85	29.78
中山市	2021	174.37	100.00	100.00	14.96	11.53	9.89	87.62	87.62	9.08	36.38	33.32	100.00	100.00
潮州市	9367	157.83	100.00	100.00	9.67	10.07	7.34	82.09	82.09	10.30	42.11	37.72	100.00	100.00
揭阳市	4308	88.79	97.50	89.42	9.12	4.50	3.37	13.25	13.25	12.27	35.11	35.09	82.75	82.75
普宁市	4327	160.31	97.84	76.89	11.17	10.31	11.37	0.00	0.00	0.38	26.37	25.58	0.00	0.00
云浮市	2574	199.25	98.06	88.99	53.58	3.89	3.06	93.13	41.97	11.47	39.78	30.59	100.00	100.00
罗定市	6669	102.30	92.54	89.55	14.35	11.85	3.74	41.00	41.00	17.50	28.09	20.05	71.89	0.00

注：东莞市包含全行政区域范围数据，2005年全部列入城建统计范围。

（冯育文）

城市道路桥梁建设

【概况】 至2009年底，广东省建成城市道路总长度为31348.2公里、道路总面积54809.8万平方米，其中人行道路总面积12136万平方米，全省城市人均道路面积12.63平方米。全省建成城市桥梁共6199座，其中立交桥375座。安装道路照明灯共1617792盏，安装路灯道路长度24446公里。

【道路桥梁建设】 2009年，广东省新增城市道路面积3760.8万平方米，其中人行道路新增面积2557万平方米，全省城市人均道路面积增加0.98平方米。全省新建城市桥梁208座。

【城市桥梁检查】 2009年，广东省住房和城乡建设厅组织全省地级以上市的城市桥梁主管部门对全省3000多座桥梁全面开展安全检查，重点检查市县桥梁养护维修管理制度建立情况、年度养护维修资金落实情况、检测评估制度的执行情况、桥梁信息管理系统建设及技术档案管理情况等，确保全省城市桥梁安全。 (王务)

城市轨道交通建设

【概况】 至2009年底，广东省城市轨道交通运营的有广州、深圳两市,营运线路共7条，总里程共175千米，在建234千米，其中：广州市在建87千米，深圳市在建156千米。

【广州地铁建设】 2009年，广州地铁五号线、四号线车陂南至万胜围段开通试运营，地铁开通总里程延长至150千米。在建线路包括广州市轨道交通二/八号线延长线、三号线北延段、四号线（黄村至车

2009 年广东省城市道路情况

地区名称	道路长度(千米)	道路面积(万平方米)		桥梁数(座)	
			人行道		立交桥
全　省	31348.2	54809.8	12136	6199	375
广州市	5519.1	9502.0	1472	1300	183
增城市	85.5	266.0	56	12	0
从化市	80.6	113.8	25	0	0
韶关市	550.8	685.7	126	33	1
乐昌市	61.8	69.2	34	5	1
南雄市	51.3	73.2	19	7	0
深圳市	6035.2	8864.0	1950	1693	96
珠海市	1400.1	3337.7	976	329	2
汕头市	1314.2	2479.0	266	142	5
佛山市	1388.7	2294.7	583	148	30
江门市	1253.2	1865.1	419	170	2
台山市	218.5	208.6	36	13	0
开平市	159.7	306.7	85	15	0
鹤山市	214.0	372.0	160	11	0
恩平市	275.0	208.0	40	122	0
湛江市	694.0	1558.0	670	109	3
廉江市	366.0	201.0	80	17	0
雷州市	63.6	114.7	39	15	0
吴川市	244.5	180.5	53	13	0
茂名市	213.0	435.1	142	33	1
高州市	86.0	178.0	48	12	0
化州市	84.0	95.0	34	5	0
信宜市	83.0	97.0	11	13	0
肇庆市	508.1	788.1	269	56	0
高要市	223.0	167.2	65	2	2
四会市	214.0	381.0	119	30	0
惠州市	1141.1	1491.5	226	36	2
梅州市	423.0	640.0	160	58	3
兴宁市	238.0	303.0	81	0	0
汕尾市	166.2	231.6	52	6	0
陆丰市	74.0	197.8	50	24	0
河源市	124.7	287.8	114	28	0
阳江市	318.5	560.0	136	7	0
阳春市	3.0	8.0	2	0	0
清远市	193.2	603.7	124	4	0
英德市	66.0	211.4	32	1	0
连州市	240.5	391.5	105	5	0
东莞市	5428.0	12306.3	2677	1489	30
中山市	378.7	892.0	232	126	14
潮州市	160.0	393.0	100	2	0
揭阳市	268.1	350.9	59	1	0
普宁市	326.0	463.0	63	28	0
云浮市	71.0	84.0	27	12	0
罗定市	341.3	553.0	119	67	0

注：东莞市是包含全行政区域范围数据，2005 年全部列入城建统计范围。

2009 年广东省城市轨道交通建设情况

地区名称	地铁(建成)				地铁（在建）				地铁（规划）			
	条数	长度（千米）	换乘站数（个）	配置车辆数	条数	长度（千米）	换乘站数（个）	配置车辆数	条数	长度（千米）	换乘站数（个）	配置车辆数
全　省	4	89.69	12	630	21	354.84	55	1808	4	138.90	25	382
广州市	2	68.23	10	366	7	182.14	21	906	1	20.10	1	0
深圳市	2	21.46	2	264	7	156.83	33	896	2	81.13	24	267
东莞市									1	37.67	0	115
佛山市					6	15.87						
肇庆市					1		1	6				

（冯育文）

▲正在施工的广州地铁建设工地　　张文忠　摄

陂南段）、六号线以及珠江三角洲城际快速轨道交通广州至佛山段、广州市珠江新城核心区市政交通项目——广州市珠江新城旅客自动输送系统。

【广州地铁五号线建成通车】 2009年12月28日，广州地铁五号线正式建成通车，开始运营，该线路投资151.25亿元，全长32千米，设计最高时速90千米、旅行时速45千米。地铁五号线的建成通车标志着广州市“东进、西联、中调”交通发展规划基本实现，贯通旧城新区、连接东西南北的城市地铁线网初具规模。

【深圳地铁建设】 2009年，深圳地铁二期工程建设启动。深圳地铁公司承担一号线续建工程、二号线、二号线东延线、五号线的建设任务。其中，一号线续建工程全长23.4公里，投资概算121亿元，计划2011年6月建成通车；二号线首期工程全长15.131千米，投资概算69亿元，计划2010年年底建成通车；二号线东延线20.65千米，计划投资112.39亿元，计划2011年6月建成；五号线投资216亿元，全长40千米，计划2011年6月建成。

深圳地铁一期开通运营后，客运量、客运收入、开行列次、平均满载率、运行图兑现率、正点率均达到或超过国内同行同期水平。2008全年日均客运量37万人次，列车正点率99.92%，运行图兑现率为100%。各项服务指标创历史最高水平。（宋健）

城市供水

【概况】 至2009年底，广东省城市供水综合生产能力3406.48万立方米/日，城市用水人口4238.67万人，自来水普及率97.70%，人均日生活用水量253.14升。全省自来水综合生产能力100万立方米/日以上的城市有6座：广州684.30万立方米/日；深圳669.30万立方米/日；东莞700万立方米/日；佛山272万立方米/日；汕头131.20万立方米/日；惠州113万立方米/日。

【城市供水水质安全督察】 2009年年初，广东省建设厅组织对各级供水企业执行国家规范、标准、规程的情况进行督察，对发现的问题进行通报，对落实国家《生活饮用水卫生标准》、确保城市供水水质安全提出具体要求，并全面掌握了全省城市供水企业供水水质情况。

【国家水专项实施】 2009年，广东省住房和城乡建设厅继续组织相关城市实施国家“水体污染控制与治理”科技重大专项。年内全面启动珠江下游饮用水项目，争取到国家下拨预算经费9000万元。同时，进行项目进度督查，将工作任务分解到各城市主管部门和承担单位，对项目下阶段的工作进行详细部署，并对相关城市的示范工程和政府承诺的配套资金情况进行跟踪督查。

2009 年广东省城市供水情况

地区名称	综合生产能力（万立方米／日）	供水总量（万立方米）			
		合　计	生产运营用水	公共服务用水	居民家庭用水
全　省	3406.48	785070.81	227175.94	102600.20	288509.51
广州市	684.30	184751.54	37431.54	32589.17	80169.87
增城市	16.00	4941.00	1272.00	638.00	2507.00
从化市	12.00	2692.70	722.91	182.35	1410.31
韶关市	36.50	7991.00	979.00	332.00	4167.00
乐昌市	5.00	641.00	19.00	51.00	500.00
南雄市	5.00	541.50	140.00	27.00	343.00
深圳市	669.30	150091.08	44870.56	26681.66	48728.66
珠海市	107.44	30518.00	11026.00	5207.00	8831.00
汕头市	131.20	28629.10	6577.23	2451.11	13069.16
佛山市	272.00	43051.61	12325.18	7326.08	16840.02
江门市	98.30	22967.94	8664.28	2298.56	6475.48
台山市	12.00	3079.00	803.00	220.00	1336.00
开平市	27.00	3889.00	1160.00	439.00	1725.00
鹤山市	17.00	3172.00	820.00	570.00	872.00
恩平市	6.00	1700.00	98.00	318.00	820.00
湛江市	46.78	9926.82	2610.85	649.91	5132.59
廉江市	15.00	1427.00	59.00	221.00	715.00
雷州市	5.31	970.00	51.00	51.00	687.00
吴川市	6.00	1440.00	118.00	235.00	825.00
茂名市	65.60	13230.00	7747.00	1465.00	2857.00
高州市	6.00	2628.00	185.00	168.00	1820.00
化州市	5.50	1325.33	150.50	138.65	802.83
信宜市	5.00	1750.00	250.00	230.00	1000.00
肇庆市	52.45	10331.11	3448.69	1896.18	3322.91
高要市	10.50	1918.00	692.00	343.00	568.00
四会市	15.00	3571.00	800.00	512.00	1050.00
惠州市	113.00	19342.89	6108.57	2191.14	6851.50
梅州市	14.00	4262.20	447.50	521.80	2142.90
兴宁市	10.20	1753.00	110.00	77.00	853.00
汕尾市	16.50	3039.00	494.20	152.70	1164.10
陆丰市	9.00	1601.30	437.00	212.00	892.00
河源市	18.10	4732.57	958.60	75.60	2493.42
阳江市	26.00	4380.17	170.00	145.00	2237.00
阳春市	18.00	2574.00	96.00	486.00	1712.00
清远市	18.00	8961.00	2698.00	2333.00	2654.00
英德市	6.00	1117.00	0.00	231.00	507.00
连州市	6.00	936.00	215.00	113.00	423.00
东莞市	700.00	160781.52	64877.57	9362.55	46099.09
中山市	10.00	13118.60	5353.00	260.00	4665.60
潮州市	29.00	4480.00	295.00	516.00	1733.00
揭阳市	30.00	6622.20	435.10	203.50	2260.50
普宁市	23.50	4508.00	220.00	0.00	2571.00
云浮市	14.00	3148.63	966.66	414.24	1127.57
罗定市	13.00	2539.00	273.00	65.00	1548.00

注：东莞市是包含全行政区域范围数据，2005 年全部列入城建统计范围。

（冯育文）

【佛山市水业集团有限公司】 始建于1964年。至2009年发展成为一家以供水和污水处理为主业，集水质监测、工程设计、施工安装、信息技术、水处理技术研发等相关业务为一体，水务产业链完整、管理规范、服务优良、技术水平和科技创新能力处于国内同行业先进水平的大型水务企业。2009年，佛山水业集团总资产达45亿元。

2001年通过ISO9001质量管理体系认证；2009年通过质量/环境/健康安全综合管理体系（ISO9001/ISO14001/OHSAS18001）“三标一体化”认证。属下佛山市自来水工程有限公司拥有市政工程二级资质、佛山市新之源污水处理有限公司拥有生活污水处理设施运营甲级资质、佛山市迅科管道探测有限公司拥有测绘丙级资质，佛山水质监测站是国内首家实现供水、排水、污泥一体化检测的国家级水质监测站。

至2009年底，有正式员工1500余人，其中专业技术人员约占员工总人数的18%，高、中级职称专业技术人员占专业技术人员的7%，科技人员的专业结构和年龄结构基本合理。

拥有石湾水厂等11间自来水厂，总供水能力达184.5万立方米/日，供水范围覆盖禅城、三水两区，并包括东平新城以及南海部分片区，服务面积600平方千米，服务人口近200万人，供水管网长度2560千米。新城区优质水厂是国内首家投入使用的市政浸没式膜处理水厂，首期工程供水能力为0.5万立方米/日。

还拥有镇安污水处理厂等9间已建成运营的污水处理厂，分布在禅城、三水、南海、高明四个区，总污水处理能力达85.5万立方米/日。

集团坚持科技创新，拥有国家级的水质监测站、国内水务企业首家院士工作室——中国工程院李圭白院士工作室、省级企业技术中心、省级水工程技术研发中心，具有国内先进水平的给水和污水处理中试基地，并拥有一批具有自主知识产权的科技成果，其中供水科学调度等技术的研究、开发与应用处于国内领先水平。 *（王务）*

城市污水处理

【概况】 2009年，广东省新建成污水处理项目75个，新增日处理能力263.5万吨，新建污水处理设施配套管网1200多千米，累计建成污水处理设施239座，日处理能力1354.7万吨，配套管网超过7300千米，处理能力居全国首位，实现县县建成污水处理设施目标。珠江三角洲地区73个中心镇中，35个镇污水处理设施已建成调试，中山市成为全省第一个镇镇建成污水处理厂的地级市。

【污水处理监管】 2009年，广东省住房和城乡建设厅继续强化污水处理设施建设运行监督工作。为加强对全省污水处理设施运行的监督管理，组织各市污水处理主管部门建立“全国城镇污水处理管理信息系统”，对全省投入运行的污水处理厂的污水处理量、运行效率、进出水浓度和主要污染物削减总量等近60项指标进行全面的监管。根据系统反映情况，每季度向全省下发通报，并抄报省领导和有关部门，为省政府加强对污水垃圾处理设施运行的监管提供了有效依据。

【广东省广业环保产业集团有限公司】 隶属于广东省广业资产经营有限公司（简称广业公司）。广业公司是于2000年经广东省人民政府批准成立的省属三大国有资产经营公司之一。广业公司以环保工程装备、清洁再生能源、新型高效材料和电子机械设备四大主业为依托，通过主业产业链聚合与延伸，将打造成环保主业、适度多元，资本控制、控股经营的大型综合企业。2008年8月，为确保广东省“十一五”污染减排目标任务的完成，按照广东省政府加快省内东西北地区污水处理设施建设的战略部署，广业公司统一承接省内东西北地区77个污水处理厂及配套管网的建设运营任务。

广东省广业环保产业集团有限公司（简称广业环保产业集团）作为广业公司环保主业依托的下属全

▲*佛山市亚艺公园调蓄湖承担周边 40 平方公里范围内的西江洪水调蓄*

佛山市水务局供稿

资子公司，同时作为省内东西北地区污水处理设施建设与运营的承载主体，是一家集技术研发、产业投资、工程建设总承包和设施运营为一体的创新型环保实业集团，是广东省环保产业龙头企业。

广业环保产业集团拥有自主知识产权的“微曝氧化沟”污水处理技术，并已设计、建设100多座城市污水处理厂；拥有多项环保工程咨询、设计、监理、运营的甲级资质和市政工程总承包资质，主营业务涵盖废水、废气、废弃物治理及噪声控制等环境工程项目的投资、建设和运营。在城镇污水（包含生活污水和工业废水）处理设施建设方面，从环评、项目建议、项目立项，到可研、设计、施工、监理，以及建成后的运营管理，提供环保工程装备与营运“一条龙”服务；拥有水务产业总处理规模近250万吨/日；拥有5个甲级资质设计院、3个一级工程总承包资质的施工企业、3个甲级资质的施工监理企业，工程技术人员5000多人，其中高、中级职称1900多人；多项工程获“国家环保百佳工程”、“国家优质工程金奖”、“省环保优势示范工程”、“国家重点环保实用技术示范工程”等称号。 *（王务）*

城市垃圾处理

【概况】 2009年，广东省共建成生活垃圾无害化处理设施39座，总投资954460万元。其中，填埋场22座，垃圾焚烧厂17座。全省城镇生活垃圾无害化处理量37013吨/日，城镇生活垃圾无害化处理率64.87%。

【城市垃圾填埋处理】 2009年，广东省共有生活垃圾无害化填埋场22座，分布在18个地级以上市，总投资为372260万元，总处理能力为23893吨/日，占垃圾无害化处理量的65%。

【城市垃圾焚烧发电】 2009年，广东省共有生活垃圾无害化焚烧处理厂17座，主要分布在广州、深圳、珠海、佛山、惠州、东莞、中山等7个珠江三角洲城市，总投资582200万元，总处理能力为13120吨/日，占垃圾无害化处理量的35%。

【编制《广东省生活垃圾无害化处

2009年广东省无害化垃圾填埋场情况

地区名称	项目名称	处理方式	处理规模（吨/日）	总投资（万元）	建成时间
填埋场22座			23893	372260	
广州市	兴丰填埋场	填埋	7000	68300	2002
深圳市	下坪填埋场	填埋	3600	41700	1997
	宝安区老虎坑填埋场	填埋	1200	10700	2002
珠海市	西坑尾填埋场	填埋	1000	24600	2007
汕头市	雷打石填埋场	填埋	1000	8760	2003
	南澳县城填埋场	填埋	100	1000	2005
佛山市	高明区苗村白石坳填埋场	填埋	2000	56000	2005
韶关市	花拉寨填埋场	填埋	1300	22000	2008
	新丰县岳城填埋场	填埋	100	1000	2006
惠州市	惠城区填埋场	填埋	300	8000	2007
	惠阳区山子顶填埋场	填埋	350	8000	2007
中山市	中心组团蒂峰山垃圾综合处理厂	填埋	350	8000	2006
河源市	七寨垃圾填埋场	填埋	483	24500	2009
梅州市	龙丰填埋场	填埋	530	16500	2000
江门市	大推车山填埋场	填埋	700	12700	1998
阳江市	奕垌填埋场	填埋	400	6000	2007
湛江市	市区填埋场	填埋	600	10100	1999
肇庆市	马安填埋场	填埋	500	7500	1993
清远市	青山填埋场	填埋	580	8000	1995
潮州市	锡岗填埋场	填埋	750	12000	2005
揭阳市	东径外草地填埋场	填埋	750	11900	2006
云浮市	麻鸡坑填埋场	填埋	300	5000	2007

2009年广东省无害化垃圾焚烧厂情况

地区名称	项目名称	处理方式	处理规模（吨/日）	总投资（万元）	发电能力	建成时间
焚烧厂17座			13120	582200	合计数	
广州市	李坑焚烧发电厂	焚烧	1040	72600	22000	2005
深圳市	市政环卫综合处理厂	焚烧	450	14000	3000	1988
	南山焚烧发电厂	焚烧	800	36300	12000	2003
	盐田焚烧发电厂	焚烧	450	24600	6800	2003
	宝安区老虎坑焚烧发电厂	焚烧	1200	56500	24000	2005
	龙岗区中心城环卫综合处理厂	焚烧	300	11300	6000	2000
	龙岗区平湖焚烧发电厂	焚烧	680	33000	11000	2004
	龙岗区平湖焚烧发电厂(二期)	焚烧	1000	32000	15000	2006
珠海市	市区焚烧发电厂	焚烧	600	20700	6000	2000
佛山市	南海区环保发电厂	焚烧	400	17000	15000	2002
	顺德区杏坛处理中心	焚烧	600	21400	12000	2004
惠州市	惠城区焚烧发电厂	焚烧	500	40000	12000	2007
东莞市	市区焚烧发电厂	焚烧	1000	35000	30000	2006
	横沥焚烧发电厂	焚烧	1200	30000	36000	2006
	厚街焚烧发电厂	焚烧	600	15600	15000	2002
中山市	中心组团蒂峰山垃圾综合处理厂	焚烧	1200	40000	24000	2006
	北部组团垃圾综合处理厂	焚烧	1100	82200	24000	2009

（王务）

理设施建设“十二五”规划》】 2009年，广东省住房和城乡建设厅组织开展《广东省生活垃圾无害化处理设施建设“十二五”规划》编制工作，会同广东省发展和改革委员会组成编制工作领导小组，选定广东省城乡规划设计研究院为编制单位。

【垃圾处理督察制度】 为贯彻落实《国务院关于印发节能减排综合性工作方案的通知》精神，加强对城镇生活垃圾处理设施建设和运营的指导和监督，根据住房和城乡建设部的统一部署，广东省于2009年建立“全国城镇生活垃圾处理管理信息系统”，并指导全省环卫主管部门使用，全面掌握全省各市的垃圾清运情况、运营垃圾场的运营情况和在建垃圾场的建设情况。广东省住房和城乡建设厅组织16个督察小组，对历年省治污保洁专项资金补助的100多个项目的建设进展和运行情况进行全面检查。逐步形成以信息系统为基础的每月信息报送制度和以现场督察制度为基础的全年督察制度。

【垃圾处理价格机制】 2009年，广东省住房和城乡建设厅开展对全省各县市垃圾处理收费的调查工作，摸清全省垃圾收费标准和收取方式，与省物价局共同拟定《关于运用价格杠杆促进生活垃圾焚烧发电产业化发展的意见（征求意见稿）》，促进生活垃圾焚烧发电产业化发展。与省物价局、财政厅、环保局等部门联合向省政府上报《关于完善生活垃圾处理收费政策，提高垃圾无害化处理能力意见的请示》，力争省政府发文要求各地级以上市要在2010年前开征垃圾处理费，确定垃圾处理费最低收费标准，推广垃圾处理费从水费中收取。

【颁布《广东省城市环境卫生作业预算定额》】 2009年8月1日起，广东省建设厅委托广东省环境卫生协会和广东省建设工程造价管理总站编制的《广东省城市环境卫生作

▲中山市垃圾填埋场 省住房和城乡建设厅城市建设处供稿

业预算定额》（试行）在全省行政区域内颁布试行。凡在2009年8月1日起经招标管理机构批准招标或非招标未签订合同的工程，均执行该定额计价。2009年8月1日前已发出招标文件或已签订合同的工程，有约定的按原约定处理，没有约定的则不作改变。

该定额是完成规定计量单位工程所需的人工、材料、机械台班的社会平均消耗量及其价格和费用的标准；是编审环卫作业概预算、招标控制价、结算，调解处理作业费用纠纷，确定作业费用的依据；是衡量投标报价合理性的基础；是环境卫生作业服务单位组织生产、合理配置生产作业人员、计算作业成本、实行经济核算的主要依据。

【编制《广东省生活垃圾焚烧处理项目建设运营管理指引》】 2009年，广东省住房和城乡建设厅委托广东省环境卫生协会编制的《广东省生活垃圾焚烧处理项目建设运营管理指引》正式印发各市垃圾处理主管部门。该指引综合考虑全省不同地区生活垃圾焚烧处理项目的现状和近远期发展，对规范全省生活垃圾焚烧处理项目的建设、运营、管理有现实指导意义。

【广州市兴丰垃圾卫生填埋场】 位于广州市白云区太和镇兴丰村南部，占地面积91.7万平方米，其中填埋区面积47.5万平方米，填埋容积为1970万立方米，可填埋垃圾1800万吨，是中国第一座与发达国家、地区的先进技术和管理接轨并由境外公司承担营运的大型生活垃圾处理设施。项目总投资6.83亿元，由广州市政府投资建设。项目设计和营运工作通过国际公开招标，由惠民（广州）环境技术有限公司承担。该项目2000年11月动工兴建，2002年8月正式投入使用，日平均处理生活垃圾7000吨，是广州市生活垃圾处理的主要设施。

随着项目的建成与投入使用，兴丰垃圾填埋场已在国内同行创下三个第一：第一个根据国际标准和规范设计、建设的特大型填埋场；第一个以商业模式通过国际招标的形式由境外公司承包设计、营运，由国内公司投标建设的垃圾填埋场；第一个采用双衬层防渗系统和采用反渗透工艺处理渗滤液等高新技术建设垃圾填埋场，实现了零排放，是集垃圾卫生填埋、渗滤液处理达到回用水标准、沼气收集发电上网于一体的现代化大型生活垃圾处置场。高标准的建设和营运管理，使该工程先后获得国家、省、市多个奖项，其中2004年被评为建设部科技示范工程，2005年获中国市政工程金杯奖，2006年在全国无害化填埋场评比中获第一名并被授予“一级填埋场”，2007年获国家优质工程金质奖（全国仅6个），是全国同行业唯一的国家优质工程金质奖，2009年获第八届中国土木工程詹天佑奖，新中国成立60周年百项优秀工程奖。几年来，该场的建设和运行管理严格执行环保高标准，并进行节能降耗，取得了显著的环保效益、经济效益和社会效益。

【中山市中心组团垃圾综合处理基地】 位于中山市南朗镇与火炬开发区交界的山地。服务范围包括中山市的中心城区及港口镇、南朗镇、民众镇，规划消纳垃圾处理能力约1100吨/日，占地86.67公顷，概算总投资超过7亿元，除垃圾焚烧发电厂（3.8亿元）采用BOT方式招商外，其余均为中山市财政投资建设，于2002年开工建设、2006年投入运行。整个基地设有焚烧发电厂、卫生填埋场、污水处理厂、医疗废物焚烧厂、焚烧炉渣再利用制砖厂、飞灰稳定化处理中心、建筑余泥渣土消纳场和管理中心等分项。这种集多种处理工艺于一体的综合处理技术在国内属首创，使得各种垃圾处理技术方法有机结合，各种专项设施和工艺互为支持，彻底改变以往简单填埋、污染环境、浪费环境的落后状况，实现垃圾处理全面进入无害化、减量化、资源化利用的重大转变，直接追赶当今世界先进国家处理水平。

基地内焚烧厂占地面积3.33公顷，设计处理规模1100吨/日，采用BOT方式招标，由广东长青集团有限公司中标建设运营，特许经营期22年（含2年建设期）。由垃圾焚烧、余热利用、烟气处理、自动控制等系统组成，核心部分采用日本三菱—马丁炉排焚烧炉技术及设备，烟气处理指标达到国家标准。设置3条350吨/日生产线，每条生产线设计年运行时间不小于8000小时，配套两台装机容量为1.2万千瓦的汽轮发电机组，年发电上网量达1亿度。垃圾贮料坑设置负压，防止臭气外溢；烟气处理系统采用国外技术设计、关键设备进口，并配置烟气在线监控系统，严格监控烟气污染物排放指标，保证烟气达标排放。 *(王务)*

城市燃气

【概况】 广东省城市供气分为液化石油气、天然气、人工煤气三部分。2009年，全省城市液化石油供气总量4704484.63吨，储气能力531271.75吨，用气户数930.39万户，用气人口3308.95万人；天然气供气总量117124.59万立方米，储气能力1322.15万立方米，用气户数261.50万户，用气人口850.36万人；人工煤气供气总量15492.99万立方米，储气能力113.10万立方米/日，用气户数6.36万户，用气人口25.44万人。

至2009年底，广东省大小燃气企业共有700多家，燃气行业间竞争越来越激烈，企业并购持续不断。港华、新奥、百江、中燃、中石油、华润及喜威等企业纷纷进入全省并扩大份额。港华收购了百

2009 年广东省城市燃气供气情况

地区名称	液化石油气				天然气			
	储气能力（吨）	供气总量合计（吨）	销售气量	居民家庭	储气能力（万立方米）	供气总量合计（万立方米）	销售气量	居民家庭
全　省	531271.75	4704484.63	4694428.17	2157659.40	1322.15	117124.59	114770.30	35867.39
广州市	48497.45	1004716.02	1002114.02	396220.23	234.44	35603.37	33812.10	11059.97
增城市	50.00	2915.00	2915.00	1515.00	0	0	0	0
从化市	440.00	3600.00	3600.00	1515.00	16.00	44.93	40.48	40.48
韶关市	0.00	23000.00	23000.00	22000.00	216.50	3296.00	3294.40	2840.40
乐昌市	550.00	3242.00	3242.00	3132.00	6.16	10.95	10.95	5.68
南雄市	245.00	1242.00	1240.00	1150.00	0	0	0	0
深圳市	87330.00	1128261.62	1124125.62	701927.50	190.00	37126.08	36926.00	16482.00
珠海市	220970.00	810000.00	810000.00	118000.00	0	0	0	0
汕头市	111500.00	183800.00	183800.00	133800.00	42.00	575.42	573.69	95.14
佛山市	3119.00	92822.87	92822.87	44550.58	35.50	12848.11	12827.63	2458.39
江门市	3386.00	70155.00	70155.00	49578.00	0.23	29.00	28.50	14.00
台山市	526.00	27630.30	27630.00	17320.00	0	0	0	0
开平市	1290.00	23421.00	23421.00	0.00	0	0	0	0
鹤山市	428.00	17760.00	17760.00	13376.00	0	0	0	0
恩平市	200.00	3830.00	3830.00	3720.00	0	0	0	0
湛江市	8211.00	50000.00	50000.00	35000.00	72.00	2578.00	2537.00	577.00
廉江市	1040.00	18000.00	18000.00	18000.00	0	0	0	0
雷州市	300.00	9569.00	9552.00	9500.00	0	0	0	0
吴川市	750.00	7000.00	7000.00	7000.00	0	0	0	0
茂名市	2439.20	90829.16	90829.16	23925.51	15.18	7.04	7.04	7.04
高州市	1950.00	21000.00	21000.00	15000.00	0	0	0	0
化州市	500.00	12275.00	12275.00	11600.00	0	0	0	0
信宜市	780.00	13500.00	13450.00	13370.00	0	0	0	0
肇庆市	1485.50	34636.20	34636.20	28898.20	68.00	1311.16	1310.26	9.71
高要市	75.63	2510.00	2510.00	2135.00	0	0	0	0
四会市	700.00	6796.50	6787.00	6787.00	100.00	60.00	60.00	60.00
惠州市	6610.07	100427.70	99911.50	36984.40	0	0	0	0
梅州市	250.00	23950.00	23950.00	23950.00	18.00	76.59	74.20	2.12
兴宁市	201.00	6990.00	6990.00	6990.00	0	0	0	0
汕尾市	205.00	20030.00	20030.00	17040.00	0	0	0	0
陆丰市	528.00	6750.00	6750.00	5092.00	0	0	0	0
河源市	1215.00	27744.60	27723.10	24972.39	0	0	0	0
阳江市	5255.00	88459.00	88411.00	8272.00	24.00	808.00	799.00	126.00
阳春市	6628.40	6628.40	6628.40	5302.72	6.00	58.45	58.40	8.00
清远市	1362.00	12039.74	11991.30	7156.77	10.75	313.02	309.32	216.27
英德市	270.00	1592.82	1522.82	1177.82	0	0	0	0
连州市	775.00	6050.00	4000.00	3900.00	0	0	0	0
东莞市	5243.50	365658.10	365497.58	205206.28	66.01	14240.49	14184.85	747.59
中山市	550.00	49854.00	49854.00	32405.00		4189.35	4026.60	1107.10
潮州市	2335.00	235255.00	235250.00	25005.00	201.00	3795.63	3736.88	0.00
揭阳市	275.00	27036.00	27036.00	22352.00	0.36	10.50	10.50	10.50
普宁市	406.00	43987.60	43987.60	35917.00	0.02	142.50	142.50	0.00
云浮市	600.00	6300.00	6300.00	4216.00	0	0	0	0
罗定市	1800.00	13220.00	12900.00	12700.00	0	0	0	0

注：东莞市是包含全行政区域范围数据，2005 年全部列入城建统计范围。

（冯育文）

江，喜威收购了振戎，港华入股深燃，华润进驻河源、江门，中燃入住茂名、从化、梅州、云浮等城市。与此同时全省原有燃气公司，也纷纷实施“走出去”战略到外省投资，深燃集团在山东泰安建天然气生产企业、获得了江西赣州的特许经营权。

全省各地新建或改扩建燃气管网工作普遍展开，2008年起组建的省管网公司也投入运转。2008年惠州海洋石油炼厂建成投产，这是全省继广石化、茂石化、湛江石化之后的第4个炼油厂。2009年东莞九丰投入运营，使我省LPG进口码头（一、二级库）增加到15个。广东持有生产许可证的燃气灶企业近300家，占全国燃气灶企业总数的八成，年销售额达几十亿元，拥有一大批名牌企业和产品。全省燃气供应市场价格平稳，瓶装液化石油气实行政府指导价，在85~105元/14.5公斤，广州、深圳、东莞、佛山已开通了管道天然气，实行政府定价，价格在3.45至3.85元/立方。

【深圳市燃气集团股份有限公司】 创立于1982年，2004年通过国际招标招募改制为中外合资企业，2007年整体改制为股份有限公司，拥有深圳市30年管道燃气特许经营权，至2009年底，已拥有100万居民用户和4000户工商用户、次高压管网205公里、中压管道2500多公里、2座门站、3座LNG调峰站和17座调压站，是深圳市燃气供应的主导企业。 *(宋健)*

城市园林绿化

【概况】 至2009年底，广东省城市人均公园绿地面积12.27平方米，建成区绿地覆盖率40.75%，建成区绿地率36.53%。全年新增城市公园绿地面积0.81平方米，建成区绿化覆盖率增长0.44%。

【国家园林城市、城镇创建】 2009年，广东省各城市都将创建园林城市纳入政府重要工作目标，作为加强城市建设管理、建设宜居城乡的主要抓手。是年，汕头、梅州、韶关3个城市顺利通过住房和城乡建设部的考评，正式命名为“国家园林城市”。至此，全省共有国家园林城市16个，国家园林城镇2个。河源被命名为“广东省园林城市”。通过开展创建园林城市活动，生态环境和城市基础设施也得到有效改善，提升了城市的整体管理水平，促进了城市可持续发展。东莞塘厦镇被命名为“国家园林城镇”。

汕头、梅州、韶关被评为国家园林城市 汕头市1998年提出创建国家园林城市的目标。通过近10年的“创园”工作的艰苦努力，汕头市区的园林绿化水平迈上新台阶，显示出“三江吐翠织峦秀，两湾含碧入海城”的独有魅力和风采，成为南中国海东北部北回归线上一颗璀璨的明珠。至2008年底，汕头市区建成区绿地率34.31%、绿化覆盖率37.55%、人均公园绿地面积13平方米。2009年，汕头市顺利通过住房和城乡建设部的考评，正式命名为“国家园林城市”。

梅州市2003年提出创建国家园林城市的目标。通过5年的努力，城市基础设施进一步优化，城市园林绿化水平进一步提高，城市品位进一步提升，城市的生机和活力进一步显现，先后被评为“中国优秀旅游城市”、“广东省园林城市”、“中国人居环境范例奖”。截至2008年年底，建城区绿化覆盖率达42.64%，绿地率达36.23%，人均公园绿地面积11.69平方米，初步形成“山水相依，错落有致，林在城中，城在林中，和谐秀美”的园林城市格局。2009年，梅州市顺利通过住房和城乡建设部的考评，正式命名为“国家园林城市”。

韶关市2005年提出创建国家园林城市的奋斗目标。并把“创园”工作纳入经济社会发展的总目标，成立由市委书记、市长挂帅的创建国家园林城市工作领导小组，作为政府目标任务部署实施。通过因地制宜地构建“三山嵌城、三江贯流、组团隔离、绿星棋布”的城市三维绿地系统布局，全面打造山水园林生态城市；持续进行节能减排，大力开展“花园式工厂”建设，努力实现环境友好型目标；大力推广和使用乡土树种，彰显粤北

▲*2009年，韶关市获“国家园林城市”称号。图为住房和城乡建设部副部长仇保兴（中左）向韶关市副市长尚伟（中右）授予奖牌* *韶关市城管局供稿*

地方园林特色；加大依法治绿力度，建立科学的绿化管理办法等系列措施，经过4年的努力，韶关市园林绿化建设与管理水平明显提高，城市文化品位明显提升，城市生态环境明显改善。截至2008年底，韶关市建成区绿地率37.87%、绿化覆盖率40.90%、人均公共绿地面积8.54平方米。2009年，韶关市顺利通过住房和城乡建设部的考评，正式命名为“国家园林城市”。

东莞市塘厦镇被评为国家园林城镇　塘厦镇位于东莞市东南部，是一个迅速崛起的城镇，境内三面环山，泗水归源，面积128.2平方公里，城镇建成区面积47.07平方公里，建成区城镇人口19.9万人。改革开放以来，塘厦镇十分重视园林绿化建设，按照“既要建设现代制造业重镇，更要建设园林名镇，打造优美宜居塘厦”的绿化建设理念，突出以人为本，致力环境改善。2000年提出建设生态绿镇的目标，2003年东莞市开展“创园”工作后，塘厦镇积极响应，2006年编制《东莞市塘厦镇城市绿地系统规划（2007~2020）》，实行“绿线”管理制度，加强园林绿化建设，建设一批充满岭南风情的园林绿化美景，已形成城乡一体化的绿化格局，先后于2007年荣获“广东省园林城镇”称号、2008年获“中国绿色名镇”称号、“全国环境优美乡镇”称号。截至2008年年底，塘厦镇建成区绿化覆盖率40.35%，绿地率35.39%，人均公园绿地面积达12.6平方米。同时，不断加快城市基础设施配套建设，城市功能日臻完善。人均道路面积9.23平方米；城市道路亮灯率为99%；万人拥有公交车辆4.42标台，公交出行比率16.67%；城市居民用水普及率98.9%；水质综合合格率100%；每万人拥有公厕4.37座，机械化清扫率44%；城市燃气普及率93.6%；污水处理率和生活垃圾无害化处理率分别达到93.7%和92%，城市生态环境明显改善。2009年，塘厦镇顺利通过住房和城乡建设部的考评，正式命名为“国家园林城镇”。　*（王务）*

▲*2009年6月，广东省人民政府在丹霞山设立丹霞山风景名胜区的界碑*　　*丹霞山风景名胜区管理委员会供稿*

风景名胜区

【概况】　2009年，广东省有国家级风景名胜区8个、省级风景名胜区18个，总面积近1350.7平方千米，占全省陆域面积的0.75%，为推动全省旅游事业和经济社会的发展发挥了重要作用。

【风景名胜区综合整治】　2009年，广东省住房和城乡建设厅在2008年整治的基础上对风景名胜区继续进行综合整治，力求省级风景名胜区管理机构设置更加规范、全部完成总体规划编制、有效遏制违法违规建设行为、完善标志标牌、健全管理制度，推动全省省级风景名胜区的建设和管理水平迈上一个新台阶。

2009年，深圳市梧桐山风景名胜区被国务院批准为国家级风景名胜区。至此，广东省共有国家级风景名胜区8个。

【风景名胜区规划编制】　2009年，在广东省7个国家级风景名胜区中先后有广州的白云山、惠州的罗浮山和西湖、湛江的湖光岩，韶关的丹霞山等5个风景名胜区分别编制或修编完成景区总体规划，并上报省政府。　*（宋健）*

2009年广东省风景名胜区情况

级别	编号	名称	地区	面积（平方千米）	批准时间
国家级风景名胜区	1	肇庆星湖风景名胜区	肇庆	19.52	1982年
	2	西樵山风景名胜区	佛山	20	1988年
	3	丹霞山风景名胜区	韶关	319.45	1988年
	4	广州市白云山风景名胜区	广州	20.98	2002年

(续上表)

级别	编号	名称	地区	面积(平方千米)	批准时间
国家级风景名胜区	5	惠州西湖风景名胜区	惠州	19.7	2002年
	6	惠州罗浮山风景名胜区	惠州	214.82	2004年
	7	湛江湖光岩风景名胜区	湛江	13.6	2004年
	8	深圳市梧桐山风景名胜区	深圳	36	1993年
省级风景名胜区	1	飞来峡风景名胜区	清远	51.2	1989年
	2	阴那山风景名胜区	梅州	6	1989年
	3	圭峰山风景名胜区	江门	55.1	1989年
	4	莲花山风景名胜区	广州	3	1989年
	5	汕头市礐石风景名胜区	汕头	20.77	1989年
	6	乐昌市金鸡岭风景名胜区	韶关	30	1989年
	7	英德宝晶宫风景名胜区	清远	14	1989年
	8	阳春市凌霄岩风景名胜区	阳江	36.7	1989年
	9	海陵岛海滨风景名胜区	阳江	16.94	1989年
	10	从化市温泉风景名胜区	广州	27.86	1989年
	11	九泷十八滩风景名胜区	韶关	90	1993年
	12	潮州西湖风景名胜区	潮州	4.6	1993年
	13	玄武山风景名胜区	汕尾	30	1993年
	14	蟠龙洞风景名胜区	云浮	21.36	1993年
	15	封开龙山风景名胜区	肇庆	25.34	1993年
	16	怀集县燕岩省级风景名胜区	肇庆	40.36	1999年
	17	五指石风景名胜区	梅州	13.2	1999年
	18	增城市白水寨风景名胜区	广州	200.2	2005年

注：国家级风景名胜区由国务院批准公布，省级风景名胜区由省政府批准公布。以上统计未包括各市、县政府批准的市（县）级风景名胜区。

(冯育文)

机构选介

【广东省市政行业协会】 成立于1989年6月22日，至今已拥有会员单位220多家。协会下设9个专业委员会：施工、设施管养、质量、给水安装、排水（污水处理）、城市道路照明、培训、科技与设计、市政材料检测专业委员会。为充分发挥行业协会作用，为行业发展作贡献，利用协会本身资源，协会于2001年建立了市政行业专家库。专家队伍结构庞大，拥有专家210多名，其中包括研究员、博士、博士后；市政材料检测、市政行业和给排水计量认证评审专家、QC诊断师；有给排水，给排水结构（特种结构），环境工程、环境技术、垃圾处理，市政建设道路、桥梁与隧道、路桥结构、岩土、公路桥梁，建筑高级工程师，等等。专家库里的这一批专业技术人才，为协会和企业的发展提供了强有力的智力支持。

历经20个春秋，协会取得令人瞩目的成就，2001年度被广东省民政厅评为广东省省级社会团体先进单位。在2004~2006年《中国市政工程协会秘书长暨信息员工作会议》上，配合开展的金杯示范工程、QC评比、全国优秀市政工程施工企业、全国优秀项目经理评比中都得到中国市政工程协会表扬和全国同行的赞扬。从1995年起至2009年全省有52项“中国市政金杯示范工程奖”，大大提高了广东省市政工程施工质量。

协会办有行业刊物《广东市政》，为业内技术人员交流园地和申报职称提供依据，同时开辟www.gdszxh.com网站，及时为行业传递信息。省市政行业协会坚持为会员单位服务的宗旨，提供优质服务，进一步发挥企业与政府、企业与社会的沟通纽带作用，以务实的精神开拓创新，再创佳绩。

(省住房和城乡建设厅城市建设处)

村镇建设

□ 全省建制镇城镇总体规划编制基本完成

□ 开展宜居村镇建设

□ 开展村镇人居环境整治

□ 加强对农村住房建设的指导

综　　述

【概况】　2009年，广东省村镇规划建设管理工作得到进一步加强：一是宜居城镇、宜居村庄创建指导工作有突破性进展；二是加快推进村镇规划编制和实施工作；三是继续开展村镇规划建设管理（技术）人员培训；四是加强中心镇的建设管理；五是进一步加强农村住房建设的指导；六是切实加强名镇名村的保护和发展；七是派出技术人员支援四川省汶川地震灾后农房重建工作。

【宜居村镇建设】　2009年，《中共广东省委、广东省人民政府关于贯彻落实党的十七届三中全会精神加快推进农村改革发展的意见》明确提出，到2012年，全省宜居村镇建设取得明显进展，农村人居环境、生态条件和农民生活质量有明显改善。要求全面发展农村公共事业，加快建设宜居村镇，建设美好家园。坚持规划引导建设，加大宜居村镇规划投入，全面推进全省村镇的规划编制。制定宜居村镇评价指标体系和技术指引。开展宜居村镇创建活动，调动农民参与宜居村镇建设的积极性。各级政府每年要规划建设一批宜居村镇示范点。实施万村百镇整治工程，全省每年对10000个自然村和100个乡镇进行整治。

【制定《广东省宜居城镇、宜居村庄考核指标》】　2009年，广东省住房和城乡建设厅组织开展宜居村镇建设的研究工作，制定《广东省宜居城镇、宜居村庄考核指标（2009~2012）（试行）》。考核内容主要分四大类：舒适性、健康性、方便性、安全性。

【宜居城镇、宜居村庄创建指导】　2009年，广东省住房和城乡建设厅在全省确定10个宜居城镇创建指导点和21个宜居村庄创建指导点。组织省城乡规划设计研究院和广州市城市规划勘测设计研究院等规划设计单位的技术人员开展调查研究，帮助其制定切合实际的宜居城镇、宜居村庄创建行动计划，并建立宜居创建规划师与相应镇、村的技术帮扶机制，对创建指导点在规划设计和建设等方面实行“一对一”的技术服务。

【村镇人居环境整治】　改善村镇人居环境是宜居村镇建设的重要组成部分，2009年，广东省住房和城乡建设厅继续致力推进村镇整治工作。

村庄整治　广东省住房和城乡建设厅将村庄整治作为推进社会主义新农村建设的重要抓手，制定《广东省村庄整治规划编制指引》等文件，通过政策引导、试点带动、资金支持、技术指导和经验推广等多种途径，积极推动全省村庄整治工作的开展，每年有3000~4000个村庄进行整治。进行整治的村庄，进一步加强了配套设施建设，大量村道巷道实现硬底化，原来淤塞的下水道被疏通，露天排污渠改为暗渠，房前屋后乱堆放的杂物被清除，村内的卫生死角被消灭，村头巷尾增添了绿化景观和休闲空间，人居环境和村容村貌得到明显改善。

“万村百镇”整治　2009年，广东省住房和城乡建设厅组织开展《广东省“万村百镇”整治技术指引》的编制工作，拟为各地开展“万村百镇”整治工程提供技术指导。

【支援四川省汶川县地震灾后农房重建】　2009年，按照住房和城乡建设部关于派遣技术人员指导汶川地震灾后农房重建工作的要求，广东省住房和城乡建设厅在省建筑设计研究院、省建设工程质量监督总站和各对口援建市建设局（建委）等单位中，抽调63名专业技术人员，分三批次赴四川省汶川县指导灾后农房重建工作。至年底，顺利完成汶川县需重建约1.6万户农房的技术指导任务。　（苏智云）

村镇规划建设

【概况】　至2009年底，广东省所有建制镇基本完成城镇总体规划编制任务，大部分镇进行多轮规划修编，部分中心镇和珠江三角洲的部分建制镇还编制控制性详细规划和修建性详细规划等；有多个村庄编制了村庄规划，占全省村庄（自然村）总数的37.99%，其中2009年编制村庄规划4659个。

【省级村庄规划编制试点继续获得专项资金扶持】　2009年，广东省财政安排1400万元省级村庄规划专项资金。按照《广东省村庄规划专项资金管理办法（试行）》的规定，省住房和城乡建设厅会同省财政厅在全省确定1400个省级村庄规划试点，并给予每个试点1万元规划编制经费，以点带面推动全省村庄规划编制工作。

【村镇规划实施】　2009年，按照住房和城乡建设部《关于开展工程项目带动村镇规划一体化实施试点工作的通知》的部署，广东省住房和城乡建设厅选取广州市番禺区石楼镇、汕头市澄海区东里镇观一村和肇庆市德庆县新圩镇大同村作为试点，以村镇道路建设、垃圾污水处理、农村危房改造等为切入点，推进村镇规划编制和实施，吸纳和引导各类建设资金有序投入，探索村镇规划实施新机制。

【镇域规划编制研究和试点】　2009年，根据住房和城乡建设部的工作部署，广东省住房和城乡建设厅确定四会市江谷镇和佛山市三水区乐平镇作为编制镇域规划的试点，分别委托省城乡规划设计研究院和佛山市规划勘测设计院负责编制镇域规划，并要求为住房和城乡建设部研究制定《镇域规划编制办法》提出研究案例和意见。

【指导农村住房建设】 2009年，广东省住房和城乡建设厅进一步加强对农房建设的指导。为解决农房"无设计"和"无特色"等问题，组织开展社会主义新农村住宅设计竞赛，向广大设计单位、设计人员、建筑院校师生和社会人士征集农房设计方案，共征集到设计方案212个，拟从中评选出优秀设计方案，供全省农村建房时参考使用。

【村镇规划建设管理人员培训】 2009年，广东省财政安排285万元城乡规划培训经费。省住房和城乡建设厅共举办10期全省村镇规划建设管理（技术）人员培训班，免费培训市、县、镇各级村镇规划建设管理人员、技术人员及省级村庄规划试点村、村庄整治试点村的村委会主任或书记近1200人。在省开展培训的带动下，各市也开展各种形式的培训，共培训8000多人。其中广州、东莞、惠州、湛江等市培训有关人员数量均超过700人。

（苏智云）

建制镇基础设施建设

【概况】 至2009年底，广东省除深圳市外（深圳市已没有镇、村的行政建制，不纳入村镇建设统计范围），全省全年建制镇共投资334亿元用于房屋建设，82.5亿元用于给排水、道路桥梁、公共交通、污水和垃圾处理设施、园林绿化等市政公用设施建设。年末，全省建制镇实有住宅建筑面积34620.65万平方米，人均住宅建筑面积29.01平方米，实有公共建筑面积34032.11万平方米，实有生产性建筑面积16151.93万平方米；全省有995个建制镇实现了集中供水，自来水普及率为83.95%；污水处理率为17.94%；建成生活垃圾中转站2596座，生活垃圾处理率为85.94%，其中实现无害化处理的为35.62%；全省建制镇燃气普及率为69.71%，人均道路面积为11.76平方米，人均公园绿地面积为1.89平方米。

（苏智云）

中心镇建设

【概况】 2000年7月，中共广东省委、省政府印发《关于推进小城镇健康发展的意见》，提出：根据集约发展的原则，全省建成300个左右的中心镇，使其成为布局合理、

2009年广东省建制镇基本情况

地区名称	建制镇个数（个）	镇域面积（公顷）	镇域户籍户数（户）	镇域户籍人口（万人）	镇域暂住人口（万人）	建成区面积（公顷）	建成区户籍户数（户）	建成区户籍人口（万人）	建成区暂住人口（万人）
全省	1046	14120574.49	12228499	5385.39	738.17	307117.54	2729055	1193.26	390.89
广州市	33	466748.68	682112	226.87	137.55	46010.19	150020	44.18	49.96
珠海市	9	75353.85	84189	30.54	9.54	5777.58	25358	8.08	5.18
汕头市	30	134777.10	543749	369.31	19.44	13594.84	238020	124.16	12.38
佛山市	21	229328.06	591411	205.46	123.23	16905.99	197796	73.10	44.59
韶关市	84	1538001.88	523587	208.08	5.05	9536.99	106067	39.16	3.65
河源市	89	1269382.13	552875	286.65	14.67	10596.01	88553	44.02	9.28
梅州市	92	1595418.00	834310	380.33	6.76	14018.04	144125	66.52	4.74
惠州市	49	824141.78	460576	196.48	88.15	18857.94	116162	44.20	45.79
汕尾市	48	424975.38	499753	269.90	23.68	13690.48	191650	94.27	18.59
中山市	19	335826.00	220452	115.54	148.92	29465.00	138169	63.17	102.44
江门市	59	800306.12	703440	244.61	40.18	17814.15	110667	39.81	24.61
阳江市	37	688753.20	499183	198.07	11.66	7707.73	97637	37.81	4.24
湛江市	80	647995.43	1221676	572.41	18.66	15177.25	197704	90.78	11.69
茂名市	85	749107.43	1245378	555.21	8.96	14884.31	169512	79.56	5.44
肇庆市	89	1427944.55	851610	316.08	23.79	10470.33	131775	51.47	18.39
清远市	72	1048853.00	754974	327.88	25.62	14002.51	134582	57.29	13.17
潮州市	37	548383.98	423394	179.16	14.70	18780.77	137425	63.17	7.46
揭阳市	61	386078.52	1014852	496.54	12.11	20580.04	265307	134.11	5.50
云浮市	52	929199.40	520978	206.28	5.49	9247.39	88526	38.40	3.80

(续上表)

地区名称	村镇规划建设管理						市政公用设施建设财政性资金收入（万元）					
	设有村镇建设管理机构的建制镇个数（个）	村镇建设管理人员（人）	专职人员	已编制总体规划的建制镇个数（个）	本年编制	本年村镇规划编制投入（万元）	合计	中央财政	省级财政	地级财政	县级财政	本级财政
全　省	956	7780	4545	850	48	39082.43	617452.05	7115.18	31336.60	28981.30	137263.69	412755.28
广州市	32	687	435	29	4	3390.40	188406.17	0.00	1000.00	10003.51	60103.05	117299.61
珠海市	9	119	98	6	2	296.32	4153.85	0.00	800.00	1026.62	1227.17	1100.06
汕头市	30	275	143	26	3	564.60	5143.10	63.00	1693.00	565.10	1466.00	1356.00
佛山市	21	671	439	20	6	1916.80	181106.82	0.00	0.00	25256.46	155850.36	
韶关市	59	247	122	34	0	100.80	4164.60	0.00	1197.00	432.45	849.70	1685.45
河源市	58	190	121	74	6	418.00	6801.75	260.00	2044.00	548.50	621.70	3327.55
梅州市	80	314	172	59	2	211.96	11387.67	836.00	5157.00	1045.00	1616.98	2732.69
惠州市	41	549	264	34	7	1573.90	39340.98	225.00	1100.80	1162.30	28457.16	8395.72
汕尾市	48	411	196	43	0	491.50	9238.00	932.00	2781.00	2477.00	740.00	2308.00
中山市	19	443	184	19	0	7970.00	83830.00	0.00	0.00	3380.00	0.00	80450.00
江门市	58	606	349	57	2	785.50	23359.41	111.00	2428.50	3999.22	4697.58	12123.11
阳江市	37	322	203	34	1	65.00	9215.59	396.00	1015.00	365.00	5884.49	1555.10
湛江市	80	814	409	75	6	670.70	9847.39	1215.88	4823.20	473.80	629.20	2705.31
茂名市	85	546	433	74	0	15103.30	2806.60	35.00	1049.00	770.50	308.80	643.30
肇庆市	83	464	246	64	3	646.55	2560.20	0.00	523.00	452.20	667.80	917.20
清远市	68	238	143	60	2	3043.60	7889.78	0.00	144.00	763.00	1132.20	5850.58
潮州市	37	256	205	31	2	106.00	9756.57	1982.30	3422.70	842.60	807.90	2701.07
揭阳市	59	380	203	61	1	71.90	8939.47	1059.00	2078.90	360.50	1984.50	3456.57
云浮市	52	248	180	50	1	1655.60	9504.10	0.00	79.50	314.00	813.00	8297.60

（冯育文）

功能齐全、设施完善、环境优美、经济发达，富有地方特色和风貌的具有较强辐射和带动能力的农村区域性经济文化中心，部分中心镇逐步发展成为各具特色的小城市。

至2009年底，全省共有中心镇277个，其中2009年新增广州市番禺区榄核镇，河源市东源县船塘镇，东莞市厚街镇、石碣镇、寮步镇、凤岗镇、桥头镇等7个镇为中心镇。

【东莞市石碣镇】 广东省中心镇，也是全省35个中心镇控制性详细规划编制试点镇之一。该镇地处广深走廊，是东莞的北大门，与增城市隔江相望，是明末民族英雄袁崇焕的故乡，被国画大师关山月誉为“东江之珠”。全镇总面积36平方公里，户籍人口4万多人，常住人口约33万人，下辖14个村委会、1个居民委员会，是中国电子信息产业名镇、全国亿万农民健康促进行动示范区、国家卫生镇、广东省教育强镇、广东省生态示范镇，被广东省委授予“五个好”乡镇党委称号。据2006国家统计局统计，石碣镇的综合发展指数位列全国1000强乡镇的第43位。

石碣镇在东莞市各镇街中经济发展水平较高，是东莞市水乡片的龙头。至2009年年底，全镇有工业企业1400多家，其中外资企业500多家；IT产业是支柱产业，有450多家电子企业，其中18家是海外上

·链接·

村镇规划实施制度与机制

根据《城乡规划法》、《村庄和集镇规划建设管理条例》和《建制镇规划建设管理办法》等关于村镇规划实施和建设管理的有关规定，实施建制镇“一书二证”（选址意见书、建设用地规划许可证、建设工程规划许可证），集镇和村庄“一书一证”（选址意见书、乡村建设规划许可证）制度。村庄规划实施机制：在村庄整治和建设过程中，一般是通过村民委员会召开村民代表大会，采用“一事一议”的议事制度，通过投票决定村庄建设项目、农房建设等。

2009年广东省建制镇建设投资情况

单位：万元

地区名称	合计	房屋				市政公用设施		
		小计	住宅	公共建筑	生产性建筑	小计	供水	燃气
全　省	3340946	2515506	1318555	277531	919420	825440	70409	22811
广州市	797755	554816	396697	32794	125325	242939	11378	2398
珠海市	189145	148351	18368	6945	123038	40794	2317	0
汕头市	123392	99167	56994	13834	28339	24225	2999	65
佛山市	709486	481567	225569	53128	202870	227919	4600	17508
韶关市	24578	17635	13408	2311	1916	6943	1031	337
河源市	39427	29781	21132	4633	4016	9646	1337	238
梅州市	43472	30185	17923	7797	4465	13287	1315	57
惠州市	258717	190586	52678	17564	120344	68131	13397	83
汕尾市	93453	81828	58081	6437	17310	11625	3589	145
中山市	408070	347780	174460	53580	119740	60290	4320	600
江门市	147744	124223	32508	13789	77926	23521	4298	967
阳江市	63729	51021	33964	9219	7838	12708	1409	34
湛江市	105060	76123	50327	11104	14692	28937	2727	163
茂名市	64352	58121	46279	7507	4335	6231	1183	2
肇庆市	71645	65212	27111	7644	30457	6433	2425	15
清远市	54216	45121	27742	6424	10955	9095	5042	0
潮州市	46409	36481	17228	5595	13658	9928	4108	12
揭阳市	60842	47974	29322	11481	7171	12868	1518	180
云浮市	39454	29534	18764	5745	5025	9920	1416	7

地区名称	市政公用设施							
	道路桥梁	排水	污水处理	防洪	园林绿化	环境卫生	垃圾处理	其他
全　省	233214	271449	149056	55559	41933	56642	24724	73357
广州市	84184	72236	54908	2957	4357	8552	3677	56877
珠海市	15071	8680	5940	2147	4556	5982	391	2041
汕头市	6485	5837	4191	4354	1044	1920	625	1521
佛山市	37343	112804	54301	23105	12441	18023	7639	2095
韶关市	1336	1305	1038	1780	412	424	290	318
河源市	3611	613	8	1839	158	1074	595	776
梅州市	5652	370	13	2972	1646	846	377	429
惠州市	19708	27045	1373	1504	2299	2303	1390	1792
汕尾市	2334	1448	550	1345	1100	1030	426	634
中山市	9490	24180	15920	4955	8195	8550	5730	0
江门市	4652	8319	7234	1298	1065	1826	991	1096
阳江市	2973	3035	2452	1675	1431	566	300	1585
湛江市	21107	1385	73	964	398	1471	580	657
茂名市	3590	609	83	196	183	342	120	126
肇庆市	1602	530	141	276	201	622	270	762
清远市	1574	241	37	121	1311	622	113	184
潮州市	2495	891	441	784	227	1100	706	311
揭阳市	4990	1273	166	2898	492	893	271	624
云浮市	5017	648	187	389	417	496	233	1529

2009年广东省建制镇房屋建设情况

地区名称	住宅			公共建筑		生产性建筑	
	年末实有建筑面积(万平方米)	当年竣工建筑面积(万平方米)	人均住宅建筑面积(平方米)	年末实有建筑面积(万平方米)	当年竣工建筑面积(万平方米)	年末实有建筑面积(万平方米)	当年竣工建筑面积(万平方米)
全省	34620.65	1163.65	29.01	34032.11	25035.27	16151.93	970.65
广州市	5853.03	177.55	132.48	1012.73	21.56	1220.83	130.15
珠海市	362.40	11.70	44.86	24774.74	24756.37	775.54	127.08
汕头市	2723.99	67.49	21.94	579.71	13.72	814.92	34.62
佛山市	3417.26	144.32	46.75	1140.64	35.86	2886.11	189.83
韶关市	1071.32	22.71	27.36	420.16	4.82	281.80	7.85
河源市	1028.26	33.48	23.36	214.12	6.99	97.17	6.16
梅州市	1422.77	29.33	21.39	371.81	9.85	234.62	6.78
惠州市	1388.89	89.15	31.42	264.80	19.78	1194.63	85.32
汕尾市	1229.35	49.12	13.04	223.30	5.96	355.51	11.84
中山市	2754.75	154.25	43.61	535.35	34.80	1773.40	120.00
江门市	1266.07	36.76	31.80	660.96	14.16	1488.51	105.55
阳江市	1125.50	45.41	29.77	204.49	11.92	172.69	15.33
湛江市	2249.61	62.62	24.78	675.59	13.74	435.77	15.03
茂名市	1939.58	58.44	24.38	728.52	12.40	405.33	7.70
肇庆市	1411.38	36.46	27.42	547.20	9.29	899.23	41.02
清远市	1079.16	46.04	18.84	589.73	33.22	379.62	18.66
潮州市	1252.99	25.32	19.83	653.46	9.00	2113.31	22.08
揭阳市	2055.13	33.09	15.32	274.62	12.68	338.08	12.33
云浮市	989.21	40.41	25.76	160.18	9.15	284.86	13.32

2009年广东省建制镇市政公用设施情况

地区名称	人口密度(人/平方千米)	人均日生活用水量(升)	用水普及率(%)	燃气普及率(%)	人均道路面积(平方米)	排水管道密度(千米/平方千米)	污水处理率(%)	污水处理厂集中处理率(%)	人均公园绿地面积(平方米)	绿化覆盖率(%)	绿地率(%)	生活垃圾处理率(%)	无害化处理率(%)
全省	5158	142.08	83.95	69.71	11.76	5.97	17.94	14.56	1.89	13.87	8.58	85.94	35.62
广州市	2046	144.37	83.96	50.77	23.35	2.83	8.48	2.50	1.98	8.46	6.77	75.04	47.86
珠海市	2296	127.37	98.18	88.75	39.48	5.08	–	–	6.24	6.96	3.97	93.95	81.50
汕头市	10043	158.36	94.18	66.18	10.24	9.65	16.57	0.17	0.42	14.95	10.96	57.88	8.51
佛山市	6961	195.67	98.35	71.59	14.97	9.36	30.23	29.86	4.06	16.96	12.80	98.63	92.48
韶关市	4489	107.27	92.05	74.48	11.67	5.56	2.87	–	2.97	7.20	3.58	89.91	13.66
河源市	5030	104.33	86.63	72.27	13.65	5.34	–	–	0.09	15.66	6.25	92.53	16.40
梅州市	5083	121.48	77.52	61.28	12.34	4.90	–	–	1.10	7.10	3.03	85.56	33.02
惠州市	4772	148.54	56.91	39.78	10.06	5.23	15.90	12.55	0.98	14.35	9.11	90.93	22.65
汕尾市	8244	131.16	78.49	75.70	10.35	3.11	–	–	1.17	8.98	5.53	96.69	–
中山市	5621	193.44	100.00	100.00	4.17	8.95	45.63	42.92	4.54	29.22	18.44	100.00	100.00
江门市	3616	130.66	87.82	81.25	16.05	8.71	8.97	7.98	3.57	17.57	8.49	93.17	–
阳江市	5455	88.95	71.94	67.07	12.58	7.71	–	–	0.36	11.55	8.40	99.13	–
湛江市	6751	91.44	86.65	77.51	12.26	10.00	–	–	0.65	16.35	6.44	99.66	4.56
茂名市	5710	157.47	89.88	77.43	14.55	4.66	2.30	–	4.28	11.10	5.98	93.08	–
肇庆市	6672	142.74	77.33	62.57	9.60	10.94	9.32	4.14	1.90	7.85	4.12	67.11	5.27
清远市	5032	122.94	75.18	43.89	9.04	4.67	–	–	0.16	5.89	3.08	70.47	1.54
潮州市	3761	122.17	85.82	58.01	9.55	3.68	5.45	–	0.36	16.44	12.61	89.32	3.05
揭阳市	6784	108.97	65.72	71.76	6.84	1.56	–	–	0.68	15.89	9.04	94.12	5.36
云浮市	4563	111.39	85.19	65.43	20.88	9.23	–	–	1.76	14.49	9.75	87.68	23.68

2009年广东省建制镇供水情况

地区名称	集中供水的建制镇 个数（个）	集中供水的建制镇 占全部建制镇的比例（%）	公共供水 设施个数（个）	公共供水 其中：水厂个数	公共供水 综合生产能力（万立方米/日）	自备水源单位 个数（个）	自备水源单位 综合生产能力（万立方米/日）
全　省	995	95.12	1330	928	1020.531	1932	168.355
广州市	32	96.97	46	42	269.427	26	70.002
珠海市	9	100.00	14	12	20.416	6	4.255
汕头市	30	100.00	49	38	47.046	146	12.723
佛山市	21	100.00	28	28	215.825	8	17.562
韶关市	84	100.00	95	65	21.694	157	3.491
河源市	89	100.00	121	93	15.584	233	3.768
梅州市	86	93.48	133	84	18.028	157	3.690
惠州市	48	97.96	75	65	53.914	30	5.703
汕尾市	46	95.83	70	30	23.293	25	4.344
中山市	19	100.00	28	26	134.500	15	7.082
江门市	58	98.31	70	56	38.068	111	8.827
阳江市	29	78.38	29	25	6.926	34	1.961
湛江市	77	96.25	152	78	17.121	530	8.615
茂名市	85	100.00	85	61	16.508	105	1.453
肇庆市	82	92.13	92	54	23.307	136	4.013
清远市	71	98.61	71	61	42.048	58	3.259
潮州市	35	94.59	71	33	24.177	73	3.302
揭阳市	42	68.85	41	27	17.873	18	2.041
云浮市	52	100.00	60	50	14.776	64	2.264

地区名称	年供水总量（万立方米）	年生活用水量	年生产用水量	供水管道长度（千米）	本年新增	用水人口（万人）
全　省	215157.48	68969.82	102914.96	53683.33	2248.29	1329.9375
广州市	24874.17	4164.97	16090.64	26202.45	243.80	79.0402
珠海市	2646.41	605.41	1491.00	512.75	22.55	13.0221
汕头市	33142.35	7432.33	6972.02	2010.50	101.53	128.5872
佛山市	28791.53	8266.47	18638.26	1682.05	108.21	115.7456
韶关市	2905.06	1543.00	1131.07	922.03	59.80	39.4104
河源市	3859.32	1757.98	1692.63	1155.38	99.86	46.1660
梅州市	4455.67	2449.33	1660.30	1425.41	188.87	55.2382
惠州市	11888.15	2776.83	7731.07	1463.10	143.11	51.2161
汕尾市	8006.12	4240.78	3709.94	1253.12	146.80	88.5853
中山市	40895.00	11693.00	21510.00	4181.75	9.50	165.6100
江门市	8982.18	2698.14	5333.30	2065.89	148.79	56.5749
阳江市	1305.59	982.17	323.32	699.49	114.91	30.2517
湛江市	5418.60	2963.24	2165.76	1731.29	106.69	88.7891
茂名市	6299.75	4390.60	1043.25	959.19	108.36	76.3906
肇庆市	6664.15	2814.57	3223.27	1586.32	135.57	54.0207
清远市	9812.12	2377.05	4878.13	1449.85	154.50	52.9747
潮州市	5695.81	2703.22	2524.93	1860.44	192.72	60.6202
揭阳市	6315.30	3649.21	1254.22	780.10	32.50	91.7478
云浮市	3200.20	1461.52	1541.85	1742.22	130.22	35.9467

2009年广东省建制镇园林绿化及环境卫生情况

地区名称	园林绿化(公顷)				环境卫生
	绿化覆盖面积	绿地面积		公园绿地面积	生活垃圾年清运量(万吨)
			本年新增		
全　省	42582.44	26355.51	1536.91	3000.13	578.57
广州市	3892.99	3115.15	218.83	186.03	63.94
珠海市	402.35	229.50	16.00	82.80	6.03
汕头市	2032.81	1489.57	63.11	57.80	87.20
佛山市	2867.75	2164.37	222.17	477.40	71.51
韶关市	686.74	341.05	8.91	126.96	15.19
河源市	1659.56	662.23	34.91	5.00	12.14
梅州市	995.65	424.90	51.47	78.04	13.66
惠州市	2707.01	1717.82	114.99	88.01	20.14
汕尾市	1228.81	756.74	5.37	131.83	35.29
中山市	8609.50	5433.50	437.50	752.14	77.01
江门市	3129.77	1511.73	19.23	230.08	23.07
阳江市	890.12	647.69	20.99	15.13	16.56
湛江市	2482.00	978.00	64.25	66.71	21.87
茂名市	1652.58	890.62	15.10	363.66	21.62
肇庆市	821.90	431.22	24.16	132.92	16.80
清远市	824.20	431.00	5.75	11.39	19.52
潮州市	3087.70	2368.51	73.58	25.34	24.63
揭阳市	3270.81	1860.10	27.09	94.64	20.25
云浮市	1340.19	901.81	113.50	74.26	12.17

地区名称	环境卫生				
	生活垃圾年处理量(万吨)		生活垃圾中转站(座)	环卫专用车辆设备(辆)	公共厕所(座)
		无害化处理量			
全　省	497.23	206.11	2596	5609	7553
广州市	47.98	30.60	184	470	465
珠海市	5.67	4.92	40	62	138
汕头市	50.47	7.42	318	740	766
佛山市	70.53	66.13	76	608	418
韶关市	13.65	2.08	93	270	182
河源市	11.23	1.99	138	138	140
梅州市	11.67	4.51	382	209	249
惠州市	18.31	4.56	110	230	162
汕尾市	34.12	0.00	22	348	651
中山市	77.01	77.00	91	309	303
江门市	21.49	0.00	196	382	449
阳江市	16.42	0.00	31	113	114
湛江市	21.79	0.10	183	293	471
茂名市	20.12	0.00	92	381	311
肇庆市	11.27	0.89	69	285	319
清远市	13.75	0.30	267	135	257
潮州市	22.00	0.75	173	232	1252
揭阳市	19.06	1.09	119	281	608
云浮市	10.67	2.88	12	123	298

2009年广东省建制镇燃气、道路桥梁及防洪情况

地区名称	用气人口（万人）	道路长度（千米）		道路面积（万平方米）		道路照明灯盏数（盏）	桥梁座数（座）	防洪堤长度（千米）
			当年新增		当年新增			
全　省	1104.28	24340.80	1539.76	18625.96	1153.63	479518	9393	7026.93
广州市	47.80	1893.82	70.69	2198.42	164.85	49696	781	419.74
珠海市	11.77	475.87	29.06	523.62	14.79	6215	135	98.53
汕头市	90.36	1636.76	76.47	1397.62	68.22	24079	566	261.27
佛山市	84.25	1581.84	143.25	1761.89	125.70	117572	381	233.94
韶关市	31.89	727.93	18.42	499.79	11.38	3584	175	128.45
河源市	38.52	1075.51	83.82	727.36	72.18	6936	481	1113.10
梅州市	43.66	1572.97	70.61	879.50	41.44	29710	442	458.02
惠州市	35.79	1308.07	224.15	904.97	109.03	32809	270	384.19
汕尾市	85.44	1887.98	94.34	1168.57	55.97	13763	219	259.05
中山市	165.61	1216.00	26.00	690.71	20.90	68835	505	454.08
江门市	52.34	1328.27	87.21	1033.76	67.51	28090	372	429.84
阳江市	28.20	748.12	49.94	529.17	27.36	6593	101	239.92
湛江市	79.49	1943.29	120.43	1255.95	58.17	9856	213	353.47
茂名市	65.80	1521.93	79.91	1236.97	49.79	8141	227	350.03
肇庆市	43.71	1017.47	77.01	670.60	36.07	12215	217	842.63
清远市	30.93	940.25	80.75	636.72	65.02	10440	241	409.98
潮州市	40.98	1176.15	94.42	674.29	58.86	28179	3607	290.63
揭阳市	100.19	1268.86	66.81	954.96	37.65	14779	291	164.26
云浮市	27.61	1019.71	46.47	881.09	68.74	8026	169	135.80

（冯育文）

市公司，初步形成较为完整的产业链，是东莞全市第一批重点扶持发展的电子产业集群镇。

【东莞市寮步镇】 2009年新增的广东省中心镇。位于由东莞市中心城区、松山湖科技产业园、东莞生态园和同沙生态旅游区构成的东莞“四位一体”大市区的中心位置，面积71平方公里，辖社区居民（村民）委员会29个，户籍人口7.6万人，外来人口18.8万人。2009年底，全镇国内生产总值102.6亿元，地方可支配财政收入6.9亿元。

境内有莞深高速、莞惠路、松山湖大道、东莞东部快线等8条省、市级主干道贯穿全镇，交通十分便利，距深圳宝安机场、深圳罗湖口岸约40分钟左右车程，距东莞海关、虎门港、东莞火车站约20分钟左右车程，是东莞市的交通中心枢纽。

▲东莞市寮步镇政府广场　　省住房和城乡建设厅村镇建设处供稿

寮步镇建于唐朝贞观年间，距今已有1360多年的历史。早在明清时期，久负盛名的“莞香”集散于此，经广州、香港远销于东南亚等世界各地，寮步也有“香市”之称。2008年，“香市文化”获广东省非物质文化遗产，是东莞打造“莞香文化”的核心内容。

改革开放以来，该镇经济社会发展取得令人瞩目的成就，先后获中国电子信息产业名镇、中国汽车销售名镇、国家卫生镇、全国内部审计工作先进镇、广东省技术创新专业镇、广东省教育强镇、广东省光电数码火炬计划特色产业基地、广东省维稳及综治先进镇等称号，在国家统计局2005年中国明星镇的评选中，寮步镇名列第51位。

随着东莞市“四位一体”大城区概念的提出和实施，寮步镇按照“高起点规划、高标准建设、高效能管理”的要求，重点实施“中心崛起”工程，加快融入市区的步

2009年广东省中心镇基本情况

地区名称	镇域面积(平方千米)	镇规划区面积(平方千米)	镇建成区面积(平方千米)	镇域总人口(人)	镇域户籍人口(人)
全　省	45765.51	6418.57	2234.97	28799473	20270658
广州市	3392.15	891.83	226.47	2392562	1450672
珠海市	561	120.5	35.1	341894	222584
汕头市	550.54	175.64	78	1390870	1269239
佛山市	1648.44	605.95	85.42	1402361	847466
韶关市	5564.38	195.58	76.75	1180986	1129055
河源市	3568.4	227.1	90.79	1313824	979703
梅州市	4359.21	258.79	275.12	1650213	1390595
惠州市	2263.22	330.24	69.91	1098507	708210
汕尾市	1262.42	214.66	81.13	2117317	1059095
东莞市	1211.16	1007.83	410.37	3747363	787778
中山市	226.4	226.4	69.14	676101	263856
江门市	1720	324.27	71.31	872632	663446
阳江市	1899.4	141.22	60.27	850505	779204
湛江市	3369.99	191.69	92.33	2031471	1918141
茂名市	1925.59	206.66	81.9	1546884	1437087
肇庆市	2759.61	267.91	115.05	1320058	1120038
清远市	5806.47	478.725	126.04	1652704	1424002
潮州市	444.38	144.77	58.53	751696	622785
揭阳市	1048.09	286.1	84.53	1481536	1397951
云浮市	2184.66	122.70	46.81	979512	799751
珠三角	11780.06	3597.64	1026.73	11057199	5312920
粤　东	3305.43	821.17	519.85	4349070	4349070
粤　西	7194.98	539.57	408.73	4428860	4134432
粤　北	23485.04	1460.18	279.66	6474236	6474236

地区名称	镇域暂住人口(人)	镇域非农户籍人口(人)	镇建成区总人口(人)	镇域GDP(万元)	镇域工业总产值(万元)	镇域第一产业总产值(万元)
全　省	9654725	6267156	12474904	61940692.75	140532372.4	12866287.51
广州市	925557	324753	723635	7912710	17782464	1354815
珠海市	105596	186306	144519	1791395	1971900	553484
汕头市	120377	131213	865562	1238286	4332855.9	276557.3
佛山市	554895	788588	513573	10605600	32080827	762713
韶关市	52332	359984	463113	872634.5	400110	390450.38
河源市	230410	275738	667538	660892	1032781	305915.8
梅州市	154645	385119	584410	1002283.4	1083372	391924.2
惠州市	417234	192338	404521	2138088	3914779	364171
汕尾市	131537	474042	733354	1837313	5923776	342909.7
东莞市	2817013	313681	2659384	16114156	35401427	114965
中山市	412245	21225	193712	2380672	6246077	54809
江门市	180712	122685	229786	1511260	4420634	318620.31
阳江市	71301	238496	384867		1131469.5	2754401.5
湛江市	110654	466214	560530	1770482	2990859	914175
茂名市	95615	419760	497618	2238917	1402833	849234
肇庆市	200020	362318	655652	1708979	1648823	602912.05
清远市	255909	335526	610758	2486747.85	11430065	902047.27
潮州市	113233	281672	519243	3143901	2539978	164540
揭阳市	91552	319711	721480	1494969	3422900	187291
云浮市	86046	267787	347649	1031407	1374442	1260352
珠三角	5570123	2017479	51737463	43588388	103304948	3874289.31
粤　东	456699	1206638	2839639	7714469	16219509.9	971298
粤　西	2805412	1124470	1443015	4009399	5525161.5	4517810.5
粤　北	822491	1918569	3060787	6628436.76	15482753	3502889.50

(续上表)

地区名称	镇域第二产业总产值(万元)	镇域第三产业总产值(万元)	镇域第三产业增加值(万元)	可支配财政收入(万元)	城镇维护建设资金财政支出(万元)
全　省	115996018.6	23324712.76	15110896.67	2320573.55	448885.47
广州市	16996313	2124503	1116309.89	217882.49	65190.64
珠海市	1550427	174920	213750	55128	19839.8
汕头市	3923570.9	608082	309051	39906.63	2534.54
佛山市	28480976	4073993	2133989	570330.6	74368.26
韶关市	253161	264435	41784	14491.5	2495.8
河源市	767556	142147	6819.45	12861	6375.05
梅州市	633293.5	396159.7	44362	12264.5	2566.9
惠州市	3984455	1276061	599593	39217	3032.84
汕尾市	5830755	590203	2872739.9	13754.62	5228.5
东莞市	20407562	3228511	5332123	935339.32	197807.6
中山市	6344996	3134255	949535	144466	23950
江门市	6039643	722367.97	90378	63021.11	9739.37
阳江市	1293651.8	3308647.7	704464.65	58253.198	2509.69
湛江市	1307150	633282.9	109253	13573	952.3
茂名市	942150	547216	103572	15918.5	2377
肇庆市	2042289.07	676687.2	152493	38040	6535
清远市	9891707.36	379584.29	44275.363	33092.74	7498.74
潮州市	2377615	426536	74961.42	10183	1737.94
揭阳市	2223630	223980	144137	18475.4	5667.5
云浮市	705117	297808	67306	14375	8478
珠三角	85561796	15122148.97	10542331.89	2038676.52	395213.51
粤　东	14355570.9	1848801	3400889.32	82319.65	15168.48
粤　西	3542951.8	4489146.6	917289.65	87744.698	5838.99
粤　北	1253569993	176928319	24385.81	11832.74	32464.49

地区名称	镇域工业用地面积(平方千米)	镇域工业园区面积(平方千米)	镇建成区公共绿地面积(平方米)	镇建成区住宅建筑总面积(平方米)
全　省	1782.64	1110.44	144004516.6	411735616.3
广州市	161.48	162.93	25455618.3	36979963
珠海市	67.59	44.5	1878219	3797448
汕头市	26.37	20.17	4793539	55199695
佛山市	184.75	112.43	5026281.7	13364201.83
韶关市	80.0	55.05	775405	9329271
河源市	172.96	41.07	10787595	16479666
梅州市	70.18	47.427	9429375.6	17123888
惠州市	52.48	53.33	2642700	3346870
汕尾市	27.01	18.47	4229726	13043886
东莞市	169.23	118.7	35921739	127188250.3
中山市	35.8	13.13	2689300	12522900
江门市	117.1093	50.75	5998384	9443606
阳江市	23.12	22.76	1851403	10537514
湛江市	80.03	29.45	5855438	12802504
茂名市	63.8	39.02	3960748	16003768
肇庆市	95.33	55.91	5423574	9802292.5
清远市	249.652	136.5128	10690258.5	7399517.68
潮州市	31.09	4.82	1335371	7403790
揭阳市	50.291	35.997	4349818	27941588
云浮市	29.4	23.44	910023.5	5074997
珠三角	850.63	593.37	80322282	211469644.10
粤　东	134.761	79.457	14708454	103588959
粤　西	166.95	91.23	11667589	39343786
粤　北	635.29	221.81	37306191.60	60383227.20

(续上表)

地区名称	镇域生活污水排放总量(万立方米)	镇域生活污水处理量(万立方米)	镇域生产污水排放量(万立方米)	镇域生产污水处理总量(万立方米)	镇域安装电话的家庭户数(户)
全　省	97909740.02	82514.33	77177.59	32130.94	5063286
广州市	18191.32	306.16	5843.88	1421.6	387232
珠海市	577.8	144	976.7	670.4	57666
汕头市	3562	674	2903	1011	206942
佛山市	12316.64	5135.73	13631.27	6589.09	304531
韶关市	3094.51	1892	3190.15	2197	171282
河源市	3585.32	913.6	1717.51	122.76	188438
梅州市	2977.6	9.2	2147.1	2	247334
惠州市	3937.8	1246.7	4243.85	1659.5	133396
汕尾市	6040.44		1894		186715
东莞市	50027.76	25713.92	12411.04	10306.61	1141770
中山市	8139.2	3685.34	2824.58	2824.58	98560
江门市	3256.38	812.38	4300.74	1783.24	161123
阳江市	1567	328	1155		133168
湛江市	3752.07	0	5925.4	872.1	285347
茂名市	6440	20	4116.6	9.7	260084
肇庆市	5132.6	0	1582.35	0	229059
清远市	5478.38	2308.3	2908.03	1710.7	204372
潮州市	2361	196	2235.6	413.4	162635
揭阳市	3986.34	364.7	2168.6	287.7	241054
云浮市	67509.46	38764.3	1002.19	249.56	262578
珠三角	956.02	37044.23	45072.21	25255.02	2367669
粤　东	15949.78	1234.7	9201.2	1712.1	797346
粤　西	11759.07	348	11197	881.8	678599
粤　北	86429.17	43887.4	11707.18	428202	1219672

地区名称	镇域安装电脑网络的家庭户数(户)	镇域家庭总户数(户)	镇域参加养老、医疗、失业保险人数(人)	镇域大专以上户籍人口(人)	镇域卫生技术人员总数(人)
全　省	1645383	5578544	18143051	1438699	183607
广州市	155423	491999	1091033	102258	7997
珠海市	17412	68330	106242	25992	909
汕头市	47218	266199	596498	23651	2090
佛山市	163759	250313	534369	45250	4381
韶关市	22813	286821	790800	44586	3163
河源市	48323	284202	439406	91664	6648
梅州市	131778	463672	927266	220417	95685
惠州市	102937	162941	407076	41814	1621
汕尾市	53666	247157	658225	72113	3462
东莞市	428766	391351	4570242	70043	14722
中山市	57000	106625	222572	14000	2163
江门市	46755	207342	540269	54061	2104
阳江市	29925	204774	397218	41162	2239
湛江市	26013	400724	1612395	134570	5109
茂名市	57923	347828	1046782	161404	7409
肇庆市	45115	327001	463341	98646	5758
清远市	39609	376922	1755584	72081	4730
潮州市	26948	145399	401795	20586	2091
揭阳市	46851	309339	869241	35264	2786
云浮市	97149	239605	712697	69137	8540
珠三角	986286	1787360	757604	371686	35109
粤　东	174683	968094	2525759	151614	10429
粤　西	113861	953326	3056395	337136	14757
粤　北	370553	1869764	4984398	578263	123312

伐，以良好的基础设施和精细化的管理，大力引进商贸、商务、商住项目，参与市区功能分工，主动承担省、市重点项目和公共设施，逐步实现与大市区的无缝对接，提升城市形象，实现城市增值。（苏智云）

村庄整治

【概况】　2009年，广东省通过政策引导、试点带动、资金支持、技术指导和经验推广等多种途径，对全省三四千个村庄进行整治，进一步加强基础设施的配套建设，大量村道巷道实现硬底化，原来淤塞的下水道被疏通，露天排污渠改为暗渠，房前屋后乱堆放的杂物被清除，村内的卫生死角被消灭，村头巷尾增添了绿化景观和休闲空间，广大村民的生活质量得到明显提升。

【“万村百镇”整治工程】　2009年，《中共广东省委、广东省人民政府关于争当实践科学发展观排头兵的决定》、《中共广东省委办公厅、广东省人民政府办公厅关于建设宜居城乡的实施意见》提出：实施“万村百镇”整治工程，全省每年确定100个镇、10000个村为整治点，用10年左右把全省镇、村基本整治完毕。通过“万村百镇”整治工作，为建设“宜居城镇”和“宜居村庄”奠定坚实基础，逐步将我省建设成为安居、康居、乐居、具有岭南特色的宜居城乡。

【编制《广东省“万村百镇”整治技术指引》】　为指导广东省实施“万村百镇”整治工程，积极推进建制镇和村庄整治工作，加快推进社会主义新农村建设，广东省住房和城乡建设厅组织开展《广东省“万村百镇”整治技术指引》的研究编制工作。至2009年底，该《技术指引》已形成初步成果，正在征求省直有关部门和全省各市住房城乡规划建设主管部门意见，吸取各方意见后，作进一步修改完善并颁布执行。（苏智云）

名镇名村建设

【概况】　截至2009年底，广东省共有8个镇获得中国历史文化名镇称号，11个村获得中国历史文化名村称号，4个镇获全国特色景观旅游名镇称号。2009年，广东省住房和城乡建设厅会同省文化厅组织修订《广东省历史文化街区、名镇、名村评选办法》，并在全省开展第二批广东省历史文化名镇（村）评选活动，并评选出：佛山市顺德区龙江镇，韶关市南雄市珠玑镇，梅州市大埔县百侯镇，东莞市虎门镇、石龙镇，中山市南朗镇、黄圃

2009年广东省村庄市政公用设施情况

地区名称	集中供水的行政村		年生活用水量(万立方米)	供水管道长度(千米)		用水人口(万人)	用水普及率(%)	人均日生活用水量(升)	用气人口(万人)	燃气普及率(%)
	个数(个)	比例(%)			本年新增					
全　省	8801	47.79	110128.36	283527.49	7024.13	2618.28	55.76	115.24	1886.55	40.17
广州市	923	84.91	13916.18	7381.46	451.92	294.96	81.42	129.26	136.73	37.74
韶关市	354	33.62	1832.98	5722.40	140.60	79.83	46.12	62.91	49.28	28.47
珠海市	107	94.69	1133.73	341.80	7.90	25.60	95.99	121.33	20.52	76.94
汕头市	395	82.29	6439.46	86189.40	368.80	143.77	80.13	122.71	102.76	57.27
佛山市	323	88.01	12125.23	5113.95	174.24	190.84	92.95	174.07	155.96	75.96
江门市	754	86.47	5874.55	3736.75	197.99	164.95	75.35	97.57	138.48	63.26
湛江市	651	43.99	9216.56	2350.21	324.45	263.22	50.13	95.93	177.44	33.79
茂名市	217	14.20	10825.38	1647.65	177.55	261.27	54.53	113.52	121.05	25.27
肇庆市	903	73.65	6156.25	2411.47	245.50	140.93	52.52	119.68	79.77	29.73
惠州市	408	46.47	3530.77	42301.98	639.22	70.42	36.23	137.37	52.32	26.92
梅州市	764	36.54	5067.74	14419.64	332.68	121.36	36.85	114.41	76.37	23.19
汕尾市	393	53.18	3601.79	676.67	189.83	120.01	64.64	82.23	89.68	48.31
河源市	394	32.97	4345.57	4171.10	128.40	126.09	51.68	94.42	109.24	44.77
阳江市	95	15.27	1363.77	430.85	100.95	34.39	19.26	108.65	53.14	29.76
清远市	449	32.63	5212.72	70273.36	1535.56	134.57	43.24	106.13	66.45	21.35
中山市	215	100.00	6647.00	3166.00	23.00	98.68	100.00	184.55	98.68	100.00
潮州市	506	65.04	3520.22	4998.73	376.73	87.60	66.35	110.10	64.82	49.10
揭阳市	583	37.98	5850.08	18734.97	142.71	196.75	48.33	81.46	216.09	53.08
云浮市	367	47.05	3468.38	9459.10	1466.10	63.04	35.64	150.74	77.77	43.97

(续上表)

地区名称	村庄内道路长度(千米)			村庄内道路面积(万平方米)			排水管道沟渠长度(公里)	
		本年新增	硬化道路		本年新增	硬化道路		本年新增
全　省	84698.08	5100.18	38187.24	574197.67	4428.36	467672.63	22394.81	1705.93
广州市	5482.20	344.29	1457.75	3640.06	249.24	1506.61	2564.66	408.50
珠海市	289.97	25.30	52.98	574.40	22.30	122.90	181.61	16.80
汕头市	1585.26	47.95	442.10	119933.87	34.62	55036.90	717.52	18.90
佛山市	2649.48	125.20	995.15	2143.82	174.37	701.29	1811.04	94.01
韶关市	5546.62	141.75	2499.20	5671.03	752.63	3204.00	836.62	44.40
河源市	2590.66	172.60	1334.20	393218.31	138.98	391949.32	553.70	31.60
梅州市	7045.44	417.83	4331.96	4187.37	278.08	2093.64	3300.30	264.13
惠州市	6606.86	475.64	3031.57	4351.44	253.70	1058.66	831.10	68.36
汕尾市	1669.98	543.03	834.42	741.41	366.71	517.01	257.58	56.26
中山市	1562.00	56.00	1502.00	1275.00	45.10	1224.00	0.00	0.00
江门市	5059.46	146.73	2172.48	2579.45	77.56	1021.24	2770.53	49.28
阳江市	3807.15	146.48	1674.00	9211.40	88.54	651.50	298.22	2.00
湛江市	10890.01	847.32	3435.86	8418.76	753.29	1231.71	1547.83	185.43
茂名市	6123.58	486.90	2996.30	3231.96	280.02	1668.41	650.70	82.60
肇庆市	7792.74	194.97	2855.50	4670.01	74.77	1124.97	1732.72	122.36
清远市	2598.93	297.53	852.75	2273.48	223.79	563.72	613.32	53.03
潮州市	1983.14	120.95	926.67	2076.63	329.40	890.17	726.20	56.63
揭阳市	2905.85	118.00	2050.38	2220.32	130.47	1514.35	428.22	43.80
云浮市	8508.75	391.71	4741.97	3778.95	154.79	1592.23	2572.94	107.84

地区名称	对生活污水进行处理的行政村		年生活垃圾清运量(吨)	有生活垃圾收集点的行政村		对生活垃圾进行处理的行政村		无害化处理	
	个数(个)	比例(%)		个数(个)	比例(%)	个数(个)	比例(%)	个数(个)	比例(%)
全　省	1740	9.45	3978622.21	8331	45.24	5537	30.07	1109	6.02
广州市	183	16.84	794824.50	942	86.66	631	58.05	291	26.77
珠海市	12	10.62	20546.40	86	76.11	72	63.72	27	23.89
汕头市	58	12.08	559899.01	329	68.54	202	42.08	40	8.33
佛山市	149	40.60	515239.35	363	98.91	360	98.09	154	41.96
韶关市	74	7.03	39169.00	364	34.57	222	21.08	0	0.00
河源市	33	2.76	5214.55	234	19.58	192	16.07	21	1.76
梅州市	29	1.39	156256.56	770	36.82	539	25.78	47	2.25
惠州市	79	9.00	148824.91	232	26.42	187	21.30	68	7.74
汕尾市	25	3.38	39688.75	471	63.73	369	49.93	2	0.27
中山市	178	82.79	357203.00	215	100.00	215	100.00	215	100.00
江门市	18	2.06	267461.80	651	74.66	436	50.00	0	0.00
阳江市	0	0.00	29945.00	39	6.27	32	5.14	0	0.00
湛江市	36	2.43	93224.60	356	24.05	226	15.27	15	1.01
茂名市	4	0.26	61040.70	433	28.34	332	21.73	15	0.98
肇庆市	447	36.46	288896.22	983	80.18	157	12.81	49	4.00
清远市	38	2.76	15741.08	299	21.73	114	8.28	11	0.80
潮州市	0	0.00	237881.00	541	69.54	411	52.83	15	1.93
揭阳市	82	5.34	211721.78	679	44.23	525	34.20	99	6.45
云浮市	295	37.82	135844.00	344	44.10	315	40.38	40	5.13

2009年广东省村庄建设投资情况

单位：万元

地区名称	本年建设投资(万元)							
	合计	房屋				市政公用设施		
		小计	住宅	公共建筑	生产性建筑	小计	供水	燃气
全省	2869591	2339089	1395941	193512	749636	530502	70155	6526
广州市	431954	307696	189800	33042	84854	124258	4979	659
珠海市	83653	50185	49160	975	50	33468	40	0
汕头市	80728	63629	39698	9863	14068	17099	3522	0
佛山市	417073	318184	142662	33435	142087	98889	8289	3134
韶关市	54362	47151	45636	607	908	7211	2712	40
河源市	71639	59123	51879	4833	2411	12516	2079	111
梅州市	58389	45859	32178	8308	5373	12530	3190	58
惠州市	145809	116119	62565	5745	47809	29690	6322	15
汕尾市	58493	46828	40875	3427	2526	11665	1746	5
中山市	182250	165840	81100	24020	60720	16410	2335	0
江门市	134758	113916	40570	9309	64037	20842	3269	86
阳江市	42724	32181	30137	1066	978	10543	2470	920
湛江市	273372	229691	207030	11445	11216	43681	5007	477
茂名市	170830	157744	142040	10361	5343	13086	576	4
肇庆市	331249	324594	50023	6470	268101	6655	1259	0
清远市	107804	81498	68496	7743	5259	26306	14244	12
潮州市	51803	42924	23591	8264	11069	8879	3430	7
揭阳市	112284	91434	65619	11362	14453	20850	3431	919
云浮市	60417	44493	32882	3237	8374	15924	1255	79

地区名称	本年建设投资(万元)							
	市政公用设施							
	道路桥梁	排水		防洪	园林绿化	环境卫生		其他
			污水处理				垃圾处理	
全省	201451	54252	28895	112896	25611	36604	12752	23004
广州市	43283	23838	18643	30364	5880	7981	2944	7274
珠海市	1206	65	0	31490	195	282	0	190
汕头市	6110	1370	0	1806	856	2447	358	988
佛山市	31704	13769	8550	15547	10293	13677	5079	2476
韶关市	3145	259	18	184	638	148	40	85
河源市	7811	516	8	573	366	525	262	535
梅州市	6956	524	0	842	150	503	44	307
惠州市	18187	549	24	3361	528	529	140	199
汕尾市	5466	1418	170	1244	216	620	243	950
中山市	2985	2040	550	2910	2540	3600	2080	0
江门市	7781	1050	205	6155	394	1162	357	945
阳江市	5374	160	3	1510	11	30	13	68
湛江市	20820	1447	15	12607	825	1150	199	1348
茂名市	11005	940	71	107	60	183	6	211
肇庆市	3534	304	15	383	119	401	40	652
清远市	9374	246	0	939	821	509	181	161
潮州市	2621	512	0	1014	141	933	169	221
揭阳市	8027	4168	135	1317	816	1430	370	742
云浮市	6062	1077	488	543	762	494	227	5652

2009年广东省村庄房屋建设情况

地区名称	住宅				
	当年建房户数(户)	在新址上新建	年末实有建筑面积(平方米)	本年竣工建筑面积(平方米)	人均住宅建筑面积(平方米)
全　省	139711	78109	196749.56	55530.43	45.67
广州市	25430	5786	65595.61	53407.48	270.77
珠海市	943	777	403.32	23.85	17.96
汕头市	1338	866	3170.87	47.98	18.47
佛山市	3953	2937	7163.99	194.84	55.92
韶关市	7294	4019	6417.00	96.75	37.34
河源市	6449	4375	5802.32	108.27	24.31
梅州市	3715	2196	5388.12	60.10	16.47
惠州市	7877	4583	3686.15	114.67	24.41
汕尾市	3317	1967	3122.87	92.68	17.28
中山市	579	519	2325.73	63.85	44.38
江门市	4181	2896	6387.55	54.18	31.55
阳江市	3531	1845	3189.68	52.53	18.66
湛江市	25873	15715	11848.34	377.98	22.89
茂名市	14231	7990	14645.23	281.63	30.76
肇庆市	4756	3292	5393.33	75.60	20.46
清远市	8247	4296	37520.34	111.65	128.38
潮州市	3358	2376	2763.91	38.53	22.11
揭阳市	9147	7076	5964.90	90.64	14.98
云浮市	5492	4598	5960.30	237.22	34.03

地区名称	危房改造		公共建筑		生产性建筑	
	2009年以来已改造C级和D级危房户数(户)	本年完成	年末实有建筑面积(平方米)	本年竣工建筑面积(平方米)	年末实有建筑面积(平方米)	本年竣工建筑面积(平方米)
全　省	30308	13950	36190.56	30195.06	179681.73	157191.94
广州市	1978	1449	30698.99	30033.21	152522.91	150043.58
珠海市	3275	1905	22.39	1.04	16715.17	6600.10
汕头市	16	16	237.82	4.02	313.82	19.30
佛山市	301	301	677.55	20.14	3840.75	166.71
韶关市	581	441	251.03	3.23	188.90	6.98
河源市	1116	965	180.06	6.45	45.49	3.25
梅州市	564	512	182.57	8.19	97.82	5.83
惠州市	2899	2482	132.36	10.34	1131.82	95.22
汕尾市	179	141	69.58	1.53	43.73	5.05
中山市	0	0	147.57	14.10	729.71	59.20
江门市	848	381	486.18	11.12	682.32	88.96
阳江市	236	113	94.23	1.89	37.41	1.57
湛江市	6207	3798	680.43	17.58	341.71	14.61
茂名市	674	102	966.17	10.15	437.59	8.07
肇庆市	1198	121	278.67	9.91	365.75	13.77
清远市	150	76	299.64	5.88	134.32	3.80
潮州市	178	159	271.19	14.82	1455.33	21.38
揭阳市	9238	724	258.21	15.28	371.41	19.87
云浮市	670	264	255.92	6.18	225.77	14.69

(冯育文)

镇，广州市天河区珠吉街珠村，珠海市香洲区南屏镇北山村，汕头市澄海区莲下镇程洋岗村，佛山市南海区西樵镇上金瓯松塘村，韶关市仁化县石塘镇石塘村，南雄市乌迳镇新田村，梅州市梅县水车镇茶山村，兴宁市石马镇刁田村，江门市蓬江区棠下镇良溪村，台山市斗山镇浮石村，湛江市雷州市龙门镇潮溪村，肇庆市怀集县大岗镇扶溪村，广宁县北市镇大屋村，德庆县官圩镇金林村，清远市冈县龙山镇上岳古围村等7个镇和15个村为广东省第二批历史文化名镇（村）。

按照住房和城乡建设部、国家旅游局的部署，广东省住房和城乡建设厅会同省旅游局组织开展全国特色景观旅游名镇（村）示范点的初评活动，并推荐珠海市金湾区平沙镇等9个镇和江门市开平市塘口镇自力村等4个村向国家申报全国特色景观旅游名镇（村）。经住房和城乡建设部、国家旅游局的联合审查，惠东县巽寮镇、珠海市金湾区平沙镇、中山市三乡镇、东莞市虎门镇获第一批全国特色景观旅游名镇称号。

▲梅州市大埔县百侯镇百侯中学　省住房和城乡建设厅村镇建设处供稿

【梅州市大埔县百侯镇】　广东省第二批历史文化名镇之一。位于大埔县东部，距县城11公里。全镇以一个约20平方公里的盆地为中心，包括周围的丘陵山地共有面积97平方公里，发源于福建省南靖县象湖山的韩江主要支流之一的梅潭河从盆地中间穿流而过。百侯镇下辖14个行政村，户籍人口3.1万人。

百侯旧称“白侯”，中华民国后正式改为“百侯”，取“白侯辖地，出百位封侯”之吉意。百侯人杰地灵，各姓祖先在宋朝末年随客家民系第三次大迁徙，辗转到此，繁衍至今，素有“文化之乡、华侨之乡、人才之乡”美誉。

百侯镇的传统风貌和历史街区保存较为完整，全长1000多米的骑楼老街历史久远；“九厅十八井”等客家传统民居特色鲜明，建造工艺精美，历史价值较高；陶行知生活教育思想影响深厚，是全国四大“陶教”基地之一，被誉为“北有晓庄，南有百侯”，建有陶行知纪念馆，设有陶学研究会；拥有国家级的广东汉乐和省级的鲤鱼灯舞等非物质文化遗产以及客家山歌、婚庆和祭祀等传统客家民俗；整体历史文化信息非常丰富，能较完整地反映大埔县在明清和中国革命各个时期的历史风貌、地方特色和民族风格。

▲惠州市惠东县巽寮镇海岛　省住房和城乡建设厅村镇建设处供稿

【惠州市惠东县巽寮镇】　全国第一批特色景观旅游名镇之一。位于惠东县稔平半岛西南角，海岸线长27公里，总面积105平方公里，总人口1万人，海滨公路贯穿全城，连接广汕、深汕公路，陆距深圳139公里、广州227公里，距香港46海里，与大亚湾经济技术开发区隔海相望，交通十分便利。

巽寮镇是著名的海滨旅游风景区，素有“东方夏威夷”之美誉。风景以奇闻名，海奇、滩奇、山奇、石奇、洞奇，八个海滩相连，沙滩晶莹细软，海水清澈，海底坡度平实，百米内水深不超过2米，特别是巽寮湾沙滩长达3000多米，绿树林带环境，被誉为“天赐白金堤”，是得天独厚的天然海水浴场。海上分布着大小99个洲。其中三角洲风光最迷人，岛上怪石林立，石趣无穷：有骏马探海、绵羊戏海、八戒显形、龟扑空，个个形象逼真。现正被开发为国家潜水基地。山上、海边林立的怪石，留下30多处文人墨客的题词石刻，其中“别有洞天”的石刻，每个字24平方米。

巽寮镇有丰富的海水养殖资源，有可开发利用的浅海滩涂面积

333.33公顷。海水养殖业有良好的基础，发展了虾苗场、蚝育苗场、珍珠养殖、贝类养殖、网箱养殖等。海水盛产黄鱼、马鲛、鱿、墨鱼、虾蟹等。

旅游兴镇，建设海滨特色旅游是巽寮的发展宗旨。巽寮镇委、镇政府一直致力于旅游环境和投资环境的建设，制订鼓励外资加快旅游业发展的优惠政策，从土地、供电、供水等方面提供优惠，绘制旅游总体规划，整治圩镇环境，改造年供水30万吨的自来水工程，改造输变电线路。交通、通讯便利、供电、供水充足，兴建一批度假村、高级酒店、宾馆，建成省体育基地、国家潜水基地、海滨农业植物园，集旅游度假、娱乐、饮食服务、商业于一体，每年吸引前来旅游观光的游客达30万人次。

（苏智云）

勘察设计

□ 开展广东省优秀工程勘察设计奖评选

□ 加强勘察设计市场监管

□ 开展全省中小学校舍安全工程排查鉴定加固工作

□ 加强施工图审查管理工作的指导

□ 推动建筑节能设计

综　　述

【概况】　2009年，广东省有勘察设计企业1064家，从业人员14.3万人，全年完成工程设计施工图投资额达3681.22亿元的各类勘察设计项目，设计建筑面积达2.5亿平方米；全省勘察设计业年营业收入744.49亿元，人均52.06万元。

是年，全省勘察设计行业以繁荣建筑设计创作为目标，倡导勘察设计管理创新，推进建筑节能设计，加强抗震设防管理，以及初步设计和施工图审查监管，加快建立健全失信惩戒制度，进一步规范勘察设计市场，促进全省勘察设计事业发展。

加强粤港澳合作，引进大师级建筑设计人才。6月报请住房和城乡建设部批复同意允许香港取得执业资格互认的建筑师、结构工程师在粤先行注册执业；9月向住房和城乡建设部上报先行注册执业管理办法。

【全省工程勘察设计评优】　为提高工程勘察设计人员的创作积极性，活跃学术交流，繁荣建筑创作，2009年，广东省住房和城乡建设厅分别组织开展全省工程勘察设计评优、全省优秀建筑设计作品展示和繁荣建筑设计创作高峰论坛等活动，加强行业调研和推动粤港澳合作，促进勘察设计行业的融通、交流与合作。年内重新制定广东省工程勘察设计评选方案，并于9月开展2009年度广东省优秀工程勘察设计奖评选工作。组织开展繁荣建筑创作的专项调研，针对全省建筑设计创作存在的突出问题，研究探讨繁荣建筑创作的对策与思路。

（章吉青）

勘察设计市场监管

【概况】　2009年，广东省住房和城乡建设厅全面落实《广东省建设工程勘察设计管理条例》，规范勘察设计市场行为。年初，印发《广东省建设厅勘察设计处2009年工作要点》，部署全省勘察设计工作，以检查为重点，进一步加强对建设工程招标投标活动和规范市场主体行为的管理。

年内，为落实《建筑工程方案设计招标投标管理办法》，组织对

2009年广东省勘察设计企业基本情况

地区名称	企业个数	勘察设计资格等级						勘察设计企业资质类型														
		甲级企业	乙级企业	丙级企业	丁级企业	专项企业	设计施工一体化	城市规划	工程勘察	工程设计	专项设计										工程咨询	设计施工一体化
											合计	建筑装饰	环境工程	风景园林	照明工程	建筑智能化	消防工程	建筑幕墙	轻型钢结构	其他		
全　省	1064	274	254	171	4	334	27	5	92	605	334	173	20	12	1	25	76	25	2		1	27
广州市(含省直)	262	96	51	20		89	7		20	147	89	30	8	7		12	25	6	1			7
深圳市	227	101	20			99	7		16	104	99	64	1	2		9	13	9	1		1	7
汕头市	47	8	11	7		20	1		3	23	20	16	1		1	1	1					1
佛山市	114	21	32	13		48			13	53	48	31	1	1		2	9	4				
珠海市	43	8	11	4		16	4		3	20	16	6	1	1			5	3				4
韶关市	19	3	7	9					4	15												
河源市	17	2	6	9					5	12												
梅州市	19	3	8	6		2			2	15	2	1	1									
惠州市	27	6	13	5	1	2			3	22	2	2										
汕尾市	9		4	5					1	8												
东莞市	30	5	9	4		11				18	11	1				1	9					
中山市	48	6	6	5	1	23	7	1	2	15	23	12	4	1			3	3				7
江门市	60	4	22	19		14	1		6	39	14	3	1				10					1
阳江市	18		6	11		1		2	1	14	1	1										
湛江市	22	4	8	8		2			3	17	2	2										
茂名市	24	2	12	9		1		1	3	19	1						1					
肇庆市	28	3	10	12		3			3	22	3	2	1									
清远市	18	1	8	6	2	1		1	1	15	1		1									
潮州市	11	1	2	8						11												
揭阳市	10		4	4		2			1	7	2	2										
云浮市	11		4	7					2	9												

2009年广东省勘察设计企业注册登记情况

地区名称	企业个数	国有企业	集体企业	股份合作企业	联营企业	国有独资有限责任公司	其他有限责任公司	股份有限公司	私营企业	港澳台商投资企业合计	外商投资企业合计	其他企业
全　省	1064	274	43	6	2	11	520	51	121	19	11	6
广州市(含省直)	262	81	2	3	1	8	115	8	36	3	4	1
深圳市	227	31		1			118	13	46	10	5	3
珠海市	43	8	2				26		3	2	2	
汕头市	47	21	2				17	1	5	1		
佛山市	114	4	5				87	7	8	1		2
韶关市	19	14	1				2	2				
河源市	17	10	1				5	1				
梅州市	19	5					11	2	1			
惠州市	27	15	1				8	2	1			
汕尾市	9	5	3				1					
东莞市	30	1	4				21		4			
中山市	48	3	2				36	2	5			
江门市	60	10	6				33	5	6			
阳江市	18	9					6	3				
湛江市	22	16	1			1	3			1		
茂名市	24	9	5				7	3				
肇庆市	28	14	1				6	1	5	1		
清远市	18	4	1	1		1	10	1				
潮州市	11	6	1	1	1	1	1		1			
揭阳市	10	4	2				3					
云浮市	11	4	3				4					

2009年广东省勘察设计企业人员情况

地区名称	从业人员合计(人)	专业技术人员合计(人)	其中			期末注册执业人次合计(人)
			高级职称人员(人)	中级职称人员(人)	初级职称人员(人)	
全　省	143001	67085	13416	26958	22152	12102
广州市(含省直)	42297	22678	5184	8837	7079	4416
深圳市	63211	21793	3929	8100	7620	4082
珠海市	6062	2446	423	952	959	489
汕头市	3714	1855	399	784	575	234
佛山市	7641	4548	784	1902	1546	912
韶关市	984	779	163	327	272	101
河源市	539	481	96	246	114	29
梅州市	844	770	192	385	166	129
惠州市	1598	1325	278	586	443	182
汕尾市	331	304	57	156	87	34
东莞市	2078	990	189	484	317	138
中山市	4469	2252	332	939	895	427
江门市	2040	1640	303	781	527	273
阳江市	557	498	98	267	133	57
湛江市	2172	1099	181	431	411	151
茂名市	1053	920	253	478	188	121
肇庆市	1549	977	205	427	344	109
清远市	714	672	159	328	178	69
潮州市	439	416	83	194	127	88
揭阳市	382	358	62	199	91	29
云浮市	327	284	46	155	80	32

(凌红梅)

2009年广东省勘察设计企业业务完成情况

地区名称	工程勘察完成合同额(万元)	工程设计					工程技术管理服务完成合同额(万元)	境外工程勘察设计完成合同额(万元)
		完成合同额(万元)	其中:工程总承包中设计完成合同额(万元)	其中:专项设计完成合同额(万元)	施工图投资额(万元)	施工图建筑面积(万平方米)		
全　省	262144.73	2086601.57	255913.99	130188.73	36812212.32	24997.63	138512.31	57771.60
广州市(含省直)	136323.34	668612.25	39557.39	38786.74	14985072.49	8969.54	84137.16	44352.86
深圳市	64019.69	674173.20	172233.84	73141.27	13194458.06	7791.30	42753.00	10704.21
珠海市	7876.80	35739.16	52.22	4617.77	1130044.22	430.96	1425.86	
汕头市	4437.79	55324.91	28480.30	2164.74	617156.36	555.94	727.40	
佛山市	13098.66	112289.82	1200.95	3805.95	2766329.67	3253.58	4499.42	
韶关市	8214.40	18883.66	291.00		56478.23	114.95	456.23	
河源市	2197.94	2960.14			13996.20	78.82		
梅州市	1996.21	9523.95	91.00	103.74	183658.03	191.29	61.00	
惠州市	3706.65	26883.24	355.00	811.10	533196.96	565.16	42.00	
汕尾市	458.51	1960.10		79.00	48453.35	60.75	311.47	
东莞市	363.00	21947.82	1202.00	757.71	179266.60	149.61	1609.93	
中山市	5016.31	385499.74	646.00	2369.98	1568910.44	1231.73	851.99	2684.53
江门市	3688.00	20435.42	782.87	772.11	492790.49	611.63	523.24	30.00
阳江市	301.13	5888.46	3704.59	50.00	86185.68	135.76	78.00	
湛江市	4263.75	9443.67	466.00	756.00	266055.20	137.60	8.00	
茂名市	1206.59	11374.33	1123.83	1695.81	119275.76	88.79	310.63	
肇庆市	2874.44	8161.50	413.00	155.96	300840.79	267.19	378.00	
清远市	1125.30	12516.15	5282.00		171163.17	228.54	278.80	
潮州市	230.06	2313.64		52.80	57490.18	47.04		
揭阳市	394.68	1056.17	32.00		6179.00	19.44	60.18	
云浮市	351.48	1614.24		68.05	35211.44	68.01		

2009年广东省勘察设计企业科技活动情况

地区名称	科技活动费用支出总额(万元)	科技成果转让收入总额(万元)	企业累计拥有专利(项)	企业累计拥有专有技术(项)	企业获国家级、省部级奖(项)	参加编制国家、行业、地方技术标准(项)	参加编制国家、行业、地方标准设计(册)
全　省	62931.63	8305	396	358	836	216	43
广州市(含省直)	31995.69	1555	123	202	407	53	14
深圳市	19311.05	1250	165	123	310	141	25
珠海市	1174.31		61	10	7		
汕头市	995.56		4	2	21		
佛山市	1948.59	5500	5	6	36	5	2
韶关市	74.50				1		
河源市	34.14						
梅州市	28.00						
惠州市	371.48						
汕尾市	94.89						
东莞市	253.00				3		
中山市	5237.05		27	12	5	13	
江门市	332.12		2	3	1		
阳江市	6.50						
湛江市	673.20		4		37	2	
茂名市	27.83		5			1	1
肇庆市	150.74						
清远市	187.81						
潮州市	16.48						
揭阳市	6.09						
云浮市	12.60						

2009年广东省勘察设计企业财务完成情况

地区名称	营业收入合计（万元）	工程勘察收入（万元）	工程设计收入（万元）	工程技术管理服务收入（万元）	工程承包收入（万元）	其他收入（万元）
全　省	7444926.68	293782.67	1551787.57	92166.49	4558795.77	948394.18
广州市(含省直)	2466316.29	119008.74	598051.81	58389.87	1003221.92	687643.95
深圳市	3479426.40	92198.41	620695.53	24519.12	2559303.19	182710.15
珠海市	290721.29	16936.07	27202.19	1430.15	244076.55	1076.33
汕头市	66754.30	4761.71	16592.99	717.50	44263.52	418.58
佛山市	438269.87	13615.53	89616.97	2366.56	321719.75	10951.06
韶关市	21846.60	8674.89	11934.04	817.27	346.35	74.05
河源市	6835.31	3855.72	2934.51		30.00	15.08
梅州市	16250.90	2288.80	11466.44	165.30	2019.35	311.01
惠州市	32050.92	4253.65	18786.81	360.52	7787.00	862.94
汕尾市	2916.91	375.48	2540.63		0.80	
东莞市	74138.23	1151.00	37789.02	1294.20	33688.44	215.57
中山市	410318.36	5022.65	48506.01	440.10	293499.77	62849.83
江门市	43208.50	4133.84	20366.84	559.16	18034.64	114.02
阳江市	6958.63	4399.24	2404.89		75.00	79.50
湛江市	31168.35	6885.57	7041.14		17002.00	239.64
茂名市	24144.02	1741.69	11375.22	323.22	10554.89	149.00
肇庆市	15367.62	2776.76	9258.04	130.22	3172.60	30.00
清远市	10560.68	735.68	9498.01	297.12		29.87
潮州市	3401.78	246.52	2393.95	296.00		465.31
揭阳市	2203.99	394.68	1703.46	60.18		45.67
云浮市	2067.73	326.04	1629.07			112.62

地区名称	营业成本（万元）	营业税金及附加（万元）	利润总额（万元）	应交所得税（万元）	资产合计（万元）
全　省	6093038.07	330446.95	512825.29	113236.49	6017739.88
广州市(含省直)	1941152.73	152437.88	187267.89	34134.09	2516936.95
深圳市	2957184.30	124839.36	160309.60	39593.78	2091502.88
珠海市	239341.73	10184.72	24500.24	5320.21	246308.48
汕头市	55923.38	2274.14	4928.29	1053.92	64625.73
佛山市	378302.09	17124.49	32606.19	7614.07	485450.61
韶关市	15066.18	889.91	5389.03	1316.55	17940.16
河源市	5319.41	322.27	716.51	190.12	6521.88
梅州市	11527.71	894.50	3438.82	868.52	15200.83
惠州市	22678.18	1582.03	5990.29	1524.20	29497.65
汕尾市	1843.12	105.99	417.14	115.29	3535.73
东莞市	54578.83	2952.34	12923.22	4107.92	105430.63
中山市	312716.44	10710.14	60158.13	14075.15	303000.64
江门市	30349.24	2007.92	6102.54	1613.33	49961.34
阳江市	4519.59	258.38	1443.78	107.84	6909.08
湛江市	15265.17	970.87	1376.71	353.80	15472.80
茂名市	20497.16	1179.61	1884.81	497.95	22249.35
肇庆市	12189.44	696.35	1033.79	243.30	18570.74
清远市	8436.90	556.00	1597.81	370.61	10215.75
潮州市	2568.40	197.40	101.46	42.36	3600.36
揭阳市	1705.01	128.39	165.72	34.82	2138.80
云浮市	1873.06	134.26	473.32	58.66	2669.49

(凌红梅)

珠海、中山、佛山等市勘察设计招标投标现状的专项调研。同时，着手建立全省工程设计评标专家库，并公开向省内外征集评标专家人员900多人，为全省各地设计的专业化评标工作奠定基础。

【勘察设计市场专项整治】 2009年，广东省住房和城乡建设厅巩固和扩大上年勘察设计市场专项整治活动成果，严肃查处违法违规行为。其中，对新丰县建筑设计室等22家企业发出《撤回行政许可告知书》，作出撤回行政许可的决定；对广东省宏洋建筑设计室等57家企业发出《关于提交受检材料的公告》，加强对勘察设计企业行政许可后的监督检查和对违法违规行为的查处。

【建筑节能设计】 2009年，广东省住房和城乡建设厅贯彻实施国家《节约能源法》和国务院《民用建筑节能条例》、《公共机构节能条例》，加大对建筑节能设计法律法规的宣传力度。按照国家和省有关节能减排的工作要求，进一步完善节能设计管理措施，着力推动全省建筑节能设计工作进一步深化，督促指导施工图审查机构严格按照建筑节能的强制性标准对施工图设计文件进行审查，对不符合建筑节能强制性标准的施工图设计文件，一律不出具审查合格书。同时，大力推动建筑节能设计示范项目建设和太阳能建筑设计一体化工作。

（章吉青）

勘察设计质量管理

【概况】 2009年，广东省住房和城乡建设厅贯彻落实住房和城乡建设部《关于加强工程勘察质量管理工作的若干意见》，加大对工程勘察市场和质量行为的监管力度，强化勘察现场作业质量和试验工作管理，依法依规严肃查处未按工程建设强制性标准和勘察方案进行勘察、弄虚作假等行为，确保工程勘察质量和安全。

【大中型建设工程项目初步设计审查】 2009年，广东省住房和城乡建设厅共组织审查省属大中型工程初步设计项目122项，主要包括湛江生物质发电厂、贵广铁路、南广铁路、韶赣铁路以及穗莞深、莞惠、广肇、广清城际轨道交通项目等重点工程，并通过审查，优化项目设计，节约工程投资，提高了项目勘察设计的质量。

【施工图设计文件审查】 2009年，广东省住房和城乡建设厅印发《关于进一步加强施工图审查管理工作的指导意见》，明确解决当前审查管理工作中的重点、难点问题的具体做法。启动全省施工图审查管理信息系统的建设工作，研究拟定系统建设框架，完成系统建设的前期工作，为该系统早日建成启用，实现施工图审查网络管理与信息传递，即时掌控全省施工图审查情况奠定基础。全年全省共有施工图审查机构82个，其中，一类51个、二类31个。

（章吉青）

建设工程抗震管理

【概况】 2009年，广东省住房和城乡建设厅贯彻落实新修订的《防震减灾法》，切实加强抗震设防管理。重点加强对超限高层建筑工程的抗震设计审查；指导督促全省设计单位严格按照国家新修订的《建筑工程抗震设防分类标准》（2008版）和《建筑抗震设计规范》（2008版）进行工程设计。强调建筑方案设计必须符合抗震概念设计要求，有关设计方案要优先选用有利于抗震的结构体系和建筑材料。严格把好抗震设计审查关，在初步设计审查和施工图审查时，对达不到抗震设防要求的项目不予批准和出具审查合格书；对超限高层建筑工程，按照国家相关规定进行抗震设防专项审查。凡未经专项审查的项目，不允许进行施工图审查。

【全省中小学校舍安全工程排查鉴定加固】 2009年，广东省住房和城乡建设厅配合省教育厅组织开展全省中小学校舍安全工程排查鉴定、加固工作。印发《关于切实做好全省中小学校舍安全工程有关工作的通知》、《关于公布可供中小学校舍安全工程技术鉴定选择的我省甲、乙级建筑工程设计单位的通知》；举办《建筑抗震鉴定标准》和《建筑抗震加固技术规程》培训班，组织综合设计能力强的设计单位编写中小学校舍抗震加固方案，切实有效地加强对校舍安全工程设计的技术指导。

（章吉青）

机构选介

【广东省工程勘察设计行业协会】 是广东省跨部门、不分所有制的工程勘察设计咨询单位以团体名义自愿组成的地方行业性、非营利性社会团体。协会前身名称为“广东省勘察设计协会”，于1986年12月22日成立，1994年3月10日经广东省民政厅正式批复进行社团登记。2007年4月更名为“广东省工程勘

·链接· **大中型建设工程**

大中型建设工程的划分执行住房和城乡建设部《工程设计资质标准》（2007年修订本）规定。例如：《标准》规定房屋建筑单体建筑面积5000~2000平方米为中型，20000平方米以上为大型建筑。

察设计行业协会”。宗旨是为会员提供服务，维护行业、会员的合法权益和共同经济利益；维护市场秩序和公平竞争，沟通会员与政府、社会之间的关系，发挥其促进社会公共利益的作用。

有会员单位1300多家，还有经批准设立的属下单位广东勘设建筑技服务中心，提供勘察设计技术服务。该协会主办的刊物有《广东省勘察设计》（季刊），还有不定期编印《广东勘察设计简讯》。

主要工作：（1）宣传和贯彻国家有关勘察设计的方针、政策，组织会员研讨在社会主义市场经济体制下，勘察业改革途径，推进现代企业制度的建立；（2）开展行业基本情况的调查研究，反映会员单位的意见和要求，为政府部门提供政策依据；（3）协调会员单位之间的关系，宣传职业道德，制订行业公约，严肃行规行约，保护公平竞争，维护行业合法权益；（4）沟通横向联系，开展技术经验交流，组织参观、考察、收集、提供国内、外技术经济情报和市场信息，研究和推广新技术、新工艺、新材料，促进行业发展；（5）开展勘察设计人员业务培训，举办各种技术讲座，组织咨询服务，不断提高从业人员的技术素质和业务水平；（6）协助GB/T19000－ISO9000质量体系认证工作，继续搞好质量管理深化活动和QC小组评审与发布工作；（7）协助建设主管部门做好行业CAD技术的推广和应用，不断提高全行业计算机应用水平，并逐步推行行业信息化管理；（8）协助建设主管部门做好勘察设计市场整顿、质量检查、资格考查和评优等工作，并承担建设主管部门委托的有关工作；（9）编辑出版有关刊物和资料，开展信息服务工作；（10）开展勘察行业社会团体间的国际、国内交流与合作。*（省住房和城乡建设厅建筑市场监管处）*

建筑设计项目选介

【深港西部通道口岸旅检大楼及单体建筑】 2009年获住房和城乡建设部优秀工程勘察设计二等奖。深圳市建筑设计研究总院有限公司设计。深港西部通道口岸位于深圳市南山区东角头，规划的后海滨路东侧，东滨路南侧，其东南面紧临深圳湾，隔海通过设计中的深圳湾公路大桥与香港新界相接，北面通过沙河西路及东滨路与深圳滨海大道及其他城市干道相连。深港西部通道口岸在国内第一次采用深港联合的“一地两检”模式，建成后将成为世界上同类口岸中最大的现代化、智能化口岸。深港西部通道口岸货检区位于口岸的西面及南面总用地117.9万平方米，其中深圳方76.3万平方米，香港方41.6万平方米。

【东部华侨城天麓二区】 2009年获住房和城乡建设部优秀工程勘察设计二等奖。深圳市建筑设计研究总院有限公司设计。该项目为现代风格别墅，面积从250~680平方米不等，同时结合不同类型的别墅特点及地势、景观、朝向等因素，力求使住宅户型方正，分区明确，结构合理。最大可能地有效利用所有基地的特有的景观——山、海、园，所有重要的房间均要有良好的景观面和景观视线。户型设计结合山地地形，大部分户型采用下坡式，充分保护现有的山脊和山谷的自然风貌，在保留群山轮廓的连续性的同时也自然形成若干下沉式庭院，扩大了采光面和活动区域。

（深圳市建筑设计研究总院有限公司）

【广交会琶洲展馆配套设施项目（会展三期）】 位于广州市东南部的琶洲岛会展一、二期及新港东路以南。项目用地10.05万平方米，主要为展厅、办公、配套设施及星级酒店高层等，总建筑面积30.38万平方米。广州市城市规划勘测设计研究院设计。建筑设计主要特点包括：（1）在总平面布局时，设计将会展三期展馆每层设四个展厅，沿新港东路“一”型展开，与路北的一、二期遥相呼应。连接一、二期展馆与三期之间建设的过街人行天桥，满足三期展馆的人流聚散及空间感受等功能问题。（2）四层展厅南侧各层设货运通道，通过27台5吨货梯解决展厅在布撤展时的垂直运输问题。同时，南北各层通廊为开敞式，经消防论证，通廊同时作为每层展厅消防疏散准安全区，以满足大人流量的消防疏散需求。（3）平面功能：首层“跨路散步道”的西侧为展厅，东侧利用一层展厅空间设计成二层，布置与展厅配套的设施。如外宾办证中心、内宾办证中心、接待室、会议室、海关监管仓、消防控制室、安防控制室等，餐厅区在夹层，非展览期间可独立对外使用。各层之间以自动扶梯和楼梯相连通，且与跨路散步道相联系。（4）展厅的标准化设计：展厅采用90米×81米的基本单元尺寸，首层2个展厅、11.4米标高、22.8米标高、34.2米标高处各有3个展厅，总数11个。展厅与展厅之间在平面上互相连通，构成连续的展览空间。（5）建筑造型上会展一二期无论在用地面积、建筑体量、位置上占有绝对主导地位，会展一二三期是一个整体不可分的统一体，造型上的统一协调有利于加强其整体气势，凸显广交会在世界会展业的重要地位。

【第16届亚洲运动会亚运城运动员村】 位于广州新城东部，京珠高速公路和地铁四号线以东，规划平南高速公路以西，清河路以南，东临莲花山水道，是第16届亚运会的主要配套工程，面积2.73平方公里。运动员村位于亚运城中部，总用地面积32.9公顷。广州市城市规划勘测设计研究院设计。亚运城运动员村设计的主要内容包括4个运动员居住区、公共区、体能恢复中心共6大部分。总建筑面积59.2万平方米，其中居住面积40.8万平方米、配套公建（社区居委会、文化室、老年人服务站、商业）2000平方米、会所及幼儿园8000平方米、公共区15000平方米、首层架空层21000平方米配套地下车库及设备房13万平方米，配套汽车位3329个、自行车位4010个。总体建筑密度12.8%，绿化率35%。运动员村满足14000名运动员和官员的使用要求。运动员村赛时为运动员及随队官员居住，赛后作为商品房对社会销售。(1)规划布局：在进行运动员村的设计时保留原规划设计的四个生态组团（簇团），保持传统的村落聚居思想，在空间私密分级上增加了一个“准公共”的层次，在为住户提供“公共-准公共-准私密-私密”四级过渡空间的同时，有利于区内交通及空间组织。在利用建筑、环境进一步强化簇团形态的同时，形成属于自己的秩序和形态，营造出优美独特的建筑群落。(2)建筑设计：居住空间以“怡人”为考量，摈弃过多的形式格局考量，采用东南亚亚热带的经典户型平面，旨在展示广州传统与现代人居建筑文化的精华。大部分户型一梯两户板式设计，均设有南北大阳台，加上2.9米净高的大进深的起居室及餐厅，使室内形成南北空气对流的通道。住宅建筑立面采用传统岭南民居形式与现代建筑造型手法相结合的创新理念，创造出既体现广州地域特色的时代建筑特点，又利用现代的材料、工艺、色彩表达了广州和谐、创新的城市形象。建筑节能上从日照、通风的微环境入手，辅以材料、构造等手段，使运动员村居住区建筑较之参照建筑节能65%。

(广州市城市规划勘测设计研究院)

【广州市西江引水工程】 广东省建筑设计研究院设计。设计规模为350万平方米/吨，是目前国内输送水量、设计管径规格仅次于南水北调工程的大型长距离输水工程，该工程主要是广州市迎接亚运会，保障供水水源安全，提高供水水质的重点工程。同时该工程对于满足和促进广州市城市化建设的要求，扩大城市供水范围，替代花都区和白云区小型水厂，保障居民身体健康都具有十分重大的意义。工程于2008年1月开始进行前期项目的设计，根据标段划分，主要两个大型穿越工程（北江东平水道及北江大堤穿越）的设计工作，针对项目北江东平水道段穿越工程水面宽阔、河道深、通行船只大、土层地质变化大的特点，结合以往大型过江管道的经验，参考国内穿越长江、黄河等大型河流的施工经验，分别提出沉管、盾构及顶管实施的三个方案，从而为项目按期实施提供了最基本的保障。

【汶川县体育馆】 广东省建筑设计研究院设计。汶川地震之后建设的大型公共建筑，不仅具有体育设施的基本功能，而且兼顾到了抗震救灾。坐落在狭长山沟中的汶川县体育馆，前面是正街，背靠岷江，旁边就是避灾广场，整体造型优美大方，吸取羌族碉楼元素，主体带有“羌红”色调，外墙粘贴的是碎石，富有美感。既体现当地的民族特色、地域特色，又不简单地模仿或移植当地建筑的元素是汶川县体育馆设计的最大亮点。体育馆的造型不像其他许多设计方案，单纯模拟碉楼形态，而是用抽象的现代手法表达了碉楼的意境。体育馆的屋顶线条流畅、飘逸，与附近的山势、水流遥相呼应，与空旷的广场以及周围的环境协调一致，融为一体。

【深圳新怡景商业中心】 获2008年度广东省院优秀工程设计一等奖和2009年广东省优秀工程设计一等奖。广东省建筑设计研究院设计。地处深圳市中心区CBD的中央地区，福田中心区福华路与中心四路交汇处；商业广场为地面一层至地下四层，以“紫禁公园”为设计概念核心，以全新理念打造中国第一个集购物、休闲、旅游、餐饮、娱乐、文化等于一体，以“生态景观式休闲消费”、“一站式满足”为核心理念的纯美式亲自然体验的大型生态购物中心；开创了国内景观型园林商业广场的先河，是目前全国第一个立体生态地下商业建筑。

(王继川)

建筑业

□ 全省有形建筑市场共九十五个

□ 组建建筑市场监管处

□ 开展全省建筑业发展现状调研

□ 全省建筑市场诚信信息平台投入运行

□ 全省六项工程获『鲁班奖』

综　述

【概况】　2009年，广东省建设系统继续深化工程建设招标投标制度创新，确保全省大规模工程建设投资效益，保证工程质量和安全生产，工程造价保持在较合理的水平。是年，全省共有有形建筑市场95个，全省实行招标工程12474项，工程造价2888.65亿元。其中公开招标工程10893项，工程造价2549.76亿元。工程造价保持在比较合理的水平。

全省受理质量安全监督工程30969项，其中建筑工程总建筑面积28874.7万平方米，市政工程总长度1389747延米；新办理质量安全监督注册工程16677项，竣工验收合格工程13825项，一次通过验收合格率98.7%，办理备案工程11262项；全省监督机构共发出整改通知单18982份，局部停工令1548份，受委托对责任主体的违法行为实施行政处罚15宗。全年未有质量事故发生。

全省受监工程项目比上年减少2240项，下降6.7%，总建筑面积减少3391.5万平方米，下降10.5%；各地级以上市在监工程项数和建筑面积有明显变化的分别为：湛江比上年增长51.5%和90.0%、梅州增长23.6%和73.5%、茂名增长6.8%和71.8%、揭阳增长4.6%和37.1%、中山下降40.1%和40.3%、河源下降43.8%和32.6%。全省受监工程发出整改通知书数比上年略有减少，下降11.0%，发出局部停工令数略有增加，增长15.7%；实施行政处罚宗数明显减少，从上年的153宗降到是年的15宗，下降90.2%。

【全省建筑业发展现状调研】　2009年广东省建设厅针对全省建筑业企业资质结构不合理，以及近年来全省建筑业企业竞争力有所下降的问题，为找出破解全省建筑行业发展的难题，是年3月至6月对全省建筑业的现状及发展情况开展了系列调研，通过实地考察、召开座谈会、走访大型骨干企业、开展问卷调查、分析有关信息材料和统计数据等多种方式，研究全省建筑业发展现状和存在的主要问题，并就促进全省建筑业做强做大的措施建议广泛听取了各市建设局、有关单位和部分相关企业的意见，在充分调查研究的基础上，撰写了题为《广东省建筑业发展现状和促进建筑业做强做大的政策措施建议》的调研报告。

【起草《广东省房屋建筑和市政基础设施工程招标投标管理规定》】　为进一步规范工程施工招标投标活动，2009年省住房和城乡建设厅修订了《广东省房屋建筑和市政基础设施工程施工招标投标管理规定》，并送省政府审议。该《规定》适用范围于房屋建筑及市政基础设施工程的招标投标活动，针对当前工程招标投标中存在的突出问题，补充完善相关管理制度，弥补现有法规不足。该《规定》主要完善以下内容：一是重新明确建设工程交易中心的法律地位；二是对我省各级政府经常会发生一些为完成重大政治、外事或者其他特殊任务急需配套建设，按照正常建设程序难以按时竣工、交付使用的应急工程以及突发的抢险救灾工程的项目发包予以明确；三是提倡建设单位对创优企业实行奖励，并设定了工程建设实施优质优价奖励的原则；四是认真总结近年各地招标投标实践经验，从易于判断和执行的层面对串通招标投标违法行为作出了规定；五是制定加强项目招标代理管理方面的规定，对挂靠代理、招标代理单位与部分招标人或投标人串通招标投标等行为作了明确规定。

【修订《广东省建设工程标准施工合同》（2009版）】　2009年，广东省住房和城乡建设厅为贯彻落实《中华人民共和国建筑法》、《中华人民共和国合同法》等法律、法规，规范施工合同订立和履行行为，保护建设工程项目发包人和承包人的合法权益，保证工程质量和施工安全，在总结执行《广东省建设工程施工合同范本》（2006年版）使用情况的基础上，根据《建设工程工程量清单计价规范》（GB50500-2008）、《标准施工招标文件》（2007年版）等有关规定，借鉴国际施工合同通用条款，结合广东省的实际，组织修订《广东省建设工程施工合同范本》（2006年版），形成《广东省建设工程标准施工合同》（2009年版），合同范本由协议书、通用条款、专用条款和附件四部分组成，适用于广东省行政区域内房屋建筑和市政基础设施的新建、扩建和改建工程。

【修订《广东省建设工程项目招标中标后监督检查办法》】　2009年，广东省住房和城乡建设厅为防范和解决广东省建设工程招标投标制度存在问题，对部分试点市施行情况进行调查了解，并根据部分地区和单位反映的原中标后监督管理信息系统录入单位多、不具备可操作性等问题，组织对2004年出台的工程招标中标后监督检查办法的修订工作，对原《广东省建设工程项目招标中标后监督检查办法》中有关管理信息录入方式进行简化、优化，将原来需要建设、施工、监理、质量监督、造价管理、建设行政主管部门等多家上网填报信息，修订为只需建设行政主管部门或其委托的机构一家填报信息，进一步完善建设工程招标中标后监督检查制度。

【起草《广东省房屋建筑和市政基础设施工程施工评标办法》】　随着招标投标市场的发展，招标投标中的一些深层次问题逐渐显露出来。2009年，广东省住房城乡建设厅针对工程招标评标环节存在问题，制定《广东省房屋建筑和市政基础设施工程施工评标办法》。该办法对最低投标价法、经评审的最低投标价法、平均值法和综合评估法等4种招标办法划定了适用范围，供业主评标选用。

【广东省建筑市场诚信信息平台】于2009年3月1日投入运行。其主要功能：运用网络技术，采集广东省各地建筑市场诚信信息，发布全省建筑市场各方主体诚信行为记录，包括企业可公开的基本信息、受表彰奖励和行政处罚等方面的信息，为工程建设有关各方提供诚信信息交流平台，推动完善行政监管和社会监督相结合的诚信激励和失信惩戒机制，营造全省建筑市场诚实守信的良好环境。在广东省建设系统内从事和参与工程建设活动的建筑市场各方主体包括建设单位、勘察单位、设计单位、施工单位、监理单位、招标代理单位、造价咨询单位、检测机构、施工图审查机构等九类企业，均可以进入广东建设信息网（www.gdcic.net）录入本企业的基本信息、人员状况、工程业绩、企业获奖、工程获奖等信息，各级建设行政主管部门可以登录平台审核确认所属企业填报的基本信息，并审核、发布企业获得的表彰信息和行政处罚信息，社会各界均可通过广东建设信息网查询全省建设各方主体的相关诚信信息。

该平台收集各方优良与不良的市场诚信信息，并对外发布。并与住房和城乡建设部“全国建筑市场诚信信息平台”对接，实现数据同步。“广东省建筑市场诚信信息平台”系统自2007年11月试运行至2009年底已经采集4600多家企业信息，其中工程获奖优良行为信息3945条，行政处罚信息181条（均通过系统上报住房和城乡建设部诚信平台在全国予以公布）。

【协调解决拖欠建筑农民工工资】2009年，广东省住房和城乡建设厅发出《关于启动应对建筑农民工工资拖欠突发事件应急预案的通知》，要求各级建设行政主管部门启动应对拖欠建筑农民工工资的应急预案，及时采取措施，协助劳动保障部门解决建筑农民工工资拖欠突发事件，维护社会的和谐稳定。

（何志坚）

建筑市场监管

【概况】 2009年8月27日，广东省人民政府办公厅印发《广东省住房和城乡建设厅主要职责内设机构人员编制规定》的通知，组建广东省住房和城乡建设厅，撤销原广东省

2009年广东省建筑业企业生产情况

地区名称	企业个数(个)	年末从业人员(人)	新签合同额(万元)	建筑业总产值(万元)	房屋建筑施工面积(万平方米)	房屋建筑竣工面积(万平方米)
全　省	4508	1743471	44179283	36205768	26405	10651
广州市(含省直)	798	326946	14733977	8659873	4083	1380
深圳市	774	402948	14855524	12741240	5557	2382
珠海市	161	21205	502017	558911	397	205
汕头市	196	135593	1694221	1844478	2233	859
佛山市	496	123789	2340816	2724531	3134	1032
韶关市	76	52914	692186	596196	678	201
河源市	99	21241	169782	188206	250	120
梅州市	144	78795	1125874	1132356	1004	483
惠州市	115	31112	617895	555371	780	356
汕尾市	48	16129	133019	118471	117	62
东莞市	402	43703	688307	830845	564	357
中山市	304	41089	582905	869271	605	300
江门市	160	73942	846293	807276	1238	573
阳江市	95	49669	926772	506506	682	259
湛江市	106	105506	1380351	1455580	1708	647
茂名市	100	78442	1157476	979607	1301	588
肇庆市	120	34745	382105	400487	636	186
清远市	85	29771	601640	417720	535	267
潮州市	87	12771	225592	164997	315	93
揭阳市	96	42943	357422	489436	397	219
云浮市	46	20218	165109	164410	191	82

*表内数据为2009年全省建设系统行业统计数据

2009年广东省建筑业企业主要财务指标

地区名称	企业总收入(万元)	工程结算收入(万元)	利润总额(万元)	工程结算利润(万元)
全　省	42178918	40369637	2399106	2566116
广州市(含省直)	13155439	12214270	350559	730672
深圳市	13114076	12719474	455772	720210
珠海市	673635	643720	42410	47901
汕头市	2453918	2371433	85607	135903
佛山市	3057622	2950282	157462	219889
韶关市	573126	557318	10017	26656
河源市	168639	154694	10986	20417
梅州市	1119922	1101026	942273	65265
惠州市	679491	609452	17286	32760
汕尾市	108742	106281	3852	10106
东莞市	802372	780906	53537	76838
中山市	968660	940908	67585	100962
江门市	841187	834115	40593	60961
阳江市	496534	493882	28240	50597
湛江市	1354928	1348697	33763	59994
茂名市	901263	864035	30347	75904
肇庆市	466054	446476	9952	28004
清远市	447048	446225	17944	31522
潮州市	154741	152879	5133	10053
揭阳市	472239	467749	27683	45799
云浮市	169282	165815	8105	15703

(凌红梅)

建设厅勘察设计处和基本建设处，组建建筑市场监管处，将原建筑管理处的管理职能（除建筑施工企业资质审批、工程质量安全监管外）及勘察设计、基建处的相关管理职能划入建筑市场监管处。

广东省建筑市场监管的工作重点是：以抓制度和措施落实为中心，推进招投标信息化管理、建立健全诚信信息化管理平台，繁荣建筑设计、加强建筑从业单位和从业人员市场行为的监管、提高勘察设计质量为目标，以政风行风评议为动力，进一步转变工作作风，促进宜居城乡建设。

2009年，广东省在建筑市场管理方面着力推进招标投标制度创新深化，建设工程标准合同范本的应用，以及工程建设方承发包工程行为规范，逐步建立健全建筑市场信用体系，构建企业信用管理环境，努力协调解决拖欠工程款项并配合劳动部门处理拖欠农民工工资问题，促进建筑市场向健康有序方面发展。*(何志坚)*

【建筑施工】 2009年，广东省有建筑业企业4508家，完成建筑施工面积26405万平方米，比上年下降11.47%；实现建筑业总产值3620.58亿元，比上年增长11.94%。

全省建筑施工企业大力推广应用“四新技术”，以“建筑业新技术应用示范工程”为突破口，积极开展技术改造和技术攻关，创新传统施工工艺，攻克大量的技术难题，缩短工期、降低成本、保证工程质量。企业的技术创新能力和总体科技实力不断提升，多个工程领域施工技术达到国内领先水平并形成较为完整，具有“广东建工”特色的成套化技术，已涵盖地基基础、市政轨道、房屋建筑、混凝土结构施工、高性能预拌混凝土、钢结构施工、高层超高层建筑施工、大型设备安装、大型厂房及构筑物施工、水利水电工程施工、建筑节能、既有建筑维修与改建、室内环境检测、轨道交通等技术领域，这些成套技术已基本实现产业化。

在地基基础施工方面 软弱地基处理、超深基坑支护及信息化施工监测、锚杆回收利用、非开挖顶管施工、逆作法、带桩腿连续墙、大型砂土围堰等施技术，保持在全国先进前列和国内先进水平，屡创佳绩；电渗法、塑料排水板联合堆载预压法、强夯法、砂桩法、搅拌桩法等施工技术得到广泛应用；创新研究基坑复合施工技术、扩大头锚杆支护技术、地下连续墙预制混凝土接头和橡胶柔性止水接头、溶洞地区地下连续墙底处理工艺，取得良好成效。

在建筑主体结构施工方面 继续保持传统技术优势，并不断开拓

创新，在大体积混凝土、主体结构核心筒模板与外脚手架、超高层建筑混凝土泵送、大型钢桁架、钢网架、异型钢管柱、钢构架柱、钢梁结构、压型钢板以及超高钢-混凝土组合结构等领域进行技术攻关，取得多项技术优势和显著成效。

在大型构件安装与机电设备安装方面 掌握一系列难度大、技术高、综合性强的安装技术，积极开发和推广大型钢结构制作安装、建筑智能化、特种焊接等新技术，多项技术达到国内先进或国际先进水平。积极应用“通风系统风管无法兰连接工艺”、“机制风管安装工艺”、计算机管理软件、新型焊机、大型起重机械和计算机仿真等新技术，为工程创优提供了技术支撑。

在市政桥梁、公路及供水隧道施工方面 积极开展技术创新，掌握优势技术。在主桥为独塔双索面斜拉桥的合生大桥施工中，首次采用索塔和主梁同步施工的方法，取得成功，“斜拉桥塔梁同步施工及特大型牵索挂篮关键技术的研究与应用”总体上达到国际先进水平。在道路施工中推广应用沥青混凝土搅拌技术、沥青路面摊铺技术，拓宽了企业的经营范围；在高架桥施工中，创新应用了桩基础施工预处理技术、大型钢箱梁施工技术、网络计划节点控制技术等，取得快速施工的良好效果；在供水隧道施工中，综合应用地质超前预报、大管棚预注浆超前支护、深孔预注浆与径向注浆、光面爆破等技术，成功解决隧道穿越岩石破碎带和中粗砂层富水区等施工难题；在公路隧道施工中，综合运用全管棚法、小导管法等支撑方法以及“新奥法”施工，双侧导洞，上下台阶，解决了地质条件极差、溶洞多、洞顶结构受力偏压严重等施工难题。

在地铁工程施工方面 在地铁隧道开挖、车站施工、盾构隧道掘进、地铁机电设备安装等领域积极创新，技术优势位于国内同行前列。地铁盾构工程在地质条件复杂多变、四次穿越珠江的情况下，通过改进泥浆处理系统，优化刀盘刀具配置，采用创新的江底传感器法监测河床沉降等技术，盾构机过站采用创新的整体吊装工艺，安全快速地解决众多施工难题，“复合地层中盾构法建设地铁地表沉降规律研究”、“上软下硬复合地层地铁盾构掘进主要施工风险研究与控制”分别达到国际领先和国际先进水平，实现盾构技术的跨越式发展。顶管施工、盾构法施工等前沿高新施工技术已基本形成完整成套的施工技术并在市场上赢得很高的声誉。复合地层中泥水盾构施工技术、盾构施工用刀具材料及盾构尾刷的研发、盾构密闭到达接收装置的研发、盾构施工设备国产化改造等课题取得多项研究成果，泥水盾构过江施工技术等处于国内领先水平。

在建筑装饰施工方面 创新研发“超大型、超大跨度复杂曲面网架吊顶技术”和“超大空间、超大跨度、大悬挑CRAB模块脚手架施工技术”，北京首都国际机场T3B新航站楼装饰工程，被评为中国建筑工程鲁班奖、北京当代十大建筑之一。通过具有三维可调的六角球面法兰组件及骨架单元组件，解决超大型双曲面网架天花适应网架曲面变化和网架受力变形的施工难题；通过计算分析和试验研究，成功完成21米超大跨度脚手架搭设难题。

在水利水电工程施工方面 应用并发展吹填砂振冲筑坝、“包芯”断面海堤爆炸施工、高喷围封防渗、多头搅拌防渗墙、模袋混凝土等多项新技术，解决了水利工程施工难题。综合应用灌砂、灌水泥浆、高喷、雷诺石笼护坡等多项新技术，成功处理多溶洞的石灰岩基础；研发土工格栅新堰型，成功解决在深厚软弱地基上修筑大型砂土围堰的难题；在特大型水轮发电机组安装中，采用自行研制设计的专用吊装工具及滑绳吊装、整体空中翻身和换绳的吊装技术、轴线二次调整技术等组成特大型灯泡贯流式水轮发电机组安装技术，取得显著成效；由塔材金具的组织和运输技术、损坏塔及导线的快速拆除技术、外拉线内悬浮抱杆立塔技术、张力放线技术、张力紧线技术等组成的500kV输电线路抗冰抢修施工技术为抗冰抢修作出积极贡献。

在工程机械制造方面 设计出专供电力施工使用的可折叠双水平臂自升式起重机，获国家实用新型专利；研制出用于软土施工加固的全新型高压旋喷钻桩机及80吨架桥机新产品；开发研制QTZ100型塔机，对主产品QT80塔机进行技术改造，延伸出3个新型号塔机；采用PLC可编程控制加变频调速技术，对启闭机起重设备进行控制；采用高性能传感器和数字同步阀改进公司液压启闭机；合作研发多个大型工程的双向门式启闭机、耙斗移动式清污机、双小车门机、门式起重机；开展抗洪抢险设备的研究，创新研制的“虹吸抢险泵”用于抗洪抢险，在多次水库抢险中发挥了重要作用，受到省三防领导的充分肯定。

在建筑节能和绿色施工方面 在郑州碧沙广场房产综合楼外墙保温节能体系采用EIFS聚苯板外墙保温体系，在相同供暖条件下，室内温度比采用其他外墙保温系统的建筑高3℃~6℃，满足了建筑物保温节能的要求；在广东省档案馆新馆工程，积极应用高性能混凝土等新技术，采用复合保温墙体施工技术、库房空调及恒温恒湿系统等节能创新技术，其中“多孔砖+苯板+加气混凝土砌块复合保温墙体施工工法”被评为国家级工法，该项目获第七届詹天佑土木工程大奖。

【建设工程招标投标管理】 2009年，广东省共有有形建筑市场95个，实行招标工程12474项，工程造价2888.65亿元。其中公开招标工程10893项，工程造价2549.76亿元。各地交易中心建立了一整套较完善的交易服务程序和规则，并向社会公布，严格按程序操作，接受社会监督。工程招标投标从发布招标公告、确定正式投标人，到开标、评标、定标，以及办理中标通知书等各个环节都依法依规运行，为工程交易提供了公平竞争环境。封闭的评标系统、“背靠背”的评标答辩系统、电脑抽取专家和自动语音通知系统、电子辅助评标系统等招标投标管理信息系统陆续在广州、深圳等地的建设工程交易中心开发应用，既提高了工作效率，又减少了招标投标活动中人为因素的干扰。

至2009年底，全省各地评标专家库共有1万多人，涵盖房屋建筑、市政、交通、水利等多个专业门类。全省各地级以上市的评标专家基本满足本地区工程评标的需要，一些工程量大、技术复杂的项目采用随时从异地抽取专家的办法，实现全省评标专家资源共享的格局。对评标专家的管理实行定期开展培训和警示教育以及动态管理等办法，实现对专家管理的制度化、规范化，保证了评标工作的公平、公正。同时，在广州、深圳试行网上招标投标办法，以信息手段防止围标、窜标、暗箱操作，对公开、公平、公正招投标，进行有益的探索和尝试。 (何志坚)

工程质量管理

【概况】 2009年，广东省建筑工程质量水平保持稳定。全省建设系统纳入质量监督的工程30969项，其中建筑工程总建筑面积28874.7万平方米，市政工程总长度1389747延米，与上年相比略有减少。该年度新开工工程16677项，竣工验收合格工程13825项，一次验收合格率为98.7%。

2009年广东省工程招标代理机构资格等级情况

单位：个

地区名称	工程招标代理机构资格数量				工程监理企业资质	工程造价咨询资质	工程设计资质
	合计	甲级	乙级	暂定级			
全　省	362	114	87	161	197	169	19
广州市	98	59	15	24	62	44	7
深圳市	92	31	16	45	61	40	3
珠海市	28	6	4	18	18	16	0
汕头市	11	1	3	7	5	5	0
佛山市	41	6	15	20	12	23	4
韶关市	4	0	2	2	1	2	0
河源市	3	0	2	1	1	1	0
梅州市	3	0	3	0	1	1	0
惠州市	12	2	6	4	4	9	1
汕尾市	6	0	2	4	4	4	0
东莞市	16	5	4	7	5	8	0
中山市	2	1	0	1	1	0	1
江门市	9	1	3	5	6	2	1
阳江市	2	1	1	0	1	1	0
湛江市	11	1	3	7	7	2	0
茂名市	4	0	2	2	1	1	0
肇庆市	7	0	1	6	5	1	1
清远市	2	0	0	2	0	2	0
潮州市	4	0	2	2	1	4	1
揭阳市	6	0	3	3	1	2	0
云浮市	1	0	0	1	0	1	0

2009年广东省工程招标代理机构人员情况

单位：人

地区名称	期末企业人员							
	合计	正式聘用人员	临时工作人员	招标代理人员	工程造价咨询人员	工程监理人员	项目管理与咨询服务人员	其他人员
全　省	38572	35719	2853	5726	4165	17744	4369	6568
广州市	15165	13988	1177	1969	1494	7646	2390	1666
深圳市	14169	13470	699	1532	1256	6272	1524	3585
珠海市	1816	1524	292	369	324	909	89	125
汕头市	582	406	176	120	93	309	36	24
佛山市	2228	2074	154	502	370	800	114	442
韶关市	149	142	7	46	34	50	6	13
河源市	87	83	4	30	20	31	2	4
梅州市	93	89	4	48	14	25	2	4
惠州市	617	462	155	191	126	158	19	123
汕尾市	213	194	19	59	53	85	3	13
东莞市	778	748	30	252	149	211	41	125
中山市	307	305	2	59	5	55	35	153
江门市	586	575	11	129	36	362	31	28
阳江市	93	93	0	15	16	62	0	0
湛江市	622	570	52	152	28	320	5	117
茂名市	377	349	28	73	19	223	39	23
肇庆市	370	338	32	66	25	181	26	72
清远市	41	41	0	18	21	0	0	2
潮州市	90	87	3	36	37	10	2	5
揭阳市	167	159	8	50	36	35	5	41
云浮市	22	22	0	10	9	0	0	3

地区名称	期末正式聘用专业技术人员					期末正式聘用注册执业人员						
	合计	高级职称人员	中级职称人员	初级职称人员	其他人员	合计	注册造价工程师	注册建筑师	注册工程师	注册建造师	注册监理工程师	其他注册执业人员
全　省	32785	5050	14017	7966	5752	8132	3019	53	311	664	4016	68
广州市	12259	2045	5227	3073	1914	2901	1002	12	135	276	1450	25
深圳市	13041	1938	5066	3112	2925	2895	913	4	33	242	1669	34
珠海市	1380	191	727	298	164	508	213	0	5	28	254	8
汕头市	383	57	235	75	16	170	67	0	0	11	92	0
佛山市	1840	252	859	461	268	538	277	24	51	38	148	0
韶关市	121	18	52	46	5	41	31	0	0	0	10	0
河源市	79	8	50	14	7	25	20	0	0	1	4	0
梅州市	87	9	53	22	3	18	10	0	0	3	5	0
惠州市	449	84	206	117	42	147	92	1	5	2	47	0
汕尾市	163	15	94	36	18	47	32	0	0	0	15	0
东莞市	657	94	344	113	106	239	117	7	47	20	48	0
中山市	266	64	109	63	30	43	10	1	7	0	25	0
江门市	551	76	205	194	76	118	41	4	15	5	53	0
阳江市	93	19	48	22	4	38	19	0	0	0	19	0
湛江市	540	58	260	149	73	145	61	0	1	7	76	0
茂名市	310	46	210	41	13	88	21	0	9	16	42	0
肇庆市	283	45	115	80	43	86	24	0	3	7	51	1
清远市	41	4	23	1	13	15	15	0	0	0	0	0
潮州市	87	11	41	18	17	30	27	0	0	0	3	0
揭阳市	133	14	81	25	13	34	21	0	0	8	5	0
云浮市	22	2	12	6	2	6	6	0	0	0	0	0

（凌红梅）

【建设工程质量监督执法检查】 根据住房和城乡建设部办公厅《关于组织开展全国建设工程质量监督执法检查的通知》的要求，广东省建设厅于5月至7月份组织开展全省在建公共建筑、市政基础设施和住宅工程质量监督执法检查，检查内容包括各级建设行政主管部门依法履行工程质量监管职能情况，建设、勘察、设计、施工、监理等责任主体和施工图审查、工程质量检测机构执行有关法律、法规和工程建设强制性标准情况，以及工程实体质量情况。各地级以上市建设行政主管部门在检查中共抽查在建工程1292项，发出整改通知书569份、停工通知书28份。7月下旬省建设厅派出5个督查组对珠海、东莞等10个地级市进行督查，抽查在建工程30项，发出执法建议书10份。至2009年底，全省各级建设行政主管部门加强工程质量管理，严格工程质量监督执法，共发出质量整改通知书18982份、停工和局部停工通知书1548份，对建设、勘察、设计、施工、监理企业（单位）等质量责任主体作出行政处罚52宗，罚款694.57万元。

【建筑施工“质量月”活动】 为增强工程质量意识，促进工程质量水平提升，按照国家、省关于开展2009年建设工程“质量月”活动的部署和要求，2009年9月，广东省开展以“全员全过程全方位参与，全面提高质量安全水平”为主题的建筑施工“质量月”活动。在活动期间，省住房和城乡建设厅专题举办全省工程质量有奖知识问答活动，公布近五年全省工程质量创优企业排行榜，与广州市城乡建设委员会在广州亚运城综合体育馆工程施工现场联合召开全省工程质量现场观摩暨工程质量创优经验交流会。同时各市也开展了内容丰富的活动，如组织施工企业参观“鲁班奖”、省与市优良样板工程，由工程质量监督站结合日常监督检查情况为施工、监理企业作工程质量点评分析，举办工程质量学术沙龙或研讨会，交流治理工程质量通病的先进经验等活动。

【全省建筑钢材专项检查】 2009年3月，广东省建设厅组织开展全省建筑钢材专项检查。各地级以上市建设行政主管部门共抽查在建工程1728项，抽查钢筋9673组，质量合格的有9431组，不合格的有242组，合格率97.5%。对抽查质量不合格的建筑工地，各地建设行政主管部门进行扩大范围抽检，对不合格钢材即时作出处理。在各地自查的基础上，省建设厅抽查广州、佛山、深圳、东莞、惠州、中山等6市22项在建工程，抽查不同规格钢筋68组，合格率为100%。

【工程质量通病治理】 2009年，广东省各级建设行政主管部门继续推进工程质量通病治理，省住房和城乡建设厅组织开展了防治墙体渗、裂的专题调研。广州市建设工程质量安全监督检测总站开展工程质量通病治理专项检查，组织专家编制了《广州市建筑工程质量通病防治手册》，对全市治理工程质量通病予以图文并茂的指导。东莞市建设局成立商品房质量通病处理专责小组，编制了《东莞市住宅工程质量通病防治技术措施》，在全市开展“减少住宅工程质量通病年”活动。江门市建设局规定每项工程施工方案必须有质量通病防治措施，通过质量例会和日常巡查，加强防治措施落实。清远市建设局出台《清远市2009年度重点落实质量通病防治措施》，对建筑外墙挂网、厕浴间防水、安全护栏、梁柱节点模板固定等方面提出具体要求。

【住宅工程质量分户验收】 为加强住宅工程质量管理，提高住宅工程整体质量，2009年，广东省住房和城乡建设厅对全省各地开展住宅工程质量分户验收工作情况进行调研，在全省范围进一步推进住宅工程质量分户验收工作。深圳、珠海、东莞、佛山、中山、江门、韶关、肇庆、湛江等市积极推进住宅工程质量分户验收。深圳市建设局制定并施行《深圳市商品住宅建筑质量逐套检验指引》；韶关市建设局总结试点经验，自2009年7月1日起在市区全面推行住宅工程质量分户验收，全年共有6个房地产开发项目、1268套住宅实行分户验收。

【建设工程质量监督机构和人员考核】 为促进全省建设工程质量监督机构健全管理制度，充实监督力量，根据原建设部《建设工程质量监督机构和人员考核管理办法》的规定，广东省建设厅继2008年12月印发《广东省建设工程质量监督机构和人员考核管理实施细则》后，于2009年5月印发《关于开展全省建设工程质量监督机构和人员考核工作的通知》，开展全省建设工程质量监督机构和人员考核工作。至年底，全省共有121家建设工程质量监督机构考核合格，包括省建设工程质量安全监督检测总站、20个地级以上市建设工程质量监督站和100个县（市、区）建设工程质量监督站。

【珠江三角洲城际轨道交通工程质量安全监督】 按照广东省编制的线网规划，珠江三角洲城际轨道交通网覆盖广州、深圳、珠海、佛山、江门、东莞、中山、惠州、肇庆9个地级以上市，建设线路23条，线路总长1890公里。2009年9月，经广东省人民政府同意，省机构编制委员会明确由省住房和城乡建设厅承担珠江三角洲城际轨道交通工程质量安全监督管理职能。省住房和城乡建设厅依据国家有关规定委托广东省建设工程质量安全监督检测总站具体实施对该工程质量安全监督。至2009年底，已开工的穗莞深、莞惠、佛肇城际线工程都实施了工程质量安全监督，工程质量安

全得到保障。（赵航）

【广东省建设工程质量安全监督检测总站业务工作】 2009年，广东省建设工程质量安全监督检测总站在加强建设工程质量安全监督检测业务指导方面主要开展了以下工作：一是起草和参与起草全省建设工程质量安全监督检测管理文件。受省住房和城乡建设厅委托，组织修订《广东省建筑工程竣工验收技术资料统一用表》、《广东省建筑施工安全管理资料统一用表》。参与编制《广东省建筑施工井架物料提升机安装质量检测验收规程》、《广东省建筑施工塔式起重机安装质量检测验收规程》、《广东省建筑施工升降机安装质量检测验收规程》。配合省建设厅修订《广东省建设工程质量管理条例》、《广东省建设厅建筑工程安全生产动态管理办法》。二是加强对全省各级工程质量安全监督站和检测机构的业务指导。国家和省取消工程质量监督收费后，通过省内外大范围的专题调研，召开专题座谈会等，探讨质监机构改革发展方向，加强相关指导。同时，协助省住房和城乡建设厅指导工程质量检测机构建立健全各项规章制度，加强内部管理。修订后的《广东省建筑工程安全生产动态管理办法》颁布后，对全省施工安监机构监督人员进行指导培训。

工程质量安全监督管理　完成全省施工安全事故统计分析汇总上报工作，每个季度和年底向省住房和城乡建设厅提交季度及全年的全省建筑施工安全事故汇总分析报告。完成安全生产动态扣分情况季度统计分析工作，向省住房和城乡建设厅提交汇总分析报告。同时，配合省住房和城乡建设厅组织的质量安全检查、督查、施工企业安全生产条件复查、检测机构资质核准审查、处理质量投诉、质量安全月活动等工作。

工程实体质量安全监督　全年在监工程23项，包括广东省博物馆新馆、中山图书馆、省委党校国家公务员教学楼、省妇幼保健院等省重点工程，受监工程未发生质量安全事故。

建筑工程质量鉴定　完成建筑工程质量鉴定项目33个，其中司法鉴定项目9个，为建设和谐社会发挥积极作用。如年内对湛江东海岛球团厂项目村民搬迁安置房工程质量进行检测鉴定，使发生的质量问题得到解决，协助当地主管部门妥善解决群体纠纷。

工程质量检测　开展建设工程共11大类164个检测项目的质量检测，检测地区覆盖全省，为加强全省建设工程质量管理发挥作用。

（马伟民）

【2009年度广东省获中国建设工程鲁班奖项目】 2009年，广东省建筑施工企业在本省承建的工程中有6项获“中国建设工程鲁班奖”(国家优质工程)，分别是广州科学城综合研发孵化区B组团B2−B3标土建水、电及周边配套工程，河源市广播电视中心一期工程，特美思广场，广州市商业、住宅楼（珠江新城L9地块，自编A1、A2、B1、C1~3栋)，中国凤凰大厦，星河发展中心。

广州科学城综合研发孵化区B组团B2−B3标土建、水、电及周边配套工程　位于广州科学城内，是广州市新区——萝岗区中心区域的核心建筑。由地下1层，地上6层和两栋14层建筑组成，桩基础为高强预应力管桩，主体为框剪、钢筋混凝土组合结构。由广东浩和建筑有限公司承建，于2005年9月9日开工，2008年1月12日竣工，2008年2月8日投入使用。工程造价2.74亿元，主要使用功能为办公、科技研发、会议及后勤服务于一体的综合型多功能建筑。在施工中应用国内尚未见诸使用或使用较少的关键自主创新技术5项：大面积OA网络地板施工平整度控制技术，经科技成果鉴定达到国内领先水平；高强陶粒混凝土配合比设计及分层离析控制技术；虹吸雨水排水施工及振动、噪音、气密性控制技术；高空（54.05米）悬挑（13.4米）钢桁架安装技术；混凝土墙体模板安装采用新型三段式对拉（止水）螺栓技术。还大量使用新型节能、环保材料，实现节能、环保目的，绿色建筑特色鲜明。获2009年度中国建设工程鲁班奖。

河源广播电视中心一期工程　位于河源市新市区黄沙大道。是集采编、演播、办公等多功能于一身的综合大楼。总建筑面积32303平方米，层数6层，框架结构，建筑高度为23.72米。由汕头市潮阳建筑工程总公司承建；采用住房和城乡建设部推广的十项新技术，并自主创新应用《大跨度钢筋混凝土悬挂结构施工技术》等4项技术，均被评为省级工法。于2006年12月3日开工，2007年12月28日竣工。获2008年度广东省优良样板工程，2008年度广东省建设工程金匠奖，2009年度中国建设工程鲁班奖。

特美思广场　位于深圳市福田区，是一栋集餐饮、休闲、酒店、商务办公于一体的多功能综合性建筑。建筑高度159.3米，总建筑面积87850平方米。由深圳市第一建筑工程有限公司承建，基础采用大直径混凝土灌注桩，基础最大沉降量10.2毫米、最大沉降差值2.3毫米；桩基工程Ⅰ类桩总比例达97.7%，无Ⅲ类桩。主体结构混凝土内坚外美、棱角方正；建筑物全高垂直度最大偏差5毫米；钢结构焊缝检测满足并高于规范与设计要求。石材幕墙与半隐框玻璃幕墙分格清晰流畅、大角方正挺拔，细部衔接精致美观。室内装饰材料品种多样、设计风格各异，细部处理细腻。于2001年2月1日开工，2006年9月22日竣工验收合格。针对工程施工难点多、技术含量高、质量要求严的特点，建设过程中始终坚持过程精品、一次成优的创优理念，主体结构安全可靠，装饰工程外优内美，设备安装规范牢固，整个工程无渗、漏、裂现象，观感效果优，移交后运营效果良好。获2009年度“中国建设工程鲁班奖”、“全国建筑工程装饰奖”、“广东省建设工程金匠奖”、“广东省优秀建筑装饰工程奖”、“深圳市优质工程金牛奖”等各级质量荣誉近20项。

广州市商业、住宅楼（珠江新城L9地块，自编A1、A2、B1、C1－3栋）工程　总建筑面积79997平方米，总投资1.58亿元。由汕头市建安（集团）公司承建，于2004年10月5日开工，2007年3月16日竣工。推广应用了“住房和城乡建设部十项新技术”中的9大项、28个子项。获广州市优秀工程设计一等奖、广州市安全文明施工样板工地、广州市优良样板工程、广东省安全文明施工样板工地、广东省优良样板工程、广东省建设工程金匠奖、2009年度中国建设工程鲁班奖。

中国凤凰大厦工程　位于深圳市深南大道，总用地面积11038平方米，总建筑面积106427平方米，总投资5.4亿元，是集办公、会议、传媒、会所、酒店为一体的高档商务写字楼。由中建四局第一建筑工程有限公司总承包施工，于2005年1月1日开工，2006年10月17日竣工验收。主体结构形式为框架剪力墙结构体系，基础为人工挖孔桩。办公楼从地下3层至地上10层采用高强劲性钢筋混凝土柱。外立面采用金属幕墙和玻璃幕墙，随立面的几何线条肌理分割成凤凰卫视特有的情感线条。整个建筑立面造型设计采用至简至美的极少主义设计原则，通过简洁的造型、几何体和线条组合，典雅柔和的色彩设计，精致简练的细部设计，达到对各种繁杂功能综合的完美统一和诠释，用至纯至简的设计手法表达现代传媒业高效、博大、公正、包容的全球性运营理念。获2009年度中国建设鲁班奖。

星河发展中心　位于深圳市福田区福华三路。是一座集超五星酒店、办公、商业于一体的现代化综合性公共建筑。由中国建筑第五工程局承建。于2005年11月1日开工，2008年9月20日竣工。总建筑面积为120991.67平方米，建筑总高度99.85米，工程总投资8.5亿元。采用建设部推广的“十项新技术”中的全部10项，20个子项，40个小项，创新技术5项。通过开发集成创新技术，将双向紧邻运营地铁的特大型超深基坑变形控制在1厘米以内，确保了运营地铁的安全。获深圳市优质结构工程、深圳市安全生产文明施工优良样板工地、深圳市优质工程、广东省建设工程安全生产文明施工优良样板工地、全国第六批科技示范工程、中建总公司最高质量奖中建杯、2009年度中国建设工程鲁班奖等称号。

（省建筑业协会）

【2009年度广东省获中国土木工程詹天佑奖项目】　2009年，广东省有3项工程获第九届中国土木工程詹天佑奖，分别是：国家工商行政管理总局行政学院、渝湛国道主干线高桥主遂溪高速公路、广州维多利广场项目工程。

国家工商行政管理总局行政学院（深圳）　位于深圳市南山区塘朗山南麓，由广东省第一建筑工程有限公司承建。以打造绿色节能建筑、信息智能校园、和谐发展人文为目标，在规划设计、施工及运营管理中应用了多项创新技术。（1）尊重和利用场地现状规划，采用缓坡多台的山地园林式建筑小区竖向设计，依山就势进行建设，节省了建设资金和用地面积，并营造出高低错落、环境优美协调的山地园林式校园。（2）综合运用不同工艺的地基处理技术、多种高边坡整治复绿技术及完善的防洪排水设计对废弃采石场进行创新治理，达到土地再生并用之于工程建设，为国内首例，取得良好的经济、社会效益。（3）收集利用塘朗山丰富的地下水及雨水资源，结合校区总体规划，设计循环水系，营造校园“流动”的山、湖水景的同时也为校园绿化浇灌、景观水体提供天然水源，节约了水资源。（4）结合夏热冬暖地区及南方滨海城市的气候特点，采用自然通风、采光和建筑遮阳等节能设计理念及绿色节能技术、设备、材料，节能、环保效果显著。（5）根据建筑规划布局和技术要求，结合现场岩土工程条件，对超厚回填土地基采用底部铺设碎石滤水层与高能强夯法进行地基处理，并将降水井永久保留作为校园循环水系、绿化灌溉的水源，在国内外尚属首次。（6）42米超限高陡、风化破碎裸露山坡采用新型边坡防护工艺——“锚杆＋钢支撑绳＋高强钢丝防护网＋环境协调综合治理技术”进行支护治理，并设置道路、台阶踏步、防护栏杆、支护石砌体和排水系统等边坡安全设施，消除了场地的地质灾害，确保了边坡稳定，兼顾了边坡绿化和郊野公园生态环境协调要求，营造了优美的建筑围合景观。（7）该项目集成了教学、办公及管理数字化、信息化和智能化系统，智能化程度高，是一个校园信息化、管理智能化，信息资源高度共享，办公无纸化的现代化智能校园。其中楼宇自控由传统的中央控制延伸到终端控制，实现了精细节能。获评为2009年第一届广东省土木工程“詹天佑故乡杯”奖。

渝湛国道主干线高桥至遂溪高速公路项目工程　位于广西合浦至广东湛江市麻章区之间。由广东省长大公路有限公司承建。获2009年度第九届中国土木工程詹天佑奖。该工程系统提出基于视域的生态公路景观规划控制方法，在公路景观规划设计中引入动态理念、生态理念和系统理念。创造性采用香根草解决弱膨胀土边坡稳定和植被恢复难题；提出生态锥坡设计原则及设计方法并应用到工程实践；研究使用低成本、低能耗的土工隔栅土堤式生态型声屏障；工程将设计和施工作为一体化技术综合考虑和平衡，在国际上首次提出DR1法则、DR2法则及相关混合料级配控制原理、国内首次完整系统提出沥青混合料离析解决方法、集料标准化加工技术达到了国际先进水平。

广州维多利广场工程 位于广州市天河区体育西路。由广州市建筑集团有限公司承建，获2009年度第九届中国土木工程詹天佑奖、第一届广东省土木工程"詹天佑故乡杯"奖。建筑总面积142358平方米，总投资4亿元，是广州市标志性公共建筑项目。采用钢骨混凝土桁架转换层；框支柱采用钢管混凝土柱；创造性地提出节点区柱钢管不连通式钢管混凝土柱——平板节点；合理布置和设计钢骨混凝土梁和钢——混凝土组合梁；地下室楼盖采用无黏结预应力平板结构；采用抗拔锚杆解决地下室的抗浮问题。工程施工过程中全面推广应用了建设部"建筑业十项新技术"（2005）中的10大项33个子项，应用数量之大，技术含量之高，被住房和城乡建设部专家组一致评定为整体水平达到"示范工程国内领先水平"。 *（省土木工程学会）*

【2009年度广东省优良样板工程选介】 2009年，广东省评出优良样板工程91项。

汶川一中工程 由广东耀南建筑工程有限公司承建，获2009年度广东省优良样板工程、四川省结构优质工程、四川省建设工程"天府杯"等奖项。占地9.87公顷，建筑面积68895平方米，整个项目规模宏大，具有强烈的藏羌民族特色，是一所功能齐全的现代化学校。框架结构按8度抗震设防，执行9度抗震措施。于2009年2月8日开工，2009年8月8日通过竣工验收。在施工过程中，应用住房和城乡建设部推广"十项新技术"中的8大项共25小项。交付使用以来，未发现任何质量问题，主体结构安全可靠，沉降稳定，各系统运转正常可靠。

台山碧桂园凤凰酒店员工宿舍工程 由广东梁亮建筑工程有限公司承建，获2009年度广东省优良样板工程。总建筑面积16660平方米，为现浇钢筋砼框架结构，建筑高度24.62米。该工程采用胶夹板模板体系技术等六种新技术，提高了质量，降低了成本。加强质量通病防治，对容易出现质量通病的工序和部位编制专项方案，从施工组织和施工技术、成品保护施工全过程进行质量控制，取得了良好的效果。

广州科学城综合研发孵化区A组团A1－A2标土建、水、电及周边配套工程 由广州市第四建筑工程有限公司承建，获2009年度广东省优良样板工程。建筑面积59616平方米，采用明框玻璃幕墙、金属铝板幕墙、铝合金窗、装饰百叶、石材幕墙、点式玻璃雨篷等形式的外装饰幕墙，有机地组成多功能和智能化的幕墙系统；墙体材料采用新型的复合型轻质墙板；走廊及办公用房采用防静电架空地板。同时，结构质量得到多方面的认可，在节能降耗、节约经济方面收到明显的效果。

广州市黄埔职业高级中学实训大楼工程 由广州市黄埔建筑工程总公司承建，获2009年度广东省优良样板工程、广东省建设工程金匠奖、广州市优良样板工程。总建筑面积6507.9平方米，建筑总高度25.9米，配色亮丽，色彩丰富，富有现代感；建筑外墙面平整光滑美观、线条横平竖直、线角顺直清晰。瓷砖屋面平整、坡向、坡度符合设计要求，排水畅顺无积水，块缝合理，方正平顺；屋面防水层与女儿墙交接阴角位做成γ=100的圆弧，泛水圆顺。梯梁饰面砖不同线面接缝处理恰当美观、灰缝饱满、宽窄深浅一致。该工程的精工细做被评审专家誉为高质量创优精品。

南方报业传媒产业基地1号厂房工程 由广东省六建集团有限公司承建，获2009年度广东省优良样板工程。在施工中重视新技术及建筑节能的推广使用。其中，混凝土裂缝防治技术的应用使混凝土裂缝达到理想的控制效果；粗直径钢筋连接技术有效节省了钢材、时间和人工；采用胶合板模板体系的混凝土结构，推广应用了国内先进的模板支撑体系，使整个混凝土结构达到很好的效果。同时采用早拆模板成套技术，缩短工期、节省材料，取得良好的经济效益。

（省建筑业协会）

工程造价

【概况】 2009年，广东省继续完善工程造价计价依据体系，各类专业工程定额和标准体系建设取得显著效果，为进一步推进建设工程造价管理改革奠定坚实基础。

【修编广东省建设工程计价依据】 2009年，广东省住房和城乡建设厅对广东省建设工程计价依据进行全面修编，修编工作贯彻落实国家标准《建设工程工程量清单计价规范（GB50500－2008）》、行业标准《建设工程劳动定额（2009年）》，修编完成的新计价依据包括《广东省建筑与装饰工程综合定额（2010）》、《广东省安装工程综合定额（2010）》、《广东省市政工程综合定额（2010）》、《广东省园林绿化工程综合定额（2010）》、《广东省建设工程计价通则（2010）》、《广东省建设施工机械台班费用（2010）》，将于2010年4月1日在全省实施。新计价依据修订了广东省建设工程计价办法，解决工程计价、支付中的若干制约问题；调整了专业工程定额结构；调整了定额人工费用组成，使人工单价接近市场价格；调整了施工管理费的构成，提高管理费占总造价的比重；

补充完善了“三新”、节能和减排定额项目子目等，涵盖建筑、装饰、安装、市政、园林绿化工程等专业内容共27569个定额子目、6900多材料机械条目，对比2006年定额合并或删除3252个子目，增加2822个子目，是广东省编审设计概算、招标控制价、施工图预算、工程计量与价款支付、工程价款调整、竣工结算、调解纠纷、鉴定工程造价的依据。

【编制《广东省城市环境卫生作业预算定额》】 2009年，广东省住房和城乡建设厅组织开展全省各地环卫作业情况调研，实地考察测算多项环卫作业项目，完成编制首部《广东省城市环境卫生作业预算定额（2009）》，于2009年8月1日在全省试行，改变了过去环卫作业财政资金支付没有计价依据、招标投标没有计价规范的现状。

【修订广东省建设工程标准施工合同】 2009年，广东省住房和城乡建设厅在总结《广东省建设工程施工合同范本（2006）》使用情况的基础上，根据国家标准《建设工程工程量清单计价规范（GB50500-2008）》和《标准施工招标文件（2007）》的相关规定，对《广东省建设工程施工合同范本（2006）》进行修订，制订了《广东省建设工程标准施工合同（2009年）》，将于2010年1月1日在全省实施。

【配合国家完善建设工程计价依据体系】 2009年，广东省建设工程造价管理总站配合住房和城乡建设部标准定额研究所开展《城市轨道交通工程费用定额编制办法》、《城市轨道交通工程费用定额》和《城市轨道交通工程概算定额》、《建设工程工程量清单计价规范（GB50500-2008）》机械、电气、自动化仪表设备和通风空调专业部分附录的编制工作。

【工程造价数据标准】 2009年，广东省建设工程造价管理总站在总结《广东省建设工程造价文件数据交换标准化规定》（电子评标部分）应用情况的基础上，根据住房和城乡建设部委托拟订了国家标准《建设工程造价文件数据交换标准（电子评标部分）》。

【工程造价信息化建设】 2009年，为加快广东省工程造价信息资源共享网络的开发建设，广东省建设工程造价管理总站对广东造价信息网进行改版，提高了工程造价资源的利用率，每天浏览人数近2万，影响力发展迅速，成为全国最具影响力的工程造价专业网站，其中通过网络服务器进行远程查询工程造价的信息平台“广东造价通”资源整合效果显著，至2009年底，已有佛山、江门、中山、肇庆、韶关、阳江、茂名、河源、湛江、惠州、汕头、云浮等市参与该平台的资源共享，使更多的用户实实在在地享受到信息资源共享所带来的便利和好处。

【援助汶川发布材料价格信息】 2009年，按照广东省对口支援地震灾区灾后恢复重建工作领导小组部署，广东省建设工程造价管理总站组织实施为汶川县提供发布材料价格信息的技术援助工作，通过赴四川省汶川县对广州、珠海、汕头、东莞、佛山等市的援建现场的调研，建立起发布汶川县材料价格信息的特定模式及相应机制，协助省对口支援汶川县恢复重建工作组制订加快办理已完成援建工程结算文件、加强在建项目的工程造价管理等政策文件的编制，于2009年11月组织技术工作组赴汶川县实施发布材料价格信息工作。 *（张中）*

工程建设监理

【概况】 2009年，广东省各地建设管理部门加强对建设监理的管理，开展一系列日常检查、飞行检查和专项检查，对建设监理活动进行规范。鉴于工程项目监理招标不规范、监理收费偏低、监理工作流于形式以及监理工程师严重不足等问题。广东省建设厅于8月4日发出《关于加强工程监理管理促进监理行业健康发展的通知》，要求各地严格执行国家监理收费，强化对监理招标投标的管理，规范工程质量安全的监理工作，加强对监理人员的培训，进一步规范监理市场，促进监理行业的健康发展。 *（何志坚）*

建筑施工安全生产

【概况】 2009年，广东省建设系统建筑施工安全生产形势总体稳定。全年发生建筑施工安全责任事故43起，其中较大事故2起，死亡53人，与上年相比，事故起数增加4起，死亡人数增加7人，分别增长10.2%和15.2%。全年没有发生过重大及以上建筑施工安全事故，施工安全事故死亡人数占省政府下达给全省建设系统安全生产控制指标的72.6%。

【施工安全生产目标管理】 2009年初，广东省建设厅在全省建设工作会议上与各地级以上市建设局（建委）签订施工安全管理目标责任书，全省大部分地级以上市建设局（建委）都与所属县（市、区）建设局签订施工安全管理目标责任书，将施工安全生产监管责任层层分解。广州市、深圳市建委（建设局）还分别与城市轨道交通的建设单位签订安全管理目标责任书。

【建筑施工安全生产监督管理】 2009年，广东省住房和城乡建设厅认真做好建筑施工安全生产监督管理工作。

加大建筑施工安全生产监督执

法检查力度　在元旦、春节、“两会”、“五一”、“十一”等时期，以及台风汛期、高温酷暑等恶劣气候时期，针对施工安全事故多发的类别、部位和安全管理的薄弱环节，及时印发预警通知，并积极开展建筑施工安全生产大检查。同时，要求各地根据当地实际，制定本地区的专项整治方案，深入开展对深基坑、高支模、建筑起重机械等安全生产专项整治活动。2009年，广东省住房和城乡建设厅共组织开展全省或部分地区建筑施工安全生产大检查6次，专项检查3次。各地根据省住房和城乡建设厅的统一部署，积极组织开展施工安全大检查，广州、深圳、佛山市还开展城市轨道交通安全专项检查。全省共检查工程15237项，发出限期整改通知书5865份，停工和局部停工通知书643份。东莞、中山等市建立了施工现场视频监控系统，积极开展视频监控实时检查，进一步规范工程建设各方主体的安全生产行为。

加大对违法违规行为的处罚力度　2009年，广东省各级建设行政主管部门严格执行《广东省建设厅建筑工程安全生产动态管理办法》，各级安监机构在监督检查过程中发现存在的安全生产违法违规行为或重大安全隐患时，对安全生产各责任主体签发停工或整改执法文书，对各责任单位和人员实施量化扣分，动态扣分工作力度不断加大。全省各地动态扣分记录共9250条，其中施工单位1801条、监理单位713条、项目经理2520条、专职安全员2432条、总监理工程师1279条、专业监理工程师505条。广东省住房和城乡建设厅依法暂扣了35家发生生产安全事故或严重降低安全生产条件的本省施工企业的安全生产许可证，对河源高支模坍塌事故负有责任的广州建发工程监理有限公司依法停业整顿2个月，期间不得承接新的监理项目，暂停76名项目负责人、专职安全员的上岗执业资格，并对发生生产安全事故或量化扣分超标的10家省外施工企业建议其发证机关依法暂扣安全生产许可证。此外，为完善《广东省建设厅建筑工程安全生产动态管理办法》，省住房和城乡建设厅组织对该办法进行修订，并通过省法制办批准，向全社会公布，于2010年1月1日起全面实施。

积极开展建筑施工安全生产专项整治　2009年，广东省建设厅先后于3月份对部分地区施工安全督查、第一季度全省建筑施工安全检查、7月份对珠海、东莞等10个市建筑工程质量安全检查、全省国庆节前施工安全检查等建筑施工安全生产隐患排查整治活动。同时，省住房和城乡建设厅要求全省各级建设行政主管部门不断强化日常监管力度，积极开展安全生产专项检查。各地根据实际情况，积极开展建筑施工安全生产隐患治理工作。特别是加强对深基坑、高支模、起重设备、轨道交通等重大危险源的专项检查，开展汛前三防安全检查。2009年，全省各地共排查治理隐患企业7137家次，排查治理施工安全隐患17325项，其中重大隐患969项。

强化安全生产约谈警示制度　对2009年在全省发生较大施工生产安全责任事故的福建省三建、广东三穗建筑公司等企业，省住房和城乡建设厅及时约谈企业负责人和安全管理责任人，要求发生事故企业深刻吸取事故教训，全面落实安全生产职责，切实加强现场安全管理。如2009年度深圳市建设局约谈建设施工企业20多家，大多数市都重视落实约谈警示制度。

【建筑施工安全例会制度】　2009年，广东省住房和城乡建设厅坚持每半年召开一次全省建筑施工防范重特大事故会议，贯彻落实省政府、省安委会的工作部署，分析全省建筑施工安全生产形势，研究问题和对策，提出下阶段工作重点和要求。各市都能坚持每季度召开建筑施工安全例会，分析施工安全生产现状，提出解决突出问题和加强安全管理的措施。

【建筑工人“平安卡”管理制度】
2009年，广东省住房和城乡建设厅继续深入推进建筑工人“平安卡”管理制度，加强建筑工人的安全教育培训，提高建筑工人的安全意识和自我保护能力。至2009年底，全省接受安全教育和考核的建筑工人达82万人，持“平安卡”上岗作业的人数超过78万人。

【建筑施工“安全生产年”活动】
2009年，广东省住房和城乡建设厅制定了建筑施工“安全生产年”工作方案，指导各地继续深化预防深基坑坍塌、高支模失稳、大型起重机械伤害和高处坠落等四类多发事故的专项整治，各市结合实际制定本地的“安全生产年”工作方案，按照方案提出的目标和要求开展工作。“安全生产月”活动期间，省住房和城乡建设厅在广州市设立咨询点，向社会广泛宣传安全生产的重要意义和解答群众关心的施工安全生产问题。全省各级建设行政主管部门向社会发放大量的宣传资料，接待市民咨询超过2000人次。全省分期分片组织施工安监站和施工、监理企业管理人员参加《高大模板施工规范》、《危险性较大工程专项方案论证办法》等的业务培训。省建设厅委托省建筑安全协会组织部分大中型施工、监理企业的技术负责人、项目负责人在广州市召开全省安全生产、文明施工样板工地现场观摩会，与会人员超过500人。全省在工地作业区、办公区、宿舍区广泛悬挂宣传画图，张贴宣传标语，发放宣传手册，利用黑板报、杂志、会刊、网络等多种形式开展宣传活动，普及安全常识。此外，省住房和城乡建设厅联合省司法厅、省普法办在全省建设系统开展“建筑安全生产年”普法

2009年广东省工程监理企业基本情况

单位：户

地区	企业个数合计	内资企业												
		小计	国有企业	集体企业	股份合作企业	联合企业				有限责任公司		股份有限公司	私营企业	
						国有	集体	国有与集体	其他	国有独资公司	其他有限责任公司		私营独资	私营合伙
全　省	368	362	35	3	2	1	0	0	0	7	174	27	0	0
省　属	30	30	5	0	0	0	0	0	0	0	15	0	0	0
广州市	69	67	8	0	0	0	0	0	0	2	33	4	0	0
深圳市	91	90	13	0	1	1	0	0	0	1	33	6	0	0
珠海市	20	20	0	0	0	0	0	0	0	1	10	0	0	0
汕头市	6	6	1	0	0	0	0	0	0	0	4	1	0	0
佛山市	31	30	0	0	0	0	0	0	0	0	17	2	0	0
韶关市	6	6	0	0	0	0	0	0	0	0	4	1	0	0
河源市	3	3	0	1	0	0	0	0	0	1	1	0	0	0
梅州市	10	10	1	1	0	0	0	0	0	0	6	0	0	0
惠州市	16	16	4	0	0	0	0	0	0	0	5	2	0	0
汕尾市	4	4	0	0	0	0	0	0	0	0	0	1	0	0
东莞市	17	17	0	0	0	0	0	0	0	0	11	1	0	0
中山市	9	8	0	0	1	0	0	0	0	0	6	1	0	0
江门市	11	11	2	1	0	0	0	0	0	1	4	0	0	0
阳江市	3	3	0	0	0	0	0	0	0	0	3	0	0	0
湛江市	9	9	0	0	0	0	0	0	0	1	5	1	0	0
茂名市	6	6	0	0	0	0	0	0	0	0	2	3	0	0
肇庆市	8	8	1	0	0	0	0	0	0	0	5	1	0	0
清远市	7	7	0	0	0	0	0	0	0	0	3	2	0	0
潮州市	4	3	0	0	0	0	0	0	0	0	2	1	0	0
揭阳市	5	5	0	0	0	0	0	0	0	0	3	0	0	0
云浮市	3	3	0	0	0	0	0	0	0	0	2	0	0	0

地区	内资企业			港、澳、台商投资企业					外商投资企业					个体经营	
	私营企业		其他企业	小计	合资经营企业	合作经营企业	独资经营企业	投资股份有限公司	小计	中外合资经营企业	中外合作经营企业	外资企业	外商投资股份有限公司	个体户	个人合伙
	私营有限责任公司	私营股份有限公司													
全　省	106	7	0	3	1	1	0	1	1	1	0	0	0	1	1
省　属	10	0	0	0	0	0	0	0	0	0	0	0	0	0	0
广州市	20	0	0	1	0	1	0	0	1	1	0	0	0	0	0
深圳市	33	2	0	1	1	0	0	0	0	0	0	0	0	0	0
珠海市	7	2	0	0	0	0	0	0	0	0	0	0	0	0	0
汕头市	0	0	0	0	0	0	0	0	0	0	0	0	0	0	0
佛山市	9	2	0	0	0	0	0	0	0	0	0	0	0	0	0
韶关市	1	0	0	0	0	0	0	0	0	0	0	0	0	0	1
河源市	0	0	0	0	0	0	0	0	0	0	0	0	0	0	0
梅州市	2	0	0	0	0	0	0	0	0	0	0	0	0	0	0
惠州市	5	0	0	0	0	0	0	0	0	0	0	0	0	0	0
汕尾市	2	1	0	0	0	0	0	0	0	0	0	0	0	0	0
东莞市	5	0	0	0	0	0	0	0	0	0	0	0	0	0	0
中山市	0	0	0	1	0	0	0	1	0	0	0	0	0	0	0
江门市	3	0	0	0	0	0	0	0	0	0	0	0	0	0	0
阳江市	0	0	0	0	0	0	0	0	0	0	0	0	0	0	0
湛江市	2	0	0	0	0	0	0	0	0	0	0	0	0	0	0
茂名市	1	0	0	0	0	0	0	0	0	0	0	0	0	0	0
肇庆市	1	0	0	0	0	0	0	0	0	0	0	0	0	0	0
清远市	2	0	0	0	0	0	0	0	0	0	0	0	0	0	0
潮州市	0	0	0	0	0	0	0	0	0	0	0	0	0	1	0
揭阳市	2	0	0	0	0	0	0	0	0	0	0	0	0	0	0
云浮市	1	0	0	0	0	0	0	0	0	0	0	0	0	0	0

2009年广东省工程监理人员情况

单位：人

地区	期末从业人员			期末专业技术人员					期末注册执业人员人次		
	合计	正式聘用人员	临时聘用人员	合计	高级职称人员	中级职称人员	初级职称人员	其他人员	合计	注册监理工程师	注册建筑师
全省	41652	38064	3588	37884	5230	16186	9475	6993	11259	8453	24
省属	6675	6259	416	6172	896	2583	1324	1369	1397	1056	3
广州市	9327	8387	940	8421	1181	3585	2184	1471	2556	1917	3
深圳市	14763	13967	796	13620	2121	5423	3169	2907	3956	2941	3
珠海市	1441	1147	294	1266	172	581	302	211	469	383	2
汕头市	444	290	154	294	34	187	61	12	153	117	0
佛山市	2111	1894	217	1899	191	835	643	230	621	476	2
韶关市	348	285	63	285	36	111	102	36	89	70	0
河源市	95	92	3	90	10	55	23	2	19	19	0
梅州市	423	417	6	385	51	215	89	30	146	107	10
惠州市	861	656	205	795	113	393	211	78	313	247	0
汕尾市	164	142	22	148	9	74	31	34	33	27	0
东莞市	966	884	82	861	61	541	173	86	308	254	1
中山市	703	677	26	579	50	307	163	59	169	136	0
江门市	783	749	34	757	57	269	291	140	173	129	0
阳江市	137	114	23	114	18	62	21	13	46	32	0
湛江市	533	470	63	525	55	241	150	79	149	114	0
茂名市	661	585	76	605	90	317	153	45	347	171	0
肇庆市	415	362	53	314	30	121	102	61	129	94	0
清远市	402	368	34	354	27	134	134	59	99	90	0
潮州市	116	96	20	114	9	44	45	16	21	20	0
揭阳市	153	142	11	159	15	69	46	29	35	28	0
云浮市	131	81	50	127	4	39	58	26	31	25	0

地区	期末注册执业人员人次					期末生产人员					
	注册工程师	注册建造工程师	注册造价工程师	注册咨询工程师(投资)	其他注册专业人员	合计	工程监理人员	招标代理人员	工程造价咨询人员	项目管理与咨询服务人员	其他生产人员
全省	33	894	1458	193	204	41030	27712	3357	1931	2933	5097
省属	4	122	163	26	23	6579	4958	480	251	522	368
广州市	4	210	325	76	21	9206	6586	859	608	548	605
深圳市	10	320	605	59	18	14688	7997	1100	709	1488	3394
珠海市	0	19	54	8	3	1370	946	210	98	50	66
汕头市	0	7	25	0	4	441	328	66	11	15	21
佛山市	4	58	67	9	5	2093	1661	143	79	90	120
韶关市	1	8	10	0	0	348	282	18	12	7	29
河源市	0	0	0	0	0	95	83	7	0	5	0
梅州市	5	9	9	6	0	410	290	14	7	21	78
惠州市	1	28	36	0	1	853	703	34	46	7	63
汕尾市	0	0	6	0	0	164	92	41	18	3	10
东莞市	1	20	30	0	2	960	771	58	31	17	83
中山市	0	7	17	9	0	635	499	57	11	58	10
江门市	0	16	27	0	1	783	637	86	6	16	38
阳江市	1	4	9	0	0	143	118	20	0	0	5
湛江市	1	8	26	0	0	533	396	74	5	2	56
茂名市	0	29	24	0	123	615	509	20	14	45	27
肇庆市	1	13	20	0	1	408	294	48	6	10	50
清远市	0	5	3	0	1	315	262	5	2	18	28
潮州市	0	1	0	0	0	115	82	7	11	1	14
揭阳市	0	7	0	0	0	166	117	10	5	5	29
云浮市	0	3	2	0	1	110	101	0	1	5	3

2009年广东省工程监理企业资质情况

地区	合计	监理企业资质数量											招标代理资质	工程造价咨询资质	工程设计资质	工程咨询资质
		综合	事务所	小计	主营业务			小计	非主营业务							
					甲级	乙级	丙级		甲级	乙级	丙级					
全　省	766	8	1	359	196	108	55	398	144	192	62		213	47	5	52
省　属	72	2	0	28	22	5	1	42	21	21	0		22	5	0	6
广州市	159	4	0	65	46	16	3	90	39	40	11		58	12	2	16
深圳市	218	1	0	90	72	16	2	127	56	64	7		59	14	2	13
珠海市	45	0	0	20	10	8	2	25	6	14	5		17	5	0	6
汕头市	14	0	0	6	4	0	2	8	2	2	4		5	0	0	0
佛山市	57	0	0	31	14	11	6	26	4	15	7		12	3	0	4
韶关市	10	0	0	6	0	5	1	4	0	4	0		2	1	0	0
河源市	4	0	0	3	0	1	2	1	0	1	0		1	0	0	1
梅州市	13	0	0	10	0	5	5	3	0	1	2		1	0	1	2
惠州市	29	0	0	16	6	8	2	13	5	6	2		2	2	0	1
汕尾市	7	0	0	4	0	2	2	3	0	2	1		4	2	0	0
东莞市	27	0	1	16	7	5	4	10	3	4	3		4	2	0	1
中山市	16	0	0	9	2	4	3	7	4	3	0		4	0	0	2
江门市	15	0	0	11	2	5	4	4	1	1	2		5	0	0	0
阳江市	6	0	0	3	1	0	2	3	1	1	1		1	0	0	0
湛江市	18	0	0	9	1	7	1	9	0	5	4		7	0	0	0
茂名市	10	1	0	5	4	1	0	4	2	2	0		1	0	0	0
肇庆市	15	0	0	8	1	5	2	7	0	1	6		5	0	0	0
清远市	11	0	0	7	3	1	3	4	0	2	2		0	0	0	0
潮州市	8	0	0	4	0	0	4	4	0	0	4		1	1	0	0
揭阳市	8	0	0	5	1	3	1	3	0	3	0		2	0	0	0
云浮市	4	0	0	3	0	0	3	1	0	0	1		0	0	0	0

2009年广东省工程监理企业业务情况

地区	合计	建设工程建立企业承揽合同额								
		房屋建筑工程监理合同额	冶炼工程监理合同额	化工石油工程监理合同额	水利水电工程监理合同额	电力工程监理合同额	农林工程监理合同额	铁路工程监理合同额	公路工程监理合同额	港口与航道工程监理合同额
全　省	1138394.33	297157.31	238.94	9117.36	9554.68	64815.02	2272.86	10880.8	13454.95	3094.3
省　属	124606.25	44856.13	0	5795.8	1032.84	13435.09	37.55	8	2240.56	393.75
广州市	209950.15	74301.8	238.94	697.29	425	9296.58	1093.55	9471.97	5815.3	1099.62
深圳市	606739.37	118577.76	0	257.4	7970.28	10270.03	1111.21	1400.83	4422.68	1478.93
珠海市	87061.84	8844.33	0	0	75	2670.04	0	0	28.98	22
汕头市	6600.51	2267.4	0	0	10.78	0	0	0	20	0
佛山市	29620.09	14085.16	0	0	34.78	7249.79	21	0	800.23	0
韶关市	3640.68	957.48	0	0	6	2339	0	0	0	0
河源市	1585.11	1490.6	0	0	0	0	0	0	0	0
梅州市	2077.19	1256.35	0	0	0	180	0	0	0	0
惠州市	7630.88	4397.58	0	0	0	1270.48	9.55	0	0	0
汕尾市	958.5	390.85	0	0	0	0	0	0	0	0
东莞市	9576.2	5782.21	0	0	0	1303.16	0	0	0	0
中山市	12949.36	4969	0	0	0	4752.2	0	0	127.2	0
江门市	8644.81	4370.03	0	0	0	2676.76	0	0	0	0
阳江市	2303.9	1820.98	0	0	0	1.4	0	0	0	0
湛江市	4256.21	810.24	0	0	0	2895.2	0	0	0	0
茂名市	8488.28	1932.58	0	2366.87	0	2563.7	0	0	0	100
肇庆市	5093.41	2066.27	0	0	0	2511.59	0	0	0	0
清远市	4915.24	2772.42	0	0	0	1400	0	0	0	0
潮州市	241.43	178.22	0	0	0	0	0	0	0	0
揭阳市	1020.6	655.6	0	0	0	0	0	0	0	0
云浮市	434.32	374.32	0	0	0	0	0	0	0	0

（续上表）

地区	建设工程建立企业承揽合同额								其中：境外承揽合同额	承揽境内建设工程监理项目投资额
	航天航空工程监理合同额	通信工程监理合同额	市政公用工程监理合同额	机械电子工程监理合同额	招标代理合同额	工程造价咨询合同额	项目管理与咨询服务合同额	其他业务合同额		
全　省	626.73	32720.93	148820.92	5026.33	105623.15	12862.09	394601.59	27526.37	4802.83	49776070.81
省　属	626.73	14014.18	27325.86	661.57	4850.02	1942.4	6824.69	561.08	2496.74	11916864.13
广州市	0	5821.38	65232.95	4087.87	14847.48	2505.38	14487.47	527.57	2306.09	13699889.39
深圳市	0	12853.73	36059.82	214.11	7382.09	6588.23	372608.58	25543.69	0	14603356.9
珠海市	0	0	3287.99	62.78	71152.89	705.44	108.4	103.99	0	2035796.46
汕头市	0	0	3573.7	0	543.63	85	100	0	0	524168.86
佛山市	0	29	3854.02	0	2677.21	631.4	94.09	143.41	0	1821406.49
韶关市	0	0	102.2	0	83	0	0	153	0	307422.2
河源市	0	0	25	0	69.51	0	0	0	0	40599
梅州市	0	0	431.24	0	32.1	0	177.5	0	0	215389.29
惠州市	0	0	1897.95	0	18.57	0	0	36.75	0	519383.85
汕尾市	0	0	243.1	0	269.77	54.78	0	0	0	98947.44
东莞市	0	0	496.19	0	1613.38	349.46	0	31.8	0	743094.47
中山市	0	0	1817.19	0	732.27	0	171.5	380	0	796821.33
江门市	0	0	928.71	0	669.31	0	0	0	0	548164.66
阳江市	0	0	308.7	0	127.74	0	0	45.08	0	220752.09
湛江市	0	0	316.87	0	204.54	0	29.36	0	0	197127.8
茂名市	0	2.64	1522.49	0	0	0	0	0	0	603030.35
肇庆市	0	0	175.91	0	339.64	0	0	0	0	364733.67
清远市	0	0	742.82	0	0	0	0	0	0	425435.99
潮州市	0	0	63.21	0	0	0	0	0	0	11406.06
揭阳市	0	0	355	0	10	0	0	0	0	54035
云浮市	0	0	60	0	0	0	0	0	0	28245.38

（冯育文）

活动，举办针对不同普法对象的培训班。

【安全生产许可制度】　2009年，广东省住房和城乡建设厅共受理1294家施工企业安全生产许可证申请，916家企业获审查通过，通过率70.8%，在审查中坚持对申请企业随机进行实地抽查。同时，不断强化对取得安全生产许可证的施工企业和安全考核合格证的“三类人员”的管理，对发生生产安全事故或严重降低安全生产条件的本省施工企业依法作出暂扣安全生产许可证30~60天的行政处罚，暂停项目负责人、专职安全员上岗执业。全年建筑施工安全生产管理人员安全生产考核合格并颁发证书26328本，其中，企业主要负责人4068本，项目负责人10534本，专职安全员11726本，办理了14596个安全生产考核合格证的延期手续。其中，企业主要负责人1333本、项目负责人6349本，专职安全员6914本。

【建筑起重机械和建筑施工特种作业人员管理】　2009年12月，广东省住房和城乡建设厅在全省开展建筑起重机械专项检查，并重点督查广州、东莞、佛山等8个市，随机抽查64项在建工程，对11项安全隐患较突出工程的建筑起重机械责令暂时停止使用和限期整改，并强制拆除2台存在重大安全隐患的塔吊。深圳“12·28”塔吊事故发生后，省住房和城乡建设厅部署全省开展建筑起重机械安全的专项整治。是年建筑起重机械登记管理制度得到全面推进，启用《广东省建筑起重机械安全管理信息系统》，录入全省大批已登记的建筑起重机械信息以及全省取得操作资格证的特种作业人员信息。全面开展建筑施工特种作业人员考核发证工作并严格实施持证上岗，截至年底，全省取得操作资格证的特种作业人员达34077人。

【施工应急救援管理】　2009年，广东省基本构建全省施工应急救援管理框架，建立全省建筑工程质量安全抢险专家库、抢险队伍、抢险设备信息库。各地级以上建设行政主管部门也构建市级应急抢险管理框架，组建以本地区大中型建筑施工企业为骨干的工程抢险专业队伍，并开展应急救援演练。佛山市建设局于7月组建佛山市房屋建设工程抢险救援队；阳江市建设局6月在富地小区工地组织300多人参加应急救援演练。10月份，省建设厅组织全省建设系统开展《突发事件应对法》贯彻落实情况的专项检查，对深圳、珠海、佛山、东莞等六个地方进行重点抽查，检查对象包括当地建设行政主管部门、建筑施工企业、供水、燃气、城市防涝设施以及建筑工地，重点抽查当地应急队伍建设、应急预案编制、应急演练开展以及应急救援器材购置等情况。

【对口支援汶川县灾后重建工程的质量安全检查】 为加强广东省对口援建汶川县灾后重建工程的质量安全管理，2009年7月，广东省建设厅和广东省对口支援四川省汶川县恢复重建工作组、四川省汶川县规划建设局组成联合检查组，对广东省对口援建的汶川县10个乡镇的学校、卫生院、福利院等33个项目进行了检查。11月，又再次对汶川县11个乡镇的援建项目进行质量安全检查，共抽查了卫生院、居民安置房、文化活动中心和市政桥梁等24个项目。重点检查了工程项目执行基本建设程序、质量安全保证体系以及现场施工质量和安全文明措施等情况。 *(许欣毅)*

【广东省安全生产、文明施工样板工地选介】 2009年，广东省建筑安全协会组织房屋建筑、电气设备、起重机械、市政桥梁、钢结构网架玻璃幕墙等专业的专家，对申报“双优”和“AA”级的各个工地进行认真检查，最终评出广东省安全生产文明施工优良样板工地114个，广东省AA级诚信工地项目50个。

京信通信系统（广州）有限公司物流仓库、生产楼项目　广州市建筑机械施工有限公司承建，先后被评为2009年度广东省安全生产、文明施工优良样板工地和中国建筑业协会建筑安全分会AAA级安全文明标准化诚信工地。该工程位于广州经济技术开发区，2008年9月28日开工，总建筑面积24019平方米，为1幢地上七层，地下一层的高层厂房。本工程在安全生产和文明施工方面采取以下做法：一是建立完备的项目管理组织机构，严格落实安全管理责任制，并确保安全体系正常运行；二是注重安全生产管理策划，深入分析本工程安全管理的重点、难点，制定有针对性的预防、控制措施；三是对用于安全生产、文明施工的设备、设施实行定型化、标准化，努力创建安全文明诚信工地；四是注重安全教育和培训工作，努力提高工人的安全意识和技能，严格劳动用工制度，特别是特殊工种；五是制定安全检查制度，通过定期、不定期检查，从中发现隐患，进而采用有效措施消除隐患；六是重点加强对大型起重机械的安全管理，加强机械日常检查和修护，确保机械运行良好；七是大力推广应用新工艺、新技术、新设备活动。

江门碧桂园六期会所及派出所工程　广东腾越建筑工程有限公司承建，近年荣获广东省建设工程安全生产文明施工优良样板工地称号。该工程按照各类法律法规和相关行业标准的要求，在施工过程中，重视施工过程安全生产的动态管理，精心组织施工，建立以项目经理为组长，项目技术负责人、专职安全员、质量员、施工员等组成的安全文明综合治理小组，落实施工现场的安全生产、文明施工以及防火工作。对重大危险源和重要危险部位实行专人负责管理，并对出现的安全隐患及时整改。

广州烟草物流配送中心工程　位于广州市荔湾区龙溪大道北侧，由广州市烟草贸易公司投资兴建，华南理工大学建筑设计研究院设计，广东省建筑工程集团有限公司承建施工，广东省城规建设监理有限公司监理，广州市荔湾区建设工程安全监督站和质量监督站监督。占地面积4万平方米，总建筑面积38922平方米，包括办公楼一栋（六层，框架结构，建筑面积8461平方米）、物流中心一栋（二层，框架+钢结构，建筑面积30461平方米，地下室一层）。2008年12月19日开工，2009年12月28日竣工。工程造价逾2亿元。在安全生产管理体系方面着重做了以下主要工作：一是落实安全生产责任制：成立以项目经理为第一责任人的安全生产管理机构，并将目标逐级分解到各责任人，定期进行考核，确保安全责任得到有效落实。二是完善安全管理制度，并从人力、物力、财力等方面保证各项制度的贯彻落实。三是严格遵守各类安全技术操作规程，坚持进行安全技术交底，确保安全生产技术的实施。四是落实安全防护设置，施工现场安全防护设施严格按照有关标准、规范搭设和安装。五是定期会同联合监理、甲方对现场进行安全生产、文明施工大检查，并按照《建筑施工安全检查标准》（JGJ59−99）评分，及时整改安全隐患。该工程被评为2009年度广东省安全生产文明施工优良样板工地。 *(省建筑安全协会)*

散装水泥

【概况】 2009年，广东省散装水泥供应量达4605万吨，比上年增加574万吨，增长14.23%，散装水泥率达45.92%。实现节约标准煤105.8万吨，减少粉尘排放46万吨，减少二氧化碳排放275万吨，减少二氧化硫排放0.9万吨等，取得综合经济效益27亿元。预拌混凝土供应量达8300万立方米，比上年增加799万立方米，节约水泥664万吨，节约标准煤110.46万吨，综合利用工业固体废弃物1494万吨等。至年底全省共有预拌混凝土搅拌站418个（不含交通、能源、水利等系

2009年广东省散装水泥、预拌混凝土、干混砂浆物流设施装备情况

设施装备名称	数　量	容量或额定量	实际作业量
发放库	830个	221.45万吨	3528.49万吨
中转库	333个	38.40万吨	666.56万吨
固定接收库	2026个	45.87万吨	2435.81万吨
专用汽车	1389辆	39998.66吨	3016.82万吨
专用船	55艘	11156.00吨	97.13万吨
散装水泥罐	2229个	77962.32吨	542.32万吨
混凝土搅拌车	9382辆	82014.00立方米	7392.10万立方米
混凝土泵车	964辆	77771.00立方米	5525.03万立方米
干混砂浆运输车	31辆	1040.00吨	48.70万吨
干混砂浆移动筒仓	173辆	7145.00吨	40.08万吨

统）。

是年，惠州市散装水泥管理办公室等12个单位被评为“全国散装水泥统计工作先进单位”；祖黎虹等27人被评为“全国散装水泥统计工作先进个人”；蓝志声等12人被中国散协授予“从事发展散装水泥工作二十年特殊荣誉奖”。

【预拌砂浆推广】 2009年，广东省各级散办贯彻执行《商务部、住房和城乡建设部关于进一步做好城市禁止现场搅拌砂浆工作的通知》文件精神，6月，召开全省散装水泥工作会议暨城市城区禁止现场搅拌砂浆工作现场会，通过组织经验交流和参观学习，增强企业投资建设预拌砂浆厂的信心。据不完全统计，2009年，全省已建预拌砂浆生产企业27家，在建1家，计划建11家，共计年产能力1625万吨，现有年产能力1245万吨。是年，全省预拌砂浆使用量达57.5万吨。

【确立山区县城区与农村散装水泥并行发展战略】 2009年，鉴于广东省的珠江三角洲、地级市城区、部分县（市）城区，以及交通、能源、水利、港口等建设工程项目，都已经基本使用预拌混凝土，散装水泥使用量较大，而经济较为落后的山区县城区和农村则有发展不平衡状况。广东省散装水泥管理办公室通过省、市联手深入基层调研，确立推动山区县城区与农村散装水泥并行发展的战略。初步选择肇庆市怀集县作为农村推广散装水泥试点，确定以县城区为中心，以30公里为半径，把所有能覆盖的镇区，作为推进预拌混凝土使用的试点，从而提高农村散装水泥使用量。

【县城区预拌混凝土搅拌站建站情况】 2009年，广东省继续加大禁止现场搅拌混凝土的各项工作力度，针对县城区发展较为薄弱，积极调研混凝土搅拌站的建站情况。从调研结果看，粤东、粤西的山区县城预拌混凝土搅拌站得到快速发展。这一年，广州、深圳、珠海、佛山、东莞、惠州、江门、中山8个市所辖的县城区完成预拌混凝土搅拌站的建设；计划在2010年和2011年内可完成建站的有梅州、潮州、肇庆、湛江、茂名、揭阳、汕头、汕尾8个市所辖的县城区。尚未计划和不具备条件完成建站的有5个市所辖的8个县，分别是：翁源、乳源、仁化、连南、连山、云安、连平、阳西。

【征收散装水泥专项资金】 2009年，广东省各级散装水泥主管机构认真执行国家征收散装水泥专项资金的规定，全省共征收散装水泥专项资金8190.81万元。散装水泥专项资金投入专用设备购置和维修、技术研发与推广、宣传等2137万元。

【散装水泥宣传】 2009年，广东省各级散装水泥主管机构按照商务部办公厅、住房和城乡建设部办公厅《关于开展2009年全国散装水泥宣传周活动的通知》，紧扣“发展散装水泥，促进科学发展，构建和谐社会”主题，广泛宣传发展散装水泥对节约资源、保护环境的重要意义，结合本地实际情况开展工作。梅州市散办抓住本市创建国家卫生城市和国家园林城市的契机，召开供散和用散企业座谈会，深入施工现场执法检查，杜绝建筑工程使用袋装水泥和现场搅拌混凝土的现象；江门市散办组织对全市建筑工地，禁止现场搅拌混凝土的专项检查；中山市散办印制《发展散装水泥效益展示》小册子及彩色挂图，通过各镇建设管理所，在镇区、街道、乡村广为派发和张贴；潮州市着重向广大村民宣传发展散装水泥和预拌混凝土的重要性，并在广播电台专门开通散装水泥热线与听众互动，与潮安县散办组织散装水泥设施设备下乡展示，让广大农民切实感受到使用散装水泥的便利和好处；汕头散办利用建设网站发布宣传周信息，组织相关单位和人员上网学习，加深对发展散装水泥法规和政策的理解。

【全省散装水泥工作会议暨城市禁规工作现场会】 于2009年6月19日在广州召开，广东省各地级以上市散装水泥管理办公室主任和第一、二、三批限期禁止现场搅拌砂浆城市的建设局（建委）主管领导，预拌砂浆生产、物流、使用等

有关企业负责人及新闻媒体等120人参加。广州市散装水泥管理办公室在会上介绍广州市禁止现场搅拌砂浆工作的经验，预拌砂浆生产、物流、使用企业的代表作体会和建议发言。会上，广东省散装水泥管理办公室主任与各地级以上市散办负责人签订2009年发展散装水泥任务目标责任书。 *(阮菁英)*

机构选介

【广东省建筑安全协会】 广东省建筑安全协会是在广东省民政厅注册登记具有法人资格的非营利性社会团体。其会员是广东省地区从事土木工程建筑、市政路桥、工程机械设备安装、建筑装饰、工程监理、工程总承包、建筑材料生产、经营的企、事业单位；以及以工程建筑为对象的培训机构和省内的地区建筑行业协会。

该协会的宗旨是：坚持党的基本路线，遵守国家法律、法规、政策和社会公德，全心全意为政府和会员单位服务。坚持公开、公正、公平的原则，维护会员单位的合法权益，建立和完善服务、管理、协调的行业自律机制。安全协会基本任务是：组织交流建筑安全施工安全生产方面的信息与经验；开展咨询服务，转播行业信息，研讨安全生产工作。组织上岗工人培训，提高企业安全生产和管理素质。收集安全信息和有关资料，组织编辑、出版建筑施工安全方面的刊物，开展建筑领域方面的专家、学者行业考察和交流，向政府反映行业社会现状和发展趋势，承担政府有关部门委托事项，提供企业向政府反映情况的平台。

协会的最高权力机构是会员代表大会，下设有理事会和常务理事会。安全协会的日常工作由秘书处下属的培训考核部、技术服务部和财务部处理各项业务。

【广东省建设监理协会】 于2001年7月18日成立，至2009年底有单位会员231家。是由在广东省境内注册从事工程建设监理业务的监理单位自愿组成的地方性、非营利性的社会团体，接受广东省民政厅的监督管理及广东省住房和城乡建设厅的业务指导。根据协会的章程，协会的主要职责是为会员提供服务，维护行业及会员的合法权益，沟通会员与政府社会之间的关系，规范行业和会员的经营行为，实施规范化运作，反映会员的诉求。协助政府主管部门做好建设监理事业的管理工作，促进监理行业管理水平和监理整体素质的提高。

(省住房和城乡建设厅工程质量安全监管处)

【佛山市建筑业协会】 成立于2000年6月，至2009年底有会员180多家，涵盖佛山市建筑行业多个专业的主要企业。协会下设施工、监理、装饰、机电安装、混凝土和水泥制品等五个专业委员会；由原省建设厅批准的二级建设培训机构——思成培训中心、省劳动和社会保障厅及原省建设厅核准的从事高级以下工技能鉴定的建设行业特有工种技能鉴定站演变而成。2009年协会有办公场地2500多平方米，教室4间（最大的阶梯课室可容纳280多人），有建设行业特有工种技能示范操作基地和塔吊井架操作基地两处实习场所共3500多平方米。佛山市建筑业协会秉承遵守国家的法律法规，为会员为行业为政府服务，反映行业和会员诉求，维护行业利益为办会宗旨。

主要业务：宣传贯彻国家有关本行业的法律、法规，对行业进行调研，为政府提供建设性意见，指导行业发展；维护本行业的合法利益，沟通本行业企业与政府之间的联系；加强行业自律，规范行业运作，协助政府制定行业发展规划；开展行业内的检查评比；实施对本行业进行统计；对本行业新技术、新工艺、新材料进行鉴定、表彰和推广；开展本行业各种技术、技能、业务培训和工人岗前安全培训活动；开展信息咨询服务；与相关组织、机构建立联系，开展经济技术等方面的合作与交流；承接政府和其他机构、组织及个人委托事项。通过多年的努力实现自主管理、自主选举、自主运作、独立财务核算，取得较好成绩，受到社会和行业内的广泛关注和认可。佛山市建筑业协会被广东省民政厅评为先进民间组织，多次被佛山市民政局评为先进民间组织，2009年被佛山市评定为5A社会组织。

(省住房和城乡建设厅建筑市场监管处)

住房与房地产业

□ 全省房地产市场平稳健康发展

□ 启动『十二五』房地产业发展规划编制

□ 开展物业管理行风整改

□ 加强房地产登记簿建设

□ 建立广东省保障性安居工程工作联席会议制度

综　述

【概况】　2009年，广东省住房和城乡建设厅以科学发展观为统领，做好全省住房发展与房地产市场监管工作；贯彻落实省委、省政府扩内需、促消费、保增长的工作方针，提请省政府出台《关于促进我省房地产市场平稳健康发展的若干意见》，促进全省房地产市场平稳健康发展；配合省人大修订出台《广东省物业管理条例》，保护广大业主合法权益；加强房地产登记工作队伍建设，进一步规范房地产登记簿制度；推进住宅产业化工作进展，开平天富豪庭等项目分别通过住房和城乡建设部商品住宅性能认定和获得2009年“广厦奖”；开展调查研究，启动“十二五”房地产业发展规划编制工作，开展城中村改造和限价房需求调研。

【出台《关于促进我省房地产市场平稳健康发展的若干意见》】2007年第四季度以来，广东省房地产市场进入调整期，房地产开发投资增速放缓、商品住房销售面积较大幅度下降、商品住房价格有所回落，对拉动全省经济增长和城市就业产生一定的负面影响。省住房和城乡建设厅根据国务院办公厅《关于促进房地产市场健康发展的若干意见》和广东省房地产市场发展的状况，经深入调查研究和广泛听取意见，起草并提请省政府出台《关于促进我省房地产市场平稳健康发展的若干意见》，提出加大保障性住房建设力度、进一步鼓励普通商品住房消费、支持房地产开发企业积极应对市场变化等促进全省房地产市场健康发展的15条政策措施，对稳定房地产市场、拉动内需和经济企稳发挥重要作用。该意见由广东省人民政府于2009年3月3日颁发。

2009年广东省房屋基本情况

地　区 名　称	年末实有房屋建筑面积（万平方米）			年末成套住宅套数（套）	年末成套住宅建筑面积（万平方米）	人均住宅建筑面积（平方米／人）
		其中：住宅	其中：私有住宅			
全　省	210047.91	137048.63	111468.07	12388673	116005.97	30.06
广州市	35933.81	19777.43	12811.92	2055412	14387.88	24.89
深圳市	29427.95	22104.88	21023.00	2444828	20778.59	25.21
珠海市	9054.72	5931.39	5854.94	476578	5206.11	37.93
汕头市	9461.00	6322.34	4451.10	645408	5497.17	27.36
佛山市	33296.43	20769.32	19291.00	1584656	18484.94	56.48
韶关市	7221.56	5252.55	3999.32	470214	4799.99	33.55
河源市	3905.04	2436.90	2209.72	156504	1905.63	31.95
梅州市	3746.23	2578.28	2195.13	186048	1988.31	22.52
惠州市	12646.28	6655.01	3842.41	456667	5775.89	33.79
汕尾市	2301.67	1631.80	1185.98	143953	1586.80	16.54
东莞市	3168.78	1975.68	1471.49	126867	1948.09	55.25
中山市	6859.32	4950.96	4470.95	348035	3578.28	25.31
江门市	10273.04	6395.53	5434.18	616069	5720.72	37.67
阳江市	4139.82	2802.63	2468.73	261164	2609.76	37.66
湛江市	10996.01	8158.87	5638.10	717112	6167.20	28.92
茂名市	6127.33	4343.11	3227.76	269563	3226.77	31.69
肇庆市	6559.69	4155.78	3485.65	342130	3689.80	35.03
清远市	3600.36	2609.01	1918.26	223673	1731.73	18.51
潮州市	2378.96	1704.80	1315.40	186730	1504.50	21.80
揭阳市	5140.88	4222.46	3204.57	465853	3614.99	25.47
云浮市	3809.03	2269.90	1968.46	211209	1802.82	24.67
珠三角	147220.02	92715.98	77685.54	8451242	79570.30	31.84
东　翼	19282.51	13881.40	10157.05	1441944	12203.46	24.20
西　翼	21263.16	15304.61	11334.59	1247839	12003.73	31.01
粤北山区	22282.22	15146.64	12290.89	1247648	12228.48	26.10

（戴燕娣）

【广东·广州房地产博览会】 2009年5月15日，广东省、广州市房地产行业协会在广州锦汉会展中心共同组织广东—广州房地产博览会，20余家大型房地产开发企业通过现场展销楼盘的方式活跃市场气氛。

【"十二五"房地产业发展规划编制】 2009年，按照广东省人民政府办公厅关于开展广东省"十二五"规划前期研究课题和"十二五"规划编制工作的部署，2009年7月广东省建设厅提出了《广东省"十二五"房地产业发展前期研究报告》。该研究工作紧密联系全省房地产行业发展实际，广泛动员行业协会、高校、研究机构等力量参与，积极组织调研、论证，注重定量分析和定性分析相结合，提出的研究成果具有一定的科学性、针对性和可操作性，为"十二五"房地产业发展规划编制工作提供了科学、权威的依据。

【城中村改造调研】 2009年，广东省住房和城乡建设厅在全面调查全省城中村改造规模和进展的基础上，到佛山、江门市开展城中村改造调研，深入了解当地城中村改造的具体做法和经验，形成《关于将城中村改造作为我省推进城市化工作重要突破口的报告》，提出推进城中村改造的政策建议。根据省委书记汪洋"扩大内需"的有关指示要求，对2010~2012年城中村改造面积规模和资金投入规模进行测算，对有关政策建议进行完善，为省委十届六次会议提出要大力推进城中村改造、实现扩内需促增长提供了决策参考。

【限价房需求调查】 限价商品住房是解决中等收入群体首次置业问题的有效手段。为掌握没有享受过购房优惠政策的干部职工对广州市限价房需求的情况，广东省住房和城乡建设厅和广州市国土房管局分别向中央、省直驻穗机关和事业单

2009年广东省房地产开发投资情况

单位：万元

地区名称	企业个数	全社会固定资产投资	房地产开发完成投资	房地产投资占全社会固定资产投资比重（%）
全　省	6079	133531470	29613189	22.18
广州市	1318	26598516	8173449	30.73
深圳市	570	17091514	4374590	25.60
珠海市	272	4105052	1684427	41.03
汕头市	221	2918958	380890	13.05
佛山市	442	14705603	3582508	24.36
韶关市	179	3564979	464458	13.03
河源市	84	1981479	201839	10.19
梅州市	170	1629809	153760	9.43
惠州市	290	7589682	1753332	23.10
汕尾市	18	2894336	145046	5.01
东莞市	417	10940753	2776623	25.38
中山市	678	5456051	1923674	35.26
江门市	300	4920698	956503	19.44
阳江市	132	2394946	330886	13.82
湛江市	164	3932269	472728	12.02
茂名市	154	1800099	250424	13.91
肇庆市	194	4627665	606597	13.11
清远市	283	8412402	899949	10.70
潮州市	70	1629762	171304	10.51
揭阳市	60	3934955	193127	4.91
云浮市	63	2401942	117075	4.87
珠三角	4481	96035534	25831703	26.90
东　翼	369	11378011	890367	7.83
西　翼	450	8127314	1054038	12.97
粤北山区	779	17990611	1837081	10.21

（戴燕娣）

位及社会收集意见，要求各单位动员干部职工个人积极参加广州市限价房需求调查和购买意向预登记，为干部职工限价房需求规模测算及有关政策的完善打下基础。至2009年底，广州市国土房管局已提交初步分析报告，将为下一步限价房建设提供可靠依据。 （张志军）

房地产市场

【概况】 为抵御金融危机等不利因素的影响，2009年3月3日，广东省建设厅提请省政府出台《关于促进我省房地产市场平稳健康发展的若干意见》，对拉动内需和经济企稳发挥了重要作用。

【房地产市场运行】 2009年，广东省完成房地产开发投资2961.32亿元，比上年增长0.99%；占全社会固定资产投资的22.18%。全省商品房销售面积7035.89万平方米，比上年增长45.84%；商品房销售额4585.93亿元，增长59.24%。其中商品住房销售面积6556.64万平方米，比上年增长49.75%，商品住房销售额4173.72亿元，增长65.67%。全省主要城市商品住房交易均有较大幅度增长。广州市商品住房交易面积978.30万平方米，比上年增长76.90%；深圳市商品住房交易面积660.25万平方米，比上年增长69.62%；佛山市商品住房交易面积968.62万平方米，增长95.13%；东莞市商品住房交易面积570.08万平方米，增长61.31%。其他城市商品住房交易面积也都有不同程度增长。

房地产业的回暖对全省宏观经济企稳和地方税收收入增长发挥重要作用。一是房地产业对全省GDP增长发挥一定作用。2009年，全省GDP为39082亿元，比上年增长9.5%。房地产业完成增加值2412亿元，比上年增长19.6%，拉动GDP增长1个百分点。二是房地产业税

2009年广东省房地产交易情况

地区名称	本年商品房销售额（万元）	本年商品房销售面积（平方米）	本年商品房销售均价（元/平方米）	本年存量房销售额（万元）	住宅（平方米）	本年存量房销售面积（平方米）	住宅（平方米）	本年存量房销售均价（元/平方米）
全省	28799579	70358894	4093.24	19507385.74	15798106.26	56031643	42547438	3481.49
广州市	9558612	13754242	6949.57	5803856.80	4601962.95	11825500	9587400	4907.92
深圳市	5910911	7621518	7755.56	8295140	7152140	14052700	12265800	5902.88
珠海市	1217729	2804368	4342.26	822256.42	712140.73	2130000	1736603	3860.36
汕头市	471671	1274380	3701.18	548336.62	466321.22	2152000	1618700	2548.03
佛山市	2923160	7795017	3750.04	1250726.11	812847.40	6633900	3761300	1885.36
韶关市	324897	2248714	1444.81	149362.12	113259.18	1387800	1100500	1076.25
河源市	100133	775050	1291.96	81988.87	74075.88	681900	644300	1202.36
梅州市	132990	991045	1341.92	97230	78629	934000	863200	1041.01
惠州市	1219355	5438101	2242.24	267372.76	224224.93	1604500	1285209	1666.39
汕尾市	66730	544650	1225.19	49087.43	47832.40	377900	367700	1298.95
东莞市	2837011	6041077	4696.20	461599.71	374554.10	2312800	1424900	1995.85
中山市	1407813	5623941	2503.25	561269.48	324739.68	3299600	1715700	1701.02
江门市	719447	3496410	2057.67	428048.37	223674.83	3442000	1694100	1243.60
阳江市	185415	1048866	1767.77	76352.27	68440.86	836200	736100	913.09
湛江市	184369	1074321	1716.14	141847.74	130141.23	864230	776230	1641.32
茂名市	294736	1657521	1778.17	105822.54	94480.71	831300	743900	1272.98
肇庆市	439561	2753138	1596.58	145216.73	115842.77	904700	749000	1605.14
清远市	367452	2882101	1274.94	124037.14	117376.87	907000	882500	1367.55
潮州市	171683	978900	1753.84	14229.74	12955.19	146500	138300	971.31
揭阳市	174342	1063318	1639.60	10755	5732	107800	57900	997.68
云浮市	91562	492216	1860.20	72849.89	46734.33	599300	398100	1215.58
珠三角	26233599	55327812	4741.48	18035486.38	14542127.39	46205700	34220012	3903.30
东翼	884426	3861248	2290.52	622408.79	532840.81	2784200	2182600	2235.50
西翼	664520	3780708	1757.66	324022.55	293062.80	2531730	2256230	1279.85
粤北山区	1017034	7389126	1376.39	525468.02	430075.26	4510000	3888600	1165.12

（戴燕娣）

收对全省地方税收增长至关重要。是年，广东省房地产业税收560.4亿元，比上年增长24.95%；房地产业税收占全省地税收入的20.79%，比2007年房地产高峰时的比重还高出1.8个百分点；房地产业税收增长对地税收入增长贡献率高达64.24%，比2007年高出41个百分点。三是房地产贷款占全部贷款总额比例较大。全年全省房地产贷款余额11899.6亿元，比年初增加2797亿元，占本外币贷款余额的26.73%。

【房地产市场分析监测】 继广州、深圳后，佛山、汕头、韶关等七个城市被住房和城乡建设部新增纳入房地产市场信息系统建设重点城市，占全国90个重点城市的十分之一。2009年3月，广东省新增7个重点城市的房地产信息系统全部通过住房和城乡建设部验收，其中韶关、湛江市取得优秀成绩。

【房地产市场月报数据和监测报告上报制度】 2009年，广东省住房和城乡建设厅印发《关于建立房地产市场月报数据和监测报告上报制度的通知》，建立房地产市场月报数据和监测报告网络上报制度，要求各地按时报送月报数据报表和市场监测报告，为全面、准确掌握全省房地产市场情况提供依据。

【房地产市场信息发布】 2009年7月，广东省建设厅下发《关于加强和规范我省房地产市场信息发布工作的通知》，要求各地建立健全网上信息发布平台，及时发布房地产市场供求信息，帮助群众理性购房。

(张志军)

物业管理

【概况】 2009年，广东省有物业管理企业5551家，管理18896个物业管理项目。

【物业管理行风整治】 2009年，广东省建设厅下发《关于开展物业管理行业行风整治工作的通知》，于6至7月在全省范围内开展一次物业管理行业行风整治工作，清查物业服务企业存在的侵权行为，掌握项目存在的主要矛盾纠纷，摸清产生矛盾的原因。全省共对8423个物业管理项目开展检查，处理相关矛盾纠纷174宗，解决了业主大会成立难、部分物业服务企业存在违规利用物业共有部分经营、违规收费等群众普遍反映的热点问题，改进物业管理服务工作水平，维护广大业主合法权益，树立了物业管理行业良好的社会形象。

【物业管理示范项目评比】 根据广东省住房和城乡建设厅《关于同意开展全省物业管理示范项目考评工作的批复》和省物业管理行业协会《关于开展2009年度物业管理示范项目考评工作的通知》要求，广东省物业管理行业协会按照《省物业管理示范住宅小区、大厦、工业区标准及评分细则》规定标准，组织物业管理行业专家组对申报2009年度“广东省物业管理示范住宅小区（大厦、工业区）”的40个物业管理项目组织实施考评工作。经按规定程序评验，认定时代花园等35个项目达到“省物业管理示范住宅小区（大厦、工业区）”标准，被评定为“2009年度广东省物业管理示范住宅小区（大厦、工业区）”。

【规范物业管理收费】 2009年，广东省不断规范物业管理服务收费，保障广大业主合法权益。《广东省物业管理条例》对物业管理服务收费做出明确规定，其第三十七条规定前期物业管理收费相关内容，第四十一条规定建设单位应当交纳物业管理服务费的情形，并规定建设单位不得承诺或者约定减免物业服务费用，第四十六条规定物业服务收费应当明码标价，第四十九条规定实行酬金制的物业服务企业应该每年至少公布一次物业服务资金的收支情况等。为加强全省物业服务收费管理，规范物业服务收费行为，根据《广东省物业管理条例》相关规定，省住房和城乡建设厅会同省物价局制定《广东省物价局、广东省住房和城乡建设厅关于物业服务收费管理办法》，对政府指导价的范围、标准等进行具体规范。

【宣传贯彻《广东省物业管理条例》】 为配合《广东省物业管理条例》的贯彻实施，广东省住房和城乡建设厅下发《关于做好新修订的〈广东省物业管理条例〉贯彻实施工作的通知》，要求各地做好《条例》的宣传和学习工作，制定相关配套文件，并做好物业管理区域备案、物业服务合同备案、指导业主委员会成立运作等工作，化解物业管理矛盾纠纷。年内与部分城市房地产主管部门联合举办《广东省物业管理条例》培训班，加强对部分街道办事处、居民委员会工作人员进行物业管理条例的培训。

(张志军)

房地产权属登记

【概况】 2009年，广东省住房和城乡建设厅对全省房地产权属登记进行规范管理，提高各地房地产主管部门登记水平和人员素质，保障群众住房产权安全。

【房地产登记簿建设】 2009年8月，广东省住房和城乡建设厅在湛江市召开全省房地产登记簿建设工作现场会，部署全省房地产交易与登记管理工作，推进各地房地产登记簿建设，在广州召开房地产登记簿建设工作验收会，对20个地级以上市和1个县的登记簿系统进行讲评和验收。

2009年广东省物业管理行业情况

地区名称	企业总数(户)	其中:按资质等级分			物业管理项目(个)			房屋建筑面积(万平方米)			从业人员(人)	成立业主大会数量(个)
		一级	二级	三级		住宅	办公楼		住宅	办公楼		
全省	5551	201	368	4337	18896	11718	2584	93450.67	66231.40	6764.25	445610	2965
广州市	1177	51	87	1039	4285	1995	887	19296.36	13915.62	2491.78	63013	498
深圳市	1808	83	178	1060	7382	4944	827	39698	24855.00	2640.00	203665	1197
珠海市	206	8	8	190	957	651	139	3800.00	2700.30	335.70	18610	188
汕头市	183	5	4	174	646	345	147	2365.58	1676.97	220.06	9691	60
佛山市	350	22	34	249	1244	854	66	6959.00	6079.21	137.73	19238	335
韶关市	81	0	2	79	377	224	52	1089.18	862.16	46.36	4377	38
河源市	68	3	2	61	166	120	15	596.50	505.90	44.61	2861	50
梅州市	39	0	0	39	166	101	23	525.35	427.40	50.27	1175	24
惠州市	373	3	11	286	794	510	126	2986.88	2492.02	244.62	14965	41
汕尾市	12	0	0	1	31	18	8	67.61	61.73	3.24	452	1
东莞市	385	5	14	366	503	279	28	4937.00	3106.00	94.00	42100	116
中山市	306	10	9	287	812	635	21	4405.63	3740.60	36.15	37050	184
江门市	126	3	2	121	273	198	31	1672.22	1511.82	41.84	7663	40
阳江市	44	1	1	42	88	81	3	399.60	391.90	2.20	1331	8
湛江市	95	3	5	87	178	155	8	1478.90	1350.50	54.10	5411	66
茂名市	49	0	1	48	211	148	33	734.01	603.14	74.19	3519	31
肇庆市	75	0	3	45	220	173	26	997.39	906.59	53.10	3372	41
清远市	104	3	5	96	113	101	8	410.00	280.00	100.00	2400	38
潮州市	16	0	0	16	61	53	4	305.40	293.80	2.60	895	4
揭阳市	34	0	1	33	168	72	32	398.52	332.85	43.25	2489	
云浮市	20	1	1	18	221	61	100	327.54	137.89	48.45	1333	5
珠三角	4806	185	346	3643	16470	10239	2151	84752.48	59307.16	6074.92	409676	2640
东翼	245	5	5	224	906	488	191	3137.11	2365.35	269.15	13527	65
西翼	188	4	7	177	477	384	44	2612.51	2345.54	130.49	10261	105
粤北山区	312	7	10	293	1043	607	198	2948.57	2213.35	289.69	12146	155

(戴燕娣)

【房地产交易与登记管理规范化】 2009年2月，广东省建设厅印发《转发住房和城乡建设部关于修订〈房地产交易与权属登记规范化管理考核标准〉的通知》，要求各市、县房地产主管部门要以规范化管理标准为准则提高房地产交易与登记管理水平，全省各地级以上市要在2012年底前全部通过规范化管理单位认定。是年，全省共有广州市天河区房地产登记交易中心、深圳市房地产权登记中心、韶关市建设局三个单位获住房和城乡建设部规范化管理先进单位认定。

【房地产登记工作队伍建设】 2009年6月，广东省建设厅在江门举办房地产登记实务操作学习班，邀请专家学者对全省各市、县房地产登记机构约800人进行授课，有效提高全省房地产登记工作人员政策水平。省建设厅还开展房屋登记官审核确认工作，根据住房和城乡建设部要求，印发《关于做好房地产登记审核人员确认及培训考核工作有关问题的通知》，对广东省房地产登记审核人员确认的具体程序和时间安排进行部署。 (周卓豪)

住宅产业化

【概况】 2009年，广东省住房和城乡建设厅积极推进住宅产业化进程，通过住宅产业化合理配置生产资源，采用新材料、新产品、新技术和新设备，延长住宅的使用周期，降低能耗，在一定程度上降低生产使用成本，住宅建设由粗放型向集约型转化。

【全省住房建设质量工作会议】 2009年7月，广东省建设厅在珠海召开全省住房建设质量工作会议，总结分析当前全省商品建设质量形势，通报近期省内外质量低劣商品房典型案例，剖析住宅工程常见质量通病问题，研究部署进一步强化房地产项目质量管理、完善商品房交楼和质量保修制度有关工作。

【住宅产业化工作取得进展】 2009年，广东省开平天富豪庭（一、二、三期）和深圳万科城（四期高层）通过住房和城乡建设部住宅产业化促进中心2A级商品住宅性能认定。省房地产行业协会与省建筑科学研究院牵头，联合深圳招商地产、珠海格力、佛山瑞安等企业共同开展“节能型工业化住宅建筑技术应用示范”课题研究，力争推动全省住宅工业化发展，实现可持续发展。（周卓豪）

▲2009年度“广厦奖”项目——江门市开平天富豪庭二期　省房地产行业协会供稿

【“广厦奖”项目】 2009年，广东省江门市开平天富豪庭（二期）获2009年度“广厦奖”。至此，全省有8个项目获此项殊荣。

天富豪庭　位于开平市长沙区，是开平市规模最大的高尚园林小区之一，采用自然、园林式的规划布局，自由式的路网结构；小区功能分区明确，脉络清晰，道路格局简洁，居民出行便利且便于小区管理。天富豪庭占地面积20万平方米，建筑面积38万平方米，其中住宅建筑面积31.51万平方米，住宅总栋数是54栋，公共建筑设施面积1.12万平方米，商务面积1.25万平方米，总绿化面积6.76万平方米，绿化率33.5%。一、二、三期通过竣工验收并交付使用，一期于2006年年底建成交付，销售率100%，已有85%的业主入住；二期工程于2007年6月竣工，销售率85%；三期工程于2008年11月竣工验收，已销售65%，一、二期已大部分入住，入住率达82%。

天富豪庭坚持以人为本的设计理念，营造舒适、便捷、宜人的居住环境，满足现代人多样性、生活品味多元化的需求。区内环境优美，独具岭南特色，园林设计致力于营造“小桥、流水、人家”的和谐人居；中式与欧陆合璧的建筑风格，户内设计经典、经济节能，不同面积户型可选性强，一梯两户为主，南北通透，采光通风良好。小区公共配套设施齐备，康体、休闲、购物等设施一应俱全，区内配有露天游泳池、网球场、篮球场、羽毛球场等娱乐场所，是休闲娱乐的乐居地。

【商品住宅性能认定项目】 2009年，广东省开平天富豪庭（一、二、三期）和深圳万科城（四期）通过住房和城乡部住宅产业化促进中心2A级商品住宅性能认定。至此，全省有2个项目获得此项荣誉。

深圳万科城　位于深圳市龙岗区布吉镇坂雪岗片区，距离梅林关口约5公里，距离深圳市中心区11.5公里。总占地面积44.04万平方米，建筑面积45.27万平方米，共4000余户，拥有完善的配套设施，包括约3万平方米社区商业配套和九年一贯制公立学校等。项目分四期开发，该项目包括高层住宅、低层住宅、商业、小区配套和幼儿园。占地面积96201平方米，总建筑面积125986.21平方米；其中，住宅建筑面积121817.81平方米，公建面积4168.4平方米，高层户数占总户数的81.2%。项目容积率1.31，建筑密度24%，绿地率38.1%。高层结构形式为剪力墙，低层结构形式为框架结构。

该项目技术与研发实践始终将关注客户需求、地域特点、万科的技术及管理能力与国内外领先的可持续发展的生态理念及生态技术、相关绿色建筑评价标准、住宅性能的发展相结合；本着“因地制宜”的原则，项目采用包括铝合金可调百叶遮阳、外墙隔热、LOW-E玻璃、太阳能热水系统、节能灯具、隔音楼板、节水器具、雨水利用、中水利用等数十项建筑节能、节地、节水、节材和环保技术，并解决以下在华南地区属于开创性的技术问题：（1）建筑外墙节能采用无机保温砂浆内保温隔热系统；（2）多种铝合金可调百叶外遮阳形式与建筑一体化设计；（3）夏热冬暖地区适用的自然通风设计；（4）中水利用率达35.6%，超过建设部《绿色建筑评价标准》优选项中水利用率不低于30%的要求；（5）雨水利用；（6）高层住宅全部提供精装修，且土建与装修一体化设计施工；（7）一幢零能耗实验楼。

万科城四期获得住房和城乡建设部住宅产业化信息中心2A级商品房住宅性能认定，住房和城乡建设部绿色建筑三星设计标识（国内首个绿色三星住区）、2006年国家十大重点节能示范工程（国家3个示范项目之一，且是唯一的绿色建筑综合示范项目）、中荷可持续示范项目（国内5个示范项目之一）、深圳市首批循环经济示范项目、深圳市首批绿色建筑示范项目、2007中国建筑节能年度代表工程。

【“广东省绿色住区”项目选介】

2009年，广东省广州万科云山花园、广州万科城花园、深圳万科城（四期高层）、东莞江南第一城（一期）、汕头龙都禧园、广州兰亭御园、佛山中海万锦豪园等7个项目通过“广东省绿色住区”认定。至年底，通过“绿色住区”认定的项目有127个，分布在全省17个地级市。

广州万科云山花园 位于广州市白云区东平街，小区占地面积13.7万平方米，总建筑面积16.7万平方米，其中容积率面积14.2万平方米。共有15栋高层住宅楼以及学校、幼儿园、商业楼等公建配套设施。

万科云山花园的建筑风格是以美国南加州风情为设计蓝本，采用特别的线脚、石材、涂料、铁艺、白墙、拱顶、木构件等元素，经过设计、归纳、整理，最大化地将室外空间与人相融，尊重自然景观与建筑的有机融合，以休闲、阳光表现低调的奢华，注重细节营造以体现建筑品质感，自然质朴，尽显书香门第的风情特色。

项目充分利用流经小区的河涌，设置人工湿地和中水会用技术，良好的规划和节能技术的应用，对节能与可再生能源技术在居住建筑中的规模应用与推广起到借鉴参考和指导作用。

广州万科城花园 位于广州市萝岗区开创大道，作为广州新开发的高档、现代住宅小区，小区占地面积约22万平方米，总建筑面积21.16万平方米，包含大量的住宅建筑，有别墅、情景洋房、小高层等建筑型式，建筑造型丰富。

在整体布局上，依托山体的自然走势，建筑自然地坐落在山体之间，建筑与山体、绿树、河流相得益彰，完美实现人、建筑与自然的和谐。

万科城所处气候区域的太阳能较为丰富，在公共照明和住户生活热水的需求基础上，合理选择和设计太阳能利用系统，包括光电和光热转换与利用系统。根据夏热冬暖地区的降雨特征和小区内的用水特点，合理选择和设计雨水收集与中水利用系统。

项目良好的规划和节能技术的广泛应用，已经成为广东省绿色住区示范小区和广州市首批建筑节能示范工程，对节能与可再生能源技术在居住建筑中的规模应用与推广起到借鉴参考和指导作用。

东莞江南第一城 位于东莞市南城区四环路与五环路之间。项目共分三期开发，预计将于2011年年底全部开发完毕。至2009年一期已开发完毕，业主已陆续入住。江南第一城一期项目占地面积35000平方米，建筑面积60605.91平方米，容积率1.72，绿地率40%。住宅产品极为丰富，建筑类别有别墅类、花园洋房、叠加复式、小高层及高层等。别墅面积在200~355平方米，情景洋房为100~130平方米。花园洋房利用户型自身特点，各户通过自家独享的露台花园，自成一方景观天地，使没有临水的住户也能拥有另一番独特的园景。

汕头龙都禧园 位于汕头市珠江路与庐山路交界处，是市区住宅集中区域，周边生活设施配套齐全。项目占地约23000平方米，建设规模为8幢7~14层住宅楼，总建筑面积56426.5平方米。项目于2006年9月动工建设，2008年5月通过竣工验收。

为营造宜人的居住环境，小区以“令人心动的法式印象派浪漫花园”为主题进行设计建设，小区绿地率达33.9%，近8000平方米，种植的乔木达到43种愈500棵，配以40多种灌木、地被，加上流水淙淙、蜿蜒曲折的水景，形成一个生态绿色花园。

广州兰亭御园 位于海珠区海幢公园附近。项目定位为“传承地

▲*2009年广东省绿色住区——广州万科云山花园* *省房地产行业协会供稿*

缘，海幢文化”，秉承“开创文化景地，演绎城市和谐”的宗旨，将岭南园林的造园精髓完全融入到项目中，通过现代建筑和传统文化的完美融合，在市中心区域打造一个集教育强区、富商集居地历史、海幢公园文化、自然人文环境、独特的岭南园林社区于一体的高档精品社区。

项目规划为6栋高层建筑，总建筑面积约10万平方米，绿化率高达31%。项目致力为未来的住户提供优越的居住环境——形成东望海幢公园、北望珠江、沙面美景和南望中心绿化岭南园林的三重立体景观效果。小区园林由中心园林、架空绿化及空中绿化等多层绿化空间构成。外立面整体设计结合文化内涵，色彩清新高雅，现代感强烈。项目以岭南园林为载体来塑造小区的文化园林形象，整体与细部并重。表现岭南园林移步换景，曲径通幽，小中见大的园林精髓。重视叠石、水景等创作技巧，巧于借景与对景，突出园林的文化底蕴，力求创造一个具有浓郁人居文化氛围的高尚住宅小区形象。

佛山中海万锦豪园　地处南海新城区中轴线，位于千灯湖公园东侧，用地面积27.04万平方米，总建筑面积约82万平方米，其中住宅建筑面积约为60万平方米。规划设计借鉴中国岭南园林“借景”、“造景”的处理手法，充分营造自然山水园林社区。以绿色作铺垫，水系作串联，功能为线索，道路作构架，铺叙全区的空间秩序，形成“一轴”（沿三胜河走向布置小区主入口、风情商业街，从城市到住区不再是“强硬”分割，而是有序的景观过渡。景观主轴的绵延水系，同中央景观轴紧密结合，联系南北小区，体现水文与人文的完美结合。）、“两区”（利用三胜河走向的商业街，自然地将整个小区分为南北两个社区。一轴两区共同围合成中心生态园林。南北两个社区又以园为单位组成了两个相对独立的园林空间，并与中央景观大道成渗透关系，形成“园中园”格局。）、“三环”（小区人车完全分流，外围车行交通。南北贯通的外环道路组成了社区内环绕中央生态园林的顺畅的车行环路系统，并结合行道高树组成第一道绿环，形成小区与外围道路的一道屏障。在外围26层高层区内侧有一条尺度适宜的步行环路系统，并结合景观树组成第二道绿环，形成中心核心区与外围高层区的绿化屏风。围绕社区核心湖面布置曲折错落的沿湖步行道，并结合建筑廊道、小桥等，组成联系紧密、尺度适宜的中央休闲步行环路系统，形成路随园转，景随路移的体验，并结合景观树组成中央绿核）的规划结构。

（省房地产行业协会）

▲2009 年广东省绿色住区——佛山中海万锦豪园　　省房地产行业协会供稿

住房保障

【概况】　2009年是广东省住房保障工作取得突破性进展的一年，全省各地贯彻落实国务院《关于解决城市低收入家庭住房困难的若干意见》和广东省人民政府《关于切实解决城镇低收入家庭住房困难的实施意见》，按照国家《廉租住房保障办法》和《经济适用住房管理办法》的相关规定，进一步完善住房保障制度，加强住房保障政策研究，加快廉租住房和经济适用住房房源筹集，落实资金筹集、土地划拨、税费减免等优惠政策，加强保障性住房后续监督管理，初步建立一套行之有效的监督机制，确保全省住房保障工作顺利推进。

【住房保障机构建设】　为推动广东省住房保障工作的有效开展，加强住房保障机构和人员建设，促进全省“住有所居”目标的实现，中共广东省委、省政府高度重视住房保障工作。2009年8月27日，广东省人民政府办公厅印发《广东省住房和城乡建设厅主要职责内设机构和人员编制规定》，设立住房保障处，其主要职责是：承担推进保障城镇低收入家庭住房的责任；拟订本省城镇住房保障政策法规、编制住房保障发展规划和年度计划并监督执行；会同有关部门做好省级财政廉租住房保障资金安排并监督各地组织实施。各地级以上市也利用本次机构改革的时机，进一步重视住房保障机构建设，广州、深圳、珠海、东莞、韶关、清远等市相应成立独立的住房保障管理工作机构。

【住房保障规划编制】 2009年，广东省在住房保障规划编制方面主要做了三个方面的工作：一是按照《珠江三角洲地区改革发展规划纲要（2008~2020)》的要求，全省各地加快住房保障规划编制工作。广州、深圳、佛山、江门、汕头等市组织有关单位编制保障性住房建设规划（2009~2011年)。省住房和城乡建设厅在组织实施三年保障性住房建设规划工作的基础上，推动《广东省城镇住房保障规划（2009~2020年)》的编制工作，完成规划编制的初稿。二是按照国务院批准的《珠江三角洲地区改革发展规划纲要（2008~2020)》的要求，省住房和城乡建设厅会同省财政厅对广东省基本住房保障均等化专题进行研究，制定2009~2020年广东省基本住房保障均等化规划，省政府印发的《广东省基本公共服务均等化规划纲要（2009~2020年)》也将基本住房保障均等化规划列为重要内容之一。三是省建设厅会同省财政厅，对广东省住房保障一体化工作

2009年广东省廉租住房保障情况

单位：户/套/平方米/万元

地区名称	累计解决户数(户)					已筹集廉租住房套数	施工廉租住房建筑面积	供应土地面积	筹集保障资金	实际投入资金	省级廉租住房保障补助资金
		实物配租	租赁补贴	租金核减	其他						
全　省	84589	33505	43597	6592	895	35966	3916392	2866432.50	875307.10	621486.98	41900.00
广州市	40053	11479	26515	2059	0	7858	997396	639869.00	292287.73	208697.70	0.00
深圳市	3631	1129	2502	0	0	3046	1169100	1200000.00	191933.00	191933.00	0.00
珠海市	1673	422	1251	0	0	422	20100	21600.00	10646.00	10646.00	0.00
汕头市	9669	4788	2788	2093	0	4788	277199	150801.00	38685.00	36985.00	3975.00
佛山市	3138	1436	1661	41	0	3158	249600	100400.00	31464.00	31464.00	0.00
韶关市	1246	1237	0	9	0	1166	108806	59603.00	11655.56	7579.41	3293.00
河源市	1640	571	560	0	509	571	30160	9723.00	4290.00	4290.00	3129.00
梅州市	2319	1160	998	101	60	1253	74286	44702.00	8642.12	8482.92	3206.00
惠州市	1001	856	145	0	0	1001	135948	138817.00	9552.00	9552.00	2411.00
汕尾市	898	686	184	28	0	824	42000	25700.00	4332.60	4332.60	2674.00
东莞市	554	175	267	112	0	1708	130765	37730.00	176339.29	21761.80	0.00
中山市	1677	1023	200	454	0	1074	73000	18000.00	32000.00	32000.00	0.00
江门市	2575	1852	565	158	0	1913	100605	45523.00	11192.52	8589.50	607.00
阳江市	1282	1282	0	0	0	1282	49894	31337.00	10747.00	10747.00	2996.00
湛江市	3048	1002	2046	0	0	1002	57467	36776.50	7233.76	6749.22	3491.00
茂名市	3317	815	2121	352	29	813	68123	41996.00	4284.00	4835.00	3551.00
肇庆市	1309	1021	152	30	106	1363	40586	46285.00	12507.12	14135.08	3173.00
清远市	695	431	247	17	0	431	23372	24872.00	2133.00	3539.47	2464.00
潮州市	2470	623	972	875	0	623	196367	99278.00	4639.00	4659.00	2394.00
揭阳市	1634	913	341	226	154	977	49389	76750.00	5479.88	5314.88	2448.00
云浮市	760	604	82	37	37	693	22229	16670.00	5263.52	3782.90	2088.00
珠三角	55611	19393	33258	2854	106	21543	2917100	2248224.00	767921.66	528779.08	6191
粤　东	18630	8741	5843	3323	723	9036	669401	406954.00	66068.6	64064.4	17826
粤　西	8407	3703	4249	389	66	3790	197713	126779.50	27528.28	26114.12	12126
粤　北	1941	1668	247	26	0	1597	132178	84475.00	13788.56	11118.88	5757

（戴燕娣）

进行专题研究，对2009~2020年广东省近期和中长期如何实现基本住房保障区域一体化、城乡一体化工作提出目标、政策和措施。

【住房保障体系建设】 2009年，广州、深圳、东莞等地积极探索住房保障体系建设，初步形成廉租住房、经济适用住房、公共租赁住房（含经济租赁住房）、限价商品房等住房保障体系。广州对符合经济适用住房保障条件却买不起经济适用住房的家庭，提出经济租赁房的保障理念，采用租售并举的方法解决其居住问题；深圳市起草制定《深圳市保障性住房条例》；东莞市实行住房保障城乡一体化等措施。这些城市住房保障体系的建立，丰富了全省住房保障的方式，推动了全省住房保障工作的有效开展。

【住房保障制度建设】 2009年,广东省各地加强廉租住房和经济适用住房制度的规范化管理，廉租住房和经济适用住房制度得到进一步完善。是年，为推动保障性住房制度规范化管理，按照住房和城乡建设部的统一部署，全省各地进行全面的保障性住房规范化管理自查工作，广东省组织检查组进行抽检。各地均能按照国家和省有关保障性住房制度及政策的要求，细化有关管理办法，保障性住房规范化工作取得较好进展。广州市为加强保障性住房小区规范管理，完善保障性住房后续监管长效机制，提高小区服务管理水平，制定出台《广州市保障性住房小区管理扣分办法（试行)》，在全国产生广泛影响。

【住房保障机制建设】 2009年，广东省积极加强住房保障机制建设。一是建立目标责任制。1月，省建设厅按照省政府《关于切实解决城镇低收入家庭住房困难的实施意见》的要求，对各地级以上市政府是年解决城镇低收入住房困难家庭责任目标进行了确认。2月18日，

2009年广东省经济适用住房情况

单位：户/套/平方米/万元

地区名称	已解决户数	已建成经济适用住房套数	施工经济适用住房建筑面积	供应土地面积	完成投资
全　省	79994	85203	6989661.00	4437251.80	1459387.87
广州市	23803	22098	1416483.00	1792452.00	641521.90
深圳市	5957	8418	1673900.00	600000.00	434302.00
珠海市	718	718	52000.00	40000.00	11680.00
汕头市	28102	28107	1532162.00	837900.00	92502.85
佛山市	973	1126	333000.00	59200.00	18534.00
韶关市	607	982	79429.00	66703.00	6325.01
河源市	1795	1795	121550.00	63205.00	15473.00
梅州市	720	670	62960.00	62972.00	7711.30
惠州市	5857	6662	552658.00	138817.00	100563.00
汕尾市	148	148	24000.00	6800.00	750.00
东莞市	174	2950	232841.00	56250.00	38631.15
中山市	796	796	49100.00	31000.00	5628.79
江门市	4069	4062	298703.00	191820.00	27966.60
阳江市	1002	1002	108000.00	82000.00	5970.00
湛江市	423	423	44320.00	62710.00	10875.00
茂名市	2616	2616	232058.00	216868.00	21241.00
肇庆市	1829	2183	143929.00	82974.00	15937.07
清远市	83	83	7755.00	6391.80	725.00
潮州市	0	0	1753.00	16867.00	108.00
揭阳市	302	324	19460.00	17322.00	2162.20
云浮市	20	40	3600.00	5000.00	780.00
珠三角	44176	49013	4752614.00	2992513.00	1294764.51
粤　东	31067	31044	1761885.00	1005066.00	118707.35
粤　西	4061	4081	387978.00	366578.00	38866.00
粤　北	690	1065	87184.00	73094.80	7050.01

（戴燕娣）

在全省建设工作会议上，省长黄华华与各地级以上市市长签订《广东省2009年度解决城镇低收入家庭住房困难目标责任书》。随后，各地级以上市按照目标责任制的形式，将目标任务层层分解，同所辖县区签订目标责任书，并明确各相关部门的职责。二是建立全省解决城镇低收入家庭住房困难目标责任考核制度。3月，省政府办公厅印发《广东省解决城镇低收入家庭住房困难工作目标责任考核办法》。8月，省住房和城乡建设厅印发《广东省解决城镇低收入家庭住房困难工作目标责任考核量化评分细则》，使考核工作进一步具体化。三是建立督查工作机制。是年，省住房和城乡建设厅会同省监察厅、财政厅、国土资源厅、民政厅、物价局等部门针对各地工作的开展情况，组织一次全面检查，同时对住房保障工作落后的地区开展3次专项督查，促进了各地重视和加强住房保障工作。四是建立统计报表制度和完成情况定期公布制度。在做好全省各市完成情况统计上报的同时，从是年第二季度起，对各市每季度完成省政府下达的目标责任任务情况进行一次公布。通过公布情况、表扬先进和鞭策落后，促进各级政府重视住房保障工作。

【保障性安居工程联席会议制度】 2009年5月27日，广东省人民政府召开全省保障性安居工程工作电视电话会议。副省长林木声总结全省保障性安居工程建设成效并提出全省今后的工作目标任务，启动全省保障性安居工程工作。保障性安居工程涵盖廉租住房、经济适用住房、公共租赁住房、限价商品住房、城市棚户区、林区棚户区、垦区棚户区、国有工矿棚户区、农村危房改造等工程，是全面解决低收入家庭住房困难问题的民生工程。11月26日，省政府批准建立广东省保障性安居工程工作联席会议制度，由主管副省长任第一召集人，

2009年广东省住房货币分配情况

地区名称	期末累计发放人数(人)					期末累计发放资金(万元)				
	合计	其中				合计	其中			
		机关	事业	企业	其他		机关	事业	企业	其他
全省	583182	108777	173541	300379	485	1260122.24	256380.58	389636.59	613867.93	237.14
广州市	281140	24520	63142	193478	0	648788.00	61853.00	187830.00	399105.00	0.00
深圳市	7000	1600	2600	2800	0	34600.00	5600.00	11000.00	18000.00	0.00
珠海市	36775	9044	9004	18727	0	110851.11	25721.76	33745.99	51383.36	0.00
汕头市	20744	4572	2939	13233	0	23089.84	5671.00	2121.34	15297.50	0.00
佛山市	32458	16656	8917	6885	0	95836.55	65476.93	12482.25	17877.37	0.00
韶关市	4646	1650	1890	1106	0	6061.50	1716.74	2423.71	1916.70	4.35
河源市	5436	3843	828	765	0	5920.80	1884.20	2566.50	1470.10	0.00
梅州市	6042	965	763	4314	0	11174.38	1859.60	1515.70	7799.08	0.00
惠州市	16523	5513	7569	3441	0	16848.00	4450.00	7932.00	4466.00	0.00
汕尾市	40	40	0	0	0	37.10	37.10	0.00	0.00	0.00
东莞市	62610	10821	38648	13141	0	82682.10	13804.60	47185.10	21692.40	0.00
中山市	19176	5731	10273	3172	0	92007.00	34224.00	44741.00	13042.00	0.00
江门市	22367	5472	7426	9469	0	53940.67	14414.36	16799.98	22726.33	0.00
阳江市	4459	1758	0	2701	0	3533.00	2927.20	0.00	605.80	0.00
湛江市	11073	1116	1538	8419	0	13224.00	943.00	570.00	11711.00	0.00
茂名市	12762	3500	6611	2651	0	8244.60	1357.40	3587.20	3300.00	0.00
肇庆市	12194	1893	3747	6554	0	17346.21	2319.59	6948.80	8077.82	0.00
清远市	9713	3641	929	5143	0	15525.00	4457.12	2300.88	8767.00	0.00
潮州市	3527	1262	1519	746	0	4629.92	1800.74	1680.50	1148.68	0.00
揭阳市	2099	150	369	1095	485	2208.07	53.83	443.12	1478.33	232.79
云浮市	12398	5030	4829	2539	0	13574.39	5808.41	3762.52	4003.46	0.00
珠三角	490243	810250	151326	257667	0	1152899.64	227864.24	368665.12	556370.28	0.00
东翼	26410	6024	4827	15074	485	29964.93	7562.67	4244.96	17924.51	232.79
西翼	28294	6374	8149	13771	0	25001.60	5227.60	4157.20	15616.80	0.00
粤北山区	38235	15129	9239	13867	0	52256.07	15726.07	12569.31	23956.34	4.35

(戴燕娣)

省政府主管副秘书长、省发展改革委主任、省住房和城乡建设厅厅长任召集人，省住房和城乡建设厅、发展改革委、财政厅、监察厅、民政厅、国土资源厅、扶贫办、国资委、林业局、农垦局、审计厅、地税局、物价局、人民银行广州分行、银监会广东监管局等15个部门的领导为成员。联席会议制度的建立，加强了对住房保障工作的领导和协调。

【住房保障政策研究】 2009年，针对当前廉租住房和经济适用住房制度的政策不相衔接和不够完善，公共租赁住房制度尚未有效建立，住房保障体系不够完善，住房供应结构不够合理等问题，广东省各地进一步加强调查研究，创新工作思路，研究住房保障制度体系和相关配套政策的完善工作。一是研究全省发展公共租赁住房的有关意见，推进建立公共租赁住房制度。二是探索研究关于完善全省廉租住房、经济适用住房制度的若干意见，推进廉租住房和经济适用住房制度相衔接。三是研究探索支持发展保障性住房相关优惠政策。在土地出让、税费减免、金融支持等方面给予政策优惠，以带动更多的企业单位投入资金和土地建设中低价位商品住房、经济适用住房和公共租赁住房。

【廉租住房保障省级专项补助资金】 2009年3月，广东省政府办公厅为贯彻落实《国务院办公厅关于促进房地产市场健康发展的若干意见》，出台《关于促进我省房地产市场平稳健康发展的若干意见》，其中第一条重点强调："要加大保障性住房建设力度，省财政2009~2011年每年安排2亿元专项补助资金，用于我省经济欠发达地区廉租住房保障资金的补助。" 8月，省财政厅、省住房和城乡建设厅联合修订《广东省城镇廉租住房省级专项补助资金管理办法》，对城镇廉租住房省级补助资金的补助范围、用途、资金申报、分配、下达、拨付、监督管理等环节作了进一步规范。11月，省财政厅和省住房和城乡建设厅按照修订的管理办法制定了资金分配方案，并下拨了2亿元专项补助资金。

【住房保障基础工作】 2009年，广东省继续加强住房保障基础工作。一是建立住房保障管理信息系统。是年，全省各地大力推进住房保障管理信息系统建设，把建立和完善住房保障管理信息系统作为解决城镇低收入家庭住房困难目标责任考核的一项重要内容。广州、深圳、汕头、佛山、韶关、惠州、肇庆、汕尾、东莞、江门、阳江、清远、云浮、河源等14个地级以上市基本建成本市的住房保障管理信息系统，至2009年底全省60%的地级以上市建立住房保障管理信息系统，其他各市也在筹建中，初步实现住房保障档案管理、项目建设管理、房源管理、住房调查管理、计财统计管理和公共信息服务的信息化和动态化管理，全面提升住房保障工作的科学决策和规范化管理水平。二是组织编制保障性住房建筑规范。年内组织编制《广东省保障性住房建筑规范》（初稿）。三是进一步规范住房保障档案管理。住房保障对象的纸质档案收集、整理、保管、利用以及档案更新等动态管理在全省住房保障规范化管理检查中得到进一步的规范，各地的档案管理水平明显提高。

【城镇住房保障工作成效显著】 从2009年起，广东省住房保障覆盖面在实现城镇低保住房困难家庭廉租住房保障应保尽保的基础上，全面扩大到城镇低收入住房困难家庭。2009年通过实物配租、租赁补贴、租金核减等方式，全省新增对3.55万户城镇低收入住房困难家庭实施廉租住房保障，其中实物配租1.58万户，租赁补贴1.97万户；新增对1.26万户符合经济适用住房条件的低收入住房困难家庭提供经济适用住房。是年公共租赁住房建设也取得新进展，全省共筹集公共租赁住房1667套，开工建设1.21万套，为全省下一步推进公共租赁住房制度作了有益尝试。2009年是全省历年来住房保障工作投入最大、

▲*2009年10月15日，中山市房地产交易登记管理所举办交易业务知识学习培训班* 　*汤绮静　摄*

完成任务最好的一年。

此外，全省各地日益重视外来务工人员的住房保障工作，通过在工业园区及工业用地上规划配套建设向外来工出租的集体宿舍，探索建设外来工公寓，培育和发展包括城中村在内的住房租赁市场，让外来务工人员通过多种渠道根据需要租住合适的住房，改善外来务工人员的居住条件。

【保障性住房小区选介】2009年，广东省有保障性住房小区105个，其中年内新增75个、在建47个。

韶关市沙洲尾廉租住房小区　规划用地6552平方米，建设总规模1.4万平方米，计划总投资2600万元，新建3层住宅1幢、7层住宅4幢，住宅套数251套，其中二房一厅174套（户型面积37~40平方米），一房一厅77套（户型面积30~33平方米），于2008年7月18日开工，2009年7月底竣工。项目施工单位为韶关市住宅建筑工程有限公司。8月19日举行第一批廉租住户入住交钥匙仪式，实现当年“应保尽保”的目标。

广州市芳村花园二期　位于荔湾区东滘街，东至地铁一号线坑口站约100米，南侧为龙溪大道，西面与芳村花园一期住宅小区相对(中间为26米宽的规划路)，占地面积11.96万平方米，总建筑面积47万平方米，分为住宅生活区、学校区、综合商业文化区三个功能区。住宅区由17幢24~32层单体塔楼及两幢内廊式28层连体楼组成，住宅建筑面积35.8万平方米，5935套。其中，经济适用住房3988套，廉租住房1947套。学校区由小学、幼儿园各1所组成。小学建筑面积9026平方米，按18个教学班设计。幼儿园建筑面积约5000平方米，按9个教学班设计。综合商业文化区包括1幢4层的商业综合楼（约2万平方米）、超市、商铺、社区文化中心、街道办事处、派出所等配套设施。

(卓云峰)

2009年广东省住房公积金缴存情况

地区名称	缴存职工人数		缴存率	缴存总额	缴存余额	当年缴存额	占缴存余额	增值收益
	应缴(人)	实缴(人)	(%)	(万元)	(万元)	(万元)	(%)	(万元)
全　省	8088286	5749734	71.09	22309763.18	10562504.98	4806181.66	45.50	180445.48
广州市	2833112	2500326	88.25	12419008.88	5250905.26	2365752.42	45.05	91666.77
深圳市								
珠海市	296880	285520	96.17	1157207.12	382966.66	275407.29	71.91	8233.00
汕头市	296090	122911	41.51	546298.37	347782.28	107586.77	30.94	4867.83
佛山市	542202	475676	87.73	1364178.59	613927.55	384889.90	62.69	10531.29
韶关市	192700	153782	79.80	607605.62	363006.10	126431.51	34.83	4838.82
河源市	130525	100149	76.73	197653.75	106828.38	49724.75	46.55	930.95
梅州市	161729	145111	89.72	318668.00	217180.00	68721.98	31.64	3208.45
惠州市	754854	222039	29.41	543458.38	274676.00	139608.38	50.83	6156.80
汕尾市	68834	32218	46.81	74296.33	41544.00	17995.41	43.32	226.00
东莞市	566832	465225	82.07	1317829.67	756879.64	354553.69	46.84	12043.08
中山市	256450	157566	61.44	481293.27	242256.52	124577.55	51.42	3010.48
江门市	416995	211305	50.67	735895.08	387684.11	166909.01	43.05	9793.05
阳江市	145900	60773	41.65	137602.57	88054.18	37450.56	42.53	627.32
湛江市	385673	227529	59.00	722354.68	441628.45	175507.36	39.74	6554.81
茂名市	295581	136657	46.23	492668.05	315565.16	107559.94	34.08	5635.78
肇庆市	256900	133228	51.86	322210.41	189735.89	71268.41	37.56	3333.27
清远市	177413	88378	49.81	351710.10	211632.60	104295.54	49.28	4206.28
潮州市	114900	73486	63.96	162773.00	108747.00	36784.00	33.83	730.74
揭阳市	128300	72502	56.51	180491.34	113504.63	46693.92	41.14	1964.35
云浮市	166416	85353	51.29	176559.97	108000.57	44463.27	41.17	1886.41
珠三角	5667775	4293319	77.11	17859788.13	7856775.11	3758389.10	47.84	141757.26
东　翼	608124	301117	49.52	963859.04	611577.91	209060.10	34.18	7788.92
西　翼	827154	424959	51.38	1352625.30	845247.79	320517.86	37.92	12817.91
粤北山区	828783	572773	69.11	1652197.44	1006647.65	393637.05	39.10	15070.91

(戴燕娣)

2009年广东省住房公积金使用情况

地区名称	个人提取情况		个人贷款情况					
	提取总额（万元）	当年提取（万元）	累计发放额（万元）	当年发放额（万元）	贷款余额（万元）	个贷率(%)	累计发放户数（户）	逾期率(%)
全　省	11747258.20	3266552.38	8555733.99	2689004.20	5664387.00	53.63	456172	0.035
广州市	7168103.62	1749176.16	4517518.83	1146443.55	2695012.69	51.32	186479	0.004
深圳市								
珠海市	774240.46	235368.30	500807.91	195743.60	356396.30	93.00	26352	0.010
汕头市	198516.09	40947.78	31889.45	16779.25	28500.76	8.20	1634	0
佛山市	750251.04	282933.26	726123.73	337841.03	534078.46	86.99	43184	0.004
韶关市	244599.52	81149.41	145136.93	61610.56	101456.32	27.95	22035	0.143
河源市	90825.37	27625.37	116963.70	33395.70	81263.08	76.07	12120	0.142
梅州市	101488.00	33715.93	153820.00	64341.50	110222.00	50.75	15638	0.000
惠州市	268782.38	80386.38	250698.88	84117.18	174023.43	63.36	20581	0.153
汕尾市	32752.33	9193.32	0.00	0.00	0.00	0.00	0	0.000
东莞市	560950.03	201112.25	775177.30	202739.07	578098.13	76.38	27921	0.023
中山市	239036.75	83114.10	219858.88	75198.00	160474.40	66.24	11161	0.000
江门市	348210.97	104599.08	274705.08	107267.85	197849.17	51.03	25428	0.031
阳江市	49548.39	17425.02	58854.20	17534.90	47520.75	53.97	3673	0.000
湛江市	280726.23	95986.38	213695.69	99588.00	163458.18	37.01	16818	0.001
茂名市	177102.89	63348.93	175008.89	63086.41	122365.59	38.78	12683	0.000
肇庆市	132474.52	36623.52	146365.60	55925.60	106471.82	56.12	12536	0.069
清远市	140077.50	63041.25	168971.48	92392.10	141505.46	66.86	11443	0.002
潮州市	54026.00	14972.00	6252.40	2541.10	5290.41	4.86	417	0.000
揭阳市	66986.71	22454.17	12417.70	9072.30	11471.75	10.11	844	0.000
云浮市	68559.40	23379.77	61467.34	23386.50	48928.30	45.30	5225	0.031
珠三角	10242049.77	2773313.05	7411256.21	2205275.88	4802404.40	61.12	353642	0.036
东　翼	352281.13	87567.27	50559.55	28392.65	45262.92	7.40	2895	0.000
西　翼	507377.51	176760.33	447558.78	180209.31	333344.52	39.44	33174	0.000
粤北山区	645549.79	228911.73	646359.45	275126.36	483375.16	48.02	66461	0.058

住房公积金监管

【概况】 2009年，广东省住房和城乡建设厅设立住房公积金监督管理处，编制3人，于11月正式开始运作。

做好住房公积金归集扩面工作　年末，全省应缴职工人数808.8万人，实际缴存职工人数574.97万人，实缴人数比上年增加26.8万人。住房公积金缴存率为71%。全省应缴人数比上年增长13.4%，实缴人数增长4.9%。全省缴存总额2230.78亿元，比上年增长27.5%。年内新增缴存额480.42亿元，比上年增加75.4亿元，增长18.6%；缴存余额1056.05亿元，增长17%。其中年内新增缴存余额153.77亿元，比上年下降19.2%。

推动住房公积金支持职工住房消费　为配合省政府进一步促进房地产市场健康平稳发展的政策落实，指导部分地级以上市调整住房公积金贷款最高限额，并辅以降低贷款首付比例、延长贷款期限、扩大购房提取范围、实现跨县（市、区）购房贷款等政策，促进住房公积金贷款额和提取额大幅增长。至年末，全省提取住房公积金总额1174.73亿元，比上年增长27.8%，占住房公积金缴存总额的52.67%；年内新增提取额326.66亿元，占当年缴存额的68%，增加112.05亿元，增长52.2%。全省个人住房贷款发放总额855.57亿元、45.6万笔，分别比上年增长31.4%和20.9%，占缴存总额38.4%；年内新增发放个人贷款268.9亿元、9.5万笔，占缴存额的56%，增加117.12亿元、2.7万笔，分别增长77.16%和39.7%；个人贷款余额为566.44亿元，增长33.3%；新增余额188.7亿元，增加90.26亿元，增长91.7%；个人贷款逾期率0.038%，比上年减少0.026个百分点。

【住房公积金专项治理】 2009年，广东省开展住房公积金管理专项治理领导小组成员单位共同转发住房和城乡建设部等七部门《关于2009

年继续开展加强住房公积金管理专项治理工作的实施意见》，并结合全省实际提出有关要求。一是加强省级监管。制定省级监管办法和业务管理考核办法，并督促各管理中心进行年度自查。二是完善公积金管理工作规程。要求各地定期召开管委会会议，研究重大事项，做到民主、依法决策。三是理顺管理体制，完善内控制度。落实重点环节的管理制度，建立关键岗位工作目标责任制、岗位责任制和轮岗制度。四是纠正查处损害国家和职工利益的突出问题。重点对2007年审计发现的问题和2008年专项治理工作发现的问题进行整改，对违规存放、违规发放贷款、挪用、违规提取使用、不按规定提取管理费等行为进行清理，纠正违规行为，对历史上一些项目贷款等拖欠公积金的城市加大清欠督促力度。五是发挥住房公积金支持职工购房和支持住房保障工作方面应有的作用。

住房公积金监管职能和管理机构建设 按照《住房公积金管理条例》规定，进一步完善公积金管理委员会的组成结构和工作规程。面对2009年房地产市场大幅波动的情况，各地级市发挥住房公积金管委会的决策作用，加强对公积金的监督管理，坚持定期召开会议，民主、公开讨论确定公积金的具体管理事项，做到民主、依法决策；制定和完善公积金的具体管理措施，依法履行职责；严格同级监管，加强财政监督、人大审议；同时公开接受社会监督，强化政务信息公开工作，增强公积金管理运行的透明度。

完善内控制度，理顺管理体制 全省大部分管理中心不断完善管理体制，健全各项制度，建立预防职务犯罪的长效工作机制，促使住房公积金安全运行。一是理顺中心内部科室职能分工，提高内部运作效率。二是健全内控制度。对归集、贷款、提取、核算等重要环节的制度进行修订和补漏，确保制度管人、管事、管钱。三是约束关键岗位。遵循住房公积金资金运行统一管理、专户储存、专项使用、安全运作社会监督等原则，明确资金运行程序、部门和人员责任。杜绝发生项目贷款、委托理财、违规购买国债等现象。

【全省住房公积金管理工作座谈会】 于2009年6月16日召开。各地级市住房公积金管理中心主管领导、中心主任和部分市的分管市长、省住房公积金专项治理领导小组成员单位的负责人参加会议。会议主要是总结近年来尤其是2008年全省建设系统住房公积金管理工作，分析当前的形势和存在问题，研究部署2009年工作。广东省建设厅副厅长陈英松提出住房公积金发展必须做到“坚持依法催建催缴，继续扩大缴存覆盖面，做大做强住房公积金事业；坚持适度扩大贷款规模与加强防范控制风险相结合，确保住房公积金运行安全；坚持以人为本，强化住房公积金管理服务”。根据“着力健全监管制度，落实监管责任，加大督查力度，不断提高管理水平；着力加强机构建设，理顺管理体制，真正实现管理工作‘四统一’；着力完善机制，加强管理，堵塞漏洞，预防职务犯罪；着力推进住房公积金信息系统的建设，建立统一规范的运作模式；着力加强政策的宣传，为住房公积金制度的发展创造良好的舆论环境”的工作要求。会上，省监察厅和人民银行广州分行的负责人分别针对领导廉洁和管理中心与银行间的沟通问题作发言。各市住房公积金管理代表针对自身工作存在问题发言，并对广东省今后一段时间公积金事业的发展提出自己的看法。

▲2009年建成的茂名市二期廉租房　　茂名市房管局供稿

【行业管理人员培训】 2009年，针对全省各地管理中心的从业人员基本素质、管理水平参差不齐的现状，广东省住房和城乡建设厅组织部分市相关人员参加住房和城乡建设部的培训学习和业内人员到兄弟省市学习考察；9月组织全省住房公积金业务管理骨干研讨班，134人参加。研讨班重点研讨公积金管理制度、《住房公积金管理条例》和相关监管部门的政策文件；针对公积金管理中心容易产生权力寻租的薄弱环节邀请省检察院的领导专门讲授有关“职务预防”问题，并邀请国内知名的专家和审计部门的专家授课。

【住房公积金支持职工住房消费】 2009年，广东省住房和城乡建设厅积极引导各地住房公积金管理系统落实国务院办公厅关于促进房地产市场健康发展的若干意见和省政府办公厅关于促进房地产市场平稳健康发展的若干意见的要求，适当提高住房公积金缴存和贷款比例，简化办事程序，促进职工使用住房公积金购房，改善居住条件；同时推进珠三角地区8个城市建立住房公积金异地互贷购房机制，进一步发挥住房公积金支持职工住房消费的作用。

【茂名市推进公积金信息化建设】 从2000年年初开始，茂名市住房公积金管理中心开始搭建住房公积金信息化管理平台，实施住房公积金信息化管理工作。一是组织制定实施方案，通过方案确定信息化管理的目标要求、方法步骤和保证措施等；二是加强对员工的科技、业务知识的集中学习培训；三是制定《系统授权管理制度》、《上机登记管理制度》等信息化管理的规章制度，保证前后台会计、系统管理人员的规范操作，防止管理漏洞的发生。通过实施信息化管理，将全市住房公积金的运作纳入系统管理之中，从根本上提高资金的科学管理水平，杜绝公积金的体外循环，规避了内部风险，提高了中心的效能建设和服务水平。

至2009年底，茂名市住房公积金管理中心形成了以业务管理系统为基础，监督管理系统为保障的信息管理服务平台，建立“中心主机、市县联网、三级账户、统一核算”的运行模式，全面实现住房公积金财务电算化、资金监督管理透明规范化、住房公积金个人信息查询渠道多样化，提高了住房公积金的整体管理水平。中心先后被评为茂名市文明单位、政务公开优秀单位、依法治市工作先进单位、党风廉政建设责任制好单位、机关作风建设优秀单位、办理提案先进单位等。 （张文宇）

机构选介

【中山市房地产行业协会】 成立于1998年，是由中山市房地产企业、物业管理企业、房地产中介以及房地产相关企业自愿参加组成的地方性、行业行、非营利性的社会组织。2009年有会员单位323个。该协会的最高权力机构是会员代表大会，理事会是会员大会的执行机构。协会下设物业管理专业委员会、房地产中介专业委员会。

服务宗旨是：廉洁自律、坚持“双向”服务、在政府与企业之间起桥梁和纽带作用；维护企业的合法权益，开展行业服务。主要任务是：研究、探讨房地产业改革和发展的理论、方针、政策，开展房地产业发展的调研和交流，向政府主管部门提出有利行业发展等方面的建议；配合业务主管部门开展住宅与房地产业的企业与市场管理、开展全市住宅示范工程及相关各类奖项的评选和管理；组织开展业内人员技能培训和资格认定，向社会推荐和介绍本行业的优秀企业、优秀产品；组织行业协作与协调，促进行业自律；收集、传播国内外房地产管理、经济技术情报和市场信息；编辑出版行业专刊；协同有关单位举办展览；组织行业交流；协助会员单位培训技术和管理人才，提高企业素质；开展同国内外相关社团组织的友好往来，开展经济技术、学术等方面的合作与交流；承办政府部门、会员单位委托办理的事项；组织有利于本行业发展的其他活动。

协会主办的《中山市房地产简讯》，立足中山，面向行业，及时传递各地的经验和信息。

【惠州市房地产业协会】 成立于1995年12月26日，具有法人资格的社会团体，业务主管部门是惠州市规划建设局。2009年有会员单位504家。主要任务和业务范围是按照《惠州市房地产业协会章程》的规定，坚持“双向服务”的方针，积极协助规划建设局加强行业管理，开展调查研究，制定行规行约，宣传政策法规，搞好培训教育，收集传播信息，编辑书刊，组织交流考察，开展精神文明建设活动等。经过10多年的发展，惠州市房协在摸索中前进，在前进中成长，走上了一条自我发展、壮大之路，起到连接政府与企业之间的桥梁和纽带作用，在行业内、社会上产生一定的影响，并成为被会员单位认可的“行业之家”。2005年被省民政厅评为“全省先进民间组织”；2006年，惠州市房协获评“全国房地产行业先进协会”；会刊《惠州房地产》荣获“2006年中国房地产最具地方性优秀期刊”和“2007中国房地产综合最佳金质期刊”。

【深圳市物业管理协会】 由深圳市民政局注册登记的具有法人资格的社会团体。业务指导部门是深圳市住房和建设局，监督部门是深圳市民间组织管理局。

该协会成立于1993年6月28日，是全国物业管理行业的第一家协会组织，是深圳市物业服务行业的自律性组织。其宗旨是：遵守国家宪法、法规，以经济建设为中心，坚持四项基本原则，适应社会主义市场经济体制的要求，不断推进物业管理健康、稳定、协调、持续发展。根据《深圳市行业协会条例》、《深圳经济特区物业管理条例》的有关规定和深圳市住房和建设局的授权委托，其主要工作职能为：制定行业技术标准、行业行为准则及道德规范；组织行业从业人员的业务培训、考试；向政府部门反映行业意见、建议和要求，维护会员合法权益；受理行业咨询投诉，组织调查，协调争议，并向指导部门提出处理意见；参与企业申请资质证书及资质年审的复核工作；组织物业管理优秀项目的综合考评工作；组织会员单位开展各项考察、交流及联谊活动等。深物协的主要任务是认真贯彻落实《深圳经济特区物业管理条例》的精神，按照《深圳市物业管理协会章程》的规定，坚持“双向服务”的方针，协助政府加强行业管理，理顺各方关系，当好政府的参谋和助手；真实反映企业的意愿和要求，维护物业服务企业合法权益，在政府、企业与广大业主之间积极发挥桥梁、纽带作用。

(省住房和城乡建设厅住房发展与房地产市场监管处)

建设科技与建筑节能

□全省建设系统获全国华夏科技奖十五个

□建设科技整体水平达国内先进水平

□发布十六项全省建设行业技术成果推广项目

□建筑节能技术标准体系不断完善

□认定第一批省级建筑节能检测机构

综　述

【概况】　2009年，广东省建设科技工作，以加强技术攻关、试点示范、成果推广为基础，努力提高建设科技水平；建设科技创新体系逐步完善，建设事业科技创新能力、产业化能力和集成创新能力进一步提高。建设科技的整体水平达到国内先进水平，部分科研成果达到国际先进水平。低投入、低消耗、低排放的集约型城镇发展模式初步形成，节地、节能、节材水平也有较大程度提高，建设科技与节能工作逐步走上科学发展的轨道。重点领域应用技术的研究开发力度进一步加大。

【全省建筑节能工作会议】　2009年4月24日，广东省建设厅在深圳召开全省建筑节能工作会议。住房和城乡建设部建筑节能与科技司巡视员武涌、省建设厅副厅长李台然等出席会议并作讲话。各地市的建设局（建委）分管建筑节能工作的领导、主管建筑节能的科室和设计科负责人、建筑节能机构负责人、建筑设计院技术负责人、省建设厅机关相关处室领导、直属单位负责人等100多人参加。会议的主要任务是总结2008年全省建筑节能工作情况，研究部署2009年的建筑节能工作。李台然代表省建设厅总结全省2008年的建筑节能工作，着重分析当前全省建筑节能工作所面临的形势与要求，并提出2009年要着力抓好三项工作：切实推进建筑节能监管体系建设工作；全力推进建筑节能示范项目建设；大力抓好《民用建筑节能条例》的贯彻落实工作。武涌阐述了2009年全国建筑节能工作的重点，着重讲解建筑节能监管体系建设和推进可再生能源在建筑中的规模化应用工作的工作思路，并对广东省的节能监管体系建设工作提出明确要求。同时，对广东的可再生能源在建筑中的规模化应用工作寄予殷切期望，尤其希望广东进一步加大太阳能光热系统、太阳能光电系统、地（水）源热泵在建筑中的应用力度。省建筑科学研究院副院长杨仕超在会议上详细讲解2008年全省建筑能耗统计工作完成情况和2009年的工作思路。全体与会人员参观了国家级建筑节能示范项目——深圳建科大楼，深圳建科院院长叶青介绍建科大楼的相关情况并作了题为“节能与绿色建筑示范项目建设的思考”的专题演讲。与会代表还就全省的建筑节能和可再生能源示范项目建设工作进行广泛的交流讨论。　　*(王礼贵)*

建设科技

【概况】　2009年，广东省建设系统获华夏建设科技奖项目15个，广东省科学技术奖项目15个，住房和城乡建设部科技计划项目56个。科技成果的转化、推广力度继续加大，完成科技成果鉴定159项，其中有1项达到国际领先水平；重点推广16项新型墙材、建筑节能材料与应用技术、施工技术与应用等方面的“四新”成果，建筑业、房地产业、市政公用行业科技进步贡献率明显提高。逐步完善建筑节能技术体系并建立与之配套的标准规范体系，发布7项行业标准，12项标准立项。科技支撑产业结构调整和增长方式转变的能力、建设科技管理水平进一步提高，企业和科研机构对建设科技的投入明显增长。但全省建设科技工作还存在一些问题和薄弱环节，如建设科技工作的制度、激励措施有待完善；建设科技成果项目转化率还很低；全省推广机制不健全，推广应用的手段、措施不足；乡镇污水处理成熟的成套技术短缺；住宅产业化技术水平低，工程质量问题较多；建设科技投入偏低，省级建设科技计划项目偏少等等。

【工程建设标准化建设】　2009年，广东省住房和城乡建设厅积极构建覆盖面广、特色鲜明、符合地方发展水平的工程建设标准体系。发布《城市地下空间开发利用规划与设计技术规程》等7项行业地方标准；立项标准有《城市地下空间开发利用检测监控技术标准》等12项。这些建设标准的颁布与实施，促进了城乡建设科技进步，规范了市场行为，确保了工程安全质量，推动了全省城乡建设事业的发展。

【科技成果鉴定】　2009年，广东省住房和城乡建设厅继续大力推进建设科技成果的推广与转化应用工作，全年组织完成科技成果鉴定159项，其中《PKPM建筑节能设计分析软件PBECA2008》通过鉴定，《复合型轻质隔墙施工技术》达到省内先进水平，《具有动水条件下的多层溶洞填充预处理技术研究》等11项成果达到省内领先水平，《Xsteel和SAP2000在超高层精度与变形控制方面的综合应用》等43项成果达到国内先进水平，《水中超深钢板桩围堰施工技术》等98项达到国内领先水平，《上软下硬复合地层地铁盾构掘进主要施工风险研究与控制》等4项成果达到国际先进水平，《复合地层中盾构法建设地铁地表沉降规律研究》达到国际领先水平。

【建设科技成果推广应用】　2009年，广东省住房和城乡建设厅继续加大科技成果的转化、推广力度，向全省发布16项广东省建设行业技术成果推广项目；全省共有15项科技成果获华夏建设科学技术奖，其中一等奖3项，二等奖4项，三等奖8项；审核推荐建设部科技计划项目70项，全省建设系统共有56项获得批准；审核推荐5项省科技计划项目；审核推荐《复杂填海地层中长距离玻璃钢夹砂管顶管施工关键

2009年广东省住房和城乡建设厅完成建设科技成果鉴定项目

序号	成果名称	完成单位	成果水平
1	南方地区外墙外保温砂浆抗裂与防渗施工技术研究	中国华西企业有限公司	国内领先
2	建筑用脚手架短钢管光电控制自动焊接技术研究	中国华西企业有限公司	国内领先
3	建筑设备及管线等电位联结集成施工技术研究	中国华西企业有限公司	国内先进
4	夹胶玻璃阳台围栏的拼装施工技术研究	中国华西企业有限公司	国内先进
5	超高层建筑钢柱高效制作技术	广东省建筑工程集团有限公司	国内领先
6	超高层建筑钢结构精确安装技术	广东省建筑工程集团有限公司	国内领先
7	Xsteel和SAP2000在超高层精度与变形控制方面的综合应用	广东省建筑工程集团有限公司	国内先进
8	汶川县城房屋震损评定与震害分析研究	广东省建筑科学研究院 广东省建设工程质量安全监督检测总站 广州市房屋鉴定事务所　广东省建筑设计研究院	国际先进
9	带约束拉杆异形钢构柱施工技术	广东省建筑工程集团有限公司 广东省第一建筑工程有限公司	国内领先
10	超高层悬挑式脚手架分段渐变翻搭施工技术	广东省建筑工程集团有限公司	国内领先
11	中承式劲性骨架拱桥水平转体施工技术	广东省建筑工程集团有限公司 广东省水利水电第三工程局	国内领先
12	C80混凝土一次泵送253m高度施工技术	广东省建筑工程集团有限公司 广东省第四建筑工程公司	国内领先
13	生活垃圾收集防腐真空管道连接施工技术	广东省建筑工程集团有限公司 广东省第四建筑工程公司	国内领先
14	新型复合保温节能墙体施工技术	广东省建筑工程集团有限公司 广东省第四建筑工程公司	国内领先
15	管道工程常温涂塑施工技术	广东省建筑工程集团有限公司 华南理工大学 广东建总实业发展公司	国内领先
16	三角轻型挂篮施工技术	汕头市达濠市政建设有限公司	国内领先
17	预应力张拉真空压浆施工技术	汕头市达濠市政建设有限公司	国内领先
19	多层地下室逆作法大空间阶梯式开挖施工技术	广州市住宅建设发展有限公司	国内领先
20	梁式机构转换层双测双控整体式无缝施工技术	广州市住宅建设发展有限公司	国内领先
21	软瓷环保装饰材料	广州福美软瓷有限公司	国内领先
22	复合地层中盾构法建设地铁地表沉降规律研究	广东省建筑工程集团有限公司 中国矿业大学	国际领先
23	上软下硬复合地层地铁盾构掘进主要施工风险研究与控制	广东省基础工程公司 广东华隧建设股份有限公司 广东省建筑工程集团有限公司　华南理工大学	国际先进
24	广东科学中心关键施工技术的研究	广东省建筑工程集团有限公司 浙江东南网架股份有限公司	国际先进
25	椭圆倒椎体石材幕墙施工综合技术	广东省第一建筑工程有限公司	国内领先
26	25m厚地基排水强夯处理技术	广东省第一建筑工程有限公司	国内先进
27	42米高陡岩石边坡加固与环境协调综合治理技术	广东省第一建筑工程有限公司	国内领先
28	地铁隧道用复合材料安全疏散平台	北京玻钢院复合材料有限公司 广州市纤力玻璃钢有限公司	国内领先
29	绝热用铝箔面硬质酚醛泡沫夹芯板	广州市华德新材料有限公司 广州市华德工业有限公司	国内领先
30	PKPM建筑节能设计分析软件PBECA2008	上海建科结构新技术工程有限公司	通过鉴定
31	超平地面施工精度控制关键技术	广东浩和建筑有限公司	国内领先
32	大面积OA网络高架地板施工及平整度控制关键技术	广东浩和建筑有限公司	国内领先
33	建筑节能设计综合评价软件	广东省建筑科学研究院	国内先进

(续上表)

序号	成果名称	完成单位	成果水平
34	广东省建筑节能工程施工质量验收资料管理软件	广东省建筑科学研究院 广东省建设工程质量安全监督检测总站	国内先进
35	双联拱隧道由主洞斜穿入中导洞施作中隔墙施工技术	深圳市建设(集团)有限公司 深圳市第一建筑工程有限公司	国内领先
36	喷涂聚脲弹性防水涂料	广东科顺化工实业有限公司	国内领先
37	虹吸式屋面雨水排水系统管道施工关键技术	广东浩和建筑有限公司	国内先进
38	陶粒混凝土施工分层离析控制技术	广东浩和建筑有限公司	国内先进
39	广东省(夏热冬暖地区)建筑节能构造标准设计系列图集	广东省建筑标准设计办公室 广东省建筑设计研究院	国内领先
40	大面积四周支撑式架空活动地板安装施工技术	汕头市建筑工程总公司	省内领先
41	ALC 外墙板干挂施工技术	汕头市建筑工程总公司	省内领先
42	复合型轻质隔墙施工技术	汕头市建筑工程总公司	省内先进
43	塑料疏水板在地下室特殊部位排水工程中应用的关键技术	广东正升建筑有限公司	国内先进
44	静压预应力管桩极限承载力试验研究	深圳市宝安区工程质量监督检验站	国内领先
45	SUB-B 硅酸铝憎水型复合保温砂浆	广州市苏葆节能环保材料有限公司	国内先进
46	倾斜建(构)筑物浅基础多功能辐射井高压射水纠倾技术	广东金辉华集团有限公司 广州市胜特建筑科技开发有限公司 北京交通大学	国内领先
47	倾斜建(构)筑物灌注桩基础顶荷载调控纠倾技术	广东金辉华集团有限公司 广州市胜特建筑科技开发有限公司 北京交通大学	国内领先
48	空间双曲面跳台及看台现浇清水混凝土施工技术	广州市第三建筑工程有限公司	国内先进
49	连环弧形拱体结构耐久性清水混凝土施工技术	广州市第三建筑工程有限公司 广州市金辉建筑置业有限公司 广州市建筑集团有限公司	国内领先
50	CTF 混凝土增效剂	广州市三骏建材科技有限公司	国内领先
51	大直径超长度钢管整体吊装沉管施工技术研究	广州金中天集团港航有限公司 广州金中天集团建设有限公司 广东中恒市政工程有限公司	国内领先
52	软弱土质大口径长距离钢筋混凝土管泥水平衡顶管施工纠偏及注浆减阻技术研究	广东华恒建设工程有限公司 广州金中天集团建设有限公司 广东省金信路桥有限公司	国内领先
53	流塑状淤泥中大型沉井施工技术研究	广州金中天集团建设有限公司 广州金中天集团港航有限公司 广东楚雄园林工程有限公司	国内先进
54	深基坑砂砾层跟套管钻进预应力锚索施工技术研究	广州金中天集团港航有限公司 广州金中天集团建设有限公司 广东中恒市政工程有限公司	国内先进
55	化学泥浆护壁示踪线塑料套管注浆加固非开挖定向和导向钻进施工技术研究	广东楚雄园林工程有限公司 广州金中天集团港航有限公司 广东省金信路桥有限公司	国内先进
56	孔桩爆破掘进技术研究	广东宏大爆破股份有限公司	国内领先
57	多种规格石料高强度开采技术研究	广东宏大爆破股份有限公司	国内领先
58	城市桥梁服役期间结构损伤检测与安全性评估系统	广州市建筑科学研究院有限公司 华南理工大学城市建设研究中心 广州市建筑集团有限公司	国内领先
59	大理石、花岗石密缝冰裂纹地面施工技术	广州市恒盛建设工程有限公司 广州市建筑集团有限公司	国内先进

（续上表）

序号	成果名称	完成单位	成果水平
60	软土层 Φ0.8mL58m 嵌岩冲击灌注桩施工技术研究	广州市恒盛建设工厂内各有限公司 广州市建筑集团有限公司	国内领先
61	工业厂房超高超重异形钢柱安装施工技术研究	广州市恒盛建设工程有限公司 广州市建筑集团有限公司	省内领先
62	软弱土层大面积满布密集管桩静压施工综合技术研究	广州市恒盛建设工程有限公司 广州市建筑集团有限公司	国内领先
63	大面积配筋混凝土超平无裂缝楼地面施工技术	广东电白二建工程有限公司	国内领先
64	渗透结晶内防水后作法施工技术	广东电白二建工程有限公司	省内领先
65	楼板负弯矩钢筋吊钩固定施工技术	广东三穗建筑工程有限公司	国内先进
66	钢筋混凝土梁底拉撑加固模板施工技术	广东三穗建筑工程有限公司	国内领先
67	双榀钢屋架顶预装配组合整体吊装施工技术	广东三穗建筑工程有限公司	省内领先
68	地下室梁板结构换撑体系施工技术	茂名市建筑集团有限公司	国内领先
69	超长不规则无缝地下室底板施工技术	茂名市建筑集团有限公司	国内先进
70	模板支撑系统变形连续监测及报警施工技术	佛山市新一建筑集团有限公司 广州市建筑机械施工有限公司	国内领先
71	钢结构柱安装基座一次性调平施工技术	佛山市新一建筑集团有限公司 佛山市南海第二建筑工程有限公司	国内领先
72	仿古建筑坡屋面阴角戗施工技术	佛山市新一建筑集团有限公司 佛山市南海第二建筑工程有限公司	国内领先
73	封闭式混凝土塔尖屋顶施工技术	佛山市新一建筑集团有限公司	国内先进
74	外墙新型无机保温砂浆施工及抗裂技术	广州市建筑集团有限公司	国内领先
75	复杂地质无内撑超高薄壁挡土砖模技术	广州市建筑集团有限公司	国内先进
76	变曲率大面积饰面清水混凝土墙模板技术	广州市建筑集团有限公司	国内领先
77	单元式组合天花板组装与造型吊顶安装施工技术	广州市建筑集团有限公司	国内领先
78	导管架扣片建造技术	深圳赤湾胜宝旺工程有限公司	国际先进
79	钢桩吊装滚动装船技术	深圳赤湾胜宝旺工程有限公司	国内领先
80	钢筋混凝土内支撑梁液压劈裂破除施工技术研究	广州市第四建筑工程有限公司	国内领先
81	大截面铝箔玻璃纤维空调风管连接技术研究	广州市第四建筑工程有限公司	国内领先
82	旧连续梁桥固结墩改铰接转换加固技术	广州市市政集团有限公司 广州市第二市政工程有限公司	国内领先
83	地下连续墙入硬岩的施工预处理技术	广州市市政集团有限公司 广州市第二市政工程有限公司	国内领先
84	市中心区小直径钻孔式钢管桩施工技术研究	广州市市政集团有限公司 广州市第一市政工程有限公司	国内先进
85	提高 SMW 工法在深基坑支护中的止水性能技术研究	广州市市政集团有限公司 广州市第一市政工程有限公司	国内先进
86	超长斜钢柱精角度施工技术	广东省工业设备安装公司	国内领先
87	承插式纯净水不锈钢管道施工工艺	广东省工业设备安装公司	国内领先
88	大面积全天花夹吊式 FFU 系统倒置法施工	广东省工业设备安装公司	国内领先
89	大型冰蓄冷站施工技术	广东省工业设备安装公司	国内领先
90	高洁净复杂工艺管道系统清管技术	广东省工业设备安装公司	国内领先
91	弧形闭合法保温施工技术	广东省工业设备安装公司	国内领先
92	洁净室彩钢复合板施工技术	广东省工业设备安装公司	国内领先
93	软土中地铁隧道顶土方开挖技术	广东省第二建筑工程公司 广东省建筑工程机械施工有限公司	国内领先
94	钢桁架高空滑移整体非对称分步落位安装施工技术	广东省第二建筑工程公司 广东省建筑工程集团有限公司	国内先进

(续上表)

序号	成果名称	完成单位	成果水平
95	大跨度钢桁架上弦曲面金属天花面板施工安装新技术	广东省第二建筑工程公司 广东省建华装饰工程有限公司	国内领先
96	外墙复合硅酸铝节能保温系统施工技术	广东省第二建筑工程公司 广东省建筑工程集团有限公司	省内领先
97	地下混凝土结构整体跳仓法施工新技术	广东省第二建筑工程公司 广东省建筑工程集团有限公司	国内领先
98	异型节能冲孔铝遮阳板施工技术	广东省第二建筑工程公司 广东省第二建装饰工程公司	国内领先
99	大屋盖钢网架结构侧封面板安装新技术	广东省第二建筑工程公司 广东省建筑工程集团有限公司 广东建华装饰工程有限公司	国内领先
100	房屋建筑工程排污排水管道检查井设计、施工技术	广东省第二建筑工程公司 广东省建筑工程机械施工有限公司 广东省建筑工程集团有限公司	国内领先
101	室内消火栓给水系统机电一体化的调试及性能检测技术	广东省第二建筑集团工程公司 广东省建筑工程集团有限公司 广东建华装饰工程有限公司	国内领先
102	ZSS-25自动扫描射水高空水炮灭火系统安装技术	广东省第二建筑工程公司 广东省二建装饰工程公司 佛山市南海天雨智能灭火装置有限公司	国内先进
103	建筑节能外墙外保温抗裂防护层施工技术	广东省第二建筑工程公司 广东省二建装饰工程公司 佛山市南海天雨智能灭火装置有限公司	国内先进
104	砖砌体混凝土构造柱施工新技术	广东省第二建筑工程公司	国内先进
105	隧洞穿越承压富水区中的破碎带围岩及砂层施工技术	广东省建筑工程机械施工有限公司 广东省第二建筑工程公司 广东省建筑工程集团有限公司	国内领先
106	钢丝网架聚苯保温板与混凝土墙整体成形施工技术	广东省建筑工程机械施工有限公司	省内领先
107	城市高架桥快速施工技术	广东省建筑工程机械施工有限公司 广东省第二建筑工程公司 广东省建筑工程集团有限公司	国内领先
108	盾构洞门环板整体安装施工技术	广东省建筑工程机械施工有限公司 广东省建筑工程集团有限公司	国内先进
109	钢筋混凝土支撑重复利用施工技术	广东省建筑工程机械施工有限公司	省内领先
110	使用屋面吊拆卸超高层建筑内爬塔吊施工技术	广东第四建筑工程公司 广东省建筑工程集团有限公司	国内先进
111	试车道路施工技术	广东省第四建筑工程公司 广东省建筑工程集团有限公司	国内先进
112	外墙氟碳仿金属树脂幕墙涂装施工技术	广州市建筑机械施工有限公司 裕通建设集团有限公司	国内领先
113	钢筋桁架式压型钢板复合混凝土组合楼板施工技术	广州市建筑机械施工有限公司 广东省第二建筑工程公司	国内领先
114	亚热带丘陵地区60m高填方施工技术	广州市建筑机械施工有限公司 广东长宏公路工程有限公司	国内先进
115	DN600排水管道导向钻进敷设施工关键技术	广州市建筑机械施工有限公司	国内先进
116	高空悬挑混凝土结构施工支架平台技术	广州市建筑机械施工有限公司 佛山市新一建筑集团有限公司	国内领先
117	履带钻机成孔锚索（杆）施工技术	广州市建筑机械施工有限公司	国内先进

(续上表)

序号	成果名称	完成单位	成果水平
118	城市大断面浅埋暗挖隧道拱形支架模板体系施工技术	广州市建筑机械施工有限公司 广东长宏公路工程有限公司	国内领先
119	浅埋暗挖隧道超大管棚与改良袖阀管复合加固关键技术	广州市建筑机械施工有限公司 广州裕通建设集团有限公司	国内领先
120	一次支模二次浇筑楼梯间的施工技术研究	杭州中天建设集团有限公司 广州市第二建筑工程有限公司	国内领先
121	新型砌块墙体干法施工技术研究	杭州中天建设集团有限公司 广州市第二建筑工程有限公司	国内先进
122	盾构施工废水净化处理及再利用	广州市盾建地下工程有限公司 广州市建筑集团有限公司	国内领先
123	钢筋混凝土框剪结构与填充墙界面裂缝控制技术	广东润民建安工程有限公司	国内领先
124	玻璃钢内衬混凝土组合管	深圳大华水泥制品有限公司	国内领先
125	保温节能复合装饰板	佛山市南海氟派建筑装饰板材有限公司	国内先进
126	双止水钢板连续墙接头技术	广东省基础工程公司	国内领先
127	膨润土毯外加防渗膜的防水施工技术	广东省基础工程公司	省内领先
128	高低门架式双排桩基坑支护技术应用研究	广东省基础工程公司	国内领先
129	水中超深钢板桩围堰施工技术	广东省基础工程公司	国内领先
130	桥梁的斜腹板变截面箱梁三角型挂篮施工技术	广东省基础工程公司	省内领先
131	地下连续墙凹凸形橡胶止水接头工艺应用研究	广东省基础工程公司	国内领先
132	具有动水条件下的多层溶洞填充预处理技术研究	广东省基础工程公司	省内领先
133	改装架桥机架设大坡度桥梁施工技术	广州市市政集团有限公司 广东润民建安工程有限公司 广州市第一市政工程有限公司	国内领先
134	高压射水排水下沉沉井施工技术	广州市市政集团有限公司 广东润民建安有限公司 广州市政工程机械施工有限公司	国内先进
135	密扣混凝土灌注排桩软刀钻成孔施工技术	广州市市政集团有限公司 广州市市政工程机械施工有限公司	国内领先
136	城市高架桥大跨度钢箱梁施工技术研究	广州市市政集团有限公司 广州八方钢结构工程有限公司 广州市第一市政工程有限公司 广州市第二市政有限公司	国内领先
137	大型预制梁单组合贝雷架导梁过孔施工技术	广州市市政集团有限公司	国内领先
138	钢筋与玻璃纤维筋组合支护桩施工技术	广州市市政集团有限公司 广州市第三市政工程有限公司	国内先进
139	高密度聚乙烯（HDPE）防渗土工膜施工技术	广州市市政集团有限公司 广州市第三市政工程有限公司	国内先进
140	地铁车站预留隧道孔洞之轮幅式支模体系施工技术	广州工程总承包集团有限公司 汕头市达濠市市政建设有限公司 广州协安建设工程有限公司	国内领先
141	双层轮辐式空间张弦结构钢屋架预应力施工技术	广州工程总承包集团有限公司 广州协安建设工程有限公司 北京市建筑工程研究院	国内先进
142	城市轨道交通设备监控系统的施工技术	广州市水电设备安装有限公司 广州市住宅建设发展有限公司 广州工程总承包集团有限公司	国内先进
143	建筑一体化的太阳能热水系统安装施工技术	广州工程承包集团有限公司 汕头市达濠市政建设有限公司	国内先进

(续上表)

序号	成果名称	完成单位	成果水平
144	岭南古建筑修葺的灰塑施工技术	广州工程总承包集团有限公司 广州市住宅建设发展有限公司 广州市房屋开发建设有限公司	国内领先
145	倾斜劲性结构仿真计算预变形控制施工技术	广州市住宅建设发展有限公司 广州工程总承包集团有限公司	国内领先
146	倾斜结构增设临时小柱的后浇带特殊处理施工技术	广州市住宅建设发展有限公司 广州工程总承包集团有限公司	国内领先
147	建筑工程大型万向铰安装施工技术	广州市住宅建设发展有限公司 广州工程总承包集团有限公司	国内领先
148	改建工程外脚手架座地式连墙件锚固施工技术	广州市住宅建设发展有限公司 广州珠江实业集团有限公司	国内领先
149	倾斜劲性结构连杆强约束应力释放施工技术	广州市住宅建设发展有限公司 广州工程总承包集团有限公司	国内领先
150	桥梁支座端多点整体同步顶升技术	汕头市达濠市政建设有限公司 广州工程总承包集团有限公司	国内领先
151	地下建筑接地导线的绝缘防渗施工技术	汕头市达濠市政建设有限公司 广州工程总承包集团有限公司	国内领先
152	连续桥梁砂箱临时支座施工技术	汕头市达濠市政建设有限公司 深圳市建设（集团）有限公司	国内先进
153	超大型场地土石方工程计算机辅助施工技术	汕头市达濠市政建设有限公司 深圳市建设（集团）有限公司	国内先进
154	纸皮外墙面砖压模构缝粘贴施工技术	吴川市建筑安装工程公司 广州工程总承包集团有限公司 广州市第二建筑工程有限公司	国内领先
155	大型钢构件平衡法安装施工技术	深圳市建设（集团）有限公司 汕头市达濠市政建设有限公司	国内领先
156	外墙窗户防渗漏施工技术	深圳市建设（集团）有限公司 深圳市建工集团股份有限公司	国内领先
157	外墙防腐木安装防渗漏施工技术	深圳市建设（集团）有限公司	国内先进
158	塑钢窗安装施工技术	深圳市建设（集团）有限公司	国内先进
159	大跨径隧道双上侧壁导坑施工技术	深圳市建设（集团）有限公司 汕头市达濠市政建设有限公司	国内领先

2009年广东省住房和城乡建设厅发布的工程建设标准

序号	标准名称	标准编号	实施日期	主编单位
1	城市地下空间开发利用规划与设计技术规程	DBJ/T15-64-2009	2009-10-1	广州市建筑科学研究院
2	广东省建筑节能工程施工质量验收规范	DBJ/T15-65-2009	2009-7-1	广东省建筑科学研究院
3	建筑门窗幕墙玻璃隔热膜节能设计、施工及验收规程	DBJ/T15-66-2009	2009-6-1	华南理工大学
4	纸蜂窝墙板轻质墙体工程技术规程	DBJ/T15-67-2009	2009-10-1	广东省建筑材料研究院
5	软瓷建筑装饰工程技术规范	DBJ/T15-68-2009	2009-10-1	广东省建筑设计研究院 广州福美软瓷有限公司
6	建筑节能材料能效评价及检测技术规程	DBJ/T15-69-2009	2009-12-1	广东省建筑材料研究院
7	土钉支护技术规程	DBJ/T15-70-2009	2010-1-1	广州市科技委办公室

2009年广东省建设系统获国家、省级建设科技成果及应用项目获奖情况

奖项	序号	项目名称	完成单位	完成人	获奖等级
华夏建设科学技术奖（授予单位：住房和城乡建设部科技促进中心）	1	基于IFC标准的建筑工程4D施工管理系统的研究和应用	清华大学、北京城建集团有限责任公司、广联达软件股份有限公司、山东高速青岛公路有限公司、广州珠江新城西塔项目施工总承包工程项目部	张建平 李久林 刁志中 胡振中 吴大鹏 叶浩文 姜言泉 张洋 韩冰 宋振宇 梁雄 卢伟 孙强 周毅 邱世勋	一等奖
	2	城市轨道交通工程项目建设标准	北京城建设计研究总院有限责任公司、建设部地铁与轻轨研究中心、北京市基础设施投资有限公司、北京市轨道交通建设管理有限公司、北京市市政工程设计研究总院、北京全路通信信号研究设计院、上海申通轨道交通研究咨询有限公司、上海隧道工程轨道交通设计研究院、上海市城市建设设计研究院、广州市地下铁道总公司	沈景炎 秦国栋 郑毅 俞加康 孔繁达 于波 申大川 周建 徐明杰 李国庆 杨秀仁 于松伟 宋毅 丁建隆 毕湘利	一等奖
	3	建筑节能工程施工质量验收规范GB50411—2007	中国建筑科学研究院、广东省建筑科学研究院、河南省建筑科学研究院、山东省建筑设计研究院、北京振利高新技术有限公司、宁波荣山新型材料有限公司、哈尔滨天硕建材工业有限公司、江苏仪征久久防水保温隔热工程公司、及时雨保温隔音技术有限公司、深圳金粤幕墙装饰工程有限公司	宋波 张元勃 杨仕超 栾景阳 于晓明 金丽娜 孙述璞 王虹 李爱新 许锦峰 史新华 应柏平 顾福林 张广志 韩红	一等奖
	4	应对水源突发性污染的城市供水应急处理技术研究	清华大学、北京市自来水集团有限责任公司、上海市供水调度监测中心、广州市自来水公司、深圳市水务（集团）有限责任公司、无锡市自来水总公司、济南市供排水监测中心	张悦 张晓健 陈超 王欢 张素霞 陈国光 王建平 卢益新 周圣东 贾瑞宝	二等奖
	5	建筑结构通用分析与设计软件GSSAP	广东省建筑设计研究院、深圳市广厦软件有限公司	焦柯 吴文勇 陈星 童慧波 何锦超 李鸿辉 蔡晓宝 欧妍君 赖鸿立 林扑强	二等奖
	6	建筑幕墙GB/T21086-2007	中国建筑科学研究院、中国建筑标准设计研究院、广东省建筑科学研究院、深圳中航幕墙工程有限公司、深圳三鑫玻璃技术股份有限公司、中信渤海铝业幕墙装饰有限公司、上海斯米克建筑陶瓷有限公司	何星华 姜仁 顾泰昌 杜继予 石民祥 闭思廉 王德勤 姜红 刘晓东 王双军	二等奖
	7	民用建筑能耗数据采集标准	深圳市建筑科学研究院有限公司、重庆大学城市建设与环境工程学院、清华大学建筑学院、湖南大学土木工程学院、大连理工大学土木水利学院、广州市建筑科学研究院有限公司、中国建筑科学研究院	刘俊跃 付祥钊 魏庆芃 马晓雯 李念平 端木琳 任俊 周辉 闫增峰 张蓓红	二等奖

(续上表)

奖项	序号	项目名称	完成单位	完成人	获奖等级
华夏建设科学技术奖(授予单位:住房和城乡建设部科技促进中心)	8	建筑遮阳节能技术基础与应用研究	华南理工大学	孟庆林 张磊 赵立华 马京涛 王珍吾	三等奖
	9	广东科学中心抗震和防风防火技术研究与应用	广州大学、广东省建筑科学研究院、中国建筑科学研究院、广东科学中心筹建办公室	张季超 杨仕超 周云 易和 仝玉	三等奖
	10	广州大学城中心区体育场大跨度钢结构关键技术研究与应用	广东省建筑设计研究院、东南大学、广东省高教建筑规划设计院、华南理工大学	李恺平 廖旭钊 郭正兴 周飞 徐郁峰	三等奖
	11	城市生活垃圾填埋场封场及填埋气体利用技术研究	深圳市环境卫生管理处、清华大学、深圳市玉龙坑固体废弃物综合利用中心	梁顺文 王伟 吴学龙 刘泽华 姜建生	三等奖
	12	高氨氮有机废水新型生物脱氮技术研究	深圳市下坪固体废弃物填埋场、香港科技大学	孟了 梁顺文 陈石 王克虹 陈光浩	三等奖
	13	深圳市基本生态控制线违法建设遥感动态监测	深圳市规划国土房产信息中心	唐岭军 杨成韫 黄永胜 林文娟 成建国	三等奖
	14	深圳市地质地理信息系统	深圳市勘察测绘院有限公司	王双龙 纪晓东 沈颖 南凌 丘建金	三等奖
	15	广州市建设委员会政务办公及服务一体化系统	广州城市建设信息中心	梁文谦 娄东军 唐柱鹏 吴兵福 叶斌	三等奖
广东省科学技术奖(授予单位:广东省人民政府)	1	广州大学城集约化建设中节能、环保、数字技术的集成应用	广州大学城建设指挥部办公室、华南理工大学、上海市政工程设计研究总院、天津市建筑设计研究院、广东省建筑设计研究院广东省城乡规划设计研究院、广州市公用事业规划设计院	蒙琦 李传义 李淮 罗广寨 丘玉蓉 华贲 王钊 王恒栋 伍小亭 张凌 傅建平 于乐群 邓新勇 蔡凌燕 陈荣毅	一等奖
	2	轻型屋顶绿化综合技术开发研究	深圳市园林科学研究所、深圳市园科园林绿化有限公司、深圳市耐卓园林科技工程有限公司、深圳市金晖生态环境有限公司	谭一凡 谢良生 雷江丽 史正军 张大忠 冯增林 陆少雁 唐富国 陈林东 钟晓	二等奖
	3	采用 PVB 封装的新型光伏建筑一体化组件及系统的研制、产业化与应用	广东金刚玻璃科技股份有限公司、中山大学深圳市能联电子有限公司	庄大建 曾祖勤 沈辉 郑鸿生 舒碧芬 林汉德 肖坚伟 张坚华 王响 孙建伟	二等奖
	4	复杂填海地层中长距离玻璃钢夹砂管顶管施工关键技术	深圳市市政工程总公司	高俊合 洪鼎 李春雷 邓彬 胡德良 姜桂启 周志俊 肖林 王鹏飞 彭晓钢	二等奖
	5	抗海水腐蚀混凝土的研究及应用	华南理工大学、广东省水利水电建设管理中心、吴川市水利局、广东水电二局股份有限公司、汕头市水利水电勘测设计院、广州工程总承包集团有限公司	莫海鸿 何承伟 杨医博 吴俊校 谢祥明 茹建辉 陈仲策 郭文瑛 吴东 陈伟	二等奖
	6	预应力钢-混凝土组合梁及其制造方法	深圳大学、深圳市中南工程科技有限公司、北京市市政专业设计院有限责任公司、中铁二局第五工程有限公司	李勇 杜宏彪 刘念琴 聂建国 李朝永 谭也平 周俱有 周海俊 郭帅 姜海波	二等奖
	7	工程结构与材料中的力学问题研究	广东工业大学	李丽娟 刘锋 郭永昌 朱江 任凤鸣	三等奖
	8	聚羧酸系(KJ-JS)高性能减水剂的研发与生产应用	广东柯杰外加剂科技有限公司	柯科杰 梁竹兰 庄建坤 黄仕借 苛蕾 李桂青 黄耀明	三等奖
	9	档案库房墙体热工与节能研究	华南理工大学	孟庆林 赵立华 张玉 张磊 高云飞 王珍吾 陈卓伦	三等奖

（续上表）

奖项	序号	项目名称	完成单位	完成人	获奖等级
广东省科学技术奖（授予单位：广东省人民政府）	10	东莞水道特大桥设计关键技术研究	深圳市市政设计研究院有限公司、福州大学	陈宜言 陈宝春 彭栋木 蔡明 孙潮 欧智菁 宁茂棠	三等奖
	11	广东省城市桥梁信息管理系统开发	广东省建筑科学研究院、广州网莱交通科技有限公司	刘锦红 吴太成 吴全军 洪冰 陈辅淳 杨国龙 李健	三等奖
	12	广州市轨道交通线网资源共享应用研究	广州市地下铁道总公司等、广州地铁设计研究院有限公司、北京城建设计研究总院有限责任公司、中国中铁二院工程集团有限责任公司、中铁电气化勘测设计研究院有限公司	丁建隆 徐明杰 蔡昌俊 徐一平 沈景炎 欧阳长城 周鹤龙	三等奖
	13	上软下硬复合地层地铁盾构掘进主要施工风险研究与控制	广东省基础工程公司、广东华隧建设股份有限公司、广东省建筑工程集团有限公司、华南理工大学	方启超 易觉 钟显奇 赖伟文 邵孟新 余剑锋 莫海鸿	三等奖
	14	深厚软土地基中超长PHC管桩承载性状研究	珠海市建设工程质量监督检测站、华南理工大学、中交四航工程研究院有限公司	林奕禧 蔡健 黄良机 黄春晓 王友元 陈庆军 周万清	三等奖
	15	特大型灯泡贯流式水轮发电机组安装技术	广东省源天工程公司、广东省建筑工程集团有限公司	谢颖 章海兵 金世国 陈春光 杨理明 黄丽媚 罗明	三等奖

（张学军）

技术》、《聚羧酸系（KJ-JS）高性能减水剂的研发与生产应用》和《东莞水道特大桥设计关键技术研究》等4项省科技奖项目。是年，广东省建设系统共有15个项目获广东省科技奖，其中一等奖1项，二等奖5项，三等奖9项；审核同意到外省备案的建设科技和建材产品14项。积极推动城市无障碍设施建设工作，加强对广州、深圳、珠海、汕头、中山、佛山6个城市创建全国无障碍建设城市工作的监督。

【建筑科技成果项目选介】 2009年，广东省有15个项目获住房和城乡建设部华夏建设科学技术奖，其中一等奖3个，二等奖4个，三等奖8个；11个项目获广东省科学技术奖，其中一等奖1个，二等奖5个，三等奖5个。

复合地层中盾构法建设地铁地表沉降规律研究　广东省建筑工程集团有限公司和中国矿业大学于2008年12月共同完成，由刘联伟教授级高工主持，通过理论分析、现场实测研究和数值模拟等方法，研究广州地区岩土复合地质条件下地表沉降的影响因素及其变化规律。其主要研究内容包括：（1）运用普氏理论，结合广州地区岩土复合地层条件，分类研究盾构隧道免压拱高度。（2）运用实测研究手段，采用相似准则从空间和时间的四维角度对盾构隧道施工引起的地表沉降进行研究，得出简洁有效的反映地表沉降的拟合方程。（3）运用有限元软件建立盾构推进过程的有限元模型，分析隧道轴线各横断面“沉降槽”的变化规律，确定地表沉降的分布形式。实践表明，该方法拟合效果好，通过施工前期的实测数据预测地表沉降的中后期变化，且随着地表沉降实测数据的不断增多，不断提高对后期地表沉降值的预测精度，具有很强的预见性和实用性，为在施工过程中及早采取措施，预防由于地表沉降所发生的意外和损失发挥了积极作用，取得了显著的经济效益和社会效益。该成果于2009年3月通过广东省建设厅成果鉴定，达到国际领先水平，其主要创新点在于：运用普氏理论，结合广州地区岩土复合地质条件和地表沉降实测数据，研究盾构隧道所形成的免压拱高度，为地表沉降类型的预测提供前瞻性的判定方法；创新性地应用相似理论把地表沉降的影响因素准则化，通过有限元数值模拟和现场实测研究首次得出反映地表沉降规律的拟合方程，拟合精度高，能综合反映地质条件和施工条件等因素的影响，通过前期地表沉降实测数据进行反演和动态拟合地表沉降并预测中后期的地表沉降值，较大程度地避免了以往被动处理地表沉降问题的不利状态。

汶川县城房屋震损评定与震害分析研究　广东省建筑科学研究院、广东省建设工程质量安全监督检测总站、广州市房屋鉴定事务所、广东省建筑设计研究院等4个单位于2009年1月共同完成，由省建筑科学研究院副总工程师徐其功教授级高级工程师主持。其主要研究内容包括：（1）震后房屋破坏等级鉴定技术研究；（2）汶川县城房屋震害现象及震害特征分析；（3）房屋震损信息系统的研发。该项目工作对保证快速、准确地完成汶川县城震损房屋的评定和修复具有十分重要的作用，其成果对完善抗震减灾的理论和实践具有指导意义，为今后相关规范的修订提供了参考，于2009年1月15日通过广东省建设厅组织的科技成果鉴定，达到国际先进水平。其主要创新点在于：（1）通过对现行各种房屋鉴定规范的研究，结合当地的实际情况和工作条件，提出一套行之有效的震后震损房屋快速评定的方法与流程。研发的房屋震损信息系统可快捷查询汶川县城房屋详细震损信息；（2）对汶川县城1141栋房屋的震害情况进行调查和分析，统计了各类建筑的震损等级。通过构件承载力、构造措施的抽查及自振频率实测结果和图纸复核、理论分析结果的比较，对房屋的震损规律进行研究，较系统地总结了汶川县城房屋破坏规律。 *（王礼贵）*

钢筋工程成套设备与配送服务行业技术 该项技术在建筑设计单位方面具有符合国家相关产业政策，有利工程项目建设；节约能源、绿色建筑、引领技术发展；展现设计能力、新理念、新工艺、新技术；提高工程质量，杜绝工程质量隐患；降低项目工程投资，有利投资方的优势。降低工程开发投资成本：减少中间环节损耗，大幅度降低采购、管理成本等；项目回报提前：合理的工艺、先进的设备、现代的配送等综合能力，按计划统一配送，大大缩短了工程施工工期；工程质量保证：钢筋自动化的加工设备、先进的管理软件和专业化配送，确保钢筋加工质量；管理科学化：避免了投资方与施工方在钢筋耗量计算上的误差，减少了场地租赁、临建及二次倒运等费用的支出的优势；节省施工场地，简化工地管理，优化施工组织：避免了工程因开、竣工所带来的机械设备、原材料迁移及工作人员管理、吃、住所需临建及其他各项费用，为施工企业减少了管理费用支出的优势；降低工地能耗、节省人工、降低原料浪费：解决施工企业采购人员，加工人员，设备维修人员及加工设备、场租等费用的投入；它能同时为多个工程配送成型钢筋，可进行综合套裁，使钢筋的利用率大大提高，节约了资源，降低了施工企业钢筋制作成本；由于采用成品钢筋配送，减少了施工企业资金占用，缓解了材料周转使用资金的矛盾。降低环境污染和安全隐患：降低噪音污染、油液污染、排放污染以及施工扰民问题；排除由于钢筋加工制作带来的安全隐患。保证施工进度、缩短施工周期、提高服务质量：采用先进的生产设备及工艺，自动化程度高，大大提高了生产效率，可以有效缩短钢筋工程工期，提高钢筋成型加工精度，为使施工企业创建优质工程奠定了基础。该项技术提高了企业品牌效应：由于施工企业在文明、安全施工方面为甲方树立了良好形象，在企业自身增进效益的同时也为业主控制了成本，便于以后与业主单位的继续合作，同时也为自己树立了企业形象。该项技术生产单位存在优势：先进工艺设备降低加工成本，采用自动化设备和先进的生产工艺后可减少2/3的工人数量，提高2%的钢筋成材率，综合管理费用大幅度降低。多项工程综合套裁降低工程成本：配送中心能同时为多个工程配送成型钢筋，可进行优化套裁、提高钢筋利用率，大大降低了钢筋制作成本。合理使用通尺和定尺产生利润：合理利用通尺为原材料来加工成品，可利用差价产生利润，约250元/吨。直接采购存储原料，自备料加工：存储原料、承揽整个工程的钢筋用量，有3%的钢筋损耗的利润。钢筋加工工业化——优越性、经济性：节省人工；降低原料浪费；使得工地上的管理简化；减少施工周期；提高服务质量。 *（张学军）*

建筑节能

【概况】 2009年，广东省住房和城乡建设厅贯彻落实国家和省建筑节能的法律法规和方针政策，通过强化措施，大力推进建筑节能工作，取得显著成效。建筑节能技术标准体系不断完善；新建建筑的节能标准执行率稳步上升，设计阶段达到95%，施工阶段达到85%以上；政府办公建筑和大型公共建筑节能监管体系建设积极推进，节约型校园建设和可再生能源在建筑中的应用成效明显。在2009年度的全国建设领域节能减排监督检查中，广东省的建筑节能工作得到国家检查组的充分肯定。但广东省建筑节能工作仍然存在不少薄弱环节和亟待解决的问题，如建筑节能立法与制度建设相对滞后；建筑节能机构及能力建设相对滞后；建筑节能经济激励政策相对滞后和建筑节能标准体系尚未完善；《民用建筑节能条例》贯彻落实力度还需加强；建筑能效测评标识制度还没全面开展；节能改造、可再生能源利用、节能运行监管等工作仍处于政府推行阶段，市场主导作用还不够。

【建筑节能立法】 为推动广东省建筑节能立法工作，省法制办于2009年6月完成就《广东省民用建筑节能条例》向全省各相关单位、相关部门征求意见阶段的工作，省建设厅立即根据法制办反馈的意见组织专家对《条例》进行修改完善。同年7月，省法制办召集省人大环资委、省建设厅在东莞市召开《广东省民用建筑节能条例》修编会，对该《条例》再次进行深入修编，并提请省政府审定。省人大将《条例》正式纳入2010年广东省立法计划项目。

【建筑节能标准体系建设】 2009年，广东省住房和城乡建设厅加强建筑节能标准体系建设。一是逐步健全建筑节能标准。年内相继发布《广东省建筑节能工程施工质量验收规范》、《建筑门窗幕墙玻璃隔热膜节能设计、施工及验收规程》、《建筑节能材料能效评价及检测技术规程》、《纸蜂窝墙板轻质墙体工程技术规程》等4项建筑节能地方标准，组织编制《广东省建筑节能工程施工质量验收管理软件》。《广东省绿色建筑评价标准》、《蒸压加气混凝土砌块应用技术规程》等6项节能标准立项在编。二是不断完善建筑节能设计软件。为进一步提高建筑节能设计水平和建筑节能工程质量，要求全省正在使用的建筑节能设计软件开发商根据广大用户的意见和建议进行修正和完善，并需重新申请科技成果鉴定，通过鉴定的方可继续使用。其中中国建筑科学研究院建筑节能研究发展中心的《PKPM建筑节能设计分析软件PBECA2008》和广东省建筑科学研究院的《建筑节能设计综合评价软件》等软件通过鉴定。建筑节能技术和地方标准的建立和完善，有效地规范了建筑节能工作，为全省的建筑节能工作提供了技术依据。

【建筑节能监管】 2009年，为提高新建建筑节能标准执行率，广东省住房和城乡建设厅开展不同层次的建筑节能监管工作，通过监督检查和相互间的工作交流，促进了全省各地的建筑节能工作。一是开展自查。3月至5月期间，组织各地市完成建筑节能专项自查工作。通过自查，发现存在问题，提出整改措施。二是开展抽查。7月，组织各地建设主管部门的节能工作负责人对广州等个别地级市的建筑节能工作进行了抽查，同时各城市间相互交流节能工作经验和做法。三是开展全省大检查。10月26日至11月3日，省住房和城乡建设厅组织七个检查组，对全省21个地级以上市建筑节能工作开展情况以及工程项目执行建筑节能标准情况进行专项检查。本次检查共抽查191个项目，其中设计图纸检查127个，施工现场检查76个。设计图纸检查结果评价为好的有40个，评价为中的有67个，评价为差的有20个，合格率为84.3%。施工现场检查结果评价为好的有14个，评价为中的有49个，评价为差的有13个，合格率为84.9%。被下发执法建议书的工程项目有17个，占全部检查项目的8.4%。各地对下发执法建议书的工程项目加紧督促整改，并采取相应的处罚措施，及时将整改报告上报省住房和城乡建设厅。四是开展调研。7月，全程陪同省政协第三视察团，先后赴深圳市、广州市就建筑节能工作进行专题视察。视察团听取了省建设厅以及广州、深圳两市的情况汇报，与两市的房地产开发、设计、施工、监理、质量监督等单位的代表座谈，并实地考察两市建筑节能示范工程和节能材料生产企业。通过省政协的视察，使更多的部门和群众关心和参与建筑节能工作。12月30日~31日，组织调研组对江门市的建筑节能工作进行专项调研，为研究提出省住房和城乡建设领域节能发展的政策方向和工作重点，制定省住房和城乡建设厅2010年工作计划和三年工作规划提供参考。

【机关办公建筑和大型公共建筑能耗监管】 2009年5月，广东省建设厅制订《广东省2009~2010年政府办公建筑和大型公共建筑节能监管体系建设工作计划及安排》，并上报住房和城乡建设部。能耗统计方面，全省21个地级以上市共完成国家机关办公建筑和大型公共建筑能耗统计2171栋，其中国家机关办公建筑907栋、大型公共建筑1264栋。据统计，广东省国家机关办公建筑和大型公共建筑单位建筑面积年耗电为81.37kWh/(m^2·年)，其中国家机关办公建筑单位建筑面积年耗电为49.02kWh/(m^2·年)，大型公共建筑单位建筑面积年耗电为88.01kWh/(m^2·年)。能效公示方面，是年全省绝大多数地级市都在当地主流媒体对当地所完成的各类型建筑单位面积能耗排名前20%的建筑进行公示，对能效高的建筑按类型各选取3个作为标杆建筑进行公示。能源审计方面，全省国家机关办公建筑和大型公共建筑能源审计6个试点城市积极开展试点工作，其中广州、佛山、东莞、中山4个城市分别完成35栋、17栋、14栋、9栋国家机关办公建筑和大型公共建筑能源审计；珠海正在对10栋建筑进行能源审计；惠州也选定5栋建筑作为能源审计对象。专项资金投入方面，4月向省经贸委申请广东省政府机关办公建筑和大型公共建筑节能监管体系建设专项资金。全年省节能专项资金支持建筑节能领域16个项目，财政支持资金共263万元，其中拨付80万元作为建筑节能监管体系建设专项工作经费。财政部给予广东省的150万元能耗统计、审计补助资金，全部用于2009年全省国家机关办公建筑和大型公共建筑能耗统计、审计等工作。

【广东省建筑节能监管平台建设】 深圳能耗监测平台于2009年5月通过住房和城乡建设部的验收，华南理工大学能耗监测平台于2009年6月通过住房和城乡建设部的预验收，涵盖7个标准与导则的《广东省政府机关办公建筑和大型公共建筑节能监管体系相关标准及导则》和《广东省绿色建筑评价标准》正在编制之中。

【第一批省级建筑节能检测机构】 2009年，根据住房和城乡建设部《民用建筑能效测评标识管理暂行办法》和《民用建筑能效测评机构管理办法》的规定，广东省住房和城乡建设厅认定广东省建科建筑工程质量检测中心（广东省建筑科学研究院下属机构）、深圳市建筑科学研究院、广东省建筑材料研究院、广州市建筑科学研究院有限公司等4家为广东省第一批省级民用建筑能效测评机构。

【建筑能效测评】 2009年，广东省住房和城乡建设厅起草《广东省建筑能效测评标识管理办法》，建筑能效测评标识工作取得初步成效，广东科学中心等多个项目完成建筑能效测评，深圳万科城四期评为绿色建筑设计标识三星。

【建筑节能示范项目建设】 2009年，广东省住房和城乡建设厅组织编制《2009~2011年广东省可再生能源建筑应用配套能力建设实施方案》。上半年，多次组织专家组对东莞、中山、珠海等市的建筑节能示范项目的实施情况进行监督检查，规范建筑节能示范项目的管理。联合省财政厅推荐申报11个财政部、住房和城乡建设部太阳能光电建筑应用示范项目，其中珠海东澳岛文化艺术中心及综合楼光伏建筑一体化改建工程等3个项目获批，促进了可再生能源在建筑中的应用。同时，组织各地市积极申报国家可再生能源建筑应用示范城市，深圳、珠海和佛山3个城市积极参与申报，其中深圳市获得批准，成为首批国家可再生能源建筑应用全国示范城市，获得财政部资金补助8000万元（首期到位4800万元）。是年，广州亚运城综合体育馆等3个绿色建筑示范工程和广东全球通大厦（新址）等4个低能耗建筑示范工程被住房和城乡建设部批准为国家级示范工程。中山、阳江和云浮等地市都确定了市级建筑节能示范项目，云浮市还组织召开了建筑节能示范工程现场会。

【节约型校园建设示范工作】 2009年，华南理工大学作为全国首批节约型校园示范单位，在建设节约型校园的活动中，贯彻落实《教育部关于开展节能减排学校行动的通知》、《关于推进高等学校节约型校园建设进一步加强高等学校节能节水工作的意见》等文件精神，明确节约型校园建设工作思路，制定切实有效的管理制度、办法和奖励制度，将学校科研有机融入节约型校园建设，取得了显著成效。首先，南、北校区空调节能改造工程取得明显的成效。是年，华南理工大学在教育部节能减排修购专项资金支持下，利用学校自主研发的空调节能系列成果，完成南校区26栋建筑区域供冷系统节能改造以及北校区11栋高耗能建筑的中央空调节能改造，实现从学校–建筑–房间的用能监管、各类建筑空调的集成优化管理控制，以及末端空调设备的精细化管理。该技术实施后，为学校节约办学成本作出了重要贡献。该校南、北校区空调节能技术达到30%的节能效果。大学城校区年单位建筑面积用冷量折合电能小于15度/平方米·年，基本做到3年收回投资，2006年以来已累计为全校节约空调费用超过1000万元。北校区中央空调系统节能改造系统于2009年11月安装调试完毕。这一年，在教学、科研规模继续扩大，用冷面积增加，高温天气持续用冷使用时间延长的情况下，能源支出不升反降，比预算减少736万元。其次，积极推广应用空调节能成果。学校各领域专家积极从事以空调节能技术为核心的建筑节能技术、产品研制及应用推广，联合软件学院、IBM中心研发具有国际先进水平的“城市级空调节能集中监管平台”，形成具有自主知识产权的成套技术和产品。其自主研发的“广州大学城空调节能监管体系”及空调节能成果已在大学城广东药学院、广东外语外贸大学、华南师范大学、广州美术学院4所高校重点能耗建筑成功应用，取得良好的经济和社会效益。此外，其相关技术产品也在国内外酒店、机关、学校、工厂等80多栋各类建筑成功应用，建筑面积达120万平方米，平均节能30%以上，累计为用户节省空调费用6000多万元，经济社会效益显著。第三，积极推动广东省公共建筑“百千亿”空调节能工程。2009年6月，华南理工大学组织起草《关于建议在全省实施公共建筑“百千亿”空调节能工程推动空调节能产业发展的报告》，并呈报给省政府。报告建议在“十一五”末期完成全省100万平方米政府办公建筑（约100栋）和广州大学城100万平方米高能耗建筑空调节能示范工程（简称“双百”示范工程），“十二五”期间建成包含2000万平方米政府办公建筑和5亿平方米公共建筑的全省地级以上城市“城市级空调节能集中监管体系”（简称“千亿”推广工程）。

【墙体材料革新】 2009年1月，广东省建设厅、省财政厅联合制定出台《广东省新型墙体材料专项基金征收使用管理实施办法》，统一全省的征收标准，规范墙材基金的征收使用管理工作。委托省建筑科学研究院对2008年度全省墙材革新主要经济指标和新型墙材企业情况进行统计，并上报国家发改委，为准确掌握全省墙材革新工作的进展情况提供了第一手资料。继续大力推进“禁实”工作，加强对全省16个第三批限时施行“禁实”城市的“禁实”工作的检查与督促，巩固各地的“禁实”工作成果。大部分地市“禁实”成果显著，全省新建城镇房屋应用新型墙材建筑比例超过83%。同时，加强对新型墙材和建筑节能材料产品的质量管理，督促各地严格实施建筑节能材料和产品送检和抽检制度，提高了工程质量和产品质量。

【全省能耗统计及能源审计工作会议】 2009年3月广东省建设厅在广州召开全省能耗统计及能源审计工作会议。副厅长李台然在会上作了动员和部署。同月27日广东省建设厅发布了《关于开展2009年度全省国家机关办公建筑和大型公共建筑能耗统计审计和公示工作的通知》，明确各地市2009年能耗统计、能源审计等工作的目标任务和要求。

【建筑节能技术与产品选介】 深圳市国家机关办公建筑和大型公共建筑能耗监测平台 2007年10月23日，财政部、住房和城乡建设部将深圳列为“国家机关办公建筑和大型公共建筑节能监管示范试点城市”。深圳市建筑科学研究院有限公司作为“深圳市国家机关办公建筑和大型公共建筑能耗监测平台”建设的技术支撑单位，创造性地解决了建筑能耗监测平台建设各关键环节的技术难题，研发完成了可对区域建筑能耗进行监测的平台，于2009年5月全国第一个通过了国家财政部、住房和城乡建设部组织的专家验收，并被专家评价为“国际首创”。建筑能耗监测平台是指通过对建筑安装分类分项能耗计量装置，采用远程传输手段，实现对区域建筑能耗数据的实时采集、在线监测、动态分析、展示和发布，建立全面的国家机关办公建筑和大型公共建筑能耗数据库。通过开发能耗监测软件，对监测数据进行多维度对比分析，发现建筑能耗问题，为政府制定节能政策提供科学依据，为业主实现目标管理提供有效数据，为建筑运维人员实现集约化管理提供可靠工具，对于国家机关办公建筑和大型公共建筑节能工作的全面开展具有长效实用性。

建筑节能工程施工质量验收资料管理软件 《广东省建筑节能工程施工质量验收规范》（DBJ15-65-2009）于2009年7月1日开始实施，为加快标准的推广实施，推动广东省建筑节能工程施工质量验收资料管理的规范和统一，广东省住房和城乡建设厅委托省建筑科学研究院和省建设工程质量安全监督检测总站共同开发《广东省建筑节能工程施工质量验收资料管理软件》。该软件是根据DBJ15-65-2009编制而成，涵括广东省内新建、改建和扩建的民用建筑工程中的墙体、幕墙、门窗、屋面、通风与空调、空调系统的冷热源及管网、配电与照明、监测与控制等建筑节能工程施工质量验收资料的自动填写及生成验收报告等。该软件是广东省内在用建筑节能设计软件中唯一通过广东省住房和城乡建设厅组织的科技成果鉴定的建筑节能施工验收软件。参加鉴定的专家认为：该软件研究成果属广东省内首创，达到国内先进水平。软件的数据结构完善、功能强大、运行稳定、操作简易，具有智能化填写、自动汇总、过程自动检查、节能设计变更判断等功能，可提高建筑节能验收资料填写和汇总的效率；有一定的创新性，可满足全省新建、改建和扩建的民用建筑工程中的建筑节能工程施工质量验收工作的要求。

为加快建筑节能验收工作在广东省的推广应用，广东省建设厅于2009年8月17日下发了《推广使用〈广东省建筑节能工程施工质量验收软件〉的通知》，本软件作为公益软件免费提供给有关单位使用，至年底已在全省范围内提供2000多套该软件给相关单位使用。

建筑节能设计综合评价软件 广东省建筑科学研究院为了配合《夏热冬暖地区居住建筑节能设计标准》、《公共建筑节能设计标准》及广东省标准《〈夏热冬暖地区居住建筑节能设计标准〉广东省实施细则》等标准的推广实施，促进广东省建筑节能工作的开展而开发的软件。实现了居住建筑节能规定性指标判断和对比评定法判断、公共建筑节能规定性指标判断等功能，并可生成完整的节能计算报告和相关表格，满足建筑节能设计、审查的要求。具有数据直接录入和图形建模功能，界面友好、操作简单，可提高节能计算的工作效率。还可以提供外遮阳设施遮阳系数，东、西外墙及屋面的隔热性能等常用热工参数的计算工具，极大方便设计人员和审查人员对所采用的节能措施进行判断。为建筑节能管理、设计、审查人员提供一个辅助工具，以便快速、简便地对各类建筑是否达到节能标准进行评估，在不能满足标准时能快速对参数进行调整、计算，从而实现建筑节能设计的规范化。目前居住建筑节能设计软件在全国的范围内的销售量已超过1万套，广东省则超过8000套，是中国使用数量最大的建筑节能设计软件，于2009年6月在广东通过省建设厅鉴定，鉴定专家一致认为：该软件在夏热冬暖地区应用广泛，促进了夏热冬暖地区建筑节能设计规范的实施，研究成果总体上达到国内先进水平。

粤建科® MQMC建筑幕墙门窗热工计算软件 简称粤建科® MQMC软件，是中国唯一符合《建筑门窗玻璃幕墙热工计算规程》（JGJ/T151-2008）（由广东省建筑科学研究院院主编）要求的软件，由广东省建筑科学研究院独立自主研发。具有玻璃系统光学热工性能设计计算、框二维传热有限元分析计算、整窗和整幅幕墙热工性能计算等功能，为幕墙门窗企业、玻璃企业、设计院及科研院所等提供一个权威、准确、高效的计算工具，于2009年10月通过住房和城乡建设部的权威评估。评估专家一致认为：该软件是国内首款符合JGJ/T151-2008规定的软件，具有创新性及实用性，达到了国际先进水平，具有推广应用价值。2009年9月，被列为广东省经贸委第一批节能推荐技术，是中国建筑玻璃与工业玻璃协会唯一指定推荐用于玻璃光学热工性能设计、计算和检测的软件，并作为中国玻璃数据库推广应用平台；为住房和城乡建设部唯一指定用于我国门窗节能性能标识使用的门窗热工性能模拟软件。粤建科® MQMC软件操作简便、功能强大，是国内门窗幕墙企业、玻璃企业进行节能设计、计算的首选软件，中国50%的50强幕墙企业中过半使用该软件。

新型无机人造岗石 广州市建筑材料研究所研发人员经过多年研究，采用高活性无机粉体，配以必要的激发手段，制备出性能优异的非水泥基、反应固化型无机胶凝材料。此为广州市科技攻关项目，研发出的胶凝材料力学性能好、着色效果好、耐火性能好、耐腐蚀、无老化现象，已通过由资深院士为组长的专家组鉴定，总体达到“国际先进水平”，同时被广州市科技局评定为“广州市科学技术成果”，其成套技术获得中国施工企业管理协会“2008年度科学技术奖技术创新成果一等奖”。

基于上述研究成果，成功开发出一种以新型无机胶凝材料为胶结材的非水泥基无机人造岗石。与陶瓷、树脂人造岗石、天然石等相比，陶瓷是烧结型无机装饰材料，各方面性能优异，但耗能、色彩搭配单一，装饰性不足；树脂人造石是反应固化型装饰材料，虽然色彩搭配花样多，装饰性较强，但胶结材树脂易老化变形、变色、不耐火，易发霉且有挥发性物质释放；天然石则价格昂贵，资源少。而无机人造岗石具有绿色环保（使用无机粉料常温下压制成型，低能耗，无环境污染）、装饰性强（颜色和花纹可调，满足设计的不同需要，适用于公共场所装饰及家庭装饰）、耐久性好（不老化，无风化，耐腐蚀，可广泛用于内外墙装饰）、耐火（耐火性好，能用于防火等级要求高的建筑工程）、防霉防潮（具有自由呼吸功能，防潮效果好，无有机物质，不发霉）、亲和性好（与水泥基材料的亲和性及黏结性好，可采用水泥基黏结材料及专用石材黏结剂进行铺贴，施工方便，黏结牢固）的特点。 *（王礼贵）*

机构选介

【广东省建筑节能协会】 广东省建筑节能领域的社会团体。由省内从事城市规划、建筑设计、建筑施工、建筑安装、施工图审查、建设监理、建筑材料、节能检测、设备生产（经销）等企业和单位，相关大专院（校）、科研院所和从事建筑节能技术研究、应用的专家学者和管理等人员自愿组成的非营利性社会组织。接受广东省住房和城乡建设厅业务指导和广东省民政厅的监督管理，具有社会团体法人资格，合法权益受国家法律保护，享有民事权利和独立承担民事义务。目前协会具有单位会员150多家。协会的宗旨是：遵守党和国家的方针、政策，遵守社会道德风尚，致力于整合建筑节能资源，开展建筑节能经济技术交流，促进建筑节能技术进步；当好政府的参谋和助手；努力为会员单位服务，维护会员合法权益，推动全省建筑节能事业的发展。协会的职能包括：与政府沟通，传递会员心声，做好政府与会员之间的桥梁；承担政府委托或配合政府开展建筑节能相关工作，开展建筑节能调研，掌握建筑节能动态，为政府编制发展规划和制定政策提供依据；组织研究国内外先进的建筑节能技术，开展技术交流，组织技术培训，提升建筑节能技术水平；推广应用建筑节能新技术、新工艺、新材料、新设备，培育建筑节能技术产品市场；制定并监督执行建筑节能市场公约，规范市场，维护公平竞争；开展技术咨询，包括建筑节能工程示范（试点）技术指导与服务、节能建筑评估，绿色建筑评价标识和推荐建筑节能领域名优产品等；编辑出版有关刊物（含电子出版物、网站），加强信息交流，宣传国家建筑节能、绿色建筑的方针、政策；开展《节约能源法》要求的“国家鼓励行业协会在行业节能规划、节能标准的制定和实施、节能技术推广、能源消费统计、节能宣传培训和信息咨询等方面发挥作用”涉及的其他工作；符合协会章程的其他任务。

（省住房和城乡建设厅科技教育处）

广东建设行业排头兵

2009年，广东省住房和城乡建设系统的建设者们深入贯彻落实科学发展观，围绕保增长、保民生、保稳定的大局，认真履行住房和城乡建设职责，提出新思路、推行新举措，推动住房和城乡建设事业取得新进展，为全省经济社会平稳较快发展作出积极贡献，充分发挥建设行业排头兵的作用。

项目名称：广州珠江新城L9地块——自编A1、A2、B1、C1-3栋
承建单位：汕头市建安（集团）公司

广州珠江新城L9地块——自编A1、A2、B1、C1-3栋工程获2009年度中国建设工程鲁班奖(国家优质工程)。总建筑面积79997平方米，总投资1.58亿元。推广应用住房和城乡建设部“十项新技术”中的9大项、28个子项，建筑智能化程度高，集成度高，全智能化计算机控制。运用高科技手段营造安全可靠、功能便捷的智能化居住环境。

承建单位汕头市建安（集团）公司是国有一级建筑施工企业，主要承担工业与民用建筑的设计和施工，市政公用设施工程、桥梁道路工程、基础打桩工程、消防工程、空调工程、装饰工程和设备安装工程的施工，并经营房地产开发、金属材料、建筑材料、普通机械、五金交电等业务。是一家专业配套齐全、装备先进、工贸并举，多元化经营的跨地区、跨行业、跨所有制经营的新型企业集团。集团属下有39个专业性企业、5个合资合作企业、30多个驻外公司(工程处)，施工网点遍布北京、上海等19个省市，并承接部分国外工程项目。

2009年，面对国际金融危机的严峻形势，历经千辛万苦，渡过了难关，战胜了困难，形成了持续稳定健康发展的新局面。共完成建安工作量18.7亿元；竣工工程69项，竣工面积139.3万平方米；创“鲁班奖”1项、省样板和省“双优工地”4项、“金凤杯”1项、市样板和市“双优工地”3项、“詹天佑故乡杯”1项、全国建筑施工安全质量标准化示范工地1项；并荣获中国建筑业协会颁发的“首批全国建筑业AAA级信用企业”（全国139家）、“全国建筑业先进企业”（全国233家）、广东省工商行政管理局颁发的“连续19年守合同重信用企业”、广东省住房和城乡建设厅颁发的“近5年广东省和省外进粤建筑业企业荣获‘鲁班奖’和‘省优良样板工程’排名第一位”等光荣称号。

广州珠江新城L9地块——自编A1、A2、B1、C1-3栋工程获2009年度中国建设工程鲁班奖

项目内部结构展示

阴阳角垂直、方正

屋面坡度准确、泛水尺寸统一

地下室平整、干爽

管线布置合理整齐

项目名称：星河发展中心
承建单位：中国建筑第五工程局有限公司

星河发展中心工程荣获2009年度中国建设工程鲁班奖(国家优质工程)。总建筑面积为120992平方米，地下4层，裙楼4层，两座塔楼分别为24层和21层，建筑总高度均为99.85米，总投资8.5亿元人民，是一座集超五星酒店、办公、商业等为一体的现代化综合性公共建筑。该工程的酒店幕墙采用铝板、石材、玻璃组合式幕墙，内装修按照超五星级酒店标准；办公楼按照甲级写字楼标准装修；酒店、办公楼、地下室及裙楼给排水系统单独分开，酒店采用节能型的变频供水系统；办公楼分段减压的供水系统；地下室及裙楼采用市政直接供水。热水系统采用燃气热水锅炉、水源热泵和空调余热回收的联合节能型供热系统。生活饮水由直饮水系统提供高质量的饮用水源。该工程建筑智能化程度高，集成度高，共有背景音乐及紧急广播系统、综合布线系统、有线电视系统、多媒体查询系统、车位管理系统等15个子系统。

承建单位中国建筑第五工程局有限公司隶属世界500强企业、中国最具国际竞争力的建筑地产集团——中国建筑工程总公司。具有房屋建筑工程施工总承包特级及八个配套的一级资质，年生产能力300亿元以上，位居中国建筑总承包商50强、湖南省百强企业前10名，先后获“全国守合同重信用企业”、“湖南省优秀企业、“全国五一劳动奖状”、“中国最具成长性企业”、“全国优秀施工企业”等称号。公司在深基础施工、大面积砼无缝施工、超高层建筑、大型公共建筑、大跨度桥梁、超长隧道、高速公路、高速铁路、节能环保等方面形成了较为明显的技术优势，获国家级和省部级奖励科技成果30余项，累计获省部级以上优质工程奖300余项，其中多项工程获中国建设工程鲁班奖、詹天佑土木工程大奖、全国用户满意工程等国家级奖项。

2009年，以信息化为工具、标准化为途径，推动和提升精细化管理，先后获得2个鲁班奖、4个参建鲁班奖、2个国优、2个市政金杯、1个全国用户满意工程、1个詹天佑奖等国家级奖项10多项，省部级以上工程奖项累计达57个。科技奖项也斩获颇丰，全局获得11项专利授权，获得8项国家级工法。同时，公司荣获中国十大管理创新示范企业、国家首批建筑业信用AAA企业、中国建筑企业100强（第34位）等荣誉。面对未来的机遇与挑战，公司将着力于观念创新、管理创新、科技创新、机制创新，打造优质核心竞争力。

星河发展中心工程获2009年度中国建设工程鲁班奖

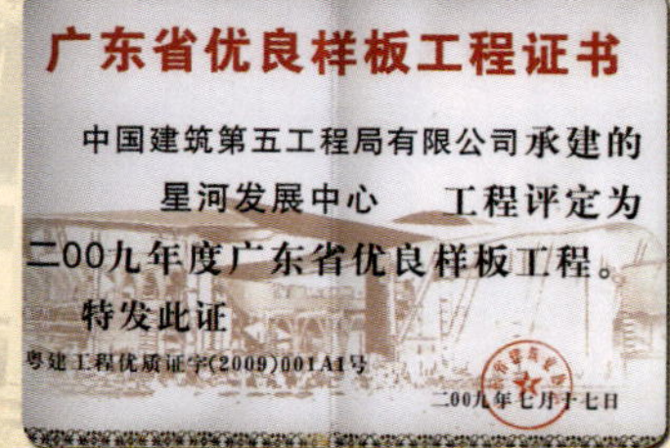

广东省优良样板工程证书

中国建筑第五工程局有限公司承建的星河发展中心　工程评定为二OO九年度广东省优良样板工程。

特发此证

粤建工程优质证字(2009)001A1号

二OO九年七月十七日

荣誉证书

中国建筑第五工程局深圳分公司：

你公司承建的 星河发展中心 工程，荣获二OO九年度深圳市优质工程金牛奖，

特发此证

深圳建筑业协会

二OO九年七月

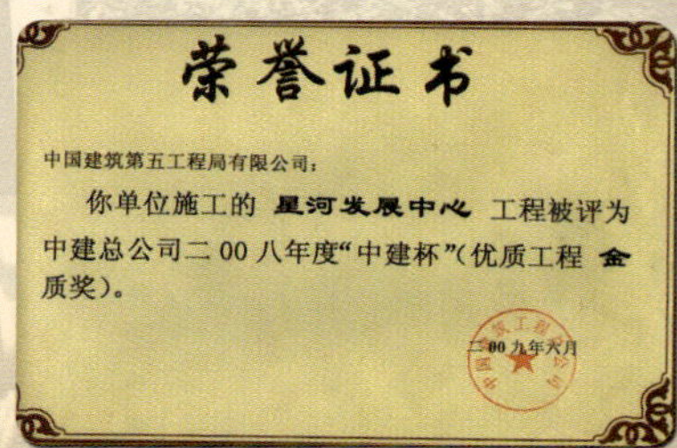

荣誉证书

中国建筑第五工程局有限公司：

你单位施工的 星河发展中心 工程被评为中建总公司二00八年度“中建杯”(优质工程 金质奖)。

二00九年六月

中国建筑第五工程局有限公司承建的部分工程

东莞市玉兰大剧院

深圳市卓越皇岗世纪中心

广州大学城建设项目华南理工大学体育馆

深圳市宝安大道 — 深南路连接段市政工程

项目名称：中国凤凰大厦
承建单位：中建四局第一建筑工程有限公司

中国凤凰大厦工程获2009年度中国建设工程鲁班奖（国家优质工程）。2005年1月1日开工，2006年10月17日竣工，总造价5.4亿元，总建筑面积约11万平方米，主体为框架剪力墙结构，外装饰为玻璃幕墙。由三层地下室和三栋塔楼组成，总高度109米，是集办公、传媒、餐饮、金融服务等为一体的综合性建筑，为世界知名传媒凤凰卫视的制作基地。在工程建设中，该工程推广应用了深基坑支护及边坡防护技术、高性能混凝土技术、钢结构技术等多项高新技术，占住房和城乡建设部“十项新技术”中29个子项，并获得企业工法4项，取得了显著的经济效益和社会效益。

承建单位中建四局第一建筑工程有限公司隶属世界500强企业、现排名世界第187位的中国建筑工程总公司直属主力企业中国建筑第四工程局有限公司，是具有国家一级房屋建筑工程总承包资质的大型国资建筑企业。具有房屋建筑工程施工总承包一级、地基与基础工程专业承包一级、机电设备安装工程专业承包一级、建筑装修装饰工程专业承包二级、市政公用工程施工总承包三级、消防设施工程专业承包二级、起重设备安装工程专业承包二级资质。

公司组建于1953年。1990年至2009年连续19年荣获贵州省“守合同、重信用”单位称号，并先后获得贵州省“五一劳动奖状”、“优秀施工企业”等荣誉。近50年来，公司先后承建了一大批国内外工业、公用、国防、科研、文教、卫生、体育、市政、环保、公路和民用建筑工程，荣获中国建设工程鲁班奖及省部级以上优质工程奖120余项。在广州亚运建设中，还承担了亚运期间18000名志愿者后勤服务区的中小学工程，创造了开工最晚、竣工交验最早以及安全质量零罚单的建设纪录，受到广州市重点项目办公室及广州亚组委充分肯定。

2009年，坚持以科学发展观为指导，以经济效益为中心，深入贯彻“精细化管理战略”，全面超额完成了各项经济、技术指标，企业持续健康稳定发展。对未来，将依托“中国建筑”强大品牌，以中建四局“五个走在前列”为实际战略指导，以打造“综合效益型”为目标，实现规模、品牌、效益的协调发展，力争三年再造一个公司，实现企业发展新跨越。

中国凤凰大厦工程获2009年度中国建设工程鲁班奖

中国凤凰大厦夜景（效果图）

中国凤凰大厦

项目名称：深圳市特美思广场
承建单位：深圳市第一建筑工程有限公司

深圳市特美思广场工程获2009年度中国建设工程鲁班奖。由一栋41层塔楼和8层裙楼组成，总建筑面积87850平方米，是一栋集餐饮、休闲、酒店、商务办公等为一体的多功能综合性建筑。建筑恢弘大气、装饰精美，应用了30多项新技术、新工艺，质量过硬、节能环保，得到使用各方的一致好评，并已成为福田中心区的标志性建筑。

承建单位深圳市第一建筑工程有限公司成立于1983年，为基建工程兵集体转业组成，是首批参与深圳特区建设的施工企业之一，具有房屋建筑、市政工程总承包一级资质，地基与基础工程、金属门窗工程专业承包一级资质。

作为特区建设的排头兵，公司建成了全国第一栋高层建筑——深圳电子大厦，并且一直秉承“质量第一，信誉为本”的理念，打造了大批精品工程，其中市民中心、深圳市少年宫、信息枢纽大厦、特美思广场、滨海大道等已成为深圳市标志性建筑项目。

2009年，实现总收入22亿余元，荣获中国建设工程鲁班奖1个，广东省优质样板工程1个，全国“AAA”级建设工程项目施工安全文明标准化诚信工地1个；另外，在市优工程、省双优、新技术应用示范工程、工法、QC小组等方面荣获全国、省、市大小奖项达20多项。

深圳市特美思广场工程获2009年度中国建设工程鲁班奖

深圳市特美思广场监控中心

深圳市特美思广场电梯间

项目内部结构展示

深圳市特美思广场酒店大堂

深圳市特美思广场内会议室

深圳市第一建筑工程有限公司承建的深圳市福田体育公园

项目名称：广州科学城综合研发孵化区B组团B2-B3标土建、水、电及周边配套工程
承建单位：广东浩和建筑有限公司

广州科学城综合研发孵化区B组团B2-B3标土建、水、电及周边配套工程获2009年度中国建设工程鲁班奖（国家优质工程）。为框剪、钢-混凝土组合结构，建筑面积为84130.4平方米，由地下1层，地上14层和两栋6层建筑组成，建筑高度62.1米。该项目推广应用了住房和城乡建设部“十项新技术”中的10大项36个子项。自主创新技术5项，其中，大面积OA网络高架地板施工及平整度控制关键技术经鉴定达到国内领先水平。该项技术采用激光水准仪全过程控制精度、支架和地板间加设房震垫微调高差并起减震作用等关键施工技术，解决了大面积OA网络地板施工精度及平整度控制难的施工难题。陶粒混凝土施工分层离析控制技术、虹吸式屋面雨水排水系统管道施工技术两项科技成果达到国内先进水平。自主发明的“工具式吊装架体”、“三段式止水对拉螺杆”等两项技术获得国家专利。

承建单位广东浩和建筑有限公司是创立25年的民营建筑企业，具有建筑行业甲级设计资质和建筑施工总承包一级资质、机电安装工程施工总承包一级、建筑装修装饰工程专业承包一级和钢结构工程专业承包一级，市政公用工程施工总承包二级资质。拥有机电、装饰、设计、机械租赁、劳务5个专业性分公司和华南、华东、华北、华中4个区域性分公司，主要承接工程项目设计、总承包、设备安装工程、装饰装修工程、幕墙钢结构工程和市政公用工程等业务。曾荣获中国建设工程鲁班奖，省、市级优良样板工程，广东省“金匠奖”，广州市“五羊杯”等奖项。

广州科学城综合研发孵化区B组团B2-B3标土建、水、电及周边配套工程获2009年度中国建设工程鲁班奖

天面采用块料油面砖粘贴

项目内部结构展示

冷冻水管

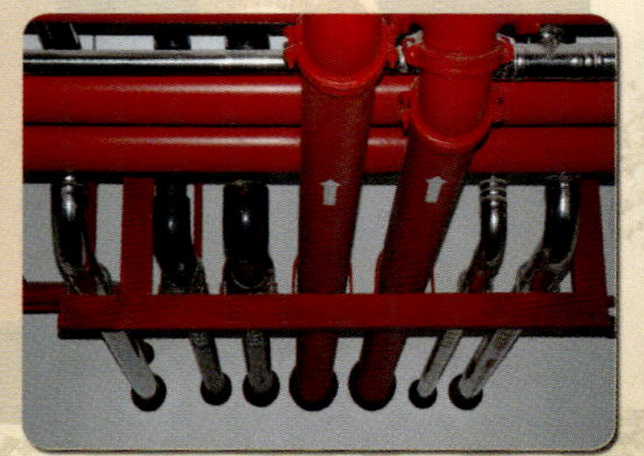

综合线管布置

防静电大面积架空地板

项目名称：河源广播电视中心一期工程
承建单位：汕头市潮阳建筑工程总公司

河源广播电视中心一期工程获2009年度中国建设工程鲁班奖（国家优质工程）。该项目总建筑面积32303平方米，层数为6层，建筑高度为23.72米，是集采编、演播、办公等为一体的多功能综合大楼。该项目应用住房和城乡建设部推广的“十项新技术”中的9大项23小项，在施工中采用了大量的新技术、新工艺、新材料、新设备，并自主创新应用了4项技术：大跨度钢筋混凝土悬挂结构施工技术、大面积外飘倾斜钢筋混凝土墙施工技术、大跨度无缝聚丙烯纤维砼屋面施工技术、外飘倾斜背栓式干挂陶瓷板幕墙施工技术，经鉴定达到国内先进水平，并被评为省级工法。4个工法的核心技术获河源市科技进步一等奖。

承建单位汕头市潮阳建筑工程总公司成立于1959年，属全民所有制建筑一级企业，具有房屋建筑工程施工总承包一级、市政公用工程施工总承包一级、建筑装饰装修工程专业承包一级、钢结构工程专业承包二级、消防设施工程专业承包二级、机电设备安装工程专业承包二级、公路工程施工总承包三级、建筑幕墙工程专业承包三级、水利水电工程施工总承包三级等资质。现为中国施工企业管理协会会员单位、汕头市建筑业协会常务理事单位。先后荣获中国建设工程鲁班奖1项，中国建筑工程鲁班奖（参建）1项，中国土木工程詹天佑奖优秀小区金奖1项，全国房屋建筑样板工程1项，住房和城乡建设部优质样板工程1项，住宅小区建设试点施工质量金奖1项，国家小康住宅示范小区工程质量及室内装修优秀奖1项，上海市建设工程“白玉兰”奖1项，广东省建设工程“金匠奖”3项，省级优良样板工程38项，市级优良样板工程63项，中国AAA级安全文明标准化诚信工地1项，省级安全生产文明施工优良样板工地6项，市级安全生产文明施工优良样板工地38项，创优工程在同类企业中名列前茅。

河源广播电视中心一期工程获2009年度中国建设工程鲁班奖

项目内部结构展示

螺旋楼梯和圆柱装饰

二层门厅上部装饰

首层车库

项目名称：渝湛国道主干线高桥（粤桂界）至遂溪高速公路工程
承建单位：广东省长大公路工程有限公司

渝湛国道主干线高桥（粤桂界）至遂溪高速公路工程获2009年度第九届中国土木工程詹天佑奖。该工程系统地提出了基于视域的生态公路景观规划控制方法，在公路景观规划设计中引入动态理念、生态理念和系统理念。创造性采用香根草解决了弱膨胀土边坡稳定和植被恢复难题；提出了生态锥坡设计原则及设计方法并应用到工程实践；研究使用低成本、低能耗的土工隔栅土堤式生态型声屏障；工程将设计和施工作为一体化技术综合考虑和平衡，在国际上首次提出DR1法则、DR2法则及相关混合料级配控制原理、国内首次完整系统提出沥青混合料离析解决方法、集料标准化加工技术达到了国际先进水平。

广东省长大公路工程有限公司始建于20世纪50年代，总资产超过100亿元，年土建施工能力100亿元，拥有主要施工设备2000台套，员工规模2500多人，具备国家公路工程施工总承包特级资质，并拥有对外经营权的综合服务型建筑企业。经营业务以公路、桥梁、隧道施工为主，同时扩展到工程项目BT与BOT投资建设、公路项目投资和运营管理、施工总承包、工程设计、旧桥加固、高速公路维修养护、职业技能培训、物业管理等多个领域。

改革开放以来，建成特大型、大中型桥梁260多座，高等级公路1800多公里。其中，大跨度悬索桥、斜拉桥、连续刚构桥、连续梁桥、拱桥以及环氧沥青钢桥面铺装等施工技术达到了国内领先水平。在施工工艺、产品质量、科技进步等方面获得国家级成果8项，省部级成果49项。其中，专利12项，国家级工法3项，省级工法6项，中国建设工程鲁班奖1项，国家优质工程银质奖3项，中国土木工程詹天佑奖5项，国际建筑大奖1项。

先后获得了“全国施工技术先进单位”、“中国建设系统AAA信誉单位”、“全国五一劳动奖状”、“全国交通系统文明单位”、“全国交通行业抗灾保通先进集体”、“全国交通运输系统先进集体”、“广东省优秀企业”、“广东省重合同守信用单位”等称号。2006年，被评为中国交通建设“十大桥梁英雄团队”。“十五”期间，被列为“全国百强建筑企业”。

2009年，完成施工产值57.45亿元；建设投资25.11亿元；新中标项目49个，合同额达106.8亿元；通过高新技术企业认证，通过省级企业技术中心、省级工程技术研发中心验收评审；荣获“全国交通运输系统先进集体”、“全国五一劳动奖状”、“广东省重点工程建设先进单位”等荣誉称号。对未来的部署：逐步转变单一的公路施工的模式，利用特级总承包资质优势，把握价值链的高端，竖向延伸产业链、横向拓展产业空间，向集管理型、技术型、资金型、服务型为一体的综合型企业发展。

渝湛国道主干线高桥（粤桂界）至遂溪高速公路工程获2009年度中国土木工程詹天佑奖

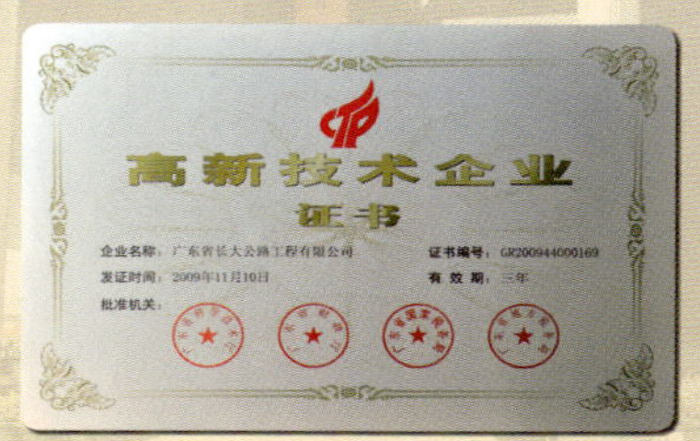

高新技术企业
证书
企业名称：广东省长大公路工程有限公司　证书编号：GR200944000169
发证时间：2009年11月10日　有效期：三年
批准机关：

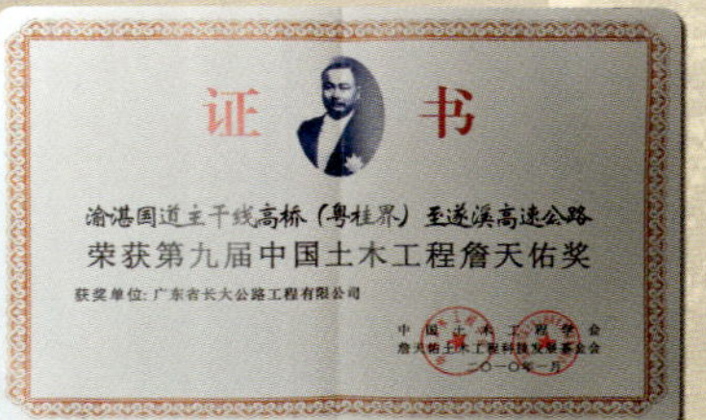

证　书
渝湛国道主干线高桥（粤桂界）至遂溪高速公路
荣获第九届中国土木工程詹天佑奖
获奖单位：广东省长大公路工程有限公司

广东省长大公路工程有限公司承建的部分工程

广州市珠江黄埔大桥

浙江省舟山大陆连岛工程金塘大桥

广州珠岛桥

项目名称：广州维多利广场
承建单位：广州市第二建筑工程有限公司（广州市建筑集团有限公司下属企业）

广州维多利广场工程获第九届中国土木工程詹天佑奖、第一届广东省土木工程“詹天佑故乡杯”奖。该工程建筑总面积为142358平方米，总建筑投资达4亿元，是广州市标志性公共建筑项目。该工程采用钢骨混凝土桁架转换层；框支柱采用钢管混凝土柱；创造性地提出了节点区柱钢管不连通式钢管混凝土柱——平板节点；合理布置和设计钢骨混凝土梁和钢-混凝土组合梁；地下室楼盖采用无黏结预应力平板结构；采用抗拔锚杆解决地下室的抗浮问题。在施工过程中应用了住房和城乡建设部“十项新技术”中的10大项33个子项，被住房和城乡建设部专家组一致评定为整体水平达到“示范工程国内领先水平”。

广州市建筑集团有限公司是具有房屋建筑工程总承包特级资质的大型国有建筑施工企业集团，现有属下企业155家，总资产达160亿元。先后荣获中国建筑工程鲁班奖17项，是全国获中国建设工程鲁班奖最多的企业之一，2009年跻身中国企业500强，排名第292位，位列建筑业企业第17位。

2009年，广州市建筑集团有限公司组织新任务239亿元，完成总包工作量181亿元。承接的新客站一期市政道路工程，造价8.48亿元，是目前广州市最大规模单项市政工程；猎德旧村改造工程5栋单体建筑，比合同工期提前112天封顶；亚运城运动员村房建七标被住房和城乡建设部和全国总工会授予“全国建筑施工安全质量标准化示范工地”称号；广佛线八标比合同工期提前4个月完成双线贯通，是广佛线唯一实现合同工期的标段。全年顺利实现安全生产“零死亡”和火灾事故“零指标”目标。

荣获市级以上奖项75项，包括：国家优质工程银质奖2项，全国建筑工程装饰奖4项；广州白天鹅宾馆、中国进出口商品交易会琶洲展馆和广州市兴丰生活垃圾卫生填埋场三项工程入选新中国成立60周年“百项经典暨精品工程”。

广州维多利广场工程获第九届中国土木工程詹天佑奖

广州市建筑集团有限公司承建的部分工程

广州市李坑生活垃圾焚烧发电厂工程获2009年度中国市政金杯示范工程奖

广州市林和西商务大楼工程获2009年度国家优质工程银质奖

广州市笔村立交工程获2009年度中国市政工程金杯奖

项目名称：台山碧桂园凤凰酒店员工宿舍
承建单位：广东梁亮建筑工程有限公司

广东省优良样板工程证书

广东梁亮建筑工程有限公司 承建的
台山碧桂园凤凰酒店员工宿舍 工程评定为
二〇〇九年度广东省优良样板工程。
特发此证

粤建工程优质证字（2009）070A1号 二〇一〇年一月十一日

台山碧桂园凤凰酒店员工宿舍工程获2009年度广东省优良样版工程，总建筑面积16660平方米，为现浇钢筋砼框架结构，建筑高度24.62米。该工程采用胶夹板模板体系技术等6种新技术，提高了质量，降低了成本。加强质量通病防治，对容易出现质量通病的工序和部位编制专项方案，从施工组织和施工技术、成品保护施工全过程进行质量控制，取得了良好的效果。

承建单位广东梁亮建筑工程有限公司具有房屋建筑工程施工总承包一级、市政公用工程施工总承包一级、地基与基础工程专业承包一级、机电设备安装工程专业承包一级、建筑装修装饰工程专业承包一级、金属门窗工程专业承包一级和土石方工程专业承包二级等资质，并承装（修、试）电力设施。注册资金6000万元，有各类管理人员320人，通过GB/T19001-2000、GB/T24001-2004、GB/T28001-2001三标一体化管理体系的认证。先后荣获中国建筑工程鲁班奖2项、广东省建设工程金匠奖6项、广东省优良样板工程20项、广州地区建设工程质量五羊杯奖10项、广州市优良样板工程30项；全国建筑安全奖以及广东省、广州市安全生产文明施工优良样板工地43项。荣获“全国五一劳动奖先进班组集体”、“全国守合同重信用单位”、“全国建筑业诚信企业”、“全国住房和城乡建设系统思想政治工作先进单位”、“全国重质量守诚信讲信誉百家优秀建筑企业”、“中国质量信用AAA级企业”、“广东省建设系统先进集体”、“广东省建设系统精神文明建设先进单位”、“广东省建设系统精神文明建设示范单位”、“广东省用户满意服务明星企业”、“广东省企业文化建设十佳先进单位”、“广东省最具公众形象十佳企业”、“中国建设银行评定为AA信用单位”、“广东最具有竞争力建筑企业”、“广东综合实力30强企业”、“广州市连续10年守合同重信用单位”、“广州市建设工程质量创优优秀单位”、“广州市安全生产先进单位”、“广州市安全生产标兵单位”、“广州市管理信得过单位”、“广州市优秀建筑企业”等荣誉称号。

台山碧桂园凤凰酒店员工宿舍工程获2009年度广东省优良样板工程

广东梁亮建筑工程有限公司承建的部分工程

广州科学城翡翠皇冠假日酒店

台山碧桂园凤凰酒店

项目名称：汶川县第一中学
承建单位：广东耀南建筑工程有限公司

汶川县第一中学工程获2009年度广东省优良样版工程、2009年度四川省结构优质工程、2009年度四川省灾后援建项目天府杯金奖等奖项，占地148亩，建筑面积68895平方米，整个项目规模宏大，具有强烈的藏羌民族特色，是一所功能齐全的现代化学校。框架结构、天然基础结构按8度抗震设防，执行9度抗震措施。工程于2009年2月8日开工，2009年8月8日通过竣工验收。在施工过程中，应用了住房和城乡建设部推广“十项新技术”中的8大项共20小项。交付使用以来，未发现任何质量问题，主体结构安全可靠，沉降稳定，各系统运转正常可靠。

承建单位广东耀南建筑工程有限公司成立于1998年，注册资金10128万元，拥有房屋建筑工程施工总承包一级资质，技术队伍宠大，经济实力雄厚，机械装备精良，施工技术先进，经营管理规范的现代化大型建筑施工企业。

未来的战略发展目标：进一步拓展业务，力争在短期内将原有的四个一级资质上升至七个一级，逐步向特级资质迈进，实现塑造精品，奉献社会的企业宗旨。

汶川县第一中学
钟楼广场

汶川县第一中学
体育馆

汶川县第一中学工程获2009年度广东省优良样板工程、2009年度四川省结构优质工程奖、2009年度四川省天府杯金奖

广东耀南建筑工程有限公司承建的汶川县体育馆、避灾广场夜景

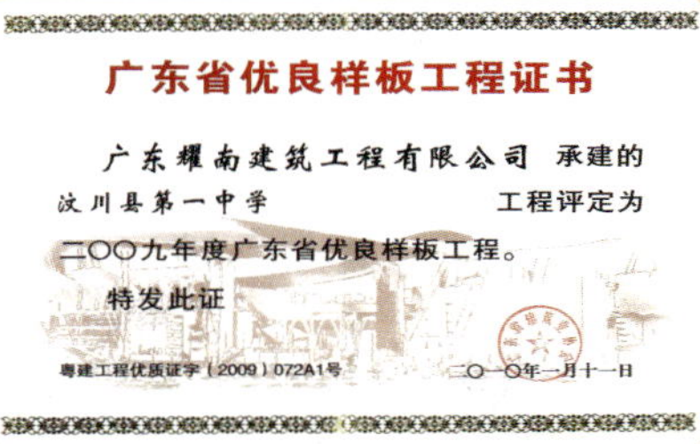

广东省优良样板工程证书

广东耀南建筑工程有限公司 承建的
汶川县第一中学 工程评定为
二〇〇九年度广东省优良样板工程。

特发此证

粤建工程优质证字（2009）072A1号 二〇一〇年一月十一日

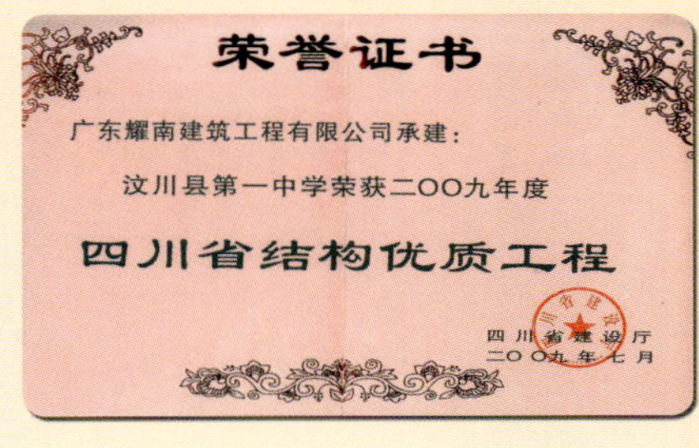

荣誉证书

广东耀南建筑工程有限公司承建：

汶川县第一中学荣获二〇〇九年度

四川省结构优质工程

四川省建设厅
二〇〇九年七月

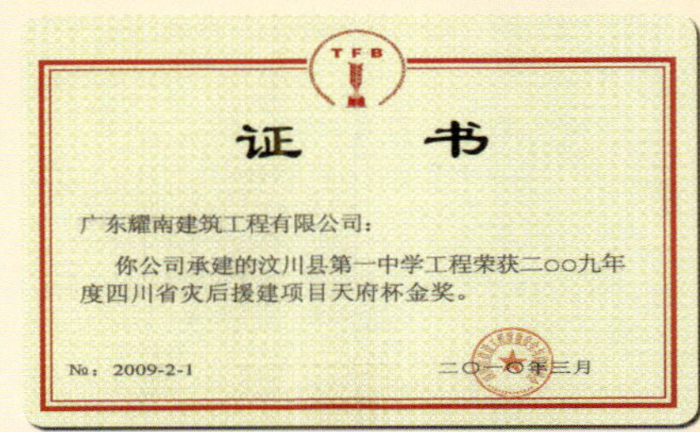

证　书

广东耀南建筑工程有限公司：

你公司承建的汶川县第一中学工程荣获二〇〇九年度四川省灾后援建项目天府杯金奖。

№：2009-2-1 二〇一〇年三月

项目名称：广州科学城综合研发孵化区A组团A1－A2标土建、水、电及周边配套工程
广州市财政局业务用房
广州市海珠区南洲街沥滘村民委员会商业、村民住宅楼及小区配套工程
珠海市信息大厦
承建单位：广州市第四建筑工程有限公司

广州科学城综合研发孵化区A组团A1-A2标土建、水、电及周边配套工程，广州市财政局业务用房工程，珠海市信息大厦工程，广州市海珠区南洲街沥滘村民委员会商业、村民住宅楼及小区配套工程获2009年度广东省优良样板工程。其中广州科学城综合研发孵化区A组团A1-A2标土建、水、电及周边配套工程建筑面积为59616平方米，工程采用明框玻璃幕墙、金属铝板幕墙、铝合金窗、装饰百叶、石材幕墙、点式玻璃雨蓬等形式的外装饰幕墙，有机地组成了多功能和智能化的幕墙系统；墙体材料采用新型的复合型轻质墙板；走廊及办公用房采用防静电架空地板。同时，该工程结构质量得到多方面的认可，在节能降耗、节约经济方面收到明显的效果。

承建单位广州市第四建筑工程有限公司成立于1956年，是一家历史悠久、技术力量雄厚、不断改革发展创新、建设业绩卓著的建筑施工企业，年生产经营能力与规模接近20亿元，年竣工工程面积高峰期达到88万平方米。具备国家房屋建筑总承包一级、市政公用工程施工总承包一级和机电设备安装等5个专业承包一级资质，并持有对外经济合作经营权，是广州地区较早获得质量、环境和职业健康安全“三位一体”认证的施工企业。荣获鲁班奖工程6项、全国市政金杯示范工程1项、国家优质工程奖2项以及超过100项的广东省、广州市、佛山市、珠海市质量样板工程和安全文明施工样板工地；获得国家专利4项，国家级工法2项，国家、省、市级QC成果100余项；先后被评为“广州市地方纳税信誉A级企业”、“广州市诚信示范单位”、“广州市连续二十二年守合同重信用单位”、“广州市100强企业”、“广东省安全生产先进企业”、“全国用户满意施工企业”和“创鲁班奖工程特别荣誉企业”。

2009年，在质量、安全、文明施工管理、科技创新、企业文化方面均取得显著的成绩，获得了多个国家、省、市级的奖项。连续6年无重大安全事故发生，被评为“广州市2009年度企业安全生产先进集体”。今后目标：将继续坚持人才强企，着力于建设一支乐于奉献、技术业务精、职业道德好、工作精干高效、身心活泼健康向上的复合型人才队伍。一种承担—社会责任；一个理想—事业成就；一份追求—高质生活，是广州四建人为之努力的奋斗目标。

广州科学城孵化区A组团A1—A2标土建、水、电及周边配套工程获2009年度广东省优良样板工程

广州市第四建筑工程有限公司承建的部分工程

广州市财政局业务用房工程获2009年度广东省优良样板工程

珠海信息大厦工程获2009年度广东省优良样板工程、2009年度广东省建设工程金匠奖

广州市海珠区南洲街沥滘村民委员会商业、村民住宅楼及小区配套工程获2009年度广东省优良样板工程

项目名称：广州市黄埔职业高级中学实训大楼
承建单位：广州市黄埔建筑工程总公司

广州市黄埔职业高级中学实训大楼工程获2009年度广东省优良样板工程、2009年度广东省建设工程金匠奖、2007年度广东省建设工程安全生产文明施工优良样板工地、2008年“广州市安全文明施工样板工地”、2009年“广州市优良样板工程”。该工程框架结构，总建筑面积6507.9平方米，建筑总高度25.9米。配色亮丽，色彩丰富，富有现代感；建筑外墙面平整光滑美观、线条横平竖直、线角顺直清晰。瓷砖屋面平整、坡向、坡度符合设计要求，排水畅顺无积水，块缝合理，方正平顺；屋面防水层与女儿墙交接阴角位做成$\gamma=100$的圆弧，泛水圆顺。梯梁饰面砖不同线面接缝处理恰当美观、灰缝饱满、宽窄深浅一致。该工程的精工制作被评审专家誉为高质量创优精品。

承建单位广州市黄埔建筑工程总公司创建于1975年，原名广州市黄埔区建筑工程总公司，房屋建筑施工总承包一级企业，拥有装修装饰、市政、机电等8项增项资质。

坚持对外“以质量为本拓市场”，对内“以人为本抓管理”，努力打造企业创优品牌，承建的黄埔区机关综合办公大楼、黄埔职业高级中学实训楼、潮州海关业务技术用房等30余项精品工程，荣获1项鲁班奖、4项金匠奖、16项省样板奖、4项省“双优”奖和1项省建设工程项目AA级安全文明标准化诚信工地奖以及1项结构样板奖、25项市样板奖、6项市“五羊杯”、4项市装饰优质奖、9项市装修装饰样板奖等。

秉承“建精品创优质，立诚信共和谐”的目标，走出了一条以质量、管理、诚信、文化促效益的健康发展之路。在长期的磨炼和发展中，通过施工管理的实践经验积累和不懈的科学管理创新，不断完善企业内部机制，提升经营管理水平，提升市场竞争力和综合实力，逐渐壮大成为一支装备强、管理严、质量优、信誉好的优秀施工企业，多次被广州市政府评为“广州市先进集体”、“广州市百强民营企业”、“广州市优秀民营企业”和“广州市抗震救灾先进集体”，并获评“广州市连续二十年守合同重信用企业”、“广东省用户满意服务明星企业”、“广东省优秀企业文化单位”、“中国守合同重信用企业”、“中国建筑500强企业”、“中国建筑创新百强企业”等。

广州市黄埔职业中学实训大楼工程获2009年度广东省优良样板工程

广东省优良样板工程证书

广州市黄埔建筑工程总公司 承建的广州市黄埔职业高级中学实训大楼 工程评定为二〇〇九年度广东省优良样板工程。

特发此证

广东省建设工程金匠奖

证书

广州市黄埔建筑工程总公司 承建的广州市黄埔职业高级中学实训大楼 工程被评为二〇〇九年度广东省建设工程金匠奖。

特发此证

粤建金匠证字（2009）002A1　　二〇一〇年二月四日

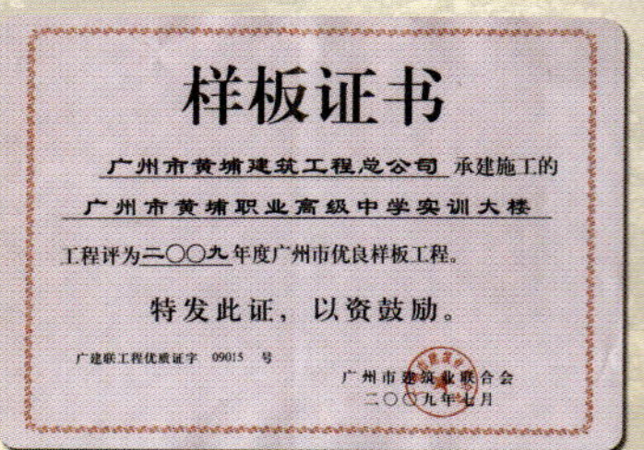
样板证书

广州市黄埔建筑工程总公司 承建施工的广州市黄埔职业高级中学实训大楼 工程评为二〇〇九年度广州市优良样板工程。

特发此证，以资鼓励。

广建联工程优质证字 09015 号

广州市建筑业联合会

二〇〇九年七月

近年荣获全国及省、市授予的荣誉称号主要有：

- ◆中国守合同重信用企业
- ◆中国建设行业信用AAA单位
- ◆中国建筑500强企业
- ◆广东省用户满意服务明星企业
- ◆广东省诚信示范企业
- ◆广东省优秀企业文化单位
- ◆广东省连续十七年守合同重信用企业
- ◆广州市连续二十年守合同重信用企业
- ◆广州市先进集体
- ◆广州市抗震救灾先进集体
- ◆广州市“三无两有”施工管理先进企业
- ◆广州市百强民营企业

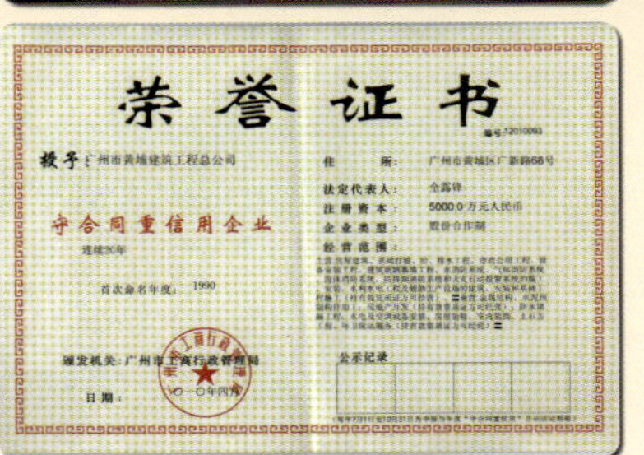

潮州海关业务技术用房工程获2009年度广州市建设系统QC小组三等奖和广东省优秀QC小组奖

广州市黄埔建筑工程总公司承建的部分工程

广州市番禺中心医院门诊楼、医技楼工程

项目名称：南方报业传媒基地1号厂房
承建单位：广东省六建集团有限公司

广东省优良样板工程证书

广东省六建集团有限公司　承建的

南方报业传媒基地1号厂房　工程评定为

二〇〇九年度广东省优良样板工程。

特发此证

粤建工程优质证字（2009）073A1号　二〇一〇年一月十一日

南方报业传媒基地1号厂房工程获2009年度广东省优良样板工程。该工程位于佛山市南海区里水镇里和路，于2007年5月开工，2008年5月竣工，建筑面积14652平方米。在施工中推广应用了住房和城乡建设部“十项新技术”的9项、15个子项，实行了信息化、标准化、规范化、网络化管理，重视新技术及建筑节能的推广使用，施工质量符合《建筑节能工程施工质量验收规范》（GB50411-2007）要求，通过推广应用“四新”技术，形成一套新颖的施工方法。

广东省六建集团有限公司成立于1953年，前身为广东省第六建筑工程公司，资产总额约20亿元，下属企业25个，员工逾4000人，具有住房和城乡建设部核准的房屋建筑工程、市政公用工程总承包一级资质，建筑装修装饰设计一体化、地基与基础、钢结构、起重设备安装、文物保护工程施工等专业承包等一级资质，同时具有机电安装工程施工总承包、建筑幕墙工程专业承包、消防设施工程专业承包、园林古建筑专业承包等二级资质，是全国首批“守合同重信用”企业。

2009年，以“重质守信，力创一流，尊重客户，造福社会”为企业精神，以“诚信守法，持续发展”作为管理方针，以“技术创新”为主要手段，培育和提升企业的核心竞争力，推动了企业的可持续发展，被评为“首批全国建筑业AAA级信用企业”，并荣获“全国建筑业先进企业”称号。近年来，完成建安工作量100多亿，承建的各式厂房、住宅商厦、市政设施等总竣工面积近700万平方米。创出中国建设工程鲁班奖、国家优质工程银质奖、詹天佑土木工程奖、全国建筑工程装饰奖、中国钢结构金奖等5个国家级奖项，21项省优良样板工程以及53项省、市“双优”样板工地称号；获得“全国建设系统先进集体”、“全国工程建设质量管理优秀企业”、“全国模范职工之家”等国家、省级荣誉22项；获得“佛山市中医院医疗综合大楼工程建设关键技术的研究与应用”等国家、省市科技成果12项；获得“悬臂双排后置预应力锚杆桩深基坑支护工法”等省级工法6项。

南方报业传媒基地1号厂房工程获2009年度广东省优良样板工程

佛山市新闻中心

广东省六建集团有限公司承建的部分工程

佛山金海广场施工现场

佛山环球国际广场

项目名称：广州烟草物流配送中心
承建单位：广东省建筑工程集团有限公司

广州烟草物流配送中心工程获2009年度广东省安全生产文明施工优良样板工地、2009年度广东省AA级安全文明标准化诚信工地、2009年度全国AAA级安全文明标准化诚信工地等奖项。在施工期间遵循“四节、一环保”的方针和“以人为本、绿色施工”的理念，确保全过程的安全文明施工状态，在安全生产准备、安全责任体系、安全技术管理、安全教育培训、现场文明施工等方面均按规范化、标准化的模式进行管理。另外，该工程应用了住房和城乡建设部重点推广应用的桩基新技术、粗直径钢筋直螺纹机械连接技术、钢结构施工安装技术、钢与混凝土组合结构技术、大型设备整体提升吊装技术、节能型维护结构、建筑防水涂料、管理信息化技术等多项新型技术手段。特别是采用了安全、高效的桁架双机整体抬吊法安装和规格为长7500×宽7500×高20500mm及长1800×宽1200×高2900mm的高矮架安装平台电动平移法。

承建单位广东省建筑工程集团有限公司具有50多年发展历史，是广东省建筑企业中经营范围最广、专业结构最齐、技术资质最高、整体实力最强的国有建筑施工企业。拥有分支机构共40多家，专业技术人员约10000人，总资产110亿元，年生产能力超过200亿元。在房屋建筑、地基与基础、机电安装、轨道交通、市政路桥、水利水电、建筑科研等多个方面长期在我省甚至华南地区处于领先地位。2009年集团实现新签工程合同额256亿元，实现营业收入193亿元，上缴税费8.2亿元，达到国内同行业优良水平。承建了大批大型、重点、标志性工程项目，获得中国土木工程詹天佑奖15项，中国建设工程鲁班奖26项，全国市政金杯示范工程奖2项，国家优质工程银奖11项，全国建筑工程装饰（金）奖25项等一大批国家级工程奖项，并连续多年跻身“中国企业500强”、“广东省企业100强”，连续十四年被评为“重合同守信用”企业。

2009年的战略部署：坚持以科学发展观为统领，以广东省委提出的“三促进一保持”和“练内功、调结构、强创新”的要求为指导，确立了“做大、做强、做实、做活、做好、做长”的“六做”理念，明确提出由传统的建筑经营向现代的建筑经营、由一元的建筑经营向多元的资产经营、由单一的实体经营向实体经营与虚拟经营相结合转变的“三个战略定位”，力促企业由一元的“建筑商”经营形态向三元的“建筑商、投资商、运营商”经营形态转型和升级，形成了新时期的发展战略体系。

广州烟草物流配送中心工程获2009年度广东省建设工程安全生产文明施工优良样板工地

广东省建筑工程集团有限公司
承建的“广州烟草物流配送中心工程”，荣获2009年度广东省建设工程安全生产文明施工
优良样板工地
广东省建筑安全协会
二〇一〇年三月

证书
中建协安证字 2010-246号
广东省建筑工程集团有限公司：
你公司承建的“广州烟草物流配送中心”项目，荣获 2009 年度“AAA 级安全文明标准化诚信工地”。
特发此证

广州烟草物流配送中心

广东省建筑工程集团有限公司承建的部分工程

广州大剧院

广州“沥一大区间”盾构项目的两台盾构机整装待发

广州富力中心

广州白云国际机场

广州中国大酒店内饰工程

银川宁东幕墙工程

青海尼那水电站

项目名称：江门碧桂园六期会所及派出所工程
承建单位：广东腾越建筑工程有限公司

江门碧桂园六期会所及派出所工程获广东省建设工程安全生产文明施工优良样板工地。在施工过程中，按照相关法律、法规和行业标准的要求，重视施工过程安全生产的动态管理，精心组织施工，建立以项目经理为组长，项目技术负责人、专职安全员、质量员、施工员等组成的安全文明综合治理小组，落实施工现场的安全生产、文明施工以及防火工作。对重大危险源和重要危险部位实行专人负责管理，并对出现的安全隐患及时整改。

承建单位广东腾越建筑工程有限公司属碧桂园控股旗下的建筑施工企业，具备房屋建筑工程施工总承包一级资质，拥有施工管理人员3000多人，年施工能力400多万平方米，2007年全国综合实力位居第二位，2007-2008年中国建筑业百强企业（碧桂园控股是国内著名的综合性房地产开发企业，属下机构涉及房地产开发的各个环节，并涵盖五星级酒店、教育、社区商业、休闲娱乐产业等多个行业）。

坚持走质量兴业之路，建立了完善的质量监督管理体系，保持100%的工程合格率，先后荣获“质安先进企业”奖、“优质样板工程”奖。广东腾越建筑工程有限公司积极诚信纳税，2004-2006年连续三年获佛山市超亿元纳税大户，2008年度入选佛山市纳税超5000万元企业；2006年全国建筑行业纳税第二名。今后目标：继续秉承“诚信为本，守法经营，依法纳税”、“感谢社会、回报社会”的企业经营理念，以向业主提供优质的产品为已任，做具有高度的社会责任感，积极为社会作贡献的阳光企业。

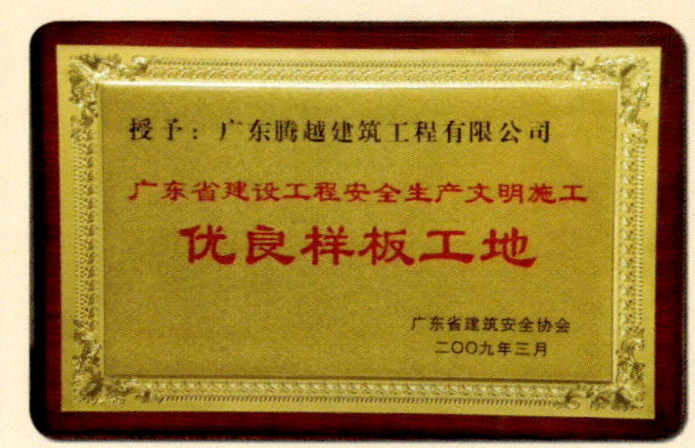

江门碧桂园六期会所及派出所工程获广东省建设工程安全生产文明施工优良样板工地

广州凤凰城

广东腾越建筑工程有限公司承建的部分工程

江门鹤山碧桂园

佛山顺德碧桂园

广州凤凰城酒店

清远假日半岛住宅小区

深圳市市政工程总公司

成立于1983年，是深圳市天健（集团）股份有限公司全资控股的核心企业，具有市政总承包特级、公路总承包一级、房建总承包一级，地基专业一级、土石方专业一级、公路路面专业一级、公路路基专业一级、轨道交通专业承包、机电安装总承包二级、水利水电总承包二级等资质。先后完成深南大道、滨海大道、深港西部通道、南坪快速路、深圳地铁、宝安大道等300余项重大市政工程；公路主枢纽管理中心、深圳书城、天健现代城等230多项工业与民用建筑工程；四川宜水高速公路、湖南潭邵高速公路、河南郑石高速公路、重庆渝遂高速公路等400余公里高速公路；杭州绕城高速下沙大桥、广州南部快速马克大桥、广州黄浦涌大桥等50多座大型桥梁以及境外香港新机场地铁516工程、泰国污水处理厂等工程。积极发展工程代建制，先后参与深圳东部沿海高速公路、坂雪岗大道、布龙路等项目的代建管理。

2009年，完成8项国家及省市大型重点工程。博士后工作站开发研制的新技术、新材料在公司主营业务的各个领域推广应用。迄今，共荣获市级以上各类荣誉200多项次，被评为“全国质量管理优秀企业”、“全国优秀施工企业”、“全国建设技术创新先进单位”，获得“全国五一劳动奖状”。承建的工程中有80余项荣获市优、省优、国优荣誉，其中滨海大道等8项工程被评为市政金杯示范工程，深圳市公路交通枢纽大厦工程荣获中国建设工程鲁班奖，杭州绕城高速东线下沙大桥获得浙江省2001年“钱江杯”省优质工程和“国家优质工程银质奖”。

战略目标：以精优专业化为基础，以高端化为方向（技术/服务），以新兴边缘产业为重点，以BT投资为手段，以城市建设先锋为己任，立足广东，面向全国，积极争取以BT模式进行内地二三线城市产业园区成片开发或主干道和景观大道的建设，在通过投资带动施工生产并顺利介入一级土地开发的同时，获取较好的综合效益实现资本驱动发展的战略；全力打造综合性、管理型城市建设总承包集团公司。

深圳市深港西部通道深圳侧接线沥青路面工程获2009年度中国市政金杯示范工程

2009年度中国市政金杯示范工程：韶关市韶关大道二期（土建标）工程

韶关市韶关大道二期工程

广州南部快速路工程被评为广东省、广州市优良样板工程及中国市政金杯示范工程

深圳市市政工程总公司承建的部分工程

广州建筑工程监理有限公司

成立于1985年，具有工程监理综合资质、工程招标代理甲级、政府采购代理甲级、中央投资项目招标代理机构乙级、工程咨询乙级、信息系统工程监理资质。迄今，完成广州塔、广州珠江新城核心区市政交通项目、广州南站、广州大剧院、猎德村旧村改造等工程项目1000余项，5项获中国建设工程鲁班奖、5项获工程银质奖、1项获中国土木工程詹天佑奖、2项获国家市政金杯示范工程奖。

以“格致正诚，修远求索；以人为本，和而不同”为企业核心价值观，竭诚提供高效优质的监理服务。2009年，获得住房和城乡建设部颁发的工程监理综合资质证书；工程监理收入9194.40万元，名列2009年全国工程监理企业第41名；荣获3项国家级优质工程奖，59项省市优质工程奖项；被评为“全国政府放心、用户满意十佳优秀工程监理单位”、“全国监理行业AAA级资信是示范单位”和“全国工程监理创新发展先进单位”。

广州塔（效果图）

广州珠江新城核心区地下空间及中央广场（效果图）

广州猎德村旧村改造工程（效果图）

广州南站（效果图）

广州大剧院（效果图）

广州电视台新址（效果图）

广州建筑工程监理有限公司监理的部分工程

广州珠江工程建设监理有限公司

成立于1991年，注册资金1000万元，是住房和城乡建设部批准的国家第一批甲级监理公司。拥有职工800人，各类注册资格人员累计230人次。具有工程监理、招标代理和造价咨询的甲级资质，从事房屋建筑、市政公用、机电安装、公路、通信、水利水电工程的工程监理/代建、招标代理、造价咨询、设计咨询和工程咨询等业务，以珠三角为核心拓展到全国16省市。先后获奖170多项，包括9项中国建设项目工程鲁班奖，5项中国土木工程詹天佑奖，2项市政金杯示范工程奖。

以《示范性项目管理标准》为工作指导，执行GB/T19001、24001和28001认证标准，实施信息管理，为广大业主提供延伸和超值的优质服务。代表性监理工程有广州中国大酒店、广州花园酒店、广州新体育馆、广州国际会议展览中心、广州大学城、广州白云国际会议中心、广州西江引水、广州东塔、广州珠江城、广州亚运会综合体育馆、汶川博物馆及映秀灾后重建项目等。

2009年，抓住亚运·民生·城市建设发展、汶川对口援建和热点地区重大建设项目的多种机遇，实现了全年公司经营和管理历史新跨越。今后，将努力发展成为本地区主营业务极具竞争力和能参与国内特色项目竞争、对人才有吸引力和凝聚力、倡导积极向上的健康企业文化，并得到产业界高度认同的优秀企业。

绿色低碳建筑——广州珠江城（效果图）

广州力迅上筑工程

汶川博物馆

广州白云国际会议中心

广州国际会议展览中心（效果图）

广州珠江工程监理有限公司监理的部分工程

第16届亚洲运动会综合体育馆（效果图）

广州东塔（效果图）

广州体育馆

华南理工大学建筑设计研究院

全国著名的甲级设计研究院，具有建筑行业建筑工程设计、建筑工程（含超限高层）施工图审查、建筑智能化系统工程设计、工程咨询、城市规划、市政公用行业等多项资质，并通过ISO9001质量体系认证。现有职工332人，其中工程院院士1人，教授、研究员、教授级高工、高级建筑师、高级工程师111人，一级注册建筑师52人，一级注册结构工程师27人，有近一半的技术人员具有硕士以上学位，有一批具有较高学术造诣的各专业技术带头人，具备先进的设计水平和综合实力。获得部级以上优秀设计奖200多项，其中国际杰出成就奖1项、十大科技成就奖1项、国家金奖3项、银奖8项、铜奖4项，包括教育部和住房和城乡建设部优秀设计一等奖、中国建筑协会创作奖等建筑设计的最高荣誉。

钱学森图书馆（效果图）

澳门大学新校区图书馆与中央教学楼（效果图）

成都火车站（效果图）

华南理工大学建筑设计院设计的部分工程

第16届亚洲运动会游泳跳水馆（效果图）

侵华日军南京大屠杀遇难同胞纪念馆扩建工程

SADI

深圳市建筑设计研究总院有限公司

Shenzhen General Institute Of Architectural Design And Research CO.,LTD.

始建于1982年，拥有在职人员1800余人，是深圳市直属的大型国家甲级设计院。完成国内外建筑工程设计项目4700余项，覆盖了办公建筑、商业建筑、医疗建筑、体育建筑、居住建筑、教育建筑、工业园区及城市规划、市政工程等各种类型，也覆盖了各类规划研究、总体规划、详细规划、城市设计等，200多个项目荣获国家、省、市优秀工程设计奖；参与完成了多项国家、省、市规范、规程、地方标准的编制工作，获得近30项国家、省、市级科研成果奖。设计项目包括2010年上海世博会意大利馆、湖南普瑞温泉酒店、合肥政务文化中心、深圳证券交易所、阳江市中心城区城市风貌与绿色城区规划、深圳大学生运动会体育中心、深圳市民中心等。

2010年上海世博会意大利馆

湖南普瑞温泉酒店

合肥政务文化中心

深圳建筑设计研究院有限公司设计的部分工程

深圳证券交易所（效果图）

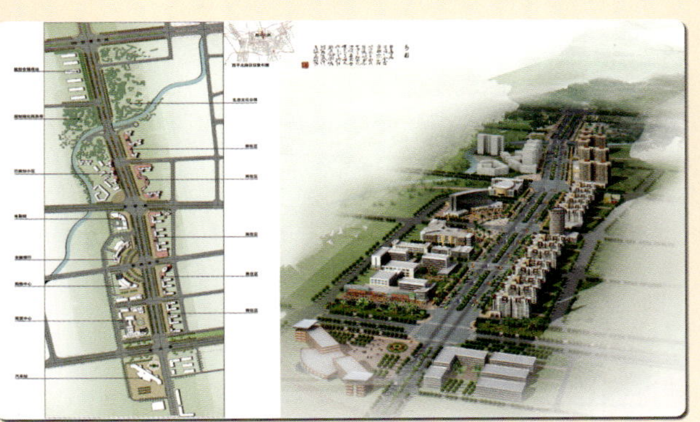
阳江市中心城区城市风貌与绿色城区规划图

深圳大学生运动会体育中心（效果图）

深圳市民中心

广州市设计院

组建于1952年，是国内成立最早的甲级勘察设计单位之一，拥有工程设计建筑行业甲级，工程勘察、建筑智能化系统工程甲级以及工程设计咨询、城市规划编制、市政设计、消防、环保、施工图审查等多项资质，并已通过ISO9001:2008质量管理体系认证。是全国勘察设计综合实力百强单位，在全国民用建筑设计院中一直位居前列。多次荣获全国优秀设计院、国家和省级科技创新企业等荣誉称号，2009年被评为广东省高新技术企业。注重建筑工程精品的设计和技术的创新，自20世纪50年代以来，打造出了一批高质量、富有较强影响力的时代精品。设计项目包括广州塔、广州天河区正佳商业广场、广州图书馆新馆、广州体育馆、广州南越王宫博物馆等。已有400多项（次）工程勘察设计获国家、部、省、市级的奖励，其中国家级奖近40项（次），部省级奖近200项（次），市级奖二百多项（次）。全院员工500多人，其中“全国工程设计大师”1名，经国务院批准享受政府特殊津贴的专家10多名，各专业的国家注册师100多名，博士、硕士近百名，各类高、中级技术人才400多名。

广州塔（效果图）

广州珠江城（效果图）

广州天河正佳商业广场获2008年度全国优秀工程勘察设计行业奖建筑工程三等奖

广州体育馆获中国建筑学会新中国成立60周年建筑创作大奖、2008年度全国优秀工程勘察设计行业奖建筑工程一等奖

广州图书馆新馆（效果图）

广州南越王宫博物馆（效果图）

东莞市地理信息与规划编制研究中心

创立于2001年，是直属东莞市城乡规划局的规划研究部门，服务范围涵盖规划管理研究和政策评价、规划编制、交通研究、建设项目可行性研究、工程测量、规划管理地理信息系统建设等。

东莞市地理信息与规划编制研究中心建立了一套完整高效的服务管理体系，先后组织了映秀镇“交钥匙”项目、援建新疆“交图纸”工程、石龙火车站迁建工程、市区综合交通规划、镇的总体规划修编，开展了地下综合管线普查以及信息建库、东莞市城市扩张与生态环境变化遥感动态监测研究等，荣获多项省部、市级优秀城乡规划设计奖及科技进步奖。

2009年，主要工作成绩有：组织映秀镇灾后重建项目的规划设计；《基于约束条件的东莞市城镇适度人口规模研究》获年度东莞市优秀城乡规划设计一等奖。战略部署：做好各项规划编制工作，加强对城市建设中热点、难点问题的研究；着力推进市属重点项目；推进省部级科技立项工作。

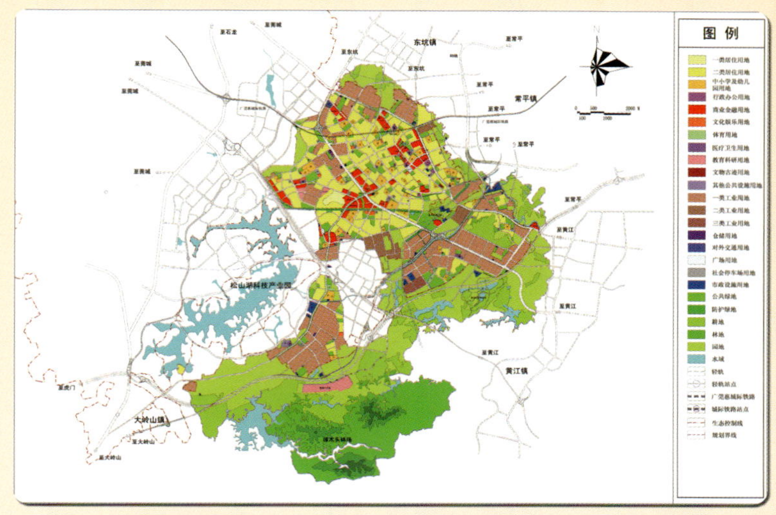

东莞市大朗镇总体规划修编（2008-2020）土地利用规划图

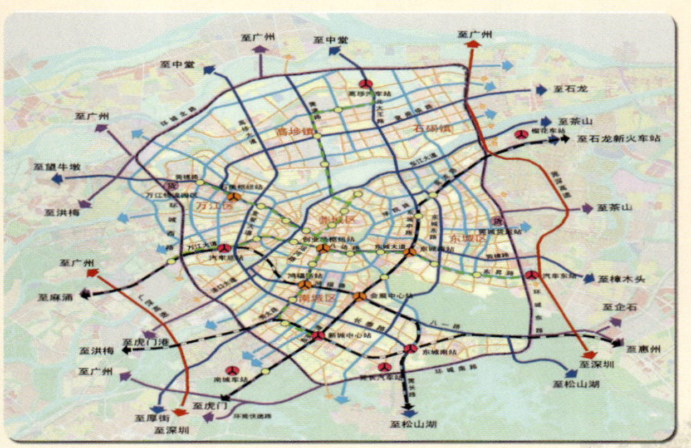

东莞市综合交通系统规划图

四川省汶川县映秀镇灾后重建总规划图

东莞火车站（效果图）

深圳市城市规划设计研究院
Urban Planning & Design Institute of Shenzhen

是一所拥有雄厚技术实力的城市规划咨询研究设计机构，具有国家城乡规划甲级资质、市政工程设计乙级资质和建筑工程设计乙级资质。历经市场经济和城市化大潮的洗礼，身处改革开放前沿城市的深圳市城市规划设计研究院在长期全方位参与深圳市的宏观政策研究、城市发展研究、规划设计和工程咨询过程中，积累和形成了深厚的学术理论功底、丰富的项目经验和强大的专业攻坚能力，已经成为深圳市城市规划建设的一支重要技术力量，综合技术实力位居全国知名规划院前列。建院20年来，先后有数百个项目获国家、部、省、市优秀规划设计或科技进步奖。

2009年，完成承接的市内外城市规划设计业务，配合完成深圳市和其他业务相关城市规划主管部门的各项技术服务工作，包括组织技术骨干积极参与深圳市法定图则大会战；继续强化技术服务和质量管理，大力推动全院招投标工作，全方位开拓城市规划业务和市场。在经营、技术创新、企业管理等多个方面创造了良好的业绩，在全国各大中城市开展的招投标活动中，中标38项；获得市、省、全国优秀规划项目41项次，其中深圳市优21项，广东省优13项，国优7项。规划设计项目包括深圳湾口岸、深港西部通道工程、深圳市绿地系统、深圳华侨城区总体规划等。

深圳湾口岸建成鸟瞰图

深港西部通道工程设计图

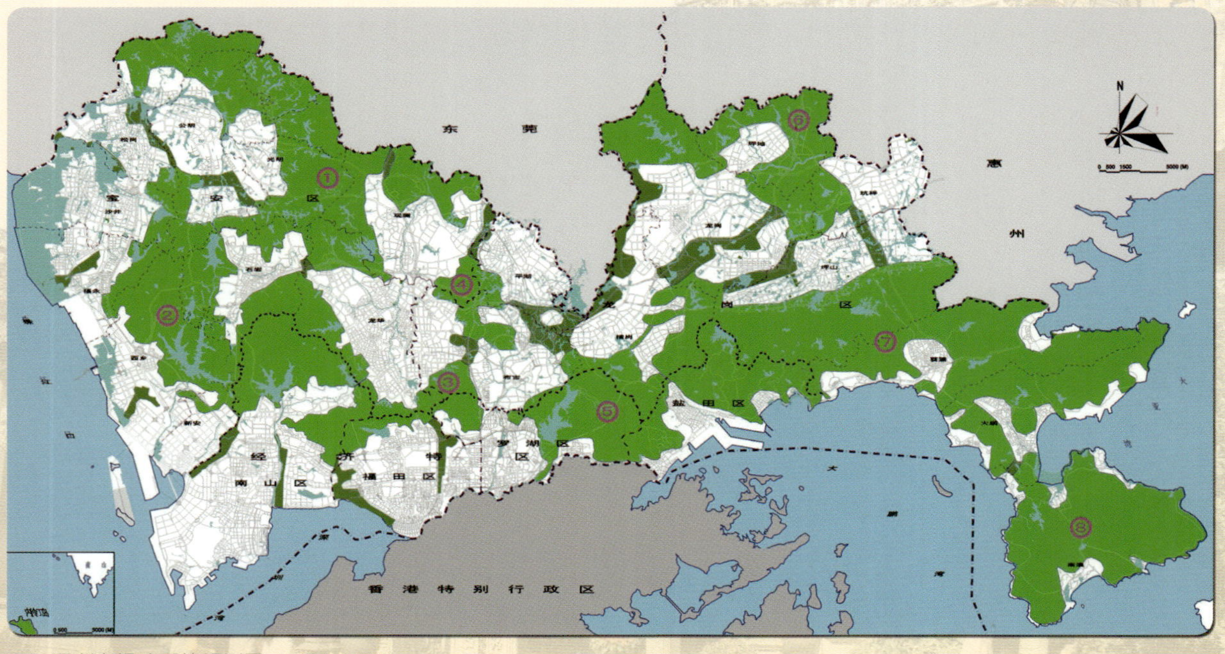

深圳市绿地系统规划图（2004–2020）

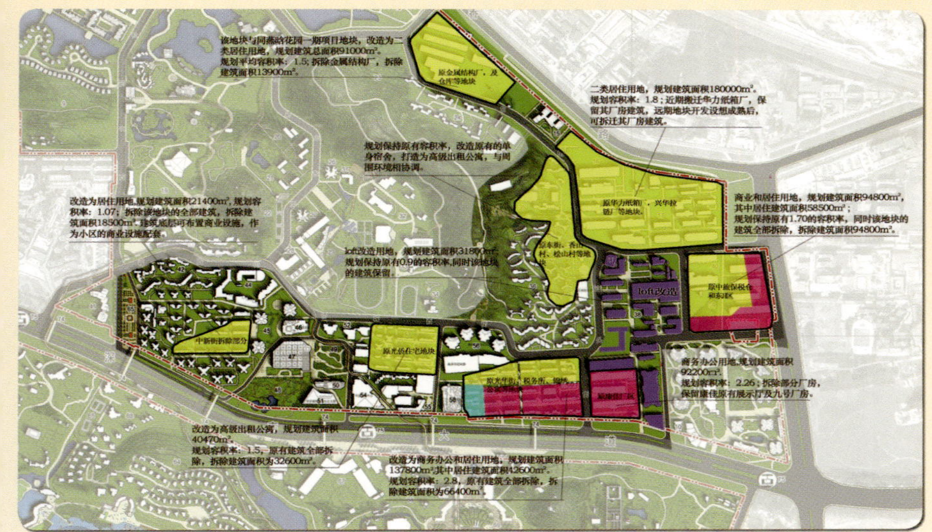
深圳华侨城区总体规划图（2005–2015）

深圳市城市规划设计研究院的部分规划成果

深圳蛇口海上世界、太子湾片区详细蓝图

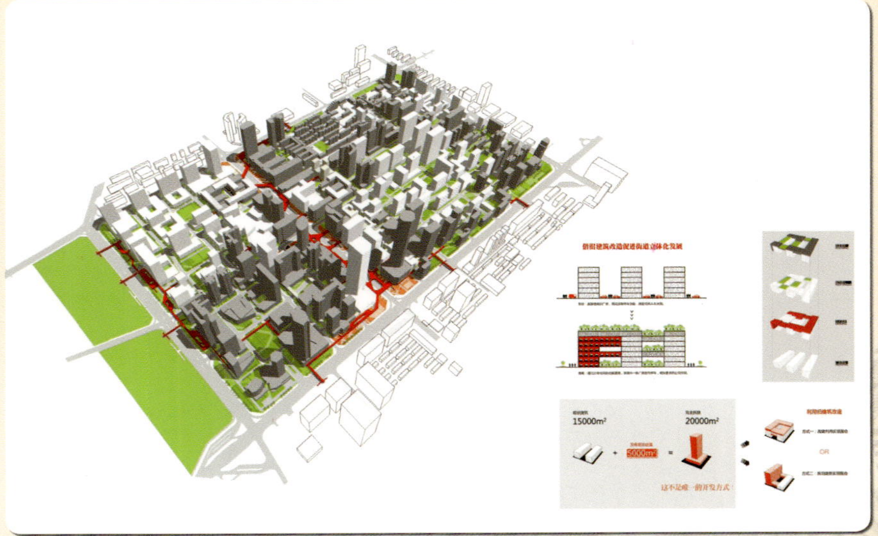
深圳华强北片区城市设计及二层连廊交通改善规划图

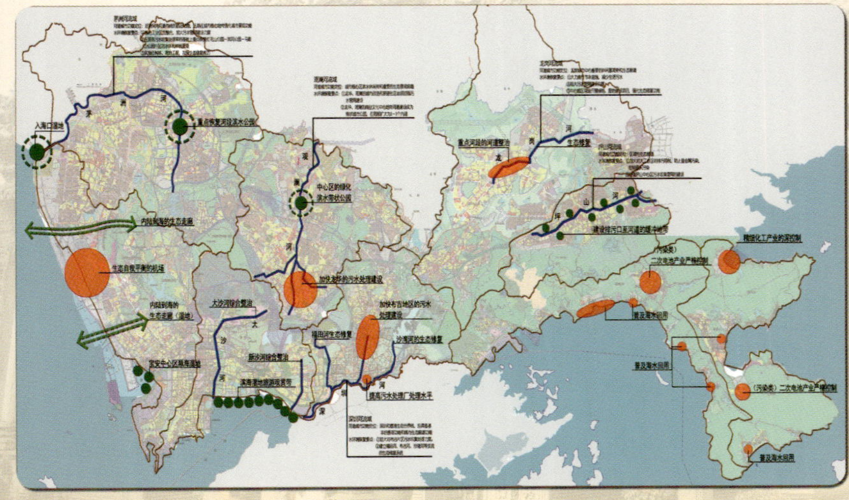
深圳水战略图

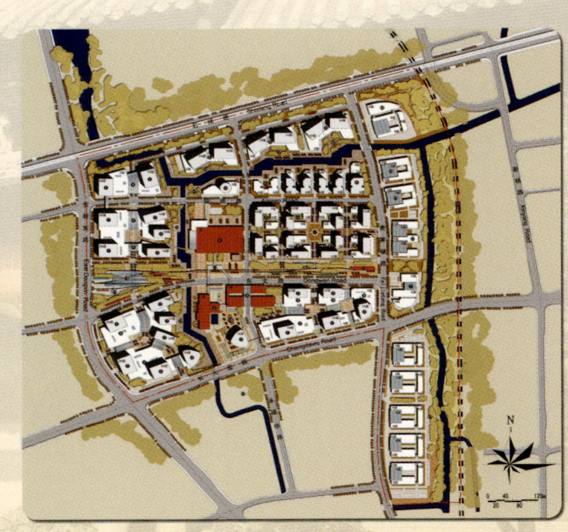
杭州创新创业新天地城市设计图

广东省广业环保产业集团有限公司

属广东省广业资产经营有限公司旗下的大型国有企业集团，以水务产业为龙头，主营业务涵盖废水、废气、废弃物治理及噪声控制等环境工程项目的投资、建设和运营，拥有污水处理的专利技术，拥有各类技术人员5000多人，拥有多家甲级资质的设计院、施工监理企业以及一级工程总承包资质的施工企业；在城镇污水处理设施建设方面，可提供从环评、项目建议、立项到可研、设计、施工、监理、环保工程装备以及建成后的运营管理“一条龙”服务；具有成功运作多家污水处理厂的丰富的建设运营经验，是一家集技术研发、产业投资、工程建设总承包和设施运营为一体的创新型环保实业集团。2009年，公司负责投资—建设—运营广东省东西北地区污水处理项目62个，处理总规模约200万吨/日，为广东省的经济建设和环境建设作出了应有的贡献。全年实现主营业务收入59亿元，实现利税总额5.39亿元，实现利润总额4.2亿元，实现净利润3.39亿元，国有资本保值增值率151%。

2010年2月27日，中共广东省委副书记、省长黄华华（左二），环境保护部副部长张力军（左三）在清远市龙塘污水厂视察

中山市小榄电镀废水集中处理中心

韶关市钢铁有限公司废水处理及回用工程

2009年12月5日，梅州市平远县污水处理厂一期工程举行竣工仪式

广东省广业环保产业集团有限公司投资兴建的部分项目

广东省电信广场发电机组噪声控制工程

河源市东源县污水处理厂中控室一角

湛江市遂溪县污水处理厂二沉池

肇庆市污水处理厂

广东省建筑科学研究院

成立于1962年，现有职工800余人，主要从事建设工程领域科学技术研究，并提供相关技术服务。专业涵盖地基基础、建筑结构、道路桥梁、建筑材料、建筑物理、建筑设备、建筑节能、建筑物诊治、建筑环境工程等领域。技术服务能力包括：工程质量检测能力覆盖了1700多个技术标准、1900多个参数；拥有咨询甲级、勘察甲级、规划甲级、设计甲级、监理甲级、招标代理甲级、水土保持编制甲级、特种专业施工和产品开发等资质。坚持“创新发展，服务社会”，竭诚为社会各界提供“专业规范，公正高效”的技术服务。

2009年，成功获得“粤建科”及其图形商标在六类商品中的商标权；获得铁路工程质量监督检测机构、市政公用工程监理甲级、水利水电工程监理乙级、建筑装饰装修工程设计与施工二级等资质；依托建设的广东省亚热带建筑技术公共实验室通过验收并正式挂牌，获省部级科技进步奖6项、全国优秀工程勘察设计行业建筑工程三等奖1项，获专利授权6项（其中发明专利2项）、软件著作权6项；被授予“全国工程建设标准化先进集体”、“2009年度广东省优秀企业文化单位”等荣誉称号。

广东省亚热带建筑技术
公共实验室
GUANGDONG OPEN LABORATORY OF
SEMI-TROPICAL BUILDING TECHNOLOGY
广东省科学技术厅
二〇〇九年六月

拥有的科研平台包括省亚热带建筑技术公共实验室、省建筑工程新技术研究重点实验室、省节能建材重点科研基地、企业博士后科研工作站和岩土工程硕士点

2009年度广东省优秀企业文化单位（全省30家单位之一）

2007-2009年获得省部级科技进步奖11项，“广东科学中心建设与管理的创新实践”项目（第四完成人）获得2009年度广东省科技特等奖

2009年度全国工程建设标准化先进集体，主（参）编国家、行业及广东省标准规范80余本（其中主编国家和行业标准18本，主编广东省标准30本）

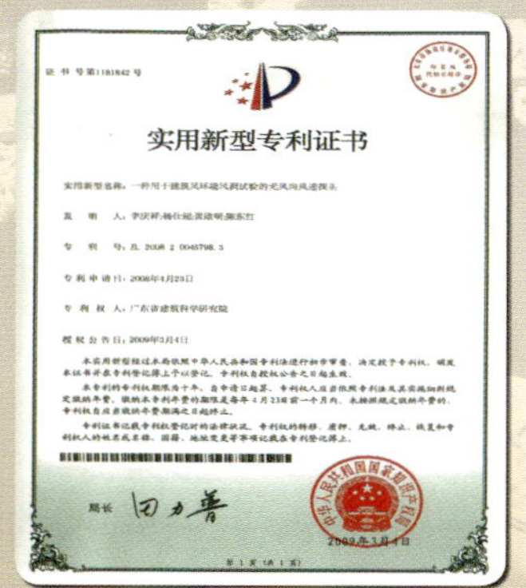

2007-2009年获得发明专利3项、实用新型专利7项、软件著作权10项

广东省建筑科学研究院坚持走科研与市场良好结合的发展道路，通过科技创新不断提高自身的技术服务能力。近年来，成功开拓的行业市场（或领域）包括轨道交通工程、建筑节能、建筑防火、污水处理、垃圾处理等，在国内位于领先地位的技术服务能力包括大吨位基桩静载试验能力、组合式重锤高应变基桩检测能力、特大型幕墙检测检测等，自主开发的建筑幕墙门窗热工计算软件（粤建科®MQMC）、城市桥梁管理信息系统等在省内外得到推广应用。

轨道交通工程检测监测、设计与监理典型工程包括广州地铁、广东省城际轨道工程等

引进国外先进设备建成的建筑防火实验室

自主研制的250kN特大型组合式重锤。设备规模、检测能力属国内领先

自主研制的特大型幕墙检测设备。设备规模、检测能力属国内领先

自主开发的广东省城市桥梁信息管理系统

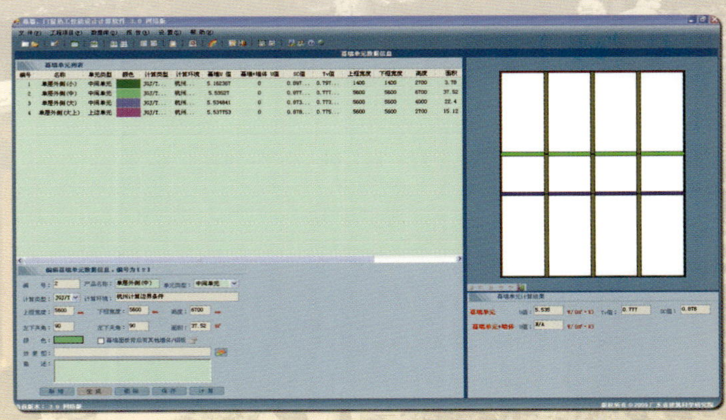

自主开发的粤建科®MQMC建筑节能计算软件是中国玻璃协会唯一指定推荐软件

GDBM 广东省建筑材料研究院

始建于1979年，主要从事水泥、水泥制品、混凝土、混凝土外加剂、新型墙体材料、复合材料、建筑陶瓷、建筑塑料、建筑涂料、防水材料等建材工业的新技术、新工艺、新产品、新设备的研究开发及引进吸收消化工作；承担建材企业的新建、改建、扩建技术改造和技术咨询工作；担负水泥质量监督、仲裁、复检及水泥质量报优、产品质量抽查等项工作；担负水泥制品、混凝土外加剂的质量监督检验工作；担负传统建筑材料、新型建筑材料、装饰装修材料、建筑节能、室内空气及建材有害物质、废水、废气及环境噪声、电气材料、土工及土工合成材料、部分工程项目等的质量检测工作；主办全国性建材科技期刊《广东建材》及建材行业的信息咨询工作，是一所综合性的技术开发型科研机构。

该院逐步发展成为具有一定规模的建材工业科研开发基地、建材产品的质量监督检测机构和建材科技的信息中心，完成近百项科研课题，取得几十项科研成果，多次获得省级以上科技进步奖，主编、参编国家、行业及地方标准10余项，并被授予“广东省文明单位”、“广东省广业资产经营有限公司先进单位”等荣誉称号。

建立基本覆盖所有建筑材料以及市政道路交通工程、建筑工程、环境环保等领域的试验检验能力条件，可完成17个大类、近2000个参数的检测检验工作，涉足广州地区多个大型重点工程，在全国所有建材地方院所中能力和实力位列前茅。建立绿色建筑材料实验室，为解决建筑材料工业绿色化的重大、共性关键技术，引领该领域前沿性技术的原创性发展，为形成具有自主知识产权的基础性研究成果和关键技术原型提供良好的研发平台。

战略目标是逐步成为具有广东特色的国内一流研究院，在建材及相关行业具有先进和系统的检测技术水平和能力、在行业及相关重点领域拥有自主知识产权的关键技术、初步形成自主开发的产品生产体系，成为具有较强综合实力和可持续发展能力的科研开发服务型机构，为建材工业和工程建设的发展提供技术支撑。

广东省建筑材料研究院大楼（效果图）

建筑保温隔热材料

广东省建筑材料研究院绿色建材实验室

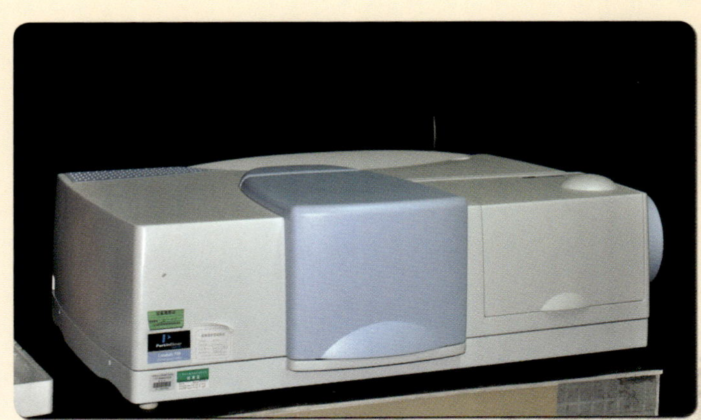

傅立叶变换红外光谱仪

风机盘管性能试验室

智能外窗物理性能检测仪

广东省建筑材料研究院绿色建材实验室占地近2000平方米，拥有雄厚的技术力量，主要从事绿色建材的研究、开发、质量检验分析及相关的应用研究工作，包括：高岭土尾矿生产新型墙体材料产品及技术、硫铁矿尾矿在建筑材料行业的应用、工业附产磷石膏在水泥行业的应用、工业附产磷石膏在新型墙体材料的应用研究、废弃橡胶新型墙体材料及砂浆的研究、污水处理污坭烧结砖研究、建筑垃圾墙体材料及制品研究、预拌干混砂浆的研究开发、新型建筑保温材料的研究及推广应用、现浇新型墙体技术及推广应用等。

广州市苏葆节能环保材料有限公司

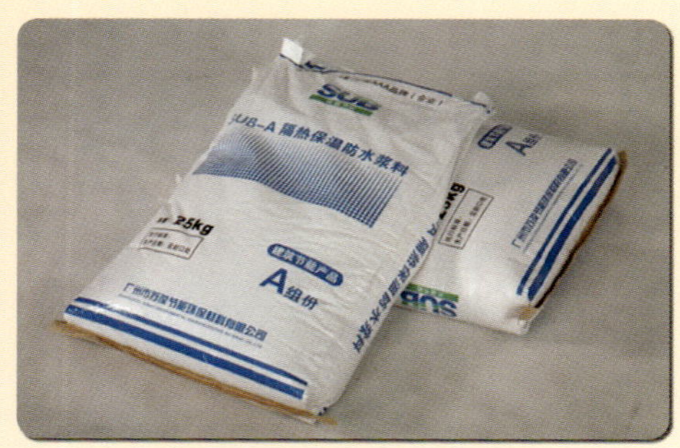
SUB–A隔热保温防水浆料

SUB–B无机保温砂浆

广州市苏葆节能环保材料有限公司是专业从事功能性建筑节能环保材料研发、生产和销售的高新技术民营企业，拥有规模化的湿浆产品生产线和干粉产品生产线。SUB–A无机隔热保温防水浆料（三合一功能）设计生产能力1.2万吨/年，SUB–B保温砂浆（三合一功能）设计生产能力1万吨/年。与其配套的建筑材料产品有：高分子柔性防水涂料、水泥基聚合物刚性防水涂料、瓷砖黏结剂、勾缝剂、界面剂、抗裂砂浆等系列环保建材产品。产品经国家化学建筑材料测试中心检测，各项指标均达到或优于国家标准。节能环保材料应用于广州花都新华祈福·辉煌台、云浮花园、东莞市新世纪亦居别墅等项目。

以绿色节能环保为概念，采用全新的技术理念、高新技术手段、先进生产工艺，突破了建筑材料单一性能的传统制造模式，成功的将隔热、保温、防水三大功能融为一体，研制出新型建筑节能环保产品，已广泛应用于各类建筑围护结构的隔热、保温工程领域，并入选《中南地区建筑标准设计图集》。

战略目标是前期以广东地区为主，建立各地区的营销网络，依托当地建设部门，以研讨会形式拓展市场。基础稳固时在邻省市（广西、江西、海南等省市）注册备案，延伸产品市场，力争产品市场，力争在五年内产值达3000万元。

广州花都新华祈福·辉煌台

云浮城市花园

湿浆产品生产线

干粉产品生产线

东莞市新世纪亦居别墅

广东省建筑设计研究院

2009年，承接设计第16届亚洲运动会综合体育馆、主媒体中心、自行车馆和极限运动中心，参加中国散裂中子源、中广核大厦、珠江新城F2-4商业地产项目、泰安国际会展中心等工程项目设计工作。设计项目北京奥林匹克老山自行车馆荣获全国优秀工程勘察铜奖和第八届中国土木工程詹天佑奖。共有18个项目荣获华夏建设科学技术奖、广东省科学技术奖、全国优秀工程勘察设计行业奖、全国优秀工程咨询成果奖、中国建筑学会创作大奖等。另外，还获得了“中国工程建设标准化先进单位”称号。

在汶川援建项目设计工作方面，完成汶川体育馆、星级酒店等20个项目的方案设计，妇幼保健院等8个项目的施工图设计以及汶川人民医院和羌族骨科医院2个项目的装修、景观施工图设计，荣获广州市对口支援地震灾区灾后恢复重建工作突出贡献奖。

广州琶洲跨国采购中心（效果图）

第16届亚洲运动会后勤服务区

广东省建筑设计研究院设计的部分工程

第16届亚洲运动会综合体育馆

第16届亚洲运动会轮滑馆

广州猎德中心（效果图）

广东全球通大厦

广州汽车工业大厦

广东省城乡规划设计研究院

2009年，参与广东省住房和城乡建设厅委派的重大规划项目或政策法规研究共约28项，完成9项，包括《大珠三角城镇群协调发展规划研究》、《横琴岛发展总体规划》、《广东省创建宜居城乡工作绩效考核办法》等项目。规划设计项目共获得24个奖项，其中《粤港澳地区空间发展战略规划纲要》、《2010年亚运会（广州）亚运村修建性详细规划》等项目荣获2009年度全国优秀城乡规划设计一等奖。《广州大学城集约化建设中节能、环保、数字技术的集成应用》项目荣获广东省科学技术进步一等奖。获得“广东省住房和城乡建设厅2009年度文明单位”、“2009年度重合同守信用企业”等荣誉称号。

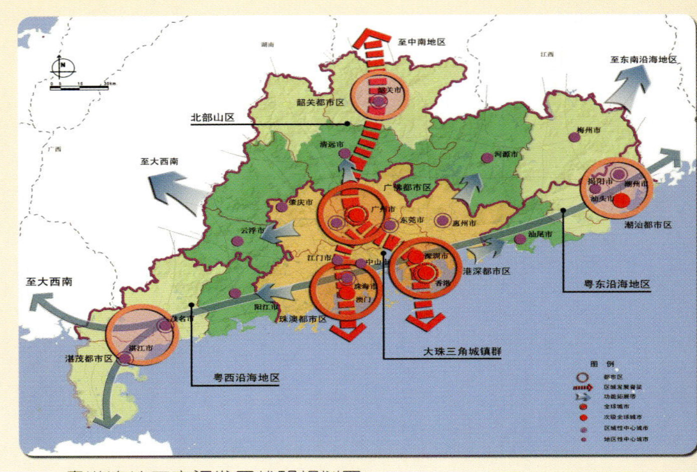

粤港澳地区空间发展战略规划图

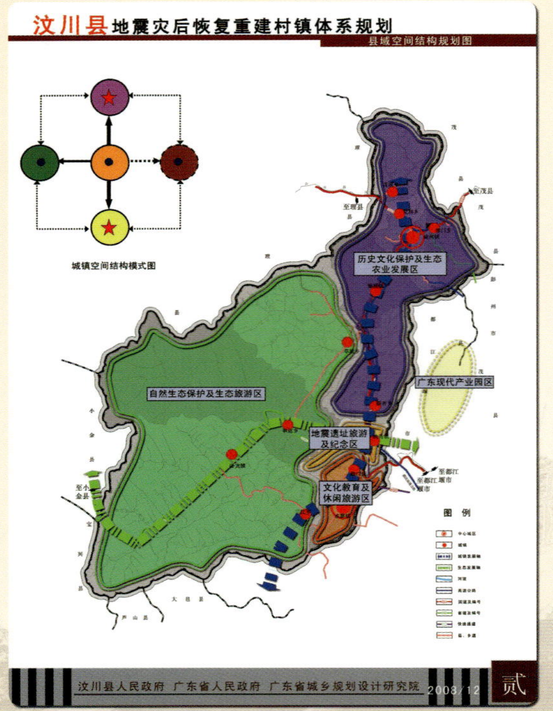

汶川县地震灾后恢复重建村镇体系规划图

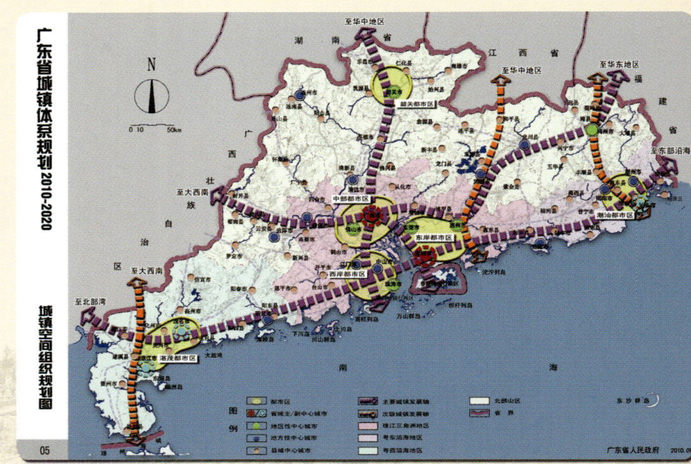

广东省城镇体系规划图

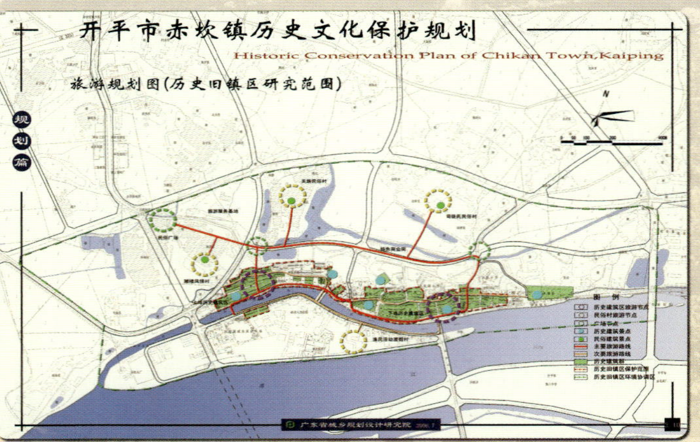

开平市赤坎镇历史文化保护规划图

广东省城乡规划设计研究院的部分规划成果

广州大学城校区控制性详细规划及深化设计图

第16届亚洲运动会亚运城规划设计图

珠江三角洲城际轨道交通“中山站”片区规划设计图

第16届亚洲运动会技术官员村新建项目勘察设计方案图

广东省建设信息中心

2009年，广东省建设信息中心以信息化为支撑，坚持“打造平台、支撑政务、服务行业、发展自己”的工作理念，以系统项目为落实目标，努力完成信息化的基础性建设，着力提高全省建设行业信息化应用和服务水平，信息化工作成效显著。完成全省建设系统信息化建设的规划工作；完善广东省住房和城乡建设厅机关信息安全管理制度，确保网络信息安全；设立“粤建通综合服务中心”，提高政府机关行政效能和服务水平；“三库一平台”系统投入使用成效明显；积极推动“广东省住房保障管理信息系统”的应用；进行“粤建网”的全面升级改造，充实政务信息，发挥“粤建网”的政府网站作用，全面提升服务水平；开展建设行业信息化宣传和培训；贯彻落实“高起点、高标准、高规格”的工作方针，成功编纂出版广东省住房和城乡建设厅的首卷《广东建设年鉴》。

2009年12月21日，广东省建设信息中心技术人员举行“三库一平台”技术攻关工作会议

2009年10月，广东省建设信息中心设立“粤建通综合服务中心”服务大厅，为办理“粤建通U卡”的企业和个人提供服务

广东建设信息网（简称“粤建网”）是覆盖全省、联通建设系统行政机关和企事业单位的省级建设行业网站，是全省建设事业信息化的核心网站。2009年8月开始，省建设信息中心对该网站进行全面的升级改造

2009年6月8日，广东省建设厅创办大型资料性工具书《广东建设年鉴》

2009年7月1日，广东省建设系统“三库一平台”管理信息服务系统正式启动运行。省建设信息中心编纂了“三库一平台”管理服务信息系统应用工作指引和使用手册，供有关企业单位和个人使用

广东省建设工程造价管理总站

2009年，推进建设工程造价管理改革，工程造价计价依据体系建设成效显著：编制全国首部《广东省城市环境卫生作业预算定额（2009）》；修订《广东省建设工程标准施工合同（2009年）》；完成修编广东省建设工程计价依据（2010）的任务，包括《广东省建筑与装饰工程综合定额（2010）》、《广东省安装工程综合定额（2010）》、《广东省市政工程综合定额（2010）》、《广东省园林绿化工程综合定额（2010）》、《广东省建设工程计价通则（2010）》、《广东省建设施工机械台班费用（2010）》。

广东省工程造价信息网成为全国较具影响力的工程造价专业网站，通过网络服务器进行远程查询工程造价的信息平台“广东造价通”影响力发展迅速。主办的期刊《广东工程造价》通过开辟新栏目，提高办刊质量，被评为2009年度全国工程造价管理类优秀期刊。

2009年10月13日，为援助汶川地震灾区灾后重建发布材料价格信息，广东省建设工程造价管理总站领导赴汶川调研

2009年12月28日，广东省建设工程造价管理总站工作总结会议暨中层干部任职期满考核会议

2009年12月7日，2009年全国工程造价管理类期刊联络网会议在云南腾冲举行。会上，广东省建设工程造价管理总站期刊获优秀奖

2009年度工程造价管理类优秀期刊

2009年对广东省建设工程计价依据进行全面修编

每天近2万用户浏览广东省造价信息网

广东省建设工程质量安全监督检测总站

2009年，被中国建筑业协会工程建设质量监督分会评为“全国建设工程质量监督系统先进单位”，站党支部被广东省委组织部评为“城乡基层党组织互助活动先进党支部”。工作业绩：开展政风行风评议工作，在省住房城乡建厅独立评议单位评分中名列前茅；完成事业单位改革及质监机构改革和经费来源专题调研、转变简化“三类人员”安全生产考核程序、组织修订《广东省建筑工程竣工验收技术资料统一用表》《广东省建筑施工安全管理资料统一用表》等重点工作；研究和落实珠三角城际轨道交通项目工程质量安全监督工作；协助省住房城乡建设厅开展全省质量安全管理，加强对全省质量安全监督检测机构的业务指导；对省住房城乡建设厅委托的23项省管工程实施质量安全监督；按进度完成国家“十一五”科技支撑计划课题 “城市工程质量安全监督管理信息系统”、“城市工程质量数字化检测系统”研究内容；对“广东省建筑工程安全生产动态管理系统”进行升级；选派技术人员参与指导汶川地震灾后农房重建工作；完成建筑工程质量鉴定31项，其中司法鉴定6项；共计完成各类检测45965项，其中地基与基础工程检测3069项，基坑、地基、建（构）筑物和路桥监测431项，建筑结构及构配件检测2704项，建筑材料检测27405项，民用建筑室内环境检测1034项，建筑幕墙和门窗检测992项，建筑物理检测1895项，建筑施工机械，机具及安全防护用品检测3082项，建筑设备检测2907项，智能建筑检测509项，市政和路桥检测1937项；完成广东省建筑施工企业“三类人员”安全生产考核40744人，安全生产继续教育1712人，办理广东省建筑施工企业“三类人员”安全生产考核合格证书延期13110本，受理变更申请、遗失补证、信息变更、调入调出、注销证书等8124人；完成质量安全监督检测人员上岗培训5614人；编纂出版《建筑监督检测与造价》。

2009年12月，广东省建设工程质量安全监督检测总站质监科监督人员在莞惠城际轨道工程11标工地检查工程质量

2009年5月，广东省建设工程质量安全监督检测总站积极参与四川阿坝州援建工作

广东省建设工程质量安全监督检测总站工作人员在司法鉴定工作中核对工程数据

2009年8月，广东省建设工程质量安全监督检测总站检查组在四川汶川检查工地并慰问总站派驻当地的支援人员

广东省建设执业资格注册中心

2009年，围绕“深入贯彻落实科学发展观，促进全省建设事业平稳较快发展”的工作要求，结合政风行风评议工作，转变管理理念，提高管理标准，提升管理水平，落实广东省建设执业制度推行。首次完成一级建造师执业资格考试工作；理顺注册监理工程师继续教育管理职能；将民主评议政风行风活动始终贯穿于全年工作当中，整理完善行政许可事项受理审批流程；改版网站，增设“注册答疑”专栏，归类注册常见问题，采取多种教学形式相结合，增加地市学习班比例，注重建立完善规章制度，构建长效管理机制，顺利通过广东省建设系统行评团评议。

全年受理执业资格考试报名38681人次，按考试科目计涉及127569人次；完成注册29537人次；举办各类继续教育培训班29期，参加10225人次，其中在地市办班11期，参加3129人次。截至2009年底，全省各类建设执业资格注册人员共计78034人。

2009年9月8日，2009年度二级注册建筑师资格考试（广东考区）作图题评卷工作会议

2009年9月，广东省建设执业资格注册中心举行政风行风建设工作会议

2009年10月12日，企业授予广东省建设执业资格注册中心锦旗

2009年9月10日，第二期注册土木工程师（岩土）继续教育培训班

2009年7月3日，广东省建设执业资格注册中心举行政风行风建设汇报会

广东省散装水泥管理办公室

2009年，完成散装水泥供应量4605万吨，与上年同期相比增加574万吨（增长率14.23%），散装水泥率达45.92%，在全国名列前茅。实现了节约标准煤105.8万吨，减少粉尘排放46万吨，减少二氧化碳排放275万吨，减少二氧化硫排放0.9万吨等，取得综合经济效益27亿元；完成预拌混凝土供应量8300万立方米，与上年同期相比增加799万立方米，节约水泥664万吨，节约标准煤110.46万吨，综合利用工业固体废弃物1494万吨等；使用预拌砂浆量达57.5万吨；截至2009年，共建预拌混凝土搅拌站418个（不含交通、能源、水利等系统），为我省的循环经济发展做出了一定成绩。在民主评议政风行风汇报会上，省直行评办领导把该办概括为：“单位小作用大，人员少贡献大，资历深干劲大，谋发展成效大。”2009年，被广东省委组织部授予城乡基层党组织互帮互助活动“先进党支部”荣誉称号。惠州市散装水泥管理办公室等12个单位被评为“全国散装水泥统计工作先进单位”；祖黎虹等27位同志被评为“全国散装水泥统计工作先进个人”；蓝志声等12位同志被中国散协授予“从事发展散装水泥工作二十年特殊荣誉奖”。

2009年6月19日，广东省建设厅和广东省散装水泥管理办公室联合举办广东省部分城市限期禁止现场搅拌砂浆工作现场会

2009年10月15日，肇庆市高新区骏马搅拌站落成

2009年6月19日，全省散装水泥工作会议会场

2009年11月11日，原广东省建设委员会主任陈之泉（左二）等同志到广东省散装水泥管理办公室视察指导工作

2009年7月29日，广东省散装水泥管理办公室举行民主评议政风行风建设汇报会

广东省建筑业协会

广东省建筑业协会是全省建筑业企业、社会团体等自愿参加组成的全省性行业组织，是具有独立法人资格的非营利性社会团体。协会自1985年成立以来，在广东省民政厅的监督管理下，在省建设厅及省政府相关职能部门的业务指导下，开展调查研究、经验交流、咨询服务、人才培训等业务以及组织各类创优评优活动，有效发挥了政府与企业间的桥梁纽带作用，为广东省建筑业的发展作出了积极的贡献。

2009年9月，广东省建筑业协会顺利接受了省民间组织管理局评估中心专家组的评估检查。2010年初，被省民政厅授予第一批4A级省级行业协会。2009年12月，成立了广东省建筑业协会建筑装饰分会。

2009年10月28日，广东省住房和城乡建设厅副厅长陈英松（中）、省民间组织管理局登记管理一处副调研员郭金链（右）和协会会长李福伟（左）为广东省建筑业协会办公新址揭幕

2009年6月5日，广东省建筑业协会第三届会员大会二次会议

2009年12月29日，广东省建筑业协会第三届理事会六次会议

2009年11月6日，广东省建筑业协会在穗举办国家级省级工法编写与建筑业新技术应用培训班

2010年3月5日，广东省建筑业协会在广东省民政厅2009年组织的首批全省性行业社团组织等级评估中获得“AAAA行业协会”称号

2009年9月29日，广东省建筑业协会组织会员单位在广东科学中心观摩创优精品工程

2009年11月5日，2009年度广东省优良样板工程评审预备会

广东省房地产行业协会

广东省房地产行业协会（简称广东房协）是经广东省民间组织管理局核准登记，具有法人资格的全省性社会团体。是广东省内从事房地产及相关产业的单位、社团自愿参加组成的全省性、行业性和非营利性社会团体。接受广东省民间组织管理局的监督管理和广东省住房和城乡建设厅及其他有关职能部门的业务指导。会员单位基本覆盖省内所有大型房地产企业。

广东房协在行业维权、行业自律、行业评优、市场研究、研讨活动、行业培训、考察交流等方面为会员提供贴身服务。依托《南方房地产》杂志（月刊），整合广东房地产网、泛珠三角区域房地产合作与发展网、《广东房地产蓝皮书》、《房地产法规文件选编》、《广东房地产e讯》（电子快讯）、《热点·专题》（电子周刊）等，发挥纸质媒介与电子媒介的优势，为企业提供充分、快捷、有效的市场信息。

2009年5月15日，广东省房地产行业协会、广州市房地产协会主（承）办“2009广东·广州房地产博览会”开幕

2009年9月11–13日，广东省房地产行业协会会长蔡穗声（左二）出席“2009年中国房地产（澳门）论坛”

2009年9月14日，“珠三角一体化下粤港地产发展论坛（香港）”在香港召开，省住房和城乡建设厅副厅长陈英松（前左七）、省房协会长蔡穗声（前右六）等出席了该次论坛

2009年8月13日，“珠三角一体化下清远市房地产发展研究”课题汇报会在清远举行。清远市市长徐萍华、副市长石芳飞出席了会议

2009年3月19日，2009广东房地产市场景气分析会以及《广东房地产蓝皮书2009》首发仪式

2009年5月20日，广东省房地产行业协会举办“金融危机下房地产企业税务成本控制研修班”

广东省建设教育协会

成立于2003年，是建设教育有关部门、学校、单位、团体或机构自愿参加的非营利性社会团体。该协会为全省建设教育工作服务，负责组织全省建设教育工作者开展学术研究、协作交流、工作咨询和社会服务；受主管部门的委托，组织建设系统人员进行岗位培训、继续教育和职业技能培训与鉴定等；编写各类培训的教学大纲、计划和教材；编辑出版《广东建设教育》刊物和资料，提供教育、教学咨询；表彰、奖励在建设教育事业的各项工作和协会活动中取得优秀成绩的单位和个人等。

2009年3月31日，广东省建设教育工作研讨会在湛江召开。会上表彰了先进工作者

2009年12月30日，由广东省住房和城乡建设厅主办、广东省建设教育协会承办的“建筑抗震鉴定标准”和“建筑抗震加固技术规程”宣贯培训班在三寓宾馆开班

2009年6月7日，广东省建设教育协会举办第二期建设行业专业技术人员高级技术研修班

砌筑工实操讲解

教育培训·执业资格

- □举办第十一期书记（市长）城建专题研究班
- □举办建设局长建筑节能专题培训班
- □开展建筑建材专业技术职称评审
- □九千七百五十五人通过建设执业资格考试

教育培训

▲2009 年,佛山市顺德区举行第二届建设行业职业技能大赛

省住房和城乡建设厅科技教育处供稿

【概况】 2009年，广东省住房和城乡建设厅继续健全全省建设教育培训管理体制，管理办法更加完善。年内联合省委组织部、省国土厅、省环保厅在中山市举办以“贯彻落实《规划纲要》，建设宜居城乡”为主题的第十一期书记（市长）城建专题研究班，共培训52名书记（或市长），提高了各地级市和部分县级市的书记（或市长）的城乡建设理论水平和管理水平。举办第二期全省建设局长建筑节能专题培训班，召开全省建设教育工作研讨会，开展“一线操作人员持证上岗情况”和“专业技术人员情况”两个专题调研。继续加大建设行业专业技术人员的继续教育、管理人员的培训和一线操作人员的职业技能培训力度，全年培训管理人员24210人次、三级项目经理1586人次，2560名专业技术人员参加高级技术研修班学习，有33325人参加建设职业技能培训，其中有21414人通过鉴定取得“职业资格证书”。建设教育培训、职业技能鉴定机构的软硬件建设进一步加强，培训鉴定质量进一步提高，为建设事业的发展提供了人才保证和智力支持，较好地完成了上级和有关部门下达的年度教育培训任务。建设教育培训工作还存在一些问题：全省建设教育工作发展不平衡，珠三角地区开展得较好，经济欠发达地区较落后；推行建设职业资格证书制度步伐有待加快，安装、装饰、燃气、市政、园林、环卫、房地产开发和物业管理等工种的技能培训鉴定工作不能适应建设事业快速发展的需要；高级工、技师和高级技师等高技能人才的培训还很欠缺；少部分地区对建设教育工作的重要性和紧迫性认识不够等。

【第十一期书记（市长）城建专题研究班】 2009年10月10~14日，中共广东省委组织部、省住房和城乡建设厅、省国土资源厅、省环境保护局联合在中山市举办第十一期书记（市长）城建专题研究班，主题是“贯彻落实《规划纲要》，加快宜居城乡建设”，广州市主管城市建设的副市长、深圳市的两个区长，各地级市和部分县级市的书记（或市长）共52人参加。研究班的开班仪式与全省宜居城乡建设现场会合并召开，省长黄华华、省委组织部部长胡泽君出席开班仪式并作重要讲话，副省长林木声主持开班仪式，副秘书长罗欧出席开班仪式。结业仪式由省委组织部副部长林存德主持，副省长林木声出席并作总结讲话。专题研究班邀请住房和城乡建设部副部长仇保兴、国土资源部总规划师胡存智等9位领导和国内有较高知名度的专家、教授作《从绿色建筑到绿色城市建设》、《升级转型与城市宜居建设》、《构建共同责任机制，强化土地执法工作》、《贯彻落实〈珠三角规划纲要〉，争当科学发展排头兵——广东进入新阶段的新特征和战略选择》、《建立节约集约示范，推动科学发展》、《新型城镇化拉动内需的操作策略》、《广东省创建宜居城乡工作绩效考核办法及相关考

2009年广东省建设行业岗位培训与继续教育情况

单位：人次

项目	职业技能培训			职业技能鉴定			管理人员培训	三级项目经理培训	高级技术培训
	初级工	中级工	高级工	初级工	中级工	高级工			
合计	13672	13261	6392	9459	9411	2544	24210	1586	2560
建筑类	12385	10111	5408	8536	7793	2188			
市政类	1162	2630	784	889	1618	356			
其他类	125	520	200	34					

核指标解读》、《污染减排管理方略》、《我国城镇化面临的挑战与广东各城市的发展新机遇》等九个专题的讲课。本期研究班有三个特点：一是研究班和现场会合并召开，主题突出。省政府专门将建设宜居城乡工作现场会与研究班的开班仪式合并举办，围绕研究班主题，组织安排会议议程和培训内容，主题和重点非常突出。二是研究班内容丰富，针对性强。专家们从不同的角度对建设宜居城乡相关问题进行深入的阐述和探讨。既有动员部署讲话，也有现场观摩学习；既有政策层面的学习，也有技术领域的交流；既有精彩的讲座，也有互动的研讨。专家们的讲座紧扣主题，联系实际，针对性、指导性都很强。三是理论和政策指导相结合，学以致用。专家着力阐述制订广东省创建宜居城乡活动工作绩效考核办法和指标的思路与重点。在中山市委、市政府和授课专家以及广大学员的大力支持和配合下，研究班取得圆满成功，并受到省委、省政府有关领导的充分肯定。全体学员对本期研究班的教学效果等进行无记名投票评议，满意度100%。

【建设局长建筑节能专题培训班】 2009年6月23~25日，广东省建设厅在珠海举办第二期全省建设局长建筑节能专题培训班。培训班围绕建筑节能这个主题设置4个课题，并邀请到住房和城乡建设部巡视员武涌、副司长周韬、处长张鹏以及深圳市建科院院长叶青等4位专家、领导授课。培训班内容丰富，针对性强，成效明显，学员普遍反映获益匪浅，达到预期目的。

【全省建设教育工作研讨会】 2009年3月31日，广东省建设厅在湛江组织召开全省建设教育培训工作研讨会，全省建设系统各培训和鉴定机构负责人等共100多人参加。广东省建设厅副厅长李台然在会上总结2008年广东省建设教育工作情况，部署2009年及今后一个时期的建设教育工作。会议表彰了一批在全省建设教育工作方面作出突出贡献的先进单位和先进个人。

【专题调研】 为全面掌握广东省建设领域一线操作人员持证上岗情况和专业技术人员情况，2009年3月，广东省建设厅在全省范围内组织开展两个专题调研，并形成《广东省建设行业一线操作人员持证上岗情况调研报告》和《建设行业专业技术人才队伍建设与管理情况调研报告》，为下一步开展好全省建设教育培训工作提供了重要参考。

【管理人员培训】 2009年，广东省各地继续加强建设系统管理人员培训，共培训施工员、质量安全员、材料员、机械管理员、资料员

2009年广东省建设执业资格考试/考核情况

单位：人

<table>
<tr><th colspan="3">项目</th><th>通过人数</th></tr>
<tr><td rowspan="2">注册建筑师</td><td colspan="2">一级</td><td>71</td></tr>
<tr><td colspan="2">二级</td><td>47</td></tr>
<tr><td rowspan="13">注册勘察设计工程师</td><td rowspan="2">注册结构工程师</td><td>一级</td><td>89</td></tr>
<tr><td>二级</td><td>40</td></tr>
<tr><td colspan="2">注册土木工程师(岩土)</td><td>110</td></tr>
<tr><td colspan="2">注册土木工程师(港口与航道工程)</td><td>2</td></tr>
<tr><td rowspan="2">注册电气工程师</td><td>发输变电</td><td>30</td></tr>
<tr><td>供配电</td><td>45</td></tr>
<tr><td rowspan="3">注册公用设备工程师</td><td>暖通空调</td><td>44</td></tr>
<tr><td>给排水</td><td>87</td></tr>
<tr><td>动力</td><td>6</td></tr>
<tr><td colspan="2">注册化工工程师</td><td>0</td></tr>
<tr><td colspan="2">注册环保工程师</td><td>23</td></tr>
<tr><td colspan="2">注册土木工程师(水利水电工程)</td><td>66</td></tr>
<tr><td colspan="2">注册土木工程师(道路工程)</td><td>70★</td></tr>
<tr><td colspan="3">监理工程师</td><td>763</td></tr>
<tr><td colspan="3">造价工程师</td><td>399</td></tr>
<tr><td colspan="3">注册城市规划师</td><td>107</td></tr>
<tr><td colspan="3">房地产估价师</td><td>135</td></tr>
<tr><td colspan="3">房地产经纪人</td><td>135</td></tr>
<tr><td rowspan="2">建造师</td><td colspan="2">一级</td><td>2037</td></tr>
<tr><td colspan="2">二级</td><td>5519</td></tr>
</table>

注：带★为考核认定通过人

（罗黎静）

▲2009年6月2日，广东省建设厅在广州市举办建设行业专业技术人员高级技术研讨班　　省建设教育协会供稿

等“五大员”24210人次，培训三级项目经理1586人次，进一步提高了全省建设管理水平。

【高级技术人员培训】　2009年，为提高广东省建设领域广大专业技术人员的新技术、新理论、新工艺水平，满足部分建筑专业技术人员申报专业技术资格的需要，广东省住房和城乡建设厅全年举办10期建设行业专业技术人员高级技术研修班，共培训2560人，进一步提高了全省建设领域专业技术人员的整体技术水平。

【职业技能鉴定】　2009年，广东省建设系统有21414名一线操作人员人通过职业技能鉴定取得“职业资格证书”，其中初级9459人、中级9411人、高级2544人，一线操作人员的整体素质得到进一步提升。

【农民工预防艾滋病教育工程】

2009年广东省建设执业资格注册人员分布情况

单位：人

地区名称	合计	注册建筑师		注册结构工程师		注册监理工程师	注册造价工程师	注册房地产估价师	注册城市规划师	注册土木工程师(岩土)	注册建造师	
		一级	二级	一级	二级						一级	二级
全　省	78034	1939	1944	2717	599	10273	9021	3172	1269	606	18026	28851
广州市	26492	636	870	992	210	3722	3108	818	517	283	7391	7945
深圳市	17927	735	83	794	35	3249	2623	980	265	148	4881	4134
珠海市	2495	64	52	97	14	500	385	164	39	11	521	648
汕头市	3153	47	80	75	23	157	240	61	58	20	771	1621
佛山市	6099	118	239	174	101	663	562	257	101	46	953	2885
韶关市	1092	9	37	29	11	79	105	46	14	5	185	572
河源市	602	3	14	11	7	57	49	35	6	2	33	385
梅州市	1457	22	7	37	7	115	49	21	14	5	252	928
惠州市	1868	38	40	62	12	334	210	71	21	10	336	734
汕尾市	306	2	10	6	1	39	43	9	1	1	6	188
东莞市	2885	58	96	95	34	345	302	167	53	15	407	1313
中山市	2268	49	80	70	36	189	224	97	64	10	321	1128
江门市	2181	49	72	89	40	148	176	91	35	22	374	1085
阳江市	1002	11	36	21	4	40	60	76	10	2	146	596
湛江市	2192	19	51	35	9	117	138	88	13	11	435	1276
茂名市	2541	25	50	30	8	207	123	62	12	1	544	1479
肇庆市	934	18	32	35	12	110	82	38	16	8	167	416
清远市	841	14	21	33	4	98	68	25	13	4	89	472
潮州市	472	11	40	12	16	31	32	23	6	1	47	253
揭阳市	833	6	26	12	13	44	34	25	6	1	146	520
云浮市	394	5	8	8	2	29	25	18	5	0	21	273
其　他*							383					

*注册时未注明单位工商属地，无法统计。

2009年，广东省建设系统继续开展建设行业农民工预防艾滋病宣传教育工程，在工地播放宣传艾滋病预防知识的VCD，免费发放预防艾滋病的生活用具，张贴相关宣传画等。在开展建设职业技能培训与教育工作中，加强艾滋病的预防知识教育，并取得较好成效。*（王礼贵）*

建设执业资格注册制度

【概况】 至2009年底，中国已启动注册建筑师、勘察设计注册工程师、监理工程师、造价工程师、注册城市规划师、房地产估价师、房地产经纪人、建造师、物业管理师等9项执业资格制度。除房地产经纪人外，其他8项执业资格列入行政许可项目。其中注册建筑师、监理工程师、造价工程师、注册城市规划师、房地产估价师、建造师等6项及勘察设计注册工程师中注册结构工程师、注册土木工程师（岩土）2项已开展执业资格注册工作。2009年年末，广东省各类建设执业资格注册人员共计78034人，比上年增长18.7%。广东省建设执业注册规模继续名列全国前茅，注册人数占全国近1/10。

【执业考试】 2009年，广东省建设执业资格注册中心与广东省人事考试局分工合作组织广东考区建设执业资格考试，共计9755人通过考试、70人通过考核认定取得执业资格证书。选送41位专家参加全国评卷，组织306位专家参加广东省评卷。

【执业注册】 2009年，广东省建设执业资格注册中心受理建设执业资格注册29537人次，其中一级注册建筑师944人次，二级注册建筑师462人次，一级注册结构工程师654人次，二级注册结构工程师405人次，注册监理工程师3590人次，注册造价工程师4922人次，注册房地产估价师1021人次，注册城市规划师727人次，注册土木工程师（岩土）437人次，一级注册建造师5550人次，二级注册建造师10823人次。

【继续教育】 2009年，广东省建设执业资格注册中心采取集中面授、网络教育、研讨班、现场参观等形式，组织建设执业资格继续教育培训10225人次。其中注册建筑师培训1372人次；注册结构工程师培训2137人次；注册造价工程师面授培训3967人次，网络教育培训1923人次；注册监理工程师培训355人次；注册土木工程师（岩土）培训471人次。年内增加在各地市办班的比例，分别在深圳、珠海、汕头、湛江和江门等市举办培训班11个，占全年培训班总数的36.7%，参加培训人数3129人，占全年培训人数总数30.6%。

【交流合作】 2009年，广东省有5人通过内地与香港结构工程师资格互认测试，1人通过内地与香港注册城市规划师互认测试。2名取得内地注册监理工程师资格的香港特别行政区居民在广东省注册执业。

（罗黎静）

职称评审

【概况】 2009年，广东省建设系统进一步规范职称评审工作，对教授级高工专业组评委库和第一中、高级评委库进行调整和扩容；按照省人事厅的要求，组织相关单位、相关专家对建筑专业各级资格条件进行重新修订，对评审标准特别是工作业绩进一步细化；严格评审程序和评审纪律。是年，有2105名专业技术人员参加由省住房和城乡建设厅组织的省建筑建材专业技术职称评审，其中有1484人获得各级技术资格，激励了专业技术人才成长，促进了建设事业持续发展。

【建筑建材专业技术职称评审】 根据广东省人事厅《关于做好2009年我省专业技术资格评审工作的通知》的要求，广东省建筑专业第一高评委、中评委于2009年11月至12月完成建筑专业高、中、初级职称评审工作。是年，广东省住房和城乡建设厅收到申报建筑、建材专业技术资格评审材料共2156份。建筑专业助理工程师、工程师资格的评审工作于11月5日至9日在广州进行，抽取评审专家14人，分为建筑设计组和建筑施工管理组，共收到助理工程师资格评审材料59份，评审通过59人，通过率100%；收到工程师资格评审材料267份，评审通过221人，通过率82.77%；建筑专业高级工程师（教授级）专业组的评审工作于11月17至19日在肇庆进行，共收到建筑专业高级工程师（教授级）申报材料99份，专业组通过59人，专业组通过率为59.6%，评委会评审通过45人，通过率45.45%；建筑专业高级工程师的评审工作于12月2至10日在顺德进行，共收到建筑专业高级工程师申报材料1731份，专业组评审通过1255人，评委会评审通过1198人，通过率69.2%。按规定对评审通过的人

2009年广东年省建筑专业教授级专业组、第一高评委、第一中评委职称评审情况

类别	教授级高级工程师		高级工程师	工程师	助理工师程
	专业组	评审			
通过人数	99	59	1198	267	59
核准人数	45		1194	221	59

员在广东建设信息网上公示，公示完后报广东省人力资源和社会保障厅审批。收到群众署名来信3封，均已作调查和处理。经广东省人力资源和社会保障厅审批，共有1519人获得建筑建材专业各级技术资格，其中助理工程师59人，工程师221人，高级工程师1194人，教授级高级工程师45人。 *(王礼贵)*

信息化建设

□『三库一平台』系统研发成功并启动运行

□广东省住房保障管理信息系统推广应用

□建设全省房地产市场数据信息预警管理平台

□开发地级市行政服务平台

□地市信息化建设稳步推进

综　　述

【概况】　2009年，广东省建设行业信息化建设取得重大成果。以全省建设系统企业信息库、人才信息库、法规标准信息库及行政服务平台（简称“三库一平台”）为一体的管理信息服务系统的建设和运行，对推进政务公开和社会监督，加强行业管理，提高政府机关行政效能和服务水平，促进行政许可工作实现程序化、制度化和信息化起到重要作用。

围绕全省建设系统信息化建设的目标，充分发挥广东建设信息网（简称“粤建网”）政府网站的作用，在全省建设系统建立“三库一平台”管理信息服务系统、省住房保障管理信息系统、省建筑市场诚信系统、省房地产市场预警预报信息管理系统等，研究开发地级市通用版行政服务平台等系统，创办广东省住房和城乡建设厅官方信息刊物《广东建设年鉴》，推动全省建设行业信息化建设迈上新的台阶，全面提高建设行业的信息化服务水平。

【“三库一平台”管理信息服务系统研发成功并正式启动运行】　2009年7月1日，广东省建设系统“三库一平台”管理信息服务系统正式启动运行。面向企事业单位和个人的行政许可事项及相关变更事项，从即日起可以实行网上申报、受理和审批。全省建设行业执业人员的培训、注册，“三类人员”安全生产合格证考核、发证，高级及中级技术职称评审，企业和个人诚信记录，建设市场管理、工程质量和安全的监督，工程项目招投标以及专项监督管理等事项将逐步纳入“三库一平台”统一管理。

“三库一平台”是广东省住房和城乡建设厅开展电子政务的数据支撑系统，通过动态更新和联动管理方式，建立全省建设领域从事生产经营与管理活动、技术咨询服务的企事业单位及从业、执业的工程技术和经营管理的专业人员的诚信信息数据库，实现行政审批管理电子网络化。

该系统采用了基于互联网的开放式软件体系结构、综合运用了先进成熟的数据库管理、数字加密认证、软件开发框架、电子智能识别、多媒体制作等方面的技术成果，代表了广东省当前政务信息化系统开发的最高水平。系统创新了建设系统企业和人员信息管理以及行政许可事项办理的运作模式，建立以全省共享数据中心为支撑的行政服务平台，采用粤建通作为电子身份凭证和数字签名工具，确保系统运作的安全性和信息主体责任的可追溯性。

“三库一平台”的建设和运行是全省建设系统信息化建设的里程碑，是推进政务公开和社会监督，进一步提高行政效能和服务水平，加强行业管理的重要举措。该系统全面深化行业管理的信息化应用，对促进企业和个人提升自身竞争能力，激励诚实从业，打击不良行为，构建全省建设行业健康有序的运行管理机制具有深远意义。

【用户服务工作稳步进行】　2009年，广东省建设信息中心作为广东省信息化工作的实施单位，坚持依托广东省住房和城乡建设厅官方网站“粤建网”及其承载的各类建设管理信息系统，围绕全省建设行业信息化阶段性任务和“三库一平台”启动运行、应用，通过各种信息化手段，加大对建设行业企事业单位和从业人员的信息化应用服务力度，为用户提供“三库一平台”、“三类人员”安全生产考核管理系统等在线业务管理系统使用咨询服务，粤建电子政务邮箱服务，企业办事咨询服务，企业宣传服务，信息查询服务（主要包括招投标、企业信息、人才信息、行业标准、建设法规等），法律咨询服务；同时开展短信告知提示、现场操作指导、专业班培训等特色服务；用户可以借助粤建网发布各类供求信息、招商、招聘等信息。努力提高服务质量和服务水平，为全省建设行业用户提供不同类型、多层次的服务，在用户与行政、行业管理部门之间架起沟通的桥梁，全力推进全省建设系统信息化发展。

【行业信息化应用能力培训】　2009年，广东省建设信息中心围绕“三库一平台”系统的建设和运行，开展全省建设行业信息化应用能力的培训工作，以广州为中心，全省分片、分期进行“三库一平台”系统应用及企事业单位和个人信息入库培训，先后在广州、佛山、深圳、湛江、茂名、汕头、梅州等12个地级市举办22期企事业单位培训班和1期行政主管部门培训班，共培训4183人，其中主管部门94人、企事业单位4089人。确保全省企事业单位和人员特别是粤东、粤西等偏远地区顺利推进信息入库工作，保障建设行政许可核查工作的顺利进行，提升企业及从业人员信息化应用能力。　*（凌红梅）*

政务信息化

【概况】　2009年，广东省住房和城乡建设厅政务领域信息化建设按照“统一规划、统一标准、分步实施、分级管理”的工作思路，在往年全面推进的基础上继续深化拓展，初步建成依托互联网和粤建网，简化、优化行政审批过程，建立省、市两级联动的协同办公网络，构建一体化的市场监管体系，完善的公共服务体系和科学的宏观决策体系。

是年，全省建设系统建成政务外网、政务专网、国际互联网三位一体的电子政务基础网络平台框架。以“三库一平台”管理信息服务系统为核心的一批应用系统启用运行，覆盖全省范围入库企事业单位超过4500家，从业人员超过10万人，首批纳入“三库一平台”办理的行政许可事项共12项，通过“三库一平台”办结的行政许可事项达1200余件。

是年，全省建筑市场管理、房地产市场管理、社会管理、公众服务、信息公开等方面继续深化信息技术的广泛应用，建筑市场诚信系统、房地产市场预警预报信息管理系统、网上在线咨询平台、住房保障管理信息系统等系统不断深化完善，进一步提高行业监督、市场监管、公众服务效率和水平。

继续推进全省建设系统信息公开工作，进一步深化公开内容，拓展公开渠道。建设企业信息库、人才信息库、标准信息库等基础信息共享数据库，推动政务信息资源的进一步整合和开发。建立厅长信箱、开通用户专线、在信息系统中集成短信平台等面向公众的信息服务系统，促进政企互动，政民交流，加强政务信息资源的社会化，带动信息消费和信息服务的发展。

【广东建设信息网】 2009年，广东建设信息网（简称“粤建网”）共发布建设行业新闻信息5743条、招投标信息13515条、采购信息500条、法律法规信息300条；政务信息公开方面，共发布广东省住房和城乡建设厅工作动态70条、公告公示154条、公布下发文件150份、工作通告346条；推出“三库一平台”、“粤建通综合服务中心”、“政风行风评议”、“钢材价格信息”等新的专题栏目。为建设系统和社会提供了大量实时而有价值的政务及行业信息，给所承载的各类建设管理信息系统提供了安全、稳定的网络运行环境，成为广东省住房和城乡建设厅实行政务信息公开和建设信息化管理的平台，是社会公众了解建设行业信息、与建设管理部门沟通的重要桥梁。

2009年9月，“粤建网”全面启动主体框架的升级改造工程，分阶段实施改造计划。至年底，网站增设“依申请公开”、“RSS订阅”、“邮件订阅”、“意见征集”等互动功能，建立“政务公开”一级栏目，集合“政务公开目录”、“信息公开指南”、“信息公开年报”、“厅长信箱”等政务内容，加大政务信息公开力度。

【“三库一平台”管理信息服务系统】 2009年，“三库一平台”管理信息服务系统一期工程建成并投入运行。“三库一平台”管理信息服务系统的基本内容包括全省建设系统企业信息库、人才信息库、法规标准信息库和行政服务平台。

“企业信息库”主要为在广东省建设领域从事生产经营、技术咨询服务的企业事业单位建立的诚信信息数据库，包括建筑施工企业、工程造价咨询企业、工程建设项目招标代理机构、工程建设监理企业、建设工程勘察设计（设计与施工一体化）企业、城市规划编制单位、房地产开发企业、物业服务企业、房地产估价机构、城市园林绿化企业、工程质量检测机构等企业事业单位的资质、经营业绩以及奖励和处罚等信息。

人才信息库主要为在广东省建设领域从业、执业的工程技术及经营管理专业人员建立的信息数据库，包括：高级和中级职称技术人员，注册建筑师、监理工程师、建造师、勘察设计工程师（含结构工程师、土木〈岩土〉工程师等）、房地产估价师、造价工程师、城市规划师等从业人员的个人资格、执业业绩以及奖励和处罚等信息。

法规标准信息库是专门为建设系统的法规、政策、标准（规范）建立的数据库，包括国家和省颁布的有关建设系统的法律、规章、技术标准和规范、企业和个人执业的资质标准等信息内容。

行政服务平台是指综合利用“三库”信息数据，为全省建设系统各级主管部门履行行业管理职能、为企业事业单位及个人提供在线服务的操作平台。

通过建立全省建设系统企业信息库、人才信息库（简称“两库”），构建全省建设行业企业和人才信息的数据中心；通过利用“两库”的数据信息，为研究建设行业发展和人才需求，建立全省建设行业的企业经营和专业人员执业业绩和诚信档案，加强对全省建设系统各行业的管理、业务指导和监督服务；为各级建设行政和行业主管部门依法履行行政许可职能、工程项目招标投标、市场准入、市场清出、表彰评优等服务。

“三库一平台”的应用将逐步实现全省各级建设主管部门的网上政务管理联动和协同办公，逐步改变部门之间、单位之间数据分割和相对封闭的状况，发展和增强社会化信息服务能力，进一步推进全省建设系统信息化建设。

【广东省住房保障管理信息系统】 2009年5月，广东省建设信息中心完成“广东省住房保障管理信息系统（标准版）”的研发，并在全省推广应用。该系统基本反映了各地住房保障管理工作的特点，满足各级住房保障管理部门行业管理的要求，实现各地市住房保障主管部门对住房保障工作的信息化管理和网上动态监管，实现市下属各县区的住房保障数据接收和本市数据的汇总上报功能。目前，韶关、肇庆、清远等10个地级市的住房保障管理信息系统已基本建成。

2009年，全省住房保障管理信息系统建设坚持“四个统一”，即“统一建设模式、统一建设标准、统一组织实施，统一维护服务”。至年底，全省住房保障省级平台研发成功，基本实现政务公开信息的发布、全省住房保障数据采集、行业统计、汇总及数据分析等功能。

该平台由中心数据库、数据采集平台和四大子系统（廉租住房管理系统、经济适用住房管理系统、公共租赁住房管理系统、统计报表系统）构成。

廉租住房管理系统包括对城镇廉租住房计划、建设、分配进行信息化管理，包括廉租住房的查询、申请、初审、复核、批准、选房、合同管理、轮候、实物配租、退出等业务进行信息化管理，对住房保障资金运行进行实时监控等功能；经济适用房管理系统包括对经济适用住房（包括单位集资建房）的申请、初审、复核、批准、选房、合同管理、轮候、实物配租、退出等业务进行信息化管理，并提供查询、汇总与统计功能；公共租赁住房管理系统包括对市场运作的公共租赁住房的申请、初审、批准、选房、合同管理、轮候、实物配租等业务进行信息化管理，并提供查询、汇总与统计功能；统计报表系统城市廉租住房保障对象条件情况、城市廉租住房保障标准情况、经济适用住房供应对象条件情况、城市廉租住房保障户数/人数情况等10项报表业务提供年报和月报的上报和统计汇总等功能。

广东省住房保障管理信息系统的应用将实现“县区-市-省”的住房保障数据的贯通，实现住房保障工作的实时动态管理和相关信息的及时发布，有利于各级住房保障管理部门及时、全面掌握各地保障性住房的建设、实施情况。

【粤建通综合服务中心】 2009年广东省建设系统“三库一平台”管理信息服务系统启动运行以来，为配合系统的应用和开展全省行业信息化工作，广东省建设信息中心设立了“粤建通综合服务中心”作为对外办事窗口。该中心的服务对象包括全省建设系统各级行政和行业主管部门，以及在广东省建设领域从事生产经营、技术咨询服务的企事业单位和从业、执业的工程技术及经营管理专业人员。服务内容包括粤建通办理、信息填报及技术咨询、现场辅导、互动交流、网上在线咨询、各系统应用培训等工作。

粤建通综合服务中心办事大厅设置了上网设备。制订《粤建通综合服务中心工作指引》、《规范化服务标准》、《入库信息维护和删除管理办法》、《粤建通办理流程》等各项规章制度，建立岗位明确、责任到人的奖惩制度，实行限时办结、短信告知、服务承诺、挂牌服务，建立严格的服务监督管理机制，已初步形成功能齐全、分工合理、操作规范、运行高效的工作体系，最大限度地满足全省建设行业企事业单位及从业人员的服务需求。

【广东省建筑市场诚信系统】 2009年，广东省住房和城乡建设厅在2006年建立的建筑市场诚信信息平台的基础上，提出进一步完善诚信信息采集和发布，特别是企业行政处罚信息的发布功能，要紧密围绕住房和城乡建设部建筑市场诚信系统的功能，结合本省的实际情况对旧系统进行升级改造，进一步推进全省建筑市场信用体系的建设进程，加快建立企业诚信基础数据库，力求用户操作更简单、发布和维护信息更方便。

该系统作为广东省建筑市场行为主体信用信息发布的主要工作平台，通过使用“粤建通”作为身份认证工具，全省各级建设行政主管部门共同管理维护行为主体的信用信息系统主要提供信用信息的采集、审核、发布、汇总和查询等功能，运用计算机网络等技术，采集我省各地建筑市场诚信信息，发布全省建筑市场各方主体诚信行为记录，包括企业可公开的基本信息、受表彰奖励和行政处罚等方面的信息，为工程建设有关各方提供诚信信息交流平台，推动完善行政监管和社会监督相结合的诚信激励和失信惩戒机制，营造我省建筑市场诚实守信的良好环境。实现与“三库一平台”互联互通，充分利用企业信息库和人才信息库，将业务活动中产生的获奖或处罚的过程性信息记录到诚信系统数据库，而将获奖或处罚结果发布到企业信息库和人才信息库。另外，按照住房和城乡建设部所提供的数据报送接口规范自动生成接口文件，实现与住房和城乡建设部“全国建筑市场诚信信息平台”的对接和数据共享。

【广东省房地产市场预警预报信息管理系统】 2009年，根据住房和城乡建设部《关于加强和规范房地产市场信息发布工作的通知》、《关于修订40个重点城市房地产市场月报报表和建立月报数据内部共享制度的通知》和《关于对新增50个重点城市实行房地产市场月报数据和监测报告上报制度的通知》要求，为进一步增加房地产市场信息的透明度，积极营造良好的舆论氛围，加强对房地产市场的监测分析，全面、准确掌握全省房地产市场情况，广东省住房和城乡建设厅建立全省房地产市场月报数据和监测报告网络上报制度，搭建全省房地产市场预警预报信息管理系统。

该系统结合省住房和城乡建设厅及各市、县的实际情况，实现三个主要目标：（1）通过对房地产市场各类信息的采集和信息发布，为企业、消费者和政府提供各类有价值的信息，为市场分析、科学决策提供依据，进一步引导理性投资和消费。（2）利用该系统采集的数据，实现市场动态监测、统计、汇总和分析，及时反映问题，发现问题及有针对性地解决问题，便于实时采取针对性措施进行调控，促进全省房地产市场持续健康发展，防止出现局部过热和泡沫。同时将分析、汇总后的数据发布到广东建设信息网，供社会公众查询。（3）通过科学的数据分析和数据挖掘，进一步建立科学预警预报指标体系及数据模型，完成初步的预警预报

功能，实现房地产市场可持续健康发展。（凌红梅）

行业信息化

【概况】 2009年，依托互联网和粤建网建立的“三库一平台”管理信息服务系统，为各地级市建设行政主管部门的行政许可审批提供了简化的处理功能，初步形成省、市两级联动的建设系统行政审批工作网络体系。通过信息化手段推进全省建设系统各级行政主管部门的协同工作进程，帮助企业管理本单位的资质、业绩、人员、设备，快捷地完成资质申请、变更和延期等工作，加快实现全省建设系统的政府信息化、行业信息化和企业信息化。至年底，各地级以上市建设行政主管部门和行业主管部门通过“三库一平台”系统受理省住房和城乡厅委托事项226项、下放直管事项19项。

为全面推进全省建设行业信息化建设进程，帮助粤东、粤北等经济相对落后的地区提高信息化水平，省住房和城乡建设厅继续深入开展地级市行政服务平台通用版的研发工作。该平台在省级行政服务平台提供的各地级市行政许可审批简化功能的基础上，实现完整、通用的地级市行政许可审批流程，参照省级行政服务平台的实现模式，通过简化审批办理环节、缩短办理时限，实现提速增效，该平台研发的总体目标是实现从窗口收件、案件分发等全过程网上审批，并在全省各市投入运行，推动全省建设行业信息化实现跨越式发展。

【地级市版行政服务平台】 2009年，广东省住房和城乡建设厅为推进省、市之间全程网上联合审批的进程，实现行政审批过程的省、市两级联动；加快和完善全省建设系统“三库一平台”管理信息服务系统的开发建设；提高各地级市建设行政主管部门和行业主管部门的行政效能；落实将行政审批事项的审批时限在现有基础上总体提速30%以上的要求，决定由广东省建设信息中心开发地级市行政服务平台通用版。

该平台作为全省各地级以上市住房和城乡建设行政主管部门实现企业资质管理的通用平台，以信息化手段优化建设系统办事流程、简化手续，方便企业办事，提高行政机关的办事效率，将各地市负责的广东省住房和城乡建设厅委托事项和地市直管事项等行政许可事项的全程管理操作全部纳入全省统一的数据库和操作平台，实现从窗口收件登记、案件分发、材料交接、承办、初审、审核、审批、文书制作、文书打印、文书发放等各个操作环节的全过程网上审批。并对由广东省住房和城乡建设厅负责审批的事项提供由地级市进行原件核查、资质变更企业名称初审等有关操作的支持。

【创办《广东建设年鉴》】 2009年6月，由广东省建设厅主办、《广东建设年鉴》编纂委员会组织编纂的资料性工具书《广东建设年鉴》(2009)编纂出版工作正式启动。成立以房庆方厅长为主任的年鉴编委会，陈承旗副厅长担任主编，编辑部主任由省建设信息中心主任李健明担任；聘任原广东省建设委员会主任陈之泉、原省建设厅厅长劳应勋、广东年鉴社社长韩松为编委会顾问，广东人民出版社社长金炳亮为副主编；特邀广州年鉴社副总编辑阳晓儒等专家参与年鉴编辑部的工作，编辑部设在省建设信息中心。

《广东建设年鉴》(2009)以及时、全面、系统、翔实地载录广东省建设事业的发展状况，为各级领导决策以及行业管理工作提供依据和参考，为社会各界了解和研究广东省建设事业的发展状况提供信息资料和数据为宗旨，成为广东省建设厅权威的官方信息刊物。

该刊采用分类编辑法，以部类(篇目)、分目、条目组成框架结构的主体部分。在少数分目中增加子分目的层次。全书前有目录，后有索引，具有比较完善的检索系统。《广东建设年鉴》以出版年号为卷次名称。2009年卷主要载录广东省2008年城乡规划、建设和管理的基本资料，简要地反映了改革开放以来的历史资料，以期使读者对广东城乡建设的发展历程有一个比较全面的了解。全书近100万字，内设特辑、大事纪要、省情概况、广东建设事业发展总述、政务改革与行政审批、重点工程、城乡规划、城市建设、村镇建设、建筑业、勘察设计、建设科技、住宅与房地产业等25个篇目。为增加信息量，增强可读性，2009年卷组编了广东省的相关地图及“广东城乡建设数字”、“广东城乡建设要录”，设置了“众志成城 抗震救灾”、“广东城乡建设风采”、“广东建设行业排头兵”、“各市建设”4个彩色图片专辑，并在内文加插一批图片和附表，力求图文并茂地反映广东建设事业发展的历史风貌。（凌红梅）

各市信息化建设

【概况】 2009年，广东省各地继续深化行政体制改革，积极推进地方信息化建设，提高行业监督、市场监管、社会管理和公共服务的效率与水平。重点推进跨部门、跨领域的业务系统建设，广州市房屋管理系统、住房保障语音查询系统、建设工程招投标数字交易管理系统、佛山市规划编制辅助系统、韶关市房地产地理信息管理系统、湛江市房地产电子登记簿、数字化城市管理系统等重点业务系统进一步深化、完善，在加强行业监督、强化市场管理、提高工作效率和服务质量、完善公共服务体系、提高社会综合保障能力等方面发挥了显著作用。

是年，全省各地建设系统积极推进信息化工作，通过建立高效的政府管理信息系统来提高管理水平和工作透明度，开创信息化建设和服务的新局面。推进政府服务网络化、网上政企互动和政民互动；开通网上法律咨询服务，提高依法行政的水平；开通12319城建服务热线，使数字化城市管理迈上新台阶；举办以“落实科学发展观、切实改善民生”为主题的在线交流活动；推行电子公文，实现公文交换，建立协同办公环境；实施建设项目电子报批校核网上报送制度。

(凌红梅)

【广州市城乡建设信息化建设】2009年，广州市城乡建设委员会信息化建设工作坚持从城乡建设和管理工作的实际需要出发，以“总体规划、分步实施、整合资源、信息共享”为建设指导思想，按照“信息化集约发展的基本方针，在城市建设管理中实现信息资源共享，快速、准确地相互沟通交流信息，运用现代化信息手段从根本上提高城市建设管理工作的整体效能和水平”。扎实推进以建设系统信息资源共享、提高行政效能为核心的电子政务建设。

政务办公与服务一体化系统　作为广州市城乡建设委员会信息化建设的核心应用系统，该系统坚持以应用为导向的原则，紧密结合建设行业特点，建设包括公文管理、行政审批事项管理、行业管理、工作流平台、网上办公平台、公文交换中心、行政效能监察和政务短信平台等内容，满足了广州市城乡建设委员会政务办公与服务的需求。

该项目建成的资源高度共享工作平台，实现了管理信息系统(MIS)、工作流技术（Wokflow），办公自动化（OA）的无缝集成，能够快速构建各种管理与业务流程，迅速适应业务调整引起的数据项、流程、角色与权限的变化等。

在该系统支持下，广州市城乡建设委员会的全部67个公文处理、行政许可、行政管理流程均已实现网上办理，并结合政务网站、手机短信等方式为企业提供服务。系统的应用提高了政府的行政办公能力和行业监管水平。

该项目获住房和城乡建设部2009年“中国建研院CABR杯”华夏建设科学技术三等奖。

建筑市场监管信息资源共享平台　作为广州市建设行业管理的基础信息系统之一，该平台将当前建设行业管理各部门的业务管理信息系统产生的企业、工程项目以及从业人员的各类数据进行标准化、规范化的共享交换，把分散在不同业务系统中的行业管理数据，通过平台使得数据之间产生关联，并建立起广州市建筑市场管理信息资源目录体系，成为建设行业管理工作中多个部门协同工作的平台。

该平台共包括企业数据8类，工程项目2460个，从业人员数据4类。这些数据可供项目报建、企业诚信评价、施工许可、竣工验收等多个市场监管环节使用。

2009年，广州市开始以该共享平台为应用基础，实施建筑市场企业诚信评价体系建设工作，并取得阶段性成果，实现3大类共2500余家企业的每日诚信排名，并将该排名与工程交易挂钩，达到较好的监管效果。(郝静)

【深圳市住房和建设信息化建设】2009年，深圳市住房和建设系统信息化建设进展顺利。“金建工程”被批准项目立项，正在开展项目的相关招标工作。启动建筑市场主体信用监管系统的建设工作。2009年深圳市政府机构改革，将原国土房产局负责的住房制度改革、住房保障、物业监管和原规划局负责的勘察设计等职能划入深圳市住房和建设局。共有13个业务系统交由该局管理，包括8个住房保障与住房制度改革信息管理系统（政策性住房管理信息系统、住房分配货币化补差款发放管理系统、保障性住房项目管理信息系统、2007年深圳市户籍住房困难家庭情况普查系统、城建档案管理系统、住房基金会计凭证管理系统、住房基金管理系统、住房保障系统)、4个物业监管信息系统（物业管理行业监管信息系统、物业管理企业统计信息系统、物业管理行业资质证书管理系统、物业专项维修资金管理信息系统）以及1个勘察设计信息管理系统。

(吴涛)

【珠海市住房和城乡信息化建设】2009年，珠海市重点围绕住房、城市规划及城市建设管理方面的职能，加快电子政务建设，全面推进珠海城市规划建设信息化建设工作。年内组织完成多项信息化研究及应用系统建设，包括住房和城乡规划建设管理信息系统、珠海市住房和城乡规划建设信息网、珠海市规划编制管理系统、电子报批系统、规划管理空间信息数据库系统、建设工程业务管理系统、建设工程招标文件审批系统、商品房预销售管理系统、协同办公系统等近10个业务系统。将信息技术贯穿到规划建设管理过程中，为珠海市住房和城乡规划建设工作提供了强有力的技术保障。(王海忠)

【佛山市住房和城乡建设信息化建设】　近年来，佛山市住房和城乡建设局的信息化建设得到佛山市委市政府和省住建厅的大力支持，建立了门户网站、佛山市建筑和房地产行业诚信、住房保障、商品房预销售网上备案和拆迁管理等多个系统，既方便了企业和群众办事，也提高了办事的透明度。将以“四化融合，智慧佛山”为契机，将于2010年度开始投入资金建设覆盖全市的房地产市场信息系统和建设工程管理系统，全面提升信息化管理

的水平，加强建设和房产的管理力度。（李婉葵）

【韶关市住房保障信息化建设】2009年，韶关市建设局建立韶关市住房保障网络系统，全面提升住房保障工作管理信息化水平。先后为市区8个街道办（镇政府）配置10台住房保障专用电脑，并对64个社区居委会等相关部门进行信息网络系统的操作指导，实现廉租房和经济适用住房网上审批。同时在对市区公房调查摸底的基础上建立房屋档案及住户家庭档案，确保保障性住房管理科学化、规范化。完善市、市（县、区）房管交易系统联网工作，实现全市房地产数据的综合利用，完成对新丰、翁源两县系统联网的测试与分析工作，健全全市房地产数据的规范管理，信息化水平进一步提高，交易权属登记一体化系统区县联网工作全面完成。（黄国兴）

【河源市建设系统信息化建设】2009年，河源市重点抓好建设工程管理、房地产管理、村镇规划建设、设计招投标管理等行政审批和备案的信息化系统管理，至年底，河源市建设局18项行政审批和备案事项（其中11项行政审批核准，7项备案）全部纳入信息化系统进行电子审批，并实现规划建设业务信息系统与该市行政审批电子监察系统间的数据对接，接受该市行政审批电子监察系统的监督。完成系统1.0版到3.0版本的升级，对规划业务、建设业务和行政办公、规划成果档案管理实现一站式登录，图文一体化应用。加强行政办公自动化的开发应用，将全局机关公文流转审批、文件收发、会务、请假、公物管理等行政事务统一纳入系统管理。（张正才）

【梅州市住房和城乡建设系统信息化建设】 2009年，梅州市住房和城乡建设部门根据国家、省、市信息化建设总体部署，把加强信息化建设、推行无纸化办公、建设节约型机关摆上重要日程，切实加强领导、统一规划、认真落实。在城乡规划、建设、管理等各项工作中广泛采用计算机技术、多媒体技术和图形图像处理技术，开发应用了测绘系统、商品房预售系统、产权产籍管理信息系统等，方便了市民查询信息，提高了工作透明度和管理水平。

为加快实现无纸化办公，梅州市住房和城乡建设局对自身的系统网络环境进行优化升级，配置专业机房，建设覆盖单位的内部光纤局域网，为全面实现无纸化办公奠定良好的网络基础。同时，对政务门户网站进行升级，开设房地产市场信息、建设信息、招标信息、信息公开等9大类、15个栏目，做到信息及时更新。办公系统实现局机关内部及局机关至下属单位的公文流转、信息发布、电子邮件收发、手机短信提示等电子政务功能。通过发挥信息网络的优势和作用，基本实现了建设系统办公网络化的目标。

梅州市直城建系统各局和各县（市、区）住房和城乡建设部门也根据工作需要，结合自身实际，广泛采用计算机技术、多媒体技术和图形图像处理技术，不断提高信息化建设水平。（杨泓）

【惠州市住房和城乡规划信息化建设】 2009年，惠州市大力加强住房和城乡规划信息化建设。数据建设方面，汇总了大量基础地理、规划编制成果、规划审批等资料，初步建立含基础地理数据、规划编制成果数据、市政综合管线数据、建设项目规划审批数据和规划档案数据等的数据库。应用系统开发方面，建成投入使用的应用系统有：规划管理审批系统“规管2008”、住房和城乡规划建设局门户网站、电子监察系统、城建档案管理系统等。基础设施方面，通过设立城市地理信息中心，初步建立起一支信息化建设的支持队伍，配备了相应人员，建成基本满足现阶段应用开发和运行要求的服务器、内外网络、微机、外设、软件平台和软件工具等软硬件环境。

至2009年，已经建成内网、外网两个网络系统，其中，“内网”运行规划业务审批系统“规管2008”和基础地理信息库、规划图信息库等，“外网”为连接惠州市电子政务网的网络，安装有防火墙、防毒墙、网络版防病毒软件等网络安全设施。2009年在外网中运行的建设类业务系统有：“政企互动平台系统”、“电子监察系统”、“一站式”行政审批系统、“三库一平台管理信息服务系统”、“招标投标网上报名系统”、质量监督使用软件系统——“JC2003检测系统”、“广东省建设工程质量监督系统”、质量监督办公软件。

通过业务大厅的电子显示屏、惠州市住房和城乡规划建设局门户网站以及惠州市政府门户网站的链接，对有关的政务信息进行全方位的展示。局门户网站的架构主要包含：机构设置、新闻中心（规划建设动态）、政策法规、办事指南、方案征求、办案结果查询、留言板、房地产市场、规划执法及监督等等内容。经改版后增加内设科室及相关事业单位的各自相对独立的科室、单位版面，同时进一步全面、详细地对相关政务信息进行公开展示。通过电子显示屏及门户网站提供的公众服务，基本上达到政务公开、信息交流及提供服务的要求。

按照“统筹规划、分步实施、重点突出、稳步快进”的原则，着重于住房和城乡规划建设信息化标准规范的制定、基础框架的建设、数据库体系的建设和业务应用系统的开发。依据规划法规体系、行政体系和运作体系，实现规划编制、规划实施、批后监督、行政管理、咨询服务等规划业务的全面信息化，为阳光规划和科学决策服务。

通过信息化发展规划研究及相关的专题研究，基于地理信息“主板”（主要包括公共数据、公共功能、公共接口、标准和共享机制），采用框架的解决思路，逐步完善惠州市规划信息化的基础框架，开发覆盖规划全过程信息化的应用系统，形成规划信息化的完整体系。（陈昌裕）

【汕尾市建设系统信息化建设】2009年，按照住房和城乡建设部、建设厅对房地产管理信息系统建设工作的部署，汕尾市委托肇庆“房管专家”软件公司开发完成“公房管理系统”、“房产评估系统”以及“房地产公众查询系统”等网上业务系统，启动新版房产证信息系统，建立房屋登记簿制度，顺利通过省建设厅的验收。局内业务受理方面实现窗口收发件、测绘、房屋价格评估、交易、权属登记一体化管理，业务自动化流转处理，提高了工作效率，得到了房地产企业和办事群众的肯定。（林铁洪）

【东莞市建设系统信息化建设】2009年，东莞市住房和城乡建设局综合信息管理系统初步建成，共办理事项24000多项次，并逐步增加相应的功能模块，解决了企业IC卡应用、指纹签到、岗位责任制实施等多个业务需求难题，实现办事窗口与科室，科室与科室之间的有机联系。该系统涵盖市建设局工程类、企业类、质量监督类共50多个大项290多个分项的办事业务，所涉及的功能模块包括：工程管理（合同备案、施工许可、竣工验收等）、信用管理（IC卡、指纹、企业信用）、房地产管理（预售许可、现房销售、房地产企业资质）、技术管理（施工图技术审查、房屋安全鉴定）、信访管理、行政处罚案件管理，等等。配合“实名制”管理完成系统中建造师、监理工程师等5297个人员共15826个模版的指纹采集，并以自动程序完成相关人员定期指纹签到的功能，运行效果良好。

建设全新的工程交易服务平台，利用综合平台所提供的IC卡、指纹等数据支持，形成“刷一次卡，打一次指纹”完成资审签到过程的特有功能，缩短投标现场会的时间，提高了运作效率。完成电子标书应用的前期准备工作，建立具有东莞特色的电子交易系统，为2010年全面实施招投标电子化奠定坚实的基础。（吴维彬）

【中山市建设系统信息化建设】2009年，中山市建设局继续做好现有信息化系统的维护工作，建立与中山市行政服务在线系统数据交换接口，实现施工许可、竣工验收等审批事项在局内部系统与行政服务在线系统间双向交换。协助省建设厅“三库一平台”系统在中山市面向建筑业从业企业、从业人员的培训。（罗婕）

【阳江市建设系统信息化建设】2009年，阳江市建设局加快信息化建设步伐。抓好建设、规划、房管信息网站的建设，在信息发布、提供政策法规、市场信息、业务公示等方面做了大量卓有成效的工作，为社会各界提供全方位的服务，提高了效率和管理能力。阳江市房地产信息系统顺利通过省房地产登记簿建设验收工作，以信息化推动房地产交易与权属登记规范化。房地产信息各子系统应用日趋成熟。完善商品房预售合同网上备案系统。该系统的运用，可全面、准确、及时掌握全市商品房楼盘信息，对房地产非法转让、私下交易、偷税漏税和捂盘惜售等行为起到了有效遏制。同时，利用系统生成的动态数字，定期对房地产市场进行科学分析，形成分析监测报告，向社会公布，增强市场的透明度，引导市场理性投资与消费。城市建设档案管理系统和房屋权属档案系统实现房地产档案信息收集、整理、查询、利用管理的现代化，提高档案的管理水平和利用质量，为房地产经济发展服务。加大对信息化软硬件设施建设的资金增加了投入，大力加强电子政务建设，提高政务信息透明度和公共服务水平，及时向上级部门和有关新闻媒体提供信息，报道阳江市建设方面的新闻信息，以信息化促进建设工作的现代化。（林元满）

【湛江市城市管理信息化建设】2009年，湛江市正式启动数字化城市管理系统建设工作，编写《湛江市数字化城市管理系统可行性研究报告》，获得专家评审会一致通过。“12319”热线系统于2009年8月1日正式开通，湛江市民可以通过电话、网络等方式拨打“12319”热线反映投诉问题。8月1日至是年底，共受理投诉1035件，办结949件。热线中心把数字化城市管理模式与实际工作相结合，从电话、网络被动受理转变到现场实地查看取证，使12319热线发挥出良好的协调、联通作用。热线中心开通工地视频监控试点，对选取的3个监控试点进行实时监控。它与12319热线都属于数字化城市管理系统的子系统，在数字化城市管理系统平台搭建完成后将被纳入其中。工地视频监控试点包括2个在建工地，1个公园。试点监控设备运行情况良好。

结合广东省建设厅“三库一平台”工作，不断完善湛江建设信息网和OA电子政务系统的企业和人员管理工作，完善建筑市场有关企业和专业技术人员的信用档案，利用湛江建设信息网和该局OA系统开展有关企业和专业技术人员信息采集工作，严格控制部分企业人员串岗行为。（黄育平）

【茂名市住房和城乡信息化建设】2009年，茂名市建设信息工作取得较显著成绩。围绕全省及全市建设行业信息化建设阶段任务，组织开展一系列工作。结合全省推广“三库一平台”管理信息服务系统，对全市约400家企业开展人员培训、技术咨询等一系列推广工作。结合当前电子政务工作要求，对局政务网站进行整合升级。促进全市招投标信息化建设工作，建立工程评标专家语音通知系统，提高信息化应用水平。 （吴再泉　罗栋）

【肇庆市建设系统信息化建设】

2009年，肇庆市建设系统积极致力于信息化建设，各部门均建立网站，通过部门网站能让社会各界及时了解部门的工作情况和有关信息，促进政务公开工作的开展。同时，以信息化建设为重要手段，加强单位内部建设，建立了办公自动化系统，正逐步向无纸化办公的目标迈进。年内，有形市场计算机辅助评标、评标专家计算机管理、建筑企业计算机管理“三大信息系统”在市建设工程交易中心建成并投入使用；城区完善和落实商品房网上预（销）售管理；全市范围内推广应用建筑“平安卡”管理系统，促使有形建筑市场、建筑业市场、房地产市场、房地产交易市场这“四大市场”的监管得到进一步规范和加强。 （叶小青）

【清远市建设系统信息化建设】

2009年，清远市建设局纳入电子监察系统事项共14项。初步建立建设项目信息公开制度、企业诚信制度。通过互联网将建筑政策法规、建筑企业信息、招标信息、中标信息、企业诚信情况等信息向公众发布。启用清远市政府的电子政务系统，公文交换、发文、行政审批等事项均在电子政务系统上办理。

通过清远市建设局网站发布本级审批的企业资质情况，发布全市质量和安全大检查情况通报等工作；通过广东省建设信息网的“三库一平台”系统进行省级或部级审批建筑业企业资质资料的核查和上报。清远市建筑工程质量监督站、市工程建设安全监督站一年两次定期发布质量、安全监督信息；根据《广东省住房和城乡建设厅建筑工程安全生产动态管理办法》对建筑业企业、监理单位、企业岗位人员实施扣分，并将相关信息录入省建筑工程安全生产动态管理系统；市建设工程招标办公室通过建设局网站等媒体发布各类招标公告和中标公示；市建设工程交易中心通过工程交易系统进行工程交易活动，并在交易大厅、评标室安装监控系统，对交易过程进行全程监控；建设局驻行政服务中心窗口，将建设局的办事流程图放在互联网上，供办理单位和个人查询、下载，帮助办理单位了解整个建设局的运作流程、业务内容、相关科室地址和电话。接受机关效能建设和电子监察系统的监督，通过清远市人民政府的电子政务系统进行行政审批。

（常蕊香）

【潮州市住房和城乡信息化建设】

2009年4月，潮州市对建设信息网站进行全面改版，新增《潮州市住房和城乡建设局政府信息公开指南》和《潮州市住房和城乡建设局政府信息公开目录》，同时完成网站的互联网信息服务备案登记手续，公民、法人或者其他组织可以在本网站上查阅本《指南》和《目录》。8月25日，完成了潮州市行政审批平台系统安装；9月，潮州市建设局13项行政许可事项实行的网上审批。 （袁振龙）

【揭阳市建设系统信息化建设】

由揭阳市住房和城乡建设局（原揭阳市建设局）主办、市建瓴建设信息中心承办的揭阳建设网（网址：http：//www.jyjs.gov.cn）于2005年4月开通。揭阳建设网作为揭阳市住房城乡建设系统的第一个政府网站，是全市住房城乡建设系统行业信息资源站，全市住房城乡建设系统信息化的核心平台和实行电子政务的重要载体。网站的开通对加快揭阳市住房城乡建设系统信息化、办公自动化的步伐，优化政务环境，提高办事效率，加强与外部的信息传递与交流，宣传揭阳市住房城乡建设事业的改革发展成就发挥重要的作用。 （陈锡群）

【云浮市住房和城乡信息化建设】

2009年，云浮市住房和城乡建设局有信息化交换机房、机关办公局域网，机关内部可以进行网上办文、办件；全市建有以市府政务光纤网为桥梁，建立了电子政务公文收发系统，实现从市到县到镇双向网上电子收发公文；建有“云浮建设信息网”、“云浮市房管网”，不断完善栏目设置，建立互动板块，搭建网上业务平台，网上信息资源日趋丰富，信息发布及时、准确、权威，日浏览量超过800人次；全市建设行政主管部门拥有独立网址的政务网站6个，为社会提供了快捷便利的服务，树立了良好的政府形象；随着各级建设政务网站的不断完善，一些基础数据库正在逐步形成；信息化主要设备电脑的普及率不断提高。已实现各科、站、室、股电脑办公、办文；全市基本建成房地产市场信息系统，包括窗口办文系统、房地产交易及权属管理、房地产登记簿管理系统、房地产测绘管理系统、房地产档案管理系统等一批核心管理信息系统；人员信息化知识水平不断提高，每年都进行有计划的信息化知识更新培训，确保信息化知识不断普及。机关办公局域网：由原云浮市建设局针对各科室业务定制开发的办公自动化（局域内部）系统，局域网包括局楼内办公各科室、建设局服务中心“窗口”、云浮市建设工程交易中心、云浮市建筑施工图审查中心等部门，包括企业信息、从业人员信息、项目（报建、在建、竣工）信息、招标投标信息等30多个模块。现有信息记录近万条，有效地实现了协同作业、信息共享和数据再利用。 （李沛全）

机构选介

【广州城市建设信息中心】 广州城市建设信息中心成立于1995年，主要承担市城乡建委信息化建设工作任务，制定委信息化建设和发展的总体规划，组织、协调信息化项目实施；承担市城乡建委系统信息资源共享工作的推进和协调实施；负责市城乡建委机关电子政务建设及管理工作，保障电子政务网络安全、数据安全，从事电子政务相关系统的建设、维护、运营管理及关键技术研究等工作；负责《广州建设》报编辑、出版和发行工作，承担《市志》年报工作；完成市城乡建委交办的其他任务。

近年来，广州市城乡建设系统、建委系统以及建委机关信息化建设一直稳步迈进，根据国家、省、市提出的电子政务建设的新目标新要求，信息中心在继续做好计算机、网络、数据、电子邮件网、通讯与短信息平台、各类平台系统、网站等日常维护工作的基础上，以市城乡建委电子政务建设为核心内容，进一步完善电子政务应用与服务体系，重点完善建设市场监管资源共享工作，加强行政办公与服务一体化的电子政务应用，确保行业管理的各种资源逐步整合和完善，建立IT运维服务标准化，切实提高市建委计算机网络的运维服务质量。同时，《广州建设》报继续以城建重点工作为中心，着力正面宣传报道，展现广州城市建设成果，为2010亚运年，促进广州城市建设，构建和谐广州发挥积极的舆论引导作用。

信息中心坚持务实求新，踏实认真地推进各项工作，取得了一定的成绩。“广州城乡建设网(www.gzcc.gov.cn)”在广州市政府部门政务网站评估中，连续三年名列前茅，获得“优秀政务网站”称号。由中心承担的国家住房和城乡建设部的两项科研课题“政务一体化办公与服务系统”和“建设工程平安卡系统”于2008年通过了项目验收，成果达到了国内同行业领先水平，其中“政务一体化办公与服务系统”获得2009年中国建研院CABR杯华夏建设科学技术三等奖。2009年信息中心继续承担了国家住房和城乡建设部关于“建设系统信息资源共享平台”课题研究任务，预计于2010年完成并申请验收。 *(郝静)*

【深圳市规划国土房产信息中心】 成立于1993年，为隶属深圳市规划和国土资源委员会的事业单位。信息中心共设置10个部门，共有员工160多人。主要职责是为深圳市城市规划、土地资源管理和房地产权管理提供信息化和档案管理服务。

信息中心凭借一支技术力量雄厚、结构合理、综合素质较高的专业队伍，1996年在全国最早开发“窗口式”办文与督办系统，随后又率先推出市局、分局、国土所三级联网的深圳市规划国土管理办公自动化系统，深圳市规划国土地理信息系统、深圳市房地产管理信息系统等，曾多次获得国家科技进步二等奖，以及建设部、国土资源部和深圳市科技进步奖。

近年来，信息中心作为深圳市电子政务试点单位，研发了自主版权的电子政务基础平台，承建市信息化重点工程“数字深圳空间基础信息平台”，建成全市自然资源与空间地理数据库及多层次在线服务体系，利用卫星遥感对全市违法建设行为实施高频度监测，利用城市仿真技术开展中心区规划管理、旧村改造以及140多个重大建设项目方案评审。

经过近20年的努力，建成了规划国土房产电子政务平台、全市空间基础信息平台两大服务体系，建成了覆盖规划、国土、房产三大领域，涵盖基础地理数据、土地房产现状数据、规划成果数据、业务管理数据四大层次的全市一张图数据体系，管理着包括426.39万份产权档案在内的全市规划国土房产档案，为深圳市规划国土房产管理以及其他城市建设管理工作提供了有力的信息保障和技术支持。

2009年，完成了原深圳市国土资源与房产管理局和原深圳市规划局的信息化整合工作，实现了规划国土房产信息系统一体化。全年新建应用系统及子系统13个、升级改造5个。其中房地产登记簿管理系统已通过全国房地产交易与登记规范化管理先进单位、省房地产登记簿建设工作的评审验收；房地产估价报告和摘要管理系统在全市的1000多家不动产估价机构投入使用；人事编制信息采集系统在全市近600个机关事业单位投入使用，共采集人事信息7万多条。重新搭建的我委门户网站在2009年度深圳市政府网站绩效评比中名列前茅，基本实现“100%行政审批项目可在网上申请和查询结果”。

2009年，信息中心还开展全市建设用地现状变更调查、建筑更新信息调查、业务数据清理整合等工作，更新和完善了全市建设用地信息库、建筑物普查信息库和各业务数据库。全年共接收、整理档案49万余份，其中产权档案40.64万份；数字化处理各类档案45万余卷(份)；提供档案查询服务5.9万余人次、19.5万余份。 *(刘丰)*

法制建设

- □建设立法工作不断推进
- □广东省住房和城乡建设厅执法监察局成立
- □惠州市城市管理行政执法局成立
- □推进行政审批制度改革
- □开展『建筑安全生产年』普法活动

综　　述

【概况】　2009年，广东省住房城乡建设系统坚持依法行政，不断推进建设立法，深入开展法制宣传教育，继续开展城市管理综合行政执法试点工作，推动行政执法责任制试点工作，继续深化行政审批制度改革，做好简政放权工作，充分发挥行政复议的层级监督作用，建设法制工作取得较大成效。至年底，全省现行有效的住房城乡建设地方性法规20项，省政府规章18项。这些地方性法规、规章与国家住房城乡建设法律、法规一起，初步构成规范全省住房城乡建设活动的法律制度的基本框架，对促进住房城乡建设事业和城乡经济发展起到了重要作用。

在2009年机构改革中，广东省住房和城乡建设厅执法监察局成立。

（肖送文）

住房城乡建设立法

【概况】　2009年，广东省住房城乡建设立法工作不断推进。一是重新修订的《广东省物业管理条例》于3月1日起施行。该《条例》针对目前广东省物业管理中存在的热点和难点问题，提出了有针对性的解决措施。二是继续做好《广东省散装水泥管理规定》的修订工作。2009年年初，在省建设厅报送省政府送审稿的基础上，省建设厅积极配合省政府法制办开展调研、论证、修改和完善工作。三是配合省政府法制办、省人大做好《广东省燃气管理条例》的修订工作。针对广东省燃气管理工作中迫切需要解决的规划编制工作滞后、安全问题突出、燃气企业的市场准入、退出机制不完善、与上位法的冲突、违法行为处罚力度不够等问题，积极配合做好调研论证工作，先后到广州、佛山、东莞、韶关等地进行调研，使法规制度更加科学合理。8月31日，《广东省燃气管理条例（修订草案）》已经省政府常务会议讨论通过，提请省人大审议。11月25日，省十一届人大常委会第十四次会议一审审议通过《广东省燃气管理条例（修订草案）》。四是在深入调研论证的基础上，完成《广东省建筑节能管理条例》（送审稿）的起草和报审工作。

【规范性文件审查】　根据《广东省行政机关规范性文件管理规定》的规定，在报广东省政府法制办统一审查前，广东省住房和城乡建设厅法规处负责对厅机关颁发的规范性文件进行合法性审查，并会同有关处室对其进行修改和完善。2009年，广东省住房和城乡建设厅共发布四个涉及住房和城乡建设行业的省级规范性文件：《广东省新型墙体材料专项基金征收使用管理实施办法》、《关于建筑工程安全生产动态管理的办法》、《关于房屋建筑和市政基础设施工程施工评标的管理办法》、《关于建设工程项目招标中标后监督检查的办法》。

（肖送文）

行政执法

【概况】　2009年8月27日，广东省人民政府办公厅印发《广东省住房和城乡建设厅主要职责内设机构和人员编制规定的通知》明确设立执法监察局，作为广东省住房和城乡建设厅的内设机构，设执法监察局局长（副厅级）1名，其主要职责是：监督有关住房和城乡建设法律法规、标准的执行；指导、监督、协调全省住房和城乡建设综合行政执法工作；承办住房和城乡建设领域重大纠纷和案件的有关工作，组织检查和处理相关违法违规行为。2009年9月9日，广东省机构编制委员会办公室发出《关于核定住房和城乡建设厅行政执法专项编制的通知》，核定广东省住房和城乡建设厅执法监察局行政执法专项编制20名。

2009年，广东省住房和城乡建设厅继续推进全省城市管理综合行政执法试点工作，在东莞、江门、韶关、广州等城市开展综合行政执法试点工作的基础上，指导惠州成立惠州市城市管理行政执法局，集中行使城市管理综合行政执法职能，包括惠州市及各区（含开发区）城市管理领域的城市规划、建

·链接·　**规范性文件合法性审查**

规范性文件是涉及或者影响管理相对人权利义务、在一定时期内反复适用的文件。正确界定规范性文件有两个标准：一是行文方向。规范性文件是下行文。二是文件的内容。规范性文件的内容应当同时具备外部性、普遍适用性和反复适用性。外部性是指文件的内容涉及或影响管理相对人的权利义务，而不是单纯规定行政机关内部事务；普遍适用性是指文件作出的规定对不特定多数管理相对人都适用，而不是仅限于特定的个别管理相对人；反复适用性是指文件作出的规定在这个文件生效以后、至失效前的整个时间段内，对同类事项都有效，而不是只用一次。规范性文件合法性审查是规范性文件的事前审查制度，是在规范性文件起草工作结束后，形成了送审稿，并将送审稿送政府或部门的法制工作机构进行审查的制度。政府规范性文件送本级人民政府法制机构审查，部门规范性文件由本部门的法制机构进行审查。按照《广东省行政机关规范性文件管理规定》的规定，省政府部门规范性文件须经省政府法制机构审查同意后在《广东省人民政府公报》上统一发布。未依法履行统一审查、统一发布程序的一律无效，不得作为行政管理的依据。

设、房屋管理、市容环境卫生、城市绿化、市政、燃气、工商等方面的全部或部分行政处罚及相关的监督检查、行政强制职能。 *(肖送文)*

行政复议

【概况】 2009年，广东省住房和城乡建设厅采取措施，促进充分发挥行政复议和行政应诉解决行政纷争的作用。一是进一步畅通行政复议渠道。根据《中华人民共和国行政复议法实施条例》，简化行政复议案件的受理方式，扩大受案范围，规范办理程序，方便了行政复议申请人。二是加大行政调解力度。对案情复杂，易引发群体事件的案件，坚持深入现场调查，组织召开质证会，充分听取当事双方对事实、依据和理由的陈述，为当事人搭建调解平台，认真讨论案情，坚持有错必纠的原则，依法审议案件，确保了案件的合法、公正审理。三是针对当前行政处罚、行政复议和行政诉讼中普遍存在的问题，多次召集法院、复议机关和有关部门召开座谈会，学习有关法律法规，对典型案件进行深入剖析。

【行政复议】 2009年，广东省住房和城乡建设厅共收到行政复议申请76宗，其中符合受理条件依法予以受理的72宗、不予受理3宗、告知转其他部门处理的1宗。在受理的72宗复议申请中，申请人主动撤回申请的20宗，驳回复议申请的1宗，作出维持决定的23宗，作出撤销决定的14宗，责令履行职责的1宗，未审结的13宗。

【全国住房和城乡建设部行政复议工作座谈会】 2009年7月10日，住房和城乡建设部法规司在广东省召开全国部分省市建设系统行政复议工作座谈会，16个省（市）的24名代表参加了会议。各省、市代表介绍了各地行政复议工作的情况，交流了经验和体会。法规司司长曹金彪要求继续加大行政复议工作的力度，在案件审理过程中灵活运用协商、调解手段，化解争议，切实解决矛盾。 *(肖送文)*

行政审批制度改革

【概况】 2009年，按照简政放权、便民增效的原则，广东省住房和城乡建设厅继续推进行政审批改革。一是认真抓好厅机关委托实施行政许可工作的制度建设。为贯彻落实省人民政府公布的《广东省建设厅委托实施行政许可项目》，省建设厅于5月12日印发《关于做好委托实施行政许可工作的通知》，将省住房和城乡建设厅机关直接实施的房地产开发企业二级资质核准等8项行政许可事项委托给各地级以上市建设行政主管部门实施，明确委托实施行政许可事项的职责划分、委托实施程序和监督管理等事项。二是根据省政府的统一部署开展第四轮行政审批事项清理工作，对建设系统实施的行政审批事项进行清理。经调整后，由省住房和城乡建设厅负责实施的行政许可事项有17项，非行政许可的行政审批事项有4项，改变管理方式委托地级以上市政府实施的行政审批事项有8项。 *(肖送文)*

▲*2009年7月10日，全国住房和城乡建设部行政复议工作座谈会在广州召开*

省住房和城乡建设厅法规处供稿

法制宣传教育

【概况】 2009年，广东省住房和城乡建设厅继续贯彻落实《广东省建设系统开展法制宣传教育的第五个五年规划》，深入推进全省建设系统"五五"普法工作。一是与省普法办联合开展"建筑安全生产年"法制宣传活动。二是积极组织普法培训。组织12个地级以上市的法制科长参加住房和城乡建设部在吉林举办的行政复议培训班，为基层普法工作充实力量。三是与各市建设主管部门联合举办多期法律法规和建设领域渎职犯罪有关知识讲座，进一步增强建设系统广大干部的法律素养和依法履行职责的责任感。

【"建筑安全生产年"法制宣传活动】 2009年，围绕落实中央关于改善民生、扩大内需的重大部署，结合建设工程任务繁重的新情况，

▲*2009年11月26日，广东省建设系统建筑安全生产法制宣传现场会在广州召开*

省住房和城乡建设厅法规处供稿

为从源头上预防和减少建筑安全生产事故的发生，加大对建筑安全生产法制宣传，广东省住房和城乡建设厅与省普法办联合开展“建筑安全生产年”法制宣传活动。4月10日，省建设厅、省司法厅、省普法办联合下发《印发广东省“建筑安全生产年”普法活动方案的通知》，自2009年4~12月，在全省开展“建筑安全生产年”普法活动，成立由省建设厅、省司法厅、省普法联合组成的普法活动领导小组，办公室设在省住房和城乡建设厅政策法规处。省住房和城乡建设厅举办丰富多彩的法制宣传活动：如开展“法律进企业”、“法律进工地”活动等。11月26日，在2010年广州亚运会游泳跳水馆建筑工地举办全省建设系统建筑安全生产法制宣传现场会，各地级以上市建委（建设局）分管安全、法制工作的负责人和工作人员、省司法厅、普法办的领导和同志以及建筑企业负责人和律师代表，共110人参加会议。

省普法办、省住房和城乡建设厅联合编印10000套“建筑安全生产挂图”，赠送给21个地级市有关行政主管部门和建筑业企业、建筑工地、社区等。 *（肖送文）*

机关工作与援扶工作

- □组建广东省住房和城乡建设厅
- □开展民主评议政风行风
- □公开遴选领导干部
- □规范行业协会管理
- □选派干部到基层培养锻炼

机关工作

【机关作风建设】 2009年，广东省住房和城乡建设厅结合民主评议政风行风工作、开展“转变作风抓落实”主题实践活动，进一步加强和改进机关作风建设。一是加强内部管理。贯彻落实中共广东省委关于转变作风抓落实和厉行节约的部署，出台《省建设厅厉行节约降低行政运行成本的意见》，大力削减会议和节约开支，严格控制各类会议次数和规模，控制发文规格和数量。同时，对加强车辆、办公费用、出国（境）经费开支管理作出进一步的规定。二是进一步加强对外窗口建设。建立和完善《广东省建设厅对外办事窗口岗位职责》、《广东省建设厅对外办事窗口工作制度》、《广东省建设厅对外办事窗口工作台人员守则》、《广东省建设厅对外办事窗口文明用语规范》等管理制度。实现行政审批网上申报，推动行政许可工作逐步实现制度化、程序化、减量化、信息化。7月1日，启动运行“三库一平台”综合管理信息服务系统。三是进一步简政放权。按照“减量、增效、便民”的原则，5月下发《关于做好委托实施行政许可工作的通知》，正式将房地产开发企业二级及以下资质等8项行政许可事项委托各地实施，厅机关行政许可审批件数减少20%。四是进一步加强监督。从全省地级以上市住房城乡建设行政主管部门聘请首批41位厅机关作风监督员，发挥基层单位和人民群众的监督作用。 （何思权）

【政风行风评议】 2009年4月，根据中共广东省纪委、省政府纠风办的部署和省直政风行风评议办公室的要求，省建设厅启动民主评议政风行风工作，对厅机关和直属单位的作风进行民主评议。其中，厅办公室、建筑管理处、村镇建设处、省建设工程质量监督检测总站和省建设职业资格注册中心被省直行评办确定为单独评议部门（单位）；经过一年的评议活动，省直行评办和行评团于10月26日对5个单独评议处室进行测评，11月3日对厅进行面对面的评议，厅以及5个单独评议部门（单位）均被评为满意。

【纪律教育学习月活动】 2009年，广东省建设厅制定《关于开展2009年纪律教育学习月活动的通知》，对纪律教育学习月活动进行部署。在7~9月间，组织学习资料《反腐倡廉教育读本（2009）》等2000多本书籍和电教专题片《天使情怀》、《“蚁穴”透视》、《腐败泯灭亲情》、《国门惩腐》等共30盒/套，围绕“增强党性观念，转变机关作风，加强效能建设，保障科学发展”主题，结合民主评议政风行风工作的深入开展，组织厅机关、直属各单位党员干部学习和观看反腐倡廉教育学习资料和电教专题片。学习活动期间，确定省建设工程质量监督检测总站和厅科技教育处为学习联系点，举行厅直属机关“优良作风从我做起”青年讲演会，丰富学习教育形式，增强学习效果。纪律教育月活动历时3个月，全厅党员干部以积极认真的态度参加各项活动，从中受到较为深刻的教育，进一步增强党的纪律观念和法制观念，夯实“务实、为民、清廉”的思想基础，深化广大党员干部对反腐倡廉建设的认识，提高廉洁自律的自觉性，促进工作水平的提高和内部管理的加强，收到了较好的成效。 （刘洪涛　张丹丹）

【深入学习实践科学发展观活动】 广东省建设厅深入学习实践科学发展观活动，自2008年10月10日召开动员大会开始，至2009年3月3日召开总结大会告一段落。

2009年主要工作：一是撰写厅领导班子分析检查报告。分析检查报告，由党组书记、厅长房庆方全程主持撰写。厅领导班子成员分别主持召开征求意见座谈会，征求机关和直属单位干部群众的评议意见。并将分析检查报告挂到粤建网上，征求社会公众的意见建议。报告前后八易其稿，并报请副省长林木声和省委学习实践办、省委第三指导检查组审阅。省委领导调阅了省建设厅的分析检查报告。经全厅干部群众评议，厅领导班子分析检查报告总体满意率超过85%。二是制定省建设厅领导班子整改落实方案。按照中央提出的“四明确一承诺”的要求，结合贯彻落实《广东省委、省政府领导班子深入学习实践科学发展观活动整改落实方案》，依据厅领导班子分析检查报告提出的整改思路措施，制定厅的整改落实方案，共有8个方面41项具体措施。在群众满意度测评中，对厅学习实践活动的总体评价“满意”和“比较满意”占95.6%（其中“满意”75%）。三是做好整改落实方案的跟踪、汇总上报工作。按省实践办的要求，4月底，上报一次整改进展情况；7月底，书面上报整改落实情况和“回头看”自查情况。省学习实践活动领导小组办公室在第一批学习实践活动整改落实“回头看”专刊第12期简报，以《省建设厅整改落实抓关键促成效》为题刊登了建设厅整改落实情况，对建设厅抓整改落实工作给予肯定。 （熊小玲）

人事管理

【机构改革】 2009年，根据《中共广东省委、广东省人民政府关于印发〈广东省人民政府机构改革方案〉的通知》，组建广东省住房和城乡建设厅，为省人民政府组成部门。在机构改革过程中，贯彻落实省委、省政府以及厅党组关于机构改革的部署和政策要求，特别是在转变职能、理顺关系和优化人员方面下工夫，取得明显的成效。8月27日，省政府办公厅印发《广东省住房和城乡建设厅主要职责内设机构和人员编制规定》，批准省住房和城乡建设厅设14个内设机构，核定厅机关行政编制90名，行政执法专项编制20名，后勤服务人员数14名。其中厅级领导职数：厅长1名、副厅长4名，总工程师1名；执法监察局局长1名，正处级领导职数17名（含总规划师1名、总经济师1名、直属机关党委专职副书记1名）、副处级领导职数25名。

【公开遴选领导干部】 2009年8月21日至9月20日，广东省住房和城乡建设厅根据中共广东省委组织部统一部署，启动遴选一名副厅长的工作。厅机关和直属单位符合条件的正处级干部或担任现职级满4年的副处级干部共38人参加了副厅长遴选，经公告与审核、民主推荐和素质测试、确定综合测评人员、综合测评、确定考察对象、公示与考察等程序，遴选出杜挺为提任副厅长的人选。9月21日，省委批准杜挺任省住房和城乡建设厅副厅长、党组成员。此外，为进一步深化干部人事制度改革，创新干部选拔制度和干部晋升的激励机制，增强公务员队伍活力，厅党组根据厅机关副处级领导干部空缺情况和厅机关公务员队伍现状，拟订《省住房和城乡建设厅公开遴选机关副处级领导实施办法》，并报省委组织部批准。经审核，30名符合资格条件的人选参加公开遴选，经过公告与资格审核、民主推荐、确定初步人选、能力测试、民主测评、组织评价、确定考察对象、公示与考察、决定任职人选，以及6名破格晋升人员上报省委组织部审批等程序，孙波等8人升任副处级领导岗位。

【干部交流轮岗】 2009年，广东省住房和城乡建设厅为充分调动厅机关干部工作积极性，激发干部活力，结合省住房和城乡建设厅机构改革实际，有计划地组织机关干部轮岗。此次轮岗，厅机关共有22名处级领导、5名处级非领导、11名科级干部轮换到新的岗位工作。

（李魏）

【干部因公出国（境）管理】 2009年，据中央和中共广东省委办公厅、省政府办公厅进一步加强因公出国（境）管理工作的有关要求，省住房和城乡建设厅严格按规定抓好厅机关和直属事业单位工作人员因公出国（境）报批及其管理工作。努力做到因公出国（境）考察有明确的公务目的和实质内容，符合工作需要，出访的国家、天数和费用严格按规定执行。全年共办理出国报批4宗，赴台湾报批2宗，因公赴港澳100多人次。

【规范协会管理】 为加快广东省住房和城乡建设厅负责业务指导的社团“政社分开”和“民间化”改革，更好地发挥社团在经济社会发展中的重要作用。2009年年初，省建设厅党组研究决定，并成立厅社团管理办公室，负责对厅业务主管和业务指导的协（学）会进一步规范管理。年内，厅党组下发《关于我厅现职公务员不再兼任社团领导职务的通知》，要求机关现职公务员和参公管理或具有行政管理职能的直属事业单位现职人员辞去兼任的社团领导职务。这一年，共有12个协会按通知要求办理有关人员辞去兼任的社团领导职务，同时进行补选或换届工作。截至年底，厅机关现职公务员和参公管理或具有行政管理职能的直属事业单位现职人员按厅党组的要求，一律不能在社团中兼任社团领导职务。

在省住房和城乡建设厅负责业务指导的社团中兼任副秘书长以上领导职务的，在年底前辞去所兼任职务，按厅党组通知要求要辞去兼职的社团共12个。

为加强省住房和城乡建设厅所属社团办班的管理，更好地体现服务会员和服务行业的宗旨，厅下发《关于规范我厅所属社团办班管理若干问题的通知》。同时，制定《关于规范我厅社团管理的指导意见》，提出今后一段时期加强厅属社团规范管理的措施和意见。

（王瑞斌）

广东省建设厅职能

（至2009年8月27日）

序号	职　能
1	贯彻执行国家有关建设行政管理的方针、政策和法律、法规，研究拟订城市、村镇规划与建设、工程建设、建筑业、住宅房地产业、勘察设计咨询业、市政公用事业的方针、政策、法规以及相关的发展战略、规划并指导实施，进行行业管理。
2	指导城市规划、村镇规划、城市勘察和市政工程测量工作；负责城市总体规划和城镇体系规划的审查报批和实施监督；参与土地利用总体规划的审查；承担历史文化名城相关的审查报批和保护监督工作；管理城市建设档案。
3	审查大中型工程项目（包括重点工程）的初步设计；组织制定和会同有关部门发布建设工程定额和地方建设技术标准、规范、规程等，监督指导各类工程建设标准定额、技术标准的实施；会同有关部门组织制定建设项目可行性研究经济评价方法、经济参数；对中央委托省管和省属非财政性投资工程项目的结算审核工作进行指导和监督；负责重点工程建设项目立项审批后的组织实施工作；监督管理中央委托省管、省属非财政性投资工程建设项目的建设工作。

(续上表)

序号	职 能
4	指导建筑活动；规范建筑市场；指导和监督建筑市场准入、工程招标投标、工程监理以及工程质量和安全；拟订勘察设计、施工、建设监理和相关社会中介组织管理的规定并监督实施；组织协调建设企业参与国际工程承包、建筑劳务合作。
5	指导城市和村镇建设；指导城市供水节水、燃气、公共客运、市政设施、园林、市容、环境卫生和城市规划区的绿化工作；指导城市市容环境治理、城建监察；负责对风景名胜区及其规划的审查报批和保护监督工作。
6	指导住宅建设和城镇住房制度改革工作；负责住宅和房地产业行业管理，指导房地产开发利用工作，规范房地产市场。
7	负责制定各类房屋建筑及其附属设施、城市市政设施等建设工程的抗震设计规范；指导城市地下空间的开发和利用。
8	制定系统各行业科技发展规划、技术经济政策，组织重大科技项目攻关和成果推广，指导重大技术引进和创新工作；负责国家强制性建设技术标准、规范和规程的贯彻执行；负责发展散装水泥和商品混凝土的管理工作。
9	管理建设行业的对外经济技术合作和外事工作，指导企业开拓国外建筑市场和房地产市场。
10	承办省人民政府和建设部交办的其他事项。

(摘自广东省人民政府办公厅文件)

广东省建设厅领导成员

职 务	姓 名 / 任 期
党组书记	房庆方（2007.04～2009.09）
厅 长	房庆方（2008.03～2009.09）
党组成员	陈承旗（2000.02～2009.09） 刘锦红（2000.02～2009.09） 陈英松（2000.02～2009.09） 蔡 瀛（2008.10～2009.09） 李锡洪（2007.04～2009.09） 李新建（2005.05～2009.09）
副厅长	陈承旗（2000.03～2009.09） 刘锦红（2000.03～2009.09） 陈英松（2000.03～2009.10） 李台然（2008.08～2009.10） 蔡 瀛（2008.10～2009.10）
省纪委（省监察厅）派驻省建设厅纪检组长（监察专员）	李锡洪（2007.04～2009.09）
副巡视员	李新建（2005.05～2009.09） 李运章(2006.02～2009.09)

(省住房和城乡建设厅人事处)

广东省建设厅各处室职能

（至2009年8月27日）

处室名称／负责人／任期	职　　能
1. 办公室 主任：吕洪清(2000.05～2009.11)	组织协调机关政务工作，负责会议组织、文电处理、秘书事务、档案管理、保密、信访、财务、人大议案与政协提案办理和机关后勤工作；组织编制建设行业改革发展总体规划；指导直属单位的财务和审计工作；负责对外经济技术交流与合作；指导建设行业的统计、信息工作；负责厅机关及监督直属事业单位国有资产管理。
2. 政策法规处 处长：钟汉谋(2004.08～2009.11)	起草综合性会议报告、总结；组织研究重大的综合性政策问题；负责政务信息的收集与上报；拟订建设立法规划和计划；组织建设管理的法规和规章的起草、报批；负责建设法规的解释、清理、汇编工作；负责建设行政执法监督、建设行政复议和行政诉讼工作；指导建设系统的法规建设和法规宣传工作。
3. 基本建设处 处长：余云枢(2008.05～2009.11)	规范基本建设程序，监督指导建设项目按照基本建设程序进行建设；负责省重点工程建设项目（不含立项审批）的监督、管理；参与拟订省重点建设项目的年度安排计划；会同有关部门组织省属重点及大中型建设工程的竣工验收工作。
4. 城乡规划处（珠江三角洲城镇群规划管理办公室） 处长：蔡瀛（2000.05～2009.03） 曾宪川（2009.03～2009.11）	研究拟订城乡发展战略及城乡规划的方针、政策和规章制度；指导城乡体系规划、城市规划和县城镇规划，以及城市和县城镇中心城规划建成区内的村镇规划编制、实施和管理工作；负责实施《珠江三角洲城镇群协调发展规划》；负责城市总体规划、县城及县城以上的城镇体系规划（区域规划）的审查报批；参与县以上土地利用总体规划的审查；指导城市勘察和市政工程测量工作；监督执行规划单位的资质标准；负责城市建设档案管理工作。
5. 城市建设处 处长：洪冰（2006.04～2009.11）	负责城市建设和管理工作；拟订城市建设和市政公用事业发展战略、发展规划及年度计划；指导城市供水节水、燃气、公共客运、城市市容、园林、环境卫生和城市规划区的绿化工作；指导城市规划区地下水的开发利用和保护工作；指导城市环境综合整治、城建监察工作；指导风景名胜区规划建设管理工作。
6. 建筑管理处 处长：梁志华(2003.07～2009.11)	拟订建筑业发展规划、管理规定、技术政策；监督建筑施工企业、建筑安装企业、建筑制品企业、建筑监理单位资质标准的执行；指导建设工程定额的制订；指导和规范建筑市场，拟订规范建筑市场主体的市场行为以及工程招标投标、建设监理和建筑工程质量、合同管理和风险管理的规章制度并监督执行；监督和指导建设工程质量监督、检测标准的执行，负责对中央委托省管工程项目、省属工程项目招标投标和承发包的管理和监督工作；组织协调建设企业参与国际工程承包、建筑劳务合作。
7. 勘察设计处 处长：刘丽萍(2002.11～2009.11)	拟订工程勘察设计咨询市场的规章制度并监督执行；提出工程勘察设计咨询业的改革方案、产业政策、规章制度、技术政策；监督勘察设计咨询单位的资质标准的执行；审查大中型工程项目的初步设计；拟订城镇各类房屋建筑及附属设施和城市市政设施的建设工程抗震设计规范；指导城市地下空间的开发利用。
8. 住宅与房地产业处 处长：杜挺（2004.11～2009.11）	拟订住宅建设与房地产管理政策；指导规范房地产市场；指导城镇土地使用权有偿转让和房地产开发利用工作；提出住宅建设与房地产业的发展规划和科技发展战略、产业政策和规定；指导住宅建设和住房供应政策的实施；指导房地产登记发证工作；拟订住宅建设、房屋拆迁、房地产开发、房地产市场、物业管理的规章制度并监督执行；做好房地产评估的有关工作；监督房地产开发企业、物业管理企业、房地产中介服务机构的资质标准的执行；执行房地产估价师、物业管理师等专业技术人员执业资格标准。
9. 科技教育处 处长：林兆雄(2006.04～2009.11)	组织拟订建设行业科技发展战略、规划；编制和组织实施行业重点科技发展项目计划；组织重大科技项目研究开发；指导行业内干部、职工的继续教育和岗位培训；协同有关部门组织行业的职称改革及专业技术职称评聘工作；负责拟订地方建设技术标准、规范、规程；负责发展散装水泥和商品混凝土的管理工作。
10. 安全管理处 处长：廖江陵(2007.05～2009.11)	拟订工程建设安全管理规划、技术政策、规章制度并监督执行；规范工程建设施工企业安全生产责任主体行为，指导编制安全事故应急救援预案；组织或参与建设重大事故的调查与处理；定期分析通报工程建设安全形势；负责安全生产许可证颁发及监督管理；负责工程建设安全生产监督检查和行政执法；负责对建筑安全监督机构和安监人员、施工企业负责人、项目负责人、安全专职管理人员的安全考核及发证工作。

(续上表)

处室名称/负责人/任期	职　能
11. 住房保障与公积金监督管理处(省住房制度改革办公室) 处长：陈天翼（2008.05～2009.11）	贯彻落实国家和省关于推进城镇住房制度改革的方针、政策和措施并组织实施;指导城镇住房制度改革工作;拟订住房保障的规划、政策法规并监督执行,指导经济适用住房制度和廉租住房制度建设;拟订住房公积金决策和管理机构的管理规则;拟订住房公积金的归集、管理、使用和监督制度,建立健全住房公积金监督网络,建立并管理住房公积金信息系统,负责对住房公积金和住房保障性资金管理和使用情况的监督管理；建立并管理住房公积金监督举报系统,受理投诉举报,查处住房公积金管理的重大违纪案件。
12. 村镇建设处 处长：黄祖璜（2008.09～2009.11）	研究拟订村镇规划的方针、政策和规章制度；指导镇规划、乡规划和村庄规划的编制、实施和管理工作；指导村镇建设和农村住房建设；参与县以下土地利用总体规划的审查；指导村镇环境综合整治工作。
13. 人事处 处长：潘伟堂（2004.06～2009.11）	负责厅机关和指导直属事业单位人事、劳资和机构编制工作；负责因公出访报批、政工职称评定等工作。
14.省监察厅派驻省建设厅监察室（省纪委派驻省建设厅纪检组） 主任（副组长）：刘洪涛(2008.08～2009.12) 15. 直属机关 党委专职副书记：陈徐福(200.06~2009.12) 直属机关党委办公室 主任：陈徐福（2006.11～2009.11) (省监察厅派驻省建设厅监察室与省纪委派驻省建设厅纪检组、直属机关党委办公室合署)	负责厅机关和指导直属事业单位及建设系统的监察、纪检、党风廉政建设和党群等工作。

(省住房和城乡建设厅人事处)

广东省住房和城乡建设厅职能

序号	职　能
1	贯彻执行国家和省有关住房和城乡建设工作的方针政策和法律法规，组织起草有关地方性法规、规章草案，组织编制相关规划和年度计划，拟订相关政策、标准并指导和监督实施。
2	承担推进住房改革与发展和保障城镇低收入家庭住房的责任。指导全省住房制度改革工作，会同有关部门做好省级财政廉租住房保障资金安排并监督各地组织实施。
3	负责住房公积金监督管理，确保公积金的有效使用和安全。会同有关部门拟订住房公积金政策并组织实施，制定住房公积金缴存、使用、管理和监督制度，监督全省住房公积金和其他住房资金的管理、使用和安全。
4	承担规范房地产市场秩序、监督管理房地产市场的责任。指导城镇土地使用权有偿转让和开发利用工作，提出全省房地产行业发展规划和产业政策。
5	承担城乡规划监督管理的责任。指导全省城乡规划的编制、实施和管理工作，负责省人民政府交办的城市总体规划、市域城镇体系规划的审核报批和监督实施，参与土地利用总体规划等相关规划的审核，会同文物行政部门负责历史文化名城（镇、村）保护的监督管理工作。
6	承担指导城市建设的责任。指导城市供水、节水、燃气、污水和生活垃圾处理等市政公用设施的建设、安全和应急管理，负责国家级、省级风景名胜区的审核报批和监督管理，组织审核世界自然遗产的申报，会同有关部门审核世界自然遗产与文化遗产双重遗产的申报。
7	承担规范、指导村镇建设的责任。指导村镇规划的编制、实施和管理工作，指导村镇建设和农村住房建设，指导小城镇和村庄人居环境的改善工作。
8	监督管理建筑市场，规范建筑市场各方主体行为。指导全省工程建设、建筑业的行业改革发展，制定和发布工程建设全省统一定额、工期定额和有关技术标准并监督和指导实施，负责推进工程勘察设计业的改革发展。

（续上表）

序号	职　能
9	承担建筑工程质量安全监管的责任。负责全省工程质量和安全生产工作的指导和监督检查，指导编制工程质量安全事故应急救援预案，组织或参与重大工程质量安全事故调查和处理。
10	承担推进建筑节能减排和行业科技发展的责任。组织科技项目研究开发，指导建设科技成果转化推广，负责发展散装水泥和商品混凝土的管理工作，指导行业注册师执业资格管理工作，会同有关部门组织行业的职称改革及专业技术职称评审工作，组织制定地方工程建设标准、规范、规程并监督实施。
11	开展住房和城乡建设方面的对外经济技术交流与合作。
12	承办省人民政府与住房和城乡建设部交办的其他事项。

（省住房和城乡建设厅人事处）

广东省住房和城乡建设厅领导成员

职　务	姓　名　/　任　期
党组书记、厅长	房庆方（2009.09～　）
党组副书记	陈英松（2009.11～　）
党组成员	蔡　瀛（2009.09～　）　杜　挺（2009.09～　）　李锡洪（2009.09～　） 李新建（2009.09～　）　陈承旗（2009.09～　）　刘锦红（2009.09～　）
副厅长	陈英松（2009.10～　）　李台然（2009.10～　）　蔡　瀛（2009.10～　） 杜　挺（2009.09～　）
省纪委（省监察厅）派驻省住房和城乡建设厅纪检组长（监察专员）	李锡洪（2009.09～　）
巡视员	陈承旗（2009.09～　）　刘锦红（2009.09～　）
副巡视员	李新建（2009.09～2009.12）　李运章（2009.09～　）
总工程师	李新建（2009.12～　）

（省住房和城乡建设厅人事处）

广东省住房和城乡建设厅各处室职能

处室名称／负责人／任期	职　能
1.办公室 主任：黄维德（2009.11～　）	负责文电、会务、机要、档案等机关日常工作；承担信息、安全、保密、新闻宣传、信访、督办、政务公开等工作；起草重要文稿；负责住房和城乡建设经济技术交流与合作；指导和协调住房和城乡建设系统电子政务、城市建设档案工作。
2.法规处 副处长（主持工作）：何远平（2009.11～　）	组织起草有关地方性法规、规章草案；承担有关规范性文件的合法性审核工作；承担有关行政复议和行政应诉工作；负责行政许可实施的监督和评估；负责住房和城乡建设法律法规实施的评估；组织住房和城乡建设普法工作。
3.计划财务处 处长：（空缺）	指导住房和城乡建设系统行业信息统计工作；负责机关各项资金、国有资产的管理、使用和财务工作；承担住房和城乡建设系统行政事业性收费项目的立项、申报和管理工作，指导直属事业单位财务监督管理和审计工作。
4. 住房发展与房地产市场监管处 处长：潘伟堂（2009.11～　）	拟订住房和房地产管理政策并监督实施；提出住房和房地产产业发展规划和产业政策；编制住房建设规划和年度计划并指导、监督实施；指导全省城镇住房制度改革与住房发展工作；指导城镇土地使用权有偿转让和开发利用工作。

(续上表)

处室名称/负责人/任期	职　　能
5.住房保障处 处长:陈天翼(2009.11～　) 6.住房公积金监管处 处长:余云枢(2009.11～　) (住房保障处与住房公积金监管处合署办公)	拟订本省城镇住房保障政策法规、编制住房保障发展规划和年度计划并监督执行;会同有关部门拟订本省住房公积金发展规划并组织实施;拟订住房公积金缴存、使用、管理和监督制度;会同有关部门做好省级财政廉租住房保障资金安排并监督各地组织实施;监督全省住房公积金及其他住房资金的管理、使用和安全;指导住房公积金业务网络管理系统的建立,管理住房公积金监督网络系统和举报投诉系统。
7.城乡规划处(珠江三角洲城镇群规划管理办公室) 处长:曾宪川(2009.11～　)	拟订城乡规划及城镇化发展的政策和法规、规章草案;组织编制和监督实施省域城镇体系规划、珠江三角洲城镇群规划及其他次区域规划;指导全省城乡规划的编制、实施和管理;承担省人民政府交办的城市总体规划、市域城镇体系规划的审核报批和监督实施;承担地级以上市控制性详细规划的备案管理工作;参与县以上土地利用总体规划等相关规划的审核;按规定权限核发建设项目选址意见书;承担历史文化名城及历史街区保护的监督管理工作;指导城市勘察、市政工程测量、地下空间开发利用和城市雕塑工作;监督管理城乡规划编制单位。
8.城市建设处 处长:吕洪清(2009.11～　)	承担国家级、省级风景名胜区的审核报批和监督管理;指导城市市政公用设施的应急管理;指导城市供水、节水、燃气、市政设施、园林、市容环境治理等工作;指导城镇污水和生活垃圾处理设施建设和运行监管;指导城市规划区的绿化工作;指导城市地铁与轨道交通的规划和建设;承担世界自然遗产项目和世界自然与文化双重遗产项目的有关工作。
9.村镇建设处 处长:黄祖璜(2009.11～　)	拟订村镇规划建设的政策和法规、规章草案;指导村镇规划的编制、实施和管理工作;指导村镇建设和农村住房建设;参与村镇土地利用总体规划等相关规划的审核;指导小城镇和村庄人居生态环境的改善工作;会同文物行政部门负责历史文化名镇(村)保护的监督管理工作。
10.建筑市场监管处 处长:廖江陵(2009.11～　)	拟订工程建设、建筑业、勘察设计的行业发展政策、规章制度并监督执行;拟订规范建筑市场各方主体行为、房屋和市政工程项目招标投标、建设监理、施工合同管理、工程风险管理的规章制度并监督执行;监督施工企业、建设监理企业、工程建设项目招标代理机构、工程造价咨询机构、勘察设计咨询单位资质标准的执行;组织拟订建设工程全省统一定额、工期定额和工程造价技术标准并监督和指导执行;参与省重点工程项目建设的有关工作;监督房屋和市政工程抗震设防标准的执行;组织大中型工程项目初步设计审查;负责建筑工程施工图设计审查的监督管理;指导建筑节能设计、建筑工程设计招标投标工作。
11.工程质量安全监管处 处长:梁志华(2009.11～　)	拟订建筑工程质量、建筑安全生产规章制度和技术标准并监督执行;指导全省工程质量和安全监督、检测机构的监督管理和相关人员的考核工作;承担全省施工企业安全生产的监督管理和相关人员的考核工作;指导编制工程质量、安全事故应急救援预案;组织或参与工程重大质量、安全事故的调查处理。
12.科技教育处 处长:钟汉谋(2009.11～　)	拟订住房和城乡建设行业科技、建筑节能、墙体材料革新以及散装水泥的发展规划和政策并监督执行;组织拟订工程建设标准、规范、规程并监督实施;组织科技项目研究开发,指导科技成果的转化推广;指导发展散装水泥和商品混凝土工作;指导行业从业人员继续教育、岗位培训和职业技能鉴定;指导行业注册执业资格管理工作;会同有关部门组织行业的职称改革及专业技术职称评审工作。
13.行政许可管理处 处长:洪冰(2009.11～　)	承办本厅直接实施和审查上报住房和城乡建设部的企业资质、个人执业资格类行政许可事项的审批、核准、审核、备案和变更工作。
14.人事处 处长:谢莉珍(2009.11～　) 省属机关党委 专职副书记:陈徐福(2009.12~) 15.直属机关党委办公室 主任:陈徐福(2009.11～　) (人事处与直属机关党委办公室合署办公)	负责机关和指导直属单位的人事管理、机构编制、劳动工资、离退休人员服务和党群等工作;指导全省住房和城乡建设系统精神文明建设工作。
16.执法监察局 局长:(空缺)	监督有关住房和城乡建设法律法规、标准的执行;指导、监督、协调全省住房和城乡建设综合行政执法工作;承办住房和城乡建设领域重大纠纷和案件的有关工作,组织检查和处理相关违法违规行为。

(摘自广东省人民政府办公厅文件)

广东省住房和城乡建设厅各直属单位职能

处室名称／负责人／任期	职　　能
1. 广东省建设厅工会委员会 主席：陈晓军（2002.10～2009.11） 林兆雄（2009.11～　）	领导厅机关及直属基层工会，指导全省建设系统工会工作。
2. 省散装水泥管理办公室 主任：郭德居	负责发展散装水泥和商品混凝土管理的具体业务。按规定征收、管理和使用发展散装水泥专项资金；负责散装水泥工作的信息交流、宣传教育、专业培训和新技术、新工艺、新设备的推广应用；受委托协调散装水泥生产、运输、中转、使用等环节中出现的问题。
3. 省建筑设计研究院 院长：何锦超 党委书记：李鸿辉	承担建筑设计及规划、室内装修设计、结构、桥梁道路、给排水、电气照明、空气调节、机械、经济分析、电子计算、工程总承包、房地产开发、工程测试、岩土工程、科技开发、技术咨询等业务。还承担本行业国外和国内外资工程的勘测、咨询、设计和监理业务及其所需的设备、材料及零配件出口，对外派遣本行业的勘测、咨询、设计和监理劳务人员。
4. 省城乡规划设计研究院 院长：张少康 党委书记：曾宪川（2005.05～2009.03） 钱中强（2009.07～　）	承担区域规划、城镇体系规划、城市（村镇）总体规划、控制性及修建性详细规划、城市设计、风景园林规划设计、建筑设计、市政工程设计、投资策划、房地产开发、工程监理等业务。
5. 省建设信息中心 主任：李健明	负责全省建设系统信息资源开发、利用和管理，收集、整理建设市场信息，建立建设行业信息网络和数据库，指导建设行业信息工作。
6. 省建设工程造价管理总站 站长：吴松（2003.01～2009.07） 袁庆华（2009.07～　）	贯彻执行国家建设工程造价管理和工程建设定额的方针、政策和法规，负责建设工程造价和工程定额的编制、修订、解释等具体管理工作，指导省工程建设定额的执行，指导编制建设工程估算、概算、结算，受省建设厅委托发布工程造价信息，指导标底的编制审核工作，按规定参与建设工程招投标的审标、评标、定标工作。
7. 省建设工程质量安全监督检测总站 副站长（主持工作）：袁庆华（2005.10～2009.07） 站长：吴松（2009.07～　）	指导全省建设工程质量、安全监督检测机构的业务工作，组织省直单位、中央、部队在粤建设工程和省重点项目工程质量安全监督工作，负责有关工程质量安全方面的规划、培训、考核、统计等，接受上级主管部门和社会委托，对工程的质量情况进行检测、鉴定。
8. 省建设执业资格注册中心 主任：梁雄光	执行国家有关执业资格注册的方针、政策，受省住房和城乡建设厅、人事厅的委托承担建设行业执业资格注册的有关具体工作。承办注册建筑师、注册结构工程师、注册监理工程师、注册房地产估价师、注册造价工程师、注册规划师、注册建造师等的培训工作，协助有关部门办理这类建设专业执业资格考试的有关考务工作。

（省住房和城乡建设厅人事处）

干部选拔任用

【概况】　2009年是广东省住房和城乡建设厅干部选拔任用工作量比较大的一年。省住房城乡建设厅党组落实中共广东省委组织部《关于严格干部职位职数配备管理的若干规定》等七个文件精神，精心组织公开遴选干部、结合机构改革对机关和直属单位干部进行较大规模的调整任用，创新干部选拔任用机制，增强了干部队伍的活力。

【选拔任用干部】　2009年，根据广东省省级机构改革方案和中共广东省委组织部部署，省住房和城乡建设厅配合省委组织部、省纪律检查委员会、省监察厅任用6名厅级干部：房庆方任省住房和城乡建设厅厅长、党组书记，陈英松任省住房和城乡建设厅党组副书记、副厅长，李台然任省住房和城乡建设厅副厅长，蔡瀛任省住房和城乡建设厅副厅长、党组成员，李锡洪任省纪委、省监察厅派驻省住房和城乡建设厅纪检组组长、监察专员，李新建任省住房和城乡建设厅副巡视员、党组成员，李运章任省住房和城乡建设厅副巡视员；提任4名厅级干部：杜挺任省住房和城乡建设厅副厅长、党组成员，李新建任省住房和城乡建设厅总工程师、党组成员；陈承旗、刘锦红任省住房和城乡建设厅党组成员、巡视员。

根据工作需要和省住房和城乡建设厅职位空缺情况，按照《党政领导干部选拔任用工作条例》有关规定，提拔15名处级干部，其中厅机关处长2名、副处长8名、调研员3名，直属单位正副职各1名。根据机构改革及充实直属单位领导班子的需要，任用41名处级干部，其中厅机关37名、直属单位4名；任用厅机关34名科级以下干部。

【接收安置军转干部】 2009年，由于受国际金融危机影响，就业形势严峻，时逢省级机关部门进行机构改革，安置军转干部任务繁重。广东省住房和城乡建设厅党组积极克服困难，周密部署，把接收军转干部与加强机关干部队伍建设结合起来，为军转干部发挥才干提供良好的平台。全年省住房和城乡建设厅接收安置军转干部3名，其中副营职1名，技术干部2名，超计划完成安置任务。

由于出色完成军转干部安置工作，是年省住房和城乡建设厅人事处潘伟堂被省委组织部等4个部门评为“全省先进军转干部工作者”。

【公务员退休】 根据《中华人民共和国公务员法》规定，2009年度广东省住房和城乡建设厅机关1名公务员免职退休。省散装水泥管理办公室2名公务员免职退休。

（金芳）

干部培训和培养锻炼

【干部培训】 2009年，按照中共广东省委组织部、省人力资源和社会保障厅的安排，省住房和城乡建设厅选派干部参加各类培训班。选派房庆方参加井冈山干部学院第一期正厅局长班，陈英松参加市厅级领导干部进修班，黄祖璜参加中青年领导干部培训一班，刘丽萍、钟汉谋参加县处级领导干部进修二班，金芳参加中青年领导干部培训二班。选派吴学斌参加公务员任职培训班，选派陈必暖到香港规划署交流学习。新进公务员队伍的周娟、苏西超、张文宇参加公务员初任培训班。新接收的军转干部李金联、陈思明、孙晓燕参加军转干部培训班。44名处以上干部参加《珠江三角洲地区改革发展规划纲要》培训，82名机关干部参加《公务员责任意识》培训，9人参加计算机培训，56人参加公务员学法考试。组织省散装水泥管理办公室10名干部参加参照公务员法管理单位工作人员公务员法培训班学习。

【干部培养锻炼】 2009年，广东省住房和城乡建设厅继续选派干部到基层培养锻炼。选派省城乡规划设计研究院一所所长、高级工程师李枝坚挂任湛江市城市规划局副局长、党组成员；省城乡规划设计研究院三所工程师曾斌挂任丰顺县环保和建设局副局长，负责丰顺县隍镇莲塘村“规划到户、责任到人”的扶贫开发工作；选派省建设执业资格注册中心黄刚为广东省第七批科技副职挂任陆丰市副市长；对继续挂任西藏林芝地区住房和城乡建设局副局长、党组副书记的黄守新，挂任广东省对口支援四川省汶川县恢复重建工作组援建项目协调部部长的邱衍庆，挂任和平县副县长的罗锦荣，挂任紫金县副县长的张英川，挂任江西省瑞金市副市长的唐路和在大埔县西河镇东塘村驻村的居世峰加强指导，鼓励他们充分发挥才干，多为当地做贡献。12月，罗锦荣、张英川和唐路顺利完成挂职任务，挂职期间的表现受到当地干部群众的肯定。 *（金芳）*

老干部工作

【概况】 2009年，广东省住房和城乡建设厅有离退休老同志96人，其中：离休干部19人，当年退休干部1人。厅党组对离退休干部工作十分重视，定期组织各项活动，使老同志的文化生活丰富多彩。

做好重大节日组织慰问活动。2009年春节前夕，厅领导带队上门，给老领导、老干部送去厅党组的祝福和慰问。厅机关组织敬老迎春团拜会，厅领导、各处室领导与离退休老同志130多人欢聚一堂，观看精彩的文艺节目，让老同志感受到浓浓的节日气氛。三八妇女节组织全体离退休女干部参加茶话会并到二沙岛游玩。八一建军节组织转业、退役老干部到东莞参观历史古镇茶山镇、南社村。九九重阳节组织70余名老干部到四会市贞山寺游玩。

组织疗养活动。组织65名离退休人员到新兴县建兴山庄疗养；组织离休、厅级退休干部到鹤山市大雁山疗养；组织离退休人员参加省委老干部局在从化温泉镇的疗养。

【迎国庆60周年老干部摄影书法展】 2009年9月24日，广东省住房和城乡建设厅举办离退休老同志迎国庆60周年摄影书法展，得到老同志的积极响应，有的拿出多幅珍贵的照片，有的专门题字，有的拿出精心制作的手工艺品、兵器模型，还有的拿出珍藏多年的军功纪念章。该次活动得到厅领导的重视，活动当天，陈承旗巡视员亲自来到现场向老同志送上慰问；老同志欢聚一堂，细细品味每一幅照片，欣赏每一件作品，回忆峥嵘岁月，感慨新中国成立60年来社会主义建设取得的伟大成就，畅谈幸福晚年。 *（陈思明）*

援扶工作

【概况】 2009年，广东省住房和城乡建设厅按照中共广东省委、省政府的要求，积极做好援藏援川、干部驻村工作，大力支持援助地的发展和建设，较好地推动了当地经济社会的发展。

【援助西藏】 2009年，广东省住房和城乡建设厅继续选派黄守新参加广东省援藏工作，挂任西藏林芝地区住房和城乡建设局（林芝地区建设局）党组副书记、副局长。

继续完善代管制，抓好项目建设。成立项目管理小组，强化集体民主管理决策。规定援藏工作队所有项目都必须成立项目管理小组，受援单位派3名干部与援藏工作队项目组2人组成管理小组，对项目从招投标到竣工验收全程进行监督，保证项目符合当地的要求，并防止可能出现的问题。出台《广东省第五批援藏建设项目委托代管管理办法》，做好八一大道民族特色改造项目及旧城、市政改造。

创新建设模式，引入项目代建制。为探索新的建设模式，引进新的管理理念，参与对部分省财政预算安排建设项目试行“代建制”。改变过去援藏项目缺乏有效的投资控制机制和责任约束机制，在建设过程中往往存在投资超概预算、却又无人负责的现象。通过实行代建制，建立较为完善的投资风险防范机制，有效地控制项目投资规模，提高了财政资金的投资效益，有效地阻隔建设单位和使用单位与建筑企业的利益关联，构筑了一张“防疫网”。一方面组织人员制定相应的管理规定，确保整个过程有章可循。另一方面通过公开招标选择有资质的代建单位，由代建单位直接承担项目的全过程管理，强调对工期质量投资的控制。年内完成的生物科技园支路建设和天麻基地实验楼建设均引入代建制，做到工期、质量、投资三方面的有效控制，达到预期的目的，收到良好的效果，为今后援藏项目建设提供借鉴的新模式。第五批援藏项目被广东省委、省政府联合考察组评价为优秀。

继续做好房地产管理和房产证发放工作。着力解决低收入群体住房难问题，全年办理房屋产权证89个，面积41809平方米。 *（金芳）*

【援助汶川】 2009年，广东省住房和城乡建设厅继续选派干部参加广东省援建汶川工作，处长邱衍庆继续挂任广东省对口支援四川省汶川县恢复重建工作组援建项目协调部部长。

积极促进规划先行，做好科学规划。协调组织200多名专家、工程技术人员完成《汶川县灾后恢复重建村镇体系规划》和13个乡镇总体规划，编制的《映秀镇灾后恢复重建规划（2008~2011）》和《汶川县地震小区划》获国家批准。协助组织汶川县灾后恢复重建规划设计阶段性优秀成果评选大会、映秀镇灾后恢复重建国际研讨会，中央电视台作了专门报道。广东省建设厅与汶川县政府联合举办“广东省对口支援汶川县灾后恢复重建规划设计成果展”，受到省委书记汪洋和各市的好评。广东省对口支援汶川的规划工作，得到四川省建设厅和阿坝州委、州政府等有关方面的高度评价。

采取有效措施，推进援建项目建设。筹备和参与4次省工作组与汶川县政府共同召开的灾后恢复重建现场交流和项目推进会，整体快速推进汶川县灾后恢复重建工作。参与筹备广东省委、省政府与汶川县委、县政府举行新家园、新希望——广东省援建汶川县十大民生工程交付使用仪式和广东省援建的16所学校的交付使用仪式。

抓好工程质量，强化援建项目的监督。落实中共中央政治局委员、广东省委书记汪洋和省长黄华华的指示，把援建项目质量放在第一位。积极督促各援建市工作小组加强管理，在加快项目建设的同时，严格实施监督管理，确保援建项目成为放心工程。由于管理到位，全省2项援建项目获四川省2009年度灾后援建工程“天府杯”金奖。加强与汶川县规划建设局的合作，建立广东援建汶川项目建设一体化的工程质量监管体系，在13个乡镇设立工程质量安全监督分站。组织从广东省建设厅直属单位和援建市抽调工程质量管理的专业人员赴汶川县开展施工监管工作。协调广东省建设工程质量安全监督检测总站对汶川县工程质量检测站检测设备进行技术改造，实现数据自动采集，提高检测精度和工作效率；协助省工作组、广东省建设厅和汶川县政府联合对援建项目的工程质量和安全管理的大检查，对发现的问题要求限期整改。

加大对汶川县恢复重建技术援助的力度。协助广东省建设厅组织全省建设系统增派60多名技术人员，分三批赴汶川县各乡镇现场指导农房建设。针对灾区建材价格上涨幅度较快的情况，协助汶川县有关部门建立特殊条件下建材控制体系，加强对建材价格控制力度。通过广东省工程造价部门派出专家调研和技术援助的形式，协助当地开展建材价格信息收集、整理和发布工作。 *（邱衍庆 金芳）*

【广东省建筑设计研究院援助汶川】 2008年5月12日汶川大地震灾后恢复重建工作阶段，广东省建筑设计研究院参加包括过渡安置房建设、对口援建规划设计、对口援建房屋鉴定等工作，并向汶川派出5位专业技术干部协助当地规划建设局进行规划建设指导和技术培训工作，得到上级和当地有关单位的肯定。

根据中共广东省委、省政府的安排，省建筑设计研究院承担广州援建汶川县城威州镇工程二、三期部分项目的设计工作。主要包括安置区二期、三期、体育馆、星级酒店等近20个项目的方案设计；劳保中心、体育馆、妇幼保健院等8个项目的施工图设计，以及人民医院和羌族骨科医院2个项目的装修、景观施工图设计。

2009年2月~6月，省建筑设计研究院先后完成汶川县安置房二期和三期、妇幼保健院和卫生执法所、疾病预防控制中心、文化馆图书馆、劳动保障中心、体育馆、救灾物资仓库、工人文化宫、星级酒店及影剧院、避灾广场、长途汽车站等项目的方案设计工作；至年底，完成汶川县工人文化宫、劳动保障中心、妇幼保健院和卫生执法所、安置房三期、长途汽车站、体育馆、疾病预防控制中心等项目的施工图设计工作，以及人民医院和羌族骨科医院项目的装修、景观施工图设计工作。

一年来，在确保设计质量的前提下，尽可能简化出图程序，积极配合施工进度，不断提交可供施工参考的过程图纸，并尽最大的努力尽快提交施工图法律文件，为各个工程得以顺利施工、竣工创造了有利条件。同时，根据施工进度的需要，随时派遣各专业设计人员赴现场进行设计服务、处理现场问题，从而保证工程质量的提高和工程进度按计划推进。（王继川）

【干部驻村】 2009年，广东省住房和城乡建设厅根据中共广东省委的安排，继续在梅州市大埔县东塘村进行干部驻村工作，并选派广东省建筑设计研究院干部居世峰驻村。

一年来，驻村干部密切依靠村“两委”干部，深入调研，制订周密工作方案，扎实开展工作。全年累计筹集资金64.2万元，切实解决群众最关心的突出问题，有力推动“文明生态和谐新农村”的各项建设，主要完成以下几项工作：一是配合村委切实加强基层领导班子建设。积极筹集资金0.75万元，修复28平方米的党建宣传栏，加强政治思想宣传；组织召开全村学习实践科学发展观的动员大会；制定相关的学习措施。抓好村党员队伍建设，培养1名入党积极分子和多名后备干部人选。二是积极进行垃圾处理。筹集资金0.45万元，建造垃圾统一收集无害化处理站7座，植树76棵，争取治污保洁经费8.5万元。三是抓好农田水利基础设施建设。筹集资金0.2万元，对长年失修的水利排洪设施进行清淤和加固；投入0.5万元，修建150多米水圳；购买大功率抽水机1台，铺设高压电线500多米、水管350多米，修建一间12平方米的机房，确保33.33公顷农田的灌溉。四是进行村委办公楼环境整治。筹集资金1.8万元，在村委会办公楼前修建地坪400平方米，种植树木150余棵。五是开展慰问工作。走访慰问困难老党员、困难群众10户，捐赠小学助学奖金500元，筹集资金1.5万元，向西河镇妇联捐赠流动图书车1辆、图书510余册。（金芳）

工会工作

【概况】 2009年，广东省住房和城乡建设厅工会为迎接中华人民共和国成立60周年在全省建设系统举办系列庆祝活动。一是组织广东省建设系统劳动模范和先进工作者赴京参观团到北京和天津考察近年来重点建设成就和科技进步，感受新中国成立60周年和改革开放30年来中国建设事业的辉煌成就与首都的恢弘气势，坚定走中国社会主义道路的信念，进一步为建设事业贡献更大力量。二是为促进职工群众性体育活动的开展，举办篮球邀请赛。

【评先表彰】 2009年，广东省住房和城乡建设厅机关工会积极开展推荐表彰工作。在“五一”节前夕，为表彰在国家经济建设和社会主义发展作出突出贡献的建设战线上的先进人物和先进集体，组织推荐一些单位和个人参加全国和省总工会组织的表彰活动。其中广东省建筑设计研究院高级工程师罗赤宇获全国五一劳动奖章；省城乡规划设计院一所李枝坚获省劳动模范称号。

【送温暖】 2009年春节前夕，陈承旗副厅长率领广东省建设厅工会慰问组分别到阳东县、阳西县和台山市等地进行“送温暖”慰问活动，共慰问建筑、市政、房管、环卫等单位和企业困难职工20户，给他们送上党和政府的关怀和春节慰问金及节日礼品。

【基层工会组织建设】 2009年，广东省住房和城乡建设厅在一些单位完成工会建立和换届工作。推动直属单位特别是广东省城乡规划设计研究院和广东省建筑设计研究院两个大院探索每年一次的职工代表大会制度，不断规范和完善职工代表大会的程序和内容。（林兆雄）

党务工作与廉政建设

□开展工程建设领域突出问题专项整治

□文明创建活动进一步推进

□开展城乡基层党组织互帮互助活动

□健全和落实党风廉政建设责任制

党务工作

【概况】 2009年，广东省建设系统结合民主评议政风行风工作，积极开展“转变作风抓落实”主题实践活动，同时，认真学习贯彻党的十七届四中全会和省委十届四次、五次全会精神，进一步加强党员的思想道德建设和执政能力建设。

【直属机关党委重要活动】 2009年，广东省住房和城乡建设厅直属机关党委开展的重要活动有：（1）学习贯彻中央、省委全会精神。一是学习贯彻省委十届四次全会精神。1月12日，印发《省建设厅转发省委学习实践活动领导小组关于在学习实践活动中认真贯彻省委十届四次全会精神有关问题的通知》，对于如何在学习实践活动中落实省委十届四次全会精神向机关各党支部、各直属单位党组织提出贯彻意见。二是学习贯彻省委十届五次全会精神。7月20日，召开机关干部大会，厅长房庆方向厅机关全体干部和直属单位全体党员、中层以上干部传达广东省委十届五次全会精神。三是学习贯彻党的十七届四中全会精神。9月30日，厅直属机关党委《转发省直机关工委关于学习贯彻党的十七届四中全会精神的通知》，对学习贯彻党的十七届四中全会精神做出安排，提出要求。厅中心组专题学习全会《决定》，并于12月21日集中交流学习体会。（2）积极开展“转变作风抓落实”主题实践活动。按照省直机关工委的部署要求，围绕中央政治局委员、省委书记汪洋“要在减少审批、主动服务、提高效率、健全制度方面，有让群众、企业和基层看得见的明显变化”的要求，结合民主评议政风行风和推进“学习型、创新型、服务型”机关建设，着力加强“学习宣传、‘窗口’建设、作风监督、惠民实践”四个方面的工作，在坚持理论武装、搞好服务“窗口”建设、强化系统行业监督和围绕建设宜居城乡、加强住房保障等方面真抓实干，取得新的成效。党组书记、厅长房庆方在省直机关党的工作会议上作《在“四个主动”上方便群众办事》的发言，介绍省建设厅在行政审批、“窗口”建设方面取得的成效。省直机关工委《跨越》杂志和《简报》对房厅长的发言材料进行登载。《简报》还同时登载省建设厅为提高行政服务水平，实现行政审批网上申报，推动行政许可工作逐步实现制度化、程序化、减量化、信息化，建立“三库一平台”管理信息服务系统的做法。

【成立省住房城乡建设系统厅属专业性协（学）会联合党支部】 2009年，广东省住房和城乡建设厅共有厅属专业性协（学）会14个，有专职人员党员的专业性协（学）会10个，共有专职人员党员17人。其中公职人员退休后聘用的9人，其他聘用人员8人。根据中央组织部、中央学习实践活动领导小组的有关要求和广东省新社会组织学习实践活动指导小组下发的《关于在学习实践科学发展观活动中加强新社会组织党的组织建设工作的通知》精神，结合现有专职人员党员平常过组织生活的实际情况，除9名公职人员退休后聘用的专职人员党员继续参加原单位党组织生活和省建设系统思想政治工作研究会、利海绿色基金会各1名聘用的非公职专职人员党员外，另6名聘用的非公职专职人员党员成立一个联合党支部，设党支部书记1名。联合党支部的成立，对加强厅属专业性协（学）会党组织的建设和党员队伍的管理起到重要作用。（何思权）

【城乡基层党组织互帮互助活动】 为加强城乡基层党支部凝聚力、战斗力，努力形成以城带乡、优势互补、资源共享、共同发展的基层党建工作新格局，2009年9月16~18日，广东省住房和城乡建设厅直属机关42个党支部95人在厅党组成员、副厅长刘锦红带领下，到大埔县分别与西河镇27个农村党支部、湖寮镇15个农村党支部开展“五个一”结对帮扶活动。省住房城乡建设厅直属机关42个党支部为农村党支部建设共投入资金27.4万元。其中，用于慰问245名困难党员群众和30名贫困学生共8.09万元，资助农村党支部党建活动经费18.31万元，完善村委办公楼1万元。活动期间，副厅长刘锦红还出席了省建设厅妇委会在西河镇东塘村举行的“流动儿童图书室”捐赠仪式。省建设厅共捐赠各类图书及科普读物近千册，有效缓解贫困地区孩子读书难问题，得到当地人民群众的好评。（何思权）

【团建工作】 2009年，广东省住房和城乡建设厅直属机关团委坚持“围绕中心、服务大局、促进青年成才进步”的主线，在加强青年作风建设和活跃青年文体生活方面下工夫，体现了继承和创新的特点。

4月29日，共青团广东省建设厅直属机关代表大会召开。会议听取并审议通过林刘雄代表省建设厅直属机关团委作的题为《深入贯彻落实科学发展观，推进建设厅直属机关共青团事业新发展》的工作报告，选举王晖、刘凤妮、张建伟、汪蓉、林刘雄、郭云峰、郭勇超等7人组成新一届团委会。省建设厅党组书记、厅长房庆方，派驻建设厅纪检组长、监察专员、厅直属机关党委书记李锡洪，省直机关团工委青工部长赵欣等出席会议并讲话。省建设厅直属机关59名团员代表参加会议。经新一届团委会第一次会议选举并报省直团工委批准，林刘雄当选为省建设厅直属机关团委书记，郭勇超当选为副书记。

9月28日，由省住房和城乡建设厅监察室、机关党办、直属机关团委共同举办的省住房和城乡建设厅“优良作风从我做起”青年讲演会在广东大厦举行。住房和城乡建设厅机关和直属单位共14名青年围绕什么是优良的作风、如何培养和树立优良作风作讲演。省住房和城乡建设厅机关和直属单位140多人参加讲演会。省住房和城乡建设厅领导陈英松、李锡洪、陈承旗、李台然等出席讲演会。李锡洪代表住房和城乡建设厅党组在会上作讲话。

截至2009年底，省建设厅直属机关共设团委2个，团总支1个，团支部16个，团员285名，35周岁以下青年579人。 *（林刘雄）*

精神文明建设

【概况】 2009年，广东省建设系统精神文明建设工作围绕住房城乡建设部门的中心任务和工作实际，把社会主义核心价值体系融入精神文明建设工作全过程，进一步加强思想道德建设，不断提高住房城乡建设系统干部职工文明素质和行业文明程度，为塑造住房城乡建设部门良好形象，促进住房城乡建设事业健康发展发挥积极作用。

党员干部理论武装进一步深化 全省建设系统坚持把理论武装放在精神文明建设首位，通过深入开展学习实践科学发展观活动，党员干部用科学发展观指导工作的意识不断增强，用科学发展观推动工作的能力不断提高，创新城乡建设事业科学发展的思路进一步清晰、举措不断完善。在应对国际金融危机中，注重贯彻中央、省委保增长、保民生、保稳定和“三促进一保持”等政策措施，引导党员干部把思想和行动统一到中央和省委对经济形势的判断和决策部署上来。党的十七届四中全会召开后，掀起学习全会精神热潮，使党员、干部对党建工作形势有了更深刻的认识，进一步明确做好新形势下党建工作和精神文明建设工作的任务和目标要求，提高了贯彻执行的自觉性。

思想道德建设进一步加强 全省建设系统以庆祝新中国成立60周年为契机，广泛开展以爱党爱国爱社会主义为主要内容的“迎国庆、讲文明、树新风”活动，积极开展社会公德、职业道德教育，通过组织干部职工学习中国航空发动机科研事业的开拓者、奠基人之一吴大观和全国住房城乡建设系统先进典型崔学选的先进事迹，学习感动中国人物、为新中国建立作出突出贡献的“双百”英模人物和全国道德模范的先进事迹，社会主义荣辱观进一步深入人心，学习、崇尚、争当道德模范的良好风气进一步形成。

文明创建活动进一步推进 全省各级住房城乡建设部门以建设“为民、务实、清廉”政府机关为目标，以加强党性修养、弘扬优良作风、促进科学发展为重点，采取以“机关作风建设流动红旗”、“党员模范岗”等形式，继续深化“创建文明机关，争当人民满意公务员”活动；城市建设管理部门积极参与创建文明城市活动，不断推进创建园林城市、文明工地、优秀住宅小区和物业管理示范小区工作；结合城乡党支部“互帮互助”和扶贫开发“规划到户责任到人”活动，各级住房城乡建设部门积极参与创建文明村镇和新农村建设工作。

2009年，惠州市规划建设局、惠州市公用事业局、湛江市市政园林局、湛江市房产管理局被中央文明委授予“第二批全国精神文明建设工作先进单位”称号；经住房城乡建设部复核、考核，梅州市建设局、茂名市城市管理局继续被认定为全国住房和城乡建设系统创建文明行业示范点，惠州市规划建设局被认定为“全国住房和城乡建设系统创建文明行业第二批示范点”；江门市规划局、中山市环境卫生管理处、广东梁亮建筑工程有限公司被评为“全国住房和城乡建设系统思想政治工作先进单位”；省住房和城乡建设厅城乡规划处、汕头市建设局、阳春市建设局、连平县建设局、恩平市建设局等单位被省委省政府授予“广东省文明单位”称号；惠州市公用事业管理局局长胡斯平被评为广东省精神文明建设先进工作者。

综治维稳工作进一步落实 全省各级住房城乡建设部门注重把维护系统内部和谐稳定摆到重要位置，健全完善各类应急预案，着力化解容易引发非正常上访、集体上访和群体性事件的矛盾纠纷，注重解决好涉及城镇房屋拆迁、建筑质量安全、建筑领域拖欠工程款、房地产中介违规操作等影响社会和谐稳定的突出问题。做好平安建设责任制的落实，推进平安小区、平安工地、平安景区创建活动。配合有关部门，做好预防青少年违法犯罪工作和学校及周边治安综合治理工作，使综治维稳工作取得较好成效。

【干部职工思想道德和职业道德建设】 2009年，广东省住房和城乡建设厅积极加强干部职工思想道德和职业道德建设。一是开展学习先进人物先进事迹活动。组织干部职工学习中国航空发动机科研事业的开拓者、奠基人之一吴大观和全国住房城乡建设系统先进典型崔学选的先进事迹，学习感动中国人物、为新中国建立做出突出贡献的“双百”英模人物和全国道德模范的先进事迹。二是以庆祝新中国成立60周年为契机，开展以爱党爱国爱社会主义为主要内容的“迎国庆讲文明树新风”活动。积极开展社会公德、职业道德教育，社会主义荣辱观进一步深入人心，学习、崇尚、争当道德模范的良好风气进一步形成。

【人口计生挂钩帮扶工作】 为实

现2010年广东省人口和计划生育工作“基本达到全国先进水平”的奋斗目标，根据省委办公厅、省政府办公厅的有关指示精神，2008年11月，广东省住房和城乡建设厅安排厅直属机关党委办公室何思权等3人和团省委2人共同组成挂钩帮扶新丰县人口计生工作组。一年来，工作组围绕由三类升二类的工作目标，采取深入一线、下乡调研督查与定期不定期加强电话联系等方法，协助新丰县委、县政府进一步加强人口计生工作的领导，解决人口计生工作突出问题。2009年11月在厅党组的支持下，向新丰县人口计生局捐赠20万元，对新丰县人口计生工作2009年取得计划生育率达到二类地区标准的好成绩起到较好的促进作用。 *(何思权)*

廉政建设

【概况】 2009年，广东省住房和城乡建设厅进一步健全和完善党风廉政建设责任制，深入推进治理商业贿赂专项工作，组织开展“工程建设领域突出问题专项治理”工作，参与“民声热线”上线直播，稳妥推进全省建设系统党风廉政建设和反腐工作，各项工作取得积极成效。

【党风廉政建设责任制】 2009年，广东省住房和城乡建设厅认真部署和落实党风廉政建设工作专项任务。围绕落实《中共广东省委贯彻落实〈建立健全惩治和预防腐败体系2008~2012年工作规划〉实施办法》和《分工方案》要求，以及厅党组《关于加强建设系统党风廉政建设工作的意见》，结合广东省建设工作的特点和厅的工作重点，制订建设厅落实工作分工的意见。省委《实施办法》分工方案要求牵头的2项任务和13项配合任务都按要求在3月份完成工作方案的制订，年中和年末也都按要求进行检查。根据省纪委落实党风廉政建设和反腐败工作的分工以及住房和城乡建设部党组党风廉政建设工作部署，及时制定《关于落实2009年党风廉政建设和反腐败工作部署分工的意见》，对省纪委要求牵头的2项任务以及协助配合的12项任务进行分工，明确工作任务、工作要求和具体职责，确保党风廉政建设和反腐败工作落到实处。

年内进一步健全和落实党风廉政建设责任制。根据中央《关于实行党风廉政建设责任制的规定》，结合2009年民主评议政风行风工作要求，厅领导、机关各处室及直属各单位共39人重新签订厅《党风廉政建设责任书》，进一步明确党员领导干部的廉政职责。根据《关于实行广东省建设厅党风廉政建设责任书制度的通知》要求，继续组织各处室正、副处长和直属单位领导班子成员共52人填报2008年度的《领导干部廉政卷宗》。完成厅机关各处（室）和直属单位领导班子及成员2008年度廉政责任制考核和群众测评工作，各处（室）测评结果全部为“好”；7个直属单位领导班子测评结果“好”的有3个，“较好”的有3个，“一般”的有1个；领导成员测评结果“好”的有19人，“较好”的有2人，“一般”的有3人。

【治理商业贿赂】 2009年，广东省住房和城乡建设厅转发广东省治理商业贿赂领导小组《2009年治理商业贿赂工作要点》，要求各地结合实际，研究制定本地区本部门深入扎实推进自查自纠、查办商业贿赂案件、构建防治商业贿赂长效机制三项工作的具体措施。省住房和城乡建设厅结合落实党风廉政建设和政风行风建设工作，围绕履行各项行政管理职责，以容易滋生腐败的关键环节为突破口，着重抓住影响社会经济发展大局和关系人民群众切身利益的问题，积极推进治理商业贿赂工作。同时，结合规范行业管理，以加强城乡规划监督、完善房地产市场秩序、健全有形建筑市场管理、推进建设市场诚信体系建设、大力建设电子政务推动阳光行政为重点，深入稳妥推进建设系统的治理商业贿赂专项工作。至年底，全省建设系统地级以上市参加专项治理自查自纠的单位共计110个，其中行政单位84个、事业单位26个，参与自查自纠总人数24597人；全省建设系统共查找出制度建设方面的漏洞以及监管手段和方法等方面存在的问题498个，主动上交不正当所得28人次，上交不正当所得价值金额21万多元。

【工程建设领域突出问题专项治理】 根据《广东省工程建设领域突出问题专项治理工作实施方案》有关工作部署，广东省建设系统自2009年9月起组织开展专项治理工作，至年底基本完成“部署安排、宣传动员”阶段的各项工作，对突出问题开展了调研分析，并提出初步治理对策。

【“民声热线”上线】 根据广东省政府和省纠风办的安排，省住房和城乡建设厅于2009年12月15日和22日进行“民声热线”上线直播。省住房和城乡建设厅的热线直播工作坚持以“三个代表”重要思想和落实科学发展观为指导，以“展示部门形象，宣传政策法规，倾听民众心声，接受各界监督，促进广东建设事业和谐发展”为宗旨，认真倾听，耐心解答，积极寻求并切实落实解决办法人民群众反映的问题。上线活动期间，共接受群众的来电、来信、短信问题和投诉共51宗，全部办结，办结率100%。

(刘洪涛　张丹丹)

各市建设

□广州市全面实施『亚运』行动计划

□深圳城市面貌进一步更新

□韶关丹霞山风景名胜区申报世界自然遗产

□湛江重点工程建设完成额度创历年之最

□清远市获得『中国十大最具潜力城市』称号

广州建设

【概况】 2009年，广州市以建设国家中心城市为目标，全面实施亚运行动计划、建设花园城市行动纲要和“大变”工程实施计划，城市基础设施体系进一步完善，城市环境持续改善。全年全市城建固定资产投资计划总额503.66亿元，实际完成投资424.16亿元，完成工作量492.45亿元，分别是上年的1.73倍和1.93倍。

城乡规划根据“生态优先、民生为本、城乡一体、远近结合”的要求，推进控制性详细规划全覆盖工作，实现对2010年市总规及中心镇总规建设用地总量的控规全覆盖。“中调”重点地区的城市设计开展新中轴线北段、奥体中心周边地区、白云湖地区、广州南站地区等新四大重点地区城市设计以及白云新城文化建筑群建筑设计。完成全市1139条行政村的规划编制工作，基本实现农村规划“全覆盖”。广佛同城化规划方面，围绕城镇空间发展区域交通一体化、新客站周边地区和芳村、桂城地区共整合规划成果4项。轨道交通线网规划方面，《广州市轨道交通网规划》把国家铁路、城际轨道和城市轨道线网融为一体，促进珠三角一小时城市圈发展。积极推进历史文化名城保护规划工作。

土地使用全力保障重点项目新增用地需求，优先保证污水处理、交通、能源、水利等基础设施和产业转移、民生工程等重点建设项目的新增建设用地，严厉查处违法用地，全市违法用地行为得到有效遏制。

积极推进重点工程建设。全年计划投资503.66亿元，实际完成投资424.16亿元。道路交通工程计划投资96.8亿元，实际完成投资72.64亿元，实施城市道路（包括亚运场馆周边道路）建设项目76项，完成黄埔大道支线、华南快速路三期、丰乐北路延长线等17项工程和BRT快速公交系统。地铁工程计划投资98.75亿元，实际完成投资128.03亿元，四号线车陂南至万胜围段、五号线于年底开通试运营。环卫工程计划投资7.32亿元，实际完成投资4.22亿元，李坑生活垃圾填埋场污水处理站扩容工程完成交工验收并进入调试试运行。绿化及景观工程计划投资10.5亿元，实际完成投资1.98亿元，全年新增、改造绿地155万平方米，种植乔木2.66万株、灌木14.4万株。人居环境综合整治工程计划投资35亿元，实际完成投资11.8亿元，人居环境综合整治共771项，人民路、滨江路、六二三路、大金钟路等12条道路已经完工，社区雨污分流改造工程完成6项。此外还完成21条道路8000多盏路灯的节能改造。电力工程计划投资58.88亿元，实际完成投资59.93亿元，建设主网项目105项，投产项目34项，新建变电站10座，新增主变容量326.6万千伏安、110千伏及以上输电线路472.8千米。其他重点项目有：1. 亚运城和比赛场馆工程。全年累计完成投资95.9亿元，亚运城房建工程全部封顶，飞碟训练中心和马术场土方工程已完工。2. 新中轴线工程。广州歌剧院、广州新电视塔工程基本完工。3. 高快速路工程。8项高快速路建设项目2项已建成通车。4. 武广铁路及广州新客站工程。武广铁路广州段征地、拆迁工作全部完成，并于12月26日开通试运营。广州新客站工程已全部完成并投入使用。

交通设施建设有新进展。年内白云国际机场附属工程建设稳步推进，广州港南沙港区粮食及通用码头工程顺利进行，广州南站基本建成，武广客运专线投入运营，地铁四号线车陂南至万胜围段、五号线建成开通，地铁运营线路达到150公里。

道路交通工程建设建成华南快速路三期、黄埔大道支线、丰乐北路延长线、珠吉路延长线、南洲路、猎德大桥系统主线、广园中路大金钟立交等并于年内通车。

做好迎亚运人居环境综合整治。城市门户出入口整治、道路“四位一体”综合整治、社区雨污

2009 年广州市城市建设固定资产投资情况

分类工程	年初计划数（万元）	完成投资（万元）		完成工作量（万元）	
		本年累计（万元）	占比(%)	本年累计（万元）	占比(%)
道路交通工程	968000	726400	75.04	957500	98.92
地铁工程	987500	1280300	129.65	1414400	143.23
环卫工程	73200	42200	57.65	40800	55.74
绿化及景观工程	105000	19800	18.90	43400	55.74
人居环境综合整治工程	350000	118000	33.71	257152	73.49
电力工程	588800	599300	101.78	681100	115.68
河涌综合整治及污水处理工程	1283200	849300	66.19	943500	73.53
其他	680900	606376	89.06	586671	86.16
合计	5036600	4241676	84.22	4924523	97.77

（陈骏程）

分流改造、中心城区“三线”下地改造、老城区迎亚运环境整治、亚运场馆周边和重点区域整治全面展开，完成一批示范工程。解放路、东风路、广州大道等18条迎亚运重点路段“四位一体”光亮工程展开实施。发布《关于发布2010年广州亚运会亚残运会期间控制建设工地扬尘和噪声措施的通告》，加强工地扬尘污染控制。（陈骏程）

【城乡规划】 2009年，广州市规划局全力加强规划编制工作，提高规划管理水平，改进服务，效率进一步提升，较好地完成各项工作任务，为建设国家中心城市和建设宜居城乡“首善之区”作出积极贡献。

推进“优化服务”，理顺管理体制。全年市规划局累计受理建设单位申报业务案件10857件，办理完结10827件；办理政务类案件5328件；按时办结重点工程案件1049件。10个规划分局受理建设单位申报业务案件10561件，办理完结10734件。全年市规划局共核发“一书三证”3948件，分局核发《建设工程规划许可证》和《建设工程验收合格证》3373件。在优化程序方面，建立违建查处和规划验收“一案制”，减少申报环节。减少业务种类，立案类别由55项压缩至29项。推行跨部门并联审批制度，缩短审批时间。此外还加强服务的主动性，设立“事前商谈”制度，启动网上办事系统，对重点民生工程提供VIP服务。全年市规划局窗口共提供各类服务56319人次，窗口服务评价“满意率”100%，“很满意率”维持在97%左右。理顺规划管理体制，发挥规划的引领作用。加强对各分局的规范化管理，明确分局业务审批权限和工作程序。规划编制工作由多头编制改为由一个单位牵头，全年组织完成126个规划项目编制，为历年最多。

规划编制 为贯彻落实《珠江三角洲地区改革发展规划纲要》，完成《广州城市总体发展战略规划》，对三年来开展的40多项专题研究进行提炼，提出国家中心城市的城市定位及“从城市到区域、从制造到创造、从实力到魅力、从安居到宜居、从二元到一体”五大战略，实现“从拓展到优化与提升”的战略转型，制订了片区发展指引及空间布局指引，提出“生态优先、串珠发展、优化主城、构建新区”的实施策略。积极推进《广州市城市总体规划（2010~2020）》的编制工作，取得《广州市城市总体规划纲要（2010~2020）》初步成果。落实关于实现全市控制性详细规划全覆盖的要求，组织开展白云区、番禺区、花都区共计79个在编控规、620个规划管理单元、547平方公里编制范围的在编控规整合工作，完成整合成果的终审。完成对2010年市总规与已批中心镇总规（2010年）建设用地的全覆盖。完成“一张图”平台动态更新工作，将57个已批控规的915个规划管理单元约1326平方公里纳入局GIS统一平台。

继续推进“中调”重要地区城市设计工作。开展奥体中心周边地区4个重点地区的城市设计以及白云新城文化建筑群建筑设计方案竞赛。抓好上年4个重点地区城市设计深化工作。其中白云新城城市设计深化成果已向社会公布，控规成果已经市审议通过；琶洲-员村地区城市设计深化方案经市政府常务会议通过，并完成控规初审成果；完成白鹅潭地区整体城市设计最终成果和启动区详细城市设计初步成果；新中轴线南段地区城市设计竞赛完成深化初步方案。推进2009年5个重点项目城市设计，新中轴线北段地区城市设计方案通过市的审议，白云湖地区、奥体中心周边地区、新客站地区等城市设计通过初审，白云新城文化建筑群设计竞赛也已完成。

完成村庄规划编制。全市1139条行政村的规划编制工作圆满完成，基本实现农村规划全覆盖。开展村民住宅布点规划工作，其中萝岗区、花都区完成村民住宅布点规划编制。

推进专项规划编制工作。启动广佛同城化规划的组织编制工作，完成《广佛同城化城镇空间发展战略规划》、《广佛同城化区域交通一体化规划》、“新客站周边地区”、“芳村桂城地区”等重点地区规划整合共4项规划成果。同时开展《广佛同城交通网络规划》及《珠三角城际轨道交通网与广州城市轨道交通一体化规划》的编制工作。《广州市轨道交通线网规划》于7月通过市政府常务会议审议。此外还编制完成《广州市轨道交通线网控制性规划》、《广州市新外环道路系统规划》等交通专项规划，完成《奥体中心周边道路整治规划深化方案》和《广州景观路规划构想》等市政府交办的交通规划研究任务。组织编制完成《广州市地下空间综合利用布局规划》、《城市自然生态及历史文化特色区步行系统规划》、《珠江新城二层连廊规划》等专项规划。完成《广州市生态控制线划定与城市绿地系统规划》修编，构建区域-组团-社区三级生态廊道体系。协助编制《广东省油气主干管网规划》。推进历史文化名城保护工作，建立从整体到局部层次清晰的历史文化名城保护规划体系。

推进广州旧城更新改造规划的编制工作。积极研究和制定旧城、旧村、旧厂改造规划控制指引，以改善人居环境、建设宜居城市为根本，组织制定《广州市旧城更新规划纲要》。针对各地区的特点，分类制定技术指引并落实到法定控规层面，有效引导和规范“三旧”改造工作。

推进“数字详规”编制，完成83平方公里数字现状模型数据库建设，建立三维规划管理系统，为国土及规划管理提供专业服务。

规划管理 认真贯彻实施《城

乡规划法》，以规范行政管理、简化管理流程、提高工作效率为目标，开展一系列立法工作。制定上报的《广州市关于贯彻实施〈城乡规划法〉的意见》通过了市政府常务会议审议；开展《广州市城乡规划条例》的立法调研，推进广州市城乡规划管理《程序规定》和《技术规定》两部规章草案的修订工作；开展《关于完善建设工程规划管理的规定》、《关于贯彻执行市人民政府〈关于推进市区产业“退二进三”工作的意见〉规划管理要求的通知》、《关于规范住宅加建电梯规划管理要求的通知》等一系列规范性文件的制定。通过立法，建立起以一部法规、两部规章、多项行政规范性文件为内容的法规体系。

规范规划管理。制定一系列指引性文件，规范相关案件的办理，提高了工作效率。制定《广州市户外广告规划管理办法（指引）》，引导户外广告规范化设置。制定《广州市污水治理和河涌综合整治工程项目规划审批指引》，下放治水项目规划审批权限，提高审批效率。制定《关于结合产业用地和城中村改造统筹集约解决农村留用地问题的工作办法》，指导农民留用地审批工作。此外还制定部队建设经济适用房、离退休老干部住房项目审批管理办法，针对花都区、番禺区历史用地制定具体的清理处置方案等。

开展专项治理工作。配合国家、省市纪检监察部门、审计部门和建设行政主管部门，扎实开展建设工程领域突出问题专项治理工作、房地产开发领域违规变更规划调整容积率问题专项治理工作和有关审计工作，对政府投资项目和房地产开发项目规划审批进行全面核查。通过研究与整改，建立“以制度管人，以技术手段管事，提高变更规划和技术指标准入门槛，制约自由裁量权滥用”的防范机制。

健全会议议事协调制度。为提高规划决策的科学性和效率，加大决策会议召开的频率，完善规划管理的会议审批及协调机制，促进业务案件及时高效办理。全年召开市规划委员会会议共24次，审议议题125个；召开局业务会52次，技术审查会14次。

做好规划管理基础和技术支持工作。完成“1、2、3、5”基础测绘1：500地形图939.05平方千米、1：2000地形图1184平方千米、1：5000地形图1147.2平方千米，完成全市1：2000正射影像图测制7435平方公里，为规划编制和规划管理提供支持。推动规划用地地质环境质量评价工作，完善规划管理测量，推进规划建设用地预放线测量工作。加大信息化技术在规划编制、管理和审批决策中的应用，提高管理效能。加强对全市城建档案的监督、指导，对市重点工程提供全过程的综合服务。全年新增档案44732卷，馆藏总量达565062卷。推行档案便民服务，采取快速查询、增设查询途径、搭建网上办事平台等措施，方便依申请公开事项办理。加大历史地图、照片等多种类珍贵历史档案征集保护力度，提高档案信息化水平。

规划服务　主动服务重点项目和扩大内需项目，切实解决民生问题。结合广州亚运城城市设计与控制性详细规划，积极配合土地开发中心完成亚运城项目用地整体出让方案。抓紧完成广州棋院、广东奥体中心各场馆改造、沙面网球场改造等56项亚运项目报建以及广州新电视台、珠江新城东塔等项目报建。配合亚运环境整治工作，指导和推动环境整治和主干道两侧建筑立面整饰。主动协调广州火车新客站交通和市政配套工程建设的规划审批工作。对大连万达、大功率机车、东风日产、广铁南站、中交集团等重大项目主动协调，及时核发地块的规划设计条件和提出规划要求。

为保证道路、铁路、变电站、治水等民生工程的顺利完成，采取“主动服务+快速服务”的方法，做好用地审批及协调工作。协调解决机场周边地区农民搬迁安置和经济发展留用地问题，确定留用地集中安置区选址方案。完成东圃棠下解困小区地块等保障性住房规划调整任务。加快“治水”规划审批，3天内完成审批工作。完成白云区石井河、越秀区东濠涌综合治理等250多项治水工程规划审批，以及京溪、猎德四期等16个污水处理厂和19个污水泵站的用地及规划审批。

积极开展“三旧”改造规划工作。对旧城及城中村现状及规划编制情况、改造情况等进行详细的摸查，审批通过了荔湾区西塱村、东漖村、茶滘村及海珠区琶洲村等规划方案，指导白云区萧岗村、棠下村，越秀区杨箕村，天河区林和村、冼村，海珠区沥滘村等开展城中村改造规划工作。

推进旧楼加建电梯工作，全年受理旧楼加建电梯申请案262宗，已批准建设的电梯数量达到119台。

重视信访问题，努力化解社会矛盾。妥善处理了英豪花园、南景园变电站、金域蓝湾、华怡花园等群体聚集事件，解决了天河珠村大沙头、宏新华庭、省林机厂、蓝色康园等重点难点信访问题。

健全政务公开机制。搭建完善“规划在线”网站，规划信息公开量不断增加，年内公开各类规划信息超过10000条，规划批前公示444件，批后公示553件，依申请公开4101件，网站年点击率超过2000万次。完善“阳光规划”制度，规范政务公开的要求和职责，规范信息主动公开和依申请公开的内容和程序。

拓宽沟通渠道。针对市民关心的热点难点问题，推出“轨道交通规划”“旧楼加装电梯”及“居民小区公共配套服务设施规划”等专题与网民在线交流，答复网民问题4459条。继续推行市规划委员会议事公开和召集市民、媒体代表参与旁听，完善专家与公众咨询制度。推出一系列“阳光”服务举措。建立“市建设系统信息资源共享系统”和违建罚款缴交情况查询系统，设置规划查询专窗。宣传规划的新理念、新做法，引导市民进一步了解规划、理解规划、参与规划和监督规划。聘请规划义务监督员参与规划管理活动，主动接受社会各界对规划工作的监督。（余宏炳）

【城乡建设】 2009年，广州市全力推进城市建设管理各项工作的落实，城市基础设施进一步完善，城市环境进一步优化，可持续发展能力进一步增强。

市政路桥建设 2009年，市政路桥固定资产投资计划实施共91项，完成投资41.23亿元，为年度计划的1.39倍。完成小北路市政化改造、东濠涌和盘福立交维修加固、内环路及放射线高架桥涂装工程；建成并开通新滘东路海军基地立交、广园中路大金钟立交、林和西路人行隧道、黄埔大道支线工程（主线部分）；建成南洲路—海珠客运站、大金钟路（白云山西门段）、白云大道—盈翠华庭、寺右新马路、新港西路—食为天酒家、新港西—怡乐路、增槎路—富力半岛、新港中路—赤岗北、黄石西路—马务段天桥等9座人行天桥；完成了琶洲会展中心周边交通整治；安装高架桥及沿线居民楼隔声屏约11公里，隔音窗9.07万平方米。全年新增道路长度20.56千米，道路面积70.14万平方米，桥梁13座，排水管道31.44千米。

是年3月动工的中山大道快速公交（BRT）试验线工程，西起天河路—广州大道路口，东至黄埔区夏园，全长22.9千米，全线路宽60米（蟹山—文园段宽约75米）。路中央设双向2条BRT公交专用道（车站处是4条，含2条停车道），外侧设双向6条社会车道。共新建车站26对；新（改）建天桥23座、人行隧道6座；新建车行道7万平方米，改建车行道71.3万平方米；新建人行道18万平方米，非机动车道6.3万平方米，增加护栏3.9万米；新建绿化面积5.8万平方米；新建通信、监控管线3.5万米；安装高压箱变52台，各类交通监控、运营设备1300余处（套）以及智能交通、票务、安全门三大营运系统；全线更换可调式防沉降井盖1280套。

BRT系统采用的“干线（专用）走廊+灵活线路运营”模式，配合沿线同步实施的行人过街系统完善工程和大中修工程，通过多项功能的整合提升，体现了“绿色交通”的建设理念，改善了沿线的交通状况，对拉动广州市东部地区的建设发展起到推动作用，该项目将于明年1月底工程初步验收。

为迎接亚运会，对市区81条道路进行大中修改造。工程在完成小北路交通设施及绿化完善改造试点的基础上展开。按照景观道路“六统一”的标准实施。工程内容包括车行道病害整治（挖铺刨铺沥青混凝土、水泥混凝土烂板处理等），面层加铺SMA沥青混凝土，重新划制交通标志线，设置亚运专用道；更换花岗岩的人行道边及路中绿化带侧石，仿花岗岩的平石，采用荔红色机制砖重新铺装人行道；井盖更换为可调式防盗井盖；中央分隔栏与两侧人行道护栏设置白色波形护栏；统一标志牌的设置。其中东风路、白云大道等26条主要干道由市城乡建设委组织实施，其余55条由各区负责。大中修工程于7月动工，计划2010年9月底完成。

（廖丽萍）

园林绿化 2009年，广州市园林部门围绕宜居“花园城市”建设，实施迎亚运城市绿化行动计划、“花园城市”建设行动纲要和2010年城市环境面貌大变工程绿化建设任务，推进青山绿地工程和迎亚运绿化美化工程，进一步提升园林绿化生态化、艺术化、精细化水平，努力建设人与自然和谐发展的“花园城市”。全市全年新增园林绿化覆盖面积1890公顷，新增园林绿地面积1546公顷，新增公园绿地面积603公顷。

全面加强公园、风景区的规划、建设和管理。积极组织公园（风景区）开展各项规划编制工作，编制完成《广州市帽峰山景区发展规划》和《帽峰山休闲度假用地选址及概念性规划》。年内增加14个市、区免费开放公园，免费开放公园总数达到190个，“青山绿地行动”案例入选上海世博会城市最佳实践区展示。

大力推进迎亚运市政道路绿化和城市门户景观升级改造工程，完成东风路、广州大道等8条“四位一体”道路绿化改造工程和龙溪大道、花地大道南等6条迎亚运道路绿化升级改造工程，完成南洲立交等18个城市出入口景观改造，增强了岭南特色。继续实施天桥绿化改造，完成市区154座人行天桥、立交桥和高架桥总长度为120公里的绿化整饰工程，形成三季有花、四季常青的辐射全市的绿色长廊。至年底，全市10区建成区绿地率为34.65%，建成区绿化覆盖率为38.21%，人均公园绿地面积达到13.76平方米，全市公园总数为217个。

年内组织开展“迎亚运”道路绿化改造竞赛，白云区的白云大道获得一等奖，越秀区的大通路和海珠区的新港东路获得二等奖，萝岗区的开泰大道和荔湾区的龙溪大道获得三等奖。举办亚运花卉展示会，选出40个草花品种和5种花灌木作为2010年亚运会期间的主要布置用花卉。组织参加第七届中国（济南）国际园林花卉博览会，广州参赛作品“盈芳园”获得室外展园银奖。参加2009年香港花卉展览，参展作品“金牛献瑞同庆贺”获得了“非本地最佳展品特色（园林景点）金奖”。

根据《广州市城市建设维护

市、区分工方案》有关规定，除越秀公园、中山纪念堂、烈士陵园、动物园、黄花岗公园、流花湖公园、东风公园、珠江公园、文化公园、白云山风景名胜区、帽峰山风景区及人行天桥、高架桥、立交桥等桥梁绿化的维护管理由市市政园林局直接管理外，其余园林绿化设施的维护管养均由各区（县级市）政府负责。进一步强化行业管理和养护质量监督检查。开展植物病虫害防治和大树健康检测工作，完成对800余株老、危树木的检测评估。全年共受理砍伐、迁移和修剪树木审批、临时占用绿地核准、配套绿化修建性详细规划审核、园林绿化企业资质核准等行政许可事项700余宗。此外，与市城管执法局园林绿化中队开展11次联合执法，在加强绿化法律法规宣传的同时，对破坏城市绿化的违法单位和个人严格依法依规进行惩处，有效遏制了破坏城市绿化的行为。

（郑小丽　何蔼玲）

生态环境建设　2009年，广州市实施《珠江三角洲地区改革发展规划纲要（2008-2020年）》，切实加强空气、水、城乡环境综合整治，全面推动珠江三角洲区域污染联防联治，环境质量持续改善。是年，全市环境保护投资189.58亿元，环境保护投资指数达2.08%。

围绕举办“绿色亚运”的目标，高标准开展一系列大规模的空气和水环境整治。空气质量保障方面，制定实施分8个阶段的亚运空气质量保障目标战略部署。结合创建全国文明城市、国家卫生城市等“六城联创”工作，特别是结合创建国家环保模范城市，全面推进空气污染综合整治工作，至11月初，完成第一至第五阶段任务。水环境保障方面，紧密围绕“2010年珠江水变清”目标，大力实施“碧水工程”。把饮用水源保护、污水治理和河涌综合整治摆在突出位置。加快推进河涌综合整治和污水处理工程建设，禁止向江河湖泊直接排放污水，水环境质量取得阶段性改善。同时推进区域污染联防联治工作。紧密结合空气、水环境污染区域性、流域性的特征，加大区域联防治气、流域联防治水的力度。省市环保、气象部门联合在珠三角9个城市和清远市近5万平方公里区域内布设了76个监测点位，对空气质量进行全方位、立体式监控，形成共同保障亚运环境的良好格局。

推进空气污染综合整治。全市投入24亿元治理空气污染，深化对工业企业、机动车、饮食服务业废气和工地扬尘、挥发性有机物等的综合整治。系统推进工业废气污染治理，完成重点工业企业脱硫工作，脱硫能力累计12.3万吨/年，二氧化硫排放总量比2004年下降50%以上。全面启动重点工业企业降氮脱硝工作，每年减少氮氧化物排放约4000吨。大力推动市区产业“退二进三”和中心城区能源结构调整，第一批116家“退二”企业中，95家已完成搬迁或关停并转，其中影响环保类企业80家，危险化学品类企业15家。对57家企业实施清洁能源改造，25家完成改造任务。推进机动车污染防治，强化新车源头污染控制，全面推广使用国Ⅲ标准车用燃油，全市共新登记国Ⅲ汽车53.9万辆，相比国Ⅱ标准汽车减少污染物排放约50%。加大在用车污染防治力度，全面实施机动车环保标志管理制度，对124万辆本地汽车、35.7万辆外地汽车核发了环保标志。进一步加强客货运车辆、市政工程施工车辆、环卫车辆、用车大户车辆污染专项整治和在用车抽检执法工作，大力整治冒黑烟车辆。积极推进简易瞬态工况法机动车排放地方标准的实施，建成工况法检测线53条，在建16条。出台实施办法，鼓励黄标车提前淘汰。标本兼治饮食服务业污染，加强工商、环保、卫生、公安消防等部门之间的联动，共取缔无证照餐饮业户4870户，列入第一、第二批重点整治的338家饮食业户已完成整改或关停。加大力度控制扬尘污染，严格按照施工现场100%围蔽，工地砂土100%覆盖，工地路面100%硬地化，拆除工程100%洒水压尘，出工地车辆100%冲净车轮车身，暂不开发的场地100%绿化的要求加强文明施工管理。每天出动152台洒水车，对一、二、三级道路以及内环路等城市快捷道路系统路面进行冲洗，并对扬尘高发路段喷雾降尘。率先启动挥发性有机物排放控制工作，要求全市11个重点行业4413家挥发性有机物排放企业实施整改，已有1666家完成整改或停产、关闭。开展油气回收治理工作，69座加油站、2座储油库和10辆油罐车完成整治任务。

深入开展“宁静工程”，及时查处和控制以建设工地夜间施工、道路交通噪声为主的各类噪声扰民问题。继续推进内环路等中心城区典型道路、机动车辆、在建施工工地、饮食服务业噪声污染防治等项目建设，在市区高架路重要路段新建隔音屏12公里。环保、建设、公安、城管等多部门联合开展高考“环保护考”行动，及时解决各类影响考场、考生的噪声污染问题。全年区域环境噪声平均值和道路交通噪声平均值分别为55.0分贝和69.2分贝，城市声环境质量保持稳定。

狠抓主要污染物减排。在推进化学需氧量减排工程方面，加快推进污水处理厂、排污管网及污水泵站建设。全市已建成并投入运行生活污水处理厂17座，生活污水处理能力达233万吨/日；大沙地、龙归、竹料等3家污水处理厂已通水运行；九佛、大岗、化龙、龙美（中部）等4家污水处理厂已进入生产调试；沥滘、西朗、大坦沙、花都新华等污水处理厂处理水量和进水浓度大幅提高；17个中心镇污水处理厂建设全面铺开，3个已建成。积极开展农村小型污水处理设施建设，强化房地产污水处理监督管理。在二氧化硫减排工程方面，基本完成全市脱硫项目建设，脱硫能力累计达到12.3万吨/年。通过落实治污减排各项措施，全年全市主要污染物化学需氧量和二氧化硫排放量比上年分别下降6.31%和9.41%，连续四年实现“双下降”，超额完成省下达的主要污染物总量减排任务。（庄雄）

水环境综合整治　按照“截污、清淤、补水、景观”的思路，全面推进污水治理、河涌综合整治、调水补水、中心城区雨污分流和水浸街改造等5大工程。全市污水治理和河涌综合整治项目581项，计划总投资340.65亿元，建设38座生活污水处理厂和覆盖全市32个镇（街）246个村的农村生活污水处理设施，铺设1140千米的截污管网，生活污水处理能力达233万吨/日，城市生活污水集中处理率81.06%。大力推进123条河涌、388.52千米河道综合整治。西江引水工程进入主体工程施工阶段，完成管网铺设30千米；珠江西航道、前航道和海珠、荔湾等4个调水补水系统工程有序推进；沙河涌、猎德涌和车陂涌联合补水工程已进入试运行阶段。全市污水治理和河涌综合整治581个项目中，已完成293项，完成率50.43%，工程总体进度72.34%。依法从严控制污水排放，对涉及污水治理、饮用水源保护的145家企业和11家建设进度较慢的中心镇污水处理厂实施挂牌督办，促使企业全面整改、污水处理厂加快建设。全市责令限期拆除或封闭排污口的企业共5371家、排污口5440个，饮用水源一级保护区内排污口已全部拆除，饮用水源二级保护区内排污口和集污范围内排放污水单位前期整治工作也已完成。（黄玉玲）

市容环卫　提高市容环境卫生作业和管理水平。配置亚运场馆周边道路市政环卫设施，加强场馆周边市政道路保洁。是年，全市城区清扫保洁面积达到8862万平方米，一、二级马路全部实行16小时保洁，三级马路16小时保洁率达30%以上，主要的内街内巷14小时保洁，步行街、火车站等重点区域24小时保洁。全市建成区生活垃圾处理总量329.87万吨，其中无害化处理量297.42万吨、处理率90.16%，无害化处理粪便18.4万吨，处理死禽畜和变质肉类1900吨，利用生活垃圾发电1.12亿度。落实环境卫生责任制。是年，全市各街道与区签订门前市容环境卫生管理责任状达100%，责任单位与责任户签状率达98%以上。城区（10区）上门收集垃圾率为82.5%，中心城区（老6区）上门收集垃圾率为100%。推进生活垃圾分类收集工作。在全市开展以“关爱地球，节约资源，垃圾分类从我做起”为主题的实践活动，在部分小区、学校、公共场所、主干道进行生活垃圾分类试点工作，创建垃圾分类示范学校36所、绿色学校560所、示范社区14个、绿色社区109个。推进环卫基础设施（备）建设。成立垃圾处理设施筹建办公室，分批将李坑生活垃圾焚烧发电二厂、兴丰生活垃圾焚烧发电厂、兴丰填埋二场一期工程、固体资源再生中心等重点项目移交给广日集团。6月，金沙洲生活垃圾真空管道收集系统3号站建成。年内，广州市中心城区新建环卫公厕20座、改建公厕62座，投入经费2.08亿元。更新环保“黄标”环卫作业车99辆，购置各型环卫作业车300辆。兴丰生活垃圾卫生填埋场获“第八届中国土木工程詹天佑奖”，并被评为“新中国成立60周年百项经典暨精品工程”；李坑生活垃圾焚烧发电厂被评为“2009年度广东省市政优良样板工程”，并被推荐参加“国家市政金杯奖”工程评选。

开展“双竞赛”活动。继续开展“羊城市容环卫杯”和“优秀城市美容师”竞赛活动，海珠区政府、越秀区政府分获“羊城市容环卫杯”第一名、第二名，荔湾区政府、花都区政府并列获第三名；71名环卫工人获“优秀城市美容师”称号。

努力创建全国文明城市。建立领导挂钩责任制，成立“创文”督导组，深入区、街一线开展督导，发现问题立即现场督促整改。组织开展入户调查，举办“卫生清洁日”和“宣传教育日”活动，大力整治商铺门前环境，倡导文明出行，杜绝乱吐乱丢。年内广州在全国城市公共文明指数测评中取得较好成绩。

爱国卫生管理　开展病媒生物防制。把常规的病媒生物防制活动融入到亚运城市行动计划中，开展以迎亚运病媒生物防制为主题的系列培训活动。根据季节特点及病媒生物孳生习性，以亚运场馆和亚运城为核心，以街、镇为单位，发动群众，逐月分专题组织开展全市性除害防病统一行动。以防控甲型H1N1流感、预防登革热为重点，组织街道“消毒员”和青年志愿者开展环境卫生清理行动，营造除害防病、保障健康的大爱卫工作局面。

创建星级卫生街道。采取“明查+暗访+技术评估+社会公示”的方式，对申报街道进行严格考评，督促各街道落实整改措施。同时，对拟命名的星级卫生街道在广州日报上公示，接受媒体和社会监督，确保创建工作取得实效。是年，共有60条街道成功创建为“广州市一星级卫生街道”。

创建卫生镇、村。开展农村改水、改厕和卫生村镇创建活动，加强农村卫生综合整治，重点扶持从化市良口镇达溪村、流溪河林场东星村和增城市正果镇白面石村等贫困地区二次改水项目。筹集补助资金用于改厕项目，无害化卫生厕所普及率比上年增加2.66个百分点。番禺区石碁镇成功创建“国家卫生镇”，有38条村被命名为“广东省卫生村”、100条村被命名为“广州市卫生村”。

开展农村环境卫生综合整治。加快推进农村二次改水工程建设，全市新增自来水受益人口3.39万人，自来水普及率比上年增加1.21个百分点。积极抓好中央改厕项目的落实工作，全市新增无害化卫生厕所1.9万户。深入开展创建行动，一批镇村进入国家卫生镇、省或市卫生村行列。

推动控烟法规建设。6月，《广州市控制吸烟条例（草案）》正式进入市人大立法程序。配合亚运控烟计划，举办“控制吸烟立法环保行动暨推动广州‘无烟亚运’专家研讨会”、“控制吸烟立法环保行动暨推动广州‘无烟亚运’新闻发布会”和“烟草健康警示暨健康亚运宣传”等活动，参加广州电台直播访谈、大洋网“控烟访谈”等活动。

城市供气　2009年，广州市共有燃气经营企业57家，各类燃气用户约321万户，年销售气量折合天然气16.04亿立方米。其中，管道燃气销售量折合天然气5.52亿立方米，管道长度4502.9千米，用户123.7万户。瓶装液化石油气年销售量91.86万吨，用户197.4万户。天然气利用工程完成管道建设90.91千米，其中高压管13.56千米。完成天然气置换36.24万户，中心城区原油制气管网全部完成天然气置换。落实亚运供气保障措施，完成亚运村燃气配套工程高压管线9.98公里，中压主干管5.18公里，为亚运村按时供气打下良好基础。加强安全监管，完善应急管理体系，制定并发布了《广州市燃气突发事件应急预案》。

加强燃气质量监管。对全市有独立燃气来源的10家管道气企业和33家瓶装气企业的燃气质量进行全覆盖检测。对建设单位不履行燃气管道保护责任、燃气企业超过国家的允差范围给钢瓶充装燃气、燃气质量不符合国家标准等8宗违法行为依法进行行政处罚，处罚金额13.7万元。　*(许昆)*

【中心镇建设】　2009年，广州市围绕统筹城乡一体化，加快中心镇发展。

加快产业调整，促进经济发展。1月和9月分两批下达“退二”产业基地基础设施补助项目计划，其中涉及中心镇补助项目15个，安排补助资金8920万元，占全市补助总金额的74%，年底2个项目已完工。番禺区大岗镇依托中船柴油机项目和装备产业基地的带动，重点发展大型装备制造业，以龙头企业带动形成产业集群，促进现有企业转型升级。增城市以先进制造业和现代服务业为重点，依托3个中心镇做大做强汽车、摩托车、牛仔休闲服装三大支柱产业，引进优质项目推动形成现代产业体系。

克服金融危机的影响，加快经济发展步伐。在推进中心镇各项基础设施建设，改善投资环境的同时，加强招商引资力度，一大批大型骨干企业落户，大岗中船基地、狮岭大型机车基地、石滩广本汽车研发基地以及花东空港物流基地等大型项目建设加快。

落实用地指标，推进规划编审。在土地利用总体规划修编中充分顾及中心镇建设发展规划，为中心镇长远发展打下基础。《广州市土地利用总体规划大纲（2006－2020年）》于6月经国土资源部审查原则通过后，市国土房管局制订了《广州市镇级土地利用总体规划编制指引（试行）》，指导各镇土地利用总体规划编制工作。前三季度，经省、市政府批复的中心镇城镇建设用地共7批次，面积33.2公顷，主要用于村民住宅安置用地和经济发展留用地。规范农村集体土地的管理，加大闲置土地处置力度，前三季度全市中心镇通过收取闲置费、延期等方式共处置闲置土地46.53万平方米。《广州2020年城市总体发展战略规划》明确，中心镇功能主要是为产业转型升级、提高城市竞争力提供空间支撑。年底前，16个中心镇总体规划的编制审查工作已完成，13个中心镇用地规模已经省核准，良口镇、钟落潭镇、万顷沙镇总体规划已报省建设厅核定建设用地规模，榄核镇的总体规划、用地规模的编制核定工作加快推进。着力提高中心镇控规覆盖率，市辖十区获审批的10个中心镇中，有控规覆盖的建设用地面积163.2平方千米，占近期规划中城市建设用地的82.4%，使中心镇重点项目建设和基础设施通过控规得到落实。全面完成17个中心镇共557条行政村的村庄规划编制，实现中心镇行政村规划全覆盖。

强化政策扶持，加大投入力度。从2009年至2013年，市、区（县级市）两级财政继续安排每镇每年平均1500万元（重点中心镇平均1800万元）中心镇建设资金。制定《广州市中心镇建设扶持资金管理办法》，将绩效目标作为中心镇扶持资金分配评判标准，以区域竞争代替平均分配，形成梯次资金扶持等级。区（县级市）领导高度重视扶持资金管理，督促所属中心镇切实做好项目立项工作，加快推进项目实施。是年，市财政共投入1.65亿元专项资金支持中心镇建设。各区（县级市）在继续落实配套扶持资金的同时，切实落实各项政策性扶持资金的返还，共计返还各项资金27.88亿元，有力地支持了各中心镇的基础设施建设，其中新塘镇近两年返还各项建设资金超过10亿元。市中心镇各成员单位加大对中心镇的扶持力度。市发改委投入2000万元支持中新、石滩等中心镇医院建设，有4个中心镇医院达到二级综合性医院规模。市教育局安排2000万元农村教育发展专项资金优先用于安排中心镇教育发展，建立城区与中心镇中小学之间教师帮扶制度，健全对农村地区教育投入的长效机制，加快农村教育发展。

切实推进中心镇行政执法体制改革试点工作。花东、大岗、新塘、九龙等4个行政执法体制改革试点中心镇在区（县级市）采取委托或派驻等形式，将劳动和社会保障、建设、卫生、水务、农药、安全监管等6方面行政执法权限下放到镇。4个试点镇还分别与区（县级市）签订委托或派驻协议，在安全监管、环保执法等方面已取得较好效果。（李辛勤）

【住宅与房地产业】 *房地产开发* 2009年，广州市房地产开发投资稳步提高。全年，房地产开发投资762.43亿元，比上年增长8.3%，比上年同期回落18.1个百分点。全年房地产开发投资增速呈前高后低的趋势。前三季度，广州房地产开发投资在投资惯性、上年土地购置费支付和成本上涨等综合因素影响下快速增长，上半年的增速基本上保持在20%左右。从10月开始，累计同比增幅以2个百分点左右的速度回落，到12月，房地产开发投资占全社会固定资产投资的比重从上个月的37.8%下降到36.2%。（1）从房地产开发投资的区域看，房地产开发投资增速放缓的趋势市中心区比周边区县级市明显。中心区（越秀、天河、海珠、荔湾、白云）增速由上年的22.1%降至-4.3%，其他区县级市则回落3.3个百分点。（2）从投资构成看，2009年广州市累计完成建安工程投资521.84亿元，同比增长9.3%，比上半年回落10.9个百分点；土地购置费支出113.17亿元，增长3.5%。建安工程投资和土地购置费用分别占广州市房地产开发投资比重68.4%和14.8%。（3）从投资主体看，国有单位完成投资22.31亿元，占广州市房地产开发投资比重2.9%，同比下降7%，增幅由上年的10.3个百分点变成负增长；民间投资496.03亿元，占65.1%，增长8.3%，增幅比上年同期下降13.5个百分点；港澳台投资158.18亿元，占20.7%，增长3%，增幅比上年同期下降0.6个百分点；外商投资85.91亿元，占11.3%，增速26.1%，比重比上年同期提高1.6个百分点。广州市房地产开发企业本年资金来源为1007.08亿元，比上年下降13.3%。其中，国内贷款为209.31亿元，下降21.7%；利用外资24.59亿元，下降33.8%；自筹资金为227.26亿元，增长3.1%；定金及预付款为355.93亿元，下降7.7%。

是年，全市商品房施工面积5500.37万平方米，比上年增长6.1%。其中，住宅施工面积3659.65万平方米，比上年增长1.8%，占房地产施工面积的66.5%；办公楼施工面积455.78万平方米，增长8.7%；商业营业用房施工面积617.32万平方米，增长19.2%；其他房屋767.61万平方米，增长17.6%。全市房地产开发竣工面积943.76万平方米，比上年增长7%。其中，住宅竣工面积673.92万平方米，比上年下降3.9%；办公楼竣工面积84.37万平方米，增长1.4倍；商业营业用房竣工面积72.65万平方米，增长6.3%；其他房屋112.82万平方米，增长46.5%。

房地产供地管理 2009年，广州市国土房管部门高度重视土地供后监管工作，不断规范闲置土地处置工作程序。一是坚持动态监管，做到应查尽查；二是坚持依法处置，做到应收尽收；三是坚持以用为先，做到应用尽用。全年共对全市10区412宗用地核发了《闲置土地调查通知书》，对其中173宗用地核发了《闲置土地认定通知书》，共处置闲置土地75宗、面积2.1平方公里，其中收回闲置土地16宗、面积0.43平方千米，延长开发期限一年的59宗、面积1.66平方千米，收取土地闲置费4026.55万元。出台《关于已作延期处置的批准书阶段闲置土地逾期未开发问题的意见》，在用地单位与国土房管部门签订补充合同并缴纳保证金后，再次以延期方式作出处置。据此，对全市10区22宗此类闲置土地作出处置，有效地解决了因受报建手续繁琐、规划调整影响等逾期未开发闲置土地的延期问题。此外，在做好日常的土地供后监管的同时，继续推进部分历史遗留问题的处理，抓紧解决历史积案。

房地产市场管理 严格按照商品房预售条件核发预售许可证，全市10区新批准预售项目307个，共批准预售面积797.22万平方米，其中住宅面积668.03万平方米、商业55.79万平方米、写字楼72.99万平方米。其中全市中心六区新批准预售项目129个、面积469.54万平方米（其中住宅面积371.73万平方米、商业40.67万平方米、写字楼57.13万平方米）。

是年，为进一步规范商品房买卖行为，维护市场秩序，对全市商品房预售合同示范文本的部分条款进行修订，推出新版商品房预售及一手现房买卖合同示范文本。同时，进一步优化简化办事流程，修改形成了2009版房屋管理系统，于7月6日上线运行。为进一步规范开发项目车位、车库的租售行为，印发《关于执行〈广州市房地产开发项目车位和车库租售管理规定〉的补充通知》，重申对新房地产开发项目的车位车库租售监督管理，明确了车位车库出租转让的限制等内容。为切实加强对房地产服务行业的监管，对全市3050家房地产中介服务机构、物业服务企业、房地产估价机构进行全面检查，维护了房地产市场秩序。为宣传落实国家和省积极宽松的房地产信贷和财政政策，举办"2009年广州房地产交易博览会暨城市规划建设及住房安居展"，发挥了服务投资、拉动消费的积极作用。

房地产市场运行 2009年，广州市新建商品住宅交易量978.3万平方米，比上年增长76.9%；均价9346元/平方米，上升0.1%。存量住宅交易量958.7万平方米，比上年增长1.12倍；均价4800元/平方米，上升9.6%。新建商业用房交易量61.06万平方米，比上年减少6.4%；均价11314元/平方米，上升5.4%。存量商业用房交易量19.06

万平方米，比上年减少5.3%；均价7682元/平方米，上升16.6%。新建写字楼交易量45.52万平方米，比上年增长9.7%；均价14093元/平方米，上升16.6%。存量写字楼交易量13.29万平方米，比上年减少17%；均价4546元/平方米，上升20%。

受适当宽松的货币政策和较为温和的宏观政策的支撑，广州市商品住宅市场摆脱上年的低迷萧条，交投较为活跃，成交量同比大幅增长，均价逐步回升。全年全市10区商品住宅（含一手、二手住宅）成交面积和成交金额创历史新高，分别为1937.6万平方米和1374.55亿元，同比分别增长92.5%和92.3%。全市房价与上年基本持平，中心6区房价创历史新高。商品住宅开发量和销售量减少，而需求加大，导致供需缺口增大。商品住宅用地市场交投活跃，地价水平比上年有较大幅度增长。

产权登记发证　2009年，广州市房地产交易登记机构严格规范交易登记的每个环节，保障了交易登记业务的精细化运作，并实现与市规划、公证、银行等部门的信息共享，提高了交易登记安全性。

是年，全市10区共核发房地产权证49万本，比上年增长65.5%；办理土地交易面积821.91万平方米，金额488.63亿元，分别增长25.%和2.68倍；办理房屋交易228394宗，面积2300.44万平方米，金额1667.7亿元，分别增长72.7%、67%和73.2%。解决历史遗留问题取得重大突破，在全市1360个历史遗留问题办证难项目中，年末有1009个项目完善了确权办证各项前期手续，解决约6万户市民的“办证难”问题。共受理历史遗留案件登记申请45056宗，已发证39236宗。

房地产市场监管　2009年，广州市房地产管理部门加强监管商品房销售行为。全年检查商品房预售项目229个、房地产中介公司124个，常年进行违规广告和违规行为的查处，为群众挽回经济损失50万元。其中，“羊晚报导大裕公司代理房中房”事件、“中原、美联违规代理保障性住房”事件、“限价房出租”问题、“南沙合资建房”、“违规收取诚意金”等系列案件得到快速妥善处理。针对市场上出现违规销售小产权房等问题，及时发布《关于依法合规购买预售商品房的公告》、《关于不要购买“小产权房”的公告》等。加强房屋租赁中介服务管理，严禁中介机构违规代理经适房出租，并配合做好“房中房”整治工作。完善房地产中介管理法律法规，做好存量房网上签约系统实施房地产中介信用管理、房地产中介管理等方面的立法工作。

是年，共监控预售商品房项目724个，办理首期款审核的合同29062套，监控首期款进账257.98亿元，总房款362.79亿元；受理预售款划拨12101次、314亿元。办理存量房交易资金托管案件3768宗，同上年比增长1.91倍，托管金额25.3亿元，增长2.2倍。完成房地产中介业务预受理系统建设及房地产中介诚信管理系统优化工作，建立中介行业黑名单、灰名单制度，促进行业自律管理。做好资质备案工作，中介业务全部实现网上预受理，执业证变更等五项业务实现现场办结，大大方便了办事群众。全年共举办经纪人培训班26期，组织开展全市第一期房地产中介机构中高层管理人员研修班，向4563名人员核发资格证书，对3557名从业人员进行了执业证注册工作。年末全市具备房地产中介服务资格证书人员41546人，持执业证人员33221人。

物业管理　2009年，广州市老城区物业服务管理实现基本全覆盖，努力推进物业服务水平上新台阶。市房地产管理部门牵头建立市、区（县级市）、街道（乡镇）三级监管体系，与公安、物价等22个职能部门联动，营造出物业管理齐抓共管的良好局面。将三级物业服务企业资质审核业务下放到各区

2009年广州市10区新建商品房住宅交易登记情况

单位＼类别	商品房住宅交易登记面积(万平方米)			商品房住宅交易平均价格(元/平方米)		
	2008年	2009年	同比增减%	2008年	2009年	同比增减%
全市10区	553.04	978.32	76.9	9339	9346	0.1
越秀区	29.88	40.45	35.4	12728	14645	15.1
荔湾区	33.49	48.27	44.1	11319	12326	8.9
海珠区	85.71	127.58	48.9	10958	11559	5.5
天河区	87.31	129.56	48.4	12920	15009	16.2
白云区	104.89	138.86	32.4	8351	8694	4.1
黄埔区	10.22	11.93	16.8	8001	7367	-7.9
番禺区	80.39	197.66	145.9	8353	8068	-3.4
花都区	54.73	193.32	253.2	5503	5778	5.0
南沙区	29.39	48.90	66.4	4632	4337	-6.4
萝岗区	37.04	41.79	12.8	7331	7611	3.8

（县级市）局，有利于企业和群众就近办理，有利于加强对物业服务企业的监督管理，及时发现问题并妥善处置。通过重点抽查、专项检查、项目整治、行政处罚等手段，进一步加强行业行风整治力度。配合做好全市房地产服务行业专项检查，共检查物业服务企业980家，布置3964个物业小区开展自检自查，核检小区2337个，下发整改通知书334份，排查矛盾纠纷164宗。全年举办物业管理员、企业经理培训班12期，培训学员1800人，组织专题讲座8期，参加人员2600人。

继续开展国家、省物业管理示范项目初评和广州市物业管理示范项目考评，对已取得示范小区的项目进行复检，促进全市物业服务整体水平的提高。是年，广州市的物业服务企业共取得国家示范项目6个、省示范项目4个、市示范项目24个。

直管公房管理 2009年，广州市房地产管理部门全面开展以用电整改、消防设施整改和间隔整改为主要目标的直管房消防安全整改工作，全年累计完成1324幢、44万平方米直管房的消防整改。进一步规范直管房非住宅租赁管理工作，印发《关于直管房非住宅租赁工作的补充通知》。继续开展直管房摸底调查，委托广州大学房地产研究所开展直管房调研工作，形成《广州市直管房管理政策研究报告》和《广州市直管房状况调查报告》。

房屋租赁管理 开展对全市的流动人口、出租屋、机动车、重点场所的综合整治工作，房屋租赁登记备案率不断提高。年底全市已纳入管理的出租屋314.89万套，比上年增长29.29%；出租面积12818.33万平方米，增长27.82%。全年新办理房屋租赁登记备案90.55万套，比上年增长45%，登记备案率98.34%。摸查在册“房中房”4157套。印发《广州市房屋租赁信息报送管理规定（试行）》，明确“房屋租赁综合信息管理系统”是中介、物业公司报送租赁信息的唯一渠道，全年共有961家中介、物业公司安装（注册）了《房屋租赁信息网络报送系统》，全年上报房屋租赁信息7.9万余条。加大违法租赁行为查处力度，规范房地产租赁市场秩序。全市共发出《催办房屋租赁登记备案通知书》98710宗，发出《行政处罚告知书》435宗，对违规租赁行为、违规报送租赁信息行为发出《行政处罚决定书》210宗（含从化、增城两县级市）。

房屋拆迁管理 2009年，全市核准城市房屋拆迁面积35.52万平方米，其中政府工程29.46万平方米，非政府工程6.06万平方米，完成拆迁面积27.16万平方米，其中政府工程10.92万平方米，非政府工程16.24万平方米。在全市污水治理和河涌综合整治工程中，共办理沙河涌（水均岗支涌）、新河浦涌、东濠涌、下市涌、大冲口涌14宗地块的《城市房屋拆迁许可证》。全市在册的141宗拆迁“烂尾地”有120宗落实处置方案，累计解决临迁户15030户、44689人的拆迁补偿安置问题。

推进旧城更新改造工作，以宝盛沙地二期项目作为“阳光拆迁”的工作试点，推行“公开、公正、公平、阳光、透明”的动迁模式。为加快推进“三旧”改造工作，改善广大市民居住条件，出台《广州市旧城更新改造拆迁补偿安置工作指导意见（试行）》和《广州市征收集体土地房屋拆迁管理工作指导意见》。

危房改造工程 2009年，共完成12.40万平方米危破房改造任务，直接受益群众1600多户、5600多人。其中，2004年在册的91.1万平方米危破房改造任务全部完成，2005年新增在册的5.72万平方米危房改造任务累计完成5.47万平方米，2006年新增在册的12.71万平方米危房改造任务已累计完成12.17万平方米，2007年新增在册的12.08万平方米危房改造任务累计完成9.44万平方米。

年内，大力推进小连片危破房改造。完成荔湾区聚龙村项目的核心区连片危破房改造全部现场施工工作，前期完成的1号、10号、13号、14号、16号直管房维修工程已通过市文化部门的验收。另外，荔湾区蒋光鼐故居、西关大屋社区的文塔等项目的修复（维修）工程也已完工。天河区车陂水上新村、白云区松岗街、黄埔区南岗圩等项目拆危建绿工作也在年内完成。

住房保障 2009年，广州市建立全国首创的保障性住房土地储备工作新机制，出台《广州市保障性住房土地储备办法》，使制度体系不断完善。同时健全机构建设，增城市、越秀区先后成立了住房保障办公室。落实廉租住房和经济适用住房保障制度，全年共解决18814户低收入家庭住房困难问题，超额完成全年目标任务33.4%。2008年至2009年累计解决41059户低收入家庭的住房困难，完成总目标任务77177户的53.2%，仅用2/5的时间完成了1/2的工作任务。住房分配货币化改革继续深化，全年全市实施住房货币分配单位新增340个，享受住房补贴职工增加69434名，归集住房补贴资金14.1亿元，比上年分别增长16.4%、79.8%和34%；有75379人次支取住房补贴9.45亿元用于购、租住房，分别增长12.2%和10.1%。

是年，全市保障性住房新开工项目14个，总建筑面积188.92万平方米、共2.8万套，为历年之最。其中廉租住房100.65万平方米，超额51.81%完成省下达的新开工66.3万平方米的目标任务；经济适用住房88.27万平方米，超额1.64倍完成省下达的新开工33.5万平方米的目标任务。保障性住房用地利用单独储备办法，所储备的6个保障性住房建设用地项目总面积共137.4公顷。支持单位和部队经济适用住房建设，中央直属单位、驻穗部队的

12个经济适用住房项目共54万平方米的建设计划继续实施，并追加下达建设计划1.87万平方米；印发《关于驻穗部队经济适用住房建设投资计划属地管理的意见》，理顺了驻穗部队经济适用住房建设投资计划的相关程序。拓宽保障性住房房源渠道，从市场采购45套二手房转作廉租住房。全年通过廉租住房安置13740户，出售经济适用住房5074套（含新社区供房）。严格住房保障资格准入审核，年内对28户家庭取消购买资格、25户家庭调整轮候分数。坚持不定期抽查和年审制度，对违规行为给以严肃处理，共取消保障资格517户，调整保障方式78户。 *(葛伯权)*

【城市综合管理】 2009年，广州市进一步整合城市管理职能，组建广州市城市管理委员会，将原市市容环卫局、市爱卫办的职责和原市建委、市政园林局、城管执法局的部分职责划入市城管委，并将市城管执法局由原市建委管理调整为由市城管委管理，进一步理顺了市一级的城市管理体制。同时，将管理重心下移，城管中队下街，按照权责一致的原则，赋予区街相应的城市管理责任，进一步完善“两级政府、三级管理”的城管体制，基本形成“市区分工、纵向到底、横向到边、各负其责”的城市管理工作格局。11月9日，广州市城市管理委员会正式挂牌成立。

市容环境整治 整治户外广告。对全市79条主要路段两侧无工商登记证的违法户外广告招牌分6期进行整治，共拆除违法户外广告739宗922块72707平方米，城市空间环境得到有效净化。同时编制22条路段的户外广告设置详细规划，对外分期分批公开拍卖户外广告位置的使用权。综合整治濂泉路周边市场环境。从1月1日至8月1日，历时7个月的拆违整治行动，共拆除濂泉路周边违法违章商铺4468间44480平方米，打通了内环路放射线断头路，消除了北线瓶颈，开通了16条消防通道，从根本解决了10多年的“老大难”问题。专项整治“泥头车”。成立广州市“泥头车”专项整治指挥部，召开企业法人代表、建设施工单位和新闻媒体座谈会；制定下发《广州市建筑垃圾运输和排放秩序专项整治工作方案》，与建委、交委、交警等部门开展联合执法行动，查处无证排放和超装、超载、洒漏污染等违法行为，“泥头车”营运秩序进一步规范。综合整治旧城社区环境。完成193条内街内巷的道路、排水设施、园林绿化的建设、除拆违法建设，规范“三线”，整治防盗网，清理卫生死角，坚持做好日常维护管养工作，新建、扩建社区道路面积近30万平方米、排水管道53公里、绿地面积近15公顷，实现了社区环境的整洁优美。

治理街面市容秩序。按照“主干道和重点地区严禁、次干道严控、内街内巷和城中村规范”的原则，组织开展“春雷”、“静夜”、“靓穗”等市容环境专项执法行动。全年共组织开展各类整治行动800余次，取缔乱摆乱卖34万多宗，整治占道经营20万多宗，教育处罚乱丢乱吐3万多宗、乱张贴3万宗、乱拉挂2.4万宗。加强工地管理。从严查处一批群众投诉强烈的夜间施工工地，及时查处工地扬尘污染行为，监督工地控制扬尘污染做到“六个100%”。

控制违法建设。按照属地管理原则，认真落实违法建设地段巡查责任制、“零报告”制度和协同查处机制，及时发现、制止新的违法建设。进行对新电视塔南广场、广州开发区生物岛、荔湾区杉木栏路37号等31栋长期拒绝搬迁的房屋强制拆迁，保证市重点工程建设的顺利实施。是年，全市共制止新的违法建设80万多平方米，清拆违法建设52万多平方米，未出现大面积的违法建设。

完善城市管理法规。修订《广州市城市管理综合执法细则》，《广州市控制吸烟条例》于10月通过市人大常委会一审。《广州市户外广告和招牌设置管理办法》、《广州市建筑废弃物处置管理条例》已上报市法制办审议。 *(高嵘)*

【建筑业】 2009年，广州市建筑业总产值1059.00亿元，比上年增长15%。房屋施工面积7520万平方米，同比增长7%。其中新开工面积2608.90万平方米，与上年持平；房屋竣工面积1641.76万平方米，比上年下降15%。

是年，全市从事建筑业活动的企业共有2070家，其中本地企业（含本地省属、部属）712家，外地进穗企业1358家。全市有监理单位146家，造价咨询机构86家，招标代理机构153家。

建筑行业管理 市城乡建委转变管理理念和管理方式，努力提高工作效率。一是加强行业动态管理，规范企业市场行为。通过定期检查、巡查、随机抽查等形式，加强对企业的动态监管。重点检查企业资质条件、企业内部管理、企业新设立分支机构备案等情况，查处违法违规行为，规范企业经营和专业人员执业行为，营造健康有序的建筑业企业市场。二是加强企业备案监督管理。对资料不齐全、资料造假等不良行为进行严格查处，针对被投诉的企业人员空挂和不符合资质条件的进行重点查处。

全年共收到工程施工和招投标投诉共196件，办结173件，办结率88.3%。实施行政处罚8宗，责令改正23宗，备案造假被停标处理12宗，违法施工、投标造假被记入不良行为20宗，及时依法处理在资审、开标、评标环节出现的问题10宗。有力地维护了建筑市场秩序。

建筑市场管理 全年共完成招标项目5546项，总交易额约1709.95亿元，同比增长67.55%。其中公开招标4659项，占总项目数的84.01%，交易额1486.11亿元，占总交易额的86.91%；邀请招标840项，占总项目数的15.15%，交易额221.47亿元，占总交易额的12.95%。广州地区有标底最高限价项目的中标价比标底或最高限价下降约4.65%，累计为国家节省投资约67.49亿元，同比增加67.97%。

为完善工程招标投标监管制度体系，起草《广州市建设工程招标投标管理办法》，对今后几年有形建筑市场的监督管理设定了基本框架，为有形建筑市场管理工作尤其是财政性投资项目的规范管理工作提供了依据和政策导向。

采取一系列新举措预防和打击围标串标行为。一是在房屋建筑、市政公用工程施工总承包二级及以下资质要求的公开招标项目中推行资格后审制度。二是电子资格预审制度，杜绝虚假资格预审书面材料。三是取消网上报名环节，延长投标报名时间，投标人和招标人在网上答疑专区不署名，并允许投标人自行踏勘现场。通过以上的一系列措施，保证了潜在投标人名称、数量的保密，使串标、围标行为得到有效的遏止，中标价格也明显趋于合理，投标报价基本在市场价正常范围内，形成合理竞争。

构筑诚信综合体系平台，有效预防和打击转包和违法分包等行为。构建诚信综合体系，引导建筑行业依法经营，建立施工企业诚信综合评价制度。行政管理部门、质量安全监督机构、建设单位和其他市场主体通过设在交易中心的诚信综合评价信息平台，对企业的优劣给予量化评分，形成每天刷新的综合排名。同时，通过企业综合诚信评价系统，将现场不诚信行为进行量化，提高投标人诚信履约意识，自觉抵制转包、违法分包和拖延工期、随意更换项目经理等行为。在亚运综合环境整治工程专项大检查行动中，重点开展了对转包和违法分包行为的大检查。

完善招标文件范本体系，规范招标人行为，堵塞设备材料采购管理环节漏洞。率先全国使用施工招标文件范本，并取得显著成效。同时，为消除招标违法行为发生的可能性，再次修改公布《广州市建设工程施工招标文件范本》，组织起草了监理服务及设备材料采购招标文件及合同范本。

初步建立劳务分包监管体制，促进建筑市场和谐有序发展。为规范建筑施工企业工资支付行为，预防和妥善解决建筑施工企业拖欠工人工资问题，制定了《广州市建筑施工企业工人工资支付保证金管理办法》和《关于加强建设工程项目劳务专业分包及工人工资支付管理工作的通知》，新的监管办法明确了农民工工资支付程序，能有效遏制转包、违法分包行为，防止拖欠工程款，拖欠农民工工资现象的发生。

配合亚运项目建设，出台相关工作指引。针对亚运项目招投标量大和项目的特殊性，发布了《关于加强亚运城市环境综合整治工程服务的若干意见》。为配合加快亚运城市环境综合整治工程的组织实施，确保工程质量、安全和整治效果，发布了《关于公布亚运城市环境综合整治工程设计、施工、监理和检测推荐企业名单的通知》。同时，还发布《关于印发广州市迎亚运城市园林绿化工程管理指引的通知》、《关于印发广州市迎亚运市政道路大中修项目广场及人行道建设管理指引的通知》。为落实迎亚运城市园林绿化工程及市政道路大中修项目广场及人行道建设管理，统一和规范了相应的市政园林建设标准，并对这些项目的招投标工作进行工作指引。 *（周泽志）*

工程质量安全监督 2009年，广州市市政工程安全质量监督管理部门共监管工程562项，工程造价约192亿元（其中2009年新报监工程205项，工程造价约7.8亿元；历年接转工程357项，工程造价约114亿元）。全年共组织监督检查2547项次，发出整改通知书954份，确保了迎亚运市政道路大中修工程、迎亚运绿化美化工程、BRT快速公交系统工程、广州新客运站周边市政道路等一批市重点工程顺利推进，整体监督形势良好，未发生安全质量监督责任事故。

完善监督管理机制，提高整体监督效能。一是制定全年监督计划。突出抓好对现场管理较薄弱项目、重点工程项目和对责任主体的监督，实行差别化管理。二是开展两级巡检工作。实现一级巡检与日常监督检查有机融合，跟踪落实现场隐患整改，二级巡检坚持由站领导带队，抽查在建工程的监督情况。全年共组织二级巡检50项次，及时反馈了监督工作中发现的存在问题。

运用多种管理手段，提高监督执法威力。在市政园林工程范围内启动动态管理工作，将施工现场行为与建设市场的招标资格结合起来，全年共对53项工程记录不良行为74项次。开展工程质量管理评价和安全文明管理评价工作，企业的诚信度进一步提高。加大执法力度，处理行政执法案件2宗，分别对黄埔大道支线道路工程、广园中路—大金钟立交改造工程进行行政处罚。年底组织了执法专项检查，对违法违规的责任单位进行了通报。及时上报监督信息，向市建委上报不良行为记录10项次，向省住房和城乡建设厅上报动态管理扣分9宗，共扣136分。全年共编印《监督简报》12期，《监督快报》16期，并创办《迎亚运绿化美化工程质量监督简报》。

实行精细化监督，提高工程质量管理水平。严格执行施工图审查制度，在办理监督手续时，要求提供施工图设计审查批准书，否则不予办理。规范各责任主体质量行为，重点加强对建设单位的监督，要求严格合同管理，通过建设单位带动其他参建单位自觉履行自身职责。重视工程质量基础，强化对原材料的质量监督，对市政工程的管材、水泥加大抽检力度，加强对园林绿化工程土壤有机肥的检测。严格竣工验收控制，把好交付使用关，全年共进行工程质量验收128项，均一次性通过验收，验收合格率达到100%。

扎实开展“三项行动”，安全生产形势稳定。2009年是“安全生产年”，围绕“三项行动”开展了一系列工作：一是加强安全生产宣传教育。结合“安全生产月”活动，在洲头咀隧道工程协办安全生产应急演练观摩会。二是开展专项治理行动。开展重大节日前后的专项检查，防触电、防台风暴雨灾害天气专项检查和有限空间作业场所等安全专项检查，全年进行共182项次。其中重点加强安全文明施工监督检查力度，在“创建文明城市”期间和迎亚运工程建设中做了大量的工作。督促落实住房和城乡建设部2009年颁发的《危险性较大的分部分项工程安全管理办法》，有效防止了较大及以上安全事故的发生。三是开展安全生产执法行动。把协助行政执法工作重点放在安全监督工作上，发现并处理的2宗执法案件均涉及安全生产。此外，还运用警示谈话、不良行为上报、动态扣分管理等多种手段，督促施工单位履行安全生产主体责任。

健全完善各项工作制度，提高规范化管理水平。取消无法律依据的《市政工程质量验收意见书》，强制推行《市政工程质量监督报告》，编制《工程安全事故报告处理制度》，修订《工程竣工安全评价书》，规范《整改通知书》的审批和发放。制定行业规范，加强行业监管指导，相继完成了《迎亚运道路及广场设施的检查验收规范》、《广州市道路大中修验收管理规程》、《广州市桥梁大中修验收管理规程》以及《广州市迎亚运绿化美化质量监督管理细则》的编写任务。 *(孙凯云)*

工程造价管理 根据市场需求，向社会发布计价依据指导性文件。为了及时解决在工程项目的计价依据和方法中出现的问题，指导行业规范计价，发布《关于发布建设工程2008年参考造价的通知》、《关于市政工程施工围蔽费用调整的通知》、《关于建设工程余泥渣土运输与排放计价办法的通知》、《关于补充合成树脂瓦屋面子目和GRC饰面子目（试行）的通知》、《关于补充CFG桩子目（试行）的通知》、《关于发布广州地区建设工程材料设备价格信息有关问题的通知》，以及有关建设工程结算问题的文件。从2009年起，将原《广州地区建设工程材料指导价格》中的“指导价格”部分更名为“广州地区建设工程常用材料综合价格”，每季度在建设工程结算文件中发布，并在《广州建设工程造价信息》月刊及广州市建设工程造价管理信息网上转载；“厂商价格”部分更名为“广州地区建设工程材料（设备）厂商价格信息”，每季度以收集厂商报价的各种价格信息形式发布；不再以“广州地区建设工程材料指导价格”的名称发布价格信息。为配合亚运场馆以及城市环境整治工程建设，加大工程造价信息发布的力度，做好服务和业务指导，从2009年7月开始到广州亚运会道路环境整治工程结束，每月发布“广州亚运会道路环境整治工程常用材料月度综合价格”。

以政府投资工程项目的造价控制和监管为重点，加强招标控制价备案管理工作。全年招标控制价备案项目1387宗，金额358.3亿元。每月在《广州建设工程造价信息》月刊和广州市建设工程造价管理信息网公布招标控制价备案情况，并2009年7月开始增加发布招标控制价备案工程主要材料价格信息。

加强造价咨询机构和造价员的管理。每年度开展对工程造价咨询企业的专项检查，重点对成果文件、企业资质条件、内部管理、经营情况进行检查，严格查处违法违规行为。举办建设工程各专业造价员继续教育学习培训班，共4919人参加。年内进行了建设工程造价员资格证书考试工作，共3891人参加。 *(刘海英　杜海蓉　梁建萍)*

勘察设计 2009年，广州市开展勘察设计市场专项整治。对18家施工图审查机构资质、办公场地进行全面检查，对全市586名审查人员的资质、劳动合同及社保进行核验，并建立审查人员数据库，对1家不符合资质标准的施工图审查机构作出了限期整改的决定。同时还组织进行大中型建设工程初步设计审查，共审查大中型建设工程初步设计79项，查出应及时整改问题15项。超限高层建筑抗震设防专项审查共28项，超限高层建筑抗震设防专项审查有2项未通过，审查对确保建筑物结构安全起到了关键作用。

是年，广州建设工程交易中心完成房屋建筑和市政工程勘察设计招标322项，其中公开招标202项，邀请招标120项；设计招标290.59万平方米，其中公开招标113.93万平方米，邀请招标建筑面积176.66万平方米；勘察设计费中标价14.56亿元，其中公开招标11.73亿元，邀请招标2.83亿元。在公开招标中，市属企业中标占43.4%，省属企业中标占25.52%，省外企业中标占31.08%。在邀请招标中，市属企业中标占46.84%，省属企业中标占23.03%，省内其他地区企业中标占5.95%，省外企业中标占24.18%。公开招标项目中，由甲级勘察设计企业中标的占97.03%；邀请招标项目中，由甲级勘察设计企业中标的占94.17%；邀请招标项目中，由乙级勘察设计企业中标的占5.83%。

(廖怀恩)

【建设科技】 2009年，广州市建筑集团有限公司围绕集团合并后的发展要求，积极推动科技资源整合，促进科技创新能力的进一步提高，加大对科研开发的资金投入，以企业为后盾，以市场为导向，推进各项科技创新工作。

科研成果　年内获得7项科学技术进步奖。其中，“多功能环保型建筑材料——无机聚会物胶凝材料的研究与开发”被评为“2008年度中国施工企业管理协会科学技术奖技术创新成果一等奖”，“超高层混凝土结构施工智能化整体顶升模架系统”获中建总科技进步一等奖，“盾构施工压气作业施工技术研究”获2008年度中国建筑工程总公司科学技术成果奖二等奖和广州市科学技术奖二等奖，“土钉支护的土拱效应及预估变形方法的研究”、“大跨度空间钢桁架屋盖钢箱梁内灌混凝土施工关键技术研究”、“高密度聚乙烯非压力管道水平定向钻进施工技术研究”获广州市科学技术奖三等奖。完成47项科研项目成果鉴定，其中3项达国际领先水平，26项达到国内领先水平。是年，集团公司申请拥有自主知识产权的专利成果22项，其中发明专利10项、实用新型专利12项。已获授权发明专利2项、实用新型专利30项。

科技管理　认真开展行业标准编制。《预拌砂浆应用技术规程》按计划完成送审稿。此外还完成国家标准、省标准《建筑工程绿色施工评价标准》、《混凝土结构抗火设计技术规程》、《既有民用建筑节能改造技术规程》和《建筑业十项新技术（2009）》的编写工作。集团下属单位科研院有限公司参编的国家标准《预拌砂浆》、《预拌砂浆应用技术编程》、《建筑遮阳制品隔热性能试验方法》等8项行业标准通过了审查。

2009年，集团公司系统各单位科技活动经费共投入6889万元，其中研究与发展经费5925万元，积极开展技术标准的研制和产业化项目技术攻关，共组织28项课题分别申报2009年度广东省、广州市、越秀区的科技进步计划项目，其中“新型墙体材料专用砌筑水泥的中试研究”与“基于GPRS集群式桥梁健康实时监测系统”获市科信局立项，“华南地区建筑工作绿色施工评价指标体系研究”获越秀区科信局立项。11月，广州市建筑集团有限公司被评为“2008年度中国施工企业管理协会科学技术奖技术创新先进企业”。

年内市建筑科技示范项目择优申报国家级绿色建筑示范工程。根据住房和城乡建设部公布的《住房和城乡建设部2009年科学技术项目计划》，广州市共有7个项目列入其中，包括绿色建筑示范、信息化示范工程、低能耗建筑示范及市政公用建筑工程科技示范等四大类别。

《广州市建设委员会政务办公及服务一体化系统》获2009年华夏建设科学技术三等奖。2008~2009年度，广州市建设系统还获得省（部）级奖励项目5项、市级奖励项目8项。（郝静）

散装水泥管理　2009年，广州市本地散装水泥供应量723.62万吨，比上年增长17.97%，全年散装水泥使用率达77.60%，基本实现水泥散装化；此外外地入穗散装水泥约600万吨。全年共计节约木材43.68万立方米、电力9530万度、烧碱2.912万吨、煤炭10.324万吨、棉纱0.529万吨，向大气排放粉尘减少5.502万吨。

本地区年混凝土产量1850万立方米，预拌砂浆（未含特种砂浆）使用量40.38万吨。

散装水泥专项资金市辖区预收达2317万元，返还金额193万元。

（宋府生）

深圳建设

【概况】　2009年，深圳市城市建设快速发展，城市功能不断完善，城市面貌进一步更新。全年全市生产总值8201.23亿元，比上年增长10.7%，超过年度预算目标0.7个百分点，分别比全国、全省增速高出2个和1.2个百分点。深圳地方财政一般预算收入880.82亿元，比上年增长10.1%，规模居国内大中城市第三位。

是年，全市共完成房地产开发投资437.46亿元，房地产开发投资以住宅为主，住宅建设投资289.78亿元，所占份额略低于上年水平。保障性住房投入加大，年内新增保障性住房建设用地30万平方米，安排建设保障性住房2.57万套，完成保障性住房建设投资26.9亿元。年内已启动第二批保障房申请受理。

广州市入选住房和城乡建设部2009年科学技术项目计划项目

示范类别	项目名称
绿色建筑	广州亚运城综合体育馆
绿色建筑	芳村花园住宅小区二期工程
信息化示范	广州数字亚运城
低能耗建筑	广东省老干部文体活动大楼
低能耗建筑	广东全球通大厦（新址）
低能耗建筑	广州亚运城居住建筑群（媒体村、运动员村、技术官员村）
市政公用建筑科技示范	广州迎亚运主干道建筑节能及外观整饰工程

低收入群体的住房困难问题得到进一步解决。

交通网络尤其轨道交通网络建设取得进展。至2008年年底，已投入运营的地铁线有1号线和4号线，全长25.26千米。2009年，在建地铁1、2、3、4、5号线投资计划为133亿元，至年底，5条线累计完成投资约365亿元。

人居环境有较大改善。一批绿化美化重点建设项目建设卓有成效，大鹏半岛国家地质公园、深圳湾滨海休闲带、梧桐山风景区、仙湖植物园、蝶谷幽兰景区等建设项目都先后着手建设或建成开放。森林和自然保护区得到有效维护。全市立项建设的森林公园、郊野公园及自然保护区共11个，总面积超过480平方千米。 *(吴涛)*

【城乡规划】 2009年9月，住房和城乡建设部审查通过了《深圳市城市总体规划（2009~2020)》（草案）。本轮总体规划将深圳市定位为创新型综合经济特区、全国性经济中心城市、与香港共同发展的国际性城市，提出提高城市国际化水平，加强深港合作，加强与珠江三角洲及内地城市的联系，推动区域基础设施建设、产业发展、资源与能源利用、区域经济要素市场培育和社会民生等领域的合作，联手开展区域生态建设与环境保护，开创区域协调发展的新格局。《深圳市海洋产业发展空间布局规划》在年内也获深圳市政府的审议通过。4月，《深圳市土地利用总体规划大纲（2006~2020年)》获国土资源部正式批复通过。

是年，深圳市规划和国土资源委员会管理在编图则共160项，审批通过法定图则37项，覆盖面积约177平方千米。技术委员会审议通过73项法定图则草案及63项法定图则公示意见处理情况，其中法定图则草案覆盖面积约357平方千米，超额完成本年度法定图则编制任务。至此，深圳全市法定图则的覆盖率超过70%。城市设计工作以重点地区、重要地段和重要节点的城市设计、详细蓝图为关键，致力提升深圳城市文化品位和城市景观形象。全年完成华强北城市更新规划、华强北立体街道城市设计、水晶岛规划设计方案国际咨询、后海中心区城市设计深化调整、前海地区城市设计国际咨询前期准备、南方科技大学校园规划及首期建筑设计方案国际竞赛方案深化、机场空港枢纽规划、大运中心及景观设计方案深化、福田中心区深交所片区金融商务办公楼4+1重点工程项目联合招标、光明新城中心区城市设计国际咨询、光明新区中央公园概念规划方案国际咨询等工作。制定《深圳市城市设计标准与准则》，提出适应全市城市设计管理的技术规章和规范要求。

建立区域规划合作的工作机制。2009年12月15日，深莞惠三市规划部门签订三市城乡规划紧密合作框架协议，创建了珠江口东岸城乡规划紧密合作的良好开端。同时，积极推动深港合作共建。继续落实深港城市规划合作，与香港共同开展落马洲河套地区（A区和C区）规划综合研究以及深港边界地区整体发展策略研究。

规划编制　前海地区规划要点是以前海中心和前海保税港区为重点，加快发展金融信息、供应链管理、中介服务、保税物流和现代港口等现代服务业，将前海地区建设成为“深港现代服务业合作示范区”。年内完成了总体方案初稿并报市政府审议。光明新区围绕“绿色新城”的主题，不断完善新区规划体系。《光明新区规划》、《光明新区再生水及雨洪利用规划》、《光明新区共同沟详细规划》以及由深圳市政府、新加坡对外合作局共同推动的《光明新区中心区开发指导规划》等20余项规划，先后通过审查并付诸实施。中心区城市设计获得2009年深圳勘察设计“金牛奖”，中央公园城市设计获得2009年美国建筑师协会AIA优胜奖。坪山新区是深圳市东部的未来增长极和大规模产业升级平台，坪山中心区被定位为深圳东部的城市副中心和高新技术产业服务中心。加快推进《坪山新区新能源汽车产业发展空间布局规划》报批实施为建设世界最大、国际一流的新能源汽车城提供科学的规划指导和空间保障。

专项规划　完成外环高速公路和东部过境通道的规划选址，并开展上述两条道路以及南坪二期、沿江高速、西部港区疏港道路等高快速路的规划协调工作。《深圳市城市轨道交通近期建设规划（2011-2020)》于6月上报国家发改委。轨道三期规划共建设8条线路，长254千米，与国家干线铁路、珠三角城际轨道等设施建设相协调。《深圳市应急避难场所专项规划》于12月通过市政府联席会议审查。年内完成的《深圳市黄线规划》、《深圳市蓝线规划》、《深圳市橙线规划》为系统划定全市各类市政设施用地、提供保障水生态系统完整性提供了规划依据，对制定重大危险设施周边区域的土地利用和建设活动进行引导或限制起到了界线作用。其中，《深圳橙线规划》为城市安全增加了一项空间管制的辅助手段，属国内首创。 *(彭水清)*

年内开展了深圳人居环境的研究工作。完成国内宜居城市及省宜居城乡创建试点调研工作，开展《深圳建设宜居城市背景研究》课题研究，明确推进宜居城市建设的指导思想和方向；编制完成《深圳市创建宜居城市工作方案》。同时还开展深圳住宅产业现代化的研究工作。完成《深圳住宅产业现代化发展战略研究》课题，形成《深圳市住宅产业现代化发展战略研究报告》，拟定《关于推进住宅产业现代化提升住宅品质的若干规定》，编制《住宅产业化法律法规和相关技术成果汇编》，开展《深圳市住宅产业现代化发展纲要》编制；完成全市屋顶绿化普查工作，形成普

查报告，建立可查询、统计、分析的数据库。（王建玲　雷文优）

【城乡建设】市政设施建设维护　2009年，深圳市城管局加快推进特区内外市政设施一体化建设，市政设施管理进一步强化。至年底，深圳建成轨道交通1号线、4号线，共25公里；1、4号线延长线和2、3、5号线共153千米正加紧建设。至12月31日，深圳地铁累计实现安全运营1830天、安全行车6601.7万车千米，安全运送乘客5.4亿人次，列车正点率99.9%以上。地铁客流逐年稳步上升，2009年总客运量13823万人次，日均客运量37.87万人次。就宝安、龙岗两区和光明新区市政设施后续管理问题进行专题调研，提出解决关外社区市政设施更新改造、维护经费及监管的建议上报市政府。加快推进道桥信息管理系统和城市照明“三遥”监控系统建设工作，要求宝安、龙岗区和光明新区在市级平台基础上，筹建市政设施信息化管理系统，积极向各区提供技术和业务指导。

推进市政设施综合整治。宝安、龙岗两区和光明新区共完成94条市政道路修缮改造工程、21条断头路整治工程，整治“有路无灯、有灯不亮”道路56条。实施道路修缮和道桥设施专项改造。完成深南路西段、东门北路等道路路面修缮工程，开展北环路、滨河路等道路修缮工程前期工作，完成盐排高速辅道边坡二期、香轩路等6条道路专项维修工程，完成春风路高架桥、深南沿河立交桥梁体油漆美化和葵涌东纵北撤原址重建九曲桥及纪念亭专项工程，实施童乐天桥等5座人行天桥、人民南人行天桥扶手电梯加篷改造工程。实施城市照明重点工程建设，深南上步路、文锦路、滨海大道37座立交桥景观照明工程及“星光大道”试验段工程、彩虹桥景观照明工程等项目加紧推进，特区内131条承担市政道路功能的“有路无灯”道路灯光改造工程年底前开工，特区内台架式变压器改造工程完成施工招标。全年道路综合完好率保持在95%以上，路灯亮灯率和设备完好率分别为99.9%和96.9%。道桥设施管理方面，共安排小修保养包干专项经费651万元，挡墙巡查专项经费30万元，清除乱涂写专项经费180万元。照明设施管理方面，共更换灯泡约1万只，更换镇流器4000余个，更换灯具1500多套，更换电缆近5万米。对委托港方管理的西部通道大桥上部结构进行监管，对大桥下部结构进行定期巡检，完成大桥深圳段禁航标安装。办理各类占用挖掘行政许可289宗，严查各类非法占道和破挖行为，查处以电信偷破埋管施工、地铁施工乱挖为重点的各类违章挖掘占用共616宗。

市容环卫　2009年，深圳市城管局继续推进特区内外环境卫生管理一体化，城市清洁水平进一步提高。“鹏城市容环卫杯”竞赛活动持续开展。考评项目增设环卫机械化作业项目，对机械化清扫率、集装箱式垃圾压缩转运站的使用情况进行考评，对竞赛优胜奖、单项奖及“鹏城优秀美容师”进行表彰。

道路清扫保洁作业更趋精细化、机械化、市场化。市政道路清扫保洁实施分级管理，按级核费；制定《市政道路清扫保洁检查考核办法》，实行扣分扣款和考评不达标淘汰制度；推广高压冲洗与人工刷洗相配合的群组作业模式。推进机械化清扫工作，全市适宜机扫市政道路面积为9323万平方米，机扫率达52.6%。完善市场体系，建立财政激励机制，建立监管有力、竞争有序的市场化运行体系。

城市废弃物监管与处置工作不断强化。完善日常巡查检查机制，对全市8区余泥渣土管理情况进行全天候、全覆盖的巡查和不定期抽查。会同公安交警部门开展跨区、跨部门的大型执法行动，查处各类违章车辆2896台次，整治工地355个次，清理无主垃圾3.4万立方米。规范垃圾处理收费，加强垃圾处理及设施监管。拓宽垃圾处理费征收监管领域，提高收缴率，全年共征收垃圾处理费4亿元。焚烧垃圾54万吨，填埋垃圾107万吨，处理垃圾渗滤液13.2万吨，处理污泥15.6万吨，处理畜禽30多万头（只），杂类冻品150多吨；投资400多万元建设的全市环卫垃圾处理监管系统已投入使用，实现对垃圾处理收费、垃圾车运输、垃圾计量、垃圾处理污染物排放等垃圾处理设施的在线监管。

环卫基础设施建设与管理继续加强。加快新型垃圾转运站建设，提高使用效能，特区内垃圾进站转运率达到73.1%，特区外垃圾进站转运率达到73.3%。规范环卫工具房的建设和管理，特区内工具房建成103座，宝安区、龙岗区分别落实选址100座、70座。提升公共厕所品质，在滨海公园A区绿化带隔离带设置3座移动公厕，福田、罗湖和盐田区实现环卫系统所有公厕免费开放，完成罗湖区社会公厕分布情况普查工作。推进治污保洁重点工程建设，粪渣无害化处理厂完成初验，新建卫生处理厂完成主体土建工程，下坪场完成填埋区F3单元工程建设，污泥固化处理项目已投产使用。加快塘郎山受纳场扩容建设和水径、部九窝等余泥渣土受纳场建设项目推进，完成《全市余泥渣土受纳场及余泥渣土管理体制中长期（2008~2030）规划》，并通过专家评审，并上报市政府待批。针对车容不整、车况差以及沿途洒漏污水等开展垃圾运输车辆整治，重新核发垃圾处理场（厂）入场（厂）卡，依程序办理垃圾运输车辆准运证，对特区内垃圾运输车辆实施有序调度和严格管理。

环卫循环经济发展再上台阶。下坪场加强CDM项目管理，实现较好社会效益和经济效益，填埋气体收集率从年初2000立方米/h提升到4500立方米/h。填埋气体收集量为2850万立方米，火炬用气量为

850万立方米，发电用气量为2000万立方米，总发电量为3100万度。玉龙坑固废中心完成市粪渣无害化处理厂太阳能光伏光热利用项目的施工图审查；建筑垃圾综合利用厂综合利用建筑垃圾42万吨，生产标砖35万块，实现年产值970万元；完善餐厨垃圾收运信息系统建设，南山循环经济产业园餐厨垃圾处理项目主体设备安装完毕，罗湖区餐厨垃圾收运工作开始启动。

爱国卫生工作扎实有效。组织开展迎新春爱国卫生运动、甲型H1N1流感防控工作和2009年“清洁深圳月”活动，召开动员会115次，组织整治活动209次。年内创建省卫生村63个和市卫生村24个，评选表彰行业卫生标兵单位8个，行业最佳卫生单位13个。积极开展外来务工人员聚居地爱国卫生工作试点，全国爱卫办对福田区上沙村、长城科技工业园两个试点单位进行考察，并给予良好评价。大力开展春秋两季病媒生物防治运动和防控甲流消毒杀虫专项行动，全市投放消杀药物21.6吨，储备消杀应急药物1.4吨，有效控制病媒生物传染病的发生。

园林绿化　全力推进国土绿化美化，城市生态文明品位进一步提高。全市建成社区公园33个，7个市政公园和郊野公园完成立项和划线工作，总规已获批准，儿童乐园开始动工建设。全市已立项森林公园和自然保护区11个，总面积超过480平方千米。羊台山森林公园小羊台片区景观工程开始实施。

城市绿化美化重点项目建设卓有成效。大鹏半岛国家地质公园建设项目完成施工图设计等前期工作；深圳湾15公里滨海休闲带建设项目补充可研报告已获批准，建设工程完成95%的年度计划，护岸和示范区工程已完工开放；梧桐山风景区道桥等基础工程基本完工；仙湖植物园仙湖驳岸改造工程已完工，蝶谷幽兰景区已建成对外开放；深圳湾滨海红树林修复一期工程进入设计阶段；生态风景林建设工程进入抚育和补植阶段，幼林保存率达到95%以上；主干道背景山体林相改造工程完成总任务的74%；新增投资项目沿海防护林建设工程项目完成作业设计和工程监理招标；市野生动物救护中心建设工程于9月动工。

城市绿化改造工程顺利推进。全市共实施226项绿化工程项目，年内完成南头关、皇岗口岸、罗沙路－罗芳立交绿化景观改造和市民中心广场灯塔安全隐患整治等工程；龙岗区完成中心城区8条主要道路及大运场馆周边道路绿化改造，突出“一路一色，一路一树”的景观效果；南山区启动以前海路、南山大道街景改造为重点的绿化工程80余项，种植乔灌木3万余株、花灌木1.5万平方米，铺植草皮5.6万平方米，悬挂摆设各类时花近2.9万盆；盐田区完成海鲜街、盐田路等道路绿化增植及盐三路局部拓宽配套管线迁移工程。推进市花簕杜鹃种植工作，全市共种植簕杜鹃215.6万株。

国土绿化管理与绿化创建活动有序开展。组织开展“园林式、花园式单位（小区）”达标创建活动，全市共有71个单位（小区）达标，累计达标单位（小区）2349个。主办深圳市第四届公园文化节，参演人数达4万人，接待市民和游客290多万人。年内还与中国公园协会共同主办首届“国家重点公园可持续发展研讨会”。组织承办各项花事活动。完成第七届中国（济南）园林花卉博览会深圳参赛景点建设任务；市属莲花山、园博园、人民公园、洪湖公园分别举办簕杜鹃、杜鹃花、月季花、荷花等花事活动，人民公园成为国内第一个获得“世界玫瑰名园”称号的公园。广泛开展全民义务植树活动。全市共有18万人次以各种方式履行植树义务，完成植树62万株。严格管理林地和城区公共绿地，全年办理征占用林地申请62宗、临时借占用绿地申请652宗，处理绿化投诉4982宗，并组织开展两次公共绿地管理考核。积极推进绿化养护管理市场化，全市有2300多万平方米的城区公共绿地实行市场化管理，占全市城区绿地面积90%以上。

开展林业有害生物防治工作。全市共完成松材线虫病防治面积604公顷，无公害防治率达100%，完成病疫区林分改造面积124公顷，为省下达疫点林分改造任务面积的2.33倍。投入薇甘菊防治资金1200多万元，完成防治面积0.86万公顷，组织开展全市统一清理薇甘菊行动2次。在羊台山和凤凰山森林公园开展红火蚁防治工作，防治面积80公顷。（李长虹）

城市供水　深圳市水务局深化改革，强化管理，水务社会管理、水污染治理、水源供水基础设施建设、防洪减灾、水资源节约和保护等各项工作都取得了新的成绩。全年完成投资24.24亿元，比上年增长51.99%，创历史新高；全市原水供应总量18.2亿立方米，减少0.3亿立方米；自来水供应总量15.02亿立方米，减少0.67亿立方米；制配水能力达到670万立方米/天；万元GDP水耗22.3立方米，下降5%，相当于全国平均水平的1/10。年处理污水量达到10.4亿立方米，比上年增长7.2%；COD削减量22万吨，城市生活污水集中处理率达到80%，比上年提高5个百分点；水土流失总面积减少3.1平方千米，降到52.66平方千米，相当于10年前的40%左右。全局159项重点工作任务全部完成。

进一步加强水务社会管理。完善水务法规体系，编制完成水务行业标准体系，出台城市供水技术标准2项，制订节水技术标准5项、河道管理技术标准4项、排水管理技术标准2项、开发建设项目水土保持技术标准2项、信息化技术标准4项。完成《深圳市水务发展“十一五”规划》中期评估工作，编制完成《深圳市水务建设近期计划》，组织修编《深圳市流域综合规划》。出台实施全市供水行业服务规范、供水行业技术进步指南、节水专项资金管理若干规定、涉河建设项目管理若干意见和水务委托执法规定。起草报批节约用水奖励办法、居民生活用水定额管理办法、污水处理费征收使用管理办法、涉及排水设施建设管理办法、城市排水许可证管理办法。修订送审河道管理条例。

水务依法管理能力继续加强。行政审批进一步规范，审批效率不断提高，全年完成审批事项1200余件。全年共拆除河道及水源保护区违法建筑2.3万平方米，发出整改通知书478份，处罚金额约149万元，比上年增长2.47倍。进一步完善供排水特许经营机制。市、区、街道三级水政执法网络及工作机制逐步完善，全年组织开展专项执法行动7批次，出动执法人员3500人次，处理水事违法案件3748宗，检查施工工地215个。先后开展"安全生产年"、"安全生产月"、"三项行动"等专项行动5次，深入排查整改在建工程安全隐患，对215项298个合同标段进行质量监督，对40多个项目进行300多次常规抽检，完工验收的75项水务工程（88个单位工程）的单元工程和分部工程质量合格率均达到100%。全年完成1.7万多个水样检测工作，保证城市供水（含二次供水）、水源地水的水质安全。

全市主要饮用水源水库一级水源保护区管理工作得到加强，有毒污染监测网络和工作机制不断完善，隔离围网工程除西丽水库外全部完工。第二批98座小型水库除险加固工程前期工作进展顺利。原水价格调整和水库大坝安全监测工作正式启动。地下水功能区划分和开发利用规划按期推进，地下水监测站网初步形成。

继续推进供水基础设施的改造和建设，保障全市正常安全供水。北线引水工程和笔架山支线工程、大工业区支线工程具备试通水条件，铁岗水库扩建工程按期完工。东江水源工程永湖泵站（二期）安全试运行一年，梅林支线工程投入试运行。东江水源工程二期、公明供水调蓄工程和石岩水库截污工程超额完成年度计划，清林径引水调蓄工程开工建设。大鹏半岛支线供水工程完成试通水，满足正常运行条件。坝光、东涌、盐田支线、大鹏半岛水库群开发利用等项目按计划推进。顺利完成东江水源工程、东深供水工程和龙茜供水工程的年度停水检修任务，完成老虎坳原水泵站改造、獭湖支线扩建、石松支线扩建三个工程前期工作；基本完成特区外106个基层社区供水管网改造初步设计，沙井河、燕罗、公明等大型排涝泵站工程建设顺利推进，8座市管饮用水库水源保护林工程开工。

▲2009年9月，深圳市举行应急抢险救援演练　深圳市住房建设局供稿

节水工作取得新成果。向全市15万多家单位用户下达年度用水计划，完成700多家单位用户用水计划现场核实、近300家建设项目用水节水审批和200多家单位用户水量平衡测试验收工作，完成105家创建节水型企业（单位）评审工作。节水型社会建设试点中期评估报告顺利通过水利部评估，位列全国参评城市首位。

污水处理　污水治理工作取得阶段性进展，治污治河重点项目进展良好。58项水污染治理重点工程中已建成南山二级污水处理厂等16项工程，其他项目正按计划逐步实施。建成污水管道200千米。福永污泥处理厂建成投产，老虎坑、上洋两座污泥处理厂按计划推进，其中老虎坑厂已完成设备招标。深圳水库排洪河综合整治全面完成，成为全市第一个河流生态景观示范项目。福田河、新洲河、布吉河、大沙河综合整治工程按计划顺利推进。观澜河干流截污工程基本完工。茅洲河界河段治理取得较大进展，深莞双方就岸线划定达成一致意见，清淤清障工作基本完成。龙岗河下游排涝、东部海堤重建等项目完成初步设计。深圳河河口治理一期工程竣工验收，治理深圳河三期工程完工验收。

防洪减灾　2009年，深圳市降雨量比上年减少17%，暴雨次数偏少，台风影响偏重。全市经受了"5·23"等强降雨以及"浪卡"、"莫拉菲"、"天鹅"、"巨爵"等台风的吹袭。为保护人民群众生命财产安全，进一步强化"三防"责任制，认真落实各项应急防灾措施。全年累计启动"三防"应急响应5次，组织抢险队伍6万余人次，开放避险中心300多个，转移危险地带居民9.8万人，组织回港船只8200艘。加大防洪工程建设和隐患排查处理力度，充分发挥水利工程的防灾减灾效益。完成60多座小型水库的除险加固任务，排查处理在建工地、危险边坡、排洪通道、危房老屋、低洼地区安全隐患918宗，开展防洪执法43次。全市汛期未出现严重险情，未造成人员伤亡和重大财产损失，防洪减灾效益近12亿元。

做好水土保持工作。全年审批开发建设项目水保方案报告书360宗，比上年增加47宗，涉及防治责任面积76.52平方千米，水土保持工程总投资26.91亿元。全年整改水保违法行为200余起。市管8座饮用水源水库流域水土保持综合治理工程开工建设，区管7座饮用水库流域水土保持综合治理工程完成前期工作。

城市排水 排水监管和清源行动深入开展。全面推行城市排水许可制度，全年办理排水许可证近600件，审查审批建设工程排水事项130多项。污水处理费征收、减免和排水运营服务费核拨工作逐步规范。特区外排水管网普查核实工作顺利完成。新建市政排水管网31公里。初步建立全市排水管渠地理信息系统。积极推动各区实施小区排水管网改造，特区内各区落实清源行动和管网改造工程资金6.8亿元，水务企业投入3100多万元。特区内污水收集率达到88.5%，列入市政府年度主要工作的380个排水达标小区创建任务圆满完成。

（詹卡）

城市供气 2009年，深圳市进一步强化燃气管理。年内，加快燃气基础建设，开展西气东输二线深圳段工程建设前期预算及相关准备工作，加快推进清水河、东角头液化石油气站搬迁整治。推进樟坑径液化石油气仓储基地和求雨岭天然气应急储备站建设，保障全市燃气应急供应。加强燃气市场管理，全国最大的压缩天然气运营商中石油昆仑天然气利用有限公司正式落户深圳市。深圳燃气在上海正式挂牌上市，成为全国第一家首次发行就整体上市的燃气企业。加快汽车加气站建设，已许可两家天然气加气站企业经营。成立深圳市燃气管道设施安全保护联席会议，加强燃气管道及设施安全隐患排查与整治。积极推进瓶装燃气供应站点布局规划编制，完成我市瓶装燃气供应站点统一标识设计工作。强化燃气安全宣传，通过开展燃气安全知识进校园、进社区，落实入户安全检查制度，有效防范燃气事故发生。

全年新增管道天然气用户7.4万户，总数达到96万户；建设高压天然气管道19千米，中压天然气管道66公里，管网总长度达到2650公里。

【住宅与房地产业】 *房地产开发* 2009年，深圳市房地产开发规模比上年小幅下降。年内，全市房地产开发投资以住宅为主，所占份额略低于上年水平。全市共完成房地产开发投资437.46亿元，比上年下降0.7%。从用途结构来看，住宅完成投资289.78亿元，比上年下降8%。其中，90平方米以下投资151.33亿元，比上年下降1.1%；别墅投资5.49亿元；办公楼投资35.34亿元，增长35.3%；商业用房投资53.22亿元，增长2.4%；其他商品房投资59.12亿元，增长24.6%。从投资方向看，商品房建设投资364.42亿元，占投资总额的83.3%，比上年增长1.91%；土地购置费、房地产开发投资和配套工程分别为45.25亿元、7.31亿元和20.49亿元。年内，全市商品房施工面积3112.36万平方米，比上年下降5%；住宅2087.47万平方米，下降5.6%；办公楼189.09万平方米，下降6.2%；商业用房328.17万平方米，下降5.2%；其他用房507.53万平方米，下降2%。全市商品房竣工面积402.01万平方米，比上年下降36.2%；住宅269.54万平方米，下降39.3%；办公楼25.05万平方米，下降9.1%；商业用房32.2万平方米，下降46.1%；其他用房75.22万平方米，下降23.7%。

房地产市场管理 2009年，深圳市继续加强房地产市场管理。制订《保增长保红线行动工作方案》，发布《深圳市工业项目建设用地控制标准（2009~2010）》，逐步扩大节约集约用地评价和考核的范围。6月，《关于农村城市化历史遗留违法建筑的处理决定》颁布实施，规定根据土地利用总体规划、城市规划和土地利用计划的要求，分别采用确认产权、依法拆除或者没收、临时使用等方式，分期分批处理。10月，印发《深圳市城市更新办法》，规定纳入城市更新改造单元内的城市建成区可以采取综合整治、功能改变或者拆除重建进行城市更新。年内，全市共出让土地584.58公顷，比上年增加7.56%。起草《深圳市房地产行业管理若干规定》，并报市法制办审查。制定房地产买卖合同等一系列示范文本，并实现网上打印合同规范和统一管理。建立定期不定期的市场检查制度，开展为期1个月的全市房地产市场检查活动，以及开发企业违规收取购房意向金及定金的专项整治工作。进一步完善房地产信息披露和公示，建立“深圳市房地产诚信公示系统”、“深圳市房地产行业不良行为信息系统”、“业内不良从业人员和不良客户黑名单系统”三大诚信体系，实现对房地产企业经营行为的实时记录。采用房地产市场综合指数系统、房地产市场预警系统和房地产政策试验仿真系统，全面分析经济形势、市场预期、信贷和利率、财税等政策变化对全市房地产市场形势的影响，实时动态监测房地产市场运行特征，及时预警、预报房地产市场价格、交易量发展趋势，以及信贷、利率、土地、税收等变量对全市房地产市场的影响。推进房地产登记工

作规范化、法制化、制度化建设，开展登记业务培训。

建立市场巡查制度，定期走访在售楼盘现场，及时掌握房地产开发项目销售状况，为制定相关政策提供翔实的基础数据和决策依据。全面分析房地产市场运行总体情况和市场走势，为进一步加强房地产行业管理提供有价值的信息。全市全年参加并通过年检的开发企业、经纪机构和房地产评估机构分别为600家、210家和56家。年内，全市商品房批准预售面积572.18万平方米，比上年下降26.51%。其中住宅471.96万平方米，比上年下降29.18%；办公楼43.84万平方米，增长115.52%；商业用房45.56万平方米，下降24.57%；其他用房10.83万平方米，下降65.44%。年内，全市商品房成交879.82万平方米，比上年增长87.84%。其中，期房成交712.56万平方米，比上年增长70.6%；住宅660.25万平方米，增长39.62%；办公楼22.2万平方米，增长355.35%；商业用房14.33万平方米，下降19.93%；其他15.77万平方米，增长1.8倍。现房成交167.26万平方米，比上年增长2.4倍；住宅133.4万平方米，增长4.38倍；办公楼2.76万平方米，增长2.9倍；商业用房20.27万平方米，增长21.49%。年内，全市房地产三级市场交易15.74万宗，比上年增长2.4倍；面积1405.27万平方米，增长1.84倍。其中，住宅1226.58万平方米，比上年增长2.5倍；办公楼29.27万平方米，增长20.25%；商业用房53.22万平方米，增长1.21倍；其他用房96.2万平方米，增长0.12%。从区域结构来看，罗湖区3.5万宗、面积263.31万平方米，分别比上年增长2.21倍、1.7倍；福田区3.65万宗、面积332.33万平方米，分别增长2.35倍、1.8倍；南山区2.57万宗，面积244.14万平方米，分别增长2.25倍、1.6倍；盐田区0.36万宗、面积30.93万平方米，分别增长2倍、1.95倍；宝安区2.74万宗、面积263.62万平方米，分别增长2.65倍、1.83倍；龙岗区2.93万宗、面积270.94万平方米，分别增长2.91倍、2.05倍。

积极贯彻落实有关市场调控的政策办法，促进房地产市场发展。放宽港澳台居民购房、落实支持居民住房消费的金融财税政策等都推动了房地产市场的发展。年内，编制住房保障与住房建设计划，积极增加住房有效供应，着力解决低收入家庭住房困难。加大保障性住房建设力度，简化房地产立项审批手续，加快推进保障性住房和普通商品房建设。为促进住房供应，缓解住房供求矛盾，出台《深圳市社会投资项目核准试行办法》和《深圳市外商投资企业固定资产投资项目核准试行办法》，缩短了保障性住房和普通商品房审批时间，提高了全市住房供应效率。切实加强房地产税收征管，采用自行征收和委托代征相结合的征管模式，对房地产二级市场的税收采用纳税人自行申报、税务机关加强管理、重点稽查的征管方式，房地产三级市场（二手房市场）的各项税收委托市房地产登记部门在办证环节代征，并严格执行“先税后证”制度，对房地产税收实行严格的源泉控管。

强化房地产登记历史遗留问题处理工作。全年共处理历史遗留问题16宗。开展房地产登记簿编制工作，房地产登记簿顺利通过省住房和城乡建设厅的考核验收。是年，全面接收宝安、龙岗、光明的房地产权登记业务，并按照“精简、高效、便民、科学”的原则，在特区外设置宝安、龙华、龙岗、布吉、光明5个办文点。对内设机构进行调整，撤销罗湖、福田、南山、盐田等6个登记点。建立登记质量检查机制，定期对全中心的房地产权登记质量进行检查。2009年，全市共办理房地产权初始登记1605宗，面积1709.94万平方米。其中，罗湖8宗、面积14.55万平方米；福田10宗、面积38.34万平方米；南山25宗、面积73.08万平方米；盐田5宗、面积9.62万平方米；宝安400宗、面积885.79万平方米；龙岗1157宗、面积688.56万平方米。

住房保障　2009年，深圳市加大保障性住房建设投入，加强保障性住房管理。年内，建立完善包括廉租房、经济适用房、公共租赁房在内的多层次住房保障政策体系，推进住房公积金管理制度设计、银行招标、机构设置等前期准备工作。加快推进保障性住房建设，通过政府投资、商品房配建、地铁上盖、向企业购买等多渠道多形式筹集房源，新增保障性住房建设用地30万平方米，安排建设保障性住房2.57万套，全年完成保障性住房建设投资约26.9亿元。加强保障性住房租售管理，完成首批2648户保障性住房租售工作，启动第二批保障性住房申请的受理。落实高层次人才住房服务政策，受理319位高层次专业人才住房补贴申请。

物业管理　2009年，深圳市全力推进物业管理进社区工作，超额完成了市政府提出的工作目标。年内，引入物业管理住宅区317个，建筑面积3919万平方米，受惠人口205万，全市引入物业管理住宅区累计达2732个，建筑面积近3亿平方米，人口近1000万人，特区内住宅区物业管理实现全覆盖，特区外原农村社区物业管理覆盖率达到88%。加强物业专项维修资金的追缴、使用和管理，全市累计收缴1814个物业项目专项维修资金48.46亿元，市物业专项维修资金信息管理系统（一期）正式投入使用。

（吴涛）

【城市综合管理】　2009年，深圳市城市管理局（行政执法局）全面启动市容环境提升行动，继续推进街道综合执法工作，数字化城管工作全面完成，市政园林设施建设向精细化发展，进一步实现了城市管理的常态化、标准化、规范化，全市城市管理工作迈上新台阶。

推进数字化城管系统建设，全面提升城市管理信息化水平。是年，全市数字化城管监督部门共受理城市管理案件240万宗，其中特区内四区受理数达120多万宗，立案数达116万宗，结案数为113万宗，立案率为97%，结案率达97.3%。年内对数字化城市管理平台实施改造升级，增加互动平台、知识库、部件在线更新、决策分析、信息采集员管理等子系统。同时启用数字化街道综合执法信息共享平台、街道执法队与职能部门之间信息交流和案件移交的协同工作平台，实现了执法信息共享。

市容环境整治　2009年，深圳市城管局全面启动市容环境提升行动，不断强化对城中村和社区环境综合整治，城市面貌进一步更新。

以迎接2010年深圳经济特区建立30周年和举办第26届世界大学生夏季运动会为契机，推进建市以来涉及面最广、工作量最大、标准最高的市容环境更新美化行动。启动清洁深圳百日专项行动和广深铁路沿线市容环境专项整治行动。对龙岗区广深铁路沿线7.2万平方米的乱搭建予以拆除，清理罗湖区沿线废品收购摊档40多宗（次），同时抓紧绿化改造工程施工。启动街道家具清洗刷新行动。对特区内主、次干道两侧和特区外各区、中心城区的街道家具进行清洗刷新。大力推进主要道路和重点商业街区的“城市装修”计划。福田区皇岗南路福田村福新坊段、彩田路跨北环路段、广深高速公路福田出口段进行建筑立面刷新和屋顶改造；罗湖区完成119栋建筑物的外立面改造，11条主干道及布吉关口、梧桐山中心街、广深铁路罗湖段沿线相关建筑的环境治理加紧推进；南山区南山大道等3条道路综合整治、后海湾片区和南海大道灯光夜景工程，盐田区深盐路、深沙路等主干道重要节点的刷新工作，宝安区宝安大道等4条（段）道路的街景整治、机场候机楼视线范围内10万平方米建筑屋顶及鹤洲路口周边建筑立面刷新都在全面推开；光明新区华夏路沿线建筑物立面刷新工程、坪山新区创业路街景改造示范工程也同时实施；龙岗区年内完成黄阁路、龙城路等8条主要道路绿化改造，完成深惠路沿线、龙岗街道示范段街景整治。

城中村综合整治取得阶段性成果。组织开展全市城中村现状调查，并筹措项目改造奖金，市级首期建设资金及盐田、龙岗两区追加的一般整治类项目建设资金已到位。各区采取先点后面的方式实施整治工作，年内598个三类项目完成设计并通过消防审核，开工项目655个，超额57个，年度开工率100%以上；273个二类项目中有14个项目已经完工。

开展户外广告整治。对全市范围内设置的各类横幅标语要求设置单位在限期内自行拆除；对公路和高速公路沿线特别是广深高速公路深圳段的违法立柱广告开展集中整治。开展设置户外广告占用公共用地使用权的拍卖工作，受理特区内户外广告或临时构建物行政许可申请1460件。

综合执法　继2007年全面推进街道综合执法工作以来，严厉打击纳入街道综合执法范围的各类违法行为，切实维护城市管理正常秩序。

2009年，在查处违法建筑方面，全市共拆除违法建筑3159栋，面积56万平方米。在市容整治方面，开展清理行动4100余次，清理“三乱”406万处，清理乱摆卖近400万宗，占道经营烧烤10万宗，教育15万人次，暂停电话号码9896个，对2139个电话号码采取短信扣款措施。立案查处违法设置大型户外广告牌23宗，强制拆除大型广告牌15块、报刊亭16个。在卫生管理方面，查处无证诊所1811家，查处无食品卫生许可证生产加工单位2114家。在文化市场管理方面，查处黑网吧7198家，查处无证经营娱乐场所509家，没收非法出版物10.8万本，非法光碟47.5万张。在安全生产管理方面，查处燃放烟花爆竹1110宗，查处违法生产、存储、销售烟花爆竹违法行为1177宗，查处未经批准擅自进行采石、取土的行为109宗。强化森林资源保护。开展基本生态控制线范围内占用林地专项清查行动及森林资源保护专项执法行动，有效保护了森林资源。　*(李长虹)*

【建筑业】　2009年，深圳市住房和建设行业健康有序发展。全年共安排建设保障性住房2.57万套。完成建筑业总产值1088.3亿元，比上年增长8.92%；建筑业增加值234.03亿元，按可比价计算增长23.1%，比上年增长22.6个百分点，占全市GDP的2.85%，比上年增长0.35个百分点。全员人均劳动生产率36.32万元，比上年增长5.2%，人均增长1.8万元。前十名企业占市场份额的33.7%，比上年增长11个百分点。共有三个工程获鲁班奖，一个工程获“全国建筑施工安全质量标准化示范工地”称号；全市企业开发的工法有4项获国家级工法，24项获省级工法；深圳市被确定为国家级可再生能源建筑应用示范城市。

是年，深圳市住房和城乡建设局加强重大项目创新服务。成立重大项目服务领导小组，深入基层和企业，为企业现场解决困难和问题。开足绿色通道，对重大项目实行提前介入、上门服务，提前办结率达100%。创新工作机制，取消投标报名环节、试行批量招标等，施工招标周期比以往缩短50%以上，工程造价结算审查时限缩短三分之一。全面取消工程质量监督费、定额测定费，减轻企业负担8700万元。轨道交通、大运工程等共188个重大项目顺利推进，轨道交通项目通过探索实践BT、设计施工总承包、BOT等管理模式，建设进度明显加快，实际完成年度投资212亿元，为年度投资计划的1.12倍，其中5号线完成年度投资计划的1.63倍。

积极参与甘肃灾区援建工作。直接援建项目累计完成18个，占全部援建任务的85%。

施工安全管理 2009年，深圳市质量安全和文明施工处于可控状态。年内，完善质量安全制度，制定地下暗挖、深基坑、起重机械等重大危险源的管理办法。创新质量安全管理机制，建立完善包括信息报送与反馈、第三方监测、引入专家管理、监督抽检、分级监管、施工安全文明措施费清单计价、优质工程奖励等创新举措。强化现场监管，组织开展各种专项检查活动，严厉查处桃源村三期装修质量问题、劣质混凝土膨胀剂等违法违规行为。完成全市中小学校舍安全排查鉴定工作。首次开展轨道交通工程应急抢险救援演练。

建筑市场管理 2009年，深圳市继续加强有形建筑市场管理。年内，推行优质优价机制，中标价相对标底平均下浮13.86%，节约国有资金及政府投资近100亿元。实行投诉黑名单制度、技术方案暗标评审制度、项目经理锁定制度、分包明示制度等，进一步规范各方主体行为。推行分时段投诉受理、全年度工程担保等措施，提高招标投标效率。建立招标投标联席会议规则及招标投标案件移送办法，严格执行资格后审、同类工程经验设置“菜单化”等制度，预防和打击围标串标等违法违规行为。加强有形建筑市场建设。制定设计招标、货物招标、项目代建招标管理办法，推进工程招标统一交易平台、统一政策措施、统一监督管理。全年进入有形建筑市场交易的项目共3499项，涉及中标价531.8亿元。成立招标投标顾问委员会和咨询委员会，提高重大问题科学决策水平。实行评标专家公示、评标旁站监督、评标质量反馈等制度，强化评标专家考核管理。推广电子评标和网上投标，电子自动评标系统作为“科技防腐”主题，入选北京“辉煌六十年——中华人民共和国成立60周年成就展”。

加强建筑行业管理及和谐行业建设工作。推动10家具有一定实力的企业发展成为兼具设计和施工能力的企业集团。组织19家建筑企业开展总部企业认定工作。支持建筑装饰、幕墙、钢结构等传统优势产业实施“走出去”战略，建筑装饰行业完成产值500亿元，在外地完成产值达387亿元，有33家企业入围全国装饰企业百强，洪涛装饰成功上市。加强深港两地建筑产业合作，与惠州、东莞建设主管部门共同签署紧密合作框架协议，推进珠江口东岸城乡建设一体化进程。

实施建筑工人关爱行动。免费为建筑工人提供平安卡培训，2009年共发放平安卡16万张，全市累计发放平安卡达30万张。建立劳务工工资代为支付制度，保障建筑工人合法权益，共清理拖欠工程款1.1亿元，清理拖欠工人工资近4000万元，涉及工人3123人。在97个建筑工地推广配备一个大食堂、一个医疗室、一个洗浴室、一个阅览室、一个娱乐室的“五个一工程”，组织开展“十大文明示范工地”评选。积极推进南山建工村改造和生产基地建设，南山建工村改造初步规划基本确定，沙河建工村搬迁已做好前期准备，石岩、龙岗两个生产基地的临时用地也已落实。

工程造价管理 2009年，深圳市加强建设工程造价管理。年内，加强建筑市场价格波动情况监测，定期编报建筑市场价格简报，推进价格信息网上发布工作，增强价格信息准确性和及时性。组织编制设计施工总承包等合同示范文本。制定《深圳市非财政性国有资金投资建设工程造价审查办法》，规范造价审查方法、审查内容和审查时限，全年审减造价9510.69万元。

【建设科技】 2009年，深圳市大力推进建设科技创新。年内，开展设计施工一体化试点，起草《关于推进建筑工业化的实施意见》，全面启动建筑工业化相关技术标准编制，推进建筑预制构配件、部品的工厂化生产和现场装配。推进企业工法关键技术创新和施工工艺标准工作。以实施“金建工程”为契机，将建设管理的各个方面纳入数字化管理，实现信息实时监控，资源互通共享。开展数字化工地试点，利用信息化手段对深基坑工程进行远程动态监控与预警。对于地铁工程等重大质量安全工程项目，试行数字化模拟分析。

建筑节能和绿色建筑工作取得新突破。新建建筑100%符合节能标准，既有建筑节能改造全面启动。国家机关办公建筑和大型公共建筑节能监管平台一期建设通过国家验收，53个绿色建筑示范项目、光明新区绿色建筑示范区建设稳步推进。深圳市被确定为国家可再生能源建筑应用示范市。全国首部建筑资源循环利用地方性法规——《深圳市建筑废弃物减排与利用条例》颁布实施，完成修订《深圳市预拌混凝土和预拌砂浆管理规定》，全面推广应用预拌混凝土和预拌砂浆。设立建筑节能专项发展资金，全年安排资金3000万元。通过推广节能措施、节能改造、太阳能利用，全年建筑节能量达58.2万吨标准煤，比上年增长42.6%，相当于减少二氧化碳排放186.24万吨。通过推广散装水泥、预拌混凝土、预拌砂浆和新型墙材，节省木材21.45万立方米、水780万立方米、水泥163.5万吨，节约用地228.4公顷，利用工业废料131万吨，减少粉尘排放2.73万吨。 （吴涛）

珠海建设

【概况】 2009年，珠海市改革开放和现代化建设快速发展。港珠澳大桥动工兴建，使珠海成为粤港澳区域枢纽节点。国务院批准《珠江三角洲地区改革发展规划纲要(2008~2020)》和《横琴总体发展规划》，确定珠海为珠江口西岸核心城市的新定位和建设高栏港工业区、海洋工程装备制造基地、航空产业园、国际商务休闲旅游度假区的新布局。

按照建设珠江口西岸核心城市的目标，着眼于珠中江、珠深穗、珠港澳三大区域功能对接，确定“一条主轴、两大板块、三区一城、若干组团”的城市发展格局，十字门中央商务区建设启动。在发展经济的同时，注重环境保护。2009年全社会固定资产投资额突破400亿元。

【城乡规划】 2009年，珠海市加快新一轮城市总体规划修编。7月，珠海市城市总体规划（2010~2030）编制工作领导小组办公室成立，并开展《珠海市城市总体规划(2001~2020）实施评估报告》及《珠海市城市总体规划（2010~2030）前期研究报告》编制工作，至年底，两份报告已有初步成果。

加快重点规划编制工作。“东部城区主轴（情侣路）概念性总体城市设计”是珠海市十大重点改造工程之一。于2008年10月启动编制工作。“中心城区控制性详细规划”分为香洲、新香洲、吉大、拱北、前山、上冲6个片区，2009年底前完成全部规划编制工作。“十字门中央商务区规划”前期规划研究成果通过了珠海市政府的审议，并明确了十字门中央商务区的建设范围、内容、基本职责、资产注入相关配套政策等。十字门商务区标志性构筑物中标方案为“海之珠”。十字门中央商务区城市设计概念方案由美国HOK（霍克）国际亚太公司中标，一期建筑设计方案由英国RMJM PROFILE（罗麦庄马）中标。

西部中心城区规划。《珠海市西部中心城区概念规划》通过珠海市城市规划委员会的审议，年底据此完成《珠海市西部中心城区起步区控制性详细规划》编制工作。横琴新区总体规划和控制性详细规划。6月，国务院审批通过《横琴总体发展规划》。为进一步推进横琴开发，推动粤港澳紧密合作，促进澳门经济适度多元发展和维护港澳的长期繁荣稳定，广东省发改委和珠海市政府共同组织编制《横琴新区城市总体规划》。10月，《横琴新区城市总体规划》通过市政府常务会议审查，并报省政府审批。此外还完成《横琴新区城市控制性详细规划》。

开展重大产业布局规划编制。高栏港经济区规划包括中船集团海洋工程及修造船基地、中海油南海天然气陆上终端项目、海洋工程制造基地项目、天然气发电项目、广东高栏LNG接收站项目、珠海电厂5及6号机组、高栏港四个十万吨集装箱码头项目、高栏港15万吨干散货码头项目、高栏港10万吨级煤码头项目等。为做好重点项目的规划服务，完成《高栏港经济区南迳湾油气化学品仓储区控制性详细规划》的编制，《高栏港经济区分区规划》、《高栏港经济区装备制造区控制性详细规划》、《高栏港经济区石油化工区控制性详细规划》已着手编制。

“航空产业园规划”开编。珠海市航空产业园是《珠江三角洲地区改革发展规划纲要》明确支持大力发展的园区，是广东省唯一经批复正式成立的航空产业基地，是珠海市四大产业园区之一。《珠海市航空物流产业规划研究》已于年内完成，《珠海市航空产业园发展规划》已着手编制，《珠海市航空产业园核心区规划咨询及一期控制性详细规划》完成核心区路网初步方案。完善富山工业园规划。3月，《珠海市富山工业园发展规划》正式方案形成；7月，《珠海市富山分区规划》正式方案完成。加强平沙游艇与休闲旅游区规划。年内完成《珠海市西部沿海城市带总体发展规划》、《平沙中心镇总体规划》、《珠海市游艇工业区建设规划》，《平沙游艇与休闲旅游区总体规划》完成正式成果并通过市规划专业技术委员会的评审，《珠海市平沙游艇与休闲旅游区总体规划》已通过市规划技术委员会评审，并报市政府审批。

“高新技术园区规划”编制工作进展顺利。《珠海市唐家湾地区分区规划调整（2008~2020)》、《唐家湾金鼎中心区城市设计及控制性详细规划》和《情侣北路（南段）控制性详细规划调整》年内获珠海市政府批复实施。《珠海市唐家湾高新区科技创新海岸南围控制性详细规划》通过市规划专业技术委员会审议。 *(王海忠　贺洪强)*

【城乡建设】 2009年，珠海市住房和城乡规划建设局负责监督实施的政府投资建设工程共37项，其中市政项目16项，房建项目21项，年度计划总投资约6亿元。至10月，共完成投资约3.4亿元，占本年度计划投资的57%。其中本年度竣工12项，完成投资1.17亿元。

市政设施建设　顺利完成情侣路海堤修复工程、莲山巷道路改造工程，并协调有关部门推进翠福路建设，解决市民出行难问题。通过做好交通基础设施与市政基础设施的衔接，进一步完善城市功能。切实做好城市道路、桥梁及其他市政设施的维护管理工作，全年投入市政维护费用约1700万元。在做好市政设施日常维护工作的同时，重点对城市主要地段和主要道路及其附属设施进行大规模的维修翻新和专项整治。投入150万元对口岸市场周边的市政道路及设施进行综合整治；投入723万元对北岭工业小区周边道路进行改造；投入60万元对口岸广场、湾仔回归广场进行维修整治；投入90万元对吉柠路护坡地质灾害进行加固维修。对粤海路、粤华路、海滨路、珠海大道、南湾大道、金鸡路、石花东路等城区主干道市政道路的水泥路面、人行道进行大面积维修，道路维修面积近2万平方米；对主干道存在问题的道路预留沟进行维修改造；对主城区主要道路残缺破损的路牙石进行全面更换；维修翻新九洲大道、凤凰路、人民东路等共12座地下人行通道；维修翻新公共汽车候车亭37座，新建25座；及时完成被台风"巨爵"损坏的市政设施主要是情侣路的海堤和护栏的修复工作。桥梁管养方面，在对全市133座城市桥梁的常规检测的基础上，对12座有隐患桥梁进行特殊检测，投入120万元对洲山桥进行拆除重建，对前山大桥等30座城市桥梁进行维修翻新。对桥底违章建筑进行整治，设置了防撞安全设施。

(王海忠、贺洪强)

园林绿化　2009年，珠海市着手改善生态环境，提升城市品位，为打造国内一流的城市生态环境，创建国家生态园林城市和国家森林城市奠定基础。是年，全市林业用地面积为4.9万公顷，其中有林地面积3万公顷，森林覆盖率28.6%，林木绿化率29.6%。

3月，珠海市通过国家园林城市复查组的复查。全年义务植树24.03万棵，参与人数5万人次。完成春风林等27个主题林的建设，开展南屏科技园等6个厂区、斗门白藤湖等4个社区的绿化建设，开展海天公园等4个特色公园的建设，以及桂花路、凤凰路等8条特色树种路的建设，建成并开放将军山公园。与企业联手打造海滨公园"香草园"，完成"大树迎春"一期工程35棵大树的种植。在主城区重要路段和节点设置移动花槽，安放鲜花3.6万多盆。相继完成板樟山和景山公园上山路建设、野狸岛公园上山路护栏建设，板樟山公园危险边坡治理以及板樟山和景山公园消防水池建设，建设上山路7000多平方米，蓄水池700多立方米，完成工程总投资1610万元。组织开展城市绿地认建认养工作，累计全市市民认种人数151人，金额1.7万元，认种树木1542棵。认建（认捐）的单位和个人16个（人），金额为181.2万元。

城市景观不断美化。加强城市照明设施的建设和改造工作，安装路灯1万盏。城市景观照明建设主要进行昌盛大桥、前山大桥、海天公园、凤凰河、白沙河景观照明建设，市政府投资1400万元，安装景观灯3000余盏。积极推动城市照明节能减排工作。市政府投资10万元，在蓝盾路、创业西路安装LED路灯、无极灯路灯、高光效和节电器路灯等新型节能路灯，并进行为期半年测试活动，取得较好的效果。解决城市"有路无灯"道路、小区、新农村建设的照明问题，共排除各种故障580起。城市照明设施完好率得到提升，亮灯率保持在98%以上。

市容环卫　努力创造和保持人居与生态环境全国领先水平，打造全国最清洁城市，结合迎国庆、澳门回归市容市貌整治，大力开展全民清洁行动。2009年，共处理生活垃圾72.16万吨，比上年增长9.8%。其中垃圾发电厂处理18.09万吨，西坑尾垃圾填埋场处理34.08万吨，黄杨山垃圾填埋场处理17.52万吨，万山区4座海岛垃圾填埋场共处理2.47万吨。全年处理医疗垃圾1194吨。全年共筹集2000多万元用于改造更新环卫设施，完成垃圾房改造成压缩站7座，采购垃圾压缩车5辆，在市区主要道路增设生态果皮箱。此外，还发动企业捐资捐建环卫设施。全年收取垃圾处理费2100万元，减免困难家庭缴纳垃圾处理费247户。

7月，珠海市垃圾发电厂、珠海市西坑尾垃圾填埋场及大部分垃圾处理建设项目一起移交市水务集团负责管理建设，市市政园林和林业局负责指导、检查、监督和协调工作。2009年，西坑尾垃圾填埋场获得住房和城乡建设部无害化等级最高的一类填埋场荣誉。是年，筹建医疗垃圾集中处置中心，选址并入茶冷迳垃圾处置场用地，工程投资3040万元。为了规范建筑垃圾管理，解决建筑垃圾无处堆放的问题，建成珠海市首座建筑垃圾收纳场，地点在沥溪垃圾填埋场内。

加强环卫业务管理。是年，珠海市清扫保洁面积为1570万平方米，其中机扫面积405万平方米。为强化环卫业务监督管理，成立市容环境卫生投诉受理窗口，公布投诉受理电话2311120，指定专人值班，负责投诉电话的接办和意见反馈。成立环卫监督巡查组，做到每日定时定点巡查，对投诉反映的问题做到及时调查处理，做到日有巡查、月有通报。市市政园林局和林业局每半年对各行政区（经济功能区）进行一次环卫考评工作，并与团市委、市青年志愿者协会联合开展"把珠海打造成全国最清洁的城市"系列志愿服务活动。

(丁振林　李英)

污水处理　2009年，珠海市水务局建设一系列污水处理项目。继续建设拱北污水处理厂一、二期改扩建工程，项目建设规模为5.5万吨/日，采用改良AAO工艺，工程投资9191万元，工程于7月完工通水试产。建设南水污水处理厂，工程一期设计规模为5万吨/日，采用工艺AO氧化沟工艺，投资概算11767万元，工程于7月通水试运行。建设三灶污水处理厂，工程一期设计规模为3万吨/日，采用A^2O氧化沟工艺，投资概算为9461万元，工程于12月投入试运行。建设新青污水处理厂，工程一期设计规模为3.5万吨/日，采用CASS工艺，投资概算为11176万元，至年底累计完成投资9947万元。建设平沙污水处理厂，一期工程设计规模为3万吨/日，采用A^2O氧化沟工艺，工程概算为7078万元，至年底累计完成投资4602万元。至2009年年底，珠海市建成投入运行的污水处理厂共8座，总污水处理规模达46.8万吨/日，污水管网超过550千米，城镇生活污水处理率达81.58%。 (吴成元)

生态环境建设 2009年，珠海市环境各项指标保持良好，空气质量稳定，是珠江三角洲唯一的“非重酸雨区”城市。2006~2009年，在经济增速平均高达15%的前提下，减少排放化学需氧量0.37万吨，比2005下降11.9%，减少排放二氧化硫1.24万吨，下降26.4%，连续四年完成省政府下达的主要污染物总量减排任务，环保目标责任考核获全省优秀。

(珠海市环境保护局)

城市排水 年内实行排水体制改革。组建珠海水务集团有限公司，主要经营自来水生产及输配、水务投资及运营、水务设施设计及建设、污水收集处理及排放、城市垃圾无害化收集及处理等业务。珠海市供水总公司更名登记为“珠海水务集团有限公司”。珠海城市资产经营公司持有的珠海市城市排水有限公司的全部产权无偿划转水务集团，珠海城市资产经营公司持有的力合股份公司的国有股权直接划拨水务集团持有。市水务局管理的市河渠管理中心、市堤围管理中心和市水务建设管理中心有关涉水项目的投资、建设和管养职能及相应的关联资产划归水务集团，涉及水务行业指导和管理、三防工作（预案、物料仓储）的职能由市水务局依法履行，市水务局管理的市排水设施管理站和市大镜山水库管理处划归水务集团管理。

城市供水 做好供水工作，提高供水能力。为保障澳门、珠海供水安全，专项规划实施竹银水源工程，工程建成后，可为澳门、珠海东区供水系统增加4011万立方米调节库容，比现状6190万立方米增加65%，澳门和珠海东区供水系统调节库容增加一倍多，对提高供水系统调咸蓄淡能力、供水保证率、改善供水水质、应对突发水污染事件的应急处理能力，保障澳门、珠海供水的安全和稳定发挥重要作用。至年底，竹银水源工程完成工程建设投资3.29亿元，占工程建设总投资的34.27%。 (吴成元)

【中心镇建设】 珠海市共有平沙、红旗、白蕉、斗门4个省级中心镇。2009年各镇完成《广东省珠海市平沙镇基础设施完善“十二五”规划（2011~2015年）》、《广东省珠海市红旗镇基础设施完善“十二五”规划（2011~2015年）》、《广东省珠海市白蕉镇基础设施完善“十二五”规划（2011~2015）年》、《广东省珠海市斗门镇基础设施完善“十二五”规划（2011~2015年）》等4项规划。 (王海忠)

【住宅与房地产业】 2009年，珠海市房地产科学调控房地产市场，促进房地产市场健康平稳发展。开展全方位调研，完善相关的政策办法，完成《关于全市房产产业发展情况的报告》，继续落实珠海市政府《关于促进我市房地产市场健康发展若干意见》，协调制定“卖旧买新”地方税费定额返还政策实施细则，开展二手商品房交易基准价格制定工作。进一步加大对商品房预售和资金的监管力度，推进房地产行业诚信建设。建立和完善房地产开发企业、物业管理企业的诚信档案系统，建立量化考核体系，并通过珠海市建设信息网向社会公众公布。

物业管理 建设和谐物业小区。积极配合“一体两翼”改革，推进小区咨询委员会组织工作，向全市公布6名小区管理咨询委员会成员。制定《珠海市前期物业管理招投标管理暂行办法》，加强老旧小区的物业管理，开展物业管理现场量化考核工作和物业管理示范项目创优评优工作。强化小区装修管理，推进物业管理应急导则的落实。

住房保障 制订《落实珠江三角洲地区改革发展规划纲要——健全住房保障体系工作方案》，制定和落实相关配套政策，充分发挥公产房住房保障作用，合理调剂房源，确实解决全市低收入家庭住房困难问题，同时还加强公产房住房使用、维护管理工作。

房产服务 加强内部管理，提高服务质量和效率。一是充分利用现代信息技术，提高信息化工作水平，完善诚信信息系统的建设和管理；完善商品房预（销）售信息系统；建设企业库、人才库、标准库和行政审批网络平台，促进办事效能和服务水平上新台阶。二是完成人大建议和政协提案的办理工作，全年全市住房和城乡规划建设局44件建议和提案的办理完成率为100%，满意率100%。三是强化服务意识，继续开展窗口公开办公和局领导接访活动。四是协调解决“桂花村”办证、“凤山花园BC座”、“御花园”、“凌碧园”等烂尾楼盘活等历史遗留问题。五是积极协调解决建筑工程质量、安全生产、拖欠工程款、工程合同纠纷、工程施工影响周边环境、物业管理、房屋装修、招投标、燃气、购房办证难、烂尾楼等热点、难点以及历史遗留问题。

(王海忠　贺洪强)

【城市综合管理】 2009年，珠海市城市监督管理局以整治占道经营为突破口，全面提升城管工作的整体水平。

全年共查处各类违法行为5.12万宗。其中规划执法方面，查处违法建设行为1137宗，涉案面积30.6万平方米，强制拆除24.4万平方米，查处室内违法装饰装修案件141宗。市容执法方面，查处乱摆卖、占道经营等市容违法行为4.6万宗。户外广告执法方面，查处违法设置户外广告设施2594宗，涉案面积4.8万平方米，拆除面积4.3万平方米；查处城市“牛皮癣”通讯号码803个，停机775台。旅游执法方面，检查旅行团205个、旅行社160家（次）、购物点87家（次）、导游341人（次）、旅游景点35个（次）。供水、燃气执法方面，查处违法行为123宗。生猪屠宰执法方面，捣毁私宰窝点163个，整治各类肉类市场168个（次），没收私宰生猪肉品3.94万公斤，其中销毁的病变肉、注水变质肉9325公斤。各类违法行为罚款金额2053万元。受理群众投诉1.48万宗，接待来访群众228批次。

市容环境整治　开展占道经营和乱摆乱卖综合整治行动。实行分工包片，并在辖区内实施不间断的巡回集中整治，对市区范围内的占道经营及乱摆卖现象进行整治，并发动群众、企业参与整治行动。推行网格化管理办法、加强夜间执法，实施错峰执法，与社区企业订立共管共治协约，全力整治辖区市容环境。制定《临时便民疏导点设置管理办法》，联合香洲区在城区范围内设置33个流动经营疏导点。协调部门联动，齐抓共管，形成合力。经过整治，城区商铺占道经营和流动乱摆卖现象明显减少，基本解决了主干道周边的占道经营和流动经营问题。

整治户外广告。重点清理未经批准擅自设置、设置期满未继续取得设置权、单位已迁移或歇业、未按照批准要求设置、已破损残旧、存在安全隐患的六类户外广告设施。整治从宣传引导入手，从思想上提高当事人认识，使其自行拆除不符合规范的户外广告设施。与市政园林局建立“审批-登记-查漏-整改”的广告招牌整治联动机制，建立健全与各部门间的互动合作机制，启动大规模强拆违法广告招牌行动，在迎宾路、海滨路、珠海大道、机场路、港湾大道、南湾大道、横琴新区等地段同时开展强制清拆，清理大量违法广告招牌，确保以整洁有序的空间环境迎接澳门回归十周年。开展“牛皮癣”专项整治工作，严厉查处严重影响市容市貌的各种违法小广告和小张贴，对乱张贴行为严查不怠，使主干道和重要地段的“牛皮癣”明显减少。

整治违法建设。针对农村地区违法抢建、城区内乱搭乱建、占用国有土地违法抢建等违法现象，加强与相关部门的协调配合，组织开展整治行动。按照“一案一立一查处”的要求，做好案件调查和材料收集工作，做到发现一宗，查处一宗。对前山翠微村、上冲村、南沙湾旧村等地的违法抢建全面调查立案，依法拆除前山翠微村3宗占用国有集体土地顶风抢建的违法建设，翠微村圣堂里、南沙湾后山新村10号旁等15处违法建设进行定点监控和说服劝诫，杜绝占用公共、集体用地违法建设行为，强制拆除下栅、上栅、北沙、夏湾、广生、关闸、联安、高沙、上冲、福溪等农村地区的违法建筑一批。集中拆除了南屏北山正街北19号五层楼。公汽公司体育中心南站修理厂等一批影响较坏、群众意见大违法建设。切实加强对违法建设的日常监管，对城区内的违法建设行为，发现一宗，查处一宗，将违法建设行为控制在萌芽状态，对违法抢建的海湾花园、澳洲山庄等别墅区加强监控力度，对多处违法加建、扩建的建筑实施强制拆除。

积极配合重大项目的用地清场，集中整治重大项目用地范围内的违法建筑，清拆违法建设3万多平方米，使澳门大学珠海校区、长隆、新家园等重大项目能顺利开工。

专业执法　围绕整顿旅游市场秩序，狠抓旅游市场的检查督促，建立日常巡查和节日期间重点查的工作制度，重点加强对非法代办签证行为的查处力度，与旅游局等部门开展联合执法大检查，确保旅游市场的良好经营秩序，净化旅游市场经营环境。供水执法方面，严查不当施工挖爆水管及偷盗自来水行为，特别加强对夜间偷盗自来水经营洗车业务的查处力度，查处了一批偷水洗车的违法行为。同时，加大对二次供水的检查力度，维护供水管道安全，让市民喝上“放心水”。燃气执法方面，日常监管和突击检查、明察暗访相结合，对市区的无证经营燃气行为进行严厉打击。全年检查燃气销售点220家次，取缔无证代充点53家，扣押煤气瓶777个。严格落实大气库定期检查制度，加强对燃气管道的巡查，及时纠正各类违法、违规行为，及时消除安全隐患，维护燃气市场的正常经营秩序，确保让市民用上“安全气”。生猪屠宰违法行为执法方面，围绕打私宰、捣窝点这一工作重心，通过线人跟踪、群众举报和不定时巡查，捣毁南屏十二村、山猪坑、山场村、红山楼对面水产宿舍、湾仔、洪湾等一批较顽固的私宰窝点。与工商、兽医检疫等部门联合执法，加大对市场私宰肉上市的查处力度，从流通销售渠道上切断私宰肉流入广大市民的菜篮子，让市民吃上“放心肉”，使市区“放心肉”的市场占有率得到保障。

数字城管　建设“珠海市数字化城市管理信息系统”，项目一期工程投资3000万元，年内“小城管”部分进入试运行阶段。“数字城管”的各子项目建设工作稳步推进，完成信息采集员和呼叫受理员的招聘培训工作以及内部制度建设、工作流程规范等工作。

城市监督管理　统筹协调各部门开展市容市貌整治工作。制定《工作方案》，分解工作任务，签署《市容市貌工作责任书》，强力推进整治工作，为迎接澳门回归十周年创造了良好的环境气氛。推动前山河综合整治，提出加快前山河综合整治的工作建议。督办规范农民建房，牵头组织实地督办，每月两次检查各区工作进展情况。协助市人大开展视察活动。针对房地产开发领域违规严重现象，推动规范房地产开发建设工作。监管城管机动经费的规范使用，牵头调整城市养护费标准，制订城市管理专项经费使用计划方案，监督经费的使用情况。全年共审核经费79项，办理核拨手续170宗，还开展了野狸岛公园维护经费的审核工作。

执法机制改革　实施共管共治机制，联合辖区物业管理公司、大型商贸企业参与市容管理，形成整治合力。疏堵结合，在市区范围内设立33个流动经营疏导点，从根本上缓解流动摆卖现状。推行执法网格化、责任化管理模式，将执法力量分配到每个责任区、每条街道，责任落实到人，实现执法管理点、线、面结合，执法工作切实做到横到边、纵到底，全方位覆盖，消除了执法盲点，逐渐从过去的运动突击整治过渡到网格化责任区的长效管理，由粗放式执法逐渐转化为精细执法。建立“城管110”快速反应机制，规范督察、督办机制，在执法用语、执法装备、执法程序等方面，严格按统一制定的规定执行，加强督察、督办。全年检查考核600余次，督办违法行为925宗，检查队容风纪634人（次），纠正不规范着装58人（次）。（张丽芳）

【建筑业】　2009年，珠海市城乡建设行业加强建筑市场监管。规范建设、勘察、设计、施工、监理五方主体行为，加强工程质量和施工安全管理。全年全市完成施工报建项目477项，合同造价金额94.58亿元，建筑面积546.64万平方米；全市有14项房建工程、4项市政工程被评为“市优良样板工程”，1项市政工程被评为“国家优良样板工程”，8项房建工程、3项市政工程被推荐参与“省优良样板工程”评审。严格把好勘察设计源头关，推进建筑节能工作。全市共完成施工图审查466项，建筑面积643.20万平方米，工程总投资69.03亿元。审查出违反规范强制性条文338条，违反强制性条文以外的规范条文4902条，违反质量通病防治措施480条，均逐条落实纠正，从源头上保证了工程质量。

工程造价管理　规范工程招投标行为。8~10月，开展全市中介机构整治，规范市场秩序，重点查处挂靠、高估冒算、恶性低价竞争等违法违规行为。共检查招标代理机构32家，造价咨询企业22家，监理企业69家，对整治检查发现单位和项目的违法、违规问题，列入不良行为记录，并上网进行通报。大力推进招标投标管理工作网络化、信息化建设，实现招标活动全过程信息化、网络化管理，提高了工作效率。至年底，进入市建设工程交易中心交易的工程512项（其中通过网络招标57项），总招标额112.49亿元，成交额96.9亿元，平均中标降幅13.86%，没有发生因招投标投诉查处而影响施工进程。加强工程造价审核监督工作，为政府投资把关。全年共审核建设工程招标投标工程标底55项，合计造价14.16亿元；结算备案7项，结算款9338.01万元，工程计价解释67项。

工程质量管理　提高工程质量水平。抓好建设工程质量监督检测，针对“渗、漏、裂”等质量通病，制订并实施《减少楼板开裂的措施》、《珠海市蒸压加气混凝土填充墙工程专项技术措施》等；针对本地气候特点所引起的质量问题颁布实施《珠海市合格工程质量样板制作展示技术管理规定（试行）》，通过实物样板和图片说明，以通俗易懂的方式，指导企业施工，规范监督行为；实施季度工程质量联席会议，定期召开全市质量信息交流会议。继续深入开展对大型、重点项目的上门收样工作，提高服务水平。是年，全市工程质量总体水平进一步提高。

施工安全管理　2009年，珠海市以加强基坑施工安全管理为突破口，制定并实施相关的技术细则和制度，把深基坑施工管理纳入永久性工程管理。继续深化“平安卡”管理，至年底，全市发出“平安卡”8.6万张，所有工程项目均配备“平安卡”管理系统。全面完善并落实各项施工安全管理制度，通过实施安全监督负责制等9项制度，对施工安全进行全面周密的监管。全年全市建筑安全生产总体形势平稳，发生一般建筑施工生产安全事故1起，死亡1人，控制在省的指标以内，杜绝了三级以上事故的发生。

【建设科技】　2009年，珠海市大力建设科技创新。推进《珠海市建筑节能办法》以政府令方式正式实施；在全省建筑节能检查中，建筑节能工作和成效受到省检查组的充分肯定；省住房和城乡建设厅向住房和城乡建设部推荐珠海市为可再生能源建筑应用项目城市示范；格力广场和仁恒星园项目分别获得“全国优秀示范小区”和“AAA级住宅”；禁用实心砖工作取得突破性进展，全市32家粘土砖厂即将分阶段关停。（王海忠）

汕头建设

【概况】　2009年，汕头市加快打造区域中心城市，城市规划建设管理事业取得新成就，促进了全市经济社会的发展。

市政基础设施建设取得新突破。全力推进市政基础设施项目建设，市政基础设施建设规模和投资额均创历史新高。旧城改造着力解决历史遗留项目建设问题，重点项目拆迁工作顺利进行。风景名胜区管理逐步完善。建筑业实施“双转移”战略，实现全市施工产值186.5亿元，建筑业税收收入9.51亿元。工程质量水平创历史新高，全年创国优工程5项，其中“鲁班奖”工程3项，还获得省优工程38项，获奖数量位居全省前列。建筑节能和科技创新取得新成果，中心城区新建项目建筑节能设计审查率和施工执行率均达到100%，全年创国家级工法1项、省级工法20项。汶川援建项目有效推进，草坡乡中心小学、乡卫生院和文化站等如期“交钥匙”，并被评为“四川省优质结构工程”。

政风行风建设和精神文明建设有新气象。全力推进办事提速增效，全年受理事项1619项，办结率100%，实现零投诉，被授予“全市优秀窗口”称号。是年，汕头市建设局被评为“广东省文明单位”和“汕头市文明单位”，汕头市工程质量监督站被评为“全国工程质量监督系统先进单位”。 *（彭兰阶）*

【城乡规划】 2009年，汕头市继续推动大汕头城乡一体化进程，组织开展了城市总体规划修编与实施评估等一系列工作。全年城市规划委员会审议通过规划项目12项，城市规划委员会发展策略委员会审议通过规划项目11项，城市规划委员会建筑与环境艺术委员会审议通过规划项目6项。完成三大经济带规划的编制，部分规划已经审议通过。

规划编制 年内，组织人员对实施《汕头市城市总体规划（2002~2020）》的情况进行深入调研，调研成果通过了省住房和城乡建设厅的审查，并开始了总体规划修编的前期工作。积极推进市区分区规划编制工作，《汕头市濠江区分区规划》已进行公示。进一步加大控制性详细规划的组织编制力度。编制的控制性详细规划共31项，其中的“濠江新城”规划项目和牛田洋片区规划作为重要工程，是年内规划工作的重点。

编制一系列专项规划。对《汕头市城市绿地系统规划》进行修编，将澄海、潮阳、潮南三区纳入规划范围，新版汕头市城市绿地系统规划于10月通过市规划委员会审议。完成省产业转移园区主干道河浦大道–疏港大道、河中路、安海路的修建性详细规划，对道路工程设计、管网布置提供依据。配合市交通部门、交警部门，进一步完善《城市公共交通规划》、《汕头市中心城区停车场规划》、《汕头市中心城区路内停车泊位规划》等规划。配合港口建设的需要，开展《广澳港疏港大道修建性详细规划》的编制。完成了《汕头市苏埃湾红树林公园详细规划》、《汕头市侏罗纪公园详细规划》、《汕头市综合水景及其设施详细规划》的编制。

编制旧城改造和农村建设规划。开展《梅溪河沿岸片区改造控制性详细规划》、《西港–光华片区改造控制性详细规划》和《汕头市旧城区西片改造控制性详细规划》编制工作，积极推进旧城改造工作的进程。促进城乡一体化建设，构建宜居城乡，根据省住房和城乡建设厅确定的60个村庄作为省级村庄规划试点，开展村镇和村庄整治规划编制工作，至年底共完成村庄整治规划项目32项。

编制灾区重建规划。继续做好援建汶川灾区的工作，完成《汶川县草坡乡灾后恢复重建规划》、《汶川县草坡乡镇区控制性详细规划》、《汶川县草坡乡两河村村居灾后重建规划》、《汶川县草坡乡樟排村村居灾后重建规划》和《汶川县草坡乡码头村村居灾后重建规划》，为援建项目及时开工奠定了基础。

勘察设计 完成汕头市绿地遥感调查任务，开展了汕头市1∶10000地形图航测成图，中心城区1∶1000地形图修编勘测和重点、热点片区的工程测量工作。2009年1∶1000地形图修编勘测面积62平方公里，成图247幅，1∶10000航测面积3500平方公里，成图102幅，为城乡规划工作提供了基础服务。

规划管理 2009年，汕头市城乡规划局开展汕头市规划工作立法的工作，起草了《汕头市城市规划条例（草案）》。全年共办理建设项目选址意见书14宗，办理建设用地规划许可证141宗，审查规划设计

▲*汕头龙珠水质净化厂* *汕头市住房和城乡建设局供稿*

方案、施工图78宗，核发《建设工程规划许可证》158宗。在管理中共检查各项违法建设121宗、违法建设工程117宗，提请市行政执法部门进行依法处理121宗。

规划服务　2009年，汕头市城乡规划局实现“一个窗口”进出的“一条龙”服务，为区域经济发展发挥了积极作用。

参与市委、市政府组织的各项招商引资活动，通过编制规划，推介、吸引一批重点投资项目落户汕头，对落地项目实施“项目向园区集聚，产业依性质集中，园区按功能分类”策略，使项目迅速落地并按项目性质落实进园区。全年办理的重点招商引资项目有粤东高级技工学校扩建选址、汕头大学医学院扩建选址、濠江区河浦电子工业城、交通部南海救助站汕头救助基地、潮汕国际机场汕头城市候机楼选址、汕揭梅高速公路汕头段、市福利院项目选址、华泰钢结构项目选址等。同时，还配合市委、市政府做好引进石化项目的规划、论证和规划选址工作。

优化办事程序。按照依法、高效、公开、便民、责任和可操作的原则，对业务审查审批流程进行优化，对审查审批时限进行压缩。同时，为招商引资工业项目、拆迁安置项目、符合规划的小型项目报建开辟绿色通道。　*(周建雄)*

【城乡建设】　2009年，汕头市进一步强化区域性中心城市功能。年内，由汕头市住建局负责实施的市政建设投资约4亿元，新建道路面积约20万平方米，新筑下水道约1.5万米，新增绿化面积约8万平方米，市政建设规模和投资额均创历史新高。泰山路一期、潮汕路改造、焰峰路、礐石“梦之谷”观景平台等一批项目建成投入使用。

旧城改造　着力解决历史遗留项目建设问题。华坞南片、同益西片等6个改造片点竣工交付使用，汕樟路16号片等片点启动改造，全年竣工新楼52幢，建筑面积35万平方米，回迁居民499户。海滨路西段、小公园历史风貌保护区改造有新进展，旧城西片区、西港片区改造前期工作启动。加强房屋拆迁管理，配合有关部门做好金凤路桥、汕揭高速公路汕头段拆迁等工作。推进风景名胜区的建设管理工作，礐石风景区软硬件设施不断完善，交通基础设施投入创近十年之最。

(彭兰阶　李雄坤)

市政设施建设　全力搞好路桥建设。6月，金砂东路（衡山路－金泰立交桥）改造工程开工，改造工程全长1920.79米，宽52米，工程概算9231万元，至10月完工并通车，路面由原来的6车道改为8车道，敷设复合沥青路面，设置5米宽中间绿化带以及交通管制、路灯、排水等。汕樟北路金平段续建工程总投资约8850万元，于9月底竣工通车。黄山路“水浸街”续建及排水改造工程总投资4438万元，于7月开工，11月完工通车。长平东路（泰山路－新津河）续建工程，对路灯、步道、绿化、临时路、交通标志等市政配套工程进行建设。

做好桥梁维护。年内对光华桥、金樟立交桥、汕樟高架桥、金龙人行天桥、石林桥的结构检测工作进行公开招标；对杏花桥和金湖桥的维修加固做好前期准备工作；针对杏花桥、金湖桥、乌桥、光华桥、解放桥、廻澜桥等位于跨越江河主航道的桥梁存在安全隐患问题，已着手逐步解决。年内，共维修沥青路面3.42万平方米、步道1919平方米，疏通下水道285千米，改造下水道136米、沟井44座，补缺沟井盖2107个，完成市区91座水闸、强排（提升）泵站等涵闸设施的维护管养工作，完成73座桥梁日常巡查管理及维修工作。维修路灯1.43万盏（个），改建路灯600盏，新装路灯309盏，改造线路2180米，市区路灯亮灯率达到99.8%。推进管网统建工作，全年完成工程总量94.77孔千米，完成铺设步道砖6068平方米。

实现市政资源有偿使用。首次以公开拍卖的方式，成功出让机场路及324国道（春源工业村至外砂迎宾路口）438杆路灯杆灯箱广告使用权（包含经营权）；同时通过价格谈判的方式与汕头市新城道路照明有限公司签订协议，出让市区金泰立交桥旁等7杆路灯杆使用权设置通信设施。此项在近几年可增加预算外收入共计171.55万元。

城市排水　引进激励机制，实行清泥量与经济效益挂钩的方式，清泥量由改革前的每天10多车增加到30多车，实行改革9个月来清泥量共6270车，比上年增加10多倍。市政资源尝试有偿使用。首次以公开拍卖的方式，出让机场路及324国道438杆路灯杆灯箱广告使用权(包含经营权)，同时通过价格谈判的方式出让市区金泰立交桥旁等7杆路灯杆使用权设置通信设施，几年内可增加预算外收入。

城市供水　年内启动中心城区“城中村”及涉农社区供水直抄到户改造，已完工的社区有40个。是年11月，第二过海水管与南滨路输水干管连通并试通水，实现南区双水源安全供水。

园林绿化　2009年，汕头市全力创建国家园林城市，各区、各单位抓好落实。10月，国家园林城市实地考查专家组对汕头市的景观路、单位附属绿地、园林式单位、居住区绿地、广场绿地、公园绿地、湿地红树林、城市灯饰、园林景观、市政设施、住房保障等创园成果予以肯定。汕头市在绿化美化、环境质量、市政基础设施建设、住房保障、旧城改造等方面利用现代科技手段指导创园工作走出了新路子。是年，汕头市加大绿化投入，统一采购树苗250万株，在各区、各单位的空闲地种植，增加市区绿地面积；市区共出动112.6万人次，义务植树213.4万株；完成市区部分道路绿化改造工程、部分公园及立交桥下绿化改造工程等9个项目的绿化改造；开展竞建绿化样板路和实施街心绿地建设工作。加强对市区绿化的规范化管养，修剪灌木23.2万株，色块、绿篱68.5万平方米，草坪260.1万平方米，处理枯危死树1112株，摆设鲜花17.7万盆。至年底，汕头市区城市绿化覆盖面积6966公顷，建成区绿化覆盖率40.38%；市区城市绿化覆盖面积6966公顷，建成区绿地率39.4%；公共绿地面积2687公顷，人均公共绿地面积11.76平方米。

市容环卫　2009年，汕头市环卫工作以建立和完善城市环境卫生管理长效机制为重点，进一步巩固提高城市环境卫生质量。

全市（含非中心区）道路清扫面积1367万平方米，主干道路保洁时间在14小时以上，并坚持晴天每天至少洒水降尘降温作业一次。垃圾清运做到日产日清。街道（居委）、物业管理单位上门收集居民生活垃圾，区环卫部门收集沿街单位和商铺生活垃圾，全市年清运处理垃圾67.1万吨，清理汕头港北侧水域垃圾杂物1016余吨。开展环卫质量检查评比，强化监督。全年共组织全市性环境卫生质量检查14次，印发质检通报12份、限期整改通知书8份；办结12319城管服务热线交办事项61宗，受理并办结市民投诉件27宗。

开展环境卫生整治行动。各级环卫部门以重点路段和城市出入口、城乡结合部等重点部位为整治区域开展环境卫生整治行动，全年突击行动累计出动人员约5600人次、车辆机械380台次，清理垃圾杂物约2000吨，清除街招小广告1.26万余处，纠正运输过程未按规定加盖防扬布或占道堆放废土废料等行为200多宗，清理主次干道无法落实责任人的零星废土废料约521吨。

完善环卫设施配套建设。年内完成新建公厕1座、垃圾转运站2座，改造垃圾转运站1座，增设新型双桶果皮箱489只，完成雷打石生活垃圾焚烧发电厂、澄海区溪南脚桶山生活垃圾焚烧发电厂建设工程项目招投标，并开展立项等前期工作。其中，雷打石环保电厂项目总投资约5亿元，日焚烧处理生活垃圾1200吨（中心城区北岸日产生活垃圾）。发电装机容量为18~24MW，年发电量约1.5亿千瓦时。7月起，中心城区环卫部门管理的百余座公厕全部免费向群众开放。投入资金300多万元，购置后装压缩式垃圾运输车8部、电瓶式保洁车4部、小型装载机2部，及时移交各区环卫部门使用。各区财政加大资金投入，共核拨资金近400万元，增购环卫作业机械车辆18部。

（李雄坤）

城市供气　制定城市供气方案，完善城市供气保障体系，确保居民供气，全年供气31.5万吨，居民气化率94.5%；加快管道燃气建设步伐，新奥西区气化站建成通气，星湖丽景等20多个住宅小区配套建设管道燃气，铺设管道84千米。

深入开展燃气市场专项整治行动，整改隐患386处，取缔非法销售点89个，强制送检钢瓶近100万个，没收钢瓶1631个及非法充装工具一批。转变瓶装燃气经营模式，将208个销售点转变为联系点，支持企业设立瓶装供应站，28个供应站正抓紧建设。全面执行燃气行业持证上岗制度，完成400名操作工人的技能鉴定，并加大安全用气宣传力度，提高公众安全用气意识。

管道燃气逐步推广。组织修编中心城区燃气专项规划，指导各区县完成燃气专项规划编制。积极推进管道燃气特许经营权招投标工作。新奥西区气化站建成通气，星湖丽景、翠堤湾等20多个住宅小区配套建设管道燃气。全年铺设管道84千米，投资额2464万元，新增用户8031户。

【中心镇建设】　2009年，经省政府同意，汕头市核定峡山、两英、谷饶、关埠、东里、莲下、外砂、后宅、陇田（沙陇）、和平、陈店、隆都等12个镇为省中心镇，后因行政区划调整，峡山撤改为街，全市现有中心镇11个。

“十一五”期间全市中心镇总人口（含外来人口）约165万人，经济总量约占全市GDP的五分之一强，城市化水平达60%，二、三产业比重平均超过85%；城镇基础设施和人居环境有较大改善，建成区面积达72平方千米，自来水普及率有9个镇超过95%，建成区人均住房使用面积接近20平方米，镇镇通水泥路、村村通公路；城镇“脏、乱、差”现象逐步扭转，中小学、幼儿园、医院、市场等公用服务设施较为完善，初步形成道路畅通、供水充足、电力保障、通讯便捷、设施配套、生活方便的城乡一体化格局。

2009年，共有7个项目总投资为1796万元的工程投入建设。在建污水处理厂项目有潮南区峡山污水处理厂、潮南区两英污水处理厂、潮阳区谷饶镇污水处理厂和南澳县后宅镇后江污水处理厂等4个项目，总投资近4亿元。农村基础设施投资项目共有9项，项目投资总额为22830.6万元。积极落实中心镇建设资金的扶持政策和用地政策，推进其产业发展。汕头有17个各具产业特色的经济强镇成为广东省专业镇科技创新试点，聚集的企业1万多家，从业人员近50万人，有24个镇（街道）列入省技术创新专业镇，拥有9个国家级工业类区域品牌。

（彭兰阶）

【住宅与房地产业】　2009年，汕头市严把市场准入清出关，开展房地产开发企业资质换证工作，注销29家，降级2家，新设立17家有资金、有土地、有项目的房地产企业。加强项目手册管理，健全企业信用档案，促进房地产市场健康发展。全年完成商品房投资额32.5亿元，销售额44亿元，新开工面积192万平方米，销售面积116万平方米，各项指标均超过上年。

房地产管理 继续推进住房保障工作，加快解决城镇低收入家庭住房困难。完成2008年底登记在册住房保障对象及2009年申请家庭的资格审查及公示。部署解决城镇低收入家庭住房困难问题和危房应急处理工作，推进住房保障工作的开展。年内落实年度实物配租和租赁补贴任务指标，筹集落实两批房源共727套，安置600多户廉租住房保障对象入住，解决了26户经济适用住房供应对象的住房问题，落实资金830万元实施租赁补贴保障2518户，较好完成省下达的目标责任任务。加强对区、县政府解决城镇低收入家庭住房困难工作的督促、检查，确保全市住房保障工作平衡开展。积极推进华新城廉租住房新建项目，完成项目招投标等各项开工前期准备工作。加快安居工程教师公寓和濠江海马池保障性住房项目的前期工作，为住房保障工作提供后备房源。建立健全制度，为住房保障工作顺利开展提供政策保障。

解决商品房确权发证遗留问题。加强内外协调，在历年来解决了近3000套商品房确权发证遗留问题项目的基础上，加大力度对剩余项目进行深入摸查和相关协调，做好后续跟进工作，力争按时按质完成全部任务。同时，督促推进“新梅里”片改造进度，争取让住户早日回迁，切实维护拆迁户的合法权益。加强房地产市场贯彻落实国家、省房地产市场调控政策工作，推进房地产市场信息系统建设，初步形成全透明的市场服务平台。

产权登记发证 全年共办理商品房总确权登记134幢、72万多平方米，核发《房地产权证》29620份，办理房地产抵押权登记12611件，办理注销抵押登记8960件，协助司法机关查封、续封、轮候查封、预查封房地产1435宗，解封房地产1388宗；协助市外事侨务局落实归还华侨房屋产权5宗、490多平方米。继续做好《房屋登记办法》的贯彻实施工作，升级改造原有房地产登记信息系统，启用电子介质房地产登记簿和新版房地产权属证书、登记证明，实现了从以权证管理为核心到以登记簿管理为核心的转变。开展房屋登记预告业务，保护产权人的合法权益，共办理预告登记2308宗。

直管公房管理 与房改工作组织对在管3989座公房进行全面安全检查，查列危房1279座、16.7万平方米，投入维修资金390万元，维修危旧房屋1430多座，受益约4500户。对2008年直管公房紧急撤离安置后涉及的危房落实扶堵、原地大修或封存、拆除等措施进行排险解危。落实防风防洪应急预案，及时向危房户发出《危房撤离通知书》，保障人民群众生命财产安全，同时做好对使用市直管公房经营的易爆易暴重点场所事故隐患的排查治理工作。落实公房调租政策，从5月起，公房租金调整为2.34元／平方米·月，对持有“优待证”或“低保证”的特困群众按政策继续给予照顾。积极做好北郊周转房清理整治的有关工作，为统一管理做好准备。推进住房货币补贴政策的全面实施，审核单位申报住房货币补贴77宗、4852人次，处理房改购房备案登记等遗留问题3宗、14套。推进“一房多制”侨房遗留问题的解决，累计收购此类房产152套、4700多平方米，涉及收购金额360多万元。

房地产服务 改造房产管理市场信息系统并顺利通过住房和城乡建设部验收，完成房地产电子登记簿、广东省2008年版房地产权属证书和登记证明管理模块的开发并正式启用，推进住房保障信息系统建设，开发完成预告登记业务系统，完成存量房项目招投标和部分功能应用实施工作。开展土地房产评估，按时按质完成土地房产的交易、抵押、课税、资产估值等业务计1800多宗、460多万平方米，总估值约5.5亿元。开展房屋安全鉴定，及时发现房屋的安全隐患，提出科学、准确的处理意见，有效化解社会矛盾。全年共受理房屋委托鉴定140宗，鉴定房屋共340幢、建筑面积约24万平方米。开展白蚁防治服务。不断提高技术水平和服务质量，全年共接受单位及个人委托业务近1100宗。

房地产市场管理 全年核发《商品房预售许可证》26宗、近70万平方米，办理现房销售备案25宗、43万平方米。中心城区房地产交易登记23698宗、255万平方米，金额74.9亿元。其中，商品房交易登记12299宗、115万平方米，金额48.9亿元；二手房交易11399宗、140万平方米，金额26亿元。代征营业税、土地增值税1亿多元。受理国有、集体房地产交易登记886宗（其中挂牌成交79宗），面积29.04万平方米，交易额3.44亿元；拍卖成交27宗，结算成交金额6198.05万元。促进国有、集体单位资产的增值、保值，有效防止国有、集体资产的流失。进一步整顿、规范房地产市场，加强对商品房销售、房地产估价机构以及房地产经纪机构的巡查监管，组织对属下部门及中心城区范围内房地产开发企业、房地产经纪机构自查清理77家。组织开展全市房地产行业非法集资风险排查工作和房地产开发企业收取购房意向金（诚意金）、定金的专项整治工作，不断完善市场监管工作机制，巩固良好的房地产市场秩序。

物业管理 办理企业申报物业服务资质30宗，申报二级初审1宗，资质注销1宗。指导物业小区业委会的成立、换届备案工作7宗。办理区域备案56宗，物业服务合同备案30宗。协调解决“汕头第一城”业委会换届选举纠纷、“紫云庄”东信小区物业服务更换物业管理区域移交纠纷、“大洋花园”业委会

与大洋（集体）物业服务公司的纠纷等案件，着力化解社会矛盾。同时，加强物业管理服务市场的监管，着力抓好物业服务企业信用建设。通过定期达标检查、不定期抽查等形式强化监督管理，建立公平、公开、公正的物业管理服务市场竞争机制。进一步加强对物业服务企业的动态监管，严肃查处物业服务违法违章行为，出动检查300多人次，要求物业服务企业作出整改12宗，完善物业管理法规，颁布实施《关于理顺汕头市中心城区社区管理与住宅小区物业服务之间关系暂行办法》，明确各部门、物业企业、业委会的职责，进一步规范物业管理行为；拟定《汕头市住宅专项维修资金实施办法》（草案）报市审核，进一步维护房屋所有权人的合法权益。发挥物业管理服务作用，配合有关部门做好物业管理小区的消防安全、卫生保洁、园林绿化等有关工作，共发出通知约300份，出动人员现场检查指导60多人次。

住房公积金管理　一是理顺区县机构垂直管理。按照国家区县管理机构“统一决策、统一管理、统一制度、统一核算”的要求，积极推进区县住房公积金管理机构调整工作。潮阳区、潮南区、南澳县等管理部于年内成立挂牌运作。二是严格执行“控高保低”缴存政策，促进住房公积金归集额和缴存率逐年提高。至年底，全市住房公积金累计归集额54.63亿元，余额34.78亿元；2009年归集额10.76亿元，比上年增长12.43%；全年新增缴存户数13483户，归集覆盖面61.09%，增长2.09%；全市已建立住房公积金18.09万人（含封存户），实际缴存人数12.53万人，实际缴存率42.32%，增长4.46%。至2009年年底，共发放个人住房公积金贷款1634宗共31889.45万元，2009年内共发放个人住房公积金贷款795宗、16779.25万元，比上年增长67.29%，个贷逾期率保持为零。三是加强资金监管，促进安全运作。2009年中心城区住房公积金实现增值收益4024万元，除保障公积金管理中心工作经费及提取285万元贷款风险金外，余额全部上缴市财政作为市廉租住房建设补充资金。同时，积极协调有关部门，解决大部分历史遗留住房公积金逾期项目贷款问题。四是推出多项惠民举措，通过提高一、二手房的个人住房公积金贷款额度，增加贷款金融业务承办银行，扩大首次购房提取范围，简化办事程序、缩短办事时限，进一步鼓励职工利用住房公积金购房消费，拉动内需，促进经济发展。

（叶少群）

【城市综合管理】　2009年，汕头市城管局、行政执法局积极构建城市管理长效机制，加强城市综合管理，净化美化城市环境。

路段实行层级化管理。在中心城区推行“路段层级化”执法管理模式，落实“定段、定岗、定员”责任制。根据中心城区主次干道、内街小巷等不同路段的具体情况，相应分为三个级别路段，一级路段为严管路，实行严管重控的管理措施，落实“门前三包”责任制，规范沿街门店入室经营，坚决杜绝乱张贴、乱吊挂、乱堆放、乱摆卖、乱搭设广告牌（灯箱）、乱搭建、私设步道斜坡及其他违反城市管理法律法规的现象，做到发现一摊、重罚一摊、取缔一摊。二级路段为规范路，实行有序疏导、有限审批原则，在不影响交通、市容的前提下，划定部分临时疏导点，引导流动小贩入场经营，做到划区控时，规范管理，责任区域内沿街门店干净整洁、协调美观，无乱张贴、乱吊挂、乱堆放、乱摆卖、乱搭设广告牌（灯箱）、乱搭建、私设步道斜坡及其他违反城市管理法律法规行为。三级路段为控制路，实行疏堵结合、循序渐进原则，在保持道路畅通及不影响周边居民生活的前提下，设立便民摊点，有效疏导流动商贩，并严格限制摊点的设置、经营时间、经营范围，做到划行归市、有序经营，责任区域内市容环境卫生保持干净整洁，乱张贴、乱吊挂、乱堆放、乱摆卖、乱搭设广告牌（灯箱）、乱搭建、私设步道斜坡及其他违反城市管理法律法规现象得到有效控制。

完善城管服务热线。制订12319服务热线管理规章制度，开展教育培训，提高接线员素质。全年共接听市民来电19926个，生成事项18294个，共办结17966个，办结率达98.21%，群众满意度为81.03%。市服务热线指挥中心对5129个群众反映强烈的热点、难点问题进行督办，组织召开协调会24次，及时解决商铺噪音扰民、黑票点及维修行业无证（照）经营等问题153个，协调解决涉及多个部门承办的事项402个。配合新闻媒体对302个曝光问题进行跟踪督办，全部得到有效解决。

创建“城市管理示范路”。按照“示范带动，以点带面，全面推进”的原则，各区积极创建“城市管理示范路”。濠江区将商业街、红桥路创建为示范路，沿街市容市貌有较大改观；金平区将中山路（金环路口至福平路口）作为第一批“城市管理示范路”取得试点经验后推进第二批共7条城管示范路段的创建工作；龙湖区完成金砂路、中山东路等8条路段的示范路创建工作。

着力搞好市容环境综合整治。整治占道经营、占路为市，加强集贸市场管理，清理整顿户外广告，加强时代广场、观海长廊、人民广场等重点部位的综合整治，认真做好元旦、春节和国庆60周年庆典等重大节日以及粤东侨博会暨经贸洽谈会、粤闽赣13市党政领导联席会议等重要活动期间的市容保障工作。全年各级执法队伍共教育纠正各类违章行为342210宗，实施处罚2263宗，拆除各类违法违章搭建物10004平方米，取缔无牌证人力三轮车1823辆，查扣“私宰肉、病害肉”19271.5公斤；查处违章张贴行为254宗，实施停机164部，处罚90宗。

推进市政管养市场化运作。尝试将南区规划宽度25米以上道路市政设施采用市场化运作机制进行管养，由管养单位承担南区河浦大道、大众路等16条道路和路灯设施的管养工作，经半年多的试行，成效明显。“三沟”（龙湖沟、新河沟、黄厝围沟）保洁工作在上年试行的基础上，进一步完善市场化运作机制，较好地保证沟体和水质洁净。

加快南区后方管养基地建设。通过租赁土地、分期付款和分期建设等办法，在濠江区建设南区后方管养基地，年内完成了该基地的前期平整及设备采购工作，首期基础设施建设加紧进行。

建立健全内部管理机制。撤销桥梁股，成立桥梁管理所，增加桥梁管理人员和车辆设备，规范管理，加强巡查，确保设施安全。成立市政设施研究所，对现有下水道的图纸资料和现状进行摸查，收集信息，着手建立中心城区排水系统信息平台。完善考核机制，制定并试行《汕头市市政道路、下水道设施日常巡查及考核制度》、《路灯设施完好率考核制度》等，加大管理和监督力度，提高管养效率。

(李雄坤)

【建筑业】 2009年，汕头市全年完成施工产值186.5亿元，比上年增长10.5%；上缴地方税收9.51亿元，增长36.3%；其中转移外税3.91亿元，增长66.4%，吸纳农村富余劳动力逾15万人，29家建筑、房地产企业进入“全市纳税大户”行列，占全市总数近三分之一，建筑业为推动全市经济社会发展作出了突出贡献。

是年，汕头市全面实施建筑业“双转移”战略。加大协调、服务和扶持力度，外向型建筑业转型升级取得明显进展。资质结构不断调整优化，16家建筑企业晋升、增项资质，新成立一批劳务分包企业，企业综合实力得到增强，行业核心竞争力明显提升。市场结构进一步优化升级，巩固发展传统市场，全力开拓新兴市场，全市外出施工产值达141亿元，占施工总产值的76%，比上年增长30%。一批优势企业的经营范围拓展到填海、码头、高速公路、亚运场馆等高端领域。达濠市政公司承建造价逾60亿元的永蓝（永州—蓝山）高速公路，建安实业公司承建造价6亿元的广州皮革城，并与碧桂园公司合作形成战略开发联盟，金东海公司承建江苏泰州码头工程、大连环渤海湾吹填工程，建安集团公司中标中国驻巴哈马大使馆及阿曼、苏丹工程项目。

建筑市场管理 加强有形建筑市场管理，认真贯彻实施市政府加强招标投标管理有关规定，强化投标报名、评标开标等重要环节的监管，试行电子化招投标，完成318名评标专家征聘，有效规范招投标行为。全年办理交易登记项目120个，造价39.5亿元；实行公开招投标项目38个，造价30.2亿元，招标率和公开招标率均达到100%。认真按照职责分工开展工程建设领域突出问题专项治理工作，全面排查2008年以来立项、在建、竣工的政府投资和使用国有资金项目127个。加强工程造价管理，健全信息采集和发布制度，强化工程计价监管，规范造价执业行为。继续做好建设领域拖欠工程款工作，组织开展清欠“回头看”活动，同时深入落实防范新欠长效机制，进一步巩固清欠成果。

工程质量安全管理 全面推行住宅工程分户验收制度，深入开展工程质量通病整治，不断提高工程质量水平。全年创国优工程5项，其中创“鲁班奖”3项，省优工程18项，创历史最高水平。达濠市政公司承建的深圳市香梅路跨北环路跨线桥工程被评为“2009年度全国市政金杯示范工程”，市工程质量监督站被评为“全国工程质量监督系统先进单位”。深入开展安全生产“三项行动”和“安全生产年”等活动，深化预防高处坠落和施工坍塌两类事故为重点的专项整治，加强建筑起重机械安全管理，严格执行安全生产许可证制度，全年创国家安全标准化示范工地1项，省优良样板工地20项，全市施工安全状况平稳，顺利实现全年安全生产控制指标。加强城建档案管理，全年接收53个竣工项目3651卷档案入库。

勘察设计 严格实施施工图审查和大中型建设工程项目初步设计审查，完成128个项目施工图设计文件审查，纠正违反国家强规条文522宗。开展设计评优活动，提高勘察设计水平，全年完成勘察设计概算42.9亿元，面积380万平方米，业务收入1.38亿元。

对口援建 派出多名工程技术人员赴四川草坡乡加强项目技术指导协调，强化质量安全管理，加快项目建设进度，高质量高效率完成援建工作。草坡乡小学成为汕头市第一个竣工交付使用的援建项目，该工程采用橡胶隔震支座等消能隔震新技术，开创全省先河，乡卫生院和文化站交付使用后得到好评，上述项目均被评为“四川省结构优质工程”。

【建设科技】 2009年，汕头市城乡建设局积极实施科技兴业战略，加强工法开发应用，全年创国家级工法1项、省级工法20项，申报国家专利12项，创国家级QC成果2项、省级QC成果6项。达濠市政公司成立省级技术中心，所编的《室外排水塑料管道工程技术规程》成为国家行业标准。

人才培训 人才建设扎实开展，563名专业人员通过注册考核，200多人通过建筑工程系列中、高级职称评审。开展行业培训和技能鉴定，完成3976人次的继续教育、岗位培训及技能鉴定，免费培训200名农民工，举办全省第25期和第34期村镇规划建设管理培训班。信息化工作有新进展。汕头建设网日趋完善，总访问量逾400万人次，成为全市建设行业统一的电子政务平台。

建筑节能　认真贯彻实施《民用建筑节能条例》，严格执行建设工程节能设计审查、施工监管和验收备案登记制度，中心城区新建项目建筑节能设计审查率和施工执行率均达到100%，顺利通过全省建筑节能执行标准专项检查。完成市机关办公建筑和大型公共建筑能耗统计、核查、公示等工作。抓好建筑节能示范工程试点工作，广东金刚玻璃科技股份有限公司厂房改造通过国家太阳能光电建筑应用示范审核，获476万元国家财政补助。积极做好“推散、禁现、禁实”工作，全年使用散装水泥76万吨、商品混凝土90万立方米、新型墙材26万立方米，经折算节约能源2.77万吨标煤，减少二氧化碳排量436.8吨，减少粉尘排放0.76万吨，综合利用粉煤灰81万吨，经济效益和社会环境效益明显。

年内完成了《汕头建筑》一书的编纂和出版工作。　*(彭兰阶)*

佛山建设

【概况】　2009年，佛山市城乡建设以贯彻实施《规划纲要》为抓手，广佛同城化、区域一体化建设全面推进，城市基础建设、城市功能建设、城乡现代化建设进一步加强，城市现代化和城市综合竞争力不断提高。　*(陈伟)*

【城乡规划】　2009年，佛山市城乡规划局以《珠江三角洲改革发展规划纲要》实施为契机，以广佛同城化为抓手，推进规划统筹作用和服务水平再上新台阶。

3月，与广州市规划局共同签订《广州市佛山市同城化城市规划合作协议》，明确了双方的职责，建立了工作制度，提出了2009年的主要工作任务，并制定了远期（2012年）的工作目标和任务。至年底，基本完成2009年的工作，包括《广佛同城化建设城市规划三年工作计划》、《广佛同城化城镇空间发展战略规划》、《广佛同城化区域交通一体化规划》3个专题研究规划，《新客站周边地区》、《芳村桂城地区》2个同城整合规划，2009年城市规划近期建设项目库指引等。与此同时，深化《广佛两市道路系统衔接规划》，积极配合推进海怡大桥、珠江放射线二期、金沙洲地区市政道路对接等重点交通工程实施。高明分局适时组织《高明区城乡一体化规划》，并从4个竞赛方案中确定中标方案。三水分局重点完善与南海区、花都区的道路衔接规划。

推进广佛肇经济圈建设。与广州、肇庆共同签署广佛肇经济圈合作框架协议，就产业转入、交通对接、生态环保等问题达成共识。牵头或配合研究确定佛山境内的广佛肇城际轨道线路和站点，以及珠三角城际轨道、广佛珠城际轨道的规划选址和站点设置、交通对接等。

协调解决广州市西江引水工程问题。以协调会、实地踏勘等形式，牵头组织协调解决工程推进中的实际问题，与相关单位共同完成输水线路设计方案初步审查、一环南侧管线综合规划调整方案、规划许可、签约、征（借）地等工作。促进天然气高压管网工程。完成市天然气高压管网工程明城调压站至西樵调压站规划审批工作，协调解决西樵调压站至南庄门站线路方案及规划方案审批的相关问题。

规划编制　以规划为龙头，着力促进城市转型。《佛山市城市水系规划及重点区域水系详细规划》、《佛山市三水区逶口华侨经济区开发建设规划（2008-2020）》、《佛山市三水区逶口华侨经济区服务中心控制性详细规划》、《广佛九大出入口广告规划》、《佛山市对外衔接11个出入口整治规划》、《沙堤机场净空评定地理信息系统》等规划已经市政府批准并组织实施。《佛山市户外广告规划指引》、《佛山市区域绿地绿线图则》等规划也正在组织编制。充分发挥专家优势，全年组织召开15次城市规划委员会会议，共审议城乡规划21项，扩大了控制性详细规划覆盖率。11月，主持召开《佛山市无障碍设施改造规划及创建全国无障碍建设城市示范项目建设与改造规划》方案讨论会，牵头组织公共建筑无障碍设施配套的改造工作。

推进《佛山市综合交通规划》实施。《综合交通规划》已于年内实施。《佛山市城市快速轨道交通建设规划》已通过省发改委审核，待报国家发改委审批。根据《综合交通规划》要求，完成《贵广铁路佛山西站站区规划研究》、《丹灶铁路物流中心总体规划》和《广佛地铁出入口与地面公交站场衔接规划》编制工作，以及《佛山市交通模型维护及交通年报》和《佛山市交通设施建设年度计划（2010年）》；佛山西站交通枢纽概念规划设计、丹灶铁路物流中心控制性详细规划，以及佛山城市轨道3号线建设的前期准备工作已经启动。加强对地铁上盖物业发展的规划指引和控制。禅城规划分局根据城市布局、地铁出入口周边建设情况，编制规划时突出广佛地铁禅城段6个站点的不同发展形态，规划形成“三中心三片区”的地铁上盖物业格局，重点加强地铁站点周围300米、500米、1000米的土地利用及设施配套的研究，强化地铁与城市其他交通之间的衔接，落实静态交通与集散开敞空间用地范围及控制要求。

完成《佛山市东平新城南片区

控制性详细规划（修编）》工作及《东平新城发展方向和开发策略研究专题》、《东平新城村庄改造与建设实施专题》、《东平新城产业发展研究专题》和《东平新城南片交通规划》。积极推进《东平新城东部片区控制性详细规划》，跟进美旗华南国际采购与区域物流中心的选址和规划，配合完成公共文化综合体、综合交通枢纽大型设施国际竞赛方案评审和设计实施，抓好广佛地铁南延线等重点项目的规划和协调工作。

《佛山市“三旧”改造专项规划》已于年内实施。全力参与土地利用总体规划的修编和全市土地储备工作的推进，配合市政府落实CEPA试点城市工作。禅城分局公布实施《禅城区关于“三旧”改造项目涉及市政设施用地的扶持意见》，落实地形图测量费及城市基础设施配套费，重点做好祖庙东华里片区、澜石片区、佛山陶瓷文化公园、试点村等重点项目的协调和推进工作，加快办理安置小区的规划许可手续。南海分局完善“三旧”改造项目审批绿色通道制度，在35个示范村规划编制完成的基础上，编制188个村委会村庄规划，做到规划全覆盖，促进新农村建设。为配合广东省金融高新技术服务区建设，南海分局编制完成《广东省金融高新技术服务区C区控制性详细规划》和《广佛地铁（南海段）五站点周边用地开发控制规划指引》，进一步完善金融高新区的规划功能与交通组织。此外，南海分局还组织编制了《海八路隧道周边交通分析与组织方案研究》，组织了“南海金融广场规划设计”国际竞赛工作。

规划服务　主动跟进重点建设项目，及时跟进广佛地铁工程、广佛环线、佛肇城际、贵广和南广铁路等重点工程的建设。南海分局配合桂城街道高标准规划一环（桂城段）两侧的电子、创新产业带，打造南海“硅谷”。　三水分局对奥特莱斯、恒益电厂、中建村广东太阳能薄膜产业基地等重点项目，从规划选址到方案的实施，都做好规划引导和服务工作。组织广佛地铁出入口建筑设计方案竞赛工作。广佛线佛山段地铁车站出入口建筑设计方案经过设计竞赛，并综合市民、专家、相关单位、设计单位的意见，决定了采用方案。

指导和配合村庄规划编制工作。三水区积极推进新农村规划工作，指导达标村、示范村规划建设，共117条村庄规划通过审批，124条村庄通过新农村建设考核验收。同时，指导白坭镇、乐平镇以及南海区的丹灶镇、狮山镇、九江镇的总体规划及村庄规划的编制工作。配合环境改善工作，编制完成的《佛山“一环”南拓道路沿线两侧绿线管理图则》和《三年促变绿地佛山》2009年项目计划表，年内经市政府批准实施。积极配合以汾江河整治为重点的城市生态工程建设，协助有关部门加强对污水处理厂配套市政管理网及河涌整治配套工程的优化和落实。全力推进南庄生态改造工程。

规划管理　继续深化行政审批改革。按照“两横两纵”行政审批改革要求，完成27个审批事项的办事指南和流程图的修改，并对外公布执行。深入推进一体化规划政务信息平台建设，实现规划行政审批信息的共建共享，通过实施规划审批电子报批与指标核算提高审批工作效率。大力支持顺德区改革试点工作，请示省住房和城乡建设厅将“划拨建设用地项目规划选址许可初审”权下放给顺德区。南海分局将规划行政审批管理事项下放给狮山镇，促进简政强镇试点工作。高明分局进一步完善“提前介入机制”和“主动协调机制”，并根据项目位置、规模等，实行“所、局”两级评审制度。

健全和完善相关管理制度。颁布实施《佛山市城乡规划信息公开管理制度》，促进规划许可公示制度、听证制度等在工作中的落实。11月，市政府颁布实施《佛山市城市规划管理技术规定》。年内组织开展房地产开发中违规变更规划、调整容积率的专项检查，对各区2007年1月1日至2009年3月31日期间领取规划许可的所有房地产项目进行检查，重点检查规划变更、容积率调整等问题。

健全城建档案管理系统。为三水分局专门开发了城建档案管理系统，组织档案人员进行业务培训，完成3万份城建档案的归档工作，实现了档案资料信息化管理的目标。 *(许伟)*

【城乡建设】　2009年，广佛同城化建设开局良好。同广州市签署合作框架协议，建立市长联席会议制度，出台《广佛同城化发展规划》，以重点项目为突破口，推动规划、交通基础设施、产业对接以及水和大气污染的联合治理。2009年，计划推进的52项重点工作有46项推进顺利，其中15项已经完成。

珠三角一体化加快发展。配合做好珠三角基础设施、产业发展、环境保护、城市规划和公共服务五个一体化规划。加强与珠三角高速公路、轨道交通的对接，做好配套基础设施的建设，广肇城际轨道佛山至肇庆段、广珠轻轨顺德段动工建设，广佛环线前期工作有序进行，广珠西二期、江肇等高速公路建设顺利。启动广佛肇经济圈建设，三市签署合作框架协议，确定了首批37个重点合作项目。轨道交通项目建设进展较快。至12月底，广佛线工程完成年度建设计划投资的1.24倍，首通段（魁奇路至西朗站）土建工程累计完成88%，工程建设重点由土建施工转入机电安装。广佛线二期工程的立项审批基本完成。轨道交通三号线启动前期准备工作，武广高速铁路建成通车。5月，贵广铁路有限公司、省铁路投资集团有限公司以及佛山市国土资源局三方签订《贵广（南广）铁路佛山境内征地拆迁实施协议》，标志该项目在佛山市境内的征拆工作全面启动。年底，广珠铁路佛山段的征地拆迁工作基本完成。佛山西站和丹灶物流中心项目完成初步规划研究；珠三角城际轨道佛肇城际线10月开工建设；广佛江珠城际轨道项目启动；广佛环线佛山西站至广州新客站段项目建议书获得批准，进入工程可行性研究报告编制阶段。

统筹城乡一体化发展有新进展。制定并实施关于统筹城乡发展的系列政策文件，启动首批28个统筹城乡发展重点项目，5个宅基地换房试点顺利实施。农村体制改革深入推进，13个试点村居完成集体经济组织改革试点任务，1752个村组完成“两确权”工作，南海区基本解决“出嫁女”问题。佛山市三水区率先建立集体土地经营权流转中心和消除农村财物“白头单”结算试点。“双百工程”基本完成，全市行政村公交通达率、行政村之间道路硬底化率均达100%。农村公共服务、教育、文化、卫生、医疗等社会事业得到加强。

旧城改造　“三旧”改造成效显著。出台《佛山市三旧改造专项规划（2009~2020）》，并制定具体实施意见，引领“三旧”改造深入开展。实施“三旧”改造“双百计划”，全市启动改造项目229个，年内完成115个、总面积710万平方米。佛山祖庙-东华里、禅城石头村、南海瀚天科技城、顺德天富来工业城、三水西南涌等一批改造项目成效显著。是年，全省“三旧”改造工作现场会在三水举行。

市政设施建设　重点基础设施建设加快推进。广佛地铁首通段土建施工累计完成84%，逐步转入机电安装阶段。高速公路建设加快，广明高速西樵至更楼段、广佛高速扩建、西二环和顺立交收费站及连接线建成通车，广贺高速等10个项目抓紧建设。禅西大道一期、佛陈路快速化改造等29个市重点项目动工建设，其中2项建成通车，“一环”南拓一期工程完成60%。佛山机场民航成功复航。公共交通发展加快，客运站场、港口码头、能源水利等基础设施建设稳步推进，佛山市第二饮用水源首期工程试产通水。

城市建设和管理不断加强。佛山市东平新城公共文化综合体和区域性交通枢纽站开工建设；顺德区总体规划纲要出台，提出将顺德区建设成为广佛大都市区南翼副中心城区；西江新城广东省纺织学院等27个项目进入动工或前期筹备阶段；西南组团中心区控制性详细规划全面完成。加快“数字城管”建设，应用软件开发、数据普查等项目顺利推进。实施“大城管”、“大综管”战略，城市管理工作站创建工作力度加大。加强城市综合执法和综合监管，城市环境和秩序明显改善。（陈伟）

生态环境建设　新建、续建、扩建污水处理厂23间，新增污水处理能力62.3万吨/日。汾江河及内河涌综合整治成效显著，时隔26年成功举行端午节汾江河龙舟赛。水源地保护进一步加强，集中式饮用水源地水质达标率100%。大气污染治理深入推进，有效治理机动车尾气和陶瓷行业污染排放。“三年促变，绿地佛山”战略深入实施，新增绿化面积284万平方米，改造绿化面积245万平方米，顺利完成国家园林城市复查迎检工作。

城市供水　2009年，佛山市供水综合生产能力为272万立方米/日；供水总量为43051.61万立方米，其中生产运营用水12325.18万立方米，公共服务用水7326.08万立方米；用水普及率100%。

第二饮用水源工程首期第一阶段工程竣工投产。该工程于2007年9月动工建设，2009年12月顺利试产通水。首期第一阶段工程总投资约11.3亿元，包括100万立方米/日规模的取水泵站、20万立方米/日供水规模的西江水厂和40万立方米/日规模的配套输配水管网三部分，西江水厂与2009年2月竣工通水的北江水厂实现并网运行，互为备用。西江水厂输水管网与三水区、禅城区及南海区金沙片区的供水主干管进行联网供水工程。规模为30万立方米/日的佛山市三水区北江水厂作为三水区村村通自来水工程的重要组成部分，建成后有效解决了三水区中北部区域日益突出的供需矛盾。（陈淑娟）

垃圾处理　2009年，佛山市以规划为指引，整合资源，建设和完善佛山高明苗村白石坳生活垃圾卫生填埋场、三水区马鞍岗生活垃圾填埋场、佛山市顺能垃圾发电厂、南海区垃圾焚烧发电厂等垃圾处理设施。全市生活垃圾平均每天6000吨，佛山高明苗村白石坳生活垃圾卫生填埋场接收处理生活垃圾65.95万吨，全市城市生活垃圾无害化处理率达95.47%，全市城镇生活垃圾无害化处理率达80%，城镇生活垃圾无害化处理率比上年提高41%。加强对垃圾运输车辆的监管，制定《佛山高明苗村白石坳生活垃圾卫生填埋场生活垃圾运输车辆管理措施》，建立“生活垃圾准运证”制度，垃圾运输车辆防撒漏情况明显改善。

园林绿化　2009年是“三年促变，绿地佛山”建设行动的最后一年。佛山全市继续以区、镇（街）联动方式推进道路绿网、水系绿网和立体绿化建设，将绿化示范路和河涌滨水绿地建设延伸到镇（街），并进一步抓好城乡休闲公园建设和单位、庭院绿化。全年完成绿化项目410项，新增绿地面积203万平方米，改造提升绿地面积567万平方米，建成西南涌右岸公园和云东海砂岗公园。至年底，佛山市建成区绿地率达34.23%，建成区绿化覆盖率达36.57%，人均公园绿地面积达9.12平方米。全市整体绿量明显增长，绿地布局日趋合理，绿化景观和绿化水平迅速提升，初步形成“组团城市，绿脉相通，绿廊环绕，

公园棋布”的绿地系统格局。2月，佛山市通过住房和城乡建设部开展的国家园林城市复查。（杨志坚）

【中心镇建设】 2009年，佛山市10个中心镇镇域面积1648.44平方千米，镇建成区面积85.42平方千米；镇域工业总产值3208.08亿元，可支配财政收入57.03亿元，建成区住宅建筑总面积1336.42万平方米，建成区公共绿地面积502.63万平方米。镇域生活污水排放总量12316.64万立方米，处理量5135.73万立方米。（黎裕成）

【住宅与房地产业】 *住房保障* 2009年，佛山市继续加强住房保障体系建设，保障性安居工程建设成效显著。当年完成廉租住房和经济适用住房建设2596套，建筑面积约15万平方米，并为2391户低收入住房困难家庭提供了住房保障，超额完成省政府下达的完成建设保障性住房2416套，解决低收入住房困难家庭1601户的目标任务。

制订《佛山市2009~2011年住房保障规划》，规划中明确了南海、顺德、高明、三水4个区要在2010年年底前完成对2007年调查在册低收入住房困难家庭住房保障任务，建设任务较重的禅城区可以采用先通过发放租赁补贴的方式解决，到2011年提高实物配租比例，最终达到完成2007年调查在册低收入住房困难家庭住房保障任务的近期工作目标。（陈小勇）

产权登记 至2009年年底，全市累计已登记房屋总建筑面积32406.07万平方米，其中住宅1493482套、建筑面积计19671.40万平方米，非住宅建筑面积计12734.67万平方米。

是年，全市国有土地上房屋初始登记共计37785件，建筑面积1000.14万平方米；转移登记115593件，建筑面积1399.78万平方米；变更登记15825件，建筑面积713.50万平方米；抵押权登记74088件，建筑面积4049.87万平方米；注销登记5765件，建筑面积289.64万平方米；全市集体土地上房屋登记19671件，建筑面积551.75万平方米。

从2009年3月1日起各区统一使用2008版房地产权属证书和登记证明，并按要求建立房屋登记簿，做好房地产市场信息管理系统的升级管理工作。同时，完善商品房预销售合同网上备案系统，增加项目建筑区划内公共场所、公用设施和物业服务用房等部分的网上申报、公示功能。在对商品房预销售项目初始确权时，将项目建筑区划内公共场所、公用设施和物业服务用房等部分记载入房屋登记簿。经专家评定，顺德区建设局的房地产登记簿系统功能比较完善，应用水平较高，获得优秀等次。（江飞）

【城市综合管理】 2009年，佛山市组建市城市综合管理局，将市城市管理行政执法局职责以及市公用事业管理局市政、园林、绿化、环卫管理的职责整合划入市城市综合管理局，不再保留市城市管理行政执法局、市公用事业管理局。

城管执法 2009年，全市城管系统坚持依法行政，文明执法，开展“八乱”整治。禅城、南海、高明、三水区执法局共查处市容环卫、市政管理、城市规划、城市绿化、生活环境噪声等污染、无照商贩占道经营、室内违建等方面的行政处罚案件40多万宗，其中劝导教育和纠正各类违法行为39万多宗，立案处理9788宗。推进“大城管”、“大综管”战略。探索行政执法业务和管理业务相结合，推进属地化管理。成立城市管理工作站，禅城区共成立工作站144个（市场、门前三包类5个，村居类139个，村居覆盖率100%）；南海区成立工作站57个（其中包括西樵山5A风景区建立首个景点城管工作站）；顺德区共有23个工作站；三水、高明区工作站的创建工作开始起步。

推进“数字城管”建设工作。1月，全市数字城管建设工作正式铺开，年内完成市数字化城市管理信息系统的监理、软件及系统集成、数据普查等标项的招标工作，数字化城市管理信息系统管理平台开发以及禅城、南海、高明区数据普查工作随之开展。推进广佛同城化城市管理领域合作。8月，签署《广佛同城化城市管理领域合作协议》，并联合制定《关于广佛同城化城市管理领域合作的实施意见》。11月，广州与佛山两地城管部门联合开展“泥头车撒漏”专项整治行动。年内，做好“一环”的“两违”查控工作，发现新增涉嫌“两违”项目29宗，建筑面积10.63万平方米。做好佛山水道的“两违”查控工作，禅城段共排查出新增涉嫌违法建设项目31宗，建筑面积5.24万平方米（已全部拆除）；南海段查处新增违建2宗，建筑面积3000平方米。此外，还做好春运巡控、花市管制、元宵疏导，高考中考及节假日执法工作，完成国家园林城市复查、汾江河龙舟邀请赛、第三届中德环境论坛、2009年佛山旅游文化节、PRCUD佛山圆桌论坛等保障工作。

市政设施维护 进一步加强城市桥梁管理。举办专题培训班，对全市区、镇两级管理人员进行专业培训。正式启用“佛山市城市桥梁信息管理系统”，各区、镇在日常工作中按各自职责运用该系统建立一桥一档的信息；全市建立市、区、镇三级城市桥梁管理模式；9月全市城市桥梁完成安全检查。

（杨志坚）

【建筑业】 2009年，佛山市在建监督工程6056项，建筑面积4653万平方米，工程合计总造价522.9亿元；全年新报监建筑工程3064项，建筑面积2072万平方米，工程合计总造价277.54亿元。新报建项目数与上年基本持平，建筑面积和工程造价比上年分别上升5.5%和28.5%。

2009年度有7家企业被评为优秀施工企业，7家企业被评为先进监理企业。

工程质量管理　2009年，佛山市建筑工程质量稳定，未发生较大的工程质量事故，有1项工程被评为“省优良样板工程”。

开展质量巡查和监督抽检。市、区建设行政主管部门不定期组织巡查，对工程存在的问题共发出质量整改通知书3036份、局部停工通知书72份。全年开展建筑工程施工质量季度巡查、混凝土质量专项检查、建筑钢材专项检查等，对8家商品混凝土生产企业的生产工艺条件和质量管理体系控制进行突击检查，对检查结果进行通报，上网公示，对企业不良表现进行诚信扣分处理。9月，开展建筑质量月活动，举办“建筑工程质量宣传咨询日”、质量通病防治专题技术讲座，组织优良样板工程参观，开展监理知识竞赛等。从2月1日起，全面实施住宅工程质量分户验收制度，至年底已验收住宅工程785个。针对分户验收发现的问题，开展工程质量通病防治工作，下发了《关于加强佛山市住宅工程质量通病防治工作的通知》。

施工安全管理　2009年，佛山市有9项工程被评为“广东省安全生产文明施工优良样板工地”，21项工程被评为“佛山市建筑工程安全生产文明施工优良样板工地”。年内发生3起建筑施工安全事故，死亡3人。全年市、区两级建设行政主管部门和施工安全监督机构组织包括建筑施工安全季度巡查、建筑工人“平安卡”和建筑施工起重机械专项检查、节前建筑施工安全检查、防御台风暴雨应急工作预案专项检查、建筑施工冬季消防安全专项检查、防高处坠落隐患专项检查，以及广佛地铁施工安全月度检查等多项安全检查，共计出动8492人次，发出整改通知书2104份，消除安全隐患3737项，对违法违规作业的企业和人员实施动态扣分1632次，共扣10345分。6月，开展“安全生产月”活动，围绕“关爱生命，安全发展”的宣传主题举办安全生产宣传活动，组织“高大支模”专家讲座，对安全监督人员及建筑企业安全管理人员进行“起重机械及高大模板”安全知识培训。

（谭树治）

勘察设计　2009年，佛山共有勘察设计单位114家，其中勘察单位14家，设计单位100家；100家设计单位中，专业工程设计单位51家，结构事务所1家，专项工程设计单位48家。全年本地勘察企业营业收入18780万元，设计企业营业收入89617万元。全市共有施工图审查机构8家，其中房屋建筑工程一类机构5家（1家兼有市政基础设施工程一类）、二类机构2家；市政基础设施工程二类机构1家。全市共有从事审查业务专业技术人员178人。是年，佛山市完成房屋建筑和市政基础设施施工图审查项目1374个，项目建筑面积1668.24万平方米。全市共完成38项大中型建设项目初步设计审查工作，有效保证了这批重点建设项目的设计质量。12月，出台《佛山市建设局建设工程勘察设计变更暂行管理办法》，打击随意修改经施工图审查合格的设计图纸的违规现象。

年内，佛山市举办优秀工程勘察、优秀工程设计（2007—2008年）评选活动，共评出优秀勘察设计项目74个。广东轻工职业技术学院南海校区图书馆（设计单位：佛山市南海城乡建筑设计有限公司）、佛山市中医院医疗综合大楼（设计单位：浙江省建筑设计研究院、广东启源建筑工程设计院有限公司）、天安南海数码新城-1栋天佑创富大厦（设计单位：佛山市南海城乡建筑设计有限公司）、美的海岸花园一区和二区（设计单位：佛山市顺德建筑设计院有限公司）等4个项目获得优秀工程设计项目一等奖。

【建设科技】　2009年，佛山市加强对新建项目建筑节能设计的检查力度，共检查在建和竣工的民用建筑工程45个，发出整改通知书6份。开展国家机关办公建筑和大型公共建筑能耗统计审计和能耗公示工作，对全市80栋国家机关办公建筑和大型公共建筑能耗进行公示。积极推进建筑节能示范项目建设，申报财政部、住房和城乡建设部“2008年可再生能源建筑应用示范项目”的南海区城市动力联盟项目获准并于年内落成使用，并获得住房和城乡建设部绿色建筑三星标识。（吴燕婷）

韶关建设

【概况】　2009年，韶关市城乡建设较快发展，城镇规模不断扩大，城市功能日趋完善。

宜居城乡建设取得新突破。芙蓉新城开发建设加速推进，征地工作基本完成，下胡村安置区动工建设。交通网络不断延伸。韶关大道全线通车；芙蓉大道南段建设启动；武广铁路客运专线韶关火车站建成使用；宝盖路建成通车；林桥坑一期整治完工；帽峰大桥超额完成年度投资计划。市政设施建设加快。市区新敷设供水主管17千米；开工建设防洪堤18.2千米；翁源、乳源、仁化、乐昌坪石污水处理厂和曲江污水处理厂二期竣工，完成省下达的“一县一厂”建设任务；市区生活污水集中处理率提高到80%以上。建成一批大型场馆。芙蓉山国家矿山公园、韶阳楼和韶关馆市规划展馆建成开放，北伐纪念馆完成主馆建设。年内始兴马市镇、乐昌北乡石角村被定为“省级生态宜居镇（村）创建点”，南雄珠玑镇、仁化县石塘镇石角村和南雄乌迳镇新田村被评为“广东省历史文化名镇（村）”，始兴县东湖坪村被省推荐上报“全国特色景观旅

游名村”。（黄国兴）

【城乡规划】 2009年，韶关市城乡规划局注重经济社会、城乡建设发展和民生需求，科学合理安排年度城乡规划编制任务，各项工作进展顺利，取得较好成效。年内建成韶关城市规划展示馆。

规划编制 做好城市总体规划与《韶关市土地利用总体规划》衔接以及与珠三角规划对接研究，对《韶关城市总体规划（2006~2020）》进行修改完善，2009年8月上报省政府审批。

编制完成《韶赣高速公路连接线地区控制性详细规划》、《浈江北路沿线地区控制性详细规划》、《市区公共交通枢纽及对外联系主要干道定线规划》、《沙湖公园及周边地区控制性详细规划》、《市区给排水规划》、《城市绿线控规》、《市区文、教、卫、体专项规划》、《抗日战争时期广东省委机关旧址保护规划》等规划。启动《东莞（韶关）产业转移园区控制性详细规划》、《千分之一路网规划》、《城市道路红线规划》、《韶关市韶塘路地区控制性详细规划》、《浈江区黄竹地区发展规划》、《韶关市区建筑风貌控制规划》、《城市燃气工程规划》、《韶关市曲江片区梅花河两岸控制性详细规划及滨水地带景观设计》和《韶大片区控制性详细规划》等市区急需规划的编制工作。组织开展广乐高速公路线由及沿线桥（涵）通道规划预留研究工作，形成《广乐高速公路市区段桥隧预留与互通地区控制性详细规划》初步规划成果。完成《丹霞山风景名胜区总体规划》修编上报，编制完成丹霞山景区内75个村庄规划，景区内夏富、南门、龙皇坪三个重点地区控制性详细规划通过专家评审。

规划管理与服务 加强城乡规划法制化建设。制定《韶关市城乡规划管理导则》和《关于加强韶关市城建档案工作的意见》，对韶关市城乡规划的编制、管理、监督、违法建设查处和城市基础设施配套费征收等进行规范，促进城乡规划依法行政。严格“一书两证”的审批核发。2009共受理各类行政许可申请675宗，办结695宗（含2008年12月受理件），提前办结率100%，提供咨询服务共1377宗，城乡规划服务窗口被韶关市行政服务中心评为“2009年度文明窗口”。

组织开展专项治理。开展全市房地产开发领域中违规变更规划、调整容积率问题专项整治和工程建设领域突出问题专项治理工作，组织对全市2007年以来批准的房地产项目进行全面的清理自查，重点排查涉及变更规划、提高容积率、改变土地使用性质等情况。2007年1月1日至2009年3月31日期间，韶关市区房地产开发项目共37宗，用地面积409.7公顷；其中未变更规划、调整容积率的项目有30宗，用地面积405.8公顷；依法定程序变更规划、调整容积率的项目有7宗，用地面积3.9公顷。市辖各县（市、区）房地产开发项目共119宗，用地面积233.6公顷；其中未变更规划、调整容积率的项目有92宗，用地面积201.82公顷；依法定程序变更规划、调整容积率的项目有25宗，用地面积31.30公顷。房地产商违规变更规划、调整容积率的项目有2宗，用地面积0.47公顷。

完成市区城市地下管线普查。2008年12月，韶关市城乡规划局组织开展市区城市地下管线普查工作。至2009年10月，完成市辖浈江片区、武江片区和马坝片区共40平方千米范围给排水、天然气、电力、电信等8大类18种城市综合地下管线的探测和监理检查，探测地下管线总长2405多平方千米，并同步开发建设韶关市综合地下管线管理信息系统。

加强城乡规划服务指导。落实重点项目规划跟踪服务、城乡规划审批绿色通道和联办代办制度，积极做好城乡规划服务工作。全年完成“800万吨台泥项目”、“185万千瓦煤矸石发电项目”、“热电联产项目”和“中低核辐射废物堆放场项目”等项目的预选址工作，配合韶关市西联芙蓉新城建设办公室完成武广客运专线火车站场片区城市设计国际招标，完成韶关市政府2009年“十件实事”相关项目的规划报建审批工作。年底，韶关市城乡规划局被韶关市人民政府评为“2009年度重点项目先进主办单位”。完成“关于悦来酒店整栋楼及地块转商业性质的问题”、“关于在风度名城门口设立LED显示屏相关问题”等12个项目的联办代办工作。全年共为县（市、区）和相关建设项目提供各类规划指导意见180余条。

勘察设计 开发建设GPS连续运行参考站（CORS）并投入使用，有效提高测绘作业成效。是年，完成1：500地形图164平方千米和1：1000航拍图240平方千米的数据整理；完成城市道路测量7.5千米，韶关市建成区主要道路及两侧区域1：500地形图和宽度100米、道路总长200千米的测绘；完成丹霞山风景名胜区内76个自然村1：1000地形图的测绘；完成城市城下管线放线、探测23千米，建筑物放线132栋、验线232栋、竣工293栋；完成其他土方测量工程5项、界桩测量10项。

档案管理与专项规划 做好城建档案的综合开发利用工作。新建200多平方米的现代化档案库房，拍摄建设工程施工照片7500多张、录像50.4小时，收集、拍摄城市建设规划照片4907张、录像3.91小时，完成竣工验收65宗，接收入库档案1281卷，接待档案查阅255人次。

加快镇村规划编制工作。启动曲江区小坑镇、沙溪镇总体规划编制工作，编制完成曲江区乌石镇、浈江区犁市镇总体规划；组织开展仁化县长江镇及曲江区大塘镇等中心镇控制性详细规划研究试点，编制完成南雄市乌迳镇、乐昌市坪石镇控制性详细规划；组织开展全市古村落保护普查研究和传统民居风貌研究工作，编制完成仁化县石塘镇石塘村、南雄市乌迳镇新田村历史文化保护规划。

认真组织创建工作。积极组织全市开展“广东省历史文化名村名镇”和“全国特色景观旅游名村”申报创建工作，南雄市珠玑镇、仁化县石塘镇石角村和南雄市乌迳镇新田村被评为“广东省历史文化名镇（村)”，始兴县东湖坪村被广东省推荐上报“全国特色景观旅游名村”；积极开展宜居城乡创建工作，始兴县马市镇、乐昌市北乡石角村被定为“省级生态宜居镇（村）创建点”。

完成丹霞山风景名胜区内核心区、规划景区和保护区三条界线的界碑（桩）设置工作；研究提交景区内瑶塘新村、断石新村的改造设计方案，对景区内不符合控制标准的建筑进行立面整饰和改造；积极做好景区内建设项目的规划选址工作，提出景区资源保护森林防火专用通道工程、精品化工程、锦江画廊工程、丹霞山锦石岩寺下院和丹霞山税务中心置换等的规划意见。

抓好规划建设管理培训。组织基层规划建设管理培训，分期分批对全市300名村镇规划管理人员进行城乡规划管理知识培训。11月，举办韶关市宜居城乡建设培训班，对全市各县（市、区）和市直有关单位共113人进行宜居城乡建设知识培训，提高全市开展宜居城乡建设工作的能力和水平。 *（李冬辉）*

【城乡建设】 2009年，韶关市着力打造园林绿化精品，提高园林绿化管养水平，初步形成布局合理、功能优化、特色明显的城市园林绿化体系，有效地改善了城市生态和人居环境，达到国家园林城市标准。11月，国家园林城市实地考查专家组在韶关市实地考察后认为，韶关是一座很有自然特色的山水城市，韶关市创建国家园林城市工作创出了新意，丰富了园林城市的内容，并打给该市全省（三市）最高的评分。

市容环卫 自2005年韶关市委、市政府召开创建国家卫生城市动员大会以来，全市按照国家卫生城市标准，进一步完善城市功能，提升城市品位，改善了人居环境。至2009年12月9日，韶关市被全国爱卫会命名为“国家卫生城市”。

加大投入，完善设施。近五年来共投入资金16亿多元（其中市本级财政投入11.82亿元)，全力完善环卫基础设施，提高宜居水平。环卫保洁经费从2007年投入2000多万元增加到2009年的5000多万元，并延长保洁时间，清扫面积由原来的主次干道延伸到小街小巷、老居民区、关停并转企业、城中村及城乡结合部，同时更新增添大批环卫机器设备，道路机械化清扫率达到20%以上。建立环卫工人作业质量监督机制，实行分级量化考核；落实市直机关和驻韶中省单位创卫日常保洁路段责任督导和每周五下午的“公共卫生日”活动机制，使市区的环卫保洁工作质量显著提升，基本实现天天干净、处处干净的目标。

科学处理好生活污水和垃圾。投资2.53亿元新建两个污水处理厂和一座现代化垃圾处理场。其中投资1.6亿元新建的市第二污水处理厂、曲江污水处理厂，使市区城市生活污水处理能力达到8.75万吨/日，城市生活污水集中处理率达到60.29%，有效地保护了北江水源；投资0.93亿元新建的花拉寨生活垃圾填埋场（首期）及粪便无害化处理项目，使城市生活垃圾处理率和粪便无害化处理率分别达到90%和100%，被住房和城乡建设部评为“国家一级生活垃圾填埋场”。年内还投资1800万元加快启明北和林桥坑两条市内排水排污主渠的整治，有效改善了城市环境。

完善城区环卫设施。投入3000多万元，在市区下水道口安装“四防”装置2.95万套，达到防蚊、防鼠、防蟑螂、防臭气的效果，被国家技术评估专家组称赞为“我国南方城市具有典型示范意义”的创新工作；新建及改造公共厕所及14座垃圾中转站，添置一批垃圾和粪便运输车、机械清扫车、果皮箱，使市区90%的公厕达到国家二类以上标准，垃圾中转站达到国家卫生城市标准要求。

城市供水 2009年，市自来水公司安全供水5345万立方米，比上年增长5.22%；水质综合合格率达到100%；销售收入6342万元，增长3.38%；新敷设管径DN80以上的供水主管17千米，“一户一表”改造实施4772户，全年共抢修不同管径管道704次，确保市区供水管网的安全。

进一步提高安全供水可靠性。做好五里亭水厂、西河二水厂两个主力水厂双回路供电改造的筹办工作，抓紧落实西河二水厂泵房技术改造工作，并利用孟洲坝放水的有利时机，组织对西河一水厂、帽子峰水厂的取水口、大口井等取水构筑物进行清理、加高、加固。对水泵、水泵电机、药剂投加设备进行检修。加强对各水厂及管网水的监测工作，新增气相色谱仪等5台大型检测仪器，确保出厂水达到国家《生活饮用水卫生标准》要求。

进一步完善城市供水管道网络。配合宝盖路市政工程建设，实施宝盖路DN800毫米管道延续（惠民北路）供水主干管工程；解决市东南轴承有限公司易地搬迁后生活区用水问题；完成新津路DN300管、新323线国道天子岭、住房保障中心DN200管、启明北路等供水管道工程。

继续实施“一户一表”改造。重点抓好改制企业、住房困难户、拆迁回迁户的“一户一表”改造工作，完成下后街福康楼、风度中路

60号、漂布溏5号综合大厦等单位的用水改造工程，为用户提供更直接、优质的服务，全年共为4772户用户进行了“一户一表”改造。

城市供气　加强设备维护和保养，确保完好率100%。按照有关规定对生产设备、压力容器、安全附件、防雷设施、计量器具进行检验检定，全年进行LNG储罐外部检测4台次，压力表检测115台次，供气厂的防雷检测1次，安全阀检测81台次，磅秤检测7台次，完成气站设备维修、保养460台次，管网调压维修、保养547台次，更换调压器箱90台，新增调压器60台，调压器改造18台，阀门井维修、保养98台次，管网检测964千米，重新补管位标志牌208块，立管抢修、处理水堵8次，铸铁管改造47米，楼栋立管改造217条。大力拓展居民用户、发展商业用户和工业用户。新拓展韶关冶炼厂和韶关市中机重工锻压有限公司两家大型工业用户，并为西气二线对接创造了条件。

城市照明　做好维护保障工作。一是坚持经常性检修制度，分路段巡查，及时排除故障，确保路灯两率达标及灯光夜景的正常亮灯。二是抓好主干道、景观点、灯景长廊灯光的养护。三是建立全方位防盗格局。采取加强巡查及技术防盗等措施，并发动新闻媒体和开通举报热线等，形成全方位共同监管的防盗格局。四是统筹安排好设施老化路段的正常检查、测试和保养，控制设备故障发生。全年共更换各类灯泡1.33万只、镇流器5857只，修复线路1.53万米。灯饰亮灯率和设施完好率均达到98%以上，超过住房和城乡建设部颁布的道路照明各项指标。

大力推行综合节能工作。积极调试半夜灯，在全市范围内全面采用半夜灯的节能新举措。同时科学调整城区范围景观灯光夜景开关灯时间，严格按气候、季节的变化及时调整，有效节约了能源。应用新光源、新技术，在韶州宾馆周边道路尝试安装太阳能LED路灯，总体运行良好。推进节能监控覆盖面。全市道路、桥梁、公园、广场及三江沿岸景观点建成投运路灯节能监控点共174个，覆盖率占全市灯饰的95%，节能率达25%~40%，灯具使用寿命可延长2~5倍。

市政设施建设　投资10.75亿元建设城区道路。完成芙蓉新城道路建设，韶关大道及西联隧道、互通立交、韶关火车站等重点工程项目基本建成，初步形成新城区道路框架；改造国道323线市区过境路段，城区新增和扩建主次干道76条，新增道路面积393万平方米，维修道路10.9万平方米。帽峰大桥建设工程是2009年度重点建设项目，至年底，完成投资6000万元，是年度投资计划的1.2倍。林桥坑首期整治是市政协的重点提案，工程覆盖范围为新津加油站至沙洲尾出口段，覆盖段约1.1千米，共分9段覆盖，工程施工在保证质量的同时抓紧进度，年底前顺利完成了首期整治，并通过了市政协组织的督办检查。宝盖路建设工程是市区一项重要交通枢纽工程，道路全长约848米，道路红线宽30米，其中行车道22米，人行道8米，按城市一级主干道标准建设。工程于2008年9月开工，至2009年8月全部完工并全线开通，极大改善了黄田坝地区的交通状况。北伐纪念馆主馆工程为混凝土框架二层构筑物，建筑面积为3500平方米，2008年10月动工，至2009年年底，主馆建设工程全部完工。组织维修市区多条道路。新华北路维修工程，维修路面长500多米，维修和摊铺沥青面积7500平方米；东堤南路（建国路口—风采桥引桥）维修工程，全长555米，宽12米，摊铺路面沥青混凝土6670平方米。此外，还对北江中路、武江南路、陵南路等道路路面进行局部维修，年内各项工程均顺利完成。市区西河桥桥面维修工程在进行人行道和伸缩缝的维修后，对栏杆图案进行重新设计和粉刷，使该桥容貌焕然一新。

园林绿化　搞好城市绿化、美化。先后实施60多个绿化专项建设，拆临建绿、拆墙透绿，新增公共绿地面积164公顷，种植、补植各类乔木、花木57万株，建成区绿化覆盖率达到40.9%，绿地率37.89%，人均公共绿地8.54平方米。

着力打造一园一品的园区特色。对中山公园实施拆墙建绿，拆除园前西路90多米的围墙，种上万寿菊、杜鹃、玫瑰等花卉，树的品种有大叶紫薇、桂花、木棉、杜英、红枫等，同时在园内打造桃花林、梅花林、樱花林、茶花林和桂花林，增种50棵冠幅大、树形好的玉堂春，实现花开四时，花色各异。

扎实推进各项增绿工程。相继实施并完工北江广场（二期）绿化工程、武江北路第四期道路绿化工程，以及中山公园拆墙建绿、工业中路中间花带、韶州公园芳菲园等。同时，在武江桥桥头设置心连心花坛，在解放路路灯灯杆设置挂花盆，与绿化带上的花坛相得益彰。

全面完成市区迎国检线路的绿化美化工作。分别对市区熏风路、解放路、东堤路、环园路、北江路等以及中山公园、帽峰公园、河滨公园、矿山公园、韶州公园等地点进行美化工作，共种植春羽、大红花、红继木、黄榕、夹竹桃、毛杜鹃、美人蕉、夏杜鹃等袋苗17万多袋，大叶伞、垂榕等灌木1200多株，细叶榕、杜英、大叶樟等乔木500多株，台湾草7000平方米，全市摆放盆花约10万盆。　*(高涛)*

丹霞山风景名胜区建设　丹霞山风景名胜区位于韶关市东北郊，总面积292平方千米，是以丹霞地貌景观为主的自然风景区。2009年丹霞山成为世界自然遗产提名地。

加强对景区的保护与管理。根据《保护世界文化和自然遗产公约》的要求，于2009年4月14日省人民政府第十一届第三十次常务会议通过了《广东省丹霞山保护管理规定》，于6月1日起施行。为贯彻执行《保护管理规定》，韶关市政府常务会议审议通过《〈广东省丹霞山保护管理规定〉实施办法》，于9月7日正式颁发施行，使景区保护与管理有法可依。

加大环境整治力度。对长老峰区域、长老峰景区山上摊档和旅游步道、锦江沿岸、瑶塘村、断石村与环境不协调的建筑物进行拆除整治并绿化，推动景区精品化建设；完成索道至长老峰至锦石岩景观考察线路的完善、修建工作；修建了IUCN专家科学考察线路；完成标识标牌等基础设施和水、电线路改造；完成黄沙坑森林步道和长老峰安全通道、丹霞山博物新馆的建设。

风景名胜区的综合整治切实按照申遗环境要求，共计拆除核心景区8间宾馆、2户民宅、1处茶庄、3处餐厅、40余个商铺，总拆除面积3万多平方米，清理建筑垃圾3万多立方米，恢复拆迁区域绿化面积达1.6万平方米，完成游人中心景观绿化、考察线路沿线景观绿化等。改造景区步道4千米，建成中山门新票站及附属，设立丹霞山景区界碑177块，完成景区内3处村庄130户民居“穿衣戴帽”改造工程，整治景区商铺150间，更换或增设分类垃圾桶200个，引导标识牌80个，更换道路指示牌和安全警示牌及植物中英文介绍说明牌约500块，完成丹霞山景区核心区道路沿线通信、电力、有线电视三线下地改造工程。

以上各项工作共投入资金1.1亿元。 *(余长勇　袁利祥)*

【中心镇建设】　2009年，韶关市在2008年的基础上继续抓好中心镇总体规划编制工作。年内组织召开各中心镇总体规划专家评审会议，全面完成全市25个中心镇总体规划的审批。在新一轮中心镇总体规划的指引下，启动韶关市中心镇控制性详细规划编制试点工作，完成南雄市乌迳镇和乐昌市坪石镇控制性详细规划编制工作，仁化县长江镇、曲江区大塘镇控制性详细规划也已形成初步规划成果。

(李冬辉)

【住宅与房地产业】　2009年，韶关市建设部门完成《韶关市房地产业发展第十二个五年规划纲要》编制，印发《关于促进我市房地产市场平稳健康发展有关问题的通知》及《关于重点扶持房地产开发企业的意见》，出台提高住房公积金贷款额度政策，对投资大的房地产开发项目实行重点扶持政策以及连续下调市区住宅专项维修资金缴存界点等措施，促进住房消费。开展房地产企业非法集资排查，全市164家房地产企业均未发现非法集资行为。是年，全市房地产开发投资46.45亿元，比上年下降16%；施工面积675.04万平方米，增长7%；竣工面积169.98万平方米，下降9.4%；销售面积224.87万平方米，上升62.6%，销售额59.15亿元，上升82.1%。

房地产交易　3月，在全国“50个新增重点城市”房地产市场信息系统检查验收中，韶关市房地产信息系统以“优秀”成绩通过验收（全省仅有韶关、湛江两市获得优秀）。整合电子档案与登记簿管理信息系统，实现旧档案的电子化处理和新档案的直接扫描归档，改善档案的存储备份能力和查档工作效率，提高档案利用率。设计完成存量房网上交易平台，在以往房屋“供”的信息基础上增加“求”的信息和功能，实现房屋供求信息的交互。建立房地产初始登记及在建工程抵押登记现场实勘制度。启动预告、异议、地役权以及集体土地上的房屋登记，开展地役权登记、转移预告登记、最高额抵押登记等。启用新版房地产权证。实施登记询问制、起用叫号机及身份证识别器。

是年，韶关市房地产交易活跃，交易量平稳上升。市区商品房成交7430宗、面积91.21万平方米、金额28.17亿元，比上年分别增长1.09倍、1.11倍和1.57倍；二手房成交5430宗、面积63.14万平方米、金额6.32亿元，分别增长62.57%、63.28%和90.70%。

物业管理　出台《关于实施广东省物业管理条例的若干意见》、《韶关市业主委员会规程》、《韶关市物业管理区域划分细则》、《韶关市物业管理企业退出指导意见》等配套文件，编印2500份物业管理文件汇编下发到各县（市、区）建设主管部门、街道办事处、物业管理服务企业及业主委员会，进一步明确相关部门、单位的管理职能，规范物业管理市场。完成市区业主委员会备案工作移交，原市建设局承担的物业小区（大厦）业主委员会备案工作转为浈江区、武江区建设局办理。全年审核成立8家物业服务公司，11家物业服务公司资质由暂定三级转为三级。

住房保障　2009年，全市解决低收入家庭住房困难工作取得实质性进展。市建设局会同有关部门认真落实《广东省解决城镇低收入家庭住房困难工作目标责任书》，切实开展解决低收入住房困难家庭住房问题的有关工作。开工建设市区天子岭廉租房项目第一期1.1万平方米；沙洲尾1.4万平方米廉租住房交付使用；东岗岭1.8万平方米经济适用住房正式面向低收入家庭出售。制定《韶关市区市属退出企业棚户区改造总体实施方案》和《韶关市退出企业棚户区改造专项资金管理办法》，完成东岗岭5家国有“退出企业”161户、8775平方米职工住房调查摸底和接收工作，开展对新华印刷厂职工未房改房接收及改造工作。召开县（市、区）保障性住房建设工程现场办公会，推进县（市、区）保障性住房建设

进度。开展韶关市区直管公房房源及住户清理工作，停止公房转租转让行为，进一步规范公房租赁管理。完成直管公房非住宅提租和住宅租金标准调整方案的上报工作。东堤路土地顺利挂牌出让。是年，韶关市解决城镇低收入家庭住房困难工作通过省政府组织的检查。全年全市共落实廉租住房建设用地3.97公顷，落实经济适用住房建设用地3.93公顷，新增4.41万平方米744套廉租住房和4.48万平方米580套经济适用住房。通过实物配租、租金核减等方式对638户低收入家庭实施了住房保障。

启动人才公寓建设。年初，市政府将引进人才住房问题纳入住房保障统筹考虑，实施政策性租赁住房政策，逐步解决行政事业单位新就业大中专毕业生、外来应聘人才住房难问题，为人才落户提供保障。在引进人才数量大的学校、医院，由用人单位自筹资金，按经济适用房政策兴建人才公寓，集中解决引进人才的住房问题。外来工集中的开发区及工业园区，按照符合土地利用总体规划、城市总体规划和集约、节约用地的原则，在工业项目用地中配建公寓向外来务工人员出租。通过创新保障机制，建立和完善多层次的住房供应与保障体系，努力实现"住有所居"。年内，在市区沙洲尾小区建设第一批33套人才公寓，较好地解决了外地引进人才及新就业大学毕业生这一"夹心阶层"的临时住房困难问题。同时，还建立韶关市住房保障网络系统，实现廉租房和经济适用住房网上审批。建立房屋档案及住户家庭档案，完善市、市（县、区）房管交易系统联网，交易权属登记一体化系统区县联网工作全面完成。

房产测绘 2009年共完成测绘业务9524宗，比上年增长18.18%；建筑面积279.72万平方米，增长22.8%。制定《韶关市房产测绘管理所测绘档案整理工作实施方案》，对档案进行重新分类登记、装订整理入库。完成浈江区、武江区2006、2007年度档案整理，进一步完善了房产测绘业务管理系统。

住房公积金管理 理顺对市住房公积金管理中心的代管关系，将原市财政局代管的住房公积金管理中心移交市建设局管理。2009年，全市累计缴存住房公积金60.8亿元（其中市级29.4亿元），全市当年归集住房公积金12.6亿元（其中市级6.1亿元），住房公积金归集总额连续三年在全省山区城市中排名第一。至年底，全市累计支取住房公积金24.4亿元（其中市级12.4亿元），当年支取8.1亿元（其中市级4亿元），资金余额为36.3亿元。全年累计发放住房贷款14.5亿元（其中市级9.7亿元），全市当年发放贷款6.2亿元（其中市级4.4亿元），贷款余额为10.1亿元。累计为全市22035户职工提供了购房贷款（其中市级11841户）。 *（崔洁亮）*

【城市综合管理】 按照国家卫生城市标准，整治市区建筑工地、集贸市场、城乡结合部和城中村的脏、乱、差现象，按属地管理和部门分工，全面清理整治市区主次道路和小街小巷两旁违章乱搭建、乱摆卖、乱停放、乱拉挂、乱吐扔、乱贴写等"六乱"。

加强对违章建筑、建筑垃圾、工程渣土的查处管理。采取机动巡逻，定岗蹲点方式，对市区范围内36个建筑工地余泥渣土运输情况进行监控，共纠正违章撒漏行为102宗。

加大市政设施维护力度。成立市政设施专项巡查小组，全面开展市政设施维护整治工作，努力提高市政设施完好率。坚持对全市范围内的市政、园林、自来水、煤气等设施的巡查，主干道一天查2次，次干道一天查1次，发现一宗查处一宗。全年共查处违章挖路行为6宗53平方米，查处违章撞坏立交桥行为1宗，违章破坏其他市政设施行为13宗，监控修复工程36宗，处理相关方面的投诉8宗；查处违章砍树偷树行为多起计360多棵，查处破坏绿化地行为21起计500多平方米；查处破坏、损坏水管9宗；查处破坏燃气管道4宗；查处损坏路灯设施2宗。保障了市政基础设施的正常运作。

整治夜间大排档扰民现象。组织多支整治小组，对市区各主次干道的违章夜市大排档和夜间影响市容的行为进行综合整治，对违章摆卖的个体经营户进行宣传教育，纠正违章大排档占道经营行为，制止流动摊贩占道为市，对屡教不改者依法进行处理，共清理纠正违章夜市大排档3073宗，整治收到了明显效果。

全面规范城区户外广告及牌匾。在市区进行全面排查，制定《市区户外广告及牌匾集中整治行动方案》，对业主发出整改通知，并联合相关职能部门进行全面整治。共计出动执法人员1000余人次，拆除不规范广告招牌1277块，面积约1.5万平方米，拆除违章横幅1800多条，净化了城市空间。

（高涛）

【建筑业】 至2009年年底，韶关市有建筑企业103家，其中国家房屋建筑工程总承包一级企业4家，二级企业14家，三级企业85家；完成建筑业总产值60.81亿元，竣工面积195万平方米，比上年分别增长23.1%和2.63%；全员劳动生产率为13.88万元/年·人，增长22.94%。全市公开招标工程项目共448项，中标金额24.36亿元，比上年增长71.57%；其中市区公开招标工程项目共147项，中标金额11.32亿元，增长98.5%。进场竞争性发包工程项目共23项，金额8.48亿元，建设工程项目应招标率和公开招标率均为100%。

全市建筑工程质量稳步提高。年内获省建设工程"金匠奖"3个，省优良样板工程6个，省"双优"样板工地5个；市优良样板工程16

个，市“双优”样板工地23个。

建筑节能工作扎实推进，新建工程能耗监管不断加强。市区逾期红砖企业生产平稳转型。作为全国六个之一、全省唯一“节能省地型居住建筑综合技术应用科技示范工程”的南枫碧水花城节能示范作用突显，新型建筑节能材料应用比例明显提高。

建筑市场管理　完成《韶关市工程建设项目招标投标管理规定》及《房屋建筑和市政基础设施招标示范文本》起草工作，重新修订《韶关市建设工程招标投标评标专家库管理办法》。建立市区评标专家计算机抽取管理系统。以规范招标前现场踏勘、招标文件编制、投标人资格审查、投标报价和评标定标行为以及中标后跟踪检查为重点，加强对国有资金投资工程招标投标活动的监管，强化招标代理机构承接业务后的行为管理。试行建设工程招投标网上报名和资格后审制度，做好网上报名和资格候审前期工作，完成硬件设备和光纤安装，网上报名系统的设计，开发，调试等工作。升级改造市建设工程交易中心监控设备，设置专线与市政府、监察局等监督部门联网，实现建设工程交易监控音像实时传递。

加强监理管理。年内举办多期监理人员培训班，逐步提高监理规划、监理细则、旁站方案、监理月报等资料的完整性和规范性。加强日常对施工现场监理人员到位情况和履责情况的检查，对不到岗和不履责实行动态管理扣分处理，把好现场管理关。

至2009年年底，建筑劳务分包企业增加到15家，其中市区5家，始兴、曲江、乐昌各2家，南雄、仁化、乳源、翁源各1家，登记备案的技术工人1731人，其中高级工167人，中级工807人，初级工757人。

工程造价管理　施行《韶关市建设工程造价管理规定》，规范工程造价计价行为。加强建设工程合同管理，开展合同备案工作。举办《建设工程工程量清单计价规范》（GB50500-2008）学习班。共开展三期“全国建设工程造价员继续教育学习班”，培训从业人员达1000多人次。市建设工程造价管理站自2009年5月起由收自支改单位转为财政全额核拨单位。韶关建设工程造价信息网从1月初开始正式运行，实现《韶关建筑工程造价信息》期刊电子化。年内还参与省建设厅组织的《广东省建筑工程计价依据》等计价依据和科研项目的编审和研究工作。

建筑资质管理　加强对建筑企业资质升级申报的指导服务。至2009年年底，全市有12家检测机构完成向省建设厅申报检测资质，完成率达100%；有6家监理机构上报监理资质，完成率达86%；有2家施工企业从三级升为二级，5家企业新取得总承包资质，2家企业新取得专业承包资质，新增8家劳务分包企业。

重点领域监督　韶关市建设局开展治理“小金库”和工程建设领域突出问题专项治理。主动开展预防职务犯罪活动，将住房保障中心为业主的工程建设项目列为预防职务犯罪的重点，邀请纪检、检察机关提前介入，向社会聘请了13名预防职务犯罪监督员和12名廉政（执法）监督员，全程参与监管，确保“工程优良，干部优秀”。

工程质量管理　2009年，韶关市建筑工程质量水平保持稳定。市区纳入建设系统质量监督工程64项，建筑面积188.5万平方米，工程造价18亿元，受监率100%。竣工验收64项，建筑面积180.5万平方米，工程造价14.7亿元，一次性竣工验收合格率100%。南雄市财政服务中心大楼A栋、韶关市住宅建筑工程有限公司综合楼、韶关市花拉寨生活垃圾卫生填埋场（首期工程）获得2009年度广东省建设工程“金匠奖”；韶关市芙蓉新城韶关大道延长线等6项工程被评为“广东省优良样板工程”；韶关迎宾馆恢复重建工程（一号楼）等16项工程被评为“市优良样板工程”。

开展以“全员全过程全方位参与，全面提高质量安全水平”为主题的“质量月”活动，举行知识竞赛、作品展示、培训班、分析点评等9个主题活动，进一步提高全行业、全社会工程质量意识。突出施工过程监督，采取巡视作业面的施工质量和对工程重要部位的实体质量进行监督抽查的方式，加强工程实体质量监督。强化质量执法检查，督促各方责任主体严格贯彻执行工程建设强制性标准，落实建设、设计、施工、监理等各方主体的责任，促进工程实体质量进一步提高。充实质量监督专业人员队伍，健全内部管理制度，配备监督检测仪器设备，组织开展各县（市、区）建设工程质量监督机构及人员考核。开展建筑钢材等建材质量专项检查，对市区在建工地使用的钢材进行两次现场抽检，共抽检19个工地，抽查40组，抽检结果全部合格。8月，市建设局、市工商行政管理局、市质量技术监督局首次联合开展新型建筑墙材检查，检测结果在《韶关日报》和韶关市建设与房地产信息网公示。11月，组织对市内商品混凝土企业的资质、场地、人员、设备、产品质量控制体系等的检查，商品混凝土质量基本处于受控状态。

实行住宅工程质量分户验收。采取先试点后铺开的方法，以南枫碧水花城、龙珠华庭工程项目为试点，组织推动住宅工程质量分户验收工作。市区共有6个项目参加分户验收，分户验收户数1750户，做到一户一验，分户验收一次合格率93%。韶关市分户验收的做法和实际成效得到广东省住房和城乡建设厅的肯定。开展“渗、漏、裂”质量通病防治。在市区选择韶关碧桂园、质量技术监督检测楼、东岗岭经适房二期1栋3个工程项目作为

"渗、漏、裂"防治试点，要求质量责任主体各负其责，通过质量回访及时总结相关经验，健全工程质量管理制度。严格按验收规范规定的责任、程序、方法进行验收，同步加强现场的监督和指导。

施工安全管理　年初，市建设局局长与各县（市、区）建设局局长及市质量安全监督站站长签订《建设工程安全生产责任书》，各县（市、区）也与各施工企业层层签订年度安全生产责任书，形成"横向到边、纵向到底"的安全生产责任网络。严格落实安全生产巡查制度，对危险性较大的高大模板、深基坑、起重吊装等工程，实行安全专项施工方案编制及专家论证审查制度。

健全重大事故应急预案。深入开展施工安全专项整治，抓好隐患治理，市区建筑施工隐患治理率达100%。是年，东岗岭经济适用房二期1栋（19层）等5个工地获"广东省建设工程安全生产"、"文明施工优良样板工地"称号；仁化县人民法院审判法庭综合楼等23个工地获"韶关市建设工程安全生产"、"文明施工优良样板工地"称号。市区全年未发生安全生产等级事故。开展建筑安全生产培训。举办全市"建筑安全生产年"普法活动暨《建筑施工模板安全技术规范》（JGJ162-2008）和建筑施工安全专项方案设计与编制学习班以及"平安卡"培训班，全市共培训1.6万多名建筑工人。还积极开展一系列的"安全生产月"宣传教育活动，营造人人要安全、懂安全、讲安全的社会氛围，提高一线人员的安全意识和安全操作技能。开展建筑施工"安全生产年"活动。制定《韶关市建筑施工"安全生产年"活动方案》，坚持定期大检查、日常巡查和重大节日重点排查相结合，开展高支模、高边坡、深基坑等重大危险源专项治理，着重落实"三类人员"配备，重大安全隐患排查、整改、监控等关键措施。存在重点安全隐患的工地一律建立隐患登记表和项目排查登记表，指定专人负责跟踪落实。专项整治起重机械。做好起重机械登记、备案，建立起重机械登记台账，要求起重机械使用单位、安装单位及监理单位定期对起重机械进行维修保养并做好记录，坚决淘汰国家及住房和城乡建设部已明令禁用的建筑起重机械。严格执行特种作业人员持证上岗。

做好房屋安全鉴定。年内成立房屋安全鉴定所，成立以来已对88项房屋共计5万多平方米房屋进行房屋安全检查与鉴定工作，建立房屋安全鉴定档案。积极开展中小学校舍安全排查和鉴定工作，完成103项约6.77万平方米校舍的初始调查，并对其中62项总建筑面积3.17万平方米的建筑进行现场查勘、测试，与广东省建筑研究科学院共同完成综合鉴定业务。

【建设科技】　2009年，韶关市大力推进建设科技创新。召开全市"禁止使用实心黏土砖推广新型墙体材料宣传会"，举办《民用建筑节能条例》宣传咨询活动和民用建筑节能标准设计应用培训，建立实施建设工程节能设计审查备案制度、节能分部验收备案制度和建筑节能信息公示制度，促进建筑节能工程在设计、施工、验收、销售等环节的监管。开展建筑节能、工程质量、安全生产联合执法检查，联合有关部门检测市区建筑工地使用的新墙材产品。完成54个政府机关办公建筑和大型公共建筑能耗统计。全市全年完成散装水泥115万吨，完成预拌混凝土供应量160万吨，全市新型墙体材料建筑工程应用面积70.12　万平方米，应用比例达到70.3%。　*（刘国红）*

河源建设

【概况】　2009年，河源市住房和城乡规划建设部门紧紧围绕创建国家卫生城市、国家园林城市、国家环保模范城市，突出住房保障工作，扎实推进住房和城乡规划建设各项工作，较好地完成了各项任务。是年，全市城镇化水平达41.5%，市区建成区面积达37平方千米，市区建成区绿地率达37.38%，建成区绿化覆盖率41.09%，人均公共绿地面积9.12平方米，生活垃圾无害化处理率83.8%，燃气普及率99.63%，自来水普及率99.96%，路灯亮化率98%。年内，经济适用住房建设项目共筹措建设资金9710万元，落实建筑用地6.95万平方米，新建经济适用住房767套。对838户城镇低收入住房困难家庭实施了住房保障，新建廉租住房503套，发放租赁补贴335户，发放补贴资金41.5万元，对4524名市直干部职工发放住房货币补贴，共发放补贴资金2358.59万元。

【城乡规划】　2009年，河源市城乡规划工作顺利开展。

规划编制　扎实开展河源市城乡总体规划编制和城市总体规划修编，完成《河源市城市总体规划纲要》和《河源市城乡总体规划纲要》成果，并报省住房和城乡建设厅审批。深化完善《河源市城区干线道路网规划》，完成《河源市近期建设规划》和市区中小学布点、"水浸街"、"断头路"、农贸市场、街头绿化等事关民生的专项规划，完成《老城区改造控制性详细规划》成果和《源西片区控制性详细规划》、《村民保留点控制性详细规划》、《"两江四岸"城市设计与景观控制规划》的中期成果，开展了《"公园城市、万绿水城"概念规划》的编制工作。

规划管理　严格执行集体联审的规划审批制度，重大规划项目审批实行票决制。一年来，该局召开局规划联审会议166次，审议规划项目69宗，召开市城市规划委员会11次，审议重大项目规划20宗，审查规划设计方案82宗；办理重大项目《建设项目选址意见书》4宗、《建设用地规划许可证》416宗、《建设工程规划许可证》237宗，核发《建设工程规划验收合格证》205宗。落实规划巡查制度和竣工验收制度，局领导集中组织规划检查6次，科室组织规划检查16次。开展房地产开发领域违规变更规划调整容积率专项治理工作，顺利通过了省检查组的专项检查。认真贯彻落实市政府关于市建成区违法违章建设行为查处工作问责制，完成规划建设监察大队的组建，实行“分片包干、责任到人”的日常巡查制度，依法查处违法建设行为1501宗，开展13次强制拆除专项行动，拆除违法违章建筑962宗3.4万平方米。 *(张正才)*

【城乡建设】 2009年，河源市城市综合管理局以创建国家卫生城市、国家园林城市、国家模范环保城市为中心，着力提升城市绿化、净化、美化、亮化、秩序化水平，全力打造宜居城市。全市人均道路面积10.2平方米，建成区绿地率37.38%，建成区绿化覆盖率41.09%，人均公共绿地面积9.12平方米，生活垃圾无害化处理率83.8%，燃气普及率99.63%，自来水普及率99.96%，路灯亮化率98%。

重点工程建设　2009年，完成6条重点市政道路（滨江大道首期工程、河源大道二期、万绿湖大道、桂山旅游大道、西环路、东江西路）规划方案设计、施工图设计、勘察测绘等工作，并成立了专门工作组和项目管理部。实施滨江大道首期工程建设和珠河桥加宽改造，组织开展客家文化公园、东江教育园区等项目的规划工作，完成市理工学校的规划设计工作，并配合推动河职院二期和市理工学校建设。加强各类建设工程质量安全监管和跟踪服务，市广电中心大楼一期工程获得“鲁班奖”。开展市区“断头路”、“水浸街”整治项目的规划设计、招投标工作，以及老城沿江西路、中山大道北、文明路连接线等多处“断头路”、“水浸街”的改造。配合开展市区农贸市场的改造建设，做好有关规划和用地选址工作。重点市政基础设施和公共服务设施工程的征地拆迁工作依法推进。

园林绿化　启动客家文化公园建设，公园的整体规划设计已经完成并通过了专家评审，征地拆迁工作已经开展。抓好笔架山公园建设，完成接管笔架山公园的工作，重新调整优化《笔架山公园设计方案》，明确将笔架山公园定位为城市郊野公园。抓好绿化工程建设，主要实施兴源东路、南堤路、火车站、西环路停车场等绿化工程，完成市区高速路口及中山大道绿化工程的规划设计工作，新增绿化面积约8万平方米。强化园林绿化日常养护管理，在市区补种、翻种、种植乔灌木23万多株；对市区30多条道路的近2万株乔木进行整形修剪；摆放时花50余万盆；加强园林基础设施的维修改造，重点改造建设大道、茶山公园和月亮湾广场的绿化防护设施等。

市容环卫　加快七寨生活垃圾填埋场建设。垃圾场首期主体工程完工，于12月底开始试运营。扎实推进东浦河整治工作。全面清理东浦河的垃圾和杂草，在东埔河沿岸设置75个垃圾箱，制订了整治东浦河沿岸的绿化、市政、路灯等实施方案。启动垃圾压缩转运站的建设。垃圾压缩转运站建设的用地选址（墩头村）、用地面积、技术工艺和建设运营模式已确定，并完成可行性研究报告编制。完善城市道路的卫生保洁设施，主次干道安装果皮箱1000个。强化垃圾清运和公厕管理。实行生活垃圾日产日清，运输不洒漏；公厕管理实行两人一厕，专人管理的机制，严格按照“六无六净”的标准对市区公共厕所进行检查考核，对设施残旧的公厕进行升级改造，公厕管理水平得到提高。

市政设施建设维护与燃气管理　加强市政设施建设和维护。加强道路巡查管护和桥梁安全管理工作，及时更换沙井盖1060套，修复人行道6300平方米，维修砼路面9600平方米，铺设沥青路面4300平方米；对珠河大桥、宝源大桥进行桥梁结构外观检测，作出维修加固方案，确保车辆、行人安全；完成河中路口至河源大道路段、市区高速公路出口至火车站连接线道路、市区高速公路出口至万绿大道的出口道路的升级改造；抓紧建设河源市第一座行人天桥，对河中隧道排水、排污管道进行改造，有效地解决了河中路口交通拥堵和河中门前片区、朱门亭市场周边道路的“水浸街”问题；加大对市区市政排水排污管道的清疏力度，清疏市区市政排水排污管道41.1千米。加强市区供水管网改造。建设加压泵站2座，改造河源大道、永和路、红星路、老广梅路等供水管道17千米，有效地缓解了市区部分水源不足的问题。

加强燃气安全监管。全年共整改各类安全隐患60个，发放宣传资料50多万份，组织市区管道燃气人员培训80多人。联合质监、消防部门开展2次瓶装燃气专项整治行动，查获过期未检钢瓶500多个，强制送检460多个，对市区气库发出整改通知书6份。组织多家燃气企业开展燃气安全事故应急救援演练，提高企业员工应对突发事故的抢险处置能力和协同配合能力。完成华润燃气（集团）有限公司投资建设市高新区管道天然气项目的选址和设计评审工作。推进市区公交改革。在现有公交线路的基础上，重新制订市区公共汽车营运线路规划，上报市政府并获得通过。实施路灯节能工程。切实推进LED节能示范路建设，完成建设大道LED节能示范路建设，新安装LED节能路灯570盏，节能效率约45%。实施路灯安装工程。在龙岭工业园、庄田村、金西小区、龙尾坝、中山大道北段、旺源路、永和路及东江河堤等地方新安装路灯811盏，路灯杆457条。抓好路灯设施防盗工作。把中山大道、兴源东路、沿江路等双杠灯换成单杠灯臂，更换灯臂320条，减少路灯被盗现象。实施路灯维修工程。全年共检修路灯6800盏，处理群众电话路灯报障240宗，市区主次干道亮灯率达98%以上。 *(朱锋)*

生态环境建设 全市环境质量继续保持优良水平，新丰江、枫树坝两大水库水质常年稳定保持在国家地表水I类标准，东江水质保持在国家地表水Ⅱ类标准，城区声环境质量控制在国家标准之内，空气质量维持在国家空气环境质量一级标准，河源市是2008年全省唯一无酸雨的地级市，2009年12月，河源市被评为“全国节能减排二十佳城市”之一。

严格建设项目环境管理。实行招商选资，严禁不符合产业政策、布局不合理、污染严重难治理的项目落户。严格执行“三同时”制度(建设项目的主体工程和污染防治工程同时设计、同时施工、同时投产使用)，确保新上项目“三废”达标排放。全年共审批360个建设项目，对203个项目进行了“三同时”竣工验收，并积极推进减排工作。

推进环保基础设施建设。市污水处理厂（日处理能力8万吨)、市区城南污水处理厂（日处理能力3万吨)、连平县城污水处理厂（一期工程日处理能力1.5万吨）3个日处理污水总量达12.5万吨污水处理厂运行正常。城南污水处理厂3万平方米人工湿地投入使用，污水经二级生化处理后，再进入3万平方米人工湿地进行深度处理，主要污染物出水水质达国家地表水Ⅲ类标准。加快污水管网建设。完成市污水处理厂配套的东堤路截污管道工程、沿江路东埔河口至文化广场泵站截污管道工程；过江管道及泵站工程建设进展顺利。连平县县城（首期）污水处理厂进入现场评估阶段，县城污水收集管网在不断完善。全市11个污水处理厂BOT项目正抓紧建设，和平县城污水处理厂、龙川县城污水处理厂、源城区污水处理厂、东源县城污水处理厂等4个污水处理厂建设进展较快，已进入设备安装阶段，年底可建成试运行，实现“一县一厂”目标。紫金县城污水处理厂已完成主体工程建设，进入机械设备安装，年底可通水调试。东埔河截污工程建设接近尾声，全河段集污渠基本连通，完成总工程量的97%，完成投资600多万元。

提高环境执法监管水平。全年全市共出动执法人员2476人次，检查企业1027家，罚款13.03万元。开展历时3个月的全市养猪场专项整治，共出动执法车辆42台次，执法人员130人次，共拆除养猪场23个，猪栏猪舍建筑面积9378平方米，搬迁猪只6900头，关停养猪点31个，面积1.75万平方米。对东江干流市区段水面无证照经营饮食船只进行为期4个月的清理和巡查，共出动执法人员198人次，检查船舶9艘，并依法对8艘经营饮食船舶下达《停止经营饮食的通知》。加大对重点旅游线路沿线酒楼餐馆环境违法行为的查处力度，发出《行政处罚听证告知书》26份。开展市区噪声污染专项整治行动，6月开始，对市区娱乐场所、建筑工地、五金加工场所、市民投诉举报的酒吧、茶庄、商场等噪声进行“地毯式”排查清理，共对313个噪声源进行排查登记。对123间五金加工场所发出《关于进一步开展清理整顿和规范管理市区五金加工场所的通告》，要求五金加工场必须在10月30日前搬迁；向噪声产生单位下达《关于加强中高考期间噪声污染监督管理工作的通知》37份，共出动执法车辆20台次，执法人员50人次；对连平县产业转移工业园建设项目监管不力事件进行查处，关停违规引进项目；对广东东方锆业科技股份有限公司和平分公司实行停产治理。

认真解决环保民生问题。全市共受理环境信访案件1627件，处理率达99%，结案率为96%。征收排污费309万元，提前超额完成本级财政下达的征收任务。

(河源市环境保护局)

【中心镇建设】 2009年，经广东省政府批准，增加河源市紫金县临江镇为省级中心镇。至此，河源市市省级中心镇增加到19个，人口约110万人，约占全市总人口的30%。全市19个中心镇全部完成总体规划编制工作，在总体规划的指导下，5个县的县城镇及连平县忠信镇、紫金县古竹镇、临江镇等都组织开展了控制性详细规划和近期建设规划编制工作。加快发展中心镇基础设施建设。东源县仙塘镇启动县城污水处理厂建设；龙川县老隆镇完成幸福工业城、新城市政管网等项目的规划设计，完善县城体育公园配套设施和排水排污等市政公用设施建设；紫金县紫城镇实施建设县城污水处理厂、青河径垃圾填埋场等一批基础设施工程；连平县元善镇完成县城供水工程改造，推进富民新区、东河小区等一批市政基础设施建设。通过大力开展基础设施建设，中心镇环境面貌发生较大变化，城镇综合功能进一步增强。

(张正才)

【住宅与房地产业】 2009年，河源市完成房地产开发投资20.18亿元，比上年增长9.9%；新开工商品房施工面积112.7万平方米，增长60.1%；商品房竣工面积约91.65万平方米，增长49%；商品房销售（含预售）面积约137.96万平方米，增长31%；商品房销售（含预售）金额约37.98亿元，增长20%。其中，市区房地产开发投资13.49亿元，比上年增长6.1%；商品房屋施工面积126.1亿元，增长17.7%；新开工商品房施工面积68.86万平方米，增长41.5%；商品房竣工面积约49.7万平方米，增长55%；商品房销售（含预售）面积约87万平方米，增长26%；商品房销售（含预售）金额约29.29亿元，增长24%。全年房地产权初始登记785宗，面积259.13万平方米，分别比上年增长35%和52%；房地产交易办证8076宗，面积116.32万平方米，金额26.07亿元，分别增长36%、54%和96%（其中二手房交易1920宗，面积27.7万平方米，金额3.95亿元，分别增长41.7%、23.83%和49.83%）；现房抵押8966宗，面积333.09万平方米，金额81.83亿元，分别增长37%、80%和2.66倍；代收契税6480万元，增长98.65%，代收营业税1094万元（不含税务部门直接收取的营业税），增长69.88%。

规范商品房市场交易秩序。重点规范商品房预售过程中的恶意炒作、违规发布广告以及价格违法违规等行为；严禁未办理商品房预售许可证进行商品房预售或开展内部认购登记以及在商品房销售过程中随意增加有利于企业的合同条款，推卸企业应负担的责任和义务的行为，防止房地产开发商对商品房捂盘惜售、哄抬房价及“一房多押”、“一房多售”等现象出现。启用房地产评估系统服务平台，健全监督机制，公开房地产市场价格，保证市场价格客观公正，维护房地产交易评估市场秩序，维护市场价格平稳，为房地产税费收取提供准确依据。加大房地产市场调控力度，合理调整住房结构，引导增加中小户型、中低价位的住宅建设和供应，适度限制高档住房、超大户型住房建设。开展房地产市场秩序专项整治，维护了房地产市场秩序的稳定。

年内，市房地产管理局进行网络升级改造，在原来6.0版基础上创建“房管专家8.0版”，顺利实现房地产有关数据转换，建立各种登记业务电子登记簿以及纸质登记簿，并于11月通过省住房和城乡建设厅检查验收。市房管局内部业务系统与市电子监察系统实现自动对接，与市财政局、市地税局、市国税局联网，信息资源共享；完善房地产项目网上审批手续，开展网上服务，减少登记办理程序，房地产交易办证快审快批，方便了群众。

（李永上）

【城市综合管理】 2009年，河源市积极创建国家卫生、国家环境保护模范城市。做好建筑工地卫生和施工秩序管理，督促建筑工地建筑材料围闭作业92宗，砌筑围墙1200多米，清理乱搭乱建建构筑物447宗。大力整治建筑工地环境卫生、泥头车污染路面，以及私人建筑工地不文明施工行为。强化物业小区环境整治，严厉整治物业小区内养鸡、养狗、种菜以及乱堆、乱放、乱停、乱拉、乱挂、乱贴、乱画等现象。开展责任区卫生清洁活动，筹集投入创卫工作经费17万元，发动全系统干部职工到东埔村和建设居委会开展卫生清洁活动3次，清扫路面1万多平方米，清理卫生死角20多处。

坚持集中整治与日常管理相结合，切实改善城市“脏、乱、差”现状。成立联合执法队伍。会同公安、工商、规划建设、环保等部门组成市区市容整治联合执法队，对城市“六乱”进行联合执法，收到明显成效。落实“两个问责制”。严格执行《关于对市区主次干道临街建筑工地等场所建筑材料堆放行为管理工作实行问责制的通知》和《关于对市区占道经营管理工作实行问责制的通知》，加大对城市“六乱”的集中整治力度，重点整治市区主次干道临街建筑工地、门店装修建筑材料与建筑余泥乱堆放行为，以及文化广场、兴源市场、长安市场、中小学校周边、华达北街等占道乱摆卖现象，市容市貌有较大改观。实行“门前三包”责任制，与企事业单位、商铺、酒店等签订“门前三包”责任书，共签订责任书1850份。加强户外广告管理。严格执行《关于加强市区户外广告管理的通知》（河府办〔2009〕49号）和《市区户外广告整治工作方案》，全面清理拆除市区违章设置的户外广告，并着手对市区公共地户外广告牌进行确认，规范户外广告设置行为。全年共拆除各类广告牌、指示牌约100多个，清除5条道路的挂旗广告。同时，推进户外广告牌位招租拍卖工作，对户外广告牌实行市场化管理，年内对市区户外广告牌位经营使用权进行公开拍卖，成交金额达562万元。

（朱锋）

【建筑业】 2009年，河源市施工报建（不含私人建筑）384项，报建面积348万平方米，报建造价50亿元。其中，市区报建93项，比上年增长13%；报建面积约163万平方米，下降7%；报建造价21亿元，增长20%。市区私人报建144项，面积约9.5万平方米。全市进入交易中心招标项目196宗，中标价252179万元，应公开招标工程公开招标率达100%。其中，进入市交易中心招标项目79宗，中标价173664万元。

工程质量和施工安全管理　2009年，全市争创市“双优”工地17项、市优良样板工程13项，创省“双优”工地4项、省优良样板工程1项、省建设工程金匠奖1项，创建优质工程工作成效为历年来最好。市广电中心一期工程取得“中国建设工程鲁班奖”，成为全市建市以来首个获得国家级建设工程奖项的工程。认真吸取河职院实训楼高支模坍塌，造成3死4伤的事故教训，大力开展工程质量通病治理和执法检查活动，严格执行《河源市建设工程质量责任量化扣分规定（试行）》，对工程质量实行量化扣分。配合有关部门做好全市中小学校舍抗震减灾的排查、鉴定工作。落实安全生产检查制度、例会制度、重大危险源上报制度、安全生产隐患约谈制度、安全生产动态管理扣分制度；大力加强建筑施工安全生产检查和专项整治，对检查发现安全隐患，进行“挂牌督办、专人负责、限期整改”；严格执行建筑工程安全生产动态管理扣分制度，对59宗在建项目实施扣分，被扣分施工企业50家、监理企业19家、项目经理48名、总监理师24名、专业监理工程师22名、专职安全员62名。加大建筑施工培训力度，年内组织1期高支模安全技术规范专家讲座、1期安全生产考核考前辅导班、3期特种作业人员培训班，在源城、东源、紫金县组织建筑技能培训班，同时不定期对施工人员进行安全培训。一年来共培训各类人员4841人次。继续实施“平安卡”管理，并向县区推广，累计对市区2500多名工人进行了培训，其中有870多人领取了“平安卡”。

建筑市场管理　加强勘察设计工作，严格实行施工图审查备案制度，市区施工图设计文件审查备案共59项，对施工图审查备案中发现的问题及时进行纠正；开展全市勘察设计评优工作，举办繁荣建筑设计创作作品展示活动，促进了建筑设计水平的提高。加强建筑节能管理，开展《民用建筑节能条例》专题宣传月活动，举办专题培训班3期；开展建筑节能专项检查，抽查公共建筑、商住楼和居住建筑项目17个，对违反建筑节能标准强制性条文的工程项目责成整改；积极推广应用新型节能墙材；在市区开展了禁止使用实心黏土砖工作。

【建设科技】　2009年，河源市建设工程质量和技术水平取得新成效，其中河源市广播电视中心一期获“中国建设工程鲁班奖”。河源市广播电视中心一期工程是集采编、演播、办公于一体的多功能综合大楼，该工程外飘倾斜结构面积大，最大跨度为24.78米；大演播厅屋盖大梁跨度为20米，层高达17.7米；工程安装系统复杂，各类设备管网多层交叉。由于工程结构复杂，施工难度大，工程施工中采用了大量的新技术、新工艺、新材料、新设备，施工中应用住房和城乡建设部推广的“10项新技术”中的9大项23小项，自主创新应用4项新工艺。4项新工艺分别是大跨度钢筋混凝土悬挂结构施工技术、大面积外飘倾斜钢筋混凝土墙施工技术、大跨度无缝聚丙烯纤维砼屋面施工技术、外飘倾斜背栓式干挂陶瓷板幕墙施工技术。4项技术经鉴定达到国内先进水平，并被评为省级工法。4个工法的核心技术获河源市科技进步一等奖。　*（张正才）*

梅州建设

【概况】　2009年，梅州城乡建设快速发展。城乡规划编制加快，规划的实施和监督更趋规范，《梅州市城市总体规划》第三次修编和《梅州市域城乡总体规划》编制进展顺利，制定了《梅州市城市规划区城市规划管理办法》等法规。城镇基础设施建设稳步推进，各县（市、区）严格按照总体规划实施建设，城镇化进程加快，城镇的辐射功能日益增强。建筑市场、房地产市场进一步规范，工程质量再上台阶，城乡建设管理水平不断提高。全市深入实施市委、市政府“三名城”建设发展战略，宜居城乡建设成效显著。

是年，梅州市成为“国家园林城市”，创建国家卫生城市工作通过省级考核，城镇“脏、乱、差”现象得到有效整治，市容市貌明显改观。广州（梅州）产业转移园工程（畲江工业园）、江南东片人居环境改造工程、进城大道（世界客都大道）等市重点工程项目建设稳步推进，江南东片人居环境改造工程配套工程——梅江南堤带状公园（归读公园）、21米堤下路（梅水路）建成投入使用，梅江桥加固大修工程顺利完成，恢复通行。

至年底，全市建成区面积为109.09平方千米，与上年相比增加9.69平方千米，其中梅州城区（含梅县新县城）建成区面积41.5平方公里；全市完成建筑业总产值99.79亿元，上缴税收4.77亿元；全市完成房地产开发投资11.8亿元。

（谢汉奎）

【城乡规划】　2009年，梅州市城乡规划委员会坚持“政府组织、专家领衔、部门协作、公众参与、科学决策”方针，研究审议重大事项。全年共召开两次规委会，审议通过全市城乡规划管理中的重大事项26项。

是年，大埔县百侯镇和梅县茶山村、兴宁刁田村被评为“广东省历史文化名镇（村）”。

梅州市城乡规划局与中山大学地理科学与规划学院建立战略合作关系，合作协议明确，梅州作为中大的产学研基地，中大作为梅州城乡规划的培训基地和技术支持基地。

规划编制　贯彻“科学规划、依法规划、创新规划、民主规划”理念，城乡规划编制加快。《梅州市城市总体规划》第三次修编和《梅州市域城乡总体规划》编制进展顺利，组织编制《梅州城区公共停车场布点规划》、《梅州城区供水专项规划》、《梅州城区供电专项规划》。江南东片、世界客都大道周边区域、畲江新城、归读公园等规划有较好的创新理念。村镇规划取得新进展，全市完成248个村庄整治规划。

规划管理　制定《梅州市城市规划区城市规划管理办法》、《梅州市城镇规划区建设工程规划批前公示实施办法》、《梅州市城镇规划区房屋建设工程规划批后管理规定》、《梅州市市政工程规划管理办法》等法规，规划管理走向规范化、法制化，调控力度加强。严格各项规划审批，2009年共核发《建设项目选址意见书》3宗，办理《建设用地规划许可证》37宗、《建设工程规划许可证》345宗。至2009年年底，城市建成区达41.5平方公里。

开展城乡规划效能监察，加强建设工程批后管理、规划核实，指导监督委托执法工作。成立局违法建设处罚工作领导小组，规范执法工作。深入开展房地产开发领域违规变更规划调整容积率专项治理工作，共核查124个开发项目。

（钟国清）

【城乡建设】 2009年，梅州市城乡建设快速发展，城镇基础设施建设进一步加快。是年，梅州市成为全省首个宜居城市试点市。

城镇建设水平有较快提高。至年底，全市建制镇以上城镇建成区面积达250.79平方千米，与上年相比，增加9.69平方千米；城市日供水能力为45.21万立方米，与上年基本持平，自来水普及率达100%；城市道路总长度达1012.9千米，比上年增加33千米，城市建成区绿地率33.24%，绿化覆盖率37.32%，人均公共绿地面积达9.4平方米。

治污保洁水平进一步提升。梅州市龙丰垃圾填埋场（三期）申报垃圾无害化处理考核，经住房和城乡建设部组织专家组进行评价考核，符合国家垃圾无害化一类标准，成为全市第一家一类垃圾无害化卫生填埋场。年内，全市共有27个项目申报省治污保洁专项资金，其中有13个申报项目获得950万元专项补助资金。兴宁市、大埔县、蕉岭县、梅县、五华县、平远县、丰顺县污水处理厂于2009年年底前全部建成，并投入正式运营或通水试运行，如期完成污水处理厂“一县一厂”建设任务。上述7个县（市）污水处理厂（首期工程）总投资规模为2.9亿元。 *（蔡小裕）*

市政设施建设维护 2009年，梅州市市政公用事业管理局深入开展“项目建设年”活动，全年完成城市基础设施建设投资8.55亿元。新建、改建市政道路5000多米，新建改造水沟3000多米，整修路面4000平方米。一批市政重点工程建成投入使用，城市综合承载能力进一步增强。城区内涝治理工程，梅水路与广梅路改造工程，客天下12米、26米路及配电工程，东山游船码头等市政项目建成投入使用。江南截流输污工程建成投入使用，极大地提高了城区污水处理能力。新垃圾卫生填埋场和粪便集中处理场于12月动工建设。梅州城市标志性建筑之一的梅江桥加固大修工程于12月竣工通行。总投资2.5亿元的梅州城区广州大桥即将动工建设。客天下旅游产业园、梅州城区文化休闲区、梅县机场扩建等配套市政基础设施，以及世界客都大道建设按计划稳步推进。江南东片人居环境改善工程房屋拆迁工作基本完成，实现30多万平方米房屋拆除安全零事故。

认真落实市政公用设施养护管理计划。梅州城区7.6万平方米的广场、4.2万平方米的桥梁、350多千米的排污排水沟等市政设施养护管理良好，安全稳定运行。

城市地下空间资源开发和管理工作得到加强。制定实施《梅州城区占用城市道路管线敷设管线管理办法》，强力推行顶管技术，全年道路顶管施工11公里。城市道路开挖管理进一步规范，新建市政道路预留管线管沟，加强对道路管线落地敷设的管理。城市桥梁信息化管理工作取得实质性进展。

（郭俊雄）

园林绿化 全面加强城市绿化和生态景观建设。投资2亿多元的归读公园建成开放。对城区主要道路进行补植增绿，全年共补种乔（灌）木1.12万株，行道树数量增加10%以上；利用见缝插绿、拆危建绿等形式新增绿点27处，共增绿化面积1.85万平方米；大力发展垂直绿化、立体绿化，基本消灭黄土露天和绿化死角。城区路树和绿地监管到位，养护良好。同时，园林绿化科研、节约型园林绿化建设、古树名木保护、城市绿地认建认种认养等各项工作得到全面发展。到2009年年底，梅州城区绿地率、绿化覆盖率、人均公园绿地面积等园林绿化主要指标分别达36.36%、42.82%和11.79平方米，均比上年有较大的提高。是年，梅州市成功创建为“国家园林城市”，7月梅州市被评为“全国十佳绿色环保标志城市”。 *（郑演祥　罗应滔　李伟清）*

市容环卫 全年累计清运处理生活垃圾13.7万吨，清扫保洁街道面积320万平方米，规范受纳排放建筑垃圾16万立方米，上门服务收运生活垃圾5万多户（含单位和门店），部分道路实现机械化清扫，垃圾清运率、无害化处理率和城区8米以上道路保洁率均达到100%。全年新建公厕3座、固定垃圾中转站2座，市环卫部门管理的46座公厕全部达到二类以上标准。主要街道新装了款式新颖、环保美观的果皮箱1000只，城市保洁净化常年保持在较高水平。梅州市政府重新修订颁发了《梅州城区公共厕所规划建设管理办法》、《梅州城区城市生活垃圾管理办法》和《梅州城区市容和环境卫生管理规定》，市容环卫管理更加规范化、制度化。

垃圾填埋场污染综合治理成效显著。经过沼气发电技术和CDM机制综合治理后的龙丰垃圾填埋场，被住房和城乡建设部考核评定为I级无害化处理场，梅州城区生活垃圾无害化处理率达100%。龙丰沼气发电站全年发电97万千瓦时，治理减排CO_2等温室效应气体6.4万吨。龙丰垃圾填埋场CDM综合治理项目获“中国人居环境范例奖”。

城市供排水 采取多种措施保障安全稳定供水，全年供水量达4600多万立方米，安全供水率、水质综合合格率均达100%，确保梅州城区近40万人生产生活用水需求。江南污水处理厂满负荷正常运行，处理后排放的水质指标合格率达100%。投入300万元，解决了梅州城区周边三角、扶大、城北以及金山办事处等乡镇部分农村共300多户的用水问题，用上了清洁方便的自来水。

城市供气　梅州城区管道天然气项目于4月正式投入运营，全年敷设天然气输气管道25千米，发展供气合同户数达4000当量户，超额完成第一年供气3000户的目标任务。

公共交通　全年新增投入运营豪华公交车20部，公交舒适度和服务质量不断提升；公交线路覆盖城区90%以上的主次干道和集中人群，连接城区周边的部分乡镇。城区出租汽车行业管理工作得到加强，更换新出租汽车191辆，国家石油价格改革财政补贴政策全面落实，顺利完成运价调整工作，出租汽车营运秩序规范稳定。全面完成城区人力客运三轮车车容车貌整治工作。

城市照明　全年新建改造城区路灯线路23千米，新增路灯1600盏，提高了部分交通繁忙道路和交通节点路灯亮度，老城区部分道路"有路无灯"、单边路灯以及亮度不足的现状得到较好改善，梅州城区路灯装置率和亮化率均达到98%以上。

生态环境建设　全市环境质量稳中趋好。梅州市区城市空气质量优良天数317天，优良率100%。水环境质量保持优良，清凉山饮用水源水质达标率为100%，主要江河监测断面水质100%达标，梅江干流水质为优，省考核本市的韩江跨界断面（潮州市赤凤）水质稳定保持Ⅱ类标准。城市声环境质量达到较高水平，符合国家声环境质量标准要求。全年未出现环境安全事故。

积极推进广州（梅州）产业转移园环境保护各项工作，打造生态园区。督促园区污水处理厂等环保基础设施与园区开发同步规划建设，园区日处理2.4万吨的集中式污水处理厂土建工程年内建成，0.6万吨/日首期污水处理设备已通水试运行。严格按照园区产业指导目录和项目准入条件，严禁引进不符合产业政策、污染大、耗水量大的项目，从源头上拒绝污染。实行总量前置审核和环保一票否决制，企业环评和"三同时"制度执行率达100%。先后拒绝30多个不符合进园条件的项目。同时，帮助13个建成项目完善环保手续，简化环评审批手续，对35幢标准厂房建设项目加快审批。

污染减排有新突破。一是制订减排计划，将总量减排目标和任务分解落实到各县（市、区）政府和重点企业，加强跟踪落实，扎实推进总量减排工作。二是加快减排工程建设，对污水处理厂的建设运营情况一月一督办一通报，切实推动各项工作落实。2009年年底前，实现"一县一厂"目标。8家污水处理厂全部建成投运后将形成17万吨/日的处理能力。三是加强减排监管，对国控企业和减排项目企业每月进行一次现场监察，每季度进行一次监督性监测。全年对8家国控污染源企业共进行47厂次监测，共获得有效数据2538个。四是加强污染源在线监控系统管理，完成梅州市污染源在线监控中心平台的建设工作，对全市8个国控重点污染源共12个监测点位进行（废水、废气）实时数据、在线实施视频监控。五是配合淘汰落后产能。加快推进小火电、小钢铁、小水泥等落后产能淘汰工作，促进了结构减排。取缔关闭一批造纸、漂染等高污染高耗能企业，为经济可持续发展和推进节能减排腾出了环境容量。年底前，全面完成173家、生产能力293.79万吨的淘汰落后钢铁产能责任书任务，并淘汰责任书外钢铁生产企业90家、生产能力61.9万吨，淘汰落后钢铁产能工作走在全省前列。全市淘汰落后水泥生产线18条、生产能力163万吨；取缔关闭了一批造纸、漂染等高污染企业。

强化环境执法监管。整治城镇垃圾填埋场存在的环境问题。梅城龙丰垃圾处理场率先在全国成功实施垃圾填埋气发电CDM（清洁发展机制）项目，被联合国工业发展组织评为"全球可再生能源领域最具投资价值技术蓝天奖"，市区城市生活垃圾处理率达100%。各县（市）也加强对垃圾填埋场的治理。兴宁市实施垃圾处理场扩容改造工程，重点解决群众反映强烈的垃圾渗滤液的收集和处理问题；五华县城垃圾填埋场在取得明显治理效果的基础上扩建高标准、无害化处理的垃圾填埋场。狠抓重点行业污染整治。组织各县（市、区）环保部门开展"两高一资"行业企业、钢铁企业、涉砷行业企业集中检查，共检查100多家水泥企业，对5家水泥企业、9家印染企业进行立案查处。加强对跨区域、跨流域的环境污染纠纷的协调处理，提高污染事故应急快速反应能力。及时做好对蕉岭县瑞祺电子有限公司的跨界污染和梅州市明珠冶炼有限公司污染事故的处置工作。扎实开展环境质量常规监测。完成博敏电子二期、兴宁市污水处理厂、龙上水电站等20多家企业的项目竣工环境保护验收监测（调查）工作，对97个污染源企业进行废气、废水、噪声监测，共出具监测报告433份。

积极开展城市环境综合整治。保护好清凉山水库饮用水源水质，保护好梅江备用饮用水源水质，为启用梅江备用水源做了充分准备。从10月13日起，每隔3天对梅江备用水源、每隔6天对清凉山水库进行加密监测1次。开展环境安全隐患排查，保护好重点水库及入库河流水环境，确保梅州城区饮用水源水质安全。　　（徐建全）

【中心镇建设】　2009年，梅州市不断加大基础设施建设的投入，促进中心镇建设持续稳步发展。

完善各项市政基础设施。中心镇均完善配套了供水、垃圾处理、供气和其他公共服务设施。同时，将中心镇污水处理设施列入“十二五”规划，通过采取省、市扶持和补助一部分，县、镇解决一部分的方式，不断提高中心镇污水处理水平。

积极解决农村垃圾收运处理问题。至年底，大部分中心镇对农村垃圾采取户收集、村运输、镇处理的模式，有效地解决农村垃圾污染环境的问题。

加大客家古民居保护和新民居建设力度。起草《梅州市“市级客家古民居”评选办法》，切实加强对梅州市特别是中心镇“客家古民居”的保护和开发利用工作。同时，起草《梅州市“客家新民居”建设若干意见》，通过试点先行，示范带动的形式，推动全市“客家新民居”建设的深入开展。

(蔡小裕)

【住宅与房地产业】 2009年，梅州市房地产市场受全国大气候的影响，出现商品住宅销售面积和销售金额明显减少、空置面积相应增加、购房者的观望情绪浓厚的情况。为扩大内需，促进经济平稳较快发展，进一步加强和改善房地产市场调控，印发《关于促进梅州市房地产行业平稳健康发展的若干意见》等配套文件，实施后效果明显。

房地产开发 2009年，全市有房地产开发资质企业202家，完成房地产开发投资11.8亿元（市直3.2亿元），比上年下降5%；开发项目155个（市直17个），增长8%；新开工面积107.34万平方米（市直48.58万平方米），增长55%；竣工面积84.6万平方米（市直20.18万平方米），增长20%，其中住宅竣工面积80.86万平方米（市直18.69万平方米），增长32%；销售商品房面积96.58万平方米（市直30.25万平方米），增长66%，其中住宅销售面积89.04万平方米（市直28.11万平方米），增长68%；空置商品房面积43.78万平方米（市直21.52万平方米），增长9%；存量住宅1927套（梅州城区737套），增长9%。

房地产管理 认真贯彻落实市政府《关于促进梅州市房地产行业平稳健康发展的若干意见》，出台《梅州城区住房公积金贷款贴息实施细则（暂行）》、《梅州城区新购商品房优先发放住房货币补贴实施细则（暂行）》、《梅州城区购房落户办法》等配套措施，引导房地产开发企业积极应对金融危机带来的种种不利影响。同时，继续推进房地产市场秩序专项整治活动，在全市范围内相继开展房地产行业非法集资风险排查和房地产企业违规收取购房意向定金专项整治、加强对商品房预售款专项资金监管等活动，房地产市场环境得到净化，房地产交易环节的违规行为得到有效遏制，房地产交易市场进一步规范。年内解决了一批群众反映突出的问题和信访案件，促进了全市房地产市场平稳健康发展，维护了社会稳定。

(赖维纲)

产权产籍管理 2009年，启用新版房地产权属证书、登记证明，建立了统一的电子介质的房地产登记簿，并开展通过数据导入等方式对原有权属登记的房屋登记簿建立工作。11月，通过省住房和城乡建设厅组织的房屋登记簿建设工作的考核验收。

是年，全市共完成新建商品房现售成交9961套，比上年增长12%；成交面积127.4万平方米，增长15%；成交金额21.69亿元，增长22%；完成存量房（二手房）交易7198套，增长18%；成交面积93.4万平方米，增长18%；成交金额9.72亿元，增长53%；完成预购商品房和现房抵押贷款件数18590件，增长2%；抵押登记面积616万平方米，增长8%；抵押登记金额39.77亿元，增长2%。

市直全年完成新建商品房现售成交2414套，比上年增53%，成交面积30.99万平方米，增长47%，成交金额7.45亿元，增长100%；完成存量房（二手房）交易套数3437套，增长40%，成交面积48.87万平方米，增长32%，成交金额4.66亿元，增长31%；完成预购商品房贷款抵押695件，增1.22倍；抵押登记面积6.35万平方米，增长35%；现房抵押登记件数4495件，增长1倍；抵押登记面积128.4万平方米，增长70%。

(丘加达)

住房保障 加强公产房屋管理，构建住房保障体系，着力解决城镇低收入家庭住房困难。2009年，梅州市公房管理部门积极完善公房管理制度，简化办事程序，加强房屋安全检查维修工作，每逢雨季和台风季节，加紧对房屋进行安全检查，发现问题及时处理，确保公产房屋的住用安全。全年在管公产房屋约56.84万平方米，公房租金收入1480.25万元，其中市本级公产房屋约13万平方米，公房租金收入269.51万元。

是年，投入资金2446万元，建设廉租住房427套，建筑面积2.36万平方米，对1180户符合廉租住房保障条件的城镇低收入家庭通过实物配租和住房租赁补贴方式进行应保尽保，保障人数3942人；投入资金2079多万元，建设经济适用住房356套，建筑面积2.6万平方米。其中梅州城区投入资金815万元，建设廉租住房90套，建筑面积0.45万平方米，对383户符合廉租住房保障条件的城镇低收入家庭通过实物配租和住房租赁补贴方式进行应保尽保，保障人数1263人。

全年市直单位共发放住房货币补贴1322.89万元，639人。其中，财政拨款787.3万元，364人，单位自筹资金535.59万元，275人。

(徐汉章)

住房公积金管理 2009年，梅州市两级住房公积金管理机构不断

加大住房公积金的归集缴存和放贷力度，有力地促进了住房公积金事业的发展。至年底，全市参与缴存住房公积金单位1946个，缴存人数达16.17万人，归集覆盖面达到73.2%；当年新增归集额6.87亿元，累计归集总额31.87亿元，归集余额21.7亿元。适度扩大贷款规模，提高贷款额度。当年全市新增发放个人住房抵押贷款6.43亿元，比上年增长2.1倍；累计发放个人住房公积金抵押贷款15.38亿元共15638户，贷款余额11.02亿元。符合政策性提取个人住房公积金累计10.15亿元。（钟志强）

【城市综合管理】 2009年，根据梅州市委、市政府机构改革方案，组建梅州市城市综合管理局，将市市政公用事业管理局除供水、用水、节水、排水、污水处理和指导城市公共客运以外的职责划入市城市综合管理局。不再保留市市政公用事业管理局。

“两违”建筑防控整治成效明显。上半年基本完成三角“两违”整治任务；对江南东片工程最后10多户老祖屋进行严查严控，未发生新的“三抢”行为；严密监控世界客都大道、梅大高速、广州大桥、梅县机场扩建等市重点工程用地范围内不出现新的成规模的“两违”建筑。全年共拆除违法建筑121户，面积8040平方米；处理临时建设443户，面积1.21万平方米。

实施市容环境专项整治工作计划。扎实开展夜间占用绿地、占道经营、户外广告（野广告）、历史遗留铁皮屋、城中村和城乡结合部整治等专项整治行动，全年共纠正“六乱”45622宗，处理施工场地274宗，拆除占绿灯箱广告690块，整治各类户外广告、指示牌2712块。积极配合工商、环保、畜牧等部门开展肉档经营、酒吧KTV噪音、禽畜定点屠宰、流浪乞讨人员等专项整治行动，与交警共建“平安名城示范街”，维护了城市的和谐安定。

积极探索市场物业多元化发展新思路，引进社会资金，全年完成龙坪、西区、华建、瓜园等4个市场共5031平方米升级改造任务，市民购物环境明显改善，改造后的市场基本达到国家卫生城市标准，得到“创卫”省级考核鉴定专家组的肯定。

公园广场服务水平进一步提高。文化公园通过增绿扩绿，修缮设施，加强管理，公园面貌进一步改善。剑英公园建设的“正气园”成为“梅州市廉洁文化进公共场所示范基地”；嘉应桥头公园努力拓宽经营思路，通过增设游乐设施和项目，环境和经济效益均得到较大改观；院士广场、亲水公园实行社会化管理，设施和绿化管养效果良好，成为梅城市民休闲娱乐的重要场所。

公共安全管理全面加强。认真贯彻落实安全生产责任制，突出抓好重点市政公用设施以及公园特种设备的安全隐患排查整改工作，组织开展预防突发性事件应急演练。（郑演祥）

【建筑业】 2009年，梅州市建筑业总产值为99.79亿元，比上年增长6.47%；建筑业增加值27.01亿元，增长23.67%；建筑业增加值占全市GDP的5.3%，增长15.97%；全市建筑业上缴税收4.77亿元，增长16.34%；建筑业税收占全市地方税收的17.66%，增长0.93个百分点。全市发生施工安全生产事故2起（均为一般事故），死亡2人。2009年度共有13项工程被评为“梅州市建设工程安全生产、文明施工样板工地”，其中有2项工程被评为“广东省建设工程安全生产、文明施工样板工地”。

建筑市场管理　严格执行建设工程招、投标制度，确保招投标工作的公平、公开、公正。以建立统一开放、竞争有序的建设工程交易市场为目标，着力规范工程项目招标投标程序，强化招投标的管理和监督。2009年，全市招投标项目630项，总投资额约35亿元，通过招投标交易节约投资约1.6亿元。市直全年招标工程共354项，其中公开招标264项，邀请招标90项。

招投标管理　加强工程项目招标中标后监督检查。对建设、施工（含施工总包和分包单位）、监理等单位执行工程建设法律法规和履行投标承诺、工程合同的情况进行监督检查。全年共检查16个项目，未发现违法违规行为。完善招投标监管工作。严格依法办事，按程序办事，对每一件投诉举报做到件件有记录、有处理、有回音，并针对发现的问题采取积极有效措施，及时改进。

建筑资质管理　全年共受理建筑业企业资质申请48项，准予行政许可的45项（新申请企业19项，增项申请26项），不予受理的2项，不予行政许可的1项，在资质审批工作中严格执行有关规定和审批程序，确保申报企业的资质条件符合要求。组织对建筑业企业资质检查工作。为加强对建筑业企业资质的监督管理，规范建筑业企业的行为，建立健全建筑市场准入清出机制，维护建筑市场秩序。4月，对全市建筑施工总承包和专业承包两个序列的建筑业三级资质企业进行检查，共抽查24家企业，发出整改通知书12份，对经整改后仍达不到资质标准要求的4家企业，采取了撤回其资质的处理。

开展工程建设领域突出问题专项治理工作。完成对工程建设领域突出问题的排查工作，共排查500万元以上政府投资项目51个，非政府投资项目1个，其中5000万元以上项目7个，3000万元至5000万元的项目4个，500万元至3000万元的项目41个，没有发现在招标投标、工程设计变更、资金拨付、中介代理、质量安全管理等工程建设重点部位和关键环节存在问题。

工程质量管理　严格执行工程

基本建设程序，认真落实施工许可制度和工程竣工验收备案制度，规范工程建设各方主体质量行为，确保工程建设依法依规进行。加强工程质量检查，严厉查处违法违规行为。对存在违法违规行为的各责任主体和人员作不良记录予以公示。突出监管重点，进一步加大对大型公共建筑、住宅建筑以及市委、市政府重点工程的监管力度，确保工程质量。坚持以地基基础、主体结构和影响使用安全及使用功能的关键部位的实体质量为监督工作重点，执行工程建设强制性标准，确保工程结构安全。认真贯彻执行住宅工程质量分户验收制度，进一步消除住宅工程质量隐患，提高住宅工程质量。加强房屋建筑工程竣工验收管理，防止不合格工程流入社会。

施工安全管理 开展定期、不定期安全生产大检查。全年共组织3次全市范围的建筑施工安全检查，促进了全市建筑施工安全生产管理和文明施工水平的提高。推行施工安全评价制度。通过安全生产评价，进一步落实企业安全生产责任，强化对企业安全体系建立和运转情况的检查考核，把各类安全事故消灭在萌芽状态之中。加大对不重视安全生产的责任主体及相关人员的处罚力度，促使施工企业增强安全意识。年内对存在严重安全隐患的5家企业和8名项目经理给予通报批评，并作不良记录公示，在公示期内限制市场准入。抓好安全生产专项整治工作。年内开展高支模、深基坑以及建筑起重机械等危险性较大工程的专项整治，有效地防范和遏制建筑施工生产安全事故的发生。扎实开展“安全生产年”等活动。对全市建筑施工安全生产活动作出部署，提出具体活动内容。3月，出资1万多元购买安全生产教材和教育片，对参加畲江产业转移园建设的建筑工人免费进行安全教育培训，共培训2000多人次。6月，组织“安全生产月”咨询活动，举办建筑施工安全生产法律法规知识培训班，突出抓好《建设工程安全生产管理条例》和《危险性较大的分部分项工程安全管理办法》等有关法律法规的学习和宣传工作。同时，重视安全监管队伍的建设，要求安全监督站建立健全学习制度，提高安全监督人员的业务素质和履职能力。

工程造价管理 严把工程造价关，做好送审工程预结算审核和招标工程清单预算审核工作。针对建材价格波动大、品种多的情况，认真调查核实，及时编印出版《梅州工程造价信息》，为稳定建筑市场起到积极的作用。

勘察设计 规范勘察设计市场。建设行政主管部门先后印发《关于进一步严格执行工程建设基本程序和加强设计质量监管的通知》、《关于认真贯彻执行勘察设计企业资质管理规定的通知》、《关于加强梅州市施工图审查备案管理办法的通知》等文件，规范勘察设计市场。同时，加强对勘察设计市场的检查。全年共检查在建工程项目17项，检查已完成设计项目5项，发出整改通知书11份，并将检查情况进行全市通报。

市政府投资建设项目管理 梅州市政府投资建设工程管理中心2009年在建“代建”项目共74项（其中当年接收“代建”项目66项），总投资14.8亿元。主要项目包括梅江南堤带状公园（归读公园）、江南东片堤下21米道路（梅水路）、广州（梅州）产业转移园建设项目、世界客都大道、梅州农业学校建设项目、梅江桥加固大修工程等。

【建设科技】 2009年，梅州市大力推进新技术新材料利用，加大人才培训力度。

建筑节能 认真贯彻执行《夏热冬暖地区建筑节能设计标准》、《公共建筑节能设计标准》，加强施工图节能审查工作，严把建筑节能设计关。因地制宜，重点推广电厂废物粉煤灰生产的粉煤灰烧结砖替代粘土实心砖，市区工程新墙材使用率达到70%以上。全年全市使用新型墙体材料33万立方米，节约土地约25.33公顷、标煤8万吨。组织召开技术交流会，学习先进城市的节能经验，邀请专家共同研究解决外墙隔热保温的难题，有效地推进了建筑节能工作。

建设人才培训 2009年，全市有87人参加高级工程师评审，通过57人；320人参加工程师评审，通过278人；13人参加助理工程师评审，通过13人；250人参加专业技术人员继续再教育学习。

2009年，市建设职工培训中心共组织建筑“三类人员”、特种作业人员等的安全培训共4083多人次，从业人员的安全生产知识、技能以及事故预防和应急处理能力都有较大的提高。（郭俊雄）

惠州建设

【概况】 2009年，惠州市以实施国务院批准的《珠江三角洲地区改革发展规划纲要》和迎接第十三届省运会为契机，努力推进“五个一体化”和宜居城市建设，建设一大批公共文化体育设施，惠州的城市档次在短时间内有较大的提升。

“南进北拓、东西伸延”的现代城市格局全面推进。2009年，金山大道、惠民大道、合生大桥、金山大桥、东平下沉式通道、西枝江大桥等一批城市基础设施相继建成或即将建成；惠博大道、惠州大道东延线加快推进；城市空间进一步拓展，城区建成区面积160多平方千米；建成丰渚园、东坡园和合江楼等景观，西湖美化工程、西湖引水还清工程等不断推进，为城市今后十年的发展格局奠定了基础。

现代宜居城市统筹城乡发展的建设规划编制工作稳步进行。做好规划编制工作，抓好实施《珠江三角洲地区改革发展规划纲要》的“五个一体化”规划，加快推进城市中心区规划修编工作，全面启动村庄、中心镇、县城等规划修编工作。年内部分规划已经实施。

省运会场馆等民心工程建设全面推进。第十三届省运会各场馆建设陆续完成。博物馆、科技馆、文化艺术中心、会展中心等一批标志性建筑和文化设施建设顺利竣工，挂榜阁、红花湖、水东街改造、丰湖书院等逐步推进。全年实施园林风景工程项目74个，市区绿化覆盖率38.9%，绿地率35.3%，人均公共绿地面积14.03平方米，新增公共绿地面积206.77万平方米，顺利通过国家园林城市复查。

【城乡规划】 按照“大力推进现代城市、历史文化和生态山水三条主轴线建设”发展战略要求，推动宜居宜业城乡建设。一是针对惠州市已形成的组团式新城格局和南北交通联系通道，在“南进北拓”战略的基础上，加强空间整合，促进产业集聚和提升，打造展现惠州新时代建设风貌的现代城市轴线。二是针对惠州丰富的历史人文资源，通过资源整合，展现惠州厚重的人文内涵，将“文化名城”进一步建设成为极具特色的人文休闲之都。三是针对惠州丰富的山水景观资源，结合绿道网建设，进一步改善城市生态环境，美化城市空间，建设宜居城乡，打造最优美的山水休闲之城。是年，惠州市申报的“两江四岸人文与生态环境建设项目”获得2009年度“中国人居环境范例奖”，惠州市成为珠三角最适宜创业发展和生活居住的城市之一。

深莞惠三市规划建设部门合作全面加强。深莞惠规划部门年内签订《深莞惠三市城市（乡）规划紧密合作框架协议》，从六个方面加强合作，同时，三市城乡建设部门签订《推进珠江口东岸地区城乡建设紧密合作框架协议》，相关工作扎实推进。

规划管理　2009年，惠州市积极探索统筹城乡发展、加快城乡一体化进程、创新规划建设模式。为提高城乡规划的科学性和可操作性，选择博罗县石湾镇作为试点，探索建立经济社会发展规划、土地利用规划与城乡建设总体规划“三规融合”的城乡发展规划编制新模式；选择惠城区三新村、横沥镇土桥村和博罗县石湾镇铁场村3个行政村作为试点，编制包括产业发展、环境保护、社会事业发展与建设规划的村域规划；在水口街道办事处青塘村小组、小金口街道办事处陈塘村小组开展以宅基地转换城镇住房的“双置换”试点工作。全力推进宜居村镇规划建设工作。组织惠东平海镇、博罗园洲镇、龙门永汉镇申报省级宜居城镇创建工作；组织各县（区）开展申报省级“宜居村庄”指导创建点工作；组织惠东县巽寮管委会、惠阳区秋长街道办事处和龙门县南昆山管委会申报全国特色景观旅游名镇。博罗县园洲镇与横河办事处郭前村已被列入省级宜居城镇和宜居村庄指导创建点，惠东县巽寮特色景观旅游名镇通过了省住房和城乡建设厅组织的评审，并向住房和城乡建设部申报全国特色景观旅游名镇。

规划编制　规划编制工作取得明显成效。2009年，市级规划部门完成或即将完成各层次城乡规划共35项，其中镇总体规划7项、控制性详细规划13项、修建性详细规划和城市设计6项、市政和其他专项规划9项。年内编制完成或开展编制的规划有：《惠州市城市总体规划（2008~2020)》、《三栋镇总体规划》、《沥林镇总体规划》、《潼湖镇总体规划》、《潼桥镇总体规划》、《马安等镇总体规划》、《横沥镇总体规划》、《汝湖镇总体规划》、《惠州东江科技城空间发展规划》、《惠州市区惠城中心区社会停车场专项规划》、《惠州市轨道交通网络规划》（调整）、《惠州市历史文化名城保护规划》、《惠州市江南地区（下角、梅湖）控规》、《惠州市桥东片区控规》、《惠州西湖丰湖书院修建性详细规划和建筑设计方案》、《惠州红花湖景区中心区修建性详细规划》、《惠州市桥东历史街区首期启动区建筑设计》、《东江公园茶坊、酒吧等设施布点规划及建筑设计方案》、《惠州市中心人民医院改造规划》。启动“三旧”改造规划、演达路和三环路交汇处立交桥工程规划方案、东江云山大桥工程规划方案、三环路（东段、北段）扩建工程规划方案编制工作。完成《汶川三江乡地震灾后重建规划》和公共设施重建设计工作，促进了援建项目顺利实施。

加快乡镇控规编制工作。印发《惠州市村庄规划编制技术导则》和《关于加快乡镇控制性详细规划编制工作的通知》，全市58个乡镇中，有53个乡镇完成或即将完成总体规划的编制，27个镇开展了控制性详细规划编制工作。全年完成50户以上自然村规划680个，全市累计完成1075个，为城乡建设科学发展奠定了基础。

勘察设计　2009年，全市共有勘察设计企业42家，其中建筑装饰单位3个、市政道桥单位3个、水利水电勘察设计单位5个、规划设计单位2个。共有89家市外勘察设计企业进驻惠州承接任务。完成惠州丰湖书院建筑设计方案、惠州技师学院规划建筑设计方案、惠州仲恺高新区总部经济区建筑设计方案、惠州市中心人民医院改造建筑设计方案、红花湖游客服务设施建筑设计方案等一批市重点工程征集和评审工作。为提高设计人员和审图人员的技术专业水平，举办惠州市优秀建筑设计作品展、“岭南古建园林与借鉴创作”学术报告会、建筑节能学习班等。

【城乡建设】 重点项目建设　年内，围绕现代城市、历史文化、山水生态三条主轴线，全面推进城市基础设施和公共设施建设。文化艺术中心、会展中心、博物新馆、科技馆、省运会体育场馆（中心体育场、金山湖体育馆、金山湖游泳跳水馆）等一批标志性建筑和丰渚园、东坡园等一批新景点建成并投入使用；高榜山挂榜阁主体工程完工，水东街、丰湖书院改造和红花湖景区建设加快推进；在东江两岸设置19块大型霓虹灯公益宣传牌和广告牌并全部亮灯，市区安装智能型航空灯1238盏。水东街改造工程按计划推进，有84户居民（单位）签订拆迁安置补偿协议，占一期改造拆迁户的48%。惠博快速路改扩建工程示范路段路基基本完成，累计完成投资9亿元，占总投资的62%。协调省、市相关单位做好莞惠轨道交通惠州段线路、站场选址方案审查，引导施工企业按照围蔽施工指引进行规范施工。惠州城市规划展示馆9月27日正式开馆。

（*赖春花*）

园林绿化　2009年，惠州市区城市园林绿地面积4794.77万平方米，绿化覆盖率38.88%，绿地率35.27%，人均公共绿地面积14.03平方米，新增公共绿地面积206.77万平方米。全年组织实施园林风景工程项目74个，完成投资约1.41亿元。惠城中心区城市绿化实行市场化养护面积达313.4万平方米，年养护经费2620万元。年内，惠州市通过国家园林城市复查验收。市区高榜山主入口公园及登山步道、西湖东坡园和丰渚园相继建成开放。惠州西湖被广东省自驾游协会授牌为“广东自驾游接待基地”，被省旅游局评为“全省首批国民旅游休闲示范单位”。

为进一步提高惠州市的文化品位，建造一批新景观和配套服务设施。挂榜阁建设工程是惠州西湖美化工程的重点建设项目，建设投资5000万元。2009年1月动工，10月完成主体工程。丰湖书院景点建设以园林建筑为主体，建设成为富有历史文化内涵的新景观，一期建设用地面积4.91万平方米，概算投资1亿元。丰渚园建设工程投资6000余万元，于2009年9月完工。该园的孤桐馆区以纪念惠州名人江逢辰为主线，彰显惠州西湖丰富的人文景观和深厚的文化内涵。东坡园建设工程投资2700万元，于2009年9月完工，园内建筑以岭南传统园林建筑为主要形式。（*黄慧明*）

市容环卫　年内，加强环境卫生质量常态化建设。一是完善和落实“三包”、“三员”和“三个一”工作制度，确保市区1130万平方米大街大巷和1110万平方米“两江”市区段水面干净整洁；坚持市区居民生活垃圾上门收集制度，完善城中村生活垃圾收集网络，优化生活垃圾运输系统，日产日清生活垃圾810吨，无害化处理率100%。对32座垃圾中转站、76座公厕和8300多个果皮箱（垃圾桶）、1644块路名牌、96座候车亭、540张座椅实施保洁，各类设施保持整洁卫生。二是健全应急机制，增强应对紧急情况能力，确保环境卫生高质量常态化。三是制定并报市政府批准了《关于实行城市环境卫生质量检查通报制度的通知》和《惠州市城市环境卫生质量检查通报工作实施细则》，对全市环境卫生工作（包括各县区）进行检查通报，促进全市环境卫生水平的不断提高。

全面推进环卫基础设施建设。建成垃圾中转站、公厕各1座。惠南大道等3处垃圾中转站和水上环卫码头项目动工建设，垃圾焚烧发电厂二期工程逐步推进。惠东县和博罗县垃圾无害化处理设施建设有较大进展。

广泛开展环卫宣传教育活动，提高市民维护市容环境卫生意识，养成讲文明、爱卫生习惯。开展“环境卫生百日整治行动”、“人人讲卫生、处处显文明”等活动，对随手乱扔乱丢垃圾的不文明行为及人员进行纠正和教育，共发放宣传资料8000余份。加大执法力度，建立长效管理机制，市区乱丢、乱吐、乱倒、乱堆、乱运现象得到有效控制。同时，开展市容环卫行政执法培训，提高执法人员的综合素质和执法水平。开展市区市容环境卫生严管整治行动，对市区主要街道进行整治，对乱丢、乱吐等不文明行为进行教育和处罚。全年收到违章违法行为罚款金额33.54万元，处理违章案件810宗，批评纠正违规违章行为3800人次。（*黄婉华*）

城市供气　2009年，全市有燃气企业34家，二级储气库1座、三级储配站31座，Ⅲ级瓶装气供应站588个，从业人员近3000名。全市储供液化气能力12871立方米、天然气900立方米。全市管道燃气开户约15万户，通气9.3万户，年供气总量12.71万吨。审批临时瓶组气化站13个（其中核准新建9个、运行4个），审核液化石油气储配站实施综合整改并扩容建设1项，核准惠城区市直4个燃气企业首批整改瓶装气供应站65个。扎实开展以“安全第一、预防为主”的燃气专项宣传与督查，全面抓好燃气生产、供应、销售的安全监管，层层落实安全责任，重点消除燃气大小隐患。对全市31个燃气企业（另有1家停业）燃气储配站（库）和惠城区域内各瓶装气供应站开展安全检查和隐患盘查。严厉打击黑气，取缔无证经营。强化对地下燃气管道设施的保护工作。加强燃气应急安全管理工作，全年没有发生燃气经营企业责任事故。

【中心镇建设】　2009年，惠州市有省级中心镇9个，分别是新圩、吉隆、稔山、多祝、罗阳、石湾、杨村、平陵和永汉镇。市级中心镇3个，分别是横沥、园洲、龙溪，合计12个中心镇。为适应建设形势发展，新圩、吉隆、稔山、石湾、平陵、横沥6个中心镇于2008—2009年对镇总体规划进行了修编。为提升村镇规划建设管理服务水平，年内举办“全市乡镇书记、镇长新农村规划建设管理研讨班”，组织各中心镇人管理和技术骨干参加学习；惠东县、博罗县、惠阳区规划建设管理部门在中心镇设立常驻派出机构，指导监督中心镇的规划建设管理工作；博罗县园洲镇完成《园洲镇建设宜居城镇行动计划》的编制，并组织实施。

（赖春花）

【住宅与房地产业】 2009年，惠州市房地产开发投资规模与上年相比有所下降，全市完成房地产开发投资175.33亿元，比上年下降6.15%，其中住宅133.17亿元，增长1.02%。商品房施工面积2311.43万平方米，比上年增长12.25%；商品房竣工面积535.65万平方米，增长1.21倍；商品房新开工面积516.64万平方米，下降19.4%。全市新建商品房批准预售面积463.13万平方米，比上年下降4.96%；其中商品住宅410.03万平方米，下降1.94%。年末全市实有房屋建筑总面积12646.28万平方米，其中住宅6655.01万平方米，人均居住面积33.79平方米。

房地产市场管理 2009年，惠州市新建商品房交易量588.76万平方米，比上年增长1.34倍；全市二手房交易量156.66万平方米，增长38.92%。积极开展市场调研工作，加强商品房预售监管和预售款监控。年内举办房地产开发企业法人培训班两期，引导房地产开发企业建设企业诚信。房地产市场快速回暖，商品房销售面积超过500万平方米，创历史新高。全市商品住房均价4266元／平方米，比上年增长3.5%。为促进商品房销售，举办了春季和秋季房地产展销会。保障住房建设工作取得明显成效，完成廉租房、经适房建设3016套，比年度目标任务多完成16套。其中惠城区开工建设项目有江北25号小区、江北45号小区、马安阅粮畜牧场等3个项目，安排用地7.2万平方米，建好2014套。

这一年，惠州市房产管理部门着力改善房产交易环境，将服务窗口由原来的12个增设至39个，并与公证处、房地产评估所、银行、税务、财政等部门协商，在交易大厅设立窗口，提高业务办理速度和服务效率。全年办发房屋各类权证58268份，比上年增长27%，发证面积1558万平方米，增长52%。其中产权证28491份，面积660万平方米；他项权办证25740份，比上年增长22%；抵押面积850万平方米，增长51%；新登记业务——预告登记证4037份，面积48万平方米；查阅利用档案34847份，比上年增加14.5%。是年，积极构建健康合理的房地产市场秩序，打造公开透明的房产交易环境和科学高效的管理平台。3月，数字房产系统顺利通过住房和城乡建设部专家组的检查验收，7月，部分新业务开始运行。加强商品房预售监管和预售款监控，完善预售申请审查机制、商品房预售款监管机制以及网上销售备案系统实时监管处理机制。严把二手房交易资金管理关，加强房产中介诚信经营管理，有效规范房地产市场交易秩序。全年共检查商品房预售项目120个，检查房地产中介企业170家，市房地产中介管理协会共代管二手房交易资金2.37亿元。积极探索直管公房管理模式。在深入调查各现有商业用途公房市场价格的基础上，结合全市非住宅公房租赁实际，制定商业用途房屋租金改革方案，分期推行非住宅公房租金市场化，并取得了成效。是年，80%的国有、集体企业公房按测算的差价提租50%，有效地提高了国有资产的使用效益。开展直管公房安全排查、维修工作，全年完成公房维修审批168宗次，涉及金额100多万元。

物业管理 2009年，配合巩固提高创建全国文明城市成果工作和全国城市公共文明指数测评工作，组织对市区850个住宅小区的物业服务情况进行检查，责令55家物业公司进行整改。依法指导住宅小区成立业主大会，共派发物业管理法规条例1000余份，并对14个住宅小区首次成立业主大会并选举业委会工作进行跟踪协调、指导。进一步创新住宅专项维修资金监管机制，在充分调研的基础上，探索出一套切实可行的“维修资金四级账户管理法”，真正实现物业专项维修资金核算到户，有效地解决维修资金归属权不清晰及被开发商挪用、乱用等问题。至年底，市区维修资金总额累计达7亿多元。

住房保障 进一步建立健全住房保障制度，扎实推进保障性住房项目建设，切实解决市区低收入家庭住房困难问题。市房产管理部门与省建设信息中心合作建立住房保障管理信息系统，实现对住房保障数据的实时动态管理。制定《惠州市区城市低收入家庭住房保障实施细则》，对经济适用住房、廉租住房的申请、认购、配租、退出等程序进行了明确规定。同时，加快市区江北25号、45号小区及马安经济适用住房、廉租住房项目建设进度，并认真做好亚婆田危房改造项目第二期的拆迁户回迁工作。江北25号、45号小区及马安经济适用住房、廉租住房项目大部分主体工程于年底封顶，亚婆田项目第二期156套房屋的抽签分配工作顺利完成。

为切实保障村民住宅权利人的合法权益，开展农村宅基地和房屋登记发证工作。在小金口街道柏岗村试点的基础上，联合国土部门拟定《惠州市村民住宅核发〈集体土地使用证〉〈地产权证〉实施办法》，全市村民住宅《房地产权证》的核发工作全面启动。 *（王晓东）*

【城市综合管理】 2009年8月，惠州市城市管理执法局正式挂牌成立，10月更名为惠州市城市管理行政执法局，为市政府工作部门。其具体职能是：行使市容环境卫生管理方面法律、法规、规章规定的行政处罚及相关的监督检查、行政强制职能，强制拆除不符合城市容貌标准、环境卫生标准的建（构）筑物或设施；行使城市规划管理方面法律、法规、规章规定的对规划区范围内违法违章建设行为的行政处罚及相关的监督检查、行政强制职能；行使城市建设及燃气管理方面法律、法规、规章规定的行政处罚及相关的监督检查、行政强制职能；行使城市绿化管理方面法律、法规、规章规定的行政处罚及相关的监督检查、行政强制职能；行使市政管理方面法律、法规、规章规定的行政处罚及相关的监督检查、行政强制职能；行使住宅室内装饰装修、危险房屋管理、拆迁管理方面的法律、法规、规章规定的行政处罚及相关的监督检查、行政强制职能；行使工商行政管理方面法律、法规、规章规定的对无照商贩的行政处罚及相关的监督检查、行政强制职能；承担市城市管理委员会办公室的日常工作，执行市城市管理委员会对城市管理重大问题的决定；负责城市管理服务专线“12319”的管理工作；履行法律、法规、规章或省人民政府规定的其他职责。惠州市城市管理行政执法局内设办公室、执法科、法规科、人事科、督查科5个职能科（室），下设第一执法大队、第二执法大队、第三执法大队、机动执法大队，以及城管“12319”指挥中心、城市管理执法业务受理中心6个直属机构。同时，设立惠阳区分局、大亚湾经济开发区分局、仲恺高新区分局，作为市局的派出机构，实行区政府（管委会）和市城市管理行政执法局双重领导。

市容环境管理　切实转变执法理念，依法行政、文明执法。对于乱摆卖这一管理难题，按照“疏堵结合”的原则，协调惠城区及各街道在市区内选定试点，将部分失业下岗、本地困难户、长期流动摆卖的小商贩疏导到定点区域，并规范其摆卖行为。云山东路、旺岗路乱摆卖等问题顺利解决。在日常管理和执法过程中，“先动脑，多动口，后动法”，坚持利用说服教育，耐心规劝的办法，对屡教不改的则实行执法处理，最大限度地避免对立、冲突情况的发生。全年共教育规劝流动摆卖和占道经营近5万人次，整治流动摊档3万人次，整治乱设置报刊档62宗。

加强对违法违章建设的管理。为实现市区“无违章搭建现象”目标，进一步加强重点建设项目周边和重点区域违法违章建设的管理。加大对节假日“抢建”行为的巡查监控，建立起24小时巡查监控和协查通报机制，层层落实工作责任，对违法违章建筑力求做到“抓源头、抓苗头、早发现、早制止”。同时，积极协调配合规划建设等职能部门和当地政府组织的清拆行动，市区内的违法违章建设得到有效的控制。2009年，共拆除违法违章建筑414宗，共计建筑71.54万平方米。

治理“城市牛皮癣”。尝试将惠城中心区73条主要道路承包给有资质的专业保洁公司清理，并通过严格检查和监管，取得了较好的保洁效果。每月对市区内“城市牛皮癣”等乱张贴、乱涂写行为开展一次集中整治，全年累计清理各种乱张贴20万多张（处）。在做好及时清理和大力整治的同时，在惠城中心区设置400个免费广告信息张贴栏，免费提供给信息发布者使用，较好地解决“城市牛皮癣”屡禁不止问题。

专项整治　2009年，组织相关职能部门开展联合执法100多次，对商业步行街进行的联合执法行动有25次。此外，还会同交警、交通、工商、环卫、公用事业、惠城区及有关办事处等单位对市区利用机动车、三轮车、大板车进行摆卖的行为进行22次联合整治，较好地解决了市区商业步行街、河南岸公园周边、龙丰科肚市场、云山西路、三新市场、东湖三街、中小学周边的乱摆乱卖、占道经营等一系列群众反映较大的问题。

“12319”城管服务热线、业务受理中心、网络问政平台共受理各类信访件、热线电话、群众直接上门求助等30824宗（次）。*（张彦宇）*

【建筑业】　2009年，惠州市新开工项目共325项，建筑面积541.6万平方米，工程造价71.13亿元。严格招标投标制度，杜绝规避招标行为。共有135项工程进行施工招标，工程造价25.69亿元（其中公开招标工程120项，工程造价21.09亿元；邀请招标工程15项，造价4.6亿元）。工程监理招标19项，工程造价11.01亿元（其中公开招标16项，造价9.99亿元；邀请招标工程3项，造价1.02亿元）。加强房屋建筑和市政基础设施工程项目施工招标投标活动管理，及时研究解决招标投标过程中出现的热点和难点问题，积极地探索从源头上防治围标串标的有效措施。健全和完善企业资质及职业资格管理，严格建筑市场准入和清出制度。在办理市外建筑业企业和监理企业备案登记手续时，注意引进高素质、严管理的企业，让有实力、质量好、信誉好的企业参与本市建筑市场竞争。至年底，全市共有建筑业企业185家，其中一级8家，二级30家，三级142家，劳务企业5家。在市区备案登记的市外建筑业企业共有235家，其中建筑施工企业193家，监理企业18家，招标代理企业10家，单项备案企业14家。

施工安全管理　年初，市县（区）建设行政主管部门签订建筑安全生产目标责任书，明确目标和责任，安全生产责任层层落实。全年组织8次建筑施工安全大检查、6次专项检查，抽查在建工地880多次，发出安全检查问题记录96份，整改通知书67份、局部停工整改通知书21份。加强建筑施工起重机械监督管理，办理建筑起重机械产权登记1650宗、安装告知100宗、使用登记19宗。全市建筑施工安全生产形势保持稳定态势，未发生较大的建筑施工安全事故。“农民工工资保证金”纳入办理《建筑工程施工许可证》的必备条件，遏制拖欠工程款和外来工工资行为。年内办理“平安卡”系统应用服务的工地有208个，2.35万名建筑工人领取了“平安卡”。做好工程竣工验收备案和监理管理工作，全年受理市直备案工程72项，建筑面积68.89万平方米，工程结算价11.92亿元；办理市直工程监理报建手续57项，涉及工程建筑面积200万平方米，工程造价34.28亿元。

工程质量管理　全年市级受理工程监督报监项目88项，建筑面积181.91万平方米，建设投资35.82亿元，办理工程项目备案58项。加大质量行为抽查力度，使参建各方质量行为进一步规范化、制度化，形成“建设单位负责、施工单位保证、监理单位控制、政府部门监督”的工程质量管理体系框架。全年外出监督检查、巡查3800多次，及时纠正监督检查、巡查中发现的各种影响结构安全及使用功能等方面的质量问题160个，发出整改通知书23份，局部停工通知1份。不定期对市区9家商品混凝土搅拌站进行检查，抽检墙体材料10多组(次)。积极转变检测工作模式，主动服务、跟踪服务。强化验收管理，发现质量问题，及时发出“工程预验收整改通知书”，消除工程质量隐患。

【建设科技】　建筑节能　2009年，惠州市实施建筑节能示范工程。完成并预公示全市的国家机关办公建筑和大型公共建筑能耗统计，市区全年实行施工图建筑节能设计审查和备案的民用建筑项目112个，建筑面积288.58万平方米，其中公共建筑105.61万平方米、居住建筑182.97万平方米。加强对既有建筑节能改造管理工作，推行太阳能在建筑上应用的新政策，要求新建六层以下居住建筑使用太阳能光热系统。全市新建建筑节能施工图审查和备案率达100%，市区新建建筑施工阶段建筑节能强制性标准执行率超过85%，比上年提高5个百分点。惠州市建筑工程质量监督站办公业务及附属用房工程项目作为惠州市2009年度公共建筑节能试点示范项目，结合惠州气候特点，统筹考虑办公楼的围护结构、自然通风和自然采光，同时采用太阳能公共照明和太阳能热水系统，在建筑材料使用上采用新材料和新工艺。在全省节能减排检查和全省建筑节能大检查活动中，惠州市建筑节能工作获得良好评价，市住房和城乡规划建设局获“全省节能先进单位”称号。

新型建材应用　全市全年完成散装水泥供应量527万吨和使用量340万吨，散装水泥使用率达到78%。全市使用新型墙体材料的房屋建筑竣工面积391.79万平方米，新型墙体材料使用占总墙体材料比例达89%，居全省中上水平。全市有新型墙材生产企业79家，年设计生产新型墙体材料约850万立方米(其中蒸压加气混凝土砌块企业19家，年生产量411万立方米)，除有效地保证惠州市建设工程需要外，还大量供应珠三角和港澳地区。实现预拌混凝土搅拌站市域范围全覆盖，完成全市砂浆使用情况摸底调查工作，开始编制市域预拌砂浆生产站厂布点规划。全年预收散装水泥专项资金626.07万元和新型墙体材料专项基金4732.13万元。加强完善两项基（资）金清退返还制度，保证两项基（资）金在符合条件的情况下准时返还，全年办理76项工程的清算手续，清退金额2192.4万元。　　　(赖春花)

汕尾建设

【概况】　2009年，汕尾市全市报建面积111.5万平方米，比上年增长9.7%；房屋建筑面积竣工率100%。完成各项市政工程建设项目14个，工程总投资43390万元，工程量投资14695万元，主要有市区金湖路、香洲东路市政工程等10个项目，工程总投资共约35190万元，年度完成工程量投资共10745万元，约占工程总投资的30%，基本完成年度建设计划。以构建住房保障体系为重点，努力改善城镇居民住房条件。全市新建商品房成交金额10.8亿元，销售面积60.44万平方米，比上年的21.39万平方米增长1.83倍。全年累计完成房地产权登记发证6336宗，登记总面积116.75万平方米。其中：初始登记704宗，建筑面积22.28万平方米；转移登记3170宗，建筑面积47.22万平方米，成交金额7.46亿元；抵押登记2462宗，建筑面积47.25万平方米，设定抵押价值10.75亿元。为财税部门提供纳税依据6340份，有效协助财税部门征收房地产税收工作，累计协助财政征收契税额约3000多万元，协助地税部门征收房产各项税收近亿元，各项指标创历史新高。市区全年供水总量2932万立方米，比上年增长3.4%；售水总量2069万立方米，增长9.3%；实现总收入为3795万元（其中水费收入3449万元、工程安装收入346万元），增长8.9%，上缴税金263万元。年内增加新用水户2085户，投资919万元，供水区域扩大至马宫镇。管网水质综合合格率达99.21%。汕尾市区共新种植乔木1768株、灌木2.5万株。　　　(詹镇峰)

【城乡规划】　2009年4月，汕尾市人民政府同意市规划部门对《汕尾市城市总体规划（2003~2020)》进行调整，修改的目的是进一步配合广东省区域协调发展战略、沿海战略与粤东合作框架及产业升级、转移政策、更加从紧的土地政策和规划使用要求等，对一些重要的区域性基础设施或有影响的建设项目布局提出适度调整要求，对原规划建设中的市区相关功能布局提出响应的调整要求。《汕尾市城市总体规划（2003—2020）》在以下方面进行调整：以三基地三经济带和海岸经济等发展思路为指导，对市域经济社会发展策略进行调整；对市域城镇体系空间结构适度调整；对市域综合交通体系进行较大的调整；适度调整中心城区的性质定位；对中心城区的主导发展方向适度调整；对主城区特别是城东新区的道路骨架和功能布局进行较大的调整。

规划编制　完成《汕尾火车站周边地区控制性详细规划及核心区城市设计》编制工作，规划编制定位是具有交通枢纽、商业贸易、商务办公、休闲旅游、生活居住、生产物流等功能；规划建设成为高效健康的城市交通枢纽区、多元复合的活力新区、山水交融的生态新区、独具特色的城市门户。年内还完成《汕尾市中轴线地区城市设计》、《汕尾市区电网专项规划研究报告（2008~2020）》的编制工作。

规划管理　2009年是汕尾的“城市规划年”。8月，出台《中共汕尾市委汕尾市人民政府关于加强城市规划工作的决定》。12月，市政府召开“四规合一”协调会，要求做好“四规合一”的前期准备工作。至年底，全市共核发选址意见书8宗；受理规划方案39宗，办结37宗，核发《建设用地许可证》38宗，共66.84万平方米；核发《建设工程规划许可证》副本34本，正本22本，总建筑面积61.56万平方米；建设工程竣工规划验收22宗，建筑总面积23.6万平方米。完成市区征地放线测量25宗，建筑放线测量14宗，建筑竣工测量16宗；完成市重点项目“深圳（汕尾）产业园转移区”6.7平方千米1：1000的数字化测图。是年，加强违章查处管理工作，与国土、建设、城管等部门建立联合巡查制度，坚持每周一巡查、一通报，有效地遏制违章建设，共制止违法建设63宗，追回报建手续4宗，拆除非法建筑135间，申请人民法院强制拆除案仲裁1宗。

建设档案管理　全年接收城建档案1168卷（件），其中工程竣工档案63卷，规划部门办发的文书档案938件，规划报建审批档案（包括报建方案）128卷，规划用地审批档案22卷；参加建设竣工档案验收19宗，核发《建设工程竣工档案初审意见表》19宗，接待查询、危房改造、土地确权、司法调查等档案利用服务92人次，调档108卷；利用声像资源编研出版一部反映汕尾历史变迁的城市古迹、古建筑等记忆专题片——《汕尾记忆》（DVD）。 *（汕尾市城乡规划局）*

【城乡建设】　2009年，汕尾市围绕强化市区中心地位的目标，以建设宜居宜业新城为重点，加快城市基础设施建设。组织实施市区金湖路市政工程、金湖路园林绿化景观配套工程、香洲东路市政工程、消防路市政工程、腾飞路东段市政工程、成业路南段市政工程、红海西路市政工程前期工作，以及市区东区污水处理厂首期工程、市区污水管网改造首期工程、市区污水处理厂集污管道工程等10个工程项目，总投资共约54000万元，年内完成工程量投资共16500万元，约占工程总投资的30%，基本完成年度建设计划。其中，金湖路市政工程自2007年年底正式动工至2009年年底，累计完成工程总投资约8300万元，约占工程总投资的97.6%；市区东区污水处理厂首期工程，完成工程总投资约7000万元，占工程总投资计划的87%；市区污水管网改造首期工程，完成污水管网连接管道共3000多米，清疏管道共约10000米，完成工程量约650万元，约占首期管网改造工程投资的60%。此外，还加紧推动首期投资8000万元的市区城市管道天然气项目，加紧市区燃气管道的铺设。

园林绿化　2009年，市园林局加强绿化管理和绿化监察力度，落实专项整治工作。补种汕尾大道、海滨大道一期、二期和奎山河两侧等12条道路绿化，面积约8000平方米，补种乔木200株，灌木1万株，草皮1700平方米；改造香洲东路一期、工业大道绿化，面积约630平方米，种植乔木1688株；补种行道树160株。配套建设香洲东路二期绿化，面积约3000平方米，种植乔木80株，灌木2.5万株；维修大鹏山公园登山路860米；修建玉台山公园挡土墙48米；制订奎山公园人工湖污染整治、山体绿化改造和大鹏山公园山路改造三个方案。完成市区绿化春、夏季施复合肥约5吨，施肥面积约35.8万平方米，病虫害防治施药4.3万平方米；处理交通事故损坏绿化事件3宗，工程施工破坏绿地行为4宗，私自迁移、乱砍绿化树木行为2宗，乱修绿化树木行为10宗。

城市供水　2009年，汕尾市供水总公司供水总量2932万立方米，比上年增长3.4%；售水总量2069万立方米，增长9.3%；实现总收入3795万元（其中水费收入3449万元、工程安装收入346万元），比上年增长8.9%，上缴税金263万元，增加新用水户2085户；投资919万元，扩大供水区域至马宫镇；管网水质综合合格率达99.21%，供水质量达到国家标准。全年实现安全优质保供水的目标。一是抓早抓好迎峰度夏有序用水工作。2009年是汕尾自1963年以来最干旱年份，干旱持续时间长，加上温热天气持久，导致市区日供水量屡创新高。提早制订供水应急管理措施，全力保障水厂设备的正常运行，保障市区的正常供水。二是加大对水厂老旧设备的更新和改造。投入55万元，对“三厂一站”各种老旧设备分期分批进行技术改造，购买先进的管网探测仪。完成新地水厂的柴油配电机、出入厂水电子流量计的更新和维护，确保水厂设备正常运行率达到97.8%，保证管网通畅。三是拓展供水区域。投入200万元分期分段对旧城区的供水管网实施改造，完成后解决了2100多户居民的饮水难题；完成马宫街道供水后续工程，使马宫街道居民能够用上安全、优质的自来水；沿市区文德路铺设一条DN200给水干管，总长174米，解决市区莲塘村300多户居民的用水难题。四是新建供水调度大楼，集供水调度、水质检测、供水自动化、通信、计算机网络系统于一体，实现全网主干与楼层网络以及通信主干网的光纤化，为汕尾供水调度自动化提供可靠保障。

污水处理　市区污水管网不断完善，进厂污水量逐步增加。2009年3月开始每日进厂污水量达到6000立方米左右，基本满足A系列培菌最低水量要求。对污水处理厂进行A系列试运行培菌工作并获得成功，运营状况比较理想，污泥浓度持续提高，菌种活性不断增强，出厂水质不断改善，达到COD、BOD5、SS、TN、TP五项指标全达标排放的处理效果。A系列成功培菌运营以来，进厂污水量逐步增加，8月污水日进水量达到1.8万立方米。同时对污水处理厂进行B系列培菌运营，经过努力获得成功。现阶段A、B两系列日处理污水3.2万立方米，脱水车间日产泥量13立方米，圆满完成污水处理厂全系列生产运营的工作任务。

垃圾处理　至2009年年底，汕尾市共有垃圾处理厂（场）6座，总占地面积约20万平方米，总投资金额约2亿多元。其中陆丰市陆城垃圾厂、海丰县城垃圾焚烧处理厂为焚烧处理，日处理垃圾能力各为240吨和300吨；汕尾市区大伯坑垃圾场、陆河县垃圾处理场、红海湾经济开发区垃圾处理场、华侨管理区垃圾处理场均为卫生填埋处理，日处理垃圾能力各为230吨、160吨、60吨、30吨。 *（詹镇峰）*

生态环境建设　加强管理，提高污染控制水平。全年审批建设项目48宗，出具项目立项意见30宗；并对21宗申请污染防治设施竣工环境保护验收和试生产项目进行现场检查和验收。切实加强固体废物的监督管理工作。制定并实施《汕尾市应对甲型H1N1流感疫情医疗废物管理预案》；做好进口废物初审工作，对符合要求的40多宗（次）申请及时提出初审意见并报省复审，对6批次需转移的危险废物执行危险废物转移报批和管理制度。推进清洁生产。鼓励企业实行清洁生产，检查验收并命名汕尾市仁裕轻质砖厂有限公司、汕尾市五丰水产食品有限公司2家企业为市级清洁生产企业，并推荐为省清洁生产企业。突出保护好水资源，切实加强对水资源及生态环境的保护。一是大力推进城镇污水处理厂的建设。二是组织开展饮用水源水质保护和水污染防治执法情况检查，严厉查处危害水资源的违法行为。三是积极开展饮用水源常规和预警监测，对主要饮用水源重要时段实行日测日报。四是取缔关闭对生态环境影响破坏较大的6家电子废物小锅炉、3家废旧轮胎炼油厂。同时，积极做好生态示范区创建工作，抓好生态示范村镇建设。五是切实加强自然保护区的建设完善工作。先后建成自然保护区、森林公园、风景名胜区、饮用水源一级保护区25个，总面积520平方千米。依法行政，全面加强环境监察。

大力开展环保专项执法工作。全市全年出动环保执法人员达4200多人次，检查企业1400多家次，并责令50多家违法排污企业限期整改，立案查处环保违法行为30多宗。各级环保部门全年共受理群众来信51封、来电285个、来访21批66人次，全部进行了调查处理，处理率达到100%。不断提高排污企业的污染防治及纳费意识，全市征收排污费约800万元。认真防控环境辐射污染。全面调查摸清市内涉源情况，对涉源单位办理环保手续情况及落实环保措施情况逐个登记造册，逐一跟踪，确保放射源的使用及存放安全。全市环境质量总体保护良好。其中，环境空气质量均达到《国家环境空气质量标准》（GB3095-1996）二级标准，降尘低于省推荐标准8.0吨/平方公里·月；市区水环境质量28个水质监测项目全部达到国家规定的《地表水环境质量》（GB3838-2002）III类标准；声环境质量中，区域环境噪声与道路交通噪声均符合国家标准。海丰县环境监测站依据现有条件，重点抓好“一湖三库四河”的水质监测；陆丰市、陆河县环境监测能力逐步提高，初步具备了水、气、声等常规性监测能力。

（汕尾市环境保护局）

【中心镇建设】　2009年，汕尾市按照统筹城乡区域发展的要求，推进城乡区域规划的编制实施，加强城镇、村庄规划编制和审批管理。全市镇级总体规划编制覆盖率达到88%，10个中心镇全部完成总体规划编制。城乡规划管理基础性工作得到加强。 *（林铁洪）*

【住宅与房地产业】　2009年，汕尾市加强对房地产市场的分析和监测，开展房地产市场运行及房地产金融情况的调研，促进房地产市场的平稳发展。通过加大住房保障工作力度、鼓励自住型住房消费等具体措施，房地产市场趋于稳定。房地产市场交易逐步回升。全市商品房均价2100元/平方米，比上年有较大幅度上升。加强对房地产市场的监控，严格预售审批预售款监管，完善房地产登记发证工作。公民的私有财产权利得到有效保障。全年累计完成房地产权登记发证6336宗，登记总面积116.75万平方米。其中：初始登记704宗，建筑面积22.28万平方米；转移登记3170宗，建筑面积47.22万平方米，成交金额7.46亿元；抵押登记2462宗，建筑面积47.25万平方米，设定抵押价值10.75亿元。为财税部门提供纳税依据6340份，累计协助财政征收契税额约3000多万元，协助地税部门征收房产各项税收近亿元。

房地产服务 从深化便民制度建设着手，推行政务公开和“阳光”优质服务，强化监督考核机制，完善岗位责任制，健全服务承诺制、首问责任制、限时办结制、一次性告知和三审定案制、投诉追究等制度。提升房产交易大厅的功能和水平，在服务大厅设立办事流程图，收费标准表供办事群众查询。同时，建立服务热线供办事群众询问疑难，公布投诉电话供群众投诉监督。

住房保障 确保完成省、市下达的住房保障任务。1月，市区第一期廉租住房工程3栋36套，每套面积约50平方米，安排给第一批36户困难户入住。第二期廉租住房工程5栋156套，总建筑面积8093平方米，其中，套内面积30平方米左右的60套，50平方米左右的96套，总投资约1100万元。已完成主体工程，抓紧完善房屋配套设施建设。积极做好启动经济适用房各项准备工作，协调经济适用房建设资金和选址征地等问题，认真起草经济适用房建设方案上报市政府。

房地产市场管理 重视廉租房、经济适用房等民生工程，引导开发企业根据市场变化调整经营策略，优化供应结构，合理调整房价，促进销售。完善商品房信息发布制度，利用报纸、房管信息网站、宣传栏、行风热线等多种形式引导购房者理性买房。加大预售款监督管理工作力度，采用商品房预售人、监管银行和房地产管理部门签订商品房预售款的三方监管协议办法，逐步规范房地产预售行为。加强商品房买卖合同的管理，对商品房买卖行为实行动态跟踪管理。同时，还加强对评估机构的监督和登记备案管理工作。通过上述措施，逐步规范房地产市场秩序，有效地促进房地产业健康有序发展。

开发完成《公房管理系统》、《房产评估系统》以及《房地产公众查询系统》等网上业务系统，启动新版房产证信息系统，建立房屋登记簿制度，并顺利通过省住房和城乡建设厅的验收。局内业务受理方面实现窗口收发件、测绘、房屋价格评估、交易、权属登记一体化管理，业务自动化流转处理，大大提高了工作效率。

公房与物业管理 进一步加强公房修缮管理和安全生产工作，做好防台风和强降雨安全防范工作，加强值班、巡查和维修，及时排除险情隐患和修复受损公房，确保公房住户生命财产的安全。同时，为保障市区住宅小区房屋共用部位共用设施设备的正常维修、更新和改造，维护房屋产权人的合法权益，印发《关于做好汕尾市区住宅专项维修资金管理工作的通知》，设立市区住宅专项维修资金专用账户，以汕尾碧桂园预售项目为契机，积极做好市区住宅专项维修资金的缴存使用和监督管理工作，逐步规范市区物业管理工作。

（曾庆标　蔡汉展　詹镇峰）

【城市综合管理】 2009年，汕尾市城市管理局以组织实施市区营运电瓶三轮车规范管理工作为重点任务，结合全市“砍尾”行动和“汕尾形象年”建设活动，不断转变城管工作理念，坚持依法行政，大力开展市容市貌整治工作，创建优美城市环境，切实提高城市管理水平和城管队伍形象，推动城管工作全面发展。是年，该局内强素质、外树形象，在行政执法类29个评比单位中位列20名，在全市106个评比单位中位列57名，取得明显进步。

整治和规范营运三轮车管理。一是认真做好前期准备工作。做好宣传和调研、新车采购、特许经营权有偿转让标准的确定、管理办法的制订、300部老户重新登记、100部新户招标等工作。二是组织新户指标公开抽签工作。公开公平公正地从935名报名者中抽出100位中签者，确保报名者平等的就业机会。三是坚持管理与服务并重。为三轮车主提供小额贷款，并大幅度降低特许经营权有偿转让标准，切实减轻群众负担。

强化日常城市管理。加强户外广告设置管理，规范户外广告审批工作程序，完善户外广告设置管理措施，促进户外广告管理工作制度化、正常化；加强与交警部门的协调配合，结合市区交通秩序规范管理工作，大力开展对市区机动车辆占用人行道、慢车道乱停乱放的违章行为，以及市区交通阻塞黑点等专项整治行动；加大市容市貌巡查管理力度，进一步创新城市管理措施，不断改进城市管理方法，坚持日常管理与集中整治相结合、重点突破与全面清理相结合，大力查处违章占道经营、乱摆乱卖、乱拉乱挂、乱涂鸦、乱张贴等违法行为；不断完善每周巡查机制，狠抓整改落实，全年共印发《城市管理巡查通报》45期，共通报问题252宗，其中城市管理方面226宗，已整改落实205宗；其他方面26宗，已整改落实15宗。

办好《城市今日谈》电视栏目。为使群众了解到更多涉及切身利益的政务信息，该栏目不再局限建设系统单位，逐步扩充成员单位，让更多涉及社会民生的主管部门上线进行正面的宣传引导，推进和谐汕尾建设。全年共录制23期，内容涵盖城市管理、公共交通、经适房、教育医疗等群众关心的热点焦点问题。该栏目获得“2009年度广东省优秀栏目奖”。

（刘德华　吴秋菊）

【建筑业】 2009年，汕尾市报建总建筑面积111.5万平方米，比上年上升9.6%；报建总造价11.22亿元，上升28%。其中市区报建总建筑面积29.6万平方米，比上年下降13%；报建总造价3.2亿元，下降4.1%。完成建筑业总产值11.78亿元，建筑业增加值3.9亿元，房屋建筑施工面积116万平方米，房屋建筑竣工面积62万平方米，利润总额3995万元，利税总额13663万元。

依照法定建设程序管理工程项目建设全过程，实行“先勘察、后设计、再施工”的基本建设程序，实施施工图审查制度，从源头上把好质量关。实行工程监理制度、招投标制度、合同备案制度，办理工程质量监督手续、严格施工许可、竣工备案和质量保修等管理制度。

工程质量管理　抓好工程实体质量，重点监督基础和主体结构的隐蔽工程、抗震设防、落实强制性条文等情况。加强工程质量检测管理，严格执行建筑材料见证取样送检制度，对检测不合格的材料和试件，实行一月一次抄报制度，防止不合格建筑材料流入工地。加强商品混凝土主材的抽查和检测。

施工安全管理　按安全生产和文明施工的各项要求，狠抓安全生产事故控制目标，落实层级安全生产监管责任；认真落实安全生产许可证和建筑业企业“三类人员”安全生产考核合格证两项行政许可制度；坚持安全生产工作会议，及时分析和部署安全生产工作；积极开展“安全生产年”、“安全生产月”活动及组织部署安全生产“三项行动”；认真做好防范强降水、雷雨大风等恶劣天气以及“两会”节假日期间安全生产工作；严格执行建设工程安全生产动态管理办法；大力推进建筑工人“平安卡”管理制度；加强安全生产检查，及时消除工地施工中的安全隐患，全年组织全市安全检查5次，共检查在建工程127项次，发出整改通知65份。

招标投标管理　严格执行有关的法律法规，认真贯彻落实《汕尾市工程建设项目招标投标活动管理暂行规定》，推进投标人集中审查制度，在评定标办法、招标文件、有形市场运行管理等方面加强监管。实行统一评定标办法必须按市制定的办法，统一招标文件编制必须按住房和城乡建设部的示范文本编制，统一有形市场运行与管理必须按住房和城乡建设部的有关示范文本对有形市场的运行和管理进行规范。2009年，全市应招标项目150项，实行招标150项，应招标率100%，应公开招标146项，实行公开招标146项，应公开招标率100%。

【建设科技】　建筑节能　2009年，汕尾市全面铺开建筑节能新技术、新产品的推广应用。全市建立和实施建筑节能施工图审查制度，出台建筑节能专项规划《汕尾市建筑节能工作“十一五”规划》等，各县(市、区)制订建筑节能年度和长期工作目标、措施。市建立建筑节能目标考核制度，下发《汕尾市建筑节能目标责任制和考核制度》。各县级建设局都成立以一把手为组长的建筑节能工作领导小组。全市严格执行建筑节能的标准，切实开展建筑节能设计审查和备案工作，确保新建项目基本按照建筑节能设计标准进行设计、审查和备案，设计阶段执行节能标准率稳步提高。监督施工阶段落实建筑节能措施的工作也逐步加强，大部分工地都有建筑节能专项施工方案，监理和质监站也制订对建筑节能施工的监督计划。施工执行建筑节能标准的比率也在不断提高。

新技术、新产品推广　建筑节能新产品如蒸压加气混凝土砌块、镀膜玻璃、太阳能热水系统等可再生能源技术得到推广应用。碧桂园项目采用了蒸压加气混凝土砌块、轻集料混凝土砌块等墙材，改变了新墙材产品单一、供应不足、质量不稳、价格偏高的现象，还应用了太阳能热水系统。

科学管理　积极开展建筑基本信息和能耗统计工作。累计完成49栋建筑基本信息及能耗统计工作，并对其中18栋市政府机关办公建筑的能耗信息进行公示，碧桂园等房地产项目和建筑工地实施了节能信息公示。通过能耗统计，基本摸清政府办公建筑和大型公共建筑的基本能耗现状，为开展能源审计、能效公示以及既有建筑节能改造提供了依据。　*(詹镇峰)*

东莞建设

【概况】　2009年，东莞市全社会固定资产投资1094.08亿元，比上年增长13.0%。在固定资产投资总额中，基本建设投资464.07亿元，比上年增长18.0%；房地产开发投资277.66亿元，增长2.3%。全市建筑业增加值81.55亿元，比上年增长4.7%。建筑企业完成施工产值96.42亿元，比上年下降11.4%；施工面积728.79万平方米，下降24.4%；竣工面积344.05万平方米，下降39.2%。建筑企业按施工产值计算的全员劳动生产率人均达17.8万元，比上年增长1.8%。全市房地产业增加值333.37亿元，比上年增长23.4%。全年完成房地产开发投资277.66亿元，比上年增长2.3%。商品房施工面积2223.4万平方米，增长11.3%；竣工面积188.83万平方米，下降60.5%；销售面积604.11万平方米，增长18.1%，其中商品住宅销售面积585.68万平方米，增长25.2%。全年商品房销售额353.17亿元，增长22.4%，其中商品住宅销售额336.86亿元，增长36.9%。年末，全市建成区土地面积780.15平方千米，公共设施用地面积59.57平方千米。全市林业用地面积92.1万亩，全市森林覆盖率为36.5%，林地绿化率为99.01%；城市建成区绿地率为40.98%，绿化覆盖率为44.27%，人均公共绿地面积15.21平方米；全市建成公园广场777个，面积5919公顷。*(吴维彬)*

【城乡规划】　规划编制　2009年，东莞市城乡规划局启动新一轮镇总体规划修编工作。组织审查沙田镇总体规划正式方案以及寮步镇、大朗镇、茶山镇总规修编初步方案和道滘镇总规修编前期研究。指导和协助望牛墩镇、黄江镇、樟木头镇、谢岗镇启动总规修编前期研究。

组织编制一系列专项规划，包括《东莞市区域绿地规划》、《东莞市密度分区研究》、《东莞市虎门镇综合交通规划》、《东莞市轨道交通会展中心站国际竞赛成果深化》、《石龙火车站迁建站点地区综合交通规划与土地开发规划》、《东莞市长安镇综合交通规划》。《东莞市区域绿地规划》、《东莞市密度分区研究》、《东莞市区综合交通规划（2008~2020）》等初步成果均于年内完成。

组织开展规划研究。完成了《东莞市城镇适度人口规模专题研究》、《基于遥感和GIS的东莞市生态资源核算研究项目》、《东莞市建设用地规模遥感调查》、《东莞市地下综合管线普查实施方案》、《东莞地下综合管线普查技术规程》、《东莞市地下综合管线数据建库标准》、《东莞市地下管线现状问题与相关建议》、《东莞市控制性详细规划电子报批技术规定》等课题的调查研究和技术文件的撰写工作。完成《日照分析技术在住宅规划设计与管理中应用探讨》、《东莞市地下管线规划建设和信息化管理的问题以及对策分析》、《建设项目电子报批系统研究与实现》、《城市规划电子地图制作方案探讨》等多篇专业论文的撰写。其中《基于约束条件的东莞市城镇适度人口规模研究》和《基于遥感和GIS的东莞市生态资源核算研究》两个课题在2009年被正式列入“住房和城乡建设部2009年科学技术项目”，获得住房和城乡建设部专家的认可。

认真做好重点工程规划工作。2009年，东莞市城乡规划局承担的市属重点工程有迎宾馆、篮球中心、黄旗山城市公园、市中医院、虎门港客运口岸码头搬迁、东莞市植物园、运河整治、东莞市城市规划展览馆、东莞市网球中心、东莞卫生学校新校、市民文化艺术中心及工人文化宫、石龙火车站迁建工程、BRT试验段工程和市属市政道路设计等20多项。

开展重点地区规划工作。推进金融商务区、中央商务区、中央商贸区和中央生态休闲区的规划设计工作，组织《东莞市行政文化商务中心区控制性详细规划》的公开招标，委托东莞市城建规划设计院编制中心区A4地块整体环境配套工程景观规划方案。开展金融商务区选址论证，委托东莞市城建规划设计院编制选址论证报告。起草《关于加快推进东莞市“三区”建设的建议》。

规划管理　进一步完善控制性详细规划审批制度。制定《东莞控制性详细规划编制（内部）管理程序及要求》和《关于控制性详细规划审批中应把握的几个原则》，进一步完善控制性详细规划管理体系。全年共审查控规76个，处理控规调整业务84宗和38宗生态绿线调整。此外，对现行的控规和生态绿线调整的管理规定进行梳理完善，提出《东莞市控制性详细规划调整规划规定》的修订草稿和《东莞市生态绿线调整实施细则》的草稿，进一步完善相关的管理制度。试行土地出让前期“地块包装”制度，顺利开展虎门中心区南片C03-3地块、台商大厦南侧地块、东城港商地块等10多项地块包装研究。强化交通市政基础设施规划管理，5月成立交通市政科，年内共办理交通市政类“一书两证”业务收件192宗，发证168宗，撰写各类公文155份。

积极开展专项治理。扎实推进房地产开发领域违规变更规划、调整容积率问题专项治理工作，并通过省专项治理小组的检查。

推动东莞市“三旧”改造工作。制定《东莞市实施“三旧”改造城市规划管理工作方案》和《“三旧”成片改造单元规划编制指引》，按照“规划先行、成片改造、塑建功能、公共优先、成熟一片、改造一片”的原则，推进“三旧”（旧城镇、旧厂房、旧村居）改造。坚持规划先行，支持试点工作，组织《万江区“三旧”改造专项规划》和《东莞市塘厦镇大坪片区改造规划》的试点研究工作。

推进深莞惠规划一体化。为贯彻《珠三角地区改革发展规划纲要（2008~2020）》，落实《推进珠江口东岸地区紧密合作框架协议》，完善深圳、东莞、惠州三市城市（乡）规划沟通合作机制，统筹协调珠江东岸地区规划发展，启动《深莞惠城镇群协调发展规划》、《深莞惠相邻地区交通基础设施一体化规划》和《深莞惠边界地区规划协调与实施试点研究》三项规划编制工作。

支援汶川县映秀镇灾后重建工作。东莞市城乡规划局抽调7名技术骨干前往映秀灾区，负责东莞市“交钥匙”援建项目的规划设计技术协调工作，全年完成19条市政道路、4座桥梁、608套安居房、农贸市场、卫生院、给水厂、纪念地、岷江河堤、渔子溪河堤和中滩堡公园共13项基础设施施工图设计的组织协调工作。　*（谢晓东）*

【城乡建设】　重点项目建设　2009年，东莞市城建工程管理局全年共承建工程99项，完成投资约28亿元。其中，市人民医院新院、市第三人民医院、市妇幼保健院新院、市疾病预防控制中心、环莞快速路（首期）、行政办事中心地下停车场等29项工程完工；东莞篮球中心、市中医院新院、东莞市运河整治东引运河堤路结合达标B段等27项工程开工。东莞水道特大桥获住房和城乡建设部“华夏建设科技二等奖”，是广东省2009年唯一获此荣誉的市政项目；环城路北环一标、二标均获“广东省市政优良样板工程”，是2009年东莞市唯一获省优的市政工程；东莞市公安局行动技术业务楼等4项工程获东莞市“双优”工地称号。东莞市城建工程管理局被东莞市政府评为“2009年市重点项目建设先进单位”、“2009年市政府十件实事工作先进单位”、“2009年市安全生产先进单位”。

2009年，东莞市组建新的轨道办，实施轨道交通工程建设阶段的统筹协调工作。制定工作例会制度，每周五召开工作例会，协调解决工程建设存在的困难和问题。每月编制工作简报，及时总结报送工程进展情况。质安监站筹建轨道交通工程质量安全监督组，确保工程质量安全监管落实到位。加快工程建设进度，东莞市轨道交通R2线工程项目进入广州建设工程交易中心招投标，按照广州的招投标政策及模式操作，参考广州市地铁项目招标文件范本，委托广州市建委对招投标过程进行监管。

2009年，东莞市支援汶川灾后重建，映秀镇恢复重建“交钥匙”工程共36项，总投资约6.58亿元。“交钥匙”工程自2009年7月动工以来，至12月31日，约完成工程总量的62%，其中，市政工程完成工程量约60%，房建工程完成工程量约65%，水利工程完成工程量约60%。

(东莞市城建工程管理局)

园林绿化 推进宜居城乡建设，努力建设可居、逸居、康居、安居并具有岭南特色的宜居城乡。塘厦镇和中堂镇潢涌村被确定为广东省首批宜居城镇、村镇创建指导点。年内完成全市第三批283个村（社区）的实地督导和考核工作，旧村旧围基础设施、环境卫生等继续改善，居住质量进一步优化。开展生态环境整治工作，至6月基本完成，城乡生态环境面貌有较大改善。各镇街深入实施整山育林工程、道路绿化工程、农业生态园建设工程、河道生态修复工程和公园广场工程，全市各镇街共启动生态工程1249项，完成1093项，占总工程量的88%；累计增加绿地面积4975.12万平方米，种植乔木932.34万株。加强市直管道路的绿化养护与市区道路渠化时花种管理，保证市区时花常换常新的景观效果。组织参展第七届中国（济南）国际园林花卉博览会，东莞展园“莞香园”受到好评。石龙镇获得2009年国际花园城市D类金奖，塘夏镇作为广东省唯一城镇代表参加国家园林城镇评选。

市容环卫 开展《东莞市域环境卫生专项规划》编制，《规划》文本已通过专家评审。市区7座环保公厕完成工程设计、财政概算等前期工作。全市建成国家二类以上标准公厕1389座、标准压缩式垃圾转运站400座，配置各类环卫机动车辆1000余辆。城乡一体化的环卫保洁市场化监理制覆盖面65%以上，全年全市征收污水处理费约9.2亿元。

市区生活垃圾无害化处理率100%，全市达到30.68%。推进垃圾处理设施建设。清溪、虎门、常平、麻涌四座新建垃圾处理厂完成选址，并着手推进相关建设工作。开展厚街固废余热发电厂二期扩建工程的立项、规划、环评等工作，完成横沥垃圾焚烧发电厂二期环评及技术设备选定。根据“村（社区）收集，市、镇（街）运输处理”的工作思路，制订市镇（街）两级共同负担垃圾处理补偿费方案。采取“分批整治、试点先行”的工作思路，深入推进运河沿线垃圾填埋场整治。至2009年年底，共整治26座生活垃圾简易填埋场。塘厦镇采用3C环保技术整治垃圾填埋场取得显著成效，获得国家“创模”评审专家组的肯定。

城市供排水 全年全市供水量16.13亿立方米，日均供水能力达到700万立方米。完成第六水厂优质水工程建设。采用深度处理工艺的第六水厂优质水工程于9月底正式竣工投入使用，并逐步向大城区部分地区供水。排涝期间水源水质不稳定的情况下，数据显示第六水厂深度处理工艺较常规工艺更能保证水质稳定与安全。加强供水技术水平提升。申报“珠江下游地区饮用水安全保障技术集成与综合示范项目”和“水质监控预警及应急技术研究与示范项目”等7个课题，获得国家各部委审定启动。其中，“珠江项目”课题2实验室试验基本完成2008年国家经费研究任务。密切跟进河源直饮水项目的前期论证，完成项目论证报告并组织专家评审。

推动供水管网改造。采取区域先试的方式，以供水企业投入为主，开展旧管网改造。东江水务有限公司投入5000万元，完成莞城11个小区的旧管网改造，横沥水司投入2000万元开展主干管网改造。

整合村级水生产企业，实现高效管理。市一级以组建东莞水务集团为目标，以东江水务有限公司为核心，推动整合万江、东城和南城水司。镇一级按照“一镇一水企”的思路，采取“试点先行、全面铺开”的方式，以常平镇为试点，加快村级水厂整合。全市整合村级水厂16间，其中大岭山5间，东城5间，常平3间，中堂、万江、凤岗各1间。

启动内涝整治应急二期工程建设。东城街道全年疏通下水道128千米，清掏雨水井2200座；清溪镇完成35千米排洪渠清淤整治，进一步提高了排水防涝能力。

城市供气 全年天然气供气总量2.34亿立方米，液化石油气供气总量33万吨。《东莞市域燃气专项规划修编》获市政府批准实施，《东莞市天然气高压管网二期工程初步设计》通过评审；凤岗、大岭山、沙田、中堂四镇燃气专项规划及石排镇燃气专项规划修编通过评审，全市燃气管道建设形成“一张网”。全年完成163千米天然气管网建设，樟木头天然气门站设备安装完成，石龙汽车加气站投入试运营，大朗建立用户档案，各气站着力消除燃气安全隐患。九丰能源基地LPG仓储工程4个3000立方压力球罐和3个4万立方米冷冻储罐及配套工程竣工，完成置换并进入试运营阶段。（谢庆辉）

生态环境建设　2009年，东莞市环境质量呈总体好转趋势。市区大气环境质量符合《环境空气质量标准》（GB3095－1996）二级标准，全年空气污染指数年均值为57，与上年（年均值59）相比略有下降，空气优良天数占全年99.18%，主要污染物二氧化硫、二氧化氮、可吸入颗粒物的年均浓度分别比上年下降19.4%、2.4%和5.7%，城市空气质量得到改善。城市降水酸雨（pH值<5.6）频率为51.8%，比2008年（频率60.1%）下降8.3%，降水pH年均值为5.03，比上年（年均值4.83）上升0.2个pH单位。地表水东江东莞段整体水质符合国家地表水Ⅱ类标准，保持稳定达标；东莞运河综合污染指数为13.15，比上年下降6.2%，污染程度明显减轻，水质持续改善；城市集中式饮用水源以及东莞市近岸海域水质达标率为100%。市区声环境质量持续保持良好。

加大污染减排工作力度。建立了减排工作预警制度，制定实施一系列检查考核制度和管理制度，加强减排监管，关闭8家小火电企业；造纸行业基本实现中水回用80%的目标，摘除了省挂牌督办的帽子；对减排措施落实不到位的凤岗竹塘、东城牛山、长安三洲3家污水处理厂作出停付运营费和通报批评的处理。全年全市二氧化硫和化学需氧量排放量分别为9.52万吨和10.87万吨，比上年下降12.9%和7.4%，完成省下达的任务。

加快污水处理工程建设。全市规划新建的34项污水处理厂建成32项，投入运营19项；全市35项配套截污管网基本建成20项，建成管线长度681.92千米，占总长度的78.93%。11月，全面启动截污次支管网工程建设。推进固体废物处理工程建设。建成市医疗废物处理中心并投入运行，全年累计无害化处理医疗废物918吨；全市污泥处理工程已动工建设。经市政府批准，全市9个环保专业基地调整为7个，至年底麻涌、中堂和大朗3个基地已获审批。同时，还制定实施《东莞市环保专业基地电镀企业准入条件》、《东莞市环保专业基地印染、洗水企业准入条件》，扎实推动重污染行业整合。规划建设的大岭山、塘厦、茶山、虎门4家零散工业废水处理厂，其中大岭山项目已基本建成。（吴根旺）

【中心镇建设】　继虎门、长安、石龙、樟木头、塘厦、常平、麻涌、大朗等8个镇被确定为广东省中心镇后，2009年，凤岗、厚街、石碣、桥头、寮步等5个镇再被确定为省中心镇，至此，东莞市的省中心镇共有13个。2009年7月，中共广东省委要求东莞和佛山选择一两个镇开展扩权强镇试点工作。东莞市于8月选取石龙镇和塘厦镇两中心镇作为试点，启动扩权强镇即后来的简政强镇工作。

通过整合资源，精简机构设置，石龙镇原有的13个事业单位整合为7个，塘厦原有的14个事业单位整合为7个，精简幅度分别达到46%和50%。石龙镇组建经济发展改革委员会、城市规划建设委员会、人口与社会事务委员会等3个议事协调机构，实行统筹管理，提高议事决事效率。议事协调机构组建后，共召开专题会议12次，决策事项涉及投资金额约1.1亿元。同时，参照县级行政机关的管理权限，按照权责一致的原则，东莞市大力推进事权下放。下放事权的方式主要有四种：一是直接放权。市有关职能部门依法直接将部分事权交由试点镇行使。二是委托放权。市职能部门和镇政府签订委托执法、审批协议书，明确委托事权范围和责任。镇政府按照法定程序，使用委托行政机关的法律文书，从事受委托事项的执法审批活动。三是内部调整放权。市职能部门（含省垂直管理的职能部门）在试点镇设有派出机构的，进一步下放事权给派出机构承担。年内成功推进两批事权下放，第一批248项，第二批235项，加上简政强镇试点工作前下放的92项，市下放给试点镇的事权达到575项，基本赋予了试点镇县一级的经济社会管理权限。

【住宅与房地产业】　2009年，东

▲东莞市东江绿化带　　东莞市住房和城乡建设局供稿

莞市共核发商品房预售许可证258个，核准预售面积470.63万平方米，共49124套，其中住宅415.66万平方米，共36374套。商品房批准预售面积比上年下降25.85%。5月起，实行“交楼样板房”制度，申请办理《商品房预售许可证》的项目必须按要求设置交楼标准样板房。依照商品住宅工程合同标准，明确样板房的设置标准，将样板房验收、检查合格作为办理预售许可的必备条件，约束开发企业按标准交楼，减少质量通病和购房纠纷。9月，实施商品房现房销售备案制度，进一步规范商品房现售管理。至年底，共核发商品房现房销售备案证13个，核准现售面积6.56万平方米，共1072套，其中住宅1.13万平方米，共68套。 *(吴维彬)*

房地产管理 2009年，全市房产登记户数为102590户，比上年增长19.79%，房地产权证发证124718份，增长14.85%。3月，在全市范围启用新版房地产权属证书，同时开展房屋登记簿的建设工作。以《东莞市房产网络管理系统》为基础，开发了《房屋登记簿系统》，并建立房地产登记簿录入、审查和管理制度，8月开始在全市范围内投入使用，11月通过了广东省住房和城乡建设厅的检查验收。

房地产交易 是年，东莞市共办理商品房和二手房交易91378宗，面积累计1073.95万平方米，交易金额483.07亿元。其中商品房交易72618宗，比上年增长14.80%；面积824.01万平方米，增长13.04%；交易金额415.94亿元，增长26.15%；二手房交易18760宗，增长41.12%；交易金额67.13亿元，增长45.42%；办理商品房备案60219宗，增长48.32%；面积626.05万平方米，增长56.47%；金额389.40亿元，增长58.05%；按揭38898宗，增长21.88%；面积410.70万平方米，增长21.6%；贷款金额168.76亿元，增长21.9%。创新二手房交易办事方式，取消二手房交易15天公示期及房屋交易时的测绘环节，方便了群众办事，提高了办事效率。

是年，共办理抵押登记62084宗，比上年增长99.04%；抵押房产建筑面积3064.38万平方米，增长50.39%；抵押金额722.7亿元，增长78.5%。

住房保障 2009年，市政府把解决2000户低收入家庭住房困难问题和出台改善新莞人居住条件的配套政策作为为民办“十件实事”之一。市房管局制订2009年住房保障工作计划和具体实施方案，建立健全动态管理制度，深入镇（街）进行业务指导与现场办公，有效地解决了实际问题。对一些任务较重和工作开展落后的镇（街），联合市府督查室开展专项督查活动，有效地保证工作任务的完成。至年底，全市共完成2658户困难家庭的廉租住房保障。其中，租赁补贴的1785户，占67.2%；租金核减的36户，占1.4%；房屋修葺691户，占25.9%；实物配租146户，占5.5%。提前超额完成了市政府交办的任务，完成任务量是年度目标的1.33倍。

与此同时，制定关于改善新莞人居住条件的配套政策，起草了《关于改善新莞人居住条件的指导意见》，并于年内公布实施。

做好市属廉租房小区建设工作。为切实加快市属廉租住房、经济适用住房住宅小区的建设进度，建立“绿色通道”办理小区的报批工作，并加快小区的供电、供水、供气、绿化、公共道路等配套设施的建设。至年底，共接受两批共60户困难家庭的申请登记，还将莞城、南城、东城、万江等四个街道的困难家庭纳入小区的安排范围。

物业管理 市房管局严格执行物业管理企业资质认证制度和业主委员会登记备案制度。2009年，对141家房地产经纪机构进行登记备案，办理房地产经纪机构资质年审共29家，办理房地产经纪人年审共751人；核发《物业管理企业资质证书》116本，其中，三级资质91本，暂定三级资质25本；对17个业主委员会、185份物业管理委托合同进行备案登记；对5家房地产价格评估机构进行资质初审，其中，暂定三级有2家，暂定三级升三级有3家，三级重新核定有3家，有5家房地产价格评估机构取得广东省住房和城乡建设厅核发的资格证书。

为理顺房管部门、镇（街）政府、居委会各自在监督业委会方面的职责，草拟《东莞市业主大会和业主委员会成立若干规定》，经批准后已于年内实施。是年，组织物业管理示范项目评比活动。经评选，联佳大厦、东骏豪苑、万科·松山湖1号花园、佳兆业·水岸山城、庄士新都·黄金海岸、鼎盛时代广场、东莞金众·葛兰溪谷、丰泰观山碧水、丰泰裕田花园、丰泰东海山庄、盈丰·商住中心、水天一色花园、世纪城国际公馆一期和二期、花街十八商住小区、东田翠湖湾获得“2009年度广东省物业管理示范项目”称号。为提高物业管理从业人员的法律意识，市物业管理协会对全市物业服务企业从业人员、房地产开发企业相关人员举办四期《广东省物业管理条例》学习培训班，举办物业管理行业业主委员会专题论坛以及《物权法》司法解释讲座。

加强对房地产经纪机构的资质认证及备案制度管理。全年对121家房地产经纪机构进行了登记备案。执行房地产经纪机构及房产经纪人年审制度，共办理房地产经纪机构资质年审29家，办理房地产经纪人年审751人。着力提高房地产经纪从业人员的整体素质，委托市房地产中介协会举办3期房产经纪人培训班，共419人参加了培训；举办2期房地产经纪人再教育培训班，251人参加了培训。加强对评估机构和行业的管理，对5家房地产价格评估机构进行资质初审，其中，暂定三级有2家，暂定三级升三级有3家，三级重新核定有3家。有5家房地产价格评估机构取得由广东省住房和城乡建设厅核发的资格证书。制定评估从业人员管理规范，以颁发估价师签名印章及从业人员上岗证等形式对所有在东莞市进行房地产评估工作的估价师、估价员进行规范管理。

2009年，全市核准发放住房津贴6390人，发放金额7195.5万元；核准发放住房差额津贴11人，发放金额21.65万元；核准补办购买房改房4套，面积292.69平方米，售房款15.04万元。全年全市征缴住宅专项维修基金共5.38亿元。

年内进一步完善网站建设。《东莞市房管局公众信息网》于下半年进行改版升级，并建设开发了《东莞市存量房网上交易系统》，交易系统11月起正式在莞城、南城、虎门三个镇（街）进行二手房网上交易试点工作。（张敬东）

【城市综合管理】 2009年，东莞市城市管理工作围绕“推进经济社会双转型、建设富强和谐新东莞”的战略目标，有效推动城市管理事业步入可持续发展轨道。全市32镇（街）和松山湖园区、虎门港、东莞生态园成立公用事业服务中心，591个村（社区）成立环卫管理办公室，形成“两级政府、三级管理”的运作模式。

市政设施维护　组织开展市区第三期公交站亭站牌建设，共建站亭392个、站牌192个，安装候车椅1076张，完成32个公交枢纽站点的勘察设计，并移交属地实施。加强市政道路路面、路灯管理，及时修复翻新市政设施。加强桥梁安全检测，组织对市区主要桥梁进行检测和维护。

努力创建“市容环境优美村（社区）”。在2008年成功创建40个村（社区）的基础上，继续以创建“东莞市市容环境优美村（社区）”活动为抓手，巩固环境卫生整治成果。各镇（街）大力开展“创优”工作，2009年有200多个村（社区）申报“创优”，全市市容市貌有较大改善。其中，虎门14个社区、谢岗12个村（社区）申报创建；东城以“创优”为契机，清理卫生死角440余处、“牛皮癣”14余万张；厚街强抓环卫设施建设，全镇23个村共建有25座垃圾压缩转运站；东坑加强环卫保洁，切实做好除“四害”工作。全市上下联动，为“创优”工作营造了良好的氛围。

（谢庆辉）

【建筑业】 2009年，东莞市建设局系统地建立起以“实名制”为核心的管理模式，包括严格审核企业主要管理和技术人员的单位缴纳社保证明材料、勘察设计人员亲自签署的工程勘察设计文件、施工和监理企业管理上开始试行本人指模电脑确认、通过视频监控系统对工地现场的项目经理及总监进行到位点名等做法。“实名制”管理有效地避免了企业挂靠、出卖资质、围标串标等行为的发生。至年底，已建立人员指模电脑采集存档工作的市外施工、监理企业共568家，人数4412人。完成市外施工、监理企业人员到位指模确认10846人次。

建筑市场管理　加大打击企业虚假行为力度。为建立和完善建筑市场的诚信制度，严厉打击施工、监理企业伪造企业资质证和人员涂改相关证件信息等虚假行为，下发《关于加强市外施工（监理）企业的信用管理、打击虚假行为的通知》，并加强对企业日常办理事项的监督检查，严把资料审查关。年内申报资料的施工、监理企业因虚假行为被作出“不予在莞登记备案”处理的有14家，已领手册因虚假行为被作出“警示约谈”处理的3家，“取消手册”处理的9家，“暂停使用手册”处理的18家。另外对59家勘察设计企业和1家审图机构作出不良行为扣分处理，对其中10家作出“两年内不得入莞承接业务”的处理。

招投标管理　2009年，东莞市交易中心办理施工类招投标449项，其中房屋、市政等施工类项目共完成投标198项，总预算金额81.95亿元，总中标金额66.26亿元。全年共受理施工报建766项，建筑面积892.93万平方米；办理房屋建筑和市政基础设施工程竣工验收备案1261项，建筑面积1368.30万平方米，完成合同造价近200亿元。在建工程质量监督面积627.36万平方米。全年有31个项目被评为“市优良样板工程项目”，30个项目被评为“市安全生产、文明施工优良样板工地”；16个项目被评为“省优良样板工程”，13个项目被评为“省双优工地”。市质监站、市安监站分别被住房和城乡建设部授予“全国先进工程质量监督机构”、“全国建筑施工安全质量标准化工作先进集体”称号。

勘察设计　2009年，以集中检查和专家抽查为主要方式，持续开展施工图设计文件质量专项检查，杜绝使用未经审查合格的施工图进行施工。制定房屋建筑工程勘察设计文件变更、施工图设计文件审查备案和后续管理有关制度，加强审查合格后的施工图设计文件使用管理。推进勘察设计招投标工作。制定《东莞市房屋建筑工程勘察设计文件变更管理暂行办法》和《关于加强施工图设计文件审查备案和后续管理的通知》，严禁违反基本建设程序建设，尤其是使用未经审查合格的施工图进行施工的现象。

【建设科技】 2009年，东莞市组织编写《东莞市居住建筑节能设计指引》，全面介绍新墙材、隔热保温材料、太阳能、空气能等节能新技术，为设计、施工、管理等提供技术支持。开展2009年度政府机关办公建筑和公共建筑能耗统计工作，对辖区内200栋政府机关办公建筑及大型公共建筑2008年的建筑能耗（水、电、气）情况进行统计并在网上公示。开展对全市600栋

5000平方米以上公共建筑的能耗统计和对市司法局、天和百货等15栋建筑的能源审计工作，并依据统计审计结果组织开展既有建筑节能改造工作。主要改造技术措施包括外墙隔热、玻璃贴膜、屋面绿化、中央空调节能改造、室内及路灯更换为节能灯，采用太阳能热水、空气能热泵热水等。完成节能建筑改造面积30.18万平方米，完成可再生能源利用建筑面积34.78万平方米。

(吴维彬)

中山建设

【概况】 2009年，中山市中心城区的城市建设以环保、交通、教育等工程为重点。中山市建设局全年承办政府工程81项，完工或基本完工42项，完成投资额5.28亿元。新建、改造道路总长度约18.3千米，新建成绿地面积约4.8万平方米，新建、改建污水、排水主干管约5.9千米，新建泵站2个。援建灾区四川省汶川县漩口镇8个工程项目，至年底，共完成投资约1.27亿元，完成建筑面积2.26万平方米，集镇道路3.4千米，广场2.3万平方米，其中4项工程已完工，其余4项工程完成工程总量的97.7%。

(胡蓉　罗婕)

【城乡规划】 2009年，中山市围绕“保增长、调结构、惠民生”的思路，落实《珠江三角洲地区改革发展规划纲要》，规划城市重大交通基础设施，编制全市控规和村庄规划，促进区域协调和城乡统筹。配合中山市申报国家级历史文化名城，编制了《中山市历史文化保护规划》。

积极协调区域规划。与广州、深圳等城市就重大基础设施特别是深中通道进行预先衔接；与珠海、江门两地规划局共同签订《推进珠中江区域紧密合作框架协议》，启动《珠中江城市空间协调发展规划》编制，探索珠中江区域城乡规划的合作新模式；与珠海、番禺、江门等周边城市联系，做好规划道路对接，促进城市路网内通外拓。

规划编制　重大交通设施规划方面，完成《中山市城市轨道交通线网规划研究》，开展《中山轨道交通线网规划》编制，配合和衔接广珠城际轨道交通建设，构筑高效、快捷、完善的城市公共交通设施体系。完成怡华片区交通改善规划，推进中山三路地下隧道的建设进度。完成城际轨道交通中山站、石岐站、翠亨站三个轻轨站场及周边用地的规划设计工作。开展沿海铁路、南沙疏港铁路、中深通道、中开高速、南沙快线等重大基础设施的研究，完善内外交通网络，努力实现与珠三角区域内公路、铁路、港口、机场等交通基础设施的无缝对接。

做好控制性详细规划编制工作。主城区控规草案覆盖率达100%，30个片区中，11项控规成果获政府批准，11项控规成果通过城市规划委员会审查，7项控规草案完成公示，另有马山片区因与西区服务业试验区范围重合，已由西区办事处组织完成草案编制。主城区以外的区域（火炬开发区、五桂山以及西区、南区一区两制的村镇管理模式部分）控规草案覆盖率达56.4%，其中火炬开发区需编控规16个，控规草案送审率达100%。五桂山需编制控规7个，已批准实施3个，公示1个，初审后进入修改3个。南区控规编制整合全覆盖，已进入方案审查阶段。西区沙朗片区控规正在编制中。

开展区域发展研究。完成《中山市与广佛都市圈协调发展研究》、《广珠西线（沙朗以南段）建设对中山沿线城镇影响研究》、《广珠快速轨道建设对城市形态发展影响及沿线土地开发利用模式研究》、《中山市轨道交通线网规划研究》、《港珠澳大桥对中山市城市发展的影响研究》、《中深通道中山段用地控制规划研究》。开展城乡统筹发展研究，完成《中山市城乡一体化规划对策研究》、《中山市统筹城乡规划研究》、《中山市莲员路改造规划》、《中山市旧城区整治与开发分析研究》、《中山市中心城区城中村更新研究》。

各镇区年内完成《中山市社会主义新农村建设规划编制实施意见》要求的阶段任务，编制控规282个，完成控规草案编制覆盖率89%，已批控规成果覆盖率49.2%。为新农村规划提供技术指引。各镇区2009年编制村庄规划106个，草案全部送审，编制覆盖率达100%，已批准成果4个。其中板芙、神湾、坦洲、南朗、横栏、大涌、民众、黄圃等镇区超额完成村镇控规编制任务。东凤镇在实现镇域控规全覆盖的基础上，组织编制和泰、吉昌等5个新农村规划。

开展《中山市城乡统筹发展战略规划》，研究确定城市发展战略方向；完善《中山市城市总体规划(2008~2020年)》，重新上报省政府审批；启动《中山市近期建设规划(2010~2015)》，将其纳入中山市“十二五”专项规划范畴；推进绿道建设，向省住房和城乡建设厅提交推进绿道建设的初步方案；完成《中山市博爱路沿线城市景观规划(火炬区至起湾道)》、全市区域绿地控制规划并获市政府批准；协助西区推动服务业综合改革试验区的控制性详细规划修编工作。

规划管理　简化审批程序，提高审批效率。重点协调恒信变电站、起湾变电站等群众敏感的基础设施选址；跟踪处理利和广场、市颐老院、南朗温泉度假城、凤鸣商圈、岐江广场、莲塘路改造、华侨中学扩建等重大投资项目；超常规办理中山中专、新工人文化宫、新社会福利院建设以及启发中学、广东药学院、人民医院、实验高中等扩建工程项目；协调解决利和豪庭(原侨港城烂尾楼盘)、圣贤山庄等项目的历史遗留问题；完成中山国际金融中心方案审查及其周边路网规划。出台《中山市城市排水规划管理办法》、《中山市城乡规划行政许可公示听证工作制度》、《中山市城市规划技术标准与准则》(原《中山市城市规划技术规范》)，修订《中山市城乡规划公开规定》和《中山市规划局城市规划编制项目管理制度》、《中山市城市控制性详细规划实施办法》。 *(冯继妍)*

【城乡建设】 园林绿化 至2009年底，中山市建成区面积40.1平方千米，建成区绿化面积1555.85公顷，绿化覆盖率达38.8%；建成区绿地面积1408.95公顷，绿地率达35.14%，人均公共绿地面积11.82平方米。年内新增专用绿地面积14.7公顷，新增公共绿地和道路绿地面积21.6公顷。

(中山市园林管理处)

生态环境建设 2009年，中山市政府批准实施《中山市市域环境卫生控制性规划》，对全市的环卫发展进行控制性规划，并将全市按地域分为三个组团，形成组团式垃圾综合处理系统。投资7.8亿元的中心组团垃圾综合处理基地，是全市垃圾处理三大组团中规模最大的一个，服务范围包含东区、西区、南区、石岐区和火炬开发区、港口镇、南朗镇、民众镇和五桂山镇，目前已建成使用；投资8.22亿元的北部组团垃圾综合处理基地于2009年年底整体投入使用，南部组团垃圾综合处理基地正在开展建设前期工作。加快污水处理设施建设。年内投入34亿元建设各镇区污水处理厂，中山城区及小榄镇等20个污水处理厂及其配套管网全面建成，全市日污水处理能力达到75.5万吨，城市生活污水集中处理率达86.99%。中心城区全年垃圾清运量16.7万吨；中心基地焚烧生活垃圾34.8万吨，发电总量10030.2万度，其中上网发电量8343.2万度；再利用制砖炉渣6.6万吨，填埋不可利用的废炉渣5.3万吨；处理污水16.7万吨，飞灰9.7万吨；征收垃圾处理费约3263万元。通过在线监控系统，对占全市污水污染负荷80%的300多家重点排污企业和重点污染源实行在线实时监测。加强危险废物安全处置，全市危险废物100%转移到省统一定点基地处理。推行清洁生产，发展循环经济，鼓励企业开展清洁生产。11月，中山市通过国家生态市考核验收，成为全国首批、全省首个地级生态市。

(中山市环境保护局)

市政设施维护 管理养护道路278条，面积835.68万平方米，桥梁120座，面积56.7万平方米，隧道13座，路灯18383支，共46240盏，路灯专变118座；全年路灯月平均亮灯率、完好率均达到99%以上；管养排水管道792.23千米，泵站37个，水闸8个，栏杆（含石栏杆和铁栏杆）34.12千米，排水河道53.55千米，防洪墙64.74千米；全年维修道路面积4986.58平方米，沥青路面维修5662.48平方米，人行道维修61961.31平方米，安装侧石6134.5米，安装拦车柱536条。

城市供水和供气 中山市全年供水量53966.55万吨，售水量46164.57万吨。中山市建设局按照全市供水一盘棋的部署，协调黄圃供水厂加入全市供水，协调神湾镇、市供水有限公司等加快三乡南龙水厂源水管建设和古宥水库配套设施建设，发挥抗咸作用，保障三乡、神湾咸潮期间安全供水。4月，“中山市村村通自来水工程建设项目”获住房和城乡建设部授予2008年“中国人居环境范例奖”，这是中山市首次获“中国人居环境范例奖”。

2009年，全市瓶装液化气销售量11.87万吨，管道燃气用户14720户，天然气销售量4361.3万立方米。新建管道燃气管网80.68千米，累计587.17千米。小榄、沙溪、港口等镇开通管道燃气。

【中心镇建设】 2009年，中山市中心镇建设步伐加快，小榄、三乡、沙溪3个中心镇进一步完善各项基础设施，加快重点工程建设，提升公共服务水平，全力推进城乡一体化发展。

小榄镇 2009年，小榄镇加紧各项重点工程建设，引导拉动民间投资，加强社区各项管理服务工作，加快城乡一体化进程。充分利用《珠江三角洲地区改革发展规划纲要（2008~2020）》实施的有利时机，积极配合好新沙水公路、广珠城际轻轨、中江高速公路小榄出入口建设，做好与周边地区重大基础设施对接工作，进一步提升小榄的居住和营商环境。完成全镇控制性详细规划、《小榄镇交通整治规划》、九洲基生态休闲区规划的编制，完成榄均公路改造、泰丰派出所、菊中体育馆和援建汶川县漩口小学等工程项目。提高社区管理水平，逐步将原农村社区的环境卫生、园林绿化、河涌管理、文化教育、路灯维护纳入全镇统一管理。继续推进安居房建设和砖瓦房改造，年内建设安居房100套，改造砖瓦房1117户，减免危漏房、困难户以及第一次建房群众的报建费用346.5万元。建造绿化小景和公共绿地及专用绿地1.5万平方米，完成“四旁”绿化1.4万米，种植各类树木3.74万株。合理利用存量土地，加大旧厂房改造利用力度，做好“三旧”改造试点准备工作。

三乡镇 2009年，三乡镇实现农村公共服务一体化，公共服务逐步向农村覆盖。补助农村实施道路改造工程，先后完成大布、塘敢等村道改造工程；统筹全镇路灯设施的管理，采用市场化的管理模式，提高路灯管理水平；加强指导农村园林绿化建设，制定《2009年三乡镇绿化工作计划》，推进镇村一级公共绿地建设。进一步完善城镇基础设施、加快社会事业发展，7月启动建设茅湾涌防洪排涝综合整治工程、污水处理厂二期工程、白石麻子涌污水处理工程、桂山中学迁建工程、温泉及道路水环境工程、郑观应故居文化工程、罗三妹山文化工程等民生工程建设。9月，完成55个公交车候车亭建设，实现村村都有候车亭的工作目标。配合镇政府举办首届（中国）古典家具文化节暨招商洽谈会，推动产业发展。保护和利用村镇特色景观资源，10月，申报创建全国特色景观旅游名镇，推进新农村建设。12月，三乡镇小琅环公园有孔虫博物馆落成，有孔虫研究专家郑守仪院士无偿提供了一批珍贵的展品，丰富场馆内容。

沙溪镇　2009年，沙溪镇的基础设施建设全面开展，生态环境建设不断优化。加快完善城镇交通网络建设，隆盛路、汉基路、新濠南路、滨河南路等主干道路建设开展顺利。积极融入省市交通网络一体化，配合完成新岐江公路、小榄快线、南外环延伸线、广珠西线三期、纵四线等道路的定线和沿线道路用地的控制及道路规划建设工作，科学规划沙溪大道以及星宝片区105国道简易立交改造方案，交通承载力进一步增强。投资220万元，继续完善沙溪中心公园绿化、文化等配套建设。积极建设狮滘河“一河两岸”生态滨河公园。继续推进道路绿化美化工程建设，全年种植花基2万平方米，全镇道路整体景观效果明显改善。推进垃圾中转站综合整治，投入30多万元新建全市首个地埋升降式压缩垃圾中转站，至此全镇建有全封闭式垃圾中转站25个，生活垃圾无害化处理率达100%。节能减排工作成效明显，节能路灯节能率达40%，节电效果显著。全镇生活污水处理量达3.5万吨/日，城镇污水处理率达86%。

（胡蓉　罗婕）

【住宅与房地产业】　房地产交易　房地产市场健康发展。2009年，中山市共完成商品房合同登记备案68613宗，面积712.6万平方米，金额316.2亿元，比上年分别增长57.3%、68.5%和69.8%；完成商品房抵押登记备案46581宗，面积527.3万平方米，抵押金额167.5亿元，分别增长91.4%、1.03倍和1.27倍；完成商品房登记发证41003宗，面积395.8万平方米，金额139.6亿元，分别增长22.1%、23.3%和37.7%。二手土地交易和房产交易市场健康稳步发展。2009年二手土地使用权成交2330宗，面积492.2万平方米，金额36.4亿元，分别比上年下降30.8%、42.2%和40.7%；二手房屋交易成交17058宗，面积330万平方米，金额56.1亿元，分别增长23.8%、15.1%和18.2%。

推行网上销售商品房。自2007年5月1日中山市首次推行网络商品房交易以来，全市共有213家房地产开发企业进入中山市房地产管理信息系统销售商品房，通过网上登记备案系统审批预售项目928个，可销售房屋16.2万套，面积1600万平方米。2009年，经该系统共出售商品房5.9万套，面积631万平方米，金额291亿元。其中，已备案商品房5.6万套，面积603万平方米，金额276亿元。

房地产管理　加强房地产抵押与权属登记管理。规范房地产确权、变更、抵押、登记等业务，设立“中小企业抵押登记专用窗口”，落实扶持中小企业等扩大内需、拉动经济发展政策，2009年办理房地产登记28017宗，抵押登记17637宗，抵押注销登记22885宗，商品房确权1432宗，缮房地产证42218份。全年办理土地使用权登记共收件6356宗，完成6149宗，面积389.7公顷；集体土地所有权初始登记发证22本，面积3573公顷。全年处理行政诉讼案件46宗，行政复议案件4宗；协助人民法院、检察院、公安机关等部门执行查封3789宗，解封案件1848宗，续封案件154宗。

妥善解决中山市改革开放以来问题楼盘确权历史遗留问题，2009年，完成问题楼盘办证业务1997宗，面积18.2万平方米，金额3.4亿元。

加强房屋租赁管理。严格把好公房租赁审核关，维护公房租赁秩序。全年查处违规租赁公房133宗，并依法收回公房使用权；依法审核批准符合公房住宅租赁条件的申请262宗，住户入住资格初审633户；

▲2009年1月21日，中山市名树园正式对市民开放

中山市住房和城乡建设局供稿

对符合公房租金减免条件的200户分别给予免收或减收租金21.1万元。积极开展房屋租赁欠税清查工作，进一步减少审批程序，全年办理房屋租赁登记备案7194户（宗）、面积122万平方米。加强房地产中介市场管理，全年办理审批的新成立房地产经纪机构6家（宗），参加年检合格房地产经纪机构172家（宗），变更房地产经纪机构备案证书46家（宗），注销房地产经纪机构备案证书7家（宗），房地产经纪执业人数935人（已办理执业登记），申请执业登记23宗，变更执业登记38宗，注销执业登记8宗。

做好房屋拆迁工作。全年完成南部垃圾组团（一期）、中山纪念中学扩建、广珠城际快速轨道、白石涌泵站、发疯涌泵站项目征地房屋拆迁工作；大澳高速公路项目征地完成99.83%，北部垃圾组团项目征地完成99.9%；完成五桂山市职业教育园区项目200公顷征地及厂房补偿工作，至2009年年底，已拆除房屋102户（间）；广珠城轨中心站、石岐站周边市政道路项目征地完成15.3%；广珠西线三期工程有25.7公顷亩先行用地已达成协议。完成市人民医院二期扩建及公交枢纽站增加工程，白衣古寺配套建设房屋拆迁工程完成97.6%；马山公园建设房屋拆迁工程完成73.1%；狮滘口桥增加房屋拆迁工程完成76%；博爱路悦来南路下穿隧道房屋拆迁征收完成签约82%。

强化房地产档案管理。全年新接收入馆档案278760宗（份），比上年增长30%。其中房地产档案83173宗，抵押档案36237宗，注销抵押档案20663宗，查封档案7098宗，终止合同档案4656宗，预售抵押档案45684宗，终止预售抵押档案4640宗，文书档案4557份。按扫描要求整理房地产档案，完成馆藏房地产档案扫描工作的94.1%，实现了除石岐区以外房地产档案文字资料的数字化。全年接待查阅利用档案122616人次，查阅利用档案329872宗（份）。

住房保障　9月，全市对住房保障对象的家庭收入和住房困难划定标准，调整后的标准为申请人及共同申请人具有本市城镇非农业户口8年以上（含8年），且在中山工作并居住；廉租住房保障对象收入标准为城镇居民人均可支配收入低于495元/月（含495元/月）的家庭，家庭资产总额符合中山的有关规定，住房困难标准为人均住房建筑面积10平方米以下；经济适用房供应对象收入标准为城镇居民人均可支配收入990元/月（含990元/月），家庭资产总额符合中山的有关规定，住房困难标准为人均住房建筑面积10平方米以下。对中山市住房保障家庭收入划定标准进行合理调整，进一步扩大了住房保障范围，对符合条件的城镇低保家庭做到应保尽保，严格执行市、区“三审两公示”制度（即社区居委会、办事处初审；市房委办、民政局审批；社区公示，市房委办网上公示）。年内取消6个不符合安排条件家庭的住房保障资格。不断完善住房保障审核工作，全年对新增符合廉租房条件家庭612户和符合经济适用住房条件家庭138户实施了住房保障。

住房公积金管理　加大住房公积金归集执行力度，扩大住房公积金缴存覆盖面，实现住房公积金使用“高效、安全”。2009年，全市执行住房公积金制度缴存单位有2236个，缴存住房公积金职工人数15.75万人，本年度增加住房公积金归集金额12.13亿元，比上年增长22.65%，全年使用住房公积金15.86亿元，增长56.7%。本年度住房公积金使用率130.7%。在住房公积金的资金使用量增加的同时，使用效益和使用质量进一步提高，全年实现住房公积金增值收益3010.48万元。5月起，广州、惠州、东莞、中山、珠海、佛山、江门、肇庆等珠三角8个城市实现住房公积金异地互贷。全年办理异地住房公积金缴存人发放购房贷款175宗，金额3231.2万元。全年支取住房公积金49637人，2854人通过申请住房公积金低息贷款并获得购建住房的资金帮助。　*（陈万鑫）*

【城市综合管理】　2009年，中山市城管执法局全力推进城市管理，强化“亲民、文明、和谐”城管新形象，城管执法水平明显提高。全年共办理案件51849宗，办结51330宗，办结率99%，没有出现一宗复议或诉讼败诉案件，没有发生一起因城管执法而引起的重大纠纷。在广东省精神文明建设表彰大会暨未成年人思想道德建设工作会议上，中山市城市管理行政执法局被评为广东省文明单位。

推行“精细化”管理模式。按区域、对象实施分类管理，各镇区分局在辖区划定严管区、比较严管区和相对放宽区3类地带，将管理对象分为社会弱势群体、唯利是图者和违法对抗者3类，实行区别对待政策，全市共设置1000多个规范化的临时摊位，扶助弱势人群。加强规范化建设，使城管执法系统逐步达到统一编制、统一装备、统一制度、统一培训、统一执法、统一办公场所，并力求用制度管人、管事。全市各镇区分局均将辖区划分为若干个网格责任区，确保每个责任区内有执法中队（组）巡查，有卫星定位系统（GPS）监控。实行网格责任制绩效考核，考核结果作为执法人员绩效评定的重要依据。市政府每季度召开一次专题市长现场办公会，协调解决近期重点、难点、热点问题以及职责不清、容易相互推诿扯皮的问题。每月组织开展市容环境卫生检查，结果与各单位年底评优、奖惩和各镇区班子实绩考核及奖金挂钩。建立城管执法、公安、法院、规划、建设、工商等部门的协调配合机制。

城管执法工作向村（居）延伸。3月，市政府印发《关于设立城管工作站（组）的意见》，要求将城市管理工作“重心下移，服务延伸”，向村（居）推进，形成“两级政府、三级管理、四级网络”的新格局。至年底，全市24个镇区277个村居和西区沙朗市场、东凤镇兴华市场、港口镇港口市场和雅居乐凯茵新城社区等设置城管工作站（组），同时开展城管工作人员培训并建立工作制度。推行网格化执法责任制，全市25个分局将辖区划分网格责任区，责任落实到中队、小组和个人。城管工作实现向镇区、向村居、向市场、向住宅小区延伸，促进城乡一体化进程。

强化信访督办工作。加大民生信访投诉调处力度，着力解决对社会影响较大、人民群众反映强烈的涉及民生的信访投诉问题，承办机制由原来的“3−5−10−30”（接到群众信访3天内必须与信访人取得联系，5天内必须到投诉现场进行调查，信访案件明确不属于市城管执法局职能范围的10天内必须书面回复信访人，属于市城管执法局职能的30天内作出处罚决定书），缩短办理期限为“2−3−5−15”。建立“局领导带班、科长轮值、城区各分局领导参与”的局长接待日三级接待机制，当面听取群众意见。设立电子显示屏，每天滚动显示信访处理情况，增加案件处理透明度。建立“四级”督办机制，针对重复投诉及重大疑难信访事项，局领导亲自过问、亲自部署、亲自处理与协调、亲自深入基层督促和检查。全年共办理信访事项9383项，处理率100%，办结9330项，办结率99.44%。2009年，中山市获全国“城管执法规范化建设示范城市”称号，市城管执法局东升分局获全国“城管执法规范化建设基层标兵单位”称号。 *（李孟开　李彪）*

【建筑业】 2009年，中山市办理工程项目施工许可4454个，报建面积1536.45万平方米，工程造价159.01亿元。全市竣工验收房屋工程3622项，建筑面积1601万平方米，市政工程54项，工程造价5.38亿元。全市开展招标投标527项，其中公开招标398项，邀请招标129项。新开工工程应招标率达100%，应公开招标工程公开招标率100%，建筑面积178.68万平方米，工程造价58.53亿元，综合下浮率9.79%，中山市招投标工程节约资金6.35亿元。

统一使用文件范本。10月13日起，招标人的资格预审文件统一使用《中山市房屋建筑和市政工程施工招标资格预审文件范本（试行)》，规范资格预审文件编制，确保工程质量。为加强建筑市场管理，从4月13日起，新办理施工许可的工程项目，统一使用由市建筑业协会商品混凝土专业委员会统一印制的《中山市商品混凝土购销合同》，规范商品混凝土企业的生产经营行为，加强商品混凝土行业的诚信建设，保障商品混凝土的质量水平。

安全施工方案实施专家论证程序。从11月20日起，中山对超过一定规模的危险性较大分部分项工程安全专项施工方案严格实施专家论证程序。专项施工方案由施工单位组织召开专家论证会，并在分部分项工程施工前15个工作日内，把论证会的论证方案、计划参加人员、相关会议程序、资料等告知中山市建筑业协会；市建筑业协会从市建设局专家库中随机抽取相关专业的论证专家提供给组织论证单位，共同协商确定论证会的召开时间、地点等相关事宜，并报市建设局安全管理科；专项方案和论证结果以及根据论证意见补充完善的方案等资料，施工单位在分部分项工程施工前5个工作日报市安监站备案。市建设工程安全监督站监管受监工程中安全专项施工方案的编制、审核、论证等环节。

【建设科技】 2009年，中山市建设局完善建筑节能设计、施工、验收等方面的相关政策。4~6月，组织开展全市建筑节能自查和抽查工作，对其中9项公共建筑和9项居住建筑的建筑节能设计和图审进行抽查，现场抽查了10项工程项目，对存在问题进行了整改。6~10月，在全市开展国家机关办公建筑和大型公共建筑的能耗统计、能源审计、能效公示工作，共统计有关建筑130栋，公示125栋，审计10栋。对新建建筑严格执行建筑节能设计标准，要求各有关单位做好建筑节能设计、施工图审查、施工、监理及质量监督工作，建立建筑节能施工质量专项验收制度。继续组织建筑节能示范项目，批准小榄人民医院等项目为建筑节能示范工程，及时总结、推广节能新技术。同时，还积极培育既有建筑节能改造市场机制，大力推广节能改造的合同能源管理模式。中山市能耗调查统计单位耗能最高的石岐大信商业城（建筑面积共26万平方米），通过引入相关机构对其进行建筑节能改造，系统综合节电率平均达24.16%，年节电超过100万度。

推广应用新墙材。2009年，中山市使用非耕地黏土制作的新墙材比例达75%，比上年提高3个百分点；缴交墙材基金的工程1201万平方米，征收基金10810万元；新墙材产量2.1亿块标砖，累计节约耕地23.2公顷，标煤1.3万吨，利用工业废渣2.8万吨，减少废气排放327吨，有效地节约了能源，保护了生态环境。 *（胡蓉　罗婕）*

江门建设

【概况】 2009年，江门市继续落实中央“扩内需、保增长”政策，进一步加大城乡基础设施建设力度。全年用于城乡基础设施固定资产投资14.5亿元，新建设城市道路42.48千米，铺筑镇村水泥道路250.4千米，新增人行道18.93万平方米，新铺设供水管道361.79公里，修筑镇村下水道91.03千米，新安装路灯7485盏。自来水日生产能力131万立方米，城市年公共供水总量3.33亿立方米，自来水普及率97.48%。储气规模13740立方米，城乡用气普及率86%（城市用气普及率97%）。处理生活垃圾84.42万吨，处理率100%（无害化处理率48.9%），处理污水8906万立方米，处理率39%。建成区全年新增园林绿地面积179.66公顷，新增公园绿地面积45.46公顷。至年底，全市有城市道路1939.48千米，人行道732.93万平方米，桥梁325座，路灯95606盏，下水道2117千米，自来水厂11间，人均公园绿地面积10.37平方米，建成区绿地率35.57%，建成区绿化覆盖率40.78%。

2008年8月至2009年年末，江门市建设局和江门市房产局共派出技术和管理人员170多人次赴汶川援建。在援建的50个项目中，江门市建设局组织实施的项目22个，包括：雁门乡公共服务设施用房、区内道路、雁门乡9条行政村公共服务设施用房、村内基础设施、萝卜寨新村基础设施、汶川一中、雁门小学、雁门乡卫生院、村卫生站、雁门乡农贸市场、独立式公共厕所等，总投资32682.6万元，建成公共建筑面积9.1万平方米，村道33.02千米，自来水管道20千米，排水管网4.5千米，新建垃圾收集池48个，高压线路3.7千米，低压线路4.2千米，砌挡土墙2205立方米。　（陈若兰）

【城乡规划】 2009年，江门市规划管理部门以增强服务意识、提高办事效率、进一步优化投资发展软环境为目标，以规范行政行为、落实首办责任、强化监督检查、解决突出问题为重点，扎实开展服务企业、服务基层、服务群众“三服务”活动，下放审批权，减少审批环节，并通过互联网在杜阮、荷塘、棠下、礼乐等离市区较远的镇街建设办开通网上远程规划报建服务，方便基层群众。全年受理各类业务案件共4200多宗，办理群众服务热线250多件，处理信访、市长热线共110多宗，查处违法案件160多宗。江门市规划局被评为“全国住房和城乡建设系统思想政治工作先进单位”、“市机关作风建设先进单位”。

规划编制　2009年，江门市城市规划部门按照计划推进控制性详细规划编制，组织编制《江门市先进制造业示范基地控制性详细规划》、《江海区中心组团控制性详细规划》等12项控制性详细规划，完成滘头地段、北新区中心区、高新区部分工业用地，江沙工业走廊部分工业用地以及杜阮、棠下、荷塘部分规划建设用地等控制性详细规划编制工作，规划面积达7平方公里。编制完成江门市综合交通一体化规划、市区一体化规划、《珠三角绿道网（江门市部分）规划》、江门市区先进制造业示范基地规划、新市民广场规划设计、星光园规划设计、天沙河引水增流工程规划、滨江新区启动区内天沙河景观规划、滨江新区启动区北片区规划调整、市中心区城中厂改造规划等规划编制工作。年内还完成江门高尔夫周边地块修建性详细规划，以及江海碧桂园、五邑碧桂园泊林南地块、江门市儿童福利院、江门市高级技工学校第二校区、世纪城旧城改造项目、山湖雅苑小区、世纪城旧城改造、幼师校区、江门东方雅居住宅小区、泮海蓝湾、麻二福田花园村民公寓小区、钻石珠宝加工展销中心、江门奥园、五邑汽车货客运站、嘉华东海里住宅小区、篁庄莲塘里、益丞海悦豪庭、绿茵豪苑高尔夫1号（公馆）、中凯花园等规划方案的审批，完成礼乐街道机电产业基地、杜阮污水处理厂、江门市杜阮污水处理厂、杜阮镇天子墓园、紫茶小学新校区、电力试验研究生产综合楼用地、江门市儿童福利院、缤果动漫创作中心及周边产品研发中心等项目的选址工作。全年办理建设项目选址意见书23件；办理用地规划许可证145件，面积476.6万平方米，其中补办或变更用地55.8万平方米；办理规划用地方案审查507件，面积2256万平方米。

规划管理　2009年，江门市城市规划部门积极推进建筑单体电子报批软件的研发和应用，认真做好建设工程的规划管理以及重大基础设施和市重点工程建设项目的规划相关工作。年内办理了蓬江玉圭园一期建筑设计方案、东堤湾花园18－19号楼建筑设计方案、滘北油湾里住宅小区15－22号楼建筑设计方案、丰盛苑二期21—28号商住楼建筑设计方案、西江水厂第三期供水系统工程、江门市高级技工学校教学实训楼建筑设计方案、海逸华庭住宅小区综合楼及A1－A6号楼建筑设计方案、泮海蓝湾建筑设计方案、基层中医药人才临床培训基地设计方案、第三人民医院住院综合楼设计方案、颐和山庄会所及部分建筑设计方案、信义环保特种玻璃（江门）有限公司600T/D浮法联合车间成品工段及900T/D浮法联合车间成品工段建筑设计方案、江门市妇幼保健院北新区项目建筑设计方案、江门奥园建筑设计方案、江门市海逸酒店设计方案、堤东东海里建筑设计方案、盈康阳光城建筑设计方案、嘉悦棕榈岛建筑设计方案等建筑工程的规划审批。办理了10KV富康输变电工程、10KV贯溪线（2期）电缆化工程、杜阮南路（东段）道路工程、麻园人工河工程、江肇调整公路江西甲线等8条高压线改造工程、金瓯路（永康路—连海路）道路工程、110KV富康输变电工程、滨江新区新南路西段（天沙河路—江沙路）、东华大桥（省道S272肇珠线江门市复线）、500KV狮洋（南沙）至五邑输电线路工程等市政工程的规划审批。

全年共批出建筑工程设计方案149项，建筑面积350.2万平方米，市政工程设计方案450项，核发建设工程（建筑类）规划许可证598项，面积405万平方米，核发临时建设工程规划许可证79项，面积9.7万平方米，办理项目竣工规划验收365项，面积223.2万平方米。

积极做好城乡规划法的宣传教育工作，加强规划执法检查和监督管理，依法查处违法建设行为，全年共查处违法案件323宗，违法建筑面积约5万平方米。（陈小榴）

【城乡建设】 2009年，江门市加快推进与珠三角核心城市的交通一体化进程，综合交通一体化规划取得初步成果。广珠轻轨江门支线、江肇高速和佛开高速扩建江门段、雁山互通立交、东海路至南环路延伸线完成年度投资计划；广珠铁路江门段、崖门5000吨级航道整治工程建设加快推进；鹤南西江大桥获省立项批复，江门至番禺高速公路及江珠高速北延线获省批准开工建设，江罗高速、江珠高速与港珠澳大桥连接线、中开高速及新会支线等交通项目前期工作进展顺利，广佛江珠轻轨及江恩轻轨、崖门全潮3万吨级航道整治工程开展前期工作，广州南沙至江门铁路进入可研论证阶段。珠中江三市跨市公交线路开通，在珠三角率先实现珠中江三市年票互认；实施西江水环境共治，完成市区21家污染企业搬迁；住房公积金实现珠三角八市互贷。市区城市重点项目加快实施，滨江新区基础设施建设全面施工，城市化进程进一步加快。

重点工程建设 2009年，江门市区城市重点工程项目共72项（其中，消化项目2项，预备项目6项，续建和新建项目64项），年度计划投资20.42亿元，完成投资8.25亿元，为年度计划投资的40.5%，完成投资率较低的原因主要是轻轨站场配套项目首期工程、新中一级公路、新市民广场、江南路西段、金瓯路改造、里村大道等规模较大的项目未按计划完成年度投资。64个项目中，除2项消化项目外，完成的项目有23项，开工建设的项目17项，开展项目前期工作的项目23项，暂缓项目1项。未完成建设的项目全部结转2010年实施。

（陈若兰）

市政设施建设维护 2009年，江门市加快市政公用基础设施建设，实施“民心工程”，创新城市管理体制机制，促进各项工作协调发展。成胜利北路三期（双龙大道−恒吊里）、天宁路、白石大道西段、里村花圃渠化分流及排水管、蓬江大桥维修加固、麻园路B段、天沙河石子潭段道路、北环路（丰乐路至滨江大道路段）改造、市区部分街道无障碍设施建设改造、大江冲方渠抢修等13项工程建设任务，并按计划完成东华大桥、胜利大桥以及里村大道、金瓯路、江睦路、中区大道、新市民广场等20多个工程的前期工作。全年实现投资3.5亿元。新建扩建城市道路16万平方米，摊铺优质沥青路面12万平方米，新建改建人行道9.6万平方米，新建改造盲人专用道2.1万米，建成绿地面积2.2万平方米。

加快市区治污减排重点项目建设。潮连污水处理厂完成厂区土建及配套管网工程；江海污水处理厂采用“BOT”方式建设，完成厂区工程和截污管网工程；文昌沙水质净化厂二期扩建项目完成厂区土建工程及主要截污干管工程；完成五邑大学校园截污管网工程。同时，完成棠下污水处理厂、杜阮污水处理厂和高沙港片区截污工程项目的前期工作。旗杆石生活垃圾综合处理场“BOT”特许经营项目年内签署合同，并完成建设项目的前期各项工作，转入进场施工阶段。

完善市政设施功能，保障安全运行。全年接管市区新建道路11.43千米、下水道11.54千米。强化市政设施管养工作，组织巡查市政公用设施11665点次，加固维修城市桥梁3座，维修破损路面1.08万平方米，人行道1897平方米。加强市区排水管理工作。新建改建排水管1.65万米，维修下水道378米，清疏下水道316千米，更换沙井盖282套，补装主次干道四防装置864个。完善城市排涝应急联动机制，投入50万元建成六里临时排水泵房，加强市区28座泵房（市区16座、市郊12座）的运行管理，累计开泵3975.06小时，抽水1062.9万立方米。

推进城市路灯节能。选择市区天福路、天沙河石子潭路、港口路等道路安装LED路灯55盏进行试验。投资250万完成长堤路、江华路等53项路灯改造工程，投入30万元为65个社区新装路灯253盏，新装路灯300杆，接管路灯1891盏，检修市区路灯15840盏次，路灯亮灯率达98.2%。（邓宝丰）

园林绿化 2009年，江门市区建成区绿化覆盖率40.55%，绿地率38.23%，人均公园绿地面积9.45平方米。市区公共园林绿化建设完成投资2200万元，建设绿地21.5公顷，改造林地7公顷，主要工程项目有大西坑公园建设、中山纪念堂加固修葺工程、白水带风景区林相改造等。2月，国家园林城市复查专家组对江门进行复查考察，对江门自获得“国家园林城市”称号以来所取得的成绩给予肯定，认为江门的城市“显山露水”工程成效显著，建设了釜山公园、白沙公园等一批公园绿地，营造了稳定的自然式植物群落，城市绿地面积快速增长，城乡生态环境和景观质量明显提升。10月，经市人大常委会审议，确定“蒲葵”为江门市的“市树”。（江门市园林局）

城市供水 加强全市供水水质管理，定期开展江门四市三区供水水质监测，重点监控市区西江水厂、哪咀水厂水质，按规范要求完成供水水质数据上报工作，市区供水水质综合达标率100%。强化市区二次供水设施清洗消毒工作，发出通知75份，收回反馈结果75份，清洗合格率100%。

垃圾、污水处理　强化城市生活垃圾、污水处理设施运营技术规范和标准考核，落实江门市固体废物处理有限公司无害化卫生填埋生活垃圾26万吨，处理垃圾渗滤液5.7万立方米并达标排放；江门市文昌沙水质净化厂和丰乐污水处理厂处理生活污水2604万立方米，出水水质达标率达99%。（邓宝丰）

城市供气　2009年，江门市共有液化石油气储配站26座，比上年少1座（BP江门石油气有限公司新会区大泽镇储配站改为供应站），液化石油气储气总规模13740立方米。全市有液化石油气供应（中转）站93个，销售点126个（全部在开平市）。全年全市总供气量14.2万吨，其中家庭用量9.7万吨，城乡用气普及率86%。江门市区有液化石油气储配站12个，储气规模7220立方米，供应（中转）站28个，全年供气总量8.2万吨，其中家庭用量5.1吨，用气户数32.8万户，用气人口115万人，城区用气普及率97%。市区管道燃气工程顺利施工，至年底，完成32公里市政燃气管道和13千米庭院管道铺设，4700户家庭用上管道天然气。

（陈若兰）

【中心镇建设】　2009年，江门市有中心镇14个。是年，各中心镇加大城镇建设力度，重点配套完善道路、给排水、电力、电讯、医院、市场等市政和公共基础设施建设，完善城镇功能，进一步提升投资环境，大力培育特色支柱产业，推进环境综合整治，取得了一定成效，主要体现在：一是财力得到增强。全年全市14个中心镇地方财政一般预算收入均超1000万元，其中双水、水口镇超1亿元。二是特色产业初步形成。江门市围绕壮大镇级经济规模、增加财政收入的目标，依托当地的产业基础和资源特色，着力培育和发展特色产业。双水镇形成拆船钢铁、电力和造纸三大支柱产业；司前镇形成规模较大的五金不锈钢产业；水口镇成为全国有名的水暖器材生产基地；共和镇形成电子灯饰和现代农业。三是园区经济得到发展。工业园区是镇级经济发展的重要载体，江门市把工业园区的开发建设纳入当地城镇发展规划，依托城市和交通干线进行布局，加大对园区的整合力度，提高工业园区的发展水平和产业聚集度。荷塘镇的南格工业开发区、司前镇的前锋民营科技园、址山镇的址山工业园、广海镇的广海湾工业区等中心镇都建成为有特色的工业园区。中心镇依托工业园促进了镇域的社会经济和城镇化的发展。

【住宅与房地产业】　2009年，江门市围绕平衡房地产市场供求，防止市场大幅波动，出台一系列调控政策和措施，使江门市房地产市场经受住了国际金融危机的冲击，保持健康稳定发展。

房地产市场运行　2009年江门市城镇房地产业完成投资额77.46亿元，比上年下降10.11%，其中住宅投资69.6亿元，下降3.91%。商品房施工面积1023.18万平方米，其中住宅886.11万平方米。年内新开工面积377.33万平方米，比上年增长14.97%；竣工246.88万平方米，增长12.09%；销售397.99万平方米，增长43.74%；销售额140.65亿元，增长71.59%。江门市区（含新会）房地产业完成投资额40.91亿元，比上年增长7.32%，其中住宅投资36.26亿元，增长14.78%。商品房施工面积528.17万平方米，其中住宅432.45万平方米。年内新开工面积196.22万平方米，比上年增长65.11%；竣工104.3万平方米，下降17.43%；销售188.85万平方米，增长51.18%；销售额75.79亿元，增长81.19%。

房地产市场管理　2009年上半年，受国际金融危机影响，江门市房地产市场投资和销售活跃度明显降低。6月，江门市对房地产开发企业进行资质检查和换证，淘汰一批不符合资质标准要求的企业，全市房地产开发企业从521家减少至390家。8月，市政府出台《关于进一步促进江门市区房地产开发投资的实施意见》，各市、新会区也相继出台鼓励房地产开发投资的政策。受政府鼓励政策影响，江门市房地产市场回暖。下半年，江门市房地产市场投资和销售比上半年都有明显增长。9月，出台《关于加强市区中心城区商品房预售管理的通知》，预防和制止房地产开发企业在销售回升的情况下，为增加利润而“捂盘”提价销售。至年底，市区中心城区核发商品房预售许可证131个，预售面积共85.13万平方米。

住房保障　2009年，江门市落实廉租住房保障资金2829.6万元，落实廉租住房建设用地2.78公顷；落实经济适用住房建设资金1576.38万元，落实经济适用住房建设用地2.81公顷，年内新建成廉租住房346套，新建成经济适用住房97套。对619户家庭实施廉租住房保障，其中实物配租389户，货币补贴230户，对189户家庭实施经济适用住房保障。除恩平市外，其余各市（区）全部解决人均居住建筑面积10平方米以下的城镇低收入家庭住房困难问题，开平市廉租保障范围还扩大到人均居住建筑面积13平方米以下，经济适用住房保障范围扩大到人均居住建筑面积15平方米以下。全市对符合廉租住房保障条件的申请户做到应保尽保。

住房公积金管理　2009年，江门市住房公积金新开户26561人，累计缴存258371人，全年归集住房公积金16.69亿元，归集额比上年上升23.78%；累计归集住房公积金73.59亿元，归集余额38.77亿元。发放个人住房公积金贷款5730户，10.73亿元，比上年增长6.7倍，个贷使用率达51.03%；实现增值收益9793.06万元，比上年增长5.17倍。

为加强住房公积金管理，方便住房公积金缴存人更加灵活地使用住房公积金账户存款，减轻个人住房公积金贷款还贷压力，免除缴存人办理个人住房贷款后提取公积金繁杂手续，是年，江门市全面实行住房公积金自动提取还贷业务。全年共办理住房公积金自动提取还贷业务7625笔，其中蓬江、江海两区5066笔，新会区1826笔，台山256笔，开平53笔，鹤山351笔，恩平73笔。为增强职工住房消费能力，江门市提高住房公积金缴存比例和公积金贷款额度，市区将个人公积金贷款最高额度从15万元提高至20万元，两人及以上公积金贷款最高额度从30万元提高至40万元，实现珠三角住房公积金异地互贷，其他各市区公积金贷款最高额度均有不同幅度的上调。

住房货币分配　截至2009年12月底，全市累计参加住房货币分配职工22300人，累计向职工发放住房补贴资金53940.67万元。全年全市参加住房货币分配职工比上年增加2291人，新增发放住房补贴资金7657.65万元。

物业管理　2009年，江门市五邑地区（三区四市）有三级物业服务企业90家、二级物业服务企业1家，物业服务项目175个，包括住宅小区、商业大楼、写字楼、办公大楼、学校、酒店、商场商业街、工业区等，覆盖面积约1173万平方米。其中蓬江区、江海区三级物业服务企业62家、二级物业服务企业1家，物业服务项目103个，覆盖面积约422万平方米；新会区物业服务企业12家，物业服务项目34个，覆盖面积约120万平方米。

房地产交易与权属登记　2009年，江门市中心城区商品房交易总面积126.81万平方米，成交金额43.71亿元，其中住宅成交面积116.39万平方米，成交金额40.38亿元，共8959套，几项数字均比上年有较大幅度的上升。商品房网上合同成交均价为4240元，与上年基本持平。由于别墅成交所占比例大幅下降，住宅均价比上年略有下降，为4180元。公寓成交均价3869元，比上年上升9.29%。

江门市中心城区存量房（二手房）交易总面积100.97万平方米，成交金额16.24亿元，其中住宅成交面积57.29万平方米，成交金额9.67亿元，6076套，交易均价1701元。几项数字比上年均有较大幅度的上升。

2009年，江门市中心城区完成商品房（现房）交易登记8588宗，比上年增长26.89%；成交建筑面积78.25万平方米，增长19.19%；成交金额271655.09万元，增长40.29%。商品房（期房）预售备案8290宗，比上年增长58.09%；成交建筑面积104.91万平方米，增长56.02%；成交金额437162.34万元，增长51.24%。存量房（二手房）交易登记6076宗，比上年增长58.89%；成交建筑面积100.97万平方米，增长70.59%；成交金额162339.6万元，增长1.1倍。

全年完成产权登记发证60826宗，比上年增长1.9倍；预购商品房抵押预告6711宗；在建工程抵押登记2615宗；房屋平面测绘面积217.64万平方米；提供档案利用59714宗。受理司法部门查封、解封房屋案件7070宗。

国家新版《房屋登记办法》实施后，江门市房屋权属登记系统在原有基础上新增加预告登记等一系列登记模块，开始实行产权交易登记的人像信息采集。3月，启用新版权证和预告登记证明后，在权属证书和证明书上增加二维码防伪标志，保证权证的真实和防伪性。是年，江门市累计完成房地产档案电子化建设扫描电子档案扫描1366万页。

为加大中心城区（蓬江、江海两区）历史遗留的房地产登记问题的处理力度，制定《关于解决中心城区历史遗留的房地产登记问题的若干意见》，印发《关于解决江门市区中心城区历史遗留房地产登记问题的操作细则》，按先易后难的原则，对涉及794户住户的15幢问题楼盘进行处置。2009年，共帮助277户住户妥善解决了房屋办证难问题。 *（陈若兰）*

【城市综合管理】　2009年，江门市组建市城市管理综合执法局。江门市城市管理综合执法局职能配置、内设机构和人员编制都有新的界定，推进依法治市工作增加了新的内涵。

采取长效管理和综合治理措施加强环境整治。实施对港口路、迎宾大道等13条主次干道及五邑城、象溪路等多处繁华商业区域守点执勤，有效地杜绝了流动小贩乱摆卖行为。继蓬江区加强夜间占道经营治理工作后，新会区新设立市容夜管队，坚持夜间巡查管理，有力地遏制夜间露天烧烤、露天酒吧的油烟和噪音污染等违法经营行为。组织6800人次进镇村、入社区开展130余次“六乱”专项治理大行动，清除乱摆卖、乱搭建、乱拉挂、乱张贴、乱堆放、乱挖掘等“六乱”8600多处，清理卫生死角38处，清运垃圾80余吨。开展市容环境卫生责任区执法专项行动28次，印发整改通知7000多份，宣传资料6600份。加强对集贸市场周边整治66个（次），清理拆除违规搭建雨篷800多个（面积达8500平方米），新增设垃圾桶1500多个，新划控制线9000多米，规范市场周边商铺的摆卖秩序。

采用疏堵结合方式整治占道经营。在“堵”方面，重点整治市场、学校、车站、旅游景点、码头等周边以及主要商业街道店铺占道经营和脏乱差，严格规范店铺不得超占用人行道经营。在“疏”方面，指导和督促蓬江区城管部门，将白沙江南蔬菜市场周边的100多档猪肉、光鸡、鱼类等流动摊档统一引入远洋冷冻厂内场地，将常安路、象溪路、五邑城、地王广场一带的350多名流动商贩引入风貌街青年广场，实施定地段、定时段、定摆卖商品种类，实施规范管理。

整治城市“牛皮癣”。强化城市管理综合协调和检查监督，联合市义工联开展清理“牛皮癣”义工大行动，组织市直机关干部职工上街洗擦“牛皮癣”。督促蓬江、江海、新会区城管、环卫部门加强市容市貌日常管理，建立社区便民信息发布栏，实施对合法的、与市民生活息息相关的信息定点发布，市区112个社区全部设置信息发布栏，促进了“牛皮癣”整治工作。开发和配置语音告知系统（俗称“呼死你”），对乱张贴乱涂画的违规通信号码不间断的呼叫，干扰违规手机号码正常使用，敦促违法者接受处罚。加大制“癣”、贴“癣”行为处罚力度，实施对违规者电话号码移交电信营运商暂停机处理，全年查处贴“癣”制“癣”案件18宗，收到从源头治理的效果。

整治泥头车违规运输。先后两次组织整治泥头车违规运输专项行动，实施对蓬江区北环路、潮莲桥、白石大道、江门大桥、西环路以及江海区五邑路、金瓯路、江海路等重点路段联合执法，采取驻点检查和流动巡查相结合、定时和不定时检查相结合，教育和处罚相结合，大力查处泥头车超高、超载、车厢栏板加高等违规运输行为。累计出动执法车200辆次、执法人员400人次，查处未办理“余泥渣土专营”证从事运输的车辆3辆，责令清洗路面13宗，查处超载行为45宗，查处擅自改装行为80宗，查处超载45宗，查处私自加装栏板20宗、遗洒飘散97宗，查处其他违规行为129宗，有效地遏制了泥头车违规运输现象。

规范户外广告管理。开展对擅自设置、设置不规范、陈旧破损、影响市容和存在安全隐患的户外广告的专项整治行动。重点规范胜利路、跃进路、江华路等主要街道广告招牌的设置，结合防台风工作，拆除存在安全隐患的大型广告牌。加强户外广告的巡查管理和执法，查处乱拉挂1635宗、拆除不规范广告牌3342平方米。

拆除违章建筑。加强对城乡结合部、城中村、重点工程周边和违法建设高发区域的监控，加大违法建设治理力度，重点对群星大道、滘头市场周边、滨江大道沿线村镇的违法搭建厂房、雨棚实施强制拆除。全年共拆除违法建筑3.98万平方米，查处室内外违法装修、加建478宗。 *（邓宝丰）*

【建筑业】 2009年，江门市建筑业企业较快发展，全市新增建筑业企业19家，其中建筑业劳务企业9家，江门市市政建设工程有限公司等12家企业资质得到提升。至年底，全市共有建筑业企业256家，其中一级企业15家、二级企业52家、三级企业157家、劳务企业32家。全年完成建筑业总产值61亿元，比上年增长5%。推行建造师注册执业制度，全市取得建造师资格并注册的有1412人，其中二级注册建造师1035人、一级注册建造师377人。全市共有工程招标代理机构10家，工程监理单位12家，工程质量检验测试单位9家。

是年，江门市共核发施工许可证1465项，比上年增加144项，建筑面积864.31万平方米，造价95.39亿元。办理竣工验收备案项目1363项，建筑面积82.03万平方米，造价63.82亿元。其中江门市区核发施工许可证688项，建筑面积473.85万平方米，造价52.76亿元。办理竣工验收备案项目461个，建筑面积364.44万平方米，造价33.22亿元。

工程质量管理 江门市加强建筑工程质量监管，对9家建设工程质量检测检验机构进行资质就位申报材料审查，对其工作人员进行考核。同时，采用巡检与抽检相结合的方式，加强对建筑行业原材料市场、施工现场的检查和监管。3月，组织开展建筑钢材专项检查。7月，开展全市建设工程质量监督执法检查和工程监理巡查行动。9月，结合“施工质量月”活动，组织建筑业企业参加施工工法讲座、参观广东科学中心优良样板工程，并举办建设工程质量有奖知识问答活动。10月，开展全市商品混凝土搅拌站生产质量检查，进一步规范行业生产行为。

2009年，江门市纳入质量监督的工程2116项，建筑面积1319.17万平方米。评选出市优良样板工程12项，分别是：江门市东方名仕灯饰照明有限公司办公楼、开平市天富豪庭二期工程、台山碧桂园凤凰酒店员工宿舍、江门市江海区礼乐中学教学楼、江门市蓬江区远洋冷冻厂有限公司2号与3号冷库、开平市金鸡供电所生产综合楼、开平市赤坎供电所生产综合楼、江门市第一职业高级中学饭堂综合楼、开平市三埠区海昌五金厂厂房、鹤山市审判法庭、江门市人民检察院技术综合大楼及食堂门卫控申室内装修空调电气工程；获广东省优良样板工程6项，分别是：四川省汶川县第一中学、台山碧桂园凤凰酒店员工宿舍、江门市江海区礼乐中学教学楼、开平天富豪庭富丽1号富华1号、开平市开屏海伦堡住宅小区第一期1-3号楼、江门市人民检察院技术综合大楼及食堂门卫控申室内装修空调电气工程。

施工安全管理 2009年，江门市建设系统坚持“安全第一、预防为主、综合治理”的方针，加强建筑施工安全生产监管，组织3次施工安全生产大检查，发出安全隐患整改通知413份，停工整改通知48份，对56家施工企业、29家监理企业、101名项目经理、113名安全员、4名总监理工程师实行建筑施工安全生产动态扣分，及时排查和整改建筑施工安全隐患，避免重大安全事故的发生，实现建筑安全生产“零死亡”。是年，全市3449名施工从业人员通过安全教育和考核

获得“平安卡”，全市累计执卡人数达2.85万人。对9288名建筑从业人员进行技能培训，其中包括对1480名建筑行业特种作业人员培训。严格执行建筑施工起重机械产权登记制度，全年对172台塔吊、30台施工电梯、1722台物料提升机进行产权登记。全市共评出市“安全生产与文明施工”双优样板工地10项，分别是：江门市金都花园8号住宅楼、江门市意玛克户外动力设备有限公司二期厂房、江门四方威凯精细化工有限公司新厂（办公楼）、江门市江海花园南区一期一组团（2）3-1幢、荷塘供电所生产综合楼工程（主楼副楼）、开平天富豪庭富丽10号与11号、恩平供电局生产调度综合楼、天平天富豪庭富华2号与5号、开平天富豪庭富景5号、江门移动通信设备维护厂房及仓库（一期）；获广东省“安全生产与文明施工”双优样板工地4项，分别是：恩平供电局生产调度综合楼、开平市天富豪庭富华2#（B5-B9）5#（B14-B16）、开平市天富豪庭富华5#（P11-P13）6#（P15-P17）、江门市移动通信设备维护厂房及仓库（一期）。

工程招投标管理　2009年，全市建设工程招标项目共627项，中标价51.85亿元，最高限价54.20亿元，节约投资2.35亿元，比上年下降4.34%。纳入市招标办监督管理的项目401项，中标价31.34亿元，最高限价32.66亿元，节约工程投资1.32亿元，比上年下降4.04%。其中，进入市区交易中心的工程项目共243项，中标价21.36亿元，最高限价22.54亿元，节约投资1.18亿元，比上年下降5.24%。纳入招标办监督管理的项目117项，中标价12.87亿元，最高限价13.66亿元，节约工程投资0.79亿元，下降5.78%。

勘察设计　2009年，江门市共有勘察设计单位69家，其中建筑设计单位28家、勘察单位7家、电力设计单位6家、水利设计单位4家、公路设计单位2家、市政设计单位2家、环境专项设计单位1家、装饰专项设计4家、消防专项设计15家；全年勘察设计营业收入2.41亿元，比上年增长23%；全市共有施工图设计审查机构6家，营业收入1047万元，完成审查建筑面积731万平方米。

建筑监理　2009年，全市有工程监理企业12家，其中甲级2家，乙级5家，丙级5家。全年全市工程监理企业共承接监理业务投资额56.7亿元，完成工程监理业务经营收入8252万元，同比增长72.5%。全市应实行监理的工程项目100%落实了监理。

【建设科技】　2009年，江门市新墙材的推广应用工作取得新的进展。全市新型墙体材料平均使用率达到91.2%，比上年提高17个百分点，市区平均使用率99.5%，鹤山市100%，恩平市98%，开平市97%，台山市80%。全市共有新型墙体材料生产企业45家（其中2009年新增8家，关闭2家），生产能力超过300万立方米/年；共有预拌混凝土搅拌站18家，预拌混凝土供应量达190万立方米；散装水泥供应量为350万吨。是年，江门市直征收新型墙材专项基金407万元，按规定返退254万元，结转入库32万元，专项基金使用22万元，主要用于技术研发、技术改造、发展新型墙体材料的宣传、培训及与发展新型墙体材料有关的其他开支等方面。

（陈若兰）

阳江建设

【概况】　2009年，阳江市住房和城乡规划建设部门围绕年初确定的目标，狠抓落实，协调配合，全面完成了各项任务。

建筑业平稳发展。全市完成建安产值44.66亿元，与上年基本持平。其中市外产值15.6亿元，比上年下降4.9%；市内产值29.06亿元，增长0.7%；实现市内建安税收3.93亿元，增长44.5%。阳江建设部门围绕做强阳江建筑业的目标，大力扶持市建安集团公司、市一建集团公司等龙头建筑企业发展，并致力于拓展市外建筑市场，确保全市建筑业持续稳定发展。

房地产业稳中有升。全年全市完成房地产开发投资22.5亿元，比上年上升29.3%；商品房施工面积258.5万平方米，增长0.9%；商品房竣工面积50.4万平方米，上升2.8%；商品房销售面积100.7万平方米，上升58.8%；商品房销售额为27.4亿元，上升74.1%；空置商品房（含商业用房、住宅等）面积3.9万平方米，下降62%；实现房地产税收3.16亿元，增长27.4%。房地产各项主要指标大幅上升的主要原因是：（1）受金融危机的影响，2008年下半年消费者对购房普遍采取观望态度，受到压抑的购房需求在2009年得到集中释放；（2）国家实施扩大内需政策，中央投入4万亿元，加上地方的投资，全国共投入10多万亿建设基础设施，有力地推动了经济增长，人民的收入增加，有效地提振了购房需求。

城乡面貌实现新变化。城市规划建设管理工作不断加强，完成市区、海陵岛、高新区和11个中心镇总体规划修编工作。城南新区等重点区域开发建设不断加快，城市框架进一步拓展。城市管理体制改革不断深化，市容市貌整治和市区道路交通安全综合治理进一步加强，绿化亮化工程全面推进，城市面貌明显改善。在市政基础设施建设、管理和运营方面引入市场机制和代建制，促进了建设和管理功能的提高。社会主义新农村建设稳步推进，村镇规划建设水平不断提高，新增省级村庄规划试点90个；镇通行政村公路硬底化工程圆满完成，全市所有行政村全部通水泥路。土地管理工作不断加强，利用低效园地山坡地开发补充耕地工作进度居全省首位，连续10年实现耕地占补平衡。污染减排工作不断加强，生态环境得到有效保护。

政府工程建设实现规范化管理。组建代建机构，加强代建项目的规范化管理。年初组建了市公共工程管理局，负责政府投资的市属非经营性项目的代建工作。在开展代建工作过程中，市工程局切实加强对政府公共工程项目的建设管理，保证工程质量，节约工程建设成本，提高投资效益。为规范政府工程的代建管理工作，制定并实施《阳江市政府投资市属非经营性项目实行代建制暂行办法》。年内，市工程局承担市政府委托的开阳高速阳江连接线项目等12项重点工程的代建工作，总投资约9亿元。至年底，开阳高速连接线跨线桥工程、市白沙粮库、市中医院、市第一中学迁建项目填土工程和市水上活动中心工程等5个项目已施工建设，其他项目开展前期工作。

【城乡规划】 2009年，阳江市完成市区、海陵区、高新区、银岭科技产业园和11个中心镇的总体规划编制工作，并组织编制高新区产业转移园（首期用地）控制性详细规划、银岭科技产业园（首期用地）控制性详细规划、鸳鸯湖片区和金山植物园片区环境整治控制性详细规划，基本完成三江岛控制性详细规划、海陵岛重要片区控制性详细规划及城市设计、城南新区总体城市设计及核心区详细城市设计以及调整共青湖片区控制性详细规划等工作。完成一河两岸景观规划，东风二、三路，漠江路和西平路（漠江路至甘泉路段）改造等项目的规划编制工作。制定《关于建设宜居城乡的实施意见》、《关于加快推进城市化进程的意见》和《海陵岛海滨风景名胜区管理规定》，并报市政府。全年市区完成修建性详细规划35项，总面积96公顷；控制性详细规划及法定图则28项，总面积142公顷；市政道路规划设计及施工图11.3千米；小区排水和竖向规划设计及施工图38公顷。

【城乡建设】 2009年，阳江市着力推进城市建设。江朗大道等多个市政项目顺利竣工，高凉路、漠江路、东风四路等市政道路建设改造工程和阳云高速公路阳阳段、开阳高速公路连接线、保利地产罗兰香谷、丰怡房地产等项目建设快速推进。市第一净水厂完成扩建工程，阳东、阳西、闸坡污水处理厂建成投入使用，城北、城南、高新区和银岭污水处理厂完成BOT招标，COD、SO_2排放量均完成省下达的减排目标。积极做好城乡治污保洁工作，重点抓好阳西垃圾填埋场建设和阳春、阳东垃圾填埋场的选址工作。其中，阳西垃圾填埋场已于4月动工建设。 *（林元满、王绍挺）*

市政路桥建设　2009年，组织实施市政工程项目共21项，总投资约4.4亿元，完成投资约1.42亿元。完成市区二环南路、鹰山路、漠江路人行道、东西入口亮化和鸳鸯湖北湖环湖路等项目的建设和改造任务，全力推进高凉路后续工程、市区五个交叉路口改造工程及富康路、滨江东路、东门南路、新江东路、体育北路、东岸河堤南路和东门南路连围中桥等工程。

园林绿化　全面开展市区道路尤其是次干道绿化的补种补植工作，对市区30米以下共91条道路进行绿化，种植各类绿化树5000多株。同时，在漠江路增种补植红棉树、芒果树等400多株、各类小苗20万袋，绿化花化效果显著。

城市照明　推进旧城区路灯改造，完成观光北路、市场路、顿砵路、洲背路、水埒街、盐场衙、苏屋街、甜酒巷、鹰山路三巷、鹰山路、环湖东路、马南路、湖湾路等30多条街道的路灯装灯任务。全年装灯1200多基、1800多盏。

市容环卫　2009年，全面接管江城区环卫清扫保洁工作，新成立南恩、城东、城南等6个内街清扫保洁队和组建53个保洁班组，加大清扫强度和落实巡回保洁措施，全面提升市区环境卫生质量。同时，理顺生活垃圾处理费的收费工作，实现市区商铺、个体工商户等单位的生活垃圾处理费随水费收缴。年内还开展了奕垌垃圾场二期工程垃圾渗滤液站扩建和垃圾中转站、公厕的建设。 *（廖燕娣）*

城市供气　2009年，全市燃气销售量15.5万吨，比上年增长6.9%；销售额8.5亿元，增长3.6%；实现税收980万元，增长1.45倍。燃气税收大幅增长的主要原因是：2008年受金融危机的影响，部分燃气企业出现资金周转困难和延欠税款的情况，而延欠的这部分税款集中在2009年进行缴交。

开展燃气安全专项整治。大力查处市区燃气销售点的非法经营行为，市住建局、安监、公安、消防、质监、工商等部门联合行动，对全市燃气企业、燃气销售点进行安全检查，打击各种非法经营燃气的行为。全年共出动执法车80辆次，查扣大小钢瓶56个，取缔无证销售点23个，发出整改通知书18份，对全市燃气安全生产起到较好的促进作用。同时，大力支持和协调市区管道天然气工程建设。至年底，市区主干道周边基本铺设天然气管网，输气管长度达130千米，使用天然气的用户达1万多户。 *（林元满、王绍挺）*

生态环境建设　环境质量保持良好水平。漠阳江饮用水源水质总体达到国家Ⅱ类标准，地表水水质和入海河口水质达标率均达到100%。近岸海域水质达到功能区标准，空气环境质量达到国家一级标准。交通干线噪声值、城市区域环境噪声值逐年下降。

控制污染物排放总量。与各县（县级市、区）政府签订责任书，将省下达的主要污染物总量目标分解落实到各县（县级市、区）和排污单位。全市化学需氧量、二氧化硫排放总量均控制在省下达目标内，在全省排名第九位。加强重污染行业“统一规划、统一定点”工作。组织专家对《阳江市化工（含石化）行业统一定点基地实施方案》进行深入论证，修改完善后报经市规划委员会审定后实施。

加大环境执法力度。进一步规范排污费征收工作，初步形成“企业申报、集中核定、统一出单、银行缴交、执法保障”的工作机制。深入开展2009年环保专项行动，围绕保护饮用水源的目标，开展饮用水源保护区环境执法后督察工作；开展城镇污水处理厂、垃圾填埋场以及重点污染源的集中整治；开展钢铁、水泥行业专项检查，严厉打击“两高一资”行业重污染企业的环境违法行为。全市各级环保部门检查企业5000多家，立案查处违法案件48宗，关停企业29家，限期治理22家，限期整改279家，罚款71.99万元。此外，认真抓好污染纠纷查处，维护人民群众环境权益。全年受理环境信访案件660宗，结案634宗，结案率达96.1%。

生态环境建设稳步推进。积极引导开展生态示范村镇的创建工作，以生态示范村建设为载体全面推进社会主义新农村建设。开展污染源普查工作。全市普查污染源共17906家，其中，工业源2580家，生活源1176家，农业源14144家，集中式污染治理设施6家。*（林良斌）*

【中心镇建设】 村镇规划建设水平不断提高。2009年，阳江市新增省级村庄规划试点90个，镇通行政村公路硬底化工程圆满完成，全市所有行政村全部通水泥路。继续推广使用《阳江市城镇住宅设计图集》，进一步提高全市村镇住宅建设水平。年内，全市村镇房屋建筑竣工面积182.2万平方米，完成投资14.2亿元；村镇新建道路130.9千米，新建市政排水管道45.3千米；村镇自来水供水总量3739.9万立方米，销售收入4968.7万元，新增供水管道长度164.9千米。

【住宅与房地产业】 *房地产市场管理* 大力整顿和规范房地产市场，促进房地产业健康发展。落实好中央和省的宏观调控政策，加强房地产市场宏观调控，整顿房地产市场秩序。制定《阳江市房地产行业开展非法集资风险排查工作方案》，成立专门机构，在全市范围内对房地产开发企业的非法集资风险排查情况进行抽查。开展对全市房地产中介市场秩序专项整治以及房地产企业违规收取购房意向金、定金专项整治工作，进一步规范了房地产市场秩序。贯彻落实《阳江市商品住宅建设项目综合验收管理暂行办法》，出台具体实施细节，加强对开发企业申请商品房预售中公共配套设施完善程度跟踪管理，进一步规范阳江市房地产市场行为，维护购房者的合法权益。进一步完善房地产开发企业市场准入和清出制度。是年，对市区房地产开发企业进行一次全面梳理，对不具备条件、没有土地开发、经营处于空壳状态的企业在资质延期和换证时坚决予以降级或注销资质，对一批信誉高、业绩好的企业在资质等级方面予以晋升。开展房地产行业发展调研工作。对全市有在建和拟建项目开发企业进行深入的摸底，全面准确地掌握开发企业开发、销售方面的基本数据，进而对房地产市场运行状况和发展趋势作出准确判断，采取积极措施引导开发企业理性投资和消费者理性购房。开展对房地产开发中违规变更规划、调整容积率问题专项治理工作。市城市规划局和市监察局联合成立专项治理工作领导小组，对阳江市和下辖各县（市、区）房地产中违规变更规划、调整容积率问题开展专项治理。同时，还强化商品房的预售和备案管理，规范开发经营行为。

房地产交易与权属登记 举办全市《房屋登记办法》培训班，200多人参加培训。全年完成各类房屋登记1.4万件；完成城建档案和房屋权属档案整理1.7万多份，提供档案利用7782卷次。

全年阳江市区房地产交易2565宗，交易面积49.74万平方米，交易金额5.6亿元。其中商品房交易332宗，交易面积4.71万平方米，交易金额0.75亿元；二手房交易2233宗，交易面积45万平方米，交易金额4.8亿元。商品房买卖合同备案3186宗，面积41.85万平方米，合同金额12亿元。

勘察设计 完成市职一中、市体育馆、武警支队、西平路高速出入口、风筝场等单位的1：500数字化地形图测量共2.5平方千米；完成漠江路、东风三路、西平路、东门路、河堤北路、三环路、鹰山路、石湾北路、平湾路、金郊路等道路的地形图补测及各路段水准测量；地下管线探测60千米；完成市区规划建设工程测量370宗；完成房屋测绘面积160多万平方米。

物业管理 着力培育物业管理市场，规范物业管理行为。出台《阳江市市区住宅专项维修资金管理实施细则》，进一步健全监管机制，切实做好维修资金的交存管理工作，确保住宅公共部位及其共用设施设备得到及时维修和正常使用。全年共收缴物业维修资金2305万元，累计总额3067万元。积极指导住宅小区成立业主大会和业主委员会，至年底共成立5家。加强物业管理企业资质管理，全市共有物业管理企业50家，物业管理从业人员达1331人。全年协调处理物业纠纷22宗。

直管公房管理 认真做好直管公房经租管理工作。加强公房维修养护工作，尝试以市场运作的方式加强直管公房的管理，确保公房保值增值和住户的居住安全。全年市区共投入公房维修资金46.25万元，维修房屋479间，维修面积3.65万平方米。全年实行房屋白蚁预防120宗，建筑面积76.78万平方米，其中工程建筑面积69.52万平方米，

竣工建筑面积20.41万平方米；完成房屋安全鉴定1036宗，鉴定面积23万平方米。

房屋拆迁管理　全年全市累计实施城市房屋拆迁项目15个，涉及拆迁建筑面积6.3万平方米，被拆迁人516户。其中新核发《房屋拆迁许可证》项目5个，核定拆迁建筑面积10.6万平方米，涉及被拆迁人923户。

住房保障　着力解决低收入家庭的住房困难。2009年，全市共建设廉租住房600套；市区共建设廉租住房325套，其中富源小区廉租住房一期工程建设廉租住房288套，投入建设资金约2200万元，总建筑面积约1.38万平方米。新华居建设项目建设廉租住房23套，建筑面积约1600平方米，投入建设资金约310万元，已交付使用。漠江花园8栋2层改造项目改造14套廉租住房，总建筑面积约750平方米，投入资金约46万元，已投入使用。阳春市共建设廉租住房144套，总建筑面积约9760平方米，投入建设资金约1500万元。阳东县共建设廉租住房72套，总建筑面积为约5920平方米，投入资金约850万元。阳西县共建设廉租住房48套，总建筑面积约3620平方米，投入资金约为420万元。海陵岛共建设廉租住房11套，总建筑面积约520平方米，投入资金约12万元。

住房公积金管理　住房公积金贷款最高额度由20万元提高到30万元；夫妻双方均有缴存住房公积金的，两人同时申请购买同一套住房，合计贷款最高额40万元。住房公积金贷款最长期限30年。充分发挥公积金支持职工家庭购建住房，改善居住条件的作用。2009年，住房公积金归集额37450万元，比上年增长18.11%，全市新增131个单位7382名职工缴存住房公积金；共向925户职工家庭发放个人住房抵押贷款17535万元。至年底，全市共有1064个单位的70021名职工缴存住房公积金；住房公积金累计缴存总额达137603万元，缴存余额88054万元；累计向3673户职工家庭发放个人住房贷款58854万元，资金运转安全良好，提高了城镇居民的购房能力和住房保障水平。

(林元满　王绍挺)

【城市综合管理】　2009年2月18日，阳江市市政管理局更名为阳江市城市综合管理局。8月11日，阳江市城市管理联动中心正式运作，并开通“12319”城管热线。城市管理联动中心自运作以来，共受理有关城市管理投诉业务300宗，及时处理和回复率达到95%以上。

深入开展市容环境和城建秩序的专项整治。一是开展市区市容市貌170天整治专项行动，加大对市区“六乱”的清理整治，共清理乱摆卖、乱停放、乱搭建等“六乱”行为7300多宗，市容市貌明显改善。二是有针对性地加大对市区违法违章建筑的查处，推行跨部门联合执法机制，取得较好效果。联合对林文“屋贩仔”的11间违法建筑、西平路高速路出口2.5万平方米违法建筑采取拆除行动。全年共立案查处违法违章建筑173宗，强制拆除金郊工业区、麻演、三江、城南新区等处的违法建筑15宗，有效地维护了城市建设的良好秩序。

(廖燕娣)

【建筑业】　2009年，阳江市抓好建筑业管理，大力开拓建筑市场。围绕做大做强阳江建筑业这个目标，加强对建筑行业的工作指导和管理，特别是加强对建筑企业外出拓展市场的指导，重点扶持市建安集团、一建集团等龙头企业开拓市外市场，带动全市建筑企业向外发展，取得显著的效果。年内，全市有9家建筑企业实现增项或晋升资质；全市共有建筑施工企业130家，比上年增加16家；共有18家建筑业企业申请建筑业企业资质，其中晋升一级3家，增项晋升二级8家，新成立三级16家。

勘察设计和工程造价管理　2009年，阳江市完成2家勘察设计企业申请勘察设计丙级资质，其中1家新申请建筑装饰丙级资质，1家增项市政工程设计丙级资质。组织17家工程设计进行设计资质证书更换新证工作，已完成12家。对全市2家工程造价咨询机构的资质重新核定，其中甲级资质1家，乙级资质1家。全市5家质量检测机构也重新核定质量检测资质。

招投标管理　进一步加强阳江市有形建筑市场监督，规范建设工程招投标管理。制订发布《关于加强建设工程招标投标关键环节管理的实施意见》，修定完善《阳江市建设工程招标投标管理规定》、《阳江市建设工程施工招标评标定标办法》和《阳江市招投标限额以下建设工程选定施工承包人管理办法》，出台《〈阳江市建设工程施工招标评标定标办法〉补充规定》，取消招投标资格预审制，推行资格后审制，进一步强化建设工程招标投标关键环节的管理。全年全市新招标工程项目450项，工程总投资额54.74亿元，中标工程总造价49.81亿元，节约建设资金4.93亿元，工程造价下降9%，综合招标率和应公开招标工程公开招标率均达100%。其中，市直招标工程186项，工程总投资额22.17亿元，中标工程造价19.52亿元，工程造价下降12%，节约建设资金2.65亿元。

工程质量施工安全管理　全面落实建设工程质量安全责任制。与各县（市、区）建设局及市直施工企业签订施工安全生产目标责任书，层层分解落实安全生产责任；推行建筑工人“平安卡”管理制度和建筑施工意外伤害保险，组织开展安全生产“三项行动”和“安全生产月”活动。6月，举行建筑施工应急救援演练和建筑工程安全生产、文明施工现场观摩会，促进全市建筑施工安全水平的提高。严格执行施工图设计审查、施工许可、安全生产许可、工程监理、竣工验

收备案等制度，强化工程质量安全监督，加强安全生产动态管理，开展建筑施工安全生产及工程质量检查，及时排除工程质量安全隐患，确保工程质量安全。2009年，全市建设系统发生建筑施工安全事故1起，全年没有发生较大以上建筑施工安全事故，施工事故死亡人数在省政府下达给全市建设系统的安全生产控制指标之内。

建筑工程质量稳步提高。全年全市纳入质量监督工程100项，建筑面积108.4万平方米，工程造价13.98万元，竣工16项，竣工验收合格率为100%。2009年，阳江市御水雅筑工程被省评为“双优工地”。

【建设科技】 2009年，阳江市稳步推进建筑节能工作。大力推广使用散装水泥，推进墙材革新工作。参照省建筑节能设计示范项目的范围和入选条件，确定“阳江市中医院新院”工程和“阳江市体育学校综合工程”两项目作为2009年度阳江市建筑设计示范项目，树立样板，以点带面。进一步采取措施禁止城区现场搅拌混凝土，促进预拌混凝土推广工作，并出台《阳江市建设工程使用预拌混凝土管理规定》。推进建筑节能工作，重点抓好建筑节能设计施工图审查和质量监督等工作，全市建筑工程设计阶段节能标准执行率达85%。加强对新型墙材企业生产经营的指导，大力推广使用新型墙体材料，加快淘汰实心黏土砖，全面推进墙材革新工作。2009年，全市使用散装水泥37万吨，比上年增长27.5%；使用预拌混凝土33.2万立方米，增长50%；全市使用加气混凝土切块1.72万立方米，冷轧带筋的建筑面积18.5万多平方米，节约钢筋量达700吨。全市有5家预拌混凝土生产企业和20家新型墙材生产企业建成投产。 *(林元满　王绍挺)*

湛江建设

【概况】 2009年，湛江市坚持以科学发展观统揽全局，深入实施《珠江三角洲地区改革发展规划纲要》和“工业立市、港口兴市、生态建市”发展战略，推进城乡统筹发展，全市城市基础设施进一步完善，城乡环境进一步优化，可持续发展能力进一步增强。 *(黄育平)*

【城乡规划】 2009年，湛江市规划建设部门围绕“建设城乡协调生态文明的科学发展试点市”的目标，充分发挥城乡规划的龙头作用，主动服务湛江钢铁等大型重点项目，规划管理水平再上新台阶。

规划编制　2009年，编制完成《麻章城区分区规划》，开展《东海岛新城规划——东海岛分区规划修编》、《南三岛分区规划》编制工作。

开展控制性详细规划编制。开展《东海岛东山和民安组团控制性详细规划》、《东海岛临港工业组团控制性详细规划》、《东海岛东部组团控制性详细规划》、《屋山片区控制性详细规划修编》、《草苏片区控制性详细规划修编》、《北站片区控制性详细规划（修编）》、《霞山逸仙片旧城改造控制性详细规划（修编）》、《麻章城区南部组团控制性详细规划》、《麻章城区北部组团控制性详细规划》、《疏港大道两侧控制性详细规划》等规划的编制工作。

开展专项规划编制。完成《湛江市霞山区欧陆风情街修建性详细规划》、《东海岛石化产业园区专项规划》、《湛江城市西部（湖光农场）概念性发展规划》、《湛江市城市综合交通规划》、《湛江市城乡发展战略规划》的编制，开展《第十四届省运会体育场馆及配套设施建设规划》编制，协助开展《湛江市电力专项规划》、《湛江市教育专项规划》、《湛江市市区户外广告设置规划》、《湛江市市区供水专项规划》和《湛江市城市照明专项规划》等规划编制工作。

开展村庄规划编制。完成湛江市霞山区石头村等6个村庄规划和开发区龙潮村等5个村庄的城市化改造修建性详细规划初步成果；完成霞山东纯村等5个村庄整治规划、赤坎丰厚村等9个规划和赤坎新坡上村等5个村庄规划初步方案；开展赤坎调顺村等14个规划编制工作。

县（市）加快推进城区、建制镇总体规划修编，提高控制性详细规划覆盖率。吴川市城市总体规划修编完成并报审批，廉江市、雷州市和徐闻县城市总体规划已开编。遂溪县补助每个镇规划编制经费20万元，年内15个建制镇的总体规划和工业区控制性详细规划编制工作全部完成，其余县（市）的11个建制镇开展总体规划修编工作。2009年，全市19个中心镇完成8个重点片区控制性详细规划编制，其中遂溪县3个中心镇全部完成。新农村规划建设初见成效。是年，全市完成规划编制的村庄809条，累计编制的村庄规划农村4940条，占全市自然村庄总数（不含城市规划区和县及县级市城区规划区的村庄）11793条的42%。

规划管理　全年核发《建设项目选址意见书》15份，项目用地面积1469.81公顷；核发《建设用地规划许可证》40宗，用地面积98.89公顷；审批规划方案20项，项目用地面积125.18公顷，建设规模94.11万平方米；下达规划设计条件35宗，用地166.07公顷；核发《建设工程规划许可证》82宗，新开工建筑面积171.58万平方米，其中房地产项目16宗，总建筑面积117.68万平方米。完成市政报建案件376宗，其中完成修建性详细规划协办案件34宗；完成霞山区污水处理厂二期厂内及厂外管网等8项市重点市政工程业务审查审批；市政地下管线数据入库总长度1341公里，完成南三岛1：2000地形图测量工作及数据入库。全年建设工程竣工验收核实84宗，其中整改5宗。

加强法制建设，深入开展规划宣传。开展城市规划管理文件的清理。3月，市政府批准实施《湛江市城乡结合部规划建设管理规定》、《湛江市城中村村民建房规划管理规定》、《湛江市城市主干道两侧规划管理规定》。完成了《湛江市城市建设用地容积率调整规划管理规定》的制定。开展城乡规划法律、法规和规划成果的宣传活动，共印发《湛江市城乡规划建设管理有关法规》5万册。7月，全市开展为期一个月的城乡规划建设法规宣传月活动，宣传规划建设管理“四个规定”。

加强规划效能监察工作。向社会公开承诺36个工作日完成五个环节的审批，比法定审批时限缩短144个工作日。全年窗口受理审批件720份，其中，提前办理580份，按时办理140份；办理群众咨询、投诉23宗；制作建设工程规划公示牌共39个，其中建筑工程23个，市政工程16个；网站发布批前公示3宗、批后公告388宗，其中《项目选址意见书》31宗，《建设用地规划许可证》52宗，《建设工程规划许可证》253宗，《建设工程竣工规划验收合格通知审批结果》52宗。

加快信息化建设步伐。是年，完成开发区分局与市局局域网联通工程，实现市局与分局以及窗口之间的信息交互和共享；完成规划电子报批系统的开发工作，编制了湛江市城市规划信息化建设五年规划，启动了规划图文一体化办公系统建设。（*林春媚*）

开展房地产开发中违规变更规划、调整容积率问题专项整治活动。对各县（市）进行检查督促，对发现的问题进行整改，顺利通过省组织的专项检查。为加对乡镇和村庄规划建设的监督和指导，提高村庄规划建设管理水平，出台《湛江市村庄规划建设管理试行办法》等一系列规范性文件和规章制度。制定统一的《农村建房规划许可申请表》，规范全市农村建房报建程序。下发《关于进一步加强城乡规划工作的通知》，明确各县（市）2009年及今后两年的县城总体规划、建制镇总体规划、控制性详细规划、村庄规划任务目标和工作要求，进一步加强对各县（市）城乡规划工作的督导。（*钟伟强*）

【城乡建设】 重点工程建设 2009年，湛江市采取有力措施，超额完成投资额，创完成额度历年之最。全年安排重点项目59项，完成投资额126.27亿元，完成计划投资的1.01倍，比上年增长1.06倍。有4个项目建成投产，10个项目新开工建设。重点前期预备项目推进取得重大突破。

全市重点项目建设成效显著。一是重点项目完成投资额创新高。全年完成投资126.27亿元，为历年最高。二是工业和交通港口项目成为投资主体，两类项目共完成投资119亿元，占年度投资额的95.3%。

污水垃圾处理 2009年，全市共有污水处理厂8座、其中市区2座，生活污水处理厂运行正常，市区生活污水集中处理率达87.15%。麻章区、吴川市、廉江市、雷州市、遂溪县、徐闻县各建成生活污水处理厂1座，日处理量共达20万吨/日。市区建有生活垃圾无害化处理场1座、市区生活垃圾无害化处理率97.38%。徐闻县投资5608万元建设生活垃圾无害化处理场，总项目设计处理垃圾能力为160吨/日，总库容140万立方米，占地总面积13.8万平方米，设计使用年限为20年。

“三旧”改造 2009年，湛江市有序推进旧城镇、旧厂房、旧村庄改造工作，项目进展有重大突破。拟改造范围，旧厂房用地总面积9.56平方千米，旧村庄用地总面积10.65平方千米，旧城镇用地总面积21.93平方千米。开展全市“三旧”改造调查摸底工作，为确定“三旧”改造范围提供依据。全市2010年计划启动的旧厂房改造项目1066个约2004万平方米，旧城镇改造项目84个约3946.65万平方米，旧村庄改造项目1086个约6615.37万平方米。推荐为全省2010年推动内需100条城中村改造项目2个，分别为赤坎文保北村和沙湾村（旧大天然片区）。赤坎文保北村改造5幢29层的农民公寓楼，至年底完成的基础搅拌桩、钻孔灌注桩占总数的70%，预制管桩18%。该村内的金港蓝湾开发项目、湛师附中搬迁项目同时启动。沙湾村（旧大天然片区）改造的改造主体、改造模式、土地整合方案初步明确。

霞山区汉口路片区的改造是市委市政府的工作重点之一。为加快该片区的改造，成立霞山区旧城改造领导小组，下设四个工作小组，各司拆迁、招商、市政园林和土地规划职责。年初，市规划局组织的洪屋路—汉口路改造修编完成设计并原则通过。8月，市政府批准欧陆风情街的规划修编。汉口路旧城改造F、G组团拆迁完成如下工作：一是签订拆迁补偿合同329户，占应签数的77%；签约建筑面积15695.57平方米，占应签数的44.4%；签约回收土地6792平方米（未含道路、空置面积），占应回收土地面积的16.4%。二是拆除旧建筑面积物47栋，建筑面积10571平方米。其中公房（机关、单位）16个，49栋、8388平方米；私人独立房8户、983平方米；房改房1栋、1201平方米。三是在爱国路16-24号建安置楼一幢，共3986.13平方米，可安置共56户，7月已完成竣工验收。（*黄育平*）

市政设施建设维护 全年完成市政建设道路面积123.1万平方米，总投资84682万元：体育北路（平湾路至人民大道段）工程，总面积

4.92万平方米，总投资5323万元，已建成通车；赤坎江整治二期工程，总面积25.14万平方米，总投资5300万元，至年底完成工程量75%；海田片景观整治二期道路排水工程，总面积25.9万平方米，总投资28875万元，至年底完成工程量80%。南方六横路、北苑路及北苑桥工程，总面积9600平方米，总投资800万元，至年底完成工程量25%；人民大道路面改造工程，总面积63万平方米，总投资18466万元，至年底完工；东新渠排水新建工程，总面积1.16万平方米，总投资2042万元，年内完成工程量88%；海淀路拓宽改造工程，总面积9880平方米，总投资443万元，工程延至2010年初完工；奋勇大道（海湾路至南调路段）工程，总面积1.04万平方米，总投资16233万元，年内完成工程量23%。做好道路维护工作，全年完成市区230条道路补强18.6万平方米，总投资1719.79万元。

园林绿化　全年道路绿化建设面积8.52万平方米，总投资453万元。其中，站前路绿化建设面积4.08万平方米，投资147万元；北站路绿化建设面积4.41万平方米，投资286万元。道路绿化维护总面积1.38万平方米。加大城市绿化和公园维护管理力度。城市绿化和公园绿化水平以及景点建设不断提升，完成中澳友谊花园、南国热带花园、渔港公园、绿塘河湿地公园、金沙湾观海长廊等绿化景观建设，南国热带花园举办了湛江市第一届园林艺术文化节，城市“生态保护和城市绿化建设”项目获住房和城乡建设部“2008年中国人居环境范例奖”。

环卫设施建设　年内启动湛江市生活垃圾焚烧发电厂BOT项目建设前期工作。着手市生活垃圾处理场渗滤液改造工程。工程投资规模为3023.89万元，分两期改造，8月完成可行性研究报告编制工作。建设城市粪便处理车间工程。工程投资规模约800万元，年内完成投资73.3万元。开展市生活垃圾处理场一区封场工程建设。工程投资规模1415万元，工程分两期建设，已完成首期工程，完成投资额149.8万元。

转运站建设和环卫设备购置工作。投入373.76万元，完成2座转运站和公厕的土建工程建设、2座转运站下沉式垃圾压缩设备安装、2座环保公厕建设。新采购5辆环卫车辆。（何全）

生态环境建设　推进重大项目环评工作。建立健全超前服务重点项目机制，在服务重大项目及产业转移工业园区建设方面，提前介入，专人跟踪，指导开展区域环境影响评价。组织完成钢铁产业配套区环评文件编制工作；协调环保部对湛江开发区东海岛新区环评文件的审批，为中科炼化一体化项目落户湛江提供条件支持。建立健全新、改、扩建项目污染物总量前置审核机制，对建设项目排污总量进行控制。全年审批建设项目环评文件153项，否决不符合环保要求和产业政策的项目9个，缓批12个。建立健全环境保护责任制度和污染减排考核机制，进一步深化县（市）级环保责任考核工作，确保全市污染减排落到实处。

环境民生问题得到有效的解决。全年共受理环境信访案件1444件，处理率达100%，有效地解决群众反映强烈的热点难点环境问题。及时查处赤坎区车保航汽车配件部等4家企业噪声及废气污染、湛江市椰湛饮料有限公司噪声扰民问题；严格督促湛江富洋塑胶有限公司按要求实施停产搬迁，保障群众合法环境权益；妥善处理麻章经济开发区内的湛江美润石化有限公司泄油导致廻龙外村等村庄近百亩水稻和部分花木受污染事件。

农村生态环境保护不断加强。指导、督促5条村获得2008年度中央农村环保专项资金的村庄实施“以奖促治”项目。全市新增获中央和省级环保资金补助的村庄3条，农村环境综合整治进一步深化，生态环境得到改善，有效促进了农村经济、社会与环境的协调发展。对廉江市长山镇长青水库等7个典型乡镇饮用水源地进行调查评估，编制完成《湛江市典型乡镇饮用水水源地基础环境调查及评估报告》，进一步摸清了全市乡镇地区饮用水水源地基础状况、污染排放状况和水环境监管体系建设情况。扎实推进生态示范村镇和绿色社区、绿色学校创建活动。雷州市英利镇、遂溪县港门镇被省环保厅命名为省生态示范乡镇。新增省级生态示范镇2个，市级生态示范镇5个，市级生态示范村33条。

环境质量有效改善。市区空气质量继续保持优良，二氧化硫、氮氧化物、可吸入颗粒物平均浓度分别为0.011毫克/立方米、0.011毫克/立方米、0.043毫克/立方米，优于国家二级标准，空气API指数在26~54之间，其中优级天数占95.1%，比上年增加56天；饮用水源和湛江近岸海域水质达标率继续保持100%。污染减排工作进一步推进，超额完成省下达的治污减排任务。跟踪督办工程减排工作扎实推进。市环保局与市监察、建设等部门联合检查督办全市污水处理设施建设及设备安装进度，到各县（市）进行现场督导，有效地推动了工作的进展。赤坎水质净化厂二期工程2009年8月投入试运行，吴川市、遂溪县、雷州市污水处理厂2009年11月、12月先后进水调试运行，南油西部石油公司基地第四生活区污水处理设施和华资农垦广华分公司等26家工业企业废水治理工程建成并投入正常运行，新增化学需氧量削减量5835.93吨；廉江市污水处理厂2009年12月底试机，徐闻县污水处理厂设备安装工作全面推进；霞山污水处理厂二期、麻章区污水处理厂一期工程有序进行，坡头区、东海岛污水处理厂建设前期工作取得进展。年内依法关闭污染严重、产能落后的造纸、淀粉生产、食品加工、水泥等企业8家，削减化学需氧量734.96吨、二氧化硫210吨。对城市污水处理厂、燃煤电厂脱硫工程等减排项目和重点污染源进行现场监管，确保其治污和在线监控设施正常运行、污染物稳定达标排放。全市共监察重点污染源和减排项目49个、660厂次，污染防治设施正常运行率100%，废水、废气污染物排放达标率100%。

环境信息系统建设不断完善。市环保监测站大气自动监测系统全部与省和国家联网，实现数据共享、实时监控。15家国控重点污染源在线监控系统运行正常并已通过验收；2家省控重点污染源已安装废气（废水）在线监控设备并试运行；5家市控重点污染源完成在线监控设备安装，其中3家通过环保验收。 *（湛江市环境保护局）*

组织进行城市生活垃圾焚烧发电厂项目前期工作、生活垃圾和处理场渗滤液处理扩容改造、生活垃圾场封场以及垃圾转运站等环卫基础设施项目建设；加大对市区建筑余泥管理力度；积极推进城乡清洁工程实施方案，开展环卫工作专项检查，把各项管理制度落实到街道社区，有效改善了市容卫生脏乱现象。 *（何全）*

城市供气　强化燃气安全和质量监管。整治不安全的静态和动态气源，组织开展燃气“安全生产执法监察警示”和安全生产“三项行动”等活动，对各燃气企业重点部位的安全情况进行检查或排查，消除安全隐患，确保燃气的质量和安全。对非法经营“黑点”和跨区充装等违规行为进行整治，严厉打击劣质和短斤缺两等欺诈行为。全年取缔非法经营“黑点”37个，查扣钢瓶1800多个。加大燃气安全知识宣传力度，举办多期企业管理人员和职工队伍培训班，开展燃气应急救援预案演练。做好天然气清洁能源推广利用，新建住宅小区均使用管道天然气，市区内民用清洁能源使用率达91%以上。湛江市天然气推广应用走在全省前列。

【中心镇建设】　2009年，湛江市中心镇经济发展，建设扎实推进，各中心镇镇区建设成果显著，全市19个中心镇镇域总人口达203.15万人，镇域范围内GDP总额约177.04亿元，镇域工业总产值约299.09亿元，可支配财政收入达1.36亿元，城镇维护建设资金财政支出952.3万元。至年底，19个中心镇建成区公共绿地面积585.54万平方米，镇域自来水普及率达77.12%，人居环境进一步改善。全市19个中心镇房地产开发项目规模56.52公顷，招商引资86个项目，总投资36亿元。

镇区基础设施和公共服务设施建设速度加快。其中新建、改建、扩建道路100条，总长度约137.72公里，总面积约66.58公顷，总投资7277.9万元；供水设施项目12个，总投资约4200万元；排水设施项目21050米，总投资约1022.7万元；环境整治投入1157.9万元；园林绿化建设项目618个，面积17.97公顷，投资680.15万元；环卫设施项目33个，面积68966平方米，投资94.14万元。 *（黄育平）*

【住宅与房地产业】　2009年，湛江市区办理商品房交易10279宗，交易面积96.41万平方米，比上年增长1.51倍，交易金额44亿元，增长2.13倍；二手房交易审批4264宗，交易面积44.75万平方米，增长34.6%，交易金额8.9亿元，增长85.04%；办理抵押登记10816套，抵押面积334.39万平方米，增长57.01%，涉及抵押金额79亿元，增长149倍。

房地产开发　全年全市房地产开发完成开发投资472728万元，比上年同期增长28.87%。完成土地开发面积41.52万平方米，比上年同期增长22.89%。待开发土地面积20.86万平方米，比上年同期下降56.31%。房屋施工面积630.46万平方米，比上年同期增长56.74%；其中住宅465.43万平方米，增长39%；其中新开工住宅142.53万平方米，与上年持平。房屋竣工面积75.39万平方米，比上年增长58.75%。商品房销售面积107.43万平方米，比上年增长58.21%，商品房销售金额401821万元，增长1.18倍。其中住宅销售金额389512万元，与上年持平。空置面积25.65万平方米，比上年下降9.01%。

住房保障　制订2009年度经济适用住房建设项目的操作方案，经济适用住房项目的前期申报工作进展顺利，招标工作预期完成。市区经济适用住房申请对象的申报、审查工作全面铺开。至年底，累计投入廉租住房建设资金3514万元。全年通过实物配租方式解决市区254户低收入困难家庭住房问题。市区发放住房专项补贴131.52万元，解决802户未实现实物配租的困难家庭的居住问题，基本实现“应保尽保”的工作目标。寸金20号和椹川大道南81号两处廉租住房工程铺开建设。

房地产市场管理　是年，湛江市对住房公积金管理工作进行全面检查，在房地产开发企业中开展非法集资风险排查。进一步加强资质管理，完善管理制度和审批程序。全年共批准成立的房地产开发企业21家，对8家房地产企业核定了资质等级，为35家房地产企业办理了换证，为33家暂定资质企业办理延期，为33家房地产企业办理变更手续。开展房地产市场整顿巡查工作，加强建设楼盘和预（销）售楼盘的现场勘查力度，严肃整治“骏景花园”、“百合家园”和“万州花园二期”等楼盘的违规销售行为。规范存量房交易流程，搭建存量房交易信息平台，增强全市存量房交易信息透明度和存量房交易资金监管力度，激活存量房交易，促进一、二级市场的良性联动。出台《关于解决湛江市办理房地产证历史遗留问题的意见》，加大解决历史遗留未能办理房地产权证问题的工作力度。

加强信息系统建设。产权产籍管理信息化建设取得重大成果，顺利通过住房和城乡建设部对全国新增50个重点城市房地产市场信息系统第一阶段建设工作的检查验收，房地产电子登记簿建设工作在专项验收中被评为优秀。

产权产籍管理 出台并实施《湛江市市区房屋门牌地址和商品房单元号编写规则》，统一房屋地址门牌的书写格式，解决国土证、规划许可证和施工许可证三证地址不一致导致无法进行房屋登记的问题，遏制因此出现的一房多址、重复登记、重复抵押等现象。研究编制《湛江市房产管理局房屋登记及相关业务操作规范》和《湛江市实施〈房屋登记办法〉细则》，为有序开展产权产籍管理工作奠定基础。抓好日常档案整理立卷和危旧档案抢救裱糊工作。全年共整理档案10008卷，更正档案298卷，补充撤抵证明、注销、遗失登记档案398卷，解封档案216卷，裱糊档案2090卷；接收各门类档案19487卷，接受查档29276人次，调阅档案40835卷，出具房地产档案资料证明25461份。

房产测绘管理 对已存档的地籍测绘成果进行自查，更正以前欠科学的地址编排，并按区属名、街道名对市辖区的地籍图进行分类存放管理，提高地籍图的查询和调用速度。解决房产公用面积的分摊问题，出台《测绘作业技术实施方案》和小区公共分摊表，使分摊方式更为统一合理。全年累计编绘房产权产籍图20幢；完成房产测绘10630宗，比上年增长25.4%，测绘面积340万平方米。

房屋租赁管理 全年新办租赁备案登记640宗，比上年增加269宗，涉及租赁面积88万平方米，涉及月租金50.78万元。加强租赁纠纷调解力度，全年协助处理租赁纠纷7宗，追回拖欠租金41万元。

推进房屋安全鉴定工作。完成市教育、卫生等系统的房屋安全鉴定工作。加强市区房地产建设工程周边房屋的安全检测，全年完成房屋鉴定507宗，总鉴定面积36.08万平方米，其中义务鉴定面积9.18万平方米，鉴定报告采信率达100%。 *(李旭)*

【城市综合管理】 湛江市城市管理行政执法局成立于2004年4月，是广东省第一个由省政府批准成立的相对集中行使行政处罚权的行政执法部门。2009年，为适应“大部制”机构改革的要求，湛江市委、市政府决定以“一级执法，二级管理，责任在基层”的原则对湛江市的城市管理行政执法体制进行改革。市城管执法局配合机构改革工作，着力推进执法工作重心下移。目前，行政执法体制改革工作在稳步进行。

年内，积极开展“城乡清洁工程暴风行动”，组织开展各类专项整治活动，全年共处理各类违法违章案件9万多宗。其中，立案进行行政处罚的有2.15万宗，维护了城市容貌的良好状态。

加大力度遏制违法建设。组织对辖区城中村违法建设的大规模清理，遏制日益泛滥的“抢建”风。共拆除违法建筑1825多宗，面积37万多平方米；拆除违法搭建726宗，约10.7万平方米。开展市容集中整治。大力开展对城市“六乱”及市容环境集中整治活动，为创建国家卫生城市和国家环保模范城市提供保障。在元旦、春节、国庆三大节日期间，各组织为期一个月的市容集中整治，在重大活动期间组织21批次的市容集中整治。5月开始，在全市开展了为期两个月的市容环境集中整治。全年共清理乱摆卖18万多起，共出动执法人员15万多人次，执法车辆3万多辆(次)，脏乱差的现象明显减少。开展噪音、广告牌等专项整治。联合环保局、建设局、规划局等职能部门，对噪音扰民、非法设置广告牌、非法经营燃气行为开展专项整治。成立户外广告清理小组，对市区大型广告进行拉网式清理，共查处（拆除）违法设置广告牌、招牌2279块；查处噪音污染案件146宗；查处非法经营燃气案件96宗，暂扣燃气瓶1687个。在高考、中考期间，特别加派执法人员对学校周边加强巡逻监控，严防噪音扰民，为考生创造安静的学习考试环境。对市区乱张贴乱涂画行为进行专项整治。2008年，通过政府采购招标聘请专业清洁公司，承包清理市区89条主要道路共86公里的乱涂写乱张贴业务。2009年，除督促专业清洁公司按质保量完成合同治理要求外，通过加强源头抓堵，实行夜间巡查蹲点、打击制证窝点、建立小广告公示牌等办法，使乱张贴现象得到遏制。针对城乡结合部主干道两旁的修车档、洗车场占道经营、油污及污水污染道路影响市容的现象加大执法力度，加强巡查监控，落实“门前三包”的规定，并联合工商部门，引导修车档、洗车场从主干道逐步向次要道路转移，对屡纠不改的修车档、洗车场吊销营业证照。全年共整治修车档181档次，洗车场89档次、废品站16档次。通过整治，占道修车、污染道路的现象得到有效遏制。大力整治占道经营的夜间大排档。针对市民反映强烈的夜间大排档扰民问题，积极联合各区政府、街道办开展联合整治行动，定期组织集中整治，一年来，共整治违法大排档7191档次。 *(林肖兵)*

【建筑业】 2009年，湛江市资质等级建筑企业实现总产值125.3亿元，比上年增长18.7%，实现利润总额2.5亿元，增长25.0%。全市具有资质等级的建筑业企业有126家。其中国有企业66家，占企业总数的52.4%；一级资质14家，其中国有企业5家；二级资质44家，其中国有企业23家；三级资质68家，其中国有企业占38家；建筑劳务分包资质17家，从业人员77974人。全市实行招标工程项目共156项，其中施工公开招标项目100项，工程造价53.86亿元。全市新纳入质量监督的在建房屋与市政工程58项（新领取施工许可证），建筑面积174.25万平方米，工程验收备案51项，建筑面积81.34万平方米，总造价87218.4万元。竣工工程52项，建筑面积58.9万平方米。全年供应散装水泥118.58万吨，商品混凝土120.2万立方。为国家节约包装纸6700吨，折合优质木材37200立方米，节约电力811.55万千瓦/小时，节约煤炭9768万吨，节约烧碱2535.66吨，节约扎口棉纱450.13吨，减少水泥损失56210万吨，综合经济效益7358.93万元。全年对市区墙体材料验收的工程有23项，总墙体面积36.61万平方米，新型墙体面积35.79万平方米，新型墙体材料使用比例97.76%，减少实心黏土砖使用3436万块，减少土地损耗近4公顷，减少废气排放47.92吨，节省燃料煤2130吨。

工程质量管理 加强工程质量监管工作。出台《湛江市建设局建筑深基坑工程管理规定》、《关于加强我市建筑工程桩基施工对周围环境影响控制措施的实施意见》等文件，逐步建立质量管理长效机制。加强工程实体质量的监督，对地基基础、主体结构、关键部位实施重点监控，并认真开展“质量月”活动。全年派出监督检查工作人员3285人次，发出质监检查通知书975份，整改通知34份，查出和消除质量隐患884起；开展工程材料专项监督抽检活动，全年共抽检工程材料1486组次，抽检面覆盖市区所有在监工程。除常规化监督外，坚持每月重点巡查相关责任方职责履行情况、强制性标准执行情况和工程实体质量情况等。加强施工现场各方质量主体行为的监督，对所有在监工程项目开展施工及监理企业质量管理量化考核，全年共考核441项次，并分季度和年度公示考核结果，促进企业质量管理水平的整体提高。加强住宅工程质量的监督，编制《湛江市建筑工程质量通病防治措施》、《湛江市住宅工程质量分户验收实施指导意见》等，抓好住宅工程通病防治、分户验收等工作。湛江市建筑工程质量监督站等9个质量监督机构通过省住房和城乡建设厅复查评审，顺利完成全省建设工程质量监督机构考核工作。

增强检测能力，强化监管手段。8月，湛江市建筑工程质量检测站通过广东省质量技术监督局实验室资质认定复评审，取得资质认定计量认证证书，所申请的扩项和标准变更全部通过，其检测能力在全省地级市检测站中居于前列。该站还取得广东省建设工程质量检测机构资质证书，通过包括可进行2000吨左右单桩竖向抗压静载荷试验在内的四大项16个子项的检测项目，具备系统、全面的建筑工程的检测能力，地基基础检测水平走在全省检测机构的前列。吴川市建筑工程质量监督站试验室、廉江市建筑工程质量检测站也通过省住房和城乡建设厅检测机构资质就位评审。

施工安全管理 是年，全市各级建设行政主管部门组织多次生产安全大检查，共检查在建工程340项次，查出重大隐患45项，发出整改通知书109份、局部停工通知书4份。全面推行安全生产动态管理办法，对存在违法违规行为的70名责任人和13家施工企业、14家监理企业实施全市动态扣分处理。推行建筑工人安全教育培训“平安卡”管理制度，全市共培训12860人，发出“平安卡”9300张。针对重大危险源专项整治，对全市在建8个深基坑工程进行专项检查，提高施工作业人员的防范意识。加强对建筑起重机械的安全管理，明确入湛开展建筑施工起重机械安装（拆卸）业务单位需提供安装、技术、管理人员资格证明；强调建筑起重机械出租单位或自购建筑起重机械的使用单位，首次使用产品必须登记备案。实施登记以来，共有143台塔吊、113台施工升降机、57台物料提升机进行登记备案。全市有13家企业共计15项工程申报“双优”工地，其中市区10项，徐闻县4项，廉江市1项。有11项在建工程通过湛江市“双优”工地评审。推荐湛新市场综合楼、君福来酒店等2项工程申报参加省“双优”工地评选和省AA级安全文明标准化诚信工地评价，均获得好评。另外，德祥花园等4个工地通过省“双优”复评。

建设市场管理 严格管理墙改专项基金的征收和核退，全年全市共征收墙改专项基金2923万元，市区和各县（市、区）征收率达100%，没有减、免、缓征现象。专项基金的核退，市区全年共清算工程项目23项，核退专项基金345万元。出台《关于加强湛江市新型墙体材料管理的通知》，提高全市新型墙体材料确认备案要求。

严格执行建筑市场准入和清出制度，做好外地企业进湛备案工作。年内办理进湛备案业务167宗，其中施工企业125宗、监理企业39宗、招标代理13宗。对市外进湛施工、监理企业和招标代理机构共88家企业进行专项检查，对人员配置和办公场所存在问题的17家企业作出整改和清出市场处理，有效地维护了全市建筑市场的管理秩序。推进劳务企业发展，规范劳务企业运行。建筑企业分包工程逐步使用成建制的劳务企业，禁止非劳务企业包工头再承接工程或分包工程，严肃查处转包、违法分包和挂靠行为，严格劳务人员上岗持证督办工作。12月，开展“拉网式”大检查1次，对持证率低的工地及时下达《催办通知书》，限时培训，确保劳务工人持证率进一步提高，特种工持证率达100%。

提高建筑从业人员素质，加大培训力度。举办“平安卡”、安全生产知识教育培训班，对“三类人员”、安全员、监理员、见证取样员等和实行“平安卡”人员实行教育培训。共培训各类人员2.4万人次，基本完成省、市下达的培训任务。

整治拖欠工程款和拖欠农民工工资问题。推行业主工程支付担保和承包商分包工程付款担保制度，通过市场信用约束机制，解决拖欠工程款和农民工工资问题。全年共处理拖欠工程款投诉7宗，已解决的一宗，涉及金额188万元；处理拖欠农民工工资投诉6宗，解决金额25万元。

招投标管理　2009年进入交易中心招标的工程项目156项。其中施工招标100项，造价53.86亿元，中标价44.92亿元，下浮率为16.6%；监理招标37项；勘察设计招标19项。应招标率100%，公开招标率100%。

推行湛江市财政拨款投资建设工程预审投标资格制度。出台《湛江市财政拨款投资建设工程预审投标资格暂行办法》，制定《湛江市财政拨款投资建设工程施工预审投标资格单位名录管理实施细则》，开始受理2010年度湛江市财政拨款投资建设工程施工预审投标资格单位申请。财政拨款投资建设工程预审投标资格制度作为资格预审制度的创新和优化，对规范建筑市场秩序，促进建筑市场健康发展具有示范和带动作用。

推动招投标工作信息化建设。招标公告通过网站发布，投标企业在网上直接进行投标报名及下载招标文件，所有投标人的信息均被屏蔽，使围标串标行为受到遏制。网上报名改变了传统招标流程，解决了对投标者保密的难题。启用标书自动审查系统，进一步规范对招标文件的审核。招投标系统的建设，使有形市场进一步实现信息公开化、行为规范化、管理现代化和法制化，有力地遏制工程承包环节腐败现象的发生。该系统已完成开发，并完成对招标代理机构、施工企业的操作人员的培训，并在部分小型项目试行。

工程造价管理　2009年，湛江市继续抓好贯彻国家标准《建设工程工程量清单计价规范》(GB50500-2008)和2006广东省建设工程计价依据的工作，发布《关于调整建设工程动态工资单价的通知》，及时补充完善定额人工工资单价，维护建筑市场工程计价秩序。加强对工程造价咨询企业的监管工作，对在湛江执业的15家造价咨询企业完成2次全面检查，对造价企业进行检查、建档，对人员到位情况进行拍照，督促各分支企业到省备案。狠抓造价专业人员的培训工作。完成造价员再教育1300人，造价员考证班培训380人。完成造价信息发布形式从单纯物质刊物到“网刊合一”的转换工作，湛江工程造价信息网于2009年10月正式上线投入运作，造价信息发布实现信息化，并实现在网上对湛江市本行业的企业和人员的资质及业务进行管理。

【建设科技】　勘察设计　2009年，湛江市有勘察设计单位19家，其中甲级4家，乙级8家，丙级7家，队伍结构专业齐全、体制多样。全市勘察设计行业从业人员2073人。其中高级职称人员175人，中级职称人员387人；一、二级注册建筑师38人，一、二级注册结构工程师26人，注册岩土工程师7人，其他注册工程师63人。全市有施工图审查机构5家，其中房屋建筑类4家，房屋建筑和市政基础设施工程综合类1家。全市有施工图审查人员78人。全年勘察设计行业营业收入30714万元，利润总额1372.71万元。

技能培训　组织开展行业技能培训和行业论文评选活动。年内，组织建筑节能设计标准培训班，开展2009年度湛江市优秀工程勘察设计奖评选及2009年工程勘察设计行业优秀论文评选活动，促进了工程勘察设计水平的提高。

建筑节能　加强民用建筑节能的监管力度，坚持把建筑节能标准贯穿于工程建设全过程。对不符合建筑节能标准的设计图纸，一律不予通过设计审查；对未通过设计审查的建设工程，不予办理施工许可证。在施工过程中，质监机构加强检查监督，发现不按建筑节能图纸施工的，责令改正；对未通过建筑节能专项验收的工程，不给予办理竣工验收备案手续。是年，全市在施工图设计阶段节能标准执行率为100%，施工及竣工验收阶段节能标准执行率为92.3%。

指导新型墙体企业按标准要求提高产品质量。至年底，市区经备案认定并正常生产的新墙材企业有8家，各县（市）都建立1家上规模的墙材企业。湛江新能建材有限公司、遂溪县吉城墙体材料有限公司生产的节能新型墙体材料蒸压加气混凝土砌块，基本能满足市区节能围护墙材需求。完成全市新型墙材生产企业的产品年检认定备案工作。加强源头的管理，提高产品的质量，提升生产企业管理效能，促进新型墙材以及节能工作的开展。

开展机关办公建筑和大型公共建筑能耗统计和公示活动。组织对全市55栋机关办公建筑和大型公共建筑进行能耗统计调查，将结果以单位能耗高低的顺序进行排列，在湛江建设信息网上予以公示，促进了建筑能耗的下降。组织全市建筑节能工作检查。对全市的5个县（市）和市区32个工程项目进行检查抽查，检查抽查结果向全市通报，起到了良好的促进作用。

（黄育平）

茂名建设

【概况】　2009年，茂名市建设工作稳步发展，城乡规划进一步强化，市政基础设施不断完善，建筑业、房地产业、燃气业发展势头良好，宜居城乡创建工作全面展开，村庄整治工作稳步推进，建筑有形市场得到有效监管，工程质量监督工作不断加强，实心黏土砖厂整治取得突破性进展，建筑节能推广工作成效明显，建设事业保持健康持续平稳发展。（吴再泉）

【城乡规划】 2009年，茂名市城乡规划工作继续发挥规划的先导和调控作用，各项工作顺利开展。

规划编制　积极推进新版《茂名市城市总体规划（2008~2020）》编制工作。3月，总体规划纲要通过省建设厅组织的专家评审。开展环水东湾新城总体规划的编制工作，组织投标优胜单位综合各方案优点和公众意见，对新城规划作进一步深化。组织完成《茂名市市区近期建设规划（2008~2010）》（含西城片区分区规划）、《茂名市城市站南片区分区规划（2008~2020）》、《茂名市茂港中心城区规划（2008~2020）》、市区公共绿地绿线控制图的编制，并经市政府批准实施。进一步加强控制性详细规划的编制工作，组织《吉祥小区控制性详细规划》等56个小区控规编制工作，部分小区控规已上报审批。

各县（市）新一轮城市总体规划的编制工作全部启动。信宜市编制完成《信宜市城市总体规划》（2004~2020年），并上报省政府待批；电白县编制完成《电白县城水东镇总体规划》（2005~2020年），已报茂名市政府待批；化州市完成城市总体规划的招标工作，近期开展编制工作；高州市完成城市总体规划规划纲要，并对重要地块编制了控制性详细规划和小区修建性详细规划。全市15个中心镇总体规划有13个获市政府批复。制发《关于加快建制镇总体规划编制工作的通知》，以抓好105条省级村庄规划试点为契机，选取60条市级村庄规划试点村，通过以点带面，稳步推进全市村庄规划编制工作的开展。

规划管理　严格执行城市规划委员会审批议事制度，对规划编制、调整和变更等重大规划事项坚持全体会议审议。进一步完善城乡规划相关法规规章及配套文件，修改完善《茂名市城乡规划管理规定》和《茂名市城乡规划技术标准》，逐步实现城乡规划编制和管理的标准化、规范化和法制化。积极开展房地产领域违规变更规划、调整容积率专项治理工作，与市纪委监察局联合组织对各县（市）专项治理情况进行检查，进一步规范变更规划、调整容积率的审批制度。加强规划行政主管部门的依法行政监督，完善规划审批公示等制度，规范审批程序，严格审批纪律，确保城乡规划依法审批、监督和实施。（黄诗茗）

【城乡建设】 2009年，茂名市城市建设发展较快。

市政设施建设维护　红旗路和站前路一、二路改造工程于2009年8月全部完成，随即对站前三至七路人行道、中间隔离带进行改造，累计完成人行道铺装面积1.4万平方米，改造路侧石6000米。为进一步改善市区河西市政设施，对市二技门前道路进行改造，拓宽学校门前道路路面，新铺设排污管道、路基和砼路面。对文化广场西南侧的临时设施进行完善，拆除原有的临时建筑，铺设花岗岩人行道，加设宫廷式组灯。建设光华北路钟鼓桥段最后300米路面，打通市区北出口。对茂南大道进行改造，修复部分破损路面2235平方米，加设中间防护栏870米。至年底，茂名大道一期改造工程前四个标段竣工通车，后三个标段建成总工程量的80%。全路建设总长8.5千米，工程总造价17693.2万元。市区新福五路，双山六路，西粤南、中、北路于10月动工，总建设长度1852米，至年底已建成1130米，占总工程量的60%。全年修复城市道路及人行道设施，共铺补沥青路面1.68万平方米，更换道路侧石563.7米，修补铺设人行道方块6131.5平方米。至此，茂名市区城市道路总长138千米，总面积305万平方米，人均铺装道路面积8.3平方米。

改善市区排水设施，保证200多公里街巷排水系统排水顺畅，维修进水井2218个，雨污检查井923个，更换被盗铸铁井盖766个，机械清疏下水道503台班。

园林绿化　2009年，茂名市各级政府重视城市园林绿化工作，以创建“园林生态型海滨城市”为目标，以城市绿化美化香化为重点，把城市园林绿化建设作为改善人居环境、建设生态文明的重要举措。确立“四多四少”的绿化理念，即多种乔木、少种草，多自然生态、少人工修剪，多品种、少单一，多色彩、少单调。增加投入，加大工作力度，推动茂名城市绿化跳跃式发展。全年共栽植各类树木近万株，栽植花灌木10万棵，种草种花7.2万平方米，摆设节日鲜花20万盆，新增绿地面积5万平方米。至年底，建成区绿地面积1597.75公顷，绿地率38.5%，人均公共绿地面积9.2平方米。市区有公园8个，广场4个，小游园15个。（张汉雄）

生态环境建设　2月，高州水库水体藻类疯长，给茂名市的饮用水源带来严重污染，对饮用水安全造成威胁。政府安排160万元资金，建立藻类监测中心，开展藻类应急监测和治理，收到了良好的效果。

年内，投资210万元建设库区内7个卫生院的污水处理站和医疗垃圾暂存间，安排全市农村垃圾处理专项经费500万元，用于农村垃圾处理设备配套和奖励。加强对生活垃圾的处理，采取“户分捡、村收集、镇运送、县处理”的垃圾收集和处理办法，责任明确，收效较好。同时，每村还建设一个垃圾池，安排专门人员和车辆定时定点回收垃圾。

是年起，对库区生态公益林进行损失性效益补偿，标准为每亩每年20元，实施生态林保护。利用省安排的沼气建设资金，重点扶持水源保护地村镇发展沼气。投入180万元，建立100户以沼气为纽带的庭院经济生态示范户。

（茂名市环境保护局）

市容环卫　2009年，茂名市区负责清扫保洁道路面积约351万平方米，每天清运市区垃圾470吨，年清运垃圾总量17.16万吨，清运率100%。购买垃圾清扫车4辆、垃圾运输车3辆。维修公厕10座，修复金塘垃圾处理场围墙37米，新装果皮箱380个。至年底，市区有垃圾清扫车6辆、垃圾运输车42辆、公厕49座、果皮箱462个、垃圾站28座（其中压缩站10座），新增三轮式环卫保洁车120辆。

是年，占地47公顷的茂名市锡塘生活垃圾处理场开始筹建，已完成项目选址、立项、用地规划调整等前期工作。

城市供水　全年完成供水量5260万立方米，产值7488万元；新增供水管道123千米，市区管径65毫米以上的供水管道总长420千米；新增装表户4097户，现有总表户118526户，市区自来水普及率100%，平均日供水量14.41万立方米，占总生产能力的43%；管网压力合格率100%，水质综合合格率99.97%。新购水质检验设施一批，新拓展检测项目8个，全市水质检验项目达99个；长级营业收费系统软硬件；测漏377个，完成管网维修1440宗。供水面不断向茂港区、茂南区拓展，覆盖面积200平方千米，人口65万人，2009年售水量为4342.143万立方米，比上年上升8.6%。

污水处理　全年处理污水2437万立方米，生活污水处理率为73.27%，全年电耗为674.7万度，处理每千立方污水电耗276.8千瓦时。污染物削减方面，BOD去除率为84%，年去除量1074吨；COD去除率为84.01%，年去除量3521吨；SS去除率为86.62%，年去除量2242吨；氨氮去除率为83.16%，年去除量397吨。年底，建成高州、信宜、化州污水处理厂并试通水，加上2007年建成的电白县城生活污水处理厂，茂名各（县）市实现“一县一厂”的建设目标。高州市生活污水处理厂，位于石仔岭街道荔枝墟塘口村，占地9.73公顷，建设规模为日处理量5万吨，采用“微曝氧化沟”工艺，铺设污水收集管网主管、支管道共28千米，投资总概算约1.27亿元；信宜市尚青污水处理厂，位于东镇街道办六运社区，占地面积5.33公顷，项目规模为日处理量3万吨，采用“微曝氧化沟”工艺，铺设污水收集管网20千米，投资总概算约1.2亿元；化州市城市生活污水处理厂，位于下郭大石岭南侧，占地面积4.7公顷，项目规模为日处理量5万吨，采用“微曝氧化沟”工艺，铺设污水收集管网11.3千米，投资总概算约1.5亿元；电白县城镇污水处理厂，2009年完成西线主管网建设，污水处理率达60%以上；茂名市第一污水处理厂，2009年完成新湖和银湖污水截流管网建设，年增加截流污水600万吨。

（张汉雄）

城市供气　全年销售量为60万吨，实现销售额约为30亿元。天然气气化库年内建成并投产试运行，天然气利用工程累计投资1.2亿元，累计安装天然气管道户内配套设施共9865户，全年城区安装天然气管道户内配套设施6000户，市政主管网累计敷设3.45千米，庭院管网8.469千米，年内实现主干道市政管网贯通，基本覆盖河东区域各大型社区近7万户居民用户。

（吴再泉、罗栋）

【中心镇建设】　自2002年省核定茂名市15个中心镇以来，全市各级政府、建设行政主管部门和各中心镇下大力气，把加快15个中心镇建设作为全面促进农村经济社会发展、推进城镇化进程的关键环节来抓，切实抓好中心镇总体规划的编制与实施，合理调整镇级行政区划，引导生产要素向中心镇聚集，加强对中心镇建设的督促指导，促使各中心镇建设较快发展，并带动其他建制镇稳步发展。

中心镇的快速发展，对农村经济社会发展的辐射带动能力不断增强。至2009年年底，全市15个中心镇镇区总人口达49.76万人；国内生产总值224亿元；人均国内生产总值14474元；可支配财政收入总额1.6亿元。全市中心镇建成区总面积达81.9平方公里；镇区人均住房面积32.2平方米；镇域自来水普及率59.6%；人均公共绿地面积7.96立方米。

电白县沙琅镇纳入广东省首批宜居城镇创建指导点，成为全省10个宜居城镇创建指导点的其中一个，也成为该市开展创建“宜居城镇”工作的试点。

【住宅与房地产业】　2009年，茂名市共完成房地产开发投资25.04亿元，比上年增长31.83%；商品房新开工258.46万平方米，增长31.87%；商品房竣工面积91.13万平方米，增长9.97%；商品房销售（含期房，以下同）面积165.75万平方米，销售总额为39.39亿元，分别增长12.38%和33.64%。全市房地产交易总额达到53.42亿元，其中土地成交价款3.45亿元，房屋交易总量249.88万平方米，交易总额49.97亿元。

住房保障　2009年，全市累计完成新建或购买廉租住房投资3855万元，共新增解决廉租住房保障对象1399户，其中实物配租577户（包括当年入住、当年已分配未入住和基本完工的在建项目已分配待入住的廉租住户）、租赁补贴822户，建成并交付使用的经济适用住房218套。市区第三期廉租房总建筑面积7300平方米共120套，项目投资835万元，8月底竣工。年内，市政府决定将市区第四、五、六期廉租房（2009~2011）三年任务一年完成。在无新增建设用地情况下，实施“三旧”改造，拆除危旧房600户、金花等片区危旧公房45栋1.78万平方米，搬迁住户408户，安置人口1603人，腾出土地3.1公顷作为廉租房建设用地。三期廉租房共4.6万平方米723套，总投资6000多万元，12月全面动工建设。确认市区新增廉租房保障对象388户，至年底，市区廉租房保障家庭共有782户，其中领租金补贴572户，实物配租210户。全年共发放租金补贴125.92万元，实物配租120套。全市享受廉租住房保障的城镇低收入家庭有2647户，比上年增加918户。 *（吴再泉　罗栋）*

房地产管理　市区商品房住宅专项维修资金开户总金额达1.07亿元，到账资金2700万元。39个楼盘强制配置物业服务用房总面积达3500平方米，总价值1050万元。完成房屋登记发证38583宗，比上年增长39.24%。其中房屋登记发证27447宗，比上年增长56.39%；注销登记11136宗，增长9.61%。启动预告登记业务，办理预告登记1957宗。受理房屋交易鉴证5471宗，交易面积81.47万平方米，比上年分别增长3.17%和18.36%；商品房预售合同备案7129份，商品房预售项目备案21份，审批商品房预售款164宗，审批金额44382万元，比上年分别增长99.74%、31.25%、9.25倍和75.92倍。房屋测绘16468栋(套)，面积369.56万平方米，比上年分别增长1.23倍和40.43%。办理房屋租赁证2013个；调解房屋租赁、房屋装饰装修、物业管理纠纷52宗；协助房屋租赁当事人追收租金29.4万元，收回房屋50间；代征房屋租赁税389.39万元；代征出租屋价格调节基金59.38万元。完成茂名大道及市区西粤路、环市北路、新福五路的扩改拆迁，拆迁房屋2.36万平方米，审核支付房屋拆迁补偿资金977.94万元。全年受理房屋拆迁申请5宗，核发房屋拆迁许可1宗，办理房屋拆迁登记备案4宗，调解房屋拆迁纠纷2宗，采取强制措施拆除“钉子户”房屋3户。办理房屋安全鉴定业务3001宗，其中房屋加层鉴定20宗，房屋抵押鉴定2766宗，旅业鉴定14宗，其他委托鉴定50宗。完成房屋白蚁防治业务220宗，防治房屋面积129万平方米。全年入馆房产权档案22798份，其中产权档案10367份、他项权档案4602份、期房档案5888份、预告登记档案1460份、在建工程档案481份。全年受理房产档案查询2.21万人次，出具房产证明资料4万份。在茂名市房产管理局房管信息系统基础上经过修改完善建成电子介质的房地产登记簿，经省住房和城乡建设厅检查验收合格。建成茂名市房产管理局办公自动化系统，实现办公信息化。 *（李大锦）*

【城市综合管理】　2009年，茂名市城市管理局以建设“文明城管、和谐城管、法制城管、亲民城管”为目标，加强队伍建设，加大宣传教育力度，采取有效的措施，全面开展市区城市综合管理工作。一是全面整治市区非法占道经营等“九乱”现象。5月，全面展开整治活动。全年共纠正违章摆卖18万摊次，派发宣传单张8200多份，扣缴违章摆卖工具三轮单车1045辆，烧烤炉298只以及其他非法摆卖占道物品一批。经过整治，市容市貌得到较大改观。二是引入市场机制清理“牛皮癣”。委托清洁公司在全市主次干道清理“牛皮癣”，经过清理的街道得到了净化。三是规范户外广告管理。采取经营城市的理念，公共场所的大型户外广告设置权须经过拍卖取得。四是加强规划监察管理力度。自2009年11月市政府将规划监察职能划归城管局后，城管局加强了控制性拆除的强制措施，把违法建设控制在萌芽状态。自11月到12月间，控制拆除84宗，面积达3.6万平方米。 *（张汉雄）*

【建筑业】　2009年，茂名市建筑业发展较快。全年完成核发施工许可证93项，建筑面积132.41万平方米，投资额31.2亿元。完成施工图审查项目158项，建筑面积241.75万平方米。完成建筑业总产值78.6亿元，创利税总额3.3亿元，分别比上年增长16%和13.8%。全市建筑业企业共创市级优良样板工程7项，省优良样板工程8项；创市级安全生产、文明施工“双优”工地16个，省级“双优”工地5个。

招投标管理　强化对有形建筑市场的监管，不断完善有形建筑市场的管理制度，从制度上规范建设工程招标投标行为。全市招标投标工程项目有302项，中标工程造价25.64亿元，比预算投资降低1.25亿元，平均下降4.9%。

施工安全管理　围绕“关爱生命，安全发展”主题，开展一系列宣传及安全隐患排查行动。全年全市共检查企业125家，检查工程526项，排查一般隐患1086项，重大隐患28项；开展执法行动64次，发出执法建议书20份，停工通知书18份；组织宣传教育培训活动132次，培训人员1.63万人次。对查出的安全隐患，责令施工单位采取“三定”方式（定人员、定时间、定措施）落实责任人，及时予以整改。继续深入开展预防高处坠落、施工坍塌和起重机械伤害的专项整治活动，加大文明施工管理力度。坚持每季度安全巡查、每季度召开质安例会、适时进行安全预警约谈。在“两节、两会”期间以及台风、汛期和高温多雨时期，组织开展施工安全专项检查，加大动态管理扣分力度，提高文明施工标准，确保全年安全生产形势稳定，文明施工状况明显好转，全年没有发生群体性伤亡事件。此外，还从严开展建筑起重机械初始登记备案工作，严格执行建筑起重机械登记备案的有关管理规定，对不符合要求的一律不

予备案，并要求其停止使用，从根源上杜绝安全隐患。全年共办理建筑起重机械初始登记备案93宗。

工程质量管理　印制技术指导书《关于加强工程质量通病治理的几项措施》分发至各设计、施工、监理企业，并从每个工程、每个细节入手，坚持样板楼、样板户引路，狠抓落实，并采用现场剖验的方法选点检查。年内，挑选名翠苑商住楼、亿盛名苑作为建设质量通病治理住宅工程的试点，在名翠苑商住楼施工现场召开由市区和各县市质量监督管理人员及施工监理企业代表参加的质量通病治理现场观摩会，推广介绍施工管理过程中的好经验，使全市工程质量通病得到全面有效的治理。

【建设科技】　大力推进建设领域节能工作，全市建筑节能工作取得新的突破。新型墙体材料应用范围进一步扩大，技术水平明显提高。市区新型墙材使用量达13457.9万块标砖，比上年增长41.78%，节约能源8343.9吨标煤，减少二氧化硫排放208.6吨。散装水泥、商品预拌混凝土推广工作取得较大进展。全年市区散装水泥使用量为39.12万吨，比上年增长52.75%。全市共生产预拌混凝土53.08万立方米，比上年增长36.7%。此外，信宜市和化州市预拌混凝土搅拌站相继建成投产，共生产预拌混凝土11.03万立方米，为逐步实现全市城乡使用预拌混凝土奠定了基础。实心黏土砖厂整治工作取得初步成效。年内拆除实心黏土砖厂2家、停产2家，待拆7家，从生产环节上遏制了使用实心黏土砖的源头。此外，组织推荐符合条件的项目参加2009年度华夏建设科学技术奖励项目评选活动，有1个项目获得第一届省土木工程“詹天佑故乡杯”。

(吴再泉　罗栋)

肇庆建设

【概况】　2009年，肇庆市建设系统紧紧围绕“科学发展，先行先试”的要求，贯彻落实国务院批准的《珠江三角洲地区改革发展规划纲要（2008~2020年）》，力促肇庆市经济社会持续健康发展。“肇庆市星湖湿地生态保护与环境整治项目”被住房和城乡建设部评为“中国人居环境范例奖”。

城乡规划取得新突破。围绕构筑“大肇庆”规划格局的总规、中心区域体系规划和多项专项规划已经完成，村镇规划编制进度加快，新农村建设工作有序展开。是年，全市规划部门以提升规划执法管理效能为重心，大力倡导“沟通的规划和规划的沟通”，完善规划编制公众参与机制，推进规划公示，收到良好的效果。

市政重点工程取得阶段性进展。全市5项重点工程累计完成投资5.63亿元。全年完成“百姓路”工程改造任务约805.9万元，完成城区景泰路、庙前路、蓝田路、黄岗北路、景安街、天宁南路等9条道路的路灯安装，城区亮灯率达97%。完成国家园林城市复查各项迎检工作，城区绿化覆盖率40.68%，绿地率35.1%，人均公共绿地面积21.85平方米，三项指标均达标。城市建设模式不断创新，政府投资非经营性代建项目建设步伐加快。2009年，列入代建管理的项目13项，总建筑面积32.23万平方米，总投资约14.39亿元。

建筑市场管理取得新成效。全年完成建筑业总产值62.2亿元，比上年增长16.7%。全市获广东省优良样板工程1项，广东省建设工程安全生产、文明施工优良样板工地4项。市城区受监工程无重大安全质量事故发生，实现零死亡。节能工作全面铺开，全市建筑节能项目审查234项，建筑面积298.71万平方米，建筑节能项目占民用建筑总项目的97.74%。

房地产业总体保持平稳健康发展。全年完成房地产投资60.66亿元，比上年增长11.7%。着力提高住房保障水平。年内解决1247户城镇低收入家庭住房困难问题，其中供应724套经济适用住房给城镇低收入家庭购买，实行廉租住房实物分配和发放租赁补贴的方法解决了470户住房困难家庭的住房难问题。

(叶小青)

【城乡规划】　2009年，肇庆市城乡规划局树立“大端州”、“大肇庆”战略思维，全力推动城乡规划各项工作开展。

规划研究与编制　按照“打造广佛肇经济圈”的要求，加大对高要、四会、肇庆高新区的规划统筹力度，编制完成《肇庆市中心区域协调发展规划》，并将之纳入《肇庆市城市总体规划（2010-2020)》，构筑“大肇庆”规划格局，进一步拓展肇庆城区的发展空间。

完善城乡规划编制体系。编制完成《肇庆市鼎湖区城区竖向排水专项规划》、《肇庆市端州城区户外广告规划》、《肇庆市城区电力系统专项规划》等多个专项规划；完成《肇庆市城东新区控制性详细规划》、《肇庆市鼎湖区坑口片区控制性详细规划》、《肇庆市鼎湖区永安工业园控制性详细规划》等控规项目的编制工作；组织完成《肇庆市端州城区旧城区控制性详细规划》、《肇庆市城区综合交通规划（端州、鼎湖)》、《肇庆市区域绿地规划》、《肇庆市鼎湖区九坑河水源保护规划及凤凰镇总体规划》等规划编制项目的前期研究工作。

推动规划的编制与研究。引入外国先进规划编制管理经验，提升规划设计水平。积极开展与意大利建筑学院院长联盟的交流，开展中国与意大利规划合作项目（肇庆星湖牌坊广场改造扩建工程景观与城市设计）及其延伸项目（肇庆城市研究）。

加强对各县（市）的规划业务指导。为落实“构建‘一江两岸’超百万人口的现代化区域中心城市”及打造广佛肇宜居城市的总体思路，协助做好高要市与端州城区的规划衔接工作，在提升高要市的城市规划管理水平和城市品位方面取得明显的成效。

推动城镇规划编制工作。组织评审通过《广宁县城市总体规划（2008-2020）》、《广宁县石涧镇新区控制性详细规划》、《广宁县江屯镇新区控制性详细规划》、《封开县城东区控制性详细规划暨中心地段城市设计》等一批城镇规划编制项目；推动完成高要活道、白诸，广宁排沙、横山、联和等建制镇的总体规划修编工作；加大力度指导高要、四会等县（市）城市总体规划修编，安排80万元规划专项经费支持德庆、广宁县开展市级中心镇控制性详细规划试点编制工作。推动村庄规划整治。申报高要市蚬岗镇八联村委会龙山村等130条村庄为省级村庄规划编制试点，并积极争取省财政支持；推荐德庆县金林水乡等4个村申报省级历史文化名村、广宁县大屋村申报国家级历史文化名村；选取端州区黄岗镇宾日村等10条村庄作为市级村庄整治规划编制试点，并给予规划专项经费支持。

规划管理　严格执行城市规划以及国家相关政策法规，探索建立和完善建设用地容积率管理制度，逐步提升规划管理水平。加强“一书两证”规划许可审批管理。至2009年年底，肇庆城区（端州、鼎湖）共核发建设用地规划许可证（含重核、补办）902宗，总用地面积601公顷；核发建设工程规划许可证1168宗，总建筑面积187.25公顷；核发市政管线建设工程规划许可证190宗，批出管线233宗，线路总长189千米（包括供水、供电、燃气、通讯、有线电视），批出道路红线23宗，道路长度27.6千米。加强建设用地容积率管理。进一步明确容积率调整的具体条件、审批程序及管理措施，规范调整容积率的审批程序。全面落实规划公示制度，所有涉及建设用地容积率调整的建设项目必须通过规划公示才可以进行审批。联合市监察局成立专项治理工作领导小组，制定《工作方案》，针对全市范围内2007年1月1日至2009年3月31日期间予以规划许可的房地产开发项目开展专项检查，进一步规范全市房地产开发领域中的规划变更、容积率调整秩序。

规划执法　以提升规划执法管理效能为中心，重点做好三方面工作。一是推进规划执法责任机制建设。城东、城西规划管理站于年初分别制定并实施规划管理分区责任制和岗位责任追究制，将规划执法地段巡查任务细化落实到具体执法人员身上，同时以正式文件的形式明确23种责任追究情况和8种责任追究方式。二是配合开展清理查处城区违法建设、抢种抢搭建和非法采石取土专项行动。根据市专项行动领导小组的部署要求，完成对总建筑面积约138万平方米的城区违法建设和过期临建的调查、取证、登记造册工作，同时制定违法建设（含过期临建）认定工作规程和处置办法。年内，城东、城西规划管理站共发出责令通知书700份，累计整治违法建设4.9万平方米；鼎湖分局共立案清理违法建设和过期临建35宗，涉及建筑面积1.08万平方米。通过清理，端州城区龟顶山新城范围内、端州五路、康乐中路等城市干道边的多处违法建设得到了彻底清理。三是继续做好规划执法投诉案件受理工作。全年共受理各类涉法来信来访投诉（含信访和举报案件）293宗，办结265宗，办结率达到90%。（肇庆市城乡规划局）

【城乡建设】　2009年，肇庆市顺应国家实施积极的财政政策和适度宽松的货币政策机遇，融资工作取得重大突破，推进了多项市政重点工程建设。

市政设施建设维护　推进多项市政重点工程建设。（1）星湖大道、信安大道改造工程。5月，两路开工建设，至年底实现“质量、工期、投资”三者相结合管理目标，如期完成阶段性目标任务。年内，星湖大道工程累计完成投资7661万元。其中，建安工程投资4850万元，完成工农路至仙女湖段主车道中面层沥青摊铺、雨水管敷设、路灯安装、侧平石安砌、人行道砖铺设及所有地下管线的敷设和中央绿化带种植土平整、填土工作；信安大道工程累计完成投资1.74亿元，其中建安工程投资1.38亿元，完成软基处理、桥涵箱涵、地下各类管线及路基工程施工，完成古塔路至新园路路面施工，敷设雨水管4151米，污水管2850米，摊铺沥青路面5万平方米。（2）砚都大道建设工程。完成6亿元工程贷款融资任务及征地拆迁情况调查摸底登记工作，签订A3、A4标段监理施工合同，开展征地补偿及端州路交汇处立交桥桩基础施工，共计完成投资5761万元。（3）东调洪湖建设工程。完成项目的立项、环评、规划许可、用地批复、融资、景观方案评审等前期工作，落实农行贷款额度4.12亿元，到账资金2.06亿元，开展用地范围勘察测量110KV架空高压线迁移工程及征地拆迁和施工图设计工作，完成投资1500万元，土建工程计划2010年年初开工建设。（4）城东新区BT项目。肇庆城东新区基础设施BT项目二期工程包括东岗东路、前村路、庙前路、景泰路、蓝田路及黄岗北路北段6条路段，总长5.15公里，于2009年3月竣工通车，共计完成建安投资2.4亿元；年内，完成BT项目一、二期工程回购工作。

城市道路与排水　是年，完成“百姓路”工程改造任务约805.9万元，完成城区端州路大冲出入口、市技校新校区进校道路、星湖西堤、棠岗路西侧道路整治及西江机械厂宿舍排水整治共14项工程，完成摊铺、修复沥青混凝土路面4011平方米，修复主车道、慢车道及人行道共1.17万平方米，铺设人行道砖1188.5平方米，排水管302米；维修进水井、检查井513座。城区排水系统清疏整治力度不断加大，年内清疏渠道5791米，康乐北路、西江北路、建设三路水浸街现象基本得到解决。加强泵站管理，完善西排泵站机房设施配备，开展防漏补漏、平整场地和闸楼整治工程；汛期落实巡查制度，做好降雨、抽排数据记录，积极协调跃龙涌抽排工作，减少城区水浸街现象。不断提高道路维修养护服务意识和服务质量，开设市政设施维修网站，接受市民网上报修、监督、投诉，城区水浸街、沙井盖缺失及被盗现象得到及时有效解决。

城市照明　是年，完成城区景泰路、庙前路、蓝田路、黄岗北路、景安街、天宁南等9条道路的路灯安装，新装路灯381基、1155盏，改造棠岗路与叠翠路交汇处高杆灯1基，新装旧城区内街小巷路灯119盏，更换故障电线电缆2682米，更换镇流器200多只，投入资金500多万元。坚持落实日常巡检工作责任制，路灯设施故障及时排除，城区亮灯率97%。

园林绿化　2009年，肇庆市完成国家园林城市复查各项迎检工作，城区绿化覆盖率40.68%、绿地率35.1%、人均公园绿地面积21.85平方米，三项指标均达标。建设项目配套绿化工程审批程序不断完善，积极开展节约型园林绿化建设，多渠道筹集建设资金。全年完成肇庆城区星湖大道、信安大道扩建绿化迁移工程及星荷路、广仪小游园、白沙公园绿化修复改造工程，新增绿地面积4500平方米，改造绿化面积2.5万多平方米；完成城区建设三路、人民路、东湖路等6条主要道路行道树补植工程，进一步提高绿化档次；对城区梅园路口白兰花树及时进行修剪，消除了安全隐患。是年，肇庆市园林绿化工程公司参与绿化工程招投标，成功中标星湖大道、信安路绿化工程。 *(李筱芳)*

市容环卫　2009年，肇庆环卫管理部门清扫面积353万平方米。其中，主要街道232万平方米，内街小巷120万平方米，管理果皮箱810个，公厕43座，垃圾中转站11座。是年，通过各种渠道筹集资金购置垃圾压缩车等设备，有效改善环卫工人的作业环境，提高机械化作业程度。通过对城区百花园、芙蓉西、柑园南3个敞开式中转站改造成压缩式中转站，进一步减轻环卫工人的劳动强度，并降低中转站噪音、臭气的扰民程度。针对城区垃圾中转站布局、设置不合理，数量不足及端州黄岗、睦岗两镇在设置上的空白，导致垃圾收集、转运滞后矛盾日益突出等问题。是年，通过与规划部门及相关职能部门多次磋商，选定城区32区、36区和肇庆二桥桥底为三座垃圾中转站建设用地，为2010年两镇城市规划区环境保洁工作纳入城区大保洁系统打下基础。扎实推进垃圾场扩容工程与沼气发电。通过公开招投标方式，引入广东省环境保护工程研究设计院与广东省环境工程装备总公司开展垃圾场扩容工程项目（一期）设计施工，工程在9月开始施工，至年底完成投资2461万元。垃圾场扩容工程完成后可延长垃圾填埋场使用时间7年，城区垃圾出路问题将得到有效解决。 *(李丽梅)*

生态环境建设　全市主要江河湖库水环境质量与2008年相比，水质仍然保持优质水平，西江、绥江、贺江、新兴江等主要河流的21个监测断面中，除了新兴江山口段断面为Ⅲ类水质外，其余断面均为Ⅱ类水质，河流水质状况为优，各断面均达到各个功能区水质要求，达标率100%。星湖水质为Ⅳ类标准，达到功能区水质要求。全市19个饮用水源地达标率100%。其中，城区3个饮用水源地西江三榕峡、西江狮山、九坑河水库水质全部达到Ⅱ类标准，达标率100%，交界水域水质达标率达100%。

全市建成11个自然保护区，其中国家级1个、省级4个、市级5个、县级1个。全年完成沿江防护林及生态公益林建设工程0.26万公顷，完成造林作业面积2万公顷，全市森林覆盖率67.4%。

至2009年年底，全市建成生态文明村2234条，建成生态示范村（场）117个。其中，2009年增加生态示范村8个（怀集县5个、德庆县2个、广宁县1个），建成省级生态示范镇1个。历年来全市共通过无公害农产品认定的基地49个、绿色生产基地8个。全市规模化畜禽养殖场全部采用立体种养模式，实现污染物综合利用。

至2009年年底，全市新建成8座城市污水处理厂，完成“一县一厂”的目标，全市新增生活污水日处理能力22万吨，城镇生活污水处理率将达到60%以上。 *(陆志宁)*

【中心镇建设】　2009年，广宁县南街镇编制完成《广宁县城市总体规划（2008-2020）》并经肇庆市人民政府批准实施。高要市金利镇、白土镇和德庆县悦城镇启动新一轮总体规划修编工作。封开县江口镇编制完成河南新区城市设计和控制性详细规划，总面积13.5平方千米。鼎湖区永安镇编制完成控制性详细规划3平方千米。四会市江谷镇编制完成危险化学品工业基地控制性详细规划约2平方千米。

(肇庆市城乡规划局)

【住宅与房地产业】　2009年，肇庆市共有房地产开发企业276家。其中，城区（含端州、鼎湖）138家，高新区12家，高要市33家，封开县14家，德庆县16家，广宁县14家，怀集县12家，四会市37家。二级资质企业4家，三级资质企业35

家。

是年，全市商品房销售面积为275.31万平方米，比上年增长83.7%；销售总额93.49亿元，增长1.13倍。全市商品房销售平均价格为3396元/平方米，商品住宅销售平均价格3301元/平方米。全市商品房施工面积为763.39万平方米，比上年增长27%，其中，商品住宅为639.8万平方米，增长20.1%；商品房新开工面积为328.65万平方米，增长92.8%，其中，商品住宅为261.25万平方米，增长70.6%。

房地产市场管理 开展房地产市场调研活动，对市城区24家房地产开发企业开发经营情况进行调研，进一步掌握房地产市场现状，研究和制订应对国际金融危机、促进房地产市场平稳健康有序发展的相关措施。经过积极努力，市场呈现回暖态势。开展对房地产市场非法集资风险排查工作。制订对非法集资风险排查工作方案，有步骤、分阶段地开展排查工作。会同市财政局、市国土局、市地税局、市人行和市住房公积金中心，草拟《关于促进我市房地产市场平稳发展的暂行办法》，促进房地产业健康平稳发展。结合房地产开发企业资质换证，继续做好规范和整顿房地产市场的工作。年内市城区（含端州区、鼎湖区、高新区）需换证的企业共159家，经对企业报来的换证申报资料进行甄别、核实，对119家符合资质换证条件、资料齐全的房地产开发企业换发了新的资质证书。12月，举办了第十二届广东（肇庆）房地产博览会暨城乡建设成果联展，累计成交商品房套内面积3.12万平方米，比上年增长5.41%；建筑面积3.73万平方米，增长7.03%；共354套（卡），增长26.43%；成交金额16958.7万元，增长31.12%。现场成交效果为历届最好。

物业管理 2009年，全市共有物业服务企业79家，其中二级资质1家，三级资质51家，临时资质27家；端州城区共有物业服务企业58家，其中二级资质1家，三级资质35家，临时资质22家。

是年是全市的“物业管理规范年”。结合《广东省物业管理条例》开展学习和宣传工作，通过对物业管理行业的调研，形成《关于肇庆市城区物业管理专题调研的情况报告》，继续加强对物业管理历史遗留问题的处理力度，减少物业管理矛盾纠纷的发生。5月，制定并公布了端州区住宅专项维修资金首期交存标准，至年底，端州城区已归集住宅专项维修资金5414.03万元。 *（陆秋霞）*

产权登记 市直完成房屋发证28424件，建筑面积518.56万平方米。其中，房屋登记发证14025件，建筑面积165.93万平方米；抵押登记发证5547件，建筑面积128.97万平方米；登记证明发证8696件，建筑面积145.72万平方米；商品房确权登记发证156件，建筑面积77.94万平方米。积极协调处理端州城区历史遗留商品房“办证难”的问题，至年底完成核件登记发证2903套（卡），占应办证总数2946套（卡）的98.54%。年内，端州城区14座“烂尾楼”全部盘活。其中，投入使用1个，完成续建4个，正在续建5个，准备进场施工续建2个，明确列入规划拆除或由法院处置清理2个，已投入续建资金约2.7亿元，引入外商购买转让资金约1.2亿元。 *（何定华 伍小兵）*

房产交易 2009年，全市共办理商品房交易建筑面积109.88万平方米，交易金额335932.9万元。其中，城区（含端州区、鼎湖区）共办理商品房交易建筑面积56.93万平方米，交易金额192646.43万元。全市共办理二手房交易建筑面积113.6万平方米，成交金额145216.7万元。其中城区二手房交易建筑面积58.47万平方米，成交金额89837.25万元。全市共办理商品房预售建筑面积201.8万平方米，预售成交金额684576.5万元。其中，城区（含端州区、鼎湖区）共办理商品房预售建筑面积104.84万平方米，预售成交金额387641.27万元。对端州城区91家房地产开发企业的126个开发项目实行商品房预售款监控，按工程进度共拨付预售款297228.9万元，对商品房预售监控款落实专款专用。城区实行商品房销（预）售合同网上签约实时备案信息化管理，规范城区商品房交易市场秩序。

年内，对全市持有“房地产评估机构资格证书”的4家评估机构（其中二级资质1家、三级资质3家）的评估业务实行备案管理；对端州城区29家房地产经纪服务机构的资质进行年审，218人经参加培训班学习并领取了“经纪人资格证书”。 *（石冠文）*

房屋安全鉴定 发出《关于城市房屋安全鉴定问题的函》，明确了在肇庆市城区进行房屋安全鉴定的机构。年内，完成房屋安全鉴定44幢，比上年下降45%；建筑面积1.5万平方米，下降74%。规范城市房屋白蚁防治管理。经备案的《白蚁防治合同》59份，总面积96.70万平方米，合同总金额244.05万元，保治金总金额43.96万元。全年接收白蚁预防工程施工告知书67份，到现场抽取样品60个，送省昆虫研究所农业害虫综合治理实验室检验35个，合格率为97%。5月，对现有白蚁防治单位进行年审，在8家白蚁防治单位中，有7家符合要求并通过了年审，年内新增4家白蚁防治单位的备案，共有11家白蚁防治单位登记备案。 *（梁宇峰）*

房屋租赁管理 2009年，全市共办理房屋租赁备案登记743宗，建筑面积5.58万平方米。其中，市直办理房屋租赁备案登记24宗，建筑面积约1.39万平方米。玑东路安居工程惠民居于2006年12月全面竣工并交付使用后，市房屋租赁监理所受委托对惠民居的市直廉租房和临街商铺进行具体管理，至2009年已入住143套0.83万平方米，出租

商铺11卡300平方米。（谭巧仪）

住房制度改革 全市全年共缴存住房公积金71268.41万元，比上年增长20%。至12月底，全市参储单位2813个，参储职工133228人，住房公积金历年累计归集总额达322210.52万元。全市全年职工购建住房、离退休等提取36623.52万元。发放职工个人住房贷款总金额52602.6万元，为3007户职工解决了购房资金问题。至年底，全市实行住房货币分配单位425个12194人，发放住房补贴资金17346.21万元。其中，市直单位已实行住房货币分配287个单位6776人，发放住房补贴资金13134万元。全市已核批房改房上市申请9532宗，合计建筑面积73.63万平方米。全市单位呈报出售存量公房有433套，合计面积20618.57平方米。（陈晓晖）

住房保障 2009年，全市新增1171套保障性住房（廉租房447套，经济适用住房724套）。其中，肇庆市建设局通过公开招标采购的方式，落实200套廉租住房（含36套租赁住房）和300套经济适用住房房源。住障性住房工程项目于9月开工，至12月底已完成大部分主体工程。端州城区对经过“三级审核二次公示”登记在册符合廉租住房保障范围以及符合经济适用住房供应对象的158户、363户轮候住房家庭，进行了抽签分配住房。

（彭晓春）

【城市综合管理】 2009年，肇庆市不断加强城市执法力度。对跃龙中路、柑园南北路、芹田路、星湖大道岩前村、厚岗市场路口等地段占道经营“黑点”进行重点整治，取缔占道扰民的饮食大排档。进一步规范城区占道经营行为，对临街店铺违章占道堆放商品及流动小贩乱摆卖、大排档、烧烤档、小吃档占道经营加强监控。是年，全力配合清理查处城区违法建设、抢种抢搭建和非法采石取土专项行动，共整治烂尾楼、闲置地17处。加强城区跳蚤市场设置管理，完成康乐北一街水果跳蚤市场迁移工作，重新划线定位规范管理文明路灯光夜市。全年共查处各类违章案件16434宗，拆除违规拉挂广告、横额7095幅，清理乞讨人员、精神病患者400多人次。较好完成珠三角地区工作现场会、第八届肇庆龙舟邀请赛、国庆60周年大庆及2009“肇庆金秋”经贸洽谈会等重大活动市容环境提升任务。

加强燃气管理。年内取缔燃气销售“黑点”70多个，查处“黑车”10辆，处理不合格气瓶360多个，进一步消除安全隐患，维护燃气市场的稳定。肇庆城区管道天然气项目在2008年实现当年签约、当年建设、当年投产。2009年，管网建设不断推进，供气范围覆盖面不断扩大，共铺设中压市政天然气管道35千米，覆盖范围包括西江路、建设路等路段；完成恒裕轩、臻汇园等16个住宅小区和大禾寿司等20多个机团用户的低压管道工程安装，具备为6万户用户供气能力，年内完成投资约5005万元。

（李筱芳）

【建筑业】 2009年，肇庆市报建工程518项，建筑面积400.3万平方米，比上年下降27%，工程总造价59.01亿元，增长24.6%。

全市受监工程竣工验收合格率达100%，在建工程无发生重大质量和房屋倒塌事故。认真落实住宅工程质量“分户验收”，积极开展房屋质量通病治理，不断提高广大群众对住宅工程质量的满意度。加大“创优”力度，获得省优良样板工程1项，创市优良样板工程19项；全市建设工程安全形势总体平稳，受监工程没有发生重大安全事故。建筑“平安卡”管理制度有效推进，全年共办理“平安卡”系统91个，培训人员3988人次，发放“平安卡”2502张。安全生产和文明施工水平不断提高，共获得省“双优”（安全生产和文明施工）样板工地4个，创市“双优”样板工地29项。开展建设领域突出问题专项治理。制定《肇庆市房屋建筑和市政工程安全生产突出问题排查治理阶段工作方案》，细化排查工作目标任务，对2008年以来规模以上的开工建设项目以及2007年以来领取规划许可的房地产项目，逐一开展自查，查找存在的突出问题，全市共出动检查人员146人次，排查项目341项。严格执行《肇庆市建筑施工企业工资支付保证金制度暂行办法》，建筑工程项目施工建设前，建筑施工企业开立银行专用存款账户，由建设单位从预付的工程款中预支规定比例的资金存入该账户，用于保障建筑施工企业依法按时支付建筑工人工资。

（张 毅）

2009年，全市完成工程招标投标项目451项，招标预算总造价53.1942亿元，中标价50.647亿元，节省建设资金2.5472亿元，中标价比预算价平均下降4.79%。年内，市建设工程交易中心的计算机抽取专家、计算机辅助评标、企业IC卡管理“三大信息系统”基本完成并投入使用。全年完成计算机抽取专家项目256个，共1275人次；计算机辅助评标系统在房建、市政项目全面试用，共有14个项目通过计算机辅助评标系统的测试。启用房建、市政建筑企业IC卡报名，申请入场的16项（段）（房建、市政工程项目）应用本系统，这16项（段）工程共有141家投标企业持卡报名。（李广宇）

【建设科技】 2009年，肇庆市在建筑节能、推广应用新型墙体材料等方面加大力度，取得了良好成效。

年内，联合省监理协会举办培训班，省内的注册监理工程师继续教育培训班办了11期，共计1302人次；全市专业监理工程师、监理员、安全监理员上岗培训班各一期，共计158人次参加学习。与省

（市）长讯实业公司联合举办的长讯通信安装维修登高架设作业申领证培训班3期，共计173人参加学习。全年市建筑学会对外联合举办的培训班累计有17期，达1633人次。举行建筑节能专题培训，全年举办4期，共培训1003人，覆盖全市民用建筑工程的建设单位、开发企业、设计单位、图审单位、监理单位、施工单位的工程技术、工作业务骨干人员。（穆占欣）

新建建筑设计阶段建筑节能标准执行率为97.74%，比上年提高17%；施工阶段建筑节能标准执行率为79%，提高1.19倍。开展政府办公建筑和大型公共建筑能耗统计和能效公示。对74幢办公建筑和大型公共建筑2008年的能耗情况进行统计，并在当地主流媒体进行公示。积极创建新型墙体材料生产基地。通过招商引资吸引社会资金投资办厂、引导原生产实心黏土砖的企业进行技术改造转产节能墙材等措施，实现新型墙材本地生产，降低工程成本。积极推广蒸压加气混凝土砌块和烧结页岩多孔砖的应用，为施工企业提供技术指导，设立示范工程。深入开展“禁实”工作，彻底关停端州城区的4家实心黏土砖企业。是年，端州城区新建建筑中新型墙材的使用率达到85%，比上年提高13%。（谭一华）

清远建设

【概况】 2009年，清远市以打造“绿色经济强市、岭南宜居名城、华南休闲之都”为主线，向“工业园区化、农业产业化、城镇特色化、管理人性化”的目标发展。配合“十个一批”工程，完成笔架广场、荔枝公园、乐排河整治、四个交叉路口等9项工程规划设计。全年全市报建总建筑面积585.01万平方米，比上年增加83.73万平方米。全市商品房新开工面积、竣工面积与上年同期相比稳中有升。

做好城市管理工作，市容市貌全面改观。同时积极营造安全有序、整洁优美、文明和谐的工作生活环境，并逐步形成长效管理机制。

是年，清远市获得“中国十大最具发展潜力城市”和“中国十大绿色生态城市”称号。（梁锦文）

【城乡规划】 2009年，清远市城乡规划局紧紧围绕把清远建设成为“绿色经济强市、岭南宜居名城、华南休闲之都”的战略目标，大力加强城乡规划管理和重点市政工程建设工作，完成年度的各项任务。

规划编制　组织编制控制性详细规划803.9公顷，完成清北围片区、松苏岭片区、东城片区等几个专项规划编制，提高了市规划区范围控规的覆盖率。

积极推进四个路口立体交叉工程、13个城市雕塑工程、荔枝公园工程、乐排河整治工程、大燕河整治排污工程等市的重点工程建设，完成规划设计等前期准备工作。

规划管理　认真执行《城乡规划法》和相关工作制度，严格按规范要求和程序把好审批、审查关，用地项目上报市用地审批小组审批，重要项目上报市规划委员会审议，确保城市建设按规划实施和房地产市场平稳健康发展。全年受理项目共4873宗。其中，审核修建性详细规划98宗，核发《建设用地选址意见书》101宗，《建设用地规划许可证》41宗，《建设工程规划许可证》359宗，建筑面积共278.25万平方米，《乡村建设规划许可证》74宗，建设工程规划验收227宗。对房地产开发中违规变更规划、调整容积率开展专项治理工作。对2007年1月1日至2009年3月31日的房地产项目变更规划、调整容积率的情况进行自查自纠，整治工作收到了良好的效果。同时，还会同市监察局对各市、县开展专项治理工作的情况进行了检查。

加强村镇规划管理工作。到各市、县开展调查研究，帮助解决工作中遇到的难题。组织申报2009年省级村庄规划试点村105条，组织申报2009年广东省宜居村庄指导创建点20个，举办有100人参加的全市村镇规划管理人员培训班，收到较好成效。（陆永雄）

【城乡建设】 至2009年底，清远市中心城区拥有自来水厂3座，日供水能力33万吨，供水管网983公里；污水处理厂5座，日污水处理能力达到14万吨；燃气管道99.11千米，燃气用户16579户；一座日处理能力800吨的城市生活垃圾填埋场。管养城市道路总长84.82千米，道路总面积264.07万平方米；管养城市桥梁8座；管养新城区的雨、污水管网121.69千米，沙井盖3254套；管养市区道路绿化沿线总长84.09千米，绿化带、花坛和绿岛面积128.73公顷；管养各类景观、照明灯饰4.14万盏。

重点工程建设　进一步抓好“十个一批”的绿化升级改造工程，提高园林规划设计及工程设计施工质量。“绿化一批”改造工程总投资5100多万元，工程项目8个。其中，人民西路、滨江路、凤鸣路、鹿鸣路、连江路绿化带及江滨公园园路绿化改造工程，广清大道（连江路口至大燕河桥头段）绿化景观带的升级改造和新增人行道工程全部完成。

市政设施建设　2009年，累计城市道路维修面积2232平方米，翻新城市道路标线面积23279.24平方米，新施划道路标线面积2746.36平方米，新建改建标志牌80个，维修标志牌19个。新建、改建星级公厕7间，全部投入使用。对凤城大桥南侧下穿通道排水设施进行改造，解决大雨水浸的问题，消除安全隐患。

园林绿化　2009年，全市建成区绿化面积1426.24公顷，绿化覆盖面积1555.02公顷。建成区绿化覆盖率40.16%、绿地率35.94%，人均公园绿地面积15.42平方米。

做好市区城市绿化、街道绿化、公园广场管理、苗木生产和开展城市绿地认建认养认管工作。抓好苗木花卉培育。全年完成扦插袋苗10万袋、时花12万盆，并引种美国维生的红花穗冠2万盆。加大市区绿化管养力度。在主要路口、公园、广场摆设鲜花，营造节日气氛。全年完成街道及公园、广场摆花18万盆。进一步抓好公园、广场的管理，不断强化其作为园林景观服务的功能，并在市区范围内开展城市绿地认建认养认管工作。

市容环卫　深入开展城乡清洁工程。以创建国家园林城市、国家卫生城市为契机，层层落实责任制，采取多种措施开展环境卫生整治工作，加大清扫保洁力度，积极拓展镇、街环卫业务空间。增加市区主要街道及内街（居民区内道路）的清扫保洁人员，延长保洁时间，提高道路的机械清扫率，并做好节假日、庆典活动和突击安排的环境卫生保洁工作，提高环卫作业服务质量。协助、配合有关单位做好生活垃圾的收集、清运和处理工作，基本建立起“村收集、镇转运、市处理”的生活垃圾处理机制，各镇街农村生活垃圾基本上统一运往青山垃圾填埋场进行无害化处理。全年清运垃圾16.17万吨，其中市环卫处清运垃圾5.5万吨；处理垃圾16.17万吨，处置建筑垃圾30万立方米；日清扫道路及居民区地面300多万平方米；清理城边村卫生死角62处，整改建筑垃圾淤泥堆放点36宗，突击清理垃圾杂物2300余吨；处理辖区卫生质量投诉79宗；新接管公厕3座，添置垃圾压缩车2台、洒水车1台、扫路车1台、摆臂式垃圾车1台，新安装分类收集废物箱535只。

是年，青山城市生活垃圾卫生填埋场二期工程填埋一区项目完成投资2017.8万元，设计库容量59.54万立方米，于2009年11月正式启用，舒缓了市区生活垃圾填埋压力，市区生活垃圾无害化处理率100%。青山垃圾填埋场渗沥液处理工艺升级改造工程进入施工图设计阶段。

城市照明　城市照明维护工作坚持按区划片每晚巡查、周期分片检修，保障重点路段亮灯，并有效地防止雨季路灯漏电。年内，新购置高低空作业车1辆，工程用车2辆，路灯管理设备得到进一步完善。实施城市景观亮化工程建设。2009年，投资4600多万元，完成工程项目7个。其中，小市明珠广场至大燕河路段更换灯具工程，北江沿路休息亭景观灯改造，北江姐妹桥桥头景观灯工程，江滨公园正门景观灯工程，凤城大桥桥头景观灯，新城区32幢主要建筑物亮化工程全部完成。新建429支923盏路灯，改造537支路灯。

城市供排水　加强城市供水水质管理，确保市民用水安全。按照国家《城市供水水质管理规定》的要求，坚持对供水企业进行每半年一次的水质安全督查工作，坚持水质检测数据实施月报备案制度。2009年，市区用水普及率99.17%，全年供水总量8961万立方米，售水量为7814万立方米，用水户数为13.9万户，用水人口为65余万。

市自来水厂全年新增用水户11337户，进行各口径管道维修2652宗，周期更换水表8320只，重装被盗水表1569只，更换各类大小阀门近100宗。全年打击违章用水170余宗，挽回经济损失近150万元；全年供抄差率15.31%，顾客综合指标满意率达97%。针对取水口水位创历史新低的情况，加大技术改革与创新，保证了稳定供水。全年水质综合合格率99.9%，水厂节支降耗170多万元。制订供水应急预案，进行应急技改及反恐应急演练，加强安全生产隐患排查，积极应对供水危机，全力确保市区供水安全。

至2009年年底，新城区共有井闸8390个。所管辖的新城污水处理厂、清新和旧城污水处理厂已在运行中，试运行的龙塘、源潭和石角污水处理厂总投资1.987亿元。其中龙塘污水处理厂4万吨/日，厂外截污管7.8千米，源潭污水处理厂3万吨/日，厂外截污管1.4千米，石角污水处理厂1万吨/日，厂外截污管3.4千米。

城市供气　加强城市燃气行业监管工作，确保燃气经营安全有序。制定《清远市燃气企业行政监督检查办法》，规范全市燃气企业行政监督检查行为，抓好燃气安全检查及燃气供应站的选址和年度考核工作。协助港华燃气公司全面完成旧城区和清新县城的管道燃气由液化石油气转换为天然气的改造工程。至2009年年底，全市管道燃气用户16579户，市政燃气管道99111米，庭院燃气管道79380米。在基础管网建设方面，全年铺设市街管网13028米，庭院管网10083米。

(翁祐雄)

生态环境建设　2009年，清远市的主要镇区为环境发展积极提供容量支撑。大力推进结构减排，关停小火电机组、小钢铁厂、机立窑水泥厂，彻底淘汰污染严重的落后生产工艺装置、生产能力和产品；切实强化工程减排；尽快完善污水处理厂设施。年内，阳山、连山、禾云、太平、连南、龙塘、源潭、石角、大站、浛洸、东华和扩建的英德、连州、佛冈14座污水处理厂先后进入验收阶段，运行后将使全市新增污水处理能力22.5万吨/日。

(清远市环境保护局)

【住宅与房地产业】　2009年，清远市房地产业受金融危机的影响，投资增速有所放缓。全市商品房新开工面积、竣工面积与上年同期相比稳中有升。12月，在广州举办2009清远名优产品展销推介会，清远市房地产业现场签订购销合同达1475万元。是年，全市共有房地产企业406家，其中市区256家；三级26家，四级31家，项目公司349家。

房地产市场管理　加强房地产市场管理。制定《清远市治理房地产开发领域突出问题工作方案》，结合预售审批现场勘查，对13个楼盘进行抽查。对企业在商品房预售中不规范、违规的行为予以书面告知，通知整改纠正。查处浩华房地产公司在未取得商品房预售许可证的情况下违规发布广告，并收取客户数额不等的“留房号款”行为。开展房地产行业非法集资风险排查和房地产开发企业违规收取定金、购房者意向金的专项整治工作。全年市区办理房地产企业登记前审核34家，房地产广告备案79家。市区审批项目公司资质29家，计划投资总额42.5亿元；核定三级企业4家、四级企业2家。各县（市）审批项目公司资质23家，计划投资14.4亿元。市区批准预售项目100个，面积154.43万平方米、14972单元；各县（市）批准预售项目135个，面积113.11万平方米、9819单元。

房地产开发　全年全市房地产开发企业完成房地产开发投资895449万元，比上年下降17.42%，其中，市区558040万元，下降1.28%；商品房施工面积536.08万平方米，增长36.24%，其中，市区212.4万平方米，增长5.92%；商品房新开工面积277.92万平方米，下降10.93%，其中，市区120.08万平方米，增长11.65%；商品房竣工面积333.51万平方米，增长17.95%，其中，市区178.36万平方米，增长24.33%。

全年商品房销售面积326.63万平方米，比上年增长41.9%，其中市区184.8万平方米，增长58.95%；商品房销售额112.98亿元，增长97.9%，其中，市区73.90亿元，增长119.16%；商品房空置59.55万平方米，下降48.76%，其中，市区空置33.38万平方米，下降49.83%。

（梁锦文）

房产管理　2009年，清远市房管局解决市区公私房共有产权的历史遗留问题，共处理公私房共有产权房屋44套，面积1660.95平方米。

是年，办理商品房合同备案17002份。其中，市区16182份，乡镇820份。全市核发房地产权证18845份。其中，市区核发17680份，乡镇核发1165份。办理二手房交易3694份。其中，市区3074份，乡镇620份。核发他项权证及在建工程抵押登记证明、预告登记证明24563份。其中，市区核发23920份，乡镇核发643份。全年商品房成交面积207.72万平方米，成交金额84.91亿元。其中，住宅成交面积188.8万平方米，成交金额73.45亿元；非住宅成交面积18.92万平方米，成交金额11.46亿元。旧房交易成交面积49.79万平方米，成交金额6.59亿元。其中，住宅成交面积34.36万平方米，成交金额3.53亿元，非住宅成交面积15.43万平方米，成交金额3.06亿元。

2009年，公房管理面积共15.96万平方米，合2567间。租金收入495.84万元，其中追回历年欠租28.86万元。全年完成维修公房1443宗，其中，抢修危房2宗，支出费用55.58万元。

物业管理　2009年，清远市房产管理局做好物业服务企业的资质审批，审批资质30家，年审物业服务企业73家，备案15家，注销1家。

对物业专项维修资金管理加强监管，提高开发企业和物业企业对维修资金政策的认识，提高维修资金的缴交率。是年，新增缴存维修资金的楼盘有42家，金额2458万元，累计共146家6286万元，增幅达65%。为加强行业管理，年内成立清远市物业管理协会，吸纳入会企业94家，物业管理覆盖率达30%以上。

住房保障　2009年，清远市抓紧市区城镇低收入家庭住房困难户的调查摸底和建立档案工作，完成对已登记的200多户廉租保障申请家庭住房状况的调查、公示、审查和复核工作，对符合条件的106户进行公示。完成市区两栋共144套、建筑面积8076平方米廉租房的建设，并做好63户符合条件的抽签分配工作，对57户发放了租赁补贴。

（龚梅英）

【城市综合管理】　2009年，清远市对户外广告设置实施规划管理和清理整顿。对市区户外广告牌逐街逐巷进行全面摸底排查，对辖区内违章户外广告和门店招牌业主下达《责令限期整改通知书》，并对部分违章广告牌依法进行拆除。实施城乡清洁工程，扎实开展城乡环境整治工作，城乡环境卫生面貌发生了较大变化。累计向全市范围发出书面整改通知书315份（次），批转督办群众投诉48宗。大力抓好“六乱”整治和查处违法建设工作，共查处违法建设161宗61980平方米。其中，制止69宗1万多平方米，强制拆除92宗51980平方米。（陆永雄）

【建筑业】　2009年，清远市有建筑业企业114家，其中总承包企业63家（一级1家，二级15家，三级47家），专业承包企业26家，劳务分包企业25家。共有监理企业7家（其中甲级3家，丙级4家），造价咨询企业3家。年内，有三家总承包企业晋升等级，广东华坤公司晋升为房屋建筑总承包一级，广东信安公司晋升为房屋建筑总承包二级，英德广海公司晋升为水利水电二级。

是年，清远高新区新报建项目34宗，比上年减少19宗，下降38.78%；工程报建面积50.31万平方米，减少0.29万平方米，下降0.57%；报建工程造价3.96亿元，减少1.4亿元，下降26.12%。

4月，中国城市国际协会与宜居城市（中国）研究中心向清远市授予“宜居城市实践研究基地”牌匾。开展中国特色城市品牌的申报工作，清远市又获得“中国十大最具发展潜力城市”和“中国十大绿色生态城市”两项称号。11月，廉租房工程完工。

建设市场管理 坚持“建筑施工许可”及“安全生产许可”制度，加强对房屋建筑工程、市政工程、装饰装修工程的管理。完善外来建筑业企业备案制度，全年办理92家外来建筑施工企业的年度备案，办理单项备案98家、投标备案406家。推进建筑市场诚信信息平台建设，至年底完成89家建筑业企业基本信息录入工作。实行建筑技术工人持证上岗，促进技能鉴定工作的开展。继续推行建筑劳务分包制度，规范劳务分包和用工行为。加强工程分包管理，完善起重设备安装企业的备案管理。加强工程担保管理，推进工程担保制度实施，年内完成7家担保公司的备案工作，同时在清远市建筑业协会成立工程担保分会，加强对担保企业的行业管理。继续执行岗位人员扣分管理制度，结合质量安全检查工作对岗位人员到岗情况进行检查，保证管理人员到岗到位。开展工程质量安全监督人员的培训，12月对全市质量、安全监督员75人进行培训考核。

认真开展各项窗口业务。2009年，办理建设工程各类审批865宗。其中，核发建设工程质量报监证219宗，工程建设安全受监证218宗，建筑工程施工许可证68宗；办理工程监理备案66宗，散装水泥专项资金征收152宗，墙体材料登记审批142宗。行政服务窗口通过修订办事指南，简化办事程序，制作办事表格示范文本，严格按规定收取各项规费，对市政重点工程项目、工业园区项目开辟了“绿色通道”。

勘察设计 2009年，清远市有勘察设计单位19个，其中甲级1家、乙级9家、丙级7家、丁级2家；市外进入清远市承接勘察设计任务并登记备案的单位有150个。勘察设计单位完成设计工程项目总投资17.12亿元，勘察设计总收入10561.00万元。

开展勘察设计市场专项检查，对各县（市、区）勘察设计企业、大中型建设项目初步设计审查、施工图设计文件审查管理等工作进行全面检查。严格勘察设计市场准入，协助12家勘察设计企业完成资质核定、增项、升级等工作。加强对外来勘察设计单位的管理，全年共受理外来勘察设计企业单项备案141项、年度备案9家。加强大中型建设项目初步设计审查管理，全年完成大中型初步设计审查76项，比上年增长1.38倍。严格施工图审查，强化质量监管，全年完成建设工程勘察设计合同备案181项，比上年增长50%，修改合同备案14项，对在施工图审查中违反工程建设标准强制性条文的勘察设计单位进行处罚，从源头上把好审查关。举办工程设计规范培训班，组织各县（市、区）建设局主管勘察设计的领导和工作人员、各设计单位相关专业技术人员及施工图审查机构有关技术人员共136人学习有关设计规范。开展设计作品展示和评优工作，举办清远市建筑设计创作作品展示会，共展出作品96项。其中，建筑设计项目66项，规划设计项目10项，市政项目6项，电力项目4项，水利水电项目4项，公路项目6项。组织开展2009年清远市优秀工程勘察设计评选工作，评选出二等奖2名、三等奖4名、表扬奖3名，对获奖单位及设计人员进行通报表扬。

建设监理 加强监理企业资质管理，完成7家监理企业资质就位工作，其中1家原有乙级资质监理企业利用资质就位机会成功晋升为甲级资质。进一步整治工程监理，严肃查处不落实监理责任、问题突出的工程监理企业和监理人员，促进监理企业健全内部管理制度。开展监理员的培训考核，提高社会监督水平，年内开展监理员考核工作，共有254名监理员参加，经培训考核合格的监理员236人。全年全市有甲级监理公司3家，丙级监理公司4家，注册监理工程师90人。

工程质量管理 强化工程质量检测管理、建设工程材料质量管理、建筑节能监督管理。结合质量安全大检查，组织开展对各县（市、区）工程质量监督机构、人员的考核工作，进一步提高质量监督的水平。开展工程质量检测机构资质审查，上报全市质量检测站资质申报资料。开展全市工程质量安全专项整治工作和检查，促进工程强制性标准在施工中的贯彻执行。加强装饰装修工程环境检测，开展室内装饰装修材料的专项检查和室内环境检测业务。全年市质监站新监督工程149宗，建筑面积143.86万平方米；竣工工程172宗，编写质量监督报告172宗。2009年度申报结构优良工程13宗，完成结构评优审查7宗。清远市建筑工程质量监督站被中国建筑业协会工程建设质量监督分会授予“全国工程质量监督系统先进单位”称号。

施工安全管理 认真抓好建筑施工安全生产监督管理工作，坚持每周安全生产例会制度，组织召开安全技术交底会，并注重工程开工前的风险辨识工作。加强对重点项目的监控，严格执行《危险性较大工程安全专项施工方案编制及专家论证审查办法》，杜绝群死群伤事故的发生。认真抓好工地的日常巡查与重点项目督查、专项整治工作，努力消除安全事故隐患。全年发出隐患整改通知书121份、暂停施工通知书58份；严格执行《广东省建设厅安全生产动态管理办法》，对违反安全生产的有关企业和人员进行扣分。加强建筑施工应急救援工作，在狮子湖阿拉伯会议酒店举行施工安全生产事故应急救援演练，演练包括消防事故、高处坠落事故、触电事故、机械伤害、中毒等五项内容，建设行政主管部门和施工企业对突发事件的应对能力和水平得到提高。2009年，申报市双优的工程7宗，其中，4宗申报省双

优，申报市优良样板工程3宗。是年，全市发生重大施工伤亡事故1宗，死亡1人。，

招投标管理　对公开或直接发包建设项目的招标公告、文件及相关证书的合法性、有效性进行认真审查，严格把关。完善建设工程招标备案制度，遏制招标人通过资格审查、招标文件设置不合理门槛，排斥潜在投标人的行为。开展招标代理机构的备案工作，加强对招标代理机构的监管，规范招标代理行为。全年完成甲级资质招标代理机构年度备案13家，单项备案56项。大力推进计算机辅助评标系统的完善、应用和管理工作，进一步做好建设工程招投标信息管理工作。加强对评标专家队伍的管理，重新整合清远市建设工程评标专家资源，充实扩大评标专家库容。依法做好建设工程项目公开、邀请招标和直接发包工作，2009年进入市交易中心的工程项目共209宗，比上年增加40宗，建筑面积215.3万平方米，减少1.63万平方米；中标总造价49.4亿元，减少1.15亿元。其中，应招标项目104宗（公开招标96宗，邀请招标8宗），比上年增加66宗，直接发包项目105宗，增加38宗。

工程造价管理　宣传《2008年建设工程量清单计价规范》并举办相关的培训班；组织召开造价材料信息会议，完善《清远市工程造价信息》的编辑和发行工作。制定外来造价咨询企业备案管理制度，规范清远市造价咨询企业的管理。加强从业人员培训，2009年共举办四期造价员继续教育培训班，至年底，全市拥有造价员784人。全年完成工程预结算备案215项，总造价29.84亿元。

【建设科技】　建筑节能　清远市全面推行新建建筑执行节能设计标准，加强设计、施工及验收各环节的监督检查。全年办理建筑节能设计备案106项，备案面积281.72万平方米，比上年增长34%；办理建筑节能竣工备案22项，竣工备案面积78.69万平方米。做好国家机关办公建筑和大型公共建筑能耗调查工作，对清远市24栋大型公共建筑2008年度能耗情况进行公示。抓好建筑节能示范点。2009年，清远市狮子湖阿拉伯会议酒店被住房和城乡建设部批准为“住房和城乡建设部2009年科学技术项目计划试点示范项目——低能耗建筑（绿色建筑与低能耗‘双百’示范工程)”。该项目也是清远市市级建筑节能示范工程，主要通过被动式建筑节能技术、空调和采暖系统节能技术、照明系统节能技术、可再生能源利用、雨水回收选用技术多个方面进行研究和应用，实现公共建筑60%的总体节能率。通过对试点工程的有效扶持管理，推进了面上建筑节能工作的开展。清远市御景湖畔住宅小区工程采用热泵中央热水系统设备及空气能源综合利用设备，实现小区集中供应热水，节能高达60%-75%。开展建筑节能宣传，举办建筑节能设计标准培训班，学习建筑节能设计一般规定、建筑热工节能设计、建筑节能设计审查要点、建筑节能工程施工与验收规程等，提高节能意识及建筑节能设计水平。做好瓷渣利用的科研编制工作，为解决瓷板抛光渣的环境污染及其应用于建筑产品原材料，达到将瓷渣无害化、减量化并变成可再生利用的原材料，编制《清远地区瓷渣应用于建筑领域可行性研究报告》，报告通过了专家审查。

散装水泥管理　加强对预拌混凝土企业的管理，开展全市预拌混凝土企业量化考核考评工作。对市高新技术开发区及源潭、龙塘、石角三个中心镇的建筑工程禁止使用现场搅拌混凝土情况进行专项检查，上述区域的执行情况良好。开展使用预拌砂浆的前期准备工作，对市区近两年来现场搅拌砂浆的使用量和砂浆成本构成等有关情况进行调查摸底。调查、处理清新县城区10多个建设项目在施工现场搅拌混凝土的行为。联合清远市工商局调查、了解《预拌混凝土买卖合同》示范文本的使用情况。协助做好清远市区预拌混凝土最高限价的调控管理工作，维持预拌商品混凝土市场的稳定。全年全市完成供应散装水泥量1372万吨，比上年增长21.4%，超额55.95%完成省下达的目标任务；预拌混凝土生产量203万立方米（未包括交通建设专项工程混凝土使用量），增长25.18%，超额45.21%完成省下达的目标任务。

新型建材推广　在全市范围开展新型墙材产品质量的整治工作，抽检31家新型墙材企业，其中产品质量合格的企业29家，不合格2家。加强对各建设工地使用新型墙材的管理，有效遏制市区建设工地违规使用实心黏土砖的苗头。宏保环保新型砖厂建成投产，该厂用科学方法处理大量化工废料生产出新型环保砖。贯彻《广东省新型墙体材料专项基金征收使用管理实施办法》，促进墙材管理工作的开展。开展实心灰砂砖、混凝土砖厂全面转型为生产建筑节能材料企业的工作，切实抓好墙体材料的节能减排。2009年，办理墙材报建手续的工程112宗，建筑面积190万平方米。至年底，全市建成投产的新型墙材企业共46家，其中市区19家。

建筑资质管理　继续做好建设执业资格方面的管理工作，全年共组织159人次参加各类建设执业资格考试。办理建造师初始注册150人次，变更注册20人次、注销注册20人次、增项注册12人次。全市共约400人通过建造师的初始注册并取得注册证书。至2009年年底，清远市拥有一级注册建筑师12人，二级注册建筑师24人，一级注册结构工程师23人，二级注册结构工程师6人，注册监理工程师80人，注册造价工程师50人、注册城市规划师15人，一级注册建造师40人，二级注册建造师366人。

做好建设行业岗位人员的资

格培训、岗位培训、职业技能培训、安全生产考核培训和继续教育工作。分期举办造价员、特种作业人员、平安卡、监理员、房地产销售人员、质监员、安监员等各类培训班，培训3408人。

开展建设行业职业技能考核鉴定工作，开展抹灰工、砌筑工、架子工、钢筋工、木工、混凝土工、液化石油气机械修理工、罐瓶工、燃气罐区运行工的技能岗位培训及实操考核鉴定工作，共有531人参加培训并通过实操考核。

城建档案管理　认真抓好建设工程档案工作的业务指导，与建设单位签订建设工程竣工档案报送责任书119份，发放竣工档案移交目录，从工程办证开始就进行工程档案指导，为工程档案的及时收集提供保证。对飞来湖、峡山路、秀丽公园等重点工程档案进行跟踪指导，提高档案的报送质量。认真做好各竣工工程档案审核、验收工作，提高档案查阅利用率，加强对县（市）建设局城建档案工作的督促、指导。全年组织整理各类档案127宗、1507卷，著录档案4963卷，审核入库档案1507卷。接收和审查工程竣工档案125宗1693卷，出具工程竣工档案验收证明120份，收集各类声像档案相片757张、光盘101张。全年提供档案利用1184卷1500人（次）。　*(梁锦文)*

潮州建设

【概况】　2009年，潮州市经济平稳增长。全市实现生产总值480.2亿元，比上年增长12.5%，比全省平均水平高出3个百分点，增幅在全省排名由上年的第九位上升为第七位。其中，第一、第二、第三产业增加值分别增长5.9%、10.7%和16.5%。人均生产总值1.87万元，增长11.8%。投资力度不断加大。全社会固定资产投资总额163亿元，比上年增长23.1%，高于预期目标7.1个百分点。其中，基本建设投资87.27亿元，比上年增长26.3%；更新改造投资48.33亿元，增长34.1%；房地产开发投资17.13亿元，增长14.7%。电网基本建设和改造投资达到12.33亿元。重点项目建设成效显著，53个重点项目完成投资87.2亿元，完成年度投资计划的97.7%。共有潮州三百门电厂一期工程、500千伏韩江输变电工程、市2009年配电网工程、厦深铁路潮州段、汕梅高速公路潮州段等18个项目完成或超额完成年度投资计划；有9个项目完成或基本完成全部投资。列为前期预备建设的24个项目，前期工作加紧推进。

基础建设扎实推进。全年基础设施投资76亿元，比上年增长42%。省道231线凤湾线改建、省道334线饶平段大修、仙洲岛堤围整治、安揭引韩灌区节水灌溉改造等工程基本完成。厦深铁路潮州段、汕梅高速公路潮州段、市客运中心枢纽站、城乡电网改造工程、韩江南北堤南堤段达标加固工程等重点项目进展顺利。韩江东西溪大桥开工建设。

产业园区开发进度加快。深圳（潮州）产业转移工业园在省竞争性扶持资金竞标中成功中标，获得省5亿元和深圳市2.5亿元资金扶持。园区已有企业80家。潮州投资环境暨深圳（潮州）产业转移园招商推介会在深圳举办，共签订投资合作项目20个、金额34.3亿元。市径南产业转移园完成大部分征地工作，中国房地产集团公司已进入园区建设。完成潮州港经济区总体规划及其重化工业园、产业转移园控制性详细规划编制工作。进港公路、亚太通用码头、粤东水产品物流中心开工建设。中交集团广州航道有限公司计划投资150亿元，联合开发潮州港公用航道和西澳港区，各项目前期工作扎实进行。

城市发展环境继续优化。韩江、枫江、黄冈河流域污染整治工作继续推进，水源水质保持稳定。国家环保模范城市创建活动积极开展，创建规划已报请省组织评审。市环境监控中心建成运作，市第一污水处理厂扩建工程完成，饶平县污水处理厂完工，市桥东污水处理厂和潮安县污水处理厂加紧建设。市垃圾卫生填埋场二期工程建成投入使用。节能减排、资源综合利用工作扎实开展，陶瓷清洁生产和窑炉节能技术改造取得成效，全市单位生产总值能耗预计下降3.54%。

资源管理利用得到加强。新一轮土地利用总体规划大纲编制完成，一批重点项目建设用地得到保障。违法违规用地和非法开采矿产资源查处工作进一步加强并取得明显成效，土地管理工作通过国家土地例行督查并得到肯定。利用园地山坡地开发补充耕地工作积极推进，“三旧”改造工作加紧开展，土地资源利用水平不断提高。镇级国土资源所全部挂牌运作，国土管理工作重心下移、关口前移。

城市建设管理力度加大。城市总体规划修编基本完成，镇村规划编制积极进行。金山大桥获得铁道部“优质工程一等奖”。市开发区工业大道、春荣路、新洋路改造工程全面完成，绿榕南路、外环北路和外环西路市区段建设不断推进，潮州大桥奠基建设。三利溪排涝整治一期工程完成，市区积水问题得到缓解。竹竿山水厂扩建工程顺利完成，日供水能力由18万吨提高到33万吨。理顺城市公交管理体制，新增公交线路3条，更换新型公交车72部，公交事业发展迈上新台阶。城市管理权限下放，层级化责任体系初步形成，脏乱差现象有所改观。潮州市在国家城市综合整治定量考核中名列全省第五位。

住房解困工作扎实推进。年内落实廉租住房实物配租74户、租赁补贴796户。对口援建汶川耿达乡工作成效明显，“广东潮州新村”等项目建设进展顺利。　*(卓扬)*

【城乡规划】 规划编制 2009年，《潮州市城市总体规划修编（2006－2020）》完成规划的中间成果内部审查及规划成果编制，根据国家、省、市的战略部署及规划纲要评审意见，着手深化完善规划成果。与此同时，取得省住房和城乡建设厅和省国土资源厅对中心城区（含潮安县磷溪镇和古巷镇部分）建设用地规模控制在90平方公里以内的核定批复。推进落实“双转移”战略部署，做好潮州产业转移园申报省示范园的工作，在第三批省示范园复赛评选中，潮州产业转移园获得第一名的成绩，得到省政府5亿元的财政资金扶持。开展《潮州市国家历史文化名城保护规划》、《古城区控制性详细规划》修编和城市重要区域控制性详细规划编制的前期准备工作，完成古城区现状的初步调查和基础资料收集整理。向市政府请示开展韩江东岸溪南片、溪北片、意东综合片、潮揭高速南片和韩江西岸等区域建设用地控制性详细规划编制工作。开展城市设计，塑造名城形象。完成《潮州市中心城区电力工程专项规划》、《潮州市中心城区城市雕塑总体规划（初稿）》、《古城区交通组织规划方案（初稿）》等专项规划编制任务，落实海外潮人博物馆建设方案和桥南公园设计方案的征集和评选工作。

推进镇村规划编制工作。是年，潮安县完成县产业转移区、厦深铁路潮汕火车站区和庵埠镇霞露片区控制性详细规划的编制；饶平县完成《饶平县县域次中心总体规划（三饶镇、新丰镇）》和东山镇、汫洲镇总体规划编制。年内，共完成27个建制镇的规划编制。全市有60个自然村被列为省级村庄规划整治试点村，潮安县浮洋镇大吴村列入创建省级宜居村庄试点村。继续推进试点村村庄整治，有重点、有步骤地组织村庄开展“五改”工作，完成潮安县4个行政村、饶平县4个行政村、湘桥区2个行政村和枫溪区3个行政村共50个自然村的村庄整治规划编制任务。组织开展全市村镇规划建设管理人员培训，有关专家对进一步加强村镇规划建设管理工作提出了对策和建议。

规划管理 依法办理建设项目审批事项。2009年，共核发《选址意见书》4份，用地面积13万平方米；“建设用地规划许可证”16份，用地面积33.92万平方米；“建设工程规划许可证”（副本）38份，建筑面积146.64万平方米；经规划验收合格核发“建设工程规划许可证”（正本）12份，总建筑面积14.43万平方米；户外广告、店招设置许可38宗。加强建设项目批后管理。年内，对规划区内73宗在建项目实行动态跟踪管理，对建成区的各种建设进行巡查控制，共发现并查处各类违法违章建设32宗，面积12.15万平方米。其中，强行拆除违法建设8宗，面积1538平方米。扎实开展市容环境整治，集中执法力量对新春园片区、太平路牌坊街及潮枫路、潮州大道等市区26条17米宽以上道路及城市主要入口道路两侧的乱搭乱建进行清理整治，共拆除各类乱搭乱建及未经规划许可的户外广告牌539宗，面积6596平方米；对位于枫春路枫溪广场至奎元广场路段、有碍城市景观并存在交通隐患的2处龙门架实施拆除，努力营造整洁优美、和谐有序的“三宜”城市环境。扎实抓好工程建设领域突出问题专项治理的自查自纠工作。组织对2007年以来规划许可的全部房地产开发项目进行清查清理，进一步完善管理制度，制订加强容积率指标控制规定，与国土部门建立土地开发项目用地联审工作制度，加强规划控制管理。加大信访工作力度，及时查办信访案件。全年共受理各类群众信访件98宗（次），办结94宗（次），办结率94%。

继续参与四川灾后重建规划及后续服务。《汶川县耿达乡灾后重建总体规划（2008－2015）纲要》通过专家评审，进一步修改完善。完成耿达乡广东潮州新村张家大地、獐牙杆、沙湾、走马岭、山王庙等五片村居安置点的修建性规划、市政工程及建筑设计等任务，并做好规划后续服务，推进灾后重建工作有序进行。 *（洪群钊）*

【城乡建设】 2009年，潮州市市政园林管理局和市城管局全力推进市政重点工程项目建设，全面加强市政园林绿化设施建设和景区景点管理工作，着力构建城市管理长效机制，开展市容环境卫生整治，在提高城市亮化、绿化、净化和美化方面取得了成效。

市政设施建设维护 严格执行《市政设施巡查责任制度》，认真做好城区道路、排水、照明三项市政设施维护工作，保证市区公共设施的正常运作。重点对新洋路、春荣路进行更新改造；对新春路、城新西路、潮州大道等道路部分破损路面进行修补、修复；对福安路、兰花三街、城新路和环城南路等道路路灯进行改造，对步道铺设人行道砖；对滨江长廊周围市政设施进行全面检修，修复路面并新安装电磁无极灯。

重点项目建设 2009年，潮州市进行了一系列的市政重点工程建设。中山路改造工程，已拆通至防汛通道，基本完成路面铺设。绿榕南路主路段改造工程，拆迁范围内的62户拆迁户全部签订了拆迁协议书，全部实施拆迁并基本完成路面铺筑，并向市公路局申请拆除绿榕南路与潮汕公路交叉口绿化隔离带，绿榕南路照明工程完成施工图设计及送审工作。开发区工业大道、春荣路、新洋路改造工程，在时间紧、任务重的情况下，采用超常规的方法提前完成了任务，使粤东现场会和第二届粤东侨博会如期在潮州市召开。银槐北路改造工程，完成项目各项前期工作，并完成项目场地临时设施的搭设工作。外环北路、外环西路市区段改造工程，于7月动工建设，工程以立信路箱涵建设工程为起点，边征地拆迁边组织其余路段的建设，已完成立信路和外环北路各300米箱涵建设和外环北路（古德公路段）绿化带绿化迁移及浇筑等工作。城区西片排污管网工程，争取到中央投资1200万元和省环保资金250万元，先实施西湖截污整治工程，已完成各项前期工作并着手招标，完成项目前期投资120万元。

城市供气　全市已建成LNG气化站4座，LNG储气规模3650立方米，建成中压干管约150千米，日供气量约35万立方米。LPG储配站累计购进LPG总量108.5万吨，累计销售LPG总量108.38万吨；住宅小区LPG管道供气226.87吨。全市燃气企业累计外购LNG总量2.99万吨；累计销售LNG总量2.93吨。

加强行业管理。认真部署开展全市燃气企业经营、使用许可延续工作，采取资料审查、专家现场评审相结合的方式，对全市65家燃气企业开展全面检查，重点检查燃气生产、储存、输配、充装、供应设施是否符合国家的相关标准和规范要求情况，燃气经营管理体系和安全管理制度落实情况，燃气生产经营场所安全生产情况，各工种操作人员持证上岗情况以及安全应急预案编制和演练情况等方面内容。

开展市场整治。组织开展专项整治，取缔一批社会影响较大的违规经营的代客充气点，强化对瓶装气供应源头的管理，坚决杜绝燃气企业向无证经营者提供气源，营造良好的瓶装气供应市场环境。

城市供水　竹竿山水厂15万平方米/日扩建工程2009年12月底完成设备调试工作，并做好竣工验收准备工作。同时，根据城市供水发展总体规划，市自来水总公司先后对凤山、竹围等村实施供水管网改造，水改用户3600多户，提高了周边乡镇的供水质量。铺设金马大道等地段的供水干管，有效地解决了党校一带、铁铺镇以及黄金塘村新厝区等区域的用水问题。先后对老市区西马路、枫溪区外马路等地段的老化管道分段实施改造，有效地提高了老市区和枫溪区的水质和水压。

污水和垃圾处理　市第一污水处理厂扩建（技改）工程于2009年12月通过竣工验收交付使用，正式投产后日处理污水能力达到10万吨；市桥东污水处理厂已完成整个土建工程量近60%，同时着手采购设备。锡岗垃圾场第二填埋区工程全面建成并投入使用，有效地缓解了第一填埋场垃圾处理压力。垃圾场的运营工作进展顺利，全年累计接收垃圾22万吨，进场垃圾处理达到无害化要求。

公共交通　2009年，市公共汽车公司承接市区全部公交线路营运业务。年内购置72部新公交车，开通市区第四、六、十三路等3条新的公交线路。同时加强市区公共汽车候车亭的建设管理，全面完成市区候车亭改造更新工作，并成立专业队伍每天巡查维护，定期保洁。

城市排水　年内基本完成市区主要排涝排污渠系的清淤整治工程，城区积水问题得到明显改善。

园林绿化　加强日常绿化管养工作，针对高温干旱天气植物缺水严重的实际情况，全力做好抗旱淋水保绿工作。加大巡查力度，有针对性地对城市主干道路树、街头绿岛、景区景点和汕汾高速延长线的园林绿化带进行改造补植，改善和提升了绿化效果。在滨江长廊和市区部分地段摆设、种植时花和张挂小灯笼，美化侨博会主会场。加强公园的园容园貌整治，补植各种花木，提升公园品位。慧如公园和潮州植物园7月底完成立项工作，植物园苗圃场已投入使用，在苗圃场培育了水翁、石竹等一批花木苗木，并引进约550种植物。*（彭静钿）*

【中心镇建设】　2009年，潮州市有中心镇6个，分别是潮安县的庵埠镇、彩塘镇、古巷镇和饶平县的黄冈镇、钱东镇、三饶镇。古巷镇被列入规划潮州中心城区，庵埠镇和彩塘镇镇区列入潮安县城规划，黄冈镇和钱东镇镇区列入饶平县城规划，三饶镇被确定为市域发展重点城镇。

强化规划引领作用。将规划编制与产业发展、人民生活、生态环境有机结合，在布局结构、交通道路、公共设施、文化旅游等方面深化完善规划成果。年内，6个中心镇总体规划全部编制完成。

完善城镇基础设施建设。实施重点突破，整体推进战略，致力于改善交通、能源、通讯等为主要内容的基础设施建设，切实增强和完善城镇功能。

强化产业支撑。各中心镇立足自身产业优势，以传统产业为支柱，以规模企业为龙头，以市场为导向，以质量安全为核心，依靠科技进步，推进自主创新，严格规范市场秩序，培育树立名牌名标，加快产业群优化升级，促进工业经济持续发展。*（袁振龙）*

【住宅与房地产业】　2009年，潮州市完成房地产开发投资额11.5亿元。施工面积93.6万平方米，其中，住宅施工面积92.3万平方米，新开工面积40.5万平方米，竣工面积44.8万平方米。销售面积58.5万平方米，其中，住宅销售面积57.4万平方米；商品房销售额17.5亿元，其中，住宅销售额16.1亿元；商品房空置面积13.8万平方米。新建商品房办证1895宗，面积25.4万平方米（其中，住宅1350宗，面积21.5万平方米）。旧房交易2450宗，成交面积25.3万平方米，成交金额2.8亿元。

住房保障　为完成经适房和廉租房五年建设规划，2009年完成首期征用土地4公顷，在潮州大道北端开工建设经适房和廉租房660套，总建筑面积6.2万平方米，投资约1.8亿元，已完成基础工程施工。结合“三旧”改造工作，利用旧城区公产旧危房屋，拆除建设廉租房，共拆除旧危公产房屋9处，建成廉租房67套，建筑面积4120平方米，投资548万元。同时，组织3000多万元，购买历年来社会上空置房产153套，建筑面积1.7万平方米用于改造成廉租房。规划开工建设的东湖麒麟南廉租房共2幢84套，建筑面积4900平方米，投资约720万元。全年全市完成保障性安居工程建设用地征地1.69公顷，总投入征地款约2530万元；投入资金47.2万元，完成廉租住房保障713户，住房廉租租赁补贴331户。加快经济适用房和廉租房的建设，全年共有3个项目投入建设，分别是市城区宏天广场经适房和廉租房建设项目，潮安县的廉租住房经济适用房建设项目和饶平黄冈镇保障性住房建设项目。

拆迁管理　抓好重点市政工程项目的拆迁工作。对绿榕南路、外环北路、华侨博物馆等重点拆迁项目进行全程介入管理，确保工程的顺利进行。全年市城区房屋拆迁总建筑面积1.46万平方米。实行“阳光拆迁”，确保拆迁工作公开、公平、公正，提高拆迁补偿和评估工作的透明度，维护当事人的权益。

房地产交易　由于国际金融秩序趋于稳定，潮州市的房地产交易市场年内升温，商品房价格有一定幅度的提高，二手房交易市场由于市场的需求较大，也保持上升趋势。全年全市（湘桥区、枫溪区）新建商品房交易共2040套，比上年增长72.5%；销售建筑面积29.23万平方米，增长67.43%。全市商品住房价格稳中略升，上涨幅度在8%左右。

房地产市场管理　为进一步规范房地产交易市场秩序，制订《潮州市市区房地产交易与权属登记业务规则》，实施《潮州市市区商品房预售款监督管理暂行办法》，进一步完善商品房预售款监管机制，并通过网上业务系统进行销售合同的签订，强化了房地产交易业务的管理和监控。鼓励普通商品房消费，二手房交易登记成倍增长，全年二手房交易2077宗，建筑面积25.04万平方米，促进了房地产市场的健康发展。3月，启用各种新版的房地产权属证书，建立了房屋登记薄登记及审核系统，维护了房地产交易市场秩序和购房者的合法权益。

（卓扬）

【城市综合管理】　2009年，潮州市城市管理局围绕“建立城市管理长效机制”工作目标，按照市政府“重心下移，属地管理，以块为主，条块结合”的部署，全面实施对市区“六乱”的整治工作。一是重心下移，将城管大队的五个中队下派到湘桥区的10个街道（镇），全面配合湘桥区对城市管理的执法巡查。二是进一步巩固和扩大样板路创建成果，做到整治一条、巩固一条、保洁一条，以点带面，发挥辐射作用，促进平衡发展，取得了初步成效。三是搞好市容环境卫生综合整治，一年来共清理流动摊档43401宗次，纠正经营者占道经营行为24120宗次，拆除乱吊挂横幅、遮阳篷1327多处，暂扣广告、灯箱2534个（块），处理违章2052宗，确保重大活动和各活动场所、各大宾馆酒店周边及市区各主干道的市容环境整洁有序。四是牵头组织公安、工商、交通、公路、卫生、规划和湘桥区城管等部门组成140人的联合执法队伍，配备20多部执法车辆，分别对市区各主干道实行地毯式的综合整治，解决了新桥西路、吉怡路占道经营的“老大难”问题，市容环境卫生面貌有所改观。五是加大宣传力度，开展“潮州市城市管理宣传咨询活动”，发放宣传资料，接受群众的投诉和咨询。通过《潮州日报》、潮州广播电视台开设“整治市容环境，建设宜居城市”专栏，采访报道城市环境整治专项活动的部署、安排、取得的效果以及广大市民的反响等等，为整治活动营造了舆论氛围。

（彭静钿）

【建筑业】　2009年，潮州市建筑施工企业累计完成建安产值17.26亿元，与上年持平。其中外出工程完成33355万元产值。全市有形建筑市场公开招标工程累计共89项，工程总发包价110672万元，总中标价为106600万元，投标平均下降3.68，减少投资金额4072万元。

建筑市场管理　潮州市建设局按照夯实基础、强化管理、综合治理的基本思路，积极主动地开展工作，严格基建程序管理，把好施工许可和竣工备案等关口，强化对质量监督和安全监督机构及人员的管理，建立健全质量安全巡查制度、不良行为公示制度，防止工程质量事故发生，进一步构建市工程质量治理的长效机制，全年全市没有发生工程质量事故。

推进土地等要素市场建设，打破行业垄断和地区封锁，形成统一、开放、竞争、有序的市场体系。进一步深化行政审批制度、投资融资制度、招投标制度、行政管理体制等改革，转变政府职能，减少政府对微观经济活动的直接干预，把政府投资建设项目建设成为“阳光工程”和“廉洁工程”。认真清理工程建设领域的法律法规和规章制度，及时修订完善相关的规章制度。配合市发展和改革局开展调研，拟订新的《市政府投资项目招标投标工作规定》报市政府审定，进一步规范招标投标行为。

施工安全管理　潮州市建设局在“隐患治理年”及“百日督查专项行动”的基础上，针对各个时期的安全生产整治重点，制定专项整治任务和目标，适时地提出整治工作要求。2009年，在全市范围内有针对性地组织开展了多次大检查，分别是节前安全大检查、季度大检查、大型垂直运输设备专项检查，累计检查工程98项次，累计发现隐患150处，发出责令整改通知书98份次。通过检查，进一步消除了安全隐患，达到预期的整治目标，全市建筑工程没有发生安全事故。

【建设科技】 2009年，潮州市认真落实节能减排考核问责制，加大节能技改投入，全面推进建筑节能工作，对能耗高、效率低的建筑实施低成本节能改造。鼓励和引导农民使用简便、环保、实用、节能的建筑材料和适用技术，大力发展农村沼气，提高农村生态质量和应用清洁能源水平。组织设计、施工、监理等单位参观示范工程，以实际效果提高开发单位开展建筑节能的积极性。在示范过程中，潮州市茂源环保节能新型墙体材料等一批先进的节能技术应用于工程项目上，取得了较好的效果。2009年，竣工验收工程6项，按图纸要求落实好节能措施的5项，新建节能工程节能达标率83.3%，其中屋面工程部分节能达标率达到100%。

茂源混凝土有限公司生产的节能空心砖通过省有关部门的检测，确认为节能环保的建筑材料。结合全国节能活动周，开展“推广使用节能产品”的主题活动，组织全市有关职能部门和各设计单位学习《民用节能条例》。

此外，还举办了一期建筑节能与绿色宜居住区的知识讲座，进一步增强节约能源和保护生态环境意识。 *(袁振龙)*

揭阳建设

【概况】 2009年，揭阳市住房城乡建设系统全力推进特色城市建设。全年全市建安总产值25.6亿元，在建工程项目101宗，总建筑面积141.1万平方米，总造价约24.1亿元，竣工工程53宗，总建筑面积68.3万平方米；商品房建设投资额累计完成11.32亿元，竣工面积60.06万平方米，销售面积59.33万平方米，销售额13.03亿元；揭阳市区市政工程累计完成工程量折合投资额为2.56亿元；各县（市、区）城区投入市政公用设施建设资金16.38亿元；全市参加住房公积金的单位共833个，职工人数72502人，住房公积金归集总额16.77亿元，归集余额11.18亿元。至年底，揭阳市区建成区绿化覆盖率35.11%，人均公园绿地面积12.27平方米；垃圾粪便无害化处理率达82.75%，污水处理率达30%。 *(许晓凯)*

【城乡规划】 2009年，揭阳市规划部门抓紧做好各项规划编制和管理工作。

规划编制 《揭阳市城镇体系规划（2010~2030年）》纲要成果通过省专家组评审；在对《揭阳市城市总体规划》修编涉及的有关问题进行专题调研的基础上，形成《揭阳市城市总体规划（2010-2030年）项目建议书》、5个专题调研报告和3个比选方案，至年底，现行总规实施评估通过省住房和城乡建设厅组织的专家评审；组织开展《揭阳市高新技术开发区总体规划》、《揭阳市大型产业转移工业园总体规划》、《揭阳空港经济区总体规划》的方案汇报和评审工作；完成《渔湖新区控制性详细规划》、《揭阳市旅游规划》、《揭阳市核心城区控制性详细规划》、《揭阳市区电网布局专项规划》等4个规划的后续工作，上报市政府评审；援川规划《汶川县卧龙镇地震灾后恢复重建规划》于3月在成都通过卧龙镇人民政府组织的专家评审会的评审，并得到好评。配合省做好《粤东城镇群协调发展规划》编制的前期调研和资料收集工作。

规划管理 进一步加强建设工程档案、地下管线资料、电子资料等工程档案的收集、管理工作，加快揭阳市区181平方公里平面控制网建设，满足市区城市规划管理控制的需要。开展对房地产开发领域中违规变更规划、提高容积率现象的清理检查，重点检查在城市规划区内以划拨、出让、转让方式提供国有土地使用权的建设用地容积率等强制性指标的管理情况，风景名胜区范围内的建设用地容积率等强制性指标的管理情况，同一房地产项目（含分期开发的房地产项目）在出具规划条件、建设用地规划许可、规划方案审查、建设工程规划许可、建设项目竣工规划核实过程中对建设用地容积率等强制性指标的管理情况，以及2007年1月1日至2009年3月31日期间予以规划许可的房地产开发项目，对其中涉及变更规划、提高容积率、改变土地使用性质的房地产项目，违法违规案件的处理情况进行全面清查。全市涉及房地产项目规划许可共59宗，改变城市用地规划功能8宗。通过清理整顿，规范了房地产建设的行业秩序。

依法依规做好日常城市规划管理工作，服务建设单位和个人。对现行城市规划管理的“一书二证”审核工作流程进行梳理，对不符合《城乡规划法》要求的，做到该废除的立即废除，该更改的立即更改，该补充的立即补充，进一步完善各项内部管理制度。设立“规划办证大厅”，把技术审查和行政审批分离出来，避免报建者与审批人员直接接触，从源头上预防、杜绝不良现象发生。全年共审批建设项目选址3宗共7.3公顷；核发“建设用地规划许可证”40宗共53.04公顷；道路规划红线图1宗801.98延长米，审批建设工程总平面图6宗、建设工程方案图25宗、建设工程施工图25宗共111.78万平方米、道路工程12宗共23669米；工程竣工验收10宗。年内，还完成规划业务档案整理归档65宗。

根据社会经济发展需要，及时修订《揭阳市城乡规划管理规定》。《中华人民共和国城乡规划法》于2008年1月1日起施行，同时《中华人民共和国城市规划法》废止，执行法律主体也随之改变，揭阳市及时组织力量做好《揭阳市城乡规划管理规定》修订工作，年底前形成初稿并送揭阳市法制局审查。

重点项目规划　配合市体育馆、揭阳楼等重点工程项目的建设，切实推进G206环市北路段、莲花大道北段、仙桥紫泰路（美东段）、磐东路、科技大道等市区道路工程建设进度。做好旧城保护和改造，坚持旧城风貌和新区建设相结合，以体现潮汕古老文化为重点，挖掘深厚的文化精品，显示历史文化名城价值的规划理念。按照《揭阳市历史文化名城保护规划》，稳妥有序地对旧城进行改造建设，营造美好家园。打造“岭南水城”特色城市。加强市区水系规划整治工作的研究，全力配合渔湖水系规划等工作的开展，协调有关部门疏浚、治理城中河、江、滘、池。以榕江南北两河、古榕城水乡特色和潮汕传统村落特色水系为依托，以“三山二水一古城”为主题，以地方风物民俗为基础，融合文化底蕴、水乡风貌和现代气息，构筑人与水相亲相近的生态水乡，打造“岭南水城”。　*(王勤华)*

【城乡建设】　市政设施建设维护　按照打造“岭南水城”的目标，揭阳市城乡建设部门全力推进市区市政工程项目建设。2009年市区市政工程累计完成工程量折合投资额为2.56亿元。其中新开工项目有临江北路东南段堤围及绿化带工程、莲花大道北段道路工程、梅兜路南段道路工程等6个项目，合计总投资3.23亿元，至年底累计完成工程量折合投资额9147万元；续建工程项目有国道G206东入口至北入口段市政配套工程、市区污水处理厂截污工程等9个项目，合计总投资约11.47亿元，至年底累计完成工程量折合投资额1.64亿元；竣工验收项目有国道G206北入口至高速口市政配套工程等道路12条（段），合计道路总长度12.8千米，总投资2.05亿元。大力推进重点基础设施建设，莲花大道北段道路等8项市政工程累计完成工程量折合投资额8173万元，其中莲花大道北段道路工程建成投入使用。渔湖围沿江绿化带及市政道路工程累计完成工程量折合投资额6217万元。国道206市政配套工程北入口至新亨互通立交段竣工交付使用，东入口至北入口段南侧累计完成工程量折合投资额2.53亿元。北河大桥至北河新桥间16米市政道路及堤围绿化带工程累计完成工程量折合投资额约1.22亿元。揭阳楼工程主楼已封顶，主楼外装修基本完成。揭阳市区污水处理厂望江北路截污干管工程于9月完成，截污干管首期工程全线通水，市区污水处理厂于10月进入正式运行。

加强市区市政设施维修养护工作。分批对各路段的检查井、雨水井进行清挖，尽量减少砂土排入主管造成淤积，确保排水畅通。组织对市区进贤门大道、榕华大道、中山路的市政排水管道进行全面清疏，解决市民反映强烈的浸水问题。及时对揭阳市区个别路段的零星破损路面和人行道进行维修，如临江北路绿化带等，为市民营造安全、舒适的交通、活动环境。严格落实巡查责任制度，按片区、路段划分，责任到人，切实加强对市政设施的管理工作，全年共更换损缺检查井、雨水井盖共532个次。加强城市道路挖掘管理，重点对线路改造项目进行全过程监督，做好修复质量管理。

园林绿化　加快绿化管养推向市场步伐，成功将临江南路及沿江绿化带、莲花大道南段园林绿化管养和卫生保洁特许经营推向市场。加强绿化管养，提高管理水平。制订绿化管养规划，落实管养标准，提高管养档次，全年共投入管养资金101.3万元购置各种工具、肥料及除虫苗物，补植各种苗木10.2万株（袋），修剪乔木1800株，修剪灌木地皮18.5万平方米等。加强检查监督，制止违章违法。成立园林管理督查队伍，加强对市区绿化带、绿化广场、绿化路段园林绿化的检查监督管理。一年来，共出动路面巡查400多人次，纠正处理违章违法60多宗。做好绿化补偿费和恢复绿化补偿费的征收管理工作，全年共受理申办19宗，办结18宗（其中揭阳楼未办结），上缴财政金额131.36万元，其中绿化补偿费受理14宗，上缴金额130.43万元，恢复绿化补偿费申办5宗，上缴金额9400元。

城市供气　2007年揭阳市人民政府与中海石油天然气及发电有限责任公司签订《关于开展揭阳城市燃气业务的备忘录》，并成立合资企业中海石油揭阳能源开发利用有限公司，授予其城市燃气特许经营权。2009年1月由中海石油揭阳能源开发利用有限公司投资建设的揭东县玉滘LNG卫星站一期工程，建成投入使用。揭阳市粤东石油气实业有限公司增设一个3000立方米液化石油气球罐扩建工程于4月建成投入使用。至年底，全市共有燃气储灌站（库）49个，液化石油气总储气能力9800吨，天然气总储气能力430吨。

加强燃气安全管理。坚持燃气行业日常监督管理，开展燃气安全检查工作，采取各县（市、区）交叉检查、逐项记分的方式，组织全市燃气安全生产检查，及时发现和消除安全隐患。做好揭西县和惠来县停业整改燃气企业的监管，对不符合规范要求的部分燃气企业发出停业整改通知，坚决落实停业整改措施。　*(陈锡群)*

城市供水　揭阳市区两家自来水公司总设计供水规模为35万立方米/日（市自来水公司25万立方米/日、市第二自来水公司10万立方米/日），供水范围为榕城区、市经济开发试验区、东山区及毗邻市区的揭东锡场、新亨、月城镇（含桂岭一部分）。2009年，两家水厂售水总量4932万立方米，其中生产运营用水521.23万立方米，公共服务用水263.51万立方米；日平均售水量13.7万立方米（市自来水公司10万立方米/日、市第二自来水公司

3.7万立方米/日)，受益人口70多万人，人均综合用水量约196升/日。

市自来水公司水源采用榕江南河水，市第二自来水公司水源采用新西河水库水。为确保市区饮用水安全，保证水源水质，定期对水源保护区进行巡查，对引榕干渠堤段的垃圾、灌木、渠道内的杂物进行清理。市自来水公司在水厂取水口上游2000米、下游1000米范围内设立保护区，对源水水质进行全天候在线监测。对向市第二自来水公司提供源水的新西河水库，揭东县制订了相应的保护和管理措施，一是将水库上游的污水引入灌溉；二是成立专门队伍，对库区进行检查，制止一切污染源污染水库水质；三是严格遵守饮用水水源保护区污染防治管理的有关规定，禁止在库区内从事种植、放养禽畜、网箱养殖、旅游和游泳等活动，杜绝垃圾废水污染水源，使水库水质得到有效的保护。加强对水源水的监测，设立预警机制和事故报告制度，定期取水样进行检测，及时指导生产部门调整制水工艺。

(林越青)

生态环境建设 为达到国家和省环保目标责任考核、环境监测能力建设标准化的要求，揭阳市环境监测化验楼于2009年建成并通过工程质量竣工验收。年内还完成污染源监控中心监测平台、环境管理业务平台等项目建设，国控重点污染源广东粤电靖海发电有限公司和市区30家排污企业在线监控设备也完成与中心联网工作。揭阳市医疗废物处置中心11月建成试运行。

污水垃圾处理 揭阳市区污水处理厂厂区首期工程于2008年竣工验收，截污干管首期工程（总长度约14.8千米）与厂区同步进行建设，梅东大桥南岸的提升泵站于同年9月完工，2009年9月完成设备调试工作。望江北路至污水处理厂厂区约8.8千米截污干管及东方河1.1公里临时污水管于2009年10月正式投入运行。市区污水处理提升泵站及厂区设备运转正常，污泥的接种培菌及其驯化工作基本顺利，污水处理工艺技术指标达到预期效果，出水浓度符合设计要求。日处理污水约4万立方米，市区污水处理率达到30%，运行至今累计处理污水共920.98万立方米，出水COD平均浓度为32.56毫克/升，共削减COD117.68吨。是年，揭阳市区无害化处理生活垃圾总量29万吨，处理垃圾渗滤液达标排放总量4.75万吨。生活垃圾填埋畅顺，根据垃圾进场量和不同季节合理安排，全年黄土覆盖垃圾面积约5000平方米，喷药灭蝇50次，修筑环场路小型挡水堤800米，清理场区内排洪沟二次2000米（延长），有效减少污水日产量。垃圾渗滤液处理严格按照国家规定标准进行处理，处理排放水质五项指标均达到控制标准的一级标准，有效地避免污水二次污染。提升渗滤液处理水平，对一系列的技术进行测试改造，调整生化池药物投放的处方，进行生化池活性污泥更换，使排放水质得到进一步提高。加强环境监测。全年接受市环境监测站对污水处理取样监测1次，揭东县环保局检查监测4次，检查监测结果合格。建设安装沼气导排系统，年内安装沼气导排管20条，加高总长80米，控制面积2万平方米。做好填埋区土坝加高工作，确保坝体和填埋坑的安全。

(李晓链　林越青　陈锡群)

【中心镇建设】 2009年，揭阳市的县（市）城区建设继续实施县城“五个一”工程（每年投入市政设施建设1亿元以上，建设一条样板路、一个上规模花园式住宅小区、一项上规模公用设施和一项景观工程），重点完成市委每年下达筹资1亿元以上投入城区市政公共设施建设的任务。全年全市城区公用设施建设累计完成投资共16.38亿元，建设项目108个，竣工项目80个。中心镇抓好“三个一”工程（每年建设一条配套齐全的样板路、建设一项上规模的公用设施、建设一项景观工程）。年内，全市每个中心镇投入市政公用设施建设资金均超过3000万元。

【住宅与房地产业】 *房地产市场管理* 2009年，揭阳市房地产开发投资额11.32亿元，全市新建商品房批准预售项目6宗，面积61.47万平方米，新开工高档商住小区榕江新城等6个项目投资额为5.37亿元，总面积42.6万平方米。高层商住小区预售情况良好，全市新建商品房累计销售额13.03亿元。促进房地产市场平稳健康发展，支持开发企业积极应对市场形势，鼓励合理住房消费，稳定房地产市场价格。强化资质管理，对符合资质标准的企业换发新版资质证书，对不符合资质要求的予以清除出市场。开展非法集资风险排查，加强对房地产市场的监控，进一步规范市场价格秩序。清理涉及房地产交易等环节相关收费的活动，加强房地产行业服务管理。

住房保障 2009年，全市新增解决符合廉租住房保障家庭751户，是计划任务的1.9倍；落实廉租住房建设资金3289.88万元，是计划任务的1.5倍；新增房源685套，是计划任务的234倍。新增解决符合经济适用住房保障家庭户数178户，是计划任务的1.06倍；落实经济适用住房建设资金985.7万元，是计划任务的1.13倍；新增房源178套，是计划任务的1.3倍。揭阳市区和揭东县、惠来县提前完成三年解困任务。揭阳市区收购两宗房源解决困难家庭住房问题，面积约1.88万平方米，投资总额2550万元，改建成267套廉租房，分配给市区213户低收入住房困难家庭，同时做好廉租住房管理和维护工作。

房屋产权管理 进一步规范房屋登记行为，维护房地产交易安全和保护权利人的合法权益。建立房屋登记簿，完成房地产管理信息系

统更新。全年办理市区各类房屋登记共7406宗。其中，商品房初始确权登记5宗、建筑面积13.88万平方米；商品房发证登记1995宗、建筑面积34.16万平方米；二手房发证登记878宗、建筑面积13.83万平方米；单位或个人自建房屋发证登记共41宗、建筑面积2.80万平方米，预售商品房预告登记958宗，房产抵押登记1819宗；房产抵押权预告登记670宗；在建工程抵押登记1040宗。

物业管理　2009年，揭阳市的物业管理服务稳步发展，管理对象从单一的新建住宅小区发展到办公楼、厂区等各类物业，形成包括房屋及相关设施设备的维修养护、小区环境保洁、安全维护、绿化管养、生活服务等配套服务。物业服务领域不断扩展，行业发展保持稳定。至2009年年底，全市登记注册并取得资质证书的物业管理企业34家，其中，揭阳市区26家、揭东县2家、揭西县1家、普宁市3家、惠来县2家，管理物业面积达365.81万平方米，惠来电厂厂区获“广东省物业管理示范项目”称号。加强市区公有房屋的管理和维护。全年共拨付公房维修款36.28万元，维修房屋138宗、面积2700平方米，改建危房7间。做好房屋防灾防洪工作，协助租户在台风期间安全搬迁。开展公房安全和防灾巡查，全年巡查12次，发出整改通知书5份。

住房公积金管理　提高公积金缴存覆盖面，2009年公积金归集覆盖率比上年提高近4个百分点。加强住房公积金制度建设，进一步规范住房公积金管理、归集、提取、信贷、信息及档案管理操作规程。简化住房公积金转移、信息变更、增减变更业务办理手续，提高办事效率，排查和处置住房公积金管理中存在的资金风险，确保资金安全。认真落实省政府住房公积金缴交“控高保低”政策的规定。住房公积金贷款业务稳步开展，全年受理个人贷款738宗，发放贷款439宗，发放贷款余额6272万元。

（陈锡群）

【城市综合管理】　2009年，揭阳市城市管理部门加强城市综合管理，共规范沿街门市货物入室1.5万多宗；清理流动摊点1.6万多宗、乱堆放物品7200多宗、乱倒垃圾杂土3100多宗、乱拉挂3000多宗；拆除违章布条、彩旗2000多宗；查处生活噪声131宗、乱排放污水42宗；教育制止人行道乱停放车辆2400多宗。

开展市容市貌专项整治行动。对市区违章占道经营、违法焚烧生活垃圾、城市“牛皮癣”、中高考期间噪声、机动车洗车场、泥头车撒漏污染道路进行专项整治，较好地解决群众关注的热点难点问题。开展重大节日市容整治行动，提供良好的节日市容环境。揭阳市首届特色文化节活动期间，整治规范沿街门市货物入室1400多宗；清理流动摊点1800多宗、乱堆放物品800多宗、乱倒垃圾杂土300多宗、乱拉挂400多宗；拆除违章广告布条、彩旗350多宗。

开展创建省卫生城市工作。成立创卫领导机构，建立健全创卫工作制度，落实创卫工作责任，开展多种形式的创卫宣传活动和创卫市容整治行动。完善城市管理长效机制。全面落实市区“门前三包”责任制，督促沿街单位、铺户履行“三包”责任。推行网格化管理模式，将市区181平方公里范围分成57个网格，落实执法人员、管理标准和管理责任，实现“网格化划分、动态化覆盖、精细化管理、目标化考核”的管理模式。加强违法建设查处工作，强化日常巡查和监管，重点查控在建违法建设，从严处罚顶风抢建、屡禁不止、影响恶劣的违法建设者，拆除严重违反规划法律法规的建筑物。全年共立案106宗，作出行政处罚106宗，处罚违法建设总面积2.70万平方米。配合“两个30亿工程”建设拆违清障工作，配合莲花大道北段建设工程、学宫广场修缮扩建等工程的建设，对工程建设范围内的违法建筑及搭设物进行清理拆除，对乱堆放和占道经营现象进行全面清理，为工程顺利进行提供保障。配合全市违法用地查处工作，清理拆除市区违法用地上的建筑物和搭建物。协助榕城区政府、东山区管委、市国土资源局对国有存量土地上违建物的拆迁清障工作。

（林树欢）

【建筑业】　建筑市场管理　2009年，揭阳市城乡建设推行建设工程施工图审查制度，严格工程监理制，规范工程质量监督，完善工程质量巡查、抽查制度，加强工程动态管理。全年共审查办理施工许可证30宗；审批新成立建筑施工企业6家，资质增项4家，初审企业三级晋升二级资质3家，企业资质转正6家，施工企业资质变更27宗；办理施工企业申报安全生产许可证14家，安全生产许可证延期申报手续4家，对全市8家工程质量检测机构资质进行认证初审。至年底，全市共有建筑施工企业114家。其中，一级企业5家，二级企业24家，三级企业82家，劳务企业3家。不断完善工程招投标管理制度，规范有形建筑市场秩序。严格市场交易制度，把好招标人市场准入、投标人资格和招标代理机构资格关，保障交易各方的合法权益，确保招投标的合法性。全年市区工程项目招投标共50宗，投资总额9.1亿元。其中公开招投标36宗，造价总额7.65亿元，邀请招标项目14宗，造价总额1.45亿元，招标率100%。积极开展安全工地、文明工地创建活动，帮扶、引导施工企业树立“品牌战略”，争创优良工程和用户满意工程。翠榕家园商住楼工程等4个工程被评为市优良样板工程，揭阳楼等2个项目被评为市“双优”工地；翠榕家园商住楼工程还被评为省优良工程，揭阳楼工程被评为省“双优”工地。

施工安全管理　2009年，揭阳

市建筑施工安全生产形势总体保持稳定。全面落实安全生产责任制，督促各责任单位建立健全安全生产责任制，加强内部监管，从制度上、源头上加强安全生产管理。组织开展“安全生产年”活动，加大检查监管力度，多次组织全市性安全生产大检查，共检查在建工程29宗，总建筑面积174.42万平方米，总造价约19.69亿元，应整改安全隐患92项，发出建议书4份，整改通知书13份，全市执行安全量化扣分条款共64条。加强建筑起重机械的安全监管，组织对建筑起重机械进行专项检查，开展检测以及登记备案工作。

工程质量管理　规范工程质量监督，完善工程质量巡查和抽查制度。组织进行建筑钢材专项检查，共抽查在建工程项目8宗。开展全市性质量监督执法检查，建设工程责任主体和有关机构对履行工程质量职责，贯彻落实工程质量管理法律、法规和施工强制性标准的自律性不断加强。推行分户验收办法，强化住宅工程质量管理。继续推广应用商品混凝土，提高建设工程质量。2009年，全市受监工程竣工验收合格率100%。

散装水泥和新型墙体材料应用　继续推行新型墙体材料和散装水泥的应用，抓好市区实心黏土砖禁用工作。2009年，全市共批准预搅拌混凝土生产企业4家，年生产力380万平方米；实现预搅拌商品混凝土量60.18万立方米。认真做好散装水泥专项资金和新型墙体材料专项基金的征收管理工作，全年共受理征收“二金”工程14宗，建筑面积约106万平方米，金额1707万元。办理竣工工程退款3宗，建筑面积7.18万平方米，退款金额52.4万元。

勘察设计　加强勘察设计市场的管理，规范勘察设计市场行为，从源头上确保工程建设质量，违法挂靠、无证勘察设计现象得到有效抑制，严把施工图审查关，加强勘察设计企业资质管理，全年共审查办理勘察设计企业跨地区承接业务告知登记21宗，企业丙级资质换证1家，企业名称变更登记及企业资质升级1家。至2009年年底，全市共有勘察设计企业（含装饰设计）9家、图审机构1家。

【建设科技】　建筑节能　2009年，揭阳市住房和城乡建设局积极开展建筑节能工作，推行新型墙体材料和再生能源的应用，努力抓好建筑节能示范点工作，启动既有建筑节能又使用节能路灯的改造工作。贯彻执行建筑节能设计标准，完善建筑节能施工图审查备案制度，重点抓好建筑节能施工、监理、竣工验收备案工作。民用建筑工程实施建筑节能验收，建阳花园等2宗工程实行建筑节能工程竣工验收备案。组织开展建筑节能专项检查，全年共抽查建筑设计单位8家，抽查项目29项。

技术培训　开展各类考核和培训活动。全年共审核二级建造师初始注册102人，二级建造师变更注册18人；办理施工企业“三类”安全生产管理人员申报领取考核合格证书344人。组织镇一级村镇规划建设管理人员和省级村庄规划试点的村干部40多人，参加在汕头市举办的2期全省村镇规划建设管理人员培训学习，提高基层村镇规划建设管理人员专业素质。组织举办“三类”安全生产管理人员继续教育、“平安卡”工人教育、造价员继续教育、“三库一平台”管理信息服务应用等培训班，共培训从业人员3564人。　*(陈锡群)*

云浮建设

【概况】　2009年，云浮市城乡建设事业保持平稳较快发展，城镇化进程继续推进。全市城镇基础设施、公共设施建设投入资金42058.5万元，建设项目75个，全市城镇化水平达到48%，比上年提高0.84%。一批重点工程和大型工程相继建成，进一步提升了城市品位。建筑业持续发展。全市房屋建筑和市政基础设施工程新报建项目175项，面积108.1万平方米，工程造价18.7亿元，比上年增长59%。全市共完成房地产开发资金总额11.84亿元，比上年增长36.66%。全市建设工程招标投标共211宗，比上年增长1.7倍。全市建筑节能实现节约标准煤3.75万吨，全市使用新型墙体材料量6800万只标砖，使用新型墙材的墙体达75万平方米，全市散装水泥使用量22.3万吨。全市投入建设资金5068.7万元，建成生态文明村600条，村庄100%进入文明村行列。　*(李沛全)*

【城乡规划】　2009年，云浮市以建设“两区四城一纽带”、创建健康宜居城市为目标，着力打造广东富庶文明的大西关，充分发挥城乡规划“先导、主导、统筹”作用，城区城乡规划工作取得新一轮发展。

规划编制　组织云浮市总体规划修编工作。以《珠江三角洲地区改革发展规划纲要（2008—2020）》、《云浮市资源环境城乡区域统筹发展规划》为指引，推进“三规合一”（国民经济发展规划、土地利用总体规划、城市总体规划）工作，处理好经济建设、人口增长与资源利用、生态环境保护等关系，实现全市全面、协调和可持续发展。组织《云浮市城市总体规划（2008-2020）》编制，将云城、云安同城化，实现资源共享，规划为一江三组团结构。10月，《云浮市城市总体规划（2008-2020）纲要成果》报市政府常务会议及市委专题工作会议审议。做好佛山（云浮）产业转移工业园规划编制工作。组织编制《云浮市都杨新城片区规划》，初步方案已提交市政府研究。《佛山（云浮）产业转移工业园首期用地控制性详细规划》完成初稿。抓好市教育园区规划工作。安排开展教育园区规划设计招投标工作，5月完成招标，《市教育园区规划设计方案》年内完成并报市政府常务会议及市委专题工作会议审议。组织城区拟储备用地规划编制工作。《云浮市原石料总厂片区控制性详细规划及城市设计》完成初稿。南广铁路云浮站周边地区控制性详细规划、324国道改线（河口永丰桥至初城工业园区西三路）片区用地规划、市交通局以南片区规划已报请市政府审批。

组织编制各类专项规划。做好《中心城区市政公共设施专项规划（2008-2020）》、《云浮市中心城区消防专项规划（2008~2020）》、《云浮市中心城区（四、五、六区）市政工程管线专项规划（2008~2020）》、《云城区安塘石材基地总体规划》等专项规划组织编制工作。完成《云浮市人民医院新院修建性详细规划总平面图》、《云浮市城区解放路骑楼街更新改造规划》，并上报市政府审定。

规划管理　坚持“先规划、后用地”原则，参与编制城市总体规划、分区规划、详细规划以及大中型建设项目可行性研究和选址工作，做好各项用地规划审批。全年办理选址业务81宗，核发《建设用地规许可证》415宗，发出规划设计条件476宗，审批规划图220宗，办理建设工程规划审批案件552宗，市政工程规划审批案件92宗，核发《建设工程规划许可证》336宗（含市政工程40宗），办理工程规划竣工验收116宗（含市政工程5宗）。拓展城市勘测业务范畴。全年完成建设工程放线测量151宗、用地测量322宗、竣工测量95宗。完善档案管理，做好城市规划档案资料整理入库和档案资料的收藏、保管及保密工作。全年完成档案资料入库832册，参加重点工作项目竣工规划验收10宗。河口、安塘、都杨规划管理所充分履行职能，按规范做好各项规划审批工作，加强辖区的规划管理和规划监察力度，同时协助做好村镇规划工作，在“送规划下乡”活动中发挥积极作用。

加大对各类违反城市规划行为的查处力度，狠抓项目规划实施监督管理，及时处理各种违法建设的举报和投诉，快速地化解矛盾。全年查处违法建设34宗，处理电话投诉33宗，受理网上投诉40宗、来信9宗、来访12宗。发挥城乡规划纪检监察作用，对城乡规划管理内部运作程序、业务办理结果、执行情况等进行复查，抽查结果良好。

（李建桥）

【城乡建设】　2009年，云浮市城乡建设工作以建设宜居城市为重点，全力加快城乡建设步伐，突出抓好城市基础设施建设、生态文明村建设，推动房地产业发展和住宅小区建设，城市品位进一步提升。

重点工程建设　2009年，重点工程建设全面推进。以“五三二一”交通工程为重点的基础设施建设，全年投资完成年计划的1.33倍。其中，广梧高速公路即将通车，云岑高速公路双凤—双东段全面动工建设，南广高速铁路（云浮段）已动工建设。同时，城区一批市政项目加快建设。城区星岩路改造全面完工，南山河城防工程稳步推进，特色街水上广场建成使用、城市管道燃气首期建成供气，自来水管网改造逐步推开、城市规划演示展览馆对外开放，城市慢行系统工程全面铺开。大力推进宜居城市建设，各项工程高标准快速推进。其中，一期工程于5月开工，9月完工，完成工程建设项目44个，总投资2879.22万元，分别完成南山森林公园、人民广场和“一河两岸”的慢行系统、市迎宾馆周边市民活动设施修缮工程等；二期“上山进城”各项工程也陆续完成。（何斌）

市政设施建设　2009年，全市共投入城市（县城）基础设施维护建设资金7.86亿元。其中，云浮市区2.4亿元。

全力加快水利建设。围绕城乡防灾减灾工程中心任务，着力解决农村群众饮水安全问题，全面完成省人大议案安排的147条水库移民村改造建设和190宗农村机电排灌工程建设任务。2009年，全市水利建设投资27511万元，完成投资19390.32万元；完成工程量土方161.51万立方米，石方20.02万立方米，混凝土6.95万立方米。全年完成存在安全隐患的病险小型水库除险加固设计53宗；列入省除险加固专项规划的5宗中型水库初步设计全部获省批复；完成12宗大中型水闸安全鉴定工作。2009年，列入市50项重点工程的市区南山河防洪工程、罗定市城防工程、新兴县城防工程、郁南县城防工程、云安县城防工程计划总投资1亿元，至年底，完成投资1.16亿元，超额完成任务。（梁焕钦）

完成一系列道路改造工程。星岩路改造工程全长2.2千米，道路主体工程概算投资约2300万元，配套设施投资340万元，采用城市主干道二级标准设计。投入资金1800多万元，完成人民广场周边和河滨路、船塘路、军分区门前路段等共计8.2千米的人行道步行系统改造，种植绿地3500平方米、大型乔木180株，改装栏杆4000米，安装各类照明景观灯饰480套。对河滨路、人民广场、南山森林公园、行政中心区、世纪大道、凤凰桥、人民桥、金华桥等公共场所、街道的灯饰进行改造；对云六公路（高峰高架桥至大庆收费所路段）完成路灯安装，在居民住宅区安装简易路灯，全年维修路灯、景观灯共5760套，维修路灯线路65千米。

（陈宏略）

园林绿化　全市城市绿化覆盖面积已达3594公顷。其中建成区2828公顷，建成公园29个，公园面积1340公顷。共计投入260多万元，在兴云路、府前路、世纪大道等主要街道和城区各出入口路段开展绿化景观改造，新植各类乔（灌）木

1028株，袋苗6279袋，新增绿化面积2万多平方米。同时，按照省级园林城市的标准，对城区的绿化景观重新进行整体科学规划，进一步提高园林绿化景观的质量和品位，改善城市宜居环境。

市容环卫　2009年，全市共有公厕124座，市容环卫专用车100台，道路清扫面积862万平方米，生活垃圾处理量29.95万吨，处理率达79.95%。环卫治污保洁建设投入资金250万元，新建成垃圾压缩站1座、公厕3座，在城区主要街道和公共场所安装改造果皮箱350只，规划开展河口麻鸡坑垃圾场后续建设工程、污水处理厂二期3万吨扩建工程和环卫设施配套建设工程，进一步提高城市环卫保洁水平。

城市供水　截至2009年年底，注册用水户4.5万多户，供水面积30平方千米。全年供水2241万立方米，比上年增长1.33%。城市日供水能力38.98万立方米，供水管道长度达2345公里，全年供水总量8698万立方米。其中，生产用水1926万立方米，居民家庭用水3842万立方米，公共服务用水1149万立方米，消防及其他用水487万立方米，免费供水量67万立方米，漏损水量1224万立方米。自来水用水普及率达到95%。全年完成安装工程235万元，比上年增长6.82%。水质综合合格率98%，出厂水合格率100%。完成各类管道维修1330宗，改造各类管道2177米，管网综合漏耗率为17.2%。投入1300多万元，对云安百里通段4.2千米频繁爆漏的主输水管道实施“双管”改造，在原有DN1200水泥砼单管的基础上，增设一条DN1200输水钢管，工程有效降低管道爆漏概率，提高了城区供水保障能力。投资50多万元，铺设DN600钢管100米，接驳贯通了市自来水公司与云硫自来水厂的供水管网，为城区应急供水提供了条件。为满足城区西片供水需求，计划铺设环市西路（高峰高架桥到城北武警支队）3.2千米供水管，投资约800万元。至年底，项目完成立项、规划、设计等前期工作。

城市供气　全市共有液化石油气站20家，设计储气量为6800立方米，实际储气量为4800立方米。全年液化石油气供气总量为34164吨，用气户数达到19.57万户，85.07万人，县城用气普及率为90.77%。城区管道天然气建设首期工程总投资6000万元，建成占地2公顷的LNG气化站，铺设中压管线12千米，在三河洲、嘉乐园、金辉煌、帝景苑二期、城市花园等小区完成近1200户立管安装工作，12月实现点火通气试运营。　*(陈宏略　郭柑材)*

【中心镇建设】　2009年，云浮市14个中心镇镇域GDP113亿元，比上年增长0.89%；其中第二产业总产值76.4亿元，第三产业增加值1.26亿元，分别增长0.79%和0.55%；财政收入平均每镇1127.96万元，增长0.27%，GDP及财政收入增长较快的有云城区腰古镇、都杨镇。

中心镇公共设施和基础设施建设稳步推进。中心镇建成区面积达到46.81平方千米，比上年增长0.97%；建成区住宅建筑总面积达507.5万平方米，增长6.27%；镇域工业园区面积达23.44平方千米，增幅31.02%。2009年，全市中心镇投入基础设施、公共设施建设资金42058.5万元，建设项目75个。

同时，云浮市把生态文明村建设作为统筹协调城乡建设的突破口，落实任务，大力推动。市政府下拨扶持资金600万元加快生态文明村建设，并出台生态文明村建设工作方案。是年，全市共投入资金5068.7万元，义务投工23.24万个，建成污水处理设施469套、排水排污管195千米、禽畜圈养点8.88万平方米、垃圾收集池596个、公厕268个、混凝土道路264千米，新建文化室249个、文化广场（篮球场）203个，建沼气池361个，改厕入屋15672户，改水2.13万户。至年底，共建成生态文明村600条，全面完成市委、市政府下达的建设任务，受惠群众达13.86万人。　*(梁碧云)*

【住宅与房地产业】　2009年，云浮市加大房地产市场调控力度，促进房地产业平稳健康较快发展。全市商品房销售大幅攀升，销售价格稳中有升，廉租房建设加快，住房保障工作扎实推进，市民居住环境继续改善。

是年，加强房地产登记管理。市级房地产登记簿建设顺利通过省验收，全面启用新版权属证书和登记证明，改进共有房地产登记发证工作，加大权属登记管理历史遗留问题处理力度。全市办理房地产权证15700件，办理房地产他项权证6100件，房地产抵押值达35亿元。其中市辖区办理房地产权证7278件，办理他项权证2181件，房地产抵押值15亿元。

是年，全市实施住房货币分配人数12398人，比上年增加609人；累计发放住房货币补贴1.35亿元，增加2027万元。其中市直（含云城区）实施住房货币分配6205人，比上年增加363人，累计发放住房货币补贴9815万元，本年度发放1304万元。

房地产市场管理　2009年，进一步推进交易登记一体化管理，严格执行职业资格制度和持证上岗制度，完善房地产市场信用披露机制，继续整顿和规范房地产市场秩序，加大查处房地产交易过程中的违法行为，房地产市场秩序良好。全市办理房地产交易鉴证7255宗，成交面积99.4万平方米，交易金额18.6亿元，代征税款2300万元。其中市辖区办理房地产交易鉴证3964宗，成交面积44.93万平方米，成交金额11.54亿元。举办国有、集体资产拍卖会10场，成交金额38.5万元。

加强房屋租赁管理。全年全市出租商业用房25万平方米，出租住宅用房8.5万平方米，直管公房租金收入1400多万元，其中市辖区直管公房租金收入350多万元，投入维修资金9万多元，维修房屋35间，面积1433平方米。规范公房租金管理，成立直管公房租金定价领导小组，对租赁期满的非住宅用房租金参照周边房屋租金价格进行调整，逐渐向市场租金标准靠拢。全市直管公房租金收入1400多万元，其中市辖区直管公房租金收入350多万元。

房地产开发 2009年，全市共完成房地产开发投资11.84亿元，比上年增长36.66%；施工面积108.01万平方米，增长52.29%；竣工面积37.91万平方米，增长69.01%。全市商品房销售总额15.04亿元，同比增长1.21倍；销售面积52.68万平方米，增长1.08倍；上缴税金1.07亿元，增长70.86%。这一年是近年来施工面积、竣工面积、完成投资额、销售金额和上缴税款增幅最大的一年，市区商品房住房销售均价是2890元/平方米。

物业管理 2009年，举办全市物业管理条例学习班和从业人员培训班，加强物业服务公司资质管理，规范物业专项维修资金管理，物业管理水平进一步提高，物业管理覆盖面进一步扩大。全市实施物业管理面积247.3万平方米，比上年增长13.9%，管理人员1007人，管理项目72个，新建成的住宅小区基本实施物业管理。全市有资质的物业服务公司21家，办理白蚁防治合同备案12宗，实施白蚁防治房屋面积19.3万平方米。

住房保障 2009年，贯彻落实中央、省、市有关住房保障政策，通过新建、购置廉租住房，发放住房租赁补贴等多种方式，初步建立起以廉租住房保障制度为重点、多渠道解决城镇低收入家庭住房困难的住房保障体系。全市新增廉租住房488套、面积2.88万平方米，落实廉租住房保障资金2048万元，落实保障住房建设用地1.55公顷。其中市区新增房源150套、面积0.92万平方米，落实廉租住房保障资金618万元，落实用地0.57公顷。全市累计解决城镇低收入家庭住房困难914户，其中市区232户，实物配租187户，发放租赁补贴45户。全市低收入家庭住房困难问题得到明显的改善。 *（何维）*

【城市综合管理】 2009年，云浮市城市管理局切实抓好创建省级卫生城市工作。从4月初起，在城区开展为期5个多月的市容市貌和环境卫生综合整治大行动，彻底治理“十乱”现象，主要街道、公共场所全天24小时保持整洁，城区市容环境显著改善，9月，云浮市创建省卫生城市顺利通过达标验收。

积极创建省卫生城市。对城区市容环境和秩序继续实行全天24小时监控管理，进一步整治市容秩序。一是对城区中心市场、南联市场和同福超市、解放路旧街、家禽经营市场等农贸市场周边组织开展以整治“乱摆卖”为重点的专项治理活动，取缔违章占道乱摆卖1263宗，进一步规范了市场周边秩序，消除了安全隐患。二是实施“黄线”管理制度，对主街道门店严格按“黄线”划定范围经营，与临街单位、店铺签订“门前三包”责任书2600多份，严格抓好责任制落实。三是对违规占道停放车辆、堆放杂物、脏车入城等违章行为严格查处，共计处理违章运载散装货物17宗，从源头上净化城市环境。四是规范建筑余泥渣土管理，全年共计查处各类偷运、偷排建筑余泥行为16宗，通过加强引导、严格监控、统一处理，遏制乱倒乱堆现象，进一步营造宜居城市环境。五是规范城区户外广告管理。10~11月，联合工商、规划、公安交警等部门对城区违规、破烂、无主的广告全面进行清理整治，拆除各类违章广告272个、横幅700多条，城区户外广告基本纳入统一管理。六是协调联动，全面整治城区“脏、乱、差”。会同区政府、公安、工商、卫生、规划等部门，共计组织开展市容环境专项整治行动15次、大型综合整治行动8次，查处和教育纠正乱摆卖、乱堆放、乱拉挂、乱搭建、乱停放、乱张贴等城市“六乱”违章行为共2740多宗，中心城区市容秩序有效改善。

进一步建立和完善承包服务监管、质量评估体系，形成长效管理机制，全面提高服务水平。至年底，全市有从事城区环卫承包服务公司9个，园林绿化公司2个，从业人员共600多人。 *（陈宏略　郭柑材）*

【建筑业】 2009年，云浮市建筑业管理工作以规范建筑市场秩序为主线，以质量安全监管为重点，以全面推进建筑节能为突破口，严格执行有关法律法规、工程建设法定程序和强制性标准，切实加强监督管理，促进了全市建筑业持续、健康、有序的发展，工程质量稳步上升。 *（李沛全）*

建筑市场管理 2009年，全市有形建筑市场建设与招标投标管理进一步完善和规范。全市共有211宗建设工程入市交易，比上年增加长1.07倍；工程总造价（中标价）152060.22万元，增长2.11倍；工程标底价155783.72万元，增长2.08倍；节约投资3723.5万元，下浮率2.39%。其中，市区共97宗，比上年增长2.23倍；工程造价77655.86万元，增长4.45倍；工程标底价79271.26万元，增长4.3倍；下浮率2.04%。应招标率和应公开招标率均达到100%。

招投标管理 简化招投标程序和核备环节。采用网上发布招标公告和招标文件，投标人可直接参加投标的方式，有效杜绝投标报名资料的泄露，防止围串标现象的发生。修订《云浮市外来建筑行业企业进驻云浮管理暂行规定》，精简优化招标代理机构进驻所需资料，增加全年进驻办理次数，降低企业进驻成本。

工程质量管理 全市建筑工程

质量总体水平呈稳中有升的态势。与公共利益和安全相关的大型公共建筑质量良好，地基基础和主体结构安全，裂、漏、堵等使用功能方面的质量通病得到有效防治。建立质量管理长效机制。强化施工许可制度、施工图设计文件审查制度、工程监理制度和竣工验收备案等制度的落实，层层落实质量责任制。加强实体质量监督。把好材料质量关，强化对工程实体质量的监督，对地基基础、主体结构、关键部位实施重点监控。市、县两级建设行政主管部门及质监机构全年共开展质量检查73次，出动人数478人次，检查工程486项次，查出隐患450处，重大质量隐患1处，并在规定时间内落实整改。推进创建无质量通病的住宅工程，加强对所有住宅工程的质量通病进行检查，把消除质量通病作为监督工作的重点，取得较好的效果。加强施工现场各方质量主体行为的监督。在现场监督方面，坚持日常正常监督工作，进行每月巡查，督促相关责任方履行职责，执行强制性标准条文，通报工程实物质量情况，使各建筑企业通过交流互相促进。开展“质量月”活动，提高工程质量意识。动员全员全过程全方位参与，全面提高质量安全水平。成立领导小组，宣传工程质量管理和建筑节能工作，进一步推进质量强制性标准的执行。 *(王永军)*

施工安全管理 2009年，城区监督工程139项，总面积29.2万平方米，竣工验收工程28项，总面积31.5万平方米，安全合格率100%，优良率20%，全年无重大安全事故发生，无群伤事故发生，实现省下达的年度安全管理目标。

全年共发出整改通知书48份，停工通知书1份，整改项目198项。狠抓重大危险源的监控，对施工现场的深基坑、塔吊、高大支模、施工用电、高空作业等重大危险源实行重点整治，重点监控。对所有在建工地按危险源进行分类排查，对建筑工地的起重设备进行重点整治，进行登记备案。重点开展安全生产宣传教育、安全生产执法和安全生产治理行动，开展以“关爱生命，安全发展”为主题的“安全生产月”活动。 *(黎淑燕)*

工程造价管理 2009年，对全市建设工程造价员的执业情况进行登记管理并发放继续教育证书。全市现有造价员349人，其中，建筑专业有266人，装饰装修专业有220人次，安装专业107人，市政专业62人，园林绿化专业27人。同时拥有5个专业的有8人，4个专业的有15人，3个专业的有43人，2个专业的有170人。做好《云浮工程造价信息》编辑发布工作。收集、整理、分析和编辑发布主要建材价格信息、项目共约3600个，比上年新增环保节能材料品种10种、新型环保人行道砖和植草砖80种、装饰石材200种等。 *(邱永香)*

散装水泥推广 2009年，全市实现散装水泥供应量315.5万吨，是300万吨任务的1.05倍；实现散装水泥使用量22.3万吨，完成20万吨任务的1.12倍；商品混凝土供应量21.5万立方米，完成18万立方米任务的1.19倍。至年底，全市已投产的商品混凝土搅拌站有4家，年设计生产能力达180万立方米。 *(冯文兴)*

建筑资质管理 2009年，全市有安全生产许可证的建筑施工企业44家。其中，二级资质企业15家，三级资质企业29家，尚没有一级施工企业。全市工程监理企业4家，其中乙级1家、丙级3家。勘察设计企业10家，其中乙级5家，丙级5家。建筑施工图审查企业3家。建筑业企业资质实行动态管理，分级审批。

2009年，全市房屋建筑和市政基础设施工程报建项目175项，面积108万平方米，工程造价18.7亿元，比上年增长59%；全市在建工程193项，面积171.6万平方米，工程造价27.7亿元；竣工验收工程108项，面积93.2万平方米，造价13.32亿元，创税利1.7亿元，验收合格率100%。其中，市区工程报建工程69项，面积31.2万平方米，工程造价3.6亿元；在建工程82项，面积50.4万平方米，工程造价6.94亿元；竣工验收工程22项，面积36万平方米，造价4.93亿元，创税利6370万元，验收合格率100%。

勘察设计 2009年，云浮市加大对勘察设计市场监管力度，规范主体行为。把好建筑节能图审查关，未经审查或审查不合格不得使用。全市勘察设计面积43.1万平方米，造价6.68亿元。开展繁荣建筑设计和农村新居设计竞赛活动，促进工程勘察设计水平的全面提高。 *(何斌)*

【建设科技】 2009年，云浮市建设行业充分发挥科技的先导和生产力作用，在建筑节能、信息自动化和城乡建设等方面取得了良好成效。

建筑节能 限制和禁止实心黏土砖的生产和使用，保护耕地和生态环境，在太阳能热水系统和新型墙体材料应用方面发挥了积极作用。

科学管理 针对建筑物料提升机的井架安全门在施工过程中的安全隐患，创新一种井架自动安全门，经推广使用，能有效地防止事故的发生，提高安全保障系数，这一发明获得了国家的专利。对于电动锯屑飞溅往往会造成伤人事故这一问题，研制出电锯屑飞溅防护罩，为企业解决了技术难题。 *(李沛全)*

各市建设

2009年，广东省建设系统积极探索具有广东特色的宜居城乡建设新路子。大力推进实施国务院批准的《珠江三角洲地区改革发展规划纲要（2008—2020）》，促进珠江三角洲和全省城乡区域协调发展；住房保障工作纳入各级政府的政绩考核内容，促进住房保障工作的落实；出台促进全省房地产市场平稳健康发展的15条政策措施，推动广东省房地产市场较快走出调整期；参与和支持对口援建汶川重建家园，落实援建项目，加快援建步伐。

2009年，广州市以建设国家中心城市为目标，紧紧抓住举办第16届亚洲运动会的历史性机遇，以科学发展观统领城市建设发展，全面实施亚运行动计划、建设花园城市行动纲要和“大变”工程实施计划，城市基础设施体系进一步完善，城市人居环境持续改善。

广州市珠江两岸景观（广州市城乡建设委员会供稿）

广州市沙面整饰工程（广州市规划局供稿）

广州市参加2009年香港花卉展览，参展作品“金牛献瑞同庆贺”获得“非本地最佳展品特色（园林景点）金奖”（广州市林业和园林局供稿）

广州市BRT岗顶站（广州市城乡建设委员会供稿）

广州自行车轮滑极限中心（效果图）（广州市城乡建设委员会供稿）

广州市丫髻沙大桥（广州市城乡建设委员会供稿）

第16届亚洲运动会亚运城综合馆（广州市城乡建设委员会供稿）

2009年，深圳市城市建设快速发展，城市功能不断完善，城市面貌进一步更新。保障性住房投入加大，低收入群体的住房困难问题得到进一步解决。人居环境有较大改善，一批绿化美化重点建设项目建设卓有成效，森林和自然保护区得到有效维护。

2009年3月6日，广东省建设厅厅长房庆方（右四）、副厅长陈英松（左三）率调研组一行，在深圳市住宅租赁管理服务中心管理的梅山苑小区，考察深圳公共租赁住房和住宅产业化示范基地建设情况（深圳市规划和国土资源委员会供稿）

深圳市立交桥

深圳市广场绿地

晨练

深圳市城市一角（深圳市城市管理局供稿）

2009年是珠海市改革开放和现代化建设历史进程中极不寻常的一年。港珠澳大桥动工兴建，使珠海一跃成为粤港澳区域枢纽节点。国务院批准《横琴总体发展规划》，全国人大常委会审议通过授权澳门特别行政区对澳门大学横琴校区行使管辖权的议案，标志着横琴岛开发上升为国家战略，“一国两制”伟大构想在珠海结出最新果实。国务院批准《珠江三角洲地区改革发展规划纲要（2008-2020）》，确定珠海为珠江口西岸核心城市的新定位和建设高栏港工业区、海洋工程装备制造基地、航空产业园、国际商务休闲旅游度假区的新布局，极大地提升了珠海在区域乃至国家全局中的战略地位和城市价值。

珠海市街道绿化（珠海市市政园林和林业局供稿）

珠海市水湾头夜景（朱瑞盛 摄）

珠海市红树林湿地

珠海市水松林

（珠海市市政园林和林业局供稿）

珠海市住宅小区

珠海市唐家湾畔（珠海市住房和城乡规划建设局供稿）

广东建星建筑工程有限公司

以房屋建筑为主业的民营施工企业，具有房屋建筑工程施工总承包一级，建筑装修装饰工程专业承包一级，机电设备安装专业承包一级，市政公用工程总承包二级，地基与基础、建筑智能化、体育设施专业承包二级等多项资质。

坚持诚信为本，追求质量兴业，倡导“每建必优”的管理方针和“以人为本”的企业文化。目前已分别在广州、深圳等地设立分公司，年竣工面积超45万平方米。多年来，该公司在注重工程质量的同时，狠抓安全文明施工，共创出金匠奖、广东省或市优良样板工程、广东省或市文明施工样板工地等奖项20多项。先后承接德资MTU航空发动机维修厂房、金沙制药、广州大学城广东工业大学、华发新城、华发世纪城、世邦家居世界等一批标志性工程。在装饰装修方面先后承建了华发新城会所、世邦家居世界、建设银行广州分行、银隆大厦等装修工程。

2009年，完成承建面积36万平方米，荣获广东省安全文明施工样板工地2项、广东省“金匠奖”1项。新一年目标：争取年内完成45万平方米，力争创广东省“金匠奖”2项、广东省安全文明施工样板工地3项。

珠海市世邦家居世界

珠海市华发新城会所

珠海市华发世纪城

2009年是汕头市进入新世纪以来城市建设规模最大、投资最多、任务最重的一年。汕头市积极创新市政工程建设模式，全力推进市政基础设施项目建设，市政基础设施建设规模和投资额均创历史新高。稳步推进旧城改造，着力解决历史遗留项目建设问题；加强房屋拆迁管理，积极推进重点项目拆迁工作。切实加强风景名胜区管理，提高景区知名度。

汕头市港湾

汕头市南澳青澳湾

汕头市中山公园玉鉴湖

汕头市人民广场

汕头市海滨路

汕头市海滨路绿化平台

汕头市海滨路亲水平台

汕头市全景（汕头市住房和城乡建设局供稿）

2009年，佛山市城乡建设以贯彻实施国务院批准的《珠江三角洲地区改革发展规划纲要（2008-2020）》为抓手，全面推进广佛同城化、区域一体化建设，城市基础建设、城市功能建设、城乡现代化建设得到进一步加强，城市现代化和城市综合竞争力不断提高。

佛山市富湾大桥（佛山市住房和城乡建设局供稿）

佛山大堤（佛山市水务局供稿）

华南地区最大的水岸商业建筑——佛山市南海保利水城购物中心(邹永榆　摄)

佛山市高层住宅小区（佛山市住房和城乡建设局供稿）

佛山市第一人民医院肿瘤中心（佛山市住房和城乡建设局供稿）

佛山市中山公园（佛山市城市综合管理局供稿）

佛山市一环快速干线绿廊（佛山市城市综合管理局供稿）

广东中天市政工程设计有限公司

成立于1983年，原名佛山市市政设计研究院、佛山市市政设计研究院有限公司，是市政设计为主的综合性甲级设计院。具有市政行业（道路、桥梁、隧道）专业甲级设计资质，市政行业（燃气、轨道交通除外）乙级设计资质，风景园林工程设计专项乙级设计资质以及公路行业（公路）专业乙级设计资质，还具有工程勘察专业类（岩土工程）和建筑工程设计类资质。控股的广东德正工程管理有限公司具有市政行业监理和招标代理甲级资质。

承接了各项工程设计2300多项：道路总里程超过1000千米，桥梁160座，景观绿化工程500项，垃圾卫生填埋场多项等。其中，9个项目荣获省、市优秀设计奖项，主要项目有：季华路道路改造工程（长7.55千米，宽60米，双向8车道）；南海大道道路桥梁工程（道路全长4045米，红线宽度为100米，总投资约3亿）。其他代表性工程有：柳州市柳东新区曙光大道工程，柳东新区重要的过境交通主干道，全长6.3千米，规划红线宽100米；佛山市三水区白泥坑垃圾卫生填埋场工程，是环保公益型市政项目，填埋场总量952.51万立方米；黔西县贯城河综合治理工程，位于乌江一级支流野济河干流的上游，集“防洪、截污、景观”于一体，改造总长约7.6千米。

佛山市三水区白泥坑垃圾卫生填埋场工程（效果图）

佛山市季华路道路工程获2009年度广东省优秀工程设计三等奖、佛山市2007–2008年度优秀市政、园林绿化设计一等奖

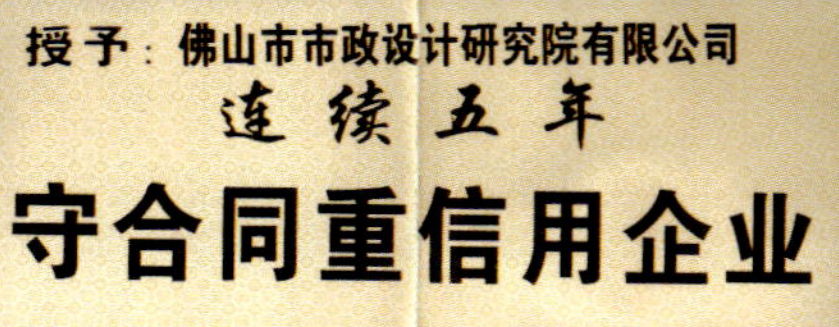

授予：佛山市市政设计研究院有限公司
连续五年
守合同重信用企业
颁发机关：佛山市工商行政管理局
二〇〇九年八月

佛山市重点建设工程劳动竞赛
先进单位
佛山市人民政府
二〇〇六年十二月

贵州省黔西县贯城河综合治理工程（效果图）

佛山市南海大道道路桥梁工程获佛山市2007–2008年度优秀市政、园林绿化设计二等奖（效果图）

佛山市容桂文塔公园扩建工程一期设计获佛山市2007–2008年度优秀市政、园林绿化设计三等奖（效果图）

佛山市禅城区季华五路人行天桥获佛山市2007–2008年度优秀市政、园林绿化设计表扬奖（效果图）

2009年，韶关市宜居城乡建设取得新突破，城市形象明显提升，房地产业平稳发展，建筑管理水平稳步提升。

韶关市韶阳楼（韶关市住房和城乡建设局供稿）

韶关市解放大道（钟锋 摄）

韶关市北江绿化广场（韶关市城市综合管理局供稿）

韶关市住宅小区（钟锋 摄）

韶关市韶关大道立交桥（陈锐民 摄）

2009年，河源市围绕创建国家卫生城市、国家园林城市、国家环保模范城市，突出住房保障工作，扎实推进住房和城乡规划建设各项工作。全市城镇化水平达41.5%，市区建成区面积37平方千米，市区建成区绿地率37.38%，建成区绿化覆盖率41.09%，人均公共绿地面积9.12平方米、生活垃圾无害化处理率83.8%，燃气普及率99.63%，自来水普及率99.96%，路灯亮化率98%。

2010年5月21日，河源市城市总体规划和城乡总体规划纲要成果评审会

流经河源市区的新丰江河段（黄淑芳 摄）

河源市住宅小区

河源市沿江路景观带一角

河源理工学校正门

（河源市住房和城乡规划建设局供稿）

河源雅居乐花园

河源雅居乐花园位于河源新城中心，项目毗邻河源市18个新建市政项目及1.8亿元打造的越王大道，与新建的客家文化公园一路之隔。项目占地133.33公顷，以商业中心、洋房住宅和低层别墅为主，绿化率36%，容积率1.59。项目拥有23000平方米西班牙风情商业街，7000平方米豪华会所、学校及五星级酒店等配套设施。河源雅居乐花园注重社区和谐居住氛围的塑造，力求让业主感觉到舒适亲和，在注释"好房子"的同时，更带来丰富的社区文化，于建筑之外，实现更高理想的人文传承。

2009年，河源雅居乐花园一直在稳健中发展，坚持"远见、心建、共建未来"的企业精神、秉承"精品、绿色、人文、未来"的开发理念为广大市民提供优质的产品，蝉联2007-2009年河源市三届销售冠军，被评为消费者最值得信赖的品质楼盘。继往开来，河源雅居乐花园将一如既往的为广大消费者打造高品质的居住生活。

河源雅居乐花园

2010年2月3日，河源市委副书记、市长刘小华，副市长叶维园，河源市政协副主席、市长助理李杨达以及河源市直、源城区等有关领导为河源雅居乐花园社区小学挥铲奠基培土

2010年6月30日，广东省侨办向雅居乐代表授予锦旗

2006年12月15日，河源雅居乐花园第一铲混凝土浇筑现场。图为甲方、监理公司、施工单位代表合影留念

河源雅居乐花园泳池

2009年，梅州市城乡建设事业快速发展，城镇基础设施建设步伐进一步加快，城镇建设稳步推进，城镇化进程加快，城镇的辐射功能日益增强；建筑市场、房地产市场进一步规范，工程质量再上台阶，城乡建设管理水平稳步提高；全面推进宜居城乡建设，成效显著。

年内，成功创建国家园林城市，创建国家卫生城市工作通过省级考核鉴定，城镇“脏、乱、差”现象得到有效整治，市容市貌明显改观。

2009年10月14日，梅州市委、市政府在世界客商大会召开期间，隆重举行归读公园落成剪彩仪式。图为广东省人大常务委员会副主任谢强华（右四）、中华全国归国华侨联合会副主席、秘书长乔卫（左四）和梅州市委书记刘日知（左三）、市长李嘉（右三）等出席剪彩仪式（梅州市城乡规划局供稿）

梅州市城雕——大鹏展翅（丘虎 摄）

梅州一景（丘虎 摄）

2009年12月30日，广东省住房和城乡建设厅厅长房庆方（左二）在梅州市开展宜居城乡建设调研，听取副市长李金元（左一）介绍情况（梅州市住房和城乡建设局供稿）

国家AAAA级旅游区——梅州市雁南飞茶田旅游景区（丘虎 摄）

古树古建筑——梅州市东山书院（丘虎 摄）

2009年，惠州市抓住实施国务院批准的《珠江三角洲地区改革发展规划纲要（2008-2020）》的契机，大力推进“五个一体化”（基础设施、产业布局、基本公共服务、城乡规划、环境保护一体化）和宜居城市建设，惠州城市建设面貌日新月异。一大批民心工程的建成提高了惠州市城市建设的美丽度和良好形象。

惠州市园林小景（谌东章 摄）

惠州市合江楼（郭永良 摄）

惠州市区一角（曾伟钰 摄）

崛起的惠州（曾伟钰 摄）

惠州市西湖丰渚园采用岭南传统建筑风格，融合当地民居特色，粉墙黛瓦，古朴素雅（黄慧明 摄）

惠州西湖东坡园之东坡故居景点采用岭南传统建筑风格，牌匾“东坡故居”四字由国学大师饶宗颐题写（黄慧明 摄）

浑圆合一、外圆内方的中国儒家思想在惠州科技馆建筑外形上尽显无遗。雨夜时分，在灯光的映衬下熠熠生辉，引人瞩目（温世华 摄）

2009年，汕尾市以建设宜居宜业新城为重点，加快城市基础设施建设。全年全市完成建筑业总产值112172亿元，比上年增长28.1%；全市报建面积111.5万平方米，增长9.7%，房屋建筑面积竣工率100 %；完成各项市政工程建设项目14个，工程总投资43390万元。城市环境面貌得到了明显改善。

汕尾市城市雕塑

汕尾市新建的住宅小区

汕尾市慈云山公园广场一角

汕尾市凤山公园妈祖庙

汕尾市海堤长廊

汕尾市凤山公园妈祖雕像

汕尾市别墅小区

（汕尾市住房和城乡建设局供稿）

2009年，东莞市以开展宜居城乡创建活动为手段，全力推进全市宜居城乡建设，努力建设可居、逸居、康居、安居并具有岭南特色的宜居城乡。旧村旧围基础设施、环境卫生得到继续改善，居住质量得到进一步优化。

2009年12月15日，深莞惠三市规划部门联席会议第一次工作会议召开（东莞市城乡规划局供稿）

东莞市市属廉租房、经济适用房小区（东莞市房管局供稿）

2009年9月4日，东莞市城乡规划局召开房地产开发专项治理工作汇报会（东莞市城乡规划局供稿）

东莞市城区新貌（钟伟华 摄）

东莞市人民医院新院（黄曦曙 摄）

东莞市东江大桥（伦松贵 摄）

2009年，中山市中心城区的城市建设以环保、交通、教育等工程为重点，全年承建政府工程81项，完工或基本完工42项，完成投资额5.28亿元。全年新建、改造道路总长度18.3千米，新建成绿地面积4.8万平方米，新建和改建污水、排水主干管5.9千米，新建泵站2个，城市环境面貌得到明显改善。

2009年3月2日，中山市北部基地垃圾焚烧发电厂一期工程投入试运行（中山市住房和城乡建设局供稿）

中山市城市鸟瞰（黄华佑 摄）

中山市北部组团垃圾处理基地焚烧发电厂外景（中山市住房和城乡建设局供稿）

2009年12月4日，中山市召开“三旧”改造工作会议（汤绮静 摄）

2009年4月27-28日，第三届全国城管（执法）局长联席会议在中山市召开（中山市城市管理行政执法局供稿）

2009年1月，中山市名树园正式向市民开放（中山市住房和城乡建设局供稿）

中山市兴中道景观（中山市城市管理行政执法局供稿）

2009年，江门市以创建宜居城乡为抓手，发挥自然条件和人文条件优势，调整经济结构，优化城市功能布局，完善公共基础设施，加强环境保护，城市基础设施建设投入逐年加大，城市面貌发生巨大改变，城市管理水平不断增强。先后获得“中国优秀旅游城市”、“国家园林城市”、“国家卫生城市”、“中国人居范例奖”、“国家环保模范城市”、“广东省文明城市”、“中国人居环境奖（水环境治理优秀范例城市）”等称号。

江门市城区东湖公园（江门市住房和城乡建设局供稿）

江门市鹤山城区
（鹤山市建设局供稿）

江门市恩平市区鸟瞰
（恩平市建设局供稿）

江门市开平城市广场
（开平市建设局供稿）

江门市北新区（江门市住房和城乡建设局供稿）

江门市环市路(吴宗斌 摄)

江门市台山台城舜德路新貌（邱真全 摄）

江门市滨江大道（周华东 摄）

江门市新建住宅小区（周华东 摄）

2009年，阳江市城市规划建设管理不断加强，完成市区、海陵岛、高新区和11个中心镇总体规划修编工作。城南新区等重点区域开发建设不断加快，城市框架进一步拓展。城市管理体制改革不断深化，市容市貌整治和市区道路交通安全综合治理进一步加强，绿化亮化工程全面推进，城市面貌得到明显改善。

阳江市广东海上丝绸之路博物馆外景（梁文栋 摄）

游客参观广东海上丝绸之路博物馆（梁文栋 摄）

阳江市住宅小区（冯杰勇 摄）

阳江市文化馆（冯杰勇 摄）

阳江市体育馆（冯杰勇 摄）

阳江市鸳鸯湖广场（冯杰勇 摄）

2009年，湛江市坚持以科学发展观统揽全局，贯彻落实中央“保增长、保民生、保稳定”和省“三促进一保持”（促进提高自主创新能力，促进传统产业转型升级，促进建设现代产业体系，保持经济平稳较快发展）的决策部署以及省委、省政府“粤西两会”精神，按照广东省委书记汪洋关于湛江要“倍加努力，逆势崛起”的要求，深入实施“工业立市、港口兴市、生态建市”发展战略，推进城乡统筹发展，全市城市基础设施进一步完善，城乡环境进一步优化，可持续发展能力进一步增强。

2009年11月29日，湛江市廉江市民喜迁新居

2009年4月21日，湛江市解决城镇低收入人家庭住房困难工作会议

湛江市廉江市十字路村每家都安装了太阳能

湛江市住宅小区

（湛江市住房和城乡建设局供稿）

湛江市公园一角（湛江市环境保护局供稿）

湛江市城市雕塑（湛江市住房和城乡建设局供稿）

湛江市红树林（湛江市环境保护局供稿）

湛江市海湾大桥（湛江市环境保护局供稿）

2009年，茂名市建设系统围绕市委、市政府提出的“三年大变化，十年大跨越”战略目标，深入贯彻落实科学发展，采取各种有效措施，促进了全市建设工作稳步发展。城乡规划得到进一步强化，市政基础设施得到不断完善，建筑业、房地产业、燃气业发展势头良好，宜居城乡创建工作全面展开，村庄整治工作稳步推进，建筑有形市场得到有效监管，工程质量监督工作得到不断加强，实心黏土砖厂整治工作取得突破进展，建筑节能推广工作成效明显，建设事业保持健康持续平稳发展。

茂名市区鸟瞰（茂名市住房和城乡建设局供稿）

茂名市规划沙盘模型（茂名市城乡规划局供稿）

茂名市廉租房五期效果图（茂名市房管局供稿）

茂名市电白县水东镇（茂名市住房和城乡建设局供稿）

茂名市高州市秀美山村（茂名市住房和城乡建设局供稿）

茂名市住宅小区（茂名市住房和城乡建设局供稿）

茂名市信宜市市区一角（茂名市住房和城乡建设局供稿）

茂名市文化广场夜景（何国金 摄）

2009年，肇庆市建设系统贯彻落实科学发展观和国务院批准的《珠江三角洲地区改革发展规划纲要（2008-2020）》，围绕“科学发展，先行先试”的要求，力促肇庆市经济社会持续健康发展。城乡规划取得新突破，城市建设发生新变化，建筑市场管理取得新成效，房地产市场管理取得新进展。“肇庆市星湖湿地生态保护与环境整治项目”被住房和城乡建设部评为“中国人居环境范例奖”。

2009年12月11日，第12届广东（肇庆）房地产博览会开幕(陆志研 摄)

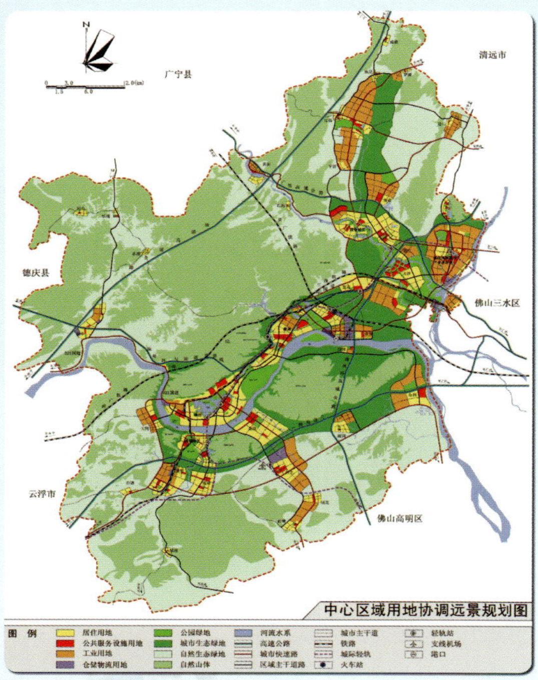

肇庆市中心区域用地协调远景规划图（肇庆市城乡规划局供稿）

2009年5月18日，意大利建筑学院院长联席会议考察团交流会在肇庆市召开（肇庆市城乡规划局供稿）

肇庆市端州五路(肇庆市住房和城乡建设局供稿)

肇庆市德庆县武垄村（马进 摄）

肇庆市西江二桥夕照（梁宇峰 摄）

肇庆市星湖景区(肇庆市住房和城乡建设局供稿)

肇庆市端城崇禧塔（马进 摄）

2009年，清远市以打造“绿色经济强市、岭南宜居名城、华南休闲之都”，争当山区科学发展排头兵和“工业园区化、农业产业化、城镇特色化、管理人性化”为战略目标。坚持以实施城乡清洁工程为中心，以市容环境整治为重点，努力营造安全有序、整洁优美、文明和谐工作生活环境。是年，获得“中国十大最具发展潜力城市”和“中国十大绿色生态城市”两项称号。

清远市廉租住房一期工程（清远市住房和城乡建设局供稿）

清远市半环东路延伸段道路工程（清远市住房和城乡建设局供稿）

清远市商品住宅小区一角（清远市住房和城乡建设局供稿）

清远市源潭污水处理厂效果图（清远市公用事业局供稿）

武广高铁清远车站（清远市住房和城乡建设局供稿）

清远市秀丽公园（清远市公用事业局供稿）

清远市城乡规划局

近年来，清远市城乡规划局着力抓好清远市城市总体规划和控制性详细规划编制、修改工作，严格按规范要求和程序把好审批、审查关，完成了比往年大幅增长的城乡规划审批工作。积极推进清远市四个路口立体交叉工程等重点工程规划建设，依法查处违法违章行为。对房地产项目变更规划、调整容积率专项治理和贯彻实施《城乡规划法》工作分别得到广东省住房和城乡建设厅和省监察厅及清远市人大常委会的充分肯定。

2009年4月1日，清远市四套领导班子成员听取城市规划情况汇报

2009年3月5日，清远市城乡规划局开展深入学习实践科学发展观活动动员大会

清远市一江两岸规划成果

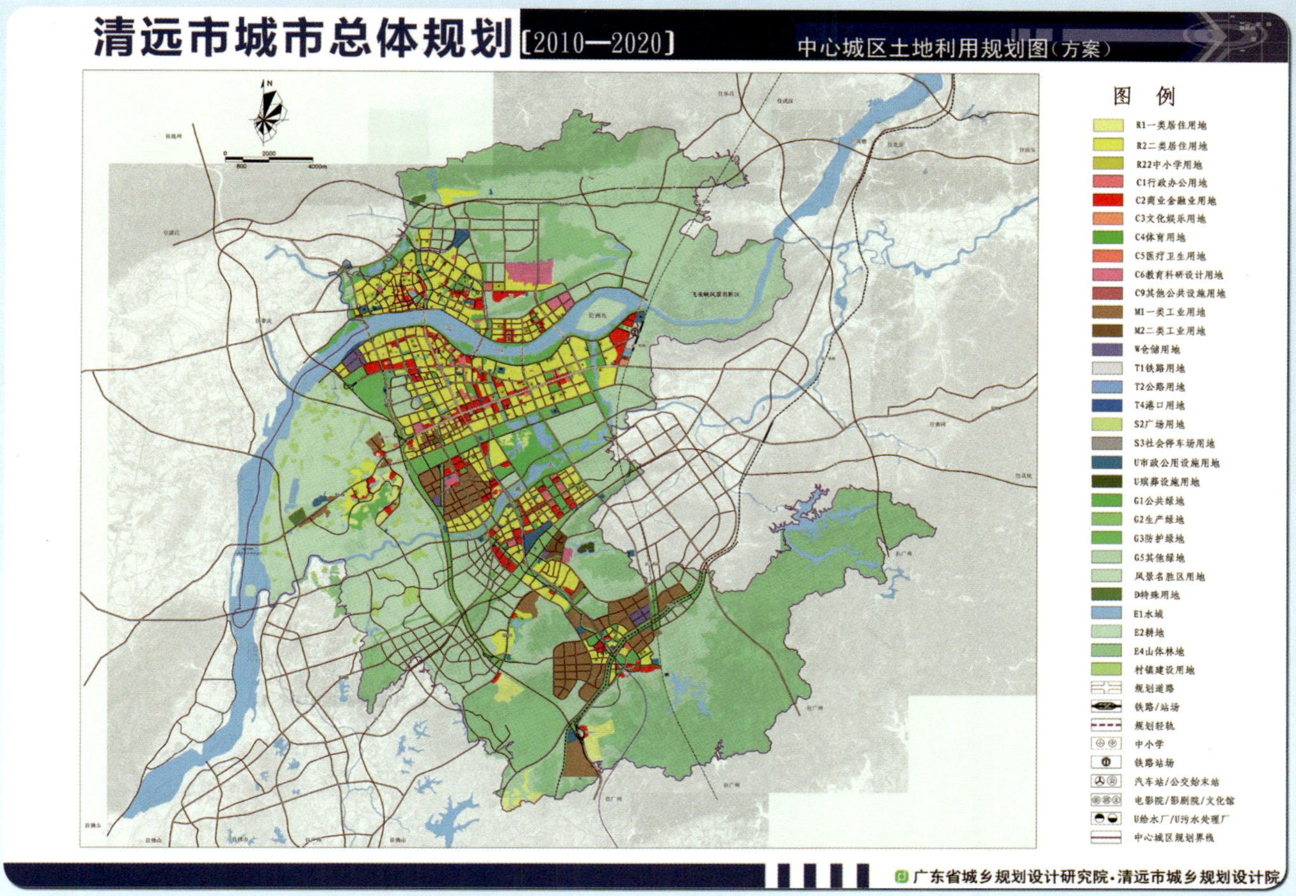
清远市城市总体规划[2010—2020]
中心城区土地利用规划图(方案)
图 例
R1一类居住用地
R2二类居住用地
R22中小学用地
C1行政办公用地
C2商业金融业用地
C3文化娱乐用地
C4体育用地
C5医疗卫生用地
C6教育科研设计用地
C9其他公共设施用地
M1一类工业用地
M2二类工业用地
W仓储用地
T1铁路用地
T2公路用地
T4港口用地
S2广场用地
S3社会停车场用地
U市政公用设施用地
U殡葬设施用地
G1公共绿地
G2生产绿地
G3防护绿地
G5其他绿地
风景名胜区用地
D特殊用地
E1水域
E2耕地
E4山体林地
村镇建设用地
规划道路
铁路/站场
规划轻轨
中小学
铁路站场
汽车站/公交始末站
电影院/影剧院/文化馆
U给水厂/U污水处理厂
中心城区规划界线
广东省城乡规划设计研究院·清远市城乡规划设计院

清远市城市总体规划图

《清远市城市总体规划(2010—2020)》成果审查会

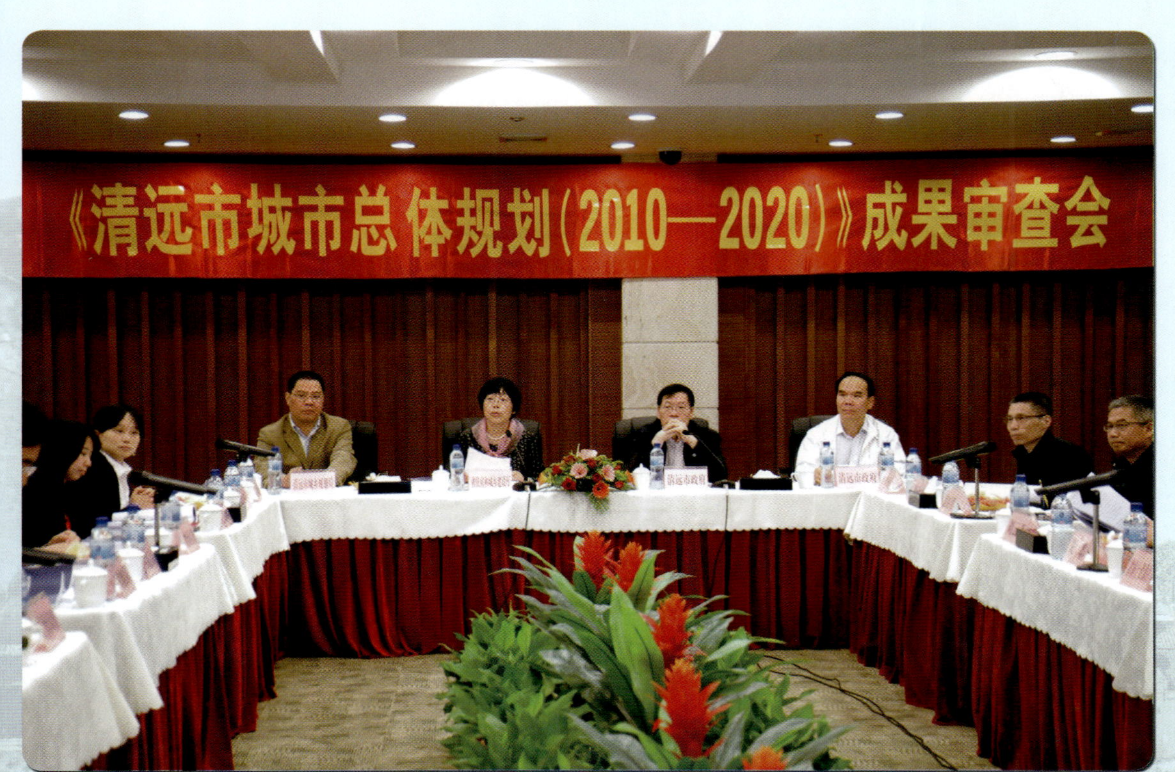

2010年11月2日，清远市城市总体规划成果审查会

（清远市城乡规划局供稿）

2009年，潮州市扎实推进城市基础设施建设，基础设施投资76亿元，比上年增长42%。城市发展环境不断得到优化，节能减排、资源综合利用工作扎实开展，土地资源利用水平不断得到提高。城市管理权限下放，层级化责任体系初步形成，在国家城市综合整治定量考核中名列全省第五位。

潮州市牌坊街

潮州市公园一角

潮州市人民广场

潮州市广济桥

潮州市火车站

潮州市城市道路

潮州市滨江长廊

（潮州市住房和城乡建设局供稿）

2009年，云浮市城乡建设事业保持平稳较快发展，城镇化进程继续推进。全市城镇基础设施、公共设施建设资金42058.5万元，建设项目75个，全市城镇化水平达48%，比上年提高0.84%。市城区一批重点工程和大型工程相继建成，进一步提升了城市品位。

云浮市人民广场全景图

2009年12月，云浮市城区管道天然气建设首期工程建成（云浮市城市综合管理局供稿）

云浮市绿道

云浮山水

云浮市三馆广场

云浮市乡间小景

（云浮市住房和城乡建设局供稿）

云浮市住房和城乡建设局

主要职能是承担推进住房制度改革和保障城镇低收入家庭住房，管理和指导全市房地产交易、转让、房屋租赁，规范房地产市场秩序和监督管理房地产市场发展，指导城乡建设管理、监督管理建筑市场准入、工程招标投标、工程监理以及工程质量和安全工作，规范建筑市场各方主体行为、推进建筑节能减排和行业科技发展，负责住房公积金和住房保障性资金使用情况的监督管理等。

广东省住房和城乡建设厅厅长房庆方（左二）、云浮市市长黄强（右二）、云浮市人大常委会常务副主任陈显良（左一）、云浮市住房和城乡建设局局长江卓君（右一）为云浮市住房和城乡建设局挂牌

云浮市宜居村庄建设走在全省前列。图为云城区安塘古宠新村

云浮城市与田园交融

（云浮市住房和城乡建设局供稿）

荣誉榜

□ 全国荣誉

□ 省级荣誉

全国荣誉

2009年广东省建设系统获全国五一劳动奖状、奖章和全国工人先锋号的单位和个人

(授奖单位：中华全国总工会)

类别	单位或个人	
五一劳动奖状	惠州市公用事业管理局 广东省长大公路工程有限公司	深圳市燃气集团股份有限公司
五一劳动奖章	刘兆贝（广州经济技术开发区市政工程公司） 黄　徽（广州市自来水公司） 吴斯远（深圳华侨城集团公司）	罗赤宇（广东省建筑设计研究院四所） 罗战平（中建四局第六工程有限公司广州分公司）
工人先锋号	广州市市政集团有限公司赴川灾后重建项目部 中建二局深圳龙岗阳光金属构件公司铆工班 惠州市城市燃气发展有限公司客户服务中心 肇庆市建设局房地产交易中心办证大厅	广州市地下铁道总公司建设事业总部 广东冠粤路桥有限公司第三分公司 中国建筑第四工程局广州西塔工程项目部

(省住房和城乡建设厅工会)

2009年广东省建设系统获全国思想政治和精神文明工作先进单位

类别	单位	授奖单位
精神文明工作先进单位	惠州市规划建设局 惠州市公用事业局 湛江市市政园林局 湛江市房产管理局	中央精神文明建设指导委员会
创建文明行业示范点	梅州市建设局 茂名市城市管理局 惠州市规划建设局	住房和城乡建设部
思想政治工作先进单位	江门市规划局 中山市环境卫生管理处 广东梁亮建筑工程有限公司	住房和城乡建设部

(省住房和城乡建设厅机关党办)

2009年度广东省建设系统获全国先进工程质量监督机构和先进工程质量监督工作者

(授奖单位：住房和城乡建设部)

称号	单位或工作者
全国先进工程质量监督机构	深圳市建设工程质量监督总站　珠海市建设工程质量监督检测站　东莞市建设工程质量监督站　惠州市建设工程质量监督站
全国先进工程质量监督先进工作者	袁庆华　梁恒源　钟南　林彪龙　王永军

(省建设工程质量安全监督检测总站)

2009年度广东省建设工程获中国建设工程鲁班奖（国家优质工程）项目

(授奖单位：住房和城乡建设部　中国建筑业协会)

工程名称	承建单位	参建单位
广州科学城综合研发孵化区B组团B2-B3标土建、水、电及周边配套工程	广东浩和建筑有限公司	中国建筑装饰工程有限公司
河源市广播电视中心一期工程	汕头市潮阳建筑工程总公司	广东新隆基建筑工程有限公司
特美思广场	深圳市第一建筑工程有限公司	深圳市同大机电设备安装有限公司 深圳瑞和装饰工程有限公司 深圳市科源建设集团有限公司 深圳市特艺达装饰设计工程有限公司

(续上表)

工　程　名　称	承　建　单　位	参　建　单　位
商业、住宅楼(珠江新城 L9 地块,自编 A1、A2、B1、C1～3 栋)	汕头市建安(集团)公司	广东正升建筑有限公司
中国凤凰大厦	中建四局第一建筑工程有限公司	深圳市晶宫设计装饰工程有限公司　中建四局安装工程有限公司
星河发展中心	中国建筑第五工程局有限公司	中建五局工业设备安装有限公司　深圳海外装饰工程有限公司　深圳市建筑装饰(集团)有限公司　深圳市科源建设集团有限公司

2009 年度广东省建筑企业在省外获中国建设工程鲁班奖（国家优质工程）项目

(授奖单位：住房和城乡建设部　中国建筑业协会)

工　程　名　称	承　建　单　位	参　建　单　位
北京电视中心	北京建工博海建设有限公司　北京城建建设工程有限公司	深圳市三鑫幕墙工程有限公司
中石化科研及办公用房	北京建工集团有限责任公司	中山盛兴股份有限公司
空客 A320 系列飞机中国总装线项目总装厂房	天津市建工工程总承包有限公司	霍高文建筑系统（广州）有限公司
呼和浩特白塔机场扩建工程航站楼工程	河北建设集团有限公司	珠海市晶艺玻璃工程有限公司
鄂尔多斯市中心医院病房楼	内蒙古兴泰建筑有限公司	深圳市建筑装饰集团有限公司
大连明珠 8 号、9 号楼及地下室工程	大连阿尔滨集团有限公司	珠海市建筑工程有限公司
上海海事大学临港新校区一期建设工程—图文信息中心	上海市第五建筑有限公司	广东省第二建筑工程公司
江苏省建设管理综合楼	江苏江中集团有限公司	广东省工业设备安装公司
江苏移动通信枢纽工程	南通四建集团有限公司	深圳文业装饰设计工程有限公司　深圳市美术装饰工程有限公司
南京会议展览中心会议中心	南通新华建筑集团有限公司	深圳城市建筑装饰工程有限公司
恒茂国际华城 16 号楼	上海殷行建筑有限公司	中山盛兴股份有限公司
河南艺术中心	北京建工集团有限责任公司	广东金刚幕墙工程有限公司
武汉天河机场航站区及配套设施扩建工程航站楼工程	中建三局建设工程股份有限公司	深圳市宝鹰建设集团股份有限公司
湖北省肿瘤医院新建住院大楼	山河建设集团有限公司	深圳市美术装饰工程有限公司　深圳市特艺达装饰设计工程有限公司
海南省博物馆	北京建工一建工程建设有限公司	深圳市泰然铝合金工程有限公司
贵州省人大常委会省政府办公楼	中铁二局第一工程有限公司	佛山市兴发幕墙门窗有限公司
新建中共云南省委机关办公大楼	云南工程建设总承包公司	珠海兴业幕墙工程有限公司　深圳市博大装饰工程有限公司
国家图书馆二期工程暨国家数字图书馆工程	中铁建工集团有限公司	深圳市恒福临建筑装饰设计工程有限公司
灵山胜境三期工程梵宫建筑	中国建筑第八工程局有限公司	深圳市洪涛装饰股份有限公司
哈尔滨医科大学门诊保健大楼	中国建筑第八工程局有限公司	深圳市科源建设集团有限公司

(省建筑业协会)

2009 年广东省获中国人居环境范例奖项目

(授奖单位：住房和城乡建设部)

项　　目	管　理　单　位
广东省梅州市龙丰垃圾填埋场 CDM 综合治理项目	广东省梅州市城市综合管理局
广东省肇庆市星湖湿地生态保护与环境整治项目	广东省肇庆市城市综合管理局
广东省惠州市两江四岸人文与生态环境建设项目	广东省惠州市城市综合管理局

(省住房和城乡建设厅城市建设处)

2009年广东省获中国历史文化名镇（村）

（授予单位：住房和城乡建设部、文化部）

称号	镇(村)名
中国历史文化名镇	广州市番禺区沙湾镇 湛江吴川市吴阳镇 江门开平市赤坎镇 珠海市唐家湾镇 汕尾陆丰市碣石镇 东莞市石龙镇 惠州市惠阳区秋长镇 揭阳普宁市洪阳镇
中国历史文化名村	深圳市龙岗区大鹏所城 佛山市三水区乐平镇大旗头村 佛山市顺德区北滘镇碧江村 江门开平市塘口镇自力村 东莞市茶山镇南社村 中山市南朗镇翠亨村 广州市番禺区石楼镇大岭村 东莞市石排镇塘尾村 江门恩平市圣堂镇歇马村 清远市连南瑶族自治县三排镇南岗古排 汕头市澄海区隆都镇前美村

（省住房和城乡建设厅村镇建设处）

2009年广东省获全国特色景观旅游名镇

（授予单位：住房和城乡建设部　国家旅游局）

镇名	镇名
惠州市惠东县巽寮镇　珠海市金湾区平沙镇	中山市三乡镇　东莞市虎门镇

（省住房和城乡建设厅村镇建设处）

2009年广东省住宅性能获认定项目

（认定单位：住房和城乡建设部）

地区	项目	开发建设单位
江门	开平天富豪庭(一、二、三期)	开平国泰康庭置业有限公司
深圳	深圳万科城(四期高层)	深圳市万科房地产有限公司

（省房地产行业协会）

2009年度广东省获全国物业管理示范住宅小区（大厦、工业区）

（认定单位：住房和城乡建设部）

类别	项目名称	管理单位
小区	天津市上京熙园	广东康景物业服务有限公司
	江苏省南京市皇册家园	深圳市莲花物业管理有限公司
	广东省广州市万科城市花园(一期)	广州市万科物业服务有限公司
	广东省广州市云山诗意·人家	广州方圆物业管理有限公司
	广东省深圳市鸿景园	深圳市鸿荣源物业管理有限公司
	广东省深圳市高尔夫大宅	深圳骏高物业服务有限公司
	广东省珠海市华发国际花园	珠海中珠物业管理服务有限公司
	天津市眼科医院	深圳市明喆物业管理有限公司
	天津市泰达医院	深圳市明喆物业管理有限公司
	内蒙古自治区鄂尔多斯市创业大厦	深圳市明喆物业管理有限公司
	广东省广州海关新业务技术综合楼	广东省华侨物业发展公司
	广东省广州市越秀城市广场	广州城建开发物业有限公司
	广东省广州市发展中心大厦	中海物业管理广州有限公司
	广东省广州市广电科技大厦	广州广电物业管理有限公司
	广东省中共深圳市委党校	深圳市中航物业管理有限公司
	广东省深圳市航天大厦	深圳市航天物业管理有限公司
	广东省深圳市少年宫	深圳市大众物业管理有限公司
	广东省深圳市宝安区行政中心	深圳市龙城物业管理有限公司

2009年广东省获全国生活垃圾无害化处理设施认定的垃圾填埋场

（认定单位：住房和城乡建设部）

城　市	填　埋　场　名　称	处理规模(吨／日)	评定等级
珠海市	珠海市西尾坑垃圾填埋处理场	800	I级
韶关市	韶关市花拉寨生活垃圾卫生填埋场	600	I级
江门市	江门市大推车山生活垃圾填埋场	700	I级
惠州市	惠州市垃圾填埋场	200	I级
梅州市	梅州市龙丰生活垃圾卫生填埋场(第三期)	380	I级
湛江市	湛江市生活垃圾处理场	600	I级
肇庆市	肇庆市生活垃圾卫生填埋场	400	II级
云浮市	云浮市麻鸡坑生活垃圾卫生填埋场	200	II级

（省环境卫生协会）

2007~2008年度广东省获国家级工法单位

（认定单位：住房和城乡建设部）

工法编号	工法名称	完成单位	获国家级工法情况
GJYJGF009-2008	预应力混凝土管桩快速接头施工工法	广州市建筑集团有限公司　广州市红棉干挂石工程有限公司	一级
GJYJGF019-2008	薄壁带孔、壁根铰接及分阶段张拉无粘结预应力圆形池体施工工法	深圳市市政工程总公司　广东省建筑工程集团有限公司	一级
GJYJGF030-2008	“多孔砖＋苯板＋加气混凝土砌块”复合保温墙体施工工法	广东省建筑工程集团有限公司	一级
GJYJGF094-2008	多联体筒仓快速滑模施工工法	深圳市市政工程总公司　广州市建筑机械施工有限公司	一级
GJYJGF039-2008	大型钢结构空间机电安装三维综合布线施工工法	广州市建筑集团有限公司　广东省建筑工程集团有限公司	一级
GJEJGF182-2008	复合止水帷幕沉井施工工法	深圳市市政工程总公司	二级
GJEJGF058-2008	高层建筑分段渐变翻搭悬挑式外脚手架施工工法	广东省建筑工程集团有限公司　广州市建筑集团有限公司	二级
GJEJGF062-2008	清水饰面混凝土钢大模板施工工法	深圳市建工集团股份有限公司　深圳市建设(集团)有限公司	二级
GJEJGF090-2008	大型场馆钢结构安装工法	广东省工业设备安装公司	二级
GJEJGF099-2008	高大柔结构中轻质整体式节能墙板施工工法	广州市建筑机械施工有限公司　浙江八达建设集团有限公司	二级
GJEJGF181-2008	预应力混凝土斜拉桥塔梁同步施工工法	广东省建筑工程集团有限公司	二级
GJEJGF209-2008	“包芯”断面海堤的爆炸法施工工法	广东省建筑工程集团有限公司　福建建工集团总公司	二级
GJEJGF229-2008	GE1.5MW-Sle风力发电机组安装工法	广东火电工程总公司	二级
GJEJGF238-2008	特大型灯泡贯流式水轮发电机组安装工法	广东省源天工程公司	二级
GJEJGF243-2008	大口径夹砂玻璃钢管材施工现场缠绕连接施工工法　（管径DN1800～DN2200）	汕头市达濠市政建设有限公司	二级
GJEJGF047-2008	双向不同预应力现浇混凝土空心楼盖施工工法	苏州第一建筑集团有限公司　广州市建筑机械施工有限公司	二级
GJEJGF030-2008	超深基坑钢筋混凝土内支撑体系切割卸载与静爆拆除施工工法	中铁建工集团有限公司　深圳罗湖建筑与安装工程有限公司	二级
GJEJGF089-2008	仿古建筑唐式瓦屋面施工工法	陕西省第七建筑工程公司　广州工程总承包集团有限公司	二级

（省建筑业协会）

2009年广东省获全国广厦奖项目

（授奖单位：中国房地产业协会　住房和城乡建设部住宅产业促进中心）

地　区	项　目	开发建设单位
江门	江门市开平天富贵庭(二期)	开平国泰康庭置业有限公司

（省房地产行业协会）

广东省获第九届中国土木工程詹天佑奖项目

（授奖单位：中国土木工程学会、詹天佑土木工程科技发展基金会）

工　程　名　称	主　要　参　建　单　位
广州维多利广场	广州市第二建筑工程有限公司　广州市城市建设开发有限公司　广州城建开发设计院有限公司　广州城建开发工程咨询监理有限公司　广东强盛建设工程有限公司　珠海兴业幕墙工程有限公司
国家工商行政管理总局行政学院	广东省第一建筑工程有限公司　国家工商行政管理总局行政学院　深圳奥意建筑工程设计有限公司
渝湛国道主干线高桥(粤桂界)至遂溪高速公路	广东渝湛高速公路有限公司　广东省公路勘察规划设计院有限公司　广东华路交通科技有限公司　广东省长大公路工程有限公司　广东省高速公路有限公司

2009年广东省装饰企业获全国建筑工程装饰奖项目

（授奖单位：中国建筑装饰协会）

类　别	工程名称	广东承建单位	承建范围	广东参建单位	承建范围
	星河发展中心大厦(深圳)	深圳市科源建设集团有限公司　深圳市安星装饰设计工程有限公司　深圳市极尚建筑装饰设计工程有限公司　深圳市建筑装饰（集团)有限公司	写字楼、后勤区装饰、电气工程、空调工程、水景工程等,北塔楼6-18层室内装饰装修,三、四楼会议室、接待区及一楼大堂接待台装饰及水电部分,丽思卡尔顿酒店1-6层室内精装修	深圳广田装饰集团股份有限公司　深圳海外装饰工程有限公司	丽思卡尔顿酒店客房、电梯厅及公共走道（6-18层）精装修　丽思卡尔顿酒店客房、电梯厅及公共走道(19-24层)精装修
	深圳盐田国际行政办公大楼	深圳市维业装饰设计工程有限公司	主楼1-2、4、11-13、15-18、23-25、副楼1-5层、主、副楼地下二层的室内装饰(除洗手间、更衣室外)		
	深圳市大百汇高新技术工业园研发办公楼	深圳市宝鹰建设集团股份有限公司	研发办公楼1、2、8、9、10、11层室内装饰装修		
	深圳市福田香格里拉大酒店	深圳市中建南方装饰工程有限公司　深圳市特艺达装饰设计工程有限公司	客房及公共区域(L12-L20）精装修　大堂及公共区域、宴会厅精装修		
	佛山环球国际广场	广东省六建集团有限公司	5层中餐厅、24-36层公寓室内装饰装修	深圳长城家俱装饰工程有限公司	大堂、宴会厅、客房、SPA、西餐酒廊装饰装修

(续上表)

公共建筑装饰类	东莞市帝豪花园酒店皇家会所	深圳市中深建装饰设计工程有限公司	酒店附楼 2-9 层室内装饰装修	深圳瑞和装饰工程有限公司	公共区域3层、客房5-12层室内精装修
	金碧海岸酒店(佛山)	深圳广田装饰集团股份有限公司	室内外装饰设计与施工		
	中国大酒店客房装修改造(广州)	广州珠江装修工程公司 广东建雅室内工程设计施工有限公司 广州市第三装修有限公司	F、H 座 14-18 楼客房装修改造、机电系统改造、深化设计工程施工等,F、H 座 9-13 层客房装修改造、机电系统改造工程,F、H 座:5 至 8 层客房改造、机电系统改造工程施工		
	金茂深圳 JW 万豪酒店	深圳市中航装饰设计工程有限公司	第四层室内装饰装修		
	广东科学中心主楼	广东建雅室内工程设计施工有限公司 广州城建开发装饰有限公司	球幕影院、3D 巨幕影院、4D 影院、虚拟航行影院及公共走道、办公区等部分室内装饰装修,A 区半地下室、一层,A 区 1、2、3 层与 B 区交接处的公共部分,B 区架空层、2、3 层公共部分室内装饰装修		
	诺德假日花园(深圳)	深圳市卓艺装饰设计工程有限公司	电梯厅、入户通道、公用部分室内装饰装修		
	深圳中保国际酒店	深圳市冠泰装饰工程有限公司	1-18 层室内装饰装修		
	益田假日广场商场(深圳)	深圳市博大装饰工程有限公司	B2F 商场公共部分;-3 层 --2 层多功能卫生间、母婴室、茶水间及男卫生间;-4F--2F 楼梯前室及部分走廊;3F 多功能厅外柱面、咖啡厅;东莞大运城邦展厅等项目装修,-2 层车道施工,包括水电安装。	深圳市深装总装饰工程工业有限公司 深圳长城家俱装饰工程有限公司	公共区域 (-3F、2F、中庭区域)室内装饰装修,公共区域负一层、一层室内装饰
	中国出口商品交易会琶洲展馆二期	广东省装饰总公司 广州市建筑集团有限公司	首层 GHI 区快餐厅、D 区精装修;行政会议中心部分等室内装饰装修,除西北角半跨部分、快餐区及蛋卷办公会议区二次装修部分外的所有装饰装修工程		

(续上表)

公共建筑装饰类	深圳市博物馆	深圳市美芝装饰设计工程有限公司	新馆一层、二层、四层、天台公共区域及专题展厅装饰工程		
	国泰君安证券股份有限公司深圳总部办公楼	深圳市中装设计装饰工程有限公司	34-35 层、45 层内装饰、强弱电、给排水		
	和园景逸大酒店(北京)	广东省美术设计装修工程有限公司	全部室内装饰装修		
	东方艺术大厦 C 楼(北京)	深圳市晶宫设计装饰工程有限公司	首层宴会厅及环廊、二层多功能厅及通廊、三层会议中心及行政酒廊、四层商务中心、二层至九层行政客房及九层总统套		
	重庆国贸豪生酒店	深圳市美芝装饰设计工程有限公司	主体工程精装修(B4、B2-B1 层部分,1 层大堂、8、9 层B 1 6-39)		
	大渡河流域梯级电站调度中心	深圳海外装饰工程有限公司	地下负一层餐厅、活动室、游泳池,地上 1-2 层,3 层公共部分,西楼 4-14 层,北楼 4-16 层公共部分室内装饰装修		
	成都时代百盛	深圳市中鑫建筑装饰工程集团有限公司	地下一层,地上 1-3 层室内装饰装修		
	贵州省人大常委会省政府办公楼	深圳市中航装饰设计工程有限公司	二次室内装饰装修		
	保利.温泉新城国际温泉会所(贵阳)	广东省装饰总公司	地下负一层和地面三层室内装饰装修		
	云南中烟工业公司综合业务用房会议楼	深圳市新鹏都装饰工程有限公司	整体室内装饰装修		
	云南省公安厅毒品检验检测中心、第二代居民身份证厂房	深圳凯捷装饰工程有限公司	室内装饰装修		
	咸阳关中温泉	深圳瑞和装饰工程有限公司	一层区域(大堂区域除外)精装修		
	吐鲁番吐哈石油大厦主楼、配楼	广东爱得威建设(集团)股份有限公司	主楼、配楼室内装饰装修		
	澳门威尼斯人度假酒店	珠海经济特区伟民(港澳)设计装饰公司	天花装饰装修		
	北京国际俱乐部饭店			深圳海外装饰工程有限公司	15-19 层客房室内装饰装修
	东花市三期 15# 综合楼(国瑞大厦)	深圳瑞和装饰工程有限公司	办公楼 11-15 层(1-13 轴 /B-G 轴),招待所 6-9 层(10-17 层 /B-G 轴,公共区域及室内装饰装修		

(续上表)

公共建筑装饰类	深圳大厦(北京)	深圳市维业装饰集团股份有限公司	一层大堂、咖啡厅、中心筒部分，二楼餐厅、接待室、中心筒部分,三层会议室、中心筒部分,4至6层办公室,7至17层客房装修等		
	北京御园			深圳海外装饰工程有限公司	5号、7号、8号楼室内装饰装修
	邯郸市接待中心			深圳市中航装饰设计工程有限公司	A、B座客房室内装饰装修
	山西世茂商务中心主楼（花园国际大酒店）	深圳远鹏装饰设计工程有限公司	1、2层中餐厅及负1、2层室内装饰装修		
	中国医科大学附属第一医院门诊内科病房楼(辽宁)	深圳市奇信建设集团有限公司	5-11层室内装饰部分、照明通风空调等室内电气部分、给排水等装饰施工		
	哈尔滨医科大学门诊保健大楼	深圳城市建筑装饰工程有限公司	大楼内全部电梯候梯厅、候梯厅前室的装饰工程及电气工程		
	上海裕景国际商务广场酒店	深圳海外装饰工程有限公司	22-27层,4层健身及水疗中心、餐厅、办公室等室内装饰装修		
	上海城市航站楼配套工程宏安瑞士大酒店	深圳长城家俱装饰工程有限公司	全部室内装饰装修		
	上海由由国际广场			深圳海外装饰工程有限公司	三楼SPA游泳池健身中心、客房22-29F及中庭室内装饰装修
	苏州金鸡湖凯宾斯基大酒店			深圳市建筑装饰（集团)有限公司　深圳市洪涛装饰股份有限公司	2层大宴会厅、宴会厅前厅、多功能前厅、3层中餐厅、中餐厅包房、VIP包房及公共卫生间等;10-15层客房及走道区域室内装饰装修,多功能厅、游泳池、贵宾厅,4-9层客房室内装饰装修
	江苏驿都金陵大酒店	深圳长城家俱装饰工程有限公司	裙楼3层，主楼4-16层公共区域室内装饰装修		
	徐州市人民政府行政综合办公大楼			深圳长城家俱装饰工程有限公司	D区人大、市委办公室、会议室、大堂等室内装饰装修

(续上表)

公共建筑装饰类	山东移动通信枢纽交换中心			深圳市洪涛装饰股份有限公司	11层、12层、19层室内装饰装修
	合肥市政务文化新区泓瑞金陵大酒店	深圳市建筑装饰（集团)有限公司	5-14层室内装饰装修	深圳市文业装饰设计工程有限公司	15-24层室内装饰装修
	芜湖市数字电视网络中心技术楼、办公楼	广东省建筑工程集团有限公司	1-4楼室内装饰装修		
	厦门磐基国际中心	深圳市洪涛装饰股份有限公司	酒店公共部分负1层(大堂)、3至5层(宴会厅、中餐厅等),6-14层(客房全部）室内装饰装修		
	福建电力调度通信中心	深圳远鹏装饰设计工程有限公司 深圳市华剑装饰设计工程有限公司	1F、1F-3F附楼、5F、16F-20F、24F-31F、RF1、RF2室内装饰工程,2-4层,6-15层,21-23层,展示厅内装修		
	河南艺术中心	深圳市建筑装饰（集团)有限公司	音乐厅室内装饰装修		
	武汉天河机场航站区及配套设施扩建工程航站楼	深圳市美术装饰工程有限公司 深圳市文业装饰设计工程有限公司	室内精装修第五标段,T2航站楼出发大厅室内装饰装修	深圳远鹏装饰设计工程有限公司	一层远机位候机厅、夹层、二层候机厅、与一标的交界处的伸缩缝装饰装修
	湖南省委蓉园宾馆1、5号楼	深圳市建艺装饰设计工程有限公司	室内装饰装修		
	长沙新世界百货有限公司	深圳市卓艺装饰设计工程有限公司	B1F-6F室内精装修		
	广西壮族自治区人民医院肿瘤病房大楼	深圳广田装饰集团股份有限公司	室内装饰装修		
	三亚亚龙湾铂尔曼度假酒店	深圳市文业装饰设计工程有限公司	主楼三层，独立别墅55栋室内装饰装修		
公共建筑装饰设计类	星河发展中心中国平安星河职场室内装修设计	深圳市极尚建筑装饰设计工程有限公司	星河大厦北楼3-18层装修设计		
	星河发展中心项目内装深化设计	深圳市建筑装饰（集团)有限公司	酒店大堂及其所有公共区域、客房、酒店后勤区、酒店职员餐厅、厨房走道、办公写字楼及公共区、商场公共区、电梯内装、大堂及后勤区、四层地下室各后勤区等		
	和园景逸大酒店（北京）	广东省美术设计装修工程有限公司	室内装饰工程设计		

(续上表)

公共建筑装饰设计类	东方艺术大厦C楼(北京)	深圳市晶宫设计装饰工程有限公司	酒店大堂,1-3层电梯厅、回廊、中西餐厅、宴会厅等区域		
	苏州金鸡湖凯宾斯基大酒店	深圳市洪涛装饰股份有限公司	苏州金鸡湖凯宾斯基大酒店一标段(多功能厅、游泳池、贵宾厅等)和四标段(4-9层客房)		
	福建电力调度通信中心	深圳市洪涛装饰股份有限公司	全部室内装饰设计		
	保利.温泉新城国际会所(贵阳)	广东省装饰总公司	地下负一层和地面三层所有墙地面装修、天花、水电部分		
建筑幕墙类	深圳市保利文化广场城市剧院幕墙工程	深圳市华辉装饰工程有限公司	室外幕墙		
	广东科学中心主楼幕墙工程(第一标段)	深圳市瑞华建设股份有限公司	室外幕墙		
	新世界商务中心	深圳市方大装饰工程有限公司	室外幕墙		
	深圳市福田香格里拉大酒店幕墙工程	深圳华加日铝业有限公司	室外幕墙		
	广州港湾广场一期(港口管理指挥中心大楼)	广州铝质装饰工程有限公司	室外幕墙		
	星河发展中心项目1标段和3标段幕墙工程	深圳市科源建设集团有限公司	室外幕墙		
	佛山市南海区国家税务局综合业务用房幕墙工程	广东世纪达装饰工程有限公司	室外幕墙		
	广州科学城综合研发孵化区A组团A1、A2标幕墙工程	广州市第四装修有限公司	室外幕墙		
	广州市东风东路745号商业办公楼幕墙工程	广东金刚幕墙工程有限公司	室外幕墙		
	广州皮革辅料商贸中心及皮具鞋业研发中心幕墙工程	深圳市华辉装饰工程有限公司	室外幕墙		
	北京新东安市场改造工程	广东世纪达装饰工程有限公司	室外幕墙		
	天津东疆保税港区(一期)联检商贸服务中心幕墙工程	广东金刚幕墙工程有限公司	室外幕墙		
	仙源酒店办公楼外立面改造工程(辽宁)	深圳市南利装饰工程有限公司	室外幕墙		

(续上表)

	海富中心幕墙工程(福建)	深圳市方大装饰工程有限公司	室外幕墙		
公共建筑装饰类(奥运工程)	北京首都国际机场扩建工程3航站楼 第29届奥运会青岛国际帆船中心奥运村(海尔洲际酒店)	广东省建筑装饰工程有限公司 深圳市晶宫设计装饰工程有限公司	T3B工程三层及天花吊顶精装修 北高楼5层办公层、6-17层客房、18-19层婚宴厅室内装饰装修		

(省建筑业协会)

广东省获中国建设监理创新发展20年工程监理先进企业和个人

(授奖单位：中国建设监理协会)

类　别	获　奖　单　位　或　个　人
工程监理先进企业	广东工程建设监理有限公司　广东华工工程建设监理有限公司 广东天广工程监理咨询有限公司　广东创成建设监理咨询有限公司 广东天安工程监理有限公司　广州市市政工程监理有限公司 广州珠江工程建设监理公司　广州建筑工程监理有限公司 广州市广州工程建设监理有限公司　广州宏达工程顾问有限公司 深圳京圳建设监理公司　茂名国信石化工程建设监理有限公司
中国建设监理大师	倪建国(广东工程建设监理有限公司)　吴学勇(广州建筑工程监理有限公司)　张原(广东华工工程建设监理有限公司)　蔡建原(广州广大工程项目管理有限公司)
优秀总监理工程师	谭天伍(广州珠江工程建设监理公司)　许乙敏(广州市穗高工程监理有限公司)　王晖(广州轨道交通建设监理有限公司)　邓欠芽(广州市市政工程监理有限公司)　陈杰松(广州城建开发工程咨询监理有限公司)　张露红(广州冶金建设监理有限公司)　陈春生(深圳市建艺国际工程顾问有限公司)
优秀监理工程师	龙凌云(广州珠江工程建设监理公司)　张萌(广东工程建设监理有限公司)　唐锡伟(茂名国信石化工程建设监理有限公司)　张晓光(广州建筑工程监理有限公司)　沈立忠(广州城建开发工程咨询监理有限公司)　黄妙章(广州市市政工程监理有限公司)　麦立军(佛山市顺德区立德工程建设监理有限公司)
协会先进工作者	钱小靖(广州市建设监理行业协会)　王景德(深圳市监理工程师协会)
抗震救灾先进监理企业	广州建筑工程监理有限公司　广东工程建设监理有限公司　深圳京圳建设监理公司 深圳市建明达建设监理有限公司　深圳市英莱建设监理有限公司
抗震救灾优秀监理工程师	李旭(广州建筑工程监理有限公司)　吴国辉(广东工程建设监理有限公司) 李兆雄(广州建筑工程监理有限公司)　王群刚(深圳京圳建设监理公司) 王茂田(深圳市建明达建设监理有限公司)　赵刚(深圳市英莱建设监理有限公司) 黄胜宏(广州建筑工程监理有限公司)

(省建设监理协会)

2009年度广东省建设系统获全国建设工程质量监督系统先进单位和个人

（授奖单位：中国建筑业协会工程建设质量监督分会）

称号	单位或个人
全国建设工程质量监督系统先进单位	广东省建设工程质量安全监督检测总站　深圳市建设工程质量监督总站　茂名市建设工程质量监督检测站　清远市建筑工程质量监督站　汕头市工程质量监督站　佛山市南海区建筑工程质量监督站
全国建设工程质量监督系统先进个人	马伟民　潘奇俊　王　洋　麦志坚　高　泉　冼庆昌　林奕禧　吴　飚　李宏山　张松青　黄菊清　陈莹昌　黄怀信　林　冲　马庆辉　欧阳伟德

（省建设工程质量安全监督检测总站）

2009年度广东省获全国工程建设QC小组活动优秀企业及优秀QC小组

（认定单位：中国建筑业协会工程建设质量管理分会）

类　别	企　业　名　称		
优秀企业	广东省基础工程公司　广州市房屋开发建设有限公司		
优秀QC小组	课　题　名　称	小　组　名　称	单　位　名　称
	海水中钢筋混凝土墩柱养护新办法的研发	海燕QC小组	广州市市政集团有限公司建筑分公司
	提高小量块室的空调精度	扬帆QC小组	广州市机电安装有限公司
	确保清水砼凸窗板施工质量	深云村四标段QC小组	深圳市鹏城建筑集团有限公司
	加快高压旋喷桩机施工进度	肇庆市城东新区基础设施BT项目高压旋喷桩QC小组	广东省建筑工程集团有限公司
	提高路面沥青面层施工质量	珠海市南湾立交工程QC小组	广东省基础工程公司
	提高工程竣工验收资料归档率	广州市机电安装有限公司资料管理QC小组	广州市机电安装有限公司
	提高拱型屋面板的施工质量	广东海上丝绸之路博物馆工程QC小组	广州市第三建筑工程有限公司
	控制地下室底板混凝土裂缝宽度	星汇云锦QC小组	广州市建筑机械施工有限公司
	提高地下室防水合格率	广东教育学院QC小组	广州市第三建筑工程有限公司
	提高大型钢柱脚预埋件定位验收合格率	金山湖体育馆工程QC小组	广东省第四建筑工程公司
	提高天花拉爆膨胀螺栓安装一次合格率	保利世贸博览馆QC小组	广东省工业设备安装公司
	EPS轻质混凝土配合比优化	中建保华建筑有限责任公司深圳分公司EPS轻质混凝土配合比优化QC小组	中建保华建筑有限责任公司深圳分公司
	降低外墙水泥砂浆抹灰材料成本	比亚迪汽车研发基地项目QC小组	中国华西企业有限公司
	提高GBF空心管楼板施工质量	越众体育新城QC小组	深圳市越众(集团)股份有限公司
	提高外墙干挂石外观质量	孵化区QC小组	广东浩和建筑有限公司
	改进施工工艺、保证柱、吊车梁清水砼的施工质量	恒力泰安装车间项目QC小组	广东省六建集团有限公司

(续上表)

类　别	企　业　名　称		
优秀QC小组	连续强制式拌和楼的拌和质量控制	黄花寨水电站项目部QC小组	广东水电二局股份有限公司
	超高层建筑斜向型钢混凝土组合柱施工技术攻关	江胜大厦项目部QC小组	江苏省华建建设股份有限公司深圳分公司
	提高高支模支撑体系一次性验收合格率	富力高支模QC小组	广东省建筑工程集团有限公司
	提高水泥稳定层施工合格率	肇庆市城东新区基础设施BT项目水泥稳定层QC小组	广东省建筑工程集团有限公司
	减少大体积混凝土裂缝的产生	珠江新城I1-4地块广州远洋大厦QC小组	广东省第一建筑工程有限公司
	提高供水泵组安装的初验合格率	星光QC小组	广东省工业设备安装公司
	降低卫生级不锈钢管连接渗漏率	巅峰QC小组	广东省工业设备安装公司

(省建筑业协会)

2009年度广东省获全国市政工程建设优秀质量小组

(认定单位：中国市政工程协会)

类　别	单　位　名　称	小　组　名　称	成　果　名　称
一等奖	广东省基础工程公司	广州地铁二八线12标QC小组	提高标准段主体结构施工进度
	广东华隧建设股份有限公司	大西盾构QC小组	提高盾尾刷完好率
	广州市市政工程维修处	“求实”QC小组	降低沥青砼生产的柴油消耗量
	广州市第一市政工程有限公司	“先锋”QC小组	研制5%坡度桥梁吊装施工新方法
	广东省基础工程公司	广州亚运城市政7标QC小组	提高综合管沟砼表观质量施工合格率
	广东华隧建设股份有限公司	北延8标盾构QC小组	降低盾构机刀盘结泥饼频次
	广州市市政集团有限公司建筑分公司	“海燕”QC小组	海水中钢筋混凝土墩柱养护新方法的研发
	广东省基础工程公司	机施QC小组	提高钢筋电渣压力焊接头一次验收合格率
	广州市市政工程维修综合发展公司	“拓新”QC小组	新型市政排水检查井的研制
	广州市第一市政工程有限公司	“过得硬”QC小组	提高T构悬臂段高程的合格率
	广州市第三建筑工程有限公司	市政精英QC小组	提高大面积软基车载填土施工一次验收合格率
二等奖	广州市建筑集团有限公司	“枫叶”QC小组	提高预应力施工的合格率
	广州市市政工程维修处	“泽宇”QC小组	减少内环路高架桥收水口积水率
	广州市政工程机械施工有限公司	南沙凤凰二桥工程项目部“务实”QC小组	提高钢栈桥的施工质量
	广州市市政集团有限公司	光明QC小组	减少预应力管桩锤击施工断桩率
	广东省基础工程公司	广佛地铁(雷岗站)QC小组	提高地下连续墙钢筋笼一次验收合格率
	广州市市政工程试验检测有限公司	“晨星”QC小组	提高检测质量水平
	广州市市政集团有限公司	勇进QC小组	隧道侧墙混凝土裂缝防治
三等奖	广东省基础工程公司	广佛线施工5标段南桂路站QC小组	提高深基坑土方开挖速度
	广东省基础工程公司	广州地铁三号线北延8标QC小组	提高高支模钢管支架验收评分

(王宜静)

2009年度广东省获全国市政金杯示范工程项目

（认定单位：中国市政工程协会）

工程名称	承建单位	建设单位	监理单位
广州市笔村立交土建工程	广东省第二建筑工程公司　深圳广铁土木工程有限公司　广州市第二市政工程有限公司	广州市中心区交通建设有限公司	广东铁路建设监理有限公司　广州市市政工程监理有限公司
深港西部通道深圳侧接线工程(土建Ⅶ标段)	深圳市建工集团股份有限公司　深圳市市政工程有限公司	深圳市建筑公务署	铁科院(北京)工程咨询有限公司深圳分公司
广州市李坑生活垃圾焚烧发电厂工程	湖北省工业建筑集团安装工程有限公司　广州市第二建筑工程有限公司	广州市市容环境卫生管理局	广东重工建设监理有限公司
韶关市韶关大道二期(土建标)工程	深圳市市政工程总公司　广州市市政工程机械施工有限公司　深圳市天健沥青道路工程有限公司	韶关市新鸿达城市投资经营有限公司	广州市市政工程监理有限公司
广州国际生物岛环岛道路(市政一标)工程	广东长恒建设工程有限公司	广州国际生物岛筹建办公室	广州建筑工程监理有限公司
深圳市香梅路跨北环路跨线桥工程	汕头市达濠市政建设有限公司	深圳市建筑公务署	深圳市兆业工程顾问有限公司
珠海市情侣路道路美化(Ⅱ标段)工程	珠海市建盛建筑工程有限公司	珠海市基础工程直属管理处	珠海市工程监理有限公司

（王宜静）

2009年广东省获全国建筑业先进奖的企业和个人

（授奖单位：中国建筑业协会　中国建筑业协会建造师分会）

类别	名称
先进企业	广东省建筑工程集团有限公司　广州市建筑集团有限公司　深圳市建工集团股份有限公司　广东省工业设备安装公司　汕头市建安(集团)公司　广东省第四建筑工程公司　广东耀南建筑工程有限公司　广东正升建筑有限公司　广东省六建集团有限公司　广东省基础工程公司　广东水电二局股份有限公司　湛江市第一建筑工程公司　广东省第一建筑工程有限公司
优秀企业家	李福伟(副董事长　广东省建筑工程集团有限公司)　冯向东(总经理　深圳市建工集团股份有限公司)　黄迪领(董事长　广东水电二局股份有限公司)　朱志山(董事长　广东省六建集团有限公司)　李耀南(总经理　广东耀南建筑工程有限公司)　方启超(总经理　广东省基础工程公司)　梁亮(总经理　广东梁亮建筑工程有限公司)　魏育明(董事长　广东正升建筑有限公司)　郑真爱(总经理　湛江市第一建筑工程公司)　丁昌银(董事长　广州市建筑机械施工有限公司)　马天洲(董事长　广东省第一建筑工程有限公司)　钟自强(总经理　广东省第四建筑工程公司)　梁湖清(总经理　广州工程总承包集团有限公司)　崔真基(董事长　广州市恒域建筑工程有限公司)
优秀建造师	杨广林(广东省建筑工程集团有限公司)　陈汉长(广东省第一建筑工程有限公司)　肖新洪(广东省第一建筑工程有限公司)　郑仲平(广东省第二建筑工程公司)　钟自强(广东省第四建筑工程公司)　张建基(广东省六建集团有限公司)　陈景辉(广东省六建集团有限公司)　钟凤标(广东省工业设备安装公司)　黄伟江(广东省工业设备安装公司)　徐庆华(广东省基础工程公司)　梁亮(广东梁亮建筑工程有限公司)　王洪标(广东敦庆建筑工程有限公司)　章海兵(广东省源天工程公司)　郑龙辉(广州市金辉建筑置业有限公司)　朱长江(深圳市建设〔集团〕有限公司)　林华月(深圳市建工集团股份有限公司)　陈宏峰(深圳市建工集团股份有限公司)　刘波(深圳市建工集团股份有限公司)　彭刚(深圳市晶宫设计装饰工程有限公司)　王晓辉(深圳市晶宫设计装饰工程有限公司)　李松峰(深圳市美芝装饰设计工程有限公司)　陈远仁(深圳市美芝装饰设计工程有限公司)　方芳(深圳市智宇实业发展有限公司)　王惠滔(深圳市卓艺装饰设计工程有限公司)　曾佑铭　(深圳市卓艺装饰设计工程有限公司)　罗璇(深圳市科源建设集团有限公司)　陈展群(广东建华装饰工程有限公司)　黄志雄(汕头市达濠市政建设有限公司)　黄文铮(佛山市工程承包公司)

（省建筑业协会）

省级荣誉

2009年广东省劳动模范、先进集体和先进工作者

(授奖单位：中共广东省委　广东省人民政府)

类　别	先进集体或先进工作者
劳动模范	唐孟雄(广州市建筑科学研究院有限公司)　张少锦(广州珠江黄埔大桥建设有限公司) 李志坚(广州市电车公司)　何霖(广州市地下铁道总公司)　张晓莉(深圳市地铁有限公司) 林艳卿(韶关市自来水公司)　李茂雄(河源市城市管理局)　梁清(茂名市茂南区建安集团有限公司) 卢伟森(英德市海螺水泥有限责任公司)　李枝坚(广东省城乡规划设计研究院) 杨仕超(广东建筑科学研究院)
先进集体	汕头市达濠区市政建设有限公司　韶关市丹霞山风景名胜区管理委员会　新兴县供水工程管理处验查组
先进工作者	王　丹(汕头市城市管理局城市管理行政执法局) 朱国胜(肇庆市高新技术产业开发区规划局)
重点项目建设工作先进集体	广东省建筑设计研究院 广东省建筑工程集团有限公司

(省住房和城乡建设厅工会)

2009年广东省建设系统获五一劳动奖状、奖章的集体和个人

(授奖单位：广东省总工会)

类　别	获奖集体或个人
五一劳动奖状	广州市地下铁道总公司建设事业总部土建五部
五一劳动奖章	徐明杰(广州地铁设计研究院有限公司)同时授予广东省十项劳动竞赛先进个人 钟克辉(华润水泥封开有限公司)同时授予广东省十项劳动竞赛先进个人 谭晓梅(广州市地下铁道总公司建设事业总部)同时授予广东省十项劳动竞赛先进个人 庞绍煌(广州市地下铁道总公司)同时授予广东省十项劳动竞赛先进个人 陈凯(中建三局建设工程股份有限公司)同时授予广东省十项劳动竞赛先进个人 阮启宁(广州市地下铁道总公司运营总部通号中心) 徐志学(广州市地下铁道总公司运营总部维修中心) 吴强(广州市自来水公司) 陆志聪(广东省工业设备安装公司)另获广东建筑工程集团有限公司高级电工技能大赛第一名 邓泰(广东省城市建设高级技工学校)另获广东省“岭南杯”室内装饰设计职业技能大赛第一名

(省住房和城乡建设厅工会)

广东省建设系统获2009年广东省工人先锋号的集体

(授奖单位：广东省总工会)

集　体　名　称	集　体　名　称
广州市市政工程维修处土木工程公司顶管队	潮州市弘华建筑设计院CAD技能组
珠海市香洲区拱北环境卫生管理所清扫一队	广东省长大公路工程有限公司施工船队
韶关市市政工程维修管理处养护部排水养护组	中交四航局第一工程有限公司哈大铁路客运专线工程经理部
惠州市房产管理局房产交易中心	中建三局建设工程股份有限公司(粤)深圳湾体育中心项目经理部
惠州市自来水总公司报装服务中心	广东水电二局股份有限公司第四工程公司机电车间
华润水泥(封开)有限公司项目部	广东省建设信息中心"三库一平台"管理信息服务系统开发项目组

(省住房和城乡建设厅工会)

第二批广东省历史文化名镇(村)

(授予单位：广东省住房和城乡建设厅　广东省文化厅)

镇(村)名称	镇(村)名称
佛山市顺德区龙江镇	韶关市仁化县石塘镇石塘村
韶关市南雄市珠玑镇	南雄市乌迳镇新田村
梅州市大埔县百侯镇	梅州市梅县水车镇茶山村
东莞市虎门镇	兴宁市石马镇刁田村
东莞市石龙镇	江门市蓬江区棠下镇良溪村
中山市南朗镇	台山市斗山镇浮石村
中山市黄圃镇	湛江市雷州市龙门镇潮溪村
广州市天河区珠吉街珠村	肇庆市怀集县大岗镇扶溪村
珠海市香洲区南屏镇北山村	广宁县北市镇大屋村
汕头市澄海区莲下镇程洋岗村	肇庆市德庆县官圩镇金林村
佛山市南海区西樵镇上金瓯松塘村	清远市冈县龙山镇上岳古围村

(省住房和城乡建设厅村镇建设处)

2009年度广东省建筑业新技术应用示范工程

(认定单位：广东省住房和城乡建设厅)

项目属地	示范工程名称	执行施工单位	应　用　新　技　术
广州	2010年亚运会省属场馆网球中心	广州市第三建筑工程有限公司	2.1 混凝土裂缝防治技术;3.1.1HRB400级钢筋的应用技术;3.3 粗直径钢筋直螺纹机械连接技术;4 新型模板技术;5.2.1 厚钢板焊接技术;5.2.4 大跨度空间结构与大跨度钢结构的提升施工技术;5.7 钢结构的防火防腐技术;5(新)钢结构聚氨酯阳光屋面施工技术;6.1.1 金属矩形风管薄钢板法兰连接技术;6.1.2 给水管道卡压连接技术;6.2 管线布置综合平衡技术;6.4.1 通信网络系统;6.4.2 计算机网络系统;6.4.3 建筑设备监控系统;6.4.4 火灾自动报警及联动系统;6.4.5 安全防范系统;6.4.6 综合布线系统;6.4.7 智能化系统集成;7.1.1 新型墙体材料应用技术及施工技术;7.1.2 节能型门窗应用技术;7.3 预拌砂浆技术;8.2 建筑防水涂料;9.1.1 施工控制网建立技术;9.1.2 施工放样技术;10.1 工具类技术;10.2 管理信息化技术。
广州	东方电气出海口基地三期工程联合厂房二土建工程、施工总承包工程	广州市恒盛建设工程有限公司　广州市建筑集团有限公司	1.3.3 组合内支撑技术;2.1 混凝土裂缝防治技术;5.1 钢结构CAD设计与CAM制造技术;5.2.1 厚钢板焊接技术;5.2.2 结构安装施工仿真技术;5.2.3 大跨度空间结构与大型钢构件的滑移施工技术;5.7 钢结构的防火防腐技术;6.1 管线布置综合平衡技术;7.1.1 新型墙体材料应用技术及施工技术;9.1.1 施工放样技术;9.2.1 深基坑工程监测和控制;9.2.2 大体积混凝土温度监测和控制;10.1 工具类技术。
广州	广州亚运城主媒体中心工程	广州市建筑机械施工有限公司	2.4 清水混凝土技术;2.6 改性沥青路面施工技术;3.3 粗直径钢筋直螺纹机械连接技术;3.4.1 有粘结预应力成套技术;4.1 清水混凝土模板技术;4.4.3 市政桥梁脚手架施工技术;4.4.4 外挂式脚手架和悬挑式脚手架应用技术;6.1.2 给水管道卡压连接技术;6.2 管线布置综合平衡技术;6.3.1 电缆敷设与冷缩、热缩电缆头制作技术;6.4.4 火灾自动报警及联动系统;6.4.7 智能化系统集成;6.4.9 电源防雷与接地系统;7.1.1 新型墙体材料应用技术及施工技术;7.1.2 节能门窗应用技术;8.1 新型防水卷材应用技术;9.1.1 施工控制网建立技术;10.2 管理信息化技术。

(续上表)

项目属地	示范工程名称	执行施工单位	应用新技术
广州	珠江新城E3—1地铁商业、住宅楼工程	广州市建筑机械施工有限公司	1.3.2预应力锚杆施工技术3.3粗直径钢筋直螺纹机械连接技术；4.4.1碗扣式脚手架应用技术；4.4.4外挂式脚手架和悬挑脚手架应用技术；5.3钢与混凝土组合结构技术；6.4.4火灾自动报警及联动系统；7.1.1新型墙体材料应用技术及施工技术；7.3预拌砂浆技术；8.1.2自粘结橡胶沥青防水卷材；8.2建筑防水涂料；9.1.1施工控制网建立技术；10.2管理信息化技术。
广州	芳村花园二期工程施工总承包及总承包管理配合服务第二标段	广州市建筑集团有限公司	3.1.1HRB400级钢筋的应用技术；3.3粗直径钢筋直螺纹机械连接技术；6.1.1金属矩形风管薄钢板法兰连接技术；6.2管线布置综合平衡技术；6.3.1电缆敷设与冷缩、热缩电缆头制作技术；6.4.4火灾自动报警及联动系统；6.4.6综合布线系统；6.4.9电源防雷与接地系统；6.6智能化系统检测与评估；7.1.1新型墙体材料应用技术及施工技术；7.3预拌砂浆技术；8.1.2自粘型橡胶沥青防水卷材；9.1施工过程测量技术；9.2.2大体积混凝土温度监测和控制；10建筑企业管理信息化技术。
广州	广州市电视台新址工程	广州市建筑集团有限公司	1(新)旋挖导孔冲孔入岩施工技术；2(新)纤维混凝土应用技术；3.1.1HRB400级钢筋的应用技术；3.3粗直径钢筋直螺纹机械连接技术；3.4.1无粘结预应力成套技术；5.1钢结构CAD设计与CAM制造技术；5.2钢结构施工安装技术；5.3钢与混凝土组合结构技术；5.7钢结构的防火防腐技术；7(新)新型玻璃幕墙材料应用技术及施工技术7.3预拌砂浆技术；7(新)现浇空心楼盖结构施工技术；8.1.1高聚物改性沥青防水卷材应用技术；9.1施工过程测量技术；9.2.2大体积混凝土温度监测和控制；10.2管理信息化技术。
广州	广州市芳村逸彩新世界第一小区江边组团(T1—T3单元)工程	广州市建筑集团有限公司	1.3.3组合内支撑技术；3.1.1HRB400级钢筋的应用技术；3.3粗直径钢筋直螺纹机械连接技术；4.4.4外挂式脚手架和悬挑式脚手架应用技术；7.1.1新型墙体材料应用技术及施工技术；7.3预拌砂浆技术；8.1.2自粘型橡胶沥青防水卷材；9.1.1施工过程控制网建立技术；9.2.1深基坑工程监测和控制9.2.2大体积混凝土温度监测和控制。
广州	广州市珠江新城核心区市政交通项目金穗北区建设项目土建施工总承包	广州市建筑集团有限公司	2.1混凝土裂缝防治技术；3.1.1HRB400级钢筋的应用技术；3.3粗直径钢筋直螺纹机械连接技术；3.4.1有粘结预应力成套技术；5.3钢与混凝土组合结构技术；5.7钢结构的防火防腐技术；6.2管线布置综合平衡技术；7.1.1新型墙体材料应用技术及施工技术；8.1新型防水卷材应用技术；9.1.1施工过程控制网建立技术；9.2.2大体积混凝土温度监测和控制。
广州	广州亚运城综合体育馆项目　广州市番禺区广州新城	广州市建筑集团有限公司	1.3深基坑支护及边坡防护技术；2.1混凝土裂缝防治技术；2.2自实密实混凝土技术；2.4清水混凝土技术；3.1.1HRB400级钢筋的应用技术；3.3粗直径钢筋直螺纹机械连接技术；3.4.1无粘结预应力成套技术；4.1清水混凝土模板技术；5.1钢结构CAD设计与CAM制造技术；5.2.1厚钢板焊接技术；5.3钢与混凝土组合结构技术；5.7钢结构的防火防腐技术；6.1.1金属矩形风管薄钢板法兰连接技术；6.1.2给水管道卡压连接技术；6.2管线布置综合平衡技术；6.3.1电缆敷设与冷缩、热缩电缆头制作技术；6.4.1通信网络系统；6.4.3建筑设备监控系统；6.4.4火灾自动报警及联动系统；6.4.5安全防范系统；6.4.6综合布线系统；6.4.9电源防雷与接地系统；7.1.1新型墙体材料应用技术及施工技术；7.1.2节能型门窗应用技术；7.3预拌砂浆技术；8.1.3合成高分子防水卷材；8.2建筑防水涂料；9.1.1施工过程监测和控制技术；9.1.2施工放样技术；9.2.2大体积混凝土温度监测和控制；9.2.3大跨度钢结构施工过程中受力与变形监测和控制；10.1工具类技术；10.2管理信息化技术；10.3信息化标准技术。

（续上表）

项目属地	示范工程名称	执行施工单位	应 用 新 技 术
广州	新国际广场工程	广州市第四建筑工程有限公司 广州市建筑集团有限公司	1.3.3 组合内支撑技术；1.3.4 型钢水泥土复合搅拌桩支护结构技术；2.5 超高泵送混凝土技术 2.6 改性沥青路面施工技术；3.1.1HRB400 级钢筋的应用技术；3.3 粗直径钢筋直螺纹机械连接技术；4.4.2 爬升脚手架应用技术；4.4.4 悬挑式脚手架应用技术；6.1.1 金属矩形风管薄钢板法兰连接技术；6.1.2 给水管道卡压连接技术；6.2 管线布置综合平衡技术；6.3 电缆安装成套技术；6.4.1 通信网络系统；6.4.2 计算机网络；6.4.6 综合布线系统；6.4.7 智能化系统集成；6.4.8 住宅（小区）智能化；6.4.9 电源防雷与接地系统；6.5.3 龙门（A 字）桅杆扳立大型设备（构件）技术；7.1.1 新型墙体材料应用技术及施工技术；7.1.2 节能型门窗应用技术 7.2 新型空调和采暖技术；7.3 预拌砂浆技术；8.1 新型防水卷材应用技术；9.1 施工过程测量技术。
广州	广州新客站地区市政道路及相关附属工程施工总承包[标段一]	广州市市政工程机械施工有限公司	1.1.2 长螺旋法水下灌注成桩技术；1.3.3 组合内支撑技术；2.1 混凝土裂缝防治技术；2.4 清水混凝土技术；3.4.2 有粘结预应力成套技术；4.1 清水混凝土模板技术；4.4.3 市政桥梁脚手架施工技术；8.1.2 自粘型橡胶沥青防水卷材；9.1.1 施工控制网建立技术；9.1.2 施工放样技术；9.2.1 深基坑工程监测和控制；10.1 工具类技术。
广州	广州白云新城基础设施施工项目——市政道路及排水工程项目施工[标段 1]	广州市市政集团有限公司	1.3.1 复合土钉墙支护技术；2.1 混凝土裂缝防治技术；2.4 清水混凝土技术；2.6 改性沥青路面施工技术；3.3 粗直径钢筋直螺纹机械连接技术；4.1 清水混凝土模板技术；4.4.3 市政桥梁脚手架施工技术；8.1.2 自粘型橡胶沥青防水卷材；9.1.1 施工控制网建立技术；9.1.2 施工放样技术；9.2.1 深基坑工程监测和控制；10 建筑企业管理信息化技术。
广州	广州市番禺区黄榄快速干线（西段）工程桥梁标（第二标段）	广州市市政集团有限公司	1.2.1 水泥粉煤灰碎石桩（CFG）复合地基成套技术；1.2.6 土工合成材料应用技术；1.3.3 组合内支撑技术；2.1 混凝土裂缝防治技术；2.2 自密实混凝土技术；2.4 清水混凝土技术；3.1.1HRB400 级钢筋的应用技术；3.3 粗直径钢筋直螺纹机械连接技术；3.4.2 有粘结预应力成套技术；4.1 清水混凝土模板技术；4.4.1 市政桥梁脚手架应用技术；6.5.2 直立双桅杆滑移法吊装大型设备技术；6.5.3 龙门（A 字）桅杆扳立大型设备（构件）技术；7.1.1 新型墙体材料应用技术及施工技术；8.2 建筑防水涂料；9.1.1 施工控制网建立技术；10.1 工具类技术；10.2 管理信息化技术。
广州	广州市洲头咀隧道工程土建三标	广州市市政集团有限公司	1.3.3 组合内支撑技术；2.1 混凝土裂缝防治技术；2.4 清水混凝土技术；5.2.1 厚钢板焊接技术；5.2.2 钢结构安装施工仿真技术；8.1.3 合成高分子防水卷材；9.2.1 深基坑工程监测和控制；9.2.2 大体积混凝土温度监测和控制；10.2 管理信息化技术。
广州	广州新图书馆工程	广州市住宅建设发展有限公司 广州工程总承包集团有限公司	1.3.2 预应力锚杆施工技术；1.3.3 组合内支撑技术；2.1 混凝土裂缝防治技术；3.1.1HRB400 级钢筋的应用技术；3.3 粗直径钢筋直螺纹机械连接技术；3.4.2 有粘结预应力成套技术；5.2.1 厚钢板焊接技术；5.2.2 钢结构安装施工仿真技术；5.3 钢与混凝土组合结构技术；5.7 钢结构的防火防腐技术；7.1.1 新型墙体材料应用技术及施工技术；8.1.2 自粘结橡胶沥青防水卷材；9.1.1 施工控制网建立技术；9.1.2 施工放样技术；9.2 特殊施工过程监测和控制技术；10.1 工具类技术；10.2 管理信息化技术。

(续上表)

项目属地	示范工程名称	执行施工单位	应用新技术
广州	广州南沙体育馆工程	广州协安建设工程有限公司　广州市机电安装有限公司	1.2.3 真空预压法加固软基技术;3.1.1HRB400 级钢筋的应用技术;3.3 粗直径钢筋直螺纹机械连接技术;3.4.3 拉索施工技术;4.4.1 碗扣式脚手架应用技术;5.2 钢结构施工安装技术;5.2.1 厚钢板焊接技术;5.2.2 钢结构安装施工仿真技术;5.3 钢与混凝土组合结构技术;5.7 钢结构的防火防腐技术;7.1.1 新型墙体材料应用技术及施工技术;7.1.2 节能门窗应用技术;7.3 预拌砂浆技术;8.1.1 高聚物改性沥青防水卷材应用技术;8.4 刚性防水砂浆;9.1.1 施工控制网建立技术;9.1.2 施工放样技术;9.2.3 大跨度结构施工过程中受力与变形监测和控制;10.1 工具类技术;10.2 管理信息化技术。
广州	广州市新社区住宅白云区松洲新社区	广州市第二建筑工程有限公司	1.2.1 水泥粉煤灰石桩(CFG 桩)复合地基成套技术;1.3.2 预应力锚杆施工技术;2.1 混凝土裂缝防治技术;4.4.4 外挂式脚手架和悬挑式脚手架应用技术;7.1.1 新型墙体材料应用技术及施工技术;8.1.1 高聚物改性沥青防水卷材应用技术;9.2.1 深基坑工程监测和控制;9.2.2 大体积混凝土温度监测和控制;10.1 工具类技术。
广州	骏文雅苑商住楼工程	广州市第二建筑工程有限公司	1.3.3 组合内支撑技术;3.1.1HRB400 级钢筋的应用技术;4.4.4 外挂式脚手架和悬挑式脚手架应用技术;6.4.4 火灾自动报警及联动系统;6.4.5 安全防范系统;7.1.1 新型墙体材料应用技术及施工技术;7.1.2 节能型门窗应用技术 7.3 预拌砂浆应用技术;8.1.3 合成高分子防水卷材;9.2.1 深基坑工程监测和控制;10.2 管理信息化技术。
广州	萝岗中心区道路及配套工程 2 号路(2k1 +380.000 —2k2 +790.489)及 22 号路	广东湛江市市政建设工程总公司　广东晟源建设有限公司	1.1.1 灌注桩后注浆技术;1.3.3 组合内支撑技术;1.3.4 型钢水泥土复合搅拌桩支护结构技术;1.4.4 非开挖埋管技术;2.6 改性沥青路面施工技术;2.4 清水混凝土技术;3.2.3 焊接箍筋笼;6.1.2 给水管道卡压国家连接技术;7.3 预拌砂浆技术;9.1.2 施工放样技术;9.2.1 深基坑土工程监测和控制。
广州	广州市轨道交通六号线浔峰岗停车场	广东省建筑工程机械施工有限公司	1.4.1 暗挖法;2.4 清水混凝土技术;3.3 粗直径钢筋直螺纹机械连接技术;3.1.1HRB400 级钢筋的应用技术;3.4.2 有粘结预应力成套技术;5.1 钢结构 CAD 设计与 CAM 制造技术;7.1.1 新型墙体材料应用技术及施工技术。
广州	广州市金沙洲居住新城生活垃圾真空管道 1#、2# 收集系统(公共网络部分)设备及管道安装工程	广东敦庆建筑工程有限公司	7.1.1 新型墙体材料应用及施工技术;7.1.2 节能型门窗应用技术;8.1.2 自粘型橡胶沥青防水卷材;6.1.2 给水管道卡压连接技术;3.3 粗直径钢筋直螺纹机械连接技术;4.4.1 碗扣式脚手架应用技术;7.3 预拌砂浆技术。
广州	广州市永龙隧道及道路市政配套工程(永龙隧道北出口至广汕路)一标段	广东敦庆建筑工程有限公司	1.3.3 组合内支撑技术;1.3.4 型钢水泥土复合搅拌桩支护结构技术;1.3.6 高边坡防护技术;1.4.4 非开挖埋管技术;2.6 改性沥青路面施工技术;2.4 清水混凝土技术;3.2.3 焊接箍筋笼;6.1.2 给水管道卡压连接技术;9.1.2 施工放样技术;9.2.1 深基坑工程监测和控制;7.3 预拌砂浆技术。
广州	同泰路升级改造工程	广东敦庆建筑工程有限公司	2.6 改性沥青路面施工技术;1.3.3 组合支撑技术 1.3.4 型钢水泥土复合搅拌桩支护结构技术;2.4 清水混凝土技术;1.4.4 非开挖埋管技术;6.1.2 给水管道卡压连接技术;3.2.3 焊接箍筋笼;7.3 预拌砂浆技术;9.1.2 施工放样技术;9.2.1 深基坑工程监测和控制。
广州	广州市萝岗中心区永和中学项目工程	广东敦庆建筑工程有限公司　广东晟源建设有限公司	5.2.2 钢结构安装施工仿真技术;5.2.3 大跨度空间结构与大型钢结构件的滑移施工技术;5.2.1 厚钢板焊接技术;5.7 钢结构的防火防腐技术;7.1.2 节能型门窗应用技术;8.1.2 自粘型橡胶沥青防水卷材;8.2 建筑防水涂料;6.4.4 火灾自动报警及联动系统;6.1.2 给水管道卡压连接技术;3.3 粗直径钢筋调直;4.4.1 碗扣式脚手架应用技术;7.3 预拌砂浆技术。

（续上表）

项目属地	示范工程名称	执行施工单位	应　用　新　技　术
广州	3m材料技术（广州）有限公司一期工程	广东浩和建筑有限公司	3.1高效钢筋应用技术；3.2钢筋焊接网应用技术；3.3粗直径钢筋直螺纹机械连接技术；5.7钢结构的防火防腐技术；6.1.1金属矩形风管薄钢板法兰连接技术；6.2管线布置综合平衡技术；6.3.1电缆敷设与冷缩、热缩电缆头制作技术；6.4建筑智能化系统调试技术；7.1.1新型墙体材料应用技术及施工技术；7.3预拌砂浆技术；8.2建筑防水涂料；9.1.1施工控制网建立技术；9.1.2施工放样技术。
广州	中国移动南方基地一期工程施工一标	中建三局建设工程股份有限公司	3.1.1HRB400级钢筋的应用技术；3.3粗直径钢筋直螺纹机械连接技术；5.7钢结构的防火防腐技术；6.1.2给水管道卡压连接技术；6.2管线布置综合平衡技术；7.1.1新型墙体材料应用技术及施工技术；7.3预拌砂浆技术；8.1新型防水卷材应用技术；8.1.2自粘型橡胶沥青防水卷材；8.2建筑防水涂料9.1.1施工控制网建立技术；10.2管理信息化技术。
广州	保利威座大厦	中天建设集团有限公司	1.3深基坑支护与边坡防护施工技术；2.1混凝土裂缝防治技术；2.2自密实混凝土应用技术；2.5超高泵送混凝土应用技术；3.1.1HRB400级钢筋的应用技术；3.3粗直径钢筋直螺纹机械连接技术；4.1清水混凝土模板技术；4.3液压自动爬模技术；5.2.1厚钢板焊接技术；5.3钢与混凝土组合结构技术；5.6高强度钢材的应用技术；5.7钢结构的防火防腐技术；5.1钢结构CAD设计与CAM制造技术；6.1.1金属矩形风管薄钢板法兰连接技术；7.1.1新型墙体材料应用技术及施工技术；7.1.2节能型门窗应用技术；7.3预拌砂浆技术；8.1.1高聚物改性沥青防水卷材应用技术；8.4刚性防水砂浆；9.1.1施工控制网建立技术；9.2.1深基坑工程监测和控制；9.1.2施工放样技术；9.2.2大体积混凝土温度监测与控制；10.1工具类技术；10.2管理信息化技术；10.3信息化标准技术。
广州	芳村花园（二期）项目第八标段	广东省第四建筑工程公司	2.1混凝土裂缝防治技术；3.1.1HRB级钢筋的应用技术；3.3粗直径钢筋直螺纹机械连接技术；4.4.4外挂式脚手架和悬挑脚手架应用技术；6.1.2给水管道卡压连接技术；6.2管线布置综合平衡技术；6.4.1通信网络系统；6.4.2计算机网络系统；6.4.4火灾自动报警及联动系统；6.4.8住宅（小区）智能化；7.1.1新型墙体材料应用技术及施工技术；7.1.2节能型门窗应用技术；7.2新型空调和采暖技术；7.3预拌砂浆技术；8.1.3合成高分子防水卷材；8.2建筑防水涂料；9.1.1施工控制网建立技术；10.2管理信息化技术。
广州	粤财大厦	广东省第四建筑工程公司	3.3粗直径钢筋连接技术中的直螺纹连接技术；2.1高性能预拌混凝土施工技术；4.4.1碗扣式脚手架应用技术；6.4.2计算机网络系统；6.4.4火灾自动报警及联动技术；6.4.6综合布线系统；7.3预拌砂浆技术；8.2建筑防水涂料应用；9.2.2大体积混凝土温度监测和控制；6.4.2计算机应用；9.2.1深基坑工程监测和控制。
广州	国家公务员教学综合大楼	广东省第四建筑工程公司	1.3.2预应力锚杆施工技术；2.1混凝土裂缝防治技术；3.1.1HRB400级钢筋应用技术；3.3粗直径钢筋直螺纹机械连接技术；3.4.1无粘结预应力施工技术；7.1.1新型墙体材料应用技术及施工技术；7.3预拌砂浆技术；8.2建筑防水涂料；4.4.4悬挑式脚手架应用技术；9.2.1施工过程监测和控制技术；10.2管理信息化技术。

(续上表)

项目属地	示范工程名称	执行施工单位	应用新技术
广州	广州市萝岗区萝岗中心区凯云楼工程	广东省第四建筑工程公司	1.3.2 预应力锚杆施工技术;2.1 混凝土裂缝防治技术;3.1.1HRB400 级钢筋应用技术;3.3 粗直径钢筋直螺纹机械连接技术;5.2.1 厚钢板焊接技术;6.1.2 给水管道卡压连接技术;6.2 管线布置综合平衡技术;6.4.1 通信网络系统;6.4.2 计算机网络系统;6.4.4 火灾自动报警及联动系统;6.4.9 电源防雷与接地系统;7.1.1 新型墙体材料应用技术及施工技术;7.1.2 节能型门窗应用技术;7.3 预拌砂浆技术;8.2 建筑防水涂料;9.1.1 施工控制网建立技术;9.1.2 施工放样技术;9.2.1 施工过程监测和控制技术;9.2.2 大体积混凝土温度监测和控制;10.2 管理信息化技术。
广州	广东省第二人民医院应急备用病区大楼工程	广东省第一建筑工程有限公司	1.3.3 组合式内支撑技术;3.1.1HRB400 级钢筋的应用技术;3.2.3 焊接箍筋笼;3.3 粗直径钢筋直螺纹机械连接技术;3.4.1 无粘结预应力成套技术;3.4.2 有粘结预应力成套技术;4.4.4 外挂式脚手架和悬挑式脚手架应用技术;5 钢结构技术;6.1 管道制作(通风、给水管道)连接与安装技术;6.3.1 电缆敷设与冷缩、热缩电缆头制作技术;;6.4.4 火灾自动报警及联动系统;7.1.1 新型墙体材料应用技术及施工技术;7.1.2 节能型门窗应用技术;7.3 预拌砂浆技术;8.2 建筑防水涂料;8.1.1 高聚物改性沥青防水卷材应用技术;9.1 施工过程测量技术;9.2.1 深基坑工程监测和控制;10.2 管理信息化技术。
广州	珠江新城 I1—4 地块(远洋大厦)	广东省第一建筑工程有限公司	1.3.3 组合式内支撑技术;2.1 混凝土裂缝防治技术;2.3 混凝土耐久性技术;2.5 超高泵送混凝土技术;3.1.1HRB400 级钢筋的应用技术;3.3 粗直径钢筋直螺纹机械连接技术;3.4.2 有粘结预应力成套技术;4.4.4 外挂式脚手架和悬挑式脚手架应用技术;6.1.1 金属矩形风管薄钢板法兰连接技术;6.1.2 给水管道卡压连接技术;6.2 管线布置综合平衡技术;6.4 建筑智能化系统调试技术;7.1.1 新型墙体材料应用技术及施工技术;7.1.2 节能型门窗应用技术;7.3 预拌砂浆技术;8.1.1 高聚物改性沥青防水卷材应用技术;9.2.1 深基坑工程监测和控制;10.2 管理信息化技术;节地与地下空间开发利用技术领域。
广州	广州珠江城(中国烟草总公司广东公司)	广东省工业设备安装公司	6.1.1 金属矩形风管薄钢板法兰连接技术;6.1.2 给水管道卡压连接技术;6.3 电缆安装成套技术;6.3.1 电缆敷设与冷缩、热缩电缆头制作技术;6.4.4 火灾自动报警及联动系统;6.5 大型设备整体安装技术 (整体提升吊装技术)7 建筑节能和环保应用技术:风能发电; 太阳能光伏发电系统;7.2 新型空调及采暖技术;7.2.2 供热系统温控与热计量技术;测量控制与 GPS 定位技术等。
广州	广州市番禺区东涌大桥工程	广东省基础工程公司	1.2.1 水泥粉煤灰碎石桩(CFG)复合地基成套技术;1.2.6 土工合成材料应用技术;1.3.3 组合内支撑技术;3.3 粗直径钢筋直螺纹机械连接技术;2.5 超高超长泵送混凝土技术;2.6 改性沥青路面施工技术;3.2.3 焊接钢筋笼;4 新型模板及脚手架应用技术;9 施工过程测量技术:9.2.2 大体积混凝土温度监测和控制;9.2.3 大跨度结构施工过程中受力与变形监测和控制;10.2 管理信息化技术。
广州	广州市西江引水工程—输水管线—干线 (平沙立交) 顶管段工程	广东省基础工程公司	1.4.4 非开挖埋管技术:长距离钢管顶管施工技术;减阻施工技术;长距离通风技术;穿越河道顶管施工技术;高架桥基础保护技术;5.2.1 厚钢板焊接技术;9.1 施工过程测量技术;9.2.1 基坑稳定监测和控制技术;10.2 信息化标准技术。

(续上表)

项目属地	示范工程名称	执行施工单位	应用新技术
广州	暨南大学第一临床医学院教学楼工程	广东省建筑工程集团有限公司	1.1.1 复合土钉墙支护技术;1.1.2 预应力锚杆施工技术;2.1 混凝土裂缝防治技术;3.1.1HRB400 级钢筋应用技术;3.2.1 焊接箍筋笼;3.3 粗直径钢筋直螺纹机械连接技术;4.4.4 外挂式脚手架和悬挑式脚手架应用技术;5.1 钢结构 CAD 设计与 CAM 制造技术;5.2.2 钢结构安装施工仿真技术;5.7 钢结构的防火防腐技术; 高强度钢材的应用技术;6.1.1 金属矩形风管薄钢板法兰连接技术;6.1.2 给水管道卡压连接技术;6.2 管线布置综合平衡技术;6.3.1 电缆敷设与冷缩、热缩电缆头制作技术;6.4.1 通信网络系统;6.4.3 建筑设备监控系统;6.4.4 火灾自动报警及联动系统;6.4.5 安全防范系统;6.4.6 综合布线系统;6.4.9 电源防雷与接地系统;7.1.1 新型墙体材料应用技术及施工技术;7.1.2 节能型门窗应用技术;7.2.2 供热采暖系统温控与热计量技术;7.3 预拌砂浆技术;8.1.1 高聚物改性沥青防水卷材应用技术;8.1.3 合成高分子防水卷材应用技术;8.2 建筑防水涂料;8.3 建筑密封材料;8.4 刚性防水砂浆;9.1.1 施工控制网建立技术;9.1.2 施工放样技术;9.2.1 深基坑变形监测和控制;10.1 工具类技术;10.2 管理信息化技术。
广州	清河东路改造工程第四标段(k9+460+k11+160)工程施工总承包	广东金辉华集团有限公司	1.2.6 土工合成材料应用技术;1.4.4 非开挖埋管技术;2.1 混凝土裂缝防治技术;2.4 清水混凝土技术;2.6 改性沥青路面施工技术;3.4 预应力施工技术;4.1 清水混凝土模板技术;4.4.3 市政桥梁脚手架施工技术;9.1 施工过程测量技术;10.2 管理信息化技术。
广州	广州市海珠区新村廉租房	广东润民建安工程有限公司	1.3.6 高边坡防护技术;2.1 混凝土裂缝防治技术;3.1.1HRB400 钢筋的应用;3.3 粗直径钢筋连接技术;4.4 新型脚手架应用技术;6.4.4 火灾自动报警及联动系统;7.3 预拌砂浆技术;8.2 建筑防水涂料;9.1.2 施工放样技术;9.2.1 深基坑工程监测和控制;10.2 管理信息化技术。
深圳	太古城花园(北区)	汕头市建安实业(集团)有限公司	1.3.1 复合土钉墙支护技术;2.1 混凝土裂缝防治技术;3.1.1HRB400 级钢筋的应用技术;3.2.1 冷扎带肋钢筋焊接网;3.3 粗直径钢筋直螺纹机械连接技术;5.3 钢与混凝土组合结构技术;5.7 钢结构的防火防腐技术;6.1.1 给水管道卡压连接技术;6.2 管线布置综合平衡技术;6.3.1 电缆敷设与冷缩、热缩电缆头制作技术;7.1.1 新型墙体材料应用技术及施工技术;7.1.2 节能型门窗应用技术;8.1.3 合成高分子防水卷材;8.2 建筑防水涂料;9.1 施工过程测量技术;9.2.1 深基坑工程监测和控制;9.2.2 大体积混凝土温度监测和控制;10.1 工具类技术;10.2 管理信息化技术;10.3 信息化标准技术。
深圳	深圳大运中心项目Ⅰ标段(主体育场)工程	中国建筑第八工程有限公司	1.3.1 复合土钉墙支护技术;2.1 混凝土裂缝防治技术;2.4 清水混凝土技术;3.1.3HRB400 钢筋的应用;3.3 粗直径钢筋连接技术;3.4 预应力施工技术;3.4.1 无粘结预应力成套技术;3.4.2 有粘结预应力成套技术;4.1 清水混凝土模板技术;5.2 钢结构施工安装技术;5.7 钢结构的防火防腐技术;6.5 大型设备安装技术;6.1.1 金属矩形风管薄钢板法兰连接技术;6.2 管线布置综合平衡技术;6.3 电缆安装成套技术;6.4 建筑智能化系统调试技术(火灾自动报警及联动系统技术);7.1 新型墙体材料应用及施工技术;7.3 预拌砂浆技术;8.1 新型防水材料应用技术;8.2 建筑防水涂料;9.1 施工过程测量技术;10 建筑企业管理信息化技术。

(续上表)

项目属地	示范工程名称	执行施工单位	应用新技术
深圳	深圳市宝安体育场工程	中国建筑第八工程有限公司	1.3.2 预应力锚杆施工技术;2.2 自密实混凝土技术;3.1.3HRB400钢筋的应用;3.3 粗直径钢筋连接技术;3.4.2 有粘结预应力成套技术;3.4.3 拉索施工技术;5.1 钢结构 CAD 设计与 CAM 制造技术;5.2.2 钢结构安装施工仿真技术;5.2.1 厚钢板焊接技术;5.3 钢与混凝土组合结构技术;5.7 钢结构的防火防腐技术;6.1.2管线布置综合平衡技术;6.3 电缆敷设与冷缩、热缩电缆头制作技术;6.4 建筑智能化系统调试技术(通信网络系统、火灾自动报警及联动系统、电源防雷与接地系统);7.1.1 新型墙体材料应用技术及施工技术;1.3 节能型门窗应用技术;7.3 预拌砂浆技术;8.1.2 自粘型橡胶沥青防水卷材;8.2 建筑防水涂料;8.3 建筑密封材料;8.4 刚性防水材料;9.1.1 施工控制网建立技术;9.1.2施工放样技术;9.2.1 深基坑工程监测和控制;9.2.2 大体积混凝土温度监测和控制;9.2.3 大跨度结构施工过程中受力与变形监测和控制;10.1 工具类技术;10 建筑企业管理信息化技术;膜结构施工技术;深层水泥土桩基坑支护技术;虹吸排水系统应用技术。
深圳	深圳市滨海医院工程施工总承包Ⅱ标段	中国建筑第二工程局有限公司深圳分公司	1.3.1 复合土钉墙支护技术;1.3.2 预应力锚杆施工技术;1.3.6 高边坡防护技术;2.1 混凝土裂缝防止技术;2.3 混凝土耐久性技术;2.4 清水混凝土技术;3.1.1HRB400 级钢筋的应用技术;3.2.1 冷轧带肋钢筋焊接网 3.3 粗直径钢筋直螺纹机械连接技术;3.4 预应力施工技术;3.4.1 无粘结预应力成套技术;4.1 清水混凝土模板技术;4.4.1 碗扣式脚手架应用技术;4.4.4 外挂式脚手架和悬挑式脚手架应用技术;5.1 钢结构 CAD 设计与 CAM 制造技术;5.2.1 厚钢板焊接技术;5.7 钢结构的防火防腐技术;6.1.1 金属矩形风管薄钢板法兰连接技术;6.1.2 给水管道卡压连接技术;6.2管线布置综合平衡技术;6.3.1 电缆敷设与冷缩、热缩电缆头制作技术;7.1.1 新型墙体材料应用技术及施工技术;7.1.2 节能型门窗应用技术;7.1.3 节能型建筑检测评估技术;7.3 预拌砂浆技术;8.1.1 高聚物改性沥青防水卷材应用技术;8.1.2 自粘型橡胶沥青防水卷材;8.2 建筑防水涂料;8.3 建筑密封材料;8.4 刚性防水砂浆;9.1.1 施工控制网建立技术;9.1.2 施工放样技术;9.2.1深基坑工程监测和控制;10.1 工具类技术;10.2 管理信息化技术。
深圳	广东电网深圳供电局电力调度大厦	中建三局第二建设工程有限责任公司深圳分公司	2.1 混凝土裂缝防治技术;3.1.1HRB400 级钢筋的应用技术;3.3 粗直径钢筋直螺纹机械连接技术;4.4.4 外挂式脚手架和悬挑式脚手架应用技术;7.1.1 新型墙体材料应用技术及施工技术;7.1.2节能型门窗应用技术;3.4.2 有粘结预应力成套技术;8.1.3 合成高分子自粘性防水卷材;9.2.2 大体积混凝土温度监测和控制;10.2 管理信息化技术。
深圳	深圳大运中心Ⅲ标段(游泳馆)工程	中建三局第二建设工程有限责任公司深圳分公司	1.3.1 复合土钉墙支护技术;2.1 混凝土裂缝防治技术;2.4 清水混凝土技术;3.1.1HRB400 级钢筋的应用技术;3.3 粗直径钢筋直螺纹机械连接技术;4.1 清水混凝土模板技术;5.2.3 大跨度空间结构与大型钢结构的滑移施工技术;5.7 钢结构的防火防腐技术;7.1 节能型围护结构应用技术;7.3 预拌砂浆技术;8.1 新型建筑防水卷材;8.2 建筑防水涂料;10.2 管理信息化。

(续上表)

项目属地	示范工程名称	执行施工单位	应　用　新　技　术
深圳	深圳湾体育中心工程	中建三局建设工程股份有限公司	1.3.1 复合土钉墙支护技术;1.3.6 高边坡防护技术;2.1 混凝土裂缝防治技术;2.2 自密实混凝土技术;2.4 清水混凝土技术;3.1 高效钢筋应用技术;3.3 粗直径钢筋直螺纹机械连接技术;4.1 清水混凝土模板技术;5.2 钢结构施工安装技术;5.3 钢与混凝土组合结构技术;5.7 钢结构的防火防腐技术;6.1.1 金属矩形风管薄钢板法兰连接技术;6.1.2 给水管道卡压连接技术;6.4.4 火灾自动报警及联动系统;6.4.8 住宅(小区)智能化;7.1.1 新型墙体材料应用技术及施工技术;7.1.2 节能型门窗技术;8.2 建筑防水涂料施工技术;9.1.1 施工控制网建立技术;9.2.1 深基坑工程监测和控制;9.2.2 大体积混凝土温度监测和控制;9.2.3 大跨度结构施工过程中受力与变形监测和控制;10 建筑企业管理信息化技术。
深圳	深圳证券交易所营运中心工程	中建三局建设工程股份有限公司	1.3.1 复合土钉墙支护技术;1.3.2 预应力锚杆施工技术;2.1 混凝土裂缝防治技术;2.2 自密实混凝土技术;2.5 超高泵送混凝土技术;3.1.1HRB400 级钢筋的应用技术;3.3 粗直径钢筋直螺纹机械连接技术;3.4.2 有粘结预应力成套技术;4.3 液压自动爬模技术;4.4.2 爬升脚手架应用技术;4.4.4 外挂式脚手架和悬挑式脚手架应用技术;5.1 钢结构 CAD 设计与 CAM 制造技术;5.2.1 厚钢板焊接设计;5.2.2 钢结构安装施工仿真技术;5.3 钢与混凝土组合结构技术;5.7 钢结构的防火防腐技术;6.1.2 给水管道卡压连接技术;6.2 管线布置综合平衡技术;6.1.1 金属矩形风管薄钢板法兰连接技术;6.3.1 电缆敷设与冷缩、热缩电缆头制作技术;6.4.1 通信网络系统;6.4.2 计算机网络系统;6.4.3 建筑设备监控系统;6.4.4 火灾自动报警及联动系统;6.4.5 安全防范系统;6.4.6 综合布线系统;6.4.7 智能化系统集成;6.4.9 电源防雷与接地系统;6.6 建筑智能化系统检测与评估;7.1.1 新型墙体材料应用技术及施工技术;7.1.2 节能型门窗应用技术;7.3 预拌砂浆技术;8.1 新型防水卷材应用新技术;8.2 建筑防水涂料;8.3 建筑密封材料;8.4 刚性防水砂浆;9.1.1 施工控制网建立技术;9.1.2 施工放样技术;9.2.1 深基坑工程监测和控制;9.2.2 大体积混凝土温度监测和控制;9.2.3 大跨度结构施工过程中受力与变形监测与控制;10.1 工具类技术;10.2 管理信息化技术;10.3 信息化标准技术。
深圳	深圳市滨海医院工程施工总承包Ⅲ标段	中铁建工集团有限公司	2.1 混凝土裂缝防治技术;2.3 混凝土耐久性技术;3.1.1HRB400 级钢筋应用技术;3.2.1 冷轧带肋钢筋焊接网;3.3 粗直径钢筋直螺纹机械连接技术;3.4.1 无粘结预应力成套技术;5.3 钢与混凝土组合结构技术;6.1 管道制作连接与安装技术;6.2 管线布置综合平衡技术;6.3 电缆安装成套技术;6.4 建筑智能化系统调试技术;7.1.1 新型墙体材料应用技术及施工技术;7.3 预拌砂浆技术;8.1.2 自粘型橡胶沥青防水卷材;9.1.1 施工控制网建立技术;9.1.2 施工放样技术;9.2.2 大体积混凝土温度监测和控制;10.2 管理信息化技术。
深圳	深圳市丹平快速路一期工程第三合同段	广东省第二建筑工程公司	1.3.2 预应力锚杆施工技术;1.3.6 高边坡防护技术;2.1 混凝土裂缝防治技术;2.4 清水混凝土技术;3.1 高效钢筋应用技术;3.3 粗直径钢筋直螺纹机械连接技术;8.1 新型防水卷材应用技术;9.2.1 深基坑工程监测和控制。
深圳	深圳地铁 2 号线东延线工程土建 2228 标段	广东省基础工程公司	1.3 深基坑支护及边坡防护技术:土钉墙支护技术;地下连续墙支护技术; 钻孔排桩加旋喷桩止水支护技术;2 高性能混凝土技术:高性能混凝土掺加阻锈剂技术;3.3 粗直径钢筋直螺纹机械连接技术;8.1.1 高聚物改性沥青防水卷材应用技术;8.1.3 合成高分子防水卷材;9.1 施工过程测量技术;9.2.1 深基坑工程监测和控制;10.2 管理信息化技术。

(续上表)

项目属地	示范工程名称	执行施工单位	应用新技术
深圳	百仕达大厦	江苏省华建建设股份有限公司	1.3 深基坑支护及边坡防护技术;2.1 混凝土裂缝防治技术;2.2 自密实混凝土技术;3.1.1HRB400 钢筋的应用技术;3.3 粗直径钢筋直螺纹连接技术;4.4.4 悬挑式脚手架应用技术;5.3 钢与混凝土组合结构技术;5.2 钢结构施工安装技术;6.1 管道制作连接与安装技术;6.2 管线布置综合平衡技术;6.4 建筑智能化系统调试技术;7.1.1 新型墙体材料应用技术和施工技术;8.1 新型防水卷材应用技术;9.1 施工过程测量技术;9.2.2 大体积混凝土温度监测和控制技术;10.1 工具类技术。
深圳	花郡家园	江苏省华建建设股份有限公司	1.3.1 复合土钉墙支护技术;2.1 混凝土裂缝防治技术;3.1.1HRB400 钢筋的应用技术;3.3 粗直径钢筋直螺纹连接技术;4.4.4 悬挑式脚手架应用技术;7.1.1 新型墙体材料应用技术和施工技术;7.3 预拌砂浆技术;8.1.1 高聚物改性沥青防水卷材应用技术;8.4 刚性防水砂浆;10.1 工具类技术。
深圳	绿景纪元	江苏省华建建设股份有限公司	1.3 深基坑支护及边坡防护技术;2.1 混凝土裂缝防治技术;2.5 超高泵送混凝土技术;3.1.1HRB400 钢筋的应用技术;3.2.1 冷轧带肋钢筋焊接网;3.3 粗直径钢筋直螺纹连接技术;4.4.4 悬挑式脚手架应用技术;5.3 钢与混凝土组合结构技术;6.1 管道制作连接与安装技术;6.2 管线布置综合平衡技术;7.1 节能型围护结构应用技术;7.1.1 新型墙体材料应用技术和施工技术;9.1 施工过程测量技术;9.2.2 大体积混凝土温度监测和控制技术;10.1 工具类技术。
深圳	香山里花园一期 2 区工程	江苏省华建建设股份有限公司	1.3.1 复合土钉墙支护技术;1.3.2 预应力锚杆施工技术;3.1.1HRB400 钢筋的应用技术;3.3 粗直径钢筋直螺纹连接技术;4.1 清水混凝土模板技术;4.4.4 悬挑脚手架应用技术;6.1 管道制作连接与安装技术;6.2 管线布置综合平衡技术;6.4 建筑智能化系统调试技术;7.1.1 新型墙体材料应用技术和施工技术;7.1.2 节能型门窗应用技术;7.3 预拌砂浆技术;8.1 新型防水卷材应用技术;8.2 建筑防水涂料;9.1 施工过程测量技术;10.1 工具类技术。
深圳	卓越皇岗世纪中心	江苏省华建建设股份有限公司	1.3 深基坑支护及边坡防护技术;1.3.2 预应力锚杆施工技术;1.3.4 型钢水泥土复合搅拌桩支护结构技术;2.1 混凝土裂缝防治技术;2.2 自密实混凝土技术;2.5 超高泵送混凝土技术;3.1.1HRB400 钢筋的应用技术;3.3 粗直径钢筋直螺纹连接技术;6.1.2 给水管道卡压连接技术;6.2 管线布置综合平衡技术;6.4.4 火灾自动报警及联动系统;6.4.6 综合布线系统;6.4.7 智能化系统集成;6.4.9 电源防雷与接地系统;8.1.1 聚合物水泥基防水涂层;8.1.3 高分子防水卷材应用;8.2 渗透式结晶防水;9.1.1 施工控制网建立技术;9.1.2 施工放样技术;9.2.1 深基坑工程监测和控制;9.2.2 大体积混凝土温度监测和控制;10.1 工具类技术;5.1 钢结构 CAD 设计与 CAM 制造技术;5.2.1 厚钢板焊接技术;5.3 钢与混凝土组合结构技术;4.4.4 外挂式脚手架和悬挑脚手架应用技术;7.1.1 新型墙体材料应用技术及施工技术。
深圳	侨香村经济适用房第六标段	深圳市第一建筑工程有限公司	2.1 混凝土裂缝防治技术;3.1.1HRB400 级钢筋的应用技术;3.3 粗直径钢筋直螺纹机械连接技术;4.4.4 悬挑式脚手架应用技术;5.2.1 厚钢板焊接技术;5.3 钢与混凝土组合结构技术;6.3.1 电缆敷设与冷缩、热缩电缆头制作技术;6.1.1 金属矩形风管薄钢板法兰连接技术;6.1.2 给水管道卡压连接技术;6.4 建筑智能化系统调试技术;7.1.1 新型墙体材料应用技术及施工技术;7.1.2 节能型门窗应用技术;8.1.2 自粘型橡胶沥青防水卷材;8.2 建筑防水涂料;8.4 刚性防水砂浆;9.1.1 施工控制网建立技术;9.2.2 大体积混凝土温度监测和控制;10.1 工具类技术;10.2 管理信息化技术。

(续上表)

项目属地	示范工程名称	执行施工单位	应用新技术
深圳	深圳市滨海医院Ⅳ标段	深圳市第一建筑工程有限公司	1.3 深基坑支护及边坡防护技术;2.1 混凝土裂缝防治技术;2.2 自密实混凝土技术;2.3 混凝土耐久性技术;3.1 高效钢筋应用技术;3.2 钢筋焊接网应用技术;3.3 粗直径钢筋直螺纹机械连接技术;3.4 预应力施工技术;4.1 清水混凝土模板技术;5.1 钢结构CAD 设计与 CAM 制造技术;5.2 钢结构施工安装技术;5.3 钢与混凝土组合结构技术;5.7 钢结构的防火防腐技术;6.1 管道制作(通风、给水管道)连接与安装技术;6.2 管线布置综合平衡技术;6.4 建筑智能化系统调试技术;6.6 建筑智能化系统检测与评估;7.1 节能型围护结构应用技术;7.2 新型空调和采暖技术;7.3 预拌砂浆技术;8.1 新型防水卷材应用技术;8.2 建筑防水涂料;8.3 建筑密封材料;9.1 施工过程测量技术;9.2 特殊施工过程监测和控制技术;10.1 工具类技术;10.2 管理信息化技术。
深圳	深圳信息职业技术学院迁址新建项目施工总承包Ⅴ标段	深圳市第一建筑工程有限公司	2.1 混凝土裂缝防治技术;3.1.1HRB400 级钢筋的应用技术;3.3 粗直径钢筋直螺纹机械连接技术;4.4.4 悬挑式脚手架应用技术;6.3.1 电缆敷设与冷缩、热缩电缆头制作技术;6.1.1 金属矩形风管薄钢板法兰连接技术;6.1.2 给水管道卡压连接技术;6.4 建筑智能化系统调试技术;6.4.4 火灾自动报警及联动系统;6.4.5 安全防范系统;6.4.9 电源防雷与接地系统;7.1.1 新型墙体材料应用技术及施工技术;7.1.2 节能型门窗应用技术;7.3 预拌砂浆技术;8.1.2 自粘型橡胶沥青防水卷材;8.2 建筑防水涂料;8.4 刚性防水砂浆;9.1.1 施工控制网建立技术;9.1.2 施工放样技术;9.2.2 大体积混凝土温度监测和控制;10.1 工具类技术;10.2 管理信息化技术。
深圳	深云村经济适用房住宅施工总承包第一标段	深圳市建工集团股份有限公司	3.1.1HRB400 级钢筋的应用技术;3.3 粗直径钢筋直螺纹机械连接技术;4.4.4 外挂式脚手架和悬挑式脚手架应用技术;6.2 管线布置综合平衡技术;7.1.1 新型墙体材料应用技术及施工技术;7.1.2 节能型门窗应用技术;8.1.2 自粘型橡胶沥青防水卷材;8.2 建筑防水涂料;9.1.2 施工放样技术;10.2 管理信息化技术。
深圳	梅山苑二期第一标段	深圳市建设(集团)有限公司	1.3.2 预应力锚杆施工技术;2.1 混凝土裂缝防治技术;3.1.1HRB400 级钢筋应用技术;3.2.1 冷轧带肋钢筋焊接网;3.2.3 焊接钢筋笼;3.3 钢筋直螺纹机械连接技术;4.4.1 碗扣式脚手架应用技术;4.4.4 悬挑式脚手架应用技术;7.1.1 新型墙体材料应用施工技术;6.2 管线布置综合平衡技术;8.1.3 合成高分子防水卷材;9.1.1 施工控制网建立技术;9.2.2 大体积混凝土温度监测和控制;10.1 工具类技术。
深圳	深圳市深云村经济适用房住宅区施工总承包第七标段	深圳市建设(集团)有限公司	2.4 清水混凝土技术;3.1.1HRB400 级钢筋的应用技术;3.3 粗直径钢筋直螺纹机械连接技术;4.1 清水混凝土模板技术;4.4.4 外挂式脚手架和悬挑式脚手架应用技术;6.1.2 给水管道卡压连接技术;6.3.1 电缆敷设与冷缩、热缩电缆头制作技术;8.1.2 自粘型橡胶沥青防水卷材;9.1 施工过程测量技术;9.2.2 大体积混凝土温度监测和控制;10.2 管理信息化技术。
深圳	深圳市体育运动学校施工总承包Ⅰ标段	深圳市建设(集团)有限公司	2.1 混凝土裂缝防治技术;3.1.1HRB400 级钢筋的应用技术;3.2.3 焊接钢筋笼;3.3 粗直径钢筋直螺纹机械连接技术;5.2.1 厚钢板焊接技术;5.2.4 大跨度空间结构与大跨度钢结构的整体顶升与提升施工技术;6.4.3 建筑设备监控系统;6.4.4 火灾自动报警及联动系统;6.4.9 电源防雷与接地系统;7.1.2 节能型门窗应用技术;7.3 预拌砂浆技术;8.1.3 合成高分子防水卷材;9.1.1 施工控制网建立技术;9.1.2 施工放样技术;9.2.3 大跨度结构施工过程中受力与变形监测和控制;10.2 管理信息化技术。

(续上表)

项目属地	示范工程名称	执行施工单位	应用新技术
深圳	滨河污水处理厂改造工程	深圳市建筑工程股份有限公司	1.3深基坑支护及边坡防护技术;1.3.1复合土钉墙支护技术;1.3.2预应力锚杆施工技术;2.4清水混凝土技术;2.1混凝土裂缝防治技术;4.1清水混凝土模板技术;4.2早拆模板成套技术;5.1钢结构CAD设计与CAM制造技术;6.2管线布置综合平衡技术;6.3.1电缆敷设与冷缩、热缩电缆头制作技术;6.4智能化系统调试技术;6.4.1通信网络系统;6.4.3设备监控系统;6.4.4火灾自动报警及联动系统;6.4.6综合布线系统;6.4.7智能化系统集成;6.4.9电源防雷与接地系统;8.1.3合成高分子防水卷材;9.2.1深基坑工程监测和控制;9.2.2大体积混凝土温度监测和控制;10.1工具类技术;10.2管理信息化技术;9.3信息化标准技术。
深圳	新兴综合物流园	深圳市建筑工程股份有限公司	1.3.1复合土钉墙支护技术;1.3.2预应力锚杆施工技术;2.1混凝土裂缝防治技术;2.4清水混凝土技术;3.1.1HRB400级钢筋的应用技术;3.3粗直径钢筋直螺纹机械连接技术;3.4.1无粘结预应力成套技术;3.4.2有粘结预应力成套技术;6.1.2给水管道卡压连接技术;6.2管线布置综合平衡技术;6.1.1金属矩形风管薄钢板法兰连接技术;6.3.1电缆敷设与冷缩、热缩电缆头制作技术;6.4建筑智能化系统调试技术;6.4.1通信网络系统;6.4.4火灾自动报警及联动系统;6.4.9电源防雷与接地系统;6.4.5安全防范系统;6.4.6综合布线系统;7.1.1新型墙体材料应用技术及施工技术;8.1.3合成高分子防水卷材;8.2建筑防水涂料;8.3建筑密封材料;8.5防渗堵漏技术;9.1.1施工控制网建立技术;9.1.2施工放样技术;9.2.1深基坑工程监测和控制;9.2.2大体积混凝土温度监测和控制;10.1工具类技术;10.2管理信息化技术。
深圳	布吉污水处理厂主体及附属工程	深圳市市政工程总公司	1.3深基坑支护技术;2.1混凝土裂缝防治技术;3.3粗直径钢筋直螺纹机械连接技术;8.2建筑防水涂料;2.4清水混凝土技术。
深圳	深圳高新区软件大厦	深圳市市政工程总公司	1.3.1复合土钉墙支护技术;2.1混凝土裂缝防治技术;3.1.1HRB400钢筋的应用技术;3.3粗直径钢筋直螺纹连接技术;6.4建筑智能化系统调试技术;7.1节能型围护结构应用技术;7.1.2节能型门窗应用技术;7.1.3节能型建筑检测与评估技术;7.3预拌砂浆技术;8.1新型防水卷材应用技术;10.2管理信息化技术。
深圳	大运会国际广播电视新闻中心(MMC)工程	深圳市鹏城建筑集团有限公司	1.3.1复合土钉墙支护技术;2.4清水混凝土技术;3.1.3HRB400钢筋的应用;3.3粗直径钢筋连接技术;3.4预应力施工技术;4.1清水混凝土模板技术;5.3钢与混凝土组合结构技术;6.1金属形风管薄钢板法兰连接技术;6.3电缆敷设与冷缩、热缩电缆头制作技术;6.4电源防雷与接地技术;7.1新型墙体材料应用及施工技术;7.3外墙保温砂浆应用技术;8.1新型防水材料应用技术;9.1施工过程测量技术;9.2大体积混凝土电子测温技术;10建筑企业管理信息化技术。
深圳	深圳市人民医院外科大楼及干部保健病区施工总承包	深圳市深安企业有限公司	1.3.1复合土钉墙支护技术;1.3.2预应力锚杆施工技术;1.3.6高边坡防护技术;2.1混凝土裂缝防治技术;2.4清水混凝土技术;3.1.3HRB400钢筋的应用;3.3粗直径钢筋连接技术;4.1清水混凝土模板技术;5.1钢结构CAD设计与CAM制造技术5.2.1厚钢板焊接技术;5.3钢与混凝土组合结构技术;5.6高强度钢材的应用技术;5.7钢结构的防火防腐技术;6.1.2给水管道卡压连接技术;6.1.2管线布置综合平衡技术;6.4建筑智能化系统调试技术(通信网络系统、火灾自动报警及联动系统、电源防雷与接地系统);7.1.1新型墙体材料应用技术及施工技术;1.3节能型门窗应用技术;7.1.3节能型建筑检测与评估技术;8.2建筑防水涂料;9.1.2施工放样技术;9.2.1深基坑工程监测和控制;9.2.2大体积混凝土温度监测和控制;10建筑企业管理信息化技术。

(续上表)

项目属地	示范工程名称	执行施工单位	应用新技术
深圳	坂田上品雅园	深圳市银广厦建筑工程有限公司	1.1.1 灌注桩后注浆技术;1.3.1 复合土钉墙支护技术;2.1 混凝土裂缝防治技术;2.2 自密实混凝土技术;2.3 混凝土耐久性技术;2.4 清水混凝土技术;3.1.1HRB400 钢筋的应用;3.2.3 焊接箍筋笼;3.3 粗直径钢筋连接技术;4.1 清水混凝土模板技术;4.2 早拆模板成套技术;6.1.2 给水管道卡压连接技术;6.1.2 管线布置综合平衡技术;7.1.1 新型墙体材料应用技术及施工技术;7.1.2 节能型门窗应用技术;7.3 预拌砂浆技术;8.2 建筑防水涂料;8.3 建筑密封材料;9.1 施工过程测量技术;9.1.2 施工放样技术。
深圳	茗苹园二期 7#—9#楼及地下室工程	深圳市银广厦建筑工程有限公司	1.3.1 复合土钉墙支护技术;2.1 混凝土裂缝防治技术;2.2 自密实混凝土技术;2.3 混凝土耐久性技术;2.4 清水混凝土技术;3.1.1HRB400 钢筋的应用;3.2.3 焊接箍筋笼;3.3 粗直径钢筋连接技术;4.1 清水混凝土模板技术;4.2 早拆模板成套技术;6.1.2 给水管道卡压连接技术;6.1.2 管线布置综合平衡技术;7.1.1 新型墙体材料应用技术及施工技术;7.1.2 节能型门窗应用技术;7.3 预拌砂浆技术;8.2 建筑防水涂料;8.3 建筑密封材料;9.1 施工过程测量技术;9.1.2 施工放样技术。
深圳	哈尔滨大厦	中国华西企业有限公司	1.3 深基坑支护;2.1 混凝土裂缝防治技术;3.1.1HRB400 钢筋的应用;3.3 粗直径钢筋连接技术;4.4.4 悬挑脚手架应用技术;6.2 管线布置综合平衡技术;6.4.4 火灾自动报警及联动系统;7.1.1 新型墙体材料应用技术及施工技术;7.1.2 节能型门窗应用技术;7.3 预拌砂浆技术;8.1.1 高聚物改性沥青防水卷材应用技术;8.1.2 自粘性橡胶沥青防水卷材应用技术;8.2 建筑防水涂料;8.5 防渗漏技术;9.1 施工控制网络建立技术;9.2.1 深基坑工程监测和控制;10.1 工具类技术;10.2 管理信息化技术。
珠海	省道 S366 线(珠海大道一期)	珠海市建盛建筑工程有限公司	软土路基处理 CFG 桩技术。
珠海	岭南明珠华庭	汕头市建安实业(集团)有限公司	1.3.1 复合土钉墙支护技术;2.1 混凝土裂缝防治技术;3.3 粗直径钢筋直螺纹机械连接技术;4.4.4 悬挑式脚手架应用技术;6.1.2 给水管道卡压连接技术;6.4.9 电源防雷与接地系统;7.1.1 新型墙体材料应用技术及施工技术;7.3 预拌砂浆技术;8.1.3 合成高分子防水卷材;8.2 建筑防水涂料;9.1.1 施工控制网建立技术;9.1.2 施工放样技术;10.2 管理信息化技术。
珠海	珠海天朗海峰国际中心工程	中国建筑第五工程局有限公司	1.3 深基坑支护及边坡防护技术;2 高性能混凝土的应用技术;3.3 粗直径钢筋直螺纹机械连接技术;4.12 清水混凝土模板技术;7.1.2 节能型门窗应用技术;7.2 新型空调和采暖技术;8.1 新型防水卷材应用技术;8.2 建筑防水涂料;8.3 建筑密封材料;8.4 刚性防水砂浆;10.2 管理信息化;10.3 企业信息化。
汕头	汕头裕通花园大酒店	裕通建设集团有限公司第一工程公司	2.1 混凝土裂缝防治技术;3.3 粗直径钢筋直螺纹机械连接技术;4.4.4 外挂式脚手架和悬挑式脚手架应用技术;6.4.4 火灾自动报警及联动系统;10.2 管理信息化技术。
汕头	汕头市珠江路北侧住宅小区(星海华庭)	广东省第二建筑工程公司	2.4 清水混凝土技术;3.3 粗直径钢筋直螺纹机械连接技术;4.4.4 外挂式脚手架和悬挑脚手架应用技术;6.1.2 给水管道卡压连接技术;6.3.1 电缆敷设与冷缩、热缩电缆头制作技术;6.4.8 住宅(小区)智能化;7.1.1 新型墙体材料应用技术及施工技术;8.2 建筑防水涂料;9.1.1 施工控制网建立技术;10.2 管理信息化技术。

(续上表)

项目属地	示范工程名称	执行施工单位	应用新技术
佛山	翠宝园珠宝城一期(1、2、3、4栋及地下室工程)	广东省第一建筑工程有限公司	1.3深基坑支护及边坡防护技术;2.1混凝土裂缝防治技术;2.4清水混凝土技术;3.1.1HRB400级钢筋的应用技术;3.3粗直径钢筋直螺纹机械连接技术;4.1清水混凝土模板技术;4.4.1碗扣式脚手架应用技术 6.3.1电缆敷设与冷缩、热缩电缆头制作技术;6.4建筑智能化系统调试技术;7.1.1新型墙体材料应用技术及施工技术;7.1.2节能型门窗应用技术;7.2新型空调和采暖技术;8.1新型防水卷材应用技术;8.4刚性防水砂浆;9.1.1施工控制网建立技术;9.1.2施工放样技术;9.2特殊施工过程监测和控制技术;10建筑企业管理信息化技术。
佛山	新德业—海悦新城B区(B6—B8、B9-B11、B12座)	汕头市建安实业(集团)有限公司	3.1.1HRB400钢筋应用技术;3.3粗直径钢筋直螺纹机械连接技术;4.4.4悬挑式脚手架应用技术;6.4.9电源防雷与接地系统;7.1.1新型墙体材料应用技术及施工技术;7.3预拌砂浆技术;8.1.3合成高分子防水卷材;8.2建筑防水涂料;8.4刚性防水砂浆;9.2.1深基坑工程监测和控制;10.2管理信息化技术。
佛山	高明富逸湾国际酒店	广东省六建集团有限公司	2.1混凝土裂缝防治技术;2.3混凝土耐久性技术;2.4清水混凝土技术;3.1.3HRB400钢筋的应用;3.3粗直径钢筋连接技术;4.1清水混凝土模板技术;4.4.4悬挑脚手架应用技术;5.1钢结构CAD设计与CAM制造技术;6.1管道制作(通风、给水管道)连接与安装技术;6.3电缆安装成套技术;6.4建筑智能化系统调试技术(通信网络系统、火灾自动报警及联动系统、电源防雷与接地系统);7.1节能型围护结构应用技术;8.1新型防水卷材应用技术;8.2建筑密封材料;9.1施工过程测量技术;10建筑企业管理信息化技术;10.1工具类技术;10.2管理信息化技术;10.3信息化标准技术。
佛山	佛山市国家高新区创新中心(三期)研发中心	广东省第一建筑工程有限公司	1.3深基坑支护及边坡防护技术;2.1混凝土裂缝防治技术;3.1.1HRB400级钢筋的应用技术;3.3粗直径钢筋直螺纹机械连接技术;4.4.4外挂式脚手架和悬挑式脚手架应用技术;6.1.1金属矩形风管薄钢板法兰连接技术;6.1.2给水管道卡压连接技术;6.2管线布置综合平衡技术;6.3.1电缆敷设与冷缩、热缩电缆头制作技术;6.4建筑智能化系统调试技术;7.1.1新型墙体材料应用技术及施工技术;7.1.2节能型门窗应用技术;7.2新型空调和采暖技术;8.1新型防水卷材应用技术;8.4刚性防水砂浆;9.1.1施工控制网建立技术;9.1.2施工放样技术;9.2特殊施工过程监测和控制技术;10建筑企业管理信息化技术。
佛山	佛山市三水区西南工业园区可口可乐新建厂房工程	广东浩和建筑有限公司	1.1钢结构的防火防腐技术;2.1.1金属制作(通风、给水管道)连接与安装技术;2.3.1电缆敷设与冷缩、热缩电缆头制作技术;2.4建筑智能化系统调试技术;3.1新型墙体材料应用技术及施工技术;4.2建筑防水涂料;5.1.1施工控制网建立技术;5.1.2施工放样技术。
佛山	广州市西江引水工程—输水管线—干线(佛山小塘立交段)盾构工程	广东省基础工程公司	1.4.2逆作法;1.4.3盾构法;2.2自密实混凝土技术;3.3粗直径钢筋直螺纹机械连接技术;5.2.1厚钢板焊接技术;9.1施工过程测量技术;9.1.3地下工程自动导向测量技术;9.2.1深基坑工程测量和控制技术;10.2管理信息化技术。
江门	江门市基层中医药人才临床培训基地	广东金辉华集团有限公司	2.1混凝土裂缝防治技术;3.1.1HRB400钢筋的应用;3.3粗直径钢筋连接技术;3.2.3焊接箍筋笼;4.4.4悬挑脚手架应用技术;7.1加气混凝土砌块;7.1.1挤塑型聚苯乙烯保温系统;8.1.1高聚物改性沥青防水卷材应用技术;10.1工具类技术;10.2管理信息化技术。

(续上表)

项目属地	示范工程名称	执行施工单位	应用新技术
江门	天富豪庭富丽10号A30-A31、11号A32-A33	广东金辉华集团有限公司	3.3粗直径钢筋连接技术;6.4.9电源防雷与接地系统;7.1.1新型墙体材料应用技术及施工技术;8.1新型防水卷材应用技术;8.2建筑防水涂料;9.1.2施工放样技术;10.2管理信息化技术。
湛江	君福来	广东明兴建筑集团有限公司	1.1.2预应力锚杆施工技术;2.1混凝土裂缝防治技术;3.1.1HRB400级钢筋应用技术;3.2.1焊接箍筋笼;3.3粗直径钢筋直螺纹机械连接技术;3.4.1无粘结预应力成套技术;4.4.4外挂式脚手架和悬挑式脚手架应用技术;6.1.1金属矩形风管薄钢板法兰连接技术;6.1.2给水管道卡压连接技术;6.2管线布置综合平衡技术;6.4.1通信网络系统;6.4.2计算机网络系统;6.4.3建筑设备监控系统;6.4.4火灾自动报警及联动系统;6.4.5安全防范系统;6.4.6综合布线系统;6.4.7智能化系统集成;6.4.9电源防雷与接地系统;7.1.1新型墙体材料应用技术及施工技术;7.1.2节能型门窗应用技术;7.1.3节能型建筑检测与评估技术;7.2.2供热采暖系统温控与热计量技术;8.1.2自粘型橡胶沥青防水卷材;8.2建筑防水涂料;8.3建筑密封材料;9.1.1施工控制网建立技术;9.1.2施工放样技术;9.2.1深基坑变形监测和控制;10.1工具类技术;轻质灌浆技术;LED灯照明技术;太阳能热水及供电技术;空气源三效热泵供暖空调技术。
茂名	茂名学院学科实验楼	茂名市茂南建安集团有限公司	2高性能混凝土技术;3.1.1HRB400级钢筋的应用技术;3.3粗直径钢筋直螺纹机械连接技术;6.1.1金属矩形风管薄板法兰连接技术;6.1.2给水管道卡压连接技术;6.1.3电缆敷设与冷缩、热缩电缆头制作技术;6.4.1通信网络系统;6.4.4火灾自动报警及联动系统;6.4.9电源防雷与接地系统;7建筑节能和环保应用技术;8.1.3高分子防水卷材8.2防水涂料;9.1.1施工控制网建立技术10建筑企业管理信息化技术。
惠州	惠州市第四人民医院(一期)	广东省第二建筑工程公司	1.3.1复合土钉墙支护技术;2.1混凝土裂缝防治技术;3.1.1HRB400级钢筋的应用技术;3.3粗直径钢筋直螺纹机械连接技术;4.4.4外挂式脚手架和悬挑脚手架应用技术;6.1.1金属矩形风管薄钢板法兰连接技术;6.1.2给水管道卡压连接技术;6.2管线布置综合平衡技术;6.3.1电缆敷设与冷缩、热缩电缆头制作技术;6.4.1通信网络系统;6.4.2计算机网络系统;6.4.3建筑设备监控系统;6.4.4火灾自动报警及联动系统;6.4.5安全防范系统;6.4.6综合布线系统;6.4.7智能化系统集成;6.4.9电源防雷与接地系统;6.6.1系统检测;6.6.2系统评估;7.1.1新型墙体材料应用技术及施工技术;7.1.2节能型门窗应用技术;7.1.3节能型建筑检测与评估技术;7.2.2供热采暖系统温控与热计量技术;8.2建筑防水涂料;8.3建筑密封材料;8.4刚性防水砂浆;9.1.1施工控制网建立技术;9.2.1深基坑工程监测和控制;9.2.2大体积混凝土温度监测和控制;10.1工具类技术。
惠州	富力丽港中心公寓工程	广东正升建筑有限公司	3.1.1HRB400级钢筋应用技术;3.2.1焊接箍筋笼;3.3粗直径钢筋直螺纹机械连接技术;4.4.4外挂式脚手架和悬挑式脚手架应用技术;6.4.1通信网络系统;6.4.3建筑设备监控系统;6.4.4火灾自动报警及联动系统;6.4.5安全防范系统;6.4.6综合布线系统;6.4.8住宅(小区)智能化;6.4.9电源防雷与接地系统;7.1.1新型墙体材料应用技术及施工技术;7.1.2节能型门窗应用技术;8.1.1高聚物改性沥青防水卷材应用技术;8.2建筑防水涂料;9施工过程监测和控制技术;10.2管理信息化技术。

(续上表)

项目属地	示范工程名称	执行施工单位	应 用 新 技 术
惠州	惠州会展中心	深圳市建工集团股份有限公司	1.3.1 复合土钉墙支护技术;2.1 混凝土裂缝防治技术;2.2 自密实混凝土技术;3.1.1HRB400 级钢筋的应用技术;3.3 粗直径钢筋直螺纹机械连接技术;5.1 钢结构 CAD 设计与 CAM 制造技术;5.2.1 厚钢板焊接技术;5.2.4 大跨度空间结构与大跨度钢结构的整体顶升与提升技术;5.3 钢与混凝土组合结构技术;5.7 钢结构的防火防腐技术;6.1.1 金属矩形风管薄钢板法兰连接技术;6.1.2 给水管道卡压连接技术;6.3.1 电缆敷设与冷缩、热缩电缆头制作技术;7.1.2 节能型门窗应用技术;8.1 新型防水卷材应用技术;9.1.1 施工控制网建立技术;9.1.2 施工放样技术;10.2 管理信息化技术。
惠州	惠丰峰景湾商住小区	深圳市银广厦建筑工程有限公司	2.1 混凝土裂缝防治技术;2.2 自密实混凝土技术;2.3 混凝土耐久性技术;2.4 清水混凝土技术;3.3 粗直径钢筋连接技术;4.1 清水混凝土模板技术;4.2 早拆模板成套技术;6.1.2 给水管道卡压连接技术;6.1.2 管线布置综合平衡技术;7.1.1 新型墙体材料应用技术及施工技术;7.3 预拌砂浆技术;8.3.1 合成高分子卷材;8.2 建筑防水涂料;8.3 建筑密封材料;8.4 刚性防水砂浆;8.5 防渗漏技术;9.1 施工过程测量技术;9.1.2 施工放样技术。
惠州	富力丽港中心住宅工程	汕头市建安(集团)公司	3.1.1HRB400 钢筋的应用;3.3 粗直径钢筋连接技术;4.4.4 悬挑脚手架应用技术;6.2 管线布置综合平衡技术;6.4.1 通信网络系统;6.4.3 建筑设备监控系统;6.4.4 火灾自动报警及联动系统;6.4.5 安全防范系统;6.4.8 住宅智能化;6.4.9 电源防雷与接地系统;7.1.1 新型墙体材料应用技术及施工技术;7.1.2 节能型门窗应用技术;7.3 预拌砂浆技术;8.1.1 高聚物改性沥青防水卷材应用技术;8.2 建筑防水涂料;9.1 施工过程测量技术;10.2 管理信息化技术。
惠州	广东惠州抽水蓄能电站地下厂房工程	广东吉业建设有限公司	1.2.2 夯实水泥土桩复合地基成套技术;1.4.2 逆作法;2.3 混凝土耐久性技术;2.4 清水混凝土技术;3.2.3 焊接箍筋笼;4.4.1 碗扣式脚手架应用技术;6.2 管线综合布置;6.4.3 建筑设备监控;6.4.4 火灾自动报警及联动系统;6.4.6 综合布线系统;8.2 建筑防水涂料;9.1.1 施工控制网建立技术;9.2.3 大跨度结构过程中受力与变形监测和控制;10 建筑企业管理信息化技术。
汕尾	陆丰市陆城生活污水处理厂	广东吉业建设有限公司	1.3.1 复合土钉墙支护技术;1.3.2 预应力锚杆施工技术;1.3.6 高边坡防护技术;2.1 混凝土裂缝防治技术;3.2.3 焊接箍筋笼;4.4.1 碗扣式脚手架应用技术;5.7 钢结构防火防腐技术;6.2 管线综合布置;6.4.3 建筑设备监控;6.4.4 火灾自动报警及联动系统;6.4.6 综合布线系统;6.4.9 电源防雷与接地系统;7.1.3 节能性建筑检测与评估技术;8.3 建筑防水涂料;8.4 刚性防水砂浆;9.1 施工控制网络建立技术;10.1 工具类技术;10.2 管理信息化技术。

(续上表)

项目属地	示范工程名称	执行施工单位	应用新技术
清远	狮子湖阿拉伯会议酒店	中建二局第三建筑工程有限公司	1.1.2 长螺旋水下灌注成桩技术;2.6 改性沥青路面施工技术;3.1.1HRB400 级钢筋的应用技术;3.2.3 焊接箍筋笼;3.3 粗直径钢筋直螺纹机械连接技术;4.1 清水混凝土模板技术;4.4.4 外挂式脚手架和悬挑式脚手架应用技术;5.1 钢结构 CAD 设计与 CAM 制造技术;5.2.2 钢结构安装施工仿真技术;5.7 钢结构的防火防腐技术;6.1.1 金属矩形风管薄钢板法兰连接技术;6.2 管线布置综合平衡技术;6.4.1 通信网络系统;6.4.2 计算机网络系统;6.4.3 建筑设备监控系统;6.4.4 火灾自动报警及联动系统;6.4.5 安全防范系统;6.4.6 综合布线系统;6.4.7 智能化系统集成;6.4.9 电源防雷与接地系统;6.6.1 系统检测;6.6.2 系统评估;7.1.1 新型墙体材料应用技术及施工技术;7.1.2 节能型门窗应用技术;7.1.3 节能型建筑检测与评估技术;8.1.2 自粘型橡胶沥青防水卷材;8.2 建筑防水涂料;8.3 建筑密封材料;8.4 刚性防水砂浆;8.5 防渗堵漏技术;9.1.1 施工控制网建立技术;9.1.2 施工放样技术;10.1 工具类技术;10.2 管理信息化技术;10.3 信息化标准技术。
东莞	东莞生态园大道市政道路工程第五标段	裕通建设集团有限公司	1.2.5 爆破挤淤法技术。
东莞	东莞市商业中心区F区(海德广场)工程	中国建筑第五工程局有限公司东莞分公司	1.3 深基坑支护及边坡技术;2 高性能混凝土技术;3.1 高效钢筋应用技术;3.3 粗直径钢筋直螺纹机械连接技术;4.1 清水混凝土模板技术;7.1.2 节能型门窗应用技术;7.2 新型空调和采暖技术;8.1.1 新型防水卷材应用技术;8.2 建筑防水涂料;8.3 建筑密封材料;8.4 刚性防水砂浆;5 钢结构技术;10.2 项目管理信息化;10.3 企业信息化。
中山	中山市银泉酒店扩建工程	茂名市建筑集团有限公司	1.3.3 组合内支撑技术;1.3.2 预应力锚杆施工技术;3.1.1HRB400 级钢筋的应用技术;3.3 粗直径钢筋直螺纹机械连接技术;4.4.4 外挂式脚手架和悬挑式脚手架应用技术;6.1.1 金属矩形风管薄钢板法兰连接技术;6.4.4 火灾自动报警及联动系统;7.1.1 新型墙体材料应用技术及施工技术;8.2 建筑防水涂料;刚性防水砂浆;9.1.1 施工控制网建立技术;10.2 管理信息化技术。
中山	中山国际金融中心	中国建筑第五工程局有限公司	1.3 深基坑支护及边坡防护技术;1.3.2 预应力锚杆施工技术;1.3.6 高边坡防护技术;2.1 混凝土裂缝防治技术;3.3 粗直径钢筋直螺纹机械连接技术;4 新型模板和脚手架应用技术;5.1 钢结构 CAD 设计与 CAM 制造技术;5.2 钢结构施工安装技术;5.3 钢与混凝土组合结构技术;7.1.1 新型墙体材料应用技术及施工技术;7.1.2 节能型门窗应用技术;8.2 建筑防水涂料;8.3 建筑密封材料;8.4 刚性防水砂浆;9.2.1 深基坑工程监测和控制;9.2.2 大体积混凝土温度监测和控制。
中山	中山市陈星海医院工程	中山市小榄镇建筑工程公司	1.3.2 预应力锚杆施工技术;2.1 混凝土裂缝防治技术;3.1.1HRB400 钢筋的应用;3.3 粗直径钢筋连接技术;3.4.1 无粘结预应力成套技术;4.4.4 悬挑脚手架应用技术;6.4.4 火灾自动报警及联动系统;7.1.1 新型墙体材料应用技术及施工技术;8.1.2 自粘性橡胶沥青防水卷材应用技术;9.2.1 深基坑工程监测和控制;9.2.2 大体积混凝土温度监测和控制;10 建筑企业管理信息化技术。

(省建筑业协会)

2009年度广东省级工法

(认定单位：广东省住房和城乡建设厅)

工法编号	工法名称	完成单位	工法类别
GDGF001-2009	岭南古建筑修葺的灰塑施工工法	广州工程总承包集团有限公司　广州市住宅建设发展有限公司　广州市房屋开发建设有限公司	房屋建筑
GDGF002-2009	双层轮辐式空间张弦结构钢屋架预应力施工工法	广州工程总承包集团有限公司　广州协安建设工程有限公司　北京市建筑工程研究院	房屋建筑
GDGF003-2009	建筑一体化的太阳能热水系统安装施工工法	广州工程总承包集团有限公司　汕头市达濠市政建设有限公司	房屋建筑
GDGF004-2009	地铁车站预留隧道孔洞之轮幅式支模体系施工工法	广州工程总承包集团有限公司　汕头市达濠市政建设有限公司　广州协安建设工程有限公司	土木工程
GDGF005-2009	空间双曲面跳台现浇清水混凝土施工工法	广州市第三建筑工程有限公司	房屋建筑
GDGF006-2009	连环弧形拱体结构耐久性清水混凝土施工工法	广州市第三建筑工程有限公司　广州市金辉置业有限公司　广州市建筑集团有限公司	房屋建筑
GDGF007-2009	大截面铝箔玻璃纤维空调风管施工工法	广州市第四建筑工程有限公司	房屋建筑
GDGF008-2009	钢筋混凝土内支撑梁液压劈裂破除工法	广州市第四建筑工程有限公司	房屋建筑
GDGF009-2009	盾构机过站施工工法	广州市盾建地下工程有限公司	土木工程
GDGF010-2009	盾构穿越溶、土洞区域施工工法	广州市盾建地下工程有限公司	土木工程
GDGF011-2009	土压平衡盾构机过富水砂层施工工法	广州市盾建地下工程有限公司	土木工程
GDGF012-2009	盾构施工污水净化处理及再利用施工工法	广州市盾建地下工程有限公司	土木工程
GDGF013-2009	大理石、花岗石密缝冰裂纹地面施工工法	广州市恒盛建设工程有限公司　广州市建筑集团有限公司	房屋建筑
GDGF014-2009	软弱土层大面积满布密集管桩静压施工工法	广州市恒盛建设工程有限公司　广州市建筑集团有限公司	房屋建筑
GDGF015-2009	软土层 φ0.8mL58m 嵌岩冲击灌注桩施工工法	广州市恒盛建设工程有限公司　广州市建筑集团有限公司	房屋建筑
GDGF016-2009	工业厂房超高超重异形钢柱安装施工工法	广州市恒盛建设工程有限公司　广州市建筑集团有限公司	房屋建筑
GDGF017-2009	高空悬挑混凝土结构施工支架平台技术施工工法	广州市建筑机械施工有限公司　佛山市新一建筑集团有限公司	房屋建筑
GDGF018-2009	亚热带丘陵地区 60m 高填方施工工法	广州市建筑机械施工有限公司　广东长宏公路工程有限公司	土木工程
GDGF019-2009	城市大断面浅埋暗挖隧道拱形支架模板体系施工工法	广州市建筑机械施工有限公司　广东长宏公路工程有限公司	土木工程
GDGF020-2009	钢筋桁架式压型钢板复合混凝土组合楼板施工工法	广州市建筑机械施工有限公司　广东省第二建筑工程公司	房屋建筑
GDGF021-2009	DN600 排水管道导向钻进敷设施工工法	广州市建筑机械施工有限公司　广东兆达建筑工程有限公司	土木工程
GDGF022-2009	履带钻机成孔锚索（杆）施工工法	广州市建筑机械施工有限公司　广东兆达建筑工程有限公司	土木工程
GDGF023-2009	外墙氟碳仿金属树脂幕墙涂装施工工法	广州市建筑机械施工有限公司　裕通建设集团有限公司	房屋建筑
GDGF024-2009	浅埋暗挖隧道超大管棚与改良袖阀管复合加固施工工法	广州市建筑机械施工有限公司　裕通建设集团有限公司	土木工程
GDGF025-2009	复杂地质无内撑薄壁挡土砖模施工工法	广州市建筑集团有限公司	房屋建筑
GDGF026-2009	外墙新型无机保温砂浆施工及抗裂施工工法	广州市建筑集团有限公司　广州市第一建筑工程有限公司　广州市第一装修有限公司	房屋建筑

（续上表）

工法编号	工　法　名　称	完　成　单　位	工法类别
GDGF027-2009	单元式组合天花板组装与造型吊顶安装施工工法	广州市建筑集团有限公司　广州市第一装修有限公司	房屋建筑
GDGF028-2009	变曲率大面积饰面清水混凝土墙施工工法	广州市建筑集团有限公司　广州协强建筑有限公司　广州市第一建筑工程有限公司	房屋建筑
GDGF029-2009	高压射水排水下沉沉井的施工工法	广州市市政工程机械施工有限公司　广东润民建安工程有限公司	房屋建筑
GDGF030-2009	大型预制梁单组合贝雷架导梁过孔施工工法	广州市市政集团有限公司	房屋建筑
GDGF031-2009	城市高架桥大跨度钢箱梁施工工法	广州市市政集团有限公司　广州八方钢结构工程有限公司　广州市第一市政工程有限公司	土木工程
GDGF032-2009	旧连续梁桥固结墩改铰接墩转换加固施工工法	广州市市政集团有限公司　广州市第二市政工程有限公司	土木工程
GDGF033-2009	地下连续墙入硬岩的施工预处理工法	广州市市政集团有限公司　广州市第二市政工程有限公司	土木工程
GDGF034-2009	钢筋与玻璃纤维组合支护桩施工工法	广州市市政集团有限公司　广州市第三市政工程有限公司	土木工程
GDGF035-2009	市中心区小直径钻孔式钢管桩施工工法	广州市市政集团有限公司　广州市第一市政工程有限公司	土木工程
GDGF036-2009	提高SMW工法在深基坑支护中的止水性能施工工法	广州市市政集团有限公司　广州市第一市政工程有限公司	土木工程
GDGF037-2009	改装架桥机架设大坡度桥梁的施工工法	广州市市政集团有限公司　广州市第一市政工程有限公司　广东润民建安工程有限公司	土木工程
GDGF038-2009	密扣混凝土灌注排桩软刀钻成孔施工工法	广州市市政集团有限公司　广州市市政工程机械施工有限公司	房屋建筑
GDGF039-2009	城市轨道交通设备监控系统的施工工法	广州市水电设备安装有限公司　广州市住宅建设发展有限公司　广州工程总承包集团有限公司	土木工程
GDGF040-2009	倾斜结构增设临时小柱的后浇带特殊处理施工工法	广州市住宅建设发展有限公司　广州工程总承包集团有限公司	房屋建筑
GDGF041-2009	倾斜劲性结构钢连杆强约束应力释放施工工法	广州市住宅建设发展有限公司　广州工程总承包集团有限公司	房屋建筑
GDGF042-2009	倾斜劲性结构仿真计算预变形控制施工工法	广州市住宅建设发展有限公司　广州工程总承包集团有限公司	房屋建筑
GDGF043-2009	改建工程外脚手架座地式连墙件锚固施工工法	广州市住宅建设发展有限公司　广州珠江实业集团有限公司	房屋建筑
GDGF044-2009	预置螺母式型钢混凝土组合柱模板施工工法	江苏省华建建设股份有限公司　汕头市建筑工程公司深圳分公司	土木工程
GDGF045-2009	高层建筑施工装配式悬挑安全防护棚施工工法	江苏省华建建设股份有限公司　汕头市建筑工程总公司深圳分公司	土木工程
GDGF046-2009	钢管混凝土叠合柱结构施工工法	深圳市第一建筑工程有限公司　深圳龙岗阳光金属构件公司	房屋建筑
GDGF047-2009	振动沉管LC桩复合地基处理工法	深圳市工勘岩土工程有限公司	房屋建筑
GDGF048-2009	大面积水泥混凝土地面层超长条形分仓施工工法	深圳市建工集团股份有限公司　深圳市建设（集团）有限公司	房屋建筑
GDGF049-2009	空间异型多曲面单层网壳高空散装施工工法	深圳市建工集团股份有限公司　中国建筑第二工程局有限公司深圳分公司	房屋建筑
GDGF050-2009	大跨径隧道双上侧壁导坑施工工法	深圳市建设(集团)有限公司　汕头市达濠市政建设有限公司	土木工程

(续上表)

工法编号	工 法 名 称	完 成 单 位	工法类别
GDGF051-2009	大型钢构件平衡法安装施工工法	深圳市建设(集团)有限公司　汕头市达濠市政建设有限公司	房屋建筑
GDGF052-2009	双联拱隧道由主洞斜穿入中导洞施作中隔墙施工工法	深圳市建设(集团)有限公司　深圳市第一建筑工程有限公司	土木工程
GDGF053-2009	外墙窗户U型窗套施工工法	深圳市建设（集团）有限公司　深圳市建工集团股份有限公司	房屋建筑
GDGF054-2009	早拆模支撑体系施工工法	深圳市鹏城建筑集团有限公司　深圳市建设(集团)有限公司	房屋建筑
GDGF055-2009	导轨法坡屋面现浇混凝土收面施工工法	深圳市鹏城建筑集团有限公司　深圳市建设(集团)有限公司	房屋建筑
GDGF056-2009	大直径厚钢板输水管道二氧化碳气体保护电弧焊焊接施工工法	深圳市深港建筑集团有限公司	土木工程
GDGF057-2009	外墙饰面砖“TA系列”防水胶泥粘贴施工工法	深圳市深港建筑集团有限公司	土木工程
GDGF058-2009	高层建筑架高层挤塑聚苯乙烯泡沫板保温施工工法	深圳市兴派建筑工程有限公司　汕头市潮阳建筑安装工程总公司	房屋建筑
GDGF059-2009	发电机房隔音、降噪施工工法	深圳市兴派建筑工程有限公司　汕头市潮阳建筑安装工程总公司	房屋建筑
GDGF060-2009	影院墙体新型吸音材料施工工法	深圳市中建南方装饰工程有限公司	房屋建筑
GDGF061-2009	建筑用脚手架短钢管光电控制自动焊接施工工法	中国华西企业有限公司	土木工程
GDGF062-2009	引流法控制预应力孔道灌浆施工工法	中国华西企业有限公司	房屋建筑
GDGF063-2009	油库码头1000米超长距离泵送混凝土工法	中国华西企业有限公司	土木工程
GDGF064-2009	夹胶玻璃阳台围栏的拼装施工工法	中国华西企业有限公司　深圳市华西安装工程有限公司	房屋建筑
GDGF065-2009	建筑设备及管线等电位联结集成施工工法	中国华西企业有限公司　深圳市华西安装工程有限公司	房屋建筑
GDGF066-2009	非金属耐磨楼面轨道式水平度控制施工工法	汕头市潮阳第一建安总公司	房屋建筑
GDGF067-2009	墙体抹灰层防裂网胶粘铁件挂设施工工法	汕头市潮阳第一建安总公司	房屋建筑
GDGF068-2009	装修、改造工程内隔墙AKT珍珠岩空心隔墙板应用、安装施工工法	汕头市潮阳第一建安总公司	房屋建筑
GDGF069-2009	发泡混凝土建筑节能施工工法	汕头市潮阳建筑安装工程总公司　深圳市兴派建筑工程有限公司	房屋建筑
GDGF070-2009	桥梁支座端多点整体同步顶升施工工法	汕头市达濠市政建设有限公司　广州工程总承包集团有限公司	土木工程
GDGF071-2009	地下建筑接地导线的绝缘防渗施工工法	汕头市达濠市政建设有限公司　广州工程总承包集团有限公司	工业安装
GDGF072-2009	连续桥梁砂箱临时支座施工工法	汕头市达濠市政建设有限公司　深圳市建设（集团）有限公司	土木工程
GDGF073-2009	超大型场地土石方工程计算机辅助施工工法	汕头市达濠市政建设有限公司　深圳市建设（集团）有限公司	土木工程
GDGF074-2009	大面积支撑式架空活动安装施工工法	汕头市建筑工程总公司	房屋建筑
GDGF075-2009	ALC外墙板干挂施工工法	汕头市建筑工程总公司　汕头市潮阳第一建安总公司	房屋建筑
GDGF076-2009	封闭式混凝土塔尖屋顶施工工法	佛山市新一建集团有限公司	房屋建筑
GDGF077-2009	仿古建筑坡屋面阴角戗施工工法	佛山市新一建集团有限公司　佛山市南海第二建筑工程有限公司	房屋建筑

（续上表）

工法编号	工　法　名　称	完　成　单　位	工法类别
GDGF078–2009	钢结构柱安装基座一次性调平施工工法	佛山市新一建集团有限公司　佛山市南海第二建筑工程有限公司	房屋建筑
GDGF079–2009	模板支撑系统变形连续监测及报警施工工法	佛山市新一建筑集团有限公司　广州市建筑机械施工有限公司	房屋建筑
GDGF080–2009	纸皮外墙面砖压模构缝粘贴施工工法	吴川市建筑安装工程公司　广州工程总承包集团有限公司　广州市第二建筑工程有限公司	房屋建筑
GDGF081–2009	渗透结晶内防水后作法施工工法	广东电白二建工程有限公司	房屋建筑
GDGF082–2009	大面积配筋混凝土超平无裂缝楼地面施工工法	广东电白二建工程有限公司	房屋建筑
GDGF083–2009	超长不规则无缝地下室底板施工工法	茂名市建筑集团有限公司	房屋建筑
GDGF084–2009	地下室梁板结构换撑体系施工工法	茂名市建筑集团有限公司	土木工程
GDGF085–2009	泥水盾构在复合地层气压开仓换刀施工工法	广东华隧建设股份有限公司	土木工程
GDGF086–2009	结合滚轮托架的盾构暗挖过站施工工法	广东华隧建设股份有限公司	土木工程
GDGF087–2009	柱预应力外包钢加固施工工法	广东建科建筑工程技术开发有限公司　广东省建筑科学研究院	房屋建筑
GDGF088–2009	复合注浆加固地基基础施工工法	广东建科建筑工程技术开发有限公司　广东省建筑科学研究院	房屋建筑
GDGF089–2009	地下混凝土结构整体跳仓法施工工法	广东省第二建筑工程公司　广东省建筑工程集团有限公司　广州广星房地产实业开发有限公司	房屋建筑
GDGF090–2009	砖砌体混凝土构造柱施工工法	广东省第二建筑工程公司　广东华坤建设工程有限公司	房屋建筑
GDGF091–2009	大跨度钢桁架上弦曲面金属天花面板安装施工工法	广东省第二建筑工程公司　广东建华装饰工程有限公司	房屋建筑
GDGF092–2009	建筑节能外墙外保温抗裂防护层施工工法	广东省第二建筑工程公司　广东省二建装饰工程公司	房屋建筑
GDGF093–2009	异型节能冲孔铝遮阳板施工工法	广东省第二建筑工程公司　广东省二建装饰工程公司	房屋建筑
GDGF094–2009	ZSS–25自动扫描射水高空水炮灭火系统安装工法	广东省第二建筑工程公司　广东省二建装饰工程公司　佛山市南海天雨智能灭火装置有限公司	工业安装
GDGF095–2009	软土中地铁隧道顶土方开挖施工工法	广东省第二建筑工程公司　广东省建筑工程机械施工有限公司	土木工程
GDGF096–2009	房屋建筑工程排污排水管道检查井设计施工工法	广东省第二建筑工程公司　广东省建筑工程机械施工有限公司　广东省建筑工程集团有限公司	房屋建筑
GDGF097–2009	外墙复合硅酸铝节能保温系统施工工法	广东省第二建筑工程公司　广东省建筑工程集团有限公司	房屋建筑
GDGF098–2009	钢桁架高空滑移整体非对称分步落位安装施工工法	广东省第二建筑工程公司　广东省建筑工程集团有限公司	房屋建筑
GDGF099–2009	室内消火栓给水系统安装设置及一体化调试检测施工工法	广东省第二建筑工程公司　广东省建筑工程集团有限公司　广东建华装饰工程有限公司	工业安装
GDGF100–2009	大屋盖钢网架结构侧封面板安装施工工法	广东省第二建筑工程公司　广东省建筑工程集团有限公司　广东建华装饰工程有限公司	房屋建筑
GDGF101–2009	试车道路施工工法	广东省第四建筑工程公司　广东金辉华集团有限公司　广东省建筑工程集团有限公司	土木工程

(续上表)

工法编号	工　法　名　称	完　成　单　位	工法类别
GDGF102-2009	使用屋面吊拆卸超高层建筑内爬塔吊施工工法	广东省第四建筑工程公司　广东金辉华集团有限公司　广东省建筑工程集团有限公司	房屋建筑
GDGF103-2009	椭圆倒锥体石材幕墙施工工法	广东省第一建筑工程有限公司	房屋建筑
GDGF104-2009	高陡岩石边坡加固与绿化综合防护施工工法	广东省第一建筑工程有限公司	土木工程
GDGF105-2009	深厚地基排水强夯处理施工工法	广东省第一建筑工程有限公司	房屋建筑
GDGF106-2009	承插式纯净水不锈钢管道安装工法	广东省工业设备安装公司	工业安装
GDGF107-2009	10CrMoAl耐海水腐蚀钢焊接工法	广东省工业设备安装公司	工业安装
GDGF108-2009	大型冰蓄冷站施工工法	广东省工业设备安装公司	工业安装
GDGF109-2009	洁净室彩钢复合板施工工法	广东省工业设备安装公司	房屋建筑
GDGF110-2009	弧形闭合保温施工工法	广东省工业设备安装公司	工业安装
GDGF111-2009	超长斜钢柱精角度施工工法	广东省工业设备安装公司	工业安装
GDGF112-2009	大面积全天花夹吊式FFU系统倒置法施工工法	广东省工业设备安装公司	工业安装
GDGF113-2009	高洁净复杂工艺管道系统清管工法	广东省工业设备安装公司	工业安装
GDGF114-2009	具有动水条件下的多层溶洞填充处理施工工法	广东省基础工程公司	土木工程
GDGF115-2009	水中超深钢板桩围堰施工工法	广东省基础工程公司	土木工程
GDGF116-2009	高低门架式双排桩基坑支护施工工法	广东省基础工程公司	土木工程
GDGF117-2009	双止水钢板连续墙接头施工工法	广东省基础工程公司	土木工程
GDGF118-2009	膨润土毯外加防渗膜的防水施工工法	广东省基础工程公司	土木工程
GDGF119-2009	城市轨道交通桥梁的斜腹板变截面箱梁三角型挂篮施工工法	广东省基础工程公司	土木工程
GDGF120-2009	地下室逆作法施工预制支承柱施工工法	广东省基础工程公司	土木工程
GDGF121-2009	地下连续墙橡胶接头施工工法	广东省基础工程公司　广州市地下铁道总公司	土木工程
GDGF122-2009	高压喷射扩大头锚杆施工工法	广东省基础工程公司　深圳钜联锚杆技术有限公司	土木工程
GDGF123-2009	钢丝网架聚苯保温板与混凝土墙整体成形施工工法	广东省建筑工程机械施工有限公司　广东华坤建设工程有限公司	土木工程
GDGF124-2009	钢筋混凝土支撑重复利用工法	广东省建筑工程机械施工有限公司　广东华坤建设工程有限公司	土木工程
GDGF125-2009	城市高架桥快速施工工法	广东省建筑工程机械施工有限公司　广东省第二建筑工程公司　广东省建筑工程集团有限公司	土木工程
GDGF126-2009	隧洞穿越承压富水区中的破碎带围岩及砂层施工工法	广东省建筑工程机械施工有限公司　广东省第二建筑工程公司　广东省建筑工程集团有限公司	土木工程
GDGF127-2009	盾构洞门环板整体安装施工工法	广东省建筑工程机械施工有限公司　广东省建筑工程集团有限公司	土木工程
GDGF128-2009	高层建筑矩形钢管柱高效制作施工工法	广东省建筑工程集团有限公司	房屋建筑
GDGF129-2009	土工织物大型砂土围堰施工工法	广东省水利水电第三工程局	土木工程
GDGF130-2009	一次支模二次浇筑楼梯间的施工工法	中天建设集团有限公司　广州市第二建筑工程有限公司	房屋建筑
GDGF131-2009	高承载透水砼艺术地坪施工工法	广东长恒建设工程有限公司	土木工程
GDGF132-2009	节能型轻便整体式轻质墙板施工工法	广东长恒建设工程有限公司　汕头市建筑工程总公司	房屋建筑
GDGF133-2009	大面积OA网络高架地板施工工法	广东浩和建筑有限公司	房屋建筑
GDGF134-2009	后浇混凝土覆盖层超平地面施工工法	广东浩和建筑有限公司	房屋建筑
GDGF135-2009	虹吸式屋面雨水管施工工法	广东浩和建筑有限公司	房屋建筑
GDGF136-2009	挖孔桩开挖爆破工法	广东宏大爆破股份有限公司	房屋建筑
GDGF137-2009	多种规格石料开采爆破工法	广东宏大爆破股份有限公司	土木工程
GDGF138-2009	软弱土质大口径长距离钢筋混凝土管泥水平衡顶管施工工法	广东华恒建设工程有限公司　金中天集团建设有限公司　广东省金信路桥有限公司	土木工程

(续上表)

工法编号	工 法 名 称	完 成 单 位	工法类别
GDGF139-2009	倾斜建（构）筑物浅基础多功能辐射井高压射水纠倾工法	广东金辉华集团有限公司 广州市胜特建筑科技开发有限公司 北京交通大学土木建筑工程学院	房屋建筑
GDGF140-2009	倾斜建（构）筑物灌注桩基础桩顶荷载调控纠倾施工工法	广东金辉华集团有限公司 广州市胜特建筑科技开发有限公司 北京交通大学土木建筑工程学院	房屋建筑
GDGF141-2009	钢筋混凝土框剪结构与填充墙界面处裂缝控制施工工法	广东润民建安工程有限公司	房屋建筑
GDGF142-2009	应用钢管支架和吊钩固定负弯矩钢筋的楼板施工工法	广东三穗建筑工程有限公司	房屋建筑
GDGF143-2009	梁底拉撑加固模板的大型变截面梁钢筋混凝土梁施工工法	广东三穗建筑工程有限公司	房屋建筑
GDGF144-2009	双榀钢屋架预装配组合整体吊装施工工法	广东三穗建筑工程有限公司	房屋建筑
GDGF145-2009	沥青路面集料标准化加工施工工法	广东省长大公路工程有限公司	土木工程
GDGF146-2009	公路隧道通风竖井施工工法	广东省长大公路工程有限公司	土木工程
GDGF147-2009	碾压式贫混凝土基层施工工法	广东省长大公路工程有限公司	土木工程
GDGF148-2009	钢桥面热拌环氧沥青（日本）混凝土铺装施工工法	广东省长大公路工程有限公司	土木工程
GDGF149-2009	轻集料混凝土旧桥面铺装施工工法	广东省长大公路工程有限公司	土木工程
GDGF150-2009	桥梁工程饰面清水混凝土施工工法	广东省长大公路工程有限公司	土木工程
GDGF151-2009	软基路堤薄层轮加填筑工法	广东省航盛建设集团有限公司 河海大学 广东省公路建设有限公司	土木工程
GDGF152-2009	路堤下混凝土桩复合地基与排水固结连合应用工法	广东省航盛建设集团有限公司 河海大学 广东省公路建设有限公司	土木工程
GDGF153-2009	堆载联合袋装砂井处理公路液化土地基施工工法	广东省航盛建设集团有限公司 河海大学 广东省公路建设有限公司	土木工程
GDGF154-2009	塑料疏水板在地下室特殊部位排水工程中应用的关键技术	广东正升建筑有限公司	房屋建筑
GDGF155-2009	流塑状淤泥中大型沉井施工工法	金中天集团港航有限公司 金中天集团建设有限公司 广东楚雄园林工程有限公司	土木工程
GDGF156-2009	大直径超长度钢管整体吊装沉管施工工法	金中天集团港航有限公司 金中天集团建设有限公司 广东中恒市政工程有限公司	土木工程
GDGF157-2009	深基坑砂砾层跟套管钻进预应力锚索施工工法	金中天集团港航有限公司 金中天集团建设有限公司 广东中恒市政工程有限公司	房屋建筑
GDGF158-2009	输电线路带电水冲洗施工工法	广东威恒输变电工程有限公司 广东电网公司佛山供电局	工业安装

（省建筑业协会）

2009年度广东省市政优良样板工程项目

(认定单位：广东省市政行业协会)

工程名称	承建单位	建设单位	监理单位
广州国际生物岛环岛路道路市政工程一标段	广东长恒建设工程有限公司	广州国际生物岛筹建办公室	广州建筑工程监理有限公司
广州国际生物岛环岛路道路市政工程二标段	广州市建筑机械施工有限公司	广州国际生物岛筹建办公室	广州建筑工程监理有限公司
广州科学城新光东北环路道路、排水、供水工程	广东长恒建设工程有限公司	广州开发区土地开发建设中心	广州建筑工程监理有限公司
广州市华南路三期工程路面A标	广东筑波路桥工程有限公司	广州隧华快速路有限公司	广州市市政工程监理有限公司 广州市穗高工程监理有限公司
广州市新光快速路第9标施工工程	河南省地矿建设工程(集团)有限公司	广州市新光快速路有限公司	江西中昌工程咨询监理有限公司和华铁工程咨询公司联合体
广州南沙开发区龙穴大道(港区段)工程施工NA6.10标段	广州市市政工程机械施工有限公司	广州南沙开发区建设和管理局	广州珠江工程建设监理公司
九龙大道改造工程(三标)	汕头市潮阳第三建筑总公司	广州开发区商业发展集团有限公司	广州建筑工程监理有限公司
笔村立交改造工程土建1标	广东省第二建筑工程公司	广州市中心区交通建设有限公司	广州市市政工程监理有限公司
夏港大道(广深路—连云路)道路工程笔村立交改造工程第2标段	深圳广铁土木工程有限公司	广州市中心区交通建设有限公司	广东铁路建设监理有限公司
笔村立交改造工程施工3标	广州市第二市政工程有限公司	广州市中心区交通建设有限公司	广州市市政工程监理有限公司
联邦快递转运中心周边市政道路工程—沥青工程	广州市市政集团有限公司	广州市中心区交通项目领导小组办公室	广州市市政工程监理有限公司
联邦快递转运中心周边市政道路第2标段	广州市第二市政工程有限公司 广东粤大建设集团有限公司	广州市中心区交通项目领导小组办公室	广州市市政工程监理有限公司
联邦快递转运中心周边市政道路第3标段	广州市金辉建筑置业有限公司	广州市中心区交通项目领导小组办公室	广州市市政工程监理有限公司
大观路市政化改造工程一期I标	广州市市政集团有限公司	广州市中心区交通项目领导小组办公室	广州市广州工程建设监理有限公司
东莞市环城路北环(西段)市政工程第一标段	贵州省公路桥梁工程总公司	东莞市城建工程管理局	北京华通公路桥梁监理咨询公司
东莞市环城路北环(西段)市政工程第二标段	云南第二公路桥梁工程有限公司	东莞市城建工程管理局	北京华通公路桥梁监理咨询公司
增城市荔城街市政道路综合改造工程(标段一)	广州市恒盛建设工程有限公司 参建单位：广州市市政集团有限公司　广东潮通集团有限公司	增城市市政管理局	广州市市政工程监理有限公司
增城市荔城街市政道路综合改造工程(标段二)	广州市第三市政工程有限公司 参建单位：广州市市政集团有限公司	增城市市政管理局	广州珠江工程建设监理公司
珠海市前山河沿河东路南段工程	广东省水利水电第三工程局	珠海保税区管理委员会	珠海巨业建设监理有限公司
情侣路道路美化工程第I标段	广东省水利水电第三工程局	珠海市基础工程直属管理处	珠海森茂工程项目管理有限公司
情侣路道路美化工程第Ⅱ标段	珠海市建盛建筑工程有限公司	珠海市基础工程直属管理处	珠海市工程监理有限公司

(续上表)

工程名称	承建单位	建设单位	监理单位
深圳市皇岗路路面修缮工程	深圳市路桥建设集团公司	珠海市基础工程直属管理处	深圳市特发发展中心建设监理有限公司
深圳市笋岗路（皇岗路—雅园立交)改造工程	深圳市路桥建设集团公司	深圳市道桥管理处	深圳市住宅工程管理站
深港西部通道深圳侧接线工程土建V标段	深圳市鹏城建筑集团有限公司	深圳市建筑工务署	铁科院(北京)工程咨询有限公司
宝源路(西乡大道—铜鼓路)市政工程	深圳市交运工程有限公司	深圳市宝安区建筑工务局	深圳市恒浩建工程项目管理有限公司
海八路（五丫口大桥—桂江立交)改造工程(第一标段）	广东一新长城建筑集团有限公司	佛山市南海区市政管理局	佛山市德正城市建设工程监理有限公司
韶关大道二期工程第1标土建工程	广州市市政工程机械施工有限公司	韶关市新鸿达城市投资经营有限公司	广州市市政工程监理有限公司
韶关大道二期土建第2标工程	深圳市市政工程总公司　参建单位：深圳市天健沥青道路工程有限公司	韶关市新鸿达城市投资经营有限公司	广州市市政工程监理有限公司
韶关市芙蓉新城韶关大道延长线工程	广东省基础工程公司	韶关市新鸿达城市投资经营有限公司	广州市市政工程监理有限公司
肇庆市城东新区基础设施BT项目一期工程	广东省建筑工程集团有限公司	肇庆市市政管理局	广州万安建设监理有限公司
佛山市顺德区甘竹滩大桥及引道工程	广州市市政集团有限公司　参建单位：广州市市政工程机械施工有限公司	佛山市顺德区恒顺交通投资管理公司	厦门中平工程监理咨询有限公司
广州市轨道交通三号线【天河客运站及站后折返线】工程	中铁二局股份有限公司	广州市地下铁道总公司	四川铁科建设监理公司
中山市珍家山污水处理厂一期工程第一标段	广州市第一市政工程有限公司	中山市珍家山污水处理有限公司	广东建设工程监理有限公司(中山分公司)
生物岛—大学城隧道土建工程B标段	广东省水利水电第三工程局	广州市市政园林工程管理中心	广州市市政工程监理有限公司
广州市李坑生活垃圾焚烧发电厂	湖北省工业建筑集团安装工程有限公司　广州市第二建筑工程有限公司	广州市生活废弃物管理中心	广东重工建设监理有限公司
韶关市花拉寨生活垃圾卫生填埋场(首期)	中国第四冶金建设公司	韶关市市政建设工程管理处	广东重工建设监理有限公司
惠东县城文化中心项目	惠州市市政工程总公司	惠东县建设局	深圳市合创建设工程顾问有限公司
广东科学中心主楼室外配套设施工程	广州市建筑集团有限公司　参建单位：广州市恒盛建设工程有限公司	广东科学中心筹建办公室	广州珠江工程建设监理公司
中国出口商品交易会琶洲展馆二期工程室外市政工程	广州市建筑机械施工有限公司　参建单位：广州南建土木工程有限公司	中国对外贸易中心(集团)	广州市广州工程建设监理有限公司

(省市政行业协会)

2009年度广东省优良样板工程(房屋建筑工程和专业工程)项目

(认定单位:广东省建筑业协会)

工程名称	承建单位	参建单位	监理单位
中国出口商品交易会琶洲展馆二期工程	广州市建筑集团有限公司	广东省工业设备安装公司　广州市住宅建设发展有限公司　深圳金粤幕墙装饰工程有限公司	广州市广州工程建设监理有限公司
广州科学城综合研发孵化区C组团C1标土建、水、电及周边配套工程	广东中城建设集团有限公司	广东金辉华集团有限公司	广州建筑工程监理有限公司
美卓造纸机械(广州)有限公司建造工程	广东浩和建筑有限公司	汕头市潮阳建筑工程总公司	广州永安建设监理有限公司
增城市行政办公用房(A、B、C栋)	广州市建筑机械施工有限公司		广州市房实建设工程监理有限公司
沙湾碧桂园二期1号楼	广州协强建筑有限公司	茂名市电白建筑工程总公司	广州建达建设监理有限公司
住宅楼(自编C2栋)(广州鹏万金域蓝湾)	中天建设集团有限公司		广东重工建设监理有限公司
商业、住宅楼(自编柏涛雅苑16-19号)	广东正升建筑有限公司		广东华工工程建设监理有限公司
广州白云国际机场联邦快递亚太转运中心场所区分拣大楼工程	广州市第三建筑工程有限公司		广州珠江工程建设监理公司
广州科学城海格通信产业园	汕头市建安(集团)公司	广东正升建筑有限公司　中太建设集团股份有限公司	广东华工工程建设监理有限公司
广州科学城综合研发孵化区A组团A3-A4标土建、水、电及周边配套工程	汕头市建筑工程总公司	广州市机电安装有限公司	广州经济技术开发区建设监理有限公司
广州大学城建设项目房建三标(华南理工大学二期待建)大课室群学术报告厅	广州市第三建筑工程有限公司	汕头市潮阳第三建筑总公司	广东华工工程建设监理有限公司　广东工程建设监理有限公司
广州市财政局业务用房	广州市第四建筑工程有限公司	广州市第四装修有限公司　上海宝冶建设有限公司　广州铝质装饰工程有限公司	广州建筑工程监理有限公司　广州珠江工程建设监理公司
广州市科学城综合研发孵化区A区组团A1-A2标土建、水电及周边配套工程	广州市第四建筑工程有限公司	广东长恒建设工程有限公司　广州市第四装修有限公司　广州市机电安装有限公司	广州经济技术开发区建设监理有限公司
住宅楼1幢(天河峰景大厦B座)	广州市房屋开发建设有限公司	广东中城建设集团有限公司	广东重工建设监理有限公司
广州市海珠区南洲街沥滘村民委员会商业、村民住宅楼及小区配套工程	广州市第四建筑工程有限公司	广州市金誉建筑装饰工程有限公司　广州市第四装修有限公司　汕头潮阳第二建筑总公司	广东高宏建设监理有限公司
广州市黄埔职业高级中学实训大楼	广州市黄埔建筑工程总公司		广州广保建设监理有限公司
华联城市山林花园二期工程	中建三局第二建设工程有限责任公司		深圳市霍克建设监理有限公司
星河丹堤D、F区	中建保华建筑有限责任公司		深圳市邦迪工程顾问有限公司
中信红树湾花城(T207—0035地块)二期	中建保华建筑有限责任公司		深圳市中行建设监理有限公司
深圳市龙善环保高新科技设备研发生产基地	汕头市建筑工程总公司		深圳鲲鹏工程顾问有限公司

(续上表)

工程名称	承建单位	参建单位	监理单位
荣超经贸中心	江苏省华建建设股份有限公司		深圳市罗湖工程项目管理有限公司
福田区体育公园	深圳市第一建筑工程有限公司	深圳市福田建设股份有限公司	深圳市九州建设监理有限公司
英郡年华(二期)	深圳市鹏城建筑集团有限公司		深圳市施友建设监理有限公司
海岸大厦西座	汕头市建安实业(集团)有限公司		深圳市竣迪建设监理有限公司
中心区 22、23-1 片区街道及公园环境景观工程	广东爱得威建设(集团)股份有限公司		深圳市金岳建设项目管理有限公司
星河发展中心	中国建筑第五工程局有限公司		深圳市中海建设监理有限公司
珠海国际科技大厦	中建四局第一建筑工程有限公司	广东大潮建筑装饰工程有限公司	珠海市华晨建设监理咨询有限公司
珠海信息大厦	广州市第四建筑工程有限公司	中山盛兴股份有限公司　中国建筑第三工程局深圳装饰设计工程公司	珠海市工程监理有限公司
华发新城四期Ⅱ标段	广东建星建筑工程有限公司		珠海市城市开发监理有限公司
众大利厂房	珠海市建筑工程有限公司	广东大潮建筑装饰工程有限公司	珠海市华晨建设监理咨询有限公司
华发·九州三期工程	广东省广弘华侨建设投资集团有限公司		珠海市城市开发监理有限公司
爱尔电器一期厂房	珠海市建安昌盛工程有限公司		珠海市第一城市开发监理有限公司
下蓬中学扩建教学楼	汕头市南华建筑有限公司		汕头市建诚工程监理有限公司
汕头市中信信华广场(综合楼)	汕头市南华建筑有限公司		深圳市合创建设工程顾问有限公司
汕头市濠江区双泉加压泵站	汕头市达濠建筑总公司		汕头市潮阳建设工程监理有限公司
汕头市万泰春天西区商住楼	汕头市达濠市政建设有限公司		广东联发工程咨询有限公司
汕头市龙湖区泰泽贸易有限公司厂房	揭阳市揭西建筑集团公司		汕头市建诚工程监理有限公司
南雄市财政服务中心大楼 A 栋	广东省第五建筑工程有限公司		韶关市信成建设监理有限公司
韶关市住宅建筑工程有限公司综合楼	韶关市住宅建筑工程有限公司		韶关市信成建设监理有限公司
广东省通讯终端产品质量监督检测中心检测楼	广东新隆基建工集团有限公司		广东宏茂建设监理有限公司
富巢湾度假酒店	中建二局第三建筑工程有限公司		深圳现代建设监理有限公司
中信城市时代	惠州市东江建筑安装工程总公司		深圳市建艺国际工程顾问有限公司
蓝山锦湾花苑二期洋房 6、7 幢	东莞市凤岗建筑工程公司		东莞市宏业建设工程监理有限公司
翠湖豪苑 2# 住宅楼	湛江市粤西建筑工程公司		东莞市粤建监理工程有限公司
翠湖豪苑 3# 住宅楼	湛江市粤西建筑工程公司		东莞市粤建监理工程有限公司
东田丽园彩田居 17、18 栋(X1X2 型)住宅	东莞市建工集团有限公司		东莞市广安建设工程监理有限公司

(续上表)

工程名称	承建单位	参建单位	监理单位
东田丽园彩田居13、15栋(S1S2型)住宅	东莞市建工集团有限公司		东莞市宏业建设工程监理有限公司
三正世纪豪门豪景苑13幢	湖南星大建设集团股份有限公司		东莞市长虹工程建设监理有限公司
三正世纪豪门豪景苑10、12幢	湖南星大建设集团股份有限公司		东莞市长虹工程建设监理有限公司
三正世纪豪门豪景苑11、15幢	湖南星大建设集团股份有限公司		东莞市长虹工程建设监理有限公司
湖景壹号庄园二期地下室、7—8#	中建三局第一建设工程有限责任公司		东莞市恒信建设工程咨询有限公司
凤山商住楼－东逸翠苑第三期	广东省第一建筑工程有限公司	广东润民建安工程有限公司	东莞市安业建设工程监理有限公司
深国投.时尚岛公寓	中国华西企业有限公司	深圳市华西安装工程有限公司　深圳粤航装饰工程有限公司	深圳市中海建设监理有限公司
凯名轩商住楼	中建三局第一建设工程有限责任公司	东莞安泰电业工程有限公司	东莞市恒信建设工程咨询有限公司
东莞联佳大厦	中建三局第一建设工程有限责任公司		中山市建设监理有限公司
景湖豪庭1#公寓	东莞市建安集团有限公司		惠州市工程建设监理有限公司
景湖豪庭3#公寓	东莞市建安集团有限公司		惠州市工程建设监理有限公司
东莞新世纪星城(一期)13—15#楼	中建三局第一建设工程有限责任公司		东莞市鸿业工程建设监理有限公司
中山博览中心	中国建筑工程总公司	上海宝冶建设有限公司　上海中远川崎重工钢结构有限公司　深圳广田装饰集团股份有限公司	北京双圆工程咨询监理有限公司
中山市碧堤湾畔二期(D1—D3,A1—1,A2—8及地下车库)工程	中天建设集团有限公司		中山火炬建设监理有限公司
凯茵新城A01区三期Q2—3\5\6栋高层住宅及地下车库	中天建设集团有限公司		中山火炬建设监理有限公司
富逸臻园商住小区一期(5—10栋及车库)	中天建设集团有限公司	中山市机电安装有限公司	中山火炬建设监理有限公司
富逸臻园商住小区一期(1—4、11—14栋及车库)	宏润建设集团股份有限公司	中山市机电安装有限公司	中山火炬建设监理有限公司
中山奕翠园三期2区	广东中城建设集团有限公司	广州市机电安装有限公司	广州市宏业金基建设监理咨询有限公司
中山奕翠园三期6B区	广东中城建设集团有限公司	广州市机电安装有限公司	中山市建设监理有限公司
中山市三乡镇新圩小学综合楼工程	广州协强建筑有限公司		中山市建设监理有限公司
旭景花园T5、T6、T7栋	广东华盛建设有限公司	中山市新天建筑工程有限公司	中山火炬建设监理有限公司
开平天富豪庭富丽1号、富华1号	广东金辉华集团有限公司	广东中城建设集团有限公司	开平市天地建设监理有限公司
开屏海伦堡住宅小区1至3号楼	广东金辉华集团有限公司	广州协安建设工程有限公司	开平市天地建设监理有限公司

（续上表）

工程名称	承建单位	参建单位	监理单位
台山碧桂园凤凰酒店员工宿舍	广东梁亮建筑工程有限公司		台山市信力工程建设监理有限公司
江门市江海区礼乐中学教学楼	江门市江海区协鸿建筑工程有限公司		江门市江宇建设监理有限公司
汶川县第一中学	广东省耀南建筑工程有限公司		江门市建设监理顾问公司
南方报业传媒基地1号厂房	广东省六建集团有限公司	珠海大潮幕墙实业有限公司	佛山市建诚监理有限公司
汇景名都1#楼（25F）、2#楼（26F）、3#楼（18F）	广东嘉粤建设集团明兴建筑工程有限公司		广东建科建设监理有限公司
民大花园综合楼	广东省雷州市建筑工程公司		泛华工程有限公司湛江公司
茂名市茂港区人民检察院办案及专业技术用房	茂名建筑集团第三有限公司		茂名市城建工程监理有限公司
茂名市电白新迎宾馆	电白县建筑安装工程公司		茂名市建筑工程监理有限公司
茂名荔晶大酒店	茂名市坚威建筑工程有限公司		茂名市安邦建设监理有限公司
化州市汇景花园1号楼	广东兆达建筑工程有限公司		茂名市安邦建设监理有限公司
茂名市第十五小学科学楼	茂名建筑集团第八有限公司		茂名市安邦建设监理有限公司
高要电力生产调度综合楼	肇庆市建筑安装工程有限公司		肇庆市资信工程建设监理有限公司
翠榕家园商住楼	揭阳市振东建筑安装工程总公司	广东华艺装饰工程有限公司	揭阳市工程建设监理有限公司
广东科学中心主楼工程	广东省建筑工程集团有限公司	浙江东南网架股份有限公司 广东海外建设集团有限公司/广东建雅室内工程设计施工有限公司 广州城建开发装饰有限公司 深圳市瑞华建设股份有限公司 武汉凌云建筑装饰工程有限公司 广东省基础工程公司	广州珠江工程建设监理公司
富力中心	广东省建筑工程集团有限公司	广州市机电安装有限公司 沈阳远大铝业工程有限公司	广州海荣建设监理有限公司
广州市香雪制药股份有限公司GMP建设工程（综合仓库、行政研发大楼A栋）	广东省第一建筑工程有限公司		广州市恒茂建设监理有限公司
广东女子职业技术学院行政办公楼	广东省第四建筑工程公司		广东高宏建设监理有限公司
广州美术学院设计教学综合大楼工程	广东省第一建筑工程有限公司		广州市广州工程建设监理有限公司
华发新城四期1标129、130、131、132栋	广东省第一建筑工程有限公司		珠海市城市开发监理有限公司
广东科学中心学术交流中心工程	广东海外建设集团有限公司	广东粤铝建筑装饰有限公司	广州珠江工程建设监理公司
220kV骏康变电站工程	广东火电工程总公司	广东电网公司深圳供电局	广东天安工程监理有限公司
220千伏迎宾变电站工程	广州市电力工程有限公司	广东电网公司广州供电局	广州电力工程监理有限公司

（省建筑业协会）

第一届广东省土木工程詹天佑故乡杯获奖项目

(授奖单位：广东省土木建筑学会)

工程名称	获奖单位
深港西部通道深圳湾口岸工程	深圳市建筑设计研究院总院有限公司　深圳市城市规划设计研究院有限公司　深圳市深港西部通道工程建设办公室　深圳市泛华工程集团有限公司　深圳市勘察研究院有限公司
国家工商行政管理总局行政学院(深圳)	广东省第一建筑工程有限公司　深圳市勘察研究院有限公司　深圳市建筑设计研究总院有限公司·建筑科学研究院　国家工商行政管理总局行政学院　深圳奥意建筑工程设计有限公司
广州维多利广场	广州市第二建筑工程有限公司　广州市城市建设开发有限公司　广州城建开发设计院有限公司　广州城建开发工程咨询监理有限公司　广东强盛建设工程有限公司　珠海兴业幕墙工程有限公司
深圳市大学城图书馆管理中心大楼	深圳市建筑设计研究总院有限公司·建筑科学研究院　深圳市建安(集团)股份有限公司　深圳市京圳建设监理公司
广州大学城华南理工大学二期工程	广东省第一建筑工程有限公司　华南理工大学建筑设计研究院　广东省工业设备安装公司
广州市轨道交通四号线高架工程	广东省基础工程公司　广州市地下铁道总公司　广东水电二局股份有限公司　中铁三局集团有限公司　上海市基础工程公司　广州市建筑机械施工有限公司　广州地铁设计研究院有限公司　中铁大桥勘测设计院有限公司
佛山黄飞鸿纪念馆工程	佛山市工程承包总公司　佛山市文化广电新闻出版局　佛山建筑设计院有限公司　佛山南方建筑设计院有限公司　佛山市建辉监理有限公司
中国人民银行茂名市中心支行发行库及营业办公楼用房	茂名市茂南建安集团有限公司　茂名国信石化工程建设监理有限公司　中国人民银行茂名市中心支行
中山市质量技术监督局综合检测大楼	汕头市建安(集团)公司　中山格格幕墙科技有限公司　中外建天利(北京)工程监理咨询有限公司

(省土木工程学会)

2009年度广东省建设工程金匠奖获奖项目

(授奖单位：广东省建筑业协会)

工程名称	承建单位	参建单位	监理单位
广州科学城综合研发孵化区C组团C1标土建、水、电及周边配套工程	广东中城建设集团有限公司	广东金辉华集团有限公司	广州建筑工程监理有限公司
广州市黄埔职业高级中学实训大楼	广州市黄埔建筑工程总公司		广州广保建设监理有限公司
星河发展中心(深圳市)	中国建筑第五工程局有限公司		深圳市中海建设监理有限公司
珠海国际科技大厦	中建四局第一建筑工程有限公司	广东大潮建筑装饰工程有限公司	珠海市华晨建设监理咨询有限公司
珠海信息大厦	广州市第四建筑工程有限公司	中山盛兴股份有限公司　中国建筑第三工程局深圳装饰设计工程公司	珠海市工程监理有限公司
华发·九州三期工程	广东省广弘华侨建设投资集团有限公司		珠海市城市开发监理有限公司
华发新城四期Ⅱ标段	广东建星建筑工程有限公司		珠海市城市开发监理有限公司
南雄市财政服务中心大楼A栋	广东省第五建筑工程有限公司		韶关市信成建设监理有限公司

(续上表)

工程名称	承建单位	参建单位	监理单位
韶关市住宅建筑工程有限公司综合楼	韶关市住宅建筑工程有限公司		韶关市信成建设监理有限公司
韶关市花拉寨生活垃圾卫生填埋场(首期)	中国第四冶金建设公司		广东重工建设监理有限公司
广东省通讯终端产品质量监督检测中心检测楼	广东新隆基建工集团有限公司		广东宏茂建设监理有限公司
富巢湾度假酒店	中建二局第三建筑工程有限公司		深圳现代建设监理有限公司
东莞联佳大厦	中建三局第一建设工程有限责任公司		中山市建设监理有限公司
凯名轩商住楼(东莞市)	中建三局第一建设工程有限责任公司	东莞安泰电业工程有限公司	东莞市恒信建设工程咨询有限公司
中山市碧堤湾畔二期(D1-D3,A1-1,A2-8及地下车库)工程	中天建设集团有限公司		中山火炬建设监理有限公司
凯茵新城A01区三期Q2-3\5\6栋高层住宅及地下车库	中天建设集团有限公司		中山火炬建设监理有限公司
富逸臻园商住小区一期(5-10栋及车库)(中山市)	中天建设集团有限公司	中山市机电安装有限公司	中山火炬建设监理有限公司
富逸臻园商住小区一期(1-4、11-14栋及车库)(中山市)	宏润建设集团股份有限公司	中山市机电安装有限公司	中山火炬建设监理有限公司
茂名荔晶大酒店	茂名市坚威建筑工程有限公司		茂名市安邦建设监理有限公司
化州市汇景花园1号楼	广东兆达建筑工程有限公司		茂名市安邦建设监理有限公司
广东科学中心主楼工程	广东省建筑工程集团有限公司	浙江东南网架股份有限公司 广东海外建设集团有限公司 广东建雅室内工程设计施工有限公司 广州城建开发装饰有限公司 深圳市瑞华建设股份有限公司 武汉凌云建筑装饰工程有限公司 广东省基础工程公司	广州珠江工程建设监理公司
广州市香雪制药股份有限公司GMP建设工程(综合仓库、行政研发大楼A栋)	广东省第一建筑工程有限公司		广州市恒茂建设监理有限公司
广东女子职业技术学院行政办公楼	广东省第四建筑工程公司		广东高宏建设监理有限公司
华发新城四期1标129、130、131、132栋	广东省第一建筑工程有限公司		珠海市城市开发监理有限公司
广东科学中心学术交流中心工程	广东海外建设集团有限公司	广东粤铝建筑装饰有限公司	广州珠江工程建设监理公司

(省建筑业协会)

2009 年度广东省优秀城乡规划设计获奖项目

(授奖单位：广东省城市规划协会)

类别	项目名称	获奖等次	编制单位
城乡规划类	深圳市城市更新与旧工业区改造综合研究	一	深圳市城市规划发展研究中心　深圳市城市规划设计研究院有限公司
	粤港澳地区空间发展战略规划	一	广东省城乡规划设计研究院
	广州城市总体发展战略	一	广州市城市规划编制研究中心　中国城市规划设计研究院　广州市城市规划勘测设计研究院　广州市交通规划研究院
	汶川县县城(威州镇)灾后恢复重建总体规划(2008-2020)	一	广州市城市规划勘测设计研究院
	广州市城市色彩规划研究	一	广州市城市规划勘测设计研究院　中山大学
	深圳市体育(大运)新城规划设计国际咨询策划及优化汇总方案	一	中国城市规划设计研究院深圳分院
	湛江市海东新区控制性详细规划	一	广东省城乡规划设计研究院
	珠海市唐家湾金鼎中心区城市设计及控制性详细规划	一	珠海市规划设计研究院
	深圳市龙岗 101-06 号片区[罗岗地区]法定图则	一	深圳市新城市规划建筑设计有限公司
	广州市琶洲—员村地区城市设计(深化)	一	广州市城市规划设计所　广州市城市规划编制研究中心　上海市浦东新区规划设计研究院　广州市交通规划研究所
	新城市中轴线北段核心地区(燕岭公园—珠江新城—电视塔南广场)城市设计	一	广州市城市规划编制研究中心　华南理工大学建筑设计研究院　广州市交通规划研究所
	深圳光明新城中心区城市设计	一	中国城市规划设计研究院深圳分院
	2010 年亚运会(广州)亚运村修建性详细规划	一	广州市城市规划勘测设计研究院　广东省城乡规划设计研究院
	佛山市综合交通规划	一	深圳市城市交通规划设计研究中心有限公司　佛山市城市规划勘测设计研究院
	广州市轨道交通线网规划 (2011-2040)	一	广州市交通规划研究所　广州地铁设计研究院有限公司
	深圳市环境卫生设施系统布局规划(2006-2020)	一	深圳市城市规划设计研究院有限公司
	深圳市电力设施和高压走廊详细规划	一	中国城市规划设计研究院深圳分院　深圳市城市规划设计研究院有限公司
	深圳市地名规划综合研究	一	深圳市城市规划发展研究中心　深圳市城市规划设计研究院有限公司
	广州市道路交通管理设施及指路标志系统设计指引研究	二	广州市交通规划研究所　广州市公安局交警支队　广州至信交通顾问有限公司
	汶川县地震灾后恢复重建村镇体系规划	二	广东省城乡规划设计研究院
	广州市城市数字详规 (首期)	二	广州市城市规划勘测设计研究院　广州市城市规划自动化中心
	东莞市中央商务区 B03-04 地块包装规划研究	二	东莞市城建规划设计院
	广东省城镇体系规划	二	广东省城乡规划设计研究院　广州市地理研究所　中山大学规划设计研究院　汕头市城市规划设计研究院　深圳市城市空间规划设计有限公司
	城市总体规划实施保障机制研究	二	广州市城市规划编制研究中心　住房和城乡建设部城乡规划管理中心
	温州市林宋组团山坡地利用控制性详细规划	二	广州市城市规划勘测设计研究院
	汕头市梅溪河沿岸片区改造控制性详细规划	二	汕头市城市规划设计研究院

(续上表)

类　别	项　目　名　称	获奖等次	编　制　单　位
城乡规划类	韶关市大南华地区控制性详细规划	二	广东省城乡规划设计研究院　韶关市规划设计研究院
	汾江河(佛山水道)沿线用地控制性详细规划及重点地段城市设计	二	佛山市城市规划勘测设计研究院
	佛山市禅城区环市片区控制性详细规划	二	广州市科城规划勘测技术有限公司
	杭州创新创业新天地城市设计	二	深圳市城市规划设计研究院有限公司
	汶川县县城（威州镇）重要地段城市设计	二	广州市城市规划勘测设计研究院
	深圳世界大学生运动会体育中心修建性详细规划	二	深圳市建筑设计研究总院有限公司　德国 GMP 国际建筑设计有限公司
	深圳市光明新区科技公园周边地区整体城市设计暨行政中心详细城市设计	二	深圳大学城市规划设计研究院
	中山市“温泉度假城”规划设计	二	中国城市规划设计研究院深圳分院
	珠海市中心城区整体城市设计	二	深圳市新城市规划建筑设计有限公司
	广州从化温泉养生谷商务会议区修建性详细规划	二	广东省城乡规划设计研究院
	广州市交通发展战略规划	二	广州市交通规划研究所
	深圳市轨道交通规划	二	深圳市城市交通规划设计研究中心有限公司
	2010 年广州亚运交通战略及建设规划	二	广州市交通规划研究所　广州至信交通顾问有限公司　广州市城市规划勘测设计研究院
	深圳经济特区公共开放空间系统规划	二	深圳市城市规划设计研究院有限公司
	广州市中心城区垃圾收运设施布局规划(2006—2020)	二	广州市城市规划勘测设计研究院　广州市环境卫生研究所
	深圳市城市综合交通运输枢纽规划	二	深圳市城市交通规划设计研究中心有限公司
	珠海市污水工程系统规划（2006-2020）	二	珠海市规划设计研究院
	中山市供水设施改造和建设规划	二	中山市规划设计院
	东莞市生态控制线规划	二	东莞市城建规划设计院
	越秀山—白云山—南湖—帽峰山地区建设与保护规划	二	广州市城市规划自动化中心（编制）　中山大学旅游发展与规划研究中心(合作)
	珠海市社会福利设施布局规划(2006-2020)	二	珠海市规划设计研究院
	惠州市桥东历史街区保护更新规划	二	深圳市新城市规划建筑设计有限公司
	深圳市近期建设规划（2006-2010）之土地整备规划	二	深圳市城市规划发展研究中心　深圳市城市规划设计研究院有限公司
	国家中部崛起战略下的九江市城镇体系规划（2006-2020）	三	广州市城市规划勘测设计研究院　九江市城市规划市政设计院
	深圳东部滨海地区历史价值村落保护与利用研究	三	深圳大学城市规划设计研究院
	广东省产业园区规划编制研究	三	广东省城乡规划设计研究院
	深圳市南山区旧工业区改造规划研究	三	中国城市规划设计研究院深圳分院
	佛山市南海区城镇发展战略规划	三	中山大学规划设计研究院
	深港兴建莲塘/香园围口岸前期规划研究	三	深圳市城市交通规划设计研究中心有限公司
	珠海市控制性详细规划工作标准	三	珠海市规划设计研究院
	增城市城市总体发展战略规划	三	广州市城市规划勘测设计研究院　增城市城市规划设计室　增城市城乡规划编制研究中心
	惠州市大亚湾地区分区规划（2007-2020）	三	深圳市新城市规划建筑设计有限公司
	东莞市松山湖科技产业园西部研发区控制性详细规划	三	东莞市城建规划设计院

(续上表)

类　别	项　目　名　称	获奖等次	编　制　单　位
城乡规划类	惠州市江南地区（下角、梅湖）分区规划(2007-2020)	三	广东省城乡规划设计研究院
	番禺分区BD0503规划管理单元(现代产业园（近期）控制性详细规划修改	三	广州市番禺城市规划设计院
	中国太平奥林匹克体育小镇控制性详细规划	三	广州市科城规划勘测技术有限公司
	河源市旧城区控制性详细规划	三	河源市规划设计院　中山市规划设计院
	重庆市龙溪地区及重点地段城市设计	三	深圳市城市规划设计研究院有限公司
	梅山岛概念规划及保税港核心区城市设计	三	深圳市城市规划设计研究院有限公司
	汕头市苏埃湾红树林公园修建性详细规划	三	汕头市城市规划设计研究院
	城际轨道交通“中山站”片区规划设计	三	广东省城乡规划设计研究院
	重庆融侨半岛·左海湾修建性详细规划	三	深圳市清华苑建筑设计有限公司
	汕头市南滨片山地住宅区详细规划	三	汕头市城市规划设计研究院
	珠海市外伶仃岛城市设计	三	深圳市新城市规划建筑设计有限公司
	惠州市中心体育场及体育人才训练基地修建性详细规划	三	惠州市规划设计研究院　北京中鸿建筑工程设计有限公司
	深圳鹏茜国家矿山公园及周边地区详细蓝图	三	深圳市北林苑景观及建筑规划设计院有限公司　深圳市清华苑建筑设计有限公司
	广东省粤北危险废物处理处置中心详细规划	三	广东省建筑设计研究院
	广州市番禺区番禺广场周边地区城市设计(深化设计)	三	广州市番禺城市规划设计院
	深圳市户外广告设置指引	三	深圳市城市规划设计研究院有限公司
	深圳市远景电源及其输送通道布局研究	三	深圳市城市规划设计研究院有限公司
	广州市物流园区发展规划	三	广东省城乡规划设计研究院　广州市交通规划研究所　广州市城市规划编制研究中心
	中山（河源）产业转移工业园规划	三	中山市规划设计院
	珠海市给水工程系统规划（2006-2021)	三	珠海市规划设计研究院
	深圳轨道交通二期工程(1.2.3.4.5号线)详细规划	三	深圳市城市规划发展研究中心　深圳市城市规划设计研究院有限公司　深圳市城市交通规划设计研究中心有限公司
	珠江新城核心区二层步行系统实施规划	三	广州市城市规划自动化中心
	广州（梅州）产业转移工业园规划	三	广州市科城规划勘测技术有限公司
	佛山市绿网建设规划	三	佛山市城市规划勘测设计研究院
	东莞市城市绿地系统规划（2006-2020)	三	广东省城乡规划设计研究院
	中山市信息管线专项规划	三	深圳市城市规划设计研究院有限公司
	汕头市中心城区停车专项规划	三	汕头市城市规划设计研究院
	中山市中心城区地名规划	三	中山市规划设计院
村镇规划类	广州城市化与村庄发展研究	一	广州市城市规划编制研究中心　中共广州市委政策研究室　中山大学华南农村研究中心
	映秀镇灾后恢复重建总体规划	一	东莞市城建规划设计院　上海同济城市规划设计研究院
	南方水网地区农村污水处理技术研究	一	广东省城乡规划设计研究院
	汶川县威州镇秉里村灾后重建规划	一	广州市城市规划勘测设计研究院
	广州市番禺区石楼镇大岭村村庄规划	一	华南理工大学建筑设计研究院
	古黄埔港历史风貌区环境综合整治规划及景观节点设计	一	广州市城市规划自动化中心　华南理工大学建筑学院

（续上表）

类　别	项　目　名　称	获奖等次	编　制　单　位
村镇规划类	城际轨道交通“翠亨站”片区控制性详细规划	一	中山市建筑设计院有限公司
	梅县雁洋镇长教客家文化新村总体规划与修建性详细规划	一	梅州市城市规划设计院
	珠海市斗门中心镇总体规划（2006-2020）	二	珠海市规划设计研究院
	江门市城中村改造和乡村建设规划	二	江门市规划勘察设计研究院
	增城市新农村规划建设指引	二	增城市城市规划设计室　增城市新农村规划建设办公室（增城市城乡规划编制研究中心）
	汶川县水磨镇地震灾后恢复重建规划（2008-2011）	二	佛山市城市规划勘测设计研究院
	广州市花都区花东中心镇总体规划（2006-2020）	二	广州市城市规划勘测设计研究院
	西藏林芝地区八一镇总体规划（2005-2020）	二	华南理工大学建筑设计研究院
	汕头市澄海区东里镇总体规划（2004-2020）	二	汕头市澄海规划设计研究院
	珠海市南屏镇北山村历史保护利用规划	二	华南理工大学建筑设计研究院
	东莞市麻涌镇新中心区控制性详细规划	二	东莞市城建规划设计院
	广州市荔湾区花地村更新改造规划	二	广州市城市规划勘测设计研究院
	汶川三江乡集镇地震灾后恢复重建控制性详细规划	二	惠州市规划设计研究院
	佛山南海狮山镇中心城核心区城市设计和控制性详细规划	二	易道（上海）环境规划设计有限公司　广东佛山市狮山镇规划建设办公室
	化州市笪桥镇石板村村庄整治规划	二	茂名市规划设计研究院
	恩平市歇马村历史文化保护规划	二	江门市规划勘察设计研究院
	四川省汶川县漩口灾后重建规划	三	中山市规划设计院
	汶川县龙溪乡地震灾后恢复重建规划	三	湛江市规划勘测设计院　广州市科城规划勘测技术有限公司
	汶川县克枯乡地震灾后恢复重建规划（2008—2011）	三	肇庆市城市规划设计院　佛山市顺德区规划设计院有限公司
	怀集县蓝钟镇总体规划（2008—2025）	三	肇庆市城市规划设计院
	增城市湖心岛旅游区村庄整治规划	三	广东省城乡规划设计研究院
	广州市南沙区南横村地区城乡统筹发展策略研究	三	广东省建科建筑设计院　广州市南沙区规划编制研究中心
	潮州市湘桥区意溪镇荆山村村庄整治规划	三	潮州市城市规划勘测设计院
	佛山市高明区明城镇崇步村村庄建设规划（2008-2020）及修建性详细规划	三	佛山市城市规划勘测设计研究院
	广州市萝岗区九龙镇莲塘村村庄规划	三	广州市科城规划勘测技术有限公司
	广州市番禺区村庄规划（2007-2010年）编制指引	三	中山大学　广州市番禺城市设计院

（省城市规划协会）

2009年度广东省优秀工程勘察设计获奖项目

（授奖单位：广东省工程勘察设计协会）

类别	项目名称	获奖等次	申报单位
住宅类	中信红树湾·花城(三、四期)	一	深圳市朝立四方建筑设计事务所　香港华艺设计顾问（深圳）有限公司
	东莞万科运河东一号花园二期	一	广州瀚华建筑设计有限公司
	中海大山地一期（原名：中海育马场）	一	城脉建筑设计（深圳）有限公司
	云山诗意花园（珠海）	一	深圳华森建筑与工程设计顾问有限公司广州分公司
	中海·半山溪谷	一	深圳大学建筑设计研究院
	金地梅陇镇花园二期	一	深圳华森建筑与工程设计顾问有限公司
	力讯上筑(珠江新城L9地块商业、住宅楼)	一	广州瀚华建筑设计有限公司
	广州富力城	一	广州伯盛建筑设计事务所
	中信红树湾·花城（一、二期）	二	深圳奥意建筑工程设计有限公司
	万科金域蓝湾三期	二	深圳大学建筑设计研究院
	星汇雅苑居住小区项目	二	广州城建开发设计院有限公司
	半岛城邦花园一期	二	深圳市清华苑建筑设计有限公司　法国欧博建筑与城市规划设计公司
	香蜜湖第一生态苑（香蜜湖1号）	二	深圳奥意建筑工程设计有限公司
	深圳中海西岸华府一、二期	二	香港华艺设计顾问（深圳）有限公司
	佛山万科金色家园一期	二	广州瀚华建筑设计有限公司
	广州万科城市花园二期住宅组团（6-8组团）	二	广州瀚华建筑设计有限公司
	东部华侨城天麓二区	二	深圳市建筑设计研究总院有限公司
	广州岭南新世界2D-2区（5-15栋）	二	深圳华森建筑与工程设计顾问有限公司广州分公司
	佛山奥林匹克花园	二	广州伯盛建筑设计事务所
	尖岗山高尚住宅小区一期（北区）	二	深圳华森建筑工程设计顾问有限公司
	保利心语花园一期（珠江新城G1-1地块住宅、商业A、B、C栋）	二	广州瀚华建筑设计有限公司
	武汉泰然玫瑰湾一期	二	深圳市筑博工程设计有限公司
	半山海景·兰溪谷（二期）	二	深圳华森建筑与工程设计顾问有限公司
	北京星河湾居住小区二期	二	广州市番禺城市建筑设计院有限公司
	从化夏日港湾	二	广州伯盛建筑设计事务所
	广州白云高尔夫荷塘月色园星瑞居	三	深圳华森建筑与工程设计顾问有限公司广州分公司
	滨江明珠苑	三	广州市城市规划勘测设计研究院
	广州丰田配套生活园工程	三	广州市设计院
	武汉新恒基·银湖翡翠总体规划与一期工程	三	深圳华森建筑与工程设计顾问有限公司
	中海万锦豪园二期	三	广州瀚华建筑设计有限公司　华南理工大学建筑设计研究院
	广州金地·荔湖城A区（一期）	三	广东省城乡规划设计研究院
	中信森林湖	三	汕头市建筑设计院
	广州城市假日园二期	三	广州伯盛建筑设计事务所
	鹏万金沙洲项目（一期）	三	广东省建筑设计研究院
	山东临沂尚城	三	广州伯盛建筑设计事务所
	佳信花园C1-C4栋住宅楼	三	深圳华森建筑与工程设计顾问有限公司广州分公司
	深圳中航格澜郡	三	香港华艺设计顾问（深圳）有限公司
	御景湾	三	汕头市建筑设计院

（续上表）

类　别	项　目　名　称	获奖等次	申　报　单　位
住宅类	金地渔农村旧城改造项目（金地名津）	三	中建国际（深圳）设计顾问有限公司
	万科四季花城五期 D5/D6/D7 型别墅；T12/T13 型别墅	三	广州市景森工程设计顾问有限公司
	从化逸泉山庄大 B 区	三	广州珠江外资建筑设计院
	深圳鸿景翠峰花园	三	深圳机械院建筑设计有限公司（原机械工业部深圳设计研究院）
	广州珠江新城 I6 地块 1、2、3 号楼	三	广东省重工建筑设计院有限公司
	天河新作（天河东路住宅及商业综合开发项目）	三	广州瀚华建筑设计有限公司
	珊瑚湾畔二期别墅、小高层、尊贵会所	三	广州市番禺城市建筑设计院有限公司
	东莞华建半岛豪庭一期工程	三	广东省城乡规划设计研究院
	美的海岸花园一、二区	三	佛山市顺德建筑设计院有限公司
办公楼、学校类	深港西部通道口岸旅检大楼及单位建筑	一	深圳市建筑设计研究总院有限公司
	广州大学城中心区体育场	一	广东省高教建筑规划设计院
	天河城东塔	一	广州市设计院
	维多利广场（天河路商旅二区商业办公楼）	一	广州城建开发设计院有限公司
	北京工业大学体育馆（2008 年奥运会羽毛球与艺术体操比赛馆）	一	华南理工大学建筑设计研究院
	深圳大学师范学院教学实验综合楼	一	深圳大学建筑设计研究院
	海运中心	一	广东省建筑设计院
	广州大学城广东药学院多功能体育馆	一	华南理工大学建筑设计研究院
	琶洲保利国际广场	二	广州市设计院
	广州市政务服务中心	二	广州市城市规划勘测设计研究院
	深圳清华实验学校四期	二	深圳华森建筑与工程设计顾问有限公司
	深圳大学图书馆二期	二	深圳大学建筑设计研究院
	中山博览中心	二	广东省建筑设计研究院
	富力中心	二	广州市住宅建筑设计院有限公司
	华南理工大学大学城校区广场前区建筑群（图书馆、学术报告厅）	二	华南理工大学建筑设计研究院
	广州逸彩新世界第一小区临时办公楼	二	深圳华森建筑与工程设计顾问有限公司广州分公司
	星河世纪（珠江广场）	二	城脉建筑设计（深圳）有限公司
	广州体育学院后勤管理大楼	二	华南理工大学建筑设计研究院
	广东轻工职业技术学院南海校区图书馆	二	佛山市南海城乡建筑设计有限公司
	东环街社区服务中心	二	广州市番禺城市建筑设计院
	中国矿业大学科技博物馆	二	华南理工大学建筑设计研究院
	耀中广场（林和西路商业写字楼）	二	广州瀚华建筑设计有限公司
	华强广场	二	深圳市筑博工程设计有限公司
	现代商务大厦	二	深圳奥意建筑工程设计有限公司
	松岗广场	三	广州市设计院
	越秀大厦	三	广州市设计院
	广州海关新建业务技术综合楼	三	广州市设计院
	广州港湾广场一期工程（港口管理指挥中心大楼）	三	广东省建筑设计研究院
	广州保利国税大厦（保利大厦 I7—4 地块）	三	广州市设计院
	清远市新华侨中学—艺术楼及科技楼	三	广东省建筑设计研究院
	华南理工大学 29 号楼	三	华南理工大学建筑设计研究院

(续上表)

类　别	项　目　名　称	获奖等次	申　报　单　位
办公楼、学校类	东莞市凤岗镇外商投资服务中心	三	深圳市建筑设计研究总院有限公司
	东莞市大学体育中心	三	广东省建筑设计研究院
	深圳大学城·哈尔滨工业大学园区	三	深圳市建筑设计研究总院有限公司
	五邑大学图书馆四期工程	三	江门市建工设计院
	中共佛山市委党校新址扩建工程	三	广州市设计院
	广州市萝岗区行政服务中心	三	中信华南（集团）建筑设计院
	肇庆市飘雪鼎湖山泉办公楼	三	华南理工大学建筑设计研究院
	广东警官学院图书馆	三	广东省建筑设计研究院
	广州大学城广州大学新校区二期演艺中心	三	广州市城市规划勘测设计研究院
	嘉城华苑	三	广东省建科建筑设计院
	深圳大学城图书馆管理中心大楼（深圳市科技图书馆）	三	深圳市建筑设计研究总院有限公司
	天安南海数码新城—1栋天佑创富大厦	三	佛山市南海城乡建筑设计有限公司
	健升大厦	三	深圳市同济人建筑设计有限公司
	中华广场	三	汕头市建筑设计院
	汕头市公安指挥中心	三	汕头市第二建筑设计院
	暨南大学学院楼	三	广东省建科建筑设计院
	新乐从中学	三	佛山市顺德建筑设计院有限公司
	汕头市第一中学新校区	三	汕头市第二建筑设计院
公共建筑类	广州天誉三期发展项目（天誉威斯汀酒店）	一	广州市民用建筑科研设计院
	武汉琴台文化艺术中心—琴台大剧院	一	广州珠江外资建筑设计院
	广州新白云国际机场旅客过夜用房（诺富特白云机场大酒店）	一	广州市设计院
	新怡景商业中心（中外合作设计）	一	广东省建筑设计研究院
	深圳保利文化广场（剧院）	一	深圳市华筑工程设计有限公司
	浙江台州体育中心游泳馆	一	广州市设计院
	深圳市京基大梅沙酒店	一	城脉建筑设计（深圳）有限公司
	张家港市第一人民医院	二	深圳市建筑设计研究总院有限公司
	梅州客家艺术中心	二	广东省建筑设计研究院
	深圳湾大酒店（改建）	二	深圳华森建筑与工程设计顾问有限公司
	三亚亚龙湾铂尔曼度假酒店	二	深圳市筑博工程设计有限公司
	深圳市中心区深圳书城	二	深圳华森建筑与工程设计顾问有限公司
	贵阳保利温泉新城国际温泉会所	二	广州城建开发设计院有限公司
	汕头拉飞逸时装有限公司生产厂房	二	汕头市第二建筑设计院
	南沙滨海花园水晶湾商业街	二	广州城建开发设计院有限公司
	岭南会文化展示馆	二	广州市城市规划勘测设计研究院
	琶洲跨国采购中心	二	广东省建筑设计研究院
	中山市德信商业城	二	中山市建筑设计院有限公司
	深圳市民中心	二	深圳市建筑设计院研究总院有限公司
	深圳市气象塔	二	城脉建筑设计（深圳）有限公司
	广州市轨道交通四号线车陂南—黄阁段工程：石碁站、海傍站、低涌站、东涌站、黄阁汽车城站	三	广东省建筑设计研究院
	深圳福田图书馆	三	香港华艺设计顾问（深圳）有限公司
	富力君悦大酒店	三	广州市住宅建筑设计院有限公司
	广州科学城海格通信产业园	三	广州市设计院

（续上表）

类　别	项　目　名　称	获奖等次	申　报　单　位
公共建筑类	惠州市慈云图书馆	三	广州承总设计院
	广州科学城综合研发孵化区BC区	三	中信华南（集团）建筑设计院
	韶关市技工教育及农民工培训示范基地（一期工程）	三	广东省城乡规划设计研究院
	江门丽宫国际酒店	三	江门市建设设计院
	广州丽思卡尔顿酒店	三	广州市住宅建筑设计院有限公司
	十香园建筑与景观修复工程	三	广州市城市规划勘测设计研究院
	龙岗天安数码创新园一号厂房	三	深圳奥意建筑工程设计有限公司
	中山长江高尔夫球会酒店	三	中山市建筑设计院有限公司
	叶剑英纪念馆	三	华南理工大学建筑设计研究院
	广州大学城华南理工大学专家楼（大学城中心酒店）	三	华南理工大学建筑设计研究院
	江门市汽车客运站	三	广东省建科建筑设计院
	开元市大悲殿	三	潮州市建筑设计院
	深南电路有限公司高端印制电路板投资工程	三	深圳奥意建筑工程设计有限公司
	潮州市中心广场	三	潮州市建筑设计院
	河源市移民生产基地	三	中山市第二建筑设计院
道桥、公共交通类	广州市轨道交通三号线、四号线总体设计	一	广州地铁设计研究院有限公司
	高赞大桥及引道工程	一	广东省公路勘察规划设计院有限公司
	潮州市金山大桥特大桥（原名韩江北桥）工程	一	广州市市政工程设计研究院
	广清高速公路与广州市环城高速公路连接线工程	一	广东省公路勘察规划设计院有限公司
	东莞市港口大道工程	一	深圳市市政设计研究院有限公司
	中山市中山一桥主桥工程	二	广州市市政工程设计研究院
	广州南沙开发区凫洲大桥工程	二	广东省公路勘察规划设计院有限公司
	广州增城沙庄至花都北兴公路一期工程增城沙庄至荔城段（含交通工程及沿线设施）	二	广东省公路勘察规划设计院有限公司
	深南路路面修缮及交通改善工程	二	深圳市市政设计研究院有限公司
	广州市轨道交通三号线厦滘车辆段及综合基地工程设计	二	广州地铁设计研究院有限公司
	东莞市北王公路改造工程	二	广东省冶金建筑设计研究院
	广州市轨道交通四号线大学城专线段新造站—石碁站高架区间工程设计	二	广州地铁设计研究院有限公司
	广州市城区快捷路工程新滘南西段、(工业大道—广州大道)道路工程	二	广州市市政工程设计研究院
	东莞市五环路市政工程	二	深圳市市政设计研究院有限公司
	广州市轨道交通三号线控制指挥中心工程设计	三	广州地铁设计研究院有限公司
	东莞市石龙镇南三桥	三	广东省公路勘察规划设计院有限公司
	广州市轨道交通三号线厦滘站工程设计	三	广州地铁设计研究院有限公司
	广州市轨道交通三号线工程——汉溪站	三	广东省建筑设计研究院
	国道主干线广州绕城公路九江至小塘段	三	广东省公路勘察规划设计院有限公司
	汕梅高速公路揭东新亨至丰顺北斗段	三	广东省公路勘察规划设计院有限公司
	广东南沙出口加工区工程	三	广州市市政工程设计研究院

(续上表)

类　别	项　目　名　称	获奖等次	申　报　单　位
道桥、公共交通类	广州市新光快速路工程（第 IV 标段）	三	广东省冶金建筑设计研究院
	白云国际会议中心周边市政道路工程	三	广州市市政工程设计研究院
	鹤山市人民路（国税大楼前至云溪交通环岛）改造工程	三	广东省建筑设计研究院
	国道 G321 线高要小湘至封开涌口段路面改善工程	三	肇庆市公路勘察设计院
	季华路道路改造工程	三	佛山市市政设计研究院有限公司
	广州市内环路广园、广花放射线内环路（市电视台）至三元里立交道路工程	三	广州市市政工程设计研究院
	深港西部通道口岸总体设计及场地工程	三	深圳市城市规划设计研究院
园林景观、市政公用类	广州市猎德污水处理厂二期工程	一	广州市市政工程设计研究院
	第六届中国（厦门）园博园公共园林设计	一	深圳市北林苑景观及建筑规划设计院有限公司　厦门市城邦园林规划设计研究院有限公司
	深圳市盐田区大梅沙—盐田坳共同沟工程	二	深圳市市政设计研究院有限公司
	深圳园博园盐田主题园（共生家园）	二	深圳市北林苑景观及建筑规划设计院有限公司
	广州云裳丽影花园	二	广州市普邦园林配套工程有限公司
	广东省佛山市顺德区顺峰山公园汀芷园	二	广州园林建筑规划设计院
	中山市小榄镇水厂 30 万 m3/d 扩建工程	三	广州市公用事业规划设计院
	海南石梅湾度假村 E 路绿化工程	三	广州园林建筑规划设计院
	湛江市中澳友谊花园（西海岸整治—海湾大桥西海岸桥头段）	三	湛江市城建设计院
	深圳市人民南片区道路景观改造工程	三	深圳市市政设计研究院有限公司
	广州珠江后航道近现代工业遗产保护与景观再生—荔湾区芳村“信义会馆”创意产业园滨水景观	三	广州市城市规划勘测设计研究院
工业、能源、水利类	华润电力湖南有限公司 2×600MW 机组工程	一	广东省电力设计研究院
	深圳市东部供水水源一期工程（东江—永湖段）	一	广东省水利电力勘测设计研究院
	500KV 沙江甲、乙线解口入广南站送电线路工程	一	广东省电力设计研究院
	广东嘉宝莉化工有限公司第二期扩建工程	一	广东寰球广业工程有限公司
	海南省宁远河大隆水利枢纽	一	中水珠江规划勘测设计有限公司
	广州珠江电厂燃气（LNG）联合循环工程	二	广东省电力设计研究院
	广州地区高效新校区（广州大学城）堤防工程	二	中水珠江规划勘测设计有限公司
	沙多码（广州）化学有限公司（一期工程）	二	广东寰球广业工程有限公司
	500KV 砚都变电站	二	广东省电力设计研究院
	220 千伏朗新变电站	二	佛山电力设计院有限公司
	220KV 白花洞至白玉送电线路工程	二	广东省电力设计研究院
	深圳市龙口—茜坑供水工程	三	深圳市水务规划设计院
	长兴化学材料（珠海）有限公司一期及其扩建工程	三	广东寰球广业工程有限公司
	天津经济技术开发区天然气储配站工程	三	深圳市市政设计研究院有限公司
	220KV 顺旭甲乙线工程	三	佛山电力设计院有限公司
	500KV 港城变电站	三	广东省电力设计研究院
	220KV 椹北变电站	三	广东省电力设计研究院

（续上表）

类　别	项　目　名　称	获奖等次	申　报　单　位
工业、能源、水利类	110KV 华强变电站工程	三	深圳供电规划设计院有限公司
	110 千伏东平变电站	三	佛山电力设计院有限公司
	广州市海珠区果树保护区河涌整治第一期工程	三	广州市水利水电勘测设计研究院
岩土工程、水文地质勘察类	广东惠州抽水蓄能电站工程	一	广东省水利电力勘测设计研究院
	深圳港铜鼓航道、西部港区公共航道工程及大铲湾港区（一期）工程	一	深圳市勘察测绘院有限公司
	广东惠来电厂一期1、2号机组工程岩土勘测	一	广东省电力设计研究院
	广州市轨道交通四号线车—金段（不含大学线专线）岩土工程勘察	一	广州地铁设计研究院有限公司　广东有色工程勘察设计院　广州地质勘察基础工程公司
	广州市新中轴线电视塔基坑工程	一	广州市设计院
	广州市白云国际会议中心周边市政道路工程	一	广州市市政工程设计研究院
	广州白云国际会议中心岩土工程勘察	一	广东省建筑设计研究院　广东省工程勘察院
	世纪假日广场深基坑支护工程	一	深圳地质建设工程公司
	深圳市供水网络干线工程	二	深圳市水务规划设计院
	广东省英德市锦潭水电站工程地质勘察	二	中水珠江规划勘测设计有限公司
	深港西部通道口岸场地及单体建筑工程（港方）岩土工程详细勘察	二	深圳市勘察研究院有限公司
	深港西部通道口岸场地及单体建筑工程（深方部分）详勘	二	深圳市勘察测绘院有限公司
	广清高速公路与广州市环城高速公路连接线	二	广东省公路勘察规划设计院有限公司
	珠江新城 B2—2 地块（盈隆广场）岩土工程勘察设计	二	广州市城市规划勘测设计研究院　广州市住宅建筑设计院有限公司
	深圳市福龙路市政工程岩土工程地质勘察	二	深圳市勘察测绘院有限公司
	广州市轨道交通三号线 C 标段详细勘察阶段岩土工程勘察	二	广州地质勘察基础工程公司
	广东 LNG 接收站边坡、罐体及场地岩土工程勘察及边坡支护设计	二	深圳市工勘岩土工程有限公司
	广东省惠东县稔山镇竹园村供水水文地质勘察	二	广东省惠州勘察工程公司
	中共佛山市委党校新址扩建岩土工程勘察	二	广东有色工程勘察设计院
	广州科学城丰乐路隧道工程岩土工程勘察和基坑支护设计	二	广州市市政工程设计研究院
	广东省新兴县水台地热田地热资源详查	二	江门市地质工程勘察院
	中海地产南海黄岐项目西区（一期）工程	二	广东省华南工程物探技术开发总公司
	国道主干线广州绕城公路九江至小塘段	三	广东省公路勘察规划设计院有限公司
	广州市南部地区（番禺、南沙）工程地质分区图（1：50000）编制	三	广州市城市规划勘测设计研究院
	金中环商务大厦岩土工程勘察	三	深圳市勘察研究院有限公司
	云南红河南沙水电站工程地质勘察	三	中水珠江规划勘测设计有限公司
	珠江新城 J1—4 地块（富力中心）岩土工程勘察设计	三	广州市城市规划勘测设计研究院　广州市住宅建筑设计院有限公司
	汕尾电厂1、2号机组（2×600MW）工程	三	广东省电力设计研究院　广东科诺电力岩土工程有限公司
	广东省电力设计研究院科学城办公基地工程岩土工程勘测	三	广东科诺电力岩土工程有限公司

(续上表)

类　别	项　目　名　称	获奖等次	申　报　单　位
岩土工程、水文地质勘察类	广州市南沙开发区凫洲大桥工程	三	广州市市政工程设计研究院
	220kv 朗新变电站岩土工程勘测	三	广东科诺电力岩土工程有限公司
	广州科学城综合研发孵化区 C 组团	三	广东省地质建设工程勘察院
	佛山市顺德区高赞大桥及引道工程	三	广东省公路勘察规划设计院有限公司
	广州市流花路 73 地段二期建设项目基坑支护设计	三	广东省地质工程勘察公司
	深圳市宝安大道市政工程北—1 段软基处理	三	中国京冶工程技术有限公司深圳分公司
	中国联通广东分公司广州综合通信枢纽楼场地岩土工程详细勘察项目	三	广东省工程勘察院
	广东省广电集团有限公司肇庆供电分公司电力调度中心	三	广东肇庆市地质工程勘察院
	联泰·万泰春天岩土工程勘察	三	汕头市建筑设计院
	新津河口住宅小区（一期）岩土工程勘察	三	汕头市粤东工程勘察院
	佛山市海天调味食品有限公司高明分厂第一期岩土工程勘察	三	广东佛山地质工程勘察院
	瀚海东岸花园	三	深圳市长勘勘察设计有限公司
	湛江珠江啤酒有限公司首期年产 20 万升啤酒异地改造工程场地岩土工程勘察	三	湛江粤西地质工程勘察院
	深圳市龙岗区盛龙花园二期工程拟建场地岩土工程详细勘察	三	深圳市协鹏工程勘察有限公司
	帝景皇冠大酒店岩土工程勘察	三	广东省惠州地质工程勘察院
	东莞塞纳嘉园	三	韶关地质工程勘察院
	佛山顺德新城区 F02 地块（一期）	三	佛山市顺德区勘测有限公司
	河源市人民防空办公室 101 工程	三	河源市工程勘察院
工程测量类	广州市连续运行卫星定位城市测量综合服务系统	一	广州市城市规划勘测设计研究院
	深圳抽水蓄能电站施工控制网	一	广东省水利电力勘测设计研究院
	深圳市丹平快速路一期工程地形与地下管线测量	一	深圳市勘察测绘院有限公司
	深圳市基本生态控制区信息化监测和研究	二	深圳市勘察研究院有限公司
	广州市水污染源调查项目(一期）西朗片区	二	广州市市政工程设计研究院
	220KV 韶关至朗新送电线路工程测量	二	广东科诺电力岩土工程有限公司
	珠江三角洲城际轨道交通广州至佛山段三平面控制网和二水准控制网维护重测工程	二	广州市城市规划勘测设计研究院
	广州至梧州高速公路河口至平台段工程测量	二	广东省公路勘察规划设计院有限公司
	基于信息测绘的广州市基础地形图（1:500）动态更新及数据入库	二	广州市城市规划勘测设计研究院
	深圳市东涌水库施工图阶段工程测量	二	深圳市水务规划设计院
	佛山市中心组团核心区城市基础空间地理数据建设首期、二期	二	佛山市城市规划勘测设计研究院
	广州大学城地下管线竣工验收测量	三	广州市城市规划勘测设计研究院
	珠江流域综合规划修编测量	三	中水珠江规划勘测设计有限公司
	惠来电厂厂区控制网测量	三	广东科诺电力岩土工程有限公司
	东莞玉兰大剧院沉降观测	三	广东省水利电力勘测设计研究院
	普宁市 1：1000 数字化地形图测绘	三	广东省地质测绘院

（续上表）

类　别	项　目　名　称	获奖等次	申　报　单　位
工程测量类	宝安区数字化城管信息普查项目	三	深圳市勘察研究院有限公司
	韶关市连续运行卫星定位参考站	三	韶关市测绘院
	惠州市汝湖镇 1：500 数字化地形测量	三	深圳地质建设工程公司
	海岸明珠商住楼施工监测技术报告	三	汕头市建筑设计院
	深圳市宝安大道北二段软基处理施工监测	三	深圳市长勘勘察设计有限公司
	500KV 港城至茂名送电线路工程测量	三	广东省电力设计研究院　广东科诺电力岩土有限公司
专项类	佛山世纪莲体育中心游泳馆屋盖索膜结构	一	华南理工大学建筑设计研究院
	广州市轨道交通四号线公共区照明母线智能配电系统工程设计	二	广州地铁设计研究院有限公司
	琶洲保利国际广场暖通空调设计	二	广州市设计院
	广州市轨道交通四号线车陂南—黄阁段工程：石碁站、海傍站、低涌站、东涌站、黄阁汽车城站（结构设计）	二	广东省建筑设计研究院
	天河城东塔结构设计	二	广州市设计院
	广州大学教学区（二期）校、院级行政办公楼结构设计	三	广州市设计院
	广州市轨道交通四号线车陂南—黄阁段工程：石碁站、海傍站、低涌站、东涌站、黄阁汽车城站（建筑环境与设备设专业）	三	广东省建筑设计研究院
	浙江台州体育中心游泳馆暖通空调设计	三	广州市设计院
	琶洲保利国际广场结构设计	三	广州市设计院
	公园前站 Y-9.Y-10B 地块地下空间人防工程	三	广州市人防建筑设计研究院有限公司
	龙门南昆山温泉旅游大观园	三	广州城建开发设计院有限公司
	中国联通数字移动通信（GSM）网内蒙古十一期工程	三	广州杰赛科技股份有限公司
计算机软件类	广东省公路工程水文设计检算系统	一	广东省公路勘察规划设计院有限公司　中南大学
	深圳市勘察测绘院地质地理信息系统	二	深圳市勘察测绘院有限公司
	基于 GIS 的水库淹没处理系统	三	中水珠江规划勘测设计有限公司　广州珠源信息技术有限公司
	中水珠江规划勘测设计有限公司信息集成应用系统	三	中水珠江规划勘测设计有限公司　广州珠源信息技术有限公司

（省工程勘察设计协会）

2009 年度广东省优秀建筑装饰工程奖获奖项目

（授奖单位：广东省建筑业协会）

类别	工程名称	承建单位	承建范围
公共建筑装饰类	中国出口商品交易会琶洲展馆二期工程	广州市建筑集团有限公司	13 个展厅、珠江散步道、附属用房、卡车道
	中国出口商品交易会琶洲展馆二期工程	广东省装饰总公司	行政会议中心、快餐厅、西餐厅等
	广交会琶洲展馆配套设施项目	广东省建筑装饰工程有限公司	A、B、D 区展厅，地下室墙等
	中国出口商品交易会琶洲展馆二期工程	广州市美术公司（参建）	室外环境标识系统、展馆标识系统
	广东科学中心主楼（二标段）	广东建雅室内工程设计施工有限公司	巨幕影院、球幕影院、虚拟航行影院、4D 影院等
	广东科学中心主楼（一标段）	广州城建开发装饰有限公司	门厅、中庭及中庭各层

(续上表)

类别	工程名称	承建单位	承建范围
公共建筑装饰类	东莞市帝豪花园酒店皇家会所	深圳市中深建装饰设计工程有限公司	2-9 室内装修及水电安装
	东莞市旗峰山铂尔曼酒店	东莞市附城东城装修设计工程有限公司	宴会厅、中餐厅、日本厅、沐足等室内装修
	广东客家博物馆室内布展装饰	广州珠江建筑装饰有限公司	大堂、报告厅、二层7个展厅等
	广东迎宾馆碧海楼装饰工程	广东建雅室内工程设计施工有限公司	1-4 楼室内装修，水电安装等
	广东科学馆改造工程	广东省建筑装饰工程有限公司	建筑物改造、水电安装等
	瑞安广州中心	中建三局装饰有限公司	3-18 层电梯及公共卫生间,21-46 层套房及电梯厅
	莞城图书馆	深圳市大众装饰工程有限公司	室内装饰
	广东广铝集团有限公司办公楼	广州市美术公司	1-7 层室内装饰及水电、园林等
	东莞松山湖长城世家售楼处	深圳市长城装饰设计工程有限公司	售楼处、样品房、大堂、电梯间等
	佛山市环球国际广场	广东省六建集团有限公司	商场、酒店、办公、公寓
	佛山环球国际广场恒安瑞士酒店	深圳长城家俱装饰工程有限公司	商场、客房、西餐厅、公寓等
	珠海庆华国际大酒店（绿洋酒店）	深圳市洪涛装饰股份有限公司 中建三局装饰有限公司 深圳海外装饰工程有限公司	地下层（行政办公区）1-2 层公共部分 3-5 层室内装饰 6-10 层客房、行政酒廊、总统套房等
	中国大酒店客房装修改造工程(第一标段)	广州市第三装修有限公司	5-8 层客房改造、机电系统改造
	中国大酒店客房装修改造工程(第三标段)	广州珠江装修工程公司	F、H 座 14-18 层客房改造、机电改造
	中国大酒店客房装修改造工程(第二标段)	广东建雅室内工程设计施工有限公司	F、H 座 9-13 层客房改造装修、机电改造
	广州富力丽思·卡尔顿酒店	深圳长城家俱装饰工程有限公司	1-35 层室内装饰
	金碧海岸酒店	深圳广田装饰集团股份有限公司	室内外装饰设计、水电安装等
	百盛达商务酒店	广东世纪达装饰工程有限公司	室内外装修
	广东省电力设计研究院科学城办公基地	广州市第四装修有限公司	室内装饰、水电安装等
	总统大酒店	广州珠江建筑装饰有限公司	客房、餐厅、公共区域等室内装饰
	中山博览中心	深圳广田装饰集团股份有限公司	常年固定展厅的室内装饰装修
	江门市人民检察院技术综合大楼	广东绿之洲建筑装饰工程有限公司	室内装修、食堂、水电安装等
	中国移动通信集团广东有限公司珠海分公司信息世界	深圳市大众装饰工程有限公司	综合楼室内装修
	恒荔湾畔花园古井园林、展馆室	金中天集团建设有限公司	大通寺展馆室内装修及烟雨井园林
	深圳市博物馆新馆	深圳市美芝装饰设计工程有限公司	1、2、4 层、专题展厅及水电安装等
	益田假日广场商场	深圳市深装总装饰工程工业有限公司	公共区域（-3F、2F、中庭）
		深圳市博大装饰工程有限公司	B2F 公共部分，-3、-2F 多功能部分等
		深圳长城家俱装饰工程有限公司（参建）	商场负一层、一层公共区域
	盐田国际行政办公大楼	深圳市维业装饰设计工程有限公司	主楼 25 层，副楼 5 层，地下 2 层
	金茂深圳 JW 万豪酒店	深圳瑞和装饰工程有限公司	公共区域 3 层、客房 5-12 层室内精装修
		深圳市中航装饰设计工程有限公司	第四层精装修工程

（续上表）

类别	工程名称	承建单位	承建范围
公共建筑装饰类	深圳中保国际酒店	深圳市冠泰装饰工程有限公司	1-18层室内装修
	诺德假日花园	深圳市卓艺装饰设计工程有限公司	室内外装修
	水都健康世界俱乐部	深圳市中科建设工程有限公司	一至四层室内外装饰及设备安装
	华为生产中心一至三号会议楼	深圳市洪涛装饰股份有限公司	1-3号会议楼室内精装修
	国泰君安证券股份有限公司深圳总部办公楼	深圳市中装设计装饰工程有限公司	34-35层，45层内装饰及水电安装
	大中华平安证券总部办公职场	深圳市安星装饰设计工程有限公司	大中华广场8层装饰
	深圳市民中心工业展览馆	深圳市卓艺装饰设计工程有限公司	室内装饰施工
	天安国际大厦A区天虹商场	广东爱得威建设（集团）股份有限公司	天安区（A区）1-4层
	深圳市大中华国际交易广场潮州王酒楼	深圳市建威装饰设计工程有限公司	室内精装修
	深圳佳宁娜酒家	深圳市中装设计装饰工程有限公司	广场四楼
	星河发展中心—丽思卡尔顿酒店	深圳市建筑装饰（集团）有限公司	1-6层室内精装修
	星河丽思卡尔顿酒店	深圳海外装饰工程有限公司（参建）	酒店客房、19-24电梯厅及走道
	星河丽思卡尔顿酒店	深圳广田装饰集团股份有限公司（参建）	6-18层客房精装修及公共走道
	星河发展中心	深圳市科源建设集团有限公司	写字楼、水电安装及后勤区域
	平安星河室内装饰工程	深圳市极尚建筑装饰设计工程有限公司	三、四楼会议室、大堂及水电部分
	星河发展中心平安总部办公职场	深圳市安星装饰设计工程有限公司	6-18层室内装饰
	深圳市福田香格里拉大酒店	深圳市中建南方装饰工程有限公司	客房及公共区域（L12-L20）精装修
		深圳市特艺达装饰设计工程有限公司	大堂及公共区域、宴会厅精装修
	深圳茵特拉根华侨城酒店	深圳长城家俱装饰工程有限公司	室内公共区域装饰
	深圳东部华侨城“茶溪谷”TownHouse	深圳市建筑装饰（集团）有限公司	室内部分、客房、接待大堂及公共部分
	深圳市招商银行培训中心	深圳市华辉装饰工程有限公司	4-5层5-12层、所有的功能房、机房和公共区域
	深圳市大百汇高新技术工业园研发办公楼	深圳市宝鹰建设集团股份有限公司	室内装修装饰工程
	国家工商行政管理总局行政学院	深圳市建筑装饰（集团）有限公司	1#-10#、12#-15#楼装修
	深圳市海景奥思廷酒店东翼楼	深圳市美芝装饰设计工程有限公司	大堂、会议室、客房部分等
	中国农业银行深圳沙井支行	深圳市晶宫设计装饰工程有限公司	1-2层、十二层室内装饰等
	深圳国人通信有限公司办公楼	深圳市美芝装饰设计工程有限公司	A栋13-16层室内装饰
	深圳荣超滨海大厦A、B座	深圳市特艺达装饰设计工程有限公司	1-21层，地下2层公共区域室内装饰
	鹏湾大酒楼	深圳市大众装饰工程有限公司	3、4层装修及水电安装
	JUSCO南山海岸城店	深圳城市建筑装饰工程有限公司	室内装饰、水电安装等
	北京市新云南皇冠假日酒店	深圳市艺涛装饰设计工程有限公司	1-10层室内精装修
	滁州君家酒店室内装饰	深圳广田装饰集团股份有限公司	室内装饰
	中国网通（集团）有限公司上海分公司综合办公楼	广东省建筑装饰工程有限公司	8-23层室内装饰及水电安装等
	江都市地方税务局办公培训综合楼	深圳市文业装饰设计工程有限公司	综合楼和辅楼室内装饰
	成都时代百盛室内装饰	深圳市中鑫建筑装饰工程有限公司	地下1层、地上1-3层公共空间装饰

(续上表)

类别	工程名称	承建单位	承建范围
公共建筑装饰类	贵州省人大常委会省政府办公楼	深圳市中航装饰设计工程有限公司	室内装饰及地下1-2层公共空间等
	海口市名潮新观园酒楼	广东爱富兰装饰工程有限公司	4-5层装饰及水电安装
	河源市广播电视中心一期工程	汕头市潮阳建筑工程总公司	装饰分部工程
公共建筑装饰设计类	中国平安星河职场室内装修	深圳市极尚建筑装饰设计工程有限公司	北座3-18层装饰设计
	星河发展中心	深圳市建筑装饰(集团)有限公司	室内装饰设计
	珠海庆华国际大酒店(绿洋酒店)	深圳市建筑装饰(集团)有限公司	全部酒店室内外装饰设计
	广东客家博物馆室内布展	广州珠江建筑装饰有限公司	大堂、报告厅、二层7个展厅等
	海口市名潮新观园酒楼	广东爱富兰装饰工程有限公司	4-5层室内装饰、水电等
	河源市广播电视中心一期工程	广东建华装饰工程有限公司	室内装饰、玻璃幕墙、干挂外墙砖
建筑幕墙类	广东科学中心主楼幕墙工程(第一标段)	深圳市瑞华建设股份有限公司	球面单索点支式玻璃幕墙、铝板幕墙及铝板装饰柱
	深圳福田香格里拉大酒店幕墙工程	深圳华加日铝业有限公司	单元式玻璃幕墙、石材幕墙、铝板幕墙
	星河发展中心项目Ⅰ标段和3标段幕墙工程	深圳市科源建设集团有限公司	全玻幕墙、铝板幕墙、石材幕墙、拉索幕墙
	海岸大厦(西座)幕墙工程	深圳市科源建设集团有限公司	单索点支式玻璃幕墙、半隐框玻璃幕墙、石材幕墙、铝板幕墙
	广州市皮革辅料商贸中心及皮具鞋业研发中心Ⅱ标段	深圳市华辉装饰工程有限公司	玻璃幕墙、铝板幕墙、石材幕墙
	中华广场二期幕墙工程	深圳金粤幕墙装饰工程有限公司	地面以上25层玻璃幕墙、铝板幕墙、石材幕墙
	中信城市时代幕墙工程	金中天集团建设有限公司	玻璃幕墙、铝板幕墙、石材幕墙
	深圳市保利文化广场城市剧院幕墙工程	深圳市华辉装饰工程有限公司	金属幕墙、玻璃幕墙、柔索玻璃幕墙
	深圳新世界商务中心	深圳市方大装饰工程有限公司	整个建筑的外装饰幕墙
	广州港湾广场一期(港口管理指挥中心大楼)	广州铝质装饰工程有限公司	明框玻璃幕墙、玻璃雨棚
	南海区国家税务局综合业务用房幕墙工程	广东世纪达装饰工程有限公司	玻璃幕墙、铝板幕墙、石材幕墙
	广州科学城综合研发孵化区A组团A1、A2标幕墙工程	广州市第四装修有限公司	明框中空玻璃幕墙、铝板幕墙、石材幕墙、装饰铝百叶
	广州市东风东路745号商业办公楼幕墙工程	广东金刚幕墙工程有限公司	玻璃幕墙、铝板幕墙、石材幕墙、玻璃雨蓬
	广州利雅湾南区商住楼	广州市金鼎广铝装饰工程有限公司	铝合金门窗、石材幕墙、玻璃幕墙、铝板幕墙
	江门市汽车客运站客运大楼幕墙工程	深圳粤源装饰工程有限公司	点式玻璃幕墙、隐框玻璃幕墙、铝板幕墙、玻璃雨蓬
	北京新东安市场外墙改造工程	广东世纪达装饰工程有限公司	外墙金属板、石材、玻璃幕墙

(省建筑业协会)

2008年度广东省先进工程监理企业

（认定单位：广东省建设监理协会）

企业名称	企业名称
茂名国信石化工程建设监理有限公司	广东创成建设监理咨询有限公司
广东天广工程监理咨询有限公司	广东公诚通信建设监理有限公司
广东达安工程项目管理有限公司	广东工程建设监理有限公司
广东建设工程监理有限公司	广州万安建设监理有限公司
广东华工工程建设监理有限公司	广东省建筑工程监理公司
广东省城规建设监理有限公司	广东海外建设监理有限公司
广州珠江工程建设监理公司	广州建筑工程监理有限公司
广州市市政工程监理有限公司	广州市广州工程建设监理有限公司
广州市穗高工程监理有限公司	广州经济技术开发区建设监理有限公司
广州市恒茂建设监理有限公司	广州轨道交通建设监理有限公司
广州宏达工程顾问有限公司	广州市穗芳建设咨询监理有限公司
深圳京圳建设监理公司	深圳市首嘉工程顾问有限公司
深圳市中海建设监理有限公司	深圳市中行建设监理有限公司
深圳市华西建设监理有限公司	深圳市深水水务咨询有限公司
深圳市恒浩建工程项目管理有限公司	深圳市城建监理有限公司
深圳市东部建设监理有限责任公司	深圳市兆业工程顾问有限公司
珠海市工程监理有限公司	珠海市城市开发监理有限公司
佛山市立德工程建设监理有限公司	佛山市建诚监理有限公司
中山市建设监理有限公司	江门市建设监理顾问公司
东莞市鸿业工程建设监理有限公司	茂名市建筑工程监理有限公司

（省建设监理协会）

2008年度广东省先进项目监理机构

（认定单位：广东省建设监理协会）

项目监理机构	单位
500KV滇南外送输变电工程线路1-9标段监理部	广东天广工程监理咨询有限公司
中共佛山市委党校新址扩建项目监理部	佛山市立德工程建设监理有限公司
中山市盈丰优雅翠园三期33-36幢项目监理部	中外建天利(北京)工程监理咨询有限公司
安哥拉公房项目公房监理部	广东省城规建设监理有限公司
人行茂名中心之行发行库及营业办公大楼项目监理部	茂名国信石化工程建设监理有限公司
佛山市新闻中心项目监理部	佛山市建诚监理有限公司
荔晶大酒店工程项目监理部	茂名市安邦建设监理有限公司
暨南大学珠海学院二期工程行政楼项目监理部	广东华工工程建设监理有限公司
佛山市世纪莲体育场工程项目监理部	广东工程建设监理有限公司
珠海香洲安居园二期工程项目监理部	珠海市城市建设监理有限公司
国家公务员教学综合大楼项目监理部	广东建设工程监理有限公司
广东惠州天然气发电厂一期3×390MW工程项目监理部	广东创成建设监理咨询有限公司
金碧海湾花园1-4号楼项目监理部	广州市财贸建设开发监理有限公司
广州海关新业务技术综合楼项目监理部	广州建筑工程监理有限公司
广州市黄埔职业高级中学实训大楼工程项目监理部	广州广保建设监理有限公司
广州市第86中学教学楼项目监理部	广州市城市建设工程监理公司
广州新国际机场高速公路北延长线北段第一监理标ND16标项目监理部	广州市穗高工程监理有限公司
广州市新光快速路第Ⅳ、Ⅴ施工(设计)工程项目监理部	广州珠江工程建设监理公司
广州市轨道交通地铁三号线[沥滘—大石盾构区间]盾构工程项目监理部	广州轨道交通建设监理有限公司
广盈大厦项目监理部	广州宏达工程顾问有限公司
城市快捷路系统—科韵路新港东立交项目监理部	广州市市政工程监理有限公司
广州万科金色家园项目监理部	广东粤能工程监理有限公司
诺德金融中心项目监理部	深圳京圳建设监理公司
海岸城项目监理部	深圳市竣迪建设监理有限公司

(续上表)

项目监理机构	单位
悦城花园二期项目监理部	深圳市特发工程建设监理有限公司
深港西部通道深圳侧接线工程项目监理部	铁科院(北京)工程咨询有限公司深圳分公司
星河苏活购物公园项目监理部	深圳市华西建设监理有限公司
侨香村经济适用房工程项目监理部	深圳市东部建设监理有限责任公司
伟易达研发中心项目监理部	深圳市甘泉建设监理有限公司
中信红树湾项目监理部	深圳市中行建设监理有限公司
海馨苑工程监理部	深圳市特发发展中心建设监理有限公司

(朱本祥)

2008年度广东省建筑业企业优秀项目经理

(认定单位：广东省建筑业协会)

姓名	单位	姓名	单位
杨广林	广东省建筑工程集团有限公司	李锦生	汕头市建安(集团)公司
陈汉长	广东省第一建筑工程有限公司	蒋教生	汕头潮阳建筑工程总公司
肖新洪	广东省第一建筑工程有限公司	黄鉴涛	汕头市南华建筑有限公司
陈福寿	广东省工业设备安装公司	吴木河	珠海市建安昌盛工程有限公司
江创福	广东浩和建筑有限公司	黄雄斌	广东建粤工程有限公司
陈展群	广东建华装饰工程有限公司	王爱志	广东建星建筑工程有限公司
吴隆才	广东正升建筑有限公司	李灿荣	肇庆市建筑安装工程有限公司
肖艺荣	广东正升建筑有限公司	黄伟新	茂名市建筑集团有限公司
江均赞	广州市建筑集团有限公司	梁光胜	广东兆达建筑工程有限公司
陈荣伟	广州市金辉建筑置业有限公司	黄　辉	广东省第五建筑工程有限公司
陈廷池	汕头市达濠建筑总公司	沈美加	韶关市武江建筑工程有限公司
黄志雄	汕头市达濠市政建设有限公司	叶晓欧	惠州市建设集团建筑工程公司
陈运庆	汕头市建安(集团)公司	陈东隆	广东新隆基建筑工程有限公司

(省建筑业协会)

2009年度广东省建设系统获优秀监理工作个人

(认定单位：广东省建设监理协会)

类别	姓名	单位	姓名	单位
优秀总监	高来先	广东创成建设监理咨询有限公司	张　钢	广州市恒茂建设监理有限公司
	李家润	广东海外建设监理有限公司	林伟鸿	广州市广州工程建设监理有限公司
	凌　华	广东华工工程建设监理有限公司	张露红	广州冶金建设监理有限公司
	高旭光	中山市建设监理有限公司	孙运坚	广州港水运工程监理公司
	潘颂辉	佛山市立德工程建设监理有限公司	于英哲	广州市建发监理有限公司
	康伟志	佛山市建诚监理有限公司	张新河	广州市穗芳建设咨询监理有限公司
	江书权	佛山禅建监理有限公司	池杨敏	广州市穗高工程监理有限公司
	杨清诗	佛山市创南建设监理咨询有限公司	沈立忠	广州城建开发工程咨询监理有限公司
	杨和湘	广州万安建设监理有限公司	谭天伍	广州珠江工程建设监理公司
	胡尚位	东莞市鸿业工程建设监理有限公司	李思慧	广州联嘉建设监理有限公司
	朱天金	中外建天利(北京)工程监理咨询有限公司	王　晖	广州轨道交通建设监理有限公司
	许先远	广东省城规建设监理有限公司	李源辉	广州市城市建设工程监理公司
	高宏伟	广东天安工程监理有限公司	林耘生	深圳市恒浩建工程项目管理有限公司
	唐锡伟	茂名国信石化工程建设监理有限公司	陈春生	深圳市建艺国际工程顾问有限公司
	朱柳沅	茂名市建筑工程监理有限公司	李　萍	深圳京圳建设监理公司
	何国彪	茂名市城建工程监理有限公司	覃仕俭	深圳市霍克建设监理有限公司
	廖湘燕	珠海市工程监理有限公司	张　敏	深圳市竣迪建设监理有限公司
	杨文炼	珠海市城市开发监理有限公司	刘林林	深圳市赛格监理有限公司

(续上表)

类　别	姓　名	单　位	姓　名	单　位
优秀总监	李尚红	珠海市华晨建设监理咨询有限公司	陈洪章	深圳市合创建设工程顾问有限公司
	林炳周	广东重工建设监理有限公司	李绍军	深圳市华西建设监理有限公司
	胡茂年	广东工程建设监理有限公司	邓荣辉	深圳现代建设监理有限公司
	汤　越	广州建筑工程监理有限公司	陈卫斌	深圳市特发工程建设监理有限公司
	谭向涛	广州市市政工程监理有限公司	马永兴	深圳市宝安区建设工程监理公司
	刘文德	广州经济技术开发区建设监理有限公司	张光明	深圳市龙城建设监理有限公司
	张锡均	广州市财贸建设开发监理有限公司	薛敬泽	深圳市建控地盘监理有限公司
	李育斌	广州广保建设监理有限公司	彭建斌	深圳市特发发展中心建设监理有限公司
优秀监理工程师	刘晓东	广东工程建设监理有限公司	李播运	广州市市政工程监理有限公司
	聂荣君	广东创成建设监理咨询有限公司	彭海军	广州穗峰建设工程监理有限公司
	曾庆安	广东创成建设监理咨询有限公司	温　泉	深圳市竣迪建设监理有限公司
	苏利军	广东天广工程监理咨询有限公司	杨晶文	深圳市首嘉工程顾问有限公司
	李建雅	广东重工建设监理有限公司	顾思航	深圳市赛格监理有限公司
	林鑫亮	广东重工建设监理有限公司	梁　军	深圳京圳建设监理公司
	杨　明	广东华工工程建设监理有限公司	赵　晶	深圳市东部监理有限责任公司
	斯光宏	广东华工工程建设监理有限公司	蒋培墀	深圳市特发发展中心建设监理有限公司
	张云深	广州万安建设监理有限公司	任　勤	深圳市建控地盘监理有限公司
	谢荣旺	广东建设工程监理有限公司	樊亚勋	深圳市龙城建设监理有限公司
	陈子努	广东建设工程监理有限公司	夏红波	深圳市东部建设监理有限责任公司
	吴祖强	广东省城规建设监理有限公司	张新田	深圳市城建监理有限公司
	余志东	广州建筑工程监理有限公司	郑寒生	深圳鲲鹏工程顾问有限公司
	容志雄	广州建筑工程监理有限公司	徐继伟	深圳市首嘉工程顾问有限公司
	戴天翔	广州经济技术开发区建设监理有限公司	谭明德	深圳市城建监理有限公司
	陈昱凯	广州广保建设监理有限公司	肖　静	深圳市建艺国际工程顾问有限公司
	朱曙阳	广州市恒茂建设监理有限公司	辛焕民	深圳市建艺国际工程顾问有限公司
	刘圣汉	广州市广州工程建设监理有限公司	欧仁庚	深圳市合创建设工程顾问有限公司
	易保平	广州市城市建设工程监理公司	洪　健	铁科院(北京)工程咨询有限公司深圳分公司
	肖美桃	广州市建发监理有限公司	关　莉	珠海市城市开发监理有限公司
	余建国	广州市穗芳建设咨询监理有限公司	卢俊杰	珠海市城市开发监理有限公司
	郑道吾	广州市穗高工程监理有限公司	陈景峰	珠海市华晨建设监理咨询有限公司
	陈炎明	广州建达建设监理有限公司	何铨洪	中山市建设监理有限公司
	王　敏	广州珠江工程建设监理公司	许景达	佛山市建诚监理有限公司
	李卓恩	广州珠江工程建设监理公司	高兴华	佛山市吉盈建设监理有限公司
	王　虹	广州轨道交通建设监理有限公司	朱相君	佛山市吉盈建设监理有限公司
	孟向前	广州宏达工程顾问有限公司	郑家龙	茂名国信石化工程建设监理有限公司
	陈育民	广州市高新工程顾问有限公司	梁永冲	茂名市城建工程监理有限公司
	肖永忠	广州广骏工程监理有限公司	庾炳超	茂名市安邦建设监理有限公司
	张立新	广州市市政工程监理有限公司	张奕亮	梅州市正明建设监理有限公司
优秀监理员	李永军	广东海外建设监理有限公司	徐　琳	广州建达建设监理有限公司
	邝国威	广东华工工程建设监理有限公司	卓为琦	深圳京圳建设监理公司
	童凤平	广东华工工程建设监理有限公司	刘　昆	深圳市赛格监理有限公司
	贺安文	广州万安建设监理有限公司	黄伟华	深圳市宝安区建设工程监理公司
	李建标	广东建设工程监理有限公司	王福才	深圳市城建监理有限公司
	易拥军	广东建设工程监理有限公司	尚俊峰	深圳鲲鹏工程顾问有限公司
	王业汉	广东建设工程监理有限公司	刘玉芹	深圳市竣迪建设监理有限公司
	张　勇	广东天广工程监理咨询有限公司	马昌辉	深圳现代建设监理有限公司
	郭清华	中外建天利(北京)工程监理咨询有限公司	郑齐河	深圳市特发发展中心建设监理有限公司
	孟庆利	中外建天利(北京)工程监理咨询有限公司	邓宏培	深圳市特发工程建设监理有限公司
	陈　哲	广东省城规建设监理有限公司	佘海波	深圳京圳建设监理公司

(续上表)

类别	姓名	单位	姓名	单位
优秀监理员	邓玉永	广东省城规建设监理有限公司	陈钢	深圳海勤工程管理有限公司
	喻险峰	广东重工建设监理有限公司	高维芝	深圳市恒浩建工程项目管理有限公司
	傅金钊	广东重工建设监理有限公司	孙艳群	深圳鲲鹏工程顾问有限公司
	伍亚炳	广东工程建设监理有限公司	黄孟玲	深圳市东部建设监理有限公司
	李国鸿	广州建筑工程监理有限公司	谭万忠	铁科院(北京)工程咨询有限公司深圳分公司
	金晓明	广州建筑工程监理有限公司	孙慎文	中国铁道科学研究院深圳研究设计院
	沈霄	广州建筑工程监理有限公司	张家栋	深圳市特发发展中心建设监理有限公司
	伍亮前	广州建筑工程监理有限公司	严明	深圳市建控地盘监理有限公司
	苏洁珠	广州建筑工程监理有限公司	樊振辉	深圳市城建监理有限公司
	吴玉恩	广州广保建设监理有限公司	胡绍贵	深圳市中行建设监理有限公司
	方涛	广州广保建设监理有限公司	林少良	深圳市赛格监理有限公司
	吴国壮	广州市建发监理有限公司	马剑	深圳市建艺国际工程顾问有限公司
	柳伟	广州市穗芳建设咨询监理有限公司	徐新刚	深圳市特发工程建设监理有限公司
	包小明	广州市穗高工程监理有限公司	胡吉平	中国铁道科学研究院深圳研究设计院
	利英博	广州珠江工程建设监理公司	黄兵	深圳市合创建设工程顾问有限公司
	林科伦	广州珠江工程建设监理公司	余照辉	深圳市半岛建设监理有限公司
	冯镜清	广州珠江工程建设监理公司	胡国银	深圳市龙城建设监理有限公司
	黄鉴平	广州珠江工程建设监理公司	丁绍辉	佛山市立德工程建设监理有限公司
	魏康林	广州轨道交通建设监理有限公司	陆振宇	佛山市建诚监理有限公司
	王贵春	广州高新工程顾问有限公司	廖培荣	佛山市建诚监理有限公司
	毛志	广州市城市建设工程监理公司	黎世豪	茂名市建筑工程监理有限公司
	赖训诚	广州冶金建设监理有限公司	陈志茂	茂名市城建工程监理有限公司
	李正好	广州经济技术开发区建设监理有限公司	赵善斌	茂名市安邦建设监理有限公司
	刘红军	广州市市政工程监理有限公司	杨镜雄	珠海市城市开发监理有限公司
	谭俊	广州城建开发工程咨询监理有限公司	陈创生	珠海市城市开发监理有限公司
	许海峰	广州珠江工程建设监理公司	聂红卫	珠海市华晨建设监理咨询有限公司
	黄文飚	广州建筑工程监理有限公司	林明月	珠海市城市建设监理有限公司
	屠丹	广州广大工程项目管理有限公司	闫立停	珠海市城市建设监理有限公司
	刘克非	广州市建发监理有限公司	罗纯文	梅州市正明建设监理有限公司

(朱本祥)

2009年度获广东省市政工程建设优秀质量管理奖小组

(授奖单位：广东省市政行业协会)

类别	单位名称	小组名称	成果名称
一等	广州市市政工程机械施工有限公司	务实QC小组	提高钢栈桥施工质量
	广州市市政工程维修处	拓新QC小组	新型市政排水检查井的研制
	广州市第一市政工程有限公司	“过得硬” QC小组	提高T构悬臂段高程的合格率
	广州市建筑集团有限公司	枫叶QC小组	提高箱梁预应力施工的合格率
	广东省基础工程公司	机械技术研发QC小组	起重机配置抓斗液压系统的研发
	广州市市政工程维修处	“泽宇”QC小组	减少内环路高架桥收水口积水率
	广东省基础工程公司	广佛地铁[雷岗站]QC小组	提高地下连续墙钢筋笼一次验收合格率
	广州市市政工程维修处	求实QC小组	降低沥青砼生产的柴油消耗量
	广州市市政集团有限公司建筑分公司	海燕QC小组	海水中钢筋混凝土墩柱养护新方法的研发
	广东省基础工程公司	广州地铁二八线12标QC小组	提高标准段主体结构施工进度
	广州市第三建筑工程有限公司	市政精英QC小组	提高大面积软基车载填土的施工质量
	广东省基础工程公司	番禺东涌大桥QC小组	加快CFG桩机施工进度

(续上表)

类别	单位名称	小组名称	成果名称
一等	广州市市政工程试验检测有限公司	晨星QC小组	加强内控管理,提高检测质量水平
	广州市第一市政工程有限公司	预制厂QC小组	提高混凝土预制梁构件的外观质量
	广东省基础工程公司	机施QC小组	提高钢筋电渣压力焊接头一次验收合格率
	广州市市政集团有限公司	光明QC小组	减少预应力管桩锤击施工断桩率
	广州市市政集团有限公司	银政QC小组	隧道侧墙混凝土裂缝防治
	广东省基础工程公司	广州亚运城市政七标QC小组	提高综合管沟砼表观质量施工合格率
	广东省基础工程公司	东莞市地下停车库QC小组	提高微型钢管桩验收合格率
	广州市市政工程维修处	攀登QC小组	提高沥青路面施工平整度
	广州市第一市政工程有限公司	"先锋"QC小组	研制5%坡度桥梁吊装施工新方法
二等	广州市市政集团有限公司建筑分公司	一心QC小组	提高滤池V型槽直顺度
	广州市市政工程机械施工有限公司	攻关QC小组	提高V型滤池进水槽扫洗孔孔位精度的质量
	广东华隧建设股份有限公司	北延8标盾构QC小组	降低盾构机刀盘结泥饼频次
	广州市建筑集团有限公司	玉海棠QC小组	提高拉森钢板桩支护施打一次合格率
	广州市市政工程机械施工有限公司	朝阳QC小组	防水混凝土裂缝宽度的控制
	广州市第二市政工程有限公司	环保QC小组	提高真空垃圾预埋管焊接合格率
	广东省基础工程公司	广州地铁三号线北延8标QC小组	提高高支模钢管支架验收评分
	广州市市政集团有限公司	勇进QC小组	提高隧道基坑止水旋喷桩的合格率
	广州市第三市政工程有限公司	"灵动"QC小组	提高高边坡护坡格梁安装顺直度
	广州市恒盛建设工程有限公司	群星QC小组	沉井施工过程的质量控制
	广州市第三市政工程有限公司	羊城新干线QC小组	降低隧道辅道施工成本
	广东省基础工程公司	珠海市南湾立交工程QC小组	提高路面沥青面层施工质量
	广东华隧建设股份有限公司	大西盾构QC小组	提高盾尾刷完好率
	广东省基础工程公司	广佛线施工5标段南桂路站QC小组	提高深基坑土方开挖进度
	广州市第三市政工程有限公司	初犊QC小组	降低水下灌注桩缩孔率
	广州市建筑机械施工有限公司	广州国际生物岛环岛路QC小组	有效提高沥青路面验收合格率
三等	广州市建筑机械施工有限公司	"全力以赴"QC小组	提高重点办综合考评的成绩
	广州市第三建筑工程有限公司	市政QC小组	提高大面积车载填土施工高程控制精确度
	广州市市政工程机械施工有限公司	探求QC小组	提高大型墩柱表面平整度
	广州市恒盛建设工程有限公司	晨曦QC小组	新旧路面衔接段质量控制
	广州市市政集团有限公司	和谐QC小组	确保亚运城综合管沟主干道二~次干道一交叉口结构防水质量
	广州市市政集团有限公司	求实QC小组	提高水泥混凝土路面的混凝土抗折强度合格率
	广东省建筑工程机械施工有限公司	广佛地铁夏南车辆段QC小组	提高路面基层检验合格率
	广州市第三市政工程有限公司	"灵动"QC小组	提高道路工程土路基综合质量
	深圳市建筑工程股份有限公司	北通道工程浅埋暗挖隧道防水QC小组	提高浅埋暗挖隧道防水工程施工质量
	广东省建筑工程机械施工有限公司	工程人员管理部QC小组	造就高素质的劳务队伍
	广州市第二市政工程有限公司	联邦QC小组	提高路基压实度合格率
	广州市建筑机械施工有限公司	桂荣QC小组	沥青路面摊铺质量控制
	广东省基础工程公司	心·江南商住楼工程QC小组	提高剪力墙观感质量

(王宜静)

2009年度广东省市政优良样板工程项目的优秀项目经理

(认定单位：广东省市政行业协会)

施工单位	项目经理	施工单位	项目经理
广东长恒建设工程有限公司	张国伟	广东省水利水电第三工程局	王 中
广州市建筑机械施工有限公司	郑广增	珠海市建盛建筑工程有限公司	徐位清
广东长恒建设工程有限公司	刘经世	深圳市路桥建设集团公司	黄伟强
广东筑波路桥工程有限公司	王贤友	深圳市路桥建设集团公司	刘 敬
河南省地矿建设工程(集团)有限公司	王东然	深圳市鹏城建筑集团有限公司	李忠山
广州市市政工程机械施工有限公司	孙会峰	深圳市交运工程有限公司	周瑞丰
汕头市潮阳第三建筑总公司	廖楚池	广东一新长城建筑集团有限公司	吕海波
广东省第二建筑工程公司	姚光华	深圳市市政工程总公司	彭迎祥
深圳广铁土木工程有限公司	李宏森	广东省建筑工程集团有限公司	梁剑明
广州市第二市政工程有限公司	严海啸	广州市市政集团有限公司	李国骏
广州市市政集团有限公司	刘勇祥	广州市市政工程机械施工有限公司	陈达文
广州市第二市政工程有限公司	陈尚之	中铁二局股份有限公司	贺 明
广东粤大建设集团有限公司	蔡文炎	广东省水利水电第三工程局	郭建功
广州市金辉建筑置业有限公司	黄春铭	湖北省工业建筑集团安装工程有限公司	张德祥
广州市市政集团有限公司	金年喜	广州市第二建筑工程有限公司	梁正宏
贵州省公路桥梁工程总公司	姚 豪	中国第四冶金建设公司	周秋喜
云南第二公路桥梁工程有限公司	李绍康	惠州市市政工程总公司	吕海滨
广州市恒盛建设工程有限公司	梁伟雄	广州市建筑集团有限公司	夏立明
广东潮通集团有限公司	张 晋	广州市恒盛建设工程有限公司	王 鹏
广州市第三市政工程有限公司	曲宁广	广州市建筑机械施工有限公司	曾少锋
广州市市政集团有限公司	肖健华	广州南建土木工程有限公司	莫金莉

(王宜静)

2008年度广东省园林企业二十强和优秀园林企业

(认定单位：广东省风景园林协会)

类别	企业名称	
园林企业二十强	广东棕榈园林股份有限公司 东莞市岭南园林建设有限公司 广州市绿化公司 深圳市北林地景园林工程有限公司 佛山市粤山园林绿化有限公司 广东中科琪林园林股份有限公司 深圳市豪科园林有限公司 金中天集团建设有限公司 广东粤壮园林建设有限公司 深圳市鹏森环境绿化工程有限公司	广州市普邦园林配套工程有限公司 深圳市四季青园林花卉有限公司 深圳市铁汉园林绿化有限公司 深圳市国艺园林建设有限公司 广州中茂园林建设工程有限公司 广州市花木公司 深圳市文科园艺实业有限公司 广东潮通集团有限公司 广州市林华园林建设工程有限公司 东莞市园林绿化工程有限公司
优秀园林企业	广东华恒建设工程有限公司 广东楚雄园林工程有限公司 广东如春园林工程有限公司 广州市艺杰园林绿化工程有限公司 中山市硕泉古建园林艺术有限公司 珠海市经济特区园海绿化工程有限公司 珠海市经济特区园景绿化工程有限公司	广州华苑园艺有限公司 广州市波洋园林工程有限公司 深圳市园林设计装饰工程有限公司 广东中绿园林建设有限公司 珠海市风景园林工程有限公司 深圳市万信达环境绿化建设有限公司

(省风景园林协会)

2009年广东省双优、AA诚信工地

（认定单位：广东省建筑安全协会）

工　程　名　称	承建、参建单位	监　理　单　位
金域蓝湾B9—B13栋	中天建设集团有限公司	广州宏达工程顾问有限公司
2011年世界大学生运动国际广播电话新闻中心MMC项目	深圳市鹏城建筑集团有限公司	浙江江南工程管理股份有限公司
东莞信息大厦	中国建筑第八工程局有限公司　深圳市华强钢结构工程有限公司、深圳市华辉装饰工程有限公司	广州珠江工程建设监理公司
海蓝湾4—18栋	东莞市南粤建筑工程有限公司	东莞市建设监理有限公司
珠海市香州区人民检察院办公(综合业务)楼	广东建粤工程有限公司	珠海经济特区建设监理有限公司
广州烟草物流配送中心工程	广东省建筑工程集团有限公司	广东省城规建设监理有限公司
开平市天富豪庭富丽10号A30—A31，富丽11号A32—A33	广东金辉华集团有限公司	广东粤能工程监理有限公司
京信通信系统(广州)有限公司物流仓库、生产楼工程	广州市建筑机械施工有限公司	广州经济技术开发区建设监理有限公司
广州新电视塔	上海建工集团总公司广州市建筑集团有限公司联合体	广州建筑工程监理有限公司
中海文华熙岸花园地下室、商铺、住宅（A1—A12）	中建三局建设工程股份有限公司	深圳市中海建设监理有限公司

（省建筑安全协会）

2009年度广东省物业管理示范项目

（认定单位：广东省物业管理行业协会）

项　目　名　称	管　理　单　位	类　型
广州电力调度大楼	广州通力达物业管理有限公司	大厦
富盈国际大厦	深圳衡信柏迪物业管理有限公司广州分公司	大厦
广晟大厦	广州俊翔物业管理有限公司	大厦
时代花园	广州市信诚物业管理有限公司	小区
锦绣银湾一期(别墅)	广州完全房地产物业管理有限公司	小区
东山水恋	广州方圆物业管理有限公司	小区
深圳市深福保大厦	深圳市深福保物业发展有限公司	大厦
民生银行大厦	深圳市中航物业管理有限公司	大厦
深圳图书馆	深圳市龙城物业管理有限公司	大厦
地铁大厦	深圳地铁物业管理发展有限公司	大厦
世界金融中心	崇德物业管理(深圳)有限公司	大厦
深圳市宝安中学初中部	深圳市安业物业管理有限公司	大厦
金中环商务大厦	深圳市中环物业管理有限公司	大厦
新世界商务中心	深圳市新世界物业管理有限公司	大厦
金地网球花园	深圳市金地物业管理有限公司	小区
金地海景翠堤湾花园	深圳市金地物业管理有限公司	小区
云顶翠峰	深圳市万泽物业管理有限公司	小区
缇香名苑	深圳市中核物业管理有限责任公司	小区
山语华庭	深圳市德业基物业管理有限公司	小区
香山美树苑	深圳市东部物业管理有限公司	小区
振业城一期	深圳市振业物业管理有限公司	小区
水岸新都	佳兆业物业管理(深圳)有限公司	小区

(续上表)

项目名称	管理单位	类型
珠海市中级人民法院审判综合楼	珠海华发物业管理服务有限公司	大厦
华发新城二期、三期	珠海华发物业管理服务有限公司	小区
中山火炬开发区群英华庭	珠海华发物业管理服务有限公司中山火炬开发区分公司	小区
朝阳花地花园	中山市守信物业管理有限公司	小区
佛山奥园(一期)	佛山市佛奥物业服务有限公司	小区
雍景豪园御景台	佛山市南海区雅居乐物业管理服务有限公司	小区
东田翠湖湾	东莞市东田物业管理有限公司	小区
花街18(风景商贸花园)商住小区	东莞市东城中心物业管理有限公司	小区
世纪城·国际公馆一、二期	东莞市世纪城物业服务有限公司	小区
江门供电局调度大楼	江门市江诚实业有限公司	大厦
广东粤电靖海发电有限公司厂区	广州市同诚物业管理有限公司	工业区
光耀·荷兰水乡一、二期	惠州市深中原物业管理有限公司	小区
梅州市电信枢纽楼	广东公诚物业管理有限公司梅州分公司	大厦

(省物业管理行业协会)

2009年广东省绿色住区

(认定单位：广东省房地产行业协会)

地区	项目	开发建设单位
广州	广州万科城花园	鹏利国际置业(广州)有限公司
广州	广州万科云山花园	广州市万科星房地产有限公司
深圳	深圳万科城(四期高层)	深圳市万科房地产有限公司
东莞	东莞江南第一城(一期)	广东宏远集团房地产开发有限公司
汕头	汕头龙都禧园	龙光地产股份有限公司
广州	广州兰亭御园	广州广电房地产开发集团有限公司
佛山	佛山中海万锦豪园	中海地产(佛山)有限公司

(省房地产行业协会)

统计资料

□ 全社会固定资产投资一万三千三百五十多亿元

□ 全省基础设施完成投资四千四百八十多亿元

□ 基本建设新增固定资产五千八百多亿元

□ 建筑业企业总产值三千八百多亿元

□ 全社会施工建筑面积四万九千四百多万平方米

房地产开发主要指标

项　　目	2000 年	2005 年	2006 年	2008 年	2009 年
土地开发及购置(万平方米)					
本年土地开发面积	1754.51	2085.66	2501.79	1868.17	1497.15
本年土地购置面积	1942.30	2894.12	2493.28	2635.58	2259.90
本年完成投资额(亿元)	858.61	1591.90	1843.51	2932.34	2961.32
住宅	593.74	1065.74	1302.73	2132.52	2090.09
经济适用房屋	19.52	2.86	3.30	8.61	15.82
资金来源小计(亿元)	1064.51	2233.60	2890.66	3762.08	5059.35
国内贷款	228.53	385.75	620.51	869.13	1010.39
利用外资	39.16	37.16	59.84	65.37	65.23
自筹资金	287.71	702.33	704.93	1249.67	1334.49
房屋建筑面积(万平方米)					
施工面积	9922.12	15110.04	16973.83	22992.63	24814.69
住宅	7400.38	11399.99	13052.91	18022.38	18994.15
经济适用房屋	301.75	70.80	59.09	78.91	141.61
竣工面积	3161.39	4385.16	4314.10	4359.24	5062.25
住宅	2598.52	3476.73	3417.12	3476.22	4111.60
经济适用房屋	180.42	33.86	19.29	6.50	15.86
商品房屋销售额(亿元)	729.50	2238.66	2513.02	2879.96	4598.53
住宅	597.36	1886.39	2153.62	2519.34	4176.65
经济适用房屋	14.83	4.70	3.64	1.09	12.02
商品房屋销售面积(万平方米)	2259.95	5038.91	5178.56	4824.41	7060.03
住宅	2009.34	4546.32	4693.39	4378.37	6567.43
经济适用房屋	106.74	33.96	19.03	6.83	40.21

注：本表 2008 年为快报统计数据。

各市房地产开发投资情况

(2009年)

单位：亿元

市别	完成投资额	土地开发	住宅
广州	817.34	46.11	501.72
深圳	437.46	7.31	289.78
珠海	168.44	15.82	95.46
汕头	38.09	0.89	28.06
佛山	358.25	32.69	262.55
韶关	46.45	2.61	33.63
河源	20.18	1.15	16.67
梅州	15.38	1.78	11.78
惠州	175.33	8.95	133.20
汕尾	14.50	0.60	12.94
东莞	277.66	4.77	251.38
中山	192.37	8.40	141.06
江门	95.65	12.97	75.06
阳江	33.09	4.59	25.42
湛江	47.27	1.48	30.60
茂名	25.04	2.04	20.01
肇庆	60.66	1.54	47.05
清远	89.99	1.71	73.57
潮州	17.13	4.58	12.56
揭阳	19.31	0.92	17.37
云浮	11.71	0.16	10.23
按经济区域分			
珠三角	2583.17	138.55	1797.27
东翼	89.04	6.98	70.92
西翼	105.40	8.11	76.03
山区	183.71	7.40	145.88

各市房地产开发房屋建筑面积及价值
(2009年)

市别	房屋建筑面积(万平方米)			竣工房屋价值(万元)	
	施工面积	竣工面积	住宅		住宅
广州	5551.91	1078.72	793.69	3460322	2635135
深圳	3112.36	402.01	269.54	1922200	1246312
珠海	1143.96	371.17	314.11	736594	624705
汕头	530.02	162.21	123.83	215190	160308
佛山	2085.41	241.13	204.54	785402	692383
韶关	675.04	178.01	155.38	317094	264847
河源	235.91	87.30	81.69	151079	143650
梅州	205.75	75.09	63.77	107961	92124
惠州	2248.34	553.87	456.77	1405907	1138888
汕尾	113.72	57.46	53.63	98318	94638
东莞	2333.90	310.22	268.08	1056370	909881
中山	1883.73	426.46	341.18	912057	724397
江门	1124.68	252.30	223.45	445958	390863
阳江	305.25	69.49	64.45	158520	148785
湛江	630.47	80.82	62.58	114234	85255
茂名	433.10	90.94	83.88	122178	109075
肇庆	753.46	228.06	192.14	409295	351905
清远	807.38	195.18	172.56	402061	362179
潮州	237.82	84.97	72.06	191861	174150
揭阳	239.09	85.43	83.22	142601	133486
云浮	163.39	31.42	31.05	60140	59835
按经济区域分					
珠三角	20237.75	3863.94	3063.49	11134105	8714469
东翼	1120.65	390.07	332.75	647970	562582
西翼	1368.82	241.25	210.91	394932	343115
山区	2087.47	566.99	504.45	1038335	922635

各市商品房屋销售情况
(2009 年)

市别	实际销售面积（万平方米）	住宅	实际销售额（万元）	住宅
广州	1375.42	1253.60	12861506	11267970
深圳	762.15	717.39	11138757	10322849
珠海	289.73	277.77	2146041	2047303
汕头	131.41	109.95	479391	385303
佛山	779.51	711.27	4876366	4412711
韶关	224.87	213.99	591504	539872
河源	84.75	80.15	212552	193387
梅州	101.75	91.90	197778	167523
惠州	543.81	516.39	2320126	2122826
汕尾	54.47	51.12	133785	128000
东莞	600.27	578.82	3530040	3342466
中山	563.53	518.14	2594089	2355623
江门	348.67	322.48	1301887	1195661
阳江	105.69	99.15	284201	261934
湛江	107.43	103.58	401821	389512
茂名	165.75	155.58	393885	349449
肇庆	278.52	259.00	960350	861846
清远	288.61	274.72	982558	898658
潮州	96.39	81.45	216239	186237
揭阳	106.33	103.71	224148	216987
云浮	50.96	47.27	138256	120388
按经济区域分				
珠三角	5541.61	5154.87	41729162	37929255
东翼	388.60	346.22	1053563	916527
西翼	378.88	358.31	1079907	1000895
山区	750.94	708.02	2122648	1919828

全社会固定资产投资主要指标

项　　目	1995 年	2000 年	2005 年	2008 年	2009 年
投资完成额(亿元)	2327.22	3233.70	7164.11	11165.06	13353.15
按城乡分					
城镇	1935.97	2710.57	6038.77	8789.19	10395.03
房地产开发	563.89	858.61	1591.90	2932.34	2961.32
农村	391.25	523.13	1125.34	2375.87	2958.12
按登记注册类型分					
内资	1874.41	2676.65	5368.63	8763.99	11163.98
国有	1122.84	1219.19	1858.90	2478.26	4199.04
集体	363.67	393.23	328.17	552.31	696.34
股份合作		19.43	66.56	53.47	60.04
联营		47.78	56.36	58.61	16.09
有限责任公司		366.63	1221.77	2314.26	2599.12
股份有限公司		153.58	377.11	603.15	653.87
私营	17.22	207.67	1107.61	1877.39	1930.94
个体	249.78	248.51	295.86	698.20	769.10
其他	120.90	20.63	56.29	128.34	239.44
港澳台投资	197.93	416.34	1081.10	1524.05	1355.20
外商投资	254.88	140.71	714.39	877.02	833.97
按构成分					
建筑安装工程	1507.92	2103.78	4520.62	7140.54	8800.83
设备工具器具购置	464.75	597.29	1593.83	2264.31	2467.73
其他费用	354.55	532.63	1049.67	1760.21	2084.59
按三次产业分					
第一产业	14.27	23.40	28.72	109.54	130.25
第二产业	682.40	768.82	2868.44	3936.80	4458.17
第三产业	1630.55	2441.48	4266.94	7118.72	8764.73
按财务拨贷款合计	2509.38	3396.79	7948.02	12204.40	15889.16
国家预算内资金	26.98	56.80	69.13	253.16	379.74
国内贷款	376.11	584.34	1366.09	1877.90	2695.36
利用外资	465.13	357.05	786.05	779.48	682.36
自筹资金	941.71	1456.24	4300.92	7052.96	8636.85
其他资金	699.45	942.35	1425.83	2240.90	3494.85
房屋建筑面积(万平方米)					
施工面积	21364.88	23520.91	38351.76	44751.79	49419.17
竣工面积	10689.48	13492.94	17053.80	18056.12	18736.95
住宅	7308.18	8888.66	9633.54	10121.36	10807.08
实际销售商品房屋面积(万平方米)	1000.41	2259.95	5038.91	4824.41	7060.03
住宅	850.44	2009.34	4546.32	4378.37	6567.43

全社会固定资产投资总额

单位：亿元

年份	全社会投资总额	按城乡分		
		城镇	房地产开发	农村
1978	27.23	20.51		6.72
1979	28.29	20.65		7.64
1980	38.29	26.81		11.48
“六五”时期	548.80	398.17		150.63
1981	60.40	39.15		21.25
1982	84.73	57.34		27.39
1983	88.71	62.11		26.60
1984	130.37	89.86		40.51
1985	184.59	149.71		34.88
“七五”时期	1549.91	1308.23	129.10	241.68
1986	216.50	179.49	10.00	37.01
1987	251.01	208.87	16.29	42.14
1988	353.59	315.06	21.96	38.53
1989	347.34	294.95	48.15	52.39
1990	381.47	309.86	32.70	71.61
“八五”时期	7498.19	6072.55	1459.87	1425.64
1991	478.20	391.75	49.75	86.45
1992	921.75	702.59	125.57	219.16
1993	1629.87	1307.33	316.53	322.54
1994	2141.15	1734.91	404.13	406.24
1995	2327.22	1935.97	563.89	391.25
“九五”时期	13555.17	11333.16	3228.69	2222.01
1996	2327.64	1945.72	528.85	381.92
1997	2298.14	1899.22	528.31	398.92
1998	2668.13	2224.24	602.72	443.89
1999	3027.56	2553.41	710.20	474.15
2000	3233.70	2710.57	858.61	523.13
“十五”时期	25727.31	21742.54	6268.85	3984.77
2001	3536.41	3003.72	972.34	532.69
2002	3970.69	3343.46	1115.25	627.23
2003	5030.57	4235.14	1233.52	795.43
2004	6025.53	5121.45	1355.84	904.08
2005	7164.11	6038.77	1591.90	1125.34
“十一五”时期				
2006	8132.37	6618.77	1843.51	1513.60
2007	9596.95	7525.46	2519.13	2071.49
2008	11165.06	8789.19	2932.34	2375.87
2009	13353.15	10395.03	2961.32	2958.12

注：1993年以前房地产开发投资主要是商品房建设投资。

按资金来源和构成分全社会固定资产投资

年份	按资金来源分				按构成分		
	国家预算内资金	国内贷款	利用外资	自筹和其他资金	建筑安装工程	设备工具器具购置	其他费用
投资额(亿元)							
1985	15.02	45.70	19.00	104.87	138.31	32.71	13.57
1990	12.92	73.92	61.07	261.60	246.56	103.97	30.94
1991	12.82	108.50	66.69	326.45	331.23	105.47	41.50
1992	12.98	205.51	120.17	667.06	651.18	185.72	84.85
1993	21.09	342.60	285.28	1085.64	1019.74	381.90	228.25
1994	20.70	335.57	479.52	1379.58	1357.19	499.26	284.70
1995	26.98	376.11	465.13	1641.16	1507.92	464.75	354.55
1996	22.52	347.75	494.70	1573.54	1507.04	498.79	321.81
1997	21.75	296.54	477.70	1605.60	1511.58	464.55	322.01
1998	46.53	414.58	394.44	1971.60	1688.14	546.06	433.93
1999	60.95	549.97	323.63	2167.05	1960.22	588.35	478.99
2000	56.80	584.34	357.06	2398.59	2103.78	597.29	532.63
2001	58.10	592.65	361.09	2680.24	2293.93	698.49	543.99
2002	73.58	749.21	439.31	3040.07	2548.91	783.70	638.08
2003	90.23	950.98	568.95	3996.32	3201.16	977.70	851.71
2004	72.39	1132.08	655.75	4864.42	3784.12	1247.82	993.59
2005	69.13	1366.09	786.05	5726.75	4520.62	1593.83	1049.67
2006	105.55	1659.26	865.58	6662.41	5221.87	1796.20	1114.29
2007	179.42	1755.86	984.01	8494.11	6088.11	1979.44	1529.39
2008	253.16	1877.90	779.48	9293.86	7140.54	2264.31	1760.21
2009	379.74	2695.36	682.36	12131.70	8800.83	2467.73	2084.60
构成 (%)							
1985	8.1	24.8	10.3	56.8	74.9	17.7	7.4
1990	3.2	18.1	14.9	63.9	64.6	27.3	8.1
1991	2.5	21.1	13.0	63.5	69.3	22.1	8.7
1992	1.3	20.4	11.9	66.3	70.6	20.1	9.2
1993	1.2	19.8	16.4	62.6	62.6	23.4	14.0
1994	0.9	15.1	21.6	62.3	63.4	23.3	13.3
1995	1.1	15.0	18.5	65.4	64.8	20.0	15.2
1996	0.9	14.3	20.3	64.5	64.7	21.4	13.8
1997	0.9	12.3	19.9	66.9	65.8	20.2	14.0
1998	1.6	14.7	14.0	69.7	63.3	20.5	16.3
1999	2.0	17.7	10.4	69.9	64.7	19.4	15.8
2000	1.7	17.2	10.5	70.6	65.1	18.5	16.5
2001	1.6	16.1	9.8	72.6	64.9	19.8	15.4
2002	1.7	17.4	10.2	70.7	64.2	19.7	16.1
2003	1.6	17.0	10.1	71.3	63.6	19.4	16.9
2004	1.1	16.8	9.8	72.3	62.8	20.7	16.5
2005	0.9	17.2	9.9	72.1	63.1	22.2	14.7
2006	1.1	17.9	9.3	71.7	64.2	22.1	13.7
2007	1.6	15.4	8.6	74.4	63.4	20.6	15.9
2008	2.1	15.4	6.4	76.1	64.0	20.3	15.7
2009	2.4	16.9	4.3	76.4	65.9	18.5	15.6

注：1986 年及以后的资金来源为财务拨款数，各项相加不等于投资总额。

按构成分全社会固定资产投资
(2009年)

项　目	全社会投资	城　镇	房地产开发	农　村
建设项目个数(个)				
施工项目	45646	20207		25439
全部建成投产项目	31420	12011		19409
计划总投资（亿元）	48414.85	43650.99	16840.38	4763.86
自开始建设累计完成投资	29715.05	25967.39	10241.73	3747.66
本年投资总额（亿元）	13353.15	10395.03	2961.32	2958.12
住宅	2813.86	2362.78	2090.09	451.07
按隶属关系分				
中央	2961.32	2942.93	89.77	18.38
地方	10391.83	7452.10	2871.54	2939.73
按构成分				
建筑安装工程	8800.83	6960.27	2165.06	1840.56
设备工具器具购置	2467.73	1659.00	39.45	808.73
其他费用	2084.59	1775.76	756.81	308.83
财务拨贷款合计（亿元）	15889.16	12704.75	5059.35	3184.41
国家预算内资金	379.74	317.00		62.74
国内贷款	2695.36	2580.05	1010.39	115.31
利用外资	682.36	449.82	65.23	232.53
自筹资金	8636.85	6220.73	1334.49	2416.12
其他资金	3494.85	3137.13	2649.25	357.72
新增固定资产（亿元）	7926.97	5827.60	1662.45	2099.37
房屋建筑面积（万平方米）				
施工面积	49419.17	38318.80	24814.69	11100.36
竣工面积	18736.95	10798.33	5062.25	7938.62
住宅	10807.08	6091.33	4111.60	4715.75

各市全社会固定资产投资额

单位：亿元

市　别	2002 年	2003 年	2004 年	2005 年	2006 年	2007 年	2008 年	2009 年
全省总计	3970.69	5030.57	6025.53	7164.11	8132.37	9596.95	11165.06	13353.15
广　州	999.33	1160.26	1312.71	1514.01	1687.11	1858.64	2101.45	2659.85
深　圳	799.84	949.10	1090.12	1182.32	1287.43	1345.00	1464.32	1709.15
珠　海	120.53	141.05	179.85	218.23	256.28	339.32	351.32	410.51
汕　头	108.12	119.24	131.94	154.14	175.18	206.69	261.36	291.90
佛　山	290.43	423.69	568.56	741.43	895.25	1052.23	1230.64	1470.56
韶　关	72.33	103.31	129.22	139.75	169.16	217.59	283.79	356.50
河　源	41.42	56.29	78.38	111.10	175.18	232.09	174.79	198.15
梅　州	63.11	78.79	93.06	97.66	108.43	125.00	140.54	162.98
惠　州	104.73	228.47	297.62	352.37	308.78	486.91	588.74	758.97
汕　尾	45.96	56.95	73.44	101.86	133.48	175.08	206.27	289.43
东　莞	191.57	319.39	433.90	592.20	698.67	841.21	943.07	1094.08
中　山	219.00	262.05	291.58	320.92	346.49	399.22	444.95	545.61
江　门	126.15	150.84	195.69	228.87	267.65	316.64	378.22	492.07
阳　江	42.63	49.86	56.68	82.25	102.46	135.16	171.70	239.49
湛　江	93.27	113.52	142.09	168.00	205.25	242.83	295.32	393.23
茂　名	89.98	93.37	109.41	147.72	169.85	130.71	145.74	180.01
肇　庆	94.16	114.66	145.24	178.01	216.94	270.57	326.31	462.77
清　远	57.26	101.55	156.80	222.42	301.00	483.40	703.47	841.24
潮　州	39.41	46.56	75.48	97.59	108.00	120.83	128.31	162.98
揭　阳	78.66	85.52	87.81	115.16	151.57	203.19	265.79	393.50
云　浮	41.64	53.01	76.13	103.44	110.29	129.19	142.76	240.19
按经济区域分								
珠三角	2945.74	3749.51	4515.27	5328.37	5964.60	6909.74	7829.03	9603.55
东　翼	272.15	308.26	368.67	468.75	568.23	705.79	861.73	1137.80
西　翼	225.88	256.75	308.18	397.97	477.56	508.70	612.76	812.73
山　区	275.76	392.95	533.59	674.38	864.06	1187.27	1445.35	1799.06

注：2008 年前全省总计中含不分区部分。

各市按城乡分全社会固定资产投资

(2009年)

单位：亿元

市别	全社会投资	城镇	房地产开发	农村
全省总计	13353.15	10395.03	2961.32	2958.12
广州	2659.85	2576.33	817.34	83.52
深圳	1709.15	1709.15	437.46	
珠海	410.51	407.57	168.44	2.94
汕头	291.90	225.92	38.09	65.98
佛山	1470.56	724.99	358.25	745.57
韶关	356.50	316.70	46.45	39.80
河源	198.15	129.71	20.18	68.44
梅州	162.98	134.81	15.38	28.17
惠州	758.97	666.65	175.33	92.32
汕尾	289.43	232.19	14.50	57.24
东莞	1094.08	638.97	277.66	455.10
中山	545.61	403.46	192.37	142.14
江门	492.07	352.75	95.65	139.32
阳江	239.49	198.85	33.09	40.65
湛江	393.23	282.22	47.27	111.01
茂名	180.01	103.83	25.04	76.18
肇庆	462.77	303.74	60.66	159.03
清远	841.24	438.18	89.99	403.06
潮州	162.98	121.31	17.13	41.66
揭阳	393.50	287.63	19.31	105.86
云浮	240.19	140.07	11.71	100.13
按经济区域分				
珠三角	9603.55	7783.61	2583.17	1819.95
东翼	1137.80	867.06	89.04	270.74
西翼	812.73	584.90	105.40	227.83
山区	1799.06	1159.47	183.71	639.59

国有经济固定资产投资主要指标

项　　目	1995 年	2000 年	2005 年	2008 年	2009 年
建设项目个数（个）					
施工项目	6748	8934	7095	6781	8663
全部建成投产项目	3217	4070	3062	3670	4095
投资总额（亿元）	1122.84	1286.91	2062.31	2754.51	4199.04
住宅	193.93	185.38	54.08	97.27	137.65
按构成分					
建筑安装工程	680.01	835.63	1365.02	1877.16	2914.99
设备工具器具购置	254.30	222.31	345.90	397.83	581.28
其他费用	188.53	228.97	351.41	479.52	702.77
按建设性质分					
新建	685.99	635.88	1220.11	1800.27	2734.01
扩建	258.41	280.76	478.22	446.08	604.33
改建	101.85	128.62	262.00	338.57	605.77
按资金来源分					
国家预算内资金	19.31	48.77	58.78	218.55	309.69
国内贷款	186.84	275.53	558.68	545.55	1013.43
利用外资	142.71	55.08	9.28	7.12	13.32
自筹资金	550.53	743.32	1282.55	1789.99	2516.81
其他资金	223.45	164.21	153.02	193.30	345.79
新增固定资产（亿元）	634.07	1022.34	1195.42	1594.18	1968.53
房屋建筑面积（万平方米）					
施工面积	7425.60	5010.21	3878.94	3236.91	4240.24
竣工面积	2486.51	2062.14	1592.14	1241.78	1069.22
住宅	1385.38	1024.44	343.53	341.66	325.24

注：建设项目个数、投资总额按建设性质分不含房地产开发部分。

基础产业和基础设施完成投资额

单位：亿元

年　份	基础产业	基础设施	电力、燃气及水的生产和供应业	交通运输、邮政业	信息传输、计算机服务和软件业	水利、环境和公共设施管理业
1990	139.95	132.62	24.73	46.77	28.75	32.37
1995	779.53	738.70	137.77	260.49	160.13	180.31
2000	1159.40	1098.68	204.91	387.43	238.16	268.18
2001	1187.24	1049.32	225.93	340.61	247.38	235.40
2002	1237.56	1127.94	300.13	348.87	242.34	236.60
2003	1655.29	1426.24	338.85	473.57	264.35	349.47
2004	2221.66	1858.46	548.32	627.93	267.91	414.30
2005	2612.47	2154.45	691.16	675.40	241.07	546.82
2006	2800.36	2392.07	714.76	820.49	218.37	638.45
2007	2989.95	2462.09	636.07	891.56	214.35	720.11
2008	3559.61	2935.03	749.57	1106.76	242.05	836.65
2009	5151.98	4488.32	1222.37	1664.65	278.46	1322.84

按行业分城镇投资主要指标
(2009年)

行　　业	投资额（亿元）	施工项目个数(个)	全部建成投产项目个数(个)	新增固定资产（亿元）
全省总计	10395.03	20207	12011	5827.60
农、林、牧、渔业	39.19	275	186	28.33
农业	10.78	64	37	6.75
林业	6.00	49	35	4.10
畜牧业	7.44	55	35	5.27
渔业	6.75	35	31	6.32
农、林、牧、渔服务业	8.22	72	48	5.90
采矿业	82.09	53	25	65.00
煤炭开采和洗选业				
石油和天然气开采业	54.03	3	2	54.73
黑色金属矿采选业	8.48	12	2	0.26
有色金属矿采选业	12.34	16	7	3.78
非金属矿采选业	7.25	22	14	6.23
其他采矿业				
制造业	1774.45	5456	3109	1481.35
农副食品加工业	21.72	149	78	10.75
食品制造业	28.27	160	95	17.79
饮料制造业	25.53	54	32	21.73
烟草制品业	9.23	36	8	3.45
纺织业	43.90	171	107	39.32
纺织服装、鞋、帽制造业	52.83	264	174	46.92
皮革、毛皮、羽毛（绒）及其制品业	23.06	88	53	16.31
木材加工及木、竹、藤、棕、草制品业	12.29	35	20	5.56
家具制造业	30.00	112	75	23.41
造纸及纸制品业	31.28	110	85	18.78
印刷业和记录媒介的复制	27.52	129	96	23.50
文教体育用品制造业	25.51	126	80	19.57
石油加工、炼焦及核燃料加工业	63.63	70	17	214.35
化学原料及化学制品制造业	94.00	350	181	76.65
医药制造业	34.83	108	48	16.87
化学纤维制造业	8.57	5	2	3.81
橡胶制品业	12.01	43	16	6.20
塑料制品业	68.92	393	257	61.74
非金属矿物制品业	119.81	293	156	58.85
黑色金属冶炼及压延加工业	90.72	41	21	133.77
有色金属冶炼及压延加工业	25.46	56	17	12.12
金属制品业	86.04	434	254	60.49
通用设备制造业	59.23	185	108	45.03
专用设备制造业	56.11	253	148	45.42

注：施工项目个数不含房地产开发。

(续上表)

行　　业	投资额 (亿元)	施工项目个数 (个)	全部建成投产项目个数(个)	新增固定资产 (亿元)
交通运输设备制造业	185.89	215	114	90.57
电气机械及器材制造业	147.29	591	322	120.08
通信设备、计算机及其他电子设备制造业	276.38	566	304	203.45
仪器仪表及文化、办公用机械制造业	20.99	78	39	17.41
工艺品及其他制造业	72.94	304	189	53.30
废弃资源和废旧材料回收加工业	20.48	37	13	14.15
电力、燃气及水的生产和供应业	1023.97	1379	563	402.40
电力、热力的生产和供应业	799.05	887	380	339.14
燃气生产和供应业	18.45	54	24	11.75
水的生产和供应业	206.47	438	159	51.51
建筑业	10.87	18	11	10.25
房屋和土木工程建筑业	9.48	6	4	9.33
建筑安装业	0.55	4	2	0.37
建筑装饰业	0.15	2		0.02
其他建筑业	0.70	6	5	0.54
交通运输、仓储和邮政业	1598.13	1265	644	644.44
铁路运输业	263.47	33	10	131.29
道路运输业	702.69	930	521	193.52
城市公共交通业	331.57	41	9	129.79
水上运输业	96.25	97	31	73.56
航空运输业	126.25	23	6	80.70
管道运输业				
装卸搬运及其他运输服务业	4.34	20	11	3.52
仓储业	72.11	110	49	31.00
邮政业	1.44	11	7	1.05
信息传输、计算机服务和软件业	272.07	560	381	160.71
电信和其他信息传输服务业	261.46	528	365	151.67
计算机服务业	1.68	11	3	0.86
软件业	8.94	21	13	8.17
批发和零售业	134.98	457	296	95.40
批发业	62.82	168	95	43.90
零售业	72.15	289	201	51.51
住宿和餐饮业	130.87	398	243	92.98
住宿业	90.84	259	138	59.60
餐饮业	40.03	139	105	33.38
金融业	19.38	48	33	14.43
银行业	12.53	42	31	11.32

(续上表)

行　　业	投资额 (亿元)	施工项目个数 (个)	全部建成投产项目 个数(个)	新增固定资产 (亿元)
证券业	4.04	2		0.44
保险业	1.50	2		1.37
其他金融活动	1.31	2	2	1.31
房地产业	3517.67	4810	3988	2038.12
房地产业	3517.67	4810	3988	2038.12
租赁和商务服务业	113.42	196	109	69.48
租赁业	0.16			0.16
商务服务业	113.26	196	109	69.32
科学研究、技术服务和地质勘查业	54.96	140	46	30.50
研究与试验发展	8.11	43	9	2.53
专业技术服务业	31.73	67	24	19.32
科技交流和推广服务业	15.05	29	13	8.65
地质勘查	0.07	1		
水利、环境和公共设施管理业	1053.31	3084	1363	416.96
水利管理业	165.15	836	293	72.13
环境管理业	70.30	248	123	38.07
公共设施管理业	817.86	2000	947	306.76
居民服务和其他服务业	12.58	66	43	7.39
居民服务业	7.33	38	21	4.43
其他服务业	5.25	28	22	2.96
教育	170.42	785	412	120.57
教育	170.42	785	412	120.57
卫生、社会保障和社会福利业	108.68	398	177	43.28
卫生	103.32	355	156	40.93
社会保障业	2.32	9	3	0.65
社会福利业	3.04	34	18	1.71
文化、体育和娱乐业	190.41	384	143	36.44
新闻出版业	4.73	7	1	4.22
广播、电视、电影和音像业	10.12	26	10	3.37
文化艺术业	32.59	161	55	10.09
体育	113.20	98	18	4.99
娱乐业	29.77	92	59	13.77
公共管理与社会组织	87.58	435	239	69.58
中国共产党机关	0.70	5	2	0.23
国家机构	79.41	373	195	63.50
人民政协和民主党派	1.64			1.64
群众社团、社会团体和宗教组织	3.01	26	20	2.10
基层群众自治组织	2.82	31	22	2.10
国际组织				

全社会投资效益指标

项　　目	2005 年	2006 年	2007 年	2008 年	2009 年
固定资产交付使用率					
本年完成投资（亿元）	7164.11	8132.37	9596.95	11165.06	13353.15
本年新增固定资产（亿元）	4668.97	5351.27	5690.77	7137.98	7926.97
固定资产交付使用率（%）	65.2	65.8	59.3	63.9	59.4
建成项目投产率					
本年施工项目（个）	23472	38032	39360	40229	45646
本年建成投产项目（个）	10680	14153	23225	28412	31420
建成项目投产率（%）	45.5	37.2	59.0	70.6	68.8
房屋建筑面积					
本年房屋施工面积（万平方米）	38351.76	36956.44	42981.28	44751.79	49419.17
本年房屋竣工面积（万平方米）	17053.80	15126.21	17320.02	18056.12	18736.95
房屋面积竣工率（%）	44.5	40.9	40.3	40.3	37.9
建设周期					
计划总投资（亿元）	26335.04	30025.56	34465.18	39023.52	48414.85
本年完成投资（亿元）	7164.11	8132.37	9596.95	11165.06	13353.15
建设周期（年 / 月）	3.8	3.8	3.7	3.5	3.7

新增主要生产能力或效益

指　　标	2005 年	2006 年	2007 年	2008 年	2009 年
石油加工:蒸馏设备能力(处理万吨/年)	300	805	8	860	1340
裂化设备能力(处理万吨/年)	10	255		150	
加氢精制设备能力(处理万吨/年)	120	302		205	220
钢材:热轧钢材(万吨/年)	280.35	263.28	317.18	98.44	146.00
冷轧(拔)钢材(万吨/年)	377.55	99.80	55.60	126.45	76.00
钢冶炼(吨/年)	25477	12500	22200	126560	420
铝加工(吨/年)	119780	276505	312945	519945	668610
发电机组装机容量(万千瓦)	526.93	544.68	813.18	1128.54	670.25
水力发电(万千瓦)	37.32	24.48	39.98	295.61	31.59
火力发电(万千瓦)	433.57	442.20	683.50	779.00	489.00
输电线路(11 万伏及以上) (公里)	4066.05	4708.97	2692.87	2843.62	5638.58
水泥(万吨/年)	1792.15	1930.00	2570.90	694.00	793.50
塑料树脂及共聚物(吨/年)	32999	211678	512576	216732	466989
新建公路(千米)	1860.61	888.00	1583.00	1584.81	2380.65
高速公路(千米)	187.86	47.00	283.00	331.01	172.54
改建公路(千米)	5379.79	3822.00	6726.00	5205.80	3945.65
一级公路(千米)	309.70	167.00	150.00	255.65	278.39
新建独立公路桥梁(延长米)	13032.38	7476.00	8071.00	10516.00	4094.53
(座)	118	23	44	19	36
新(扩)建港口码头(年吞吐量:万吨)	3158.00	1629.00	477.50	2753.00	1676.30
(泊位:个)	13	20	16	21	35
新(扩)建客、货运站(个)	29	4	8	15	16
(平方米)	90564	17000	108604	64598	147980
程控交换机(指安装能力)(万线/年)	81.87	75.00	38.00	27.98	
造林面积(万亩)	17.79	30.72	28.15		
水库容量(总库容)(亿立方米)	2.26	1.09	1.60		
有效灌溉面积(万亩)	35.20	5.70	25.61		
除涝面积(万亩)	34.24	18.50	11.85		
高等学生席位(个)	146394	350377	663862		
(平方米)	3081442	3735146	5804999		
医院病床(张)	7192	9034	6191		
城市自来水供水能力(万吨/日)	359.41	314.70	140.82	355.49	189.20
城市道路扩建长度(千米)	243.25	337.64	353.95		
城市道路扩建面积(万平方米)	557.63	869.94	555.87		
城市排水管道铺设长度(千米)	355.96	324.41	402.48		
城市污水处理能力(万吨/日)	124.46	99.63	86.28	198.74	321.25
城市防洪堤长度(千米)	150.74	104.58	113.24		

各市全社会和城镇房屋建筑面积
(2009年)

市别	施工建筑面积(万平方米)	住宅	竣工建筑面积(万平方米)	住宅	竣工价值(亿元)	住宅
全社会总计	49419.17	27406.31	18736.95	10807.08	2762.40	1623.82
广州	8690.90	3740.54	2208.57	965.85	530.53	284.36
深圳	5265.34	2491.65	1227.46	532.30	292.41	154.99
珠海	1960.23	1058.32	579.75	416.66	103.17	73.74
汕头	1244.89	663.15	655.85	383.10	68.55	37.79
佛山	4227.72	2123.45	1937.98	577.07	244.32	104.61
韶关	1434.28	896.36	559.03	383.07	61.24	40.14
河源	1069.37	698.81	448.63	370.26	44.86	34.56
梅州	563.33	451.59	327.13	266.01	36.51	26.14
惠州	4128.00	2214.92	1448.13	825.51	239.43	146.86
汕尾	1184.69	758.27	955.07	671.93	111.12	66.07
东莞	3748.79	2337.46	951.47	435.86	173.93	109.27
中山	3132.23	1675.00	1045.16	485.92	172.18	89.68
江门	2197.61	1134.82	864.93	378.76	92.81	50.52
阳江	883.40	549.95	288.69	200.05	34.56	27.90
湛江	1933.11	1556.94	1248.02	1143.08	111.50	98.02
茂名	1572.33	1388.94	1154.96	1067.80	82.45	71.38
肇庆	1703.62	1002.86	918.60	532.12	113.87	61.27
清远	2070.06	1329.76	1001.19	699.92	123.19	79.55
潮州	398.39	229.73	147.62	78.95	28.97	19.50
揭阳	1387.75	793.04	571.06	287.82	65.39	31.72
云浮	623.13	310.72	197.65	105.05	31.42	15.76
城镇总计	38318.80	21717.22	10798.33	6091.33	2070.89	1253.59
广州	8149.90	3621.78	1824.35	862.73	492.33	274.25
深圳	5265.34	2491.65	1227.46	532.30	292.41	154.99
珠海	1947.15	1045.79	569.41	406.37	102.11	72.68
汕头	942.34	461.31	375.57	181.76	44.18	21.19
佛山	2401.81	1816.87	462.23	282.18	108.94	75.20
韶关	1092.97	625.21	310.21	182.77	47.11	29.16
河源	585.96	268.55	180.24	113.76	27.05	17.82
梅州	395.44	295.26	181.92	130.00	24.58	15.34
惠州	3478.89	1900.29	996.04	535.80	194.96	121.71
汕尾	798.20	400.85	578.86	317.40	77.10	34.94
东莞	2652.28	2132.70	474.10	318.86	124.26	95.04
中山	2533.20	1519.98	702.38	358.71	133.70	75.26
江门	1663.08	980.42	504.88	229.81	64.03	39.45
阳江	744.34	427.63	221.82	137.26	28.94	22.63
湛江	1065.48	737.12	401.68	328.85	44.50	34.59
茂名	754.24	624.62	354.80	303.77	35.68	27.80
肇庆	1126.47	707.33	432.54	260.61	68.62	41.53
清远	1209.50	833.98	401.33	288.79	73.11	48.22
潮州	331.35	222.56	105.45	72.73	22.58	18.01
揭阳	900.90	397.23	408.76	181.55	48.61	22.10
云浮	279.96	206.09	84.28	65.32	16.10	11.69

建筑业企业生产情况
(2008~2009年)

项　　目	2008年合计	国有及国有控股企业	2009年合计	国有及国有控股企业
企业个数（个）	4601	519	4508	499
建筑业合同情况				
签订的合同额(亿元)	6839.28	2990.49	8758.25	3929.91
上年结转合同额(亿元)	3048.24	1354.40	3788.11	1667.30
本年新签合同额(亿元)	3791.04	1636.10	4970.13	2262.61
承包工程完成情况				
直接从建设单位承揽				
工程完成产值(亿元)	3423.39	1243.09	4047.64	1551.03
自行完成施工产值(亿元)	3090.88	996.37	3626.44	1219.27
分包出去工程的产值(亿元)	332.51	246.72	421.20	331.76
从建设单位以外承揽工程完成产值(亿元)	179.40	86.85	182.86	98.18
建筑业总产值（亿元）	3282.55	1088.01	3826.83	1317.98
装饰装修产值(亿元)	459.86	70.45	567.66	80.87
在外省完成的产值(亿元)	522.64	256.71	750.56	385.57
建筑工程产值(亿元)	2814.57	960.83	3297.99	1204.32
安装工程产值(亿元)	379.46	107.78	420.14	95.92
其他产值(亿元)	76.25	14.61	91.16	17.22
竣工产值（亿元）	2010.49	602.09	2373.20	712.98
房屋建筑施工面积（万平方米）	30295.65	9404.47	30126.96	9555.56
新开工面积(万平方米)	12183.82	3382.08	11995.73	3599.81
实行投标承包面积(万平方米)	17793.78	6983.31	17857.42	7525.91
新开工面积(万平方米)	7812.20	2710.07	7925.97	3063.01
劳动人员情况				
劳动生产率平均人数(万人)	175.03	43.79	180.15	45.52
期末从业人数(万人)	172.54	43.32	179.34	43.67
工程技术人员(万人)	25.43	6.43	25.35	6.39

建筑业企业主要指标

年 份	建筑业企业单位数（个）	建筑业企业总产值（亿元）	建筑业企业增加值（亿元）	建筑业企业利税总额（亿元）	建筑业企业从业人员（万人）
1978	178	5.47		0.20	14.78
1979	188	6.32		0.23	16.27
1980	204	8.88		0.32	19.45
1981	224	13.44		0.49	24.29
1982	246	19.66		0.72	29.94
1983	269	24.51		0.90	36.23
1984	357	36.83		1.31	47.12
1985	462	50.45		1.54	54.47
1986	448	57.14		1.28	58.24
1987	492	65.96		1.56	59.08
1988	596	86.74		2.74	66.56
1989	646	125.65		3.62	71.88
1990	686	113.40		3.12	67.22
1991	705	137.30		4.33	67.71
1992	910	216.56		9.65	84.80
1993	1766	459.95		23.03	144.12
1994	1587	535.75		31.29	150.05
1995	1618	635.83		39.47	135.56
1996	2031	632.16	182.74	35.74	146.56
1997	2399	732.97	170.13	38.26	143.89
1998	2961	800.00	176.70	43.11	142.82
1999	3283	954.44	199.50	53.06	144.78
2000	4593	944.61	205.89	58.24	141.46
2001	3699	1179.03	266.00	84.51	147.07
2002	4019	1418.41	363.65	88.95	150.12
2003	4488	1702.87	364.20	127.48	161.48
2004	4166	1901.86	794.88	143.75	152.10
2005	4182	2200.58	855.87	164.38	166.78
2006	4172	2594.04	930.40	191.62	169.33
2007	4326	3005.32	1029.08	256.59	179.13
2008	4601	3282.55	1197.41	289.23	172.54
2009	4508	3826.83	1324.14	329.00	179.34

各市建筑业企业个数

单位：个

市别	2002年	2003年	2004年	2005年	2006年	2007年	2008年	2009年
全省总计	4019	4488	4166	4182	4172	4326	4601	4508
广州	1214	1214	807	764	741	755	801	804
深圳	406	623	603	604	702	746	812	801
珠海	139	173	157	165	161	163	156	161
汕头	178	179	203	199	195	193	218	209
佛山	345	445	525	502	460	464	508	496
韶关	81	80	65	66	72	72	74	76
河源	71	81	117	82	84	86	99	94
梅州	86	80	120	111	118	120	135	130
惠州	137	115	121	124	122	119	120	115
汕尾	49	40	43	43	45	43	39	37
东莞	108	253	244	361	344	438	414	404
中山	301	368	264	273	269	264	295	304
江门	188	162	173	156	153	150	168	160
阳江	74	77	98	91	86	90	95	94
湛江	106	102	120	125	104	96	113	106
茂名	106	106	99	100	102	99	115	100
肇庆	136	113	103	122	133	131	127	120
清远	105	82	79	74	73	74	74	68
潮州	83	80	90	90	88	90	90	87
揭阳	70	80	86	84	79	90	101	96
云浮	36	35	49	46	41	43	47	46
按经济区域分								
珠三角	2974	3466	2997	3071	3085	3230	3401	3365
东翼	380	379	422	416	407	416	448	429
西翼	286	285	317	316	292	285	323	300
山区	379	358	430	379	388	395	429	414

各市建筑业企业总产值

单位：亿元

市别	2002年	2003年	2004年	2005年	2006年	2007年	2008年	2009年
全省总计	1418.41	1702.87	1901.86	2200.58	2594.04	3005.32	3282.55	3826.83
广州	410.20	478.58	546.68	633.99	688.25	753.16	879.04	1023.66
深圳	265.68	392.18	458.37	545.62	712.84	857.64	923.35	1184.47
珠海	40.79	43.15	46.71	52.48	61.01	67.71	83.58	80.70
汕头	103.99	100.40	121.34	127.78	140.31	159.78	173.33	188.66
佛山	110.78	132.30	149.74	154.68	188.69	209.77	254.55	262.38
韶关	24.11	30.46	31.04	29.25	34.38	48.98	57.11	69.28
河源	11.37	11.80	13.25	17.01	21.27	23.49	18.40	18.26
梅州	36.73	55.52	58.59	54.81	67.02	76.81	96.02	100.91
惠州	38.52	37.30	35.89	46.94	49.70	54.23	51.89	52.87
汕尾	5.62	6.55	6.58	6.95	16.78	15.25	9.58	12.20
东莞	66.67	76.48	57.50	84.35	96.53	112.94	108.94	99.40
中山	54.20	55.65	64.05	73.41	76.20	87.08	97.19	118.10
江门	53.43	50.66	51.64	56.06	56.40	66.37	73.66	90.29
阳江	24.82	28.45	31.70	32.97	34.85	42.62	47.61	53.35
湛江	49.93	61.66	65.15	75.96	89.28	109.21	123.34	146.67
茂名	49.42	56.18	60.26	92.14	124.39	141.73	93.79	104.75
肇庆	19.42	24.51	28.97	39.99	47.10	63.51	65.76	78.58
清远	14.24	18.99	22.21	20.19	27.56	39.52	37.31	39.97
潮州	14.82	15.07	17.76	18.99	19.44	19.24	23.56	23.99
揭阳	14.36	16.58	22.21	21.78	27.23	39.31	51.74	61.18
云浮	9.33	10.41	12.22	15.20	14.82	16.95	12.78	17.16
按经济区域分								
珠三角	1059.69	1290.81	1439.55	1687.53	1976.71	2272.42	2537.97	2990.45
东翼	138.79	138.60	167.89	175.50	203.76	233.58	258.21	286.03
西翼	124.17	146.29	157.10	201.08	248.52	293.56	264.74	304.77
山区	95.78	127.18	137.32	136.47	165.05	205.75	221.62	245.58

各市建筑业企业增加值

单位：亿元

市　别	2002 年	2003 年	2004 年	2005 年	2006 年	2007 年	2008 年	2009 年
全省总计	363.65	364.20	794.88	855.87	930.40	1029.08	1197.41	1324.14
广　州	114.94	108.77	186.73	200.79	208.98	214.29	255.39	287.82
深　圳	69.47	72.54	147.43	149.59	162.91	174.69	197.46	234.03
珠　海	7.17	8.00	22.92	23.63	25.58	29.46	33.11	37.19
汕　头	25.26	23.86	30.88	34.49	36.33	34.84	38.05	43.53
佛　山	26.28	31.24	51.44	64.30	73.39	87.64	99.75	104.54
韶　关	6.18	6.65	14.77	16.22	18.98	22.53	27.01	31.86
河　源	3.24	3.29	10.31	11.25	15.30	18.11	18.19	17.03
梅　州	10.18	14.87	25.24	25.33	29.51	31.64	32.81	36.00
惠　州	7.93	7.31	29.72	34.44	35.67	39.78	44.43	50.65
汕　尾	1.89	1.53	12.14	12.15	14.30	17.16	20.58	25.32
东　莞	12.32	13.99	46.77	54.50	64.91	72.83	82.38	81.55
中　山	11.51	11.19	24.82	32.48	32.09	36.00	38.74	44.80
江　门	13.09	11.13	24.50	24.75	25.55	27.18	28.67	32.39
阳　江	8.68	7.26	14.08	14.50	17.66	18.59	24.61	27.19
湛　江	12.55	11.69	25.46	26.95	29.22	33.83	40.15	48.23
茂　名	13.62	13.00	35.62	35.64	43.77	46.09	35.58	34.00
肇　庆	5.08	5.15	16.92	18.93	20.72	24.60	29.05	35.98
清　远	4.14	2.7	18.54	19.45	22.00	26.67	34.15	41.70
潮　州	3.08	2.78	13.14	13.18	13.56	11.05	12.19	13.73
揭　阳	4.00	4.42	18.37	18.40	19.80	22.98	27.12	32.21
云　浮	3.04	2.81	9.05	10.55	11.16	11.84	12.85	15.02
按经济区域分								
珠三角	267.79	269.32	551.26	603.41	649.80	706.46	808.99	908.95
东　翼	34.23	32.59	74.53	78.23	83.99	86.03	97.95	114.79
西　翼	34.85	31.95	75.16	77.09	90.65	98.51	100.34	109.42
山　区	26.78	30.32	77.90	82.81	96.95	110.80	125.00	141.61

各市建筑业企业利税总额

单位：亿元

市　别	2002年	2003年	2004年	2005年	2006年	2007年	2008年	2009年
全省总计	88.95	127.48	143.75	164.38	191.62	256.59	289.23	329.00
广　州	22.96	35.88	37.81	45.42	51.19	69.52	85.98	93.25
深　圳	20.64	28.37	34.60	39.76	38.20	68.15	61.80	80.35
珠　海	2.01	2.79	4.11	4.16	4.75	5.46	8.20	7.20
汕　头	5.37	6.40	9.34	9.86	9.82	13.63	13.99	17.30
佛　山	8.91	14.39	13.49	14.31	28.87	27.34	26.16	24.95
韶　关	0.86	1.17	1.38	1.57	2.15	3.27	3.92	5.37
河　源	0.82	1.19	0.97	1.23	1.60	2.62	2.02	1.78
梅　州	3.90	8.66	8.26	6.47	8.12	8.86	14.87	18.13
惠　州	1.92	1.92	2.12	3.63	3.68	4.47	3.59	4.61
汕　尾	0.38	0.43	0.41	0.58	0.76	1.03	0.90	0.93
东　莞	3.09	4.16	4.60	6.36	7.44	8.14	7.46	9.99
中　山	2.96	4.39	4.62	6.09	6.86	6.85	7.92	12.89
江　门	2.99	3.36	2.79	3.79	3.58	4.30	7.26	8.41
阳　江	2.01	2.25	2.95	3.24	3.64	5.03	6.10	5.01
湛　江	2.53	2.64	3.47	3.80	4.93	7.45	10.87	10.96
茂　名	3.21	4.00	4.68	5.97	6.44	7.48	8.69	8.17
肇　庆	1.00	1.50	2.32	2.55	2.66	3.80	3.99	5.08
清　远	1.06	1.07	1.42	1.20	2.00	2.93	5.32	3.70
潮　州	0.69	0.82	0.91	1.17	1.06	1.35	1.79	2.05
揭　阳	0.95	1.20	2.54	2.09	2.37	3.53	7.46	7.23
云　浮	0.68	0.91	0.98	1.13	1.49	1.36	0.94	1.64
按经济区域分								
珠三角	66.48	96.76	106.46	126.06	147.24	198.04	212.35	246.73
东　翼	7.40	8.85	13.20	13.70	14.01	19.54	24.14	27.52
西　翼	7.74	8.89	11.10	13.01	15.00	19.97	25.67	24.14
山　区	7.32	13.00	13.00	11.61	15.36	19.05	27.07	30.61

各市建筑业企业期末从业人员

单位：万人

市　别	2002 年	2003 年	2004 年	2005 年	2006 年	2007 年	2008 年	2009 年
全省总计	150.12	161.48	152.10	166.78	169.33	179.13	172.54	179.34
广　州	29.61	31.34	29.80	30.80	33.20	33.16	35.04	38.30
深　圳	20.13	24.74	23.05	26.85	29.68	37.09	33.18	36.91
珠　海	3.50	4.24	3.03	3.24	3.46	3.54	4.20	3.84
汕　头	14.08	12.35	12.37	12.63	12.65	13.25	12.78	13.06
佛　山	9.79	11.27	11.63	13.71	11.73	12.22	11.87	12.29
韶　关	3.44	3.93	3.67	3.69	4.25	4.82	4.49	6.08
河　源	2.06	2.36	2.18	2.09	2.12	2.30	1.80	1.69
梅　州	5.24	5.64	7.28	7.27	7.05	6.88	8.06	7.63
惠　州	3.75	4.37	3.82	3.94	4.05	3.88	3.23	3.12
汕　尾	1.49	1.37	1.26	1.28	1.21	1.24	1.09	1.12
东　莞	7.38	9.34	6.56	7.78	8.41	7.84	6.18	5.38
中　山	5.03	6.03	5.60	5.75	5.04	4.71	4.77	4.90
江　门	11.17	10.25	8.01	10.58	8.36	7.98	7.20	7.43
阳　江	4.63	4.22	4.52	4.54	5.28	4.85	5.34	5.37
湛　江	7.67	8.67	7.93	7.87	7.74	7.86	9.00	9.63
茂　名	8.29	8.28	8.03	10.44	10.16	11.56	8.56	7.86
肇　庆	3.38	3.62	3.33	3.70	3.95	4.56	3.96	4.06
清　远	2.50	2.36	2.14	2.46	2.87	3.30	3.15	2.59
潮　州	2.05	1.93	2.12	2.17	2.08	1.92	1.79	1.37
揭　阳	3.42	3.36	3.89	3.86	4.06	3.88	4.84	4.65
云　浮	1.51	1.83	1.88	2.13	1.99	2.29	2.00	2.09
按经济区域分								
珠三角	93.74	105.20	94.83	106.35	107.87	114.98	109.63	116.21
东　翼	21.04	19.01	19.65	19.94	20.00	20.28	20.51	20.20
西　翼	20.59	21.17	20.47	22.86	23.17	24.27	22.89	22.86
山　区	14.75	16.12	17.15	17.64	18.28	19.59	19.51	20.07

各市建筑业企业劳动生产率

单位：元/人

市　别	2002 年	2003 年	2004 年	2005 年	2006 年	2007 年	2008 年	2009 年
全省总计	91216	105532	123458	132049	155312	166377	187538	212420
广　州	125341	152004	178295	204454	208349	226900	249920	271428
深　圳	125094	143759	171856	183515	249994	223577	266221	291311
珠　海	114755	103990	149849	162503	171078	182939	185645	203730
汕　头	76440	78421	97024	99266	114466	125230	136651	147170
佛　山	100505	113673	129286	115051	151408	163044	213343	226936
韶　关	69302	76283	83806	83704	85208	107603	122454	130287
河　源	54565	52840	71304	82741	106900	103738	103593	110034
梅　州	68513	97708	79301	78866	98749	114178	115770	135454
惠　州	90515	85663	91845	119974	127346	142800	158081	174962
汕　尾	37157	49279	53113	51367	118178	115186	89504	115906
东　莞	90690	79556	81264	108136	111939	146017	173813	184034
中　山	94071	91448	109962	119772	136689	156854	194817	223833
江　门	46268	59843	72129	64418	69836	81276	95319	118329
阳　江	65777	71618	76751	78360	70942	92475	101186	110279
湛　江	68451	78326	88954	98452	115690	140362	138348	156933
茂　名	61161	70678	81698	90457	125071	124612	114007	136748
肇　庆	64048	72430	88225	107435	121341	147678	179047	211363
清　远	59515	78886	105829	90596	100662	129029	126604	156001
潮　州	70700	76248	81153	91838	99110	93579	114444	146613
揭　阳	49895	54236	69301	57368	74608	95972	97677	125337
云　浮	59684	56943	69909	74640	75063	71930	59042	86311
按经济区域分								
珠三角	105452	121253	144993	156714	183651	193115	226140	251417
东　翼	69081	72318	87725	87357	105636	115435	122316	140285
西　翼	64848	73908	83435	90945	110086	123536	121179	139523
山　区	64370	78779	81746	81395	94187	108503	111672	129410

(广东省统计局供稿)

领导讲话

在全省建设宜居城乡工作现场会暨第十一期书记（市长）城建专题研究班开班仪式上的讲话

中共广东省委副书记、省长　黄华华

（2009年10月10日）

同志们：

今天，我们在中山市召开全省建设宜居城乡工作现场会暨第十一期书记（市长）城市建设专题研究班开班仪式，这是省委、省政府贯彻落实党的十七届四中全会和省委十届五次全会精神，加强各级党政领导班子能力建设、提升各级领导干部推进建设宜居城乡水平、推动经济社会又好又快发展的重要举措，也是对新时期我省推进宜居城乡建设的一次动员和部署。刚才，泽君同志就研究班开班作了动员讲话，对学习培训提出了具体要求，我完全赞成。中山、梅州以及广州市番禺区大岗镇和湛江市廉江石城镇十字路口村介绍了各自建设宜居城乡工作经验，都讲得很好，很有启发。希望各级党委、政府及各有关部门认真贯彻落实这次会议精神，进一步解放思想、开拓创新，扎实做好建设宜居城乡的各项工作，努力推动我省城乡建设再上新水平。下面，我讲三点意见。

一、从全局和战略的高度充分认识推进宜居城乡建设的重大意义

建设宜居城乡是省委、省政府新时期推动科学发展的重大决策部署，也是进一步推动我省工业化、城市化、现代化的重大战略选择。新一届省委、省政府成立以来，对此一直高度重视、科学筹划、大力推进。汪洋书记到广东工作不久，就明确提出“要以建设宜居城市、宜居农村、宜居乡镇为龙头来改善民生”，做到“市市都有天堂，乡乡都有新村”，并多次对宜居城乡建设工作做出重要指示和批示。在我省开展解放思想学习讨论活动中，省委、省政府又积极开展相关调研和论证，把建设宜居城乡、改善人居环境作为一项重要工作进行部署。随后，省委十届三次全会和省委、省政府《关于争当实践科学发展观排头兵的决定》，提出了“打造宜居城乡，建设美好家园”的宏伟蓝图，明确了要“在全省建设一批生产发展、生活富裕、生态良好、文化繁荣、社会和谐、人民群众充满幸福感的宜居城市、宜居城镇和宜居村庄”的目标要求。为推动这项工作全面、深入开展，最近省委办公厅、省政府办公厅又专门印发了《关于建设宜居城乡的实施意见》，明确了推进宜居城乡建设的指导思想、目标内容、具体措施和要求。省委、省政府在不到两年时间内，如此密集地出台指导文件、大力度地推进宜居城乡建设，充分表明这项工作的重要性、战略性和全局性。

宜居城乡是一个科学的系统工程。概括地讲，它是指以城乡生态综合平衡为机制，以改善和发展民生为根本，以促进城乡经济社会持续发展为前提，以保持经济发展、社会进步、生态保护三者高度和谐，实现城乡环境清洁、优美、舒适为目标的城乡复合系统。宜居城乡是一个动态的综合性发展目标，融城乡发展的集约化、居住环境的生态化、管理服务的人性化等多重目标于一体，内涵非常丰富。从城乡建设发展的角度来理解，我认为宜居城乡主要有四个方面的特点和要求：一是可居。即城乡居民享有基本的生活居住空间和均等的公共空间资源，住有所居。这是建设宜居城乡的首要前提。二是逸居。即城乡居民享有优美的生态环境和清洁的生产生活环境，人与自然和谐共生。这是建设宜居城乡的重要基础。三是康居。即城乡居民享有良好的基础设施和完善的公共服务，生活舒适便利。这是建设宜居城乡的关键环节。四是安居。即城乡居民享有安定的社会秩序和文明的社会氛围，拥有足够的安全感、归属感和认同感，人人安居乐业、公平发展。这是建设宜居城乡的长久保障。由此可见，宜居城乡是城乡居民物质、精神、政治和文化生活不断丰富，城乡居民逐渐凝聚成为秩序良好、活力充足、参与度高的社会共同体，是经济发展、民生改善、社会和谐、生态良好的互动互促的良性循环体。

建设宜居城乡是一个国家、一个地区城市化发展到一定阶段的必然要求，也是城乡建设发展的一种高级形态。当前，我省已进入科学发展和建设宜居城乡的新阶段。推进宜居城乡建设，既是顺应城市化发展的规律使然，是落实科学发展观的重要体现，也是解决我省城乡建设面临问题的根本出路。从发达国家城乡发展历程看，建设宜居城乡是顺应城市化发展规律的必然要求。一个国家和地区的城乡建设发展与其工业化、城市化进程密切相关，大体可分为“缓慢-加速-稳定”三个阶段，不同阶段也相应呈现从粗放型向集约型再向内涵优化提升型发展的特征。当城市化水平在30%以下时，城乡发展处于缓慢阶段，工业发展和城市建设较为落后。当城市化水平达到30%-70%时，城乡发展呈现加快趋势，工业化、城市化水平快速提升，城市建设规模不断扩大，但城乡建设的粗放特征明显，能源资源消耗巨大，生态环境破坏等问题突出。当城市化水平超过70%以后，城乡建设进入稳定发展阶段，呈现集约型发展特征，注重强调人居环境的宜居程度和生态环境的可持续发展。目前，我省城市化率为64.4%。比照上述标准，我省城乡建设发展正处于第二阶段向第三阶段迈进的关键时期。从我国城乡发展历程看，建设宜居城乡是践行科学发展观在城乡建设中的具体体现。宜居城乡坚持以人为本，注重统筹经济发展与环境保护，促进城乡经济社会全面协调可持续发展。这与科学发展观的要求是完全吻合的，也是顺应我国城乡发展进程的内在要求。建国后，我国的城乡建设基本上是沿着“生产-生活-生态”的路径演变发展的。上世纪五六十年代是“生产型”城市阶段，当时无论城乡都是生产第一，对于生态环境保护和生活服务配套有所忽视。八十年代初至九十年代末是“生活型”城市阶段，其特点是突出生活，兼顾生产。进入新世纪，城乡建设正由“生活型”逐步向“生态文明型”过渡，加强城乡生态建设与环境保护，优化城乡生产生活环境，实现城乡的可持续发展，成为广大人民群众的共同诉求。因此，推进宜居城乡建设，提升城乡综合实力，已经成为现代中国城乡建设发展的必然趋势。从我省城乡发展现状看，建设宜居城乡是破解城乡发展难题的根本途径。经过建国60年特别是改革开放30多年的发展，我省城乡面貌发生了翻天覆地的变化，城乡基础设施和美化、绿化水平不断提高，初步打造出以珠三角为主的城乡一体化发展新格局，城乡协调发展能力不断增强，城乡建设的生态化、集约化水平不断提高。总体而言，我省城乡建设正处于由粗放型向集约型、生活型向生态型转变的快速发展阶段。但对照科学发展观和宜居城乡建设的要求，我省城乡建设发展还存在不少亟待解决的问题，突出表现为“三个滞后”：一是城乡人居环境建设滞后于经济社会发展水平。城乡建设“见物不见人”的观念仍十分普遍。城市建设雷同化，片面追求高楼大厦，看不出城市的特色和特点。村镇建设总体上是“铺大饼”式的粗放型态。有的村镇建设杂乱无章，有新房无新村。不少城市的城中村密密麻麻，环境恶劣。环境安全形势严峻，全省仍有14.4%的省控断面水质劣于五类，珠三角空气质量下降，农村和农业面源污染较重。二是基础设施和公共服务设施建设滞后于城市化发展需求。大中城市居民出行难问题依然存在，城市供水和桥梁安全隐患仍然不少。城市污水处理和垃圾无害化处理率仍然比较低。截至2008年底，全省仍有3个地级以上市和65个县（市）还没有建成生活垃圾无害化处理设施。一些地方中小学校、医院布局不够合理且能力不足，中低收入阶层住房困难问题仍比较突出。三是村镇建设滞后于城市建设。我省农村规划建设一直滞后于城市建设，村镇规划、公共设施和环境建设投入严重不足，许多村庄没有编制村庄规划，建设无序，脏乱差现象突出。破解这些发展难题，迫切需要我们加快推进宜居城乡建设，统筹城乡建设发展。

当前，我省推进宜居城乡建设，时机越来越好，条件越来越具备。首先是政策好。党的十七大和十七届三中全会都对建设资源节约型、环境友好型社会进行了部署。上个月召开的十七届四中全会对党的建设特别是各级党政领导推动科学发展提出了新的要求。国务院批准实施的《珠江三角洲地区改革发展规划纲要》，明确要求广东“建设与经济发展水平相适应的现代化城乡示范区，打造具有岭南特色的宜居城乡”。这就为我省建设宜居城乡进一步指明了方向。其次是基础好。我省经济实力比较雄厚，经济总量1998年超过新加坡，2003年超过香港，2007年又超越台湾。较为雄厚的经济实力，为推进宜居城乡建设提供了有利条件。同时，随着经济发展和社会进步，广大人民群众普遍关注生态环境保护和城乡人居环境建设，既对城乡人居环境提出越来越高的要求，也更加支持政府加快城市化、加快“三旧”改造、改善生产生活环境，为建设宜居城乡营造了良好社会氛围。第三是时机好。去年以来，为应对由国际金融危机引起经济增长下滑的影响，从国家到地方都把加快建设、扩大投资作为扩内需、保增长的重要手段。建设宜居城乡，符合扩大内需的宏观政策，符合改善民生的要求，不仅可以扩大投资、拉动增长，也可以为城乡建设的长远发展创造有利条件。第四是试点经验好。各地区、各有关部门认真贯彻落实省委、省政府的决策部署，积极开展宜居城乡创建试点工作，涌现出以中山、珠海等地为代表的一批城乡建设先进典型，为广泛开展宜居城乡建设提供了宝贵经验。

总之，建设宜居城乡是当前和今后一段时期我省城乡建设发展的主攻方向和工作重点，意义重大，影响深远。各级党委、政府一定要从全局和战略的高度充分认识建设宜居城乡的重要性和紧迫性，切实把握建设宜居城乡的科学内涵，因地制宜、积极主动地做好各项工作。

二、科学统筹，突出重点，全面推进宜居城乡建设

当前和今后一段时期我省推进宜居城乡建设，必须深入贯彻落实科学发展观，全面实施珠三角《规划纲要》，坚持以不断改善民生为主线，以强化规划综合调控为基础，以创造良好人居环境为重点，以开展宜居城乡创建活动为手段，科学统筹，突出重点，真抓实干，努力建设可居、逸居、康居、安居并具有岭南特色的宜居城乡，探索走出一条具有广东特色的宜居城乡建设新路子。在具体工作中要做到“五个突出”：

（一）突出科学规划，打造一体化发展的宜居城乡。

科学规划是建设宜居城乡的先导和基础。要高起点、高标准抓好宜居城乡的规划，以一流的标准、超前的规划打造一体化发展的宜居城乡新格局。一是积极探索“三规合一”，发挥规划对宜居城乡建设的调控和引导作用。要创新城乡规划理念，加强规划衔接，逐步实现以主体功能区规划为基础，经济社会发展规划、城乡总体规划、土地利用规划“三规合一”的综合性空间规划体系。在这个基础上，要特别重视搞好控制性详细规划，这是指导城市开发建设最直接的法定依据。各级政府要加快控制性详细规划编制，2010年前各地级以上城市要实现近期建设用地范围内控制性详细规划的全覆盖；其他城市、镇要大力推进重要地段控制性详细规划的编制，2012年前实现近期建设用地范围内控制性详细规划的全覆盖。各市特别要针对城市的主要出入口、中心商业区、行政办公区，以及成片开发建设的住宅区等，开展城市设计和小区景观设计工作，改善城镇面貌，突显城镇自然和人文特色。二是强化一体化规划，构建珠三角和东西北宜居城乡建设新格局。珠三角《规划纲要》明确要求全省特别是珠三角地区要加快推进一体化发展。珠三角各市要围绕一体化发展的要求，大力促进不同城市之间规划的一体化、城与乡之间规划的一体化，促进各部门、各专业规划之间的协调，以一体化的规划促进一体化发展。要在搞好本市宜居城乡规划建设的同时，站在珠三角城市群发展的高度，从大处着手谋划，充分发挥珠三角地区的整体优势，着力优化珠三角城市群及城乡空间布局，打造珠三角“宜居区域”。粤东地区要全面推进城乡总体规划和粤东城镇群协调发展规划的编制，统筹安排生产、生活和生态要素，建设具有粤东特色的宜居城乡，加快打造“汕潮揭”城市群。粤西及粤北地区要积极编制统筹城乡发展规划，尽快组织开展城镇群协调发展规划编制工作，结合各区域、各城市的特色推进宜居城乡建设。三是积极推行“阳光规划”，增强宜居城乡规划建设的透明度和参与度。在宜居城乡规划的编制、修改、实施过程中，要充分听取和吸纳城乡居民意见，依法保障城乡居民的知情权、参与权、表达权和监督权，提高规划的透明度和可操作性。要严格执行城乡规划的编制、审批、修改的法定程序，杜绝随意变更规划的现象，维护规划的统一性、法定性和权威性。

（二）突出住房建设保障，打造安居乐居的宜居城乡。

“住有所居”是党的十七大提出的构建和谐社会的一个重要目标，既是广大人民群众的美好愿望，也是各级政府应当承担的公共职责。各地要以推进宜居城乡建设为契机，不断完善住房保障制度，科学构建与经济社会发展水平及不同收入群体相适应的住房梯度供应和多层次住房保障体系，更好地满足人民群众的住房需求。一是认真解决中低收入群体的住房困难问题。省委、省政府已将解决城镇低收入家庭住房困难工作纳入对各地级以上市政府的政绩考核范围和地厅级领导干部落实科学发展观考核评价体系。年初我与各市市长签订了解决城镇低收入家庭住房困难目标责任书。年底完不成目标任务的，要进行问责。各级政府要切实负起责任，继续大力推进廉租住房和经济适用住房建设，加大限价商品房供应力度，有条件的地区要探索建立政策性租赁住房制度，多途径解决中低收入群体的住房困难问题。二是促进房地产市场健康发展。房地产业具有很强的先导性、基础性和带动性，是推进城市化和宜居城乡建设的重要推动力量。要充分发挥市场机制的作用，进一步规范房地产市场秩序，大力促进商品房市场平稳发展，引导建立梯度住房消费市场，促进房地产业发展与宜居城乡建设的良性互动。三是积极改善农村居民的居住条件。要结合新农村建设，以村镇规划为统一平台，整合支农资金，规划有序、合力推进宜居村镇建设，扭转村镇建设严重滞后于城市建设的局面。要用5年左右的时间，完成有人居住的农村泥砖房（茅草房、危房）改造工作，使困难农民住上安全整洁的新房子。

（三）突出改善人居环境，打造设施及服务配套完善的宜居城乡。

宜居不仅关涉民生，更蕴藏着巨大的投资创业发展“磁场效应”。良好的人居环境，已成为一个地区汇集各类人才资源、推动加快发展的重要条件。各地必须采取切实有效措施改善人居环境，完善公共基础设施和公共服务，增强城乡的吸引力和竞争力。一是注重城乡基础设施建设。要加快推动城乡道路交通、能源、通信、环保等基础设施建设，夯实宜居城乡建设基础。要狠抓城乡污水和垃圾处理设施建设，用好省财政设立的25亿元和2.8亿元的专项资金，加大设施建设投入，加快推进污水、垃圾处理设施建设。2009年底前，东西两翼和山区的县城要全部建成污水处理设施并力争投入运营，全面启动珠三角的中心镇污水处理设施建设。各地级以上市2009年底前、珠三角的县

(市）2012年底前要建成生活垃圾无害化处理设施，并配套辐射周边镇、村的收运中转系统。二是注重生态环境建设和保护。要把生态建设理念贯穿于宜居城乡建设的方方面面，严格实施环保规划，大力推进环境保护和生态建设。最近，省建设厅会同有关单位向省委、省政府报送了《关于借鉴国外经验率先建设珠三角绿道网的建议》，提出建设绿道网--省立公园的建议。我认为这个建议很好。通过构建融合生态、环保、教育和休闲等多种功能的“绿道”体系，逐步形成联系城镇内部绿化绿地与外部区域绿地之间、城镇与乡村之间的绿色开敞空间和网络，既可以构筑区域生态安全网络，防止城市无序蔓延，又可以优化城乡生态格局与生态环境，为居民提供健康、休闲的空间。纽约在曼哈顿寸土寸金的地方，建了3.4平方公里中央公园，被誉为纽约“最伟大的建筑”。这个经验值得我们借鉴。增城市在这方面已经起步，近年在全省率先提出“绿道”建设，从城市到乡村，串起了一道道绿色屏障，并在“绿道”里面建设了五十多公里相连接的自行车道，使这些“绿道”成为城乡居民享受生态、休闲健身、回归自然的公共设施。刚刚结束的粤西现场会，我看到云浮也在进行建设绿色步行道的探索。各地要积极探索建设绿道网，开展区域绿地划定工作，营造绿色开敞空间，有条件的城市要实现居民出门500米之内就有一个公共绿地活动空间。三是注重完善城乡基本公共服务。要按照基本公共服务均等化的要求，根据人口规模、人口结构与分布、设施服务半径，合理布局城乡教育、文化、卫生、体育等公共服务设施，建立以城带乡、覆盖面广、体系完备的社会服务网络。要推动教育、文化、医疗、养老等公共服务向乡村延伸，形成城乡居民共享改革发展成果的文明和谐城乡。

（四）突出特色和品位，打造岭南特色的宜居城乡。

城乡的文化品位和个性特色，决定着城乡的活力、吸引力和生命力。尤其是宜居城市，更应该是优秀建筑、优秀文化和优秀生态的载体。像日内瓦、温哥华、西雅图、新加坡等世界公认的宜居城市，无不散发出独特的个性魅力，体现出人与自然的和谐共生。相比之下，我省一些城市建设片面追求所谓的现代化气息，只注重楼宇的高度，严重忽视环境文化建设，许多城市都成为别的城市的复制品，出现“千城一面”的雷同，没有亮色和魅力，缺乏个性和品位。各地在宜居城乡建设中，一定要突出文化、生态、特色等优势元素，注重塑造精品、名品，绝不能将宜居城乡建设搞成千篇一律，让城乡充斥着缺乏文化、生态和艺术的“垃圾建筑”。要注重地区差异性，把握好各地发展的内在要求，充分发挥当地的经济、环境、资源、人文等优势，因地制宜，积极探索，努力走出一条符合当地实际、各具特色的城乡建设发展道路。目前，城市由于受各种因素制约，整个城市一时难于体现特色魅力，但可选择一些条件较好的街道、社区或村落开展试点，争取能在一个片区、一个村镇体现岭南文化内涵，打造城乡特色魅力。要注重发掘和发扬传统文化。广东有许多承载岭南民俗民风的历史文脉，有不少古镇、古村落和非物质文化遗产，这些都是营造岭南特色宜居城乡的宝贵财富，必须尊重、保护并加以延续，决不能随意开发建设。

（五）突出创新管理，打造平安和谐的宜居城乡。

加强社会管理、建设和谐社会，是宜居城乡建设的重要内容。政府不仅要规划好、建设好宜居城乡，更要管理好宜居城乡。要创新管理理念，积极学习借鉴中国香港、新加坡等国家和地区在城乡管理方面的经验做法，提高城乡社会管理水平。要创新管理方式，注重城乡管理的法制化、制度化建设。要推进依法管理，加快推进镇街综治信访维稳中心建设，推行城镇管理综合行政执法，完善社会治安防控和公共安全保障体系，提高应对突发公共安全事件的能力。要推进民主管理，探索建立政府行政和社会自治互补、政府管理和社会调节互动的管理体制，不断提高群众对社区的认同感，充分发挥群众的智慧和力量，鼓励他们积极参与到城乡建设和管理中来。要创新管理手段，大力推进社会信息化管理，积极打造“数字广东”。珠三角各市要率先建成“数字城市”，一方面为居民提供更加便捷的公共服务，另一方面提高城镇管理的水平和效率。

三、加强领导，科学考核，形成建设宜居城乡的工作合力

建设宜居城乡涉及经济建设、生态建设、文化建设、社会建设等方方面面，必须汇集各方面力量共同推进。

一要加强领导、分工协作。为有效推进宜居城乡建设工作，省政府专门成立了宜居城乡建设工作联席会议制度，木声同志担任召集人，成员单位包括省委宣传部、省住房和城乡建设厅、发展改革委等十几个部门。各成员单位要明确分工，密切配合，合力推进宜居城乡建设。各地要切实加强领导，把建设宜居城乡纳入经济社会发展总体规划，摆上政府重要议事日程，一把手亲自抓，分管领导具体抓。要参照省联席会议制度，健全机制，明确分工，细化量化目标任务，形成人人负责、层层负责的工作机制，确保各项工作落到实处。

二要科学考核、奖先惩后。这次会议印发了《广东省创建宜居城乡工作绩效考核办法（试行)》，征求各市意见。会后，省建设厅要抓紧修改完善并正式下发。从明年起，省将按照这个考核办法，从创建实绩、组织保障和公众满意度三个方面组织对21个地级以上市创建宜居城乡工作进行绩效考核、打分、排名，排名结果还要向社会公布。省政府将对考核结果排名前列的地级以上市政府给予表彰，对排名靠后的予以警示，形成你追我赶、争先创优的良好局面。与此同时，省考核的内容和指标在不同时期会根据形势变化和工作重心的变化而调整。各市、县要参照省的做法，制订本市、县创建宜居城乡工作绩效考核办法，组织对各县、镇政府进行考核并公布结果。

三要广泛宣传、营造氛围。要坚持宜居城乡共建共享的原则，通过媒体、网络等形式多渠道、多层次地广泛开展宣传活动，使宜居城乡的理念家喻户晓、深入人心，激发广大群众热爱家园、建设家园的热情，形成人人关心、支持、参与宜居城乡建设的浓厚氛围。要大张旗鼓宣传各地在推进宜居城乡创建活动中的好经验好做法，以点带面推动创建活动开展。

同志们，建设宜居城乡是一项长期的系统工程，省委、省政府高度关注，人民群众热切期望。希望同志们认真贯彻这次会议精神，坚决按照省委、省政府的决策部署，科学统筹，抓住重点，解决难点，切实抓好建设宜居城乡的各项工作。这次研究班邀请到住房城乡建设部仇保兴副部长、胡存智总规划师和几位司长亲临授课，同时还邀请了国内知名的教授、专家授课。希望各位学员珍惜这次学习机会，充分利用这几天难得的学习时间，集中精力，积极思考，开拓思维，认真学习掌握建设宜居城乡的基本理论和相关政策，积极研究建设宜居城乡的发展规律，学习借鉴发达国家和地区建设宜居城乡的好经验好做法，积极提出建设宜居城乡的对策建议，不断提高领导、推进宜居城乡建设的能力和水平，为全省经济社会又好又快发展、争当实践科学发展观的排头兵作出新贡献！

在全省建设宜居城乡工作现场会暨第十一期书记（市长）城建专题研究班开班仪式上的讲话

中共广东省委常委、组织部长　胡泽君

（2009年10月10日）

同志们：

今天，全省第十一期书记（市长）城市建设专题研究班和全省建设宜居城乡工作现场会在中山召开。这是我省住房城乡建设系统贯彻落实党的十七届四中全会精神，全面落实珠三角规划纲要，推动建设宜居城乡的一项重要举措。

今天上午参加会议的，既有市委书记（市长）研究班的学员，也有中山市镇委书记（镇长）城建培训班的学员，同时又有参加全省建设宜居城乡工作现场会的代表。把专题研究班的开学典礼与全省建设宜居城乡工作现场会结合在一起开，这既符合中央精简会议、厉行节约的要求，又使研究班的主题更加突出，内容更加丰富。本期研究班的主题是：贯彻落实规划纲要，加快宜居城乡建设。本期研究班得到住房城乡建设部、国土资源部和环境保护部的大力支持，住房城乡建设部仇保兴副部长、国土资源部胡存智总规划师和几位司长将亲临授课，同时还邀请了国内知名教授和专家授课，为同志们创造了一个很好的学习交流机会。

今天下午，会议还将组织大家参观中山市的宜居城乡建设情况。希望大家充分利用这几天难得的学习机会，认真学习，深入研讨，取长补短，不断提高推进宜居城乡建设的能力。省委省政府对建设宜居城乡工作高度重视，华华省长亲莅会议并将作重要讲话，请同志们认真抓好贯彻落实。下面，我侧重从办好城建专题研究班的角度，讲三点意见。

一、深入学习贯彻四中全会精神，全面落实《珠三角规划纲要》

刚刚闭幕的党的十七届四中全会，是在我国改革发展的关键时期召开的一次十分重要的会议。全会深刻总结了多年来党的建设的伟大实践和基本经验，深入分析了当前党的建设面临的突出矛盾和问题，明确提出了新形势下加强和改进党的建设的主要目标和任务，是指导我们今后一段时期加强和改进党的建设的纲领性文件。深入学习、全面贯彻落实四中全会精神，对于进一步统一思想，推进新形势下党的建设，促进我省经济社会又好又快发展具有重大而深远的意义。希望大家认真学习四中全会精神，把四中全会的精神与研究班的主题有机地结合起来，扎扎实实地学习，认认真真地研究，做到学以致用，融会贯通。

去年底，国务院批准了《珠江三角洲地区改革发展规划纲要》，这是中央从长远和全局的高度对广东作出的重大战略部署，既是对广东特别是珠三角地区30年来改革发展成就的充分肯定，又是在广东改革发展的关键时期，进一步推动我省经济社会发展迈上新台阶的一项重大举措。《纲要》从一个全新的角度，将广东改革开放30年的丰硕成果上升为国家战略，为珠三角乃至全省的发展指明了前进的方向，是推动我省特别是珠三角地区改革发展的行动纲领。省委十届四次全会特别强调，今年首要的任务就是要抓好《规划纲要》的落实。2月3日，汪洋书记在省委理论学习中心组《规划纲要》专题研讨班上作了重要讲话，要求各级党委政府全力抓好《规划纲要》的落实工作。华华省长在讲话中也特别强调要狠抓落实，特别要抓好组织落实、工作落实、措施落实，同时提出了要实现“七个新突破”：即一是在有效应对国际金融危机影响、促进经济平稳较快发展中取得新突破；二是在深化改革、先行先试上取得新突破；三是在推动经济结构战略性调整、促进产业转型升级上取得新突破；四是在加快社会事业发展、保障和改善民生上取得新突破；五是在推进珠三角区域经济一体化、增强城市群整体竞争力上取得新突破；六是在提升对外开放水平、深化粤港澳更紧密合作上取得新突破；七是在增强珠三角地区辐射带动能力、促进区域协调发展上取得新突破。这七个新突破，需要我们各级党委政府认真研究，精心谋划，扎扎实实地去干、去闯、去试，否则，将会一事无成。

各级党委、政府特别是珠江三角洲各市的主要领导要把思想和行动统一到中央的战略决策上来，统一到省委、省政府的重大决策部署上来，进一步增强使命感、责任感和紧迫感，切实把贯彻实施《规划纲要》作为今后一个时期的重大战略任务抓紧、抓实、抓好，抓出成效。

二、树立正确的政绩观，大力推动宜居城乡建设

全面贯彻落实科学发展观，关键是要树立正确的政绩观。面对当前复杂多变的国际形势和艰巨繁重的国内改革发展任务，胡锦涛总书记在十七届中纪委三次全会上要求党的各级领导干部，要树立正确政绩观，切实按照客观规律谋划发展；要求真务实、埋头苦干，察实情、讲实话，鼓实劲、出实招，办实事、求实效，努力做出经得起实践、人民、历史检验的实绩。

建设宜居城乡是新时期我省推动科学发展的一个重要抓手，也是《珠江三角洲地区改革发展规划纲要》和省委、省政府《关于争当实践科学发展观排头兵的决定》中所确立的一个重要战略决策。宜居城乡是以保持经济发展、社会进步、生态良好三者高度和谐，实现城乡环境清洁、公共服务完善、居住舒适便利为目标的城乡发展复合系统。最近，省委办公厅和省政府办公厅联合印发了《关于建设宜居城乡的实施意见》，明确了建设宜居城乡的总体要求、工作目标和具体措施。希望这期研究班的同志要认真结合《实施意见》的精神，深入研讨如何打造具有岭南特色的宜居城乡，将建设宜居城乡作为各级党委政府的重要来抓，抓出成效。

宜居城乡的内涵十分丰富，不仅包括城乡规划、住房保障、农村民居、人居环境、节能减排、市政设施等传统城乡建设领域的内容，还包括社会管理、公共服务、社会保障、公共安全等与民生问题密切相关的多项内容，内涵十分广泛。所以，建设宜居城乡涉及的面是相当广的，涉及的部门也比较多，涉及宣传、发展改革、经贸、公安、民政、教育、财政、国土、交通、农业、环保等10多个部门。各级党委、政府一定要充分认识宜居城乡建设对于贯彻落实科学发展的重要意义，要把宜居城乡创建活动摆上重要议事日程，做到认识到位、组织到位、工作到位、措施到位。各地、各有关部门要在省建设行政主管部门的统筹指导下，做到密切配合，分工合作，全力推进宜居城乡创建活动，切实抓出成效。

三、加强学习，切实提高领导干部自身素质

党的十七届四中全会明确提出，要进一步加强和改进新时期党的建设，建设学习型政党。各级领导干部应该成为带头学习的模范，努力学习中国特色的社会主义理论和履行本职工作所需的各种专业知识，尤其要努力学习城乡规划、建设、管理等方面的知识。不断总结城乡建设管理经验，加深对创建宜居城乡工作的认识，积极推进宜居城乡创建工作。

这次研究班，能够集中这么几天，大家静下心来专题研究学习城建知识很难得。希望同志们紧紧围绕“贯彻落实规划纲要、建设宜居城乡”的相关理论与实践等问题进行集中学习讨论，主要内容有城镇化、住房保障、宜居建设、城市设计、节能减排、土地管理等方面，这些内容都很好，对于我们进一步提高宜居城乡建设的认识，深入贯彻落实规划纲要，推进宜居城乡建设等都具有重要的指导作用。希望大家要珍惜这次难得的学习机会，集中精力，积极思考，认真学习掌握基本理论和相关政策，积极研究城乡建设的发展规律，学习借鉴发达国家和地区在推进城乡规划建设管理以及加强生态建设和保护等方面的经验与做法，积极提出推进宜居城乡建设的对策和建议，不断提高领导和推进宜居城乡建设的能力和水平，力求学有所获、学有所成、学以致用。

同志们，贯彻落实规划纲要、建设宜居城乡，任务艰巨，意义重大，大力推进宜居城乡建设是省委、省政府贯彻落实科学发展观、构建和谐广东的重大决策，是应对国际金融危机、扩大国内消费需求的重大举措，是逐步缩小城乡差距、改变城乡二元结构、推进基本公共服务均等化的一项重要基础性工程。我们一定要按照中央和省委、省政府的要求，进一步解放思想、团结拼搏、扎实苦干，以饱满的热情、高昂的干劲、扎实的作风，创造性地开展工作，为保持全省经济社会平稳较快发展和建设美丽家园作出新的贡献。

最后，预祝本期研究班取得圆满成功！

在广东省第十一期书记（市长）城建专题研究班结业式上的讲话

广东省副省长　林木声

（2009年10月14日）

同志们：

第十一期书记（市长）城市建设专题研究班，已经圆满完成了各项学习和考察任务，今天下午就要结业了。在此，我代表省政府，对研究班取得圆满成功，对同志们学有所成表示热烈的祝贺！对为办好这期研究班付出辛勤劳动的省委组织部、省建设厅、省国土资源厅、省环保局、中山市委、市政府，以及为同志们辛勤授课的各位领导和专家学者表示诚挚的感谢！

书记（市长）城建专题研究班至今已举办了十一期，已经成为我省党政领导干部培训的一个重要平台和品牌，在全国范围内产生了广泛影响。这次研究班，是在十七届四中全会之后召开的，是我们城乡建设系统贯彻十七届四中全会和省委十届五次全会精神的重要举措。四中全会将党的能力建设、作风建设作为当前和今后一段时期加强和改进党的建设的重大任务，摆到了更加突出的位置。我们举办研究班，根本目的就是加强党的建设、强化干部培训、提高执政能力，更好地领导城乡建设、推动经济社会科学发展。下面，我讲五点意见。

一、本期研究班主题突出，成效显著

本期研究班以推进宜居城乡建设为主线，特色鲜明，成效明显。

一是研究班和现场会合并召开，主题突出。

今年省政府专门将建设宜居城乡工作现场会与研究班的开班仪式合并举办，围绕“贯彻《规划纲要》、建设宜居城乡”这一主题，组织安排会议议程和培训内容，主题和重点非常突出。黄华华省长亲自出席并作重要讲话，强调要从全局和战略的高度充分认识建设宜居城乡的重要意义，指出要科学统筹、突出重点，努力做到“五个突出，打造五个宜居城乡”：即突出科学规划，打造一体化发展的宜居城乡；突出住房建设保障，打造安居乐居的宜居城乡；突出改善人居环境，打造设施及服务配套完善的宜居城乡；突出特色和品位，打造岭南特色的宜居城乡；突出创新管理，打造平安和谐的宜居城乡等五项重点工作，并明确要加强领导、科学考核、广泛宣传，因地制宜、齐抓共建宜居城乡。胡泽君部长在重要讲话中对本次研究班的学习培训和推进宜居城乡建设提出了明确要求，强调要深入贯彻十七届四中全会和省委十届五次全会精神、树立正确的政绩观、着力提升领导城乡建设水平、大力推动宜居城乡建设等重点方面的问题。黄华华省长和胡泽君部长的讲话，深化了研究班的学习主题，为下一步各地推进宜居城乡建设指明了方向、明确了重点。

二是研究班内容丰富，针对性强。

这次研究班邀请了住房和城乡建设部仇保兴副部长等9位领导和专家，围绕建设宜居城乡的主题，从不同的角度对建设宜居城乡相关问题进行了深入的阐述和探讨，内容十分丰富。既有动员部署讲话，也有现场观摩学习；既有政策层面的学习，也有技术领域的交流；既有精彩的讲座，也有互动的研讨。专家们的讲座紧扣主题，联系实际，针对性、指导性都很强。如仇保兴副部长深刻阐述了我国城镇化所面临的机遇与挑战；国土资源部胡存智总规划师对土地节约集约利用存在的问题、原因及我国土地供需的总体态势进行了深入分析，提出了土地节约集约利用的整体考虑和战略；叶青院长分析了城市化与资源环境承载力的关系及国内城市化的现状，创造性地提出了我省绿色城市发展的策略等等。除了课堂的理论学习外，梅州、中山市和广州市番禺区大岗镇、湛江市廉江石城镇十字路村等先进典型在现场会暨开班仪式上介绍了实践经验，大家还参观了中山市的宜居城乡建设情况。省建设厅还印发了很多很好的学习材料、参阅材料和交流材料。我相信，通过这五天内容丰富、针对性强的集中学习，各位书记、市长能够对如何运用科学发展观统筹宜居城乡建设有更加全面、深刻的认识，下一步的工作将会有更宽视野、更新思路和更好效果。

三是理论和政策指导相结合，学以致用。

本期研究班将理论学习和政策指导结合得非常紧密。除了老师们理论和实际相结合的教学外，省建设厅还制订了《广东省创建宜居城乡活动工作绩效考核办法（试行）》，今后每年将重点从创建实绩、组织保障和公众满意度三个方面组织对各市创建宜居城乡工作进行绩效考核、排名，并向社会公布。通过考核排名，激励先进，形成你追我赶创建宜居城乡的良好局面。黄华华省长在现场会上专门就绩效考核工作作了重要部署，要求各市、县参照省的办法，制订本市、县创建宜居城乡工作绩效考核办法，组织对各县、镇政府进行考核和公布结果。同时，省建设厅还制订了宜居城镇、宜居村庄和宜居社区考核指标。研究班还专门安排了一个课程，由省规划院张少康院长为大家介绍制订考核办法和指标的思路与重点，让大家对省制定的政策有更清晰的理解和认识，回去后该怎么做也更加心中有数。所以说，这期研究班是比较“实”的。

二、认真学习贯彻省委、省政府建设宜居城乡的决策部署，以高度的责任感紧迫感全力推进宜居城乡建设

建设宜居城乡，是省委、省政府的一个重大战略决策，是今后我省推进城乡建设的主线。推进宜居城乡建设，归根结底就是要解放思想，摒弃片面强调GDP的发展观，克服“见物不见人”的旧观念，真正按照科学发展观的要求，推动城乡规划、建设、管理的科学开展。汪洋书记对建设宜居城乡高度重视，刚到广东工作不久，就提出要以宜居城乡建设为龙头来改善民生，做到“市市都有天堂，乡乡都有新村”，并多次对宜居城乡建设工作作出重要指示和批示。在我省开展解放思想学习讨论活动中，省委、省政府又把建设宜居城乡作为一项重要内容进行部署，组织开展调研和论证工作。汪洋书记亲自主持制定的《关于争当实践科学发展观排头兵的决定》专门用第六章节对建设宜居城乡作出具体部署。近期又指示省建设厅用排名的方法推动各市建设宜居城乡，并专门批示：“适当的时候，我去看宜居城镇和宜居村庄的建设情况。” 黄华华省长对宜居城乡建设也高度重视，多次强调要“突出建设宜居城市”，要以建设宜居城市为重要抓手，加强节能减排和环境保护，推动城市集约节约发展，完善城市配套设施，加强城市文明建设，提升城市管理水平，营造最佳的宜工、宜商、宜住、宜创业的综合环境。在近期召开的珠江三角洲一体化规划编制工作会议上，强调要注重从体现优秀建筑、优秀文化和优秀生态的高度做好城市建设规划。这一次又亲自参加建设宜居城乡工作现场会和研究班开班仪式并做重要讲话。省委、省政府主要领导对宜居城乡的关注和重视，充分表明了这项工作的重要性、战略性。

根据汪洋书记和黄华华省长关于建设宜居城乡的阐述，我认为可以从三个方面加强对建设宜居城乡重要意义的认识：第一，建设宜居城乡是增强城乡综合竞争力，实现生产发展、生活富裕、生态良好的迫切要求。推进这项工作，有利于促进城乡发展模式向集约型转变，营造良好的投资环境和人居环境，提高核心竞争力，推动广东经济社会又好又快发展。第二，建设宜居城乡是统筹城乡发展、提升城乡品位的重要举措。推进这项工作，有利于优化城乡发展布局，完善城镇功能，实现城乡基本公共服务均等化，彰显广东特色，塑造岭南城乡新形象。第三，建设宜居城乡是全面改善民生、构建和谐广东的突出体现。推进这项工作，有利于促进民生改善和民生发展，不断丰富人民群众的物质、精神、政治和文化生活内涵，将广大人民群众凝聚成为秩序良好、活力充足、参与度高的社会共同体。因此，大家一定要把思想认识统一到省委、省政府的决策部署上来，从全局和战略的高度认识建设宜居城乡的重要性和紧迫性，回去之后切实把建设宜居城乡摆上重要议事日程，真正行动起来，真正负起责任，全力推动和抓好落实。

三、紧紧把握我国我省扩内需保增长的大好时机，又好又快推进宜居城乡建设

去年以来，为应对国际金融危机冲击、保持经济平稳较快发展，国务院出台了扩大内需的10项措施，加快民生工程、基础设施、生态环境保护等方面的建设。省委、省政府迅速贯彻落实中央的决策部署，制定出台了我省进一步加大投资力度扩大内需的16项政策措施，努力促进经济平稳较快发展。国家和省的这些政策，对于我省建设宜居城乡是一个良好的机遇。建设宜居城乡，不仅可以扩大投资、拉动经济增长，而且体现人文关怀，改善民生，并为城乡建设的长远发展和维护社会和谐稳定创造有利条件。各地一定要深刻认识和切实把握好当前的机遇与形势，坚定信心，大胆创新，抓紧启动一批新的建设项目，加大力度推进宜居城乡建设。

当前，我省有个别地方建设发展步伐迈得还不够快，大项目进展缓慢，没有紧迫感，办起事来缩手缩脚。汪洋书记多次指出，这么好的时机都干不出成绩，等宏观调控来临时又一事无成。因此，我们一定要好好把握目前增投资扩内需的大好时机，按照“出手要快、出拳要重、措施要准、工作要实”的要求，抓紧启动一批新的建设项目，办成一些群众期盼、对城乡经济社会长远发展关系重大的大事。去年，汪洋书记、黄华华省长率广东省党政代表团到江浙沪考察学习，不少同志为上海、浙江、江苏城乡建设的大气魄、大手笔所惊叹。希望各位书记、市长要有抓好建设宜居城乡的紧迫感，学学江浙沪的做法和气魄，进一步解放思想，以“科学发展、先行先试”的突破精神，深入推进宜居城乡建设。

四、狠抓关键，集中力量解决好建设宜居城乡中

的重点难点问题

建设宜居城乡是一个长期的复杂过程和系统工程，要真正抓好，最关键最重要的是找准迫切需要解决的重点难点问题，深入研究并提出破解的措施，以点带面地推动整体工作。当然，由于地域差异、历史差异、文化习俗差异和人群结构差异等，不同地区的重点难点问题各不相同，各地要结合实际，因地制宜来推进。按照黄华华省长在建设宜居城乡工作现场会上的讲话精神，在这里，我强调几个具有共性的重点难点问题，各地要注意集中力量研究解决。

一是着力发挥城乡规划的龙头作用。

规划是建设宜居城乡的先导和基础，当前要突出规划的龙头作用，使宜居城乡建设步入良性循环的发展轨道。宜居城乡建设的难点在于乡。各地一定要转变过去“重城轻乡”的发展观念，树立城乡一体的规划理念，勇于打破城乡分割、城乡分立的局面，使城市和农村有机地融合在规划设计中。要树立起“全域广东”的理念，以“生态优先、宜居为重”为总要求，全面推进城乡总体规划的编制，逐步实现国民经济和社会发展规划、土地利用计划、城乡总体规划“三规合一”的综合性空间规划体系，充分发挥各类规划对宜居城乡建设的综合调控和引导作用。要实行“城乡规划实施年度计划”制度，明确城乡建设用地供应总量与结构、建设项目空间布局、重点地区开发建设等内容的年度安排，并使各地城乡建设的年度用地安排与土地利用计划相衔接，确保国民经济和社会发展规划确定的重大建设项目在城乡规划平台上得到落实。

二是着力完善城镇住房保障体系。

加强城镇住房保障体系建设，是住房政策的核心内容之一，是构建宜居城乡建设的有机组成部分。近年来，随着城镇住房制度改革不断深化，政府住房保障职能不断加强，以廉租住房、经济适用住房和住房公积金为主要内容的城镇住房保障工作取得了积极成效。但是，城镇住房保障的运作机制还不够规范，与城镇中低收入家庭特别是低收入住房困难家庭的需求还有一定差距，住房保障体系还有待进一步完善。因此，当前必须着力完善制度，规范运行机制，逐步扩大保障面，合理配置住房资源，构建与经济社会发展水平及不同收入群体相适应的住房供应和保障体系，形成以廉租住房制度、经济适用住房制度、住房公积金制度和政策性租赁住房制度为主要内容的多类型、多层次的城镇住房保障制度，使城乡居民享有基本的生活居住空间和均等的公共空间资源，实现住有所居。

三是着力推进“三旧”改造。

省委、省政府把推进“三旧”改造工作、优化用地布局、建设节约集约用地试点示范省作为重要工作进行部署。省政府近期又出台了《关于推进“三旧”改造促进节约集约用地的若干意见》。这些，充分体现了省委、省政府对加强土地资源管理工作的高度重视。我省人多地少，目前正处于工业化、城镇化加速发展的阶段，建设用地供需矛盾日益突出。据统计，珠三角地区9市平均土地开发强度已达到16%，其中深圳、东莞等市已超过40%。对比先进国家或地区的土地开发强度，香港仅为21%、日本三大都市圈仅为16.4%。因此，我省粗放的土地利用方式已难以为继。破解目前面临的土地供需矛盾，不能再走外延扩展的路子，必须向存量要增量，向效率要空间，推进“三旧”改造就是一个非常重要而有效的途径。广东共有“三旧”用地面积170多万亩，其中珠三角“三旧”用地面积就达到90多万亩，低效用地挖潜空间很大。因此，各地要在建设宜居城乡过程中突出抓好“三旧”改造工作，以建立完善规划和标准控制为前提，以政策约束激励为导向，以市场配置为基础，以评价、监管、考核为保障，有效促进城乡布局优化、产业结构转型升级和经济发展方式转变，努力走出一条耕地保护严、建设占地少、用地效率高的城乡建设发展新路子。

四是着力加强城镇生态环境建设。

环境保护和生态建设是宜居城乡建设的重点。我们要建设的城乡必须是生态环保型的宜居城乡。各地要十分重视生态环境建设，积极探索城镇生态文明发展道路。要营造绿色开敞空间，综合考虑生态保育、开发强度等因素，科学划定本地区生态安全控制线，维护区域生态安全。珠三角地区要积极建设绿道网--省立公园，率先划定区域绿地，大力发展城镇绿化，不断增加城镇绿地面积。要针对群众反映的突出环境问题，加大水环境综合治理，改善大气环境质量，使城镇建设向绿化、美化和艺术化发展。要按照省的要求，加快污水、垃圾处理设施建设。这里，我要特别强调的是，各地要严格抓好节能减排工作。国家下达给我省“十一五”期间的节能减排目标是单位生产总值能耗降低16%、主要污染物排放总量减少15%。现在看来，压力不小。“十一五”以来，我省污染减排工作虽然取得阶段性成效（化学需氧量和二氧化硫分别比2005年下降5.4%和9.1%），但与15%的减排目标相比，仍分别有9.6%（10.2万吨）和5.9%（7.6万吨）的差距。同时，我省的能耗水平仅相当于全国平均水平的65%，要在这个较低水平上每年降低3-4个百分点，对我省的节能工作是一个严峻挑战。因此，各地要建立健全节能减排考核制度，严格落实节能减排责任追究制和问责制，努力改善环境质量，维护环境安全和群众环境权益，促进我省加快形成节约能源资源和保护生态环境的产业结构、增长方式和消费模式。

五是着力完善公共服务建设。

教育、文化、卫生、体育和市政公用等公共服务设施，是城市经济和社会发展的重要载体，直接关系到社会公共利益，关系到城乡居民生活质量。党的十七大提出要逐步实现城乡基本公共服务均等化，这就要求城乡市政和公共设施要做到布局合理、功能完善，贴近和方便居民。各地要健全覆盖城乡、服务大众的教育、文化、卫生、体育等公共服务设施网络，比如，城乡居民出行便利，公交成为人人能享受、处处能到达的出行工具；农村道路网实现道路硬底化、村村能通达；建设“信息城市”，居民通过完善的信息化网络享受政府、医院、学校及其他公营机构和社会团体提供的公共服务，等等。各地要打破城乡界限，统筹规划城乡市政公用设施布局，以城带乡建设市政公用设施，推行共建共享，促进城乡建设协调发展。

五、加强领导，建立健全宜居城乡建设的保障机制

推进宜居城乡建设，一定要以科学发展观为指引，树立正确的政绩观，因地制宜、统筹兼顾、科学有序地来谋划和推进。

一要坚持科学规划，克服一哄而起、急于求成，把建设宜居城乡搞成政绩工程的倾向。

建设宜居城乡是一项涉及经济、文化、社会、生态全面发展的系统工程，不可能一蹴而就。在推进建设宜居城乡的实际工作中，各级政府、各有关部门既要充分抓住机遇，能加快的就加快开展，注意从建设宜居城乡的主要矛盾和问题入手，开好头、起好步，加速推进；又要坚决避免操之过急、急于求成，搞政绩工程、形象工程。

二要坚持以人为本，克服政府大包大揽、不尊重群众意愿的倾向。

宜居城乡建设的主体是居住在其中的群众，城乡宜不宜居，群众说了算。因此，在建设宜居城乡的过程中，一方面，要充分发挥政府的领导、组织和协调作用。宜居城乡建设的整体规划和方针政策都要靠政府制订，公共设施建设资金也要靠政府投入，各种资源要靠政府整合，宜居城乡建设中诸多矛盾关系要靠政府协调，政府的作用不可替代。另一方面，各地政府一定要充分考虑群众的切身利益，倾听群众的合理诉求，积极问计于民、问需于民，从制度和机制上切实保障群众在建设宜居城乡中的知情权、参与权和决策权，使广大群众追求宜居的美好愿望和热情，转化为建设宜居城乡的强大动力，齐心协力共同推进。

三要坚持因地制宜，克服建设宜居城乡模式一律化，指导方法“一刀切”的倾向。

我省各地资源环境、文化传统和生活习惯千差万别，建设宜居城乡不能用一个模式、一个标准包打天下。各地要因地制宜，根据实际进行创新，探索和选择符合自身特点的模式。省建设厅针对不同地域选取了若干宜居城市、宜居城镇、宜居村庄创建指导点进行分类指导，各地也要根据不同地区不同情况，选取一些创建点用不同的方法和手段进行具体指导，特别要注重保持并发扬地方特色，延续历史文脉。

四要坚持统筹协调，克服重硬件、轻软件，把宜居城乡建设简单片面理解为工程建设的倾向。

宜居城乡建设的主要任务，可以归纳为硬件和软件建设两大方面。硬件主要表现为推进住有所居、改善人居环境等，软件主要表现为社会保障制度、教育、文化、卫生等公共服务和社会管理方面的建设。对实现宜居城乡的目标来说，这两大建设都是必需的，不可顾此失彼。各地推进宜居城乡建设要坚持统筹协调、改善硬环境和改善软环境并重，促进城乡基础设施建设和教育、文化、卫生等公共服务同步改善提升。

同志们，建设宜居城乡是新时期我省城乡发展的一条主线，是我们各级党政领导的重要职责。宜居城乡建设如何，体现着我们各地的发展水平和层次，体现着我们各级党政领导的领导能力和水平。希望同志们按照全省建设宜居城乡工作现场会精神，把这次研究班的学习研究成果应用到工作实际当中，继续解放思想，抓好落实，扎实推进宜居城乡建设，为广东争当实践科学发展观排头兵做出新的贡献！

在全省住房和城乡建设工作会议上的讲话

广东省副省长　林木声

（2010年2月5日）

同志们：

在省“两会”刚刚胜利闭幕、新春佳节即将来临之际，我们召开全省住房城乡建设工作会议，认真贯彻全国住房城乡建设工作会议及省委十届六次全会精神，总结去年建设工作，谋划部署新一年任务，对于进一步加强我省住房城乡建设工作、推动全省经济社会科学发展具有重要作用。刚才，庆方同志通报了去年全省住房城乡建设工作情况，并提出了今年的工作安排，讲得很好，我都同意。这次会议开得很务实，安排得很好，既表彰了2009年度先进单位，又签订了2010年相关工作目标责任书，上午还参观了增城的宜居城乡建设和绿道建设，刚才又播放了绿道宣传专题片，让大家对绿道建设有了感性认识，很有新意。希望全省各级政府、各有关部门认真贯彻这次会议精神，全力抓好各项工作落实，努力开创我省住房城乡建设工作新局面。下面，我讲三点意见。

一、过去一年我省住房城乡建设工作取得新突破，为全省经济社会平稳较快发展作出重要贡献

刚刚过去的2009年，是我省积极应对国际金融危机、经济社会保持平稳较快发展、改革开放和现代化建设取得显著成绩的一年，也是我省住房城乡建设系统改革创新、转变职能、服务全省保增长调结构惠民生取得显著成绩的一年。刚才庆方同志在工作报告中提出去年是改革之年、大有收获之年，概括得很好。一年来，全省各级政府和住房城乡建设系统深入贯彻落实科学发展观，按照省委、省政府与住房和城乡建设部的工作部署，紧紧围绕保增长保民生保稳定的大局，全面落实“三促进一保持”的各项工作，认真履行住房和城乡建设职责，敢于提出新思路、新举措，推动住房和城乡建设事业取得新进展，为全省经济社会平稳较快发展作出了积极贡献。主要体现在五个方面：

（一）推进宜居城乡建设思路新、富有成效。

认真贯彻落实省委、省政府《关于建设宜居城乡的实施意见》和全省建设宜居城乡工作现场会精神，积极探索具有广东特色宜居城乡建设新路子。一是启动实施绿道网建设。省住房和城乡建设厅与有关部门通过深入调研分析，向省委、省政府提出学习借鉴国外经验，率先在珠三角构建融合保护生态、改善民生和发展经济等多种功能的绿道网的建议，得到省委、省政府的高度重视和充分肯定，并列入省的重点建设项目进行部署，省委十届六次全会上专门播放了绿道建设专题片，引起了广泛影响；省政府还出台实施《珠江三角洲绿道网总体规划纲要》，全面启动实施珠三角绿道网规划建设工作。二是积极推进宜居城乡创建工作。中山、梅州、云浮等3个市，汕头市东里镇等10个镇，以及湛江市石城镇十字路村等20个村的“宜居城市”、“宜居城镇”和“宜居村庄”创建试点工作稳步推开，示范带动了全省宜居城乡创建活动的广泛开展。大力推进村居规划试点，全省有3000多个村庄编制了规划，全省村庄规划覆盖率达37%。同时，组织制定《广东省创建宜居城乡工作绩效考核办法（试行）》、《广东省宜居城镇、宜居村庄、宜居社区考核指导指标（2009-2012）》等文件，为推进全省宜居城乡建设提供了技术支撑和政策保障。三是切实加强城乡公共基础设施建设。积极争取资金，加大城乡垃圾污水设施建设力度，垃圾污水处理能力进一步提高。全省城镇垃圾无害化处理率为67%，比上年提高2%；城镇生活污水处理率达60%，比上年提高4%。人居环境持续改善，湛江市生态保护及城市绿化建设项目、梅州市城市公厕可持续发展新模式项目、中山市村村通自来水工程建设项目获得“中国人居环境示范奖”。

（二）实施珠三角《规划纲要》行动快、开局良好。

全省住房和城乡建设部门以创新规划为抓手，积极配合和大力推进实施珠三角《规划纲要》，促进了珠三角和全省城乡区域协调发展。一是区域规划取得新成果。制定《珠江三角洲城乡规划一体化规划》，推动珠三角迈向城乡区域一体化发展道路。大力配合推进“广佛肇”、“深莞惠”、“珠中江”三大经济圈融合发展，三个经济圈的规划行政主管部门均确立了合作框架，并启动了《广佛同城化城市规划》、《珠中江城市协调发展规划》等编制工作。同时，积极推进《粤东城镇群协调发展规划》，粤西城镇群和粤北山区也都就区域协调发展规划进行了积极探索。二是粤港规划合作更加紧密。联合港澳共同完成《大珠江三角洲城镇群协调发展规划研究》，联合编制《共建优质生活圈专项规划》和《环珠江口宜居湾区建设重点行动计划》，推动大珠三角向建设亚太地区最具活力和国际竞争力的城市群目标迈进。三是“三规合一”试点取得积极成效。广州、河源、云浮按照“城乡统筹、全域规划”的理念，稳步推进国民经济与社会发展规划、城乡总体规划、土地利用规划“三规合一”试点工作，为全省规划体系创新提供了新鲜经验。

（三）加强住房保障建设力度大、成效显著。

高度重视解决困难群众的住房问题，出台实施《广东省解决城镇低收入家庭住房困难工作目标责任考核办法》，建立省、市、县（区、市）层层考核的目标责任制度，将住房保障工作纳入各级政府的政绩考核内容，加大督促考核力度，有力地促进了住房保障工作的落实。去年我省住房保障覆盖面进一步扩大，实物安置比例进一步提高，新增解决符合廉租住房保障条件的家庭3.3万户，新增解决符合经济适用住房供应条件的家庭9400余户，廉租住房和经济适用住房保障户数同比分别增长24%、41%，廉租住房和经济适用住房保障投资分别增长108%、163%，是历年来保障性住房项目开工最多、投入最大和解决低收入家庭住房困难户最多的一年。

（四）促进房地产市场健康发展措施落实、效果明显。

认真落实中央关于促进房地产市场健康发展的工作要求，出台促进我省房地产市场平稳健康发展的15条政策措施，推动我省房地产市场较快走出调整期。去年全省商品房销售面积和销售额同比分别增长45.8%和59.2%，房地产业实现增加值和税收分别增长19.6%和25%，成为扩大内需的生力军和拉动GDP增长的重要动力。

（五）对口援建汶川工作效率高，树立了广东形象。

按照中央和省委、省政府的工作部署，积极参与、全力支持对口援建汶川工作，组织开展灾后重建规划设计，落实援建项目，开展援建工程质量安全检查，完成约1.7万户农房的重建技术指导。汪洋书记在汶川参观“广东省对口支援汶川县灾后恢复重建规划设计成果展”时，高度评价全省住房城乡建设系统的援建工作，赞扬体现了广东形象和广东水平。

特别值得肯定的是，去年全省住房和城乡建设系统认真结合开展学习实践科学发展观活动，加快转变职能，推进管理服务创新，加大行政审批制度改革力度，开通省重点企业服务和重点建设项目审批“绿色通道”，启用“三库一平台”（企业库、人才库、标准库和行政审批网络平台）管理服务系统，极大地提升了住房和城乡建设管理水平。建立建筑市场诚信平台，完善企业资质行政许可的批前批后监管，加强建设工程招投标管理，积极开展推动治理商业贿赂、工程建设领域突出问题等专项整治工作，建筑市场行为进一步规范。强化工程质量安全监督，建筑施工安全生产状况好于预期。住房城乡建设法规体系不断完善，依法行政水平进一步提高。

全省住房和城乡建设工作的扎实有效推进，有力地保障和服务了我省经济社会的平稳较快发展。2009年我省GDP达3.9万亿元，比上年增长9.5%，人均GDP超过4万元，增长8.4%，均提前完成“十一五”规划目标任务。这些成绩的取得，凝聚着全省住房和城乡建设系统广大干部职工的辛勤劳动。借此机会，我代表省政府，向在座各位并通过你们向全省住房和城乡建设系统的广大干部职工表示衷心的感谢！

二、服务大局，突出重点，努力推动我省住房和城乡建设工作再上新水平

2010年是我省继续应对国际金融危机、加快转变发展方式、保持经济平稳较快发展的关键之年。做好今年的工作，对于全面完成“十一五”规划任务、启动“十二五”规划具有重要意义。住房和城乡建设系统是政府加强住房建设保障、统筹城乡规划建设管理的重要职能部门，不仅对当前全省扩内需保增长惠民生负有重要职责，而且对长远广东科学发展、可持续发展负有重要职责。省委、省政府高度重视住房和城乡建设工作，去年省级机构改革中，省政府整合原省建设厅的职能，组建成立住房和城乡建设厅，“建设厅”改为“住房和城乡建设厅”，这不仅仅是名称的变化，而是标志着原省建设厅这一建设管理部门转变为社会管理和民生保障的重要部门，进一步提升了住房和城乡建设系统在推动经济社会科学发展中的地位和作用。希望住房和城乡建设系统的广大干部职工进一步认清形势，充分认识肩负的职能和使命，切实增强做好住房和城乡建设工作的责任感和紧迫感，为推动我省科学发展、和谐发展发挥更大作用。特别要做到三个更加注重：一是更加注重住房保障工作。住房保障工作关系民生和千家万户，党中央、国务院和省委、省政府对此高度重视。特别是国务院提出2012年末要基本解决城镇低收入家庭住房困难的问题。按此要求，我省3年内要解决符合廉租住房条件的困难家庭有7万多户，任务艰巨。目前，我省住房供应体系尚不健全，住房保障覆盖率低、缺口大，广州、深圳等部分城市房价上涨过快，住房保障工作任务繁重。住房城乡建设部门要积极转变职能，加强调控，以解决城镇低收入家庭住房困难为重点，不断完善住房保障制度，科学构建与经济社会发展水平及不同群体相适应的住房梯度供应和多层次的住房保障体系，更好地满足和保障人民群众的住房需求。二是更加注重宜居城乡建设。宜居城乡是城乡建设的大势所趋，省委、省政府高度重视、大力推进。省委十届三次全会提出“打造宜居城乡，建设美好家园”的明确目标，还专门出台了《关于建设宜居城乡的实施意见》。汪洋书记明确要求“要以建设宜居城市、宜居农村、宜居乡镇为龙头来改善民生”，做到“市市都有天堂，乡乡都有新村”；华华省长去年亲自参加全省建设宜居城乡工作现场会，并对推进此项工作作出重要指示和部署。目前，我省城市化进程快但质量不高，城乡建设“见物不见人”观念十分普遍，城乡人居环境离科学发展观的要求、离人民群众的要求尚有差距。因此，各地、建设系统各部门要在总结去年试点工作经验的基础上，全力推进全省宜居城乡建设工作，特别要以生态走廊建设为基础，以珠三角为重点，规划建设省级绿道网，示范带动全省宜居城乡建设工作取得新突破。三是更加注重城乡公共服务设施建设。完善公共服务设施建设是现阶段推进城乡建设发展的重点。全省建设系统要认真贯彻落实省委、省政府扩大内需的决定，按照基本公共服务均等化规划纲要的要求，加大城乡交通、供水、生活垃圾处理设施等基础设施建设，逐步缩小城乡间的基本公共服务差距，加快城乡一体化进程。总之，全省各级政府和住房城乡建设部门要认真按照省委、省政府的决策部署，创新思路，突出重点，狠抓落实，努力推动我省住房和城乡建设工作再上新台阶。在具体工作中，要突出以下五个方面：

（一）突出珠三角绿道网建设，力促宜居城乡建设取得新突破。

绿道网建设是省委、省政府立足科学发展大局作出的一项“功在当代、利在千秋”的重大部署，也是宜居城乡建设的一项重要抓手，对于改善人居环境、提升我省综合实力和形象具有重要意义。特别是珠三角地区城市平均土地开发强度已达到16%，部分市已超过40%，而另一方面，环境建设保护形势严峻，空气污染问题严重，推进绿道网建设更加迫切。因此，各级各部门特别是珠三角各市要高度重视，科学规划，统筹协调，上下联动，扎实推进绿道网和宜居城乡建设的各项工作，力争今年有突破性进展。一是加强政策引导。抓紧制订出台《珠江三角洲绿道网总体规划》等规划建设指引文件，制订建设标准，明确建设目标和要求，为全面铺开绿道网建设提供政策指导和技术指引。二是扎实推进建设。各市要按照“省统筹指导，地方建设为主”的原则，认真研究解决绿道规划建设、资金运作模式等具体问题。珠三角各市要将绿道建设摆在和轨道建设同样重要的位置上，充分利用举办广州亚运会和深圳大运会的有利时机，广泛发动，迅速行动，确保有计划高质量地推进，力争一年基本建成、两年全部到位、三年成熟完善，全力将珠三角绿道网打造成为全省乃至全国的标志性工程，打造成广东实践科学发展观的招牌。其他各市要按照《珠江三角洲绿道网总体规划纲要》的要求，做好各市绿道的衔接。清远、云浮、阳江、河源等珠三角外围的市也可积极创造条件，开展绿道建设，并连接珠三角绿道网，加快与珠三角的融合。三是要把握多样化、本土化、生态化和人性化“四化”建设要求。多样化，就是要保持绿道生物的多样化以及建设形式的多样化，宜简则简，宜繁则繁，使珠三角绿道网显得婀娜多姿，而不是千篇一律。本土化，就是要突出本地特色，多保留和培育本地物种，少用外来植物。生态化，就是尽量保持原有的生态环境，人为的建设尽量要少。人性化，就是要完善各类配套服务设施，体现人文精神和人文关怀。四是注重协调推进。要充分发挥省宜居城乡建设工作联席会议的作用，协调各部门形成合力推进。省发展改革委要加强督促检查，省财政厅要保证工作经费，省国土资源厅要在用地政策上给予支持，省农业、林业、水利、海洋等部门要按照各自职能积极做好配合工作。与此同时，要大力推进宜居城乡创建活动，以宜居城市、宜居城镇、宜居村庄创建试点为突破，示范带动全省宜居城乡创建活动。加强宜居城乡建设的规划，推进城乡生态环境保护，注重城乡基础设施建设，完善城乡基本公共服务，着力打造宜居宜业的新城乡。

（二）突出保障性住房建设，力促“住有所居”实现新突破。

各级政府和住房城乡建设等部门要以解决城镇低收入家庭和中等偏低家庭的住房困难问题为重点，认真落实住房保障工作责任目标制，大力推进廉租住房、经济适用住房的建设，积极开展政策性租赁住房建设试点。一是抓目标责任的落实。在这次会议上，省政府与各市继续签订解决城镇低收入家庭住房困难工作目标责任书。各地级以上市也要与县（市、区）级政府签订目标责任书，将目标责任层层分解并抓好落实，确保年底前完成对2007年以来登记在册的符合廉租住房保障条件的城镇低收入住房困难家庭有70%即5.32万户得到廉租住房保障。二是抓用地、资金等方面支持保障。要抓好保障性住房建设的用地供应，建立绿色审批通道，加快办理审批手续，确保年度计划项目的开工建设。要落实建设资金，从2009年起至2011年，省财政每年安排2个亿用于东西两翼和北部山区廉租住房保障进行补贴，各地也要加大财政投入，多渠道筹集资金。要争取金融机构的信贷支持，引导社会资金用于保障性住房建设。三是抓棚户区改造。认真贯彻落实全国城市棚户区和国有工矿棚户区改造会议精神，切实加强工作指导和督促检查，全面启动和推进棚户区改造，力争三年时间完成我省的改造任务。四是抓多层次住房供应体系构建。积极完善我省廉租住房和经济适用住房的相关政策，使廉租住房、经济适用住房制度衔接，重点研究解决当前廉租住房只租不售、经济适用住房只售不租和两类住房租（或售）后管理政策不明确等问题。要积极探索实施租赁补贴政策，有条件的地区可先行开展租赁试点，根据需要筹集、新建或购买一批政策性租赁住房，租给低收入住房困难家庭，解决其过渡性居住需求问题。

（三）突出促进房地产健康发展，力促服务扩投资扩内需实现新突破。

房地产市场平稳健康发展是拉动内需的重要途径。去年我省房地产投资增长不太理想，仅增长0.99%。今年要充分把握实施扩大内需战略的契机，着力促进房地产投资的合理增长，确保房地产业平稳健康发展。一是加大政策调控力度。各地要认真贯彻落实国务院办公厅《关于促进房地产市场平稳健康发展的通知》(即“国十一条”)精神，落实配套政策，加强和改善房地产市场调控，注重从调整住房供应结构、增加中小型和中低价位普通商品房供应等方面着手，着力促进房地产市场健康发展。要增加建设用地有效供应，积极探索土地出让综合评标办法，提高土地供应和开发利用效率。二是加强住房消费引导。合理引导居民住房消费预期，积极促进普通商品住房消费和首次住房消费。加大对自住型和改善型住房消费的信贷支持力度。逐步扩大住房公积金的覆盖面，提高缴存比例，发挥公积金支持职工购房的作用。三是加大优化服务力度。建设、规划、国土等部门要加强对房地产开发项目报批工作的服务。抓紧建设二手房交易信息管理系统，规范房地产经纪机构经营行为，创造安全的二手房交易环境。积极宣传中央和省出台的有关政策措施，提升消费信心。四是加强市场监管。要建立健全新建商品房、存量房交易合同网上备案制度，加大交易资金监管力度。要深入开展房地产市场秩序整顿，加强市场监测分析，准确把握房地产市场走势，严肃查处违规销售、捂盘销售、哄抬房价、散布虚假信息等扰乱市场秩序的行为，促进房地产市场的健康有序运行。

(四)突出发展低碳建筑，力促建筑节能降耗工作取得新突破。

有关研究资料表明，我国建筑能耗目前已经超过一次能源消费总量的四分之一，达到27%左右，是世界同纬度国家的3倍，而且有逐渐增大的趋势。如不加以控制，预计到2030年，我国建筑能耗总量将是26亿吨标准煤，几乎达到目前全国能耗总量。此外，建筑在二氧化碳排放总量中几乎占到50%，这一比例远远高于运输和工业领域。当前，我省正处城乡建设大发展的时期，建筑节能潜力很大，工作任务很重。各级政府及住房和城乡建设部门要将大力发展低碳建筑作为住房城乡建设转变发展方式和提高质量效益的关键工作之一，切实提高对建筑节能重要性的认识，下大力气推进这项工作。要把建筑节能理念贯穿于法规立项、勘察设计、工程施工和竣工验收的全过程，促进建筑事业走科技、环保、节约、可持续发展道路。要突出重点，选好突破口，重点抓好新建建筑节能达标、现有建筑节能改造、可再生能源和新型建筑节能材料的推广应用，尤其要加强国家办公建筑和大型公共建筑用能管理，以点带面全面推进建筑节能。要加大建筑节能的财政资金投入，推动不断提高建筑节能科研攻关能力。要健全建筑节能管理机构，推进建筑节能立法和节能监管体系的建设。要按照“政府主导、市场运作、企业实施、用户参与”的原则，从强化政府职责、提高节能意识、开展节能试点等方面多管齐下，共同促进建筑节能水平的提高，以低碳建筑来促进资源节约型、环境友好型城镇建设，积极为我省节能减排工作作出贡献。

三、加强领导，明确责任，确保住房和城乡建设工作落到实处

今年的住房和城乡建设工作已经明确，现在的关键是要落实责任，密切配合，确保各项工作高效推进。

一要加强组织领导。各级政府要把住房和城乡建设工作摆在事关经济社会发展全局的重要位置来抓，认真解决住房城乡建设工作中的实际困难，保证领导力量到位、工作责任到位、政策措施到位。各级住房城乡建设部门要全面履行职责，细化分解工作任务，明确责任目标、责任部门、责任领导，确保各项工作落到实处。发展改革、财政、国土、环保等部门要充分发挥本部门的工作优势，各司其职、齐心协力，形成推动全省住房和城乡建设事业发展的强大合力。

二要加强责任考核。今年住房和城乡建设领域任务繁重，宜居城乡建设、保障性住房建设等各项工作都有定性或定量指标任务。各地与住房和城乡建设部门要科学制订工作进度，加强督促检查，强化责任考核，务实推进各项工作落实。要认真组织开展好全省宜居城乡创建活动的第一次考核工作，科学评价各地级以上市创建宜居城乡工作绩效考核综合得分及排名，并公布考核结果和评估报告。要认真抓好城镇低收入家庭住房困难工作目标责任完成情况的督促检查。一方面，省政府将组成检查组对各地级市政府2009度解决城镇低收入家庭住房困难工作目标责任完成情况进行考核，对考核为优秀的市进行表扬，对考核不合格的市进行通报批评，这项工作要在今年3月前完成。另一方面，3月前要完成2010年度城镇低收入家庭住房困难工作目标责任任务计划的确定和下达工作。

三要加强工作研究。当前住房城乡建设工作面临许多新任务、新情况，如绿道网和宜居城乡的创建等都是新课题，没有什么经验和规律可循，因此加强调查研究显得尤为迫切。各地各有关部门要善于学习借鉴国内外在推进城乡建设、绿道建设和完善住房保障体系方面的经验做法，加强对实际工作中出现的新情况、新问题的研究，与时俱进地推进住房和城乡建设各项工作。要善于总结绿道网、宜居城乡创建、保障性住房等工作中的经验，善于发现和总结宣传推广各地各部门的典型做法，以典型引导各项工作有序推进。

总之，希望各级政府和全省住房城乡建设系统的同志们深入贯彻落实科学发展观，认真履行职责，加强协调配合，扎实开展工作，努力开创全省住房和城乡建设工作新局面！

深入学习实践科学发展观
促进全省住房和城乡建设事业健康发展

——在全省住房和城乡建设工作会议上的工作报告

广东省住房和城乡建设厅党组书记、厅长　　房庆方

（2010年2月5日）

同志们：

新年伊始，省政府在这里召开全省住房和城乡建设工作会议，主要任务是认真贯彻党的十七届四中全会、中央经济工作会议、胡锦涛总书记视察广东重要讲话精神，认真贯彻全国住房城乡建设工作会议、省委十届六次全会精神，深入学习实践科学发展观，总结去年全省住房城乡建设工作，研究部署今年的工作任务。省政府高度重视这次会议，木声副省长亲自出席会议并将作重要讲话，请大家认真贯彻落实。下面，我作全省住房城乡建设工作报告。

一、2009年工作回顾

2009年，是我省从容应对严重的国际金融危机冲击，保持经济社会平稳较快发展取得显著成绩的一年。面对跨入新世纪以来最为困难的发展形势，全省住房和城乡建设系统在省委、省政府的正确领导下，认真实施《珠江三角洲地区改革发展规划纲要》（下称《规划纲要》），积极落实中央宏观调控措施以及省委、省政府关于建设宜居城乡和“三促进一保持”的重要部署，统筹谋划，开拓创新，共克时艰，取得了住房和城乡建设事业的新成就。

宜居城乡建设取得新突破。研究确定了珠三角绿道建设、“三旧”改造、“万村百镇”整治、保障性住房、垃圾及污水处理设施建设、重点新区建设、步行系统及滨水空间建设等建设宜居城乡七个重点领域，相关内容纳入了省委十届六次全会工作部署，把建设宜居城乡与扩内需保增长有机结合起来。确定了3个宜居城市、10个宜居城镇、21个宜居村庄创建指导点和1400个省级村庄规划试点。全省共建成生活垃圾无害化处理场38座，总处理能力3.65万吨/日，城镇垃圾无害化处理率为67%，比上年提高了2个百分点；建成并投入运行污水处理厂173座，处理能力达1364万立方米/日，城镇生活污水处理率达60%，比上年提高了4个百分点。全省村庄规划覆盖率达37%，比上年提高了2.5个百分点。有3000多个村庄编制了规划，开展了整治。汕头、梅州、韶关等3个市被评为国家级园林城市，东莞市塘厦镇被评为国家级园林城镇。被评为中国历史文化名镇的镇、村累计达19个，数量居全国前列。

地产业发展和住房保障取得新成效。2009年，全省房地产开发投资达2961.3亿元，同比增长1%；商品房竣工面积达4695.1万平方米，同比增长7.7%；商品房销售面积达7035.9万平方米，同比增长45.8%；房地产业完成增加值2412亿元，增长19.6%，拉动GDP增长1个百分点；实现税收560.4亿元，同比增长25%，对地税收入增长贡献率高达64.2%。全省新增解决了4.8万户低收入家庭的住房困难问题。新增住房公积金归集额480.4亿元，累计归集总额达2230.8亿元；新增住房公积金个人贷款268.9亿元，累计个人贷款总额达855.6亿元；新增住房公积金提取额326.7亿元，累计提取总额达1174.7亿元。

建筑业和建筑节能取得新进展。全省共荣获“中国建设工程鲁班奖”6项，“省优良样板工程”91项，“省建设工程金匠奖”23项；国家级工法15项；省建筑业新技术示范工程22项；被评为全国建筑业先进企业13家。有3个绿色建筑示范工程和4个低能耗建筑示范工程被列为国家级示范工程；全省新建城镇房屋应用新型墙材建筑比例超过了83%，高于全国平均水平；我省是全国最先大规模开展建筑能源审计的省份之一。

建设科技和人才队伍建设取得新成绩。全省共获得国家华厦科技奖5项，省科技进步奖6项。通过科技成果鉴定159项，发布技术成果推广项目16项。有14人获得全国建筑业优秀企业家，1492人通过了建筑专业职称评审，32000名技术工人通过考核并取得资格证书，队伍不断壮大。

机关作风建设有新气象。全省住房和城乡建设系统行业形象整体得到了提升。惠州市规划建设局等3个

单位荣获“全国住房和城乡建设系统创建文明行业示范点”；湛江市市政园林局等4个单位被中央文明委授予“全国精神文明建设工作先进单位”称号；江门市规划局等3个单位获得了“全国住房和城乡建设系统思想政治工作先进单位”荣誉称号。

过去一年，我们主要抓了以下工作：

（一）围绕改善人居环境，推进了宜居城乡建设。

为扎实推进省委、省政府关于建设宜居城乡的决策部署，我们提请省委办公厅、省政府办公厅印发了《关于建设宜居城乡的实施意见》，明确了建设宜居城乡的总体要求、工作目标和主要内容，提出了针对性的政策措施和保障机制。我们组织制定了《广东省创建宜居城乡工作绩效考核办法（试行）》、《广东省宜居城镇、宜居村庄、宜居社区考核指导性指标（2009-2012）》和《广东省宜居环境范例奖申报及考核办法（试行）》等文件，将“生活垃圾无害化处理率”、“生活污水处理率”等5项人居指标纳入了地厅级领导干部考核指标体系，为推进宜居城乡建设提供了技术支撑和政策保障。省建立了由十几个省直部门组成的全省宜居城乡建设工作联席会议制度，促进了部门联动。省政府在中山市召开了全省建设宜居城乡工作现场会，黄华华省长、胡泽君部长、林木声副省长等领导出席了会议并作重要讲话。各地党政主要领导参加了以“贯彻落实《规划纲要》，加快建设宜居城乡”为主题的书记（市长）城市建设专题研究班，提高了建设宜居城乡重要性的认识。加大了宣传力度，引起社会的广泛关注。

在去年建设宜居城乡工作中，珠三角绿道建设的提出是一大亮点，作为一项具体工作前所未有地纳入了省委全会的重要部署。我厅会同省委政研室向省委、省政府提交了《关于借鉴国外经验，率先建设珠三角绿道网的建议》，制作了绿道宣传专题片，得到汪洋书记和黄华华省长的高度赞赏。编制了《珠三角绿道网总体规划纲要》，并经省政府审议通过。选取了广州亚运及深圳大运休闲绿道等一批条件较为成熟的省级绿道建设试点，启动珠三角绿道网建设。此外，我们加大了垃圾污水处理设施和供水设施建设力度。争取了中央投资安排我省垃圾处理设施建设项目10项共5450万元；省垃圾处理专项资金6000万元的分配向城乡一体化处理模式作了倾斜。实施国家“水体污染控制与治理”科技重大专项，启动了珠江下游饮用水项目，争取到国家下拨预算经费9000万元，保障城镇供水水质安全。丹霞山申报世界自然遗产步伐加快，成功组织召开了丹霞地貌国际学术论坛，高效完成了首期整治任务，以崭新面貌迎接了世界自然遗产专家的考察评估。宜居城乡建设七个重点领域中的城中村改造、“万村百镇”整治工程、城镇保障性安居工程、垃圾处理设施建设、珠三角绿道建设等五个项目打包列入了今年的省重点工程项目，有利于这些项目的推进和落实。

（二）围绕扩内需促增长，促进了房地产业平稳发展。

出台了房地产调控政策，引导房地产市场走出调整期。省政府出台了《关于促进我省房地产市场平稳健康发展的若干意见》，提出进一步鼓励普通商品住房消费15条政策。各地也从调整住房供应结构、落实金融税收政策等方面支持居民住房消费，对促进我省房地产市场活跃和宏观经济企稳回升起到了明显成效。

加快了保障性住房建设，积极解决住有所居问题。去年是落实国务院提出用三年时间基本解决城镇低收入家庭住房困难问题要求的第一年。省委、省政府高度重视，将住房保障工作列入地厅级领导干部落实科学发展观考核评价指标体系和各级政府年度政绩考核内容。去年初，省政府与各地级以上市政府签订了解决城镇低收入住房困难工作目标责任书，出台了目标责任考核办法，有力地促进了各级党委、政府认真做好住房保障工作。住房保障覆盖面逐步由向低保住房困难家庭应保尽保扩大到对低收入住房困难家庭保障，实物安置的比例也进一步提高。全省共落实廉租住房和经济适用住房的建设资金87.5亿，落实建设用地252.3万平方米，新增廉租住房和经济适用住房2.43万套。深圳等城市还积极发展公共租赁住房，解决中低收入“夹心层”人群的住房困难问题。同时，各地适当提高了住房公积金缴存比例和贷款额度，珠三角地区建立了住房公积金异地互贷机制，有力地支持职工增强了住房消费能力。

（三）围绕统筹城乡发展，加大了城乡规划建设管理力度。

创新城乡规划体系，推进了城乡一体化发展。按照省政府关于编制五个一体化规划的部署，开展了《珠三角地区城乡规划一体化规划》编制工作，推动珠三角走低碳模式的城乡一体化发展道路。广州、佛山开展了《广佛同城化城市规划》编制，珠海、中山、江门开展了《珠中江城市空间协调发展规划》编制，深圳、东莞、惠州开展了《深莞惠地区城镇群协调发展规划》编制，以一体化规划携领一体化发展。《粤东城镇群协调发展规划》促进了粤东地区城乡与区域协调发展。广州、河源、云浮开展了城乡总体规划、国民经济和社会发展规划、土地利用计划“三规合一”的试点工作，取得了“城乡统筹、全域规划”的初步成效。加大了村庄规划工作力度，省财政安排了1400万元省级村庄规划专项资金。继续开展村镇规划建设管理人员培训，共免费培训了1000多人，提高了基层管理人员的素质。

粤港澳共同推进实施《规划纲要》。我们会同港澳相关部门开展了《共建优质生活圈专项规划》和《环珠江口宜居湾区建设重点行动计划》编制工作，着力将环珠江口湾区打造成“亚太地区最具活力和国际竞争力的城市群”。联合香港发展局、澳门运输工务司开展的《大珠三角城镇群协调发展规划研究》，于去年10月28日在澳门正式发布成果，成为我国第一项跨不同政治制度边界的空间协调发展研究。

（四）围绕建筑业发展，强化了建设工程管理。

建筑市场监管不断加强。加强制度建设，起草了省房屋建筑和市政基础设施工程招标投标管理规定及施工评标办法，修订了省建设工程项目招标中标后监督检查办法，进一步规范了建筑市场行为。全省有2045家建筑企业的诚信信息录入了“广东省建筑市场诚信信息平台”，并实现了与住房和城乡建设部信息平台的对接。开展了勘察设计市场整治，严格实施大中型建设工程项目的初步设计审查和施工图审查。大力繁荣建筑设计创作，举办设计高峰论坛，开展优秀建筑设计作品展示和评优活动，提高了勘察设计水平。加强对潮州、汕头、阳江等省重点工程项目的监管，开通了省重点工程项目审批服务“绿色通道”，简化了重大项目的审批流程。广州亚运工程顺利推进。

建筑节能工作稳步推进。全省大部分市进行了建筑节能公示，选定了节能标杆建筑，广州、佛山、东莞、中山、珠海、惠州等六个试点城市开展了建筑能源审计。开展了全省建筑节能专项大检查，加强对建筑节能标准实施的监督管理。推荐了珠海、佛山申报国家可再生能源应用示范城市，促进了可再生能源在建筑中的应用。能耗监测平台建设取得阶段性成果，深圳建科院、华南理工大学的能耗监测平台通过了住房和城乡建设部的验收。发布了《广东省建筑节能工程施工质量验收规范》等4项地方标准，进一步完善了建筑节能技术标准体系。

工程质量安全监督管理不断加强。开展了全省建设工程质量监督机构考核，加强了工程质量监督队伍建设。开展了全省工程质量执法检查和全省建筑钢材专项检查，促进工程建设各方主体落实质量责任，消除了各种质量隐患。举办了以“全员全过程全方位参与，全面提高质量安全水平”为主题的“质量月”活动，增强了全社会工程质量意识。建立了建筑施工安全目标责任制，强化防范事故预警提示，深化建筑施工安全专项整治，全面推进安全生产工作。全年共组织开展了6次全省建筑施工安全生产大检查，3次专项检查，受检项目15237项。全省建筑施工死亡人数低于省政府下达的安全生产控制指标。

（五）围绕支持灾区恢复重建，加快了对口援建汶川工作。

我们先后组织了全省300多名规划师赴灾区现场开展县域村镇体系规划、各乡镇总体规划及重点地区详细规划、城市设计等多层次的援建规划工作，有力地指导了各对口援建市有序开展灾区恢复重建工作。截至年底，我省援建项目已开工697个，竣工408个，开工率和竣工率分别为98%、58%；累计到位援建资金55.6亿元，已完成投资51.4亿元。在加快进度的同时，我们还多次组织工程质量安全监督检查组赴现场对援建项目进行检查，保证了工程质量和施工安全；派遣了63名专业技术人员，分三批次赴汶川县指导灾后农房重建工作，顺利完成了约1.7万户农房的重建技术指导。12月3日，汪洋书记带领广东省党政代表团参观了我厅与广东省援建办、四川省汶川县人民政府在汶川县威州镇联合主办的“广东省对口支援汶川县灾后恢复重建规划设计成果展”，高度评价了援建规划设计工作，认为充分体现了广东形象和广东水平。

（六）围绕转变机关作风，加强了党风廉政建设、政风行风建设和法制建设。

加强了党风廉政建设。全省住房和城乡建设系统以城乡规划效能监察、房地产市场秩序整顿、住房公积金专项治理、建筑市场监管为重点，明确了党风廉政建设工作必须与业务工作同时布置、同时检查、同时总结验收的要求，制定了督促落实和检查考核制度，推进了党风廉政建设。治理商业贿赂、工程建设领域突出问题等专项整治工作成效显著。全系统查结商业贿赂案件8宗，涉案18人；纠正了违规使用和拖欠住房公积金等问题；查处了一批违反法定权限和程序擅自改变城乡规划、改变土地用途以及在房地产开发中违规调整容积率等违法行为。

加强了政风行风建设。按照省纪委、省政府纠风办的部署，全省住房城乡建设系统精心组织，周密部署，深入开展了民主评议政风行风工作。顺利完成机构改革工作，全系统提拔了一大批年轻干部。推进行政许可制度改革，省研究建立了“三库一平台”（企业库、人才库、标准库和行政审批网络平台）管理服务系统，大部分企业资质实现网上申报，不断完善企业和执业人员的诚信档案，并向社会公开。我厅还聘请了各地建设主管部门共41名机关作风监督员，参加了两期省、市、县三级联动的“民声热线”活动，拓宽了政风行风建设监督渠道。全系统政风行风明显改善，涌现出一批全国精神文明建设工作先进单位和全国住房和城乡建设系统思想政治工作先进单位。对口扶贫开发工作取得成效。开展了向困难职工“送温暖”活动。

加强了法制建设。《广东省物业管理条例（修订）》于去年3月1日起正式施行。《广东省燃气管理条例（修订）》已进入省人大二审。完成了省民用建筑节能等条例起草工作。深圳市在借鉴中国香港、新加坡公共住房政策经验基础上，草拟了《深圳市住房保障条例》，把住房保障纳入法制轨道。广州、珠海、汕头等市也出台了一些住房城乡建设类法规、规章。加强了行政复议工作，我厅全年依法受理申请72宗，其中作出维持决定30宗、撤销决定16宗。与省普法办联合开展了建筑施工安全普法年活动，促进了全系统“五五”普法工作。

同志们！过去一年，是我们住房城乡建设系统的改革之年，大有收获之年！全省住房和城乡建设事业在国内外形势严峻复杂的情况下取得比预期要好的成绩，实属不易，为我省“三促进一保持”贡献了力量。回顾一年来的工作，我们深刻体会到，省委、省政府的亲切关怀和高度重视，是我们做好工作的有力保障。省委十届六次全会将我们提出的规划建设珠三角绿道网纳入了省委、省政府的重要工作部署。汪洋书记亲自听取绿道建设专题汇报，明确指出“建设两道工程，实现科学发展”，要求将绿道建设摆在和轨道建设同等重要的位置。黄华华省长要求尽快完成《珠三角绿道网总体规划纲要》编制。这为我们指明了方向，注入了强大动力。我们深刻体会到，紧紧围绕各级党委和政府的决策部署，结合自身实际创造性开展工作，是我们抓改革促发展的有效途径。我们积极落实中央和省保增长的一揽子计划和政策措施，各地结合实际制定了房地产市场调控措施与住房保障发展规划、年度计划，坚持政府和市场“两手抓”，认真实施《珠三角改革发展规划纲要》，统筹区域协调发展，推动住房城乡建设各项工作深入开展并取得实效。我们深刻体会到，加强政风行风建设、狠抓工作落实，是我们解决问题的重要法宝。按照省纪委、省政府纠风办的部署，全系统开展了民主评议政风行风活动，查摆问题，认真整改，坚持“干”字当头，强化责任落实到人，切实转变机关作风，有力地保障了各项工作的推进和落实。我们深刻体会到，全省住房和城乡建设系统各部门团结合作、共同奋斗，是我们攻坚克难的根本保证。各地的住房和城乡建设、规划、房管、城管、水务等部门从大局出发，加强协调配合，携手奋进，充分发挥积极性、创造性，在建设宜居城乡以及对口支援汶川灾后重建等各项工作中，形成了同心同德的强大合力。在此，我代表省住房和城乡建设厅，向为住房和城乡建设事业作出贡献的全省住房和城乡建设系统的广大干部职工，表示崇高的敬意和衷心的感谢！

2009年全省住房和城乡建设工作虽然取得了一定成绩，但仍然存在不少问题，主要表现在：一是城市化发展质量不高。不少地方并未真正树立城乡统筹的理念，大量的财政资金及其引导的社会资金投向城市和产业园区建设，公共服务设施和环境建设投入则相对不足，村镇规划滞后局面仍未扭转，城乡二元结构体制仍然存在。这些都与建设宜居城乡的要求不相适应。二是住房供应体系尚不健全，住房保障覆盖面还不够大，部分城市房价上涨较快。保障性住房建设用地的落实还比较难，经济欠发达地区的廉租住房建设资金缺口较大，住房保障覆盖面仍较窄，住房保障任务相当艰巨。广州、深圳等中心城市房价上涨较快，不利于扩大居民自住型住房需求。三是建筑节能工作滞后，不能适应资源节约型和环境友好型社会建设的要求。建筑节能尚未纳入法制化轨道。建筑节能机构及能力建设滞后，经济激励政策缺乏，全社会主动节能的积极性不高，建筑节能工作进展较缓慢。我们必须正确面对存在的困难和问题，采取有力措施加以解决。

二、2010年工作安排

2010年是实施“十一五”规划的最后一年，也是我省的绿道建设之年。做好今年的各项住房和城乡建设工作，特别是落实好各项重点工作和改革措施，对于夺取应对国际金融危机冲击全面胜利、扩大内需促进经济平稳较快发展、为“十二五”规划启动实施奠定良好基础，具有十分重要的意义。

今年全省住房城乡建设工作的总体要求是：深入学习实践科学发展观，认真贯彻落实胡锦涛总书记视察广东重要讲话精神，以及全国住房和城乡建设工作会议和省委十届六次全会精神，以宜居城乡建设为重点，全面推进住房和城乡建设事业的科学发展，迎难而上，狠抓落实，不断推动全省住房和城乡建设工作上新水平，向省委、省政府和全省人民交上满意的答卷。

按照上述总体要求，各级住房和城乡建设部门要围绕“五个着力推进”，突出抓好以下重点工作：

（一）以绿道建设为重点，着力推进宜居城乡建设见成效。

推进珠三角区域绿道规划建设。省委十届六次全会对绿道建设作出了重点部署，各地要从对党和人民负责、对自己和子孙后代负责的使命感出发，迅速行动起来。按照汪洋书记提出“一年基本完成，两年全部到位，三年成熟完善”的工作目标，各市要根据《珠三角绿道网总体规划纲要》，抓紧制定本市推进绿道建设的具体工作方案和年度工作目标，并尽快组织实施。省宜居城乡建设工作联席会议工作小组将加强对各市的监督检查和考核。通过“省统筹指导，地方建设为主”的省市互动机制，确保一年基本建成总长达1690公里的六条珠三角区域绿道，打造成为全省乃至全国的标志性工程。粤东西北地区有条件的市可先着手开展本区域绿道网的规划建设，逐步与珠三角绿道网连接。

开展创建宜居城乡绩效考核。今年，我厅将会同省直有关部门组织对全省21个地级以上市创建宜居城乡的工作绩效进行考核。通过材料上报、各市交叉核实、联席会议各成员单位综合评分、专家实地考察、公众问卷调查等综合评价方式，对各市进行考核及排名，并向社会公布。通过考核、排名的激励和鞭策，将宜居城乡创建活动引向深入。同时，开展宜居社区、宜居环境范例奖评选活动。各市、县和珠三角每个中心镇要开展一个以上老街区复兴或特色风貌改善工程。

推动重大区域规划的编制和实施。编制完成《珠三角地区城乡规划一体化规划》、《共建优质生活圈专项规划》和《环珠江口宜居湾区建设重点行动计划》等区域规划，为促进珠三角区域经济一体化提供规划依据和行动指南。推动《粤东城镇群协调发展规划》的实施。着手编制《粤西城镇群协调发展规划》。

抓好城镇污水垃圾处理、城市供水等市政设施建设和丹霞山申遗工作。加快污水处理设施建设步伐。加强对全省污水处理设施运行的监督管理，对污水处理量、运行效率等60项指标进行全面监管。编制完成《广东省城镇生活垃圾无害化处理设施建设“十二五”规划》，大力推进垃圾处理设施建设，推行垃圾“村收集、镇运输、县处理”模式。开展全省水质督查工作，促使各地自来水厂提升供水检测水平，保障供水安全。继续抓好燃气管理、城镇园林绿化工作。进一步提高丹霞山风景名胜区的规划、建设和管理水平，力争丹霞山成功申报世界自然遗产。

综合整治村镇人居环境。加强对宜居城镇、宜居村庄创建点的指导，适时公布第一批省级宜居城镇、宜居村庄名单。继续抓好工程项目带动村镇规划一体化实施试点工作，总结推广试点经验，推动全省村镇规划的实施。确保完成“到2010年全省完成40%的村庄规划编制”的任务。推进“万村百镇”整治工程，推动村镇实现“净化、绿化、美化、亮化”，提升农村居民生活质量。

（二）以促进扩大内需为契机，着力推进全省城市化新发展。

促使城市化成为扩大内需的新动力。各地要按照省委、省政府《关于实施扩大内需战略的决定》，将宜居城乡建设与推进城市化紧密结合起来，确定宜居城乡建设重点推进的领域，提出切实可行的政策措施。积极探索新型城市化道路，着手编制《广东省城市化“十二五”规划》。大力推动全省城市化进程，关键是推进制度创新，健全社会保障体系，鼓励外来务工人员就地入户，重点是加快中小城市发展，加快公共服务设施和环境设施建设，提升中小城市和中心镇要素集聚能力，加大产业结构调整升级，提高城市化水平和发展质量，为经济长期平稳较快发展开拓新空间、增添新动力。

大力推进“三旧”改造。“三旧”改造政策全国唯广东独有。我们要把握好这个先行先试的机会，加大旧城镇、旧厂房和旧村庄的改造力度，特别是要抓好城中村改造。今年全省要启动100条城中村改造，要妥善处理房屋征收安置补偿等难点问题，充分考虑村集体和村民利益及长远发展。要使“三旧”改造成为我省推进城市化进程、促进扩大内需和房地产开发投资增长新的突破口。通过推进“三旧”改造，更新、完善市政基础设施和公共服务设施，增加普通商品住房供应，建设安全、文明、智能社区。

支持中心镇加快发展。结合“富县强镇”和乡镇综合配套体制改革，与时俱进地研究提出新形势下加快中心镇发展的新政策。以专业化、特色化为取向，加快中心镇建设，支持将全省277个中心镇建设成为农村区域服务业中心，部分成为大、中城市的“卫星城”，推动全省城市化协调发展。

（三）以促进经济增长和改善民生为中心，着力推进房地产业平稳健康发展。

促进房地产市场健康发展。认真贯彻国务院办公厅《关于促进房地产市场平稳健康发展的通知》精神，落实配套政策，加强和改善房地产市场调控。各地要结合房地产市场实际，从调整住房供应结构、增加中小套型和中低价位的普通商品住房供应、扩大住房保障覆盖面等方面完善住房政策，促进房地产市场健康发展，发挥房地产业拉动经济增长和改善广大群众居住条件的作用。改进房地产开发的监督管理，加快商品房的开发建设进度。修订商品房买卖示范合同，完善中介服务制度，规范房地产交易行为。继续推进房地产登记簿制度建设，提高房地产交易登记管理水平。加强全省房地产信息系统建设，全面实现房地产管理信息化。

加大住房保障工作力度。今年各地要累计完成廉租住房保障三年规划总任务的70%以上任务。各市县要重点落实好廉租住房和经济适用住房的建设资金筹集、建设用地供应和税费减免等措施，确保实现今年的工作目标。在商品住房价格过高、上涨过快的城市，要进一步调整住房供应结构，适当增加限价商品住房、经济适用住房的供应量。积极推进公共租赁住房制度的建立。各地可通过多种方式筹集公共租赁住房，以解决城镇买不起商品房的“夹心层”人群的过渡性住房需求。今年，我厅将选择有条件的城市作为省的租赁住房试点城市。各市县也可以自行开展试点工作。尽快建成全省住房保障管理信息系统，建立健全保障性住房的各项管理制度。此外，要按照国务院的要求，全面启动城市棚户区和国有工矿棚户区改造工作。具体工作意见近期将印发各地，希望各地因地制宜，用三年时间基本完成改造工作。

加强住房公积金监督管理。进一步完善住房公积金管理的相关政策，继续抓好住房公积金支持职工购房贷款政策的落实，支持职工通过住房消费改善居住条件。要强化对住房公积金的监管，加强住房公积金管理信息化建设，落实监管措施，加强专项检查，确保住房公积金安全运行。

（四）以市场监管和质量安全管理为手段，着力推进建筑业规范发展。

加强建筑市场监管。健全建设工程招标投标制度，加大打击围标串标力度，规范评标行为，加强中标后履行投标承诺的监督管理。严肃查处转包、违法分包，完善建筑劳务分包，落实工程建设各方责任主体的责任。完善全省建筑市场诚信平台，促进诚信信息与工程建设监督管理有机结合，建立健全诚信激励、失信惩戒机制。繁荣设计创作，发展宜居建筑和低碳建筑。加强省重点工程项目监管。开展做大做强建筑业专题调研。

加强工程质量安全管理。推行住宅工程质量分户验收，推进工程质量检测和商品混凝土生产供应的信息化管理，推广工程质量样板引路，健全工程质量统计分析制度，进一步提高工程质量管理的规范化、标准化、信息化水平。强化安全生产动态管理，深入开展建筑施工安全专项整治，完善施工安全生产应急管理体系。切实加强珠三角城际轨道交通建设项目的工程质量安全监督工作。

推进建筑节能和科技推广应用工作。建立健全建筑节能工作机构，加强设计、施工和验收各环节执行节能标准的监管。推进国家办公建筑和大型公共建筑节能监管体系建设，做好能耗统计、能源审计和能耗监测平台建设。健全建筑节能激励机制，加大财政投入，推动新墙材应用和可再生能源的利用，推进既有建筑的节能改造。加强人才培养，大力开展建设技术工人的培训考核和发证工作。积极鼓励科技创新，抓好华厦奖和省科技进步奖的申报工作，促进我省建设科技进步。

（五）以政风行风评议成效为起点，着力推进政风行风新进步。

全面推进依法行政。加快立法步伐，抓紧制定《广东省民用建筑节能条例》、《广东省城乡规划条例》、《广东省村庄建设管理条例》，修订《广东省建设工程质量管理条例》等地方性法规，不断完善我省住房城乡建设法规体系。规范行政执法工作，建立健全行政执法责任制。积极开展专项执法检查，继续推进城市管理综合行政执法试点工作。抓好执法队伍建设，提高综合执法水平。继续完善行政许可实施的配套制度，做好委托实施行政许可的监督检查，坚决纠正违法实施行政许可行为。

提高行政服务水平。进一步加强电子政务、计划财务、政务信息和督查督办等基础性工作，为推进办公自动化、政务公开搭好平台。完善房地产管理、住房保障管理、住房公积金监管、建筑业监管、数字化城市管理等信息系统，提高社会管理和公共服务水平。健全“三库一平台”系统，为行政许可和行业管理提供支撑。着手编制《广东省住房城乡建设系统信息化“十二五”规划》，逐步整合全系统信息化平台。

继续加强党风廉政建设和精神文明建设。认真贯彻落实中纪委十七届五次全会精神，深入推进党风廉政建设和学习型机关建设，切实提高反腐倡廉制度执行力。坚持标本兼治、综合治理、惩防并举、注重预防的方针，加强党性党风党纪和廉洁从政教育，引导广大党员干部始终保持高尚的精神追求和道德情操。完善住房公积金、房地产和建筑市场、市政公用事业等建设领域的监管机制，规范行政审批行为，积极推进惩治和预防腐败体系建设，不断提高全系统党风廉政建设和反腐败工作水平。加强政风行风和精神文明建设，增强服务基层、服务群众的意识，努力创建廉洁高效的服务型机关。

同志们！新的一年，我们肩负着更加艰巨、繁重而光荣的住房城乡建设任务。全省住房和城乡建设系统一定要深入学习实践科学发展观，坚决贯彻实施扩大内需战略，团结一致，锐意进取，扎实工作，努力实现住房和城乡建设事业健康发展，为推动全省经济社会又好又快发展作出新贡献！

政策文件选编

- □ 国务院办公厅关于促进房地产市场健康发展的若干意见
- □ 广东省人民政府办公厅关于促进我省房地产市场平稳健康发展的若干意见
- □ 广东省解决城镇低收入家庭住房困难工作考核办法
- □ 广东省建设宜居城乡的实施意见
- □ 广东省住房和城乡建设厅主要职责内设机构和人员编制规定

关于促进房地产市场健康发展的若干意见

(中华人民共和国国务院办公厅　2008年12月20日)

各省、自治区、直辖市人民政府，国务院各部委、各直属机构：

为贯彻落实党中央、国务院关于进一步扩大内需、促进经济平稳较快增长的决策部署，加大保障性住房建设力度，进一步改善人民群众的居住条件，促进房地产市场健康发展，经国务院同意，现提出以下意见：

一、加大保障性住房建设力度

（一）争取用3年时间基本解决城市低收入住房困难家庭住房及棚户区改造问题。一是通过加大廉租住房建设力度和实施城市棚户区（危旧房、筒子楼）改造等方式，解决城市低收入住房困难家庭的住房问题。二是加快实施国有林区、垦区、中西部地区中央下放地方煤矿的棚户区和采煤沉陷区民房搬迁维修改造工程，解决棚户区住房困难家庭的住房问题。三是加强经济适用住房建设，各地从实际情况出发，增加经济适用住房供给。

2009年是加快保障性住房建设的关键一年。主要以实物方式，结合发放租赁补贴，解决260万户城市低收入住房困难家庭的住房问题；解决80万户林区、垦区、煤矿等棚户区居民住房的搬迁维修改造问题。在此基础上再用两年时间，解决487万户城市低收入住房困难家庭和160万户林区、垦区、煤矿等棚户区居民的住房问题。到2011年年底，基本解决747万户现有城市低收入住房困难家庭的住房问题，基本解决240万户现有林区、垦区、煤矿等棚户区居民住房的搬迁维修改造问题。2009年到2011年，全国平均每年新增130万套经济适用住房。

在加大保障性住房建设力度的同时，积极推进农村危房改造，国家加大支持力度。住房城乡建设部等有关部门要抓紧制定规划。

（二）多渠道筹集建设资金。中央加大对廉租住房建设和棚户区改造的投资支持力度，对中西部地区适当提高补助标准。地方各级人民政府也要相应加大投入力度，按照国家的有关规定，多渠道筹集建设资金，增加保障性住房供给。对符合贷款条件的保障性住房建设项目，商业银行要加大信贷支持力度。同时，地方各级人民政府要确保保障性住房建设用地供应。

（三）开展住房公积金用于住房建设的试点。为拓宽保障性住房建设资金来源，充分发挥住房公积金的使用效益，选择部分有条件的地区进行试点，在确保资金安全的前提下，将本地区部分住房公积金闲置资金补充用于经济适用住房等住房建设。住房城乡建设部要会同有关部门抓紧制订试点方案。

二、进一步鼓励普通商品住房消费

（四）加大对自住型和改善型住房消费的信贷支持力度。在落实居民首次贷款购买普通自住房，享受贷款利率和首付款比例优惠政策的同时，对已贷款购买一套住房，但人均住房面积低于当地平均水平，再申请贷款购买第二套用于改善居住条件的普通自住房的居民，可比照执行首次贷款购买普通自住房的优惠政策。对其他贷款购买第二套及以上住房的，贷款利率等由商业银行在基准利率基础上按风险合理确定。

（五）对住房转让环节营业税暂定一年实行减免政策。将现行个人购买普通住房超过5年（含5年）转让免征营业税，改为超过2年（含2年）转让免征营业税；将个人购买普通住房不足2年转让的，由按其转让收入全额征收营业税，改为按其转让收入减去购买住房原价的差额征收营业税。

将现行个人购买非普通住房超过5年（含5年）转让按其转让收入减去购买住房原价的差额征收营业税，改为超过2年（含2年）转让按其转让收入减去购买住房原价的差额征收营业税；个人购买非普通住房不足2年转让的，仍按其转让收入全额征收营业税。

以上政策暂定执行至2009年12月31日。

三、支持房地产开发企业积极应对市场变化

（六）引导房地产开发企业积极应对市场变化。房地产开发企业要根据市场变化和需求，主动采取措施，以合理的价格促进商品住房销售。地方各级人民政府要做好2008年年底前房地产项目工程款结算、农民工工资发放等工作的监督检查。对于房地产开发企业调整住房销售价格过程中出现的纠纷，要努力做好化解工作，引导当事人依据合同约定通过法律途径解决。

（七）支持房地产开发企业合理的融资需求。商业银行要根据信贷原则和监管要求，加大对中低价位、中小套型普通商品住房建设特别是在建项目的信贷支持力度；对有实力有信誉的房地产开发企业兼并重组

有关企业或项目，提供融资支持和相关金融服务。支持资信条件较好的企业经批准发行企业债券，开展房地产投资信托基金试点，拓宽直接融资渠道。

（八）取消城市房地产税。为进一步公平税负，完善房地产税收制度，按照法定程序取消城市房地产税，内外资企业和个人统一适用《中华人民共和国房产税暂行条例》。

四、强化地方人民政府稳定房地产市场的职责

（九）落实地方人民政府稳定房地产市场的职责。稳定房地产市场实行由省级人民政府负总责，市、县人民政府抓落实的工作责任制。各地区在执行中央统一政策的前提下，可以结合当地实际，进一步采取加大保障性住房建设力度、鼓励住房合理消费、促进房地产市场健康发展的政策措施。廉租住房建设以配建为主。要科学合理地确定土地供应总量、结构、布局和时序，保证房地产开发用地供应的持续和稳定。依法做好拆迁管理工作。严格建设程序管理，确保工程质量。

（十）因地制宜解决其他住房困难群体住房问题。在坚持住房市场化和对低收入住房困难家庭实行住房保障的同时，对不符合廉租住房和经济适用住房供应条件，又无力购买普通商品住房的家庭，要从当地实际出发，采取发展租赁住房等多种方式，因地制宜解决其住房问题。

五、加强房地产市场监测

（十一）继续加强房地产市场监测分析。各地区、各有关部门要建立健全房地产市场信息系统和统计制度，完善市场监测分析机制，准确把握房地产市场走势，及时发现市场运行中的新情况、新问题，提高调控措施的预见性、针对性和有效性。房地产市场各地情况不同、差异较大，要加强分类指导，并注意总结和推广各地好的经验和做法。

（十二）加强监督检查。国务院有关部门要按照各自职责，抓好加快保障性住房建设和促进房地产市场健康发展有关政策措施的落实和监督检查工作。住房城乡建设部要会同有关部门，加强对国家补助资金使用和建设工程质量的监督检查，特别要加强对棚户区改造工作的监督指导，确保改造工作顺利进行。

六、积极营造良好的舆论氛围

（十三）坚持正确的舆论导向。要以加快保障性住房建设，鼓励住房合理消费，促进房地产市场健康发展为基调，大力宣传中央出台的各项政策措施及其成效，着力稳定市场信心。对各种散布虚假信息、扰乱市场秩序的行为要严肃查处。同时，要加强市场经济条件下风险意识的宣传和教育工作。

关于促进我省房地产市场平稳健康发展的若干意见

(广东省人民政府办公厅　2009年3月3日)

各地级以上市人民政府，各县（市、区）人民政府，省政府各部门、各直属机构：

《国务院办公厅关于促进房地产市场健康发展的若干意见》我省已以粤府办〔2009〕2号文转发给各地、各部门，经省人民政府同意，结合我省实际，现就促进我省房地产市场平稳健康发展提出以下意见，请一并贯彻执行。

一、加大保障性住房建设力度

（一）省财政继续加大廉租住房专项补助资金的投入，从2009年至2011年，每年安排2亿元专项用于我省经济欠发达地区廉租住房保障资金补助。各地也要加大财政投入力度，多渠道筹集建设资金，力争用3年时间基本解决全省符合廉租住房保障条件的7万户城镇低收入家庭住房困难问题。

（二）低收入住房困难家庭较多、房价相对较高、住房结构性矛盾突出的市，要继续推进经济适用住房建设，适当增加经济适用住房供应。

（三）各地可采取多种形式新建或购买用于政策性租赁的住房，帮助房屋拆迁户、新参加工作人员，以及其他没有能力购买商品住房的城镇中低收入群体等，解决过渡性居住需求问题。

二、进一步鼓励普通商品住房消费

（四）在落实居民首次贷款购买普通自住房，享受贷款利率和首付款比例优惠政策的同时，对已贷款购买一套住房，但人均住房面积低于当地平均水平，再申请贷款购买第二套用于改善居住条件的普通自住房的居民，可比照执行首次贷款购买普通自住房的优惠政策。

（五）2008年10月27日前已发放的商业性个人住房贷款尚未偿还部分、首次贷款购买普通自住房及改善型住房、无不良信用记录的优质客户，原则上都可申请享受现行贷款下浮利率优惠政策。

（六）各地发放住房公积金贷款，参照上述第（四）、（五）项规定执行。

（七）各地可将住房公积金贷款上限上浮10万元–20万元，住房公积金贷款年限可延长至30年，并适当提高住房公积金缴存比例。职工的直系亲属（父母、子女）首次购买普通住房的，可申请提取职工住房公积金，但提取总额不得超过购房总价款。简化住房公积金贷款手续，并在1个月内完成手续办理。

（八）个人出售购买不足2年的非普通住房的，全额征收营业税；出售购买超过2年（含2年）的非普通住房或者不足2年的普通住房的，按照其出售收入减去购买房屋的价款后的差额征收营业税；出售购买超过2年（含2年）的普通住房的，免征营业税。

（九）个人转让自用2年（含2年）以上、并且是家庭唯一生活用房的所得，个人不负担个人所得税地方收入部分。

（十）个人首次购买普通住房，其契税按1%征收。

（十一）有条件的市可根据实际情况，放宽购房入户政策。

（十二）港澳台居民在广东省境内购买住房，执行内地居民同等政策。

以上第（八）、（九）、（十）、（十二）项暂定执行至2009年12月31日。

三、支持房地产开发企业积极应对市场变化

（十三）对在2008年签订土地出让合同，确实无法按时缴纳土地出让价款的项目用地，由土地使用者申请并经当地市、县人民政府批准，可适当延长缴纳土地出让价款期限，延长时间原则上不超过2年。

（十四）鼓励商业银行在风险可控前提下，对基本面比较好，有良好信用记录和较强竞争力，但暂时出现经营或财务困难的房地产开发企业给予信贷支持。支持房地产开发企业的合理融资需求。支持符合条件的房地产开发企业经批准发行企业债券和可转换债券。支持部分信誉良好、资产优质的大型房地产开发企业开展房地产信托投资基金试点工作。支持在境外上市的房地产企业在境内发行A股，拓宽房地产开发企业直接融资渠道。

（十五）对已进入土地增值税清算的企业，在清算过程中由于资金流暂时出现困难而无法及时缴纳土地增值税的，可向税务机关提出申请，在纳税期限内作出分期缴纳土地增值税的计划，并按计划做好土地增值税清算工作。

广东省解决城镇低收入家庭住房困难工作目标责任考核办法

(广东省人民政府办公厅　2009年3月23日)

第一条　为贯彻落实《国务院关于解决城市低收入家庭住房困难的若干意见》和省政府《关于切实解决城镇低收入家庭住房困难的实施意见》，加快解决城镇低收入家庭住房困难问题，制订本办法。

第二条　本办法适用于省对各地级以上市政府解决城镇低收入家庭住房困难工作目标责任完成情况的考核。

第三条　各地级以上市政府是解决城镇低收入家庭住房困难工作的责任主体，市政府主要负责人是本行政区域内解决城镇低收入家庭住房困难工作的第一责任人，分管住房保障工作负责人是直接责任人，建设（房地产、住房保障）、发展改革、监察、财政、国土资源、规划、物价、地税、民政等相关部门按照各自的职责承担相应责任。

第四条　考核主要以地级以上市政府与省政府签订的年度解决城镇低收入家庭住房困难工作目标责任书为依据，包括省政府下达的年度解决城镇低收入家庭住房困难工作目标任务完成情况，以及相关资金筹集和落实、项目建设和管理、制度建设和实施情况等。

第五条　考核工作每年进行一次，自下至上进行，每年1月31日前，各地级以上市政府要完成对县级政府的考核，并将考核情况和考核结果书面报省建设厅；省建设厅于每年3月31日前，牵头会同省发展改革委、监察厅、财政厅、国土资源厅、民政厅、物价局等有关部门对各地级以上市政府进行考核。

第六条　考核工作要坚持客观公正、公开民主、注重实效的原则，采取自查、听取工作汇报、召开社会各界代表参加的座谈会、查看资料，实地了解情况等方式进行，并通过量化打分，确定考核结果。考核结果分为优秀、合格、不合格三个档次，具体量化考核评分细则由省建设厅另行印发。

第七条　考核结果在考核工作结束后半个月内由省建设厅汇总上报省政府，经省政府审定后通报各地政府和省政府有关部门，同时抄送省委组织部和各地级以上市党委、人大常委会。对因工作不力、未能完成年度目标任务的地级以上市，按规定对相关责任人进行问责。

第八条　解决城镇低收入家庭住房困难工作目标任务完成情况，纳入对各地级以上市政府政绩考核范围，考核结果作为《广东省市厅级党政领导班子和领导干部落实科学发展评价指标体系及考核评价办法(试行)》中相关指标的考核评价依据。

第九条　欠发达地区年度考核结果为优秀等次的，省将在安排下一年度廉租住房保障省级专项补助资金时，采取以奖代补的形式给予奖励；考核结果为不合格等次的，在安排下一年度廉租住房保障省级专项补助资金时予以核减。

第十条　各地级以上市政府对县级政府解决城镇低收入家庭住房困难工作目标责任完成情况的考核，可参照本办法进行。

第十一条　本办法自发布之日起施行。

关于建设宜居城乡的实施意见

(中共广东省委办公厅　广东省人民政府办公厅　2009年7月20日)

为贯彻落实《中共广东省委、广东省人民政府关于争当实践科学发展观排头兵的决定》精神，经省委、省政府同意，现就我省建设宜居城乡工作提出如下意见。

一、总体要求和工作目标

(一) 总体要求。高举中国特色社会主义伟大旗帜，以邓小平理论和"三个代表"重要思想为指导，深入贯彻落实科学发展观，全面落实《珠江三角洲地区改革发展规划纲要（2008—2020年)》，坚持以人为本，以不断改善和发展民生为主线，以开展宜居城乡创建活动为手段，通过推进住有所居、改善人居环境、加强社会管理、完善公共服务，实现全省城乡全面、协调和可持续发展。力争用10年左右的时间，将我省建成安居、康居、乐居、具有岭南特色的宜居城乡，即城乡居民享有基本的生活居住空间和均等的公共空间资源，住有所居；享有清洁的生活生产环境和较完善的公共服务，舒适便利；享有良好的社会秩序和民主法制环境，安居乐业；物质、精神、政治和文化生活不断丰富，城乡居民逐渐凝聚成为秩序良好、活力充足、参与度高的社会共同体。

(二) 工作目标。到2012年，全省城镇低收入住房困难家庭基本能够享受廉租住房保障或购买经济适用住房，增加普通商品住房供给，建立和完善政策性租赁住房制度；城镇生活污水处理率达到65%以上，生活垃圾无害化处理率达到80%以上，其中珠江三角洲地区城镇生活污水处理率达到80%左右，城镇生活垃圾无害化处理率达到85%左右；建成区绿地率达到35%以上，人均公园绿地面积达到12平方米以上；城乡空气质量达二级的天数占全年比例达到90%以上，国控省控断面水质达标率超过80%，饮用水源水质达标率达到96%，供水水质合格率达到100%。农村生活污水得到有效处理，生活垃圾实现集中收集、运输、处理；珠江三角洲地区农村燃气普及率超过90%，自来水、卫生厕所全面普及，东西北地区农村燃气普及率超过40%，自来水、卫生厕所普及率达到80%以上；农村道路网实现镇通建制村公路路面硬化，完善农村公路客运系统，改善广大农村地区的运输条件，有条件的行政村通班车。到2020年，在全省建设一批生产发展、生活富裕、生态良好、文化繁荣、社会和谐、人民群众具有幸福感的宜居城市、城镇和村庄，成为全国宜居城乡建设的先进省份。

二、科学规划城乡建设

(三) 创新城乡规划理念。按照区域城乡一体化和突出岭南特色的要求，全面推进城乡规划的全覆盖，统筹安排生产、生活和生态要素，打破部门条块分割和局限，建立分工明确、开放互通的综合性空间规划体系，优化城乡区域发展格局，引导人才、资金、技术等要素向欠发达地区流动，促进公共服务设施和基础设施向农村延伸，构建城市与农村和谐相融的现代城乡形态。高度重视村镇规划编制工作，2012年前，全省完成全部建制镇规划，珠江三角洲地区完成全部村庄规划，东西北地区完成70%以上村庄规划。

(四) 严格实施城乡规划。全面施行城乡规划年度实施计划制度，明确城乡建设用地供应总量与结构、建设项目空间布局、重点地区开发建设等内容的年度安排，确保各地城乡建设的年度用地安排与土地利用计划相衔接，保证在城乡规划上落实国民经济和社会发展规划确定的重大建设项目。严格落实公众参与制度，城乡规划的编制、修改、实施必须充分听取和吸纳城乡居民的意见，保障城乡居民的知情权、参与权、表达权和监督权。

三、推进住有所居

(五) 切实解决城镇居民住房困难。各地可通过新建、收购、改建以及鼓励社会捐赠等方式多渠道增加廉租住房供应，扩大廉租住房的覆盖面。从财政预算、住房公积金增值收益、土地出让金净收益等渠道落实廉租住房保障资金，优先保障其建设用地。建立动态的住房货币分配机制，确定合理的住房补贴标准，适当提高住房公积金缴存比例和贷款额度，提高城镇居民的住房消费能力。发展二手房市场和租赁市场，建立梯度的住房消费模式，满足广大群众多层次的住房需求。

(六) 改善农村居民居住条件。开展农村房屋产权及集体土地使用权确权及流转试点，增加农村居民财产性收渠道。集体土地使用权流转收益按一定比例用于购买农村居民社保和农村公共设施建设。在城镇化发展较快的地区，结合“空心村”和旧村整治，统一规划建设公寓式住宅。用5年左右的时间，完成有人居住的农村泥砖房（茅草房、危房）改造工作。

四、改善人居环境

（七）加强环境保护。加大水环境综合治理，开展河流两岸生态与景观整治。实行区域上下游联防联治，健全跨行政区的交界断面水质达标管理和污染事故应急处理机制。完善珠江三角洲地区治理灰霾天气的联动机制。加强林业生态建设。严格保护近海红树林湿地生态系统，建设沿海防护林体系，恢复被破坏岸线的生态环境。治理农村面源污染，加大畜禽养殖污染防治力度。

（八）营造绿色开敞空间。推进城镇绿化、美化，逐步实现城镇景观设计艺术化。开展区域绿地划定工作，维护区域生态安全。编制省立公园—珠江三角洲绿道建设规划。科学布局绿地，有条件的城市要实现居民出门500米之内有一个公共绿地活动空间。新建居住区要按照不低于30%、旧城改造区不低于25%的用地面积配套建设绿地。城镇公园要逐步免费开放。

（九）严格实施节能减排。落实节能减排考核问责制，加大节能技改投入，实施固定资产投资项目节能评估和审查制度。严把环保准入门槛，实行主要污染物排放总量控制前置审核制度。加快重点污染源在线监控系统建设，加强对减排重点工程的日常监管和现场监察。全面推进建筑节能工作，加快建立符合我省气候特征的建筑节能标准体系。建立大型公共建筑与国家机关办公建筑能耗监测平台，对能耗高、效率低的建筑实施低成本节能改造。加大对农房建筑节能的研发力度，鼓励和引导农民使用简便、环保、实用、节能的建筑材料和适用技术。积极发展适合农村特点的清洁能源。

（十）加快污水和垃圾处理设施建设。实行污水、垃圾处理目标责任制，加大处理设施建设的投入。2009年底前，东西两翼地区和山区的县城要全部建成污水处理设施并投入运营，全面启动珠江三角洲地区的中心镇污水处理设施建设；在农村地区推广厌氧生物处理加生态处理等生活污水处理适用技术。各地级以上市、珠江三角洲地区的县（市、区），要分别在2009年底前和2012年底前建成生活垃圾无害化处理设施，并配套辐射周边镇、村的收运中转系统。推广村保洁收集、镇运输中转、县处理处置的城乡垃圾处理模式。

（十一）综合整治村镇环境。加快推进“城中村”改造，各地要因地制宜，按照规划先行、优化环境、统筹兼顾、逐步推进的原则，引入市场机制，探索多样化改造模式，提高“城中村”改造的社会和环境效益。实施“万村百镇”整治工程，用10年左右的时间基本完成全省镇、村整治工作。加强对镇、村整治的技术指导，制订整治技术指引。加大全省村镇规划建设管理人员的培训力度，每年培训2000人以上。

五、加强社会管理

（十二）创造平安有序的社会环境。加快推进镇街综治信访维稳中心建设，完善社会治安防控和公共安全保障体系。开展以居住社区为单元，街道办、居委会、业主委员会和物业服务企业共同参与的建设安全社区活动。积极开展社区自治巡查。推进各种安全技术防范设施的建设和巡检。加强流动人口的服务和管理。推行城镇管理综合行政执法。

（十三）增强应对突发公共安全事件的能力。加大宣传教育力度，强化公众安全意识。加强避难场所、安全设施建设和对大型公共场所的监控，及时发现和排除安全隐患。对危险品、易燃易爆物品的生产、存放和运输，以及加油站、施工工地等场所的监管形成制度化。建立应对恐怖袭击、火灾、重大自然灾害、大规模污染、能源或食品短缺等突发事件和群体性事件的应急预案。

六、完善公共服务

（十四）完善公共服务设施和社会保障。科学设置商业、金融、教育、文化、卫生、体育、邮电、计生等服务设施。引导城市服务设施向近郊镇、村延伸，镇服务设施向村延伸，形成以城带乡的社会服务网络。以最低生活保障为基础，逐步完善养老、医疗等社会保障和救助体系。

（十五）推进市政公用事业体制改革。引入市场机制，采取多种形式吸引国内外资本投资市政公用事业。推行城镇供水、供气、公交、污水垃圾处理等行业特许经营。建立公用事业安全运营和服务质量监督管理标准体系，加大监管力度。健全价格听证制度，合理确定公共产品服务价格。

（十六）保障供水安全。完善供水安全保障体系，加大饮用水源和应急备用水源的保护力度。加强供水水质监测，加快供水管网改造，推进城镇供水向有条件的农村延伸。逐步整合、兼并小水厂，实现供水区域化发展、规模化经营。

（十七）实施公交优先发展战略。提高公交线网密度和站点覆盖率。加快建设珠江三角洲区域一体化的轨道交通系统，发展大容量的快速公交，推行以公交为导向的城乡建设模式。提高使用环保能源的公交工具比例，尽快淘汰尾气排放不达标的公交工具。加快构建农村客运线路网络化体系，逐步实现区域客运公交化、城乡客运一体化。

七、开展宜居城乡创建活动

（十八）加强组织领导。从2009年起，在全省开展宜居城乡创建活动。各级党委、政府要把宜居城乡创建活动列入议事日程，从本地实际出发，制订具体方案，认真组织实施。省建设主管部门要加强统筹指导，宣传、发展改革、经贸、公安、民政、教育、财政、国土资源、交通、农业、环保等部门要密切配合，分工协作，形成合力。

（十九）开展试点工作。制订我省宜居城市、宜居城镇、宜居村庄、宜居社区评价标准和宜居环境范例奖申报及考核办法。在全省不同类型地区开展创建“宜居城市”、“宜居城镇”、“宜居村庄”和“宜居社区”的试点工作。各地要通过总结经验，典型引路，不断推动宜居城乡建设的深入开展。

（二十）创新投入机制。加大公共财政对城乡基础设施和公共服务设施建设的投入，积极引导各类投资主体参与宜居城乡创建工作，形成多渠道、多层次、多元化的投融资体制。

印发《广东省住房和城乡建设厅主要职责内设机构和人员编制规定》的通知

（广东省人民政府办公厅　2009年8月27日）

各地级以上市人民政府，各县（市、区）人民政府，省政府各部门、各直属机构：

《广东省住房和城乡建设厅主要职责内设机构和人员编制规定》已经省人民政府批准，现予印发。

广东省人民政府办公厅
2009年8月27日

广东省住房和城乡建设厅主要职责内设机构和人员编制规定

根据《中共广东省委、广东省人民政府关于印发〈广东省人民政府机构改革方案〉的通知》，设立广东省住房和城乡建设厅，为省人民政府组成部门。

一、职责调整

（一）将原省建设厅的职责划入省住房和城乡建设厅。

（二）取消和调整已由省人民政府公布取消和调整的行政审批事项。

（三）将指导城市客运的职责划给省交通运输厅。

（四）将城镇规划研究和编制以及部分国家和地方建筑工程建设标准规范编制的技术性工作，地级以上市报备的城市控制性详细规划的初审，建筑工程建设定额、造价定价依据的编制和造价信息的发布，住房和城乡建设系统行业注册职业资格审核管理的具体工作交给相关事业单位。

（五）将住房和城乡建设行业评比、评优、市场研究分析等工作交给行业协会。

（六）推进住房改革与发展，完善住房政策，健全城镇住房保障体系，着力解决城镇低收入家庭住房困难问题。加强对房地产市场的监管和规范，维护市场秩序。

（七）加强城乡规划管理，强化珠江三角洲城镇群建设规划协调和管理，促进宜居城乡建设。

（八）加强建设领域资源节约工作，有效降低建筑能耗。

（九）加强全省住房和城乡建设执法监察工作的协调和监督。

二、主要职责

（一）贯彻执行国家和省有关住房和城乡建设工作的方针政策和法律法规，组织起草有关地方性法规、规章草案，组织编制相关规划和年度计划，拟订相关政策、标准并指导和监督实施。

（二）承担推进住房改革与发展和保障城镇低收入家庭住房的责任。指导全省住房制度改革工作，会同有关部门做好省级财政廉租住房保障资金安排并监督各地组织实施。

（三）负责住房公积金监督管理，确保公积金的有效使用和安全。会同有关部门拟订住房公积金政策并组织实施，制定住房公积金缴存、使用、管理和监督制度，监督全省住房公积金和其他住房资金的管理、使用和安全。

（四）承担规范房地产市场秩序、监督管理房地产市场的责任。指导城镇土地使用权有偿转让和开发利用工作，提出全省房地产行业发展规划和产业政策。

（五）承担城乡规划监督管理的责任。指导全省城乡规划的编制、实施和管理工作，负责省人民政府交办的城市总体规划、市域城镇体系规划的审核报批和监督实施，参与土地利用总体规划等相关规划的审核，会同文物行政部门负责历史文化名城（镇、村）保护的监督管理工作。

（六）承担指导城市建设的责任。指导城市供水、节水、燃气、污水和生活垃圾处理等市政公用设施的建设、安全和应急管理，负责国家级、省级风景名胜区的审核报批和监督管理，组织审核世界自然遗产的申报，会同有关部门审核世界自然遗产与文化遗产双重遗产的申报。

（七）承担规范、指导村镇建设的责任。指导村镇规划的编制、实施和管理工作，指导村镇建设和农村住房建设，指导小城镇和村庄人居环境的改善工作。

（八）监督管理建筑市场，规范建筑市场各方主体行为。指导全省工程建设、建筑业的行业改革发展，制定和发布工程建设全省统一定额、工期定额和有关技术标准并监督和指导实施，负责推进工程勘察设计业的改革发展。

(九)承担建筑工程质量安全监管的责任。负责全省工程质量和安全生产工作的指导和监督检查，指导编制工程质量安全事故应急救援预案，组织或参与重大工程质量安全事故调查和处理。

(十)承担推进建筑节能减排和行业科技发展的责任。组织科技项目研究开发，指导建设科技成果转化推广，负责发展散装水泥和商品混凝土的管理工作，指导行业注册师执业资格管理工作，会同有关部门组织行业的职称改革及专业技术职称评审工作，组织制定地方工程建设标准、规范、规程并监督实施。

(十一)开展住房和城乡建设方面的对外经济技术交流与合作。

(十二)承办省人民政府与住房和城乡建设部交办的其他事项。

三、内设机构

根据上述职责，省住房和城乡建设厅设14个内设机构：

(一)办公室。

负责文电、会务、机要、档案等机关日常工作；承担信息、安全、保密、新闻宣传、信访、督办、政务公开等工作；起草重要文稿；负责住房和城乡建设经济技术交流与合作；指导和协调住房和城乡建设系统电子政务、城市建设档案工作。

(二)法规处。

组织起草有关地方性法规、规章草案；承担有关规范性文件的合法性审核工作；承担有关行政复议和行政应诉工作；负责行政许可实施的监督和评估；负责住房和城乡建设法律法规实施的评估；组织住房和城乡建设普法工作。

(三)计划财务处。

指导住房和城乡建设系统行业信息统计工作；负责机关各项资金、国有资产的管理、使用和财务工作；承担住房和城乡建设系统行政事业性收费项目的立项、申报和管理工作，指导直属事业单位财务监督管理和审计工作。

(四)住房发展与房地产市场监管处。

拟订住房和房地产管理政策并监督实施；提出住房和房地产产业发展规划和产业政策；编制住房建设规划和年度计划并指导、监督实施；指导全省城镇住房制度改革与住房发展工作；指导城镇土地使用权有偿转让和开发利用工作。

(五)住房保障处(与住房公积金监管处合署)。

拟订本省城镇住房保障政策法规、编制住房保障发展规划和年度计划并监督执行；会同有关部门拟订本省住房公积金发展规划并组织实施；拟订住房公积金缴存、使用、管理和监督制度；会同有关部门做好省级财政廉租住房保障资金安排并监督各地组织实施；监督全省住房公积金及其他住房资金的管理、使用和安全；指导住房公积金业务网络管理系统的建立，管理住房公积金监督网络系统和举报投诉系统。

(六)城乡规划处(珠江三角洲城镇群规划管理办公室)。

拟订城乡规划及城镇化发展的政策和法规、规章草案；组织编制和监督实施省域城镇体系规划、珠江三角洲城镇群规划及其他次区域规划；指导全省城乡规划的编制、实施和管理；承担省人民政府交办的城市总体规划、市域城镇体系规划的审核报批和监督实施；承担地级以上市控制性详细规划的备案管理工作；参与县以上土地利用总体规划等相关规划的审核；按规定权限核发建设项目选址意见书；承担历史文化名城及历史街区保护的监督管理工作；指导城市勘察、市政工程测量、地下空间开发利用和城市雕塑工作；监督管理城乡规划编制单位。

(七)城市建设处。

承担国家级、省级风景名胜区的审核报批和监督管理；指导城市市政公用设施的应急管理；指导城市供水、节水、燃气、市政设施、园林、市容环境治理等工作；指导城镇污水和生活垃圾处理设施建设和运行监管；指导城市规划区的绿化工作；指导城市地铁与轨道交通的规划和建设；承担世界自然遗产项目和世界自然与文化双重遗产项目的有关工作。

(八)村镇建设处。

拟订村镇规划建设的政策和法规、规章草案；指导村镇规划的编制、实施和管理工作；指导村镇建设和农村住房建设；参与村镇土地利用总体规划等相关规划的审核；指导小城镇和村庄人居生态环境的改善工作；会同文物行政部门负责历史文化名镇(村)保护的监督管理工作。

(九)建筑市场监管处。

拟订工程建设、建筑业、勘察设计的行业发展政策、规章制度并监督执行；拟订规范建筑市场各方主体行为、房屋和市政工程项目招标投标、建设监理、施工合同管理、工程风险管理的规章制度并监督执行；监督施工企业、建设监理企业、工程建设项目招标代理机构、工程造价咨询机构、勘察设计咨询单位资质标准的执行；组织拟订建设工程全省统一定额、工期定额和工程造价技术标准并监督和指导执行；参与省重点工程项目建设的有关工作；监督房屋和市政工程抗震设防标准的执行；组织大中型工程项目初步设计审查；负责建筑工程施工图设计审查的监督管理；指导建筑节能设计、建筑工程设计招标投标工作。

(十)工程质量安全监管处。

拟订建筑工程质量、建筑安全生产规章制度和技术标准并监督执行；指导全省工程质量和安全监督、检测机构的监督管理和相关人员的考核工作；承担全省施工企业安全生产的监督管理和相关人员的考核工作；指导编制工程质量、安全事故应急救援预案；组织或参与工程重大质量、安全事故的调查处理。

（十一）科技教育处。

拟订住房和城乡建设行业科技、建筑节能、墙体材料革新以及散装水泥的发展规划和政策并监督执行；组织拟订工程建设标准、规范、规程并监督实施；组织科技项目研究开发，指导科技成果的转化推广；指导发展散装水泥和商品混凝土工作；指导行业从业人员继续教育、岗位培训和职业技能鉴定；指导行业注册执业资格管理工作；会同有关部门组织行业的职称改革及专业技术职称评审工作。

（十二）行政许可管理处。

承办本厅直接实施和审查上报住房和城乡建设部的企业资质、个人执业资格类行政许可事项的审批、核准、审核、备案和变更工作。

（十三）人事处（与直属机关党委办公室合署）。

负责机关和指导直属单位的人事管理、机构编制、劳动工资、离退休人员服务和党群等工作；指导全省住房和城乡建设系统精神文明建设工作。

（十四）执法监察局。

监督有关住房和城乡建设法律法规、标准的执行；指导、监督、协调全省住房和城乡建设综合行政执法工作；承办住房和城乡建设领域重大纠纷和案件的有关工作，组织检查和处理相关违法违规行为。

四、人员编制

省住房和城乡建设厅机关行政编制90名。其中厅级领导职数：厅长1名、副厅长4名，总工程师1名；执法监察局局长1名，正处级领导职数17名（含总规划师1名、总经济师1名、直属机关党委专职副书记1名）、副处级领导职数25名。后勤服务人员数14名。

五、其他事项

（一）城市地铁、轨道交通方面的职责分工。省住房和城乡建设厅指导城市地铁、轨道交通的规划和建设，省交通运输厅指导城市地铁、轨道交通的运营。

（二）用于综合行政执法的编制另行核定。

六、附则

本规定由省机构编制委员会办公室负责解释，其调整由省机构编制委员会办公室按规定程序办理。

主题索引

说明

一、本索引采用主题分析方法，款目按汉语拼音字母（同音字按声调）顺序排列。
二、文中的篇目题、类目题、分目题用黑体字标明，其余用宋体字排印。表格在其款目后注明“表”。
三、索引款目后的数字表示内容所在的页码，数字后的拉丁字母（a、b、c）表示栏别（即版面的1、2、3栏）。
四、同一主题的内容在文中多处出现的，在其款目后用不同的页码标明。
五、本索引对《大事纪要》、《政策文件选编》等篇不作内容主题分析。

H

J

General List

Table of Contents

Photo Album

Features

Calendar of Events

Overview of Guangdong Construction and Development

Administrative Reform and Administrative Licensing

Construction of Key Projects

Urban and Rural Planning

Towns and Villages

Survey and Design

Building Industry

Housing and Real Estate

Construction Technology and Building Energy Conservation

Education, Training and Qualification

Informationization Construction

Legal System

Institutional Works and Supportive Work

Party Work and Clean Government Building

Municipal Building

Honor Roll

Statistics